2012中国城市(镇)生活与价格年鉴

CHINA URBAN LIFE AND PRICE YEARBOOK

国家统计局城市社会经济调查司　编
Compiled by
Department of Urban Society and Economic Statistics,
National Bureau of Statistics of China

中国统计出版社
China Statistics Press

(京)新登字041号

图书在版编目（CIP）数据

2012中国城市(镇)生活与价格年鉴／国家统计局城市社会经济调查司编. -- 北京：中国统计出版社，2012. 5
ISBN 978-7-5037-6513-1

Ⅰ. ①2… Ⅱ. ①国… Ⅲ. ①城镇 - 职工家庭收支调查 - 统计资料 - 中国 -2012- 年鉴②物价管理 - 统计资料 - 中国 -2012- 年鉴 Ⅳ. ① F126.2-66 ② F726.7-66

中国版本图书馆CIP数据核字（2012）第079310号

中国城市(镇)生活与价格年鉴—2012

作　　者／国家统计局城市社会经济调查司
责任编辑／申明九
E-mail／cbsebs@stats.gov.cn
封面设计／李雪燕
出版发行／中国统计出版社
通信地址／北京市西城区月坛南街57号
邮政编码／100826
办公地址／北京市丰台区西三环南路甲6号
网　　址／http://csp.stats.gov.cn/
电　　话／邮购（010）63376907　书店（010）68783172
印　　刷／科伦克·三莱印务(北京)有限公司
经　　销／新华书店
开　　本／880×1230毫米　1/16
字　　数／760千字
印　　张／32.75
版　　别／2012年8月第1版
版　　次／2012年8月第1次印刷
书　　号／ISBN 978-7-5037-6513-1/F·3124
定　　价／208.00元

《中国城市(镇)生活与价格年鉴—2012》

编委会和编辑人员

2012 CHINA URBAN LIFE AND PRICE YEARBOOK

Editorial Board And Staff

编者说明

一、《中国城市（镇）生活与价格年鉴—2012》系统收录了2011年度城镇居民家庭收支调查资料、价格调查资料，是一部全面反映中国城市（镇）人民生活水平和各类价格变动的专业性综合年鉴。

二、年鉴分两个主要部分，第一部分，城镇居民家庭收入和消费；第二部分，价格指数。篇末附有统计指标解释。

三、本年鉴所涉及的全国性统计数据，均未包括香港、澳门特别行政区和台湾省数据。

四、年鉴资料中所使用的度量单位均采用国际统一标准计量单位。

五、资料中的城镇居民家庭收支调查资料和价格调查资料为抽样调查资料，引用时须注意代表性误差。

六、城镇居民家庭收支调查（又称住户调查）和价格调查，由国家统计局各调查总队及抽中市（县）调查队依据国家统计局统一制定的调查方案组织实施。

七、年鉴符号使用说明："空格"表示无该项数据或数据不详；*号表示本表下有注释，# 号表示其中数。

PREFACE

I.***China Urban Life and Price Yearbook 2012*** is a professional annual statistics publication, which covers very comprehensive data in 2011 of urban households' income and expenditure, and price indices.

II.The yearbook contains two main chapters, 1.The urban households' income and expenditure; 2.Price indices. In addition, Explanatory Notes on Main Statistical Indicators are provided at the end of the yearbook.

III.The national data in this yearbook do not include that of Hong Kong SAR (Special Administrative Region), Macao SAR and Taiwan province.

IV.The units of measurement used in this yearbook are in accordance with internationally standard measurement units.

V.The data of urban households' income and expenditure and price indices, both are collected by sample survey; attention must be paid when the data are used as quotation.

VI.Department of Urban Surveys of National Bureau of Statistics of China organizes urban household's survey and price indices survey. The survey organizations of provinces, autonomous regions and municipalities directly under the central government as well as the survey organizations of the selected cities and countries collect the data in accordance with the survey scheme stipulated by NBS.

Notations used in the yearbook: "blank space" indicates that the data are unknown or are not available; "#" indicates a major breakdown of the total; "*" indicates footnotes at the end of the table.

目　录

CONTENTS

第1篇　收入与消费

Ⅰ. Income and Consumption

第2篇 价格指数
Ⅱ. Price Indices

附录 Appendix

收入与消费

Income and Consumption

第 1 篇

1-1-1　城镇居民家庭可支配收入和消费支出

The Cash Income and Expenditure of Urban Household

年　份 Year	城镇居民家庭人均可支配收入 Per Capita Annual Disposable Income of Urban Household			城镇居民人均消费性支出 Per Capita Annual Consumption Expenditure of Urban Household		
	绝对数 Value (元) (yuan)	增长率　Growth Rate 1978=100	增长率　Growth Rate 上年=100 Preceding Year=100	绝对数 Value (元) (yuan)	增长率　Growth Rate 1978=100	增长率　Growth Rate 上年=100 Preceding Year=100
1978	343.4	100.0		311.2		
1979	405.0	115.7	115.7			
1980	477.6	127.0	109.7	412.4	121.0	
1981	500.4	129.9	102.2	456.8	130.9	108.1
1982	535.3	136.3	104.9	471.0	132.3	101.1
1983	564.6	141.5	103.9	505.9	139.3	105.3
1984	652.1	158.7	112.2	559.4	150.0	107.7
1985	739.1	160.4	101.1	673.2	161.2	107.5
1986	900.9	182.7	113.9	799.0	178.8	110.9
1987	1002.1	186.8	102.2	884.4	182.0	101.7
1988	1180.2	182.3	97.6	1104.0	188.1	103.4
1989	1373.9	182.5	100.1	1211.0	177.5	94.3
1990	1510.2	198.1	108.5	1278.9	185.1	104.3
1991	1700.6	212.4	107.1	1453.8	200.3	108.2
1992	2026.6	232.9	109.7	1671.7	212.0	105.9
1993	2577.4	255.1	109.5	2110.8	230.6	108.8
1994	3496.2	276.8	108.5	2851.3	249.1	108.1
1995	4283.0	290.3	104.9	3537.6	264.6	106.2
1996	4838.9	301.6	103.8	3919.5	269.5	101.8
1997	5160.3	311.9	103.4	4185.6	279.1	103.6
1998	5425.1	329.9	105.8	4331.6	290.6	104.1
1999	5854.0	360.6	109.3	4615.9	313.8	108.0
2000	6280.0	383.7	106.4	4998.0	337.0	107.4
2001	6859.6	416.3	108.5	5309.0	355.5	105.5
2002	7702.8	472.1	113.4	6029.9	407.9	114.7
2003	8472.2	514.6	109.0	6510.9	436.5	107.0
2004	9421.6	554.2	107.7	7182.1	466.1	106.8
2005	10493.0	607.4	109.6	7942.9	507.4	108.9
2006	11759.5	670.7	110.4	8696.7	547.4	107.9
2007	13785.8	752.5	112.2	9997.5	602.1	110.0
2008	15780.8	815.7	108.4	11242.9	641.3	106.5
2009	17174.7	895.4	109.8	12264.6	706.1	110.1
2010	19109.4	965.2	107.8	13471.5	751.3	106.4
2011	21809.8	1046.3	108.4	15160.9	802.4	106.8

注：本表绝对数按当年价格计算，增长率按可比价计算。
Absolute at current prices, growth rates based on comparable prices.

1-1-2 城镇居民家庭基本情况

项目	Item	单位	Unit	1990	1995
调查户数	**Number of Households Surveyed**	**户**	**household**	**35660**	**35520**
平均每户家庭人口	**Average Household Size**	**人**	**person**	**3.50**	**3.23**
平均每户就业人口	**Average Number of Employed Persons Per Household**	**人**	**person**	**1.98**	**1.87**
平均每户就业面	**Proportion of Employment per Household**	**%**	**%**	**56.57**	**57.89**
平均每一就业者负担人数	**Number of Dependents per Employee**				
（包括就业者本人）	**(Including the Employee Himself or Herself)**	**人**	**person**	**1.77**	**1.73**
平均每人全部年收入	**Per Capita Annual Income**	**元**	**yuan**	**1516.21**	**4288.09**
工薪收入	Income of Wages and Salaries	元	yuan	1149.70	3385.30
经营净收入	Net Business Income	元	yuan	22.50	77.53
财产性收入	Income from Property	元	yuan	15.60	90.43
转移性收入	Income from Transfer	元	yuan	328.41	734.83
#可支配收入	**#Disposable Income**	**元**	**yuan**	**1510.16**	**4282.95**
平均每人消费性支出	**Per Capita Annual Consumption Expenditures**	**元**	**yuan**	**1278.89**	**3537.57**
食品	Food	元	yuan	693.77	1771.99
衣着	Clothing	元	yuan	170.90	479.20
居住	Housing	元	yuan	60.86	283.76
家庭设备用品及服务	Household Appliances and Service	元	yuan	108.45	263.36
医疗保健	Health Care and Medical Services	元	yuan	25.67	110.11
交通和通信	Transport and Communications	元	yuan	40.51	183.22
教育文化娱乐服务	Education, Cultural and Recreation Services	元	yuan	112.26	331.01
其他商品与服务	Miscellaneous Goods and Services	元	yuan	66.57	114.92
平均每人消费性支出构成	**Composition of Per Capita Annual Consumption**				
（人均消费性支出=100）	**Expenditures**	**%**	**%**		
食品	Food	%	%	54.25	50.09
衣着	Clothing	%	%	13.36	13.55
居住	Housing	%	%	6.98	8.02
家庭设备用品及服务	Household Appliances and Service	%	%	10.14	7.44
医疗保健	Health Care and Medical Services	%	%	2.01	3.11
交通和通信	Transport and Communications	%	%	1.20	5.18
教育文化娱乐服务	Education, Cultural and Recreation Services	%	%	11.12	9.36
其他商品与服务	Miscellaneous Goods and Services	%	%	0.94	3.25

注：从2002年起，城市住户调查对象由原来的非农业人口改为城市市区和县城关镇区，相关资料按新口径计算，历史数据相应调整。
Since 2002, the objects of unban households survey are the permanent residents of city districts and county towns. The relative data in the chapter are calculated according to the new standard, and history data have been adjusted accordingly.

Basic Conditions of Urban Households

2000	2001	2002	2003	2004	2005	2006	2007	2008	2009	2010	2011
42220	**43840**	**45317**	**48028**	**50430**	**54496**	**56094**	**59305**	**64675**	**65506**	**65607**	**65655**
3.13	**3.10**	**3.04**	**3.01**	**2.98**	**2.96**	**2.95**	**2.91**	**2.91**	**2.89**	**2.88**	**2.87**
1.68	**1.65**	**1.58**	**1.58**	**1.56**	**1.51**	**1.53**	**1.54**	**1.48**	**1.49**	**1.49**	**1.48**
53.67	**53.23**	**51.97**	**52.49**	**52.35**	**51.01**	**51.86**	**52.92**	**50.86**	**51.56**	**51.74**	**51.567944**
1.86	**1.88**	**1.92**	**1.91**	**1.91**	**1.96**	**1.93**	**1.89**	**1.97**	**1.94**	**1.93**	**1.94**
6295.91	**6868.88**	**8177.40**	**9061.22**	**10128.51**	**11320.77**	**12719.19**	**14908.61**	**17067.78**	**18858.09**	**21033.42**	**23979.20**
4480.50	4829.86	5739.96	6410.22	7152.76	7797.54	8766.96	10234.76	11298.96	12382.11	13707.68	15411.91
246.24	274.05	332.16	403.82	493.87	679.62	809.56	940.72	1453.57	1528.68	1713.51	2209.74
128.38	134.62	102.12	134.98	161.15	192.91	244.01	348.53	387.02	431.84	520.33	648.97
1440.78	1630.36	2003.16	2112.20	2320.73	2650.70	2898.66	3384.60	3928.23	4515.45	5091.90	5708.58
6279.98	**6859.58**	**7702.80**	**8472.20**	**9421.61**	**10493.03**	**11759.45**	**13785.81**	**15780.76**	**17174.65**	**19109.44**	**21809.78**
4998.00	**5309.01**	**6029.88**	**6510.94**	**7182.10**	**7942.88**	**8696.55**	**9997.47**	**11242.85**	**12264.55**	**13471.45**	**15160.89**
1971.32	2027.99	2271.84	2416.92	2709.60	2914.39	3111.92	3628.03	4259.81	4478.54	4804.71	5506.33
500.46	533.66	590.88	637.72	686.79	800.51	901.78	1042.00	1165.91	1284.20	1444.34	1674.70
565.29	610.67	624.36	699.38	733.53	808.66	904.19	982.28	1145.41	1228.91	1332.14	1405.01
374.49	376.22	388.68	410.34	407.37	446.52	498.48	601.80	691.83	786.94	908.01	1023.17
318.07	343.28	430.08	475.98	528.15	600.85	620.54	699.09	786.20	856.41	871.77	968.98
426.95	493.94	626.04	721.12	843.62	996.72	1147.12	1357.41	1417.12	1682.57	1983.70	2149.69
669.58	736.63	902.28	934.38	1032.80	1097.46	1203.03	1329.16	1358.26	1472.76	1627.64	1851.74
171.83	186.61	195.84	215.10	240.24	277.75	309.49	357.70	418.31	474.21	499.15	581.26
39.44	38.20	37.68	37.12	37.73	36.69	35.78	36.29	37.89	36.52	35.67	36.32
10.01	10.05	9.80	9.79	9.56	10.08	10.37	10.42	10.37	10.47	10.72	11.05
11.31	11.50	10.35	10.74	10.21	10.18	10.40	9.83	10.19	10.02	9.89	9.27
7.49	7.09	6.45	6.30	5.67	5.62	5.73	6.02	6.15	6.42	6.74	6.75
6.36	6.47	7.13	7.31	7.35	7.56	7.14	6.99	6.99	6.98	6.47	6.39
8.54	9.30	10.38	11.08	11.75	12.55	13.19	13.58	12.60	13.72	14.73	14.18
13.40	13.88	14.96	14.35	14.38	13.82	13.83	13.29	12.08	12.01	12.08	12.21
3.44	3.51	3.25	3.30	3.34	3.50	3.56	3.58	3.72	3.87	3.71	3.83

1-1-3 最低收入户城镇居民家庭基本情况

项　目	Item	单位	Unit	1985
调查户数	**Number of Households Surveyed**	**户**	**household**	**1714**
一、家庭人口数	**Households Size**	**人**	**person**	**4.47**
(一)有收入者人数	**Number of Persons with Income**	**人**	**person**	
1.就业人口数	Number of Employed Persons	**人**	**person**	1.82
(1)国有经济单位职工人数	Staff and Workers in State-owned Economic Units	人	person	
(2)城镇集体经济单位职工人数	Staff and Workers in Collective-owned Economic Units	人	person	
(3)其他各种经济类型单位职工人数	Staff and Workers in Units of Other Economic Type	人	person	
(4)城镇个体经营者人员数	Urban Self-employed Individuals or Owners of Private Enterprises	人	person	
(5)城镇个体被雇人员数	Employed Persons of Urban Self-employed or Private Enterprises	人	person	
(6)离退休再就业人员数	Retired Staff and Veteran Cadres of Reemployment	人	person	
(7)其他就业人员数	Other Employed	人	person	
2.离退休人数	Number of Retired Staff and Veteran Cadres	人	person	
3.其他有收入者人数	Number of Other Persons Earning Income	人	person	
(二)无收入者人数	**Number of Persons Without Income**	**人**	**person**	
二、期末家庭人口数	**Number of Households Members at the end of Period**	**人**	**person**	

1-1-4 困难户城镇居民家庭基本情况

项　目	Item	单位	Unit	1985
调查户数	**Number of Households Surveyed**	**户**	**household**	**857**
一、家庭人口数	**Households Size**	**人**	**person**	**4.55**
(一)有收入者人数	**Number of Persons with Income**	**人**	**person**	
1.就业人口数	Number of Employed Persons	**人**	**person**	1.70
(1)国有经济单位职工人数	Staff and Workers in State-owned Economic Units	人	person	
(2)城镇集体经济单位职工人数	Staff and Workers in Collective-owned Economic Units	人	person	
(3)其他各种经济类型单位职工人数	Staff and Workers in Units of Other Economic Type	人	person	
(4)城镇个体经营者人员数	Urban Self-employed Individuals or Owners of Private Enterprises	人	person	
(5)城镇个体被雇人员数	Employed Persons of Urban Self-employed or Private Enterprises	人	person	
(6)离退休再就业人员数	Retired Staff and Veteran Cadres of Reemployment	人	person	
(7)其他就业人员数	Other Employed	人	person	
2.离退休人数	Number of Retired Staff and Veteran Cadres	人	person	
3.其他有收入者人数	Number of Other Persons Earning Income	人	person	
(二)无收入者人数	**Number of Persons Without Income**	**人**	**person**	
二、期末家庭人口数	**Number of Households Members at the end of Period**	**人**	**person**	

Basic Conditions of Lowest Income Households

1990	1995	2000	2001	2002	2003	2004	2005	2006	2007	2008	2009	2010	2011
3566	**3552**	**4222**	**4383**	**4532**	**4783**	**5060**	**5376**	**5594**	**5940**	**6353**	**6518**	**6569**	**6505**
4.09	**3.67**	**3.56**	**3.51**	**3.43**	**3.40**	**3.36**	**3.34**	**3.31**	**3.30**	**3.33**	**3.29**	**3.29**	**3.30**
	2.05	**1.93**	**1.90**	**1.77**	**1.76**	**1.79**	**1.75**	**1.77**	**1.72**	**1.68**	**1.72**	**1.73**	**1.72**
1.75	1.71	1.59	1.54	1.36	1.35	1.36	1.26	1.30	1.34	1.27	1.32	1.32	1.29
	1.11	0.87	0.80	0.61	0.57	0.53	0.41	0.44	0.42	0.32	0.33	0.33	0.31
	0.45	0.31	0.29	0.17	0.14	0.13	0.10	0.09	0.09	0.06	0.06	0.06	0.05
	0.01	0.06	0.06	0.07	0.07	0.12	0.13	0.16	0.17	0.14	0.15	0.15	0.12
	0.05	0.16	0.18	0.21	0.22	0.23	0.22	0.22	0.21	0.17	0.19	0.19	0.18
	0.02	0.10	0.12	0.18	0.19	0.21	0.26	0.25	0.30	0.39	0.42	0.40	0.44
	0.03	0.02	0.02	0.01	0.01	0.01	0.01	0.01		0.01	0.01	0.01	0.01
	0.02	0.07	0.06	0.13	0.14	0.14	0.13	0.14	0.15	0.18	0.17	0.18	0.18
	0.32	0.31	0.34	0.28	0.25	0.27	0.30	0.30	0.29	0.26	0.24	0.25	0.27
	0.02	0.03	0.03	0.13	0.16	0.16	0.19	0.18	0.10	0.16	0.15	0.15	0.17
	1.62	**1.64**	**1.60**	**1.66**	**1.64**	**1.57**	**1.59**	**1.53**	**1.58**	**1.65**	**1.58**	**1.56**	**1.58**
	3.66	**3.56**	**3.50**	**3.42**	**3.38**	**3.35**	**3.35**	**3.28**	**3.30**	**3.30**	**3.29**	**3.28**	**3.27**

Basic Conditions of Poor Households

1990	1995	2000	2001	2002	2003	2004	2005	2006	2007	2008	2009	2010	2011
1783	**1861**	**2111**	**2291**	**2266**	**2383**	**2521**	**2666**	**2801**	**2967**	**3137**	**3248**	**3279**	**3232**
4.13	**3.73**	**3.60**	**3.57**	**3.49**	**3.46**	**3.42**	**3.38**	**3.33**	**3.30**	**3.34**	**3.30**	**3.32**	**3.32**
	2.01	**1.87**	**1.86**	**1.68**	**1.66**	**1.70**	**1.61**	**1.66**	**1.59**	**1.54**	**1.59**	**1.61**	**1.60**
1.63	1.65	1.54	1.52	1.27	1.25	1.27	1.13	1.17	1.23	1.16	1.22	1.22	1.16
	1.05	0.82	0.76	0.53	0.49	0.46	0.33	0.32	0.33	0.24	0.28	0.27	0.24
	0.46	0.32	0.30	0.16	0.14	0.11	0.09	0.07	0.08	0.06	0.05	0.05	0.04
	0.01	0.05	0.07	0.06	0.06	0.10	0.12	0.13	0.15	0.12	0.14	0.14	0.10
	0.06	0.16	0.18	0.20	0.21	0.23	0.20	0.23	0.21	0.16	0.17	0.19	0.16
	0.02	0.10	0.12	0.20	0.20	0.19	0.24	0.25	0.29	0.38	0.39	0.39	0.42
	0.03	0.01	0.01		0.01		0.01	0.01		0.01	0.01	0.01	0.01
	0.02	0.07	0.08	0.11	0.14	0.16	0.15	0.15	0.16	0.19	0.18	0.17	0.19
	0.33	0.30	0.31	0.24	0.22	0.23	0.25	0.26	0.24	0.20	0.19	0.20	0.22
	0.02	0.03	0.03	0.16	0.19	0.20	0.24	0.23	0.12	0.19	0.19	0.19	0.22
	1.72	**1.73**	**1.71**	**1.81**	**1.81**	**1.72**	**1.77**	**1.66**	**1.71**	**1.80**	**1.71**	**1.71**	**1.72**
	3.72	**3.60**	**3.56**	**3.48**	**3.43**	**3.41**	**3.39**	**3.30**	**3.30**	**3.31**	**3.30**	**3.31**	**3.29**

1-1-5 低收入户城镇居民家庭基本情况

项　目	Item	单位	Unit	1985
调查户数	**Number of Households Surveyed**	**户**	**household**	**1714**
一、家庭人口数	**Household Size**	**人**	**person**	**4.19**
(一)有收入者人数	**Number of Persons with Income**	**人**	**person**	
1.就业人口数	Number of Employed Persons	**人**	**person**	2.03
(1)国有经济单位职工人数	State-owned Units	人	person	
(2)城镇集体经济单位职工人数	Urban Collective-owned Units	人	person	
(3)其他各种经济类型单位职工人数	Staff and Workers in Units of Other Economic Type	人	person	
(4)城镇个体经营者人员数	Urban Self-employed Individuals or Owners of Private Enterprises	人	person	
(5)城镇个体被雇人员数	Employed Persons of Urban Self-employed or Private Enterprises	人	person	
(6)离退休再就业人员数	Retired Staff and Veteran Cadres of Reemployment	人	person	
(7)其他就业人员数	Other Employed	人	person	
2.离退休人数	Number of Retire	人	person	
3.其他有收入者人数	Number of Other Persons Earning Income	人	person	
(二)无收入者人数	**Number of Persons Without Income**	**人**	**person**	
二、期末家庭人口数	**Number of Households Members at the end of Period**	**人**	**person**	

1-1-6 中等偏下收入户城镇居民家庭基本情况

项　目	Item	单位	Unit	1985
调查户数	**Number of Households Surveyed**	**户**	**household**	**3429**
一、家庭人口数	**Households Size**	**人**	**person**	**3.99**
(一)有收入者人数	**Number of Persons with Income**	**人**	**person**	
1.就业人口数	Number of Employed Persons	**人**	**person**	2.12
(1)国有经济单位职工人数	Staff and Workers in State-owned Economic Units	人	person	
(2)城镇集体经济单位职工人数	Staff and Workers in Collective-owned Economic Units	人	person	
(3)其他各种经济类型单位职工人数	Staff and Workers in Units of Other Economic Type	人	person	
(4)城镇个体经营者人员数	Urban Self-employed Individuals or Owners of Private Enterprises	人	person	
(5)城镇个体被雇人员数	Employed Persons of Urban Self-employed or Private Enterprises	人	person	
(6)离退休再就业人员数	Retired Staff and Veteran Cadres of Reemployment	人	person	
(7)其他就业人员数	Other Employed	人	person	
2.离退休人数	Number of Retired Staff and Veteran Cadres	人	person	
3.其他有收入者人数	Number of Other Persons Earning Income	人	person	
(二)无收入者人数	**Number of Persons Without Income**	**人**	**person**	
二、期末家庭人口数	**Number of Households Members at the end of Period**	**人**	**person**	

Basic Conditions of Low income Households

1990	1995	2000	2001	2002	2003	2004	2005	2006	2007	2008	2009	2010	2011
3566	**3552**	**4222**	**4384**	**4532**	**4849**	**5055**	**5454**	**5607**	**5936**	**6485**	**6563**	**6570**	**6566**
3.88	**3.49**	**3.40**	**3.38**	**3.34**	**3.28**	**3.24**	**3.22**	**3.20**	**3.20**	**3.22**	**3.23**	**3.20**	**3.20**
	2.16	**2.03**	**2.02**	**1.99**	**1.98**	**1.99**	**1.96**	**2.00**	**1.98**	**1.95**	**1.98**	**2.02**	**1.98**
1.92	1.81	1.66	1.62	1.54	1.53	1.52	1.45	1.52	1.55	1.44	1.46	1.52	1.51
	1.29	1.01	0.95	0.86	0.81	0.79	0.66	0.67	0.66	0.46	0.50	0.53	0.48
	0.39	0.27	0.24	0.18	0.16	0.14	0.11	0.11	0.10	0.08	0.07	0.08	0.06
	0.02	0.07	0.08	0.09	0.12	0.14	0.20	0.22	0.20	0.19	0.19	0.19	0.18
	0.05	0.16	0.15	0.18	0.17	0.17	0.17	0.19	0.17	0.18	0.18	0.17	0.19
	0.01	0.09	0.11	0.14	0.15	0.19	0.21	0.22	0.29	0.39	0.38	0.42	0.44
	0.04	0.02	0.03	0.02	0.01	0.01	0.01	0.02	0.01	0.01	0.01	0.01	0.01
	0.01	0.05	0.05	0.08	0.10	0.09	0.09	0.10	0.11	0.13	0.13	0.12	0.16
	0.34	0.36	0.38	0.37	0.36	0.38	0.41	0.39	0.39	0.42	0.43	0.42	0.38
	0.01	0.01	0.02	0.09	0.09	0.10	0.11	0.09	0.04	0.09	0.09	0.08	0.08
	1.33	**1.37**	**1.36**	**1.34**	**1.30**	**1.25**	**1.26**	**1.20**	**1.22**	**1.28**	**1.25**	**1.18**	**1.22**
	3.47	**3.40**	**3.37**	**3.33**	**3.26**	**3.24**	**3.21**	**3.19**	**3.20**	**3.20**	**3.22**	**3.19**	**3.18**

Basic Conditions of Lower Middle income Households

1990	1995	2000	2001	2002	2003	2004	2005	2006	2007	2008	2009	2010	2011
7132	**7104**	**8444**	**8768**	**9063**	**9691**	**10124**	**10943**	**11251**	**11880**	**12983**	**13132**	**13144**	**13170**
3.71	**3.36**	**3.28**	**3.25**	**3.20**	**3.13**	**3.10**	**3.10**	**3.09**	**3.05**	**3.06**	**3.04**	**3.02**	**3.01**
	2.19	**2.13**	**2.10**	**2.10**	**2.07**	**2.08**	**2.09**	**2.10**	**2.10**	**2.06**	**2.08**	**2.11**	**2.10**
1.98	1.87	1.69	1.66	1.62	1.58	1.57	1.55	1.56	1.57	1.52	1.53	1.52	1.52
	1.43	1.14	1.09	1.04	0.99	0.94	0.84	0.87	0.81	0.67	0.67	0.68	0.61
	0.33	0.23	0.22	0.16	0.15	0.13	0.11	0.10	0.09	0.08	0.08	0.08	0.07
	0.02	0.08	0.08	0.11	0.12	0.15	0.19	0.21	0.20	0.20	0.20	0.20	0.19
	0.04	0.12	0.13	0.12	0.12	0.12	0.14	0.13	0.14	0.15	0.16	0.15	0.17
	0.01	0.07	0.08	0.12	0.12	0.14	0.17	0.16	0.22	0.30	0.31	0.30	0.35
	0.04	0.03	0.03	0.02	0.02	0.02	0.02	0.02	0.02	0.01	0.01	0.02	0.02
	0.01	0.04	0.04	0.06	0.07	0.07	0.07	0.07	0.08	0.09	0.10	0.10	0.11
	0.31	0.43	0.43	0.41	0.43	0.44	0.48	0.48	0.50	0.49	0.50	0.53	0.54
	0.01	0.01	0.01	0.06	0.07	0.07	0.07	0.06	0.03	0.06	0.05	0.05	0.05
	1.17	**1.15**	**1.15**	**1.10**	**1.06**	**1.02**	**1.01**	**0.99**	**0.95**	**1.00**	**0.96**	**0.91**	**0.91**
	3.35	**3.28**	**3.24**	**3.19**	**3.12**	**3.09**	**3.09**	**3.09**	**3.05**	**3.04**	**3.03**	**3.01**	**2.99**

1-1-7 中等收入户城镇居民家庭基本情况

项 目	Item	单位	Unit	1985
调查户数	**Number of Households Surveyed**	**户**	**household**	**3429**
一、家庭人口数	**Households Size**	**人**	**person**	**3.80**
(一)有收入者人数	**Number of Persons with Income**	**人**	**person**	
1.就业人口数	Number of Employed Persons	**人**	**person**	2.22
(1)国有经济单位职工人数	Staff and Workers in State-owned Economic Units	人	person	
(2)城镇集体经济单位职工人数	Staff and Workers in Collective-owned Economic Units	人	person	
(3)其他各种经济类型单位职工人数	Staff and Workers in Units of Other Economic Type	人	person	
(4)城镇个体经营者人员数	Urban Self-employed Individuals or Owners of Private Enterprises	人	person	
(5)城镇个体被雇人员数	Employed Persons of Urban Self-employed or Private Enterprises	人	person	
(6)离退休再就业人员数	Retired Staff and Veteran Cadres of Reemployment	人	person	
(7)其他就业人员数	Other Employed	人	person	
2.离退休人数	Number of Retired Staff and Veteran Cadres	人	person	
3.其他有收入者人数	Number of Other Persons Earning Income	人	person	
(二)无收入者人数	**Number of Persons Without Income**	**人**	**person**	
二、期末家庭人口数	**Number of Households Members at the end of Period**	**人**	**person**	

1-1-8 中等偏上收入户城镇居民家庭基本情况

项 目	Item	单位	Unit	1985
调查户数	**Number of Households Surveyed**	**户**	**household**	**3429**
一、家庭人口数	**Households Size**	**人**	**person**	**3.62**
(一)有收入者人数	**Number of Persons with Income**	**人**	**person**	
1.就业人口数	Number of Employed Persons	**人**	**person**	2.30
(1)国有经济单位职工人数	Staff and Workers in State-owned Economic Units	人	person	
(2)城镇集体经济单位职工人数	Staff and Workers in Collective-owned Economic Units	人	person	
(3)其他各种经济类型单位职工人数	Staff and Workers in Units of Other Economic Type	人	person	
(4)城镇个体经营者人员数	Urban Self-employed Individuals or Owners of Private Enterprises	人	person	
(5)城镇个体被雇人员数	Employed Persons of Urban Self-employed or Private Enterprises	人	person	
(6)离退休再就业人员数	Retired Staff and Veteran Cadres of Reemployment	人	person	
(7)其他就业人员数	Other Employed	人	person	
2.离退休人数	Number of Retired Staff and Veteran Cadres	人	person	
3.其他有收入者人数	Number of Other Persons Earning Income	人	person	
(二)无收入者人数	**Number of Persons Without Income**	**人**	**person**	
二、期末家庭人口数	**Number of Households Members at the end of Period**	**人**	**person**	

Basic Conditions of Middle Income Households

1990	1995	2000	2001	2002	2003	2004	2005	2006	2007	2008	2009	2010	2011
7132	**7104**	**8444**	**8768**	**9063**	**9663**	**10108**	**10966**	**11236**	**11869**	**12993**	**13137**	**13103**	**13178**
3.49	**3.23**	**3.14**	**3.11**	**3.04**	**3.03**	**2.99**	**2.95**	**2.92**	**2.88**	**2.89**	**2.84**	**2.82**	**2.82**
	2.22	**2.16**	**2.13**	**2.15**	**2.16**	**2.16**	**2.14**	**2.15**	**2.14**	**2.12**	**2.13**	**2.14**	**2.15**
2.04	1.92	1.72	1.67	1.63	1.65	1.63	1.56	1.56	1.57	1.50	1.49	1.48	1.49
	1.54	1.28	1.21	1.15	1.14	1.10	0.97	0.97	0.94	0.79	0.79	0.78	0.71
	0.26	0.17	0.16	0.12	0.11	0.10	0.08	0.08	0.08	0.08	0.07	0.07	0.07
	0.02	0.07	0.08	0.11	0.12	0.15	0.19	0.20	0.21	0.20	0.20	0.20	0.21
	0.03	0.08	0.09	0.09	0.09	0.09	0.11	0.11	0.11	0.14	0.12	0.12	0.14
	0.01	0.05	0.06	0.09	0.10	0.10	0.11	0.12	0.14	0.21	0.20	0.22	0.26
	0.04	0.04	0.04	0.03	0.03	0.03	0.04	0.04	0.03	0.02	0.03	0.03	0.02
	0.01	0.03	0.03	0.04	0.05	0.06	0.06	0.05	0.06	0.07	0.07	0.07	0.08
	0.29	0.43	0.46	0.47	0.46	0.49	0.53	0.54	0.55	0.58	0.60	0.62	0.62
	0.01	0.01	0.01	0.04	0.05	0.05	0.05	0.04	0.02	0.04	0.04	0.04	0.03
	1.02	**0.98**	**0.97**	**0.90**	**0.87**	**0.83**	**0.81**	**0.78**	**0.74**	**0.77**	**0.72**	**0.68**	**0.67**
	3.23	**3.13**	**3.10**	**3.03**	**3.02**	**2.98**	**2.94**	**2.91**	**2.88**	**2.88**	**2.83**	**2.81**	**2.81**

Basic Conditions of Upper Middle Income Households

1990	1995	2000	2001	2002	2003	2004	2005	2006	2007	2008	2009	2010	2011
7132	**7104**	**8444**	**8768**	**9063**	**9615**	**10094**	**10920**	**11225**	**11865**	**12998**	**13122**	**13121**	**13177**
3.30	**3.12**	**2.97**	**2.97**	**2.91**	**2.87**	**2.84**	**2.79**	**2.79**	**2.74**	**2.74**	**2.71**	**2.70**	**2.67**
	2.24	**2.17**	**2.18**	**2.20**	**2.18**	**2.18**	**2.17**	**2.17**	**2.16**	**2.15**	**2.15**	**2.16**	**2.15**
2.04	1.92	1.71	1.70	1.61	1.61	1.58	1.54	1.55	1.54	1.49	1.49	1.49	1.48
	1.60	1.35	1.33	1.19	1.17	1.11	1.03	1.00	0.96	0.85	0.85	0.82	0.76
	0.20	0.12	0.11	0.09	0.09	0.08	0.07	0.08	0.07	0.05	0.06	0.06	0.06
	0.02	0.07	0.08	0.12	0.12	0.15	0.18	0.20	0.21	0.21	0.20	0.21	0.22
	0.03	0.07	0.07	0.06	0.07	0.08	0.09	0.09	0.09	0.13	0.12	0.13	0.13
	0.01	0.04	0.04	0.06	0.07	0.08	0.07	0.08	0.10	0.17	0.16	0.17	0.20
	0.05	0.04	0.05	0.06	0.05	0.05	0.05	0.06	0.05	0.04	0.04	0.05	0.04
	0.01	0.01	0.01	0.03	0.03	0.04	0.04	0.05	0.05	0.04	0.05	0.05	0.06
	0.31	0.46	0.48	0.54	0.53	0.56	0.59	0.59	0.61	0.63	0.63	0.64	0.65
				0.04	0.04	0.03	0.04	0.04	0.02	0.03	0.03	0.03	0.03
	0.88	**0.80**	**0.80**	**0.71**	**0.69**	**0.66**	**0.62**	**0.62**	**0.58**	**0.59**	**0.56**	**0.54**	**0.51**
	3.11	**2.97**	**2.96**	**2.90**	**2.86**	**2.83**	**2.78**	**2.78**	**2.74**	**2.73**	**2.70**	**2.69**	**2.66**

1-1-9 高收入户城镇居民家庭基本情况

项 目	Item	单位	Unit	1985
调查户数	**Number of Households Surveyed**	**户**	**household**	**1714**
一、家庭人口数	**Households Size**	**人**	**person**	**3.48**
(一)有收入者人数	**Number of Persons with Income**	**人**	**person**	
1.就业人口数	Number of Employed Persons	**人**	**person**	2.43
(1)国有经济单位职工人数	Staff and Workers in State-owned Economic Units	人	person	
(2)城镇集体经济单位职工人数	Staff and Workers in Collective-owned Economic Units	人	person	
(3)其他各种经济类型单位职工人数	Staff and Workers in Units of Other Economic Type	人	person	
(4)城镇个体经营者人员数	Urban Self-employed Individuals or Owners of Private Enterprises	人	person	
(5)城镇个体被雇人员数	Employed Persons of Urban Self-employed or Private Enterprises	人	person	
(6)离退休再就业人员数	Retired Staff and Veteran Cadres of Reemployment	人	person	
(7)其他就业人员数	Other Employed	人	person	
2.离退休人数	Number of Retired Staff and Veteran Cadres	人	person	
3.其他有收入者人数	Number of Other Persons Earning Income	人	person	
(二)无收入者人数	**Number of Persons Without Income**	**人**	**person**	
二、期末家庭人口数	**Number of Households Members at the end of Period**	**人**	**person**	

1-1-10 最高收入户城镇居民家庭基本情况

项 目	Item	单位	Unit	1985
调查户数	**Number of Households Surveyed**	**户**	**household**	**1714**
一、家庭人口数	**Households Size**	**人**	**person**	**3.24**
(一)有收入者人数	**Number of Persons with Income**	**人**	**person**	
1.就业人口数	Number of Employed Persons	**人**	**person**	2.41
(1)国有经济单位职工人数	Staff and Workers in State-owned Economic Units	人	person	
(2)城镇集体经济单位职工人数	Staff and Workers in Collective-owned Economic Units	人	person	
(3)其他各种经济类型单位职工人数	Staff and Workers in Units of Other Economic Type	人	person	
(4)城镇个体经营者人员数	Urban Self-employed Individuals or Owners of Private Enterprises	人	person	
(5)城镇个体被雇人员数	Employed Persons of Urban Self-employed or Private Enterprises	人	person	
(6)离退休再就业人员数	Retired Staff and Veteran Cadres of Reemployment	人	person	
(7)其他就业人员数	Other Employed	人	person	
2.离退休人数	Number of Retired Staff and Veteran Cadres	人	person	
3.其他有收入者人数	Number of Other Persons Earning Income	人	person	
(二)无收入者人数	**Number of Persons Without Income**	**人**	**person**	
二、期末家庭人口数	**Number of Households Members at the end of Period**	**人**	**person**	

Basic Conditions of High Income Households

	1990	1995	2000	2001	2002	2003	2004	2005	2006	2007	2008	2009	2010	2011
	3566	**3552**	**4222**	**4384**	**4532**	**4767**	**5012**	**5440**	**5610**	**5919**	**6445**	**6526**	**6553**	**6572**
	3.14	**2.99**	**2.87**	**2.83**	**2.78**	**2.76**	**2.74**	**2.68**	**2.69**	**2.63**	**2.62**	**2.61**	**2.61**	**2.57**
		2.24	**2.19**	**2.18**	**2.21**	**2.21**	**2.21**	**2.18**	**2.19**	**2.15**	**2.13**	**2.16**	**2.15**	**2.12**
	2.05	1.90	1.69	1.66	1.57	1.57	1.60	1.54	1.56	1.54	1.51	1.51	1.51	1.48
		1.61	1.38	1.35	1.15	1.11	1.11	1.03	1.00	0.97	0.87	0.88	0.88	0.82
		0.16	0.09	0.08	0.07	0.06	0.07	0.06	0.06	0.06	0.06	0.06	0.05	0.05
		0.03	0.06	0.07	0.13	0.16	0.17	0.19	0.22	0.23	0.23	0.22	0.23	0.23
		0.03	0.06	0.06	0.05	0.06	0.07	0.08	0.10	0.10	0.13	0.13	0.13	0.14
			0.03	0.03	0.05	0.07	0.07	0.06	0.07	0.09	0.13	0.13	0.12	0.14
		0.06	0.06	0.06	0.08	0.08	0.08	0.07	0.08	0.07	0.05	0.06	0.07	0.06
		0.01	0.01	0.01	0.02	0.02	0.03	0.03	0.04	0.03	0.03	0.04	0.04	0.04
		0.34	0.50	0.52	0.62	0.60	0.58	0.62	0.61	0.60	0.59	0.62	0.62	0.61
					0.03	0.03	0.03	0.03	0.03	0.01	0.03	0.02	0.02	0.02
		0.75	**0.67**	**0.65**	**0.56**	**0.55**	**0.53**	**0.50**	**0.50**	**0.47**	**0.49**	**0.45**	**0.45**	**0.45**
		2.99	**2.86**	**2.82**	**2.77**	**2.74**	**2.73**	**2.67**	**2.68**	**2.62**	**2.61**	**2.60**	**2.60**	**2.56**

Basic Conditions of Highest Income Households

	1990	1995	2000	2001	2002	2003	2004	2005	2006	2007	2008	2009	2010	2011
	3566	**3552**	**4222**	**4384**	**4532**	**4660**	**4977**	**5398**	**5571**	**5894**	**6418**	**6508**	**6548**	**6488**
	2.87	**2.79**	**2.66**	**2.64**	**2.68**	**2.68**	**2.65**	**2.64**	**2.62**	**2.58**	**2.51**	**2.51**	**2.51**	**2.53**
		2.24	**2.16**	**2.15**	**2.22**	**2.20**	**2.17**	**2.16**	**2.16**	**2.13**	**2.07**	**2.09**	**2.10**	**2.09**
	1.99	1.81	1.60	1.60	1.58	1.62	1.60	1.59	1.62	1.60	1.57	1.55	1.54	1.58
		1.53	1.30	1.31	1.07	1.09	1.05	1.00	1.01	0.97	0.86	0.86	0.83	0.81
		0.12	0.07	0.07	0.07	0.07	0.06	0.06	0.07	0.06	0.05	0.04	0.04	0.05
		0.03	0.08	0.07	0.19	0.21	0.22	0.25	0.26	0.26	0.27	0.27	0.27	0.28
		0.03	0.06	0.06	0.07	0.07	0.08	0.11	0.12	0.12	0.17	0.16	0.16	0.19
		0.01	0.01	0.02	0.04	0.05	0.05	0.05	0.05	0.07	0.12	0.11	0.12	0.14
		0.08	0.07	0.07	0.12	0.11	0.10	0.10	0.10	0.09	0.08	0.08	0.09	0.08
			0.01	0.01	0.02	0.02	0.02	0.02	0.02	0.03	0.03	0.02	0.03	0.03
		0.43	0.57	0.55	0.62	0.55	0.54	0.54	0.51	0.53	0.48	0.52	0.54	0.49
					0.02	0.03	0.03	0.03	0.03	0.01	0.02	0.02	0.02	0.02
		0.54	**0.49**	**0.49**	**0.46**	**0.48**	**0.48**	**0.48**	**0.46**	**0.44**	**0.44**	**0.42**	**0.40**	**0.43**
		2.79	**2.65**	**2.63**	**2.66**	**2.66**	**2.64**	**2.62**	**2.61**	**2.57**	**2.49**	**2.50**	**2.50**	**2.52**

1-1-11 最低收入户城镇居民家庭现金收支表

单位：元

项 目	Item	1985	1990	1995
平均每人全部年收入	**Per Capita Annual Income**	**482.76**	**859.92**	**2177.72**
工薪收入	Income of Wages and Salaries			1655.32
经营净收入	Net Business Income			52.79
财产性收入	Income from Property			23.18
转移性收入	Income from Transfer			446.43
可支配收入	**Disposable Income**	**437.40**	**761.16**	**2169.75**
平均每人消费性支出	**Per Capita Annual Consumption Expenditures**	**455.64**	**782.28**	**2060.96**
食 品	Food	278.88	479.83	1226.06
衣 着	Clothing	60.00	90.16	208.86
居 住	Housing	20.40	47.56	167.89
家庭设备用品及服务	Household Appliances and Service	35.76	51.88	107.93
医疗保健	Health Care and Medical Services	4.56	18.11	67.53
交通和通信	Transport and Communications	4.68	7.06	62.77
教育文化娱乐服务	Education, Cultural and Recreation Services	33.48	60.62	162.99
其他商品和服务	Miscellaneous Goods and Services	17.88	27.15	56.94
平均每人消费性支出构成	**Composition of Per Capita Annual Consumption**			
（人均消费性支出=100）	**Expenditures (%)**			
食 品	Food	61.21	61.34	59.49
衣 着	Clothing	13.17	11.53	10.13
居 住	Housing	4.48	6.08	8.15
家庭设备用品及服务	Household Appliances and Service	7.85	6.63	5.24
医疗保健	Health Care and Medical Services	1.00	2.32	3.28
交通和通信	Transport and Communications	1.03	0.90	3.05
教育文化娱乐服务	Education, Cultural and Recreation Services	7.35	7.75	7.91
其他商品和服务	Miscellaneous Goods and Services	3.92	3.47	2.76

Income and Expenditure in Cash of Lowest Income Households

Unit: yuan

2000	2001	2002	2003	2004	2005	2006	2007	2008	2009	2010	2011
2678.32	**2834.70**	**2527.68**	**2762.43**	**3084.83**	**3377.68**	**3871.37**	**4604.09**	**5203.83**	**5950.68**	**6703.70**	**7819.44**
1839.81	1882.74	1642.06	1768.14	1946.41	2066.49	2434.11	2981.82	3361.62	3864.73	4319.69	5006.92
185.01	222.61	261.87	316.69	350.96	405.02	441.39	510.96	520.94	633.99	729.23	812.20
52.47	54.38	26.02	27.10	33.33	32.47	35.29	53.56	57.60	63.49	82.77	101.78
601.05	674.96	597.73	650.50	754.13	873.70	960.59	1057.73	1263.66	1388.47	1572.02	1898.54
2653.02	**2802.83**	**2408.60**	**2590.17**	**2862.39**	**3134.88**	**3568.73**	**4210.06**	**4753.59**	**5253.23**	**5948.11**	**6876.09**
2540.13	**2690.98**	**2387.91**	**2562.36**	**2855.15**	**3111.47**	**3422.98**	**4036.32**	**4532.88**	**4900.56**	**5471.84**	**6431.85**
1256.62	1301.05	1127.41	1222.76	1417.76	1475.67	1586.02	1904.09	2182.29	2293.82	2525.32	2948.88
190.07	200.02	193.09	198.71	213.50	243.66	286.12	360.89	398.03	458.48	513.56	607.95
301.40	332.54	282.74	309.01	323.05	384.08	427.16	469.05	556.19	578.93	656.28	749.00
118.49	120.77	86.69	91.99	97.78	109.21	139.99	163.91	190.78	226.04	288.55	335.33
162.71	168.38	164.63	175.77	185.05	232.50	234.50	281.13	323.93	362.60	405.29	483.62
142.73	163.90	157.64	174.17	197.80	228.37	257.72	314.24	345.31	394.80	448.25	501.12
286.83	317.03	317.57	327.71	353.76	363.61	406.05	445.71	424.20	457.22	502.61	642.70
81.28	87.29	58.15	62.25	66.46	74.36	85.42	97.29	112.16	128.67	131.98	163.24
49.47	48.35	47.21	47.72	49.66	47.43	46.33	47.17	48.14	46.81	46.15	45.85
7.48	7.43	8.09	7.75	7.48	7.83	8.36	8.94	8.78	9.36	9.39	9.45
11.87	12.36	11.84	12.06	11.31	12.34	12.48	11.62	12.27	11.81	11.99	11.65
4.66	4.49	3.63	3.59	3.42	3.51	4.09	4.06	4.21	4.61	5.27	5.21
6.41	6.26	6.89	6.86	6.48	7.47	6.85	6.97	7.15	7.40	7.41	7.52
5.62	6.09	6.60	6.80	6.93	7.34	7.53	7.79	7.62	8.06	8.19	7.79
11.29	11.78	13.30	12.79	12.39	11.69	11.86	11.04	9.36	9.33	9.19	9.99
3.20	3.24	2.44	2.43	2.33	2.39	2.50	2.41	2.47	2.63	2.41	2.54

1-1-12 困难户城镇居民家庭现金收支表

单位：元

项 目	Item	1985	1990	1995
平均每人全部年收入	**Per Capita Annual Income(yuan)**	**438.36**	**782.93**	**1984.92**
工薪收入	Income of Wages and Salaries			1477.81
经营净收入	Net Business Income			50.61
财产性收入	Income from Property			22.77
转移性收入	Income from Transfer			433.74
可支配收入	**Disposable Income**	**394.80**	**688.97**	**1975.84**
平均每人消费性支出	**Per Capita Annual Consumption Expenditures(yuan)**	**417.96**	**724.80**	**1904.41**
食 品	Food	261.84	452.44	1153.86
衣 着	Clothing	53.40	78.56	184.13
居 住	Housing	10.92	45.34	154.79
家庭设备用品及服务	Household Appliances and Service	29.76	46.34	95.27
医疗保健	Health Care and Medical Services	4.20	17.01	62.35
交通和通信	Transport and Communications	4.44	6.71	47.76
教育文化娱乐服务	Education, Cultural and Recreation Services	29.28	52.86	155.11
其他商品和服务	Miscellaneous Goods and Services	24.12	25.54	51.14
平均每人消费性支出构成	**Composition of Per Capita Annual Consumption**			
（人均消费性支出=100）	**Expenditures(%)**			
食 品	Food	62.65	62.42	60.59
衣 着	Clothing	12.78	10.84	9.67
居 住	Housing	2.61	6.26	8.13
家庭设备用品及服务	Household Appliances and Service	7.12	6.39	5.00
医疗保健	Health Care and Medical Services	1.00	2.35	3.27
交通和通信	Transport and Communications	1.06	0.93	2.51
教育文化娱乐服务	Education, Cultural and Recreation Services	7.01	7.29	8.14
其他商品和服务	Miscellaneous Goods and Services	5.77	3.52	2.69

Income and Expenditure in Cash of Poor Income Households

Unit: yuan

2000	2001	2002	2003	2004	2005	2006	2007	2008	2009	2010	2011
2350.75	**2497.32**	**2063.95**	**2278.29**	**2531.46**	**2733.30**	**3129.34**	**3744.87**	**4187.20**	**4935.81**	**5483.09**	**6445.45**
1607.22	1681.61	1299.77	1411.26	1521.63	1628.94	1840.18	2331.57	2647.33	3180.44	3455.46	3990.82
171.74	196.78	226.79	250.34	309.83	320.06	403.28	453.08	404.46	493.75	603.96	604.97
44.32	45.60	18.93	22.71	23.07	23.06	29.19	40.53	49.66	53.47	73.41	92.42
527.45	573.33	518.47	593.97	676.93	761.24	856.69	919.70	1085.76	1208.15	1350.27	1757.24
2325.05	**2464.80**	**1957.46**	**2098.92**	**2312.50**	**2495.75**	**2838.87**	**3357.91**	**3734.35**	**4197.58**	**4739.15**	**5398.17**
2320.36	**2450.91**	**2079.52**	**2237.27**	**2441.12**	**2656.41**	**2953.27**	**3447.68**	**3862.72**	**4256.81**	**4715.33**	**5575.56**
1172.77	1209.15	988.19	1087.20	1248.87	1290.09	1387.70	1672.36	1889.87	2041.55	2231.48	2618.87
166.66	175.57	152.38	157.02	169.55	189.78	225.02	288.50	309.97	376.60	417.26	489.51
280.56	318,84	261.45	286.93	280.44	338.74	391.51	415.66	489.27	515.70	591.88	675.67
106.15	96.70	71.49	76.85	76.02	90.39	121.23	130.58	146.62	173.77	223.35	261.48
140.69	142.35	150.74	144.97	158.63	206.52	213.39	250.27	293.11	343.96	359.98	449.89
124.55	144.58	126.34	137.67	157.13	180.86	205.60	243.21	265.44	310.28	359.23	397.55
258.18	289.37	280.53	293.00	297.91	293.17	332.64	366.54	378.33	390.56	424.10	541.46
70.79	74.34	48.39	53.62	52.56	66.86	76.18	80.55	90.11	104.39	108.07	141.12
50.54	49.33	47.52	48.59	51.16	48.57	46.99	48.51	48.93	47.96	47.32	46.97
7.18	7.16	7.33	7.02	6.95	7.14	7.62	8.37	8.02	8.85	8.85	8.78
12.09	13.01	12.57	12.83	11.49	12.75	13.26	12.06	12.67	12.11	12.55	12.12
4.57	3.95	3.44	3.43	3.11	3.40	4.10	3.79	3.80	4.08	4.74	4.69
6.06	5.81	7.25	6.48	6.50	7.77	7.23	7.26	7.59	8.08	7.63	8.07
5.37	5.90	6.08	6.15	6.44	6.81	6.96	7.05	6.87	7.29	7.62	7.13
11.13	11.81	13.49	13.10	12.20	11.04	11.26	10.63	9.79	9.17	8.99	9.71
3.05	3.03	2.33	2.40	2.15	2.52	2.58	2.34	2.33	2.45	2.29	2.53

1-1-13 低收入户城镇居民家庭现金收支表

单位：元

项 目	Item	1985	1990	1995
平均每人全部年收入	**Per Capita Annual Income**	**599.16**	**1077.12**	**2778.49**
工薪收入	Income of Wages and Salaries			2164.41
经营净收入	Net Business Income			62.54
财产性收入	Income from Property			32.88
转移性收入	Income from Transfer			518.66
可支配收入	**Disposable Income**	**546.72**	**968.64**	**2774.94**
平均每人消费性支出	**Per Capita Annual Consumption Expenditures**	**551.28**	**960.72**	**2516.22**
食 品	Food	319.56	564.51	1462.42
衣 着	Clothing	81.36	119.91	287.63
居 住	Housing	12.72	59.17	185.88
家庭设备用品及服务	Household Appliances and Service	51.12	71.75	133.54
医疗保健	Health Care and Medical Services	5.04	21.41	82.93
交通和通信	Transport and Communications	6.48	9.65	79.84
教育文化娱乐服务	Education, Cultural and Recreation Services	43.68	79.94	205.85
其他商品和服务	Miscellaneous Goods and Services	31.32	34.38	78.12
平均每人消费性支出构成（人均消费性支出=100）	**Composition of Per Capita Annual Consumption Expenditures(%)**			
食 品	Food	57.97	58.76	58.12
衣 着	Clothing	14.76	12.48	11.43
居 住	Housing	2.31	6.16	7.39
家庭设备用品及服务	Household Appliances and Service	9.27	7.47	5.31
医疗保健	Health Care and Medical Services	0.91	2.23	3.30
交通和通信	Transport and Communications	1.18	1.00	3.17
教育文化娱乐服务	Education, Cultural and Recreation Services	7.92	8.32	8.18
其他商品和服务	Miscellaneous Goods and Services	5.68	3.58	3.10

Income and Expenditure in Cash of Low Income Households

Unit: yuan

2000	2001	2002	2003	2004	2005	2006	2007	2008	2009	2010	2011
3658.53	**3888.13**	**3833.01**	**4209.16**	**4697.62**	**5202.12**	**5946.10**	**6992.55**	**7916.53**	**8956.81**	**10247.04**	**11751.28**
2571.64	2674.66	2644.30	2913.14	3239.22	3475.95	4040.28	4807.36	5175.38	5822.01	6886.72	7881.69
237.92	239.36	302.58	324.83	366.79	435.64	546.58	589.33	762.91	802.13	877.94	1148.82
64.58	68.50	31.22	36.25	39.34	54.00	57.89	73.95	78.98	102.94	114.45	142.79
784.39	905.61	854.91	934.93	1052.26	1236.53	1301.35	1521.91	1899.26	2229.72	2368.01	2577.98
3633.51	**3856.49**	**3649.16**	**3970.03**	**4429.05**	**4885.32**	**5540.71**	**6504.60**	**7363.28**	**8162.07**	**9285.25**	**10672.02**
3274.93	**3452.27**	**3259.59**	**3549.28**	**3942.23**	**4295.35**	**4765.55**	**5634.15**	**6195.32**	**6743.09**	**7360.17**	**8509.32**
1524.48	1569.77	1457.87	1594.67	1827.42	1926.01	2073.45	2451.15	2846.26	3009.48	3246.69	3715.91
279.10	295.12	309.49	329.15	352.04	408.63	470.00	565.19	598.65	684.18	804.73	913.39
368.20	387.28	355.12	387.88	413.37	472.21	530.06	605.01	688.39	735.23	775.10	874.84
184.27	176.30	144.67	156.26	154.45	171.60	212.02	282.51	309.58	366.43	427.16	489.65
198.92	207.88	225.67	236.76	271.56	308.13	350.01	378.69	457.21	504.09	478.30	579.16
212.52	234.65	257.63	300.65	329.77	375.86	431.13	548.82	532.52	582.28	669.08	841.38
390.21	453.07	425.33	454.53	488.77	518.77	572.38	646.99	594.68	665.96	746.67	876.73
117.22	128.19	83.81	89.41	104.84	111.14	126.50	155.79	168.04	195.43	212.45	218.25
46.55	45.47	44.73	44.93	46.35	44.84	43.51	43.51	45.94	44.63	44.11	43.67
8.52	8.55	9.49	9.27	8.93	9.51	9.86	10.03	9.66	10.15	10.93	10.73
11.24	11.22	10.89	10.93	10.49	10.99	11.12	10.74	11.11	10.90	10.53	10.28
5.63	5.11	4.44	4.40	3.92	4.00	4.45	5.01	5.00	5.43	5.80	5.75
6.07	6.02	6.92	6.67	6.89	7.17	7.34	6.72	7.38	7.48	6.50	6.81
6.49	6.80	7.90	8.47	8.37	8.75	9.05	9.74	8.60	8.64	9.09	9.89
11.92	13.12	13.05	12.81	12.40	12.08	12.01	11.48	9.60	9.88	10.14	10.30
3.58	3.71	2.57	2.52	2.66	2.66	2.65	2.77	2.71	2.90	2.89	2.56

1-1-14 中等偏下收入户城镇居民家庭现金收支表

单位：元

项 目	Item	1985	1990	1995
平均每人全部年收入	**Per Capita Annual Income**	**691.68**	**1266.60**	**3363.67**
工薪收入	Income of Wages and Salaries			2716.94
经营净收入	Net Business Income			54.62
财产性收入	Income from Property			42.15
转移性收入	Income from Transfer			549.96
可支配收入	**Disposable Income**	**632.88**	**1144.44**	**3359.84**
平均每人消费性支出	**Per Capita Annual Consumption Expenditures**	**626.88**	**1097.76**	**2934.16**
食 品	Food	352.44	627.91	1606.15
衣 着	Clothing	95.76	144.73	380.85
居 住	Housing	23.52	58.81	208.14
家庭设备用品及服务	Household Appliances and Service	62.88	95.32	186.34
医疗保健	Health Care and Medical Services	5.04	23.20	93.77
交通和通信	Transport and Communications	7.44	11.50	113.14
教育文化娱乐服务	Education, Cultural and Recreation Services	55.32	94.21	242.65
其他商品和服务	Miscellaneous Goods and Services	24.48	42.09	103.13
平均每人消费性支出构成（人均消费性支出=100）	**Composition of Per Capita Annual Consumption Expenditures(%)**			
食 品	Food	56.22	57.20	54.74
衣 着	Clothing	15.28	13.18	12.98
居 住	Housing	3.75	5.36	7.09
家庭设备用品及服务	Household Appliances and Service	10.03	8.68	6.35
医疗保健	Health Care and Medical Services	0.80	2.11	3.20
交通和通信	Transport and Communications	1.19	1.05	3.86
教育文化娱乐服务	Education, Cultural and Recreation Services	8.82	8.58	8.27
其他商品和服务	Miscellaneous Goods and Services	3.91	3.83	3.51

Income and Expenditure in Cash of Lower Middle Income Households

Unit: Yuan

2000	2001	2002	2003	2004	2005	2006	2007	2008	2009	2010	2011
4651.72	**4983.50**	**5209.18**	**5705.67**	**6423.89**	**7177.05**	**8103.73**	**9568.02**	**10974.63**	**12345.17**	**13970.99**	**15880.67**
3286.94	3487.48	3758.89	4060.66	4560.07	4960.55	5669.97	6622.03	7427.34	8333.34	9350.23	10364.65
223.11	263.46	270.19	317.25	373.79	475.75	532.86	656.81	881.78	972.42	1037.71	1426.85
82.82	96.00	48.32	50.81	72.03	83.79	88.77	109.31	138.87	161.84	156.85	207.53
1058.85	1136.56	1131.78	1276.94	1417.99	1656.96	1812.12	2179.86	2526.63	2877.56	3426.21	3881.64
4623.54	**4946.60**	**4931.96**	**5377.25**	**6024.10**	**6710.58**	**7554.16**	**8900.51**	**10195.56**	**11243.55**	**12702.08**	**14498.26**
3947.91	**4197.57**	**4205.97**	**4557.82**	**5096.15**	**5574.32**	**6108.33**	**7123.69**	**7993.67**	**8738.79**	**9649.21**	**10872.83**
1748.90	1790.57	1772.88	1926.06	2201.88	2336.30	2484.28	2942.78	3428.85	3640.22	3946.00	4535.81
375.07	392.14	438.38	456.14	489.78	565.13	665.74	776.85	843.20	962.45	1076.03	1250.92
407.82	451.46	421.90	459.56	514.62	580.01	655.61	718.26	841.30	880.76	1009.97	1023.01
256.85	264.95	226.42	228.41	235.95	268.81	301.42	385.04	437.18	521.47	600.94	666.47
247.84	273.78	286.56	325.14	355.53	408.12	425.48	501.69	587.61	632.03	637.75	759.82
281.32	316.34	367.72	427.79	479.48	536.22	610.03	710.05	764.13	861.44	1051.75	1150.15
469.16	529.59	576.71	605.57	675.28	720.40	781.97	877.36	851.83	953.75	1037.97	1163.09
160.95	178.74	115.38	129.17	143.61	159.32	183.79	211.66	239.59	286.68	288.80	323.56
44.30	42.66	42.15	42.26	43.21	41.91	40.67	41.31	42.89	41.66	40.89	41.72
9.50	9.34	10.42	10.01	9.61	10.14	10.90	10.91	10.55	11.01	11.15	11.51
10.33	10.76	10.03	10.08	10.10	10.41	10.73	10.08	10.52	10.08	10.47	9.41
6.51	6.31	5.38	5.01	4.63	4.82	4.93	5.41	5.47	5.97	6.23	6.13
6.28	6.52	6.81	7.13	6.98	7.32	6.97	7.04	7.35	7.23	6.61	6.99
7.13	7.54	8.74	9.39	9.41	9.62	9.99	9.97	9.56	9.86	10.90	10.58
11.88	12.62	13.71	13.29	13.25	12.92	12.80	12.32	10.66	10.91	10.76	10.70
4.08	4.26	2.74	2.83	2.82	2.86	3.01	2.97	3.00	3.28	2.99	2.98

1-1-15 中等收入户城镇居民家庭现金收支表

单位：元

项 目	Item	1985	1990	1995
平均每人全部年收入	**Per Capita Annual Income**	**805.20**	**1489.08**	**4073.88**
工薪收入	Income of Wages and Salaries			3360.22
经营净收入	Net Business Income			57.65
财产性收入	Income from Property			57.74
转移性收入	Income from Transfer			598.28
可支配收入	**Disposable Income**	**737.28**	**1351.68**	**4068.66**
平均每人消费性支出	**Per Capita Annual Consumption Expenditures**	**724.20**	**1275.12**	**3446.12**
食 品	Food	392.76	696.79	1770.12
衣 着	Clothing	113.52	174.53	483.70
居住	Housing	24.84	67.25	238.48
家庭设备用品及服务	Household Appliances and Service	77.16	124.20	253.28
医疗保健	Health Care and Medical Services	5.76	25.77	107.96
交通和通信	Transport and Communications	9.24	14.60	156.28
教育文化娱乐服务	Education, Cultural and Recreation Services	70.56	118.44	293.02
其他商品和服务	Miscellaneous Goods and Services	30.36	53.54	143.28
平均每人消费性支出构成（人均消费性支出=100）	**Composition of Per Capita Annual Consumption Expenditures (%)**			
食 品	Food	54.23	54.65	51.37
衣 着	Clothing	15.68	13.69	14.04
居住	Housing	3.43	5.27	6.92
家庭设备用品及服务	Household Appliances and Service	10.65	9.74	7.35
医疗保健	Health Care and Medical Services	0.80	2.02	3.13
交通和通信	Transport and Communications	1.28	1.14	4.53
教育文化娱乐服务	Education, Cultural and Recreation Services	9.74	9.29	8.50
其他商品和服务	Miscellaneous Goods and Services	4.19	4.20	4.16

Income and Expenditure in Cash of Middle Income Households

Unit: yuan

2000	2001	2002	2003	2004	2005	2006	2007	2008	2009	2010	2011
5930.82	**6406.16**	**7061.37**	**7753.86**	**8746.65**	**9886.96**	**11052.05**	**12978.61**	**15054.73**	**16858.36**	**18920.72**	**21439.70**
4335.70	4583.49	5162.40	5684.84	6375.79	6961.71	7744.63	9082.90	10097.99	11288.45	12563.32	14059.51
210.79	249.35	279.98	320.58	364.12	539.60	609.86	719.35	1067.63	1109.19	1209.79	1614.53
107.20	117.76	68.31	75.50	101.26	112.37	123.14	173.87	218.09	239.83	290.74	375.95
1277.12	1453.55	1550.68	1672.94	1905.48	2273.27	2574.42	3002.49	3671.02	4220.89	4856.87	5389.71
5897.92	**6366.24**	**6656.81**	**7278.75**	**8166.54**	**9190.05**	**10269.70**	**12042.32**	**13984.23**	**15399.92**	**17224.01**	**19544.94**
4794.56	**5131.55**	**5452.94**	**5848.02**	**6498.36**	**7308.06**	**7905.41**	**9097.35**	**10344.70**	**11309.73**	**12609.43**	**14028.17**
1960.82	2032.81	2140.34	2293.98	2581.24	2838.83	3019.37	3538.30	4181.25	4410.49	4773.83	5467.09
504.70	528.79	571.19	617.54	661.21	784.56	884.74	1017.66	1136.46	1263.80	1408.10	1628.59
470.95	529.26	563.31	588.75	642.85	745.49	799.32	873.89	1060.58	1131.03	1260.28	1232.70
376.25	377.96	331.54	343.06	349.63	397.17	444.57	545.18	616.31	701.08	833.59	923.35
300.29	335.52	382.83	415.13	466.86	561.82	590.45	646.52	748.68	834.48	864.67	911.03
353.19	421.09	505.78	598.16	696.36	764.70	859.87	993.43	1078.83	1285.03	1620.62	1762.25
597.55	660.70	797.52	811.91	901.80	985.68	1047.48	1172.43	1171.44	1290.09	1421.25	1637.10
230.82	245.41	160.43	179.54	198.42	229.81	259.60	309.95	351.14	393.73	427.09	466.07
40.90	39.61	39.25	39.23	39.72	38.85	38.19	38.89	40.42	39.00	37.86	38.97
10.53	10.30	10.47	10.56	10.18	10.74	11.19	11.19	10.99	11.17	11.17	11.61
9.82	10.31	10.33	10.07	9.89	10.20	10.11	9.61	10.25	10.00	9.99	8.79
7.85	7.37	6.08	5.87	5.38	5.43	5.62	5.99	5.96	6.20	6.61	6.58
6.26	6.54	7.02	7.10	7.18	7.69	7.47	7.11	7.24	7.38	6.86	6.49
7.37	8.21	9.28	10.23	10.72	10.46	10.88	10.92	10.43	11.36	12.85	12.56
12.46	12.88	14.63	13.88	13.88	13.49	13.25	12.89	11.32	11.41	11.27	11.67
4.81	4.78	2.94	3.07	3.05	3.14	3.28	3.41	3.39	3.48	3.39	3.32

1-1-16 中等偏上户城镇居民家庭现金收支表

单位：元

项 目	Item	1985	1990	1995
平均每人全部年收入	**Per Capita Annual Income**	**935.52**	**1756.56**	**4958.42**
工薪收入	Income of Wages and Salaries			4013.78
经营净收入	Net Business Income			82.64
财产性收入	Income from Property			95.97
转移性收入	Income from Transfer			766.02
可支配收入	**Disposable Income**	**861.96**	**1598.28**	**4954.54**
平均每人消费性支出	**Per Capita Annual Consumption Expenditures**	**830.28**	**1456.68**	**4045.52**
食 品	Food	430.80	766.19	1946.42
衣 着	Clothing	130.56	203.40	585.74
居 住	Housing	27.72	77.54	275.79
家庭设备用品及服务	Household Appliances and Service	96.36	163.92	358.76
医疗保健	Health Care and Medical Services	5.88	26.88	121.20
交通和通信	Transport and Communications	10.68	17.66	214.28
教育文化娱乐服务	Education, Cultural and Recreation Services	91.69	138.21	362.64
其他商品和服务	Miscellaneous Goods and Services	36.59	62.88	180.68
平均每人消费性支出构成	**Composition of Per Capita Annual Consumption**			
（人均消费性支出=100）	**Expenditures (%)**			
食 品	Food	51.89	52.60	48.11
衣 着	Clothing	15.72	13.96	14.48
居 住	Housing	3.34	5.32	6.82
家庭设备用品及服务	Household Appliances and Service	11.61	11.25	8.87
医疗保健	Health Care and Medical Services	0.71	1.85	3.00
交通和通信	Transport and Communications	1.29	1.21	5.30
教育文化娱乐服务	Education, Cultural and Recreation Services	11.04	9.49	8.96
其他商品和服务	Miscellaneous Goods and Services	4.41	4.32	4.47

Income and Expenditure in Cash of Urban Middle Income Households

Unit: yuan

2000	2001	2002	2003	2004	2005	2006	2007	2008	2009	2010	2011
7524.98	**8213.66**	**9437.99**	**10463.66**	**11870.79**	**13596.66**	**15199.70**	**17684.55**	**20784.19**	**23050.76**	**25497.81**	**29058.92**
5496.09	5967.59	6772.64	7553.70	8450.05	9462.00	10579.93	12232.34	13717.52	15271.69	16709.65	18747.11
238.54	252.01	266.87	347.37	464.35	628.84	719.67	837.98	1495.65	1531.73	1760.16	2149.18
143.27	150.43	86.91	115.28	140.00	178.41	233.24	312.21	373.16	399.82	530.55	651.99
1647.07	1843.64	2311.58	2447.30	2816.40	3327.41	3666.86	4302.02	5197.87	5847.53	6497.44	7510.63
7487.37	**8164.22**	**8869.51**	**9763.37**	**11050.89**	**12603.37**	**14049.17**	**16385.80**	**19254.08**	**21017.95**	**23188.90**	**26419.99**
5894.92	**6241.50**	**6939.95**	**7547.31**	**8345.70**	**9410.77**	**10218.25**	**11570.39**	**13316.63**	**14964.37**	**16140.36**	**18160.91**
2215.56	2272.11	2596.95	2762.75	3130.75	3425.91	3647.94	4229.78	5043.63	5367.01	5710.14	6515.04
627.81	676.22	737.20	791.36	849.19	1010.63	1120.40	1278.22	1432.93	1601.19	1786.57	2045.84
578.89	614.13	643.15	779.81	813.24	921.67	1009.55	1095.36	1265.94	1493.31	1504.21	1627.62
526.42	524.81	460.99	472.55	480.60	546.06	583.94	716.89	837.63	977.07	1110.95	1277.09
373.83	405.29	510.15	560.89	665.82	764.91	762.37	861.43	977.89	1072.01	1060.13	1136.88
487.11	580.63	718.92	826.32	938.65	1074.90	1264.52	1420.31	1633.57	2047.83	2357.96	2647.88
758.84	820.73	1046.46	1102.89	1182.09	1336.77	1469.14	1544.20	1630.13	1807.73	2001.47	2238.14
326.64	347.57	226.13	250.79	285.36	329.92	360.39	424.19	494.91	598.21	608.93	672.43
37.58	36.40	37.42	36.61	37.51	36.40	35.70	36.56	37.87	35.87	35.38	35.87
10.65	10.83	10.62	10.49	10.18	10.74	10.96	11.05	10.76	10.70	11.07	11.27
9.82	9.84	9.27	10.33	9.74	9.79	9.88	9.47	9.51	9.98	9.32	8.96
8.93	8.41	6.64	6.26	5.76	5.80	5.71	6.20	6.29	6.53	6.88	7.03
6.34	6.49	7.35	7.43	7.98	8.13	7.46	7.45	7.34	7.16	6.57	6.26
8.26	9.30	10.36	10.95	11.25	11.42	12.38	12.28	12.27	13.68	14.61	14.58
12.87	13.15	15.08	14.61	14.16	14.20	14.38	13.35	12.24	12.08	12.40	12.32
5.54	5.57	3.26	3.32	3.42	3.51	3.53	3.67	3.72	4.00	3.77	3.70

1-1-17 高收入户城镇居民家庭现金收支表

单位：元

项　　目	Item	1985	1990	1995
平均每人全部年收入	**Per Capita Annual Income**	**1098.24**	**2071.92**	**6036.43**
工薪收入	Income of Wages and Salaries			4821.69
经营净收入	Net Business Income			108.94
财产性收入	Income from Property			98.02
转移性收入	Income from Transfer			1007.78
可支配收入	**Disposable Income**	**1012.32**	**1889.52**	**6031.61**
平均每人消费性支出	**Per Capita Annual Consumption Expenditures**	**963.24**	**1685.28**	**4665.91**
食　品	Food	473.88	858.16	2127.00
衣　着	Clothing	152.64	231.88	688.67
居　住	Housing	29.64	92.27	308.99
家庭设备用品及服务	Household Appliances and Service	118.44	197.78	445.87
医疗保健	Health Care and Medical Services	6.00	32.42	139.85
交通和通信	Transport and Communications	12.12	22.42	277.40
教育文化娱乐服务	Education, Cultural and Recreation Services	120.24	172.56	443.55
其他商品和服务	Miscellaneous Goods and Services	50.28	77.80	234.58
平均每人消费性支出构成（人均消费性支出=100）	**Composition of Per Capita Annual Consumption Expenditures (%)**			
食　品	Food	49.20	50.92	45.59
衣　着	Clothing	15.85	13.76	14.76
居　住	Housing	3.08	5.48	6.62
家庭设备用品及服务	Household Appliances and Service	12.30	11.74	9.56
医疗保健	Health Care and Medical Services	0.62	1.92	3.00
交通和通信	Transport and Communications	1.26	1.33	5.95
教育文化娱乐服务	Education, Cultural and Recreation Services	12.48	10.24	9.51
其他商品和服务	Miscellaneous Goods and Services	5.22	4.62	5.03

Income and Expenditure in Cash of Urban High Income Households

Unit: yuan

2000	2001	2002	2003	2004	2005	2006	2007	2008	2009	2010	2011
9484.67	**10441.61**	**12555.07**	**14076.07**	**16156.02**	**18687.74**	**20699.63**	**24106.62**	**28518.85**	**31171.69**	**34254.64**	**39215.49**
6824.31	7439.91	8727.13	9795.67	11441.10	12826.09	14207.10	16552.82	19153.53	20351.80	22296.60	25126.10
251.73	289.11	344.69	450.19	544.81	852.18	1056.18	1236.30	1972.55	2299.93	2562.41	3169.82
185.50	201.55	138.42	212.10	247.76	340.27	409.62	544.86	711.84	775.20	944.70	1125.24
2223.14	2511.04	3344.82	3618.08	3922.36	4669.20	5026.73	5772.65	6680.93	7744.76	8450.93	9794.33
9434.21	**10374.92**	**11772.82**	**13123.08**	**14970.91**	**17202.93**	**19068.95**	**22233.56**	**26250.10**	**28386.47**	**31044.04**	**35579.24**
7102.33	**7495.09**	**8919.94**	**9627.58**	**10749.35**	**12102.51**	**13169.82**	**15297.73**	**17888.18**	**19263.88**	**21000.42**	**23906.21**
2458.60	2509.80	3171.36	3337.82	3740.68	4151.09	4392.35	5062.13	6087.25	6360.33	6756.00	7789.91
760.39	810.10	866.38	945.33	1071.52	1255.95	1350.76	1579.06	1857.49	1986.16	2226.70	2598.30
681.61	739.72	906.67	965.22	1100.61	1195.48	1341.89	1436.69	1795.45	1775.08	1999.99	2116.75
780.47	735.26	645.72	687.17	685.43	754.85	842.34	967.68	1209.95	1325.54	1500.24	1736.37
442.70	487.26	657.33	757.57	821.16	997.59	1020.20	1108.59	1257.64	1322.40	1313.60	1512.35
628.15	688.10	991.17	1106.03	1274.18	1590.28	1801.04	2467.69	2632.91	3181.88	3630.63	3963.01
925.35	1040.60	1373.85	1482.57	1673.76	1700.23	1901.68	2092.01	2297.17	2461.10	2739.70	3155.73
425.06	484.27	307.46	345.91	382.00	457.03	519.56	583.88	750.33	851.39	833.53	1033.80
34.62	33.49	35.55	34.67	34.80	34.30	33.35	33.09	34.03	33.02	32.17	32.59
10.71	10.81	9.71	9.82	9.97	10.38	10.26	10.32	10.38	10.31	10.60	10.87
9.60	9.87	10.16	10.03	10.24	9.88	10.19	9.39	10.04	9.21	9.52	8.85
10.99	9.81	7.24	7.14	6.38	6.24	6.40	6.33	6.76	6.88	7.14	7.26
6.23	6.50	7.37	7.87	7.64	8.24	7.75	7.25	7.03	6.86	6.26	6.33
8.84	9.18	11.11	11.49	11.85	13.14	13.68	16.13	14.72	16.52	17.29	16.58
13.03	13.88	15.40	15.40	15.57	14.05	14.44	13.68	12.84	12.78	13.05	13.20
5.98	6.46	3.45	3.59	3.55	3.78	3.95	3.82	4.19	4.42	3.97	4.32

1-1-18 最高收入户城镇居民家庭现金收支表

单位：元

项目	Item	1985	1990	1995
平均每人全部年收入	**Per Capita Annual Income**	**1383.72**	**2675.64**	**8231.31**
工薪收入	Income of Wages and Salaries			5890.70
经营净收入	Net Business Income			178.98
财产性收入	Income from Property			353.61
转移性收入	Income from Transfer			1808.01
可支配收入	**Disposable Income**	**1276.20**	**2447.92**	**8221.94**
平均每人消费性支出	**Per Capita Annual Consumption Expenditures**	**1162.92**	**2039.76**	**6033.10**
食 品	Food	546.12	991.95	2440.91
衣 着	Clothing	178.68	271.23	831.51
居 住	Housing	35.28	133.43	443.81
家庭设备用品及服务	Household Appliances and Service	167.04	265.69	801.85
医疗保健	Health Care and Medical Services	6.60	38.77	189.21
交通和通信	Transport and Communications	17.16	32.81	385.31
教育文化娱乐服务	Education, Cultural and Recreation Services	153.24	197.68	597.42
其他商品和服务	Miscellaneous Goods and Services	58.80	108.20	343.08
平均每人消费性支出构成（人均消费性支出=100）	**Composition of Per Capita Annual Consumption Expenditures(%)**			
食 品	Food	46.96	48.63	40.46
衣 着	Clothing	15.36	13.30	13.78
居 住	Housing	3.03	6.54	7.36
家庭设备用品及服务	Household Appliances and Service	14.36	13.03	13.29
医疗保健	Health Care and Medical Services	0.57	1.90	3.14
交通和通信	Transport and Communications	1.48	1.61	6.39
教育文化娱乐服务	Education, Cultural and Recreation Services	13.18	9.69	9.90
其他商品和服务	Miscellaneous Goods and Services	5.06	5.30	5.69

Income and Expenditure in Cash of Highest Income Households

Unit: yuan

2000	2001	2002	2003	2004	2005	2006	2007	2008	2009	2010	2011
13390.49	**15219.98**	**20208.43**	**23483.95**	**27506.23**	**31237.52**	**34834.39**	**40019.22**	**47422.40**	**51349.57**	**56435.17**	**64460.67**
8748.89	9831.37	13557.84	16272.22	19114.53	21427.02	23724.14	26979.75	30638.65	32539.08	35197.89	39817.11
562.94	561.81	776.79	1017.82	1422.67	2149.30	2726.40	3020.55	5587.65	5521.99	6247.31	8324.55
378.11	350.30	425.44	632.98	775.23	937.09	1279.28	1911.30	2059.22	2321.94	2736.59	3462.37
3700.73	4476.51	5448.37	5560.93	6193.80	6724.11	7104.57	8107.62	9136.87	10966.56	12253.38	12856.63
13311.02	**15114.85**	**18995.85**	**21837.32**	**25377.17**	**28773.11**	**31967.34**	**36784.51**	**43613.75**	**46826.05**	**51431.57**	**58841.87**
9250.63	**9834.20**	**13040.69**	**14515.68**	**16841.82**	**19153.73**	**21061.68**	**23337.33**	**26982.13**	**29004.41**	**31761.63**	**35183.64**
2847.03	2921.26	4100.79	4332.62	4914.64	5367.27	5746.72	6439.53	7874.14	8135.04	8535.21	9681.71
933.52	1022.75	1103.16	1276.08	1461.11	1757.59	1956.60	2162.63	2643.01	2782.30	3148.85	3699.07
864.71	972.10	1485.72	1794.64	1812.28	1897.91	2196.59	2290.13	2681.92	2863.28	3014.65	3272.70
1219.75	1243.00	1014.63	1172.69	1195.98	1287.53	1415.42	1597.44	1925.62	2114.20	2380.63	2625.93
638.30	648.58	933.10	1070.24	1218.42	1287.67	1311.35	1472.54	1589.70	1745.91	1842.83	1959.80
876.61	1024.75	1731.09	2081.14	2828.09	3769.58	4316.82	4815.64	4985.66	5858.67	6770.31	6912.67
1223.97	1273.10	2148.56	2208.97	2707.79	2907.99	3176.07	3526.23	3959.34	4116.41	4515.23	5060.59
646.73	728.66	523.68	579.33	703.50	878.19	942.10	1033.17	1322.74	1388.59	1553.92	1971.17
30.78	29.71	31.45	29.85	29.18	28.02	27.29	27.59	29.18	28.05	26.87	27.52
10.09	10.40	8.46	8.79	8.68	9.18	9.29	9.27	9.80	9.59	9.91	10.51
9.35	9.88	11.39	12.36	10.76	9.91	10.43	9.81	9.94	9.87	9.49	9.30
13.19	12.64	7.78	8.08	7.10	6.72	6.72	6.84	7.14	7.29	7.50	7.46
6.90	6.60	7.16	7.37	7.23	6.72	6.23	6.31	5.89	6.02	5.80	5.57
9.48	10.42	13.27	14.34	16.79	19.68	20.50	20.63	18.48	20.20	21.32	19.65
13.23	12.95	16.48	15.22	16.08	15.18	15.08	15.11	14.67	14.19	14.22	14.38
6.99	7.41	4.02	3.99	4.18	4.58	4.47	4.43	4.90	4.79	4.89	5.60

1-1-19 城镇居民家庭平均每人全年购买主要商品数量

项　目	Item	单位	Unit	1957	1964	1981	1982	1983	1984	1985	1986	1987	1988
粮　食	Grain	千克	kg	167.2	155.8	145.4	144.6	144.5	142.1	131.2	137.9	133.9	137.2
鲜　菜	Fresh Vegetables	千克	kg	109.1	130.3	152.3	159.1	165.0	149.0	147.7	148.3	142.6	147.0
食用植物油	Edible Vegetable Oil	千克	kg	4.2	2.2	4.8	5.8	6.5	7.1	6.4	6.2	6.4	7.0
猪　肉	Pork	千克	kg	6.7		16.9	16.9	18.0	17.1	17.2	19.0	18.9	16.9
牛羊肉	Beef and Mutton	千克	kg	1.2		1.7	1.8	1.9	2.8	3.0	2.6	3.1	2.8
家　禽	Poultry	千克	kg	1.2	0.5	1.9	2.3	2.6	2.9	3.8	3.7	3.4	4.0
鲜　蛋	Fresh Eggs	千克	kg	3.3	2.0	5.2	5.9	6.9	7.6	8.8	7.1	6.6	6.9
水产品	Aquatic Products	千克	kg	7.6	4.7	7.3	7.7	8.1	7.8	7.8	8.2	7.9	7.1
鲜　奶	Milk	千克	kg										
水果(瓜果)	Fresh Melons and Fruits	千克	kg										
酒	Liquor	千克	kg	2.5	1.0	4.4	4.5	5.3	6.8	8.0	9.4	9.9	9.5
煤　炭	Coal	千克	kg	274.6	285.5	240.0	226.5	229.3	254.8	258.7	267.6	236.3	280.8

1-1-20 城镇居民家庭平均每百户年底耐用消费品拥有量

项　目	Item	单位	Unit	1985	1990	1991	1992	1993	1994
摩托车	Motorcycle	辆	unit	1.04	1.94	2.25	2.80	3.53	5.26
洗衣机	Washing Machine	台	set	52.83	78.41	80.58	83.41	86.36	87.29
电冰箱	Refrigerator	台	set	9.57	42.33	48.70	52.60	56.68	62.10
彩色电视机	Colour Television Set	台	set	18.43	59.04	68.41	74.87	79.46	86.21
组合音响	Hi-Fi Stereo Component System	套	set				3.99	5.69	8.68
照相机	Camera	架	set	12.09	19.22	21.32	24.32	26.48	29.83
空调器	Air Conditioner	台	unit	0.08	0.34	0.71	1.19	2.33	5.00
淋浴热水器	Shower	台	unit				13.00	17.74	25.24
家用电脑	Computer	台	unit						
摄像机	Pickup Camera	架	unit						
微波炉	Oven	台	unit						
健身器材	Healthy Equipment	套	unit						
移动电话	Mobile Telephone	部	unit						
家用汽车	Automobile	辆	unit						

Per Capita Annual Purchases of Major Commodities of Urban Households

1989	1990	1991	1992	1993	1994	1995	1999	2000	2003	2004	2005	2006	2007	2008	2009	2010	2011
133.9	130.7	127.9	111.5	97.8	101.7	97.0	84.9	82.3	79.5	78.2	77.0	75.9	77.6		81.3	81.5	80.7
144.6	138.7	132.2	124.9	120.6	120.7	116.5	114.9	114.7	118.3	122.32	118.6	117.6	117.8	123.2	120.5	116.1	114.6
6.2	6.4	6.9	6.7	7.1	7.5	7.1	7.8	8.2	9.2	9.29	9.3	9.4	9.6	10.3	9.7	8.8	9.3
17.5	18.5	18.9	17.7	17.4	17.1	17.2	16.9	16.7	20.4	19.19	20.2	20.0	18.2	19.3	20.5	20.7	20.6
2.7	3.3	3.3	3.7	3.4	3.1	2.4	3.1	3.3	3.3	3.7	3.7	3.8	3.9	3.4	3.7	3.8	4.0
3.7	3.4	4.4	5.1	3.7	4.1	4.0	4.9	5.4	9.2	6.4	9.0	8.3	9.7		10.5	10.2	10.6
7.1	7.3	8.3	9.5	8.9	9.7	9.7	10.9	11.2	11.2	10.35	10.4	10.4	10.3	10.7	10.6	10.0	10.1
7.6	7.7	8.0	8.2	8.0	8.5	9.2	10.3	11.7	13.4	12.5	12.6	13.0	14.2				14.6
	4.6		5.5	5.4	5.3	4.6	7.9	9.9	18.6	18.83	17.9	18.3	17.8	15.2	14.9		13.7
	41.1		47.4	38.9	40.0	45.0	54.2	57.5	57.8	56.5	56.7	60.2	59.5	54.5	56.6		52.0
9.0	9.3	9.5	9.9	9.7	10.0	9.9	9.6	10.0	9.4	8.94	8.9	9.1	9.1			7.0	6.8
217.5	206.0	195.4	164.7	136.0	130.5	129.5	115.5	128.1	104.7	91.97	84.0	70.9	51.0	55.7	43.3	34.4	29.8

Number of Major Durable Consumer Goods Owned Per 100 Urban Households at the Year-end

1995	1999	2000	2001	2002	2003	2004	2005	2006	2007	2008	2009	2010	2011
6.29	15.12	18.80	20.24	22.19	24.00	24.84	25.00	25.30	24.81	21.39	22.40	22.51	20.13
88.97	91.44	90.50	92.22	92.90	94.41	95.90	95.51	96.77	96.77	94.65	96.01	96.92	97.05
66.22	77.74	80.10	81.87	87.38	88.73	90.15	90.72	91.75	95.03	93.63	95.35	96.61	97.23
89.79	111.57	116.60	120.52	126.38	130.50	133.44	134.80	137.43	137.79	132.89	135.65	137.43	135.15
10.52	19.66	22.20	23.84	25.16	26.89	28.29	28.79	29.05	30.20	27.43	28.21	28.08	23.97
30.56	38.11	38.40	39.79	44.08	45.36	47.04	46.94	47.99	45.06	39.11	41.68	43.70	44.48
8.09	24.48	30.80	35.79	51.10	61.79	69.81	80.67	87.79	95.08	100.28	106.84	112.07	122.00
30.05	45.49	49.10	52.00	62.42	66.61	69.40	72.65	75.13	79.52	80.65	83.39	84.82	89.14
	5.91	9.70	13.31	20.63	27.81	33.11	41.52	47.20	53.77	59.26	65.74	71.16	81.88
	1.06	1.30	1.63	1.92	2.45	3.17	4.32	5.11	6.17	7.12	7.77	8.20	9.42
	12.15	17.60	22.27	30.91	36.96	41.70	47.61	50.61	53.39	54.57	57.18	59.00	60.65
	3.83	3.50	3.98	3.74	4.07	4.22	4.68	5.00	4.39	3.95	4.13	4.24	4.09
	7.14	19.50	33.97	62.89	90.07	111.35	137.00	152.88	165.18	172.02	181.04	188.86	205.25
	0.34	0.50	0.60	0.88	1.36	2.18	3.37	4.32	6.06	8.83	10.89	13.07	18.58

1-2-1 按收入等级分城镇居民家庭基本情况(2011年)

项 目	Item	单位	Unit	全 国 National
调查户数	Number of Households Surveyed	户	household	65655
调查户比重	Proportion	%	%	100.00
平均每户家庭人口	Average Household Size	人	person	2.87
平均每户就业人口	Average Number of Employed Persons per Household	人	person	1.48
平均每户就业面	Proportion of Employment per Household	%	%	51.57
平均每一就业者负担人数	Number of Dependents per Employee			
(包括就业者本人)	(including the employee himself or herself)	人	person	1.94
平均每人全部年收入	Per Capita Annual Income	元	yuan	23979.2
平均每人可支配收入	Per Capita Disposable Income	元	yuan	21809.78
平均每人消费性支出(元)	Per Capita Annual Consumption Expenditure	元	yuan	15160.89

Basic Condition of Urban Households by Level of Income (2011)

按收入等级分							
Grouped by Percentile of Households							
最低收入户		低收入户	中等偏下户	中等收入户	中等偏上户	高收入户	最高收入户
Lowest Income Households (first decile)	困难户 Poor Households (first five percent)	Low Income Households (second decile)	Lower Middle Income Households (second quintile)	Middle Income Households (third quintile)	Upper Middle Income Households (fourth quintile)	High Income Households (ninth decile)	Highest Income Households (tenth decile)
6505	3232	6566	13170	13178	13177	6572	6488
9.91	4.92	10.00	20.06	20.07	20.07	10.01	9.88
3.3	3.32	3.2	3.01	2.82	2.67	2.57	2.53
1.29	1.16	1.51	1.52	1.49	1.48	1.48	1.58
39.09	34.94	47.19	50.50	52.84	55.43	57.59	62.45
2.56	2.86	2.12	1.98	1.89	1.80	1.74	1.60
7819.44	6445.45	11751.28	15880.67	21439.7	29058.92	39215.49	64460.67
6876.09	5398.17	10672.02	14498.26	19544.94	26419.99	35579.24	58841.87
6431.85	5575.56	8509.32	10872.83	14028.17	18160.91	23906.21	35183.64

1-2-2 按收入等级分城镇居民家庭现金收入和支出（平均每人全年,2011年）

单位：元

项 目	Item	总平均 Average	最低收入户 Lowest Income Households (first decile)	困难户 Poor Households (first five percent)
一、期初手存现金	**Deposited Cash at Beginning of the Period**	**838.18**	**388.16**	**365.29**
二、家庭总收入	**Total Income of Living Expenditure**	**23979.2**	**7819.44**	**6445.45**
#可支配收入	Disposable Income	21809.78	6876.09	5398.17
(一)工薪收入	Income of Wages and Salaries	15411.91	5006.92	3990.82
1.工资及补贴收入	Income of Wages and Allowances	15087.86	4629.69	3582.77
2.其他劳动收入	Other Working Income	324.05	377.23	408.05
(二)经营净收入	Net Income from Management	2209.74	812.2	604.97
(三)财产性收入	Property Income	648.97	101.78	92.42
1.利息收入	Interest Income	85.17	15.67	17.84
2.股息与红利收入	Bonus and Dividends	100.11	7.55	5.65
3.保险收益	Insurance Yield	5.78	1.5	0.74
4.其它投资收入	Other Investment Income	93.79	1.97	2.24
5.出租房屋收入	House Leasing Income	332.59	65.36	60.93
6.知识产权收入	Intellectual Property Income	2.37		
7.其他财产性收入	Other Property Income	29.16	9.73	5.01
(四)转移性收入	Transfer Income	5708.58	1898.54	1757.24
1.养老金或离退休金	Pension	4635.43	1206.31	962.14
2.社会救济收入	Social Assistance Grants	54.06	249.34	359.81
3.辞退金	Compensation for Dismissal	6.28	0.8	0.33
4.赔偿收入	Compensation Income	19.03	2.05	2.85
5.保险收入	Insurance Proceeds	19.5	13.53	12.44
#失业保险金	Insurance for Unemployment	13.72	13.08	11.93
6.赡养收入	Solatium Income	230.06	137.72	146.2
7.捐赠收入	Donation Income	440.51	144.85	127.85
8.提取住房公积金	Withdrawal of Public Accumulation Fund for Housing Construct	73.86	0.49	
9.记帐补贴	Bookkeeping Allowance	140.11	99.62	98.15
10.其他转移性收入	Other Transfer Income	89.75	43.83	47.48
三、出售财物收入	**Income from Selling Property**	**141.26**	**16.77**	**6.24**
1.出售住房收入	House Leasing Income	110.37	11.81	
2.出售其他物品收入	Other Articles	30.89	4.96	6.24
四、借贷收入	**Debit and Credit Income**	**7138.65**	**2369.35**	**2384.89**
1.提取储蓄存款	Withdrawal of Deposit	6742.3	2168.51	2155.32
2.借入款	Borrowing	142.24	155.99	192.68
3.收回借出款	Withdrawal of Debts	45.16	17.2	18.23
4.收回储蓄性保险本金	Withdrawal of Saving Insurance Principal	4.31	1.65	0.49
5.兑售有价证券	Changing or Sale Securities	17.75		
6.收回投资本金	Withdrawal of Investment Principal	5.45	1.56	2.2
7.住房贷款	Housing Loans	118.16	8.95	
8.汽车贷款	Car loans	14.42		
9.教育贷款	Education Loans	1.21	3.97	1.66
10.其他贷款	Other loans	9.74	5.73	8.17
11.其他借贷收入	Other Debit and Credit Income	37.89	5.78	6.14

Per Capita Annual Cash Income and Expenditure (2011)

Unit: yuan

低收入户 Low Income Households (second decile)	中等偏下户 Lower Middle Income Households (second quintile)	中等收入户 Middle Income Households (third quintile)	中等偏上户 Upper Middle Income Households (fourth quintile)	高收入户 High Income Households (ninth decile)	最高收入户 Highest Income Households (tenth decile)
476.83	**628.77**	**781.32**	**1043.75**	**1310.95**	**1714.48**
11751.28	**15880.67**	**21439.7**	**29058.92**	**39215.49**	**64460.67**
10672.02	14498.26	19544.94	26419.99	35579.24	58841.87
7881.69	10364.65	14059.51	18747.11	25126.1	39817.11
7571.33	10112.67	13838.25	18456.38	24779.22	39057.29
310.36	251.97	221.27	290.73	346.88	759.83
1148.82	1426.85	1614.53	2149.18	3169.82	8324.55
142.79	207.53	375.95	651.99	1125.24	3462.37
22.57	31.37	51.58	95.32	182.16	372.13
9.05	15.15	41.32	99.85	189.62	634.07
1.57	1.16	2.45	6.21	12.82	29.78
4.32	9.87	18.31	40.72	118.81	845.89
98.57	137.8	243.39	389.41	587.82	1379.57
		0.06	0.06	0.08	28.38
6.71	12.18	18.84	20.43	33.95	172.55
2577.98	3881.64	5389.71	7510.63	9794.33	12856.63
1995.24	3258.97	4664.69	6447.06	8106.81	9132.71
78.49	39.59	18.65	8.53	15.62	11.58
2.58	3.51	2.71	11.75	8.78	20.47
0.93	2.21	3.55	12.66	28.12	155.18
22.34	14.81	13.47	22.59	22.55	40.89
20.1	11.7	10.69	14.37	14.42	16.06
155.37	172.91	178.54	244.05	356.44	579.72
170.42	222.59	289.69	464.49	790.21	1764.62
1.47	4.33	8.48	35.4	115.82	663.55
105.84	116.24	134.12	162.51	190.32	221.39
45.29	46.49	75.82	101.63	159.67	266.52
11.5	**44.49**	**60.95**	**109.19**	**358.89**	**796.39**
3.8	32.98	51.08	37.93	327.43	684.07
7.7	11.51	9.87	71.27	31.46	112.32
2739.84	**3951.81**	**5617.28**	**8460.82**	**12940.66**	**23232.17**
2596.69	3703.15	5350.67	8059.69	12285.51	21775.79
86.42	118.28	117.13	143.46	225.51	237.91
16.96	18.73	23.55	53.69	94.39	176.91
0.79	0.81	1.81	4.21	8.51	24.25
0.12	27.27	2.84	11.47	8.18	102.57
0.01	4.84	1.65	4.55	6.48	30.4
13.54	32.42	71.74	126.27	185.92	670.39
5.23	3.83	15.02	14.42	48.1	39.32
3.98	0.82	0.38	0.17		0.03
9.47	11.28	8.71	7.63	10.61	17.9
6.63	30.37	23.77	35.21	67.45	156.71

1-2-2 续表

单位：元

项 目	Item	总平均 Average	最低收入户 Lowest Income Households (first decile)	困难户 Poor Households(first five percent)
五、家庭总支出	**Total Expenditure of Household**	**20365.71**	**8147.6**	**7290.91**
(一)消费支出	Living Expenditure	15160.89	6431.85	5575.56
其中：服务性消费支出	Living Expenditure for Services	3930.67	1391.22	1176.73
1.食品	Food	5506.33	2948.88	2618.87
2.衣着	Clothing	1674.7	607.95	489.51
3.居住	Residence	1405.01	749	675.67
4.家庭设备用品及服务	Household Facilities, Articles and Services	1023.17	335.33	261.48
5.医疗保健	Medicine and Medical Services	968.98	483.62	449.89
6.交通和通信	Transportation and Communication	2149.69	501.12	397.55
7.教育文化娱乐服务	Education, Cultural and Recreation Services	1851.74	642.7	541.46
8.其他商品和服务	Miscellaneous Commodities and Services	581.26	163.24	141.12
(二)购房与建房支出	Expenditure for Purchasing and Building House	733.21	94.2	87.88
1.购房	Purchasing House	702.83	65.18	31.55
2.建房	Building House	30.38	29.02	56.32
(三)转移性支出	Transfer Expenditure	2478.96	774.36	677.63
1.交纳的个人收入税	Tax	169.29	3.52	3.04
2.捐赠支出	Contribution	1603.78	570.54	486.04
3.购买彩票	Expenditure for Purchasing Lotteries	11.81	3.1	2.51
4.赡养支出	Expenditure for support	522.6	169.32	162.41
其中：在外就学子女费用	Expenditure for Children Studying Out Of Current Cities	283.01	114.22	115.32
5.各种非储蓄性保险支出	Expenditure on all Kinds of Non-saving Insurances	113.63	11.31	11.55
其中：车辆保险支出	Expenditure on Car Insurance	69.5	2.61	3.53
6.其他转移性支出	Other Transfer Expenditure	57.86	16.57	12.07
(四)财产性支出	Property Expenditure	132.62	6.97	3.76
1.非生产性利息支出	Expenditure on Non-productional Loan Interests	114.93	5.45	3.52
2.其他	Others	17.69	1.52	0.24
(五)社会保障支出	Expenditure on Social Securities	1860.02	840.21	946.09
1.个人交纳的养老基金	Individually Paid Pension Fund	796.79	575.5	713.99
2.个人交纳的住房公积金	Individually Paid Public Accumulation Fund for Housing Construction	748.59	99.18	70.72
3.个人交纳的医疗基金	Individually Paid Medical Fund	251.42	139.5	137.46
4.个人交纳的失业基金	Individually Paid Unemployment Fund	45.17	11.55	9.22
5.其他社会保障支出	Other Expenditure on Social Securities	18.06	14.48	14.7
六、借贷支出	**Expenditure on Debit and Credit**	**9796.08**	**1620.86**	**1203.49**
1.存入储蓄款	Deposited Saving Money	9012.33	1507.24	1117.47
2.借出款	Loans	49.82	8.52	9.16
3.归还借款	Returning Loans	107.92	43.96	27.53
4.储蓄性保险支出	Expenditure on Saving Insurance	122.21	23.33	17.91
5.购买有价证券	Purchasing Securities	41.64	0.14	0.05
6.其它投资支出	Other Investment Expenses	35.37	1.47	1.76
7.归还住房贷款	Returning Housing Loans	367.69	25.13	18.8
8.归还汽车贷款	Returning Car Loans	22.5		
9.归还教育贷款	Returning Education Loans	0.57	0.1	
10.归还其他贷款	Returning Other Loan	8.53	1.8	2.1
11.其他借贷支出	Other Debit and Credit Expenses	27.5	9.17	8.7
七、期末手存现金	**Deposited Cash at the end of Period**	**1909.36**	**809.57**	**691.04**

1-2-2 Continued

Unit: yuan

低收入户 Low Income Households (second decile)	中等偏下户 Lower Middle Income Households (second quintile)	中等收入户 Middle Income Households (third quintile)	中等偏上户 Upper Middle Income Households (fourth quintile)	高收入户 High Income Households (ninth decile)	最高收入户 Highest Income Households (tenth decile)
10749.19	**13926.13**	**18386.86**	**24276.24**	**32969.21**	**51203.46**
8509.32	10872.83	14028.17	18160.91	23906.21	35183.64
1909.4	2548.57	3427.32	4703.71	6704.66	10639.97
3715.91	4535.81	5467.09	6515.04	7789.91	9681.71
913.39	1250.92	1628.59	2045.84	2598.3	3699.07
874.84	1023.01	1232.7	1627.62	2116.75	3272.7
489.65	666.47	923.35	1277.09	1736.37	2625.93
579.16	759.82	911.03	1136.88	1512.35	1959.8
841.38	1150.15	1762.25	2647.88	3963.01	6912.67
876.73	1163.09	1637.1	2238.14	3155.73	5060.59
218.25	323.56	466.07	672.43	1033.8	1971.17
137.21	261.09	450.29	695.11	1422.88	3777.97
115.62	253.72	444.74	633.39	1416.81	3656.4
21.59	7.37	5.55	61.72	6.07	121.57
1116.71	1508.14	2127.92	2969.11	4288.11	7254.44
11.37	22.33	58.99	161.12	348.65	1114.05
819.79	1110.33	1476.82	1947.96	2648.07	3929.3
5.4	9.48	12.43	15.77	17.4	23.16
230.88	294.29	456.44	627.76	914.18	1555.9
148.13	171.29	246.26	354.65	453.25	759.85
25.31	39.71	79.38	150.04	240.68	448.41
6.43	14.61	39.7	86.58	157.24	341.36
23.96	31.99	43.87	66.47	119.13	183.61
23.91	40.22	78.82	135.8	254.71	704
20.32	32.02	65.98	121.93	218.59	617.41
3.59	8.2	12.84	13.87	36.12	86.59
962.04	1243.84	1701.65	2315.3	3097.29	4283.36
551.65	625.84	756.35	905.77	1105.77	1442.61
222.66	378.62	636.46	1023.41	1510.86	2254.83
155.2	197.98	250.8	301.06	374.52	449.61
19.54	29.16	42.4	61.51	80.39	104.9
12.99	12.24	15.64	23.55	25.75	31.4
3072.61	**5074.44**	**7632.96**	**11962.36**	**18118.38**	**35084.36**
2845.28	4725.39	7106.79	11047.9	16668.39	31778.75
11.25	24.62	36.67	55.53	72.69	224.48
35.76	60.74	99.02	122.17	203.74	315.22
46.59	68.09	83.43	149.72	240.36	421.82
0.96	29.62	9.83	30.9	51.61	279.94
6.49	20.61	21.57	36.84	45.27	182.78
87.92	116.13	237.75	456.79	730.89	1650.64
0.7	5.88	14.14	22.97	43.66	126.15
0.47	0.45	0.19	0.88	1.62	0.86
8.72	4.27	3.64	14.09	11.07	25.92
28.48	18.64	19.92	24.55	49.1	77.81
1143.04	**1484.19**	**1861.66**	**2402.35**	**2695.36**	**3833.15**

1-2-3 按收入等级分城镇居民家庭消费支出(2011年)

单位：元

项目	Item	总平均 Average	最低收入户 Lowest Income Households (first decile)	困难户 Poor Households (first five percent)
消费支出	**Total Consumption Expenditures**	**15160.89**	**6431.85**	**5575.56**
#服务性消费支出	#Service Consumption Expenditure	3930.67	1391.22	1176.73
一、食品	**Food**	**5506.33**	**2948.88**	**2618.87**
(一)粮油类	Grain and Oil	707.62	568.82	545.58
1.粮食	Grain	437.58	351.56	340.75
2.淀粉及薯类	Starches and Tubers	49.65	40.35	39.04
3.干豆类及豆制品	Beans and Bean Products	69.31	51.84	49.04
4.油脂类	Oil and Fats	151.07	125.07	116.75
(二)肉禽蛋水产品类	Meat,Poultry,Egg,Aquatic Products and Related Products	1576.57	933.74	832.25
1.肉类	Meat Products	843.14	554.53	498.26
2.禽类	Poultry Products	262.79	149.76	131.83
3.蛋类	Eggs	116.65	80.98	75.71
4.水产品类	Aquatic Products	353.99	148.48	126.46
(三)蔬菜类	Vegetables	527.32	366.86	342.17
1.鲜菜	Fresh Vegetables	477.42	338.96	317.89
2.干菜	Dried Vegetables	31.65	16.4	13.96
3.菜制品	Vegetable Products	18.25	11.5	10.32
(四)调味品	Condiments	68.84	45.75	42.26
(五)糖烟酒饮料类	Sugar,Tobacco,Liquor and Beverages	559.32	255.85	220.37
1.糖类	Sugar	50.59	26.55	23.79
2.烟草类	Tobacco	249.11	118.75	102.83
3.酒类	Liquor	154.19	66.81	56.66
4.饮料	Beverages	105.44	43.74	37.1
(六)干鲜瓜果类	Dried and Fresh Melons and Fruits	449.14	221.91	197.86
1.鲜果	Fruits	279.33	138.13	121.39
2.鲜瓜	Melons	41.71	23.86	21.86
3.其它干鲜瓜果类及制品	Dried Fruits	128.1	59.92	54.6
(七)糕点、奶及奶制品	Cake, Milk and Its Products	344.1	167.89	140.3
1.糕点	Cake	110.09	52.23	45.24
2.奶及奶制品	Milk and Its Products	234.01	115.66	95.06
(八)其他食品	Other Food	88.44	46.57	36.6
(九)饮食服务	Bite and Sup Service	1184.97	341.48	261.47
1.食品加工服务费	Food Processing Service Fees	1.77	0.96	0.84
2.在外饮食	Dining Out	1183.2	340.52	260.64
二、衣着	**Clothing**	**1674.7**	**607.95**	**489.51**
(一)服装	Garments	1237.03	426.67	336.21
(二)衣着材料	Clothing Materials	11.1	5.06	4.46
(三)鞋类	Shoes	364.95	149.65	124.81
(四)其他衣着用品	Other Clothing	52.07	22.88	20.31
(五)衣着加工服务费	Tailoring and Laundering Services	9.56	3.7	3.71

Per Capita Annual Living Expenditure of Urban Households (2011)

Unit：yuan

低收入户 Low Income Households (second decile)	中等偏下户 Lower Middle Income Households (second quintile)	中等收入户 Middle Income Households (third quintile)	中等偏上户 Upper Middle Income Households (fourth quintile)	高收入户 High Income Households (ninth decile)	最高收入户 Highest Income Households (tenth decile)
8509.32	**10872.83**	**14028.17**	**18160.91**	**23906.21**	**35183.64**
1909.4	2548.57	3427.32	4703.71	6704.66	10639.97
3715.91	**4535.81**	**5467.09**	**6515.04**	**7789.91**	**9681.71**
606.65	669.85	721	771.42	823.01	851.31
370.27	410.1	444.05	477.78	515.52	540.43
41.78	46.26	50.55	54.6	57.65	61.35
59.29	64.86	70.18	77.97	83.47	83.79
135.31	148.62	156.22	161.07	166.37	165.74
1177.25	1403.12	1620.95	1855.69	2063.65	2269.22
681.22	789.34	883.6	960.54	1028.71	1067.74
197.84	233.66	270.87	308.91	347.31	380.53
94.22	110.22	121.22	133.54	139.47	143.17
203.97	269.9	345.26	452.69	548.16	677.78
424.04	489.71	545.16	600.43	645.61	669.65
387.33	445.88	494.45	541.02	577.47	596.14
22.19	27.29	32.42	38.08	44.75	48.23
14.52	16.54	18.29	21.33	23.4	25.27
53.59	62.48	71.98	79.93	85.38	90.24
341.31	434.39	548.68	676.79	826.87	1111.43
33.19	39.07	48.13	59.48	75.38	99.89
153.61	197.94	251.3	298.11	357.52	475.79
94.61	119.34	147.75	187.22	226.11	320.9
59.9	78.03	101.5	131.98	167.86	214.85
291.33	362.97	451.99	553.73	658.91	762.55
183.13	227.01	280.6	342.93	406.2	476.07
29.63	35.7	42.51	51.1	57.49	60.57
78.57	100.25	128.88	159.7	195.22	225.91
220.24	282.95	342.82	420.71	507.59	591.82
69.37	87.55	106.99	136.08	167.26	199.11
150.87	195.4	235.83	284.63	340.33	392.7
63.97	75.8	94.01	107.19	119.22	128.11
537.54	754.55	1070.5	1449.15	2059.68	3207.38
1.64	1.85	1.86	1.93	1.92	2.12
535.9	752.71	1068.63	1447.22	2057.76	3205.26
913.39	**1250.92**	**1628.59**	**2045.84**	**2598.3**	**3699.07**
648.99	903.62	1188.1	1513.44	1954.14	2849.02
6.45	8.99	11.38	15.29	14.43	18.28
221.88	292.44	368.44	441.84	534.99	705.47
30.42	38.75	51.24	63.8	80.34	105.49
5.64	7.12	9.43	11.47	14.4	20.8

1-2-3 续表

单位：元

项　目	Item	总平均 Average	最低收入户 Lowest Income Households (first decile)	困难户 Poor Households (first five percent)
三、居住	**Residence**	**1405.01**	**749**	**675.67**
(一)住房	House	451.25	161.02	122.4
(二)水电燃料及其他	Water, Electricity and Fuels	841.7	560.96	530.22
(三)居住服务费	Housing Services	112.07	27.02	23.05
四、家庭设备用品及服务	**Household Appliances and Services**	**1023.17**	**335.33**	**261.48**
(一)耐用消费品	Durable Consumer Goods	423.81	98.49	65.92
1.家具	Furniture	128.66	22.37	12.02
2.家庭设备	Household Appliances	283.19	69.56	49.62
(二)室内装饰品	Room Decorations	26.7	5.77	3.3
(三)床上用品	Bed Articles	88.91	26.72	20.51
(四)家庭日用杂品	Household Articles for Daily Use	402.07	191.99	160.32
(五)家具材料	Furniture Materials	8.87	1.82	1.48
(六)家庭服务	Household Services	72.81	10.53	9.95
1.家政服务	Housekeeping Services	49.46	3.53	3.3
2.加工维修服务费	Manufacturing Upkeep	22.76	6.84	6.48
五、医疗保健	**Health Care and Medical Services**	**968.98**	**483.62**	**449.89**
(一)医疗器具	Medical Appliances	8.27	1.35	0.94
(二)保健器具	Health Care Appliances	18.6	1.51	0.99
(三)药品费	Medicine	453.2	283.7	256.28
(四)滋补保健品	Health Products	137.4	15.88	11.74
(五)医疗费	Health Care Services	341.01	177.69	176.5
(六)其他	Other	10.5	3.5	3.44
六、交通和通信	**Transport and Communications**	**2149.69**	**501.12**	**397.55**
(一)交通	Transport	1397.09	190.47	147.63
1.家庭交通工具	Transportation Facility	585.99	35.62	27.19
2.车辆用燃料及零配件	Fuels and Parts	378.3	47.16	29.73
3.交通工具服务支出	Using and Upkeep Fare	142.05	13.28	9.85
4.交通费	Traffic Fare	290.76	94.42	80.85
(二)通信	Communication	752.6	310.65	249.92
1.通信工具	Communication Facility	133.99	30.89	22.8
2.通信服务	Communication Services	618.61	279.76	227.13
七、教育文化娱乐服务	**Recreation, Education and Culture**	**1851.74**	**642.7**	**541.46**
(一)文化娱乐用品	Cultural and Recreational Articles	449.55	123.81	98.97
(二)文化娱乐服务	Expenditure of Culture and Recreation	652.19	116.74	95.9
(三)教育	Education	749.99	402.15	346.59
1.教材	Teaching material	61.78	47.75	47.09
2.教育费用	Tuition	688.22	354.4	299.5
八、其他商品和服务	**Miscellaneous Goods and Services**	**581.26**	**163.24**	**141.12**
(一)其它商品	Miscellaneous Goods	380.89	97.08	84.07
(二)服务	Services	200.37	66.16	57.05

Unit: yuan

低收入户 Low Income Households (second decile)	中等偏下户 Lower Middle Income Households (second quintile)	中等收入户 Middle Income Households (third quintile)	中等偏上户 Upper Middle Income Households (fourth quintile)	高收入户 High Income Households (ninth decile)	最高收入户 Highest Income Households (tenth decile)
874.84	**1023.01**	**1232.7**	**1627.62**	**2116.75**	**3272.7**
185.78	212.86	280.53	518.2	852.4	1715.27
643.37	746.78	862.08	972.4	1058.05	1203.03
45.69	63.37	90.09	137.01	206.3	354.4
489.65	**666.47**	**923.35**	**1277.09**	**1736.37**	**2625.93**
170.42	255.94	375.27	559.66	758.97	1151.64
31.81	59.61	93.88	170.32	273.52	439.52
128.35	185.89	268.14	378.36	469.4	691.5
8.76	13.49	23.02	33.86	51.41	83.86
42.51	58.32	80.95	116.91	153.24	213.26
246.43	306.13	391.43	474.56	608.02	822
5.08	5.54	8.15	10.18	15.26	25.17
16.45	27.06	44.54	81.93	149.46	329.99
4.93	11.68	22.1	53.28	110.44	271.7
11.12	14.78	21.59	28.27	38.11	57.31
579.16	**759.82**	**911.03**	**1136.88**	**1512.35**	**1959.8**
2.59	5.76	6.34	11.26	19.98	18.57
8.69	7.84	17.66	23.47	36.45	57.98
321.49	391.33	453.16	511.67	615.44	743.05
33.4	55.38	103.9	177.37	300.14	496.08
206.53	292.01	319.74	401.68	520.7	620.97
6.46	7.5	10.22	11.44	19.64	23.14
841.38	**1150.15**	**1762.25**	**2617.88**	**3963.01**	**6912.67**
402.94	570.46	1027.96	1723.25	2816.26	5384.39
147.69	201.64	431.45	726.95	1200.69	2419.71
88.84	146.6	258.29	477.74	783.07	1516.7
28.57	42.41	79.47	172.87	334.6	630.97
137.84	179.81	258.75	345.69	497.9	817
438.44	579.69	734.29	924.63	1146.75	1528.29
50.7	82.66	115.97	176.18	233.59	379.22
387.75	497.03	618.32	748.45	913.16	1149.06
876.73	**1163.09**	**1637.1**	**2238.14**	**3155.73**	**5060.59**
180.82	273.16	401.56	558.27	779.08	1286.92
192.14	300.27	502.37	847.5	1316.14	2227.72
503.78	589.66	733.17	832.37	1060.51	1545.95
56.08	53.44	65.03	67.45	59.19	93.61
447.7	536.22	668.14	764.93	1001.32	1452.34
218.25	**323.56**	**466.07**	**672.43**	**1033.8**	**1971.17**
136.72	202.7	295.6	447.23	705.93	1318.84
81.53	120.86	170.47	225.2	327.87	652.33

1-2-4 按收入等级分城镇居民家庭消费支出构成(2011年)

单位: %

项 目	Item	总平均 Average	最低收入户 Lowest Income Households (first decile)	困难户 Poor Households (first five percent)
消费支出	**Total Consumption Expenditures**	**100.00**	**100.00**	**100.00**
#服务性消费支出	#Service Consumption Expenditure	25.93	21.63	21.11
一、食品	**Food**	**36.32**	**45.85**	**46.97**
(一)粮油类	Grain and Oil	4.67	8.84	9.79
1.粮食	Grain	2.89	5.47	6.11
2.淀粉及薯类	Starches and Tubers	0.33	0.63	0.70
3.干豆类及豆制品	Beans and Bean Products	0.46	0.81	0.88
4.油脂类	Oil and Fats	1.00	1.94	2.09
(二)肉禽蛋水产品类	Meat,Poultry,Egg,Aquatic Products and Related Products	10.40	14.52	14.93
1.肉类	Meat Products	5.56	8.62	8.94
2.禽类	Poultry Products	1.73	2.33	2.36
3.蛋类	Eggs	0.77	1.26	1.36
4.水产品类	Aquatic Products	2.33	2.31	2.27
(三)蔬菜类	Vegetables	3.48	5.70	6.14
1.鲜菜	Fresh Vegetables	3.15	5.27	5.70
2.干菜	Dried Vegetables	0.21	0.25	0.25
3.菜制品	Vegetable Products	0.12	0.18	0.19
(四)调味品	Condiments	0.45	0.71	0.76
(五)糖烟酒饮料类	Sugar,Tobacco,Liquor and Beverages	3.69	3.98	3.95
1.糖类	Sugar	0.33	0.41	0.43
2.烟草类	Tobacco	1.64	1.85	1.84
3.酒类	Liquor	1.02	1.04	1.02
4.饮料	Beverages	0.70	0.68	0.67
(六)干鲜瓜果类	Dried and Fresh Melons and Fruits	2.96	3.45	3.55
1.鲜果	Fruits	1.84	2.15	2.18
2.鲜瓜	Melons	0.28	0.37	0.39
3.其它干鲜瓜果类及制品	Dried Fruits	0.84	0.93	0.98
(七)糕点、奶及奶制品	Cake, Milk and Its Products	2.27	2.61	2.52
1.糕点	Cake	0.73	0.81	0.81
2.奶及奶制品	Milk and Its Products	1.54	1.80	1.70
(八)其他食品	Other Food	0.58	0.72	0.66
(九)饮食服务	Bite and Sup Service	7.82	5.31	4.69
1.食品加工服务费	Food Processing Service Fees	0.01	0.01	0.02
2.在外饮食	Dining Out	7.80	5.29	4.67
二、衣着	**Clothing**	**11.05**	**9.45**	**8.78**
(一)服装	Garments	8.16	6.63	6.03
(二)衣着材料	Clothing Materials	0.07	0.08	0.08
(三)鞋类	Shoes	2.41	2.33	2.24
(四)其他衣着用品	Other Clothing	0.34	0.36	0.36
(五)衣着加工服务费	Tailoring and Laundering Services	0.06	0.06	0.07

Composition of Per Capita Annual Living Expenditure of Urban Households (2011)

Unit: %

低收入户 Low Income Households (second decile)	中等偏下户 Lower Middle Income Households (second quintile)	中等收入户 Middle Income Households (third quintile)	中等偏上户 Upper Middle Income Households (fourth quintile)	高收入户 High Income Households (ninth decile)	最高收入户 Highest Income Households (tenth decile)
100.00	**100.00**	**100.00**	**100.00**	**100.00**	**100.00**
22.44	23.44	24.43	25.90	28.05	30.24
43.67	**41.72**	**38.97**	**35.87**	**32.59**	**27.52**
7.13	6.16	5.14	4.25	3.44	2.42
4.35	3.77	3.17	2.63	2.16	1.54
0.49	0.43	0.36	0.30	0.24	0.17
0.70	0.60	0.50	0.43	0.35	0.24
1.59	1.37	1.11	0.89	0.70	0.47
13.83	12.90	11.55	10.22	8.63	6.45
8.01	7.26	6.30	5.29	4.30	3.03
2.32	2.15	1.93	1.70	1.45	1.08
1.11	1.01	0.86	0.74	0.58	0.41
2.40	2.48	2.46	2.49	2.29	1.93
4.98	4.50	3.89	3.31	2.70	1.90
4.55	4.10	3.52	2.98	2.42	1.69
0.26	0.25	0.23	0.21	0.19	0.14
0.17	0.15	0.13	0.12	0.10	0.07
0.63	0.57	0.51	0.44	0.36	0.26
4.01	4.00	3.91	3.73	3.46	3.16
0.39	0.36	0.34	0.33	0.32	0.28
1.81	1.82	1.79	1.64	1.50	1.35
1.11	1.10	1.05	1.03	0.95	0.91
0.70	0.72	0.72	0.73	0.70	0.61
3.42	3.34	3.22	3.05	2.76	2.17
2.15	2.09	2.00	1.89	1.70	1.35
0.35	0.33	0.30	0.28	0.24	0.17
0.92	0.92	0.92	0.88	0.82	0.64
2.59	2.60	2.44	2.32	2.12	1.68
0.82	0.81	0.76	0.75	0.70	0.57
1.77	1.80	1.68	1.57	1.42	1.12
0.75	0.70	0.67	0.59	0.50	0.36
6.32	6.94	7.63	7.98	8.62	9.12
0.02	0.02	0.01	0.01	0.01	0.01
6.30	6.92	7.62	7.97	8.61	9.11
10.73	**11.51**	**11.61**	**11.27**	**10.87**	**10.51**
7.63	8.31	8.47	8.33	8.17	8.10
0.08	0.08	0.08	0.08	0.06	0.05
2.61	2.69	2.63	2.43	2.24	2.01
0.36	0.36	0.37	0.35	0.34	0.30
0.07	0.07	0.07	0.06	0.06	0.06

单位: %

项 目	Item	总平均 Average	最低收入户 Lowest Income Households (first decile)	困难户 Poor Households (first five percent)
三、居住	**Residence**	**9.27**	**11.65**	**12.12**
(一)住房	House	2.98	2.50	2.20
(二)水电燃料及其他	Water, Electricity and Fuels	5.55	8.72	9.51
(三)居住服务费	Housing Services	0.74	0.42	0.41
四、家庭设备用品及服务	**Household Appliances and Services**	**6.75**	**5.21**	**4.69**
(一)耐用消费品	Durable Consumer Goods	2.80	1.53	1.18
1.家具	Furniture	0.85	0.35	0.22
2.家庭设备	Household Appliances	1.87	1.08	0.89
(二)室内装饰品	Room Decorations	0.18	0.09	0.06
(三)床上用品	Bed Articles	0.59	0.42	0.37
(四)家庭日用杂品	Household Articles for Daily Use	2.65	2.98	2.88
(五)家具材料	Furniture Materials	0.06	0.03	0.03
(六)家庭服务	Household Services	0.48	0.16	0.18
1.家政服务	Housekeeping Services	0.33	0.05	0.06
2.加工维修服务费	Manufacturing Upkeep	0.15	0.11	0.12
五、医疗保健	**Health Care and Medical Services**	**6.39**	**7.52**	**8.07**
(一)医疗器具	Medical Appliances	0.05	0.02	0.02
(二)保健器具	Health Care Appliances	0.12	0.02	0.02
(三)药品费	Medicine	2.99	4.41	4.60
(四)滋补保健品	Health Products	0.91	0.25	0.21
(五)医疗费	Health Care Services	2.25	2.76	3.17
(六)其他	Other	0.07	0.05	0.06
六、交通和通信	**Transport and Communications**	**14.18**	**7.79**	**7.13**
(一)交通	Transport	9.22	2.96	2.65
1.家庭交通工具	Transportation Facility	3.87	0.55	0.49
2.车辆用燃料及零配件	Fuels and Parts	2.50	0.73	0.53
3.交通工具服务支出	Using and Upkeep Fare	0.94	0.21	0.18
4.交通费	Traffic Fare	1.92	1.47	1.45
(二)通信	Communication	4.96	4.83	4.48
1.通信工具	Communication Facility	0.88	0.48	0.41
2.通信服务	Communication Services	4.08	4.35	4.07
七、教育文化娱乐服务	**Recreation, Education and Culture**	**12.21**	**9.99**	**9.71**
(一)文化娱乐用品	Cultural and Recreational Articles	2.97	1.92	1.78
(二)文化娱乐服务	Expenditure of Culture and Recreation	4.30	1.82	1.72
(三)教育	Education	4.95	6.25	6.22
1.教材	Teaching material	0.41	0.74	0.84
2.教育费用	Tuition	4.54	5.51	5.37
八、其他商品和服务	**Miscellaneous Goods and Services**	**3.83**	**2.54**	**2.53**
(一)其他商品	Miscellaneous Goods	2.51	1.51	1.51
(二)服务	Services	1.32	1.03	1.02

Unit: %

低收入户 Low Income Households (second decile)	中等偏下户 Lower Middle Income Households (second quintile)	中等收入户 Middle Income Households (third quintile)	中等偏上户 Upper Middle Income Households (fourth quintile)	高收入户 High Income Households (ninth decile)	最高收入户 Highest Income Households (tenth decile)
10.28	**9.41**	**8.79**	**8.96**	**8.85**	**9.30**
2.18	1.96	2.00	2.85	3.57	4.88
7.56	6.87	6.15	5.35	4.43	3.42
0.54	0.58	0.64	0.75	0.86	1.01
5.75	**6.13**	**6.58**	**7.03**	**7.26**	**7.46**
2.00	2.35	2.68	3.08	3.17	3.27
0.37	0.55	0.67	0.94	1.14	1.25
1.51	1.71	1.91	2.08	1.96	1.97
0.10	0.12	0.16	0.19	0.22	0.24
0.50	0.54	0.58	0.64	0.64	0.61
2.90	2.82	2.79	2.61	2.54	2.34
0.06	0.05	0.06	0.06	0.06	0.07
0.19	0.25	0.32	0.45	0.63	0.94
0.06	0.11	0.16	0.29	0.46	0.77
0.13	0.14	0.15	0.16	0.16	0.16
6.81	**6.99**	**6.49**	**6.26**	**6.33**	**5.57**
0.03	0.05	0.05	0.06	0.08	0.05
0.10	0.07	0.13	0.13	0.15	0.16
3.78	3.60	3.23	2.82	2.57	2.11
0.39	0.51	0.74	0.98	1.26	1.41
2.43	2.69	2.28	2.21	2.18	1.76
0.08	0.07	0.07	0.06	0.08	0.07
9.89	**10.58**	**12.56**	**14.58**	**16.58**	**19.65**
4.74	5.25	7.33	9.49	11.78	15.30
1.74	1.85	3.08	4.00	5.02	6.88
1.04	1.35	1.84	2.63	3.28	4.31
0.34	0.39	0.57	0.95	1.40	1.79
1.62	1.65	1.84	1.90	2.08	2.32
5.15	5.33	5.23	5.09	4.80	4.34
0.60	0.76	0.83	0.97	0.98	1.08
4.56	4.57	4.41	4.12	3.82	3.27
10.30	**10.70**	**11.67**	**12.32**	**13.20**	**14.38**
2.12	2.51	2.86	3.07	3.26	3.66
2.26	2.76	3.58	4.67	5.51	6.33
5.92	5.42	5.23	4.58	4.44	4.39
0.66	0.49	0.46	0.37	0.25	0.27
5.26	4.93	4.76	4.21	4.19	4.13
2.56	**2.98**	**3.32**	**3.70**	**4.32**	**5.60**
1.61	1.86	2.11	2.46	2.95	3.75
0.96	1.11	1.22	1.24	1.37	1.85

1-2-5 按收入等级分城镇居民家庭每人全年购买主要商品数量(2011年)

项 目	Item	单位	Unit	总平均 Average	最低收入户 Lowest Income Households (first decile)	困难户 Poor Households (first five percent)
大米	Rice	千克	kg	39.2	36.28	34.97
面粉	Flour	千克	kg	11.5	14.83	16
食用植物油	Edible Vegetable Oil	千克	kg	9.26	8.4	8
猪肉	Pork	千克	kg	20.63	15.21	13.61
牛肉	Beef	千克	kg	2.77	1.79	1.69
羊肉	Mutton	千克	kg	1.18	0.9	0.93
鸡	Chicken	千克	kg	6.13	4.14	3.68
鸭	Duck	千克	kg	1.9	1.19	1.05
鲜蛋	Fresh eggs	千克	kg	10.12	7.54	7.14
鱼	Fish	千克	kg	10.02	6.18	5.42
虾	Shrimp	千克	kg	1.31	0.45	0.37
鲜菜	Fresh Vegetables	千克	kg	114.56	94.52	90.44
白酒	Liquor	千克	kg	2.04	1.57	1.39
果酒	Fruit Wine	千克	kg	0.22	0.06	0.05
啤酒	Beer	千克	kg	4.48	2.9	2.5
碳酸饮料	Soda Pop	千克	kg	1.37	0.74	0.63
茶叶	Tea	千克	kg	0.29	0.17	0.17
鲜果	Fruits	千克	kg	37.05	22.32	20.02
鲜瓜	Melons	千克	kg	14.97	10.54	9.85
糕点	Cake	千克	kg	5.01	2.99	2.65
鲜乳品	Milk	千克	kg	13.7	7.56	6.79
奶粉	Milk Powder	千克	kg	0.53	0.33	0.26
酸奶	Yogurt	千克	kg	3.67	1.84	1.58
服装	Clothing	件	piece	8.74	4.46	3.77
鞋类	Shoes	双	pair	2.91	1.89	1.7
水	Water	吨	ton	43.06	28.43	27.05
电	Electricity	度	degree	691.24	429.74	393.85
煤炭	Coal	千克	kg	29.79	71.04	69.89
液化石油气	LPG	千克	kg			
管道煤气	Coal Gas	立方米	stere	10.89	5.96	5.74

Per Capita Annual Purchases of Major Commodities of Urban Households by Level of Income (2011)

低收入户 Low Income Households (second decile)	中等偏下户 Lower Middle Income Households (second quintile)	中等收入户 Middle Income Households (third quintile)	中等偏上户 Upper Middle Income Households (fourth quintile)	高收入户 High Income Households (ninth decile)	最高收入户 Highest Income Households (tenth decile)
37.41	39.56	39.85	40.21	39.88	40.31
12.22	12.14	12.02	10.74	9.18	6.97
8.79	9.46	9.7	9.5	9.31	8.89
18.13	20.38	21.53	22.45	23.18	23.51
2.27	2.59	3.01	3.2	3.27	3.18
0.86	1.1	1.31	1.37	1.4	1.3
5.04	5.7	6.25	6.96	7.51	8.02
1.6	1.84	1.99	2.15	2.22	2.33
8.59	9.9	10.69	11.34	11.44	11.01
7.83	9.2	10.25	11.72	12.72	13.53
0.71	0.97	1.31	1.79	2.11	2.42
102.27	113.11	120.06	123.36	124.78	120.42
1.83	2.14	2.21	2.16	2.05	2.06
0.1	0.14	0.19	0.31	0.37	0.49
3.85	4.54	4.79	5.03	4.9	4.97
0.99	1.2	1.38	1.64	1.89	2.1
0.19	0.24	0.28	0.36	0.39	0.43
28.13	33.6	38.76	43.52	47.52	50.1
12.35	14.12	15.5	17.17	18.08	17.72
3.77	4.52	5.19	5.87	6.57	6.91
9.71	11.71	14.6	16.73	18.84	18.98
0.35	0.5	0.54	0.63	0.67	0.74
2.5	3.15	3.79	4.53	5.14	5.52
6.03	7.37	8.72	10.09	12.14	15.72
2.43	2.7	3.01	3.23	3.51	4.04
33.23	37.81	43.78	49.06	54.86	64.07
507.2	602.71	691.63	805.49	903.82	1077.66
45.28	33.25	23.52	16.95	10.09	5.12
7.29	9.94	12.24	13.39	12.29	15.14

1-2-6 按收入等级分城镇居民家庭平均每百户购买主要耐用消费品数量(2011年)

项　目	Item	单位	Unit	总平均 Average	最低收入户 Lowest Income Households (first decile)	困难户 Poor Households (first five percent)
洗衣机	Washing Machine	台	set	5.81	2.27	1.59
电冰箱	Refrigerator	台	set	4.8	1.74	1.61
微波炉	Microwave	台	unit	2.76	0.86	0.87
空调器	Air Conditioner	台	unit	6.05	1.61	0.9
淋浴热水器	Shower	台	unit	5.33	1.8	1.18
消毒碗柜	Disinfection Cupboard	台	unit	0.39	0.08	0.12
摩托车	Motorcycle	辆	unit	0.44	0.31	0.28
助力车	Helping Hand Car	辆	unit	3.89	2.2	2.04
家用汽车	Automobile	辆	unit	1.89	0.02	
电话机	Telephone	部	unit	7.52	2.89	1.58
移动电话	Mobile Telephone	部	unit	31.55	13.13	8.94
彩色电视机	Color Television Set	台	set	6.94	2.03	1.82
组合音响	Hi-Fi Stereo Component	台	set	0.47	0.04	0.01
摄像机	Pickup Camera	架	set	0.3	0.05	0.07
照相机	Camera	架	set	2.97	0.39	0.19
钢琴	Piano	架	set	0.15	0.01	0.01
其他中高档乐器	Other Medium and High Grade Musical Instrument	件	unit	1	0.26	0.18

1-2-7 按收入等级分城镇居民家庭平均每百户年底主要耐用消费品拥有量(2011年)

项　目	Item	单位	Unit	总平均 Average	最低收入户 Lowest Income Households (first decile)	困难户 Poor Households (first five percent)
摩托车	Motorcycle	辆	unit	20.13	20.03	16.41
助力车	Helping Hand Car	辆	unit	32.56	25.66	24.53
家用汽车	Automobile	辆	unit	18.58	2.96	2.09
洗衣机	Washing Machine	台	set	97.05	87.44	85.65
电冰箱	Refrigerator(	台	set	97.23	80.43	76.64
彩色电视机	Colour Television Set	台	set	135.15	111.39	108.67
家用电脑	Computer	台	set	81.88	40.81	33.43
组合音响	Hi-Fi Stereo Component	套	set	23.97	9.37	7.49
摄像机	Pickup Camera	架	set	9.42	1.45	0.75
照相机	Camera	架	set	44.48	11.59	7.44
钢琴	Piano	架	set	2.65	0.50	0.37
其他中高档乐器	Other Medium and High Grade Musical Instrument	件	unit	4.21	1.23	0.92
微波炉	Oven	台	unit	60.65	25.82	20.51
空调器	Air Conditioner	台	unit	122.00	44.76	37.23
淋浴热水器	Shower	台	unit	89.14	61.44	55.38
消毒碗柜	Disinfection Cupboard	台	unit	19.19	7.39	5.13
洗碗机	Dishwasher	台	unit	0.88	0.19	0.26
健身器材	Healthy Equipment	套	unit	4.09	0.64	0.62
固定电话	Telephone	部	unit	69.58	50.20	48.73
移动电话	Mobile Telephone	部	unit	205.25	168.89	157.49

Purchases of Number of Durable Consumer Goods Per 100 Urban Households by Level of Income (2011)

低收入户 Low Income Households (second decile)	中等偏下户 Lower Middle Income Households (second quintile)	中等收入户 Middle Income Households (third quintile)	中等偏上户 Upper Middle Income Households (fourth quintile)	高收入户 High Income Households (ninth decile)	最高收入户 Highest Income Households (tenth decile)
3.62	4.81	5.36	7.42	7.72	9.89
3.15	4.02	4.4	5.66	6.49	9.04
1.91	2.23	2.91	2.86	3.94	5.2
2.92	3.9	5.86	7.56	8.66	13.66
3.11	3.85	5.42	6.84	7.64	9.16
0.26	0.3	0.44	0.35	0.64	0.8
1.05	0.43	0.43	0.34	0.28	0.33
3.43	4	4.39	4.21	4.27	3.9
2.11	0.57	1.19	2.59	3.34	5.13
4.23	6.94	6.66	9.44	9.94	12.8
19.91	25.66	33.23	35.96	42.34	53.45
3.5	4.84	6.24	8.34	10.94	15.27
0.13	0.36	0.44	0.43	0.57	1.64
0.12	0.21	0.27	0.28	0.65	0.69
1.14	2.48	3.03	3.11	4.85	6.56
	0.06	0.13	0.17	0.25	0.56
0.55	0.67	1.11	1.53	1.04	1.65

Number of Durable Consumer Goods Owned Per 100 Urban Households at Year-end by Level of Income(2011)

低收入户 Low Income Households (second decile)	中等偏下户 Lower Middle Income Households (second quintile)	中等收入户 Middle Income Households (third quintile)	中等偏上户 Upper Middle Income Households (fourth quintile)	高收入户 High Income Households (ninth decile)	最高收入户 Highest Income Households (tenth decile)
23.77	23.85	22.06	18.15	15.28	12.91
35.34	35.63	35.09	33.63	28.77	26.29
6.27	9.61	14.97	23.36	32.38	52.36
93.27	96.35	97.71	99.35	100.61	103.17
90.58	95.80	99.02	101.33	103.43	107.04
119.77	126.23	132.96	142.54	152.22	169.03
58.39	71.24	82.77	93.27	104.70	126.24
14.74	18.93	23.39	28.50	33.75	42.69
3.03	4.84	8.22	11.83	17.13	24.74
21.13	31.37	42.95	56.49	68.15	88.52
0.67	1.15	2.07	3.12	4.88	8.46
2.02	2.86	3.99	5.69	5.89	8.50
41.77	52.17	63.82	73.15	79.47	85.51
73.04	94.20	118.88	147.37	174.79	220.06
75.86	84.37	91.54	97.28	101.48	109.32
11.90	14.27	17.51	22.05	29.29	38.05
0.54	0.52	0.63	1.12	1.34	2.32
1.02	1.80	3.29	4.78	7.86	12.57
59.68	64.67	70.40	76.52	80.68	84.54
195.10	202.76	207.87	212.55	216.76	228.35

1-3 按绝对收入分组城镇居民家庭基本情况(2011年)

项目	Item	单位	Unit	全国 National	按户总收入分 10000元以下	10000~15000
调查户数	**Number of Households Surveyed**	**户**	**household**	**65655**	**261**	**788**
调查户比重	**Proportion**	**%**	**%**	**100.00**	**0.40**	**1.20**
平均每户家庭人口	**Average Household Size**	**人**	**person**	**2.87**	**1.68**	**2.21**
平均每户就业人口	**Average Number of Employed Persons Per Household**	**人**	**person**	**1.48**	**0.36**	**0.65**
平均每户就业面	**Proportion of Employment per Household**	**%**	**%**	**51.57**	**21.43**	**29.41**
平均每一就业者负担人数	**Number of Dependents per Employee**					
(包括就业者本人)	**(Including the employee himself or herself)**	**人**	**person**	**1.94**	**4.67**	**3.40**
平均每人全部年收入	**Per Capita Annual Income**	**元**	**yuan**	**23979.20**	**4431.78**	**5927.75**
工薪收入	Income of Wages and Salaries	元	yuan	15411.91	1580.21	2788.25
经营净收入	Net Business Income	元	yuan	2209.74	74.91	281.94
财产性收入	Income from Property	元	yuan	648.97	141.53	82.93
转移性收入	Income from Transfer	元	yuan	5708.58	2635.13	2774.63
#可支配收入	#Disposable Income	元	yuan	21809.78	4125.92	5440.22
平均每人消费性支出	**Per Capita Annual Consumption Expenditures**	**元**	**yuan**	**15160.89**	**5429.10**	**5946.47**
食品	Food	元	yuan	5506.33	2739.48	2832.06
衣着	Clothing	元	yuan	1674.70	393.19	467.09
居住	Housing	元	yuan	1405.01	953.74	957.49
家庭设备用品及服务	Household Appliances and Service	元	yuan	1023.17	215.98	253.59
医疗保健	Health Care and Medical Services	元	yuan	968.98	491.43	579.81
交通和通信	Transport and Communications	元	yuan	2149.69	284.78	352.76
教育文化娱乐服务	Education, Cultural and Recreation Services	元	yuan	1851.74	249.82	376.34
其他商品与服务	Miscellaneous Goods and Services	元	yuan	581.26	100.67	127.33
平均每人消费性支出构成	**Composition of Per Capita Annual Consumption Expenditures**	%	%			
食品	Food	%	%	36.32	50.46	47.63
衣着	Clothing	%	%	11.05	7.24	7.85
居住	Housing	%	%	9.27	17.57	16.10
家庭设备用品及服务	Household Appliances and Service	%	%	6.75	3.98	4.26
医疗保健	Health Care and Medical Services	%	%	6.39	9.05	9.75
交通和通信	Transport and Communications	%	%	14.18	5.25	5.93
教育文化娱乐服务	Education, Cultural and Recreation Services	%	%	12.21	4.60	6.33
其他商品与服务	Miscellaneous Goods and Services	%	%	3.83	1.85	2.14

Basic Conditions of Urban Households by Level of Income (2011)

By Level of Income							
15000 ~ 20000	20000 ~ 25000	25000 ~ 30000	30000 ~ 35000	35000 ~ 40000	40000 ~ 45000	45000 ~ 50000	50000 ~ 55000
1581	**2411**	**3131**	**4034**	**4385**	**4518**	**4519**	**4415**
2.41	**3.67**	**4.77**	**6.14**	**6.68**	**6.88**	**6.88**	**6.72**
2.33	**2.50**	**2.57**	**2.62**	**2.69**	**2.73**	**2.79**	**2.88**
0.79	**0.98**	**1.02**	**1.15**	**1.21**	**1.28**	**1.38**	**1.47**
33.91	**39.20**	**39.69**	**43.89**	**44.98**	**46.89**	**49.46**	**51.04**
2.95	**2.55**	**2.52**	**2.28**	**2.22**	**2.13**	**2.02**	**1.96**
7553.22	**9068.01**	**10735.85**	**12399.83**	**13910.31**	**15537.76**	**16978.60**	**18176.39**
3605.06	4726.40	5475.15	6827.94	7604.83	8778.92	9992.71	11195.62
516.58	658.81	814.62	975.97	1219.08	1335.67	1411.83	1590.28
63.09	119.93	129.82	145.96	171.26	206.76	212.07	224.97
3368.49	3562.87	4316.26	4449.97	4915.15	5216.42	5361.98	5165.53
7082.93	8496.87	10013.88	11550.11	12928.58	14374.71	15713.29	16763.53
6813.08	**7556.12**	**8499.51**	**9229.44**	**9970.32**	**10855.47**	**11773.56**	**12284.07**
3264.95	3498.21	3877.57	4187.96	4446.39	4666.90	4834.79	4917.74
602.65	721.80	855.15	963.84	1090.83	1193.50	1323.46	1402.55
859.21	949.14	936.64	981.79	1014.89	1048.72	1176.10	1160.03
354.80	408.28	496.38	507.64	618.38	674.30	772.25	800.29
665.97	576.80	687.29	769.31	728.97	843.75	873.49	822.74
431.00	617.04	663.47	754.81	883.56	1001.79	1245.42	1420.76
476.23	616.82	751.85	799.82	907.95	1093.57	1190.68	1370.58
158.28	168.05	231.16	264.28	279.36	332.92	357.35	389.38
47.92	46.30	45.62	45.38	44.60	42.99	41.06	40.03
8.85	9.55	10.06	10.44	10.94	10.99	11.24	11.42
12.61	12.56	11.02	10.64	10.18	9.66	9.99	9.44
5.21	5.40	5.84	5.50	6.20	6.21	6.56	6.51
9.77	7.63	8.09	8.34	7.31	7.77	7.42	6.70
6.33	8.17	7.81	8.18	8.86	9.23	10.58	11.57
6.99	8.16	8.85	8.67	9.11	10.07	10.11	11.16
2.32	2.22	2.72	2.86	2.80	3.07	3.04	3.17

项 目	Item	单位	Unit	按户总收入分 55000~60000	60000~65000
调查户数	**Number of Households Surveyed**	**户**	**household**	**4010**	**3819**
调查户比重	**Proportion**	**%**	**%**	**6.11**	**5.82**
平均每户家庭人口	**Average Household Size**	**人**	**person**	**2.88**	**2.92**
平均每户就业人口	**Average Number of Employed Persons Per Household**	**人**	**person**	**1.52**	**1.57**
平均每户就业面	**Proportion of Employment per Household**	**%**	**%**	**52.78**	**53.77**
平均每一就业者负担人数	**Number of Dependents per Employee**				
（包括就业者本人）	**(Including the employee himself or herself)**	**人**	**person**	**1.89**	**1.86**
平均每人全部年收入	**Per Capita Annual Income**	**元**	**yuan**	**19877.10**	**21262.27**
工薪收入	Income of Wages and Salaries	元	yuan	12698.33	13619.09
经营净收入	Net Business Income	元	yuan	1598.52	1577.40
财产性收入	Income from Property	元	yuan	302.70	329.32
转移性收入	Income from Transfer	元	yuan	5277.56	5736.46
#可支配收入	#Disposable Income	元	yuan	18241.05	19491.38
平均每人消费性支出	**Per Capita Annual Consumption Expenditures**	**元**	**yuan**	**12841.36**	**13702.71**
食 品	Food	元	yuan	5099.00	5316.85
衣 着	Clothing	元	yuan	1541.65	1589.08
居 住	Housing	元	yuan	1200.34	1229.43
家庭设备用品及服务	Household Appliances and Service	元	yuan	836.70	934.78
医疗保健	Health Care and Medical Services	元	yuan	879.90	960.91
交通和通信	Transport and Communications	元	yuan	1396.33	1635.32
教育文化娱乐服务	Education, Cultural and Recreation Services	元	yuan	1450.44	1599.23
其他商品与服务	Miscellaneous Goods and Services	元	yuan	437.01	437.11
平均每人消费性支出构成	**Composition of Per Capita Annual Consumption Expenditures**	%	%		
食 品	Food	%	%	39.71	38.80
衣 着	Clothing	%	%	12.01	11.60
居 住	Housing	%	%	9.35	8.97
家庭设备用品及服务	Household Appliances and Service	%	%	6.52	6.82
医疗保健	Health Care and Medical Services	%	%	6.85	7.01
交通和通信	Transport and Communications	%	%	10.87	11.93
教育文化娱乐服务	Education, Cultural and Recreation Services	%	%	11.30	11.67
其他商品与服务	Miscellaneous Goods and Services	%	%	3.40	3.19

1-3 continued

By Level of Income							
65000 ~ 70000	70000 ~ 75000	75000 ~ 80000	80000 ~ 85000	85000 ~ 90000	90000 ~ 95000	95000 ~ 100000	100000元以上
3232	**2842**	**2619**	**2186**	**1950**	**1615**	**1470**	**11868**
4.92	**4.33**	**3.99**	**3.33**	**2.97**	**2.46**	**2.24**	**18.08**
3.00	**2.95**	**2.97**	**3.06**	**3.03**	**3.05**	**3.12**	**3.19**
1.63	**1.67**	**1.69**	**1.71**	**1.77**	**1.78**	**1.81**	**1.91**
54.33	**56.61**	**56.90**	**55.88**	**58.42**	**58.36**	**58.01**	**59.87**
1.84	**1.77**	**1.76**	**1.79**	**1.71**	**1.71**	**1.72**	**1.67**
22299.50	**24343.48**	**25831.18**	**26683.71**	**28427.08**	**29853.73**	**30774.09**	**45753.74**
14414.22	16300.90	17360.12	17794.90	20066.04	20519.51	21192.59	30779.95
1606.43	1950.40	1911.27	1934.89	1856.08	2172.23	2436.80	5309.33
417.62	451.42	577.74	563.98	666.89	732.03	839.19	2016.55
5861.23	5640.75	5982.05	6389.95	5838.08	6429.96	6305.51	7647.91
20417.09	22188.37	23454.01	24223.29	25586.92	26893.38	27697.32	41038.91
14041.31	**15390.35**	**16042.66**	**17045.62**	**17727.00**	**18189.94**	**19130.64**	**26103.66**
5406.87	5735.04	5953.03	5992.68	6194.23	6472.28	6490.52	7701.28
1625.78	1788.75	1879.81	1900.17	2064.34	2069.41	2283.51	2777.54
1200.89	1361.05	1453.57	1535.31	1616.51	1498.42	2195.74	2223.65
933.13	1058.28	1145.32	1192.09	1300.44	1236.99	1341.36	1870.84
968.93	968.71	969.63	1088.95	1051.82	1262.78	1043.57	1369.09
1729.48	2115.49	2168.30	2549.78	2478.12	2606.65	2996.36	5054.79
1653.35	1798.62	1921.05	2182.19	2263.22	2346.09	2353.77	3830.32
522.89	564.41	551.96	604.46	758.34	697.31	725.82	1276.15
38.51	37.26	37.11	35.16	34.94	35.58	33.40	29.50
11.58	11.62	11.72	11.15	11.65	11.38	11.75	10.64
8.55	8.84	9.06	9.01	9.12	8.24	11.30	8.52
6.65	6.88	7.14	6.99	7.34	6.80	6.90	7.17
6.90	6.29	6.04	6.39	5.93	6.94	5.37	5.24
12.32	13.75	13.52	14.96	13.98	14.33	15.42	19.36
11.77	11.69	11.97	12.80	12.77	12.90	12.11	14.67
3.72	3.67	3.44	3.55	4.28	3.83	3.74	4.89

1-4-1 各地区城镇居民家庭人口就业情况(平均每户,2011年)

Employment Status of Urban Households by Region (2011)

单位：人　　　　Unit: person

地区 Region	调查户数(户) Number of Households Surveyed (household)	一、家庭人口数 Households Size	(一)有收入者人数 Number of Persons with Income	1.就业人口数 Number of Employed Persons	(1)国有经济单位职工人数 Staff and Workers in State-owned Economic Units	(2)城镇集体经济单位职工人数 Staff and Workers in Collective-owned Economic Units	(3)其他各种经济类型单位职工 Staff and Workers in Units of Other Economic Type	(4)城镇个体经营者人员数 Urban Self-employed Individuals or Owners of Private Enterprises
全国 National	**65655**	**2.87**	**2.07**	**1.48**	**0.65**	**0.06**	**0.20**	**0.16**
北京 Beijing	5000	2.71	2.15	1.39	0.66	0.06	0.34	0.04
天津 Tianjin	1500	2.84	2.29	1.51	0.70	0.02	0.33	0.08
河北 Hebei	2620	2.84	2.02	1.39	0.74	0.06	0.12	0.15
山西 Shanxi	1810	2.80	1.88	1.30	0.88	0.05	0.07	0.07
内蒙古 Inner Mongolia	2350	2.81	1.93	1.50	0.73	0.04	0.11	0.24
辽宁 Liaoning	4300	2.64	2.05	1.30	0.48	0.04	0.15	0.13
吉林 Jilin	1450	2.70	1.99	1.44	0.69	0.02	0.12	0.18
黑龙江 Heilongjiang	2249	2.64	1.92	1.27	0.61	0.03	0.08	0.12
上海 Shanghai	1000	2.90	2.35	1.58	0.72	0.03	0.48	0.07
江苏 Jiangsu	5097	2.82	2.13	1.45	0.46	0.06	0.42	0.17
浙江 Zhejiang	4450	2.69	1.96	1.38	0.44	0.05	0.27	0.21
安徽 Anhui	2500	2.80	2.04	1.44	0.63	0.06	0.22	0.18
福建 Fujian	2000	3.12	2.20	1.68	0.68	0.05	0.29	0.23
江西 Jiangxi	1230	2.87	2.09	1.52	0.74	0.05	0.10	0.16
山东 Shandong	3300	2.84	2.07	1.69	0.81	0.15	0.24	0.14
河南 Henan	2299	2.87	2.04	1.48	0.77	0.06	0.11	0.15
湖北 Hubei	1900	2.90	2.15	1.47	0.67	0.06	0.16	0.18
湖南 Hunan	1250	2.90	1.99	1.35	0.56	0.05	0.11	0.23
广东 Guangdong	3150	3.20	2.16	1.71	0.61	0.10	0.28	0.18
广西 Guangxi	1340	3.09	2.27	1.66	0.86	0.05	0.15	0.19
海南 Hainan	600	3.29	2.14	1.55	0.69	0.03	0.16	0.23
重庆 Chongqing	2050	2.88	2.17	1.45	0.40	0.07	0.15	0.18
四川 Sichuan	2500	2.90	2.08	1.51	0.62	0.04	0.22	0.15
贵州 Guizhou	1720	2.98	2.04	1.43	0.74	0.04	0.10	0.22
云南 Yunnan	1750	2.88	2.05	1.47	0.62	0.05	0.14	0.18
西藏 Tibet	800	3.32	1.79	1.58	1.03	0.09	0.11	0.07
陕西 Shaanxi	1500	2.88	2.05	1.50	1.03	0.02	0.14	0.08
甘肃 Gansu	880	2.81	1.87	1.36	0.77	0.05	0.06	0.12
青海 Qinghai	650	3.02	1.88	1.32	0.64	0.02	0.20	0.12
宁夏 Ningxia	950	2.79	1.77	1.34	0.59		0.16	0.23
新疆 Xinjiang	1460	2.91	1.89	1.49	0.85	0.04	0.09	0.17

1-4-1 续表 Continued 1

单位：人 Unit: person

地　区	Region	(5)城镇个体被雇人员数 Employed Persons of Urban Self-employed or Private Enterprises	(6)离退休再就业人员数 Retired Staff and Veteran Cadres of Reemployment	(7)其他就业人员数 Other Employed	2.离退休人数 Number of Retired Staff and Veteran Cadres	3.其他有收入者人数 Number of Other Persons Earning Income	(二)无收入者人数 Number of Persons Without Income	二、期末家庭人口数 Number of Households Members at the end of Period
全　国	**National**	**0.28**	**0.03**	**0.09**	**0.54**	**0.05**	**0.80**	**2.85**
北　京	Beijing	0.18	0.07	0.03	0.72	0.04	0.56	2.71
天　津	Tianjin	0.11	0.13	0.14	0.74	0.04	0.55	2.82
河　北	Hebei	0.24	0.02	0.05	0.59	0.03	0.82	2.83
山　西	Shanxi	0.18	0.01	0.04	0.50	0.08	0.92	2.78
内蒙古	Inner Mongolia	0.27	0.02	0.09	0.37	0.05	0.88	2.80
辽　宁	Liaoning	0.34	0.04	0.13	0.71	0.04	0.59	2.63
吉　林	Jilin	0.31	0.03	0.09	0.50	0.05	0.71	2.69
黑龙江	Heilongjiang	0.27	0.01	0.15	0.59	0.06	0.72	2.62
上　海	Shanghai	0.12	0.13	0.05	0.70	0.07	0.54	2.88
江　苏	Jiangsu	0.26	0.04	0.04	0.64	0.05	0.68	2.80
浙　江	Zhejiang	0.35	0.04	0.04	0.51	0.07	0.72	2.67
安　徽	Anhui	0.27	0.02	0.06	0.55	0.06	0.76	2.78
福　建	Fujian	0.32	0.02	0.09	0.43	0.09	0.93	3.09
江　西	Jiangxi	0.34	0.03	0.10	0.53	0.04	0.78	2.85
山　东	Shandong	0.27	0.01	0.07	0.35	0.03	0.77	2.83
河　南	Henan	0.27	0.03	0.09	0.53	0.03	0.83	2.86
湖　北	Hubei	0.25	0.03	0.11	0.62	0.06	0.75	2.90
湖　南	Hunan	0.25	0.02	0.14	0.55	0.09	0.91	2.87
广　东	Guangdong	0.43	0.02	0.10	0.39	0.05	1.04	3.19
广　西	Guangxi	0.28	0.03	0.10	0.57	0.04	0.82	3.06
海　南	Hainan	0.36		0.09	0.48	0.10	1.15	3.25
重　庆	Chongqing	0.47	0.04	0.14	0.68	0.04	0.71	2.86
四　川	Sichuan	0.31	0.04	0.13	0.52	0.05	0.82	2.89
贵　州	Guizhou	0.14	0.02	0.17	0.55	0.07	0.94	2.97
云　南	Yunnan	0.21	0.01	0.24	0.48	0.10	0.82	2.86
西　藏	Tibet	0.06		0.21	0.14	0.07	1.52	3.32
陕　西	Shaanxi	0.17	0.03	0.03	0.50	0.05	0.84	2.87
甘　肃	Gansu	0.27	0.01	0.09	0.43	0.08	0.94	2.81
青　海	Qinghai	0.22	0.01	0.12	0.47	0.09	1.14	3.02
宁　夏	Ningxia	0.31	0.02	0.03	0.38	0.05	1.02	2.78
新　疆	Xinjiang	0.28	0.01	0.05	0.36	0.04	1.03	2.89

1-4-2 各地区城镇居民家庭现金收入(平均每人全年，2011年)

Per Capita Annual Cash Income of Urban by Region (2011)

单位：元 Unit: yuan

地区	Region	一、期初手存现金 Deposited Cash at Beginning of the Period	二、家庭总收入 Total Income of Living Expenditure	可支配收入 Disposable Income	(一)工薪收入 Income of Wages and Salaries	1.工资及补贴收入 Income of Wages and Allowances	2.其他劳动收入 Other Working Income	(二)经营净收入 Net Business Income
全国	**National**	**838.18**	**23979.20**	**21809.78**	**15411.91**	**15087.86**	**324.05**	**2209.74**
北京	Beijing	852.98	37124.39	32903.03	25161.22	24550.56	610.66	1191.29
天津	Tianjin	1429.11	29916.04	26920.86	18794.08	18689.26	104.82	1059.29
河北	Hebei	833.24	19591.91	18292.23	11686.60	11544.20	142.41	1836.45
山西	Shanxi	627.24	19666.10	18123.87	13146.47	12692.44	454.03	875.24
内蒙古	Inner Mongolia	260.57	21890.19	20407.57	14779.08	13777.64	1001.44	2320.36
辽宁	Liaoning	1083.46	22879.77	20466.84	13093.86	12835.69	258.18	2285.41
吉林	Jilin	530.93	19211.71	17796.57	12217.09	11776.00	441.09	1860.32
黑龙江	Heilongjiang	767.81	17118.49	15696.18	10235.04	9661.66	573.38	1529.14
上海	Shanghai	1999.34	40532.29	36230.48	28550.76	28379.66	171.11	1994.12
江苏	Jiangsu	943.10	28971.98	26340.73	17761.58	17541.46	220.11	3026.57
浙江	Zhejiang	1141.26	34264.38	30970.68	20334.25	19977.82	356.43	4383.89
安徽	Anhui	642.02	20751.11	18606.13	12915.97	12620.39	295.58	1874.45
福建	Fujian	583.87	27378.11	24907.40	17438.81	17259.47	179.34	2991.66
江西	Jiangxi	555.71	18656.52	17494.87	11654.36	11552.87	101.49	1721.84
山东	Shandong	760.43	24889.80	22791.84	17629.40	17378.89	250.51	2294.85
河南	Henan	485.04	19526.92	18194.80	12039.24	11760.73	278.51	2264.36
湖北	Hubei	679.30	20193.27	18373.87	12622.44	12162.16	460.28	1906.73
湖南	Hunan	886.70	20083.87	18844.05	11550.09	11021.81	528.28	2674.18
广东	Guangdong	1373.51	30218.76	26897.48	21092.14	20898.12	194.01	3035.25
广西	Guangxi	445.99	20846.11	18854.06	13550.16	13233.72	316.43	1699.84
海南	Hainan	311.78	20094.18	18368.95	12876.92	12245.09	631.84	2158.62
重庆	Chongqing	829.89	21794.27	20249.70	13827.72	13438.34	389.38	1779.43
四川	Sichuan	767.88	19688.09	17899.12	12687.29	12325.70	361.60	1670.51
贵州	Guizhou	588.89	17598.87	16495.01	10754.45	10359.48	394.97	1614.67
云南	Yunnan	487.41	20255.13	18575.62	12416.17	11857.53	558.64	1785.61
西藏	Tibet	3513.77	18115.76	16195.56	15854.97	15374.99	479.99	486.92
陕西	Shaanxi	686.12	20069.87	18245.23	14051.28	13860.76	190.52	771.75
甘肃	Gansu	451.23	16267.37	14988.68	11195.26	10857.87	337.39	914.30
青海	Qinghai	156.40	17794.98	15603.31	11403.97	10875.43	528.54	1054.60
宁夏	Ningxia	207.61	19654.59	17578.92	12396.71	12121.71	275.00	2367.47
新疆	Xinjiang	318.47	17631.15	15513.62	12653.43	12551.87	101.56	1412.32

单位：元 Unit: yuan

地 区	Region	(三)财产性收 入 Income from Properties	1.利息收入 Interest Income	2.股息与红利收 入 Bonus and Dividends	3.保险收益 Insurance Yield	4.其它投资收 入 Other Investment Income	5.出租房屋收 入 House Leasing Income	6.知识产权收 入 Intellectual Property Income
全 国	**National**	**648.97**	**85.17**	**100.11**	**5.78**	**93.79**	**332.59**	**2.37**
北 京	Beijing	696.64	64.48	44.15	6.77	127.66	442.98	
天 津	Tianjin	462.28	212.62	29.57	6.83	0.06	168.09	
河 北	Hebei	318.43	72.88	33.71	3.56	41.55	140.39	
山 西	Shanxi	274.09	77.49	47.42	3.14	34.58	107.86	
内 蒙 古	Inner Mongolia	513.36	93.68	86.95	13.55	102.44	162.42	0.70
辽 宁	Liaoning	333.55	59.60	33.01	4.20	81.66	99.24	49.37
吉 林	Jilin	235.31	35.81	12.76	5.60	18.29	156.97	
黑 龙 江	Heilongjiang	141.26	27.28	19.02	4.42	6.97	77.64	
上 海	Shanghai	633.12	59.59		1.50	125.58	441.76	
江 苏	Jiangsu	667.06	148.13	109.96	5.06	65.17	329.66	
浙 江	Zhejiang	1572.34	184.02	275.78	7.16	186.06	842.42	
安 徽	Anhui	569.96	69.15	65.45	3.03	181.19	249.90	
福 建	Fujian	1752.82	186.17	192.28	4.62	444.07	914.62	
江 西	Jiangxi	471.73	92.14	90.88	7.74	72.15	184.99	0.03
山 东	Shandong	615.69	128.28	156.46	18.29	94.37	195.90	
河 南	Henan	286.02	75.12	67.08	2.25	31.84	92.52	
湖 北	Hubei	357.15	53.91	55.19	0.77	44.34	162.64	
湖 南	Hunan	770.66	61.22	74.57	4.10	199.42	417.23	
广 东	Guangdong	1242.95	91.48	287.75	10.92	121.03	716.12	
广 西	Guangxi	844.91	48.64	137.06	3.77	138.58	504.25	0.05
海 南	Hainan	715.40	28.47	98.29	3.25	217.02	362.72	
重 庆	Chongqing	433.71	46.50	52.24	1.16	21.04	287.50	0.01
四 川	Sichuan	523.24	66.19	43.12	1.00	52.24	354.50	
贵 州	Guizhou	356.41	19.03	12.63	8.93	64.34	217.63	0.04
云 南	Yunnan	1273.99	21.43	90.55	5.79	53.36	559.25	
西 藏	Tibet	358.07	1.74	37.67		40.05	275.92	
陕 西	Shaanxi	214.18	46.62	14.82	3.22	6.38	139.65	
甘 肃	Gansu	161.66	21.34	15.07	0.28		117.66	2.70
青 海	Qinghai	78.64	4.91	8.42	0.14	2.85	47.44	
宁 夏	Ningxia	198.48	18.31	37.88	0.86	42.44	93.93	
新 疆	Xinjiang	149.06	38.89	21.89	6.10	10.26	69.86	

1-4-2 续表 2 Continued 2

单位：元 Unit: yuan

地区	Region	7.其他财产性收入 Other Property Income	(四)转移性收入 Income from Transfer	1.养老金或离退休金 Pension	2.社会救济收入 Social Assistance Grants	3.辞退金 Compens-ation for Dismissal	4.赔偿收入 Compens-ation Income	5.保险收入 Insurance Proceeds
全 国	**National**	**29.16**	**5708.58**	**4635.43**	**54.06**	**6.28**	**19.03**	**19.50**
北 京	**Beijing**	**10.60**	**10075.23**	**8987.89**	**32.33**	**26.36**	**10.47**	**3.93**
天 津	Tianjin	45.11	9600.40	7752.48	55.13	3.88	3.05	29.51
河 北	Hebei	26.34	5750.43	4944.46	32.14	3.40	236.60	9.64
山 西	Shanxi	3.59	5370.29	4257.50	68.07	13.41	10.79	11.44
内蒙古	Inner Mongolia	53.63	4277.38	3574.80	85.93	0.10	1.51	7.36
辽 宁	Liaoning	6.47	7166.95	6160.02	65.27	8.24	5.70	9.87
吉 林	Jilin	5.88	4898.99	4130.10	79.04	1.43	2.38	6.13
黑龙江	Heilongjiang	5.93	5213.05	4346.44	83.17	0.01	0.57	7.83
上 海	Shanghai	4.70	9354.29	7975.76	48.38			144.62
江 苏	Jiangsu	9.07	7516.76	6218.04	44.36	12.00	13.95	22.66
浙 江	Zhejiang	76.90	7973.91	6199.92	28.87	3.12	3.99	45.29
安 徽	Anhui	1.23	5390.73	4246.65	64.91	4.30	2.93	39.25
福 建	Fujian	11.05	5194.82	3398.03	28.39	41.81	4.38	18.89
江 西	Jiangxi	23.80	4808.59	3658.53	102.29		0.91	15.56
山 东	Shandong	22.39	4349.86	3605.51	12.51	7.92	4.40	4.11
河 南	Henan	17.21	4937.30	4119.00	38.32		11.23	21.70
湖 北	Hubei	40.30	5306.95	4484.67	89.85		1.35	11.06
湖 南	Hunan	14.13	5088.95	3784.28	67.37	6.27	1.25	8.73
广 东	Guangdong	15.65	4848.42	3496.96	26.94	0.78	23.76	30.02
广 西	Guangxi	12.55	4751.20	3897.83	22.51	20.03	0.60	17.28
海 南	Hainan	5.66	4343.24	3365.64	69.88	15.62		5.49
重 庆	Chongqing	25.27	5753.42	4864.25	78.10	0.86	4.23	7.28
四 川	Sichuan	6.18	4807.05	3802.96	51.69	5.43	1.32	7.59
贵 州	Guizhou	33.81	4873.34	4229.54	115.72	18.74	3.14	4.55
云 南	Yunnan	543.62	4779.36	3719.18	87.23	2.07	115.51	7.49
西 藏	Tibet	2.69	1415.80	1051.18	167.16		12.59	10.91
陕 西	Shaanxi	3.50	5032.65	4269.56	63.51		0.67	10.70
甘 肃	Gansu	4.60	3996.15	3509.06	157.39		0.27	4.21
青 海	Qinghai	14.87	5257.77	4697.03	137.83		25.36	2.31
宁 夏	Ningxia	5.05	4691.94	4024.46	131.58	5.67	1.36	15.63
新 疆	Xinjiang	2.07	3416.35	3043.39	68.27	0.11	1.91	3.48

1-4-2 续表 3 Continued 3

单位：元 Unit: yuan

地 区	Region	#失业保险金 Insurance for Unemployment	6.赡养收入 Solatium Income	7.捐赠收入 Donation Income	8.提取住房公积金 Withdrawal of Public Accumulation Fund for Housing Construct	9.记帐补贴 Bookkeeping Allowance	10.其他转移性收入 Other Transfer Income	三、出售财物收入 Income from Selling Property
全 国	**National**	**13.72**	**230.06**	**440.51**	**73.86**	**140.11**	**89.75**	**141.26**
北 京	**Beijing**	**3.58**	**156.72**	**279.45**	**278.29**	**270.58**	**29.20**	**57.85**
天 津	Tianjin	22.11	220.36	811.19	529.93	119.13	75.73	981.97
河 北	Hebei	2.29	139.58	225.60	6.80	76.91	75.30	201.96
山 西	Shanxi	6.51	261.68	591.93	56.23	68.58	30.66	17.85
内蒙古	Inner Mongolia	2.60	96.92	338.50	26.48	89.61	56.17	70.60
辽 宁	Liaoning	7.37	201.86	484.48	39.10	135.49	56.92	274.92
吉 林	Jilin	5.33	166.78	346.36	5.60	134.02	27.15	133.29
黑龙江	Heilongjiang	5.37	176.36	397.88	43.69	145.15	11.95	106.29
上 海	Shanghai	144.38	202.06	553.36	66.53	204.84	158.73	312.10
江 苏	Jiangsu	18.15	275.47	550.51	54.65	177.56	147.55	125.41
浙 江	Zhejiang	41.51	337.77	693.11	269.68	229.77	162.36	212.92
安 徽	Anhui	15.80	216.74	428.98	245.13	83.30	58.54	376.92
福 建	Fujian	11.19	577.41	731.39	105.29	197.74	91.51	227.01
江 西	Jiangxi	6.21	312.41	488.34		105.07	125.47	77.74
山 东	Shandong	2.10	152.03	370.36	74.46	80.25	38.31	80.56
河 南	Henan	17.99	203.96	397.03	12.80	105.39	27.86	92.90
湖 北	Hubei	9.63	204.45	346.17	29.07	79.78	60.55	4.17
湖 南	Hunan	1.38	287.78	671.09		156.39	105.79	60.18
广 东	Guangdong	14.03	302.01	560.21	65.88	221.84	120.02	206.00
广 西	Guangxi	13.72	156.59	332.95	75.07	110.93	117.41	38.26
海 南	Hainan	5.49	235.46	300.48	35.58	140.11	174.97	1.89
重 庆	Chongqing	0.48	212.90	287.67	11.56	128.88	157.69	33.28
四 川	Sichuan	6.17	281.14	286.48	33.62	156.52	180.46	75.30
贵 州	Guizhou	0.37	102.35	263.30	4.22	91.31	40.46	46.61
云 南	Yunnan		195.86	304.43	90.15	98.42	159.01	99.12
西 藏	Tibet	10.42	16.74	5.44	32.72	97.08	22.00	0.49
陕 西	Shaanxi	8.00	147.25	308.02	33.58	109.18	90.17	6.39
甘 肃	Gansu	0.12	78.54	160.73	3.16	61.75	21.05	12.81
青 海	Qinghai	0.97	113.49	89.89		151.42	40.43	5.09
宁 夏	Ningxia	7.79	151.38	209.56	18.26	79.94	54.09	135.21
新 疆	Xinjiang	2.97	48.55	135.30	10.18	100.25	4.91	23.17

1-4-2 续表 4 Continued 4

单位：元 Unit: yuan

地 区	Region	1.出售住房收 入 House Leasing Income	2.出售其他物品收入 Other Articles	四、借贷收入 Debit and Credit Income	1.提取储蓄存 款 Withdrawal of Deposit	2.借入款 Borrowing	3.收回借出款 Withdrawal of Debts	4.收回储蓄性保险本金 Withdrawal of Saving Insurance Principal
全 国	**National**	**110.37**	**30.89**	**7138.65**	**6742.30**	**142.24**	**45.16**	**4.31**
北 京	**Beijing**	**24.51**	**33.34**	**16986.26**	**16536.55**	**174.10**	**50.57**	**20.83**
天 津	Tianjin	948.17	33.80	7792.15	6674.05	270.48	26.71	21.05
河 北	Hebei	26.64	175.32	3684.46	3493.08	151.68	11.87	2.57
山 西	Shanxi		17.85	8514.55	8188.19	258.45	40.75	2.22
内 蒙 古	Inner Mongolia	52.87	17.73	6940.88	6495.19	172.89	49.90	3.28
辽 宁	Liaoning	242.69	32.23	4819.72	4615.60	76.60	33.98	1.86
吉 林	Jilin	128.24	5.05	4121.29	3875.65	93.71	21.60	1.12
黑 龙 江	Heilongjiang	98.20	8.09	9298.65	8876.34	124.65	31.63	2.21
上 海	Shanghai	269.28	42.82	5820.14	5414.01		0.07	13.45
江 苏	Jiangsu	82.75	42.66	7096.20	6778.69	124.77	29.63	1.88
浙 江	Zhejiang	174.37	38.55	14527.86	13788.08	181.49	186.29	9.34
安 徽	Anhui	353.51	23.40	4540.38	3710.66	248.71	181.45	18.92
福 建	Fujian	220.27	6.74	13534.28	12767.08	99.57	84.91	8.53
江 西	Jiangxi	34.07	43.67	4916.00	4788.47	35.81	15.71	0.88
山 东	Shandong	58.14	22.43	10025.26	9599.05	215.90	43.54	4.49
河 南	Henan	66.98	25.93	3092.90	2942.80	94.60	30.02	
湖 北	Hubei		4.17	3763.38	3220.02	297.30	9.14	1.33
湖 南	Hunan	49.43	10.75	4412.12	4236.88	66.19	32.55	1.45
广 东	Guangdong	152.32	53.68	9512.24	9068.70	96.10	21.24	2.91
广 西	Guangxi	27.93	10.33	6444.26	6064.33	226.21	59.46	2.64
海 南	Hainan		1.89	7618.02	7345.47	137.99	6.65	
重 庆	Chongqing	18.19	15.09	6199.98	6058.39	54.18	19.23	0.79
四 川	Sichuan	69.02	6.29	4260.79	4052.36	127.31	27.00	0.17
贵 州	Guizhou	44.36	2.25	4390.30	3955.57	121.37	22.13	3.63
云 南	Yunnan	91.53	7.59	6607.98	5986.29	155.10	47.02	1.67
西 藏	Tibet	0.02	0.47	539.15	479.23	8.04	5.52	0.49
陕 西	Shaanxi	0.34	6.05	5151.40	4793.33	128.99	50.68	2.10
甘 肃	Gansu		12.81	3735.28	3477.69	125.94	55.54	5.96
青 海	Qinghai		5.09	11310.87	10919.93	235.62	4.25	0.52
宁 夏	Ningxia	131.47	3.74	13985.71	13242.85	165.95	33.41	3.61
新 疆	Xinjiang	7.35	15.81	3658.66	3115.42	190.17	27.09	0.74

单位：元 Unit: yuan

地 区	Region	5.兑售有价证券 Changing or Sale Securities	6.收回投资本金 Withdrawal of Investment Principal	7.住房贷款 Housing Loans	8.汽车贷款 Car loans	9.教育贷款 Education Loans	10.其他贷款 Other loans	11.其他借贷收入 Other Debit and Credit Income
全 国	**National**	**17.75**	**5.45**	**118.16**	**14.42**	**1.21**	**9.74**	**37.89**
北 京	Beijing	**101.26**	**1.47**	**36.29**			**0.10**	**65.09**
天 津	Tianjin	2.81		764.76	20.68		0.23	11.38
河 北	Hebei	0.35	5.81	0.12	8.57		8.77	1.66
山 西	Shanxi		0.11	0.12	18.62	0.61	4.72	0.75
内蒙古	Inner Mongolia	0.09	0.64	132.55	36.01	5.99	36.43	7.91
辽 宁	Liaoning	0.40	0.58	84.95	1.41		3.66	0.69
吉 林	Jilin	6.47		5.66	0.28		5.13	111.67
黑龙江	Heilongjiang	165.02		80.67	10.24		6.46	1.43
上 海	Shanghai	55.24	13.81	310.70				12.86
江 苏	Jiangsu	0.23	11.45	115.23	24.50		4.53	5.27
浙 江	Zhejiang	51.96	29.05	121.35	6.47	1.00	1.43	151.39
安 徽	Anhui	11.39	28.04	246.10		11.68	2.62	80.81
福 建	Fujian	22.23	4.23	268.22	52.60		15.17	211.75
江 西	Jiangxi	9.80		36.51	14.44	4.80	7.67	1.91
山 东	Shandong	1.77	4.59	128.30	8.79		8.97	9.87
河 南	Henan	0.71	0.69				2.52	21.56
湖 北	Hubei			230.42	2.57	1.72	0.56	0.31
湖 南	Hunan	0.21	3.59		47.94		7.55	15.77
广 东	Guangdong	29.31	2.20	223.55	31.47		1.37	35.39
广 西	Guangxi	4.24	5.49	2.60	3.29		14.43	61.56
海 南	Hainan	4.10		117.13				6.68
重 庆	Chongqing	0.09	0.62	11.19	39.44	0.65	13.96	1.42
四 川	Sichuan	6.86		22.77	7.11	0.97	9.84	6.24
贵 州	Guizhou	0.03		135.09			114.94	37.54
云 南	Yunnan	4.51	12.72	257.19		6.19	92.59	44.71
西 藏	Tibet			13.71	24.93		4.42	2.80
陕 西	Shaanxi			103.80	23.55		7.36	41.59
甘 肃	Gansu	5.03	3.59	39.26		8.78	5.88	7.61
青 海	Qinghai		13.72	112.39		6.92	13.13	4.39
宁 夏	Ningxia			342.85	31.72	5.20	58.53	101.59
新 疆	Xinjiang			0.07	5.92	2.02	11.38	305.85

1-4-3 各地区城镇居民家庭现金支出(平均每人全年，2011年)

Per Capita Annual Living Expenditure of Urban Households by Region (2011)

单位：元 Unit: yuan

地区	Region	家庭总支出 Total Consumption Expenditures	(一)消费支出 Consumption Expenditure	服务性消费 Expense for Services Consumption	1.食品 Food	2.衣着 Clothing	3.居住 Housing	4.家庭设备用品及服务 Household Appliances and Service	5.医疗保健 Health Care and Medical Services
全 国	**National**	**20365.71**	**15160.89**	**3930.67**	**5506.33**	**1674.70**	**1405.01**	**1023.17**	**968.98**
北 京	Beijing	**28253.04**	**21984.37**	**6372.28**	**6905.51**	**2265.88**	**1923.71**	**1562.55**	**1523.32**
天 津	Tianjin	26344.51	18424.09	4683.32	6663.31	1754.98	1763.44	1174.62	1415.39
河 北	Hebei	15215.52	11609.29	2637.82	3927.26	1425.99	1372.25	809.85	955.95
山 西	Shanxi	16442.01	11354.30	2940.85	3558.04	1461.90	1327.78	832.74	851.30
内蒙古	Inner Mongolia	20270.86	15878.07	3870.09	4962.40	2514.09	1418.60	1162.87	1239.36
辽 宁	Liaoning	20055.99	14789.61	3762.44	5254.96	1854.63	1385.62	929.37	1208.30
吉 林	Jilin	16957.82	13010.63	3478.96	4252.85	1769.47	1468.29	839.31	1108.51
黑龙江	Heilongjiang	15932.55	12054.19	2817.74	4348.45	1681.88	1185.96	723.58	1082.96
上 海	Shanghai	33778.52	25102.14	7721.30	8905.95	2053.81	2225.68	1826.22	1140.82
江 苏	Jiangsu	23190.67	16781.74	4435.74	6060.91	1772.06	1187.74	1193.81	962.45
浙 江	Zhejiang	29109.35	20437.45	5639.43	7066.22	2138.99	1518.06	1109.42	1248.90
安 徽	Anhui	18830.03	13181.46	3413.37	5246.76	1371.01	1501.39	690.66	907.58
福 建	Fujian	22569.32	16661.05	4293.88	6534.94	1494.96	1661.84	1179.84	773.26
江 西	Jiangxi	15153.33	11747.21	2650.68	4675.16	1272.88	1114.49	914.88	641.23
山 东	Shandong	19341.27	14560.67	3130.92	4827.61	2008.84	1510.84	1013.82	938.86
河 南	Henan	15477.17	12336.47	2924.82	4212.76	1706.94	1087.08	977.52	919.83
湖 北	Hubei	18123.42	13163.77	3131.69	5363.68	1677.91	1172.11	814.81	915.72
湖 南	Hunan	18162.77	13402.87	3277.74	4943.89	1499.02	1292.55	940.79	790.76
广 东	Guangdong	27126.26	20251.82	6061.32	7471.88	1404.60	2005.15	1370.28	948.18
广 西	Guangxi	17125.96	12848.37	3038.33	5074.49	1019.34	1237.91	884.85	779.08
海 南	Hainan	16438.95	12642.75	3366.83	5673.65	780.10	1342.29	729.86	783.34
重 庆	Chongqing	18537.10	14974.49	3741.05	5847.90	2056.79	1205.66	1079.27	1050.62
四 川	Sichuan	17825.27	13696.30	3379.98	5571.69	1483.54	1226.14	1020.16	735.26
贵 州	Guizhou	15558.27	11352.88	3014.21	4565.85	1209.88	1102.99	857.55	578.33
云 南	Yunnan	16397.44	12248.03	3145.49	4802.26	1587.18	827.84	570.46	822.41
西 藏	Tibet	12948.85	10398.91	2301.70	5184.18	1261.29	781.12	428.03	424.10
陕 西	Shaanxi	18432.53	13782.75	3807.84	5040.47	1673.24	1193.81	914.26	1100.51
甘 肃	Gansu	14311.11	11188.57	2874.59	4182.47	1470.26	1139.85	660.48	874.05
青 海	Qinghai	15381.85	10955.46	2511.69	4260.27	1394.28	1055.15	723.23	854.25
宁 夏	Ningxia	18705.06	12896.04	3161.95	4483.44	1701.73	1247.14	885.36	978.12
新 疆	Xinjiang	16057.60	11839.40	2868.32	4537.46	1715.94	888.16	791.43	912.99

1-4-3 续表 1 Continued 1

单位：元 Unit: yuan

地区 Region	6.交通和通信 Transport and Communications	7.教育文化娱乐服务 Education, Cultural and Recreation Services	8.其他商品和服务 Miscellaneous Goods and Services	(二)购房与建房支出 Expenditure for Purchasing and Building House	1.购房 Purchasing House	2.建房 Building House	(三)转移性支出 Transfer Expenditure	1.交纳的个人收入税 Tax
全国 National	**2149.69**	**1851.74**	**581.26**	**733.21**	**702.83**	**30.38**	**2478.96**	**169.29**
北京 Beijing	**3521.20**	**3306.82**	**975.37**	**387.50**	**350.70**	**36.80**	**2441.34**	**634.21**
天津 Tianjin	2699.53	2116.01	836.82	2015.07	2015.07		2920.75	178.50
河北 Hebei	1526.60	1203.99	387.40	683.34	679.45	3.89	1718.23	50.98
山西 Shanxi	1487.66	1419.43	415.44	721.65	718.46	3.18	2973.44	103.45
内蒙古 Inner Mongolia	2003.54	1812.07	765.13	472.93	463.94	8.99	2619.41	111.03
辽宁 Liaoning	1899.06	1614.52	643.15	508.41	508.20	0.21	2529.52	156.04
吉林 Jilin	1541.37	1468.34	562.48	345.79	320.00	25.78	2384.92	87.22
黑龙江 Heilongjiang	1363.62	1190.87	476.89	406.65	405.68	0.97	2208.67	43.21
上海 Shanghai	3808.41	3746.38	1394.86	1220.36	1220.36		3779.32	710.12
江苏 Jiangsu	2262.19	2695.52	647.06	929.17	919.72	9.45	3055.82	238.44
浙江 Zhejiang	3728.23	2816.12	811.51	1322.60	1194.26	128.34	4103.67	296.69
安徽 Anhui	1365.01	1631.28	467.77	1187.76	1169.44	18.32	2291.37	63.94
福建 Fujian	2470.18	1879.02	667.00	938.26	886.08	52.18	2611.46	172.02
江西 Jiangxi	1310.21	1429.30	389.06	457.69	457.69		1845.79	28.95
山东 Shandong	2203.99	1538.44	518.27	644.39	642.78	1.61	2176.99	114.19
河南 Henan	1573.64	1373.94	484.76	295.99	171.51	124.49	1639.65	44.15
湖北 Hubei	1382.70	1489.67	347.68	879.03	874.52	4.50	2384.97	66.63
湖南 Hunan	1975.50	1526.10	434.25	317.82	317.21	0.61	3386.31	60.39
广东 Guangdong	3630.62	2647.94	773.17	1224.18	1135.69	88.49	2712.02	444.56
广西 Guangxi	2000.57	1502.65	349.48	352.00	346.71	5.30	2090.62	123.82
海南 Hainan	1830.80	1141.81	360.91	289.23	181.66	107.58	2052.83	144.67
重庆 Chongqing	1718.73	1474.88	540.63	261.60	260.70	0.90	1856.93	48.57
四川 Sichuan	1757.52	1369.47	532.52	449.63	449.63		1981.14	56.96
贵州 Guizhou	1395.28	1331.43	311.57	756.04	751.83	4.21	2364.36	15.95
云南 Yunnan	1905.86	1350.65	381.38	593.96	544.83	49.13	1924.07	90.19
西藏 Tibet	1278.00	514.44	527.74	28.05	28.05		690.01	6.60
陕西 Shaanxi	1502.44	1857.60	500.42	691.81	668.37	23.44	2289.64	92.45
甘肃 Gansu	1289.80	1158.30	413.37	353.63	353.63		1568.00	41.16
青海 Qinghai	1293.45	967.90	406.93	573.55	573.45	0.10	1756.76	34.69
宁夏 Ningxia	1637.61	1441.18	521.47	1417.08	1416.77	0.31	2302.29	70.05
新疆 Xinjiang	1377.67	1122.18	493.56	576.28	576.28		1658.38	93.00

单位：元 Unit: yuan

地　区	Region	2.捐赠支出 Contribution	3.购买彩票 Expenditure for Purchasing Lotteries	4.赡养支出 Expenditure for support	在外就学子女费用 Expenditure for Children Studying Out Of Current Cities	5.各种非储蓄性保险支出 Expenditure on all Kinds of Non-saving Insurances	车辆保险支出 Expenditure on Car Insurance	6.其他转移性支出 Other Transfer Expenditure
全　国	**National**	**1603.78**	**11.81**	**522.60**	**283.01**	**113.63**	**69.50**	**57.86**
北　京	**Beijing**	**1264.99**	**12.32**	**270.05**	**52.33**	**232.39**	**163.19**	**27.38**
天　津	Tianjin	2125.51	4.09	410.64	139.31	161.10	132.22	40.91
河　北	Hebei	1197.38	5.56	346.11	205.56	86.16	44.74	32.04
山　西	Shanxi	2069.75	1.61	634.77	447.28	114.95	79.54	48.91
内蒙古	Inner Mongolia	1922.08	6.71	420.67	300.28	111.88	51.57	47.05
辽　宁	Liaoning	1813.61	11.00	429.36	268.80	90.78	37.84	28.73
吉　林	Jilin	1721.23	9.98	470.25	313.86	49.03	13.46	47.21
黑龙江	Heilongjiang	1593.84	6.14	480.71	308.80	58.57	12.55	26.21
上　海	Shanghai	2383.01	18.51	422.87	170.20	106.36	99.41	138.45
江　苏	Jiangsu	2162.52	13.04	434.17	268.78	134.64	93.90	73.02
浙　江	Zhejiang	2527.20	20.50	860.82	358.58	328.57	266.18	69.88
安　徽	Anhui	1358.83	29.01	688.71	487.96	87.91	6.89	62.98
福　建	Fujian	1635.49	10.29	624.50	318.24	116.12	87.03	53.04
江　西	Jiangxi	1215.32	2.42	485.28	349.46	60.48	23.89	53.33
山　东	Shandong	1407.67	8.72	415.59	241.68	172.10	109.14	58.72
河　南	Henan	1085.07	6.18	397.44	256.95	68.15	21.12	38.67
湖　北	Hubei	1843.31	10.36	356.09	205.14	42.83	18.41	65.76
湖　南	Hunan	2745.74	12.90	420.95	267.41	79.86	46.24	66.47
广　东	Guangdong	1144.90	11.50	862.28	287.27	168.98	114.18	79.79
广　西	Guangxi	1152.84	7.37	652.22	437.40	93.85	60.64	60.53
海　南	Hainan	895.83	114.53	785.65	575.29	54.78	23.25	57.37
重　庆	Chongqing	1400.40	4.70	233.07	131.20	65.85	18.04	104.36
四　川	Sichuan	1307.38	8.46	489.96	162.48	58.26	28.54	60.13
贵　州	Guizhou	1792.26	13.13	429.76	311.73	39.87	28.44	73.40
云　南	Yunnan	1042.47	32.96	664.78	447.19	63.02	46.75	30.65
西　藏	Tibet	78.59	20.56	531.94	300.08	11.55	10.19	40.78
陕　西	Shaanxi	1391.61	13.61	680.51	433.81	66.76	36.45	44.69
甘　肃	Gansu	926.89	8.80	479.84	320.40	80.34	16.62	30.96
青　海	Qinghai	1068.52	14.92	519.85	328.03	61.11	17.07	57.67
宁　夏	Ningxia	1342.39	11.28	754.59	452.51	81.21	43.37	42.78
新　疆	Xinjiang	1017.89	8.67	463.99	306.07	46.67	8.79	28.16

1-4-3 续表 3 Continued 3

单位：元 Unit: yuan

地 区	Region	(四)财产性支出 Property Expenditure	1.非生产性利息支出 Expenditure on Non-productional Loan Interests	2.其他 Others	(五)社会保障支出 Expenditure on Social Securities	1.个人交纳的养老基金 Individually Paid Pension Fund	2.个人交纳的住房公积金 Individually Paid Public Accumulation Fund for Housing Construction	3.个人交纳的医疗基金 Individually Paid Medical Fund	4.个人交纳的失业基金 Individually Paid Unemployment Fund
全 国	**National**	**132.62**	**114.93**	**17.69**	**1860.02**	**796.79**	**748.59**	**251.42**	**45.17**
北 京	Beijing	**123.25**	**99.75**	**23.51**	**3316.57**	**1201.19**	**1691.57**	**381.94**	**40.18**
天 津	Tianjin	287.05	199.93	87.12	2697.55	792.06	1494.90	325.73	83.27
河 北	Hebei	32.86	25.50	7.35	1171.79	515.59	415.63	191.85	34.48
山 西	Shanxi	22.42	21.40	1.03	1370.20	579.38	490.81	227.48	44.77
内蒙古	Inner Mongolia	18.47	13.93	4.54	1281.98	429.18	578.95	185.85	33.46
辽 宁	Liaoning	106.97	77.43	29.54	2121.41	1023.79	705.34	334.68	51.72
吉 林	Jilin	22.58	15.21	7.37	1193.91	500.65	474.46	157.59	33.23
黑龙江	Heilongjiang	29.05	16.31	12.74	1233.96	560.69	411.24	224.19	28.58
上 海	Shanghai	289.84	274.08	15.76	3386.86	1479.38	1332.46	394.06	178.89
江 苏	Jiangsu	208.70	192.37	16.34	2215.25	948.10	874.30	317.48	59.08
浙 江	Zhejiang	478.39	405.58	72.81	2767.24	1125.77	1230.63	329.54	56.83
安 徽	Anhui	171.70	166.53	5.16	1997.74	729.10	961.55	222.21	44.15
福 建	Fujian	257.60	238.12	19.48	2100.95	691.98	1014.61	329.44	47.27
江 西	Jiangxi	75.02	68.19	6.83	1027.63	465.69	398.42	116.20	14.78
山 东	Shandong	55.67	39.76	15.91	1903.52	846.94	736.62	239.33	62.85
河 南	Henan	22.47	13.00	9.47	1182.59	517.90	460.88	169.70	24.86
湖 北	Hubei	22.65	19.41	3.24	1673.00	834.38	545.46	250.08	29.94
湖 南	Hunan	32.72	29.08	3.64	1023.04	441.49	420.37	121.90	14.64
广 东	Guangdong	283.36	253.23	30.13	2654.88	1240.02	1016.76	331.76	45.45
广 西	Guangxi	77.67	68.86	8.81	1757.29	578.79	897.76	217.12	50.18
海 南	Hainan	13.69	13.69		1440.46	467.07	736.93	172.99	47.27
重 庆	Chongqing	76.97	68.48	8.49	1367.12	904.03	239.46	174.01	29.43
四 川	Sichuan	122.70	116.24	6.46	1575.49	693.47	597.28	231.37	28.69
贵 州	Guizhou	88.39	66.75	21.64	996.60	449.56	334.81	174.54	24.52
云 南	Yunnan	140.49	133.87	6.62	1490.89	483.95	727.12	231.93	35.53
西 藏	Tibet	15.36	13.09	2.27	1816.52	281.70	1185.82	334.30	14.29
陕 西	Shaanxi	45.32	16.38	28.94	1623.01	769.72	562.15	217.89	61.39
甘 肃	Gansu	25.12	15.73	9.40	1175.79	454.22	516.33	159.14	32.34
青 海	Qinghai	90.53	86.29	4.24	2005.55	934.57	729.76	289.85	38.07
宁 夏	Ningxia	163.98	150.36	13.62	1925.68	857.27	795.93	221.95	46.70
新 疆	Xinjiang	59.26	52.29	6.97	1924.28	715.99	827.13	309.71	57.64

1-4-3 续表 4 Continued 4

单位：元 Unit: yuan

地区	Region	5.其他社会保障支出 Other Expenditure on Social Securities	(六)借贷支出 Expenditure on Debit and Credit	1.存入储蓄款 Deposited Saving Money	2.借出款 Loans	3.归还借款 Returning Loans	4.储蓄性保险支出 Expenditure on Saving Insurance	5.购买有价证券 Purchasing Securities
全国	**National**	**18.06**	**9796.08**	**9012.33**	**49.82**	**107.92**	**122.21**	**41.64**
北京	Beijing	**1.69**	**25612.01**	**24522.25**	**73.42**	**146.87**	**158.88**	**240.51**
天津	Tianjin	1.58	11411.92	10340.18	92.36	90.14	306.64	54.42
河北	Hebei	14.25	6302.56	6021.43	11.79	89.83	38.64	2.99
山西	Shanxi	27.75	10550.69	10073.03	43.07	143.79	102.86	2.25
内蒙古	Inner Mongolia	54.54	8249.41	7381.92	29.42	120.65	102.22	3.65
辽宁	Liaoning	5.88	6638.78	6261.69	37.13	44.82	65.92	7.36
吉林	Jilin	27.97	5341.30	4895.14	7.93	35.65	93.73	119.84
黑龙江	Heilongjiang	9.25	9859.68	9363.69	85.91	34.60	79.22	166.83
上海	Shanghai	2.07	7603.20	6564.34	2.33	47.64	313.64	34.97
江苏	Jiangsu	16.28	11188.29	10130.13	24.76	95.26	161.46	30.26
浙江	Zhejiang	24.48	19206.29	17393.48	112.21	138.85	151.65	205.49
安徽	Anhui	40.72	5551.20	4150.74	170.98	241.90	111.85	43.00
福建	Fujian	17.66	17714.27	16365.37	98.12	54.68	216.90	17.45
江西	Jiangxi	32.54	7876.25	7526.69	21.99	21.15	79.71	34.73
山东	Shandong	17.78	15122.28	14504.68	24.27	97.59	140.30	13.47
河南	Henan	9.25	5836.88	5520.11	26.35	63.13	69.52	6.37
湖北	Hubei	13.15	5067.40	4423.85	55.94	244.17	136.82	49.57
湖南	Hunan	24.65	5043.84	4638.25	9.45	179.14	72.78	3.44
广东	Guangdong	20.89	12021.81	11063.48	62.04	98.40	164.29	22.61
广西	Guangxi	13.44	9755.63	8707.27	62.15	131.86	139.24	34.46
海南	Hainan	16.20	10873.19	10392.02	2.14	25.71	71.82	13.96
重庆	Chongqing	20.18	8621.33	8197.36	4.32	73.63	30.12	9.67
四川	Sichuan	24.69	5107.36	4321.46	81.68	123.59	57.37	1.91
贵州	Guizhou	13.16	5277.74	4842.53	22.45	39.21	35.89	17.74
云南	Yunnan	12.36	10137.75	9052.33	43.82	134.65	91.07	14.82
西藏	Tibet	0.40	4987.39	3888.08	32.04	82.65	1.23	
陕西	Shaanxi	11.87	6072.27	5441.09	35.13	118.81	141.77	10.28
甘肃	Gansu	13.76	5169.12	4679.93	38.15	113.30	159.93	10.66
青海	Qinghai	13.30	13697.18	12873.57	92.80	155.70	101.25	4.18
宁夏	Ningxia	3.84	15043.34	13801.64	18.09	255.48	260.42	0.82
新疆	Xinjiang	13.82	4839.68	4127.20	25.23	80.34	214.56	10.64

1-4-3 续表 5 Continued 5

单位：元 Unit: yuan

地区	Region	6.其它投资支出 Other Investment Expenses	7.归还住房贷款 Returning Housing Loans	8.归还汽车贷款 Returning Car Loans	9.归还教育贷款 Returning Education Loans	10.归还其他贷款 Returning Other Loan	11.其他借贷支出 Other Debit and Credit Expenses	(七)期末手存现金 Deposited Cash at the end of Period
全国	**National**	**35.37**	**367.69**	**22.50**	**0.57**	**8.53**	**27.50**	**1909.36**
北京	**Beijing**	**32.06**	**327.15**	**31.01**		**3.07**	**76.80**	**1156.69**
天津	Tianjin	9.10	465.92	14.57		0.60	37.99	2333.19
河北	Hebei	6.56	114.94	12.96		1.16	2.26	2792.73
山西	Shanxi	11.05	94.51	2.70		2.27	75.15	1823.00
内蒙古	Inner Mongolia	18.17	437.79	96.81	2.90	19.63	36.25	606.77
辽宁	Liaoning	3.90	196.94	5.20	1.03	4.31	10.48	2325.88
吉林	Jilin	5.24	147.05	7.23	1.51	26.37	1.61	1661.41
黑龙江	Heilongjiang	6.25	111.44	1.28		1.36	9.12	1482.25
上海	Shanghai	93.11	543.84		1.04		2.30	7286.01
江苏	Jiangsu	14.86	686.61	27.82		1.86	15.28	2697.52
浙江	Zhejiang	61.29	1025.45	68.57		1.81	47.49	1821.10
安徽	Anhui	94.76	646.94	21.44		25.04	44.54	2003.49
福建	Fujian	333.28	528.80	59.82	1.41	24.30	14.15	1347.00
江西	Jiangxi	6.07	164.83	9.30			11.77	1162.47
山东	Shandong	8.98	267.99	8.36	1.13	11.14	44.35	1291.05
河南	Henan	33.95	67.79	12.26	0.78	13.23	23.39	1834.20
湖北	Hubei	15.19	130.54	8.65	0.10	0.18	2.39	1442.26
湖南	Hunan	3.61	118.95	2.85		11.57	3.78	2162.59
广东	Guangdong	36.55	520.62	36.30	0.60	10.55	6.37	2152.56
广西	Guangxi	22.44	582.02	30.48	1.30	10.28	34.15	874.41
海南	Hainan	69.01	237.03	44.56		3.61	13.33	368.26
重庆	Chongqing	98.59	184.73	16.41		1.76	4.73	1673.31
四川	Sichuan	5.62	408.63	21.19	1.04	0.22	84.66	1825.06
贵州	Guizhou	5.80	234.84	1.37		38.33	39.58	1749.99
云南	Yunnan	47.40	586.11	60.87	1.44	34.54	70.71	912.64
西藏	Tibet	4.18	831.22	138.31		7.56	2.12	4218.43
陕西	Shaanxi	7.84	268.56	14.38	0.42	3.82	30.18	1400.46
甘肃	Gansu	7.60	136.39	5.16	3.00	6.88	8.11	987.99
青海	Qinghai	1.12	377.05	60.35	4.75	1.90	24.50	188.32
宁夏	Ningxia	2.43	577.32	29.91		42.51	54.71	233.30
新疆	Xinjiang	14.50	293.28	6.25	0.48	1.01	66.18	727.22

1-4-4 各地区城镇居民家庭年末主要耐用消费品拥有量(2011年)

Number of Major Durable Consumer Goods Owned Per 100 Urban Households at the Year-end by Region (2011)

地　区	Region	1.摩托车 (辆) Motorcycle (unit)	2.助力车 (辆) Helping Hand Car (unit)	3.家用汽车 (辆) Automobile (unit)	4.洗衣机 (台) Washing Machine (set)	5.电冰箱 (台) Refrigerator (set)
全　国	**National**	**20.13**	**32.56**	**18.58**	**97.05**	**97.23**
北　京	Beijing	**3.60**	**12.19**	**37.71**	**99.83**	**102.64**
天　津	Tianjin	0.50	25.98	20.62	100.13	107.50
河　北	Hebei	20.48	50.10	23.32	96.55	97.71
山　西	Shanxi	21.06	34.27	18.60	101.60	91.07
内蒙古	Inner Mongolia	21.06	28.02	19.62	96.74	98.64
辽　宁	Liaoning	5.36	8.62	11.15	91.74	96.46
吉　林	Jilin	11.56	4.69	11.24	94.75	91.38
黑龙江	Heilongjiang	8.82	2.96	5.29	93.84	87.46
上　海	Shanghai	2.48	35.42	18.15	100.10	105.16
江　苏	Jiangsu	18.56	82.36	23.92	101.04	100.70
浙　江	Zhejiang	21.61	49.22	33.85	94.60	100.04
安　徽	Anhui	18.33	41.14	9.20	94.93	96.15
福　建	Fujian	44.41	38.57	17.83	100.58	105.31
江　西	Jiangxi	19.38	39.07	8.88	93.73	94.59
山　东	Shandong	27.16	61.94	28.12	98.12	103.69
河　南	Henan	17.97	60.28	14.06	98.42	92.07
湖　北	Hubei	21.85	18.80	9.69	97.47	99.37
湖　南	Hunan	20.99	11.32	12.82	94.11	94.91
广　东	Guangdong	44.35	13.74	30.71	98.07	97.56
广　西	Guangxi	48.15	58.62	17.24	97.04	98.36
海　南	Hainan	32.03	34.69	15.82	71.58	81.12
重　庆	Chongqing	10.76	2.03	10.44	96.92	99.15
四　川	Sichuan	9.58	12.09	12.25	98.13	97.49
贵　州	Guizhou	5.46	0.99	10.48	99.15	97.21
云　南	Yunnan	31.42	22.47	23.32	97.07	85.46
西　藏	Tibet	16.43	9.27	25.30	88.01	85.77
陕　西	Shaanxi	15.11	20.97	12.22	98.32	94.27
甘　肃	Gansu	10.19	11.14	7.33	97.94	87.80
青　海	Qinghai	4.00	1.50	6.08	97.45	93.99
宁　夏	Ningxia	20.86	26.68	12.40	93.32	89.64
新　疆	Xinjiang	13.79	13.77	12.32	96.10	94.34

地 区	Region	6.彩色电视机 (台) Color Television (set)	7.家用电脑 (台) Computer (set)	8.组合音响 (套) Hi-Fi Stereo Component (set)	9.摄像机 (架) Pickup Camera (set)	10.照相机 (架) Camera (set)
全 国	**National**	**135.15**	**81.88**	**23.97**	**9.42**	**44.48**
北 京	Beijing	**137.96**	**103.51**	**23.31**	**21.30**	**84.50**
天 津	Tianjin	125.16	95.40	20.81	13.87	58.89
河 北	Hebei	116.30	74.74	18.36	9.20	37.04
山 西	Shanxi	109.98	69.45	13.89	6.16	30.97
内蒙古	Inner Mongolia	105.20	60.83	13.57	7.81	32.45
辽 宁	Liaoning	115.65	71.66	19.82	11.60	39.40
吉 林	Jilin	114.76	68.04	14.59	9.21	34.22
黑龙江	Heilongjiang	108.45	55.36	9.07	6.90	25.24
上 海	Shanghai	190.18	137.70	48.02	17.66	94.15
江 苏	Jiangsu	171.79	96.94	22.71	10.89	50.86
浙 江	Zhejiang	183.89	103.17	28.32	9.94	53.01
安 徽	Anhui	140.13	74.04	16.83	5.85	32.21
福 建	Fujian	171.26	103.00	28.68	8.14	50.65
江 西	Jiangxi	155.52	73.87	21.50	5.96	35.98
山 东	Shandong	120.96	85.88	21.21	13.39	58.49
河 南	Henan	124.85	71.41	15.28	6.13	35.24
湖 北	Hubei	132.01	75.49	28.90	7.91	36.53
湖 南	Hunan	121.58	66.36	18.00	6.15	27.73
广 东	Guangdong	142.44	104.13	47.46	12.29	63.81
广 西	Guangxi	136.03	91.72	34.68	7.29	47.77
海 南	Hainan	112.95	63.82	19.46	4.33	19.61
重 庆	Chongqing	131.49	76.07	22.80	7.18	32.93
四 川	Sichuan	135.19	68.86	22.70	7.10	34.58
贵 州	Guizhou	115.78	63.89	31.22	5.69	29.01
云 南	Yunnan	119.49	63.55	34.19	7.61	36.77
西 藏	Tibet	127.54	58.83	31.64	8.74	44.35
陕 西	Shaanxi	119.51	82.43	19.39	9.05	50.21
甘 肃	Gansu	106.66	56.14	18.78	5.38	23.99
青 海	Qinghai	104.79	52.65	10.53	4.35	22.25
宁 夏	Ningxia	102.74	59.39	12.97	4.55	22.76
新 疆	Xinjiang	106.42	61.20	15.10	7.98	29.24

1-4-4 续表 2 Continued 2

地 区	Region	11.钢琴 (架) Piano (set)	12.其他中高档乐器 (件) Other Medium and High Grade Musical Instrument (unit)	13.微波炉 (台) Microwave (unit)	14.空调器 (台) Air Conditioner (unit)	15.淋浴热水器 (台) Shower (unit)
全 国	**National**	**2.65**	**4.21**	**60.65**	**122.00**	**89.14**
北 京	Beijing	**4.38**	**6.10**	**86.81**	**171.41**	**97.15**
天 津	Tianjin	1.32	2.77	87.96	143.32	94.83
河 北	Hebei	1.72	2.23	53.63	103.17	86.73
山 西	Shanxi	1.68	3.45	37.47	45.29	65.28
内蒙古	Inner Mongolia	1.54	3.43	41.90	13.96	62.20
辽 宁	Liaoning	2.67	3.52	56.81	28.05	73.12
吉 林	Jilin	2.08	5.10	48.80	12.93	58.46
黑龙江	Heilongjiang	1.37	2.26	36.76	9.30	42.52
上 海	Shanghai	7.64	7.44	98.02	206.35	100.40
江 苏	Jiangsu	3.31	4.22	91.58	195.96	100.06
浙 江	Zhejiang	4.16	4.53	71.91	200.55	103.99
安 徽	Anhui	1.45	3.66	61.03	127.94	89.54
福 建	Fujian	3.44	4.32	79.62	193.31	110.50
江 西	Jiangxi	1.37	3.76	55.04	124.57	95.50
山 东	Shandong	4.24	7.88	54.66	108.28	91.65
河 南	Henan	1.61	4.01	42.08	132.40	76.17
湖 北	Hubei	2.63	3.82	62.82	135.56	93.51
湖 南	Hunan	1.36	1.70	44.78	128.97	89.95
广 东	Guangdong	4.51	4.74	69.57	211.55	112.26
广 西	Guangxi	1.08	5.21	70.18	133.60	109.09
海 南	Hainan	0.76	1.17	31.32	86.13	87.28
重 庆	Chongqing	1.28	2.35	68.96	164.31	98.87
四 川	Sichuan	1.40	2.64	55.69	112.59	93.20
贵 州	Guizhou	2.07	3.59	45.76	20.46	75.11
云 南	Yunnan	2.00	6.85	54.50	3.24	90.79
西 藏	Tibet	0.48	1.22	38.80	13.48	32.40
陕 西	Shaanxi	2.66	5.89	52.32	113.68	88.45
甘 肃	Gansu	1.20	3.77	36.23	5.16	64.61
青 海	Qinghai	1.23	2.37	49.54	2.42	52.46
宁 夏	Ningxia	0.93	3.10	43.83	12.04	81.56
新 疆	Xinjiang	1.36	5.05	37.75	11.87	76.53

地 区	Region	16.消毒碗柜 (台) Disinfection Cupboard (unit)	17.洗碗机 (台) Dishwasher (unit)	18.健身器材 (套) Healthy Equipment (unit)	19.固定电话 (部) Telephone (unit)	20.移动电话 (部) Mobile Telephone (unit)
全 国	**National**	**19.19**	**0.88**	**4.09**	**69.58**	**205.25**
北 京	**Beijing**	**7.27**	**0.98**	**6.42**	**92.41**	**214.71**
天 津	Tianjin	1.89	0.19	2.46	73.58	216.96
河 北	Hebei	3.13	0.86	3.60	63.60	197.30
山 西	Shanxi	2.43	0.47	3.29	72.17	178.10
内蒙古	Inner Mongolia	3.40	0.20	2.78	47.30	204.72
辽 宁	Liaoning	7.32	0.83	3.68	73.76	178.40
吉 林	Jilin	8.58	0.86	2.44	57.64	211.26
黑龙江	Heilongjiang	3.39	0.44	1.38	58.91	186.27
上 海	Shanghai	16.96	0.40	8.23	97.12	235.62
江 苏	Jiangsu	9.51	0.77	6.20	83.10	210.87
浙 江	Zhejiang	25.07	1.45	6.01	79.99	206.84
安 徽	Anhui	6.30	0.21	2.52	77.00	190.09
福 建	Fujian	48.70	0.93	5.79	81.00	236.19
江 西	Jiangxi	14.07	0.92	2.14	60.66	200.46
山 东	Shandong	7.05	1.03	6.89	61.77	213.46
河 南	Henan	7.83	0.57	2.39	51.86	194.65
湖 北	Hubei	16.89	1.10	4.25	61.19	193.76
湖 南	Hunan	23.96	0.83	2.28	56.22	189.66
广 东	Guangdong	82.70	1.99	5.59	87.32	231.75
广 西	Guangxi	69.52	1.03	4.13	57.68	231.85
海 南	Hainan	52.23	0.82	2.06	80.97	197.64
重 庆	Chongqing	11.14	1.88	2.32	65.86	207.11
四 川	Sichuan	13.63	0.46	2.82	68.09	203.29
贵 州	Guizhou	30.57	0.48	3.30	64.94	204.75
云 南	Yunnan	12.62	0.83	3.29	50.76	212.47
西 藏	Tibet	7.16	0.89	2.63	67.78	183.05
陕 西	Shaanxi	6.68	0.31	3.21	62.00	219.03
甘 肃	Gansu	1.52	0.37	2.17	55.28	186.54
青 海	Qinghai	1.54	0.05	1.91	79.84	178.99
宁 夏	Ningxia	3.67	0.55	1.40	56.31	197.05
新 疆	Xinjiang	4.76	0.25	1.08	77.15	181.54

1-4-5 各地区城镇居民家庭消费支出(平均每人全年,2011年)
Per Capita Annual Consumption Expenditure of Urban Households by Region (2011)

单位：元 Unit:yuan

地区	Region	消费支出 Consumption Expenditure	服务性消费支出 Service Consumption Expenditure	一、食品 Food	(一)粮油类 Grain and Oil	1.粮食 Grain	2.淀粉及薯类 Starches and Tubers	3.干豆类及豆制品 Beans and Bean Products	4.油脂类 Oil and Fats
全　国	**National**	**15160.89**	**3930.67**	**5506.33**	**707.62**	**437.58**	**49.65**	**69.31**	**151.07**
北　京	Beijing	21984.37	6372.28	6905.51	725.75	441.43	55.07	72.84	156.41
天　津	Tianjin	18424.09	4683.32	6663.31	707.50	426.79	64.67	62.38	153.66
河　北	Hebei	11609.29	2637.82	3927.26	619.52	380.71	45.48	55.72	137.60
山　西	Shanxi	11354.30	2940.85	3558.04	652.34	408.04	67.67	65.44	111.20
内蒙古	Inner Mongolia	15878.07	3870.09	4962.40	655.03	461.19	41.57	42.91	109.36
辽　宁	Liaoning	14789.61	3762.44	5254.96	731.71	457.31	63.96	71.19	139.25
吉　林	Jilin	13010.63	3478.96	4252.85	683.32	435.00	56.89	66.49	124.94
黑龙江	Heilongjiang	12054.19	2817.74	4348.45	731.96	454.91	71.42	66.73	138.90
上　海	Shanghai	25102.14	7721.30	8905.95	987.27	677.47	70.14	105.18	134.47
江　苏	Jiangsu	16781.74	4435.74	6060.91	685.79	417.74	56.66	86.92	124.47
浙　江	Zhejiang	20437.45	5639.43	7066.22	721.57	437.87	50.82	93.99	138.89
安　徽	Anhui	13181.46	3413.37	5246.76	704.59	433.96	35.26	78.74	156.63
福　建	Fujian	16661.05	4293.88	6534.94	787.43	520.87	51.42	71.47	143.68
江　西	Jiangxi	11747.21	2650.68	4675.16	718.74	408.64	31.77	87.17	191.16
山　东	Shandong	14560.67	3130.92	4827.61	624.25	392.46	44.96	56.02	130.81
河　南	Henan	12336.47	2924.82	4212.76	640.83	393.17	57.26	62.29	128.10
湖　北	Hubei	13163.77	3131.69	5363.68	837.70	541.43	28.16	82.97	185.13
湖　南	Hunan	13402.87	3277.74	4943.89	700.94	382.99	28.11	77.75	212.09
广　东	Guangdong	20251.82	6061.32	7471.88	798.04	523.23	43.44	62.00	169.36
广　西	Guangxi	12848.37	3038.33	5074.49	615.14	377.10	34.29	67.38	136.37
海　南	Hainan	12642.75	3366.83	5673.65	498.63	313.07	24.75	32.35	128.46
重　庆	Chongqing	14974.49	3741.05	5847.90	709.92	364.42	45.28	67.98	232.24
四　川	Sichuan	13696.30	3379.98	5571.69	705.12	390.83	67.07	68.62	178.61
贵　州	Guizhou	11352.88	3014.21	4565.85	609.63	374.20	25.86	52.72	156.85
云　南	Yunnan	12248.03	3145.49	4802.26	623.14	387.35	45.41	38.68	151.70
西　藏	Tibet	10398.91	2301.70	5184.18	690.17	517.68	26.12	10.24	136.12
陕　西	Shaanxi	13782.75	3807.84	5040.47	688.71	419.44	63.77	72.72	132.78
甘　肃	Gansu	11188.57	2874.59	4182.47	618.83	380.56	42.97	46.64	148.66
青　海	Qinghai	10955.46	2511.69	4260.27	684.19	469.35	49.13	40.08	125.63
宁　夏	Ningxia	12896.04	3161.95	4483.44	627.22	394.84	56.74	49.33	126.31
新　疆	Xinjiang	11839.40	2868.32	4537.46	685.22	441.69	50.16	37.41	155.97

1-4-5 续表 1 Continued 1

单位：元 Unit:yuan

地区	Region	(二)肉禽蛋水产品类 Meat,Poultry, Egg,Aquatic Products and Related Products	1.肉类 Meat Products	2.禽类 Poultry Products	3.蛋类 Eggs	4.水产品类 Aquatic Products	(三)蔬菜类 Vegetables	1.鲜菜 Fresh Vegetables	2.干菜 Dried Vegetables
全国	**National**	**1576.57**	**843.14**	**262.79**	**116.65**	**353.99**	**527.32**	**477.42**	**31.65**
北京	Beijing	**1446.21**	**873.53**	**171.52**	**146.78**	**254.38**	**536.87**	**480.43**	**33.20**
天津	Tianjin	1726.67	856.70	181.26	195.87	492.85	555.79	509.23	30.39
河北	Hebei	996.68	590.34	126.19	126.47	153.67	390.51	353.29	20.32
山西	Shanxi	681.21	445.54	65.71	106.52	63.43	352.14	326.15	15.44
内蒙古	Inner Mongolia	1120.11	825.18	100.55	82.42	111.97	403.33	368.84	18.69
辽宁	Liaoning	1407.26	744.26	128.76	130.71	403.53	515.76	460.09	34.63
吉林	Jilin	1009.38	631.37	105.60	93.62	178.78	452.21	410.37	23.13
黑龙江	Heilongjiang	1121.50	686.27	121.10	109.62	204.51	441.68	399.96	28.60
上海	Shanghai	2401.48	916.65	428.00	144.47	912.35	672.39	598.69	41.37
江苏	Jiangsu	1787.27	865.13	339.99	123.90	458.25	582.89	530.40	30.35
浙江	Zhejiang	1965.90	730.68	318.12	105.45	811.65	582.55	519.99	36.77
安徽	Anhui	1372.41	735.37	247.59	153.78	235.67	538.66	478.53	41.02
福建	Fujian	2504.22	1003.64	345.11	125.83	1029.64	534.17	451.60	64.75
江西	Jiangxi	1472.51	845.64	261.65	104.28	260.95	580.69	513.18	48.64
山东	Shandong	1322.85	685.45	145.58	152.57	339.25	427.02	388.86	23.18
河南	Henan	979.97	587.06	169.50	134.03	89.38	375.92	345.42	18.74
湖北	Hubei	1488.43	889.83	193.47	111.11	294.01	653.65	606.16	25.89
湖南	Hunan	1451.16	877.51	248.54	92.10	233.01	558.90	512.63	28.99
广东	Guangdong	2731.84	1316.51	609.87	104.49	700.98	642.09	565.69	55.18
广西	Guangxi	1960.05	1074.86	479.31	81.07	324.82	448.41	399.22	26.86
海南	Hainan	2510.36	1128.52	552.50	58.42	770.92	580.75	544.95	21.23
重庆	Chongqing	1744.83	1053.09	374.06	117.26	200.42	624.99	576.68	30.86
四川	Sichuan	1748.96	1145.91	327.76	113.44	161.85	608.90	562.22	29.55
贵州	Guizhou	1245.04	855.09	227.65	75.36	86.94	513.14	467.38	28.52
云南	Yunnan	1195.79	816.38	215.33	67.41	96.68	614.03	593.12	11.94
西藏	Tibet	1215.10	1048.77	76.21	48.67	41.45	600.81	565.96	33.44
陕西	Shaanxi	833.86	520.32	121.91	96.75	94.89	481.61	437.42	27.32
甘肃	Gansu	786.67	507.35	113.99	85.68	79.64	462.58	441.11	14.46
青海	Qinghai	1088.76	786.21	124.06	82.70	95.79	467.77	447.98	8.47
宁夏	Ningxia	928.16	639.23	143.29	65.62	80.01	402.09	381.72	13.22
新疆	Xinjiang	1234.21	884.04	164.17	85.84	100.17	427.51	400.12	17.59

1-4-5 续表 2 Continued 2

单位：元 Unit:yuan

地区	Region	3.菜制品 Vegetable Products	(四)调味品 Condiments	(五)糖烟酒饮料类 Sugar,Tobacco, Liquor and Beverages	1.糖类 Sugar	2.烟草类 Tobacco	3.酒类 Liquor	4.饮料 Beverages
全国	**National**	**18.25**	**68.84**	**559.32**	**50.59**	**249.11**	**154.19**	**105.44**
北京	**Beijing**	**23.24**	**120.90**	**838.78**	**77.31**	**251.45**	**242.16**	**267.86**
天津	Tianjin	16.16	103.06	691.31	52.21	242.35	257.77	138.98
河北	Hebei	16.91	60.18	424.44	35.99	138.55	159.24	90.66
山西	Shanxi	10.55	51.61	417.85	28.12	225.09	93.12	71.52
内蒙古	Inner Mongolia	15.81	61.18	653.78	35.21	282.97	243.81	91.79
辽宁	Liaoning	21.04	82.16	517.38	40.41	227.62	146.26	103.09
吉林	Jilin	18.71	68.53	378.59	32.00	167.49	94.42	84.68
黑龙江	Heilongjiang	13.13	69.69	381.14	42.69	161.69	105.41	71.36
上海	Shanghai	32.34	85.49	989.41	133.36	474.73	188.54	192.78
江苏	Jiangsu	22.15	66.92	736.60	54.13	378.79	207.39	96.29
浙江	Zhejiang	25.80	61.93	790.38	57.13	445.71	177.22	110.32
安徽	Anhui	19.10	43.21	843.48	40.15	392.64	288.24	122.44
福建	Fujian	17.82	68.23	558.17	45.51	213.78	130.33	168.56
江西	Jiangxi	18.88	51.93	392.27	44.10	211.15	87.97	49.05
山东	Shandong	14.98	62.46	511.73	38.66	136.13	211.50	125.45
河南	Henan	11.77	59.05	449.00	35.36	163.26	145.38	105.00
湖北	Hubei	21.60	76.33	647.15	38.98	358.06	187.49	62.62
湖南	Hunan	17.29	52.39	466.99	44.80	249.19	111.30	61.70
广东	Guangdong	21.22	62.43	454.86	74.70	132.93	87.85	159.37
广西	Guangxi	22.33	41.84	331.57	53.02	125.98	92.07	60.50
海南	Hainan	14.57	46.54	277.72	31.22	141.60	49.95	54.95
重庆	Chongqing	17.44	110.56	533.94	58.45	274.12	135.10	66.27
四川	Sichuan	17.13	105.69	556.07	55.51	272.53	153.79	74.25
贵州	Guizhou	17.25	64.05	508.79	53.33	277.38	104.36	73.72
云南	Yunnan	8.97	59.07	561.81	46.11	397.84	68.56	49.30
西藏	Tibet	1.42	60.02	800.33	64.11	443.67	182.83	109.73
陕西	Shaanxi	16.87	79.13	564.66	56.40	273.09	138.36	96.81
甘肃	Gansu	7.00	67.01	517.07	31.50	250.87	160.66	74.05
青海	Qinghai	11.33	62.69	442.82	40.90	192.76	144.40	64.75
宁夏	Ningxia	7.14	54.91	498.32	43.40	267.59	100.13	87.20
新疆	Xinjiang	9.80	49.22	348.39	56.49	122.31	95.58	74.01

单位：元 Unit:yuan

地区	Region	(六)干鲜瓜果类 Dried and Fresh Melons and Fruits	1.鲜果 Fruits	2.鲜瓜 Melons	3.其它干鲜瓜果类及制品 Dried Fruits	(七)糕点、奶及奶制品 Cake,Milk and Its Products	1.糕点 Cake	2.奶及奶制品 Milk and Its Products
全国	**National**	**449.14**	**279.33**	**41.71**	**128.10**	**344.10**	**110.09**	**234.01**
北京	**Beijing**	**705.92**	**420.25**	**68.17**	**217.50**	**619.00**	**234.48**	**384.52**
天津	Tianjin	615.62	368.95	56.83	189.84	454.73	202.48	252.24
河北	Hebei	366.89	217.20	38.84	110.86	277.33	98.32	179.01
山西	Shanxi	353.45	196.76	38.48	118.21	295.69	94.52	201.17
内蒙古	Inner Mongolia	432.46	267.59	35.49	129.38	272.31	66.63	205.68
辽宁	Liaoning	562.50	353.90	43.11	165.49	306.41	92.59	213.82
吉林	Jilin	460.69	313.25	48.35	99.09	210.51	68.69	141.82
黑龙江	Heilongjiang	459.06	277.69	56.54	124.83	231.33	79.83	151.50
上海	Shanghai	695.27	393.32	74.54	227.41	700.21	237.51	462.70
江苏	Jiangsu	441.46	256.49	44.86	140.11	398.05	118.39	279.66
浙江	Zhejiang	611.57	376.40	62.24	172.94	407.91	133.88	274.03
安徽	Anhui	351.57	210.49	46.32	94.76	378.56	73.41	305.14
福建	Fujian	468.01	321.01	25.50	121.50	356.70	101.71	254.99
江西	Jiangxi	392.04	240.33	41.18	110.53	302.70	96.87	205.83
山东	Shandong	484.14	286.98	54.50	142.65	372.06	120.75	251.31
河南	Henan	357.91	195.92	43.14	118.85	301.80	94.61	207.20
湖北	Hubei	345.60	211.50	33.17	100.92	311.51	106.18	205.33
湖南	Hunan	412.81	258.74	45.60	108.46	232.74	75.76	156.98
广东	Guangdong	483.95	342.40	24.41	117.14	370.62	141.64	228.97
广西	Guangxi	363.02	254.22	33.57	75.24	276.53	97.34	179.19
海南	Hainan	326.35	272.83	23.01	30.52	211.52	74.30	137.22
重庆	Chongqing	362.69	249.21	21.89	91.59	338.21	69.92	268.29
四川	Sichuan	378.78	247.95	24.78	106.05	310.68	71.82	238.86
贵州	Guizhou	375.50	257.02	19.32	99.16	229.49	72.26	157.23
云南	Yunnan	353.03	263.00	12.47	77.56	326.59	139.19	187.40
西藏	Tibet	292.39	243.06	20.59	28.75	444.57	34.23	410.33
陕西	Shaanxi	486.65	269.95	53.29	163.41	394.35	137.73	256.62
甘肃	Gansu	384.88	222.53	44.06	118.30	264.70	64.65	200.05
青海	Qinghai	386.02	233.56	31.41	121.05	261.23	67.58	193.65
宁夏	Ningxia	454.83	271.87	57.24	125.71	283.51	65.37	218.14
新疆	Xinjiang	462.68	243.68	45.63	173.38	290.20	92.51	197.70

1-4-5 续表 4 Continued 4

单位：元 Unit:yuan

地区	Region	(八)其他食品 Other Food	(九)饮食服务 bite and sup service	1.食品加工服务费 Food Processing Service Fees	2.在外饮食 Dine Out	二、衣着 Clothing	(一)服装 Garments	(二)衣着材料 Clothing Materials
全 国	**National**	**88.44**	**1184.97**	**1.77**	**1183.20**	**1674.70**	**1237.03**	**11.10**
北 京	**Beijing**	**79.17**	**1832.90**	**0.97**	**1831.93**	**2265.88**	**1612.12**	**14.19**
天 津	Tianjin	118.75	1689.89	0.19	1689.69	1754.98	1274.91	13.80
河 北	Hebei	102.67	689.04	1.57	687.47	1425.99	1020.03	11.19
山 西	Shanxi	75.04	678.70	1.48	677.22	1461.90	1094.58	10.15
内蒙古	Inner Mongolia	228.21	1135.98	1.18	1134.80	2514.09	1859.84	7.20
辽 宁	Liaoning	85.15	1046.63	0.81	1045.82	1854.63	1295.08	10.90
吉 林	Jilin	110.96	878.67	1.05	877.62	1769.47	1272.43	7.30
黑龙江	Heilongjiang	58.12	853.96	0.94	853.02	1681.88	1194.59	6.65
上 海	Shanghai	99.23	2275.21	0.29	2274.91	2053.81	1558.24	21.48
江 苏	Jiangsu	122.96	1238.97	3.46	1235.52	1772.06	1338.75	18.07
浙 江	Zhejiang	81.26	1843.14	1.34	1841.80	2138.99	1658.21	20.56
安 徽	Anhui	90.84	923.45	2.58	920.87	1371.01	954.30	11.56
福 建	Fujian	52.72	1205.27	0.93	1204.34	1494.96	1167.05	3.26
江 西	Jiangxi	103.59	660.69	1.27	659.42	1272.88	978.76	12.53
山 东	Shandong	90.99	932.11	2.29	929.82	2008.84	1463.71	10.79
河 南	Henan	95.23	953.06	1.35	951.70	1706.94	1265.53	10.18
湖 北	Hubei	70.44	932.87	2.26	930.62	1677.91	1259.76	12.68
湖 南	Hunan	114.83	953.14	1.77	951.37	1499.02	1123.49	8.70
广 东	Guangdong	56.68	1871.36	0.71	1870.65	1404.60	1065.71	2.02
广 西	Guangxi	51.05	986.88	1.26	985.61	1019.34	778.29	8.66
海 南	Hainan	38.10	1183.67	0.17	1183.49	780.10	615.59	0.97
重 庆	Chongqing	71.46	1351.30	4.36	1346.93	2056.79	1516.13	9.76
四 川	Sichuan	57.98	1099.51	4.79	1094.72	1483.54	1099.76	9.86
贵 州	Guizhou	99.50	920.70	2.69	918.02	1209.88	853.39	18.57
云 南	Yunnan	58.24	1010.56	1.30	1009.25	1587.18	1127.95	12.83
西 藏	Tibet	151.91	928.89	1.81	927.08	1261.29	873.83	6.79
陕 西	Shaanxi	112.00	1399.51	0.90	1398.60	1673.24	1224.95	13.10
甘 肃	Gansu	188.84	891.89	1.31	890.58	1470.26	1049.68	14.01
青 海	Qinghai	106.57	760.23	1.22	759.01	1394.28	1026.26	7.82
宁 夏	Ningxia	120.43	1113.98	0.56	1113.42	1701.73	1265.75	12.06
新 疆	Xinjiang	65.47	974.55	0.73	973.82	1715.94	1209.04	20.38

单位：元 Unit:yuan

地区	Region	(三)鞋类 Shoes	(四)其他衣着用品 Other Clothing	(五)衣着加工服务费 Tailoring and Laundering Services	三、居住 Residence	(一)住房 House	(二)水电燃料及其他 Water, Electricity and Fuels	1.水 Water
全国	**National**	**364.95**	**52.07**	**9.56**	**1405.01**	**451.25**	**841.70**	**100.81**
北京	**Beijing**	**551.34**	**72.89**	**15.35**	**1923.71**	**793.50**	**961.56**	**115.57**
天津	Tianjin	378.87	75.26	12.13	1763.44	700.17	1002.94	113.44
河北	Hebei	331.20	56.69	6.89	1372.25	379.21	926.01	71.71
山西	Shanxi	311.48	38.15	7.54	1327.78	385.33	867.04	58.91
内蒙古	Inner Mongolia	528.85	104.79	13.41	1418.60	468.76	853.54	54.45
辽宁	Liaoning	459.80	74.63	14.23	1385.62	311.32	981.52	79.76
吉林	Jilin	414.74	62.54	12.46	1468.29	327.79	1049.90	74.56
黑龙江	Heilongjiang	411.35	56.69	12.60	1185.96	291.94	839.26	61.98
上海	Shanghai	404.20	53.17	16.72	2225.68	1225.04	799.57	135.37
江苏	Jiangsu	346.32	56.55	12.37	1187.74	438.00	658.50	101.83
浙江	Zhejiang	396.14	52.81	11.26	1518.06	518.41	893.93	131.49
安徽	Anhui	338.06	56.89	10.20	1501.39	726.87	661.03	87.29
福建	Fujian	281.48	38.04	5.13	1661.84	617.94	899.52	148.21
江西	Jiangxi	247.28	29.19	5.13	1114.49	341.18	718.26	95.99
山东	Shandong	456.72	66.38	11.24	1510.84	420.05	992.20	72.60
河南	Henan	380.26	41.07	9.90	1087.08	381.24	650.98	66.75
湖北	Hubei	348.92	48.92	7.63	1172.11	358.51	747.25	107.28
湖南	Hunan	313.03	47.41	6.40	1292.55	322.78	871.49	119.68
广东	Guangdong	293.34	37.99	5.54	2005.15	541.63	1176.15	166.51
广西	Guangxi	201.96	25.11	5.32	1237.91	441.31	745.20	112.12
海南	Hainan	145.20	16.12	2.23	1342.29	503.73	746.78	119.98
重庆	Chongqing	458.18	65.80	6.92	1205.66	336.25	729.10	140.93
四川	Sichuan	317.50	46.16	10.25	1226.14	405.23	698.61	103.35
贵州	Guizhou	295.36	38.38	4.18	1102.99	365.28	672.77	94.38
云南	Yunnan	411.39	32.26	2.75	827.84	298.58	462.21	101.90
西藏	Tibet	362.00	14.88	3.78	781.12	147.35	588.38	53.85
陕西	Shaanxi	380.84	43.84	10.50	1193.81	291.67	806.63	73.90
甘肃	Gansu	332.36	66.18	8.03	1139.85	266.16	778.84	59.22
青海	Qinghai	300.40	52.10	7.70	1055.15	273.22	701.96	38.58
宁夏	Ningxia	360.30	49.90	13.72	1247.14	355.66	799.20	46.95
新疆	Xinjiang	404.23	64.40	17.89	888.16	200.17	630.38	47.72

1-4-5 续表 6 Continued 6

单位：元 Unit:yuan

地区	Region	2.电 Electricity	3.燃料 Fuels	4.取暖费	5.其他 Other	(三)居住服务费 Housing Services	1.物业管理费 Realty Management	2.维修服务费 Fitment Service Fees
全国	**National**	**383.52**	**198.82**	**136.92**	**21.63**	**112.07**	**83.95**	**13.31**
北京	**Beijing**	**399.14**	**171.31**	**265.44**	**10.10**	**168.66**	**152.51**	**4.94**
天津	Tianjin	376.27	115.56	392.34	5.32	60.33	41.76	6.77
河北	Hebei	289.68	170.22	379.66	14.75	67.04	47.31	10.17
山西	Shanxi	261.38	178.35	329.74	38.65	75.40	52.19	13.73
内蒙古	Inner Mongolia	241.11	165.55	376.11	16.32	96.29	58.36	17.38
辽宁	Liaoning	322.32	156.98	415.40	7.06	92.78	67.61	15.56
吉林	Jilin	296.34	157.60	512.88	8.51	90.60	60.94	22.67
黑龙江	Heilongjiang	270.85	142.04	352.53	11.85	54.76	36.26	10.83
上海	Shanghai	455.78	207.17	0.49	0.76	201.07	190.43	9.15
江苏	Jiangsu	374.53	150.16	8.84	23.15	91.24	67.21	13.48
浙江	Zhejiang	518.10	233.40		10.93	105.72	85.17	14.97
安徽	Anhui	376.27	183.13	9.85	4.50	113.49	52.51	38.31
福建	Fujian	566.76	176.17	0.25	8.14	144.38	119.09	10.33
江西	Jiangxi	410.01	200.66	0.01	11.58	55.05	29.93	11.17
山东	Shandong	300.00	161.39	376.88	81.33	98.59	61.90	18.02
河南	Henan	320.56	144.13	79.00	40.54	54.86	37.35	11.16
湖北	Hubei	416.51	197.81	2.75	22.89	66.36	47.01	7.25
湖南	Hunan	459.72	261.78	2.84	27.47	98.29	78.62	12.85
广东	Guangdong	611.28	383.92	0.01	14.44	287.37	243.42	11.09
广西	Guangxi	369.84	242.53		20.71	51.40	31.63	6.27
海南	Hainan	381.70	240.31		4.80	91.78	70.28	4.54
重庆	Chongqing	375.94	202.89	0.18	9.16	140.31	110.85	9.81
四川	Sichuan	359.29	222.54	0.34	13.09	122.30	76.19	17.26
贵州	Guizhou	412.22	158.01	1.65	6.50	64.94	40.28	7.25
云南	Yunnan	251.97	105.70		2.64	67.05	40.09	5.87
西藏	Tibet	214.12	274.82	4.48	41.12	45.39	28.33	12.15
陕西	Shaanxi	296.56	186.43	215.04	34.70	95.50	64.84	13.16
甘肃	Gansu	244.09	147.70	310.30	17.52	94.85	71.05	11.40
青海	Qinghai	213.98	144.22	254.17	51.02	79.96	51.93	9.73
宁夏	Ningxia	200.37	117.39	380.51	53.98	92.28	68.35	15.75
新疆	Xinjiang	179.14	132.39	249.47	21.66	57.61	44.09	8.00

单位：元 Unit:yuan

地 区	Region	3.其他 Other	四、家庭设备用品及服务 Household Appliances and Services	(一)耐用消费品 Durable Consumer Goods	1.家具 Furniture	2.家庭设备 Household Appliances	(二)室内装饰品 Room Decorations	(三)床上用品 Bed Articles
全 国	**National**	**14.81**	**1023.17**	**423.81**	**128.66**	**283.19**	**26.70**	**88.91**
北 京	**Beijing**	**11.20**	**1562.55**	**737.15**	**314.62**	**422.53**	**43.98**	**123.67**
天 津	Tianjin	11.80	1174.62	616.71	229.55	387.16	46.98	88.29
河 北	Hebei	9.56	809.85	385.79	128.41	257.38	24.05	62.74
山 西	Shanxi	9.49	832.74	421.25	179.37	241.88	25.15	72.97
内蒙古	Inner Mongolia	20.55	1162.87	534.49	148.84	385.64	49.72	99.65
辽 宁	Liaoning	9.62	929.37	320.74	99.56	221.17	31.43	91.83
吉 林	Jilin	6.99	839.31	315.00	94.56	220.44	17.10	70.16
黑龙江	Heilongjiang	7.66	723.58	295.15	72.38	204.94	18.51	55.18
上 海	Shanghai	1.50	1826.22	743.83	281.87	461.96	45.18	162.33
江 苏	Jiangsu	10.55	1193.81	475.03	130.95	344.07	21.99	105.04
浙 江	Zhejiang	5.58	1109.42	395.30	100.12	295.17	21.55	110.88
安 徽	Anhui	22.67	690.66	339.24	71.18	241.91	32.30	83.51
福 建	Fujian	14.96	1179.84	494.47	179.33	315.14	19.69	97.25
江 西	Jiangxi	13.95	914.88	379.17	43.80	268.60	20.94	78.66
山 东	Shandong	18.67	1013.82	499.49	169.99	329.51	30.81	76.69
河 南	Henan	6.36	977.52	458.19	168.66	289.53	29.69	111.69
湖 北	Hubei	12.10	814.81	317.76	57.77	206.11	16.79	59.74
湖 南	Hunan	6.82	940.79	362.01	95.66	266.35	17.93	87.36
广 东	Guangdong	32.85	1370.28	464.92	145.74	296.84	27.63	96.56
广 西	Guangxi	13.50	884.85	388.63	119.53	267.28	30.97	84.73
海 南	Hainan	16.96	729.86	261.39	59.50	177.32	7.78	48.59
重 庆	Chongqing	19.65	1079.27	483.89	100.07	373.81	36.96	118.33
四 川	Sichuan	28.85	1020.16	421.00	110.38	271.24	22.86	95.21
贵 州	Guizhou	17.41	857.55	366.57	121.35	245.21	15.94	64.00
云 南	Yunnan	21.09	570.46	230.55	86.20	144.35	15.55	49.13
西 藏	Tibet	4.90	428.03	76.01	3.17	72.83	19.04	98.08
陕 西	Shaanxi	17.50	914.26	365.93	78.09	238.05	21.22	75.71
甘 肃	Gansu	12.39	660.48	267.14	75.30	191.84	27.35	46.91
青 海	Qinghai	18.31	723.23	295.37	121.53	167.46	36.21	64.83
宁 夏	Ningxia	8.18	885.36	369.99	160.09	209.29	41.69	65.99
新 疆	Xinjiang	5.52	791.43	279.89	73.41	206.48	44.21	52.40

1-4-5 续表 8 Continued 8

单位：元 Unit:yuan

地　区	Region	(四)家庭日用杂品 Household Articles for Daily Use	(五)家具材料 Furniture Materials	(六)家庭服务 Household Services	1.家政服务 Housekeeping Services	2.加工维修服务费 Manufacturing Upkeep	五、医疗保健 Health Care and Medical Services	(一)医疗器具 Medical Appliances
全　国	**National**	**402.07**	**8.87**	**72.81**	**49.46**	**22.76**	**968.98**	**8.27**
北　京	Beijing	**532.68**	**12.69**	**112.38**	**80.23**	**31.99**	**1523.32**	**16.29**
天　津	Tianjin	355.55	6.76	60.34	45.12	15.21	1415.39	6.16
河　北	Hebei	288.97	8.45	39.85	23.81	16.04	955.95	5.88
山　西	Shanxi	265.68	6.56	41.13	21.03	20.09	851.30	12.43
内蒙古	Inner Mongolia	394.48	31.67	52.86	31.81	21.05	1239.36	8.82
辽　宁	Liaoning	410.17	8.74	66.46	46.21	20.25	1208.30	9.09
吉　林	Jilin	377.46	5.08	54.51	36.26	18.25	1108.51	8.75
黑龙江	Heilongjiang	311.36	6.43	36.95	24.17	12.52	1082.96	11.38
上　海	Shanghai	714.98	1.97	157.94	107.97	49.97	1140.82	6.97
江　苏	Jiangsu	485.33	3.67	102.75	71.48	31.27	962.45	10.11
浙　江	Zhejiang	446.35	6.10	129.24	100.56	28.68	1248.90	8.09
安　徽	Anhui	191.91	6.53	37.18	24.69	9.99	907.58	10.53
福　建	Fujian	448.41	6.37	113.65	91.48	22.17	773.26	2.44
江　西	Jiangxi	376.51	16.28	43.32	20.41	21.48	641.23	5.00
山　东	Shandong	356.39	14.44	36.00	19.62	16.38	938.86	8.18
河　南	Henan	339.15	6.72	32.07	9.13	22.93	919.83	3.58
湖　北	Hubei	369.48	15.08	35.96	13.26	19.50	915.72	4.68
湖　南	Hunan	396.18	8.71	68.61	42.14	26.47	790.76	2.69
广　东	Guangdong	589.79	10.33	181.07	144.91	35.33	948.18	14.32
广　西	Guangxi	334.86	2.10	43.56	23.10	20.40	779.08	10.10
海　南	Hainan	375.00	6.84	30.25	10.71	14.94	783.34	1.17
重　庆	Chongqing	373.41	14.29	52.40	33.84	18.24	1050.62	10.56
四　川	Sichuan	419.74	9.92	51.43	29.43	19.64	735.26	8.26
贵　州	Guizhou	360.95	5.40	44.69	26.27	18.42	578.33	5.87
云　南	Yunnan	231.21	3.67	40.35	34.59	5.76	822.41	7.59
西　藏	Tibet	212.82	12.02	10.06	3.93	6.13	424.10	1.48
陕　西	Shaanxi	397.72	5.79	47.89	21.77	24.33	1100.51	5.13
甘　肃	Gansu	272.75	9.86	36.46	20.25	16.22	874.05	2.47
青　海	Qinghai	299.60	8.79	18.43	2.47	14.86	854.25	3.42
宁　夏	Ningxia	366.32	4.62	36.75	13.01	23.74	978.12	18.23
新　疆	Xinjiang	376.02	4.55	34.37	18.19	16.17	912.99	4.42

1-4-5 续表 9 Continued 9

单位：元 Unit:yuan

地 区	Region	(二)保健器具 Health Care Appliances	(三)药品费 Medicine	(四)滋补保健品 Health Products	(五)医疗费 Health Care Services	(六)其他 Other	六、交通和通信 Transport and Communications	(一)交通 Transport
全 国	**National**	**18.60**	**453.20**	**137.40**	**341.01**	**10.50**	**2149.69**	**1397.09**
北 京	**Beijing**	**52.37**	**707.24**	**207.03**	**526.11**	**14.29**	**3521.20**	**2482.73**
天 津	Tianjin	22.54	719.11	137.77	521.27	8.54	2699.53	1749.35
河 北	Hebei	24.94	462.81	99.01	350.94	12.36	1526.60	966.11
山 西	Shanxi	16.28	382.70	74.00	357.93	7.95	1487.66	880.31
内蒙古	Inner Mongolia	13.88	548.10	86.39	566.86	15.31	2003.54	1374.19
辽 宁	Liaoning	18.19	479.06	204.18	489.99	7.79	1899.06	1181.00
吉 林	Jilin	9.76	484.20	121.01	475.92	8.88	1541.37	888.51
黑龙江	Heilongjiang	16.52	593.64	82.18	372.78	6.46	1363.62	858.12
上 海	Shanghai	20.93	485.74	304.78	312.81	9.60	3808.41	2502.23
江 苏	Jiangsu	19.42	415.56	216.57	289.31	11.48	2262.19	1603.90
浙 江	Zhejiang	11.67	555.39	296.48	367.28	9.98	3728.23	2725.79
安 徽	Anhui	11.18	443.88	102.46	323.06	16.47	1365.01	677.96
福 建	Fujian	15.41	319.34	137.30	293.49	5.26	2470.18	1531.17
江 西	Jiangxi	11.57	326.38	78.65	214.93	4.70	1310.21	763.55
山 东	Shandong	33.12	395.08	157.85	329.76	14.87	2203.99	1539.95
河 南	Henan	26.81	441.48	75.04	367.50	5.42	1573.64	1024.94
湖 北	Hubei	13.66	395.46	78.28	408.31	15.33	1382.20	827.81
湖 南	Hunan	10.04	454.75	82.15	234.81	6.33	1975.50	1331.53
广 东	Guangdong	23.25	430.70	212.61	257.00	10.30	3630.62	2416.57
广 西	Guangxi	11.48	385.85	74.34	292.52	4.78	2000.57	1404.87
海 南	Hainan	6.33	347.09	95.90	320.92	11.92	1830.80	1184.67
重 庆	Chongqing	18.68	491.34	124.06	388.83	17.16	1718.73	957.61
四 川	Sichuan	7.67	412.76	69.51	225.64	11.42	1757.52	992.78
贵 州	Guizhou	4.67	287.44	29.16	243.16	8.03	1395.28	698.37
云 南	Yunnan	11.94	412.58	58.49	309.49	22.32	1905.86	1213.38
西 藏	Tibet	3.96	235.13	58.90	118.30	6.33	1278.00	544.29
陕 西	Shaanxi	22.05	606.11	67.10	394.62	5.51	1502.44	818.74
甘 肃	Gansu	13.20	461.98	41.28	336.02	19.10	1289.80	605.41
青 海	Qinghai	12.94	393.88	45.89	387.98	10.15	1293.45	823.54
宁 夏	Ningxia	15.97	588.97	71.59	279.17	4.18	1637.61	1041.41
新 疆	Xinjiang	5.78	381.91	79.01	436.87	5.00	1377.67	813.19

1-4-5 续表 10 Continued 10

单位：元 Unit:yuan

地区	Region	1.家庭交通工具 Transportation Facility	2.车辆用燃料及零配件 Fuels and Parts	3.交通工具服务支出 Using and Upkeep Fare	4.交通费 Traffic Fare	(二)通信 Communication	1.通信工具 Communication Facility	2.通信服务 Communication Service
全国	**National**	**585.99**	**378.30**	**142.05**	**290.76**	**752.60**	**133.99**	**618.61**
北京	**Beijing**	**1050.98**	**763.00**	**245.20**	**423.55**	**1038.46**	**261.52**	**776.94**
天津	Tianjin	800.72	475.49	167.01	306.12	950.18	154.41	795.77
河北	Hebei	494.38	253.55	76.91	141.27	560.49	111.33	449.16
山西	Shanxi	340.35	276.55	104.14	159.27	607.35	102.62	504.73
内蒙古	Inner Mongolia	594.36	315.30	140.27	324.26	629.35	197.16	432.20
辽宁	Liaoning	530.63	256.78	81.65	311.95	718.05	122.21	595.84
吉林	Jilin	267.21	197.00	59.38	364.93	652.86	128.96	523.89
黑龙江	Heilongjiang	367.85	108.30	49.29	332.67	505.50	98.55	406.95
上海	Shanghai	793.08	485.60	321.06	902.49	1306.18	294.32	1011.87
江苏	Jiangsu	728.22	461.81	185.85	228.03	658.28	154.91	503.37
浙江	Zhejiang	1197.20	1012.00	219.07	297.53	1002.44	173.33	829.11
安徽	Anhui	208.24	175.54	40.82	253.35	687.06	135.00	552.06
福建	Fujian	630.18	444.02	163.49	293.47	939.01	141.84	797.18
江西	Jiangxi	324.21	199.51	66.07	173.75	546.66	85.46	461.20
山东	Shandong	786.45	435.20	143.26	175.04	664.04	126.03	538.01
河南	Henan	584.93	184.09	90.09	165.82	548.70	83.35	465.35
湖北	Hubei	302.20	176.43	67.37	281.81	554.39	103.55	450.84
湖南	Hunan	648.07	295.65	128.99	258.81	643.98	112.22	531.75
广东	Guangdong	820.88	804.74	342.62	448.33	1214.05	181.83	1032.22
广西	Guangxi	787.33	279.84	142.42	195.28	595.70	101.08	494.62
海南	Hainan	345.52	397.73	109.71	331.71	646.13	76.40	569.73
重庆	Chongqing	318.46	194.74	104.98	339.42	761.11	136.62	624.50
四川	Sichuan	438.07	176.58	102.54	275.58	764.74	94.33	670.41
贵州	Guizhou	240.80	128.12	68.59	260.85	696.91	81.43	615.49
云南	Yunnan	524.65	437.40	111.54	139.79	692.47	63.36	629.11
西藏	Tibet	97.29	213.63	22.14	211.24	733.71	33.25	700.46
陕西	Shaanxi	223.15	197.07	86.44	312.08	683.70	130.34	553.36
甘肃	Gansu	183.31	90.78	33.75	297.56	684.39	88.12	596.27
青海	Qinghai	323.70	80.18	29.23	390.43	469.91	109.20	360.71
宁夏	Ningxia	264.45	264.34	141.38	371.24	596.20	160.82	435.38
新疆	Xinjiang	225.78	129.60	58.85	398.96	564.48	127.72	436.76

1-4-5 续表 11 Continued 11

单位：元 Unit:yuan

地 区	Region	七、教育文化娱乐服务 Recreation, Education and Culture	(一)文化娱乐用 品 Cultural and Recreational Articles	(二)文化娱乐服 务 Expenditure of Culture and Recreation	1.参观游览 Touring and Outgoing	2.健身活动 Body Moves	3.团体旅游 Team Travel	4.其他文娱活 动 Other Entertai-nment
全 国	**National**	**1851.74**	**449.55**	**652.19**	**70.59**	**19.52**	**384.50**	**166.72**
北 京	Beijing	**3306.82**	**874.97**	**1260.58**	**129.40**	**76.32**	**810.36**	**234.73**
天 津	Tianjin	2116.01	650.96	684.20	44.65	19.64	424.16	189.13
河 北	Hebei	1203.99	313.56	366.89	46.99	4.97	202.79	107.10
山 西	Shanxi	1419.43	322.90	373.61	31.54	5.59	202.91	127.08
内蒙古	Inner Mongolia	1812.07	510.89	560.78	84.36	6.02	315.13	147.85
辽 宁	Liaoning	1614.52	396.05	460.52	57.04	27.03	249.30	120.97
吉 林	Jilin	1468.34	358.23	370.97	40.26	9.45	168.67	146.29
黑龙江	Heilongjiang	1190.87	286.89	305.28	55.56	13.85	81.34	148.12
上 海	Shanghai	3746.38	1054.28	1406.50	71.39	76.22	926.19	309.28
江 苏	Jiangsu	2695.52	655.92	1033.95	98.02	27.41	628.48	268.97
浙 江	Zhejiang	2816.12	550.69	932.80	77.88	22.92	670.49	149.64
安 徽	Anhui	1631.28	374.24	480.14	30.57	15.58	306.70	117.08
福 建	Fujian	1879.02	516.82	733.09	41.06	18.06	524.74	141.08
江 西	Jiangxi	1429.30	317.87	500.74	73.04	10.98	203.86	188.29
山 东	Shandong	1538.44	457.42	424.19	105.11	19.17	187.41	105.77
河 南	Henan	1373.94	377.10	452.24	54.93	14.10	277.17	97.44
湖 北	Hubei	1489.67	272.88	525.92	54.96	19.08	291.61	136.43
湖 南	Hunan	1526.10	319.04	580.20	49.45	8.13	328.42	186.79
广 东	Guangdong	2617.94	565.28	1153.64	115.52	29.64	740.08	256.11
广 西	Guangxi	1502.65	460.30	480.54	45.29	7.01	315.89	103.35
海 南	Hainan	1141.81	243.81	332.91	31.70	10.98	90.36	186.65
重 庆	Chongqing	1474.88	375.94	638.85	105.51	11.63	333.82	182.84
四 川	Sichuan	1369.47	317.96	517.32	46.41	8.33	248.87	198.19
贵 州	Guizhou	1331.43	323.35	520.72	54.38	9.72	281.61	169.16
云 南	Yunnan	1350.65	279.94	608.69	83.27	9.72	406.17	93.73
西 藏	Tibet	514.44	112.61	174.04	6.35	3.37	0.15	163.66
陕 西	Shaanxi	1857.60	439.89	544.49	93.54	16.73	244.40	167.51
甘 肃	Gansu	1158.30	339.92	371.36	59.03	2.43	177.76	128.30
青 海	Qinghai	967.90	287.04	352.61	56.29	1.80	141.21	144.37
宁 夏	Ningxia	1441.18	422.14	452.33	43.82	12.54	197.73	187.35
新 疆	Xinjiang	1122.18	326.80	280.80	33.35	5.70	154.73	82.99

单位：元 Unit:yuan

地 区	Region	5.文娱用品修理服务费 Fixing Service Fees for Recreation Expense	(三)教育 Education	1.教材 Teaching Material	2.教育费用 Tuition	八、其他商品和服务 Miscellaneous Goods and Services	(一)其他商品 Miscellaneous Goods	(二)服务 Services
全 国	**National**	**10.58**	**749.99**	**61.78**	**688.22**	**581.26**	**380.89**	**200.37**
北 京	**Beijing**	**9.77**	**1171.28**	**39.17**	**1132.11**	**975.37**	**659.63**	**315.75**
天 津	Tianjin	6.61	780.85	120.49	660.36	836.82	643.08	193.74
河 北	Hebei	5.05	523.54	35.11	488.43	387.40	254.15	133.25
山 西	Shanxi	6.50	722.92	66.26	656.66	415.44	257.57	157.87
内蒙古	Inner Mongolia	7.43	740.41	28.94	711.46	765.13	545.12	220.01
辽 宁	Liaoning	6.18	757.94	37.50	720.44	643.15	384.92	258.23
吉 林	Jilin	6.30	739.14	45.51	693.64	562.48	316.17	246.32
黑龙江	Heilongjiang	5.99	598.70	92.36	506.34	476.89	284.15	192.73
上 海	Shanghai	23.41	1285.61	67.63	1217.98	1394.86	974.68	420.18
江 苏	Jiangsu	11.07	1005.65	31.01	974.64	647.06	426.32	220.74
浙 江	Zhejiang	11.86	1332.63	48.61	1284.02	811.51	549.98	261.53
安 徽	Anhui	10.21	776.90	94.23	682.67	467.77	312.52	155.26
福 建	Fujian	8.15	629.11	35.07	594.04	667.00	436.14	230.86
江 西	Jiangxi	22.83	610.69	67.78	542.91	389.06	268.70	120.36
山 东	Shandong	6.73	656.83	38.57	618.26	518.27	377.11	141.16
河 南	Henan	8.61	544.60	33.35	511.25	484.76	309.64	175.12
湖 北	Hubei	20.01	690.86	122.57	568.29	347.68	235.60	112.08
湖 南	Hunan	7.41	626.86	11.91	614.95	434.25	258.27	175.98
广 东	Guangdong	12.28	929.03	116.98	812.05	773.17	490.02	283.15
广 西	Guangxi	9.01	561.81	29.55	532.26	349.48	225.54	123.94
海 南	Hainan	12.33	565.08	54.08	511.00	360.91	229.06	131.85
重 庆	Chongqing	5.06	460.09	28.92	431.18	540.63	364.31	176.32
四 川	Sichuan	15.52	534.18	118.38	415.80	532.52	312.54	219.98
贵 州	Guizhou	5.85	487.36	24.13	463.23	311.57	207.86	103.71
云 南	Yunnan	15.80	462.02	23.61	438.41	381.38	233.71	147.67
西 藏	Tibet	0.52	227.79	56.35	171.44	527.74	266.61	261.12
陕 西	Shaanxi	20.95	873.23	122.53	750.70	500.42	319.39	181.04
甘 肃	Gansu	3.85	447.01	37.90	409.11	413.37	294.18	119.20
青 海	Qinghai	7.53	328.25	74.40	253.85	406.93	276.33	130.61
宁 夏	Ningxia	10.88	566.71	102.78	463.93	521.47	368.59	152.88
新 疆	Xinjiang	4.04	514.57	46.23	468.34	493.56	374.80	118.76

1-4-6 各地区城镇居民家庭消费支出构成(2011年)
Composition of Per Capita Annual Consumption Expenditure of Urban Households by Region (2011)

单位: % unit:%

地区	Region	消费支出 Consumption Expenditure	服务性消费 Service Consumption Expenditure	一、食品 Food	(一)粮油类 Grain and Oil	1.粮食 Grain	2.淀粉及薯类 Starches and Tubers	3.干豆类及豆制品 Beans and Bean Products	4.油脂类 Oil and Fats
全国	**National**	**100.00**	**25.93**	**36.32**	**4.67**	**2.89**	**0.33**	**0.46**	**1.00**
北京	Beijing	100.00	28.99	31.41	3.30	2.01	0.25	0.33	0.71
天津	Tianjin	100.00	25.42	36.17	3.84	2.32	0.35	0.34	0.83
河北	Hebei	100.00	22.72	33.83	5.34	3.28	0.39	0.48	1.19
山西	Shanxi	100.00	25.90	31.34	5.75	3.59	0.60	0.58	0.98
内蒙古	Inner Mongolia	100.00	24.37	31.25	4.13	2.90	0.26	0.27	0.69
辽宁	Liaoning	100.00	25.44	35.53	4.95	3.09	0.43	0.48	0.94
吉林	Jilin	100.00	26.74	32.69	5.25	3.34	0.44	0.51	0.96
黑龙江	Heilongjiang	100.00	23.38	36.07	6.07	3.77	0.59	0.55	1.15
上海	Shanghai	100.00	30.76	35.48	3.93	2.70	0.28	0.42	0.54
江苏	Jiangsu	100.00	26.43	36.12	4.09	2.49	0.34	0.52	0.74
浙江	Zhejiang	100.00	27.59	34.57	3.53	2.14	0.25	0.46	0.68
安徽	Anhui	100.00	25.90	39.80	5.35	3.29	0.27	0.60	1.19
福建	Fujian	100.00	25.77	39.22	4.73	3.13	0.31	0.43	0.86
江西	Jiangxi	100.00	22.56	39.80	6.12	3.48	0.27	0.74	1.63
山东	Shandong	100.00	21.50	33.16	4.29	2.70	0.31	0.38	0.90
河南	Henan	100.00	23.71	34.15	5.19	3.19	0.46	0.50	1.04
湖北	Hubei	100.00	23.79	40.75	6.36	4.11	0.21	0.63	1.41
湖南	Hunan	100.00	24.46	36.89	5.23	2.86	0.21	0.58	1.58
广东	Guangdong	100.00	29.93	36.89	3.94	2.58	0.21	0.31	0.84
广西	Guangxi	100.00	23.65	39.50	4.79	2.94	0.27	0.52	1.06
海南	Hainan	100.00	26.63	44.88	3.94	2.48	0.20	0.26	1.02
重庆	Chongqing	100.00	24.98	39.05	4.74	2.43	0.30	0.45	1.55
四川	Sichuan	100.00	24.68	40.68	5.15	2.85	0.49	0.50	1.30
贵州	Guizhou	100.00	26.55	40.22	5.37	3.30	0.23	0.46	1.38
云南	Yunnan	100.00	25.68	39.21	5.09	3.16	0.37	0.32	1.24
西藏	Tibet	100.00	22.13	49.85	6.64	4.98	0.25	0.10	1.31
陕西	Shaanxi	100.00	27.63	36.57	5.00	3.04	0.46	0.53	0.96
甘肃	Gansu	100.00	25.69	37.38	5.53	3.40	0.38	0.42	1.33
青海	Qinghai	100.00	22.93	38.89	6.25	4.28	0.45	0.37	1.15
宁夏	Ningxia	100.00	24.52	34.77	4.86	3.06	0.44	0.38	0.98
新疆	Xinjiang	100.00	24.23	38.33	5.79	3.73	0.42	0.32	1.32

单位：% unit:%

地区	Region	(二)肉禽蛋水产品类 Meat,Poultry, Egg,Aquatic Products and Related Products	1.肉类 Meat Products	2.禽类 Poultry Products	3.蛋类 Eggs	4.水产品类 Aquatic Products	(三)蔬菜类 Vegetables	1.鲜菜 Fresh Vegetables	2.干菜 Dried Vegetables
全国	**National**	**10.40**	**5.56**	**1.73**	**0.77**	**2.33**	**3.48**	**3.15**	**0.21**
北京	Beijing	6.58	3.97	0.78	0.67	1.16	2.44	2.19	0.15
天津	Tianjin	9.37	4.65	0.98	1.06	2.68	3.02	2.76	0.16
河北	Hebei	8.59	5.09	1.09	1.09	1.32	3.36	3.04	0.18
山西	Shanxi	6.00	3.92	0.58	0.94	0.56	3.10	2.87	0.14
内蒙古	Inner Mongolia	7.05	5.20	0.63	0.52	0.71	2.54	2.32	0.12
辽宁	Liaoning	9.52	5.03	0.87	0.88	2.73	3.49	3.11	0.23
吉林	Jilin	7.76	4.85	0.81	0.72	1.37	3.48	3.15	0.18
黑龙江	Heilongjiang	9.30	5.69	1.00	0.91	1.70	3.66	3.32	0.24
上海	Shanghai	9.57	3.65	1.71	0.58	3.63	2.68	2.39	0.16
江苏	Jiangsu	10.65	5.16	2.03	0.74	2.73	3.47	3.16	0.18
浙江	Zhejiang	9.62	3.58	1.56	0.52	3.97	2.85	2.54	0.18
安徽	Anhui	10.41	5.58	1.88	1.17	1.79	4.09	3.63	0.31
福建	Fujian	15.03	6.02	2.07	0.76	6.18	3.21	2.71	0.39
江西	Jiangxi	12.53	7.20	2.23	0.89	2.22	4.94	4.37	0.41
山东	Shandong	9.09	4.71	1.00	1.05	2.33	2.93	2.67	0.16
河南	Henan	7.94	4.76	1.37	1.09	0.72	3.05	2.80	0.15
湖北	Hubei	11.31	6.76	1.47	0.84	2.23	4.97	4.60	0.20
湖南	Hunan	10.83	6.55	1.85	0.69	1.74	4.17	3.82	0.22
广东	Guangdong	13.49	6.50	3.01	0.52	3.46	3.17	2.79	0.27
广西	Guangxi	15.26	8.37	3.73	0.63	2.53	3.49	3.11	0.21
海南	Hainan	19.86	8.93	4.37	0.46	6.10	4.59	4.31	0.17
重庆	Chongqing	11.65	7.03	2.50	0.78	1.34	4.17	3.85	0.21
四川	Sichuan	12.77	8.37	2.39	0.83	1.18	4.45	4.10	0.22
贵州	Guizhou	10.97	7.53	2.01	0.66	0.77	4.52	4.12	0.25
云南	Yunnan	9.76	6.67	1.76	0.55	0.79	5.01	4.84	0.10
西藏	Tibet	11.68	10.09	0.73	0.47	0.40	5.78	5.44	0.32
陕西	Shaanxi	6.05	3.78	0.88	0.70	0.69	3.49	3.17	0.20
甘肃	Gansu	7.03	4.53	1.02	0.77	0.71	4.13	3.94	0.13
青海	Qinghai	9.94	7.18	1.13	0.75	0.87	4.27	4.09	0.08
宁夏	Ningxia	7.20	4.96	1.11	0.51	0.62	3.12	2.96	0.10
新疆	Xinjiang	10.42	7.47	1.39	0.73	0.85	3.61	3.38	0.15

1-4-6 续表 2 Continued 2

单位：% unit:%

地区	Region	3.菜制品 Vegetable Products	(四)调味品 Condiments	(五)糖烟酒饮料类 Sugar,Tobacco, Liquor and Beverages	1.糖类 Sugar	2.烟草类 Tobacco	3.酒类 Liquor	4.饮料 Beverages
全国	**National**	**0.12**	**0.45**	**3.69**	**0.33**	**1.64**	**1.02**	**0.70**
北京	Beijing	0.11	0.55	3.82	0.35	1.14	1.10	1.22
天津	Tianjin	0.09	0.56	3.75	0.28	1.32	1.40	0.75
河北	Hebei	0.15	0.52	3.66	0.31	1.19	1.37	0.78
山西	Shanxi	0.09	0.45	3.68	0.25	1.98	0.82	0.63
内蒙古	Inner Mongolia	0.10	0.39	4.12	0.22	1.78	1.54	0.58
辽宁	Liaoning	0.14	0.56	3.50	0.27	1.54	0.99	0.70
吉林	Jilin	0.14	0.53	2.91	0.25	1.29	0.73	0.65
黑龙江	Heilongjiang	0.11	0.58	3.16	0.35	1.34	0.87	0.59
上海	Shanghai	0.13	0.34	3.94	0.53	1.89	0.75	0.77
江苏	Jiangsu	0.13	0.40	4.39	0.32	2.26	1.24	0.57
浙江	Zhejiang	0.13	0.30	3.87	0.28	2.18	0.87	0.54
安徽	Anhui	0.14	0.33	6.40	0.30	2.98	2.19	0.93
福建	Fujian	0.11	0.41	3.35	0.27	1.28	0.78	1.01
江西	Jiangxi	0.16	0.44	3.34	0.38	1.80	0.75	0.42
山东	Shandong	0.10	0.43	3.51	0.27	0.93	1.45	0.86
河南	Henan	0.10	0.48	3.64	0.29	1.32	1.18	0.85
湖北	Hubei	0.16	0.58	4.92	0.30	2.72	1.42	0.48
湖南	Hunan	0.13	0.39	3.48	0.33	1.86	0.83	0.46
广东	Guangdong	0.10	0.31	2.25	0.37	0.66	0.43	0.79
广西	Guangxi	0.17	0.33	2.58	0.41	0.98	0.72	0.47
海南	Hainan	0.12	0.37	2.20	0.25	1.12	0.40	0.43
重庆	Chongqing	0.12	0.74	3.57	0.39	1.83	0.90	0.44
四川	Sichuan	0.13	0.77	4.06	0.41	1.99	1.12	0.54
贵州	Guizhou	0.15	0.56	4.48	0.47	2.44	0.92	0.65
云南	Yunnan	0.07	0.48	4.59	0.38	3.25	0.56	0.40
西藏	Tibet	0.01	0.58	7.70	0.62	4.27	1.76	1.06
陕西	Shaanxi	0.12	0.57	4.10	0.41	1.98	1.00	0.70
甘肃	Gansu	0.06	0.60	4.62	0.28	2.24	1.44	0.66
青海	Qinghai	0.10	0.57	4.04	0.37	1.76	1.32	0.59
宁夏	Ningxia	0.06	0.43	3.86	0.34	2.07	0.78	0.68
新疆	Xinjiang	0.08	0.42	2.94	0.48	1.03	0.81	0.63

单位：% unit:%

地 区	Region	(六)干鲜瓜果类 Dried and Fresh Melons and Fruits	1.鲜果 Fruits	2.鲜瓜 Melons	3.其它干鲜瓜果类及制品 Dried Fruits	(七)糕点、奶及奶制品 Cake,Milk and Its Products	1.糕点 Cake	2.奶及奶制品 Milk and Its Products
全 国	**National**	**2.96**	**1.84**	**0.28**	**0.84**	**2.27**	**0.73**	**1.54**
北 京	Beijing	3.21	1.91	0.31	0.99	2.82	1.07	1.75
天 津	Tianjin	3.34	2.00	0.31	1.03	2.47	1.10	1.37
河 北	Hebei	3.16	1.87	0.33	0.95	2.39	0.85	1.54
山 西	Shanxi	3.11	1.73	0.34	1.04	2.60	0.83	1.77
内 蒙 古	Inner Mongolia	2.72	1.69	0.22	0.81	1.72	0.42	1.30
辽 宁	Liaoning	3.80	2.39	0.29	1.12	2.07	0.63	1.45
吉 林	Jilin	3.54	2.41	0.37	0.76	1.62	0.53	1.09
黑 龙 江	Heilongjiang	3.81	2.30	0.47	1.04	1.92	0.66	1.26
上 海	Shanghai	2.77	1.57	0.30	0.91	2.79	0.95	1.84
江 苏	Jiangsu	2.63	1.53	0.27	0.83	2.37	0.71	1.67
浙 江	Zhejiang	2.99	1.84	0.30	0.85	2.00	0.66	1.34
安 徽	Anhui	2.67	1.60	0.35	0.72	2.87	0.56	2.31
福 建	Fujian	2.81	1.93	0.15	0.73	2.14	0.61	1.53
江 西	Jiangxi	3.34	2.05	0.35	0.94	2.58	0.82	1.75
山 东	Shandong	3.32	1.97	0.37	0.98	2.56	0.83	1.73
河 南	Henan	2.90	1.59	0.35	0.96	2.45	0.77	1.68
湖 北	Hubei	2.63	1.61	0.25	0.77	2.37	0.81	1.56
湖 南	Hunan	3.08	1.93	0.34	0.81	1.74	0.57	1.17
广 东	Guangdong	2.39	1.69	0.12	0.58	1.83	0.70	1.13
广 西	Guangxi	2.83	1.98	0.26	0.59	2.15	0.76	1.39
海 南	Hainan	2.58	2.16	0.18	0.24	1.67	0.59	1.09
重 庆	Chongqing	2.42	1.66	0.15	0.61	2.26	0.47	1.79
四 川	Sichuan	2.77	1.81	0.18	0.77	2.27	0.52	1.74
贵 州	Guizhou	3.31	2.26	0.17	0.87	2.02	0.64	1.38
云 南	Yunnan	2.88	2.15	0.10	0.63	2.67	1.14	1.53
西 藏	Tibet	2.81	2.34	0.20	0.28	4.28	0.33	3.95
陕 西	Shaanxi	3.53	1.96	0.39	1.19	2.86	1.00	1.86
甘 肃	Gansu	3.44	1.99	0.39	1.06	2.37	0.58	1.79
青 海	Qinghai	3.52	2.13	0.29	1.10	2.38	0.62	1.77
宁 夏	Ningxia	3.53	2.11	0.44	0.97	2.20	0.51	1.69
新 疆	Xinjiang	3.91	2.06	0.39	1.46	2.45	0.78	1.67

1-4-6 续表 4 Continued 4

单位：% unit:%

地 区	Region	(八)其他食品 Other Food	(九)饮食服务 Bite and Sup Service	1.食品加工服务费 Food Processing Service Fees	2.在外饮食 Dining Out	二、衣着 Clothing	(一)服装 Garments	(二)衣着材料 Clothing Materials
全 国	**National**	**0.58**	**7.82**	**0.01**	**7.80**	**11.05**	**8.16**	**0.07**
北 京	Beijing	0.36	8.34	0.00	8.33	10.31	7.33	0.06
天 津	Tianjin	0.64	9.17	0.00	9.17	9.53	6.92	0.07
河 北	Hebei	0.88	5.94	0.01	5.92	12.28	8.79	0.10
山 西	Shanxi	0.66	5.98	0.01	5.96	12.88	9.64	0.09
内蒙古	Inner Mongolia	1.44	7.15	0.01	7.15	15.83	11.71	0.05
辽 宁	Liaoning	0.58	7.08	0.01	7.07	12.54	8.76	0.07
吉 林	Jilin	0.85	6.75	0.01	6.75	13.60	9.78	0.06
黑龙江	Heilongjiang	0.48	7.08	0.01	7.08	13.95	9.91	0.06
上 海	Shanghai	0.40	9.06	0.00	9.06	8.18	6.21	0.09
江 苏	Jiangsu	0.73	7.38	0.02	7.36	10.56	7.98	0.11
浙 江	Zhejiang	0.40	9.02	0.01	9.01	10.47	8.11	0.10
安 徽	Anhui	0.69	7.01	0.02	6.99	10.40	7.24	0.09
福 建	Fujian	0.32	7.23	0.01	7.23	8.97	7.00	0.02
江 西	Jiangxi	0.88	5.62	0.01	5.61	10.84	8.33	0.11
山 东	Shandong	0.62	6.40	0.02	6.39	13.80	10.05	0.07
河 南	Henan	0.77	7.73	0.01	7.71	13.84	10.26	0.08
湖 北	Hubei	0.54	7.09	0.02	7.07	12.75	9.57	0.10
湖 南	Hunan	0.86	7.11	0.01	7.10	11.18	8.38	0.06
广 东	Guangdong	0.28	9.24	0.00	9.24	6.94	5.26	0.01
广 西	Guangxi	0.40	7.68	0.01	7.67	7.93	6.06	0.07
海 南	Hainan	0.30	9.36	0.00	9.36	6.17	4.87	0.01
重 庆	Chongqing	0.48	9.02	0.03	8.99	13.74	10.12	0.07
四 川	Sichuan	0.42	8.03	0.03	7.99	10.83	8.03	0.07
贵 州	Guizhou	0.88	8.11	0.02	8.09	10.66	7.52	0.16
云 南	Yunnan	0.48	8.25	0.01	8.24	12.96	9.21	0.10
西 藏	Tibet	1.46	8.93	0.02	8.92	12.13	8.40	0.07
陕 西	Shaanxi	0.81	10.15	0.01	10.15	12.14	8.89	0.10
甘 肃	Gansu	1.69	7.97	0.01	7.96	13.14	9.38	0.13
青 海	Qinghai	0.97	6.94	0.01	6.93	12.73	9.37	0.07
宁 夏	Ningxia	0.93	8.64	0.00	8.63	13.20	9.82	0.09
新 疆	Xinjiang	0.55	8.23	0.01	8.23	14.49	10.21	0.17

1-4-6 续表 5 Continued 5

单位：% unit:%

地区	Region	(三)鞋类 Shoes	(四)其他衣着用品 Other Clothing	(五)衣着加工服务费 Tailoring and Laundering Services	三、居住 Residence	(一)住房 House	(二)水电燃料及其他 Water, Electricity and Fuels	1.水 Water
全国	National	**2.41**	**0.34**	**0.06**	**9.27**	**2.98**	**5.55**	**0.66**
北京	Beijing	2.51	0.33	0.07	8.75	3.61	4.37	0.53
天津	Tianjin	2.06	0.41	0.07	9.57	3.80	5.44	0.62
河北	Hebei	2.85	0.49	0.06	11.82	3.27	7.98	0.62
山西	Shanxi	2.74	0.34	0.07	11.69	3.39	7.64	0.52
内蒙古	Inner Mongolia	3.33	0.66	0.08	8.93	2.95	5.38	0.34
辽宁	Liaoning	3.11	0.50	0.10	9.37	2.10	6.64	0.54
吉林	Jilin	3.19	0.48	0.10	11.29	2.52	8.07	0.57
黑龙江	Heilongjiang	3.41	0.47	0.10	9.84	2.42	6.96	0.51
上海	Shanghai	1.61	0.21	0.07	8.87	4.88	3.19	0.54
江苏	Jiangsu	2.06	0.34	0.07	7.08	2.61	3.92	0.61
浙江	Zhejiang	1.94	0.26	0.06	7.43	2.54	4.37	0.64
安徽	Anhui	2.56	0.43	0.08	11.39	5.51	5.01	0.66
福建	Fujian	1.69	0.23	0.03	9.97	3.71	5.40	0.89
江西	Jiangxi	2.11	0.25	0.04	9.49	2.90	6.11	0.82
山东	Shandong	3.14	0.46	0.08	10.38	2.88	6.81	0.50
河南	Henan	3.08	0.33	0.08	8.81	3.09	5.28	0.54
湖北	Hubei	2.65	0.37	0.06	8.90	2.72	5.68	0.81
湖南	Hunan	2.34	0.35	0.05	9.64	2.41	6.50	0.89
广东	Guangdong	1.45	0.19	0.03	9.90	2.67	5.81	0.82
广西	Guangxi	1.57	0.20	0.04	9.63	3.43	5.80	0.87
海南	Hainan	1.15	0.13	0.02	10.62	3.98	5.91	0.95
重庆	Chongqing	3.06	0.44	0.05	8.05	2.25	4.87	0.94
四川	Sichuan	2.32	0.34	0.07	8.95	2.96	5.10	0.75
贵州	Guizhou	2.60	0.34	0.04	9.72	3.22	5.93	0.83
云南	Yunnan	3.36	0.26	0.02	6.76	2.44	3.77	0.83
西藏	Tibet	3.48	0.14	0.04	7.51	1.42	5.66	0.52
陕西	Shaanxi	2.76	0.32	0.08	8.66	2.12	5.85	0.54
甘肃	Gansu	2.97	0.59	0.07	10.19	2.38	6.96	0.53
青海	Qinghai	2.74	0.48	0.07	9.63	2.49	6.41	0.35
宁夏	Ningxia	2.79	0.39	0.11	9.67	2.76	6.20	0.36
新疆	Xinjiang	3.41	0.54	0.15	7.50	1.69	5.32	0.40

1-4-6 续表 6 Continued 6

单位: %

地区	Region	2.电 Electricity	3.燃料 Fuels	4.取暖费	5.其他 Other	(三)居住服务费 Housing Services	1.物业管理费 Realty Management	2.维修服务费 Fitment Service Fees
全　国	**National**	**2.53**	**1.31**	**0.90**	**0.14**	**0.74**	**0.55**	**0.09**
北　京	Beijing	1.82	0.78	1.21	0.05	0.77	0.69	0.02
天　津	Tianjin	2.04	0.63	2.13	0.03	0.33	0.23	0.04
河　北	Hebei	2.50	1.47	3.27	0.13	0.58	0.41	0.09
山　西	Shanxi	2.30	1.57	2.90	0.34	0.66	0.46	0.12
内蒙古	Inner Mongolia	1.52	1.04	2.37	0.10	0.61	0.37	0.11
辽　宁	Liaoning	2.18	1.06	2.81	0.05	0.63	0.46	0.11
吉　林	Jilin	2.28	1.21	3.94	0.07	0.70	0.47	0.17
黑龙江	Heilongjiang	2.25	1.18	2.92	0.10	0.45	0.30	0.09
上　海	Shanghai	1.82	0.83	0.00	0.00	0.80	0.76	0.04
江　苏	Jiangsu	2.23	0.89	0.05	0.14	0.54	0.40	0.08
浙　江	Zhejiang	2.54	1.14		0.05	0.52	0.42	0.07
安　徽	Anhui	2.85	1.39	0.07	0.03	0.86	0.40	0.29
福　建	Fujian	3.40	1.06	0.00	0.05	0.87	0.71	0.06
江　西	Jiangxi	3.49	1.71	0.00	0.10	0.47	0.25	0.10
山　东	Shandong	2.06	1.11	2.59	0.56	0.68	0.43	0.12
河　南	Henan	2.60	1.17	0.64	0.33	0.44	0.30	0.09
湖　北	Hubei	3.16	1.50	0.02	0.17	0.50	0.36	0.06
湖　南	Hunan	3.43	1.95	0.02	0.20	0.73	0.59	0.10
广　东	Guangdong	3.02	1.90	0.00	0.07	1.42	1.20	0.05
广　西	Guangxi	2.88	1.89		0.16	0.40	0.25	0.05
海　南	Hainan	3.02	1.90		0.04	0.73	0.56	0.04
重　庆	Chongqing	2.51	1.35	0.00	0.06	0.94	0.74	0.07
四　川	Sichuan	2.62	1.62	0.00	0.10	0.89	0.56	0.13
贵　州	Guizhou	3.63	1.39	0.01	0.06	0.57	0.35	0.06
云　南	Yunnan	2.06	0.86		0.02	0.55	0.33	0.05
西　藏	Tibet	2.06	2.64	0.04	0.40	0.44	0.27	0.12
陕　西	Shaanxi	2.15	1.35	1.56	0.25	0.69	0.47	0.10
甘　肃	Gansu	2.18	1.32	2.77	0.16	0.85	0.64	0.10
青　海	Qinghai	1.95	1.32	2.32	0.47	0.73	0.47	0.09
宁　夏	Ningxia	1.55	0.91	2.95	0.42	0.72	0.53	0.12
新　疆	Xinjiang	1.51	1.12	2.11	0.18	0.49	0.37	0.07

1-4-6 续表 7 Continued 7

单位: % unit:%

地 区	Region	3.其他 Other	四、家庭设备用品及服务 Household Appliances and Services	(一)耐用消费品 Durable Consumer Goods	1.家具 Furniture	2.家庭设备 Household Appliances	(二)室内装饰品 Room Decorations	(三)床上用品 Bed Articles
全 国	**National**	**0.10**	**6.75**	**2.80**	**0.85**	**1.87**	**0.18**	**0.59**
北 京	Beijing	0.05	7.11	3.35	1.43	1.92	0.20	0.56
天 津	Tianjin	0.06	6.38	3.35	1.25	2.10	0.25	0.48
河 北	Hebei	0.08	6.98	3.32	1.11	2.22	0.21	0.54
山 西	Shanxi	0.08	7.33	3.71	1.58	2.13	0.22	0.64
内 蒙 古	Inner Mongolia	0.13	7.32	3.37	0.94	2.43	0.31	0.63
辽 宁	Liaoning	0.07	6.28	2.17	0.67	1.50	0.21	0.62
吉 林	Jilin	0.05	6.45	2.42	0.73	1.69	0.13	0.54
黑 龙 江	Heilongjiang	0.06	6.00	2.45	0.60	1.70	0.15	0.46
上 海	Shanghai	0.01	7.28	2.96	1.12	1.84	0.18	0.65
江 苏	Jiangsu	0.06	7.11	2.83	0.78	2.05	0.13	0.63
浙 江	Zhejiang	0.03	5.43	1.93	0.49	1.44	0.11	0.54
安 徽	Anhui	0.17	5.24	2.57	0.54	1.84	0.25	0.63
福 建	Fujian	0.09	7.08	2.97	1.08	1.89	0.12	0.58
江 西	Jiangxi	0.12	7.79	3.23	0.37	2.29	0.18	0.67
山 东	Shandong	0.13	6.96	3.43	1.17	2.26	0.21	0.53
河 南	Henan	0.05	7.92	3.71	1.37	2.35	0.24	0.91
湖 北	Hubei	0.09	6.19	2.41	0.44	1.57	0.13	0.45
湖 南	Hunan	0.05	7.02	2.70	0.71	1.99	0.13	0.65
广 东	Guangdong	0.16	6.77	2.30	0.72	1.47	0.14	0.48
广 西	Guangxi	0.11	6.89	3.02	0.93	2.08	0.24	0.66
海 南	Hainan	0.13	5.77	2.07	0.47	1.40	0.06	0.38
重 庆	Chongqing	0.13	7.21	3.23	0.67	2.50	0.25	0.79
四 川	Sichuan	0.21	7.45	3.07	0.81	1.98	0.17	0.70
贵 州	Guizhou	0.15	7.55	3.23	1.07	2.16	0.14	0.56
云 南	Yunnan	0.17	4.66	1.88	0.70	1.18	0.13	0.40
西 藏	Tibet	0.05	4.12	0.73	0.03	0.70	0.18	0.94
陕 西	Shaanxi	0.13	6.63	2.65	0.57	1.73	0.15	0.55
甘 肃	Gansu	0.11	5.90	2.39	0.67	1.71	0.24	0.42
青 海	Qinghai	0.17	6.60	2.70	1.11	1.53	0.33	0.59
宁 夏	Ningxia	0.06	6.87	2.87	1.24	1.62	0.32	0.51
新 疆	Xinjiang	0.05	6.68	2.36	0.62	1.74	0.37	0.44

1-4-6 续表 8 Continued 8

单位: % unit:%

地 区	Region	(四)家庭日用杂品 Household Articles for Daily Use	(五)家具材料 Furniture Materials	(六)家庭服务 Household Services	1.家政服务 Housekeeping Services	2.加工维修服务费 Manufacturing Upkeep	五、医疗保健 Health Care and Medical Services	(一)医疗器具 Medical Appliances
全 国	**National**	**2.65**	**0.06**	**0.48**	**0.33**	**0.15**	**6.39**	**0.05**
北 京	Beijing	2.42	0.06	0.51	0.36	0.15	6.93	0.07
天 津	Tianjin	1.93	0.04	0.33	0.24	0.08	7.68	0.03
河 北	Hebei	2.49	0.07	0.34	0.21	0.14	8.23	0.05
山 西	Shanxi	2.34	0.06	0.36	0.19	0.18	7.50	0.11
内蒙古	Inner Mongolia	2.48	0.20	0.33	0.20	0.13	7.81	0.06
辽 宁	Liaoning	2.77	0.06	0.45	0.31	0.14	8.17	0.06
吉 林	Jilin	2.90	0.04	0.42	0.28	0.14	8.52	0.07
黑龙江	Heilongjiang	2.58	0.05	0.31	0.20	0.10	8.98	0.09
上 海	Shanghai	2.85	0.01	0.63	0.43	0.20	4.54	0.03
江 苏	Jiangsu	2.89	0.02	0.61	0.43	0.19	5.74	0.06
浙 江	Zhejiang	2.18	0.03	0.63	0.49	0.14	6.11	0.04
安 徽	Anhui	1.46	0.05	0.28	0.19	0.08	6.89	0.08
福 建	Fujian	2.69	0.04	0.68	0.55	0.13	4.64	0.01
江 西	Jiangxi	3.21	0.14	0.37	0.17	0.18	5.46	0.04
山 东	Shandong	2.45	0.10	0.25	0.13	0.11	6.45	0.06
河 南	Henan	2.75	0.05	0.26	0.07	0.19	7.46	0.03
湖 北	Hubei	2.81	0.11	0.27	0.10	0.15	6.96	0.04
湖 南	Hunan	2.96	0.06	0.51	0.31	0.20	5.90	0.02
广 东	Guangdong	2.91	0.05	0.89	0.72	0.17	4.68	0.07
广 西	Guangxi	2.61	0.02	0.34	0.18	0.16	6.06	0.08
海 南	Hainan	2.97	0.05	0.24	0.08	0.12	6.20	0.01
重 庆	Chongqing	2.49	0.10	0.35	0.23	0.12	7.02	0.07
四 川	Sichuan	3.06	0.07	0.38	0.21	0.14	5.37	0.06
贵 州	Guizhou	3.18	0.05	0.39	0.23	0.16	5.09	0.05
云 南	Yunnan	1.89	0.03	0.33	0.28	0.05	6.71	0.06
西 藏	Tibet	2.05	0.12	0.10	0.04	0.06	4.08	0.01
陕 西	Shaanxi	2.89	0.04	0.35	0.16	0.18	7.98	0.04
甘 肃	Gansu	2.44	0.09	0.33	0.18	0.14	7.81	0.02
青 海	Qinghai	2.73	0.08	0.17	0.02	0.14	7.80	0.03
宁 夏	Ningxia	2.84	0.04	0.28	0.10	0.18	7.58	0.14
新 疆	Xinjiang	3.18	0.04	0.29	0.15	0.14	7.71	0.04

1-4-6 续表 9 Continued 9

单位：%

地　区	Region	(二)保健器具 Health Care Appliances	(三)药品费 Medicine	(四)滋补保健品 Health Products	(五)医疗费 Health Care Services	(六)其他 Other	六、交通和通信 Transport and Communications	(一)交通 Transport
全　国	**National**	**0.12**	**2.99**	**0.91**	**2.25**	**0.07**	**14.18**	**9.22**
北　京	Beijing	0.24	3.22	0.94	2.39	0.07	16.02	11.29
天　津	Tianjin	0.12	3.90	0.75	2.83	0.05	14.65	9.49
河　北	Hebei	0.21	3.99	0.85	3.02	0.11	13.15	8.32
山　西	Shanxi	0.14	3.37	0.65	3.15	0.07	13.10	7.75
内蒙古	Inner Mongolia	0.09	3.45	0.54	3.57	0.10	12.62	8.65
辽　宁	Liaoning	0.12	3.24	1.38	3.31	0.05	12.84	7.99
吉　林	Jilin	0.08	3.72	0.93	3.66	0.07	11.85	6.83
黑龙江	Heilongjiang	0.14	4.92	0.68	3.09	0.05	11.31	7.12
上　海	Shanghai	0.08	1.94	1.21	1.25	0.04	15.17	9.97
江　苏	Jiangsu	0.12	2.48	1.29	1.72	0.07	13.48	9.56
浙　江	Zhejiang	0.06	2.72	1.45	1.80	0.05	18.24	13.34
安　徽	Anhui	0.08	3.37	0.78	2.45	0.12	10.36	5.14
福　建	Fujian	0.09	1.92	0.82	1.76	0.03	14.83	9.19
江　西	Jiangxi	0.10	2.78	0.67	1.83	0.04	11.15	6.50
山　东	Shandong	0.23	2.71	1.08	2.26	0.10	15.14	10.58
河　南	Henan	0.22	3.58	0.61	2.98	0.04	12.76	8.31
湖　北	Hubei	0.10	3.00	0.59	3.10	0.12	10.50	6.29
湖　南	Hunan	0.07	3.39	0.61	1.75	0.05	14.74	9.93
广　东	Guangdong	0.11	2.13	1.05	1.27	0.05	17.93	11.93
广　西	Guangxi	0.09	3.00	0.58	2.28	0.04	15.57	10.93
海　南	Hainan	0.05	2.75	0.76	2.54	0.09	14.48	9.37
重　庆	Chongqing	0.12	3.28	0.83	2.60	0.11	11.48	6.39
四　川	Sichuan	0.06	3.01	0.51	1.65	0.08	12.83	7.25
贵　州	Guizhou	0.04	2.53	0.26	2.14	0.07	12.29	6.15
云　南	Yunnan	0.10	3.37	0.48	2.53	0.18	15.56	9.91
西　藏	Tibet	0.04	2.26	0.57	1.14	0.06	12.29	5.23
陕　西	Shaanxi	0.16	4.40	0.49	2.86	0.04	10.90	5.94
甘　肃	Gansu	0.12	4.13	0.37	3.00	0.17	11.53	5.41
青　海	Qinghai	0.12	3.60	0.42	3.54	0.09	11.81	7.52
宁　夏	Ningxia	0.12	4.57	0.56	2.16	0.03	12.70	8.08
新　疆	Xinjiang	0.05	3.23	0.67	3.69	0.04	11.64	6.87

1-4-6 续表 10 Continued 10

单位：% unit:%

地 区	Region	1.家庭交通工具 Transportation Facility	2.车辆用燃料及零配件 Fuels and Parts	3.交通工具服务支出 Using and Upkeep Fare	4.交通费 Traffic Fare	(二)通信 Communication	1.通信工具 Communication Facility	2.通信服务 Communication Service
全 国	**National**	**3.87**	**2.50**	**0.94**	**1.92**	**4.96**	**0.88**	**4.08**
北 京	Beijing	4.78	3.47	1.12	1.93	4.72	1.19	3.53
天 津	Tianjin	4.35	2.58	0.91	1.66	5.16	0.84	4.32
河 北	Hebei	4.26	2.18	0.66	1.22	4.83	0.96	3.87
山 西	Shanxi	3.00	2.44	0.92	1.40	5.35	0.90	4.45
内蒙古	Inner Mongolia	3.74	1.99	0.88	2.04	3.96	1.24	2.72
辽 宁	Liaoning	3.59	1.74	0.55	2.11	4.86	0.83	4.03
吉 林	Jilin	2.05	1.51	0.46	2.80	5.02	0.99	4.03
黑龙江	Heilongjiang	3.05	0.90	0.41	2.76	4.19	0.82	3.38
上 海	Shanghai	3.16	1.93	1.28	3.60	5.20	1.17	4.03
江 苏	Jiangsu	4.34	2.75	1.11	1.36	3.92	0.92	3.00
浙 江	Zhejiang	5.86	4.95	1.07	1.46	4.90	0.85	4.06
安 徽	Anhui	1.58	1.33	0.31	1.92	5.21	1.02	4.19
福 建	Fujian	3.78	2.67	0.98	1.76	5.64	0.85	4.78
江 西	Jiangxi	2.76	1.70	0.56	1.48	4.65	0.73	3.93
山 东	Shandong	5.40	2.99	0.98	1.20	4.56	0.87	3.69
河 南	Henan	4.74	1.49	0.73	1.34	4.45	0.68	3.77
湖 北	Hubei	2.30	1.34	0.51	2.14	4.21	0.79	3.42
湖 南	Hunan	4.84	2.21	0.96	1.93	4.80	0.84	3.97
广 东	Guangdong	4.05	3.97	1.69	2.21	5.99	0.90	5.10
广 西	Guangxi	6.13	2.18	1.11	1.52	4.64	0.79	3.85
海 南	Hainan	2.73	3.15	0.87	2.62	5.11	0.60	4.51
重 庆	Chongqing	2.13	1.30	0.70	2.27	5.08	0.91	4.17
四 川	Sichuan	3.20	1.29	0.75	2.01	5.58	0.69	4.89
贵 州	Guizhou	2.12	1.13	0.60	2.30	6.14	0.72	5.42
云 南	Yunnan	4.28	3.57	0.91	1.14	5.65	0.52	5.14
西 藏	Tibet	0.94	2.05	0.21	2.03	7.06	0.32	6.74
陕 西	Shaanxi	1.62	1.43	0.63	2.26	4.96	0.95	4.01
甘 肃	Gansu	1.64	0.81	0.30	2.66	6.12	0.79	5.33
青 海	Qinghai	2.95	0.73	0.27	3.56	4.29	1.00	3.29
宁 夏	Ningxia	2.05	2.05	1.10	2.88	4.62	1.25	3.38
新 疆	Xinjiang	1.91	1.09	0.50	3.37	4.77	1.08	3.69

1-4-6 续表 11 Continued 11

单位：% unit:%

地 区	Region	七、教育文化娱乐服务 Recreation, Education and Culture	(一)文化娱乐用品 Cultural and Recreational Articles	(二)文化娱乐服务 Expenditure of Culture and Recreation	1.参观游览 Touring and Outgoing	2.健身活动 Body Moves	3.团体旅游 Team Travel	4.其它文娱活动 Other Entertainment
全 国	**National**	**12.21**	**2.97**	**4.30**	**0.47**	**0.13**	**2.54**	**1.10**
北 京	Beijing	15.04	3.98	5.73	0.59	0.35	3.69	1.07
天 津	Tianjin	11.49	3.53	3.71	0.24	0.11	2.30	1.03
河 北	Hebei	10.37	2.70	3.16	0.40	0.04	1.75	0.92
山 西	Shanxi	12.50	2.84	3.29	0.28	0.05	1.79	1.12
内 蒙 古	Inner Mongolia	11.41	3.22	3.53	0.53	0.04	1.98	0.93
辽 宁	Liaoning	10.92	2.68	3.11	0.39	0.18	1.69	0.82
吉 林	Jilin	11.29	2.75	2.85	0.31	0.07	1.30	1.12
黑 龙 江	Heilongjiang	9.88	2.38	2.53	0.46	0.11	0.67	1.23
上 海	Shanghai	14.92	4.20	5.60	0.28	0.30	3.69	1.23
江 苏	Jiangsu	16.06	3.91	6.16	0.58	0.16	3.75	1.60
浙 江	Zhejiang	13.78	2.69	4.56	0.38	0.11	3.28	0.73
安 徽	Anhui	12.38	2.84	3.64	0.23	0.12	2.33	0.89
福 建	Fujian	11.28	3.10	4.40	0.25	0.11	3.15	0.85
江 西	Jiangxi	12.17	2.71	4.26	0.62	0.09	1.74	1.60
山 东	Shandong	10.57	3.14	2.91	0.72	0.13	1.29	0.73
河 南	Henan	11.14	3.06	3.67	0.45	0.11	2.25	0.79
湖 北	Hubei	11.32	2.07	4.00	0.42	0.14	2.22	1.04
湖 南	Hunan	11.39	2.38	4.33	0.37	0.06	2.45	1.39
广 东	Guangdong	13.08	2.79	5.70	0.57	0.15	3.65	1.26
广 西	Guangxi	11.70	3.58	3.74	0.35	0.05	2.46	0.80
海 南	Hainan	9.03	1.93	2.63	0.25	0.09	0.71	1.48
重 庆	Chongqing	9.85	2.51	4.27	0.70	0.08	2.23	1.22
四 川	Sichuan	10.00	2.32	3.78	0.34	0.06	1.82	1.45
贵 州	Guizhou	11.73	2.85	4.59	0.48	0.09	2.48	1.49
云 南	Yunnan	11.03	2.29	4.97	0.68	0.08	3.32	0.77
西 藏	Tibet	4.95	1.08	1.67	0.06	0.03	0.00	1.57
陕 西	Shaanxi	13.48	3.19	3.95	0.68	0.12	1.77	1.22
甘 肃	Gansu	10.35	3.04	3.32	0.53	0.02	1.59	1.15
青 海	Qinghai	8.83	2.62	3.22	0.51	0.02	1.29	1.32
宁 夏	Ningxia	11.18	3.27	3.51	0.34	0.10	1.53	1.45
新 疆	Xinjiang	9.48	2.76	2.37	0.28	0.05	1.31	0.70

1-4-6 续表 12 Continued 12

单位：% unit:%

地区	Region	5.文娱用品修理服务费 Fixing Service Fees for Recreation Expense	(三)教育 Education	1.教材 Teaching Material	2.教育费用 Tuition	八、其他商品和服务 Miscellaneous Goods and Services	(一)其他商品 Miscella-neous Goods	(二)服务 Services
全国	**National**	**0.07**	**4.95**	**0.41**	**4.54**	**3.83**	**2.51**	**1.32**
北京	Beijing	0.04	5.33	0.18	5.15	4.44	3.00	1.44
天津	Tianjin	0.04	4.24	0.65	3.58	4.54	3.49	1.05
河北	Hebei	0.04	4.51	0.30	4.21	3.34	2.19	1.15
山西	Shanxi	0.06	6.37	0.58	5.78	3.66	2.27	1.39
内蒙古	Inner Mongolia	0.05	4.66	0.18	4.48	4.82	3.43	1.39
辽宁	Liaoning	0.04	5.12	0.25	4.87	4.35	2.60	1.75
吉林	Jilin	0.05	5.68	0.35	5.33	4.32	2.43	1.89
黑龙江	Heilongjiang	0.05	4.97	0.77	4.20	3.96	2.36	1.60
上海	Shanghai	0.09	5.12	0.27	4.85	5.56	3.88	1.67
江苏	Jiangsu	0.07	5.99	0.18	5.81	3.86	2.54	1.32
浙江	Zhejiang	0.06	6.52	0.24	6.28	3.97	2.69	1.28
安徽	Anhui	0.08	5.89	0.71	5.18	3.55	2.37	1.18
福建	Fujian	0.05	3.78	0.21	3.57	4.00	2.62	1.39
江西	Jiangxi	0.19	5.20	0.58	4.62	3.31	2.29	1.02
山东	Shandong	0.05	4.51	0.26	4.25	3.56	2.59	0.97
河南	Henan	0.07	4.41	0.27	4.14	3.93	2.51	1.42
湖北	Hubei	0.15	5.25	0.93	4.32	2.64	1.79	0.85
湖南	Hunan	0.06	4.68	0.09	4.59	3.24	1.93	1.31
广东	Guangdong	0.06	4.59	0.58	4.01	3.82	2.42	1.40
广西	Guangxi	0.07	4.37	0.23	4.14	2.72	1.76	0.96
海南	Hainan	0.10	4.47	0.43	4.04	2.85	1.81	1.04
重庆	Chongqing	0.03	3.07	0.19	2.88	3.61	2.43	1.18
四川	Sichuan	0.11	3.90	0.86	3.04	3.89	2.28	1.61
贵州	Guizhou	0.05	4.29	0.21	4.08	2.74	1.83	0.91
云南	Yunnan	0.13	3.77	0.19	3.58	3.11	1.91	1.21
西藏	Tibet	0.01	2.19	0.54	1.65	5.07	2.56	2.51
陕西	Shaanxi	0.15	6.34	0.89	5.45	3.63	2.32	1.31
甘肃	Gansu	0.03	4.00	0.34	3.66	3.69	2.63	1.07
青海	Qinghai	0.07	3.00	0.68	2.32	3.71	2.52	1.19
宁夏	Ningxia	0.08	4.39	0.80	3.60	4.04	2.86	1.19
新疆	Xinjiang	0.03	4.35	0.39	3.96	4.17	3.17	1.00

1-5 大中城市居民家庭基本情况(2011年)

Basic Condition of Urban Households of Major Cities (2011)

城市 City	调查户数 (户) Number of Households Surveyed (number)	平均每户家庭人口 (人) Average Household Size (person)	平均每户就业人口 (人) Average Number of Employed Persons Per Household (person)	平均每户就业面 (%) Proportion of Employment Per Household (%)	平均每一就业者负担人数* (人) Number of Dependents per Employee (person)	平均每人全部年收入 (元) Per Capita Annual Income (yuan)
北京 Beijing	2800	2.70	1.39	51.48	1.94	39224.53
天津 Tianjin	1500	2.84	1.51	53.17	1.88	29916.04
石家庄 Shijiazhuang	300	2.72	1.33	48.90	2.05	22230.40
太原 Taiyuan	300	2.57	1.01	39.30	2.54	22094.51
呼和浩特 Hohhot	400	2.61	1.36	52.11	1.92	30057.49
沈阳 Shenyang	500	2.66	1.29	48.50	2.06	26399.50
大连 Dalian	500	2.76	1.37	49.64	2.01	28435.66
长春 Changchun	300	2.86	1.45	50.70	1.97	21989.28
哈尔滨 Harbin	500	2.61	1.25	47.89	2.09	22079.37
上海 Shanghai	1000	2.90	1.58	54.48	1.84	40532.29
南京 Nanjing	800	2.70	1.40	51.85	1.93	35918.10
杭州 Hangzhou	600	2.71	1.32	48.71	2.05	38275.50
宁波 Ningbo	600	2.57	1.38	53.70	1.86	38719.38
合肥 Hefei	400	2.80	1.60	57.14	1.75	24828.29
福州 Fuzhou	300	3.08	1.62	52.60	1.90	29370.27
厦门 Xiamen	500	3.04	1.58	51.97	1.92	37573.31
南昌 Nanchang	300	2.79	1.50	53.76	1.86	22287.67
济南 Jinan	600	2.86	1.71	59.79	1.67	31895.11
青岛 Qingdao	400	2.81	1.64	58.36	1.71	31491.68
郑州 Zhengzhou	400	2.85	1.35	47.37	2.11	24057.99
武汉 Wuhan	500	2.89	1.41	48.79	2.05	26737.58
长沙 Changsha	400	2.94	1.46	49.66	2.01	26772.16
广州 Guangzhou	300	3.14	1.78	56.69	1.76	40167.05
深圳 Shenzhen	600	3.15	1.67	53.02	1.89	40351.88
南宁 Nanning	200	3.05	1.69	55.41	1.80	22898.69
海口 Haikou	300	3.11	1.40	45.02	2.22	21642.79
重庆 Chongqing	950	2.83	1.42	50.18	1.99	23796.97
成都 Chengdu	400	2.75	1.44	52.36	1.91	26087.45
贵阳 Guiyang	300	2.95	1.40	47.46	2.11	21105.88
昆明 Kunming	800	2.80	1.29	46.07	2.17	23626.76
拉萨 Lhasa	200	3.01	1.73	57.48	1.74	20039.96
西安 Xi'an	350	2.96	1.58	53.38	1.87	23233.14
兰州 Lanzhou	300	2.73	1.23	45.05	2.22	17313.98
西宁 Xining	300	2.95	1.21	41.02	2.44	17894.45
银川 Yinchuan	300	2.64	1.21	45.83	2.18	21730.22
乌鲁木齐 Urumqi	400	2.73	1.50	54.95	1.82	18778.00

*平均每一就业者负担人数包括就业者本人。

Number of dependents per employee including the employee himself or herself.

1-5 续表 1 Continued 1

城 市	City	工薪收入（元） Income of Wages and Salaries (yuan)	经营净收入（元） Net Business Income (yuan)	财产性收入（元） Income from Property (yuan)	转移性收入（元） Income from Transfer (yuan)	可支配收入 Disposable Income	平均每人消费性支出（元） Per Capita Annual Consumption Expenditures (yuan)
北 京	Beijing	26694.91	964.51	559.49	11005.63	34669.76	23581.98
天 津	Tianjin	18794.08	1059.29	462.28	9600.40	26920.86	18424.09
石家庄	Shijiazhuang	11994.16	2103.59	333.74	7798.92	20533.96	12518.93
太 原	Taiyuan	12435.06	174.12	283.83	9201.50	20148.67	13111.03
呼和浩特	Hohhot	17646.67	2886.86	1273.61	8250.36	28109.64	19439.61
沈 阳	Shenyang	14923.92	3121.73	253.63	8100.21	23326.20	18146.92
大 连	Dalian	17947.29	1690.06	494.70	8303.60	24276.16	18846.40
长 春	Changchun	13885.29	1707.33	346.48	6050.17	20487.30	16328.45
哈尔滨	Harbin	12397.57	2334.60	259.74	7087.47	20030.59	16232.68
上 海	Shanghai	28550.76	1994.12	633.12	9354.29	36230.48	25102.14
南 京	Nanjing	23863.46	1930.77	497.52	9626.35	32200.03	20763.33
杭 州	Hangzhou	23760.42	1607.48	2586.76	10320.84	34065.09	22642.10
宁 波	Ningbo	24280.25	3997.23	1438.87	9003.02	34058.34	21779.06
合 肥	Hefei	15637.15	3002.75	641.26	5547.12	22458.91	15697.09
福 州	Fuzhou	19861.33	1700.81	1124.08	6684.04	26632.90	18362.76
厦 门	Xiamen	25189.53	2702.60	2084.04	7597.14	33565.31	22314.31
南 昌	Nanchang	14304.89	1412.19	470.75	6099.83	20741.21	15234.23
济 南	Jinan	23654.03	2413.00	344.79	5483.30	28891.97	18045.23
青 岛	Qingdao	20099.57	2709.99	1054.93	7627.20	28567.49	19296.56
郑 州	Zhengzhou	13098.87	2746.16	251.94	7961.01	22476.59	14605.48
武 汉	Wuhan	16138.34	2302.97	460.93	7835.35	23738.09	17140.96
长 沙	Changsha	14323.88	3837.88	1258.55	7351.84	25481.30	17595.34
广 州	Guangzhou	28955.94	2735.39	850.44	7625.28	34438.08	28209.74
深 圳	Shenzhen	28458.73	5909.06	1971.89	4012.20	36505.04	24080.03
南 宁	Nanning	16937.28	701.72	502.52	4757.16	19971.94	14834.01
海 口	Haikou	13273.35	2593.11	707.90	5068.43	20104.03	13655.70
重 庆	Chongqing	15210.59	1512.26	345.73	6728.39	21954.97	16756.80
成 都	Chengdu	15568.00	1852.46	1096.48	7570.51	23932.08	17795.00
贵 阳	Guiyang	12275.90	1578.22	440.54	6811.22	19420.14	14300.11
昆 明	Kunming	12145.90	1925.69	3093.72	6461.45	21984.37	14447.24
拉 萨	Lhasa	18577.49	120.63	396.96	944.88	17654.08	12787.12
西 安	Xi'an	15974.01	746.43	347.44	6165.25	21238.59	16457.79
兰 州	Lanzhou	11037.25	663.36	228.18	5385.19	15952.57	12352.09
西 宁	Xining	9963.21	1113.35	91.34	6726.56	15841.64	10551.24
银 川	Yinchuan	12516.62	2677.32	260.59	6275.68	19480.85	14931.24
乌鲁木齐	Urumqi	13438.12	1252.96	164.08	3922.84	16141.38	11756.25

1-5 续表 2 Continued 2

城市	City	食品 Food	衣着 Clothing	居住 Housing	家庭设备用品及服务 Household Appliances and Service	医疗保健 Health Care and Medical Services	交通和通信 Transport and Communications
北京	Beijing	7290.93	2395.47	2003.36	1697.55	1597.45	3819.90
天津	Tianjin	6663.31	1754.98	1763.44	1174.62	1415.39	2699.53
石家庄	Shijiazhuang	4341.32	1392.63	1439.52	861.66	1165.78	1497.61
太原	Taiyuan	4286.14	1414.26	1562.22	957.17	1365.84	1300.42
呼和浩特	Hohhot	5987.58	2440.91	1788.70	1422.26	1731.16	2700.25
沈阳	Shenyang	5868.23	2270.12	1502.46	1043.84	1621.86	2743.70
大连	Dalian	6964.87	2193.84	1607.64	1315.70	1420.13	2381.05
长春	Changchun	5039.63	1948.74	1755.90	1095.02	1625.60	2188.89
哈尔滨	Harbin	5309.50	2282.88	1549.28	1136.73	1315.55	2103.14
上海	Shanghai	8905.95	2053.81	2225.68	1826.22	1140.82	3808.41
南京	Nanjing	7439.33	1932.93	1284.93	1636.32	1374.92	2619.50
杭州	Hangzhou	8354.70	2261.21	1944.75	1052.29	1026.95	4678.29
宁波	Ningbo	8199.95	2322.83	1381.92	1181.21	1106.84	3723.58
合肥	Hefei	5969.62	1674.14	1360.57	661.86	909.79	2337.07
福州	Fuzhou	6907.19	1869.80	1659.02	1439.77	855.66	2641.62
厦门	Xiamen	7897.16	1590.00	2482.27	1436.43	1037.95	4813.56
南昌	Nanchang	5347.20	1656.86	1433.97	1329.08	904.08	2394.05
济南	Jinan	5722.65	2202.54	1697.59	1412.32	1300.52	2830.12
青岛	Qingdao	7240.95	2592.52	1783.37	1138.59	1084.56	2901.06
郑州	Zhengzhou	5467.15	2299.40	975.27	1240.69	1037.84	1541.85
武汉	Wuhan	6782.42	2186.22	1386.31	942.10	1272.39	2063.79
长沙	Changsha	6338.73	1818.26	1637.11	1128.10	1021.45	2817.44
广州	Guangzhou	9591.55	2166.57	2092.08	1918.26	1317.89	4751.10
深圳	Shenzhen	8832.44	1912.61	2916.25	1632.19	900.37	4124.68
南宁	Nanning	5343.80	972.49	1274.26	1039.23	965.44	2958.68
海口	Haikou	5940.25	779.54	1480.71	730.17	943.05	2154.43
重庆	Chongqing	6440.68	2385.45	1236.12	1183.95	1158.92	2031.10
成都	Chengdu	6582.94	1628.67	1623.35	1292.39	930.99	2963.07
贵阳	Guiyang	5528.13	1295.39	1545.96	1194.70	603.48	1991.26
昆明	Kunming	5445.32	2029.39	928.54	648.19	1048.27	1959.70
拉萨	Lhasa	5796.13	1777.88	768.60	737.28	569.48	1669.48
西安	Xi'an	5747.71	1805.21	1496.37	1090.53	1348.61	1906.82
兰州	Lanzhou	4714.47	1518.37	1206.39	758.10	986.29	1455.82
西宁	Xining	4329.56	1303.95	980.01	687.72	863.79	1141.85
银川	Yinchuan	5267.50	1840.93	1213.80	947.42	1201.20	1985.30
乌鲁木齐	Urumqi	4676.00	1589.32	754.00	712.18	893.42	1389.89

1-5 续表 3 Continued 3

城　市	City	教育文化娱乐服务(元) Education, Cultural and Recreation Services (yuan)	其他商品与服务(元) Miscellaneous Goods and Services (yuan)	平均每人消费性支出构成(人均消费性支出=100) Composition of Per Capita Annual Consumption Expenditures (%)	食　品 Food	衣　着 Clothing	居　住 Housing
北　京	Beijing	3697.37	1079.95	100.00	30.92	10.16	8.50
天　津	Tianjin	2116.01	836.82	100.00	36.17	9.53	9.57
石家庄	Shijiazhuang	1355.86	464.53	100.00	34.68	11.12	11.50
太　原	Taiyuan	1783.62	441.37	100.00	32.69	10.79	11.92
呼和浩特	Hohhot	2404.42	964.34	100.00	30.80	12.56	9.20
沈　阳	Shenyang	2175.44	921.28	100.00	32.34	12.51	8.28
大　连	Dalian	2097.82	865.34	100.00	36.95	11.64	8.53
长　春	Changchun	1936.24	738.42	100.00	30.86	11.93	10.75
哈尔滨	Harbin	1803.09	732.50	100.00	32.71	14.06	9.54
上　海	Shanghai	3746.38	1394.86	100.00	35.48	8.18	8.87
南　京	Nanjing	3732.03	743.37	100.00	35.83	9.31	6.19
杭　州	Hangzhou	2613.71	710.20	100.00	36.90	9.99	8.59
宁　波	Ningbo	3028.20	834.52	100.00	37.65	10.67	6.35
合　肥	Hefei	2122.74	661.30	100.00	38.03	10.67	8.67
福　州	Fuzhou	2083.02	906.68	100.00	37.62	10.18	9.03
厦　门	Xiamen	2198.82	858.12	100.00	35.39	7.13	11.12
南　昌	Nanchang	1576.27	592.71	100.00	35.10	10.88	9.41
济　南	Jinan	2146.57	732.93	100.00	31.71	12.21	9.41
青　岛	Qingdao	1930.02	625.50	100.00	37.52	13.44	9.24
郑　州	Zhengzhou	1471.22	572.06	100.00	37.43	15.74	6.68
武　汉	Wuhan	2098.82	408.91	100.00	39.57	12.75	8.09
长　沙	Changsha	2335.10	499.14	100.00	36.03	10.33	9.30
广　州	Guangzhou	4991.17	1381.12	100.00	34.00	7.68	7.42
深　圳	Shenzhen	2890.26	871.25	100.00	36.68	7.94	12.11
南　宁	Nanning	1943.09	337.03	100.00	36.02	6.56	8.59
海　口	Haikou	1264.64	362.90	100.00	43.50	5.71	10.84
重　庆	Chongqing	1696.89	623.69	100.00	38.44	14.24	7.38
成　都	Chengdu	2068.64	704.94	100.00	36.99	9.15	9.12
贵　阳	Guiyang	1764.39	376.81	100.00	38.66	9.06	10.81
昆　明	Kunming	1869.68	518.15	100.00	37.69	14.05	6.43
拉　萨	Lhasa	739.16	729.12	100.00	45.33	13.90	6.01
西　安	Xi'an	2487.47	575.05	100.00	34.92	10.97	9.09
兰　州	Lanzhou	1301.33	411.32	100.00	38.17	12.29	9.77
西　宁	Xining	868.61	375.75	100.00	41.03	12.36	9.29
银　川	Yinchuan	1820.26	654.81	100.00	35.28	12.33	8.13
乌鲁木齐	Urumqi	1301.49	439.96	100.00	39.77	13.52	6.41

1-5 续表 4 Continued 4

城 市	City	家庭设备用品及服务 Household Appliances and Service	医疗保健 Health Care and Medical Services	交通和通信 Transport and Communications	教育文化娱乐服务 Education, Cultural and Recreation Services	其他商品与服务 Miscellaneous Goods and Services
北 京	Beijing	7.20	6.77	16.20	15.68	4.58
天 津	Tianjin	6.38	7.68	14.65	11.49	4.54
石家庄	Shijiazhuang	6.88	9.31	11.96	10.83	3.71
太 原	Taiyuan	7.30	10.42	9.92	13.60	3.37
呼和浩特	Hohhot	7.32	8.91	13.89	12.37	4.96
沈 阳	Shenyang	5.75	8.94	15.12	11.99	5.08
大 连	Dalian	6.98	7.54	12.63	11.13	4.59
长 春	Changchun	6.71	9.96	13.41	11.86	4.52
哈尔滨	Harbin	7.00	8.10	12.96	11.11	4.51
上 海	Shanghai	7.28	4.54	15.17	14.92	5.56
南 京	Nanjing	7.88	6.62	12.62	17.97	3.58
杭 州	Hangzhou	4.65	4.54	20.66	11.54	3.14
宁 波	Ningbo	5.42	5.08	17.10	13.90	3.83
合 肥	Hefei	4.22	5.80	14.89	13.52	4.21
福 州	Fuzhou	7.84	4.66	14.39	11.34	4.94
厦 门	Xiamen	6.44	4.65	21.57	9.85	3.85
南 昌	Nanchang	8.72	5.93	15.71	10.35	3.89
济 南	Jinan	7.83	7.21	15.68	11.90	4.06
青 岛	Qingdao	5.90	5.62	15.03	10.00	3.24
郑 州	Zhengzhou	8.49	7.11	10.56	10.07	3.92
武 汉	Wuhan	5.50	7.42	12.04	12.24	2.39
长 沙	Changsha	6.41	5.81	16.01	13.27	2.84
广 州	Guangzhou	6.80	4.67	16.84	17.69	4.90
深 圳	Shenzhen	6.78	3.74	17.13	12.00	3.62
南 宁	Nanning	7.01	6.51	19.95	13.10	2.27
海 口	Haikou	5.35	6.91	15.78	9.26	2.66
重 庆	Chongqing	7.07	6.92	12.12	10.13	3.72
成 都	Chengdu	7.26	5.23	16.65	11.62	3.96
贵 阳	Guiyang	8.35	4.22	13.92	12.34	2.64
昆 明	Kunming	4.49	7.26	13.56	12.94	3.59
拉 萨	Lhasa	5.77	4.45	13.06	5.78	5.70
西 安	Xi'an	6.63	8.19	11.59	15.11	3.49
兰 州	Lanzhou	6.14	7.98	11.79	10.54	3.33
西 宁	Xining	6.52	8.19	10.82	8.23	3.56
银 川	Yinchuan	6.35	8.04	13.30	12.19	4.39
乌鲁木齐	Urumqi	6.06	7.60	11.82	11.07	3.74

价格指数

Price Indices

第2篇

2-1 各种价格总指数(1951～2011年)
Price Indices (1951~2011)

(上年价格=100) (Preceding year=100)

年 份 Year	居民消费价格指数 Consumer Price Index	城市居民消费价格指数 Urban Areas	农村居民消费价格指数 Rural Areas	商品零售价格指数 Retail Price Index	城市商品零售价格指数 Urban Areas	农村商品零售价格指数 Rural Areas	农业生产资料价格指数 Price Indices of Agricultural Production	工业生产者出厂价格指数 Ex-Factory Price Indices of Industrial Producer	工业生产者购进价格指数 Purchasing Price Indices of Industrial Producer	固定资产投资价格指数 Investment in Fixed Assets Price Index
1951		112.5		112.2						
1952		102.7		99.6						
1953		105.1		103.4						
1954		101.4		102.3						
1955		100.3		101.0						
1956		99.9		100.0						
1957		102.6		101.5						
1958		98.9		100.2						
1959		100.3		100.9						
1960		102.5		103.1						
1961		116.1		116.2						
1962		103.8		103.8						
1963		94.1		94.1						
1964		96.3		96.3						
1965		98.8		97.3						
1966		98.8		99.7						
1967		99.4		99.3						
1968		100.1		100.1						
1969		101.0		98.9						
1970		100.0		99.8						
1971		99.9		99.3						
1972		100.2		99.8						
1973		100.1		100.6						
1974		100.7		100.5						
1975		100.4		100.2						
1976		100.3		100.3						
1977		102.7		102.0						
1978		100.7		100.7	102.5	100.1	99.9			
1979		101.9		102.0	101.9	102.0	100.4			
1980		107.5		106.0	108.1	104.4	101.0			
1981		102.5		102.4	102.7	102.1	101.7			
1982		102.0		101.9	102.1	101.7	101.9			
1983		102.0		101.5	101.9	101.2	103.0			
1984		102.7		102.8	102.5	103.0	108.9			
1985	109.3	111.9	107.6	108.8	112.2	107.0	104.8	108.7		
1986	106.5	107.0	106.1	106.0	107.0	105.0	101.1	103.8	109.5	
1987	107.3	108.8	106.2	107.3	109.1	106.3	107.0	107.9	111.0	
1988	118.8	120.7	117.5	118.5	121.3	117.1	116.2	115.0	120.2	
1989	118.0	116.3	119.3	117.8	116.0	118.8	118.9	118.6	126.4	
1990	103.1	101.3	104.5	102.1	100.2	103.2	105.5	104.1	105.6	
1991	103.4	105.1	102.3	102.9	104.5	102.0	102.9	106.2	109.1	109.5
1992	106.4	108.6	104.7	105.4	107.7	103.9	103.7	106.8	111.0	115.3
1993	114.7	116.1	113.7	113.2	114.2	112.6	114.1	124.0	135.1	126.6
1994	124.1	125.0	123.4	121.7	120.9	122.9	121.6	119.5	118.2	110.4
1995	117.1	116.8	117.5	114.8	113.5	116.4	127.4	114.9	115.3	105.9
1996	108.3	108.8	107.9	106.1	105.8	106.4	108.4	102.9	103.9	104.0
1997	102.8	103.1	102.5	100.8	100.8	100.7	99.5	99.7	101.3	101.7
1998	99.2	99.4	99.0	97.4	97.4	97.6	94.5	95.9	95.8	99.8
1999	98.6	98.7	98.5	97.0	97.0	97.1	95.8	97.6	96.7	99.6
2000	100.4	100.8	99.9	98.5	98.5	98.5	99.1	102.8	105.1	101.1
2001	100.7	100.7	100.8	99.2	98.9	99.6	99.1	98.7	99.8	100.4
2002	99.2	99.0	99.6	98.7	98.5	99.1	100.5	97.8	97.7	100.2
2003	101.2	100.9	101.6	99.9	99.6	100.5	101.4	102.3	104.8	102.2
2004	103.9	103.3	104.8	102.8	102.1	104.2	110.6	106.1	111.4	105.6
2005	101.8	101.6	102.2	100.8	100.5	101.4	108.3	104.9	108.3	101.6
2006	101.5	101.5	101.5	101.0	100.9	101.4	101.5	103.0	106.0	101.5
2007	104.8	104.5	105.4	103.8	103.3	104.9	107.7	103.1	104.4	103.9
2008	105.9	105.6	106.5	105.9	105.5	106.7	120.3	106.9	110.5	108.9
2009	99.3	99.1	99.7	98.8	98.7	99	97.5	94.6	92.1	97.6
2010	103.3	103.2	103.6	103.1	102.8	103.6	102.9	105.5	109.6	103.6
2011	105.4	105.3	105.8	104.9	104.7	105.5	111.3	106.0	109.1	106.6

注：①本表1985年前城市居民消费价格指数为职工生活费用价格总指数。

②从2011年起，原工业品出厂价格指数改称为工业生产者出厂价格指数，原材料、燃料、动力购进价格指数改称为工业生产者购进价格指数。

a. Urban areas consumer price indices remain with price indices of cost of living of workers and employees before 1985.

b.The original Ex-Factory price Indices of Industrial Produts since 2011 Changed its name to the Indices of Industrial Producer,purchasing price Indices of Raw Material,Fuel and power changed its name to the Purchasing Price Indices of Industrial Producer.

2-2 各种价格定基指数(1978 ~ 2011年)

Fixed-base Price Indices (1978~2011)

年份 Year	居民消费价格指数 Consumer Price Index (1985=100)	城市居民消费价格指数 Urban Areas (1978=100)	农村居民消费价格指数 Rural Areas (1985=100)	商品零售价格指数 Retail Price Index (1978=100)	城市商品零售价格指数 Urban Areas (1978=100)	农村商品零售价格指数 Rural Areas (1978=100)	农业生产资料价格指数 Price Indices of Agricultural Production (1978=100)	工业生产者出厂价格指数 Ex-Factory Price Indices of Industrial Producer (1985=100)	工业生产者购进价格指数 Purchasing Price Indices of Industrial Producer (1990=100)	固定资产投资价格指数 Investment in Fixed Assets Price Index (1991=100)
1978		100.0		100.0	100.0	100.0	100.0			
1979		101.9		102.0	101.9	102.0	100.4			
1980		109.5		108.1	110.2	106.5	101.4			
1981		112.2		110.7	113.2	108.7	103.1			
1982		114.4		112.8	115.6	110.5	105.1			
1983		116.7		114.5	117.8	111.8	108.3			
1984		119.9		117.7	120.7	115.2	117.9			
1985	100.0	134.2	100.0	128.1	135.4	123.3	123.6	100.0		
1986	106.5	143.6	106.1	135.8	144.9	129.5	125.0	103.8		
1987	114.3	156.2	112.7	145.7	158.1	137.7	133.8	112.0		
1988	135.8	188.5	132.4	172.7	191.8	161.2	155.5	128.8		
1989	160.2	219.2	157.9	203.4	222.5	191.5	184.9	152.8		
1990	165.2	222.0	165.1	207.7	222.9	197.6	195.1	159.0	100.0	
1991	170.8	233.3	168.9	213.7	232.9	201.6	200.8	168.9	109.1	100.0
1992	181.7	253.4	176.8	225.2	250.8	209.5	208.2	180.4	121.1	115.3
1993	208.4	294.2	201.0	254.9	286.4	235.9	237.6	223.7	163.6	145.9
1994	258.6	367.8	248.0	310.2	346.3	289.9	288.9	267.3	193.4	161.1
1995	302.8	429.6	291.4	356.1	393.1	337.4	368.1	307.1	222.9	170.6
1996	327.9	467.4	314.4	377.8	415.9	359.0	399.0	316.0	231.6	177.4
1997	337.1	481.9	322.3	380.8	419.2	361.5	397.0	315.0	234.6	180.4
1998	334.4	479.0	319.1	370.9	408.3	352.8	375.2	302.1	224.7	180.0
1999	329.7	472.8	314.3	359.8	396.1	342.6	359.4	294.8	217.3	179.3
2000	331.0	476.6	314.0	354.4	390.2	337.5	356.2	303.1	228.4	181.3
2001	333.3	479.9	316.5	351.6	385.9	336.2	353.0	299.2	227.9	182.0
2002	330.6	475.1	315.2	347.0	380.1	333.2	354.8	292.6	222.7	182.4
2003	334.6	479.4	320.2	346.7	378.6	334.9	359.8	299.3	233.4	186.4
2004	347.7	495.2	335.6	356.4	386.6	349.0	397.9	317.6	260.0	196.8
2005	354.0	503.1	343.0	359.3	388.5	353.9	430.9	333.2	281.6	199.9
2006	359.3	510.6	348.1	362.9	392.0	358.9	437.4	343.2	298.5	202.9
2007	376.5	533.6	366.9	376.7	404.9	376.5	471.1	353.8	311.6	210.8
2008	398.7	563.5	390.7	398.9	427.2	401.7	566.7	378.2	344.3	229.6
2009	395.9	558.4	389.5	394.1	421.6	397.7	552.5	357.8	317.2	224.1
2010	409.0	576.3	403.5	406.3	433.4	412.0	568.5	377.5	347.7	232.2
2011	431.1	606.8	426.9	426.2	453.8	434.7	632.7	400.2	379.3	247.5

2-3-1 全国工业生产者出厂价格分类指数(1985～2011年)

Ex-Factory Price Indices of Industrial Producer (1985~2011)

年 份 Year	总指数 General Index	轻工业 Light Industry Products	重工业 Heavy Industry	一、生产资料 Means of Production	01采 掘 Mining & Quarrying Industry	02原 料 Raw Materials Industry
1985	108.7	104.2	106.8			
1986	103.8	102.3	104.8	104.8	100.6	107.5
1987	107.9	108.0	107.5	107.8	114.1	106.9
1988	115.0	115.1	112.0	113.7	109.3	113.5
1989	118.6	118.8	118.5	118.9	114.2	116.4
1990	104.1	103.8	104.3	104.4	107.9	105.9
1991	106.2	102.3	108.2	108.0	112.8	111.8
1992	106.8	103.2	110.6	109.3	112.6	110.2
1993	124.0	109.7	136.9	133.7	146.5	140.4
1994	119.5	122.5	116.9	116.7	133.1	117.9
1995	114.9	119.1	111.3	113.6	119.7	113.6
1996	102.9	101.9	103.9	103.5	108.9	101.7
1997	99.7	98.6	100.4	99.7	105.5	100.0
1998	95.9	96.1	95.8	95.4	98.4	93.4
1999	97.6	96.1	98.7	98.3	104.5	98.2
2000	102.8	98.8	105.4	105.1	124.9	108.4
2001	98.7	98.4	98.9	98.8	100.1	99.7
2002	97.8	97.6	97.9	97.7	101.9	98.0
2003	102.3	99.3	105.4	103.6	113.3	106.7
2004	106.1	102.2	109.8	107.8	118.8	110.2
2005	104.9	100.7	109.1	106.8	125.8	109.8
2006	103.0	100.6	105.2	103.9	114.1	106.6
2007	103.1	102.2	104.0	103.2	103.8	105.6
2008	106.9	103.7	109.6	107.7	123.2	108.9
2009	94.6	97.9	91.8	93.3	84.2	91.9
2010	105.5	102.7	108.0	106.6	122.2	110.1
2011	106.0	105.8	106.1	106.6	115.4	109.2

年 份 Year	03加工 Manufacturing Industry	二、生活资料 Consumer Goods	01食 品 Food	02衣 着 Clothing	03一般日用品 Articles for Daily Use	04耐用消费品 Durable Consumer Goods
1985						
1986	103.6	102.2	102.5	102.0	103.5	100.1
1987	107.2	108.1	109.3	107.9	111.9	100.5
1988	114.7	117.2	116.2	120.5	120.4	106.0
1989	121.8	118.2	114.1	121.4	121.5	131.8
1990	102.5	103.6	101.3	107.3	103.0	99.3
1991	103.8	103.2	103.6	105.4	103.3	96.5
1992	107.4	103.2	106.4	100.8	102.8	101.7
1993	122.7	109.6	113.9	106.2	108.9	108.8
1994	111.1	123.8	123.4	136.4	112.3	108.4
1995	112.0	116.9	123.2	115.6	115.1	105.2
1996	104.1	102.1	104.7	100.5	102.9	97.7
1997	98.1	99.6	100.8	101.1	98.3	94.9
1998	96.8	96.9	98.9	96.2	96.7	94.0
1999	97.1	96.4	97.4	96.1	96.0	95.6
2000	98.6	97.8	96.0	100.6	98.0	96.4
2001	98.1	98.5	100.5	99.0	98.3	95.3
2002	96.9	97.9	99.7	98.8	97.9	94.7
2003	100.2	98.9	100.9	99.8	99.5	95.6
2004	104.8	101.2	105.2	100.9	101.9	96.2
2005	102.2	99.8	100.9	100.8	101.9	98.8
2006	101.1	100.2	100.5	101.3	100.8	98.0
2007	102.0	102.8	107.0	101.2	101.5	99.0
2008	105.2	104.1	108.3	102.2	103.6	99.5
2009	95.1	98.8	98.6	100.1	99.2	97.7
2010	103.1	102.0	103.8	102.0	101.9	99.4
2011	104.6	104.2	107.4	104.2	104.0	99.4

2-3-2 全国按部门分工业生产者出厂价格指数(1985～2011年)
Ex-Factory Price Indices of Industrial Producer by Branch(1985~2011)

年 份 Year	01 冶金工业 Metallurgical Industry	02 电力工业 Power Industry	03 煤炭及炼焦工业 Coal Industry	04 石油工业 Petroleum Industry	05 化学工业 Chemical Industry	06 机械工业 Machine Building Industry	07 建筑材料工业 Building Materials Industry	08 森林工业 Timber Industry
1985	114.3	103.4	117.6	107.2	102.9	111.8	115.4	114.9
1986	107.4	102.4	96.8	104.6	102.9	102.8	113.7	107.1
1987	107.0	103.1	102.8	104.0	112.2	104.9	105.6	144.9
1988	115.4	101.7	110.6	106.8	120.4	111.8	113.4	119.6
1989	121.0	105.9	112.2	108.4	119.4	121.2	123.6	115.7
1990	110.3	107.4	106.2	107.1	101.6	102.8	99.6	94.6
1991	114.2	116.9	113.1	118.8	102.4	102.8	106.1	100.4
1992	114.2	108.8	116.1	115.3	102.7	106.6	111.1	105.9
1993	157.7	135.9	139.7	171.3	108.3	119.7	142.8	131.8
1994	106.8	139.5	122.2	148.7	115.4	109.5	107.6	106.9
1995	105.5	109.5	111.3	121.2	126.2	106.3	106.4	99.5
1996	97.7	113.1	113.7	104.6	103.4	101.6	104.3	98.2
1997	97.3	114.0	108.0	107.4	95.5	98.1	99.6	99.3
1998	93.1	105.5	96.6	93.0	92.9	97.0	96.6	95.4
1999	95.8	100.9	94.8	109.6	96.5	97.0	97.7	100.1
2000	103.3	102.4	98.1	144.3	101.0	97.4	99.6	99.2
2001	98.6	102.3	106.5	99.1	97.1	96.8	99.0	99.6
2002	97.6	100.8	111.6	95.2	97.6	96.2	97.8	98.6
2003	106.8	100.9	107.0	115.6	102.3	97.0	99.6	99.3
2004	116.9	102.4	115.9	114.2	107.7	99.4	103.5	102.1
2005	106.8	104.2	118.2	122.4	106.8	99.3	100.7	101.9
2006	103.3	102.8	105.8	120.3	100.7	100.4	101.9	102.0
2007	108.4	102.2	105.4	103.4	103.2	100.3	101.7	103.0
2008	111.9	101.8	131.4	118.5	107.4	101.0	107.4	103.8
2009	85.8	102.3	98.5	83.1	92.1	97.4	100.8	99.3
2010	109.4	102.0	110.9	124.7	106.8	100.3	102.4	101.5
2011	109.8	101.6	109.6	118.4	108.2	100.9	107.1	103.7

年 份	09 食品工业 Food Industry	10 纺织工业 Textile Industry	11 缝纫工业 Tailoring Industry	12 皮革工业 Leather Industry	13 造纸工业 Paper Industry	14 文教艺术用品工业 Cultural, Educational & Handicrafts Articles	15 其它工业 Other Industry
1985	105.5	104.3	105.1	112.1	113.7	103.2	
1986	102.5	102.6	100.0	101.7	105.7	99.6	109.1
1987	109.4	108.3	109.6	102.9	112.1	119.9	110.0
1988	116.3	122.3	116.2	114.4	120.7	112.1	122.3
1989	114.3	122.4	118.9	118.3	123.0	111.0	118.8
1990	101.0	107.2	109.1	106.3	102.3	107.3	104.7
1991	103.3	104.1	109.0	109.0	102.9	105.8	102.1
1992	106.2	99.3	100.8	112.8	102.7	102.3	109.6
1993	113.5	103.8	117.9	111.8	108.9	110.6	119.1
1994	123.4	136.8	116.1	121.9	106.6	109.1	119.1
1995	123.4	117.3	116.5	121.7	144.5	111.4	124.8
1996	104.2	96.0	108.2	111.3	116.1	101.5	108.5
1997	99.6	98.0	103.9	98.3	94.5	100.0	108.8
1998	98.6	94.1	97.7	98.3	94.1	94.4	102.8
1999	96.7	96.0	98.0	96.8	95.9	93.6	99.9
2000	95.8	104.7	99.4	100.2	99.9	99.2	102.1
2001	100.5	98.7	99.2	100.8	99.7	97.9	104.5
2002	99.6	94.7	98.7	99.3	97.9	97.4	101.7
2003	101.1	102.2	99.9	99.8	98.7	98.6	101.9
2004	106.5	104.7	101.1	101.0	101.3	99.8	103.9
2005	100.9	100.3	100.5	102.5	101.4	100.3	103.4
2006	100.4	102.2	101.2	101.1	100.7	99.7	102.4
2007	107.5	100.7	100.8	102.6	101.0	99.7	103.0
2008	109.6	101.3	102.1	102.7	105.8	101.4	106.1
2009	98.4	97.8	100.1	98.8	94.4	99.7	98.9
2010	103.8	109.6	102.2	101.1	103.5	100.3	102.9
2011	107.7	112.2	104.3	104.1	103.0	101.3	105.1

2-3-3 全国按行业分工业生产者出厂价格指数(1985～2011年)
Ex-Factory Price Indices of Industrial Producer by Sector(1985~2011)

年 份 Year	01煤炭开采和洗选业 Mining and Washing of Coal	02石油和天然气开采业 Extraction of Petroleum and Natural Gas	03黑色金属矿采选业 Mining and Processing of Ferrous Metal Ores	04有色金属矿采选业 Mining and Processing of Non-Ferrous Metal Ores	05非金属矿采选业 Mining and Processing of Nonmetal Ores
1985	114.2	133.3	123.2	114.3	105.6
1986	96.9	104.9	99.3	115.8	112.3
1987	100.8	102.2	99.8	146.4	104.1
1988	106.6	104.3	102.9	102.9	106.4
1989	110.9	112.5	112.2	118.2	121.0
1990	105.6	115.2	118.1	111.4	123.0
1991	113.3	121.9	129.0	103.3	102.1
1992	113.9	110.4	111.1	101.5	107.1
1993	140.2	183.9	128.6	108.1	124.0
1994	121.9	173.4	114.2	111.6	111.3
1995	111.5	136.5	103.2	146.0	110.3
1996	113.9	110.2	100.6	91.8	111.1
1997	107.2	106.1	100.4	96.0	102.1
1998	95.9	100.5	98.4	90.2	102.3
1999	94.3	118.1	101.1	94.9	97.0
2000	97.6	160.0	93.5	104.8	97.4
2001	106.9	95.4	101.6	99.5	99.1
2002	113.0	94.6	100.9	100.8	100.5
2003	103.8	119.1	110.4	107.2	100.2
2004	116.8	119.6	145.3	117.6	105.8
2005	123.2	129.9	112.3	119.6	109.4
2006	105.0	122.0	96.8	123.4	102.5
2007	103.8	102.0	110.3	112.6	103.1
2008	128.7	122.1	131.4	104.8	111.0
2009	101.9	66.0	74.3	88.9	97.8
2010	110.0	137.8	117.5	119.0	106.4
2011	110.2	124.5	112.7	115.0	109.1

年 份 Year	06其他采矿业 Mining of Other Ores	07农副食品加工业 Processing of Food from Agricultural Products	08食品制造业 Manufacture of Foods	09饮料制造业 Manufacture of Beverages	10烟草制品业 Manufacture of Tobacco
1985			113.9	115.0	125.1
1986			104.3	94.5	97.3
1987			107.3	129.3	105.4
1988			110.6	108.6	107.5
1989			118.3	116.6	102.4
1990			100.2	102.1	100.6
1991			102.8	100.8	102.1
1992			107.6	100.4	105.0
1993			115.1	110.6	110.6
1994			131.6	117.7	103.1
1995			128.9	118.5	109.2
1996			103.1	100.0	108.0
1997			98.7	102.3	101.0
1998			98.2	98.9	101.1
1999			95.1	98.3	104.4
2000			93.6	98.7	101.9
2001			100.4	99.3	102.1
2002			98.6	99.2	103.5
2003		103.1	99.7	99.2	100.6
2004		113.9	102.9	100.6	101.1
2005		101.1	101.5	100.6	100.9
2006	100.2	100.1	101.1	100.5	100.5
2007	100.0	113.3	102.6	101.2	100.4
2008	100.5	114.4	108.0	103.7	100.5
2009	101.4	96.0	101.1	100.6	100.5
2010	100.3	105.5	103.3	102.9	100.4
2011	100.0	110.6	106.3	104.4	100.3

注：其他采矿业的基础数据收集不到。
Be short of essential data of mining of other ores.

2-3-3 续表 1 Continued 1

年 份 Year	11纺织业 Manufacture of Textile	12纺织服装、鞋、帽制造业 Manufacture of Textile Wearing Apparel, Footwear, and Caps	13皮革、毛皮、羽毛(绒)及其制品业 Manufacture of Leather, Fur, Feather and Related Products	14木材加工及木、竹、藤、棕、草制品业 Processing of Timber, Manufacture of Wood, Bamboo, Rattan, Palm, and Straw Products	15家具制造业 Manufacture of Furniture
1985	93.7	92.3	111.5	119.4	102.0
1986	102.6	100.0	101.7	99.1	120.2
1987	107.2	106.6	104.0	130.2	113.9
1988	121.0	112.6	112.4	128.3	109.5
1989	122.2	118.9	118.3	114.9	118.2
1990	107.9	102.8	106.3	95.1	106.1
1991	104.6	106.9	109.0	120.7	99.4
1992	100.3	104.9	109.7	104.6	103.3
1993	103.9	117.9	111.8	142.0	123.6
1994	139.9	116.1	121.9	95.4	115.7
1995	114.7	116.5	121.7	98.4	108.1
1996	98.1	108.2	111.3	94.5	106.2
1997	99.8	103.9	101.2	95.4	100.1
1998	95.8	97.7	98.3	89.6	100.1
1999	95.3	97.9	96.8	99.1	95.2
2000	103.2	99.4	100.2	98.6	99.1
2001	98.7	99.2	100.8	98.7	99.8
2002	94.7	98.7	99.4	96.8	98.9
2003	101.8	99.8	99.7	99.1	99.6
2004	104.3	100.7	100.9	102.2	101.8
2005	100.5	99.8	102.5	101.8	102.7
2006	102.1	100.9	101.2	102.3	100.3
2007	100.8	100.7	102.4	103.6	101.5
2008	101.5	102.1	102.3	104.1	103.3
2009	98.3	99.9	98.5	98.8	100.2
2010	108.5	101.7	101.7	101.5	101.4
2011	111.1	103.7	104.5	104.1	102.4

年 份 Year	16造纸及纸制品业 Manufacture of Paper and Paper Products	17印刷业和记录媒介的复制 Printing, Reproduction of Recording Media	18文教体育用品制造业 Manufacture of Articles For Culture, Education and Sport Activity	19石油加工、炼焦及核燃料加工业 Processing of Petroleum, Coking, Processing of Nuclear Fuel	20化学原料及化学制品制造业 Manufacture of Raw Chemical Materials and Chemical Products
1985	104.8		99.4	121.2	105.2
1986	105.7		92.6	197.4	110.7
1987	110.7		116.1	102.3	111.5
1988	120.6		107.8	103.4	121.8
1989	123.0		111.0	105.9	120.3
1990	104.6		107.3	102.1	104.1
1991	101.6		103.7	116.9	101.2
1992	103.6		105.3	121.4	104.3
1993	108.9		110.3	163.9	110.9
1994	106.6		109.0	134.4	116.4
1995	144.5		120.9	112.4	129.7
1996	116.1		103.3	101.3	104.8
1997	94.5		102.4	108.2	95.7
1998	94.1		97.6	88.7	92.2
1999	95.5		92.8	104.6	97.3
2000	99.9		98.6	134.6	102.9
2001	99.7		98.5	102.2	97.6
2002	97.9		95.7	95.8	98.9
2003	98.7	97.6	100.2	114.7	103.4
2004	101.3	98.1	102.2	112.2	110.2
2005	101.4	99.6	102.0	118.4	108.5
2006	100.7	99.8	101.4	118.0	100.4
2007	101.0	100.5	101.5	105.0	103.8
2008	105.8	102.6	101.9	120.3	111.2
2009	94.4	99.9	100.3	91.2	88.1
2010	103.5	100.7	102.4	117.8	108.0
2011	103.0	101.9	103.7	114.9	109.8

2-3-3 续表 2 Continued 2

年 份 Year	21医药制造业 Manufacture of Medicines	22化学纤维制造业 Manufacture of Chemical Fibers	23橡胶制品业 Manufacture of Rubber	24塑料制品业 Manufacture of Plastics	25非金属矿物制品业 Manufacture of Non-metallic Mineral Products
1985	90.1	83.2	96.3	92.5	120.5
1986	109.4	111.8	98.5	101.6	113.7
1987	113.5	101.0	103.5	110.5	104.0
1988	116.9	109.3	111.0	130.7	113.6
1989	117.5	125.7	124.4	110.5	124.1
1990	97.4	99.9	108.8	92.0	97.9
1991	96.0	99.7	106.3	106.2	103.5
1992	101.0	96.0	101.5	101.6	112.2
1993	103.5	103.4	102.1	105.1	143.8
1994	116.5	115.5	112.7	111.6	107..2
1995	122.1	135.1	122.5	131.0	106.3
1996	99.0	81.4	105.1	98.9	104.0
1997	93.2	88.1	98.9	96.2	99.3
1998	96.1	84.8	94.1	93.8	96.1
1999	95.9	99.4	94.4	96.5	97.8
2000	93.7	115.3	97.1	102.0	99.8
2001	97.9	91.2	97.9	98.9	99.2
2002	98.3	93.3	97.7	96.1	97.8
2003	98.8	104.5	100.0	99.8	99.6
2004	97.8	108.1	101.0	106.5	103.3
2005	101.6	104.7	104.5	105.5	100.6
2006	98.6	101.2	104.7	101.0	101.5
2007	102.1	103.3	103.3	102.0	101.3
2008	103.8	99.4	104.9	102.7	107.9
2009	100.2	90.5	99.6	96.1	99.9
2010	103.2	114.1	103.8	102.3	102.1
2011	102.5	112.1	110.0	104.7	107.0

年 份 Year	26黑色金属冶炼及压延加工业 Smelting and Pressing of Ferrous Metals	27有色金属冶炼及压延加工业 Smelting and Pressing of Non-ferrous Metals	28金属制品业 Manufacture of Metal Products	29通用设备制造业 Manufacture of General Purpose Machinery	30专用设备制造业 Manufacture of Special Purpose Machinery
1985	124.8	105.2	103.5		104.6
1986	100.3	110.7	114.3		108.6
1987	105.8	112.6	108.0		103.7
1988	112.7	117.8	114.1		108.9
1989	119.5	127.8	121.6		117.2
1990	111.3	105.6	102.6		105.4
1991	117.8	102.5	106.1		102.5
1992	117.5	113.1	108.4		108.3
1993	173.8	118.5	134.8		123.8
1994	104.6	112.2	109.1		111.7
1995	95.1	129.9	102.4		106.3
1996	100.1	91.2	100.1		102.5
1997	97.4	95.1	100.0		99.0
1998	94.8	89.2	96.5		98.2
1999	93.9	99.7	94.6		97.6
2000	101.2	111.6	98.7		98.4
2001	100.3	93.6	98.2		98.8
2002	98.5	95.4	97.4		98.5
2003	110.1	105.1	100.4	99.8	99.6
2004	118.9	118.9	107.4	103.1	101.8
2005	104.7	111.7	104.0	101.8	101.8
2006	96.0	122.5	101.0	100.2	101.2
2007	107.9	113.9	102.6	101.3	101.5
2008	119.7	96.8	106.7	104.8	103.3
2009	83.9	83.4	96.8	98.7	100.0
2010	107.4	117.3	101.7	100.1	101.2
2011	109.8	113.0	104.1	102.7	101.5

2-3-3 续表 3 Continued 3

年 份 Year	31交通运输设备制造业 Manufacture of Transport Equipment	32电气机械及器材制造业 Manufacture of Electrical Machinery and Equipment	33通信设备、计算机及其他电子设备制造业 Manufacture of Communication Equipment, Computers and Other Electronic Equipment	34仪器仪表及文化、办公用机械制造业 Manufacture of Measuring Instruments and Machinery for Cultural Activity and Office Work
1985	109.3	98.4	86.1	93.9
1986	88.4	108.0	96.0	106.1
1987	108.8	103.8	99.4	123.3
1988	105.9	122.9	104.5	115.9
1989	114.6	139.2	109.2	126.3
1990	102.5	99.2	98.5	103.8
1991	109.7	94.1	96.9	100.1
1992	108.7	103.8	100.1	101.3
1993	121.0	111.3	103.5	108.9
1994	106.4	108.8	108.9	105.3
1995	104.8	108.3	108.7	109.4
1996	103.2	103.3	95.9	100.6
1997	99.1	99.2	92.4	98.6
1998	98.8	98.8	90.4	100.1
1999	99.4	95.9	95.3	100.1
2000	98.7	97.2	95.2	99.0
2001	97.4	97.3	94.2	98.7
2002	96.8	96.5	93.1	97.9
2003	97.9	97.9	93.7	97.3
2004	98.2	103.7	95.1	98.5
2005	98.9	103.2	95.3	98.7
2006	99.5	107.4	96.6	99.2
2007	100.1	103.7	97.5	98.9
2008	101.5	101.1	98.3	100.3
2009	99.9	95.0	95.7	99.1
2010	100.3	103.2	98.3	99.1
2011	100.4	103.1	98.3	99.8

年 份 Year	35工艺品及其他制造业 Manufacture of Artwork and Other Manufacturing	36废弃资源和废旧材料回收加工业 Recycling and Disposal of Waste	37电力、热力的生产和供应业 Production and Distribution of Electric Power and Heat Power	38燃气生产和供应业 Production and Distribution of Gas	39水的生产和供应业 Production and Distribution of Water
1985	102.3		107.4	126.8	110.2
1986	98.9		100.4	128.8	107.7
1987	102.7		108.3	106.1	102.7
1988	108.2		101.6	118.0	114.3
1989	117.6		105.9	124.2	104.0
1990	97.7		107.4	111.1	112.8
1991	102.3		116.9	111.3	116.2
1992	99.4		107.4	107.1	117.7
1993	110.8		136.0	136.7	132.4
1994	109.2		139.5	124.2	124.3
1995	106.3		109.5	110.5	118.1
1996	100.6		113.1	112.3	125.1
1997	97.9		114.0	113.6	131.8
1998	91.7		105.5	101.5	106.5
1999	94.3		100.9	98.0	115.8
2000	100.0		102.4	100.9	108.5
2001	96.5		102.3	104.6	107.6
2002	101.2		100.8	104.4	106.2
2003	102.1	111.5	100.9	103.3	105.3
2004	105.7	116.9	102.4	102.5	104.1
2005	103.9	105.3	104.2	105.2	104.0
2006	102.5	103.4	102.8	106.8	106.4
2007	104.3	104.4	102.2	104.8	104.8
2008	105.5	108.9	101.9	105.9	102.9
2009	100.5	85.0	102.4	100.5	103.2
2010	103.5	107.5	102.0	105.4	105.5
2011	105.3	111.8	101.6	109.4	102.8

2-3-4 全国主要产品工业生产者出厂价格指数(1993～2011年)

Main Ex-Factory Price Indices of Industrial Producer (1993~2011)

(上年价格=100) (Preceding year=100)

年 份 Year	原 煤 (无烟煤) Coal	原 油 Crude Oil	木 材 (普通锯材) Wood	水泥〔普通硅酸盐水泥(回转窑)〕 Cement	钢材 (普通大型钢材) Rolled Steel	生 铁 Pig Iron	汽 油 Gasoline	重 油 Heavy Oil
1993	136.8	184.9	136.9	151.3	252.2	210.3	165.4	157.2
1994	123.1	168.6	99.2	106.9	114.8	108.4	125.9	128.1
1995	113.7	129.9	106.6	100.2	83.9	93.6	113.1	112.8
1996	112.9	110.3	97.2	104.3	91.8	97.1	100.1	106.2
1997	108.6	104.9	99.2	94.4	95.2	96.3	104.8	112.3
1998	100.8	96.5	118.2	99.5	96.5	99.6	99.5	97.7
1999	91.3	120.3	98.5	99.2	94.2	93.3	103.0	108.9
2000	97.3	174.8	99.3	98.2	92.4	98.8	130.5	136.3
2001	102.7	89.9	99.3	99.8	97.4	99.5	89.6	92.9
2002	119.2	94.1	100.1	99.5	95.1	101.2	96.3	96.2
2003	103.9	119.8	101.0	100.1	113.0	122.9	117.1	120.7
2004	118.5	120.3	101.6	104.6	119.3	131.7	111.0	102.5
2005	129.9	131.1	104.5	99.9	101.5	103.7	121.2	120.0
2006	104.6	122.3	103.2	103.6	94.8	94.5	120.8	128.7
2007	103.6	101.9	105.2	102.7	106.2	112.9	101.4	99.6
2008	128.6	122.6	111.5	110.4	124.1	131.4	118.8	113.6
2009	102.4	65.1	101.7	98.7	80.0	79.4	102.6	87.7
2010	110.6	138.7	104.0	102.4	107.4	111.9	112.4	124.7
2011	113.7	129.3	104.2	112.7	111.6	112.8	116.4	114.0

2-3-5 各地区工业生产者出厂价格总指数(1987～2011年)

Ex-factory Price Indices of Industrial Producer by Region (1987~2011)

(上年价格=100) (Preceding year=100)

地 区	Region	1987	1988	1989	1990	1991	1992	1993	1994	1995	1996	1997
全 国	**National**	**107.9**	**115.0**	**118.6**	**104.1**	**106.2**	**106.8**	**124.0**	**119.5**	**114.9**	**102.9**	**99.7**
北 京	Beijing				107.9	105.8	107.8	128.3	111.8	116.7	103.2	100.6
天 津	Tianjin						105.2	126.3	120.4	110.2	102.8	98.3
河 北	Hebei						108.6	129.1	119.1	111.4	101.1	98.8
山 西	Shanxi				106.4	106.8	114.2	132.5	120.1	113.5	106.4	102.2
内蒙古	Inner Mongolia	107.9	110.7	121.5	105.2	108.7	109.8	133.2	112.1	109.1	101.7	101.5
辽 宁	Liaoning		122.4	121.2	103.8	119.2	111.8	138.4	119.9	109.9	102.1	100.1
吉 林	Jilin		112.9	121.5	104.5	106.4	111.4	127.9	115.7	115.0	103.8	101.4
黑龙江	Heilongjiang						111.6	141.3	127.7	116.0	104.6	102.3
上 海	Shanghai						111.4	128.1	118.1	111.5	98.6	98.9
江 苏	Jiangsu					103.2	103.6	118.5	121.4	114.1	100.7	97.9
浙 江	Zhejiang				100.4	101.8	104.8	117.3	117.5	112.3	99.5	99.2
安 徽	Anhui						108.7	125.3	120.9	117.1	101.6	99.4
福 建	Fujian						102.7	117.1	116.9	115.7	101.8	100.3
江 西	Jiangxi							115.3	124.7	114.8	104.1	101.7
山 东	Shandong			123.8	104.7	103.0	109.5	123.0	124.2	117.0	104.2	101.1
河 南	Henan			119.7	105.5	104.3	106.2	118.1	124.1	115.0	104.1	100.6
湖 北	Hubei			116.7	109.0	108.1	111.0	126.3	126.2	113.1	102.7	98.6
湖 南	Hunan			118.1	100.6	104.7	111.1	128.9	117.6	121.4	105.7	99.2
广 东	Guangdong							124.1	126.0	112.3	101.8	100.1
广 西	Guangxi	106.4			101.5	103.3	112.5	121.1	118.8	117.2	102.6	97.7
海 南	Hainan											
重 庆	Chongqing				103.4	105.1	117.2	118.4	113.4	112.4	104.1	98.0
四 川	Sichuan			117.9	103.5	105.9	106.1	127.4	114.7	112.2	102.2	101.2
贵 州	Guizhou						101.6	118.1	113.3	113.1	104.9	101.2
云 南	Yunnan					106.3	105.3	125.0	116.7	110.2	101.4	100.7
西 藏	Tibet											
陕 西	Shaanxi						107.9	119.8	119.9	112.6	104.2	103.7
甘 肃	Gansu			122.0	110.7	104.2	112.1	125.3	121.2	114.9	104.4	104.9
青 海	Qinghai			112.7	109.5	108.7	102.6	124.4	124.9	114.6	106.7	104.3
宁 夏	Ningxia											100.3
新 疆	Xinjiang						107.5	126.2	118.4	117.2	104.9	104.9

2-3-5 续表 Continued

(上年价格=100) (Preceding year=100)

地 区	Region	1998	1999	2000	2001	2002	2003	2004	2005	2006	2007	2008	2009	2010	2011
全 国	**National**	**95.9**	**97.6**	**102.8**	**98.7**	**97.8**	**102.3**	**106.1**	**104.9**	**103.0**	**103.1**	**106.9**	**94.6**	**105.5**	**106.0**
北 京	Beijing	95.1	97.8	102.5	99.4	96.6	101.5	103.0	101.3	99.1	99.7	103.3	94.4	102.2	102.3
天 津	Tianjin	94.7	96.4	102.8	95.9	95.9	102.5	104.1	100.1	100.6	101.5	104.1	92.5	105.1	103.8
河 北	Hebei	94.4	95.9	105.3	99.9	99.4	107.1	111.6	104.4	100.8	106.9	116.7	89.1	109.0	107.7
山 西	Shanxi	97.5	95.3	100.9	100.3	103.6	112.2	116.1	110.2	101.0	107.4	122.4	92.0	109.5	107.5
内蒙古	Inner Mongolia	98.0	100.4	102.8	100.1	99.3	103.2	105.1	105.1	103.0	105.7	112.5	96.2	106.7	107.8
辽 宁	Liaoning	95.8	102.0	108.8	98.6	97.8	103.6	107.1	105.1	104.1	104.4	110.9	94.0	107.4	106.5
吉 林	Jilin	96.9	100.1	105.1	100.3	98.6	102.5	105.0	104.3	101.7	102.7	104.9	96.1	105.2	105.4
黑龙江	Heilongjiang	97.7	107.4	122.9	95.9	97.8	111.9	113.1	116.7	109.9	105.3	114.0	87.4	115.0	112.0
上 海	Shanghai	93.9	97.6	102.5	96.7	96.4	101.4	103.6	101.7	100.6	101.2	102.2	93.8	102.3	102.9
江 苏	Jiangsu	94.5	96.1	101.1	99.1	97.6	102.3	106.5	102.6	101.5	102.6	104.6	95.2	107.3	106.2
浙 江	Zhejiang	96.0	96.8	101.1	98.3	96.9	100.6	105.0	102.3	103.8	102.4	104.3	94.9	106.2	105.0
安 徽	Anhui	96.4	92.9	98.9	98.6	99.8	103.5	108.2	103.3	103.1	103.6	108.4	92.8	109.0	108.3
福 建	Fujian	95.7	96.6	100.5	98.1	97.2	100.7	102.6	100.2	99.2	100.8	102.7	95.5	103.2	103.9
江 西	Jiangxi	98.4	96.1	101.0	98.1	98.5	104.0	109.7	108.8	109.7	106.2	106.4	93.0	115.3	111.3
山 东	Shandong	96.0	97.2	105.9	99.1	98.8	103.5	106.4	103.7	102.3	103.3	108.6	94.1	107.2	106.0
河 南	Henan	95.3	95.4	104.0	100.5	98.6	105.0	110.2	106.1	104.3	105.2	112.1	94.9	107.8	107.2
湖 北	Hubei	96.2	97.8	101.7	99.0	98.2	103.5	105.7	104.5	102.9	103.9	106.1	95.6	104.9	106.6
湖 南	Hunan	95.9	98.5	102.9	99.8	99.2	102.6	108.0	106.0	104.3	106.1	109.3	94.3	106.9	108.5
广 东	Guangdong	94.8	97.7	103.4	98.5	96.5	99.3	101.7	101.5	101.4	101.3	103.1	95.8	103.2	103.7
广 西	Guangxi	95.4	95.6	105.5	106.3	95.6	102.8	109.7	104.9	109.6	104.5	109.0	93.5	112.0	108.5
海 南	Hainan					98.7	99.5	100.0	99.5	100.8	102.7	104.5	90.6	107.7	108.8
重 庆	Chongqing	94.6	97.7	98.6	98.1	97.6	100.6	103.3	103.0	102.2	103.5	105.8	95.5	103.1	103.8
四 川	Sichuan	97.3	97.0	98.1	100.4	97.7	100.5	105.4	104.0	101.9	103.9	109.3	96.5	105.0	107.3
贵 州	Guizhou	98.2	99.7	100.4	102.2	98.9	103.4	108.0	107.2	104.3	105.0	112.4	95.1	104.7	105.4
云 南	Yunnan	97.2	98.2	101.2	99.9	98.2	101.4	108.8	104.5	104.6	105.7	105.8	91.5	108.8	104.7
西 藏	Tibet									106.0	101.1	105.6	98.2	105.8	104.3
陕 西	Shaanxi	96.6	97.9	101.5	100.4	100.7	105.7	107.3	110.4	109.6	102.9	108.4	96.1	108.7	107.2
甘 肃	Gansu	95.2	98.1	107.2	98.5	97.9	110.0	114.3	109.6	109.8	105.5	104.9	91.0	115.0	111.0
青 海	Qinghai	100.7	102.8	108.1	93.7	97.6	105.5	111.2	110.2	109.5	104.2	107.6	91.3	109.3	107.4
宁 夏	Ningxia	97.7	98.4	103.6	100.3	99.7	103.9	110.0	106.2	106.2	103.7	112.9	93.9	109.1	109.5
新 疆	Xinjiang	95.8	100.2	129.4	96.3	97.3	115.1	116.4	116.6	114.4	106.3	116.4	85.5	125.3	114.8

2-3-6 各地区工业生产者出厂价格分类指数(2011年)

Ex-factory Price Indices of Industrial Producer by Region (2011)

(上年价格=100) (Preceding year=100)

地 区	Region	总指数 General Index	轻工业 Light Industry	1.以农产品为原料 Processing of Agricultural Products	2.以非农产品为原料 Processing of Nonagricultural Products	重工业 Heavy Industry	1.采 掘 Mining & Quarrying Industry	2.原 料 Raw Materials Industry	3.加 工 Manufacturing Industry
全 国	**National**	**106.0**	**105.8**	**107.4**	**102.8**	**106.1**	**115.4**	**108.9**	**103.8**
北 京	Beijing	102.3	104.6	106.6	101.6	102.0	121.2	108.6	98.2
天 津	Tianjin	103.8	103.9	107.6	100.2	103.8	115.5	109.4	99.7
河 北	Hebei	107.7	107.6	109.1	102.0	107.7	116.0	108.4	106.1
山 西	Shanxi	107.5	108.1	109.2	104.2	107.5	109.2	108.1	105.6
内蒙古	Inner Mongolia	107.8	107.5	107.9	100.5	107.9	113.0	107.1	104.3
辽 宁	Liaoning	106.5	104.7	105.5	101.7	106.9	110.2	111.7	104.6
吉 林	Jilin	105.4	109.3	110.2	102.0	104.3	119.3	104.6	101.9
黑龙江	Heilongjiang	112.0	110.6	110.7	109.4	112.4	129.1	107.5	103.6
上 海	Shanghai	102.9	103.9	104.6	103.3	102.6	115.0	110.3	100.6
江 苏	Jiangsu	106.2	107.4	109.1	104.7	105.8	112.4	108.3	104.9
浙 江	Zhejiang	105.0	105.1	105.5	104.6	104.9	115.3	106.9	104.0
安 徽	Anhui	108.3	107.7	109.9	103.6	108.5	104.8	110.9	107.7
福 建	Fujian	103.9	103.8	104.4	102.2	104.0	113.5	108.9	101.7
江 西	Jiangxi	111.3	103.7	109.0	94.8	114.1	123.3	123.0	108.0
山 东	Shandong	106.0	106.3	107.4	102.8	105.8	112.6	108.0	104.0
河 南	Henan	107.2	106.9	107.5	104.3	107.3	112.6	108.4	105.2
湖 北	Hubei	106.6	109.6	111.1	104.0	105.5	120.2	106.8	103.6
湖 南	Hunan	108.5	107.3	108.2	103.5	108.9	116.3	112.6	106.1
广 东	Guangdong	103.7	103.1	105.1	101.8	104.0	120.5	108.4	102.3
广 西	Guangxi	108.5	114.7	116.1	106.2	106.3	121.2	106.3	105.2
海 南	Hainan	108.8	105.5	105.4	107.1	109.9	120.3	113.1	102.8
重 庆	Chongqing	103.8	104.7	106.8	102.9	103.5	110.8	105.8	102.4
四 川	Sichuan	107.3	107.7	109.7	99.8	107.2	116.8	107.8	105.1
贵 州	Guizhou	105.4	102.9	103.1	102.1	106.0	107.2	106.4	105.2
云 南	Yunnan	104.7	101.5	101.4	103.1	105.9	110.4	105.4	105.6
西 藏	Tibet	104.3	103.1	103.2	102.6	104.7	113.5	100.3	101.4
陕 西	Shaanxi	107.2	105.3	105.9	102.5	107.5	111.2	111.7	101.9
甘 肃	Gansu	111.0	105.6	106.2	101.9	111.5	127.7	111.6	104.8
青 海	Qinghai	107.4	108.7	108.2	110.5	107.3	112.3	105.6	107.1
宁 夏	Ningxia	109.5	114.4	114.8	111.6	108.6	107.3	109.6	106.6
新 疆	Xinjiang	114.8	110.1	110.8	106.5	115.6	127.9	111.9	106.1

2-3-6 续表 Continued

(上年价格=100) (Preceding year=100)

地 区	Region	生产资料 Means of Production	1.采掘 Mining & Quarrying Industry	2.原料 Raw Materials Industry	3.加工 Manufact-uring Industry	生活资料 Consumer Goods	1.食品 Food	2.衣着 Clothing	3.一般日用品 Articles for Daily Use	4.耐用消费品 Durable Consumer Goods
全 国	**National**	**106.6**	**115.4**	**109.2**	**104.6**	**104.2**	**107.4**	**104.2**	**104.0**	**99.4**
北 京	Beijing	102.5	121.2	108.6	98.6	101.6	107.4	100.2	97.4	99.9
天 津	Tianjin	104.1	115.5	109.7	99.9	102.4	107.9	108.1	102.1	98.6
河 北	Hebei	108.1	116.0	108.8	106.7	105.2	108.3	103.8	101.2	102.1
山 西	Shanxi	107.6	109.2	108.1	105.7	107.1	108.5	107.1	103.0	105.6
内蒙古	Inner Mongolia	108.1	113.0	107.3	105.0	106.4	108.1	98.6	100.9	101.5
辽 宁	Liaoning	107.0	110.2	111.9	104.7	104.1	106.8	102.3	102.1	100.6
吉 林	Jilin	106.3	119.3	104.9	103.8	104.1	109.7	102.1	101.9	99.7
黑龙江	Heilongjiang	112.9	129.1	108.4	104.5	108.4	110.6	110.6	99.5	96.9
上 海	Shanghai	102.8	115.0	110.3	100.8	102.9	105.5	101.9	105.1	100.2
江 苏	Jiangsu	106.3	112.4	109.1	105.5	105.4	110.2	104.6	105.7	100.8
浙 江	Zhejiang	105.5	115.3	108.3	104.5	103.5	105.6	104.6	102.6	101.2
安 徽	Anhui	109.2	104.8	111.2	108.8	105.6	108.9	107.5	106.4	100.4
福 建	Fujian	104.5	113.5	109.4	102.3	102.9	107.9	101.7	102.2	97.2
江 西	Jiangxi	112.8	123.3	123.3	106.5	105.6	107.6	106.6	103.2	103.4
山 东	Shandong	106.2	112.6	108.2	104.9	105.1	106.7	104.4	106.7	97.2
河 南	Henan	107.7	112.6	108.3	106.1	105.5	104.9	111.4	105.0	105.6
湖 北	Hubei	107.3	120.2	106.8	106.7	104.5	108.4	109.1	108.3	94.7
湖 南	Hunan	109.1	116.3	113.0	106.5	106.2	107.6	107.6	103.5	102.1
广 东	Guangdong	104.6	120.5	108.6	103.1	101.9	106.0	103.9	103.4	99.0
广 西	Guangxi	107.2	121.2	106.5	106.6	112.0	118.5	115.9	104.5	99.8
海 南	Hainan	109.7	120.3	110.9	104.7	106.0	110.9	102.6	102.0	102.2
重 庆	Chongqing	104.2	110.8	105.7	103.4	102.5	107.2	104.7	101.4	100.1
四 川	Sichuan	107.9	116.8	108.5	106.1	105.7	109.6	102.5	102.8	92.3
贵 州	Guizhou	106.2	107.2	106.4	105.6	102.8	102.8	114.2	101.6	101.5
云 南	Yunnan	105.8	110.4	105.3	105.6	101.6	101.4	106.8	103.2	100.7
西 藏	Tibet	105.1	113.5	100.3	101.2	102.8	102.6	105.9	105.7	92.6
陕 西	Shaanxi	107.7	111.2	111.7	102.2	104.1	105.9	112.9	103.4	98.7
甘 肃	Gansu	111.6	127.7	111.6	105.2	104.5	104.9	112.1	103.1	97.6
青 海	Qinghai	107.4	112.3	105.6	107.3	107.3	105.2	108.8	113.9	103.3
宁 夏	Ningxia	109.4	107.3	109.6	109.5	110.4	108.7	124.8	114.1	100.6
新 疆	Xinjiang	115.6	127.9	111.5	109.0	106.4	107.2	100.4	104.1	96.9

2-3-7 各地区按部门分工业生产者出厂价格指数（2011年）

Ex-factory Price Indices of Industrial Producer by Branch and Region (2011)

（上年价格=100） (Preceding year=100)

地区	Region	01 冶金工业 Metallurgical Industry	02 电力工业 Power Industry	03 煤炭及炼焦工业 Coal Industry	04 石油工业 Petroleum Industry	05 化学工业 Chemical Industry	06 机械工业 Machine Building Industry	07 建筑材料工业 Building Materials Industry	08 森林工业 Timber Industry
全　国	**National**	**109.8**	**101.6**	**109.6**	**118.4**	**108.2**	**100.9**	**107.1**	**103.7**
北　京	Beijing	122.3	100.6	121.9	116.4	100.5	96.5	108.8	103.4
天　津	Tianjin	109.1	100.3	96.3	116.3	108.9	94.7	104.0	101.0
河　北	Hebei	110.2	101.7	109.1	120.0	104.7	101.9	103.8	101.4
山　西	Shanxi	108.1	101.9	109.0	109.1	111.3	101.3	101.8	102.7
内蒙古	Inner Mongolia	109.0	99.8	112.2	119.9	105.8	102.2	105.1	103.1
辽　宁	Liaoning	108.3	100.8	109.6	119.4	106.0	102.5	104.4	104.6
吉　林	Jilin	111.4	100.4	105.9	127.0	103.0	100.1	105.5	101.8
黑龙江	Heilongjiang	112.0	97.4	107.1	126.9	106.9	100.4	111.6	105.9
上　海	Shanghai	108.5	100.8	108.5	116.8	108.8	98.9	108.9	105.8
江　苏	Jiangsu	110.2	101.1	107.2	119.4	108.7	102.4	111.6	103.3
浙　江	Zhejiang	107.2	102.9	108.2	115.0	107.5	101.8	111.7	102.7
安　徽	Anhui	113.4	102.4	107.6	115.0	108.5	103.1	118.5	104.1
福　建	Fujian	109.7	101.5	117.0	117.7	108.2	97.7	106.0	102.9
江　西	Jiangxi	123.4	102.0	112.9	114.9	109.2	98.8	113.6	105.4
山　东	Shandong	106.7	102.9	106.4	115.3	109.2	101.2	106.5	103.5
河　南	Henan	108.7	104.3	107.8	121.7	111.0	103.5	104.5	106.0
湖　北	Hubei	107.8	103.1	118.3	120.2	108.6	100.0	113.5	104.5
湖　南	Hunan	117.2	103.4	112.0	113.9	106.5	102.7	109.4	108.6
广　东	Guangdong	107.9	100.6		116.5	107.7	100.5	104.4	102.2
广　西	Guangxi	110.1	99.3	130.5	117.1	113.4	101.4	110.7	105.7
海　南	Hainan	117.2	102.6	109.7	114.9	105.0	101.0	115.4	109.4
重　庆	Chongqing	104.9	101.2	115.3	111.4	105.4	101.2	106.5	102.8
四　川	Sichuan	111.3	99.8	118.3	112.4	109.6	101.6	103.3	100.0
贵　州	Guizhou	106.2	101.6	111.6	99.0	110.9	100.5	101.6	103.2
云　南	Yunnan	108.6	98.5	113.0	104.5	107.6	101.6	99.7	106.5
西　藏	Tibet	113.3	100.1	100.0		103.9	99.2	100.5	101.6
陕　西	Shaanxi	109.4	103.7	110.3	114.2	109.2	99.7	99.9	102.8
甘　肃	Gansu	107.4	105.2	120.6	121.4	113.7	99.0	99.9	101.0
青　海	Qinghai	105.4	103.7	106.0	121.6	110.6	104.2	101.3	100.0
宁　夏	Ningxia	115.6	101.1	108.7	113.5	111.9	102.7	97.9	100.5
新　疆	Xinjiang	112.7	100.9	103.1	123.6	111.7	91.7	108.2	96.5

2-3-7 续表 Continued

(上年价格=100) (Preceding year=100)

地 区	Region	09 食品工业 Food Industry	10 纺织工业 Textile Industry	11 缝纫工业 Tailoring Industry	12 皮革工业 Leather Industry	13 造纸工业 Paper Industry	14 文教艺术用品工业 Cultural, Educational & Handicrafts Articles	15 其它工业 Other Industry
全 国	**National**	**107.7**	**112.2**	**104.3**	**104.1**	**103.0**	**101.3**	**105.1**
北 京	Beijing	108.7	113.8	100.1	101.3	101.0	102.9	102.5
天 津	Tianjin	108.2	118.2	106.3	102.7	101.2	100.1	103.0
河 北	Hebei	108.5	117.0	102.8	106.9	102.8	102.4	103.4
山 西	Shanxi	108.8	115.1	107.0	101.3	107.6	103.0	104.3
内蒙古	Inner Mongolia	108.2	116.6	98.2	102.8	105.9	100.2	106.0
辽 宁	Liaoning	106.6	106.9	102.3	99.2	103.2	99.3	104.3
吉 林	Jilin	111.2	116.4	102.1	100.3	101.8	100.3	101.8
黑龙江	Heilongjiang	111.1	108.9	103.7	109.8	105.5	103.4	103.7
上 海	Shanghai	105.5	105.5	102.2	99.9	105.0	103.5	111.8
江 苏	Jiangsu	109.9	112.7	104.5	104.0	106.1	101.0	108.0
浙 江	Zhejiang	106.0	106.9	105.0	103.8	102.4	102.2	103.3
安 徽	Anhui	109.2	118.5	108.5	102.6	105.6	110.0	108.4
福 建	Fujian	107.8	106.2	101.4	102.1	102.9	100.4	102.9
江 西	Jiangxi	108.4	119.2	107.0	104.3	103.9	101.0	103.8
山 东	Shandong	106.7	113.2	104.4	104.2	101.3	99.8	105.0
河 南	Henan	104.8	120.4	111.4	106.3	102.9	100.5	106.3
湖 北	Hubei	109.2	119.0	109.0	107.6	107.3	99.9	108.3
湖 南	Hunan	107.7	115.1	108.1	110.0	104.0	99.9	105.4
广 东	Guangdong	106.9	110.6	103.5	104.6	101.0	101.2	103.5
广 西	Guangxi	118.2	118.0	116.3	112.8	102.7	104.0	108.9
海 南	Hainan	109.8	106.3	95.6	200.4	96.6	117.8	115.1
重 庆	Chongqing	106.9	109.9	103.7	104.3	105.7	101.2	105.0
四 川	Sichuan	109.4	117.6	103.4	101.5	108.5	97.9	108.7
贵 州	Guizhou	102.9	120.9	104.6		103.0	100.6	109.7
云 南	Yunnan	101.3	108.3	106.8		102.8	101.1	107.2
西 藏	Tibet	102.3	124.6	106.7	103.7	100.0	102.6	103.0
陕 西	Shaanxi	106.0	107.3	114.3	96.7	100.2	99.8	106.0
甘 肃	Gansu	105.5	120.5	111.4	103.4	110.2	107.3	101.8
青 海	Qinghai	108.2	109.5	109.5	99.9	104.5	101.8	113.6
宁 夏	Ningxia	108.8	126.4	110.1	129.5	107.3	101.9	104.8
新 疆	Xinjiang	106.8	131.2	100.1	121.4	105.8	100.8	106.5

2-3-8 各地区按行业分工业生产者出厂价格指数（2011年）

Ex-factory Price Indices of Industrial Producer by Sector and Region (2011)

（上年价格=100） (Preceding year=100)

地 区	Region	1煤炭开采和洗选业 Mining and Washing of Coal	2石油和天然气开采业 Extraction of Petroleum and Natural Gas	3黑色金属矿采选业 Mining and Processing of Ferrous Metal Ores	4有色金属矿采选业 Mining and Processing of Non-Ferrous Metal Ores	5非金属矿采选业 Mining and Processing of Nonmetal Ores
全 国	**National**	**110.2**	**124.5**	**112.7**	**115.0**	**109.1**
北 京	Beijing	121.9		113.0		108.7
天 津	Tianjin	96.0	115.6	106.8		106.4
河 北	Hebei	107.4	136.5	113.6	105.8	111.2
山 西	Shanxi	110.5	106.5	107.7	120.8	101.4
内蒙古	Inner Mongolia	112.4	129.1	113.6	112.8	107.5
辽 宁	Liaoning	110.4	117.3	107.4	105.0	109.5
吉 林	Jilin	106.1	130.0	119.7	106.9	98.6
黑龙江	Heilongjiang	105.0	132.8	108.8	115.2	107.8
上 海	Shanghai		115.0			
江 苏	Jiangsu	105.0	132.2	114.5	130.9	111.5
浙 江	Zhejiang	107.4		126.5	116.6	113.5
安 徽	Anhui	107.3		115.1	112.8	109.8
福 建	Fujian	117.1		114.1	111.1	106.7
江 西	Jiangxi	116.2		119.6	133.6	120.9
山 东	Shandong	107.0	127.8	110.5	106.7	111.2
河 南	Henan	108.3	131.5	116.6	115.9	104.9
湖 北	Hubei	123.6	134.4	114.2	115.9	113.8
湖 南	Hunan	112.4		107.5	124.2	108.0
广 东	Guangdong		126.9	111.6	129.2	102.7
广 西	Guangxi	131.5		107.3	129.3	115.0
海 南	Hainan		109.3	124.7	127.7	104.5
重 庆	Chongqing	115.8	100.9	105.3	101.2	104.8
四 川	Sichuan	119.4	109.9	121.8	121.0	106.9
贵 州	Guizhou	111.9		99.7	104.5	123.6
云 南	Yunnan	111.6	101.1	110.8	108.4	106.3
西 藏	Tibet			113.9	113.0	122.5
陕 西	Shaanxi	110.6	111.6	120.0	108.2	105.1
甘 肃	Gansu	120.8	137.1	106.6	111.5	107.6
青 海	Qinghai	111.4	122.2	120.0	103.6	96.2
宁 夏	Ningxia	110.2	128.9	124.4		103.3
新 疆	Xinjiang	105.7	132.9	110.1	112.2	101.3

2-3-8 续表 1 Continued 1

(上年价格=100) (Preceding year=100)

地 区 Region	6其他采矿业 Mining of Other Ores	7农副食品加工业 Processing of Food from Agricultural Products	8食品制造业 Manufacture of Foods	9饮料制造业 Manufacture of Beverages	10烟草制品业 Manufacture of Tobacco
全 国 National	**100.0**	**110.6**	**106.3**	**104.4**	**100.3**
北 京 Beijing		115.8	105.5	102.1	100.0
天 津 Tianjin		117.6	101.4	98.1	100.0
河 北 Hebei		110.9	107.5	102.4	99.9
山 西 Shanxi		113.6	107.3	103.6	100.0
内蒙古 Inner Mongolia		110.0	107.3	103.5	97.6
辽 宁 Liaoning		107.4	104.4	104.1	100.1
吉 林 Jilin		114.1	103.9	104.2	100.1
黑龙江 Heilongjiang		114.3	106.4	108.0	99.6
上 海 Shanghai		119.6	106.7	103.2	100.0
江 苏 Jiangsu		113.0	107.4	106.0	100.0
浙 江 Zhejiang		109.3	107.7	102.6	100.0
安 徽 Anhui		112.5	107.8	104.5	100.3
福 建 Fujian		111.3	104.0	107.0	98.4
江 西 Jiangxi		112.1	107.6	101.5	100.0
山 东 Shandong		107.7	107.9	104.8	100.1
河 南 Henan		104.7	106.1	105.8	100.1
湖 北 Hubei		114.0	106.0	104.4	100.7
湖 南 Hunan		111.3	105.8	104.5	103.2
广 东 Guangdong		111.6	103.3	102.5	99.7
广 西 Guangxi		122.3	111.3	107.4	100.6
海 南 Hainan		112.4	113.7	102.7	99.9
重 庆 Chongqing		109.4	106.9	103.9	102.1
四 川 Sichuan	100.0	113.2	107.5	106.1	99.8
贵 州 Guizhou		111.9	104.4	103.0	99.7
云 南 Yunnan		105.6	107.0	101.9	100.1
西 藏 Tibet		115.2	102.0	99.5	
陕 西 Shaanxi		110.9	106.1	102.4	98.7
甘 肃 Gansu		108.2	104.3	106.6	100.0
青 海 Qinghai		118.1	106.6	99.4	
宁 夏 Ningxia		113.6	110.3	106.9	100.3
新 疆 Xinjiang		111.6	100.7	103.3	100.0

2-3-8 续表 2 Continued 2

(上年价格=100) (Preceding year=100)

地 区 Region	11纺织业 Manufacture of Textile	12纺织服装、鞋、帽制造业 Manufacture of Textile Wearing Apparel,	13皮革、毛皮、羽毛(绒)及其制品业 Manufacture of Leather, Fur, Feather and Related Products	14木材加工及木、竹、藤、棕、草制品业 Processing of Timber, Manufacture of Wood,	15家具制造业 Manufacture of Furniture
全 国 National	**111.1**	**103.7**	**104.5**	**104.1**	**102.4**
北 京 Beijing	102.3	101.8	101.3	103.0	103.1
天 津 Tianjin	114.0	107.0	102.7	101.9	99.5
河 北 Hebei	116.6	102.5	106.9	100.4	102.6
山 西 Shanxi	115.2	106.3	101.3	100.0	121.4
内蒙古 Inner Mongolia	107.4	103.9	103.6	103.3	101.7
辽 宁 Liaoning	106.5	102.1	99.3	106.6	101.6
吉 林 Jilin	113.0	101.7	100.2	101.9	101.1
黑龙江 Heilongjiang	109.0	103.4	109.4	106.9	101.2
上 海 Shanghai	104.3	102.4	100.1	106.2	102.8
江 苏 Jiangsu	112.4	103.1	104.4	103.8	102.5
浙 江 Zhejiang	106.9	103.3	104.3	103.2	101.5
安 徽 Anhui	116.7	107.4	109.8	104.2	106.2
福 建 Fujian	105.5	101.2	102.1	102.9	102.7
江 西 Jiangxi	115.9	104.3	105.2	105.9	104.1
山 东 Shandong	112.4	103.7	104.2	103.5	102.9
河 南 Henan	120.3	109.7	106.4	106.6	104.6
湖 北 Hubei	118.4	109.6	106.7	104.5	105.0
湖 南 Hunan	113.6	109.0	110.0	108.4	108.1
广 东 Guangdong	107.1	104.2	104.7	101.7	102.1
广 西 Guangxi	116.7	119.2	116.0	105.9	101.7
海 南 Hainan	95.4	100.0	200.4	100.3	113.5
重 庆 Chongqing	109.5	102.0	106.1	106.1	102.5
四 川 Sichuan	117.4	102.3	105.2	101.3	99.1
贵 州 Guizhou	120.9	104.6		103.2	119.8
云 南 Yunnan	108.4	105.9	96.5	106.5	100.1
西 藏 Tibet	124.6	106.7	103.7	101.6	92.6
陕 西 Shaanxi	107.7	114.0	96.7	103.8	101.4
甘 肃 Gansu	120.6	109.6	103.4	102.4	100.6
青 海 Qinghai	111.0	106.4	99.9		100.0
宁 夏 Ningxia	126.2	103.0	129.5	98.9	102.0
新 疆 Xinjiang	128.9	103.1	118.5	97.1	96.5

2-3-8 续表 3 Continued 3

(上年价格=100) (Preceding year=100)

地 区	Region	16造纸及纸制品业 Manufacture of Paper and Paper Products	17印刷业和记录媒介的复制 Printing, Reproduction of Recording Media	18文教体育用品制造业 Manufacture of Articles For Culture, Education and	19石油加工、炼焦及核燃料加工业 Processing of Petroleum, Coking, Processing of Nuclear Fuel	20化学原料及化学制品制造业 Manufacture of Raw Chemical Materials and Chemical Products
全 国	**National**	**103.0**	**101.9**	**103.7**	**114.9**	**109.8**
北 京	Beijing	101.0	101.6	100.5	118.2	107.3
天 津	Tianjin	101.2	100.4	99.1	117.1	111.8
河 北	Hebei	102.8	102.4	102.9	113.9	107.0
山 西	Shanxi	107.6	103.1	103.1	105.0	112.9
内蒙古	Inner Mongolia	105.9	100.2	95.5	113.6	107.1
辽 宁	Liaoning	103.2	100.3	103.2	119.6	108.3
吉 林	Jilin	101.8	99.9	101.7	118.3	103.3
黑龙江	Heilongjiang	105.5	99.7	110.3	114.1	109.5
上 海	Shanghai	105.0	101.4	107.0	116.7	110.9
江 苏	Jiangsu	106.1	102.4	107.7	120.3	109.5
浙 江	Zhejiang	102.4	101.7	102.8	116.0	106.9
安 徽	Anhui	105.6	112.3	105.6	115.8	109.9
福 建	Fujian	102.9	100.3	100.5	118.1	112.0
江 西	Jiangxi	103.9	100.7	101.6	113.0	112.2
山 东	Shandong	101.3	98.0	101.5	111.0	110.0
河 南	Henan	102.9	97.3	109.6	110.2	114.5
湖 北	Hubei	107.4	103.8	104.5	116.3	109.4
湖 南	Hunan	104.0	99.0	103.4	114.0	107.3
广 东	Guangdong	101.0	104.8	103.2	115.6	110.1
广 西	Guangxi	102.7	103.0	109.6	118.8	118.1
海 南	Hainan	96.6	98.2	105.1	115.2	109.3
重 庆	Chongqing	105.7	101.0	105.8	113.4	105.7
四 川	Sichuan	108.5	97.7	103.7	113.8	111.8
贵 州	Guizhou	103.0	100.0	109.3	112.4	114.1
云 南	Yunnan	102.8	101.6	100.0	116.1	109.3
西 藏	Tibet	100.0	102.6			102.3
陕 西	Shaanxi	100.2	99.6	105.1	116.4	115.3
甘 肃	Gansu	110.2	107.3		117.3	116.6
青 海	Qinghai	104.5	101.8		100.7	111.6
宁 夏	Ningxia	107.3	102.2		110.1	111.1
新 疆	Xinjiang	105.8	100.8		113.9	116.4

2-3-8 续表 4 Continued 4

(上年价格=100) (Preceding year=100)

地 区	Region	21医药制造业 Manufacture of Medicines	22化学纤维制造业 Manufacture of Chemical Fibers	23橡胶制品业 Manufacture of Rubber	24塑料制品业 Manufacture of Plastics	25非金属矿物制品业 Manufacture of Non-metallic Mineral Products
全 国	**National**	**102.5**	**112.1**	**110.0**	**104.7**	**107.0**
北 京	Beijing	92.1	97.5	113.6	102.8	107.7
天 津	Tianjin	102.0	127.9	112.7	103.7	103.5
河 北	Hebei	100.3	106.7	105.4	101.2	103.7
山 西	Shanxi	102.1	130.0	118.0	102.5	102.6
内蒙古	Inner Mongolia	101.0		100.3	101.4	105.3
辽 宁	Liaoning	100.3	108.1	106.7	102.9	104.1
吉 林	Jilin	100.8	105.9	100.0	100.7	105.8
黑龙江	Heilongjiang	98.3	107.4	112.2	101.2	110.7
上 海	Shanghai	103.1	113.6	107.6	104.8	108.0
江 苏	Jiangsu	103.6	111.2	110.6	104.5	110.9
浙 江	Zhejiang	100.8	112.7	107.7	106.5	110.8
安 徽	Anhui	105.6	103.7	111.0	106.2	118.4
福 建	Fujian	102.5	113.7	108.3	103.3	105.9
江 西	Jiangxi	102.6	117.3	107.4	105.7	112.0
山 东	Shandong	103.4	103.4	112.3	103.5	106.7
河 南	Henan	108.5	107.6	112.1	101.4	105.2
湖 北	Hubei	105.7	111.1	118.5	104.7	112.6
湖 南	Hunan	102.5	120.2	110.1	101.8	109.4
广 东	Guangdong	99.8	125.7	107.5	105.8	104.5
广 西	Guangxi	102.5		110.1	103.4	110.6
海 南	Hainan	100.2	105.6	139.1	109.0	115.4
重 庆	Chongqing	105.1	98.5	107.4	105.8	106.2
四 川	Sichuan	105.4	126.5	102.1	106.6	103.4
贵 州	Guizhou	101.9		114.0	106.8	102.2
云 南	Yunnan	102.2	104.6	105.5	104.5	99.8
西 藏	Tibet	103.9				100.1
陕 西	Shaanxi	103.0	104.9	104.6	100.8	100.4
甘 肃	Gansu	102.9		121.4	106.4	100.6
青 海	Qinghai	100.8		109.3	116.1	103.7
宁 夏	Ningxia	106.8		117.8	104.9	100.2
新 疆	Xinjiang	103.6	96.5	114.8	101.7	108.5

2-3-8 续表 5 Continued 5

(上年价格=100) (Preceding year=100)

地区	Region	26黑色金属冶炼及压延加工业 Smelting and Pressing of Ferrous Metals	27有色金属冶炼及压延加工业 Smelting and Pressing of Non-ferrous Metals	28金属制品业 Manufacture of Metal Products	29通用设备制造业 Manufacture of General Purpose Machinery	30专用设备制造业 Manufacture of Special Purpose Machinery
全国	**National**	**109.8**	**113.0**	**104.1**	**102.7**	**101.5**
北京	Beijing	113.6	216.9	105.7	99.7	99.5
天津	Tianjin	109.1	111.6	107.2	102.9	100.1
河北	Hebei	110.4	108.6	105.3	102.8	100.6
山西	Shanxi	107.5	111.2	103.1	105.4	100.2
内蒙古	Inner Mongolia	105.3	112.3	104.4	101.6	99.8
辽宁	Liaoning	110.3	107.8	103.6	102.6	103.8
吉林	Jilin	112.7	110.8	99.7	102.0	100.6
黑龙江	Heilongjiang	114.2	109.6	105.2	101.3	100.1
上海	Shanghai	110.1	112.8	103.2	98.9	100.5
江苏	Jiangsu	112.1	111.9	104.4	104.2	102.2
浙江	Zhejiang	108.6	109.1	103.0	102.5	101.0
安徽	Anhui	111.4	118.3	105.9	103.2	104.0
福建	Fujian	110.2	115.1	101.2	101.5	100.3
江西	Jiangxi	112.2	129.3	109.8	103.1	104.1
山东	Shandong	107.8	106.6	105.1	103.0	101.1
河南	Henan	104.9	109.4	106.2	102.5	101.3
湖北	Hubei	106.4	114.1	102.7	102.4	101.5
湖南	Hunan	112.5	123.8	105.6	105.1	100.8
广东	Guangdong	113.8	110.2	103.2	101.6	102.0
广西	Guangxi	107.9	111.6	101.6	100.4	100.2
海南	Hainan	128.6	103.4	99.6	100.0	105.1
重庆	Chongqing	105.4	104.2	106.1	103.0	101.9
四川	Sichuan	111.1	111.9	104.5	104.3	103.3
贵州	Guizhou	105.5	108.4	101.4	100.0	105.0
云南	Yunnan	109.2	108.4	100.2	104.6	102.5
西藏	Tibet					
陕西	Shaanxi	106.6	113.0	101.2	100.9	101.0
甘肃	Gansu	107.4	107.4	106.4	106.6	81.4
青海	Qinghai	111.3	103.0	98.7	101.7	112.9
宁夏	Ningxia	110.5	119.0	107.3	103.9	104.8
新疆	Xinjiang	114.2	109.3	109.0	100.1	103.5

2-3-8 续表 6 Continued 6

(上年价格=100) (Preceding year=100)

地区	Region	31交通运输设备制造业 Manufacture of Transport Equipment	32电气机械及器材制造业 Manufacture of Electrical Machinery and Equipment	33通信设备、计算机及其他电子设备制造业 Manufacture of Communication Equipment, Computers and	34仪器仪表及文化、办公用机械制造业 Manufacture of Measuring Instruments and Machinery for
全 国	**National**	**100.4**	**103.1**	**98.3**	**99.8**
北 京	Beijing	98.9	99.7	93.0	100.4
天 津	Tianjin	97.9	102.0	84.2	103.1
河 北	Hebei	101.2	102.7	103.3	100.8
山 西	Shanxi	100.6	101.4	99.0	100.5
内蒙古	Inner Mongolia	104.0	100.4	103.7	100.8
辽 宁	Liaoning	101.7	103.9	100.0	98.2
吉 林	Jilin	100.2	101.8	84.8	100.2
黑龙江	Heilongjiang	98.7	101.4	105.2	99.6
上 海	Shanghai	98.5	100.8	98.1	101.4
江 苏	Jiangsu	101.1	105.6	100.4	98.2
浙 江	Zhejiang	101.0	103.3	99.4	100.0
安 徽	Anhui	101.8	104.3	99.9	100.6
福 建	Fujian	101.2	101.7	92.5	101.1
江 西	Jiangxi	100.5	95.1	100.7	102.0
山 东	Shandong	101.3	101.2	97.6	102.4
河 南	Henan	102.8	107.8	100.0	111.5
湖 北	Hubei	98.2	104.0	101.2	96.6
湖 南	Hunan	103.4	103.2	104.1	97.3
广 东	Guangdong	99.7	102.7	99.4	98.2
广 西	Guangxi	100.7	105.5	103.4	112.7
海 南	Hainan	100.6	104.0	100.0	
重 庆	Chongqing	99.5	106.2	103.5	104.1
四 川	Sichuan	101.4	107.5	92.4	99.5
贵 州	Guizhou	100.0	99.6	99.3	101.5
云 南	Yunnan	100.8	101.2	99.4	96.7
西 藏	Tibet	99.2			
陕 西	Shaanxi	99.0	102.8	94.6	98.1
甘 肃	Gansu	94.1	104.3	113.2	96.5
青 海	Qinghai	107.9	107.1	100.1	104.9
宁 夏	Ningxia	104.1	99.0	108.1	101.2
新 疆	Xinjiang	100.5	88.4	100.6	98.5

2-3-8 续表 7 Continued 7

(上年价格=100) (Preceding year=100)

地 区	Region	35工艺品及其他制造业 Manufacture of Artwork and Other Manufacturing	36废弃资源和废旧材料回收加工业 Recycling and Disposal of Waste	37电力、热力的生产和供应业 Production and Distribution of Electric Power and Heat Power	38燃气生产和供应业 Production and Distribution of Gas	39水的生产和供应业 Production and Distribution of Water
全 国	**National**	**105.3**	**111.8**	**101.6**	**109.4**	**102.8**
北 京	Beijing	104.0	113.1	100.6	105.4	105.9
天 津	Tianjin	98.3	115.0	100.3	105.1	111.0
河 北	Hebei	102.0	101.5	101.7	102.8	100.7
山 西	Shanxi	102.5		101.9	99.8	101.4
内蒙古	Inner Mongolia	102.0	99.6	99.8	121.0	102.9
辽 宁	Liaoning	104.5	116.2	100.8	105.8	101.1
吉 林	Jilin	101.1	131.8	100.4	103.3	100.9
黑龙江	Heilongjiang	124.1	102.3	97.4	112.1	99.9
上 海	Shanghai	116.3	123.2	100.9	109.0	110.1
江 苏	Jiangsu	110.5	113.5	100.8	106.1	102.1
浙 江	Zhejiang	103.6	115.8	102.9	106.3	105.3
安 徽	Anhui	107.6	113.9	102.4	106.4	100.7
福 建	Fujian	103.2	109.5	101.5	113.1	102.8
江 西	Jiangxi	103.4	100.0	101.9	104.7	100.6
山 东	Shandong	104.1	101.6	102.9	105.0	102.4
河 南	Henan	103.4		104.4	105.6	103.3
湖 北	Hubei	120.3	111.9	103.3	110.0	101.0
湖 南	Hunan	102.7	108.3	103.4	108.7	101.1
广 东	Guangdong	104.1	109.9	100.7	108.1	102.7
广 西	Guangxi	103.0		99.3	101.4	102.2
海 南	Hainan	140.4		102.6	106.9	99.7
重 庆	Chongqing	106.8	99.3	101.2	110.3	107.0
四 川	Sichuan	109.0	100.5	99.4	118.9	101.2
贵 州	Guizhou		117.0	101.6	102.4	104.3
云 南	Yunnan	110.1	103.5	98.5	100.0	107.0
西 藏	Tibet	112.5		100.1		100.0
陕 西	Shaanxi	116.3	98.6	103.7	114.2	99.7
甘 肃	Gansu	100.0		105.2	114.2	96.3
青 海	Qinghai	121.3		103.7	103.4	87.8
宁 夏	Ningxia			101.1	99.4	100.5
新 疆	Xinjiang	125.2		100.9	103.6	100.9

2-3-9 各地区按行业中类分工业生产者出厂价格指数(2011年)

The region by industry ex-factory price index of industrial producer in the category(2011)

(上年价格＝100)

地 区 Region	烟煤和无烟煤的开采洗选产品 Bituminous coal and anthracite coal mining products	褐煤的开采洗选产品 The exploitation of lignite coal products	其他煤炭采选产品 Other coal products	天然原油和天然气开采产品 Natural crude oil and natural gas products	铁矿采选 Iron ore selection	其他黑色金属矿采选产品 Other black metalliferous ore selection product
全 国 National	**110.5**	**108.7**	**99.7**	**126.5**	**113.0**	**107.8**
北 京 Beijing	121.9				113.0	
天 津 Tianjin			96.0	121.6	106.8	
河 北 Hebei	107.4			136.5	113.6	
山 西 Shanxi	110.5			106.5	107.3	112.3
内蒙古 Inner Mongolia	113.5	110.5	105.0	129.1	113.7	99.4
辽 宁 Liaoning	110.4	112.0		123.8	107.4	107.6
吉 林 Jilin	107.4	97.1		130.0	119.7	
黑龙江 Heilongjiang	104.9	112.2	97.8	134.5	108.8	
上 海 Shanghai				115.0		
江 苏 Jiangsu	105.0			132.2	114.5	
浙 江 Zhejiang	107.4				126.5	
安 徽 Anhui	107.3				115.2	104.6
福 建 Fujian	117.1				114.6	90.0
江 西 Jiangxi	116.2				119.6	
山 东 Shandong	107.5	96.1	107.0	127.8	110.5	
河 南 Henan	108.3		102.7	131.5	116.6	
湖 北 Hubei	123.6		125.1	134.4	107.2	124.2
湖 南 Hunan	112.4				114.7	98.3
广 东 Guangdong				126.9	111.6	104.5
广 西 Guangxi	135.2	118.7			118.6	102.5
海 南 Hainan				109.3	124.7	
重 庆 Chongqing	115.9	98.2	102.3	100.9	100.3	106.0
四 川 Sichuan	119.3		132.7	109.9	121.8	116.9
贵 州 Guizhou	112.0	106.2			88.6	103.3
云 南 Yunnan	111.8	110.5	102.3	101.1	111.4	104.3
西 藏 Tibet					122.9	112.8
陕 西 Shaanxi	110.6			113.2	121.1	105.2
甘 肃 Gansu	120.7	148.8		137.1	107.6	91.2
青 海 Qinghai	111.4			122.2	120.8	105.1
宁 夏 Ningxia	110.2			128.9	124.4	
新 疆 Xinjiang	105.6		108.7	132.9	111.0	99.6

2-3-9 续表 1 continued 1

(上年价格＝100)

地 区	Region	常用有色金属矿采选产品 Commonly used colored metalliferous ore selection product	贵金属矿采选品 Precious metal ore selection	稀有稀土金属矿采选产品 Rare rare earth metalliferous ore selection product	土沙石开采产品 Earth grit mining product	化学矿采选产品 Chemistry ore selection product	采盐产品 Picks the salty product
全 国	**National**	**113.6**	**115.0**	**120.1**	**108.2**	**114.4**	**117.5**
北 京	Beijing				108.7		
天 津	Tianjin				105.7		106.6
河 北	Hebei	100.9	115.5	102.9	107.3	125.0	114.1
山 西	Shanxi	110.2	144.8		101.4		
内蒙古	Inner Mongolia	110.1	137.3	101.2	106.5	171.0	104.2
辽 宁	Liaoning	108.8	112.5	92.9	108.4	120.4	114.7
吉 林	Jilin	106.0	109.7	99.1	98.1		
黑龙江	Heilongjiang	98.4		126.6	100.7		
上 海	Shanghai						
江 苏	Jiangsu	130.9			109.9	103.8	122.9
浙 江	Zhejiang	116.6			113.5		
安 徽	Anhui	112.7	113.4		107.9	129.3	125.4
福 建	Fujian	109.2	112.6	115.9	110.4	128.7	101.8
江 西	Jiangxi	116.6	145.9	145.3	123.1	100.0	125.8
山 东	Shandong	103.2	106.7		109.4		124.5
河 南	Henan	111.6	119.9	103.3	105.3	109.3	112.5
湖 北	Hubei	112.5	121.6	151.4	113.5	114.5	124.5
湖 南	Hunan	119.3	121.1	146.4	106.8	116.1	120.0
广 东	Guangdong	104.1		199.8	100.3	159.0	99.4
广 西	Guangxi	131.1	117.7	116.6	109.6	137.2	101.0
海 南	Hainan	129.2	122.1	111.3	99.8		104.5
重 庆	Chongqing	101.2			105.3	104.0	
四 川	Sichuan	119.1	121.7	155.8	108.0	107.2	101.4
贵 州	Guizhou	99.8	106.4			120.5	
云 南	Yunnan	107.9	119.5	105.7	103.3	106.4	
西 藏	Tibet	113.8		97.2	218.4	109.3	
陕 西	Shaanxi	112.5	106.4	96.7	103.9	108.2	104.0
甘 肃	Gansu	107.2	114.4	148.1	122.6	114.1	
青 海	Qinghai	103.6			96.1	105.3	104.6
宁 夏	Ningxia				103.3		
新 疆	Xinjiang	106.3	126.6	96.8	101.4	99.7	102.0

2-3-9 续表 2 continued 2

(上年价格＝100)

地 区 Region	石棉及其它非金属矿采选产品 Asbestos and other nonmetalliferous ore selection product	谷物磨制产品 Grain grinding product	饲料加工 Feed processing	植物油加工产品 Vegetable oil processed products	糖制品 Sugar product	屠宰及肉类加工产品 Slaughtering and meats processed products
全 国 National	**104.1**	**109.8**	**105.6**	**117.3**	**125.6**	**112.4**
北 京 Beijing		107.1	105.0	122.3		121.5
天 津 Tianjin		112.0	104.3	122.5		113.4
河 北 Hebei	122.7	104.3	106.4	119.9	119.9	111.1
山 西 Shanxi		107.3	106.5	115.9	116.3	116.2
内 蒙 古 Inner Mongolia	101.6	111.6	106.6	113.3	115.3	113.3
辽 宁 Liaoning	108.4	111.0	104.3	105.3	114.1	110.0
吉 林 Jilin	99.7	104.4	103.5	115.4		110.9
黑 龙 江 Heilongjiang	115.2	110.2	104.8	116.6	106.3	126.3
上 海 Shanghai		111.6	104.1	129.4		118.4
江 苏 Jiangsu		112.7	104.2	116.8	138.4	111.7
浙 江 Zhejiang	112.7	110.8	105.7	120.4		116.8
安 徽 Anhui	106.0	111.2	108.3	117.6		116.0
福 建 Fujian	97.8	116.6	105.9	125.1	135.4	116.1
江 西 Jiangxi	109.0	119.0	105.9	107.3	97.2	114.7
山 东 Shandong	100.3	108.2	103.1	121.0	105.8	111.7
河 南 Henan	100.0	102.6	103.9	115.2	103.7	103.1
湖 北 Hubei		114.9	111.2	112.0		118.0
湖 南 Hunan	108.2	116.9	106.0	112.0	130.3	116.4
广 东 Guangdong		110.4	108.8	113.4	133.5	112.4
广 西 Guangxi	119.1	113.9	108.9	127.1	129.7	128.2
海 南 Hainan		123.0	104.0		138.7	103.1
重 庆 Chongqing	101.6	117.5	102.4	114.6	100.4	117.9
四 川 Sichuan	114.0	118.2	106.8	111.9	132.8	114.3
贵 州 Guizhou	155.6	160.4	102.4	115.6		99.6
云 南 Yunnan		111.4	102.0	111.7	107.1	109.5
西 藏 Tibet		111.9		100.0		128.6
陕 西 Shaanxi	107.6	105.2	103.6	115.6		122.9
甘 肃 Gansu	103.7	107.3	106.7	114.9	140.4	116.5
青 海 Qinghai	93.3	124.9	106.3	119.9		121.6
宁 夏 Ningxia		112.6	105.1	111.2		121.2
新 疆 Xinjiang	100.0	104.7	102.0	116.2	122.9	113.2

2-3-9 续表 3 continued 3

(上年价格=100)

地 区	Region	水产品加工产品 Aquatic product processed products	蔬菜、水果和坚果加工产品 Vegetables, fruit and nut processed products	其他农副食品加工产品 Other agricultural non-staple food product processed products	焙烤食品 Bakery product	糖果、巧克力及蜜饯制品 Candy, chocolate and dry fruit product	方便食品 Convenience food
全 国	**National**	**104.9**	**102.1**	**113.4**	**106.7**	**106.0**	**106.8**
北 京	Beijing	100.0	115.5	107.1	113.6	107.8	112.3
天 津	Tianjin	113.6	88.2	122.8	108.0	101.7	105.9
河 北	Hebei	102.0	108.8	110.0	108.0	110.0	107.9
山 西	Shanxi		107.0	118.6	108.8	136.9	101.6
内蒙古	Inner Mongolia		106.6	101.2	102.9		102.6
辽 宁	Liaoning	108.4	106.0	101.6	106.4	106.0	99.3
吉 林	Jilin	96.5	93.3	127.8	102.5	101.2	106.9
黑龙江	Heilongjiang	100.0	106.4	111.3	104.1	112.5	103.0
上 海	Shanghai	92.8	123.1	104.8	99.9	112.2	108.9
江 苏	Jiangsu	108.2	106.4	115.3	103.6	107.6	105.1
浙 江	Zhejiang	103.6	105.9	113.4	109.8	104.3	112.8
安 徽	Anhui	106.8	112.1	115.9	108.9	105.2	105.3
福 建	Fujian	105.5	106.3	113.9	103.1	105.1	104.7
江 西	Jiangxi	132.5	106.2	103.3	103.0	114.9	111.0
山 东	Shandong	103.0	95.5	111.2	108.7	106.8	106.2
河 南	Henan	105.7	100.0	109.6	112.6	111.8	106.1
湖 北	Hubei	109.4	113.3	119.2	104.7	100.7	109.6
湖 南	Hunan	100.5	106.2	109.9	104.4	102.8	103.0
广 东	Guangdong	106.3	117.8	107.2	105.9	101.0	104.9
广 西	Guangxi	108.3	103.5	119.4	107.2	100.0	115.6
海 南	Hainan	108.1	108.0	115.3	112.0	131.4	99.2
重 庆	Chongqing		102.1	102.6	107.9	103.1	107.1
四 川	Sichuan		119.6	111.5	104.4	109.0	114.2
贵 州	Guizhou	102.3	103.8	104.4	104.9	128.9	105.9
云 南	Yunnan	104.8	102.4	100.7	103.7	126.0	108.6
西 藏	Tibet			100.0	100.5		
陕 西	Shaanxi		100.5	111.2	109.2	103.6	110.0
甘 肃	Gansu		103.3	108.1	103.8	96.4	105.3
青 海	Qinghai		110.1				
宁 夏	Ningxia	102.5	107.4	123.7	104.8	113.0	103.7
新 疆	Xinjiang	100.0	99.8	117.1	99.6	100.3	101.7

2-3-9 续表 4 continued 4

(上年价格=100)

地 区	Region	液体乳及乳制品 Liquid breast and dairy products	罐头 Canned food	调味品、发酵制品 Seasoning, fermented goods	其他食品 Other foods	酒精 Ethyl alcohol	酒 Liquor
全 国	**National**	**107.0**	**106.1**	**101.8**	**107.9**	**112.8**	**104.1**
北 京	Beijing	100.1	100.0	102.8	102.7	116.2	102.4
天 津	Tianjin	104.4	73.1	103.6	103.4		95.8
河 北	Hebei	108.3	110.8	102.2	107.8	108.5	100.7
山 西	Shanxi	105.9	107.2	105.4	102.6	112.3	103.4
内蒙古	Inner Mongolia	110.3	95.3	100.3	116.4	108.4	103.1
辽 宁	Liaoning	107.9	104.5	102.8	104.1	97.9	106.2
吉 林	Jilin	106.1	99.7	99.7	104.5	108.5	104.1
黑龙江	Heilongjiang	109.2	102.0	100.5	99.1	118.3	103.2
上 海	Shanghai	110.3	94.3	101.3	113.1		100.1
江 苏	Jiangsu	118.0	103.6	107.1	108.0	117.2	104.2
浙 江	Zhejiang	109.3	109.8	104.0	102.3		104.8
安 徽	Anhui	108.3	110.3	109.4	101.2	113.5	105.7
福 建	Fujian	102.9	103.8	102.1	105.6		100.5
江 西	Jiangxi	101.1	105.1	112.8	107.8		100.2
山 东	Shandong	97.0	101.8	101.4	112.0	112.7	104.0
河 南	Henan	110.5	111.5	96.5	103.3	114.0	101.7
湖 北	Hubei	101.6	110.0	105.4	105.3		103.1
湖 南	Hunan	103.2	116.1	104.1	104.0	116.0	104.5
广 东	Guangdong	104.1	105.7	103.3	102.6	109.7	107.6
广 西	Guangxi	106.4	124.5	98.8	102.3	114.5	106.6
海 南	Hainan	102.7	114.3	166.8	110.4	116.1	102.2
重 庆	Chongqing	116.4	110.0	100.9	107.5		105.1
四 川	Sichuan	106.7	106.1	102.2	108.8	112.8	105.4
贵 州	Guizhou	100.5	99.1	104.5	100.6	100.0	102.2
云 南	Yunnan	109.9	103.0	100.2	107.1	106.7	102.1
西 藏	Tibet	102.5			100.0		102.8
陕 西	Shaanxi	106.4	101.1	96.2	108.8		106.8
甘 肃	Gansu	104.2	101.6	104.6	107.2	117.2	108.0
青 海	Qinghai	106.8		103.9	100.3		99.6
宁 夏	Ningxia	106.0		100.7	122.1		105.9
新 疆	Xinjiang	105.6	99.7	100.0	97.4	112.0	104.0

2-3-9 续表 5 continued 5

(上年价格＝100)

地 区	Region	软饮料 Soft drinks	精制茶加工 tea refining process	烟叶复烤 tobacco redrying	卷烟制品 cigaret(te) product	其他烟草制品加工产品 other tobacco converted products	棉、化纤纺织及印染精加工产品 cotton and chemical fiber spinning printing and dyeing intensely processed products
全 国	**National**	**102.9**	**107.7**	**100.9**	**100.3**	**99.7**	**113.6**
北 京	Beijing	101.9	100.0		100.0		120.0
天 津	Tianjin	98.8			100.0		124.1
河 北	Hebei	102.9			99.9		121.3
山 西	Shanxi	103.1			100.0		114.5
内 蒙 古	Inner Mongolia	101.0			97.6	139.9	108.5
辽 宁	Liaoning	101.5	103.5	100.0	100.1		110.0
吉 林	Jilin	99.5		107.8	99.7	101.2	121.3
黑 龙 江	Heilongjiang	103.7	100.5	102.6	100.0	90.6	112.7
上 海	Shanghai	103.9	98.4		100.0	110.4	110.0
江 苏	Jiangsu	105.5	97.0		100.0	101.1	115.6
浙 江	Zhejiang	103.1	97.0		100.0		107.1
安 徽	Anhui	95.6	105.9	101.1	100.3	100.0	123.4
福 建	Fujian	102.6	115.7	102.8	98.3		106.7
江 西	Jiangxi	103.4	101.7		100.0		118.9
山 东	Shandong	105.3	107.0	104.8	100.0	99.8	113.5
河 南	Henan	107.0	105.0	103.5	100.0	100.0	122.8
湖 北	Hubei	102.9	113.3	104.8	100.7	100.0	119.6
湖 南	Hunan	99.2	107.6	103.0	103.2	99.3	120.1
广 东	Guangdong	101.0	104.2	103.7	99.7	99.7	111.1
广 西	Guangxi	104.4	105.6	104.0	100.5		119.1
海 南	Hainan	103.9	97.2		99.9	99.9	100.0
重 庆	Chongqing	103.8	100.3	102.3	102.1	97.3	108.9
四 川	Sichuan	106.4	111.3	102.3	100.0	93.3	120.7
贵 州	Guizhou	100.6	126.0	85.1	100.0	103.2	122.2
云 南	Yunnan	104.2	99.4	102.2	100.0	99.7	111.1
西 藏	Tibet	91.1					
陕 西	Shaanxi	99.7	112.6	98.6	98.6	105.1	106.2
甘 肃	Gansu	102.9			100.0		131.5
青 海	Qinghai	98.8					104.0
宁 夏	Ningxia	110.6	100.8	105.9	100.0		105.7
新 疆	Xinjiang	101.2	101.3		100.0		132.7

2-3-9 续表 6 continued 6

(上年价格＝100)

地　区	Region	毛纺织和印染精加工产品 spinning fur printing and dyeing intensely processed products	麻纺织产品 bast fibre manufacturing products	丝绢纺织品及精加工产品 tiffany spinning intensely processed products	纺织制成品 spinning finished products (goods)	针织品、编织品及其制品 knitgoods and knitting products	纺织服装 textile dress
全　国	**National**	**109.9**	**110.3**	**112.6**	**108.0**	**105.7**	**103.6**
北　京	Beijing	140.8			104.8	96.4	101.9
天　津	Tianjin	116.3			102.9	99.9	107.1
河　北	Hebei	105.8			104.6	104.4	102.1
山　西	Shanxi	125.7		116.4	109.6	121.6	106.3
内蒙古	Inner Mongolia	118.8	108.2	99.9	105.2	97.2	103.9
辽　宁	Liaoning	104.6	102.2	104.7	104.0	104.9	103.1
吉　林	Jilin	102.2	103.0		119.1	103.4	101.7
黑龙江	Heilongjiang		109.5		100.8	119.3	103.4
上　海	Shanghai	107.0		116.5	102.9	100.9	102.5
江　苏	Jiangsu	105.4	109.9	110.3	110.6	110.1	102.8
浙　江	Zhejiang	106.3	104.8	112.4	103.3	106.9	103.2
安　徽	Anhui	105.6	117.8	114.5	108.2	110.1	106.8
福　建	Fujian	102.8		113.7	104.3	102.6	100.8
江　西	Jiangxi	126.4	125.2	115.6	119.4	110.9	104.1
山　东	Shandong	111.6	107.3	119.0	111.7	105.9	103.6
河　南	Henan	110.3	119.0	109.8	106.7	118.6	109.4
湖　北	Hubei	112.7	118.6	120.3	117.1	101.5	109.7
湖　南	Hunan		105.1		110.5	105.7	109.6
广　东	Guangdong	113.1		119.2	106.2	101.2	104.3
广　西	Guangxi		113.7	119.4	105.7	110.9	119.2
海　南	Hainan		106.9		106.3	83.7	100.0
重　庆	Chongqing	118.0	113.0	111.8	100.4	103.8	102.0
四　川	Sichuan		109.8	116.1	111.3	111.7	102.3
贵　州	Guizhou	107.8	105.7				104.6
云　南	Yunnan		99.1	106.7	104.2	111.7	105.9
西　藏	Tibet	124.6					106.7
陕　西	Shaanxi	105.4		120.2	104.8	115.2	114.0
甘　肃	Gansu	119.1		109.9	115.2	130.7	106.5
青　海	Qinghai	118.4			103.1	114.4	101.5
宁　夏	Ningxia	126.5			125.3	113.6	103.0
新　疆	Xinjiang	105.1	124.4		103.9	99.0	103.1

2-3-9 续表 7 continued 7

(上年价格＝100)

地　区	Region	鞋 shoe	帽 cap	皮革鞣制加工产品 tanned products	皮革制品 leatherware	毛皮鞣制及制品加工产品 tanned products and processed products	羽毛(绒)加工及制品 feather fabricated product
全　国	**National**	**103.7**	**109.5**	**105.0**	**103.5**	**108.8**	**110.6**
北　京	Beijing	94.2	100.0	99.2	101.1	101.7	
天　津	Tianjin	102.7	100.8	111.4	101.9		102.8
河　北	Hebei	110.9	102.6	109.7	103.8	105.5	105.7
山　西	Shanxi			101.3			
内蒙古	Inner Mongolia		102.9		103.2		107.4
辽　宁	Liaoning	93.5	108.3	92.5	101.3		101.2
吉　林	Jilin			100.2	100.5		99.7
黑龙江	Heilongjiang			104.8	103.5	122.0	100.0
上　海	Shanghai	100.3	100.1	103.7	99.8	96.4	101.3
江　苏	Jiangsu	103.5	114.4	105.5	103.6	110.0	106.2
浙　江	Zhejiang	107.9	107.9	103.2	103.9	103.8	109.4
安　徽	Anhui	102.1	145.4	107.1	101.3	122.5	112.9
福　建	Fujian	105.8	115.0	105.6	101.9		102.0
江　西	Jiangxi	113.7		102.1	104.4	114.0	115.8
山　东	Shandong	105.1	107.0	104.4	103.8	106.4	102.8
河　南	Henan	114.1	100.0	100.3	106.9	113.4	108.6
湖　北	Hubei	106.3	109.8	105.1	109.1	104.8	100.7
湖　南	Hunan	99.3		116.4	103.7		
广　东	Guangdong	102.6	101.9	102.7	104.7	104.3	112.5
广　西	Guangxi			109.6	115.4		123.1
海　南	Hainan				200.4		
重　庆	Chongqing	103.0	98.0	101.5	105.4	100.3	118.0
四　川	Sichuan			94.7	102.5	113.7	123.0
贵　州	Guizhou						
云　南	Yunnan						96.5
西　藏	Tibet			104.6	103.4		
陕　西	Shaanxi		101.1		96.7		
甘　肃	Gansu		111.5	103.1	123.8		
青　海	Qinghai		110.9	98.8	100.0		
宁　夏	Ningxia			100.6		155.3	
新　疆	Xinjiang			137.6	100.0	105.8	103.8

(上年价格＝100)

地 区	Region	锯材、木片加工 sawtimber and hub product	人造板制品 wood based panel manufacturing product	木制品 woodwork	竹、藤、棕、草制品 bamboo rattan palm straw-made articles	木质家俱 ligneous furniture	竹、藤家俱 bamboo and rattan furniture
全 国	**National**	**104.3**	**104.3**	**102.8**	**105.4**	**102.5**	**99.6**
北 京	Beijing	108.5	104.3	101.1		103.6	
天 津	Tianjin	105.0	102.6	100.8		100.3	
河 北	Hebei		100.2	101.5		104.8	
山 西	Shanxi		100.0			125.0	
内 蒙 古	Inner Mongolia	103.1	104.9	100.4		101.7	
辽 宁	Liaoning	103.5	107.5	107.0	103.3	101.4	
吉 林	Jilin	103.9	99.9	103.4	102.8	100.7	
黑 龙 江	Heilongjiang	103.4	109.4	102.8	100.0	101.2	
上 海	Shanghai	104.8	118.6	100.1	109.3	105.3	
江 苏	Jiangsu	94.0	104.8	101.5	110.6	97.2	113.0
浙 江	Zhejiang	100.0	104.0	102.2	104.4	101.5	98.8
安 徽	Anhui	104.9	104.1	103.2	105.1	103.4	99.1
福 建	Fujian	103.1	104.9	99.2	99.8	102.8	106.6
江 西	Jiangxi	102.8	104.3	108.5	108.5	103.4	
山 东	Shandong	101.9	104.0	99.5	111.6	103.4	100.0
河 南	Henan	104.9	106.9	107.0	112.6	102.8	
湖 北	Hubei	103.5	104.4	106.5	100.1	104.5	
湖 南	Hunan	115.3	107.9	109.5	106.1	109.4	105.0
广 东	Guangdong	119.1	99.1	100.3	101.7	102.8	97.2
广 西	Guangxi	110.3	106.5	102.9	103.5	101.7	
海 南	Hainan	103.4	98.2	113.0		113.5	
重 庆	Chongqing	95.4	106.9	105.6		100.9	
四 川	Sichuan	98.8	99.4	106.8	105.3	98.4	100.0
贵 州	Guizhou	100.0	102.9	114.7	101.7	114.4	
云 南	Yunnan	108.3	105.8	108.2			
西 藏	Tibet	101.6				92.6	
陕 西	Shaanxi		103.4	107.3	102.4	98.6	
甘 肃	Gansu			102.4		100.6	
青 海	Qinghai					100.0	
宁 夏	Ningxia			98.9		102.0	
新 疆	Xinjiang	86.1	101.2	100.1		95.7	

(上年价格=100)

地 区	Region	金属家俱 metal furniture	塑料家俱 plastic furniture	其他家俱 other furniture	纸浆 paper pulp	造纸产品	纸制品 paper products
全 国	**National**	**102.2**	**103.0**	**102.4**	**99.5**	**103.6**	**102.4**
北 京	Beijing	101.6	100.3	100.6		103.9	100.5
天 津	Tianjin	95.8		101.7		100.9	101.3
河 北	Hebei	98.9		117.4	94.4	103.1	102.6
山 西	Shanxi	105.6		103.0		109.4	106.5
内蒙古	Inner Mongolia			114.9	118.8	107.3	102.0
辽 宁	Liaoning	101.0		103.2		103.6	103.0
吉 林	Jilin	113.2	100.6	99.7	91.2	101.2	103.4
黑龙江	Heilongjiang	102.7		100.0	100.0	104.9	112.3
上 海	Shanghai	100.6	101.8	106.3		110.1	103.2
江 苏	Jiangsu	105.1		108.8	114.1	106.7	104.9
浙 江	Zhejiang	101.5	107.9	100.7		102.5	102.2
安 徽	Anhui	118.8		102.7	101.0	107.1	103.1
福 建	Fujian	103.5	102.8	98.7	96.3	102.3	103.6
江 西	Jiangxi	113.7		99.6		102.1	107.6
山 东	Shandong	99.7		100.6	108.5	103.0	96.8
河 南	Henan	105.7		109.9	104.5	102.5	104.0
湖 北	Hubei	108.6		105.6		106.7	108.0
湖 南	Hunan	97.7		100.2		103.8	104.6
广 东	Guangdong	101.6	99.5	101.5	97.2	101.5	101.1
广 西	Guangxi			100.0	99.9	104.2	100.9
海 南	Hainan				92.7	108.5	106.6
重 庆	Chongqing		104.0	107.4	103.1	105.6	106.3
四 川	Sichuan	100.0	100.0	101.7	93.5	106.2	112.0
贵 州	Guizhou			121.4	96.4	107.3	100.9
云 南	Yunnan	100.8		100.0	106.8	102.8	100.8
西 藏	Tibet						100.0
陕 西	Shaanxi	97.6		107.7	100.3	100.2	100.2
甘 肃	Gansu				103.2	106.0	115.5
青 海	Qinghai						104.5
宁 夏	Ningxia					107.4	99.8
新 疆	Xinjiang	98.9			125.3	99.6	106.9

2-3-9 续表 10 continued 10

(上年价格＝100)

地 区	Region	印刷产品 printing products	装订及其他印刷服务活动 binding and other printing service acitivities	记录媒介的复制 copy of recording medium	文化用品 cultural goods	体育用品 sporting goods	乐器 musical instrument
全 国	**National**	**102.0**	**99.9**	**99.7**	**103.8**	**102.6**	**102.2**
北 京	Beijing	101.6	100.0	102.3	104.5	97.4	101.8
天 津	Tianjin	100.4			97.5	104.7	96.9
河 北	Hebei	102.5	99.8		96.9	101.3	104.6
山 西	Shanxi	103.1	100.0			103.1	
内蒙古	Inner Mongolia	100.2					95.5
辽 宁	Liaoning	100.3		99.1	105.6	102.6	104.0
吉 林	Jilin	99.9	99.9	99.7	103.9	99.7	99.7
黑龙江	Heilongjiang	100.0	91.4		111.4	103.6	101.0
上 海	Shanghai	101.7		97.3	102.0	117.8	102.6
江 苏	Jiangsu	102.3		103.4	106.4	105.1	102.4
浙 江	Zhejiang	101.5	109.4		101.9	103.2	105.2
安 徽	Anhui	112.3	124.7		110.6	105.8	
福 建	Fujian	100.4	99.5	94.3	102.6	100.1	110.0
江 西	Jiangxi	100.7	110.5	98.0	103.7	100.5	102.7
山 东	Shandong	97.9	100.0	98.4	104.0	98.7	106.2
河 南	Henan	97.3	91.1	110.5	106.9	100.5	100.6
湖 北	Hubei	103.9	100.0	104.3	101.0		102.8
湖 南	Hunan	99.1	99.3	96.2	99.3	105.4	
广 东	Guangdong	105.2	98.6	99.8	105.9	101.2	99.8
广 西	Guangxi	103.1	96.3		103.8	112.1	
海 南	Hainan	125.6	100.0	96.0	105.1		
重 庆	Chongqing	101.1	100.0	100.0	100.0	104.1	
四 川	Sichuan	97.6	100.2				103.7
贵 州	Guizhou	100.0			109.3		
云 南	Yunnan	101.6	103.0		100.0		
西 藏	Tibet	102.6					
陕 西	Shaanxi	99.6	110.2		105.2		
甘 肃	Gansu	107.3					
青 海	Qinghai	101.8					
宁 夏	Ningxia	102.2					
新 疆	Xinjiang	100.8	100.8				

2-3-9 续表 11 continued 11

(上年价格＝100)

地 区	Region	玩具 toy	游艺器材及娱乐用品 fun equipment and amusement article	精炼石油 refined petroleum product	炼焦产品 coke product	基础化学原料 basic chemical raw material	肥料 fertilizer
全 国	**National**	**104.9**	**101.6**	**116.5**	**107.1**	**113.3**	**113.2**
北 京	Beijing	95.4	100.5	118.2		113.0	116.6
天 津	Tianjin	99.8		118.0	98.8	118.0	110.9
河 北	Hebei	103.8	100.8	115.4	111.9	108.3	114.6
山 西	Shanxi			119.3	104.8	115.7	116.8
内蒙古	Inner Mongolia			118.9	109.5	106.4	109.9
辽 宁	Liaoning	99.8	101.7	119.8	107.2	108.9	109.8
吉 林	Jilin			120.8	106.0	103.1	101.9
黑龙江	Heilongjiang			115.5	106.7	109.3	116.4
上 海	Shanghai	102.4	107.3	117.2	103.5	115.7	110.8
江 苏	Jiangsu	110.4	100.0	120.7	114.9	112.4	122.1
浙 江	Zhejiang	102.7	103.8	116.0		111.7	113.3
安 徽	Anhui	105.0	100.9	116.3	112.6	112.7	113.1
福 建	Fujian	100.0		118.1	108.5	112.6	114.9
江 西	Jiangxi	101.1		115.3	107.1	124.3	109.7
山 东	Shandong	103.2	99.9	112.3	103.6	110.5	111.2
河 南	Henan	116.6	101.9	115.1	105.8	120.4	121.0
湖 北	Hubei	107.5		116.9	103.9	106.8	112.1
湖 南	Hunan			114.5	110.1	110.4	114.1
广 东	Guangdong	103.9	100.0	115.6		133.8	110.6
广 西	Guangxi			118.8		127.5	115.9
海 南	Hainan			115.2		130.3	85.5
重 庆	Chongqing	100.0	115.0	117.4	109.0	107.9	110.0
四 川	Sichuan			114.2	113.3	113.6	115.2
贵 州	Guizhou			99.0	112.4	117.2	113.6
云 南	Yunnan			104.5	116.1	104.3	113.8
西 藏	Tibet						111.9
陕 西	Shaanxi		103.5	117.6	107.7	128.0	118.8
甘 肃	Gansu			117.3	104.3	132.6	112.7
青 海	Qinghai			118.0	97.9	120.3	108.5
宁 夏	Ningxia			113.9	100.9	120.0	115.0
新 疆	Xinjiang			114.8	96.1	107.3	115.9

2-3-9 续表 12 continued 12

(上年价格=100)

地 区	Region	农药 agricultural chemical	涂料、油墨、颜料及类似产品 dope\ printing ink \paint and like product	合成材料 synthetic materials	专用化学产品 special chemical products	日用化学产品 daily chemical products	化学药品原药 chemical medicine
全 国	**National**	**101.4**	**105.2**	**112.1**	**106.8**	**104.7**	**102.0**
北 京	Beijing	98.8	104.6	112.9	102.0	100.0	97.9
天 津	Tianjin	105.2	101.0	111.5	110.1	100.3	101.9
河 北	Hebei	95.6	102.8	111.1	99.6	106.5	99.3
山 西	Shanxi	100.1	101.8	104.3	104.4	116.6	99.5
内蒙古	Inner Mongolia	94.7	99.6	105.9	108.7	100.1	99.4
辽 宁	Liaoning	101.3	105.7	113.5	103.6	106.0	97.5
吉 林	Jilin	99.5	104.1	109.2	103.4	99.7	97.4
黑龙江	Heilongjiang	97.9	103.3	106.3	110.5	123.6	90.5
上 海	Shanghai	89.6	103.1	115.1	108.9	105.1	108.3
江 苏	Jiangsu	99.1	104.9	108.8	109.5	102.4	102.1
浙 江	Zhejiang	100.8	105.6	107.1	105.7	103.5	100.2
安 徽	Anhui	103.4	104.2	109.5	103.6	110.7	108.3
福 建	Fujian	97.7	106.3	120.0	109.2	103.9	94.1
江 西	Jiangxi	108.3	107.1	109.4	106.4	100.4	100.8
山 东	Shandong	101.9	108.0	118.0	108.0	105.6	103.2
河 南	Henan	102.9	112.6	115.6	105.9	105.5	108.1
湖 北	Hubei	110.7	105.6	112.1	106.3	108.8	108.4
湖 南	Hunan	113.2	103.9	122.4	101.4	99.7	104.6
广 东	Guangdong	100.7	104.7	112.9	103.4	104.6	96.1
广 西	Guangxi	105.5	118.6	112.5	118.3	109.1	84.3
海 南	Hainan	100.3	111.5	124.0	104.0	103.1	107.8
重 庆	Chongqing	103.7	104.6	107.4	93.5	104.5	107.4
四 川	Sichuan	103.0	107.6	119.6	101.1	114.0	100.0
贵 州	Guizhou	100.0	100.1	102.3	107.4	106.2	
云 南	Yunnan	113.2	102.7	103.0	106.8	100.2	107.0
西 藏	Tibet				100.6	101.0	
陕 西	Shaanxi	92.6	104.0	93.0	110.0	105.6	113.4
甘 肃	Gansu		105.2	120.9	102.8		110.8
青 海	Qinghai		106.1	108.4	103.3		98.4
宁 夏	Ningxia	109.0	109.0	98.2	108.2	102.9	109.9
新 疆	Xinjiang	102.5	113.7	122.7	99.7	103.9	101.5

2-3-9 续表 13 continued 13

(上年价格＝100)

地 区	Region	化学药品制剂 chemical medicine preparation	中药饮片 prepared slices of Chinese crude drugs	中成药 Chinese patent drug	动物药品 animal drug	生物制品 biological product	卫生材料及医药用品 sanitarian material and Medical supplies
全 国	**National**	**99.9**	**108.2**	**103.0**	**101.3**	**104.0**	**110.8**
北 京	Beijing	86.0	100.0	101.7	98.6	98.4	129.2
天 津	Tianjin	102.6	100.4	102.0		100.0	
河 北	Hebei	99.1	127.9	101.2	100.2	94.5	111.5
山 西	Shanxi	103.1	101.3	107.2	100.1	101.2	95.2
内蒙古	Inner Mongolia	103.2	104.6	101.8	100.0	102.4	101.9
辽 宁	Liaoning	100.7	102.6	101.3	98.9	102.3	101.2
吉 林	Jilin	99.4	106.1	100.8	99.7	99.5	104.1
黑龙江	Heilongjiang	97.1	109.0	101.9	100.0	100.2	84.3
上 海	Shanghai	101.3	114.9	100.9	99.7	102.6	101.9
江 苏	Jiangsu	100.1	100.6	108.0	99.6	118.9	107.5
浙 江	Zhejiang	101.7	99.6	100.3	99.2	101.9	101.5
安 徽	Anhui	105.4	108.1	102.7	100.8	95.2	104.7
福 建	Fujian	103.8		106.3	102.3	102.3	104.9
江 西	Jiangxi	103.7	115.1	102.0	104.0	100.9	97.3
山 东	Shandong	97.6	108.8	103.4	101.8	98.8	116.7
河 南	Henan	109.5	99.8	105.5	101.6	108.8	124.4
湖 北	Hubei	111.0	90.3	105.3	99.4	100.9	106.0
湖 南	Hunan	98.0	115.4	102.6	99.3	97.8	100.6
广 东	Guangdong	95.9	106.8	105.7	98.8	103.3	
广 西	Guangxi	103.8		102.7	101.1	104.6	118.0
海 南	Hainan	100.0	121.2	99.1		100.1	100.0
重 庆	Chongqing	104.9	113.6	104.3	100.8	101.2	100.7
四 川	Sichuan	102.2	118.8	103.9	106.8	112.8	100.0
贵 州	Guizhou	100.6	118.0	101.7		108.7	
云 南	Yunnan	99.6	105.9	102.1	101.1	105.9	100.0
西 藏	Tibet	106.9		103.8			
陕 西	Shaanxi	98.4	104.3	107.5	100.5	94.6	115.8
甘 肃	Gansu	100.5	91.0	97.6		111.1	103.1
青 海	Qinghai	100.0	110.3	99.8			111.9
宁 夏	Ningxia	95.7	151.4	100.7	100.7		
新 疆	Xinjiang	101.4	106.0	104.6		105.7	

(上年价格＝100)

地 区	Region	纤维素纤维原料及纤维制品 cellulose base fibre raw material and cellulon	合成纤维制品 synthetic fibre product	轮胎制品 tyre (tire) product	橡胶板、管、带制品 rubber sheet,pipe and alternate product	橡胶零件 rubber parts	再生橡胶制品 reclaimed rubber product
全 国	**National**	**105.5**	**113.1**	**114.1**	**105.9**	**102.8**	**108.3**
北 京	Beijing		97.5	118.6	97.3	99.6	101.3
天 津	Tianjin		127.9	113.0	100.3	97.8	
河 北	Hebei	103.9	112.3	114.2	105.0	104.7	107.3
山 西	Shanxi		130.0	124.0	103.7	106.8	116.7
内 蒙 古	Inner Mongolia			100.3			
辽 宁	Liaoning	100.4	111.2	115.3	100.6	101.6	96.6
吉 林	Jilin	101.9	113.5		100.2	99.4	
黑 龙 江	Heilongjiang		107.4	115.2	111.9	95.8	
上 海	Shanghai	106.0	113.9	113.3	100.8	103.6	98.5
江 苏	Jiangsu	108.3	111.5	116.2	105.9	105.0	112.0
浙 江	Zhejiang	102.1	112.8	109.1	109.2	104.0	109.0
安 徽	Anhui	97.7	104.4	116.2	106.4	107.1	104.5
福 建	Fujian		113.7	114.6	106.9	100.2	118.2
江 西	Jiangxi	114.7	124.1	112.8	83.5	111.1	109.1
山 东	Shandong	99.5	109.1	114.3	104.5	98.6	106.0
河 南	Henan	107.3	108.7	117.8	108.1	100.3	
湖 北	Hubei	103.0	128.6	139.1	112.6	103.7	107.6
湖 南	Hunan	127.8	119.5		111.4	103.0	100.0
广 东	Guangdong	105.3	128.7	114.7	109.7	101.0	102.0
广 西	Guangxi			105.0	113.1	101.7	
海 南	Hainan		105.6				
重 庆	Chongqing		98.5	108.6	104.5	100.7	
四 川	Sichuan	122.4	130.9	103.9	107.2	97.5	104.1
贵 州	Guizhou			113.5	115.3	105.8	
云 南	Yunnan	104.6		100.0	110.8		104.1
西 藏	Tibet						
陕 西	Shaanxi	104.9			118.7	99.5	108.8
甘 肃	Gansu				121.4		
青 海	Qinghai						109.3
宁 夏	Ningxia			117.8	117.4		
新 疆	Xinjiang	96.3	114.5	123.0	100.5	101.3	105.7

2-3-9 续表 15 continued 15

(上年价格=100)

地　区	Region	日用及医用橡胶制品 household and medical rubber product	橡胶靴鞋制品 gumboot and shoes	其他橡胶制品 other rubber product	塑料薄膜制品 plastic membrane product	塑料板、管、型材的制品 plastic board, pipe and proximate matter product	塑料丝、绳及编织品 plastic thread and rope and knitting product
全　国	**National**	**110.4**	**107.1**	**102.5**	**106.1**	**104.9**	**104.2**
北　京	Beijing	130.9	102.0	108.1	101.1	104.3	104.1
天　津	Tianjin	124.9	157.1	104.1	102.0	107.0	105.7
河　北	Hebei	105.5	111.7	101.5	104.0	99.5	100.8
山　西	Shanxi	111.3			106.9	100.2	103.1
内蒙古	Inner Mongolia			100.0	103.2	105.1	96.4
辽　宁	Liaoning	106.9	103.8	98.4	100.7	102.2	103.6
吉　林	Jilin	99.7		100.0	100.7	100.4	104.5
黑龙江	Heilongjiang			100.0	109.9	102.1	101.8
上　海	Shanghai	109.1	112.2	102.1	109.5	109.2	100.6
江　苏	Jiangsu	103.9	114.3	98.7	99.5	102.4	105.8
浙　江	Zhejiang	108.6	102.1	108.7	113.5	105.2	106.4
安　徽	Anhui	110.6	117.6	103.9	115.0	107.0	103.1
福　建	Fujian	100.6	101.0	102.3	107.0	106.1	105.1
江　西	Jiangxi	115.9	100.0	102.7	111.9	105.2	105.9
山　东	Shandong	120.0	107.4	101.7	100.8	100.6	107.4
河　南	Henan	102.1	111.3	103.1	104.2	105.9	98.8
湖　北	Hubei	119.6	116.3	101.1	104.4	104.5	103.1
湖　南	Hunan	99.3	118.6	106.8	103.6	102.6	99.9
广　东	Guangdong	107.0	108.9	101.3	103.8	110.3	103.3
广　西	Guangxi	131.9			103.4	103.2	102.4
海　南	Hainan			139.1	96.2	91.7	114.0
重　庆	Chongqing	100.0	113.2	100.8	102.8	106.2	106.5
四　川	Sichuan	96.0	99.8	113.0	110.2	105.5	106.6
贵　州	Guizhou		119.0	103.4	100.4	113.2	96.8
云　南	Yunnan	106.6	106.2		104.7	107.6	102.1
西　藏	Tibet						
陕　西	Shaanxi			114.1	103.4	101.4	97.0
甘　肃	Gansu				99.7	103.8	108.1
青　海	Qinghai					116.1	
宁　夏	Ningxia				97.6	105.9	103.5
新　疆	Xinjiang			107.2	100.8	100.5	105.1

2-3-9 续表 16 continued 16

(上年价格＝100)

地 区	Region	泡沫塑料制品 foam plastic product	塑料人造革、合成革制品 plastic leatheroid and synthetic leather product	塑料包装箱及容器制品 plastic packing chest and product as container	塑料零件 plastic part	日用塑料制品 household plastic product	其他塑料制品 other plastic product
全 国	**National**	**103.7**	**104.5**	**104.8**	**101.2**	**105.0**	**105.5**
北 京	Beijing	103.0	106.0	102.7	100.9	103.9	104.7
天 津	Tianjin	111.7	100.8	110.2	100.5	100.1	100.0
河 北	Hebei	96.4	104.6	105.2	99.7	104.5	100.0
山 西	Shanxi	104.6		102.8			
内 蒙 古	Inner Mongolia	100.0		97.6		99.3	
辽 宁	Liaoning	105.6	105.7	101.5	100.8	106.3	104.5
吉 林	Jilin	107.6	101.7	96.6	99.7	99.7	99.7
黑 龙 江	Heilongjiang	95.1	100.0	100.0	98.7	100.0	98.0
上 海	Shanghai	102.3	102.6	104.9	100.2	104.5	103.8
江 苏	Jiangsu	117.5	107.1	108.7	98.6	101.1	109.0
浙 江	Zhejiang	102.0	104.4	103.4	105.7	104.7	106.0
安 徽	Anhui	103.0	109.0	108.6	101.0	105.2	102.9
福 建	Fujian	102.2	102.3	101.5	102.0	102.9	100.0
江 西	Jiangxi	110.6		101.8		114.5	100.1
山 东	Shandong	96.0	103.4	111.5	100.2	102.6	105.0
河 南	Henan	96.1	113.4	98.7			98.9
湖 北	Hubei	99.2	105.2	103.2	99.9	109.8	113.9
湖 南	Hunan	110.5		100.0	99.3	105.1	
广 东	Guangdong	104.8	101.9	102.3	101.2	107.0	106.8
广 西	Guangxi			105.8		106.2	
海 南	Hainan	102.4		104.5	106.8		
重 庆	Chongqing	106.0	115.4	102.5	101.0	118.1	102.1
四 川	Sichuan	117.5		109.5	93.5		105.6
贵 州	Guizhou	106.0		99.8	101.8	104.7	95.0
云 南	Yunnan	108.3		101.9		100.9	91.5
西 藏	Tibet						
陕 西	Shaanxi			103.3	94.9	106.3	94.4
甘 肃	Gansu			121.8			103.7
青 海	Qinghai						
宁 夏	Ningxia	112.5		96.7			
新 疆	Xinjiang	104.6		105.2		103.9	99.2

(上年价格=100)

地区	Region	水泥、石灰和石膏制品 cement ,lime and plastering	水泥及石膏制品 cement products and plastering	砖瓦、石材及其他建筑材料 tile, building stone and other tignum	玻璃及玻璃制品 glass and glassware	陶瓷制品 ceramic article	耐火材料制品 corhart product
全国	**National**	**115.6**	**107.7**	**103.6**	**101.3**	**102.6**	**103.9**
北京	Beijing	117.7	113.0	108.0	100.4	99.8	103.8
天津	Tianjin	111.9	100.1	104.6	99.1	120.0	123.4
河北	Hebei	106.2	102.8	104.0	98.1	104.0	105.0
山西	Shanxi	101.4	102.6	105.5	98.0	103.7	99.6
内蒙古	Inner Mongolia	104.9	101.4	111.7	98.8	100.0	104.0
辽宁	Liaoning	109.2	107.1	100.5	101.8	101.0	104.1
吉林	Jilin	112.1	102.9	100.6	100.1		100.2
黑龙江	Heilongjiang	116.6	107.1	108.3	102.6	101.5	101.6
上海	Shanghai	131.6	117.8	118.2	93.4	100.2	99.9
江苏	Jiangsu	127.1	109.8	104.3	102.7	93.9	116.8
浙江	Zhejiang	125.6	109.4	101.5	99.8	99.5	103.7
安徽	Anhui	130.3	111.3	107.7	101.0	113.8	102.7
福建	Fujian	129.7	109.9	100.4	94.3	99.9	107.0
江西	Jiangxi	132.3	117.2	101.1	104.2	103.0	105.7
山东	Shandong	119.9	106.5	104.1	102.6	103.6	104.7
河南	Henan	116.5	107.1	101.2	100.0	101.4	101.6
湖北	Hubei	121.8	110.7	108.8	102.0	103.6	103.1
湖南	Hunan	119.2	102.9	106.1	105.4	103.9	103.5
广东	Guangdong	109.9	103.5	106.1	98.9	103.2	104.7
广西	Guangxi	116.5	111.1	101.1	91.4	105.5	105.3
海南	Hainan	116.5	104.6	112.7			
重庆	Chongqing	106.3	111.3	108.8	100.7	101.1	94.2
四川	Sichuan	99.6	104.8	102.3	108.5	98.5	101.8
贵州	Guizhou	97.9	92.1	113.3	106.9	97.1	153.1
云南	Yunnan	99.7	101.7	102.3	96.9	107.4	91.0
西藏	Tibet	99.8	101.5	112.3			
陕西	Shaanxi	99.3	99.2	101.4	103.7	105.9	108.6
甘肃	Gansu	97.9	105.6	104.5	98.4		
青海	Qinghai	101.2	104.0	112.2	107.4	100.0	104.0
宁夏	Ningxia	95.9	101.0	107.0	102.2		123.5
新疆	Xinjiang	110.1	109.1	102.8	108.4		101.2

(上年价格＝100)

地区	Region	石墨及其他非金属矿物制品 graphite and non-metallic minerals product	炼铁产品 puddling product	炼钢产品 steel-making product	钢压延加工产品 steel rolling converted products	铁合金冶炼产品 ferroalloy smelting products	常用有色金属冶炼产品 staple non-ferrous metal metallurgy products
全国	**National**	**106.6**	**113.1**	**109.4**	**110.0**	**105.1**	**109.3**
北京	Beijing	97.6	115.7		113.6		122.5
天津	Tianjin	99.7	111.8	109.5	108.7		114.1
河北	Hebei	103.8	111.2	112.8	109.4	103.9	112.6
山西	Shanxi	107.2	111.8	112.0	106.1	109.2	107.2
内蒙古	Inner Mongolia	108.4	114.7	103.9	105.9	102.4	110.0
辽宁	Liaoning	106.7	112.4	107.6	111.0	103.8	105.4
吉林	Jilin	102.4	118.9		113.2	105.6	108.2
黑龙江	Heilongjiang	100.7	113.7	121.6	113.6		98.2
上海	Shanghai	100.0	135.9	115.6	110.2	103.5	117.5
江苏	Jiangsu	107.7	116.6	111.1	112.0	115.1	108.9
浙江	Zhejiang	103.7	108.1	108.6	108.7	103.4	107.9
安徽	Anhui	114.2	106.9	123.1	111.3	107.6	123.4
福建	Fujian	105.4	114.8	111.3	109.9	106.0	99.6
江西	Jiangxi	101.1	210.9	115.8	110.3	91.2	115.0
山东	Shandong	108.8	111.2	105.1	108.3	112.9	103.5
河南	Henan	108.0	110.8	104.9	104.4	103.2	106.7
湖北	Hubei	103.2	108.0	104.9	109.3	106.6	111.3
湖南	Hunan	104.3	107.3	120.3	113.4	109.4	111.4
广东	Guangdong	101.3	117.0	111.8	114.0	115.2	109.6
广西	Guangxi	112.5	98.8	79.6	113.8	102.3	111.8
海南	Hainan				128.6		91.9
重庆	Chongqing	99.4	108.4	108.7	105.5	101.4	102.5
四川	Sichuan	107.3	118.2	116.9	110.8	104.9	109.4
贵州	Guizhou	113.5	112.6		108.6	103.3	106.3
云南	Yunnan	102.0	117.9	107.1	107.8	103.3	107.5
西藏	Tibet						
陕西	Shaanxi	108.3	101.3	103.8	107.4	104.3	108.0
甘肃	Gansu	104.7	111.4	100.9	109.4	99.1	103.7
青海	Qinghai	111.2			117.2	107.1	102.1
宁夏	Ningxia	105.8	112.6		111.9	109.7	106.2
新疆	Xinjiang	102.5	113.8	97.6	114.9	106.2	108.0

(上年价格＝100)

地 区	Region	贵金属冶炼产品 noble metal smelting products	稀有稀土金属冶炼 rare tombar thite metallurgy	有色金属合金制品 non-ferrous alloy products	有色金属压延加工产品 nonferrous metal rolling converted products	结构性金属制品 structural metalwork	金属工具制品 metal tool product
全 国	**National**	**132.1**	**159.3**	**113.0**	**109.6**	**104.0**	**104.9**
北 京	Beijing	113.4	786.9	289.4	135.9	104.0	102.6
天 津	Tianjin	164.2	161.8	118.9	108.6	108.1	106.3
河 北	Hebei	121.9	104.9	108.7	103.2	103.1	101.8
山 西	Shanxi	126.4	156.5	193.7	112.5	99.9	96.2
内 蒙 古	Inner Mongolia	132.0	153.6	122.1	100.4	104.9	
辽 宁	Liaoning	108.4	117.3	102.9	107.7	103.5	105.4
吉 林	Jilin	125.7	97.0	100.5	121.4	99.0	103.2
黑 龙 江	Heilongjiang	123.1		139.7	103.8	105.3	106.3
上 海	Shanghai	173.2		116.1	110.1	99.9	99.8
江 苏	Jiangsu	116.9	120.5	106.5	112.5	105.0	110.2
浙 江	Zhejiang	128.2		114.3	108.1	103.1	106.4
安 徽	Anhui	142.0	99.1	108.0	109.6	107.0	98.2
福 建	Fujian	125.9	161.1	124.3	106.7	102.9	95.0
江 西	Jiangxi	148.1	235.9	113.4	113.4	110.3	100.0
山 东	Shandong	118.2	132.4	116.7	107.0	106.4	105.1
河 南	Henan	127.7	96.0	99.8	108.2	106.6	103.1
湖 北	Hubei	154.4	96.4	103.1	122.4	100.4	101.7
湖 南	Hunan	150.3	161.2	125.6	113.0	112.1	100.4
广 东	Guangdong	125.0	169.9	103.0	108.5	99.2	104.0
广 西	Guangxi	149.5		135.6	103.5	98.6	94.7
海 南	Hainan	109.2				108.5	
重 庆	Chongqing			105.3	105.6	106.5	106.2
四 川	Sichuan	114.7	108.6	106.9	116.3	102.6	105.0
贵 州	Guizhou	124.7		104.9	104.8	104.6	99.7
云 南	Yunnan	125.7	111.7	113.3	106.9	99.5	100.3
西 藏	Tibet						
陕 西	Shaanxi	130.7	118.4	95.7	117.3	100.4	102.4
甘 肃	Gansu	122.2	348.9	116.2	116.9	105.6	102.4
青 海	Qinghai	119.1		110.4	101.3	95.9	102.4
宁 夏	Ningxia	165.6	174.6	110.5	133.0	109.9	101.4
新 疆	Xinjiang	117.1		124.0	102.1	103.9	100.0

2-3-9 续表 20 continued 20

(上年价格=100)

地 区 Region	集装箱及金属包装容器制品 container and metal packaging container product	金属丝绳及其制品 wiry ropr and its product	建筑、安全用金属制品 structural and safety metalwork	金属表面处理及热处理加工 metal finishing and heat treatment	搪瓷制品 enamelware	不锈钢及类似日用金属制品 stainless steel and similar household metalwork
全 国 National	**103.9**	**106.4**	**103.1**	**101.7**	**102.9**	**102.8**
北 京 Beijing	103.0	112.5	101.9	102.1		99.8
天 津 Tianjin	102.3	111.0	100.6	99.4	102.4	120.5
河 北 Hebei	104.0	107.5	108.2	96.0	100.0	102.9
山 西 Shanxi	101.0	112.0	105.7			
内蒙古 Inner Mongolia	123.0	100.7	108.2			
辽 宁 Liaoning	103.0	107.3	102.2	103.1	109.6	100.7
吉 林 Jilin	102.0	109.5	99.7			99.7
黑龙江 Heilongjiang	104.9	115.2	104.8	104.5	100.0	
上 海 Shanghai	104.0	102.4	100.4	99.2	103.9	105.6
江 苏 Jiangsu	103.8	103.8	99.8	99.4	104.7	109.5
浙 江 Zhejiang	101.6	105.1	102.3	100.5	100.7	99.9
安 徽 Anhui	100.6	110.4	105.0	102.8	100.0	100.2
福 建 Fujian	100.4	114.4	98.4	95.6		102.7
江 西 Jiangxi	103.9	111.6	101.5		105.8	
山 东 Shandong	103.9	105.6	102.2	101.2	98.3	108.7
河 南 Henan	103.2	108.5	102.1		100.2	105.4
湖 北 Hubei	105.9	105.9	101.1	105.3	99.1	101.1
湖 南 Hunan	99.9	107.8	98.1			104.6
广 东 Guangdong	107.2	111.3	104.0	107.1	105.8	101.5
广 西 Guangxi	95.1	101.8	100.6			117.0
海 南 Hainan	86.7			100.9		
重 庆 Chongqing	102.5	104.5	108.9	106.2	109.2	101.8
四 川 Sichuan	108.3	111.9	103.1	99.0		100.0
贵 州 Guizhou		105.1	104.3			100.2
云 南 Yunnan	93.7	107.2	103.5			
西 藏 Tibet						
陕 西 Shaanxi	97.1	102.2	98.5		105.6	105.4
甘 肃 Gansu	100.3	102.3	105.4			
青 海 Qinghai		113.4				
宁 夏 Ningxia	105.5	105.6	99.2	100.0		
新 疆 Xinjiang	100.0	127.6	107.8	97.2		102.8

(上年价格＝100)

地 区	Region	其他金属制品 other metalwork	锅炉及原动机 boiler and PMVR	金属加工机械 metal-working machinery	起重运输设备 materials handling equipment	泵、阀门、压缩机及类似机械 pump ,valve	轴承、齿轮、传动和驱动部件 Bearings, gears, driving and driven components
全 国	**National**	**107.0**	**101.5**	**104.2**	**100.7**	**102.6**	**103.3**
北 京	Beijing	127.3	100.0	102.2	100.2	100.3	95.7
天 津	Tianjin	107.6	100.1	114.4	100.7	102.4	91.4
河 北	Hebei	108.3	96.5	105.5	99.1	102.2	103.1
山 西	Shanxi	105.7	107.6	96.5	106.8	105.9	94.3
内蒙古	Inner Mongolia		105.1	103.2	103.2	97.1	101.0
辽 宁	Liaoning	103.9	99.8	103.0	95.0	102.8	99.5
吉 林	Jilin	99.1	102.4	99.7	99.7	100.0	104.5
黑龙江	Heilongjiang	100.0	102.0	103.9	103.9	99.9	103.1
上 海	Shanghai	110.1	97.3	105.0	99.9	100.7	91.7
江 苏	Jiangsu	105.7	102.3	104.1	102.8	103.6	109.0
浙 江	Zhejiang	110.8	101.2	102.7	101.7	103.5	101.6
安 徽	Anhui	106.9	101.3	98.5	100.6	100.6	107.2
福 建	Fujian	103.2	101.7	99.9	97.7	99.3	103.3
江 西	Jiangxi	125.4	104.4	109.3	104.9	100.1	103.3
山 东	Shandong	103.2	102.8	109.1	102.0	103.0	105.2
河 南	Henan	109.0	98.6	107.6	97.9	102.2	107.1
湖 北	Hubei	103.1	101.5	101.1	100.6	104.0	103.5
湖 南	Hunan	104.4	100.5	102.9	100.7	101.8	101.4
广 东	Guangdong	105.0	107.9	99.9	100.0	104.6	104.7
广 西	Guangxi	103.6	103.2	105.6	97.6	98.2	108.9
海 南	Hainan					105.7	100.0
重 庆	Chongqing	100.7	101.7	101.8	102.1	104.2	104.4
四 川	Sichuan	118.8	104.5	103.8	104.1	101.4	101.3
贵 州	Guizhou	97.8		97.4	100.7	111.0	99.8
云 南	Yunnan	105.7	98.5	106.3	106.9	95.6	98.6
西 藏	Tibet						
陕 西	Shaanxi	109.6	99.3	103.2	98.0	97.3	100.4
甘 肃	Gansu	118.3	99.9	115.0	100.1	103.3	100.1
青 海	Qinghai			101.9			103.0
宁 夏	Ningxia	115.1	101.3	103.1	106.3	102.8	101.7
新 疆	Xinjiang	113.1	101.2		102.0	100.0	100.0

(上年价格=100)

地　区 Region	电炉、烘炉、熔炉 Electric oven, and furnace	风机、衡器、包装设备等通用设备 universal equipment as air blower,weighter, packaging unit	通用零部件及机械修理 universal components and mechanical repair	金属铸、锻加工产品 Metal casting, forging products	矿山、冶金、建筑专用设备 special equipment for mining, metallurgy and construction	化工、木材、非金属加工专用设备 special equipment for Chemical,lumber and nonmetal processing
全　国 National	**103.7**	**102.2**	**101.9**	**104.2**	**101.5**	**102.1**
北　京 Beijing	99.4	95.9	102.1	106.6	100.5	101.8
天　津 Tianjin	106.9	102.1	107.6	108.5	98.8	105.8
河　北 Hebei	110.4	100.6	102.3	105.0	100.9	101.4
山　西 Shanxi	99.1	104.4	103.4	106.0	99.9	104.8
内蒙古 Inner Mongolia		100.9	100.0	100.9	99.6	100.0
辽　宁 Liaoning	99.2	104.6	101.3	106.9	105.5	100.6
吉　林 Jilin	99.7	103.5	100.1	104.7	100.1	101.3
黑龙江 Heilongjiang	100.0	97.2	93.2	90.5	103.4	91.9
上　海 Shanghai	100.0	95.6	101.2	99.4	99.5	101.2
江　苏 Jiangsu	111.6	102.5	104.2	106.0	100.3	102.4
浙　江 Zhejiang	97.3	101.8	101.6	105.3	100.5	101.1
安　徽 Anhui	99.6	101.5	102.2	110.5	101.0	120.7
福　建 Fujian		99.3	100.3	105.5	100.4	99.0
江　西 Jiangxi	99.5	98.9	104.2	103.5	101.4	109.0
山　东 Shandong	103.8	103.0	101.7	101.7	103.1	105.9
河　南 Henan		101.0	103.0	103.3	100.2	103.9
湖　北 Hubei	100.0	101.1	99.3	104.9	101.9	95.8
湖　南 Hunan	98.8	107.9	101.8	113.5	100.8	97.0
广　东 Guangdong	99.7	101.8	98.7	100.4	105.6	100.6
广　西 Guangxi		79.0	98.2	102.5	100.0	98.5
海　南 Hainan		98.5				
重　庆 Chongqing	100.4	104.2	101.4	103.7	100.1	103.9
四　川 Sichuan		112.3	103.9	103.0	104.4	105.2
贵　州 Guizhou		107.8	99.0	100.0	103.9	90.0
云　南 Yunnan		100.7	101.2	103.9	101.2	103.9
西　藏 Tibet						
陕　西 Shaanxi	101.3	101.8	99.0	100.3	100.7	103.6
甘　肃 Gansu		101.1	106.4	103.9	76.0	100.0
青　海 Qinghai			100.8		123.0	
宁　夏 Ningxia		100.0	101.0	106.5	104.8	100.3
新　疆 Xinjiang		99.8	99.4	100.3	104.1	

2-3-9 续表 23 continued 23

(上年价格=100)

地 区 Region	食品、饮料、烟草及饲料生产专用设备 special equipment for food, drink, tobacco and feed production	印刷、制药、日化生产专用设备 special equipment for Printing, pharmacy and daily use chemicals production	纺织、服装、皮革工业专用设备 special equipment for textile, clothing and leather industry	电子和电工机械专用设备 special equipment for electronic and electrician machine	农、林、牧、渔专用机械 special machine for agriculture, forestry, animal husbandry, fisheries	医疗仪器设备及器械 Medical instrumentation and apparatus
全 国 National	**103.5**	**101.8**	**102.6**	**100.8**	**99.8**	**102.2**
北 京 Beijing	100.7	102.8	105.3	98.4	98.9	101.3
天 津 Tianjin	122.8	101.8	99.9		95.8	98.5
河 北 Hebei	99.6	101.0	101.4	95.8	97.8	101.5
山 西 Shanxi			95.7	107.9	102.6	111.2
内 蒙 古 Inner Mongolia	101.4				99.1	100.0
辽 宁 Liaoning	103.8	116.2	99.0	102.2	100.6	95.1
吉 林 Jilin	99.7	99.7		99.9	102.3	99.9
黑 龙 江 Heilongjiang	90.8	114.2		100.1	101.2	105.5
上 海 Shanghai	100.2	105.5	102.7	99.0	101.3	109.6
江 苏 Jiangsu	105.4	103.3	102.9	100.0	104.2	102.5
浙 江 Zhejiang	101.2	97.7	103.4	102.0	101.3	101.5
安 徽 Anhui	103.7	90.4	104.0	101.7	105.2	102.7
福 建 Fujian	99.9	101.2	99.0	102.7	102.2	112.9
江 西 Jiangxi	102.8	100.5	122.2		100.3	102.8
山 东 Shandong	104.5	99.3	99.9	96.2	97.2	101.7
河 南 Henan	104.1	96.6	103.2	101.9	101.7	112.1
湖 北 Hubei	104.6	101.5	105.5	100.4	100.4	103.0
湖 南 Hunan	101.4	99.3	100.8		102.4	109.6
广 东 Guangdong	104.6	103.4	106.5	106.6	101.3	97.8
广 西 Guangxi	101.7				101.9	100.7
海 南 Hainan					104.9	
重 庆 Chongqing	105.1		104.1	102.0	99.2	101.1
四 川 Sichuan	104.7	102.4		102.2	99.5	100.0
贵 州 Guizhou	100.0				107.0	
云 南 Yunnan	100.4	100.0		107.2	105.4	
西 藏 Tibet						
陕 西 Shaanxi	97.7	99.2	100.9	99.6	99.6	107.5
甘 肃 Gansu	100.0	100.0	108.7	100.0	100.5	103.7
青 海 Qinghai					110.8	
宁 夏 Ningxia				104.7	100.7	
新 疆 Xinjiang					102.7	

2-3-9 续表 24 continued 24

(上年价格＝100)

地 区	Region	环保、社会公共安全及其他专用设备 special equipment for environmental protection, social public security and others	铁路运输设备 rail transport facilities	汽车制造 car-manufacturing	摩托车 motorcycle	自行车 bicycle	船舶及浮动装置 boats and floating unit
全 国	**National**	**100.7**	**101.4**	**99.9**	**102.7**	**105.6**	**101.0**
北 京	Beijing	96.3	100.9	98.9		92.6	100.0
天 津	Tianjin	101.4	100.3	96.9	99.2	105.3	100.1
河 北	Hebei	101.6	98.3	101.1	101.6	101.0	113.6
山 西	Shanxi	95.0	100.4	100.9			
内蒙古	Inner Mongolia		104.4	104.0			
辽 宁	Liaoning	100.5	103.9	101.2	89.7	109.7	102.3
吉 林	Jilin	100.4	99.6	100.2	104.3		
黑龙江	Heilongjiang	98.9	99.1	98.6			100.0
上 海	Shanghai	92.6	100.3	98.1	103.0	108.8	99.3
江 苏	Jiangsu	103.8	102.6	99.6	100.9	109.1	101.7
浙 江	Zhejiang	98.3	102.3	101.6	102.3	104.4	98.6
安 徽	Anhui	102.9	97.1	101.8	101.1	108.8	102.6
福 建	Fujian	97.7	121.6	101.0	101.0	102.8	102.8
江 西	Jiangxi	103.3	98.5	100.3	106.2	104.1	101.3
山 东	Shandong	105.5	103.5	101.3	101.6	102.9	99.9
河 南	Henan	102.4	102.8	101.1	112.3	104.2	97.8
湖 北	Hubei	103.1	103.6	97.5	107.8	118.3	105.7
湖 南	Hunan	101.4	99.5	105.6	103.2		104.7
广 东	Guangdong	99.8	100.3	99.2	102.3	102.1	99.4
广 西	Guangxi	100.0	108.4	100.7			97.9
海 南	Hainan	105.1		100.6	108.9		100.0
重 庆	Chongqing	109.1	109.9	98.0	102.3		102.5
四 川	Sichuan	96.6	101.8	101.1	101.5	114.1	101.7
贵 州	Guizhou	103.5	97.9	100.3	99.7		
云 南	Yunnan	100.2	99.9	101.0			
西 藏	Tibet						
陕 西	Shaanxi	109.7	100.3	98.5	101.2	91.7	
甘 肃	Gansu	98.3	89.3	98.7			
青 海	Qinghai			108.1			
宁 夏	Ningxia			105.1			
新 疆	Xinjiang		98.1	100.9			

2-3-9 续表 25 continued 25

(上年价格=100)

地 区	Region	航空航天器 aerospaceplane	交通器材及其他交通运输设备 transportation equipment and other transport and communication facilities	电机 electric (al) motor	输配电及控制设备 transmission and distribution and control appliance	电线、电缆、光缆及电工器材 electric Wire\Cable\optical cable\electrical appliance	电池制品 battery products
全 国	**National**	**99.5**	**105.2**	**102.6**	**101.9**	**109.4**	**96.1**
北 京	Beijing	95.1	110.3	100.0	99.6	104.0	86.3
天 津	Tianjin	101.9		97.6	101.1	112.5	97.2
河 北	Hebei		101.7	101.4	99.9	109.1	95.2
山 西	Shanxi			98.5	101.3	106.0	107.4
内蒙古	Inner Mongolia	100.6		100.4	101.5	99.3	100.0
辽 宁	Liaoning	100.0	103.1	99.7	102.4	110.4	95.0
吉 林	Jilin			101.7	101.8	105.8	97.8
黑龙江	Heilongjiang	98.4	100.0	102.9	99.5	105.5	93.3
上 海	Shanghai	99.0	100.9	101.3	100.6	104.3	92.1
江 苏	Jiangsu		104.4	106.4	103.2	109.6	99.2
浙 江	Zhejiang		104.5	104.3	101.1	111.8	94.3
安 徽	Anhui		99.4	105.4	100.7	109.7	113.0
福 建	Fujian	97.3	101.2	99.7	99.4	110.6	101.6
江 西	Jiangxi			98.5	104.1	119.9	74.6
山 东	Shandong	99.0	101.1	103.7	100.8	102.7	100.9
河 南	Henan		114.9	97.6	120.2	104.8	98.9
湖 北	Hubei		105.5	106.3	101.6	111.5	105.3
湖 南	Hunan	103.1		99.0	101.4	110.9	100.6
广 东	Guangdong		95.6	101.4	98.7	111.4	102.3
广 西	Guangxi		100.0	105.3	103.3	110.5	101.1
海 南	Hainan		101.6		105.2	101.5	
重 庆	Chongqing		101.6	102.8	104.0	113.3	109.5
四 川	Sichuan	100.0	123.8	103.3	103.1	113.2	104.3
贵 州	Guizhou		100.0	101.1	94.2	100.9	105.6
云 南	Yunnan		100.0	95.6	99.1	107.8	87.9
西 藏	Tibet		99.2				
陕 西	Shaanxi	99.7	101.0	110.4	102.4	103.1	93.1
甘 肃	Gansu		100.0	100.0	103.6	118.8	
青 海	Qinghai		100.0		101.7	111.3	
宁 夏	Ningxia		102.0	97.5	97.9	108.7	100.2
新 疆	Xinjiang			82.3	101.2	103.3	

2-3-9 续表 26 continued 26

(上年价格=100)

地 区 Region	家用电力器具 electric home appliances	非电力家用器具 non-electric home appliances	照明器具制品 luminaire products	其他电气机械及器材 other electric machine and product	通信设备 communication equipment	雷达及配套设备 mickey and corollary equipment
全 国 National	**101.1**	**101.1**	**104.0**	**101.4**	**95.0**	**100.6**
北 京 Beijing	103.2	100.0	97.8	115.6	93.6	100.0
天 津 Tianjin	99.7	96.0	100.7	95.7	73.2	
河 北 Hebei	111.2	105.4	112.0	98.6	106.6	
山 西 Shanxi		102.4	101.0		92.2	
内蒙古 Inner Mongolia		100.2	100.0			
辽 宁 Liaoning	99.9	99.6	99.7	99.1	100.3	103.0
吉 林 Jilin	103.6	99.7	94.1	99.3	68.3	
黑龙江 Heilongjiang			103.1	100.0	100.0	
上 海 Shanghai	101.7	100.7	100.1	99.1	98.9	100.0
江 苏 Jiangsu	105.0	105.8	106.6	95.6	98.4	100.0
浙 江 Zhejiang	102.1	99.4	102.2	100.7	97.9	
安 徽 Anhui	100.4	104.0	104.2	100.3	105.0	99.3
福 建 Fujian	98.6	105.3	102.9	99.4	91.5	97.8
江 西 Jiangxi	109.9	100.0	101.5		97.4	
山 东 Shandong	96.2	99.6	109.9	106.8	94.1	100.0
河 南 Henan	101.6	100.5	104.0	99.5	100.5	99.9
湖 北 Hubei	98.5	100.7	103.6	103.8	101.0	100.8
湖 南 Hunan	86.8	98.0	105.4	96.5	107.1	99.3
广 东 Guangdong	101.1	96.8	104.7	105.6	97.2	100.5
广 西 Guangxi	99.6	97.4		101.9	104.3	99.0
海 南 Hainan			102.8		100.0	
重 庆 Chongqing	104.2	101.6	103.0	100.3	101.4	
四 川 Sichuan	104.6	108.9	112.7	92.7	101.5	100.7
贵 州 Guizhou	101.2					
云 南 Yunnan		101.7		101.8	97.8	
西 藏 Tibet						
陕 西 Shaanxi	108.7	106.6	99.1	96.1	92.8	98.9
甘 肃 Gansu	102.0		99.8	100.0		
青 海 Qinghai	103.4					
宁 夏 Ningxia		100.5				
新 疆 Xinjiang		100.0				

2-3-9 续表 27 continued 27

(上年价格=100)

地 区	Region	广播电视设备 radiated television apparatus	电子计算机 electronic computer	电子器件 electronic device	电子元件 electronic component	家用视听设备 household audiovisual	其他电子设备 other electronic aid
全 国	**National**	**100.4**	**97.3**	**101.1**	**103.3**	**91.8**	**99.7**
北 京	Beijing	99.4	93.7	89.3	88.8	103.9	96.6
天 津	Tianjin	96.3	94.9	86.1	98.5	90.5	
河 北	Hebei	109.8	100.0	103.0	99.9		
山 西	Shanxi		93.5	102.3	113.9		100.6
内蒙古	Inner Mongolia	100.0	100.0		103.7	88.9	
辽 宁	Liaoning	99.2	99.9	100.2	100.3	99.7	99.5
吉 林	Jilin	99.7		96.3	99.7		
黑龙江	Heilongjiang	99.8	113.2	100.2			100.0
上 海	Shanghai	104.2	98.0	96.3	101.8	95.7	98.6
江 苏	Jiangsu	104.4	95.0	110.1	101.9	95.9	103.6
浙 江	Zhejiang	102.6	97.0	99.5	104.0	95.6	98.2
安 徽	Anhui	100.0	102.9	105.6	102.8	94.8	84.2
福 建	Fujian	87.8	94.4	88.6	100.7	86.0	98.0
江 西	Jiangxi	103.0	99.5	107.9	100.9	96.8	
山 东	Shandong	99.8	99.3	97.2	102.1	81.8	102.0
河 南	Henan	104.1	99.6	91.9	107.5		100.1
湖 北	Hubei	100.0	96.2	109.5	105.4	99.9	
湖 南	Hunan	95.9	99.3	107.8	103.8	98.7	
广 东	Guangdong	99.2	98.8	100.0	106.7	92.9	96.4
广 西	Guangxi			99.7	104.2		100.0
海 南	Hainan			100.3	100.0		
重 庆	Chongqing		104.7	97.1	100.2	100.2	99.6
四 川	Sichuan	100.0	89.0	95.5	102.9	81.9	118.3
贵 州	Guizhou			89.3	105.5	101.5	
云 南	Yunnan		100.0		98.8		94.7
西 藏	Tibet						
陕 西	Shaanxi	107.0	101.6	95.8	89.2	99.8	
甘 肃	Gansu			113.2			
青 海	Qinghai			100.1			
宁 夏	Ningxia				108.1		
新 疆	Xinjiang	100.3		101.2			

2-3-9 续表 28 continued 28

(上年价格=100)

地　区	Region	通用仪器仪表 general instruments and meters	专用仪器仪表 special instruments and meters	钟表与计时仪器 clock time keeping instrument	光学仪器及眼镜 optical instrument and spectacles	文化、办公用机械 cultural goods and office machine	其他仪器仪表产品及修理 other instruments and meters and maintenance
全　国	**National**	**101.7**	**98.7**	**104.7**	**102.7**	**95.5**	**96.0**
北　京	Beijing	99.3	99.2	135.8	96.8	110.0	89.0
天　津	Tianjin	99.7	99.4	159.4	107.3	100.6	
河　北	Hebei	99.4	102.5	121.9	100.0	97.3	99.8
山　西	Shanxi	100.6	100.0		103.4	100.2	
内蒙古	Inner Mongolia	100.8					
辽　宁	Liaoning	99.7	98.0	94.1	105.1	88.1	93.6
吉　林	Jilin	100.2	101.0		99.1	103.1	99.2
黑龙江	Heilongjiang	102.6	98.1		87.8	98.5	100.0
上　海	Shanghai	102.7	99.7	104.0	98.2	100.6	
江　苏	Jiangsu	101.0	97.0	117.6	102.0	87.4	
浙　江	Zhejiang	99.7	97.4	106.0	102.5	100.1	96.2
安　徽	Anhui	100.5	100.4		100.0	103.3	
福　建	Fujian	103.6	99.5	102.9	98.4	100.4	99.7
江　西	Jiangxi	99.2	103.2	102.1	105.4	96.1	
山　东	Shandong	104.2	97.1	105.4	104.1	93.4	98.8
河　南	Henan	117.7	99.5		104.6	106.6	98.6
湖　北	Hubei	98.2	99.6	100.4	99.8	94.1	
湖　南	Hunan	97.4	97.0			96.9	
广　东	Guangdong	101.5	102.0	102.5	106.4	95.7	
广　西	Guangxi	116.1	100.1	121.7	111.1		
海　南	Hainan						
重　庆	Chongqing	104.1	101.9	100.0	107.6	100.0	100.5
四　川	Sichuan	99.4				101.1	
贵　州	Guizhou	101.0	100.0		103.8	100.0	
云　南	Yunnan	101.0	100.8		97.2	88.9	
西　藏	Tibet						
陕　西	Shaanxi	101.2	98.5		95.9	97.7	98.6
甘　肃	Gansu	96.5					
青　海	Qinghai	104.9					
宁　夏	Ningxia	101.3				93.1	
新　疆	Xinjiang		98.5				

(上年价格=100)

地 区	Region	工艺美术品 workmanship	日用杂品 daily use Sundry goods	煤制品 coal products	金属废料和碎屑的加工处理 cure of scrap metal and oddment	非金属废料和碎屑的加工处理 cure of nonmetallic scrap and oddment	电力生产产品 products of power production
全 国	**National**	**105.0**	**105.9**	**115.8**	**112.9**	**103.3**	**102.2**
北 京	Beijing	103.9	101.0	120.4	113.1		100.7
天 津	Tianjin	97.9	100.0		115.0		99.6
河 北	Hebei	102.0	101.7		101.5		103.0
山 西	Shanxi	102.5					103.9
内蒙古	Inner Mongolia	101.8	103.4		99.6		99.5
辽 宁	Liaoning	105.2	101.6	102.7	119.4	102.7	100.9
吉 林	Jilin	101.8		99.7	131.8		101.0
黑龙江	Heilongjiang	128.8		123.7	102.3		98.1
上 海	Shanghai	122.2	100.8		126.0	100.0	100.1
江 苏	Jiangsu	103.4	114.8		113.5		100.9
浙 江	Zhejiang	102.2	105.6	111.4	116.7	105.6	106.1
安 徽	Anhui	108.2	104.7	107.7	117.4	99.1	102.8
福 建	Fujian	104.2	100.8		108.5	115.7	101.1
江 西	Jiangxi	103.8	101.3		100.0		104.5
山 东	Shandong	103.9	105.7			101.6	102.1
河 南	Henan	103.6	102.8	98.8			106.8
湖 北	Hubei	124.0	103.0		112.6	103.5	102.7
湖 南	Hunan	104.3	101.3	94.5	108.3		104.8
广 东	Guangdong	104.8	103.8		110.1	107.8	100.6
广 西	Guangxi	104.5	100.4				97.9
海 南	Hainan	140.6		109.7			104.2
重 庆	Chongqing	111.7	101.5	100.3	100.0	98.5	102.1
四 川	Sichuan	107.2	110.8	113.1		100.5	96.1
贵 州	Guizhou				117.0		103.4
云 南	Yunnan	114.9	100.6		103.5		99.2
西 藏	Tibet	114.6		100.0			100.0
陕 西	Shaanxi	111.1	98.8	123.8		98.6	105.7
甘 肃	Gansu	100.7					109.9
青 海	Qinghai	121.3					104.8
宁 夏	Ningxia						102.6
新 疆	Xinjiang	135.1	107.4				101.0

(上年价格＝100)

地 区	Region	电力供应产品 products of power supply	热力生产和供应产品 heating power production and supply product	自来水生产和供应产品 tap water production and supply product	污水处理及其再生利用 sewage treatment/ disposal and renovation and reuse
全 国	**National**	**101.2**	**102.2**	**102.9**	**101.8**
北 京	Beijing	100.6	100.7	100.0	123.8
天 津	Tianjin	100.7	100.0	111.0	
河 北	Hebei	101.1	102.2	100.8	100.0
山 西	Shanxi	100.0	104.8	101.4	100.0
内蒙古	Inner Mongolia	99.9	100.8	102.8	122.5
辽 宁	Liaoning	100.7	101.3	101.4	100.2
吉 林	Jilin	100.0	100.1	101.3	99.7
黑龙江	Heilongjiang	100.5	90.1	99.9	100.0
上 海	Shanghai	100.9	119.4	111.0	100.8
江 苏	Jiangsu	100.4	106.8	102.1	
浙 江	Zhejiang	101.3	107.8	106.8	100.0
安 徽	Anhui	102.1	101.9	100.8	100.0
福 建	Fujian	101.7	106.6	103.1	99.5
江 西	Jiangxi	100.8	104.3	100.3	108.0
山 东	Shandong	103.3	103.3	103.0	100.1
河 南	Henan	102.6	112.6	103.3	108.9
湖 北	Hubei	103.7	101.8	101.0	101.7
湖 南	Hunan	102.3	103.1	101.4	99.3
广 东	Guangdong	100.7	118.8	102.7	
广 西	Guangxi	100.0		102.2	100.0
海 南	Hainan	101.7		99.7	
重 庆	Chongqing	100.8	131.2	107.2	90.2
四 川	Sichuan	101.8	103.7	101.4	100.0
贵 州	Guizhou	100.3		104.3	
云 南	Yunnan	98.1		106.9	133.3
西 藏	Tibet	100.4		100.0	
陕 西	Shaanxi	102.1	102.7	99.9	98.6
甘 肃	Gansu	101.8	118.2	96.3	
青 海	Qinghai	102.7	104.5	87.8	
宁 夏	Ningxia	100.1	100.0	100.5	100.0
新 疆	Xinjiang	101.0	100.1	101.9	100.0

2-3-10 各地区按行业小类分工业生产者出厂价格指数(2011年)

The region by industry ex-factory price index of industrial producer in the category(2011)

地区	Region	烟煤和无烟煤的开采洗选 Bituminous Coal and Anthracite Mining and Washing	褐煤的开采洗选 Lignite Mining and/Or Washing	其他煤炭采选 Other Coal Mining and Washing	天然原油和天然气开采 Crude Oil and Gas Mining	与石油和天然气开采有关的服务活动 Support Activities for Oil and Gas Mining	铁矿采选 Iron Ore Mining	其他黑色金属矿采选 Other Ferrous Metal Ore Mining	铜矿采选 Copper Ore Mining
全 国	**National**	**110.5**	**108.7**	**99.7**	**126.5**	**99.3**	**113.0**	**107.8**	**113.4**
北 京	Beijing	121.9					113.0		
天 津	Tianjin			96.0	121.6	95.9	106.8		
河 北	Hebei	107.4			136.5		113.6		
山 西	Shanxi	110.5			106.5		107.3	112.3	110.2
内蒙古	Inner Mongolia	113.5	110.5	105.0	129.1		113.7	99.4	110.7
辽 宁	Liaoning	110.4	112.0		123.8	107.9	107.4	107.6	108.6
吉 林	Jilin	107.4	97.1		130.0		119.7		104.2
黑龙江	Heilongjiang	104.9	112.2	97.8	134.5	92.1	108.8		103.5
上 海	Shanghai				115.0				
江 苏	Jiangsu	105.0			132.2		114.5		
浙 江	Zhejiang	107.4					126.5		122.8
安 徽	Anhui	107.3					115.2	104.6	112.7
福 建	Fujian	117.1					114.6	90.0	119.8
江 西	Jiangxi	116.2					119.6		118.8
山 东	Shandong	107.5	96.1	107.0	127.8	104.4	110.5		104.2
河 南	Henan	108.3		102.7	131.5		116.6		
湖 北	Hubei	123.6		125.1	134.4		107.2	124.2	113.1
湖 南	Hunan	112.4					114.7	98.3	126.0
广 东	Guangdong				126.9		111.6	104.5	112.9
广 西	Guangxi	135.2	118.7				118.6	102.5	109.1
海 南	Hainan				109.3		124.7		
重 庆	Chongqing	115.9	98.2	102.3	100.9		100.3	106.0	104.4
四 川	Sichuan	119.3		132.7	109.9		121.8	116.9	114.7
贵 州	Guizhou	112.0	106.2				88.6	103.3	93.4
云 南	Yunnan	111.8	110.5	102.3	101.1		111.4	104.3	115.6
西 藏	Tibet						122.9	112.8	147.0
陕 西	Shaanxi	110.6			113.2	98.2	121.1	105.2	118.2
甘 肃	Gansu	120.7	148.8		137.1		107.6	91.2	107.1
青 海	Qinghai	111.4			122.2		120.8	105.1	98.3
宁 夏	Ningxia	110.2			128.9		124.4		
新 疆	Xinjiang	105.6		108.7	132.9		111.0	99.6	105.1

2-3-10 续表 1 continued 1

地区	Region	铅锌矿采选 Lead, Zinc Ore Mining	镍钴矿采选 Nickel, Cobalt Ore Mining	锡矿采选 Tin Ore Mining	锑矿采选 Antimony Ore Mining	铝矿采选 Aluminum Ore Mining	镁矿采选 Magnesium Ore Mining	其他常用有色金属矿采选 Other Common Non-Ferrous Metal Ore Mining	金矿采选 Gold Ore Mining
全　国	**National**	**109.5**	**107.0**	**128.8**	**152.9**	**111.5**	**107.5**	**165.8**	**114.1**
北　京	Beijing								
天　津	Tianjin								
河　北	Hebei	100.8					103.6		115.3
山　西	Shanxi								131.3
内蒙古	Inner Mongolia	109.8	100.9	120.0				119.5	131.4
辽　宁	Liaoning	113.8					107.6	97.7	112.5
吉　林	Jilin	104.5	107.8						109.9
黑龙江	Heilongjiang	94.1							
上　海	Shanghai								
江　苏	Jiangsu	130.9							
浙　江	Zhejiang	109.0							
安　徽	Anhui								113.4
福　建	Fujian	109.1							112.6
江　西	Jiangxi	109.0		131.6	121.0				141.7
山　东	Shandong		100.0						106.7
河　南	Henan	111.6				111.5			119.8
湖　北	Hubei	101.9			153.8		109.4		121.8
湖　南	Hunan	114.2	101.9		171.0				121.1
广　东	Guangdong	103.8							
广　西	Guangxi	115.0		127.9	121.6			179.7	112.3
海　南	Hainan							129.2	122.1
重　庆	Chongqing	93.9	100.0			105.3		96.3	
四　川	Sichuan	100.2	132.6		127.1			174.7	121.7
贵　州	Guizhou				100.0				101.4
云　南	Yunnan	94.8		123.2				108.9	119.2
西　藏	Tibet	97.4			138.3				
陕　西	Shaanxi	111.9			129.6				96.4
甘　肃	Gansu	107.2							
青　海	Qinghai	106.7							
宁　夏	Ningxia								
新　疆	Xinjiang	105.6	110.8						122.5

2-3-10 续表 2 continued 2

地区	Region	银矿采选 Silver Ore Mining	其他贵金属矿采选 Other Precious Metal Ore Mining	钨钼矿采选 Tungsten-molybdenum Mining	稀土金属矿采选 Earth Metal Ores Mining	放射性金属矿采选 Radioactive Metal Ore Mining	其他稀有金属矿采选 Other Rare Metal Ore Mining	石灰石、石膏开采 Gypsum and Limestone Mining and Quarrying	建筑装饰用石开采 Construction & Decoration Stone Mining and Quarrying
全国	**National**	**136.3**		**115.8**	**154.7**		**165.1**	**106.2**	**108.5**
北京	Beijing							110.2	
天津	Tianjin							103.3	
河北	Hebei	122.4		102.9				102.3	
山西	Shanxi	166.3						102.6	
内蒙古	Inner Mongolia	145.0		101.2				102.3	104.2
辽宁	Liaoning			92.9				108.7	104.9
吉林	Jilin	99.7		99.1				87.4	102.4
黑龙江	Heilongjiang			126.6				102.3	100.6
上海	Shanghai								
江苏	Jiangsu							108.3	128.2
浙江	Zhejiang							104.5	112.6
安徽	Anhui							111.0	107.2
福建	Fujian			115.9				107.4	92.3
江西	Jiangxi	173.7		146.5	149.2		113.1	101.1	
山东	Shandong							106.7	117.1
河南	Henan	132.1		103.3				106.3	102.2
湖北	Hubei	120.0		151.4				107.1	120.6
湖南	Hunan			146.4				104.3	101.8
广东	Guangdong			156.1			212.9		
广西	Guangxi	147.0		116.9	171.1		106.1		
海南	Hainan			108.1			143.4		
重庆	Chongqing							107.1	100.7
四川	Sichuan			94.9	164.5		101.5	117.4	111.3
贵州	Guizhou	118.6							
云南	Yunnan	126.2		105.7				104.2	100.2
西藏	Tibet			97.2			85.6	218.4	
陕西	Shaanxi	119.6		96.7					102.6
甘肃	Gansu	114.4		148.1				102.6	
青海	Qinghai								
宁夏	Ningxia								
新疆	Xinjiang	130.7					96.8	93.2	106.0

2-3-10 续表 3 continued 3

地　区	Region	耐火土石开采 Fireclay and Dolomite Mining and Quarrying	粘土及其他土砂石开采 Clay and Other Stone Mining and Quarrying	化学矿采选 Chemical Mineral Mining	采盐 Salt Mining	石棉、云母矿采选 Asbestos and Mica Ore Mining	石墨、滑石采选 Graphite and Talc Mining	宝石、玉石开采 Gem Stone Mining	其他非金属矿采选 Other Nonmetallic Mineral Mining
全　国	**National**	**127.6**	**105.5**	**114.4**	**117.5**	**101.2**	**103.2**	**100.3**	**108.5**
北　京	Beijing		106.2						
天　津	Tianjin	100.0	113.5		106.6				
河　北	Hebei	119.8	107.2	125.0	114.1		122.7		
山　西	Shanxi	100.2	100.2						
内蒙古	Inner Mongolia	112.6	109.5	171.0	104.2		101.7	100.0	103.5
辽　宁	Liaoning	114.2	110.0	120.4	114.7		104.2	100.0	112.4
吉　林	Jilin	99.7	101.9				99.7		
黑龙江	Heilongjiang	100.0	99.5				115.5		100.0
上　海	Shanghai								
江　苏	Jiangsu		105.0	103.8	122.9				
浙　江	Zhejiang	137.1	110.0						112.7
安　徽	Anhui	104.8	108.3	129.3	125.4		104.0		106.2
福　建	Fujian	150.4	102.0	128.7	101.8		104.8		96.5
江　西	Jiangxi	144.6	111.0	100.0	125.8		109.6	103.1	
山　东	Shandong	105.5	102.6		124.5	102.0	99.6		
河　南	Henan		106.1	109.3	112.5		100.0		
湖　北	Hubei	114.3	113.7	114.5	124.5				
湖　南	Hunan	150.5	102.0	116.1	120.0				108.2
广　东	Guangdong		100.3	159.0	99.4				
广　西	Guangxi	105.2	109.8	137.2	101.0		119.1		
海　南	Hainan		99.8		104.5				
重　庆	Chongqing		104.4	104.0		104.3	100.0	100.5	
四　川	Sichuan	97.6	104.7	107.2	101.4	91.2			114.5
贵　州	Guizhou			120.5					155.6
云　南	Yunnan	108.9	103.0	106.4					
西　藏	Tibet			109.3					
陕　西	Shaanxi	100.1	108.5	108.2	104.0		107.6		
甘　肃	Gansu	152.5	99.7	114.1		103.7			
青　海	Qinghai	96.4	95.2	105.3	104.6	92.2		100.0	
宁　夏	Ningxia	103.3							
新　疆	Xinjiang	101.3	105.9	99.7	102.0	100.0			

2-3-10 续表 4 continued 4

地 区	Region	其他采矿业 Other Ore Mining	谷物磨制 Corn Milling	饲料加工 Feed Processing	食用植物油加工 Edible Vegetable Oil Processing	非食用植物油加工 Non-Edible Vegetable Oil Processing	制糖 Sugar Manufacturing	畜禽屠宰 Livestock Slaughtering	肉制品及副产品加工 Meat and the Side-Products Processing
全 国	**National**	**100.0**	**109.8**	**105.6**	**117.9**	**108.2**	**125.6**	**115.7**	**107.0**
北 京	Beijing		107.1	105.0	122.3			123.6	115.3
天 津	Tianjin		112.0	104.3	122.5	119.1		115.1	107.5
河 北	Hebei		104.3	106.4	119.9		119.9	119.7	101.1
山 西	Shanxi		107.3	106.5	116.2	108.6	116.3	118.6	106.5
内蒙古	Inner Mongolia		111.6	106.6	113.6	102.8	115.3	113.3	106.8
辽 宁	Liaoning		111.0	104.3	105.3		114.1	112.2	105.8
吉 林	Jilin		104.4	103.5	115.8	99.7		113.2	102.7
黑龙江	Heilongjiang		110.2	104.8	120.6	109.4	106.3	129.1	108.0
上 海	Shanghai		111.6	104.1	129.4			115.5	119.2
江 苏	Jiangsu		112.7	104.2	116.9	106.6	138.4	115.5	106.9
浙 江	Zhejiang		110.8	105.7	120.4			121.3	114.1
安 徽	Anhui		111.2	108.3	117.6			118.1	110.7
福 建	Fujian		116.6	105.9	125.6	113.6	135.4	121.8	105.7
江 西	Jiangxi		119.0	105.9	108.0	94.6	97.2	123.9	108.4
山 东	Shandong		108.2	103.1	121.2	117.1	105.8	114.4	108.6
河 南	Henan		102.6	103.9	115.4	104.6	103.7	102.8	103.4
湖 北	Hubei		114.9	111.2	112.1	105.5		118.4	116.4
湖 南	Hunan		116.9	106.0	112.1	111.2	130.3	119.1	113.2
广 东	Guangdong		110.4	108.8	117.0	101.2	133.5	119.1	105.3
广 西	Guangxi		113.9	108.9	127.4	100.3	129.7	149.6	99.8
海 南	Hainan		123.0	104.0			138.7	103.1	
重 庆	Chongqing		117.5	102.4	115.4	103.0	100.4	122.6	103.4
四 川	Sichuan	100.0	118.2	106.8	111.1	118.8	132.8	119.9	106.2
贵 州	Guizhou		160.4	102.4	116.2	110.1			99.6
云 南	Yunnan		111.4	102.0	111.8	111.0	107.1	111.7	104.7
西 藏	Tibet		111.9		100.0			134.2	100.9
陕 西	Shaanxi		105.2	103.6	116.0	92.7		128.5	99.6
甘 肃	Gansu		107.3	106.7	114.9		140.4	119.5	112.9
青 海	Qinghai		124.9	106.3	119.9			131.1	109.5
宁 夏	Ningxia		112.6	105.1	111.2			126.8	106.5
新 疆	Xinjiang		104.7	102.0	117.7	100.1	122.9	120.4	105.4

地 区 Region	水产品冷冻加工 Seafood Frozen Processing	鱼糜制品及水产品干腌制加工 Fish Meat Paste Products and Seafood Dried & Preserved Processing	水产饲料制造 Seafood Feed Manufa-cturing	鱼油提取及制品的制造 Fish Oil Distilling and Products Manufa-cturing	其他水产品加工 Other Seafood Processing	蔬菜、水果和坚果加工 Vegetable Fruit & Nut Processing	淀粉及淀粉制品的制造 Starch and Starch Products Manufa-cturing	豆制品制造 Bean Products Manufa-cturing
全 国 National	**104.3**	**109.2**	**104.2**	**108.0**	**105.4**	**102.1**	**115.1**	**105.1**
北 京 Beijing	100.0					115.5	100.3	107.3
天 津 Tianjin	113.6					88.2	145.9	103.5
河 北 Hebei	102.0					108.8	110.4	100.4
山 西 Shanxi						107.0	119.0	100.0
内蒙古 Inner Mongolia						106.6	101.4	
辽 宁 Liaoning	109.2	104.7	102.2		104.3	106.0	104.2	102.6
吉 林 Jilin	100.3	96.3				93.3	131.2	99.7
黑龙江 Heilongjiang		100.0				106.4	113.6	106.7
上 海 Shanghai	91.9	96.6				123.1	115.6	103.3
江 苏 Jiangsu	111.1	104.3	108.8			106.4	120.8	110.9
浙 江 Zhejiang	102.3	111.8	104.4			105.9		116.1
安 徽 Anhui	106.5	108.5				112.1	113.4	106.9
福 建 Fujian	102.7	113.8	100.9		112.3	106.3	110.8	108.6
江 西 Jiangxi	102.5	158.2				106.2	103.1	
山 东 Shandong	102.9	105.4			102.5	95.5	111.5	104.5
河 南 Henan			105.7			100.0	106.3	102.8
湖 北 Hubei	110.2	109.4	106.3		106.3	113.3	106.9	104.7
湖 南 Hunan	99.9				105.4	106.2	116.0	105.0
广 东 Guangdong	106.3	100.9	105.1		121.5	117.8		99.8
广 西 Guangxi	107.4	129.8	100.3	115.6	107.5	103.5	123.6	100.2
海 南 Hainan	108.7	97.3	102.7	102.8	106.1	108.0	115.6	
重 庆 Chongqing						102.1	108.4	102.2
四 川 Sichuan						119.6	106.1	112.6
贵 州 Guizhou		102.3				103.8	84.3	115.5
云 南 Yunnan			104.8			102.4	110.0	107.3
西 藏 Tibet								
陕 西 Shaanxi						100.5	110.6	97.0
甘 肃 Gansu						103.3	99.2	
青 海 Qinghai						110.1		
宁 夏 Ningxia		102.5				107.4	126.4	104.0
新 疆 Xinjiang	100.0					99.8	123.0	104.7

2-3-10 续表 6 continued 6

地　区 Region	蛋品加工 Egg Products Processing	其他未列明的农副食品加工 Other Not Listed Agricultural and Side-Product Processing	糕点、面包制造 Bakeries & Bread Manufacturing	饼干及其他焙烤食品制造 Biscuit & Other Baked Food Manufacturing	糖果、巧克力制造 Confectioneries & Chocolate Manufacturing	蜜饯制作 Candied Fruits Manufacturing	米、面制品制造 Rice and Flour Products Manufacturing	速冻食品制造 Frozen Food Manufacturing
全　国 National	**112.2**	**111.5**	**106.7**	**106.7**	**105.6**	**107.2**	**108.8**	**106.1**
北　京 Beijing			115.5	110.8	104.9	132.6	109.0	113.3
天　津 Tianjin		90.9	116.7	105.6	101.7			105.5
河　北 Hebei		95.5	103.2	109.0	100.9	112.4	110.4	
山　西 Shanxi		105.8	116.1	103.6		136.9	101.0	103.8
内蒙古 Inner Mongolia		99.8	100.6	111.8			102.6	108.5
辽　宁 Liaoning	101.5	92.7	106.3	106.4	106.7	102.6	99.7	102.4
吉　林 Jilin		105.7	102.7	102.4	101.2		102.5	104.8
黑龙江 Heilongjiang		96.8	107.0	102.0	97.6	114.6	105.5	100.5
上　海 Shanghai		100.0	100.0	99.9	110.5	121.6	109.4	117.2
江　苏 Jiangsu	104.8	111.1	104.3	103.3	108.1	100.1	111.4	112.2
浙　江 Zhejiang	109.6		106.6	111.6	102.8	106.1	107.4	112.0
安　徽 Anhui		125.3	111.1	107.0	105.1	105.3	116.8	104.9
福　建 Fujian	104.8	120.6	106.6	101.9	105.3	105.0	108.0	102.7
江　西 Jiangxi	104.0		101.0	104.2	125.1	104.3	114.7	101.3
山　东 Shandong	118.3	103.4	107.7	109.0	105.3	107.3	108.0	103.3
河　南 Henan	103.8	127.6	113.2	112.2	111.8		107.1	104.7
湖　北 Hubei	113.2	128.8	108.4	104.0	100.6	108.4	118.1	
湖　南 Hunan			99.3	105.1	103.2	99.8	102.8	133.2
广　东 Guangdong		130.9	108.8	104.9	101.2	100.5	105.5	103.7
广　西 Guangxi		105.1	110.5	104.1		100.0	115.4	106.2
海　南 Hainan		86.4	109.4	119.1	131.4			
重　庆 Chongqing		100.6	106.1	114.5	109.4	100.0	116.9	
四　川 Sichuan	130.0	115.5	105.0	104.3	108.8	111.7	115.9	130.2
贵　州 Guizhou		109.6	106.3	101.7	128.9		113.4	
云　南 Yunnan		97.4	108.5	101.1	139.3	114.5	110.6	101.8
西　藏 Tibet		100.0	100.5					
陕　西 Shaanxi	141.4		105.0	121.6	109.3	102.4	102.8	112.1
甘　肃 Gansu		112.2	111.1	102.8		96.4		103.1
青　海 Qinghai								
宁　夏 Ningxia		110.7	104.8			113.0	109.4	98.0
新　疆 Xinjiang			100.7	97.9	100.3			100.0

2-3-10 续表 7 continued 7

地 区 Region	方便面及其他方便食品制造 Instant Noodle and Other Instant Food Manufacturing	液体乳及乳制品制造 Liquid Dairy and Dairy Products Manufacturing	肉、禽类罐头制造 Canned Meat & Poultry Manufacturing	水产品罐头制造 Canned Seafood Manufacturing	蔬菜、水果罐头制造 Canned Vegetable and Fruit Manufacturing	其他罐头食品制造 Other Canned Food Manufacturing	味精制造 Monosodium Glutamate Manufacturing	酱油、食醋及类似制品的制造 Soy Sauce, Edible Vinegar and Similarity Product Manufacturing
全 国 National	**105.9**	**107.0**	**106.6**	**110.2**	**105.6**	**107.5**	**97.3**	**103.1**
北 京 Beijing	112.7	100.1			100.0			101.8
天 津 Tianjin	106.0	104.4			73.1			107.0
河 北 Hebei	107.5	108.3			110.8		100.3	104.0
山 西 Shanxi	101.3	105.9	111.3		99.7	101.7		105.4
内蒙古 Inner Mongolia	97.1	110.3		95.7			98.5	99.6
辽 宁 Liaoning	98.2	107.9			104.3	109.7	100.4	103.4
吉 林 Jilin	111.4	106.1	99.7					99.7
黑龙江 Heilongjiang	102.0	109.2	97.6		102.1		105.1	106.8
上 海 Shanghai	98.9	110.3	90.0	125.4		104.0	98.3	103.2
江 苏 Jiangsu	100.2	118.0	110.4		102.1	102.9	100.2	110.0
浙 江 Zhejiang	113.4	109.3	110.8	120.6	108.5	109.0	98.8	101.8
安 徽 Anhui	102.6	108.3	132.5		107.6	115.6		102.2
福 建 Fujian	102.8	102.9	111.7	101.7	103.4	104.0	97.1	103.1
江 西 Jiangxi	104.1	101.1			105.1			97.5
山 东 Shandong	108.6	97.0	108.3	102.8	100.2	108.7	96.3	105.7
河 南 Henan	106.1	110.5	111.5				93.0	101.1
湖 北 Hubei	101.5	101.6			111.0	101.8	104.5	102.1
湖 南 Hunan	102.2	103.2	112.0		116.5		125.8	103.5
广 东 Guangdong	105.0	104.1		115.1	100.4	105.0	101.4	104.3
广 西 Guangxi	118.2	106.4			124.5			98.5
海 南 Hainan	99.2	102.7			114.3			
重 庆 Chongqing	105.2	116.4	107.9		112.8		95.2	110.8
四 川 Sichuan	106.3	106.7	104.8		108.9	108.3	99.3	103.7
贵 州 Guizhou	102.0	100.5	99.1					105.9
云 南 Yunnan	107.0	109.9	105.0		102.6		99.2	106.3
西 藏 Tibet		102.5						
陕 西 Shaanxi	111.9	106.4				101.1	92.8	106.7
甘 肃 Gansu	114.6	104.2	111.3		100.9		94.3	101.1
青 海 Qinghai		106.8						105.6
宁 夏 Ningxia		106.0					100.1	103.8
新 疆 Xinjiang	101.8	105.6			99.7		101.3	101.7

2-3-10 续表 8 continued 8

地 区	Region	其他调味品、发酵制品制造 Other Spice and Seasoning & Fermented Products Manufacturing Manufacturing	营养、保健食品制造 Nutritious and Health Food Manufa-cturing	冷冻饮品及食用冰制造 Frozen Beverage and Edible Ice Manufacturing	盐加工 Salt Processing	食品及饲料添加剂制造 Food and Feed Additive Manufa-cturing	其他未列明的食品制造 Other Not Listed Food Manufa-cturing	酒精制造 Alcohol Manufa-cturing	白酒制造 Distilled Spirit Manufa-cturing
全 国	**National**	**103.4**	**105.7**	**105.8**	**105.7**	**110.0**	**103.2**	**112.8**	**103.8**
北 京	Beijing	103.1	110.2	99.9		98.8		116.2	102.9
天 津	Tianjin	101.9	102.7	100.4	102.1	112.1			104.7
河 北	Hebei	106.6		107.4	92.8	108.9		108.5	101.4
山 西	Shanxi		102.3	111.4		101.2		112.3	102.0
内 蒙 古	Inner Mongolia	103.0	136.2	106.6	116.4	99.4		108.4	103.0
辽 宁	Liaoning	102.9	110.1	106.6	103.2	91.4	97.4	97.9	106.0
吉 林	Jilin		102.4	97.5	99.7	111.2	102.7	108.5	99.9
黑 龙 江	Heilongjiang	91.5	91.8	104.2	100.0	105.3	166.3	118.3	106.8
上 海	Shanghai	107.7	100.0	104.8		116.7			
江 苏	Jiangsu	106.5	120.8	105.7	104.0	105.2	95.6	117.2	102.3
浙 江	Zhejiang	111.2	101.7	102.1		102.6			105.1
安 徽	Anhui	110.0	98.6	114.0		100.8	110.3	113.5	106.6
福 建	Fujian	107.6	107.1	99.2	99.5	106.1	107.9		105.8
江 西	Jiangxi	119.0	104.4	106.1	103.3	118.6	100.0		101.2
山 东	Shandong	101.5	100.3	104.3	100.1	112.8		112.7	104.7
河 南	Henan	98.4	90.3	109.9	112.2	102.8	105.4	114.0	99.4
湖 北	Hubei	106.6	101.5	111.5	114.6	103.3	100.1		100.0
湖 南	Hunan	103.0	99.3	109.5	103.8			116.0	99.6
广 东	Guangdong	98.4	105.6	105.3	100.6	88.8	104.6	109.7	108.0
广 西	Guangxi	98.8		105.2	100.0	102.2	99.5	114.5	118.1
海 南	Hainan	166.8	96.7	100.0	101.5	124.6	150.0	116.1	107.5
重 庆	Chongqing	100.2		116.1	103.2	99.9	106.9		105.7
四 川	Sichuan	102.8	108.6	122.1	109.0	104.0	105.6	112.8	105.5
贵 州	Guizhou	104.2		100.6				100.0	101.6
云 南	Yunnan	99.6	103.3	115.9	103.2	124.9	101.4	106.7	103.7
西 藏	Tibet				100.0				
陕 西	Shaanxi	102.1	116.5	105.8	104.5	105.3			100.2
甘 肃	Gansu	107.9	102.1		101.4	101.5	112.5	117.2	109.0
青 海	Qinghai	100.0	103.4		96.0				100.4
宁 夏	Ningxia	119.9	105.1			124.4			103.0
新 疆	Xinjiang	99.5	104.3	104.3	100.7	99.9	94.8	112.0	100.7

地 区 Region	啤酒制造 Beer Manufacturing	黄酒制造 Cooking Wine Manufacturing	葡萄酒制造 Wine Manufacturing	其他酒制造 Other Drink Manufacturing	碳酸饮料制造 Carbonated Soft Drinks Manufacturing	瓶(罐)装饮用水制造 Bottled and Canned Water Manufacturing	果菜汁及果菜汁饮料制造 Fruit, Vegetable Juice and Syrup & Its Beverage Manufacturing	含乳饮料和植物蛋白饮料制造 Beverage Including Dairy and Plant Protein Beverage Manufacturing
全 国 National	**104.8**	**107.1**	**102.6**	**102.7**	**103.2**	**101.6**	**104.0**	**102.6**
北 京 Beijing	102.4	100.1	100.0	100.0	106.1	100.9	102.0	
天 津 Tianjin	108.4		85.2		103.2	100.4	93.7	105.0
河 北 Hebei	98.2		103.9		105.7	97.4	100.6	103.9
山 西 Shanxi	112.9		102.2	100.0	104.2	106.0	103.0	100.9
内蒙古 Inner Mongolia	102.5	100.0	114.2	103.2		103.4	98.8	98.3
辽 宁 Liaoning	107.2		101.7	101.8	101.4	103.3	101.1	95.0
吉 林 Jilin	110.6		102.9	107.6	99.7	98.8	99.4	99.7
黑龙江 Heilongjiang	101.8		110.0	99.2	98.1	101.4	111.3	101.5
上 海 Shanghai	100.0	100.2	100.0	100.0	104.9	103.1	99.9	92.6
江 苏 Jiangsu	107.2	103.5			101.5	103.7	104.9	104.4
浙 江 Zhejiang	104.4	105.4			102.5	101.3	102.1	104.6
安 徽 Anhui	104.5	99.3		101.8	85.2	100.1	100.5	99.9
福 建 Fujian	99.1	106.1		98.3	104.0	103.9	103.8	102.5
江 西 Jiangxi	99.1			94.7	103.0	100.8	111.8	96.7
山 东 Shandong	103.3	109.7	104.0	100.0	103.6	102.8	108.7	99.7
河 南 Henan	104.8		102.0	100.0	103.7	102.4	117.5	103.5
湖 北 Hubei	110.2			100.7	105.1	103.0	101.9	107.2
湖 南 Hunan	101.3	138.2		103.9	100.5	99.1		98.7
广 东 Guangdong	107.7	108.4	99.7	102.7	104.9	101.7	95.9	104.3
广 西 Guangxi	104.4			108.0	101.2	102.6	125.8	104.1
海 南 Hainan	100.0			104.2	112.3	100.1	102.1	99.4
重 庆 Chongqing	104.4				99.1	99.4	108.1	103.9
四 川 Sichuan	103.8		97.9	111.8	108.4	100.7	116.4	100.5
贵 州 Guizhou	120.8					100.7	102.2	101.3
云 南 Yunnan	102.8		98.1	102.2	101.8	97.9	99.8	119.2
西 藏 Tibet	102.7			104.2		91.1		
陕 西 Shaanxi	113.6		98.7		100.5	115.2	98.2	101.5
甘 肃 Gansu	106.9	106.0	111.6	100.0	102.7	102.0	104.7	
青 海 Qinghai	97.5			100.0		99.0	98.6	
宁 夏 Ningxia	105.7		99.8	109.7		99.0	110.6	
新 疆 Xinjiang	108.3		101.4	100.3	97.1	101.6	102.3	101.4

2-3-10 续表 10 continued 10

地区	Region	固体饮料制造 Solid Beverage Manufacturing	茶饮料及其他软饮料制造 Tea Beverage and Other Soft Beverage Manufacturing	精制茶加工 Refined Tea Processing	烟叶复烤 Tobacco Leaf Processing	卷烟制造 Cigarettes Manufacturing	其他烟草制品加工 Other Tobacco Products Processing	棉、化纤纺织加工 Cotton and Chemical Fiber Spinning and Weaving Processing	棉、化纤印染精加工 Cotton and Chemical Fiber Dyeing Refined Processing
全国	**National**	**105.1**	**101.3**	**107.7**	**100.9**	**100.3**	**99.7**	**115.2**	**107.4**
北京	Beijing	134.3	97.9	100.0		100.0		99.0	135.4
天津	Tianjin	100.0	93.5			100.0		126.2	104.6
河北	Hebei					99.9		123.5	110.1
山西	Shanxi		98.4			100.0		118.5	108.2
内蒙古	Inner Mongolia					97.6	139.9	108.5	
辽宁	Liaoning		101.5	103.5	100.0	100.1		111.8	105.2
吉林	Jilin	99.2	101.2		107.8	99.7	101.2	121.3	
黑龙江	Heilongjiang		99.7	100.5	102.6	100.0	90.6	112.7	
上海	Shanghai	101.8	103.7	98.4		100.0	110.4	106.9	115.6
江苏	Jiangsu	105.5	114.1	97.0		100.0	101.1	117.2	108.9
浙江	Zhejiang	102.8	103.5	97.0		100.0		108.4	104.6
安徽	Anhui		100.1	105.9	101.1	100.3	100.0	125.6	106.1
福建	Fujian	109.3	97.8	115.7	102.8	98.3		109.0	99.3
江西	Jiangxi	100.0	98.3	101.7		100.0		119.5	113.0
山东	Shandong			107.0	104.8	100.0	99.8	114.4	106.0
河南	Henan		104.0	105.0	103.5	100.0	100.0	123.4	105.1
湖北	Hubei		99.8	113.3	104.8	100.7	100.0	119.3	123.3
湖南	Hunan		99.3	107.6	103.0	103.2	99.3	119.6	129.5
广东	Guangdong	103.2	99.9	104.2	103.7	99.7	99.7	108.5	113.3
广西	Guangxi	105.2	103.6	105.6	104.0	100.5		118.7	126.2
海南	Hainan	100.1	91.6	97.2		99.9	99.9	100.0	
重庆	Chongqing		97.7	100.3	102.3	102.1	97.3	109.5	104.4
四川	Sichuan		107.7	111.3	102.3	100.0	93.3	122.1	111.8
贵州	Guizhou		99.2	126.0	85.1	100.0	103.2	122.2	
云南	Yunnan	131.0	100.7	99.4	102.2	100.0	99.7	113.9	108.1
西藏	Tibet								
陕西	Shaanxi		101.0	112.6	98.6	98.6	105.1	106.0	110.9
甘肃	Gansu	100.0	102.0			100.0		131.5	
青海	Qinghai							104.0	
宁夏	Ningxia			100.8	105.9	100.0		105.7	
新疆	Xinjiang		100.1	101.3		100.0		132.7	

地　区	Region	毛条加工 Wool Piece Processing	毛纺织 Wool Spinning	毛染整精加工 Wool Spinning Dyeing Refined Processing	麻纺织 Ramie, Linen and Hemp	缫丝加工 Silk Reeling Processing	绢纺和丝织加工 Thin Silk Spinning and Silk Processing	丝印染精加工 Silk Dyeing Refined Processing	棉及化纤制品制造 Cotton and Chemical Product Manufacturing
全　国	**National**	**107.1**	**110.2**	**110.5**	**110.3**	**113.0**	**112.5**	**110.8**	**108.8**
北　京	Beijing		140.8						103.2
天　津	Tianjin		116.3						103.9
河　北	Hebei	106.7	105.8	106.5					103.7
山　西	Shanxi		125.7			116.4			109.6
内蒙古	Inner Mongolia	113.8	119.4		108.2	99.9			
辽　宁	Liaoning	102.8	106.9		102.2	102.2	109.8	100.0	104.8
吉　林	Jilin	105.4	101.9		103.0				128.7
黑龙江	Heilongjiang				109.5				
上　海	Shanghai		107.0				116.5		105.2
江　苏	Jiangsu	109.7	104.9	106.5	109.9	104.8	111.3	116.8	111.4
浙　江	Zhejiang	104.7	107.9	101.2	104.8	111.7	113.3	103.8	102.0
安　徽	Anhui		105.6		117.8	126.1	96.3		109.2
福　建	Fujian			102.8			113.7		102.8
江　西	Jiangxi		126.4		125.2	115.6			124.7
山　东	Shandong	99.5	113.2	105.8	107.3	115.1	123.0		113.2
河　南	Henan	111.7	109.7		119.0	102.1	115.6		105.0
湖　北	Hubei		112.7		118.6	120.3			128.6
湖　南	Hunan				105.1				107.5
广　东	Guangdong	105.7	110.7	115.2		136.6	99.4		103.9
广　西	Guangxi				113.7	120.0	79.2		107.6
海　南	Hainan				106.9				
重　庆	Chongqing	123.3	114.2		113.0	114.0	102.6		98.7
四　川	Sichuan				109.8	115.1	118.5		117.0
贵　州	Guizhou	107.8			105.7				
云　南	Yunnan				99.1	106.8	100.8		123.2
西　藏	Tibet			124.6					
陕　西	Shaanxi		105.4			120.2			106.7
甘　肃	Gansu	112.4	119.8				109.9		
青　海	Qinghai	97.0	120.8						
宁　夏	Ningxia		126.5						
新　疆	Xinjiang		105.1		124.4				100.4

地 区 Region	毛制品制造 Wool Product Manufacturing	麻制品制造 Ramie Product Manufacturing	丝制品制造 Silk Product Manufacturing	绳、索、缆的制造 Rope, Cable and Thin Rope Manufacturing	纺织带和帘子布制造 Spinning and Weaving Thread and Towels and Washcloths Manufacturing	无纺布制造 Nonwoven Fabric Manufacturing	其他纺织制成品制造 Other Textile Product Manufacturing	棉、化纤针织品及编织品制造 Cotton, Chemical Fiber Knit Fabric, Knitting and Product Manufacturing
全 国 National	**104.4**	**99.8**	**102.9**	**108.8**	**105.4**	**106.8**	**110.5**	**108.2**
北 京 Beijing			106.5			110.0	100.5	94.7
天 津 Tianjin	99.8			101.3		103.8	100.0	101.5
河 北 Hebei	103.9			106.8	96.4	108.1	103.6	102.4
山 西 Shanxi								121.6
内蒙古 Inner Mongolia	105.2							104.9
辽 宁 Liaoning		100.0	99.9	106.5	100.0	104.3	102.2	103.2
吉 林 Jilin		107.6					101.1	104.0
黑龙江 Heilongjiang	99.6	102.1						119.3
上 海 Shanghai	100.0					106.6	98.1	100.9
江 苏 Jiangsu	102.6		101.0	107.9	112.7	106.1	114.7	114.9
浙 江 Zhejiang	106.2		103.0	111.4	96.2	107.0	108.9	106.6
安 徽 Anhui				106.2	123.6	101.0	127.4	110.2
福 建 Fujian	99.7			114.7	105.2	106.6	101.0	104.5
江 西 Jiangxi					103.4	109.2		110.9
山 东 Shandong	112.6	96.7		112.5	104.3	106.1	115.9	109.4
河 南 Henan	104.2	92.5	113.7		109.2			118.7
湖 北 Hubei	120.9	110.9	105.8		108.9	105.9	117.2	100.5
湖 南 Hunan		108.3	99.4	103.4		118.6		110.9
广 东 Guangdong	99.6			111.0		107.3	108.2	105.5
广 西 Guangxi			105.3	100.6			100.0	110.9
海 南 Hainan	114.1					103.9		82.3
重 庆 Chongqing			104.4	102.5		101.1		103.2
四 川 Sichuan						104.4	107.5	111.7
贵 州 Guizhou								
云 南 Yunnan	105.7	84.9		104.5				111.7
西 藏 Tibet								
陕 西 Shaanxi	99.3							
甘 肃 Gansu		115.2						130.7
青 海 Qinghai	103.1							
宁 夏 Ningxia	117.9			128.4				
新 疆 Xinjiang	107.7							97.5

2-3-10 续表 13 continued 13

地 区	Region	毛针织品及编织品制造 Wool Knit Fabric and Knitting Product Manufacturing	丝针织品及编织品制造 Silk Knit Fabric and Knitting Product Manufacturing	其他针织品及编织品制造 Other Knit Fabric and Knitting Product Manufacturing	纺织服装制造 Apparel Manufacturing	纺织面料鞋的制造 Textile Shoes Manufacturing	制帽 Hat, Cap, and Millinery Manufacturing	皮革鞣制加工 Leather Accessories and Trimmings	皮鞋制造 Leather Shoes Manufacturing
全 国	**National**	**100.6**	**103.2**	**102.5**	**103.6**	**103.7**	**109.5**	**105.0**	**103.8**
北 京	Beijing	97.3		100.1	101.9	94.2	100.0	99.2	93.0
天 津	Tianjin	98.4			107.1	102.7	100.8	111.4	101.5
河 北	Hebei	108.2			102.1	110.9	102.6	109.7	102.1
山 西	Shanxi				106.3			101.3	
内蒙古	Inner Mongolia	96.9			103.9		102.9		106.8
辽 宁	Liaoning	107.5		103.4	103.1	93.5	108.3	92.5	102.1
吉 林	Jilin	99.7		99.7	101.7			100.2	100.5
黑龙江	Heilongjiang				103.4			104.8	100.3
上 海	Shanghai	101.8	100.6	98.7	102.5	100.3	100.1	103.7	98.0
江 苏	Jiangsu	97.1	108.9	129.2	102.8	103.5	114.4	105.5	102.5
浙 江	Zhejiang	109.0	107.1	102.6	103.2	107.9	107.9	103.2	104.7
安 徽	Anhui	106.3	103.4	145.6	106.8	102.1	145.4	107.1	105.1
福 建	Fujian	102.3	94.4	131.2	100.8	105.8	115.0	105.6	101.9
江 西	Jiangxi			103.1	104.1	113.7		102.1	103.4
山 东	Shandong	100.3		99.4	103.6	105.1	107.0	104.4	105.8
河 南	Henan	100.0			109.4	114.1	100.0	100.3	100.4
湖 北	Hubei	104.8		122.5	109.7	106.3	109.8	105.1	108.0
湖 南	Hunan	101.9			109.6	99.3		116.4	105.2
广 东	Guangdong	98.1	99.4	96.6	104.3	102.6	101.9	102.7	106.2
广 西	Guangxi				119.2			109.6	
海 南	Hainan	95.9			100.0				
重 庆	Chongqing	104.4		100.0	102.0	103.0	98.0	101.5	104.5
四 川	Sichuan				102.3			94.7	102.3
贵 州	Guizhou				104.6				
云 南	Yunnan				105.9				
西 藏	Tibet				106.7			104.6	105.8
陕 西	Shaanxi	129.3	103.0		114.0		101.1		96.7
甘 肃	Gansu				106.5		111.5	103.1	
青 海	Qinghai	114.4			101.5		110.9	98.8	107.3
宁 夏	Ningxia	113.6			103.0			100.6	
新 疆	Xinjiang	101.6		100.4	103.1			137.6	100.0

2-3-10 续表 14 continued 14

地区	Region	皮革服装制造 Leather Costume Manufacturing	皮箱、包(袋)制造 Leather Luggage and Bags Manufacturing	皮手套及皮装饰制品制造 Leather Glove and Ornament Products Manufacturing	其他皮革制品制造 Other Leather Product Manufacturing	毛皮鞣制加工 Fur, Leather Accessories and Trimmings Processing	毛皮服装加工 Fur Leather Apparel Processing	其他毛皮制品加工 Other Fur Leather Product Processing	羽毛(绒)加工 Feather, Down Processing
全　国	**National**	**103.3**	**101.9**	**111.3**	**100.8**	**112.0**	**105.1**	**107.9**	**114.5**
北　京	Beijing	103.3			100.0	118.3	100.1		
天　津	Tianjin	106.3			100.0				
河　北	Hebei	102.6	111.6	114.2	101.6	100.9	104.5	110.0	118.0
山　西	Shanxi								
内蒙古	Inner Mongolia								107.4
辽　宁	Liaoning	98.6	104.2	100.0	100.0				
吉　林	Jilin								99.7
黑龙江	Heilongjiang				116.7	122.0			100.0
上　海	Shanghai		104.6	100.0	97.4	100.4	93.9	99.3	124.4
江　苏	Jiangsu	109.7	97.6	136.3	103.6		107.3	113.0	107.3
浙　江	Zhejiang	105.2	101.0	100.2	101.4		105.9	99.2	110.0
安　徽	Anhui		99.4	92.4	103.5		122.5		114.3
福　建	Fujian	100.4	102.4	102.2	98.4				102.2
江　西	Jiangxi		103.2	112.1			114.0		122.8
山　东	Shandong	102.3	99.9	99.0	114.9	113.8		100.0	
河　南	Henan	101.9	113.1	164.1	105.3	111.8		117.9	108.3
湖　北	Hubei			140.6			104.8		100.7
湖　南	Hunan		101.0						
广　东	Guangdong		102.6	106.9	93.6		104.3		105.9
广　西	Guangxi		100.0	118.0					123.1
海　南	Hainan		200.4						
重　庆	Chongqing		100.3	118.4	102.0			100.3	115.4
四　川	Sichuan	98.8			113.4	113.7			123.0
贵　州	Guizhou								
云　南	Yunnan								
西　藏	Tibet		96.7		87.6				
陕　西	Shaanxi	96.9							
甘　肃	Gansu			123.8					
青　海	Qinghai	99.2							
宁　夏	Ningxia					155.3			
新　疆	Xinjiang					105.8			

2-3-10 续表 15 continued 15

地　区	Region	羽毛(绒)制品加工 Feather, Down Products Processing	锯材加工 Sawmills	木片加工 Wood Chips Processing	胶合板制造 Plywood Manufa-cturing	纤维板制造 Fiberboard Manufa-cturing	刨花板制造 Shaving Board Manufa-cturing	其他人造板、材制造 Other Man-Made Woodboard Manufa-cturing	建筑用木料及木材组件加工 Construction Wood and Wood Sets Processing
全　国	**National**	**107.9**	**104.2**	**104.4**	**104.1**	**104.8**	**103.4**	**104.7**	**103.4**
北　京	Beijing			108.5		105.5		103.5	100.0
天　津	Tianjin	102.8	105.0		102.3		106.8	100.0	101.1
河　北	Hebei	102.2			99.4	101.9	101.3	105.2	103.5
山　西	Shanxi					100.0			
内蒙古	Inner Mongolia		103.1		104.8	103.7	102.6	108.2	100.0
辽　宁	Liaoning	101.2	104.3	101.7	101.3	107.5	100.0	118.8	107.1
吉　林	Jilin	99.7	103.0	106.0	100.3	101.2	102.4	98.8	104.1
黑龙江	Heilongjiang		103.1	120.2	106.1	109.0	105.7	110.4	101.5
上　海	Shanghai	100.6	97.0	109.7	107.8			122.1	100.7
江　苏	Jiangsu	105.3		94.0	104.2	105.0	103.1	110.4	103.2
浙　江	Zhejiang	109.4	100.0		104.5	102.8	96.4	104.0	102.0
安　徽	Anhui	111.0	103.6	106.5	103.7	106.2	103.0	102.3	109.3
福　建	Fujian	100.4	101.7	108.1	104.7	107.2	104.2	104.4	100.4
江　西	Jiangxi	102.6	102.8		105.9	102.9	107.5	103.0	100.0
山　东	Shandong	102.8	101.7	102.1	104.6	103.6	102.1	100.8	100.0
河　南	Henan	108.6	104.9		104.0	111.1	103.7	109.1	107.0
湖　北	Hubei		105.0	103.4	103.5	104.7	105.2	105.3	102.7
湖　南	Hunan		115.3		107.6	102.6		111.2	104.2
广　东	Guangdong	118.4	95.2	130.2	101.7	100.6	109.9	96.0	102.8
广　西	Guangxi		110.3		105.3	107.9	106.0	107.5	
海　南	Hainan		108.9	102.8	91.7	98.0	112.9		
重　庆	Chongqing	120.7		95.4	106.0	103.4	110.0	101.0	99.8
四　川	Sichuan		98.8		100.1	98.4		100.9	106.8
贵　州	Guizhou		100.0		102.8	102.8	97.6	103.8	114.7
云　南	Yunnan	96.5	108.3	108.1	102.1	106.7	103.9	110.3	109.1
西　藏	Tibet		101.6						
陕　西	Shaanxi				108.4	100.6		101.6	
甘　肃	Gansu								
青　海	Qinghai								
宁　夏	Ningxia								98.9
新　疆	Xinjiang	103.8		86.1	100.0	101.5	100.6		100.1

2-3-10 续表 16 continued 16

地 区	Region	木容器制造 Wood Containers Manufacturing	软木制品及其他木制品制造 Soft Wood Products and Other Wood Products Manufacturing	竹、藤、棕、草制品制造 Bamboo, Vine, Palm and Grass Products	木质家具制造 Wood Furniture Manufacturing	竹、藤家具制造 Bamboo, Vine Furniture Manufacturing	金属家具制造 Metal Furniture Manufacturing	塑料家具制造 Plastic Furniture Manufacturing	其他家具制造 All Other Furniture Manufacturing
全 国	**National**	**101.8**	**101.7**	**105.4**	**102.5**	**99.6**	**102.2**	**103.0**	**102.4**
北 京	Beijing	101.3	106.2		103.6		101.6	100.3	100.6
天 津	Tianjin	100.0			100.3		95.8		101.7
河 北	Hebei		98.7		104.8		98.9		117.4
山 西	Shanxi				125.0		105.6		103.0
内蒙古	Inner Mongolia		114.4		101.7				114.9
辽 宁	Liaoning		106.6	103.3	101.4		101.0		103.2
吉 林	Jilin	100.8	100.7	102.8	100.7		113.2	100.6	99.7
黑龙江	Heilongjiang	104.6	113.3	100.0	101.2		102.7		100.0
上 海	Shanghai	91.7	102.0	109.3	105.3		100.6	101.8	106.3
江 苏	Jiangsu	98.8	100.6	110.6	97.2	113.0	105.1		108.8
浙 江	Zhejiang	109.4	101.1	104.4	101.5	98.8	101.5	107.9	100.7
安 徽	Anhui	97.3	102.9	105.1	103.4	99.1	118.8		102.7
福 建	Fujian	96.3	99.1	99.8	102.8	106.6	103.5	102.8	98.7
江 西	Jiangxi		115.5	108.5	103.4		113.7		99.6
山 东	Shandong	102.0	98.3	111.6	103.4	100.0	99.7		100.6
河 南	Henan			112.6	102.8		105.7		109.9
湖 北	Hubei	113.1	106.8	100.1	104.5		108.6		105.6
湖 南	Hunan	118.5	110.7	106.1	109.4	105.0	97.7		100.2
广 东	Guangdong	99.7	97.6	101.7	102.8	97.2	101.6	99.5	101.5
广 西	Guangxi		102.9	103.5	101.7				100.0
海 南	Hainan		113.0		113.5				
重 庆	Chongqing	103.6	108.4		100.9			104.0	107.4
四 川	Sichuan			105.3	98.4	100.0	100.0	100.0	101.7
贵 州	Guizhou			101.7	114.4				121.4
云 南	Yunnan	101.7					100.8		100.0
西 藏	Tibet				92.6				
陕 西	Shaanxi		107.3	102.4	98.6		97.6		107.7
甘 肃	Gansu	102.4			100.6				
青 海	Qinghai				100.0				
宁 夏	Ningxia				102.0				
新 疆	Xinjiang				95.7		98.9		

2-3-10 续表 17 continued 17

地区	Region	纸浆制造 Pulp Manufacturing	机制纸及纸板制造 Machine Made Paper and Paperboard Manufacturing	手工纸制造 Handmade Paper Manufacturing	加工纸制造 Processed Paper Manufacturing	纸和纸板容器的制造 Paper and Paper Board Container Manufacturing	其他纸制品制造 Other Paper Products Manufacturing	书、报、刊印刷 Books, Magazines and Periodicals Printing	本册印制 Notebook and Tablet
全 国	**National**	**99.5**	**103.9**	**110.4**	**99.6**	**102.6**	**102.0**	**100.1**	**100.3**
北 京	Beijing		103.9			99.3	104.0	100.1	97.4
天 津	Tianjin		102.1		98.5	101.6	100.9	101.7	
河 北	Hebei	94.4	103.1		97.1	103.6	100.4	105.1	100.5
山 西	Shanxi		109.4			106.6	98.1	105.0	
内蒙古	Inner Mongolia	118.8	107.3			102.0		99.9	100.7
辽 宁	Liaoning		104.1		100.8	103.7	100.6	97.9	91.3
吉 林	Jilin	91.2	101.4		96.6	105.3	99.7	100.6	99.7
黑龙江	Heilongjiang	100.0	104.9		103.4	112.3		99.9	
上 海	Shanghai		110.1			104.6	102.2	100.6	100.0
江 苏	Jiangsu	114.1	107.3		99.7	106.9	101.5	101.7	100.0
浙 江	Zhejiang		102.5		101.7	102.2	102.0	100.3	102.8
安 徽	Anhui	101.0	106.9	112.5		103.5	102.2	106.0	103.5
福 建	Fujian	96.3	102.2	95.5	103.1	104.2	101.7	99.6	105.7
江 西	Jiangxi		102.2		97.1	104.2	117.7	99.8	100.0
山 东	Shandong	108.5	103.4		94.8	93.6	104.4	99.1	108.1
河 南	Henan	104.5	102.7		101.0	105.5	101.2	98.5	100.9
湖 北	Hubei		106.8		102.2	113.2	101.7	101.8	101.6
湖 南	Hunan		103.9		102.9	101.6	108.3	104.4	100.5
广 东	Guangdong	97.2	101.9		99.1	102.6	98.9	97.5	92.2
广 西	Guangxi	99.9	104.2			107.1	96.3	99.8	
海 南	Hainan	92.7	108.5			106.6	105.8	100.4	142.3
重 庆	Chongqing	103.1	105.8		100.0	104.4	107.4	102.5	100.2
四 川	Sichuan	93.5	106.3		105.0	113.9	108.9	91.7	104.0
贵 州	Guizhou	96.4	107.3			100.6	102.5	101.7	
云 南	Yunnan	106.8	104.0		98.8	100.7	101.0	107.6	
西 藏	Tibet					100.0		102.6	100.0
陕 西	Shaanxi	100.3	100.2			100.1	101.1	105.2	98.8
甘 肃	Gansu	103.2	106.0			115.5		107.7	101.5
青 海	Qinghai					105.4	99.9	101.9	100.0
宁 夏	Ningxia		107.6		97.4	100.4	97.8	102.6	
新 疆	Xinjiang	125.3	102.8		97.1	107.1	105.1	100.7	102.8

地 区	Region	包装装潢及其他印刷 Lithographic Printing	装订及其他印刷服务活动 Other Related Printing Activities	记录媒介的复制 Recording Media Reproducing	文具制造 Stationery	笔的制造 Pen and Pencil	教学用模型及教具制造 Teaching Specimen and Mode	墨水、墨汁制造 Ink Manufacturing	其他文化用品制造 Other Stationery and Office Supplies
全 国	**National**	**102.8**	**99.9**	**99.7**	**104.8**	**103.9**	**101.1**	**105.1**	**101.2**
北 京	Beijing	103.4	100.0	102.3		105.7	100.0	119.2	
天 津	Tianjin	100.0				93.9		100.0	101.9
河 北	Hebei	99.8	99.8		96.9				
山 西	Shanxi	101.4	100.0						
内蒙古	Inner Mongolia	100.6							
辽 宁	Liaoning	103.4		99.1		116.0	98.2		
吉 林	Jilin	99.7	99.9	99.7		104.0	99.9		
黑龙江	Heilongjiang	101.5	91.4			111.8			99.1
上 海	Shanghai	102.0		97.3	97.5	106.3	99.8	107.4	98.9
江 苏	Jiangsu	102.8		103.4	116.0	101.0	103.3		
浙 江	Zhejiang	101.5	109.4		103.9	101.3	99.9		101.5
安 徽	Anhui	114.7	124.7			112.1	111.8		100.3
福 建	Fujian	100.0	99.5	94.3	102.0	109.5	99.5		121.6
江 西	Jiangxi	101.5	110.5	98.0		103.7			
山 东	Shandong	96.1	100.0	98.4	100.1	106.1			
河 南	Henan	96.8	91.1	110.5	105.6		111.6		
湖 北	Hubei	105.1	100.0	104.3	98.5		101.2		
湖 南	Hunan	96.3	99.3	96.2					99.3
广 东	Guangdong	108.1	98.6	99.8	106.2	106.0		104.8	103.4
广 西	Guangxi	104.9	96.3				103.8		
海 南	Hainan	99.9	100.0	96.0	105.1				
重 庆	Chongqing	100.9	100.0	100.0	100.0				
四 川	Sichuan	98.7	100.2						
贵 州	Guizhou	99.2						109.3	
云 南	Yunnan	101.1	103.0					100.0	
西 藏	Tibet								
陕 西	Shaanxi	97.9	110.2		105.2				
甘 肃	Gansu								
青 海	Qinghai	100.0							
宁 夏	Ningxia	102.1							
新 疆	Xinjiang	100.0	100.8						

地 区	Region	球类制造 Ball	体育器材及配件制造 Athletic Equipment	训练健身器材制造 Fitness Training Equipments	运动防护用具制造 Sports Protection Appliances	其他体育用品制造 Other Sporting and Athletic Goods	中乐器制造 Chinese Musical Instrument	西乐器制造 Western Musical Instrument	电子乐器制造 Electronic Musical Instrument
全 国	**National**	**106.0**	**104.0**	**102.5**	**103.0**	**99.0**	**100.6**	**102.2**	**101.9**
北 京	Beijing	100.7			97.3			101.8	
天 津	Tianjin	100.0	106.3		100.0			100.6	92.7
河 北	Hebei		101.4	99.5			104.5	104.7	
山 西	Shanxi		122.7	100.0					
内蒙古	Inner Mongolia						95.5		
辽 宁	Liaoning	107.6	105.8		97.2	104.5		101.5	111.0
吉 林	Jilin					99.7			
黑龙江	Heilongjiang				103.6				105.7
上 海	Shanghai	119.5	116.0	121.2	97.8		101.1	105.2	100.0
江 苏	Jiangsu	108.1	112.3	101.2	110.8	99.0	90.2	102.6	105.4
浙 江	Zhejiang	106.7	101.6	102.2	102.1	106.0		104.8	
安 徽	Anhui	106.1	103.0	103.7		108.5			
福 建	Fujian	103.8	102.9	97.6	96.9	101.4	99.5	101.2	121.9
江 西	Jiangxi	99.6	100.7	100.0	103.7		102.7		
山 东	Shandong	108.1		98.2	104.3	97.4	100.0	102.9	124.5
河 南	Henan					100.5	100.6		
湖 北	Hubei							103.0	100.7
湖 南	Hunan	107.0			99.3				
广 东	Guangdong	102.1	101.0	102.2	103.0	98.6		100.2	99.1
广 西	Guangxi				112.1				
海 南	Hainan								
重 庆	Chongqing					104.1			
四 川	Sichuan								
贵 州	Guizhou								
云 南	Yunnan								
西 藏	Tibet								
陕 西	Shaanxi								
甘 肃	Gansu								
青 海	Qinghai								
宁 夏	Ningxia								
新 疆	Xinjiang								

2-3-10 续表 20 continued 20

地区	Region	其他乐器及零件制造 Other Musical Instrument and Recreational Goods	玩具制造 Toy Manufacturing	露天游乐场所游乐设备制造 Outdoor Amusement Equipments Manufacturing	游艺用品及室内游艺器材制造 Entertaining Appliances and Indoor Amusement Equipments Manufacturing	原油加工及石油制品制造 Crude Oil Processing and Petroleum Product	人造原油生产 Man-Made Crude Oil Production Industry	炼焦 Coke Smelting	核燃料加工 Nuclear Fuel Processing
全 国	**National**	**104.3**	**104.9**	**100.5**	**102.6**	**116.5**	**115.5**	**107.1**	
北 京	Beijing	99.8	95.4	101.0	100.0	118.2			
天 津	Tianjin		99.8			118.0		98.8	
河 北	Hebei		103.8		100.8	115.4		111.9	
山 西	Shanxi					119.3		104.8	
内蒙古	Inner Mongolia					118.9		109.5	
辽 宁	Liaoning		99.8		101.7	119.8	114.0	107.2	
吉 林	Jilin	99.7				121.9	105.9	106.0	
黑龙江	Heilongjiang	100.0				115.5		106.7	
上 海	Shanghai		102.4	119.6	103.7	117.2		103.5	
江 苏	Jiangsu		110.4	100.0		120.7		114.9	
浙 江	Zhejiang	105.9	102.7	101.2	105.9	116.0			
安 徽	Anhui		105.0		100.9	116.3		112.6	
福 建	Fujian		100.0			118.1		108.5	
江 西	Jiangxi		101.1			115.3		107.1	
山 东	Shandong		103.2	99.9	99.9	112.3		103.6	
河 南	Henan		116.6	101.9		115.1		105.8	
湖 北	Hubei		107.5			116.9		103.9	
湖 南	Hunan					114.5		110.1	
广 东	Guangdong		103.9		100.0	115.6			
广 西	Guangxi					118.8			
海 南	Hainan					115.2			
重 庆	Chongqing		100.0		115.0	117.4		109.0	
四 川	Sichuan	103.7				113.7	140.0	113.3	
贵 州	Guizhou					99.0		112.4	
云 南	Yunnan					104.5		116.1	
西 藏	Tibet								
陕 西	Shaanxi			103.5		117.6	121.2	107.7	
甘 肃	Gansu					117.3		104.3	
青 海	Qinghai					118.0		97.9	
宁 夏	Ningxia					113.9		100.9	
新 疆	Xinjiang					114.8		96.1	

地 区	Region	无机酸制造 Inorganic Acid Manufa-cturing	无机碱制造 Alkali Manufa-cturing	无机盐制造 Inorganic Salt Manufa-cturing	有机化学原料制造 Organic Chemical Material Manufa-cturing	其他基础化学原料制造 Other Basic Chemical Raw Material Manufa-cturing	氮肥制造 Nitrogenous Fertilizer Manufa-cturing	磷肥制造 Phosphate Fertilizer Manufa-cturing	钾肥制造 Kalium Fertilizer Manufa-cturing
全 国	**National**	**114.0**	**123.7**	**125.9**	**111.0**	**102.7**	**118.3**	**114.9**	**108.8**
北 京	Beijing		202.8	149.0	116.2	100.9			
天 津	Tianjin	112.1	135.2	114.4	107.2	124.9			
河 北	Hebei	112.5	108.0	106.1	111.5	101.2	117.0	116.8	
山 西	Shanxi	104.5	120.5	106.2	121.3	95.6	119.5	105.1	
内蒙古	Inner Mongolia	106.8	107.9	104.7	115.7	102.8	119.1	111.0	
辽 宁	Liaoning	119.4	128.0	110.0	108.1	102.4	114.1		106.3
吉 林	Jilin	109.6	99.8	107.2	103.8	97.3	108.3	94.0	105.4
黑龙江	Heilongjiang	112.8	97.8	102.4	110.0	97.2	129.8		
上 海	Shanghai	105.1	135.9	121.1	117.5	98.6		100.6	
江 苏	Jiangsu	115.4	142.4	122.5	111.3	98.8	120.2	120.0	
浙 江	Zhejiang	112.2	120.3	110.7	111.3	99.5	114.1	100.8	
安 徽	Anhui	111.6	135.9	108.7	112.2	85.2	119.6	109.7	
福 建	Fujian	117.6	116.7	107.9	115.0	97.8	121.7	119.2	
江 西	Jiangxi	124.4	146.3	152.2	113.7	106.9	109.9	111.7	
山 东	Shandong	127.9	119.5	111.6	106.2	105.9	115.1	124.4	119.0
河 南	Henan	108.7	133.4	124.4	118.4	109.5	121.9	119.6	101.3
湖 北	Hubei	106.2	114.2	108.9	112.4	96.8	119.7	114.9	103.4
湖 南	Hunan	112.0	119.6	120.8	102.6	105.8	125.3	109.8	106.3
广 东	Guangdong	122.0	140.9	248.4	115.8	108.7	118.0	114.5	99.7
广 西	Guangxi	105.1	136.2	171.5	113.0	103.8	123.0	120.0	118.8
海 南	Hainan			139.5	130.3	127.5	83.8	114.9	103.3
重 庆	Chongqing	113.5	100.0	114.6	111.7	96.5	113.3	130.3	
四 川	Sichuan	116.8	130.4	117.1	107.8	104.7	118.3	113.3	
贵 州	Guizhou	99.6	145.0	113.5	105.3	106.8	119.0	113.5	103.4
云 南	Yunnan	114.2	100.7	109.8	98.7	96.8	123.7	119.4	119.5
西 藏	Tibet								
陕 西	Shaanxi	121.3	137.9	150.6	106.6	100.0	125.7	118.3	102.1
甘 肃	Gansu	170.0	145.7	135.2	100.9		122.2	116.4	128.9
青 海	Qinghai	120.1	123.2	118.5	110.7	106.8	104.9	116.9	108.8
宁 夏	Ningxia	174.6	153.5	129.1	104.3	94.4	115.3	118.7	108.2
新 疆	Xinjiang	84.9	110.1	108.0	106.0	104.1	109.7	111.8	121.6

2-3-10 续表 22 continued 22

地　区	Region	复混肥料制造 Compound Fertilizer Manufacturing	有机肥料及微生物肥料制造 Organic and Micro Biological Fertilizer Manufacturing	其他肥料制造 Other Chemical Fertilizer Manufacturing	化学农药制造 Chemical Pesticide Manufacturing	生物化学农药及微生物农药制造 Biochemical and Micro Biological Pesticide Manufacturing	涂料制造 Coating Manufacturing	油墨及类似产品制造 Printingink Manufacturing	颜料制造 Dye Manufacturing
全　国	**National**	**109.6**	**102.8**	**105.7**	**101.3**	**103.4**	**103.3**	**104.7**	**113.9**
北　京	Beijing	119.4	96.8		98.2	99.9	104.8	98.7	96.5
天　津	Tianjin	110.9			105.2		99.5	100.0	
河　北	Hebei	107.5	105.9	103.8	94.4	100.3	103.3		100.4
山　西	Shanxi	107.6		102.5	100.1		105.2	95.0	125.9
内蒙古	Inner Mongolia	103.2	100.0		93.8	99.5	98.8		
辽　宁	Liaoning	105.9	101.1	103.7	100.7	108.2	104.5		119.8
吉　林	Jilin	101.2	99.7		99.4	99.7	104.2		99.7
黑龙江	Heilongjiang	107.5	100.0		101.5	95.3	103.3		
上　海	Shanghai	112.2			89.6		101.9	110.5	110.1
江　苏	Jiangsu	123.5			99.1		101.5	104.8	112.2
浙　江	Zhejiang	112.5			100.1	106.4	106.2	104.5	112.1
安　徽	Anhui	108.2		114.1	103.6	102.1	102.1	112.1	114.9
福　建	Fujian	103.7	98.0		98.3	95.8	106.2	99.4	120.0
江　西	Jiangxi	110.4	101.0		107.7	109.8	106.0	102.6	114.1
山　东	Shandong	110.4	102.4	102.5	101.9		108.1	97.8	110.6
河　南	Henan	125.1	102.0		102.9	103.4	104.4		125.1
湖　北	Hubei	107.0	105.2		111.4	106.7	105.2		109.2
湖　南	Hunan	101.4			113.2		97.7	97.6	117.5
广　东	Guangdong	112.2	111.8		101.2	99.6	103.6	105.7	116.8
广　西	Guangxi	110.6	100.0	112.2	106.2	98.0	104.7		128.7
海　南	Hainan	103.6		91.7	100.3		111.5		
重　庆	Chongqing	107.4	107.3	100.0	103.7		102.3		109.5
四　川	Sichuan	110.0		118.0	103.0		106.1		113.3
贵　州	Guizhou	108.4			100.0		100.1		
云　南	Yunnan	102.5			118.7	99.0	100.3	99.5	121.7
西　藏	Tibet		111.9						
陕　西	Shaanxi	108.7	100.1		92.6		103.0		114.5
甘　肃	Gansu	102.4	126.7				105.4		105.1
青　海	Qinghai	104.3	95.5				106.1		
宁　夏	Ningxia	115.1			109.0		102.3		
新　疆	Xinjiang	117.9	103.6	108.5	102.5		104.9		114.7

地区	Region	染料制造 Dyestuff Manufacturing	密封用填料及类似品制造 Sealing Fillersand Similarities Manufacturing	初级形态的塑料及合成树脂制造 Basic Plastics and Synthetic Reson Manufacturing	合成橡胶制造 Synthetic Rubber Manufacturing	合成纤维单(聚合)体的制造 Synthon Single (Polymerization) Manufacturing	其他合成材料制造 Other Synthesize Material Manufacturing	化学试剂和助剂制造 Chemical Reagent and Aid Dose Manufacturing	专项化学用品制造 Special Chemical Product Manufacturing
全 国	**National**	**104.9**	**105.3**	**108.9**	**132.3**	**111.6**	**126.6**	**105.1**	**111.0**
北 京	Beijing	100.4	111.5	114.2	120.5	131.5	100.5	103.6	102.1
天 津	Tianjin	105.1		111.0	104.7	131.9		113.7	102.5
河 北	Hebei	106.2		110.8		111.4	111.8	105.6	105.0
山 西	Shanxi	101.6		103.8	123.2	100.5		106.0	
内蒙古	Inner Mongolia	99.8	100.0	105.9				113.8	127.3
辽 宁	Liaoning	97.7	100.6	125.2	142.5	111.6	91.6	104.6	101.0
吉 林	Jilin		102.9	107.2	149.2	109.9	100.6	104.5	99.7
黑龙江	Heilongjiang			106.3			94.2	114.8	100.6
上 海	Shanghai	100.9	103.4	115.1	136.3	112.8		110.2	95.6
江 苏	Jiangsu	109.3	117.3	106.3	133.1	115.9	100.5	104.8	111.4
浙 江	Zhejiang	104.6		103.9		109.9	109.0	105.5	115.8
安 徽	Anhui	103.0	108.2	109.1		118.4	100.2	103.1	108.1
福 建	Fujian	109.5		109.4		126.1		109.8	111.8
江 西	Jiangxi	108.6	96.2	124.1		98.6	102.3	118.1	102.6
山 东	Shandong	108.5	104.5	112.4	139.9	93.4	139.5	104.0	113.5
河 南	Henan		96.5	106.6		129.5	111.5	105.3	107.6
湖 北	Hubei		102.5	112.1				106.1	106.9
湖 南	Hunan	81.2		110.6	129.7	120.0		103.4	106.1
广 东	Guangdong		99.3	111.3	103.1	122.5		98.2	100.5
广 西	Guangxi			112.5				130.8	98.5
海 南	Hainan			101.7		124.0		104.7	98.0
重 庆	Chongqing	100.7		113.8	101.0	111.5		103.6	113.7
四 川	Sichuan			119.9	154.1	105.2	119.6	105.4	102.3
贵 州	Guizhou			102.3				135.7	
云 南	Yunnan			108.1	107.9	91.9		100.9	101.5
西 藏	Tibet								
陕 西	Shaanxi		106.6	93.0				100.5	138.9
甘 肃	Gansu			120.9				107.6	99.0
青 海	Qinghai			108.4					93.6
宁 夏	Ningxia	109.4		98.1	100.3	110.0		110.1	103.9
新 疆	Xinjiang			109.6	139.9	125.8		100.2	101.0

2-3-10 续表 24 continued 24

地　区	Region	林产化学产品制造 Forestry Chemical Products Manufacturing	炸药及火工产品制造 Explosives and Fire and Flame Products Manufacturing	信息化学品制造 Information Chemistry Product Manufacturing	环境污染处理专用药剂材料制造 Special Medicament Material For Environment Polution Treatment	动物胶制造 Animal Glue Manufacturing	其他专用化学产品制造 Other Special Chemical Products Manufacturing	肥皂及合成洗涤剂制造 Soap, Washing Powder and Synthetic Detergent	化妆品制造 Cosmetics Manufacturing
全　国	**National**	**119.7**	**101.4**	**100.0**	**102.5**	**100.7**	**104.6**	**107.7**	**100.3**
北　京	Beijing		100.1	88.9	104.9		108.8	99.9	100.0
天　津	Tianjin			108.1				103.2	95.2
河　北	Hebei	119.8	100.6	87.7			98.4	106.8	
山　西	Shanxi	106.8	104.3	79.0	107.7		110.5	116.8	105.3
内蒙古	Inner Mongolia		103.1	133.5		97.8		100.1	100.0
辽　宁	Liaoning	105.2	98.9	116.9	103.2		102.9	109.7	101.3
吉　林	Jilin		122.4		99.7	92.1	102.0	99.7	
黑龙江	Heilongjiang		101.3					113.1	
上　海	Shanghai	153.6		123.2			116.9	115.4	100.8
江　苏	Jiangsu	127.1	100.6	107.7	100.6		104.3	120.5	95.9
浙　江	Zhejiang	102.0	100.6	97.7	110.7	107.2	101.0	106.5	101.0
安　徽	Anhui	103.4	99.2	110.1	99.4	96.3	102.3	106.7	
福　建	Fujian	119.0	99.5	102.9			98.3	113.8	101.5
江　西	Jiangxi	120.8	101.0	94.2				100.7	100.0
山　东	Shandong	100.9	100.2	90.7	100.0	100.4	108.9	105.0	
河　南	Henan	117.7	100.8	104.1			108.2	106.6	100.9
湖　北	Hubei	132.8	103.4	103.2	109.7	108.0	107.1	104.0	95.0
湖　南	Hunan	104.1	100.8				98.7	100.3	96.6
广　东	Guangdong	122.0	99.7	106.3			102.8	107.0	101.1
广　西	Guangxi	125.8	99.3				164.3	122.6	105.0
海　南	Hainan	111.3	101.9		100.0		108.8		98.7
重　庆	Chongqing		100.1	80.0			105.8	119.0	
四　川	Sichuan	102.3	102.7	88.9		101.8	100.8	108.8	132.0
贵　州	Guizhou	108.8	99.6	160.8			100.0	97.3	100.0
云　南	Yunnan	115.7	102.8	181.4		103.8	110.0	101.6	
西　藏	Tibet		100.6						
陕　西	Shaanxi		105.9	120.1			114.6	105.6	
甘　肃	Gansu	100.5	102.7						
青　海	Qinghai		107.3	89.7		105.0			
宁　夏	Ningxia		107.8		101.2	101.2		102.9	
新　疆	Xinjiang		101.2	65.0	101.2	103.1	102.3	105.8	100.1

2-3-10 续表 25 continued 25

地　区	Region	口腔清洁用品制造 Oral Cavity Sanitary Roducts	香料、香精制造 Spice and Essence Manufacturing	其他日用化学产品制造 Other Daily Use Chemical Product Manufacturing	化学药品原药制造 Chemical Medicines and Reagents Manufacturing	化学药品制剂制造 Pharmaceutical Preparations Manufacturing	中药饮片加工 Chinese Traditional Medicine Pills	中成药制造 Chinese Patent Drug	兽用药品制造 Veterinary Medicines Manufacturing
全　国	**National**	**99.3**	**105.4**	**104.6**	**102.0**	**99.9**	**108.2**	**103.0**	**101.3**
北　京	Beijing	100.8	100.0		97.9	86.0	100.0	101.7	98.6
天　津	Tianjin	109.2	104.1	99.4	101.9	102.6	100.4	102.0	
河　北	Hebei		103.8	107.2	99.3	99.1	127.9	101.2	100.2
山　西	Shanxi				99.5	103.1	101.3	107.2	100.1
内蒙古	Inner Mongolia			101.8	99.4	103.2	104.6	101.8	100.0
辽　宁	Liaoning	109.5	98.4	106.8	97.5	100.7	102.6	101.3	98.9
吉　林	Jilin		99.7	99.7	97.4	99.4	106.1	100.8	99.7
黑龙江	Heilongjiang		136.0		90.5	97.1	109.0	101.9	100.0
上　海	Shanghai	90.8	103.7	103.8	108.3	101.3	114.9	100.9	99.7
江　苏	Jiangsu		99.1	112.2	102.1	100.1	100.6	108.0	99.6
浙　江	Zhejiang		100.8	104.6	100.2	101.7	99.6	100.3	99.2
安　徽	Anhui	102.6	171.9	101.9	108.3	105.4	108.1	102.7	100.8
福　建	Fujian		101.5	104.8	94.1	103.8		106.3	102.3
江　西	Jiangxi	106.5	100.1	100.6	100.8	103.7	115.1	102.0	104.0
山　东	Shandong	114.5	127.1	97.2	103.2	97.6	108.8	103.4	101.8
河　南	Henan		104.7	106.6	108.1	109.5	99.8	105.5	101.6
湖　北	Hubei			124.3	108.4	111.0	90.3	105.3	99.4
湖　南	Hunan		96.7	100.2	104.6	98.0	115.4	102.6	99.3
广　东	Guangdong	93.9	105.2	99.1	96.1	95.9	106.8	105.7	98.8
广　西	Guangxi	106.1			84.3	103.8		102.7	101.1
海　南	Hainan		129.0		107.8	100.0	121.2	99.1	
重　庆	Chongqing	100.0	100.0	102.8	107.4	104.9	113.6	104.3	100.8
四　川	Sichuan		121.1	104.1	100.0	102.2	118.8	103.9	106.8
贵　州	Guizhou		106.2			100.6	118.0	101.7	
云　南	Yunnan	100.0	100.1		107.0	99.6	105.9	102.1	101.1
西　藏	Tibet			101.0		106.9		103.8	
陕　西	Shaanxi				113.4	98.4	104.3	107.5	100.5
甘　肃	Gansu				110.8	100.5	91.0	97.6	
青　海	Qinghai				98.4	100.0	110.3	99.8	
宁　夏	Ningxia				109.9	95.7	151.4	100.7	100.7
新　疆	Xinjiang		110.4		101.5	101.4	106.0	104.6	

地 区	Region	生物、生化制品的制造 Biology Product Industry	卫生材料及医药用品制造 Medical Material and Supplies Manufacturing	化纤浆粕制造 Chemical Fiber Plasm Manufacturing	人造纤维(纤维素纤维)制造 Manmade Fiber (Fibrin Fiber) Manufacturing	锦纶纤维制造 Polyamide Fiber Manufacturing	涤纶纤维制造 Polyester Fiber Manufacturing	腈纶纤维制造 Acrylic Fiber Manufacturing	维纶纤维制造 Polyvinyl Alcohol Fiber Manufacturing
全 国	**National**	**104.0**	**110.8**	**98.8**	**107.9**	**115.3**	**113.4**	**107.3**	**100.5**
北 京	Beijing	98.4	129.2						
天 津	Tianjin	100.0				125.0	130.3		
河 北	Hebei	94.5	111.5	95.9	113.3		113.6	102.5	
山 西	Shanxi	101.2	95.2				130.0		
内蒙古	Inner Mongolia	102.4	101.9						
辽 宁	Liaoning	102.3	101.2		100.4	121.6	111.1	108.8	
吉 林	Jilin	99.5	104.1	120.1	96.1		113.9	112.6	
黑龙江	Heilongjiang	100.2	84.3			100.0	100.0	107.6	
上 海	Shanghai	102.6	101.9		106.0	98.1	125.5	109.9	
江 苏	Jiangsu	118.9	107.5	100.5	109.7	116.4	109.9	106.8	
浙 江	Zhejiang	101.9	101.5		102.1	110.2	114.5	103.3	
安 徽	Anhui	95.2	104.7	97.7		124.3	104.4		97.4
福 建	Fujian	102.3	104.9			114.3	114.9		112.1
江 西	Jiangxi	100.9	97.3		114.7		124.1		
山 东	Shandong	98.8	116.7	93.5	105.1	110.2	108.9		
河 南	Henan	108.8	124.4	110.2	105.9	116.3	113.6		
湖 北	Hubei	100.9	106.0	115.7	97.4		129.1		104.7
湖 南	Hunan	97.8	100.6		127.8	120.6			112.4
广 东	Guangdong	103.3			105.3	121.6	123.4		
广 西	Guangxi	104.6	118.0						
海 南	Hainan	100.1	100.0				105.6		
重 庆	Chongqing	101.2	100.7				95.8		105.1
四 川	Sichuan	112.8	100.0	102.1	126.4	110.5	136.9		
贵 州	Guizhou	108.7							
云 南	Yunnan	105.9	100.0		104.6				
西 藏	Tibet								
陕 西	Shaanxi	94.6	115.8	102.5	114.4				
甘 肃	Gansu	111.1	103.1						
青 海	Qinghai		111.9						
宁 夏	Ningxia								
新 疆	Xinjiang	105.7		85.5	103.2		114.5		

地 区 Region	其他合成纤维制造 Other Synthon Manufacturing	车辆、飞机及工程机械轮胎制造 Automobile, Airplane and Engineering Machinery Tyre Manufacturing	力车胎制造 Strengh Tyre Manufacturing	轮胎翻新加工 Tires Retreading	橡胶板、管、带的制造 Balata Board, Hose, Belt Manufacturing	橡胶零件制造 Balata Parts Product Industry	再生橡胶制造 Rebirth Parts Product Industry	日用及医用橡胶制品制造 Daily Balata Product Industry
全 国 National	**111.4**	**114.4**	**107.4**	**107.1**	**105.9**	**102.8**	**108.3**	**110.4**
北 京 Beijing	97.5	118.6			97.3	99.6	101.3	130.9
天 津 Tianjin		117.1	100.0		100.3	97.8		124.9
河 北 Hebei		113.1	115.0		105.0	104.7	107.3	105.5
山 西 Shanxi		124.0			103.7	106.8	116.7	111.3
内蒙古 Inner Mongolia		127.6		100.0				
辽 宁 Liaoning	100.0	115.6	94.2		100.6	101.6	96.6	106.9
吉 林 Jilin					100.2	99.4		99.7
黑龙江 Heilongjiang		115.2			111.9	95.8		
上 海 Shanghai	109.7	113.3	113.8		100.8	103.6	98.5	109.1
江 苏 Jiangsu	117.8	117.0	105.8	118.5	105.9	105.0	112.0	103.9
浙 江 Zhejiang	103.5	109.0	116.1		109.2	104.0	109.0	108.6
安 徽 Anhui	101.4	116.0		136.9	106.4	107.1	104.5	110.6
福 建 Fujian	97.2	114.8	106.9	98.3	106.9	100.2	118.2	100.6
江 西 Jiangxi		114.1		103.1	83.5	111.1	109.1	115.9
山 东 Shandong	108.7	114.4	110.6		104.5	98.6	106.0	120.0
河 南 Henan	104.7	117.9		104.9	108.1	100.3		102.1
湖 北 Hubei		149.3	103.0	110.7	112.6	103.7	107.6	119.6
湖 南 Hunan					111.4	103.0	100.0	99.3
广 东 Guangdong	141.2	116.6	106.9	102.9	109.7	101.0	102.0	107.0
广 西 Guangxi		104.2		122.8	113.1	101.7		131.9
海 南 Hainan								
重 庆 Chongqing		107.7		120.2	104.5	100.7		100.0
四 川 Sichuan		103.9			107.2	97.5	104.1	96.0
贵 州 Guizhou		113.5			115.3	105.8		
云 南 Yunnan			100.0		110.8		104.1	106.6
西 藏 Tibet								
陕 西 Shaanxi					118.7	99.5	108.8	
甘 肃 Gansu					121.4			
青 海 Qinghai							109.3	
宁 夏 Ningxia		117.8			117.4			
新 疆 Xinjiang		126.3	101.2		100.5	101.3	105.7	

2-3-10 续表 28 continued 28

地　区	Region	橡胶靴鞋制造 Balata Shoe Manufacturing	其他橡胶制品制造 Other Balata Product Industry	塑料薄膜制造 Plastic Pellicle Manufacturing	塑料板、管、型材的制造 Plastic Board Duct Mallet Material Manufacturing	塑料丝、绳及编织品的制造 Plastic Silk, Rope and Intertexture Product Manufacturing	泡沫塑料制造 Foam Plastics Manufacturing	塑料人造革、合成革制造 Man-Made and Synthetic Leather Manufacturing	塑料包装箱及容器制造 Plastic Packing Case and Container Manufacturing
全　国	**National**	**107.1**	**102.5**	**106.1**	**104.9**	**104.2**	**103.7**	**104.5**	**104.8**
北　京	Beijing	102.0	108.1	101.1	104.3	104.1	103.0	106.0	102.7
天　津	Tianjin	157.1	104.1	102.0	107.0	105.7	111.7	100.8	110.2
河　北	Hebei	111.7	101.5	104.0	99.5	100.8	96.4	104.6	105.2
山　西	Shanxi			106.9	100.2	103.1	104.6		102.8
内蒙古	Inner Mongolia		100.0	103.2	105.1	96.4	100.0		97.6
辽　宁	Liaoning	103.8	98.4	100.7	102.2	103.6	105.6	105.7	101.5
吉　林	Jilin		100.0	100.7	100.4	104.5	107.6	101.7	96.6
黑龙江	Heilongjiang		100.0	109.9	102.1	101.8	95.1	100.0	100.0
上　海	Shanghai	112.2	102.1	109.5	109.2	100.6	102.3	102.6	104.9
江　苏	Jiangsu	114.3	98.7	99.5	102.4	105.8	117.5	107.1	108.7
浙　江	Zhejiang	102.1	108.7	113.5	105.2	106.4	102.0	104.4	103.4
安　徽	Anhui	117.6	103.9	115.0	107.0	103.1	103.0	109.0	108.6
福　建	Fujian	101.0	102.3	107.0	106.1	105.1	102.2	102.3	101.5
江　西	Jiangxi	100.0	102.7	111.9	105.2	105.9	110.6		101.8
山　东	Shandong	107.4	101.7	100.8	100.6	107.4	96.0	103.4	111.5
河　南	Henan	111.3	103.1	104.2	105.9	98.8	96.1	113.4	98.7
湖　北	Hubei	116.3	101.1	104.4	104.5	103.1	99.2	105.2	103.2
湖　南	Hunan	118.6	106.8	103.6	102.6	99.9	110.5		100.0
广　东	Guangdong	108.9	101.3	103.8	110.3	103.3	104.8	101.9	102.3
广　西	Guangxi			103.4	103.2	102.4			105.8
海　南	Hainan		139.1	96.2	91.7	114.0	102.4		104.5
重　庆	Chongqing	113.2	100.8	102.8	106.2	106.5	106.0	115.4	102.5
四　川	Sichuan	99.8	113.0	110.2	105.5	106.6	117.5		109.5
贵　州	Guizhou	119.0	103.4	100.4	113.2	96.8	106.0		99.8
云　南	Yunnan	106.2		104.7	107.6	102.1	108.3		101.9
西　藏	Tibet								
陕　西	Shaanxi		114.1	103.4	101.4	97.0			103.3
甘　肃	Gansu			99.7	103.8	108.1			121.8
青　海	Qinghai				116.1				
宁　夏	Ningxia			97.6	105.9	103.5	112.5		96.7
新　疆	Xinjiang		107.2	100.8	100.5	105.1	104.6		105.2

2-3-10 续表 29 continued 29

地 区	Region	塑料零件制造 Plastic Parts Manufacturing	塑料鞋制造 Plastic Shoes Manufacturing	日用塑料杂品制造 Daily Plastic Sundry Goods Manufacturing	其他塑料制品制造 Other Plastic Product Industry	水泥制造 Cement Manufacturing	石灰和石膏制造 Lime and Gypsum Manufacturing	水泥制品制造 Cement Product Industry	砼结构构件制造 Rubstone Mechanism Component Manufacturing	石棉水泥制品制造 Asbestine Cement Product Industry
全 国	**National**	**101.2**	**104.0**	**105.4**	**105.5**	**116.1**	**105.8**	**108.7**	**105.7**	**108.9**
北 京	Beijing	100.9		103.9	104.7	118.0	104.9	118.4	97.9	
天 津	Tianjin	100.5		100.1	100.0	111.9		100.2		
河 北	Hebei	99.7	102.8	104.9	100.0	106.3	105.3	102.5	105.8	
山 西	Shanxi					101.4	99.0	102.3	114.8	
内蒙古	Inner Mongolia			99.3		104.2	110.8	101.8	100.0	
辽 宁	Liaoning	100.8		106.3	104.5	109.5	106.3	108.8	101.2	105.2
吉 林	Jilin	99.7		99.7	99.7	113.0	95.6	103.9	102.1	99.7
黑龙江	Heilongjiang	98.7		100.0	98.0	116.7	101.6	110.9	100.2	
上 海	Shanghai	100.2		104.5	103.8	131.6		121.2	102.7	
江 苏	Jiangsu	98.6	107.7	100.5	109.0	128.0	95.2	109.3	113.1	94.0
浙 江	Zhejiang	105.7	109.0	104.3	106.0	126.3	100.0	109.7	104.8	
安 徽	Anhui	101.0	100.8	105.8	102.9	130.9	111.8	111.9	108.3	
福 建	Fujian	102.0	102.5	103.6	100.0	130.3	106.2	109.9		
江 西	Jiangxi		114.5		100.1	134.8	104.6	117.3		
山 东	Shandong	100.2		102.6	105.0	121.1	106.5	112.3	105.1	111.5
河 南	Henan				98.9	117.1	106.0	106.5	103.9	110.1
湖 北	Hubei	99.9	121.3	109.7	113.9	122.6	114.7	110.3	108.9	100.0
湖 南	Hunan	99.3		105.1		119.2		101.3	104.8	107.9
广 东	Guangdong	101.2	103.5	108.7	106.8	109.9		104.0		
广 西	Guangxi			106.2		116.5		111.1		
海 南	Hainan	106.8				116.5	106.5	104.6	88.6	
重 庆	Chongqing	101.0		118.1	102.1	106.4	99.9	113.4	102.5	
四 川	Sichuan	93.5			105.6	99.3	112.3	103.4	100.0	103.3
贵 州	Guizhou	101.8		104.7	95.0	97.9	98.1	92.1		102.0
云 南	Yunnan			100.9	91.5	99.7		101.4	103.5	95.7
西 藏	Tibet					99.8		101.5		
陕 西	Shaanxi	94.9		106.3	94.4	99.4	94.3	99.1	107.0	
甘 肃	Gansu				103.7	97.9	103.0	106.1	102.4	
青 海	Qinghai					101.2		101.0		
宁 夏	Ningxia					95.8	116.8	100.5	117.1	
新 疆	Xinjiang			103.9	99.2	110.6	104.1	109.7	102.8	

2-3-10 续表 30 continued 30

地 区 Region	轻质建筑材料制造 Light Construction Material Manufacturing	其他水泥制品制造 Other Cement Product Industry	粘土砖瓦及建筑砌块制造 Tile Manufacturing	建筑陶瓷制品制造 Construction and Hygienic Ceramics Manufacturing	建筑用石加工 Construction Stone Manufacturing	防水建筑材料制造 Waterproof Sealing Construction Materials Manufacturing	隔热和隔音材料制造 Heat Preservation and Sound-Proof Materials Manufacturing	其他建筑材料制造 Other Tile, Lime and Light Construction Material Manufacturing	平板玻璃制造 Flat Glass Products
全 国 National	**102.0**	**105.6**	**104.6**	**102.1**	**103.1**	**107.4**	**102.1**	**107.4**	**91.3**
北 京 Beijing	104.0		114.9	111.2	100.0	102.3	114.9	105.8	
天 津 Tianjin	99.8		104.6						97.1
河 北 Hebei	102.1		104.5	100.0	105.0	111.6	102.3	106.3	90.9
山 西 Shanxi			115.0	105.0	107.6	95.5		100.0	89.2
内蒙古 Inner Mongolia			115.3		107.2			100.0	97.4
辽 宁 Liaoning	101.0		105.3	98.2	98.7	112.3	88.9	93.7	93.6
吉 林 Jilin			101.5	102.3	97.7	102.8	99.7		100.4
黑龙江 Heilongjiang			110.8		102.5	100.8		100.0	95.6
上 海 Shanghai	99.3		100.0	96.6	100.3		123.4	138.6	
江 苏 Jiangsu	106.4		103.5	99.0	106.1	107.5	112.9	102.5	87.8
浙 江 Zhejiang	115.1		101.8	101.9	105.8	104.7		90.0	91.0
安 徽 Anhui	104.5		106.9	105.5	101.4	113.1		113.7	94.5
福 建 Fujian			108.2	100.2	100.1			102.6	86.5
江 西 Jiangxi	111.8		104.2	100.4	100.0		100.5	103.4	84.5
山 东 Shandong	97.1		106.4	98.0	107.4	108.7	100.1	103.1	89.4
河 南 Henan	105.0	99.1	100.4	105.3		100.0			87.4
湖 北 Hubei	118.9	103.2	114.5	101.0	106.2	103.0	99.8	100.0	97.7
湖 南 Hunan			106.1						81.4
广 东 Guangdong	95.4			106.2	95.9			128.7	89.0
广 西 Guangxi			96.5	100.9	104.5				76.8
海 南 Hainan			117.4					110.0	
重 庆 Chongqing	101.1		116.3	101.1	101.0	104.0	109.2	104.1	98.1
四 川 Sichuan	105.5	120.7	101.0	104.8	97.1	103.0		100.0	102.7
贵 州 Guizhou			123.5	97.4					
云 南 Yunnan	107.5		98.0	99.6	104.6	104.5		106.1	87.7
西 藏 Tibet			112.3						
陕 西 Shaanxi	99.4		105.6	94.9	97.6	104.9	100.5	96.4	92.1
甘 肃 Gansu	110.1		106.0	99.3	108.1				98.4
青 海 Qinghai	111.2		112.2						107.4
宁 夏 Ningxia	102.7		112.0	107.5				100.0	82.2
新 疆 Xinjiang	110.2		120.7	100.4	100.0	100.7	106.6	104.6	106.2

2-3-10 续表 31 continued 31

地 区 Region	技术玻璃制品制造 Industrial Technique Glass Manufa-cturing	光学玻璃制造 Optical Glass Manufa-cturing	玻璃仪器制造 Glass Instruments Manufa-cturing	日用玻璃制品及玻璃包装容器制造 Daily Glass Product Industry	玻璃保温容器制造 Glass Heat Preservation Vessel Manufa-cturing	玻璃纤维及制品制造 Fiberglass and Allied Products	玻璃纤维增强塑料制品制造 Glass Fiber Feinforced Plastic Product	其他玻璃制品制造 Other Glass and Glass Product Industry
全 国 National	**98.2**	**113.3**	**113.1**	**104.9**	**118.5**	**104.3**	**101.9**	**102.5**
北 京 Beijing	96.2	106.4	99.8	108.3	127.0	100.1	108.8	100.0
天 津 Tianjin	101.9		90.7	100.0		93.3		
河 北 Hebei	100.2		100.7	104.9		105.2	100.1	99.4
山 西 Shanxi	100.5			98.4			102.3	
内蒙古 Inner Mongolia	100.0		100.0	102.9		99.2		
辽 宁 Liaoning	101.6		113.0	101.5		114.4	99.9	96.7
吉 林 Jilin	98.6		97.7	100.7		103.0	99.7	110.8
黑龙江 Heilongjiang	100.0			106.9			101.5	
上 海 Shanghai	89.2	77.2		104.4	102.7	102.3	98.4	
江 苏 Jiangsu	103.2		105.8	108.6	101.8	105.8	101.6	101.4
浙 江 Zhejiang	96.9	99.9		100.3		106.7	100.9	101.9
安 徽 Anhui	102.1	97.9		100.8	117.6	97.3	96.0	106.9
福 建 Fujian	98.4	98.5					102.4	99.5
江 西 Jiangxi	102.8		108.0	103.3	120.6	104.0	99.1	86.2
山 东 Shandong	95.7		117.2	105.7	102.7	105.2	103.6	109.7
河 南 Henan	101.5		104.5	100.9		110.2	100.9	
湖 北 Hubei	106.0	105.8		105.9	112.4	100.7	99.5	103.2
湖 南 Hunan	112.0			106.2	134.0			
广 东 Guangdong	99.6	103.7		104.6	102.6	90.2	110.2	102.9
广 西 Guangxi	90.4			104.7			100.8	
海 南 Hainan								
重 庆 Chongqing	99.9			102.2	109.1	99.1	100.0	102.7
四 川 Sichuan	98.9	130.2		108.4		106.7	107.7	
贵 州 Guizhou				107.1		104.3		
云 南 Yunnan	105.9	100.0	100.2	102.4			113.5	
西 藏 Tibet								
陕 西 Shaanxi	96.6			108.9		112.6	101.7	
甘 肃 Gansu								
青 海 Qinghai								
宁 夏 Ningxia	99.3			102.5			105.3	
新 疆 Xinjiang	107.0			103.1	149.7	101.2	102.2	

2-3-10 续表 32 continued 32

地区	Region	卫生陶瓷制品制造 Construction and Hygienic Ceramics Manufacturing	特种陶瓷制品制造 Industrial Ceramics Manufacturing	日用陶瓷制品制造 Daily Ceramic Manufacturing	园林、陈设艺术及其他陶瓷制品制造 Other Ceramic Product Industry	石棉制品制造 Asbestine Product Industry	云母制品制造 Mica Product Industry	耐火陶瓷制品及其他耐火材料制造 Other Fireproof Materials Products	石墨及碳素制品制造 Black Lead and Carbon Product
全国	**National**	**103.2**	**100.3**	**104.2**	**102.4**	**101.3**	**104.2**	**104.0**	**107.3**
北京	Beijing	99.8	99.7					103.8	104.4
天津	Tianjin	120.0						123.4	94.3
河北	Hebei	104.9	98.8	104.7	106.0	105.5	102.9	105.7	103.6
山西	Shanxi		99.5	104.6		54.8		100.0	108.1
内蒙古	Inner Mongolia					75.0		104.2	108.4
辽宁	Liaoning		101.0			100.0	102.0	104.1	108.7
吉林	Jilin					99.1	96.4	100.5	100.7
黑龙江	Heilongjiang		101.6	101.5			100.0	101.7	101.2
上海	Shanghai	100.9	97.7					99.9	100.0
江苏	Jiangsu		89.1	99.1	107.8	104.5	107.1	119.4	108.9
浙江	Zhejiang	102.6	99.0	99.7		98.6		104.1	103.5
安徽	Anhui		120.9	108.5	105.5	97.9	105.3	102.7	114.0
福建	Fujian	95.3	98.1	104.0	99.1			107.0	108.7
江西	Jiangxi		103.3	102.4		97.8		106.3	
山东	Shandong	97.0	99.2	112.7		101.6	100.0	104.9	109.5
河南	Henan	102.3	102.2	99.6		96.7		101.7	108.0
湖北	Hubei	101.0		116.5		100.0	103.6	104.7	107.8
湖南	Hunan	99.9		105.3	116.2		109.1	102.7	108.3
广东	Guangdong	105.0	101.6	101.9	104.2	103.9	99.7	106.0	
广西	Guangxi	102.2		105.7				105.3	
海南	Hainan								
重庆	Chongqing	102.2	109.0	100.0		104.1		94.0	101.0
四川	Sichuan		119.7	97.7			103.1	101.6	106.2
贵州	Guizhou		97.1					153.1	101.6
云南	Yunnan			107.6	106.7			91.0	101.1
西藏	Tibet								
陕西	Shaanxi		102.7		132.2	108.2	108.5	108.6	108.3
甘肃	Gansu								107.2
青海	Qinghai		100.0					104.0	111.2
宁夏	Ningxia							123.5	106.7
新疆	Xinjiang							101.2	99.8

2-3-10 续表 33 continued 33

地　区	Region	其他非金属矿物制品制造 Other Nonmetal Mineral Product	炼铁 Metal Smelting	炼钢 Steel Smelting	钢压延加工 Steel Rolling Processing	铁合金冶炼 Iron Alloy Smelting Industry	铜冶炼 Copper Smelting	铅锌冶炼 Lead Zinc Smelting Industry	镍钴冶炼 Nickel Cobalt Smelting
全　国	**National**	**106.0**	**113.1**	**109.4**	**110.0**	**105.1**	**114.3**	**103.6**	**102.0**
北　京	Beijing	97.3	115.7		113.6		119.8		
天　津	Tianjin	103.4	111.8	109.5	108.7		114.1		
河　北	Hebei	104.2	111.2	112.8	109.4	103.9	113.2	100.6	
山　西	Shanxi	101.8	111.8	112.0	106.1	109.2	108.9	102.6	
内蒙古	Inner Mongolia	100.2	114.7	103.9	105.9	102.4	115.8	107.6	
辽　宁	Liaoning	105.2	112.4	107.6	111.0	103.8	108.8	103.6	113.3
吉　林	Jilin	105.5	118.9		113.2	105.6	107.9		
黑龙江	Heilongjiang	100.7	113.7	121.6	113.6		112.1		
上　海	Shanghai	100.0	135.9	115.6	110.2	103.5	120.5	96.2	93.5
江　苏	Jiangsu	106.5	116.6	111.1	112.0	115.1	115.5	106.6	93.6
浙　江	Zhejiang	103.8	108.1	108.6	108.7	103.4	109.1	101.6	107.9
安　徽	Anhui	114.2	106.9	123.1	111.3	107.6	123.6	127.8	
福　建	Fujian	104.6	114.8	111.3	109.9	106.0			
江　西	Jiangxi	101.1	210.9	115.8	110.3	91.2	116.3	97.5	105.2
山　东	Shandong	108.2	111.2	105.1	108.3	112.9	104.0	98.2	
河　南	Henan	108.0	110.8	104.9	104.4	103.2	122.5	104.0	
湖　北	Hubei	101.5	108.0	104.9	109.3	106.6	114.1	102.6	93.1
湖　南	Hunan	101.1	107.3	120.3	113.4	109.4	97.7	102.4	91.8
广　东	Guangdong	101.3	117.0	111.8	114.0	115.2	116.5	103.6	
广　西	Guangxi	112.5	98.8	79.6	113.8	102.3	112.8	98.4	
海　南	Hainan				128.6				91.9
重　庆	Chongqing	93.2	108.4	108.7	105.5	101.4	111.4	107.0	97.6
四　川	Sichuan	108.3	118.2	116.9	110.8	104.9	112.7	105.1	
贵　州	Guizhou	116.4	112.6		108.6	103.3	100.4	102.1	
云　南	Yunnan	105.9	117.9	107.1	107.8	103.3	111.8	92.4	99.6
西　藏	Tibet								
陕　西	Shaanxi		101.3	103.8	107.4	104.3		106.6	97.6
甘　肃	Gansu	96.7	111.4	100.9	109.4	99.1	109.8	97.3	102.0
青　海	Qinghai				117.2	107.1	100.1	94.7	102.9
宁　夏	Ningxia	103.0	112.6		111.9	109.7		107.0	
新　疆	Xinjiang	105.7	113.8	97.6	114.9	106.2	112.5	110.6	106.6

2-3-10 续表 34 continued 34

地区 Region	锡冶炼 Tin Smelting Industry	锑冶炼 Stibium smelting Industry	铝冶炼 Aluminum Smelting	镁冶炼 Magnesium Smelting	其他常用有色金属冶炼 Other Commonly Used Non-Ferrous Metal Smelting Industry	金冶炼 Glod Smelting	银冶炼 Silver Smelting	其他贵金属冶炼 Other Valued Metal Smelting
全国 National	**118.8**	**150.7**	**106.1**	**109.0**	**111.9**	**124.3**	**156.9**	**138.4**
北京 Beijing					152.8			113.4
天津 Tianjin							164.2	
河北 Hebei			102.1	82.5	162.0	121.9	122.0	
山西 Shanxi			105.6	109.6	150.8	121.2	127.7	
内蒙古 Inner Mongolia			106.0	100.0	100.0	123.4	164.5	
辽宁 Liaoning			103.9	105.4	102.7	108.4		
吉林 Jilin			108.8	105.4		125.7		
黑龙江 Heilongjiang			95.0			123.1		
上海 Shanghai			100.3			121.9	196.7	131.9
江苏 Jiangsu	113.1		104.2		103.2		142.9	109.9
浙江 Zhejiang			105.1			128.2		
安徽 Anhui			105.1			124.4	164.1	
福建 Fujian			99.6			125.9		
江西 Jiangxi		154.6	110.0		125.7	124.0	170.8	154.1
山东 Shandong			103.5	106.9		118.1	119.4	
河南 Henan			106.8	109.0		127.3	165.3	
湖北 Hubei		201.6	105.5			123.4	167.1	
湖南 Hunan	131.9	150.0	110.9		118.6	118.5	157.1	108.0
广东 Guangdong			108.9			123.9	137.3	
广西 Guangxi	131.4	164.4	107.6		79.4	117.2	165.8	
海南 Hainan								109.2
重庆 Chongqing			102.8		94.5			
四川 Sichuan			108.0		123.4	114.7		
贵州 Guizhou		114.0	104.6		128.3	124.7		
云南 Yunnan	112.7	108.0	119.4		114.7	121.9	158.4	98.1
西藏 Tibet								
陕西 Shaanxi			107.4	114.2	117.6	120.9	148.6	
甘肃 Gansu		111.6	105.4			120.5	154.7	
青海 Qinghai			102.7			119.1		
宁夏 Ningxia			107.1	101.7	95.1		165.6	
新疆 Xinjiang			107.7	104.7		117.0	119.7	

2-3-10 续表 35 continued 35

地 区	Region	钨钼冶炼 G78 Smelting	稀土金属冶炼 Rare Earth Metal Smelting	其他稀有金属冶炼 Other Rare Metal Smelting	有色金属合金制造 Non-Ferrous Metaling Alloy Manufa-cturing	常用有色金属压延加工 Commonly Used Non-Ferrous Rolling Processing	贵金属压延加工 Valued Metal Rolling Processing	稀有稀土金属压延加工 Rare Earth Metal Rolling Processing	金属结构制造 Metal Fabric Manufa-cturing
全 国	**National**	**124.3**	**237.6**	**144.5**	**113.0**	**109.5**	**121.3**	**108.9**	**103.8**
北 京	Beijing		786.9		289.4	110.6	119.9	268.2	105.2
天 津	Tianjin			161.8	118.9	108.6			107.6
河 北	Hebei	104.9			108.7	102.9	159.0		102.7
山 西	Shanxi		155.0	209.8	193.7	113.3	107.9	116.9	100.3
内蒙古	Inner Mongolia		164.1		122.1	100.3	135.7		108.8
辽 宁	Liaoning		120.7	114.0	102.9	107.5	126.7	112.1	102.4
吉 林	Jilin	97.0			100.5	114.1		140.6	98.5
黑龙江	Heilongjiang				139.7	103.8			107.7
上 海	Shanghai				116.1	110.2		100.0	99.8
江 苏	Jiangsu	100.5	108.8	183.2	106.5	112.4	119.2	120.5	104.9
浙 江	Zhejiang				114.3	107.8		146.7	103.8
安 徽	Anhui	99.1			108.0	109.6			106.6
福 建	Fujian	161.1			124.3	106.7			103.4
江 西	Jiangxi	151.4	345.0	147.9	113.4	113.4		116.9	110.3
山 东	Shandong	117.8	180.7		116.7	108.0		103.0	105.9
河 南	Henan	96.0			99.8	108.2			106.2
湖 北	Hubei		112.0	96.2	103.1	122.4			98.8
湖 南	Hunan	165.2		159.0	125.6	113.0			110.2
广 东	Guangdong	145.8	230.3	158.5	103.0	108.4	117.2		99.0
广 西	Guangxi				135.6	103.5			98.5
海 南	Hainan								
重 庆	Chongqing				105.3	105.6			109.8
四 川	Sichuan	96.9		109.5	106.9	110.9	124.4	118.4	102.7
贵 州	Guizhou				104.9	104.8			105.3
云 南	Yunnan		103.6	112.1	113.3	105.1	111.3	169.9	99.4
西 藏	Tibet								
陕 西	Shaanxi	114.4	223.6		95.7	117.3			100.6
甘 肃	Gansu		356.7	112.5	116.2	116.9			105.8
青 海	Qinghai				110.4	101.3			95.2
宁 夏	Ningxia		89.8	200.8	110.5	102.3	125.5	190.1	111.0
新 疆	Xinjiang				124.0	102.1			104.3

2-3-10 续表 36 continued 36

地 区	Region	金属门窗制造 Metal Door and Window Manufacturing	切削工具制造 Cutting tool Manufacturing	手工具制造 Handwork Tool Manufacturing	农用及园林用金属工具制造 Farming or Gardening Metal Tool Manufacturing	刀剪及类似日用金属工具制造 Scissors and Knives Daily Metal Tool Manufacturing	其他金属工具制造 Other Metal Tool Manufacturing	集装箱制造 Container Manufacturing	金属压力容器制造 Metal Pressing Vessels Manufacturing
全 国	**National**	**104.6**	**104.5**	**107.2**	**104.4**	**101.8**	**104.6**	**106.0**	**103.9**
北 京	Beijing	101.2	103.4	100.0					102.1
天 津	Tianjin	112.3	103.2	106.8				104.3	
河 北	Hebei	106.7	100.8	103.1	101.8		105.5		103.5
山 西	Shanxi	95.4	95.9				103.6		107.8
内蒙古	Inner Mongolia	101.6							
辽 宁	Liaoning	105.0	110.4	109.3	102.7	100.0	100.0	98.7	105.3
吉 林	Jilin	100.8	100.7	99.7	99.8		107.0		101.9
黑龙江	Heilongjiang	101.1	107.0		100.0	100.0			105.3
上 海	Shanghai	100.2	100.3	104.4		94.6		104.0	
江 苏	Jiangsu	106.3	111.2	108.9				106.7	105.0
浙 江	Zhejiang	101.5	102.7	104.8	104.6	99.3	119.4		99.6
安 徽	Anhui	110.2	94.8	114.4	101.7				98.9
福 建	Fujian	100.1	93.4	99.9	97.6	97.6			99.5
江 西	Jiangxi	110.3	100.8	102.7		94.0			103.7
山 东	Shandong	108.8	103.4	107.3	122.8	112.2	98.2	102.2	104.1
河 南	Henan	107.6	103.1						105.4
湖 北	Hubei	111.9	101.8	101.0					106.3
湖 南	Hunan	118.1	99.0	100.2	101.5				104.3
广 东	Guangdong	100.2	100.1	129.2	98.6	102.9	103.2	111.1	
广 西	Guangxi	100.8	93.6	106.1					95.1
海 南	Hainan	108.5							
重 庆	Chongqing	102.5	107.4	114.5		112.0	100.0		103.3
四 川	Sichuan	102.2	105.2	111.1	97.7		101.7		108.3
贵 州	Guizhou	90.7	99.7	99.9					
云 南	Yunnan	102.7		100.2	100.5				91.8
西 藏	Tibet								
陕 西	Shaanxi	98.6	101.1	106.4	100.8				88.6
甘 肃	Gansu	105.1		102.4					
青 海	Qinghai	100.0	102.4						
宁 夏	Ningxia	99.2			101.4				
新 疆	Xinjiang	97.1	100.0						96.6

地　区 Region	金属包装容器制造 Metal Packaging Vessels Manufacturing	金属丝绳及其制品的制造 Metal Thread Products	建筑、家具用金属配件制造 Construction, Household Use Metal Parts	建筑装饰及水暖管道零件制造 Construction, Decoration and Plumbing Parts	安全、消防用金属制品制造 Safety, Fire Protection Metal Products	其他建筑、安全用金属制品制造 Other Construction, Safety Metal Products	金属表面处理及热处理加工 Metal Surface Treating and Heating Processing	工业生产配套用搪瓷制品制造 Industrial Use Enamel Products Manufacturing
全　国 National	**102.8**	**106.4**	**101.5**	**104.7**	**101.7**	**99.8**	**101.7**	**104.3**
北　京 Beijing	103.4	112.5	100.6	101.1	106.8		102.1	
天　津 Tianjin	100.0	111.0	81.0	104.0		100.9	99.4	
河　北 Hebei	104.3	107.5	99.7	108.8	104.0		96.0	100.0
山　西 Shanxi	99.1	112.0		105.9	104.1			
内蒙古 Inner Mongolia	123.0	100.7	100.9	108.2		109.4		
辽　宁 Liaoning	101.5	107.3	98.9	103.6	97.5	103.6	103.1	109.6
吉　林 Jilin	102.0	109.5		99.7				
黑龙江 Heilongjiang	104.8	115.2	100.8	104.9			104.5	100.0
上　海 Shanghai	104.0	102.4	101.2	100.0	99.4	91.0	99.2	100.0
江　苏 Jiangsu	99.4	103.8	99.9	102.0	98.2	94.6	99.4	105.5
浙　江 Zhejiang	102.5	105.1	101.0	103.0	105.8	96.9	100.5	
安　徽 Anhui	101.5	110.4	100.9	108.6	101.1	104.5	102.8	
福　建 Fujian	100.5	114.4	92.4	97.7	103.1	95.5	95.6	
江　西 Jiangxi	104.0	111.6		100.9	102.3			114.0
山　东 Shandong	104.6	105.6	99.1	104.2	114.8	108.0	101.2	101.6
河　南 Henan	101.4	108.5	103.3	99.5		113.4		
湖　北 Hubei	105.6	105.9		101.1			105.3	99.1
湖　南 Hunan	97.7	107.8		100.2	97.6			
广　东 Guangdong	104.9	111.3	103.3	107.5	102.3	97.1	107.1	
广　西 Guangxi		101.8	101.0			100.0		
海　南 Hainan	86.7						100.9	
重　庆 Chongqing	100.7	104.5	101.7	120.5	100.3	108.7	106.2	
四　川 Sichuan	108.3	111.9		102.4	103.0	105.1	99.0	
贵　州 Guizhou		105.1	101.6		101.6	109.6		
云　南 Yunnan	97.4	107.2	102.0			108.2		
西　藏 Tibet								
陕　西 Shaanxi	106.0	102.2	99.7	97.4	97.8			
甘　肃 Gansu	100.3	102.3		110.9		90.7		
青　海 Qinghai		113.4						
宁　夏 Ningxia	105.5	105.6		99.2			100.0	
新　疆 Xinjiang	101.4	127.6		111.7	103.8	100.0	97.2	

地 区 Region	搪瓷卫生洁具制造 Enamel Sanitary Ware Manufacturing	搪瓷日用品及其他搪瓷制品制造 Enamel Commodity and Other Enamel Products Manufacturing	金属制厨房调理及卫生器具制造 Metal Kitchen and Sanitary Ware Products	金属制厨用器皿及餐具制造 Metal Kitchen Utensils and Tablewares Manufacturing	其他日用金属制品制造 Other Daily Metal Products Manufacturing	铸币及贵金属制实验室用品制造 Coin and Other Valued Metal Lab Products	其他未列明的金属制品制造 Other not listed Metal Products	锅炉及辅助设备制造 Boiler and Other Fitting Manucturing
全 国 National	**106.0**	**100.9**	**104.5**	**101.9**	**103.1**	**101.1**	**107.1**	**99.5**
北 京 Beijing				99.8			127.3	100.0
天 津 Tianjin		102.4		120.5			107.6	100.3
河 北 Hebei			115.9	101.4			108.3	92.2
山 西 Shanxi							105.7	102.3
内蒙古 Inner Mongolia								105.1
辽 宁 Liaoning			107.9	97.8	110.0		103.9	100.4
吉 林 Jilin					99.7		99.1	102.8
黑龙江 Heilongjiang							100.0	100.1
上 海 Shanghai		109.9	106.2	105.4			110.1	100.5
江 苏 Jiangsu		100.1		106.7	111.2		105.7	101.0
浙 江 Zhejiang		100.7	99.6	99.6	101.1		110.8	101.6
安 徽 Anhui		100.0		100.5	100.1		106.9	100.3
福 建 Fujian				103.0	102.4		103.2	97.8
江 西 Jiangxi		104.1					125.4	102.5
山 东 Shandong		97.7	112.9	101.6	108.6	101.1	103.8	102.7
河 南 Henan		100.2		105.9	104.2	101.9	109.3	98.8
湖 北 Hubei			100.1	101.6	100.0		103.1	99.8
湖 南 Hunan				104.6			104.4	95.6
广 东 Guangdong	105.8		102.0	101.6	101.1		105.0	99.7
广 西 Guangxi				103.3	123.7		103.6	102.6
海 南 Hainan								
重 庆 Chongqing	109.2		103.5	101.2	99.9		100.7	104.1
四 川 Sichuan				100.0			118.8	93.5
贵 州 Guizhou				100.2			97.8	
云 南 Yunnan							105.7	108.6
西 藏 Tibet								
陕 西 Shaanxi		105.6		109.1	100.6		109.6	102.2
甘 肃 Gansu							118.3	99.9
青 海 Qinghai								
宁 夏 Ningxia							115.1	100.0
新 疆 Xinjiang				102.8			113.1	101.2

2-3-10 续表 39 continued 39

地区	Region	内燃机及配件制造 Internal Combustion and Fitting Manufacturing	汽轮机及辅机制造 Steam Turbine and Fitting Manufacturing	水轮机及辅机制造 Water Turbine and Fitting Manufacturing	其他原动机制造 Other Motor Machine Manufacturing	金属切削机床制造 Metal Cutting Machine Tool Manufacturing	金属成形机床制造 Metal Forming Machine Tool Manufacturing	铸造机械制造 Foundry Machinery Manufacturing	金属切割及焊接设备制造 Metal Cutting and Welding Equipment Manufacturing
全 国	**National**	**101.9**	**105.9**	**104.4**		**104.0**	**102.1**	**99.6**	**104.6**
北 京	Beijing		100.0			102.2			103.2
天 津	Tianjin	100.0				98.2	126.0		
河 北	Hebei	99.3				102.1	104.8	102.5	107.8
山 西	Shanxi	116.1				97.3	100.0	100.9	102.0
内蒙古	Inner Mongolia								
辽 宁	Liaoning	98.5	101.7			103.4	100.4	100.0	108.4
吉 林	Jilin	102.2				99.7			
黑龙江	Heilongjiang		106.3			104.4	99.6		97.4
上 海	Shanghai	98.5	91.5			113.6	95.4	90.8	
江 苏	Jiangsu	103.1	101.8			103.8	104.9	99.9	105.8
浙 江	Zhejiang	100.2	100.2	109.0		102.5	102.8	105.5	103.2
安 徽	Anhui	102.4				105.0	100.3	86.9	
福 建	Fujian	103.6		93.3		93.2	102.9	100.5	
江 西	Jiangxi	113.4		100.4		109.2	109.8		
山 东	Shandong	103.3	95.2			105.1	95.6	100.8	105.7
河 南	Henan	98.0				107.7	105.8	107.3	
湖 北	Hubei	102.3	105.3	103.8		102.0	103.4		100.1
湖 南	Hunan	99.8		122.0		106.1	99.5		
广 东	Guangdong	119.1				98.4	100.5	100.8	
广 西	Guangxi	103.7		102.6		105.7	105.3		
海 南	Hainan								
重 庆	Chongqing	100.6		105.3		103.0	101.2	96.2	
四 川	Sichuan	102.9	116.7	95.3		98.9	108.2		103.5
贵 州	Guizhou					97.4			
云 南	Yunnan	97.9				106.4			101.2
西 藏	Tibet								
陕 西	Shaanxi	98.6	99.1			103.8	104.4		98.3
甘 肃	Gansu					115.1	100.0	125.7	
青 海	Qinghai					102.4	99.5		
宁 夏	Ningxia		104.9	101.8		103.1			
新 疆	Xinjiang								

2-3-10 续表 40 continued 40

地区	Region	机床附件制造 Machine Tool Parts Manufacturing	其他金属加工机械制造 Other Metal Processing Machinery Manufacturing	起重运输设备制造 Crane Transportaion Equipment Manufacturing	泵及真空设备制造 Pump and Vacuum Equipment Manufacturing	气体压缩机械制造 Gas Compressor Machinery Manufacturing	阀门和旋塞的制造 Valve and Plug Manufacturing	液压和气压动力机械及元件制造 Hydraulic Pressure unit and Pneumatic Machine and Component Manufacturing	轴承制造 Bearing Manufacturing
全国	**National**	**105.6**	**111.2**	**100.7**	**102.5**	**101.9**	**102.8**	**103.1**	**104.7**
北京	Beijing		100.0	100.2	102.3	95.2	103.2	99.7	94.7
天津	Tianjin			100.7	98.7	103.8	107.3	105.8	
河北	Hebei			99.1	103.5	100.0	100.8	100.1	105.5
山西	Shanxi		90.5	106.8	110.4	107.5	112.9	98.8	93.5
内蒙古	Inner Mongolia	103.2		103.2	97.1				
辽宁	Liaoning	101.2	101.5	95.0	102.9	104.4	102.5	102.0	99.5
吉林	Jilin			99.7	100.0	101.1	99.7	99.7	106.1
黑龙江	Heilongjiang		100.0	103.9	99.9		99.9	100.0	104.2
上海	Shanghai			99.9	101.1	99.6	101.2	101.2	97.3
江苏	Jiangsu	110.8	105.0	102.8	100.4	112.8	104.0	100.9	114.9
浙江	Zhejiang	101.3	102.2	101.7	104.0	102.8	103.9	101.5	100.2
安徽	Anhui	113.9	103.4	100.6	102.7	96.7	102.9	97.6	108.7
福建	Fujian			97.7	101.8	100.1	98.3	102.6	105.0
江西	Jiangxi			104.9	97.3	98.7	106.6	104.1	109.0
山东	Shandong	108.7	133.0	102.0	102.2	94.4	103.6	105.4	108.4
河南	Henan		108.1	97.9	101.2	101.4	103.0	97.4	108.2
湖北	Hubei	107.1		100.6	104.5	98.3	103.7	141.8	101.2
湖南	Hunan	99.6		100.7	106.5	88.5	100.4	96.5	101.7
广东	Guangdong			100.0	103.7	104.2	104.8	107.1	103.6
广西	Guangxi		102.0	97.6	93.9	99.2	100.5	101.3	101.0
海南	Hainan				105.7				
重庆	Chongqing	106.9	103.7	102.1	102.7	98.9	106.9	101.4	115.3
四川	Sichuan	105.5	100.1	104.1	101.7	104.6	99.1	102.2	104.0
贵州	Guizhou			100.7	108.0	99.2	101.1	117.2	101.8
云南	Yunnan	101.8	102.9	106.9	94.4			102.0	98.3
西藏	Tibet								
陕西	Shaanxi	102.7	98.5	98.0	95.8	101.1	98.6	87.3	
甘肃	Gansu		100.0	100.1	106.3	102.5	103.8	116.5	100.1
青海	Qinghai								
宁夏	Ningxia			106.3				102.8	101.7
新疆	Xinjiang			102.0	100.0				100.0

2-3-10 续表 41 continued 41

地 区 Region	齿轮、传动和驱动部件制造 Gears and Other Conveyor and Conveying Equipment Manufacturing	烘炉、熔炉及电炉制造 Oven and Smelting Furnace Manufacturing	风机、风扇制造 Fan Equipment Manufacturing	气体、液体分离及纯净设备制造 Gas, Liquid Seperation and Purifying Equipment Manufacturing	制冷、空调设备制造 Ventilation, Heating, Air-Conditioning, and Commercial Refrigeration Equipment Manufacturing	风动和电动工具制造 Pneumatic and Power-Driven Tool Manufacturing	喷枪及类似器具制造 Gunjet Type Products	包装专用设备制造 Packaging Equipment Manufacturing
全 国 National	**101.2**	**103.7**	**102.6**	**103.7**	**102.5**	**99.3**	**102.9**	**99.8**
北 京 Beijing	97.0	99.4	98.9	100.0	94.4			99.8
天 津 Tianjin	91.4	106.9	100.9		106.0	96.9		100.0
河 北 Hebei	102.1	110.4	100.7	96.5	95.3	100.1		100.2
山 西 Shanxi	94.5	99.1	112.3		97.4			
内蒙古 Inner Mongolia	101.0						101.0	
辽 宁 Liaoning	99.8	99.2	104.4	100.6	107.2	96.0	100.0	98.4
吉 林 Jilin	100.2	99.7	99.8					104.7
黑龙江 Heilongjiang	101.3	100.0	100.0	99.7	91.1	106.3		87.6
上 海 Shanghai	78.6	100.0	96.9	95.9	99.9	100.0	103.7	89.9
江 苏 Jiangsu	102.6	111.6	103.6	99.9	103.5	98.7		102.2
浙 江 Zhejiang	103.4	97.3	100.7	98.1	103.2	102.7	103.1	97.9
安 徽 Anhui	104.8	99.6	97.7		101.1	101.4		
福 建 Fujian	101.5			98.3		99.0	106.5	116.3
江 西 Jiangxi	101.3	99.5		97.5	96.6	106.7	105.4	96.3
山 东 Shandong	100.5	103.8	107.3	106.9	101.5	92.5	102.6	
河 南 Henan	105.8		99.5	102.5	95.3			99.6
湖 北 Hubei	107.4	100.0	103.8		109.4	100.0	100.0	100.4
湖 南 Hunan	101.0	98.8	101.8		103.7	94.8		
广 东 Guangdong	109.0	99.7	98.7	99.7	102.7			105.6
广 西 Guangxi	110.0		101.5	101.5	96.0	60.2		
海 南 Hainan	100.0				98.5			
重 庆 Chongqing	100.7	100.4	111.4	99.6	102.2	100.0	102.5	
四 川 Sichuan	98.9		101.5	120.8	129.5	109.4		100.0
贵 州 Guizhou	98.6		112.8		102.5			
云 南 Yunnan	99.1		104.7					
西 藏 Tibet								
陕 西 Shaanxi	100.4	101.3	102.1	94.9	98.9			
甘 肃 Gansu	97.6		105.2					
青 海 Qinghai	103.0							
宁 夏 Ningxia	100.0		100.0					
新 疆 Xinjiang			100.0		98.2			

2-3-10 续表 42 continued 42

地 区 Region	衡器制造 Scale and Balance Equipment	其他通用设备制造 Other General Equipment Manufacturing	金属密封件制造 Metal Airproof Parts Manufacturing	紧固件、弹簧制造 Fasterning Units and Springs Manufacturing	机械零部件加工及设备修理 Machine Parts Processing and Maintenance	其他通用零部件制造 Other Genearl Parts Manufacturing	钢铁铸件制造 Steel and Iron Forging Manufacturing	锻件及粉末冶金制品制造 Forging Unit and Powder Metallurgy Products
全 国 National	**110.1**	**100.1**	**99.9**	**101.7**	**101.6**	**103.6**	**105.7**	**101.2**
北 京 Beijing	107.7	100.8		107.0	100.0	102.2	109.8	100.0
天 津 Tianjin				108.7	100.0		109.0	100.6
河 北 Hebei	107.7	102.4		101.3	104.3	100.8	105.1	103.9
山 西 Shanxi	100.5	100.1		101.1	103.5	106.0	106.6	105.2
内 蒙 古 Inner Mongolia		100.4		100.0	100.0		100.9	100.0
辽 宁 Liaoning	110.4	99.8	99.9	104.3	100.6	104.8	107.4	104.0
吉 林 Jilin	99.7	107.5	98.1	99.7	99.7	104.7	104.7	
黑 龙 江 Heilongjiang	100.0		87.1	89.5	100.0	100.0	90.5	
上 海 Shanghai	102.2	69.0		104.7	96.4	100.5	124.9	99.3
江 苏 Jiangsu	110.4	106.5	99.5	101.4	107.6	105.6	107.8	100.6
浙 江 Zhejiang	110.1	99.9	102.4	102.3	96.5	102.0	105.1	106.0
安 徽 Anhui	105.0		100.0	103.6	100.4	116.7	109.7	115.1
福 建 Fujian	100.0			99.1	100.8		105.6	103.9
江 西 Jiangxi	101.2		100.0	112.8	100.0	100.0	104.9	101.0
山 东 Shandong	102.3	100.7	99.3	101.5	102.4	102.0	104.6	100.4
河 南 Henan	97.8	100.3	100.5	103.9		103.3	103.6	100.4
湖 北 Hubei	100.0	100.0	99.9	105.3	98.2	104.2	103.0	108.6
湖 南 Hunan	129.1			101.8			115.9	99.3
广 东 Guangdong	105.5	98.7		95.4		104.0	100.1	101.9
广 西 Guangxi				100.0		93.9	102.6	100.0
海 南 Hainan								
重 庆 Chongqing	101.8	98.8	100.0	101.4		101.8	104.8	102.1
四 川 Sichuan	100.0	97.4	100.0	101.5	100.2	114.7	103.2	101.9
贵 州 Guizhou	106.2			98.0	100.0		100.0	99.9
云 南 Yunnan	99.1	99.4		101.9	99.7		104.2	99.7
西 藏 Tibet								
陕 西 Shaanxi		98.3	99.2	101.0	98.4	104.7	101.9	97.3
甘 肃 Gansu	100.0			106.4			103.9	
青 海 Qinghai						100.8		
宁 夏 Ningxia					101.0		106.5	
新 疆 Xinjiang	100.3	100.0	81.7	103.7	100.7	100.9	100.3	

2-3-10 续表 43 continued 43

地区 Region	采矿、采石设备制造 Mining Equipment	石油钻采专用设备制造 Special Oil Mining Equipment Manufacturing	建筑工程用机械制造 Building Construction Equipment Manufacturing	建筑材料生产专用机械制造 Building Material Producing Equipment Manufacturing	冶金专用设备制造 Special Metallurgy Equipment Manufacturing	炼油、化工生产专用设备制造 Petroleum Producing, Chemical Producing Special Equipment Manufacturing	橡胶加工专用设备制造 Rubber Processing Special Equipment Manufacturing	塑料加工专用设备制造 Plastic Processing Special Equipment Manufacturing
全国 National	**102.5**	**100.1**	**102.0**	**100.8**	**100.2**	**100.3**	**101.3**	**103.7**
北京 Beijing	99.8	105.5	93.9	96.1	103.4	100.5	101.2	
天津 Tianjin		98.4	97.9	100.2			101.1	121.7
河北 Hebei	97.5	100.3	101.9	100.5	104.1	100.1		99.4
山西 Shanxi	99.9	108.3	84.8		98.5	105.1		105.5
内蒙古 Inner Mongolia	100.0	98.7	99.1			100.0	100.0	
辽宁 Liaoning	111.3	106.1	101.9	100.2	100.0	101.3	97.0	99.2
吉林 Jilin	99.9	100.1	99.8	103.7	99.0	104.1		
黑龙江 Heilongjiang	98.0	108.4		100.0	100.9	91.5		
上海 Shanghai	101.1	97.2	101.1	101.8	92.1	90.9		103.1
江苏 Jiangsu	97.8	90.4	104.0	100.5	99.5	103.3	105.2	103.1
浙江 Zhejiang	108.0	102.2	98.1	98.4	99.4	101.2		99.8
安徽 Anhui	104.1		99.4	101.8	99.0	109.2	108.6	
福建 Fujian	102.0		100.0	100.8	104.1		97.2	
江西 Jiangxi	101.9	103.8	100.0	100.8		109.4		
山东 Shandong	100.5	100.4	104.6	105.4	98.2	101.9	105.5	136.0
河南 Henan	100.1	105.0	100.4	94.4	101.7	108.5	114.3	
湖北 Hubei	99.4	101.3	106.7	102.7	100.2	103.8		92.5
湖南 Hunan	105.3		100.6	100.4		97.0	93.7	
广东 Guangdong	100.0			109.1		101.0	100.4	99.2
广西 Guangxi	101.9		99.9	101.4			98.0	100.0
海南 Hainan								
重庆 Chongqing	100.6	97.0	100.1	101.3	100.9	102.3		
四川 Sichuan	104.4	105.5	110.1	100.3	99.3	105.7		
贵州 Guizhou	106.6	100.0	105.3	100.0	100.0	90.0		
云南 Yunnan	100.6		100.0	107.2	98.6		114.1	
西藏 Tibet								
陕西 Shaanxi	100.0	100.8	98.3	103.0	102.5	107.2		96.9
甘肃 Gansu	100.0	74.5						
青海 Qinghai	146.1	100.0						
宁夏 Ningxia	105.2	100.0				100.3		
新疆 Xinjiang	101.2	105.0						

地区	Region	木材加工机械制造 Sawmill and Wood-working Machinery Manufacturing	模具制造 Die Manufacturing	其他非金属加工专用设备制造 Other Non-Metal Process Special Equipment Manufacturing	食品、饮料、烟草工业专用设备制造 Food, Beverage, Tobacco Industrial Special Use Equipment	农副食品加工专用设备制造 Agricultural and Sideline Products Processing Equipment Manufacturing	饲料生产专用设备制造 Animal Feeds Equipment Manufacturing	制浆和造纸专用设备制造 Plasm Making and Paper Industry Machinery Manufacturing	印刷专用设备制造 Printing Industrial Equipment Manufacturing
全　国	**National**	**100.8**	**102.4**	**104.6**	**103.2**	**103.1**	**108.5**	**101.8**	**102.2**
北　京	Beijing		105.0		100.9	100.0			103.1
天　津	Tianjin		106.5		122.8			98.2	102.4
河　北	Hebei	106.2	102.5		99.5	99.7		100.7	100.8
山　西	Shanxi		100.2						
内蒙古	Inner Mongolia				101.3				
辽　宁	Liaoning	100.0	101.1		99.9	108.7	100.0	137.0	100.1
吉　林	Jilin		100.0		102.7	99.7			
黑龙江	Heilongjiang	100.0	96.8		90.8				113.4
上　海	Shanghai	100.8	104.5		100.0		102.2	100.0	106.0
江　苏	Jiangsu	105.7	101.8		117.8	100.6	105.6	99.3	101.5
浙　江	Zhejiang	109.5	102.5		101.2	106.5		101.5	98.5
安　徽	Anhui		122.3	104.8	100.4	109.0		90.1	90.5
福　建	Fujian	110.3	98.7		100.0	99.5		101.1	101.5
江　西	Jiangxi		108.9			100.0	117.6		100.5
山　东	Shandong	97.0	100.6		102.1	102.5	110.4	101.0	92.2
河　南	Henan	101.4	100.4		101.2	105.6		95.2	
湖　北	Hubei	110.1	94.1		106.3	103.9		101.9	98.6
湖　南	Hunan				99.3	106.3			99.3
广　东	Guangdong	100.3	100.8		107.4	102.1			109.1
广　西	Guangxi		100.0			101.7			
海　南	Hainan								
重　庆	Chongqing		104.1		100.0	109.4	104.8		
四　川	Sichuan		105.0		100.0	104.3	113.0	103.1	100.0
贵　州	Guizhou				100.0				
云　南	Yunnan		99.6		100.5	99.5			100.0
西　藏	Tibet								
陕　西	Shaanxi		102.8	102.6	98.6	98.2	94.0	98.8	99.1
甘　肃	Gansu	100.0				100.0			
青　海	Qinghai								
宁　夏	Ningxia								
新　疆	Xinjiang								

2-3-10 续表 45 continued 45

地 区 Region	日用化工专用设备制造 Household Chemicals Producing Equipment Manufa-cturing	制药专用设备制造 Pharm Producing Equipment Manufa-cturing	照明器具生产专用设备制造 Lighting Apparatus and Fixture Special Equipment Manufa-cturing	玻璃、陶瓷和搪瓷制品生产专用设备制造 Glass, Ceramics and Enamel Products Producing Equipment	其他日用品生产专用设备制造 Other Household Product Producing Equipment	纺织专用设备制造 Weaving Equipment Manufa-cturing	皮革、毛皮及其制品加工专用设备制造 Leather and Fur Processig Equipment	缝纫机械制造 Sewing Machinery
全 国 National		**102.2**	**100.0**	**100.0**	**100.5**	**102.2**	**102.4**	**104.1**
北 京 Beijing				100.0		105.3		
天 津 Tianjin						106.1	98.7	97.2
河 北 Hebei		102.3				100.0		105.6
山 西 Shanxi						95.7		
内蒙古 Inner Mongolia								
辽 宁 Liaoning		108.5			100.5	98.1	98.9	101.2
吉 林 Jilin		99.7						
黑龙江 Heilongjiang		119.8						
上 海 Shanghai		107.3				100.0		108.6
江 苏 Jiangsu		109.0				102.9	100.0	102.1
浙 江 Zhejiang		94.9				102.9	103.7	103.7
安 徽 Anhui						101.8		110.4
福 建 Fujian						99.0		
江 西 Jiangxi						100.0		128.3
山 东 Shandong		100.3		100.5		100.3	103.5	
河 南 Henan		101.9	100.0			102.5		124.0
湖 北 Hubei		110.2				105.5		
湖 南 Hunan		99.3				100.8		
广 东 Guangdong				99.8		111.1		99.0
广 西 Guangxi								
海 南 Hainan								
重 庆 Chongqing						100.8		105.5
四 川 Sichuan								
贵 州 Guizhou								
云 南 Yunnan								
西 藏 Tibet								
陕 西 Shaanxi		121.2				98.8		101.7
甘 肃 Gansu		100.0				108.7		
青 海 Qinghai								
宁 夏 Ningxia								
新 疆 Xinjiang								

2-3-10 续表 46 continued 46

地 区 Region	其他服装加工专用设备制造 Other Apparel Processing Equipment	电工机械专用设备制造 Electrian Equipment	电子工业专用设备制造 Electric Industrial Equipment	武器弹药制造 TO CANCEL	航空、航天及其他专用设备制造 Aviation, Aerospace and Other Special Equipment Manufa-cturing	拖拉机制造 Tractor Manufa-cturing	机械化农业及园艺机具制造 Mechanical Farming Machinery and Equipment Manufa-cturing	营林及木竹采伐机械制造 Forestry Mechanical Equipment Manufa-cturing
全 国 National	**99.0**	**100.2**	**100.9**	**102.2**		**102.3**	**100.8**	**101.8**
北 京 Beijing			98.4				98.9	
天 津 Tianjin						95.8		
河 北 Hebei	98.7	100.8	93.9			101.7	97.4	
山 西 Shanxi		97.9	116.8			103.2	98.8	
内蒙古 Inner Mongolia						100.0	101.3	
辽 宁 Liaoning		101.9	102.6			100.0	101.5	
吉 林 Jilin		99.7	101.3			99.7	104.0	
黑龙江 Heilongjiang			100.2	100.0		100.7	101.2	
上 海 Shanghai	99.7		99.0			101.5		
江 苏 Jiangsu	110.0	99.0	100.4			104.6	98.6	
浙 江 Zhejiang	101.0	103.5	101.0	100.0		101.6	101.2	
安 徽 Anhui		101.0	102.4			102.6	104.2	
福 建 Fujian	96.5		102.7			102.2		
江 西 Jiangxi						102.2	98.8	
山 东 Shandong	96.2	95.3	96.3			103.1	102.8	
河 南 Henan		101.9				102.6	100.0	
湖 北 Hubei		100.0	100.7			98.5	95.5	
湖 南 Hunan						100.3	103.9	
广 东 Guangdong		99.7	109.0			102.4	101.1	
广 西 Guangxi						102.1	101.0	
海 南 Hainan						104.9		
重 庆 Chongqing		100.0	101.2	102.7			99.4	
四 川 Sichuan		103.2	102.1				99.5	
贵 州 Guizhou						107.0		
云 南 Yunnan			107.2			105.4		
西 藏 Tibet								
陕 西 Shaanxi	100.7	102.0	99.4				99.2	101.8
甘 肃 Gansu			100.0			100.0	100.8	
青 海 Qinghai							113.5	
宁 夏 Ningxia			104.7					
新 疆 Xinjiang						107.3	98.7	

2-3-10 续表 47 continued 47

地 区 Region	畜牧机械制造 Husbandry Mechanical Equipment Manufacturing	渔业机械制造 Fishing Mechanical Equipment Manufacturing	农林牧渔机械配件制造 Agriculture Machinery Parts Manufacturing	其他农林牧渔业机械制造及机械修理 Other Agriculture Machinery Manufacturing and Maintenance	医疗诊断、监护及治疗设备制造 Diagonosis, Monitoring and Treatment Equipment	口腔科用设备及器具制造 Dental Equipment and Other Utensils	实验室及医用消毒设备和器具的制造 Lab and Disinfectant Equipment and Utensils Manufacturing	医疗、外科及兽医用器械制造 Medical, Surgry and Veterinarian Tools
全 国 National	**110.2**	**108.0**	**96.5**	**98.0**	**100.5**	**108.6**	**100.9**	**103.6**
北 京 Beijing					99.8	100.0	100.0	99.8
天 津 Tianjin					99.5			100.3
河 北 Hebei	104.9			100.2	99.4		100.0	
山 西 Shanxi			92.6	100.0	99.8			
内蒙古 Inner Mongolia			89.4					100.0
辽 宁 Liaoning	107.6		100.0	98.9	99.5			88.7
吉 林 Jilin					99.6		99.7	103.9
黑龙江 Heilongjiang					100.0			100.0
上 海 Shanghai			98.5		109.2	103.6	99.8	113.0
江 苏 Jiangsu	100.5	100.4	110.6		102.1		100.0	104.4
浙 江 Zhejiang			102.8	100.0	100.8			101.7
安 徽 Anhui	116.4		102.1		118.5			100.6
福 建 Fujian								
江 西 Jiangxi			105.9		101.3			103.6
山 东 Shandong	109.9		89.8	97.8	105.2			101.2
河 南 Henan		108.5	99.8		100.9			115.1
湖 北 Hubei			101.5	103.3				104.0
湖 南 Hunan			99.3					105.2
广 东 Guangdong					96.0			101.3
广 西 Guangxi			102.5					101.0
海 南 Hainan								
重 庆 Chongqing			98.9		99.5			101.0
四 川 Sichuan						100.0	105.1	99.2
贵 州 Guizhou								
云 南 Yunnan								
西 藏 Tibet								
陕 西 Shaanxi	97.5		100.0			110.8		
甘 肃 Gansu								
青 海 Qinghai				100.0				
宁 夏 Ningxia	100.7							
新 疆 Xinjiang	128.5			104.7				

2-3-10 续表 48 continued 48

地区 Region	机械治疗及病房护理设备制造 Mechanical Treatment and Nursing Equipment Manufacturing	假肢、人工器官及植(介)入器械制造 Artificial Limb, Organ and Implantation Equipment Manufacturing	其他医疗设备及器械制造 Other Medical Equipment and Supplies Manufacturing	环境污染防治专用设备制造 Enviromental Protection and Pollution Treatment Equipment Manufacturing	地质勘查专用设备制造 Geology Reconnaissance Special Equipment Manufactruing	邮政专用机械及器材制造 Postal Industrial Equipment	商业、饮食、服务业专用设备制造 Commercial, Food and Beverage, and Service Industry Machinery Manufacturing	社会公共安全设备及器材制造 Social Public Security Equipment and Supplies
全 国 National	**99.4**	**103.0**	**101.7**	**99.4**	**102.8**		**99.3**	**100.8**
北 京 Beijing	99.7	100.4	104.9	100.1	102.9			100.0
天 津 Tianjin			95.3	101.2			100.0	98.3
河 北 Hebei	97.6		103.8	102.3	100.3			100.3
山 西 Shanxi		133.3	95.3	92.6				100.2
内蒙古 Inner Mongolia								
辽 宁 Liaoning	100.0		101.0	99.8				99.6
吉 林 Jilin	100.8	99.0	99.5	99.7				
黑龙江 Heilongjiang		116.6		100.0				
上 海 Shanghai			100.0	86.5				
江 苏 Jiangsu	93.6	90.8	94.1	98.9	102.3			103.3
浙 江 Zhejiang				97.0				102.0
安 徽 Anhui			100.0	110.2				103.4
福 建 Fujian		107.3	117.3	97.1				99.3
江 西 Jiangxi		100.0		106.2				98.3
山 东 Shandong	100.2	100.0		104.9	106.5			99.2
河 南 Henan				90.2	104.1		99.2	97.1
湖 北 Hubei	101.2		101.9	103.1	100.0			
湖 南 Hunan		125.1		103.2	102.3			
广 东 Guangdong	98.7		99.7	99.7				99.8
广 西 Guangxi			95.6	100.0				
海 南 Hainan				100.0				
重 庆 Chongqing			104.5	120.8	110.0			102.1
四 川 Sichuan		159.4	99.9	102.1				100.0
贵 州 Guizhou				103.5				
云 南 Yunnan				100.0				104.7
西 藏 Tibet								
陕 西 Shaanxi		94.3		113.6				99.4
甘 肃 Gansu	100.0		105.9	100.1				
青 海 Qinghai								
宁 夏 Ningxia								
新 疆 Xinjiang								

2-3-10 续表 49 continued 49

地　区 Region	交通安全及管制专用设备制造 Transpo-rtation Safty and Controlling Equipment	水资源专用机械制造 Water Resource Professional Equipment	其他专用设备制造 Other Enviromental Protection, Social Security Special Equipment Manufa-cturing	铁路机车车辆及动车组制造 Locomotives and Trains Manufa-cturing	工矿有轨专用车辆制造 Mining Vehicles Manufa-cturing	铁路机车车辆配件制造 Locomotives Parts Manufa-cturing	铁路专用设备及器材、配件制造 Rail Apparatus, Equipment and Parts Manufa-cturing	其他铁路设备制造及设备修理 Other Rail Transportation Equipment Manufa-cturing and Repairing
全　国 National	**101.9**	**102.7**	**102.7**	**101.2**	**99.2**	**102.6**	**99.1**	**105.0**
北　京 Beijing	102.0		92.8	103.1		96.4	99.8	
天　津 Tianjin			101.4			98.9	102.2	
河　北 Hebei		102.4	101.2	99.9	108.6	93.9	97.5	100.0
山　西 Shanxi				100.3	101.1	88.3	100.0	124.1
内蒙古 Inner Mongolia				104.4				
辽　宁 Liaoning		100.0	102.2	104.8	99.0	103.3	102.0	
吉　林 Jilin		101.1	101.2	99.7		99.1	99.7	99.7
黑龙江 Heilongjiang			95.7	99.2		97.6	99.9	100.2
上　海 Shanghai			94.1			100.0	100.6	
江　苏 Jiangsu		97.2	115.6	102.5		102.5		105.0
浙　江 Zhejiang						104.0	101.3	
安　徽 Anhui		83.7	93.0			98.7	89.5	
福　建 Fujian							121.6	
江　西 Jiangxi			101.1				98.5	
山　东 Shandong		107.2	101.7	101.2	100.9	110.5	100.3	
河　南 Henan		105.0	110.2	102.7		106.8	100.4	100.0
湖　北 Hubei				102.4		105.4	101.7	105.7
湖　南 Hunan		99.3		99.5				
广　东 Guangdong							100.3	
广　西 Guangxi							101.1	109.4
海　南 Hainan		105.6						
重　庆 Chongqing			100.1	110.3		102.2		
四　川 Sichuan		100.0	93.4	102.6		104.1	97.6	100.9
贵　州 Guizhou				97.9	102.5			
云　南 Yunnan		100.0	101.4		99.9			
西　藏 Tibet								
陕　西 Shaanxi	94.3			103.3		102.2	97.8	
甘　肃 Gansu		75.2			94.5		99.2	80.0
青　海 Qinghai								
宁　夏 Ningxia								
新　疆 Xinjiang						98.1		

2-3-10 续表 50 continued 50

地　区	Region	汽车整车制造 Automobile Complete Manufacturing	改装汽车制造 Modified Motor Vechicle Manufacturing	电车制造 Trolley Manufacturing	汽车车身、挂车的制造 Automobile Body and Trailer Manufacturing	汽车零部件及配件制造 Automobile Parts and Attachements Manufacturing	汽车修理 Automobile Repairing Service	摩托车整车制造 Motorcycle Complete Manufacturing	摩托车零部件及配件制造 Motorcycle Parts and Attachments Manufacturing
全　国	**National**	**99.4**	**101.9**	**102.0**	**110.6**	**100.0**	**101.6**	**103.3**	**102.1**
北　京	Beijing	99.1	102.7		100.0	98.2	100.0		
天　津	Tianjin	98.4	100.0			94.5		99.0	100.6
河　北	Hebei	100.4	102.4		97.6	101.6	100.0	101.4	102.4
山　西	Shanxi	93.4	104.7			102.1	96.5		
内蒙古	Inner Mongolia	103.6			103.3	107.7	101.1		
辽　宁	Liaoning	100.9	105.5		111.6	100.3	101.4	89.7	
吉　林	Jilin	99.7	102.3			101.4	107.7		104.3
黑龙江	Heilongjiang	98.8	95.3		100.0	99.1			
上　海	Shanghai	100.0	100.4	100.0	99.8	95.7		102.9	103.4
江　苏	Jiangsu	98.9	101.1		103.2	99.7	104.8	100.9	100.9
浙　江	Zhejiang	103.0	100.3			101.3	103.2	100.6	103.0
安　徽	Anhui	101.6	102.0		101.7	101.9	103.9		101.1
福　建	Fujian	99.6		98.7	99.5	101.5	119.7	99.6	101.4
江　西	Jiangxi	99.0	109.3		107.2	100.2		107.5	104.0
山　东	Shandong	100.5	102.8	102.1	101.9	101.9	100.7	99.4	104.5
河　南	Henan	100.0	98.0		101.0	102.0		112.3	
湖　北	Hubei	95.4	100.6		99.4	101.1	108.3		107.8
湖　南	Hunan	100.0	100.1		153.1	97.1		104.2	101.2
广　东	Guangdong	98.9	100.8		98.7	99.7	99.7	102.7	101.2
广　西	Guangxi	100.7	106.0			100.1	100.0		
海　南	Hainan	101.0				99.1	105.2		108.9
重　庆	Chongqing	96.8	100.4		95.0	100.2	48.2	102.7	101.9
四　川	Sichuan	100.8	100.2		101.2	101.7	100.2		101.5
贵　州	Guizhou	98.7	99.1			100.4	100.0		99.7
云　南	Yunnan	100.9			103.2	101.8	100.0		
西　藏	Tibet								
陕　西	Shaanxi	98.7	104.1		128.3	96.2	121.8	101.1	101.5
甘　肃	Gansu	96.8			103.3		100.0		
青　海	Qinghai		98.0				116.6		
宁　夏	Ningxia	98.4					109.4		
新　疆	Xinjiang	100.0	100.1		106.0	104.6	100.0		

2-3-10 续表 51 continued 51

地 区 Region	脚踏自行车及残疾人座车制造 Bicycle and Handicapped Vechicle Manufa-cturing	助动自行车制造 Moped Manufa-cturing	金属船舶制造 Metal Ship Building	非金属船舶制造 Non-metal Ship Building	娱乐船和运动船的建造和修理 Pleasure Boats and Sport Boats Manufa-cturing and Repairinging	船用配套设备制造 Boat Auxilary Manufa-cturing	船舶修理及拆船 Ship Repairing and Dismantling	航标器材及其他浮动装置的制造 Navigation Mark and Other Floating Equipment Manufa-cturing
全 国 National	**106.5**	**104.2**	**100.3**	**100.0**	**100.2**	**102.5**	**103.2**	
北 京 Beijing	92.6					100.0		
天 津 Tianjin	104.0	108.7	100.0				101.0	
河 北 Hebei	101.1	99.4	100.5				138.5	
山 西 Shanxi								
内 蒙 古 Inner Mongolia								
辽 宁 Liaoning		109.7	99.2			99.6	109.2	
吉 林 Jilin								
黑 龙 江 Heilongjiang			100.0					
上 海 Shanghai	109.8	100.0	99.1			101.9	99.5	
江 苏 Jiangsu	111.7	103.1	101.5	97.6		108.3	97.0	
浙 江 Zhejiang	104.8	103.9	98.0	102.6		105.2	97.5	
安 徽 Anhui	100.0	111.2	102.4			104.5		
福 建 Fujian	102.8		104.5	98.4	100.8	93.5	100.8	
江 西 Jiangxi		104.1	101.3					
山 东 Shandong	111.1	101.8	101.9	99.2		92.8	98.2	
河 南 Henan		104.2	97.6	101.1	105.0			
湖 北 Hubei	100.5	124.2	105.8		100.1	104.8		
湖 南 Hunan			106.9	99.3				
广 东 Guangdong	102.1	102.1	96.3				108.7	
广 西 Guangxi						97.0	100.0	
海 南 Hainan				100.0	100.0			
重 庆 Chongqing			101.9	101.6	100.0	104.4	128.8	
四 川 Sichuan	116.2	110.5	101.7					
贵 州 Guizhou								
云 南 Yunnan								
西 藏 Tibet								
陕 西 Shaanxi		91.7						
甘 肃 Gansu								
青 海 Qinghai								
宁 夏 Ningxia								
新 疆 Xinjiang								

2-3-10 续表 52 continued 52

地 区 Region	飞机制造及修理 Airplane Manufacturing and Reparing	航天器制造 Aircraft Manufacturing	其他飞行器制造 Other Aircraft Manufacturing	潜水及水下救捞装备制造 Diving and Underwater Succoring, Refloating Equipment Manufacturing	交通管理用金属标志及设施制造 Metal Sign and Facilities for Traffic Control Manufacturing	其他交通运输设备制造 All Other Transportation Equipment Manufacturing	发电机及发电机组制造 Collector Rings for Generators Manufacturing	电动机制造 Motor Manufacturing
全 国 National	**99.5**			**105.9**	**106.3**	**102.8**	**100.5**	**104.4**
北 京 Beijing	95.1				110.3		99.5	113.9
天 津 Tianjin	101.9						95.1	100.0
河 北 Hebei					101.7		100.3	105.5
山 西 Shanxi							91.5	98.6
内 蒙 古 Inner Mongolia	100.6						100.7	98.5
辽 宁 Liaoning	100.0				103.1		100.9	99.7
吉 林 Jilin							101.4	103.1
黑 龙 江 Heilongjiang	98.4				100.0		100.1	109.1
上 海 Shanghai	99.0			105.9		100.8	97.5	104.5
江 苏 Jiangsu					105.1	104.2	104.4	108.5
浙 江 Zhejiang					104.9	103.6	104.1	105.6
安 徽 Anhui					99.4		103.5	105.3
福 建 Fujian	97.3					101.2	97.9	103.2
江 西 Jiangxi							97.8	100.3
山 东 Shandong	99.0				101.7	100.3	102.1	103.0
河 南 Henan					114.9		96.2	98.2
湖 北 Hubei						105.5	103.1	107.0
湖 南 Hunan	103.1						90.4	105.6
广 东 Guangdong					95.6		110.8	101.9
广 西 Guangxi					100.0		113.3	103.9
海 南 Hainan						101.6		
重 庆 Chongqing						101.6	101.7	103.9
四 川 Sichuan	100.0				123.8		103.7	100.0
贵 州 Guizhou					100.0			101.1
云 南 Yunnan					100.0		98.6	82.1
西 藏 Tibet					99.2			
陕 西 Shaanxi	99.7				101.0		98.6	111.3
甘 肃 Gansu					100.0	100.0	100.0	102.0
青 海 Qinghai						100.0		
宁 夏 Ningxia					102.0		95.4	101.6
新 疆 Xinjiang							82.3	

2-3-10 续表 53 continued 53

地　区 Region	微电机及其他电机制造 Tiny Motor Manufacturing and Others Motor Manufacturing	变压器、整流器和电感器制造 Transformers Rectifier, Electric Capacity Manufacturing	电容器及其配套设备制造 Capacitor Manufacturing and Other Attachments Manufacturing	配电开关控制设备制造 Switchgear and Switchboard Apparatus Manufacturing	电力电子元器件制造 Electric and Electronic Component Manufacturing	其他输配电及控制设备制造 Other Relay and Industrial Control Manufacturing	电线电缆制造 Wire and Cable Manufaturing	光纤、光缆制造 Optical Fiber and Cable Manufacturing
全　国 National	**103.9**	**100.9**	**100.2**	**101.8**	**98.2**	**111.5**	**110.4**	**101.6**
北　京 Beijing	100.0	97.6	100.2	99.5	100.0	100.0	105.3	97.2
天　津 Tianjin	107.9	100.0		101.5	102.0		112.6	
河　北 Hebei		98.8	101.4	101.7	104.1	104.0	109.6	100.7
山　西 Shanxi		101.6		104.4	69.3	106.4	106.5	102.5
内蒙古 Inner Mongolia		102.0	100.0	99.3	101.4		99.3	
辽　宁 Liaoning	98.5	104.7	88.5	101.6	101.7	100.3	109.1	
吉　林 Jilin		101.0		101.0		106.1	106.4	111.4
黑龙江 Heilongjiang	100.0	94.4		105.1	99.8	100.0	105.5	
上　海 Shanghai	97.3	98.4		99.9	105.2		104.9	97.8
江　苏 Jiangsu	107.6	100.1	102.4	101.6	104.3	111.2	110.5	104.5
浙　江 Zhejiang	102.9	97.3	109.4	102.0	100.3	100.0	112.9	99.2
安　徽 Anhui	105.5	103.6	82.1	102.7	102.4	103.3	109.8	104.7
福　建 Fujian	104.2	97.6		98.7	104.0		111.1	
江　西 Jiangxi	96.9	102.5	100.0	104.6	119.9		119.9	115.4
山　东 Shandong	107.3	102.7	108.1	99.4	97.4	103.7	104.6	90.2
河　南 Henan		98.3	100.6	106.1	91.2	148.4	105.4	88.7
湖　北 Hubei	119.2	100.4	100.0	101.9	99.4	101.9	117.8	92.0
湖　南 Hunan	115.6	101.3		102.0		99.6	112.5	
广　东 Guangdong	96.9	100.7		103.9	90.8	100.1	113.2	90.2
广　西 Guangxi	100.0	101.9	99.7	105.7			110.6	
海　南 Hainan		97.8		146.8			113.3	100.9
重　庆 Chongqing	103.4	107.9	100.3	102.1	100.0	101.5	113.7	
四　川 Sichuan		94.1		106.8	116.2	105.6	114.4	108.2
贵　州 Guizhou		97.1	109.4	92.8		99.5	100.9	
云　南 Yunnan		98.6		99.8		99.0	107.9	
西　藏 Tibet								
陕　西 Shaanxi	101.4	99.0	100.4	102.6	101.8	107.9	107.9	98.9
甘　肃 Gansu	105.0			104.3	100.0	100.0	118.8	
青　海 Qinghai		101.7					111.3	
宁　夏 Ningxia		93.6		100.7		114.0	108.7	
新　疆 Xinjiang		100.9		102.5		107.6	107.4	

地 区 Region	绝缘制品制造 Insulated Products Manufacturing	其他电工器材制造 Other Electrical Appliance Manufacturing	电池制造 Battery Manufacturing	家用制冷电器具制造 Household Refrigerator and Home Freezer Manufacturing	家用空气调节器制造 Air Conditioner Manufacturing	家用通风电器具制造 Fans, household-type electric, manufacturing	家用厨房电器具制造 Fans, household-type kitchen, manufacturing	家用清洁卫生电器具制造 Household Vacuum Cleaner and Laundry Equipment Manufacturing Manufacturing
全 国 National	**99.1**	**109.2**	**96.1**	**101.0**	**101.2**	**102.1**	**100.9**	**101.5**
北 京 Beijing	108.0	99.0	86.3	104.4	95.6		100.0	
天 津 Tianjin		101.6	97.2	100.0	100.0		98.4	100.3
河 北 Hebei	101.1	99.5	95.2	101.5			100.2	
山 西 Shanxi	104.5	100.0	107.4					
内蒙古 Inner Mongolia			100.0					
辽 宁 Liaoning	97.2	158.1	95.0	96.7	103.2			102.9
吉 林 Jilin	98.9		97.8				100.2	
黑龙江 Heilongjiang	100.0	103.9	93.3					
上 海 Shanghai	104.1	104.9	92.1	100.4	102.8		100.0	100.4
江 苏 Jiangsu	104.1		99.2	105.0	107.8	100.4		104.6
浙 江 Zhejiang	99.6		94.3	100.5	107.0	104.8	103.4	101.2
安 徽 Anhui		104.7	113.0	98.6	101.7			99.7
福 建 Fujian	102.3		101.6				100.7	96.7
江 西 Jiangxi			74.6	113.1	104.5	108.7		
山 东 Shandong	91.9	102.6	100.9	95.7	94.8		102.0	98.7
河 南 Henan	100.3		98.9	100.0	100.2			108.0
湖 北 Hubei	99.0	100.0	105.3	104.8	97.9			100.6
湖 南 Hunan		104.0	100.6					86.8
广 东 Guangdong	100.3		102.3	110.2	100.4	101.3	100.4	99.1
广 西 Guangxi		103.4	101.1		95.1	103.5	97.2	
海 南 Hainan								
重 庆 Chongqing		102.9	109.5	100.0	108.1		98.7	100.1
四 川 Sichuan	108.8	119.3	104.3	98.4	111.4			104.6
贵 州 Guizhou			105.6	102.6			87.4	
云 南 Yunnan	93.4		87.9					
西 藏 Tibet								
陕 西 Shaanxi	98.4	96.6	93.1	108.7				
甘 肃 Gansu								102.0
青 海 Qinghai							103.4	
宁 夏 Ningxia			100.2					
新 疆 Xinjiang	89.3							

2-3-10 续表 55 continued 55

地 区 Region	家用美容、保健电器具制造 Appliance for Beauty Parlor and Health Manufaturing	家用电力器具专用配件制造 Electrical Home Appliance and Device Parts Manufacturing	其他家用电力器具制造 Other Electrical Appliance Manufacturing	燃气、太阳能及类似能源的器具制造 Gas ,Solar and Similar Energy Appliance Manufacturing	其他非电力家用器具制造 Other Non-Electric Home Appliance Manufaturing	电光源制造 Lighting Fixture Manufacturing	照明灯具制造 Lighting Equipment Manufacturing	灯用电器附件及其他照明器具制造 Lamp Appliance Accessories and Other Lighting Equipment Manufacturing
全 国 National	**98.8**	**101.0**	**101.7**	**100.8**	**105.9**	**107.0**	**102.3**	**103.7**
北 京 Beijing			105.8	100.0		100.2	97.1	98.6
天 津 Tianjin				96.0		100.0	101.1	
河 北 Hebei			112.6	101.3	116.3	116.9	100.5	102.8
山 西 Shanxi				102.4			101.0	
内蒙古 Inner Mongolia				100.2			100.0	
辽 宁 Liaoning			100.0	99.6		100.0	99.5	
吉 林 Jilin			104.9	99.7			94.1	
黑龙江 Heilongjiang							103.3	100.0
上 海 Shanghai	100.5	100.9	98.1	100.7		97.7	100.9	100.6
江 苏 Jiangsu	100.2	101.8		105.8		108.1	103.9	112.8
浙 江 Zhejiang	99.1	98.6	101.2	96.7	107.6	103.2	101.9	100.4
安 徽 Anhui	101.4	105.2		102.6	109.8	104.9	102.9	104.9
福 建 Fujian	98.7	98.4	92.7	105.3		104.5	99.5	100.7
江 西 Jiangxi				100.0		105.7	95.3	103.3
山 东 Shandong			101.6	99.6		120.4	103.4	
河 南 Henan			99.2	100.0	102.5	105.5	98.4	122.2
湖 北 Hubei		97.7		100.7		108.2	101.0	
湖 南 Hunan				98.0			105.4	
广 东 Guangdong	98.2	101.7	101.3	96.5	100.6	110.6	103.1	103.9
广 西 Guangxi			100.6	97.4				
海 南 Hainan								102.8
重 庆 Chongqing		99.2		100.5	105.4	89.9	102.8	107.1
四 川 Sichuan		99.4	115.5	108.9		131.1	107.0	114.2
贵 州 Guizhou								
云 南 Yunnan				101.7				
西 藏 Tibet								
陕 西 Shaanxi				106.6		97.8	104.9	99.1
甘 肃 Gansu						100.0	99.8	
青 海 Qinghai								
宁 夏 Ningxia				100.5				
新 疆 Xinjiang				100.0				

地　区	Region	车辆专用照明及电气信号设备装置制造 Automotive Light Bulbs and Signal Equipemnt Manufacturing	其他未列明的电气机械制造 All Other Electric Machinary Manufacturing	通信传输设备制造 Transmission Equipment	通信交换设备制造 Switching Equipment	通信终端设备制造 Communications Terminal Equipment Manufacturing	移动通信及终端设备制造 Mobile Communications Equipment and Terminal Equipment Manufacturing	其他通信设备制造 Other Communication Equipment Manufacturing	雷达及配套设备制造 Radar Detectors Manufacturing and Auxiliary Apparatus
全　国	**National**	**101.3**	**101.5**	**98.5**	**99.8**	**99.8**	**90.8**	**97.6**	**100.6**
北　京	Beijing		115.6	100.4			93.5	88.0	100.0
天　津	Tianjin	99.9	95.5			100.0	71.4		
河　北	Hebei		98.6	98.9			107.3		
山　西	Shanxi						92.2		
内蒙古	Inner Mongolia								
辽　宁	Liaoning	100.0	98.2	102.3	100.1	100.0	100.0	100.0	103.0
吉　林	Jilin	99.4	98.9				68.3		
黑龙江	Heilongjiang	100.0					100.0		
上　海	Shanghai	97.6	103.7	100.0	100.0	89.6	100.8	96.8	100.0
江　苏	Jiangsu		95.6	100.6	95.2	105.3	94.1	103.5	100.0
浙　江	Zhejiang	103.1	91.1	101.9	100.0	100.0	96.9	101.0	
安　徽	Anhui		100.3	107.1			100.0		99.3
福　建	Fujian	99.4		101.0		99.3	87.0	97.1	97.8
江　西	Jiangxi			107.4	100.0		95.5		
山　东	Shandong	100.5	108.3	95.5	100.3	100.6	93.5		100.0
河　南	Henan		99.5		101.2	100.4			99.9
湖　北	Hubei	99.0	105.0	99.6		111.1	100.5	95.4	100.8
湖　南	Hunan	96.5		110.1				95.6	99.3
广　东	Guangdong	109.0	97.9	91.2	100.1	100.7	92.5	96.6	100.5
广　西	Guangxi	101.9		104.3					99.0
海　南	Hainan			100.0		100.0	100.0		
重　庆	Chongqing	100.1	102.3	98.6	102.6	99.8	101.8	102.6	
四　川	Sichuan	103.1	89.1	100.0			105.7	97.1	100.7
贵　州	Guizhou								
云　南	Yunnan		101.8	100.0	92.9				
西　藏	Tibet								
陕　西	Shaanxi	96.0	97.5	93.1			90.5	95.5	98.9
甘　肃	Gansu	100.0							
青　海	Qinghai								
宁　夏	Ningxia								
新　疆	Xinjiang								

2-3-10 续表 57 continued 57

地 区 Region	广播电视节目制作及发射设备制造 Television and Radio Transmission Equipment Manufacturing	广播电视接收设备及器材制造 Television and Radio Receiving equipment manufacturing	应用电视设备及其他广播电视设备制造 Applied TV Equipment and Other Audio-Vedio Equipment	电子计算机整机制造 Computer Body Manufa-cturing	计算机网络设备制造 Computer Network Equipment Manufa-turing	电子计算机外部设备制造 Computer Peripheral Equipment Manufa-cturing	电子真空器件制造 Vacuum Tubes Manufa-cturing	半导体分立器件制造 Semi-conductor Devices Manufa-cturing
全 国 National	**100.7**	**100.2**	**100.9**	**96.4**	**95.8**	**98.6**	**96.0**	**99.2**
北 京 Beijing	99.0	101.5	98.6	92.8	93.5	96.7		124.7
天 津 Tianjin		96.3		102.0		94.2	100.0	108.4
河 北 Hebei		109.8				100.0	101.5	102.0
山 西 Shanxi				82.3		97.5		104.1
内 蒙 古 Inner Mongolia			100.0		100.0			
辽 宁 Liaoning	98.8	99.2	99.5	99.3	94.8	100.4	101.7	100.8
吉 林 Jilin		99.7						98.6
黑 龙 江 Heilongjiang	99.6	100.0		94.4		125.1		103.4
上 海 Shanghai	100.4	100.1	107.6	98.1	100.5	94.5	82.6	93.8
江 苏 Jiangsu	99.8	106.4	102.5	91.2		99.3	97.5	98.1
浙 江 Zhejiang		102.6		87.2	100.8	98.2		107.1
安 徽 Anhui		100.0				102.9	99.3	98.3
福 建 Fujian		87.8		93.2	95.3	95.4	94.4	121.4
江 西 Jiangxi	104.6	101.4			100.0	99.5		
山 东 Shandong		99.7	100.1	100.9	100.6	90.1	89.1	109.5
河 南 Henan	104.6	99.7				99.6	86.6	78.8
湖 北 Hubei		100.0		107.2		94.3	99.5	100.2
湖 南 Hunan		95.9		92.6		102.8	109.0	103.7
广 东 Guangdong	93.4	99.1	99.8	97.9	95.2	99.6	94.3	89.2
广 西 Guangxi								
海 南 Hainan								100.0
重 庆 Chongqing				105.3	102.5			100.0
四 川 Sichuan	100.3	95.4			89.0		99.1	99.2
贵 州 Guizhou							90.8	84.1
云 南 Yunnan						100.0		
西 藏 Tibet								
陕 西 Shaanxi	114.7	97.8				101.6	95.2	
甘 肃 Gansu							99.2	
青 海 Qinghai								100.1
宁 夏 Ningxia								
新 疆 Xinjiang		100.3						101.2

2-3-10 续表 58 continued 58

地 区	Region	集成电路制造 Integrated Circuit	光电子器件及其他电子器件制造 Photovoltaic devices manufacturing	电子元件及组件制造 Electronic Components Manufacturing	印制电路板制造 Bare Printed Circuit Board Manufacturing	家用影视设备制造 Household Video Equipment Manufacturing	家用音响设备制造 Household Audio Equipment Manufacturing	其他电子设备制造 Other Electronic Devices Manufacturing	工业自动控制系统装置制造 Instruments for Industrial Automation Control Manufacturing
全 国	**National**	**100.9**	**102.2**	**103.7**	**102.2**	**89.8**	**97.1**	**99.7**	**102.3**
北 京	Beijing	91.8	85.1	91.1	72.2		103.9	96.6	100.1
天 津	Tianjin	89.1	73.9	99.3	92.0	88.7	94.7		100.0
河 北	Hebei	124.9	89.5	103.5	94.1				100.9
山 西	Shanxi		101.7	113.9				100.6	100.2
内蒙古	Inner Mongolia			103.7		88.9			
辽 宁	Liaoning	89.7	96.2	100.1	102.3	99.9	98.8	99.5	100.4
吉 林	Jilin		86.6	99.7	99.7				100.2
黑龙江	Heilongjiang	100.0						100.0	
上 海	Shanghai	96.7	96.0	101.1	103.2	95.5	97.0	98.6	101.6
江 苏	Jiangsu	107.7	113.4	102.5	100.0	95.1	101.2	103.6	101.1
浙 江	Zhejiang	98.8	95.1	104.2	102.1	96.5	92.8	98.2	97.9
安 徽	Anhui	113.2	101.6	103.0	97.8	94.6	103.4	84.2	100.6
福 建	Fujian	100.4	86.7	100.7	100.6	83.5	95.0	98.0	103.4
江 西	Jiangxi	111.9	107.2	99.6	105.9	92.4	100.7		97.1
山 东	Shandong	99.7	98.2	101.8	105.2	80.9	92.5	102.0	104.6
河 南	Henan		94.6	107.5				100.1	132.4
湖 北	Hubei		110.1	105.5	104.6		99.9		98.6
湖 南	Hunan	105.8	108.3	103.8			98.7		
广 东	Guangdong	103.2	99.0	107.7	104.7	90.1	96.8	96.4	99.8
广 西	Guangxi		99.7	104.2				100.0	
海 南	Hainan		100.4		100.0				
重 庆	Chongqing	100.0	93.9	99.9	102.4	100.0	100.8	99.6	106.6
四 川	Sichuan	93.0	98.3	103.1	100.5	80.7	95.3	118.3	
贵 州	Guizhou			105.5		101.5			99.7
云 南	Yunnan			98.8				94.7	99.1
西 藏	Tibet								
陕 西	Shaanxi	96.2	101.2	88.1	101.1		99.8		98.8
甘 肃	Gansu	113.6							102.5
青 海	Qinghai								
宁 夏	Ningxia			108.1					100.0
新 疆	Xinjiang								

2-3-10 续表 59 continued 59

地区 Region	电工仪器仪表制造 Electrical Instruments And Meters Manufacturing	绘图、计算及测量仪器制造 Drawing, Counting and Gauge Device Manufacturing	实验分析仪器制造 Lab Instrument and Apparatus Manufacturing	试验机制造 Experimental Machinery Manufacturing	供应用仪表及其他通用仪器制造 General Instrument, Meter Component Parts for Supply Manufacturng	环境监测专用仪器仪表制造 Environment Monitor Meter And Instrument Manufacturing	汽车及其他用计数仪表制造 Auto Instrument, and Other Meter Manufacturing	导航、气象及海洋专用仪器制造 Navigational, Meteorological and Marine Apparatus Manufaturing
全　国 National	**100.4**	**103.3**	**95.3**	**99.2**	**102.5**	**100.5**	**98.3**	**99.1**
北　京 Beijing	98.9		93.2	100.0	101.1	100.5	100.0	98.1
天　津 Tianjin	100.0			100.0	96.0			98.2
河　北 Hebei	103.2	106.2	99.1		96.9	100.0	103.3	
山　西 Shanxi	103.9		91.1		102.9			100.0
内蒙古 Inner Mongolia			100.8					
辽　宁 Liaoning	99.2		103.1	98.3	96.8	101.9		100.0
吉　林 Jilin	99.7			102.9	99.7		101.3	
黑龙江 Heilongjiang	100.0	105.3		100.0	102.8		98.9	
上　海 Shanghai	99.5	111.9	103.6	102.5	104.5	107.3	97.7	
江　苏 Jiangsu	99.3	98.5	80.4	97.8	107.9		98.0	99.3
浙　江 Zhejiang	100.9	100.2	99.6		100.4		98.2	
安　徽 Anhui	92.0	109.0	100.7		101.1		99.6	
福　建 Fujian	105.7	104.5	112.8		100.2	99.5		
江　西 Jiangxi	101.5	107.1		102.5	98.5	103.2		
山　东 Shandong	94.0	100.1	99.0	100.8	108.4		95.1	
河　南 Henan	101.0	100.2	102.6		100.8	100.4		
湖　北 Hubei	100.2		97.5		96.0		98.9	
湖　南 Hunan	98.7		91.2		94.3			
广　东 Guangdong	105.6	100.8	100.5	96.5	100.4		97.7	99.0
广　西 Guangxi		116.1					102.4	
海　南 Hainan								
重　庆 Chongqing	100.3		100.0		99.7	100.4	99.7	
四　川 Sichuan	91.2	108.8	95.8		103.3			
贵　州 Guizhou	109.6	99.0			101.2		100.0	
云　南 Yunnan	107.8				96.3			
西　藏 Tibet								
陕　西 Shaanxi	105.8	105.2	97.2	88.9	106.8	94.7		98.6
甘　肃 Gansu				96.3				
青　海 Qinghai		104.9						
宁　夏 Ningxia	103.8		105.0	101.6				
新　疆 Xinjiang								

2-3-10 续表 60 continued 60

地区 Region	农林牧渔专用仪器仪表制造 Meter Apparatus For Farming, Forestry,and Fishing Manufacturing	地质勘探和地震专用仪器制造 Geologic Prospecting, Earthquakes use Instrument Manufacturing	教学专用仪器制造 Teaching Aparatus Manufacturing	核子及核辐射测量仪器制造 Nucleon and Nuclear Radiation Measuring Apparatus Manufacturing	电子测量仪器制造 Instrument Manufacturing for Measuring and Testing Electricity and Electrical Signals	其他专用仪器制造 Other Special Used Apparatus Manufacturing	钟表与计时仪器制造 Watch, Clock, and Counting Device Manufacturing	光学仪器制造 Optical Instrument Manufacturing
全 国 National	**114.1**	**98.9**	**99.3**	**99.7**	**97.4**	**99.8**	**104.7**	**102.1**
北 京 Beijing		94.2			99.0	100.8	135.8	94.4
天 津 Tianjin					99.9		159.4	107.3
河 北 Hebei		103.4	101.8		102.3	102.0	121.9	
山 西 Shanxi								103.4
内蒙古 Inner Mongolia								
辽 宁 Liaoning		100.0		100.7	91.2		94.1	
吉 林 Jilin						100.5		99.1
黑龙江 Heilongjiang		83.3						87.8
上 海 Shanghai					101.3		104.0	97.4
江 苏 Jiangsu					95.6		117.6	100.2
浙 江 Zhejiang			93.8				106.0	97.8
安 徽 Anhui					103.9			100.0
福 建 Fujian						99.5	102.9	96.3
江 西 Jiangxi							102.1	106.4
山 东 Shandong		97.8			98.1	97.8	105.4	104.6
河 南 Henan			109.7		92.2	100.6		104.6
湖 北 Hubei					100.0	99.3	100.4	99.8
湖 南 Hunan		97.0						
广 东 Guangdong	114.1		99.4	99.0	103.9	101.0	102.5	108.7
广 西 Guangxi						100.0	121.7	111.1
海 南 Hainan								
重 庆 Chongqing		107.3			100.0	99.3	100.0	107.6
四 川 Sichuan								
贵 州 Guizhou								103.8
云 南 Yunnan						100.8		97.2
西 藏 Tibet								
陕 西 Shaanxi		98.6		97.6	106.4	104.9		95.9
甘 肃 Gansu								
青 海 Qinghai								
宁 夏 Ningxia								
新 疆 Xinjiang		98.5						

2-3-10 续表 61 continued 61

地 区	Region	眼镜制造 Glasses Manufa-cturing	电影机械制造 Filming Machine Manufa-cturing	幻灯及投影设备制造 Slide Projector and Overhead Projector Manufa-cturing	照相机及器材制造 Camera Equipment Manufa-cturing	复印和胶印设备制造 Copy and Offset Machine Manufa-cturing	计算器及货币专用设备制造 Electronic Calculator Manufa-cturing	其他文化、办公用机械制造 Other Stationery and Office Machine Manufa-cturing	其他仪器仪表的制造及修理 Instrument, Meter Manufa-cturing and Repairing
全 国	**National**	**104.2**	**96.4**	**97.9**	**96.2**	**91.5**	**99.3**	**100.7**	**96.0**
北 京	Beijing	100.0	105.8			98.7	110.2		89.0
天 津	Tianjin				100.6	102.0			
河 北	Hebei	100.0				95.1	99.1		99.8
山 西	Shanxi						100.2		
内蒙古	Inner Mongolia								
辽 宁	Liaoning	105.1			78.7	100.0	98.2		93.6
吉 林	Jilin							103.1	99.2
黑龙江	Heilongjiang		92.7				100.0		100.0
上 海	Shanghai	99.2			100.9	101.6	98.4	103.2	
江 苏	Jiangsu	120.5		103.7	91.2	82.9	109.2		
浙 江	Zhejiang	104.9			99.5	101.8	98.8	100.2	96.2
安 徽	Anhui							103.3	
福 建	Fujian	99.5			92.8	105.0	101.1		99.7
江 西	Jiangxi	99.4		96.9	95.8	99.2			
山 东	Shandong	100.7				93.2	93.5		98.8
河 南	Henan							106.6	98.6
湖 北	Hubei				94.1				
湖 南	Hunan						96.9		
广 东	Guangdong	101.2		95.4	96.6	94.6	95.8	94.9	
广 西	Guangxi								
海 南	Hainan								
重 庆	Chongqing				100.0				100.5
四 川	Sichuan					101.1			
贵 州	Guizhou		100.0						
云 南	Yunnan						88.9		
西 藏	Tibet								
陕 西	Shaanxi		96.9		98.5				98.6
甘 肃	Gansu								
青 海	Qinghai								
宁 夏	Ningxia				93.1				
新 疆	Xinjiang								

2-3-10 续表 62 continued 62

地　区 Region	雕塑工艺品制造 Carving	金属工艺品制造 Metal Handicraft	漆器工艺品制造 Lacquerware	花画工艺品制造 Artificial Flower and Painting	天然植物纤维编织工艺品制造 Natural Fiber	抽纱刺绣工艺品制造 Drawwork and Embroid	地毯、挂毯制造 Carpet and Arras Manufa-cturing	珠宝首饰及有关物品的制造 Jewelry and Silverware Manufa-cturing	其他工艺美术品制造 Other Craft Manufa-cturing
全　国 National	**103.2**	**108.2**	**100.5**	**100.6**	**105.0**	**100.0**	**103.3**	**108.4**	**103.9**
北　京 Beijing	97.1	100.9		97.4			105.2	113.9	
天　津 Tianjin							98.3		96.7
河　北 Hebei	100.0	99.4		103.5		107.8	105.8		101.1
山　西 Shanxi		100.0						116.7	
内蒙古 Inner Mongolia	101.9	105.8					101.1	116.2	100.0
辽　宁 Liaoning		100.0		99.0	102.4	100.0	100.0	117.7	108.7
吉　林 Jilin	100.2	102.9							104.3
黑龙江 Heilongjiang	117.1						123.4	139.2	
上　海 Shanghai							119.6	123.3	101.9
江　苏 Jiangsu		120.1		100.3	100.6	88.6	101.2	120.9	116.2
浙　江 Zhejiang	100.8	113.2			100.3	97.5	102.8	105.1	100.3
安　徽 Anhui	109.8	106.8			106.9		113.9	110.9	110.1
福　建 Fujian	107.8	101.4	99.6	94.9	101.0	98.0	104.3	120.7	100.5
江　西 Jiangxi	105.4	105.0	101.8	107.1			101.3		100.2
山　东 Shandong			101.4	88.8	105.8	102.9	106.6	100.0	103.1
河　南 Henan	100.6	108.3	102.1				100.9	103.6	105.2
湖　北 Hubei	98.2					105.8	100.0	128.2	100.0
湖　南 Hunan	99.3				106.9	105.5			
广　东 Guangdong	98.1	111.6		103.8		105.3	98.5	104.5	107.2
广　西 Guangxi					105.3			99.4	
海　南 Hainan					120.6			140.6	
重　庆 Chongqing	107.2						98.4	121.2	106.1
四　川 Sichuan					100.0		102.3	139.5	106.1
贵　州 Guizhou									
云　南 Yunnan		121.6						114.5	99.8
西　藏 Tibet				115.3			114.3	112.2	
陕　西 Shaanxi	131.5	109.3		105.2		102.0		109.9	
甘　肃 Gansu	97.7		101.8				112.9		
青　海 Qinghai							109.9	139.0	
宁　夏 Ningxia									
新　疆 Xinjiang							135.1		

地 区	Region	制镜及类似品加工 Mirrors Manufacturing	鬃毛加工、制刷及清扫工具的制造 Broom, Brush, and Mop Manufacturing	其他日用杂品制造 Other Various Household Supplies	煤制品制造 Coal Product Manufacturing	核辐射加工 Nuclear Radiation Manufacturing	其他未列明的制造业 All Other Non-listed Manufacturing Industry	金属废料和碎屑的加工处理 Metal Waste and fragment Treatment and Processing	非金属废料和碎屑的加工处理 Non-Metal Waste and fragment Treatment and Processing	火力发电 Thermal Power Generation
全 国	**National**	**102.0**	**110.8**	**104.3**	**115.8**	**100.0**	**102.6**	**112.9**	**103.3**	**102.8**
北 京	Beijing		100.0	101.8	120.4	100.0	103.3	113.1		100.7
天 津	Tianjin		100.0					115.0		99.6
河 北	Hebei		100.3	103.7				101.5		103.4
山 西	Shanxi									103.9
内蒙古	Inner Mongolia		103.4					99.6		99.5
辽 宁	Liaoning		102.1	101.6	102.7			119.4	102.7	101.0
吉 林	Jilin				99.7		99.7	131.8		100.9
黑龙江	Heilongjiang				123.7			102.3		97.8
上 海	Shanghai			100.8			103.0	126.0	100.0	100.1
江 苏	Jiangsu		115.7	110.7			120.5	113.5		100.9
浙 江	Zhejiang	102.4	104.4	106.0	111.4		102.3	116.7	105.6	107.3
安 徽	Anhui	111.1	112.5	97.0	107.7			117.4	99.1	102.7
福 建	Fujian		93.8	100.9			97.8	108.5	115.7	100.8
江 西	Jiangxi	100.4		101.5				100.0		104.8
山 东	Shandong	100.5	108.6	103.0			105.6		101.6	102.2
河 南	Henan	98.9	100.0	109.0	98.8		103.3			107.0
湖 北	Hubei			103.0				112.6	103.5	105.1
湖 南	Hunan		101.3		94.5			108.3		106.0
广 东	Guangdong			103.8			97.4	110.1	107.8	101.1
广 西	Guangxi		94.7	100.8						100.7
海 南	Hainan				109.7					104.6
重 庆	Chongqing		101.9	100.0	100.3		100.2	100.0	98.5	103.3
四 川	Sichuan		108.0	119.0	113.1				100.5	102.4
贵 州	Guizhou							117.0		104.4
云 南	Yunnan		100.6				104.6	103.5		103.0
西 藏	Tibet				100.0					100.0
陕 西	Shaanxi			98.8	123.8				98.6	106.1
甘 肃	Gansu						100.0			107.9
青 海	Qinghai									112.8
宁 夏	Ningxia									102.8
新 疆	Xinjiang	107.4								100.9

2-3-10 续表 64 continued 64

地区 Region	水力发电 Hydroelectric Power Generation	核力发电 Nuclear Electric Power Generation	其他能源发电 Other Power Industry	电力供应 Transmission And Distribution Of Electric Power	热力生产和供应 Heating Power Production and Supply	燃气生产和供应业 Natural Gas Production and Distribution	自来水的生产和供应 Tap Water Production and Supply	污水处理及其再生利用 Sewage Treatmentand and Regeneration	其他水的处理、利用与分配 Other Sewage Treatment, Utilizing and Distribution
全 国 National	**98.9**	**98.8**	**100.1**	**101.2**	**102.2**	**109.4**	**102.9**	**101.8**	**100.3**
北 京 Beijing	100.0			100.6	100.7	105.4	100.0	123.8	
天 津 Tianjin				100.7	100.0	105.1	111.0		
河 北 Hebei	100.4		99.2	101.1	102.2	102.8	100.8	100.0	
山 西 Shanxi	100.0		100.4	100.0	104.8	99.8	101.4	100.0	
内蒙古 Inner Mongolia	100.0		99.0	99.9	100.8	121.0	102.8	122.5	
辽 宁 Liaoning	100.8		100.1	100.7	101.3	105.8	101.4	100.2	
吉 林 Jilin	100.1		103.4	100.0	100.1	103.3	101.3	99.7	
黑龙江 Heilongjiang	100.3		100.7	100.5	90.1	112.1	99.9	100.0	
上 海 Shanghai				100.9	119.4	109.0	111.0	100.8	
江 苏 Jiangsu		100.0		100.4	106.8	106.1	102.1		
浙 江 Zhejiang	100.4	100.0	100.3	101.3	107.8	106.3	106.8	100.0	
安 徽 Anhui	108.2		108.2	102.1	101.9	106.4	100.8	100.0	
福 建 Fujian	102.0			101.7	106.6	113.1	103.1	99.5	
江 西 Jiangxi	102.1			100.8	104.3	104.7	100.3	108.0	
山 东 Shandong			100.0	103.3	103.3	105.0	103.0	100.1	
河 南 Henan	100.0		105.4	102.6	112.6	105.6	103.3	108.9	
湖 北 Hubei	101.1		100.0	103.7	101.8	110.0	101.0	101.7	
湖 南 Hunan	102.6			102.3	103.1	108.7	101.4	99.3	
广 东 Guangdong	99.5	97.1	100.2	100.7	118.8	108.1	102.7		
广 西 Guangxi	94.6			100.0		101.4	102.2	100.0	
海 南 Hainan	100.0		105.5	101.7		106.9	99.7		
重 庆 Chongqing	99.1		100.0	100.8	131.2	110.3	107.2	90.2	100.3
四 川 Sichuan	93.7			101.8	103.7	118.9	101.4	100.0	
贵 州 Guizhou	101.0			100.3		102.4	104.3		
云 南 Yunnan	95.4		100.0	98.1		100.0	106.9	133.3	
西 藏 Tibet	100.0		100.0	100.4			100.0		
陕 西 Shaanxi	98.9			102.1	102.7	114.2	99.9	98.6	
甘 肃 Gansu	116.9		100.7	101.8	118.2	114.2	96.3		
青 海 Qinghai	101.4			102.7	104.5	103.4	87.8		
宁 夏 Ningxia	100.0		100.0	100.1	100.0	99.4	100.5	100.0	
新 疆 Xinjiang	102.0		100.0	101.0	100.1	103.6	101.9	100.0	

2-4-1 全国工业生产者购进价格分类指数(1986 ~ 2011年)

Indices of Purchasing Prices of Industrial Producer (1986~2011)

(上年价格=100) (Preceding year=100)

年 份 Year	总指数 General Index	燃料、动力类 Fuel and Power	黑色金属材料类 Ferrous Metals	有色金属材料类 Nonferrous Metals	化工原料类 Raw Chemical Materials	木材及纸浆类 Timber and Paper Pulp	建材类 Building Materials	其它工业原料类 Other Materials	农副产品类 Agricultural Products	纺织原料类 Textile Materials
1986	109.5	109.1	110.6	107.6	105.1	110.9	126.7		107.5	
1987	111.0	109.2	110.4	108.4	115.7	138.2	111.6		107.3	107.8
1988	120.2	112.9	118.3	130.7	133.4	143.1	114.2		122.6	115.7
1989	126.4	124.7	130.3	127.6	124.4	111.4	122.7		128.9	128.5
1990	105.6	110.7	103.9	97.2	95.6	99.4	115.2		107.8	107.4
1991	109.1	112.9	112.5	101.2	99.8	105.6	101.2		106.8	108.9
1992	111.0	116.4	114.5	112.4	102.6	102.0	118.8		103.4	100.5
1993	135.1	136.7	174.1	115.8	114.3	128.6	140.9		112.2	107.1
1994	118.2	118.0	103.8	110.7	111.7	115.1	114.3		148.3	139.6
1995	115.3	108.7	98.2	128.3	127.2	115.8	102.6		143.1	123.6
1996	103.9	110.2	99.3	92.4	98.0	101.9	102.5		114.7	94.5
1997	101.3	109.3	97.4	96.2	97.1	100.9	99.7		102.0	94.7
1998	95.8	99.1	95.1	88.3	93.6	96.7	98.6	93.5	94.5	94.3
1999	96.7	100.9	94.7	98.9	97.6	100.4	98.8	97.5	89.8	96.8
2000	105.1	115.4	100.9	110.3	105.6	99.8	101.5	103.9	99.9	102.4
2001	99.8	100.2	100.5	95.6	98.4	100.4	98.6	98.8	101.2	99.7
2002	97.7	100.1	98.2	96.5	97.5	98.7	98.2	97.5	95.7	97.1
2003	104.8	107.4	107.9	105.3	102.9	100.3	99.7	100.2	106.7	101.4
2004	111.4	109.7	120.4	120.1	108.9	102.8	105.1	105.6	114.2	104.7
2005	108.3	115.0	107.5	114.0	108.3	103.5	103.1	102.5	101.7	102.4
2006	106.0	111.9	98.3	130.8	102.1	102.6	101.9	102.1	104.3	102.9
2007	104.4	104.3	105.4	111.6	103.6	102.7	103.0	102.7	106.1	101.4
2008	110.5	120.6	118.4	98.6	105.2	105.2	109.5	103.4	107.5	103.1
2009	92.1	89.2	86.3	81.1	91.3	95.8	101.1	98.0	97.0	98.8
2010	109.6	116.3	106.6	122.2	107.0	103.0	103.8	102.3	110.4	106.7
2011	109.1	110.8	109.4	112.1	110.4	104.6	108.4	104.4	115.6	112.7

2-4-2 各地区工业生产者购进价格总指数(1986～2011年)

Indices of Purchasing Prices of Industrial Producer (1986~2011)

(上年价格=100) (Preceding year=100)

地　区	Region	1986	1987	1988	1989	1990	1991	1992	1993	1994	1995	1996
全　国	**National**	**109.5**	**111.0**	**120.2**	**126.4**	**105.6**	**109.1**	**111.0**	**135.1**	**118.2**	**115.3**	**103.9**
北　京	Beijing					114.8	111.7	114.2	142.7	123.8	119.8	104.2
天　津	Tianjin							108.4	139.1	121.7	112.8	101.9
河　北	Hebei							111.4	134.9	119.9	110.9	106.3
山　西	Shanxi					107.4	108.0	111.9	135.9	115.1	113.1	104.8
内蒙古	Inner Mongolia		114.9	118.2	124.4	108.3	111.2	112.1	132.6	116.8	112.8	100.8
辽　宁	Liaoning			133.9	133.3	117.6	108.1	121.2	149.9	118.2	114.2	104.8
吉　林	Jilin			115.7	131.5	102.8	114.1	127.1	173.9	113.9	113.8	102.4
黑龙江	Heilongjiang							112.9	139.6	117.6	112.7	104.2
上　海	Shanghai							113.1	129.2	121.4	114.8	101.6
江　苏	Jiangsu						107.0	110.3	125.8	120.1	117.6	104.3
浙　江	Zhejiang					104.7	102.7	106.3	126.4	124.8	119.2	101.5
安　徽	Anhui							113.9	128.8	122.3	117.9	109.9
福　建	Fujian							109.3	129.6	115.2	119.6	104.3
江　西	Jiangxi								129.4	123.4	114.7	105.8
山　东	Shandong				136.7	105.4	107.0	111.0	134.7	120.1	113.2	105.7
河　南	Henan				130.0	105.5	104.4	110.0	133.0	122.0	114.1	105.3
湖　北	Hubei				126.1	108.4	113.1	110.2	135.5	116.6	118.2	108.4
湖　南	Hunan				122.5	103.3	110.4	116.2	139.7	119.6	117.6	105.9
广　东	Guangdong								134.3	121.1	118.7	104.6
广　西	Guangxi	121.0	112.0			102.2	107.8	105.2	141.7	117.8	112.9	103.4
海　南	Hainan											
重　庆	Chongqing					103.7	109.2	123.8	124.5	124.6	111.6	106.3
四　川	Sichuan				129.4	106.4	108.6	112.5	137.2	119.1	113.5	106.1
贵　州	Guizhou							113.5	144.6	115.0	114.9	108.1
云　南	Yunnan						108.2	115.2	138.1	110.3	113.2	110.3
西　藏	Tibet											
陕　西	Shaanxi							111.5	138.4	115.6	114.3	109.1
甘　肃	Gansu				129.8	114.1	112.4	122.2	139.4	118.3	113.7	107.4
青　海	Qinghai				123.8	113.9	112.8	105.3	138.9	112.3	110.2	108.3
宁　夏	Ningxia											
新　疆	Xinjiang							121.1	136.4	110.9	116.8	107.0

2-4-2 续表 Continued

(上年价格=100) (Preceding year=100)

地 区	Region	1997	1998	1999	2000	2001	2002	2003	2004	2005	2006	2007	2008	2009	2010	2011
全 国	**National**	**101.3**	**95.8**	**96.7**	**105.1**	**99.8**	**97.7**	**104.8**	**111.4**	**108.3**	**106.0**	**104.4**	**110.5**	**92.1**	**109.6**	**109.1**
北 京	Beijing	103.4	98.1	95.8	100.0	100.5	97.1	104.7	114.2	111.4	105.5	105.0	115.8	88.6	110.5	108.4
天 津	Tianjin	99.0	95.9	96.3	104.5	98.8	95.9	108.7	115.4	104.9	104.7	105.7	112.9	90.2	110.0	109.7
河 北	Hebei	102.0	96.2	95.4	103.3	101.0	97.3	109.4	118.4	107.0	105.0	107.8	115.9	93.5	110.9	110.9
山 西	Shanxi	102.0	97.3	97.0	102.0	101.8	102.6	107.8	114.5	108.2	102.6	105.3	118.3	96.6	109.0	108.1
内蒙古	Inner Mongolia	100.9	98.1	96.8	106.5	101.3	99.9	102.9	109.2	109.9	105.9	104.8	111.7	99.1	105.0	106.1
辽 宁	Liaoning	103.1	99.3	99.1	103.9	99.9	98.3	105.1	112.1	108.1	104.2	104.8	111.5	93.3	108.6	108.3
吉 林	Jilin	103.9	96.6	100.5	106.8	101.8	97.8	104.8	110.5	107.0	103.8	105.2	111.3	95.3	108.6	106.1
黑龙江	Heilongjiang	104.4	98.6	98.2	108.6	99.5	99.3	107.6	115.2	111.8	105.6	105.0	114.1	93.4	114.5	111.1
上 海	Shanghai	97.8	94.1	97.1	107.1	98.7	97.7	106.4	116.4	106.8	104.8	104.1	110.3	89.8	111.2	107.5
江 苏	Jiangsu	98.0	91.5	94.4	107.1	99.5	98.6	106.5	116.3	107.6	106.4	105.0	115.0	91.9	112.8	108.9
浙 江	Zhejiang	96.5	92.6	96.2	107.2	99.6	97.5	105.8	113.4	105.4	105.6	105.3	110.6	92.6	112.0	108.3
安 徽	Anhui	101.7	96.0	94.5	102.6	101.2	98.2	106.7	115.0	107.1	103.9	105.1	112.4	95.3	111.8	110.8
福 建	Fujian	98.6	92.5	97.9	112.4	96.7	97.6	106.3	113.3	108.1	103.9	104.3	110.2	93.2	107.7	108.0
江 西	Jiangxi	100.4	95.4	96.9	101.2	99.3	98.6	106.5	114.5	110.0	108.6	107.9	114.2	90.7	111.8	112.4
山 东	Shandong	100.6	93.4	93.4	104.7	100.0	98.7	105.7	113.4	105.9	104.3	104.8	113.1	95.5	109.3	109.2
河 南	Henan	100.7	94.8	94.3	105.1	101.9	97.6	107.8	115.7	108.3	105.3	106.4	111.9	97.1	110.2	110.1
湖 北	Hubei	101.5	95.2	95.6	105.6	100.2	97.7	108.2	113.1	107.0	104.9	104.5	110.9	93.4	110.4	111.5
湖 南	Hunan	100.1	94.8	96.2	106.7	101.1	99.3	106.7	114.4	109.4	106.5	106.1	112.0	92.6	110.0	110.8
广 东	Guangdong	97.3	91.4	97.8	110.9	99.1	96.3	104.1	110.7	105.0	103.6	103.3	107.9	93.8	107.3	107.3
广 西	Guangxi	99.3	95.3	93.6	100.9	103.7	95.6	101.2	116.3	108.2	111.4	106.1	110.6	95.1	111.2	110.0
海 南	Hainan						101.5	102.2	105.9	104.2	101.5	105.0	111.6	85.3	110.3	115.3
重 庆	Chongqing	100.1	95.1	96.9	105.6	99.5	99.2	104.9	110.3	108.2	104.8	106.2	112.2	95.0	106.9	105.7
四 川	Sichuan	101.6	95.3	96.8	101.7	98.5	97.6	101.7	112.0	109.3	104.3	105.7	112.4	95.3	106.1	112.6
贵 州	Guizhou	101.9	95.7	97.0	102.9	100.2	97.6	106.0	109.6	107.4	107.3	107.5	112.5	93.5	109.8	115.0
云 南	Yunnan	102.9	100.7	98.8	101.5	99.4	99.1	102.7	113.0	106.5	107.6	108.2	111.6	95.0	109.0	108.0
西 藏	Tibet															
陕 西	Shaanxi	106.8	97.1	95.5	100.0	100.5	98.8	104.8	110.4	107.5	106.7	106.3	111.2	98.4	109.7	109.6
甘 肃	Gansu	102.2	96.4	98.3	111.8	101.4	98.4	105.6	112.5	109.9	108.8	104.3	110.2	90.5	114.4	115.1
青 海	Qinghai	110.7	101.3	99.1	98.9	99.1	102.8	101.8	108.5	105.3	102.8	104.4	110.4	99.8	108.6	107.0
宁 夏	Ningxia	103.5	101.1	97.0	105.8	102.5	97.8	106.8	117.3	109.7	108.5	107.1	121.8	94.7	114.1	112.8
新 疆	Xinjiang	104.5	95.6	98.2	115.2	98.9	94.9	114.8	118.2	110.7	111.1	103.8	117.8	90.6	123.9	117.8

2-4-3 各地区工业生产者购进价格分类指数(2011年)

Indices of Purchasing Prices of Industrial Producer by Category and Region (2011)

(上年价格=100) (Preceding year=100)

地 区	Region	总指数 General Index	燃料、动力类 Fuel and Power	黑色金属材料类 Ferrous Metals	有色金属材料类 Nonferrous Metals	化工原料类 Raw Chemical Materials	木材及纸浆类 Timber and Paper Pulp	建材类 Building Materials	其它工业原料类 Other Materials	农副产品类 Agricultural Products	纺织原料类 Textile Materials
全 国	**National**	**109.1**	**110.8**	**109.4**	**112.1**	**110.4**	**104.6**	**108.4**	**104.4**	**115.6**	**112.7**
北 京	Beijing	108.4	117.8	112.7	115.2	112.7	105.7	103.0	98.9	128.8	108.2
天 津	Tianjin	109.7	113.3	110.6	110.2	112.6	106.4	104.4	104.4	125.1	110.7
河 北	Hebei	110.9	113.0	110.2	110.1	110.3	104.4	105.3	107.7	119.5	111.8
山 西	Shanxi	108.1	106.2	108.6	110.4	112.6	108.7	102.5	105.3	114.8	119.3
内蒙古	Inner Mongolia	106.1	103.5	107.3	107.2	105.3	105.3	104.1	107.2	108.3	105.9
辽 宁	Liaoning	108.3	109.6	108.7	108.9	107.3	104.6	109.4	103.0	114.6	106.3
吉 林	Jilin	106.1	111.4	105.7	103.5	106.8	108.0	102.4	102.5	109.3	106.5
黑龙江	Heilongjiang	111.1	113.8	110.4	104.4	104.3	107.3	103.9	105.8	113.0	122.4
上 海	Shanghai	107.5	117.9	110.9	113.8	110.5	103.6	116.0	100.9	111.7	110.6
江 苏	Jiangsu	108.9	110.7	108.5	112.1	110.8	101.2	113.3	104.2	117.6	114.4
浙 江	Zhejiang	108.3	107.6	107.1	111.7	111.1	103.8	109.2	106.5	110.1	109.7
安 徽	Anhui	110.8	112.9	110.1	116.1	109.5	108.7	117.4	103.9	116.3	112.1
福 建	Fujian	108.0	107.4	108.5	111.4	113.6	101.6	102.7	101.5	123.5	109.1
江 西	Jiangxi	112.4	108.5	111.3	125.1	109.2	107.5	126.7	107.5	120.2	114.0
山 东	Shandong	109.2	110.7	112.9	110.9	107.4	104.5	109.3	105.7	114.9	109.8
河 南	Henan	110.1	106.6	108.1	109.2	115.0	107.4	106.3	111.5	114.2	111.7
湖 北	Hubei	111.5	115.0	110.7	108.7	114.3	106.8	110.0	106.9	108.5	114.5
湖 南	Hunan	110.8	111.6	107.8	115.9	110.1	106.9	117.9	107.4	113.4	106.5
广 东	Guangdong	107.3	108.8	107.8	111.6	110.2	103.7	105.7	102.8	112.4	116.0
广 西	Guangxi	110.0	105.5	107.7	114.5	116.5	108.6	109.5	107.0	115.9	119.5
海 南	Hainan	115.3	122.9	104.7	153.5	120.6	101.7	115.4	106.4	123.3	98.0
重 庆	Chongqing	105.7	107.2	107.3	107.0	108.0	104.0	105.6	103.2	110.4	123.3
四 川	Sichuan	112.6	109.0	110.6	127.0	113.6	105.0	104.9	107.3	126.1	118.3
贵 州	Guizhou	115.0	121.6	109.9	112.4	116.4	107.8	117.8	106.4	109.2	118.1
云 南	Yunnan	108.0	108.3	111.4	109.2	109.4	105.0	110.3	103.5	106.6	115.7
西 藏	Tibet										
陕 西	Shaanxi	109.6	114.2	107.1	109.3	109.0	105.1	100.1	103.3	109.8	107.7
甘 肃	Gansu	115.1	110.0	108.3	109.3	112.8	103.8	110.8	111.5	116.3	382.4
青 海	Qinghai	107.0	103.3	108.2	108.8	103.8	107.8	105.5	109.4	115.8	106.3
宁 夏	Ningxia	112.8	112.2	108.7	111.8	117.0	104.1	120.2	109.5	115.3	108.5
新 疆	Xinjiang	117.8	132.9	109.4	111.9	106.7	103.7	104.0	102.9	109.6	118.3

2-5-1 全国固定资产投资价格分类指数(1991 ~ 2011年)

Price Indices of Investment in Fixed Assets(1991~2011)

(上年价格=100) (Preceding year=100)

年 份 Year	总指数 Geneval Index	建筑安装工程 Construction and Installation	人工费 Labour Cost	材料费 Material Expenses	机械使用费 Machine	设备工、器具 Purchase of Equipment, Tools and Instruments	其他费用 Others
1991	109.5	109.7	112.2	110.9		106.1	116.8
1992	115.3	116.8	116.5	117.2		109.4	120.9
1993	126.6	131.3	137.8	134.7		119.7	123.4
1994	110.4	110.4	123.3	107.9		109.5	112.1
1995	105.9	104.7	121.5	100.6		106.3	112.4
1996	104.0	105.1	116.2	101.6	115.3	101.6	104.3
1997	101.7	102.9	113.6	100.8	105.9	98.1	102.9
1998	99.8	100.5	104.8	98.9	100.4	97.5	100.4
1999	99.6	100.3	103.0	98.9	101.2	97.5	99.9
2000	101.1	102.4	107.0	102.1	100.8	97.4	101.0
2001	100.4	101.4	104.2	100.5	101.9	97.0	101.0
2002	100.2	101.0	104.1	100.2	101.0	97.0	101.2
2003	102.2	104.2	103.8	105.0	100.9	97.0	101.6
2004	105.6	108.2	104.6	110.7	101.6	99.4	103.5
2005	101.6	101.8	105.6	100.9	101.9	99.4	103.2
2006	101.5	101.3	106.7	99.8	102.6	100.7	103.3
2007	103.9	105.1	108.9	104.5	103.3	100.2	104.2
2008	108.9	112.9	113.8	114.1	106.5	100.6	105.4
2009	97.6	96.3	106.6	92.8	102.0	97.6	102.4
2010	103.6	104.9	109.1	104.3	102.9	100.3	103.1
2011	106.6	109.2	113.5	108.7	104.9	101.1	104.0

2-5-2 各地区固定资产投资价格总指数(1991 ~ 2011年)

Price Indices of Investment in Fixed Assets by Region(1991~2011)

(上年价格=100) (Preceding year=100)

地 区	Region	1991	1992	1993	1994	1995	1996	1997	1998	1999	2000	2001
全 国	**National**	**109.5**	**115.3**	**126.6**	**110.4**	**105.9**	**104.0**	**101.7**	**99.8**	**99.6**	**101.1**	**100.4**
北 京	Beijing	107.3	112.2	126.6	116.2	113.9	108.2	102.7	100.8	99.9	101.0	100.6
天 津	Tianjin		119.4	122.9	111.9	107.6	102.5	100.8	98.9	99.2	99.9	99.7
河 北	Hebei	106.8	129.3	124.8	110.0	106.9	103.9	101.5	97.8	99.4	101.1	99.9
山 西	Shanxi	107.8	116.8	124.8	108.3	106.8	104.9	101.5	98.8	99.7	101.8	101.7
内蒙古	Inner Mongolia	107.1	109.3	124.5	106.7	103.9	105.3	99.7	101.7	101.9	101.9	100.8
辽 宁	Liaoning	108.2	121.0	136.4	117.4	104.9	102.2	102.3	99.8	100.0	101.1	100.4
吉 林	Jilin	111.9	116.4	128.8	107.3	109.6	102.9	104.4	100.8	102.2	102.0	101.1
黑龙江	Heilongjiang	107.6	113.5	127.9	109.0	106.5	103.4	102.7	100.8	99.7	101.5	100.1
上 海	Shanghai	107.3	113.0	131.4	108.8	103.1	106.9	100.5	98.4	98.1	100.0	100.7
江 苏	Jiangsu	104.5	112.1	138.8	114.6	107.4	103.2	99.2	98.4	98.3	101.1	100.8
浙 江	Zhejiang			138.8	112.4	107.2	101.3	99.5	97.6	98.2	100.3	100.4
安 徽	Anhui	114.8	119.8	123.0	120.1	106.5	103.4	101.3	100.0	99.3	101.6	99.5
福 建	Fujian	108.6	114.9	134.1	107.3	104.8	104.7	101.1	98.0	98.5	100.2	99.5
江 西	Jiangxi	110.4	110.1	129.8	114.6	107.2	105.8	101.4	102.1	98.6	101.4	98.9
山 东	Shandong	112.4	119.4	122.1	115.8	106.6	103.1	100.4	99.2	99.6	102.4	101.4
河 南	Henan	109.4	119.8	126.7	106.0	105.9	103.9	102.9	98.7	98.0	102.9	100.4
湖 北	Hubei	108.3	117.0	127.4	107.9	105.0	104.0	102.1	100.5	99.5	101.7	100.1
湖 南	Hunan	108.1	116.4	129.5	113.5	109.5	104.9	101.8	102.7	100.5	102.3	101.3
广 东	Guangdong											100.2
广 西	Guangxi	101.7	117.9	131.2	112.3	103.4	103.6	100.3	99.9	96.1	101.4	102.0
海 南	Hainan										101.8	100.3
重 庆	Chongqing							101.7	98.7	100.5	102.5	100.8
四 川	Sichuan	108.1	113.9	133.2	107.3	101.2	104.8	102.2	97.5	100.5	100.9	101.5
贵 州	Guizhou	110.6	120.2	126.9	113.1	107.6	105.4	101.4	100.0	99.4	102.2	100.4
云 南	Yunnan	112.1	117.6	135.4	113.6	104.0	104.3	105.4	101.8	100.7	101.6	101.0
西 藏	Tibet											
陕 西	Shaanxi	112.9	119.1	129.5	111.7	107.9	107.8	105.3	101.8	101.2	103.6	103.6
甘 肃	Gansu	116.5	117.4	126.2	112.6	109.4	104.9	102.7	100.3	101.0	103.3	102.0
青 海	Qinghai		115.1	125.9	108.4	105.3	103.5	103.0	98.5	100.1	101.6	100.3
宁 夏	Ningxia	110.4	117.3	123.0	112.6	109.3	107.4	102.2	102.1	99.7	104.5	101.5
新 疆	Xinjiang	114.8	117.0	126.5	112.3	106.2	105.6	103.2	102.0	99.0	103.6	102.5

2-5-2 续表 Continued

(上年价格=100) (Preceding year=100)

地　区	Region	2002	2003	2004	2005	2006	2007	2008	2009	2010	2011
全　国	**National**	**100.2**	**102.2**	**105.6**	**101.6**	**101.5**	**103.9**	**108.9**	**97.6**	**103.6**	**106.6**
北　京	Beijing	100.4	102.2	104.3	100.7	100.4	102.8	107.8	97.1	102.5	105.7
天　津	Tianjin	99.5	102.6	107.3	101.2	100.7	102.6	109.2	97.6	102.6	105.7
河　北	Hebei	99.5	102.3	107.0	101.9	101.7	103.8	109.6	96.5	103.7	105.5
山　西	Shanxi	100.5	102.9	105.2	103.0	101.5	104.1	113.3	98.1	103.7	105.5
内蒙古	Inner Mongolia	101.0	102.6	105.0	103.7	103.3	103.8	108.1	98.5	105.4	106.3
辽　宁	Liaoning	100.7	102.5	104.8	102.8	102.1	104.3	109.1	97.0	103.3	106.6
吉　林	Jilin	101.2	101.1	104.1	102.0	102.2	103.9	107.3	99.4	102.4	105.6
黑龙江	Heilongjiang	100.2	102.3	105.0	102.2	102.1	104.5	109.0	97.6	105.2	107.5
上　海	Shanghai	100.3	102.4	106.7	100.8	100.1	103.5	107.9	97.0	103.8	106.5
江　苏	Jiangsu	101.7	104.3	109.4	100.9	101.2	104.9	110.0	97.7	105.1	106.8
浙　江	Zhejiang	100.5	103.5	105.9	100.3	101.5	104.4	109.3	96.7	104.7	107.5
安　徽	Anhui	101.1	103.5	106.1	101.0	101.9	105.4	109.4	96.0	105.4	108.1
福　建	Fujian	99.7	101.4	103.4	100.7	102.0	105.9	105.9	98.0	103.3	106.2
江　西	Jiangxi	100.0	105.1	107.4	100.5	103.2	105.4	110.4	96.1	104.8	108.4
山　东	Shandong	101.1	102.9	107.4	102.9	101.8	104.0	107.7	96.9	103.6	106.8
河　南	Henan	98.7	103.8	110.1	101.4	101.6	104.6	109.0	96.4	103.5	107.4
湖　北	Hubei	99.8	103.3	106.0	102.2	101.8	104.1	109.4	98.8	104.7	107.3
湖　南	Hunan	100.3	102.8	105.5	103.6	103.1	105.8	109.9	99.7	104.0	107.2
广　东	Guangdong	99.7	102.2	106.4	101.6	100.7	102.4	108.6	96.7	103.0	105.5
广　西	Guangxi	100.3	101.8	104.6	101.4	101.2	102.3	107.9	97.9	103.0	106.2
海　南	Hainan	98.2	103.2	105.6	101.2	101.0	106.1	113.3	97.7	105.2	106.4
重　庆	Chongqing	100.7	102.9	105.1	102.3	101.7	105.5	110.2	97.8	102.1	105.9
四　川	Sichuan	100.5	102.2	106.8	103.9	102.9	104.7	112.5	98.3	102.5	105.2
贵　州	Guizhou	100.2	102.3	104.9	101.4	101.1	103.5	108.9	100.5	102.7	105.4
云　南	Yunnan	100.0	102.2	108.0	104.6	101.8	104.2	107.4	98.1	102.7	104.6
西　藏	Tibet										
陕　西	Shaanxi	102.0	101.7	104.5	103.7	102.6	104.0	109.5	99.3	103.6	105.9
甘　肃	Gansu	100.2	101.7	105.5	102.2	104.1	102.8	106.7	101.5	103.5	104.7
青　海	Qinghai	103.2	102.0	102.8	102.1	102.4	104.2	110.5	100.9	103.8	106.5
宁　夏	Ningxia	100.7	102.3	104.9	102.1	101.3	103.2	109.0	100.2	104.2	107.5
新　疆	Xinjiang	100.2	103.4	104.5	102.8	102.2	104.4	111.2	98.0	104.6	107.1

2-5-3 各地区固定资产投资价格分类指数(2009～2011年)

Price Indices of Investment in Fixed Assets by Region and Category (2009~2011)

(上年价格=100) (Preceding year=100)

地 区	Region	2009				2010			
		投 资 Investment in Fixed Assets	建筑安装工 程 Construction and Installation	设 备 工、器具 Purchase of Equipment, Tools and Instruments	其他费用 Others	投 资 Investment in Fixed Assets	建筑安装工 程 Construction and Installation	设 备 工、器具 Purchase of Equipment, Tools and Instruments	其他费用 Others
全 国	**National**	**108.9**	**112.9**	**100.0**	**105.7**	**103.6**	**104.9**	**100.3**	**103.1**
北 京	Beijing	107.8	111.8	98.0	104.8	102.5	104.0	99.1	101.9
天 津	Tianjin	109.2	114.0	99.6	104.2	102.6	104.2	100.2	100.5
河 北	Hebei	109.6	113.9	101.6	105.8	103.7	105.0	101.2	102.8
山 西	Shanxi	113.3	120.0	102.6	101.5	103.7	105.5	100.3	100.9
内蒙古	Inner Mongolia	108.1	110.6	101.0	106.2	105.4	107.3	100.1	103.0
辽 宁	Liaoning	109.1	113.3	101.0	105.2	103.3	104.2	100.3	104.8
吉 林	Jilin	107.3	110.7	100.4	105.1	102.4	103.2	99.9	104.8
黑龙江	Heilongjiang	109.0	111.9	100.6	110.9	105.2	106.7	100.4	107.6
上 海	Shanghai	107.9	112.1	99.5	105.4	103.8	106.1	98.6	102.4
江 苏	Jiangsu	110.0	115.9	100.6	106.6	105.1	106.9	101.7	105.6
浙 江	Zhejiang	109.3	113.7	101.2	106.6	104.7	106.7	101.3	102.6
安 徽	Anhui	109.4	113.7	101.2	103.8	105.4	107.5	101.2	101.5
福 建	Fujian	105.9	108.5	100.0	104.9	103.3	104.9	99.8	102.4
江 西	Jiangxi	110.4	114.0	100.7	109.3	104.8	105.6	102.0	105.4
山 东	Shandong	107.7	110.7	102.5	104.4	103.6	105.3	100.2	103.6
河 南	Henan	109.0	112.1	102.5	103.3	103.5	104.9	100.5	101.3
湖 北	Hubei	109.4	112.2	102.7	108.2	104.7	105.9	99.8	106.1
湖 南	Hunan	109.9	112.3	104.7	105.1	104.0	104.8	101.7	103.0
广 东	Guangdong	108.6	112.2	100.1	105.7	103.0	104.3	99.8	101.4
广 西	Guangxi	107.9	110.7	101.7	103.7	103.0	103.8	101.2	102.5
海 南	Hainan	113.3	118.7	100.6	107.2	105.2	105.5	100.3	109.7
重 庆	Chongqing	110.2	113.7	100.6	106.6	102.1	102.7	99.6	101.9
四 川	Sichuan	112.5	118.8	101.8	104.4	102.5	103.2	100.8	101.9
贵 州	Guizhou	108.9	114.3	100.6	101.1	102.7	103.6	100.1	102.5
云 南	Yunnan	107.4	110.1	101.0	102.2	102.7	103.5	100.4	102.0
西 藏	Tibet								
陕 西	Shaanxi	109.5	113.3	101.1	101.8	103.6	105.3	100.4	100.8
甘 肃	Gansu	106.7	111.8	103.5	103.0	103.5	105.0	100.8	103.2
青 海	Qinghai	110.5	113.3	101.5	104.1	103.8	104.5	101.5	102.3
宁 夏	Ningxia	109.0	110.6	101.9	106.4	104.2	105.3	100.2	100.0
新 疆	Xinjiang	111.2	114.0	105.0	105.1	104.6	105.9	100.4	105.2

2-5-3 续表 Continued

(上年价格=100) (Preceding year=100)

地 区	Region	2011 投 资 Investment in Fixed Assets	建筑安装工 程 Construction and Installation	设 备 工、器具 Purchase of Equipment, Tools and Instruments	其他费用 Others
全 国	**National**	**106.6**	**109.2**	**101.1**	**104.0**
北 京	Beijing	105.7	109.7	98.9	104.0
天 津	Tianjin	105.7	109.0	99.8	102.1
河 北	Hebei	105.5	107.9	101.6	101.9
山 西	Shanxi	105.5	107.8	101.1	101.7
内 蒙 古	Inner Mongolia	106.3	108.1	101.9	103.7
辽 宁	Liaoning	106.6	109.1	101.6	104.0
吉 林	Jilin	105.6	108.4	100.9	104.2
黑 龙 江	Heilongjiang	107.5	109.9	101.1	107.2
上 海	Shanghai	106.5	110.6	99.7	102.7
江 苏	Jiangsu	106.8	110.4	101.2	105.2
浙 江	Zhejiang	107.5	111.4	101.6	103.1
安 徽	Anhui	108.1	111.0	101.9	104.0
福 建	Fujian	106.2	109.4	100.8	102.5
江 西	Jiangxi	108.4	112.1	101.6	106.4
山 东	Shandong	106.8	109.7	101.8	104.9
河 南	Henan	107.4	110.1	102.3	103.0
湖 北	Hubei	107.3	109.3	100.4	106.6
湖 南	Hunan	107.2	108.9	102.7	106.0
广 东	Guangdong	105.5	108.0	100.5	101.8
广 西	Guangxi	106.2	108.7	101.0	103.9
海 南	Hainan	106.4	108.2	101.1	103.3
重 庆	Chongqing	105.9	107.8	101.1	102.5
四 川	Sichuan	105.2	107.1	101.9	102.5
贵 州	Guizhou	105.4	107.5	100.9	102.6
云 南	Yunnan	104.6	106.0	101.2	102.8
西 藏	Tibet				
陕 西	Shaanxi	105.9	107.9	100.8	102.8
甘 肃	Gansu	104.7	106.7	99.0	103.3
青 海	Qinghai	106.5	107.9	101.5	102.6
宁 夏	Ningxia	107.5	109.1	101.5	102.5
新 疆	Xinjiang	107.1	110.3	98.4	103.7

2-6-1 2011年70个大中城市新建住宅销售价格指数(以2010年价格为100)

Sale Price Indices of Houses in 70 Major Cities 2011(2010 Price of 100)

城 市	City	1月	2月	3月	4月	5月	6月	7月	8月	9月	10月	11月	12月
北 京	Beijing	102.4	102.8	102.8	102.9	103.0	103.1	103.1	103.1	103.1	103.0	102.7	102.6
天 津	Tianjin	103.1	103.9	104.4	104.6	104.3	104.1	104.5	104.5	104.3	104.0	103.7	103.4
石家庄	Shijiazhuang	106.3	106.5	107.5	107.7	107.9	108.2	108.4	108.4	108.5	108.3	108.0	108.0
太 原	Taiyuan	100.8	100.4	100.6	100.9	101.2	101.5	101.8	101.8	101.9	101.8	101.8	101.7
呼和浩特	Hohhot	102.8	103.4	103.7	104.5	104.9	105.1	105.4	105.4	105.4	105.3	105.2	105.0
沈 阳	Shenyang	104.2	104.2	104.7	105.4	105.9	106.4	106.7	107.1	107.2	107.2	106.5	106.2
大 连	Dalian	103.3	103.7	104.3	104.9	105.4	105.6	105.7	105.5	105.6	105.6	105.5	105.5
长 春	Changchun	102.6	102.2	102.9	103.4	103.8	104.1	104.4	104.7	104.7	104.8	104.5	104.2
哈尔滨	Harbin	103.6	103.0	103.5	103.6	103.6	103.9	104.0	104.0	104.1	104.1	103.8	103.5
上 海	Shaihai	100.8	101.8	102.0	102.3	102.4	102.6	102.6	102.6	102.6	102.3	102.0	101.7
南 京	Naijing	100.8	101.3	101.9	101.8	101.8	101.7	101.6	101.4	101.4	100.9	100.4	99.9
杭 州	Hangzhou	100.1	100.9	100.7	100.8	100.9	101.1	101.0	101.0	100.9	100.5	100.2	99.5
宁 波	Ningbo	101.5	101.9	101.3	101.7	102.0	102.0	101.7	101.7	101.6	101.2	100.6	100.1
合 肥	Hefei	101.9	102.4	102.5	102.8	102.5	102.6	102.6	102.7	102.6	102.5	102.3	101.9
福 州	Fuzhou	101.9	103.3	103.7	104.2	104.0	104.0	103.9	104.0	104.1	104.1	104.0	103.9
厦 门	Xiamen	103.8	105.3	105.6	106.1	106.1	106.0	106.0	106.0	106.0	106.0	105.8	105.6
南 昌	Nanchang	105.8	106.8	106.8	107.1	107.4	107.7	107.7	107.7	107.6	107.3	106.7	106.1
济 南	Jinan	102.6	103.0	103.5	104.0	104.2	104.6	104.6	104.2	104.3	103.8	103.6	103.3
青 岛	Qingdao	103.2	102.8	103.2	103.7	104.0	104.2	104.4	104.2	104.3	104.0	103.7	103.4
郑 州	Zhengzhou	104.5	106.0	105.7	106.3	106.5	106.8	106.8	107.1	107.3	107.3	107.0	106.5
武 汉	Wuhan	102.7	103.1	103.5	103.9	104.1	104.4	104.4	104.7	104.7	104.5	104.4	104.0
长 沙	Changsha	105.2	106.1	106.6	107.2	107.7	108.2	108.3	108.6	109.0	109.0	108.6	108.1
广 州	Guangzhou	102.7	103.3	103.6	104.4	104.7	104.9	104.9	105.0	105.0	104.8	104.5	104.1
深 圳	Shenzhen	102.3	103.2	103.3	104.0	104.4	104.5	104.5	104.4	104.4	104.3	103.9	103.4
南 宁	Nanning	101.6	101.5	102.3	102.8	102.8	102.6	102.5	102.6	102.4	102.4	102.4	102.3
海 口	Haikou	102.5	102.7	102.6	102.7	102.6	102.7	102.4	102.3	102.2	102.0	101.7	101.6
重 庆	Chongqing	103.4	103.8	104.4	104.7	104.9	104.9	104.6	104.1	103.7	103.4	103.3	103.0
成 都	Chengdu	103.0	103.5	103.5	103.4	103.6	103.5	103.2	103.3	103.2	103.2	103.1	102.9
贵 阳	Guiyang	102.6	103.2	103.8	104.3	104.4	104.3	104.5	104.6	104.8	105.0	105.2	105.2
昆 明	Kunming	104.6	105.1	105.3	105.4	105.6	105.7	105.7	105.7	106.0	106.2	106.0	106.0
西 安	Xi'an	102.2	102.6	103.5	104.1	104.2	104.3	104.4	104.4	104.6	104.6	104.5	104.5
兰 州	Lanzhou	106.8	107.2	106.7	106.7	106.8	107.0	107.1	106.9	107.1	107.3	107.4	107.3
西 宁	Xining	105.1	105.4	105.5	105.8	106.2	106.5	106.7	106.8	107.0	107.2	107.3	107.2
银 川	Yinchuan	101.4	101.2	101.9	102.4	102.6	103.0	103.2	103.2	103.5	103.6	103.6	103.7
乌鲁木齐	Urumqi	105.5	106.7	107.4	107.8	108.3	108.7	109.0	109.2	109.4	109.6	109.6	109.6

2-6-1 续表 Continued

城　市	City	1月	2月	3月	4月	5月	6月	7月	8月	9月	10月	11月	12月
唐　山	Tangshan	101.1	101.2	101.4	101.5	101.7	101.7	101.8	101.8	101.8	101.8	101.8	101.7
秦皇岛	Qinhuangdao	105.8	106.6	106.0	106.7	107.0	107.1	107.2	107.1	107.0	106.9	106.6	106.6
包　头	Baotou	103.9	104.4	104.2	104.5	104.6	104.6	104.4	104.7	104.7	104.5	104.4	104.1
丹　东	Dandong	108.2	108.4	109.2	109.4	109.7	108.6	108.6	107.8	107.5	107.4	107.3	107.7
锦　州	Jinzhou	103.6	104.1	104.5	105.3	105.5	105.7	105.6	105.4	105.2	105.2	105.3	105.2
吉　林	Jilin	105.7	105.7	105.2	105.9	106.0	106.1	106.3	106.4	106.3	106.2	106.2	106.0
牡丹江	Mudanjiang	106.4	107.1	107.1	106.4	106.8	106.9	107.1	106.9	106.9	106.9	106.9	106.9
无　锡	Wuxi	101.9	101.8	102.6	103.1	102.5	102.6	102.5	102.4	102.4	102.2	101.7	101.6
扬　州	Yangzhou	102.8	103.6	104.5	104.6	104.6	104.6	104.5	104.5	104.5	104.3	104.0	103.8
徐　州	Xuzhou	101.8	102.3	103.1	103.8	104.1	104.2	104.3	104.3	104.3	104.1	103.5	103.2
温　州	Wenzhou	100.3	100.3	100.3	100.3	100.7	100.9	101.0	101.0	99.7	95.1	95.0	93.3
金　华	Jinhua	102.4	102.6	103.4	103.6	103.8	103.9	104.0	104.0	104.0	104.0	104.0	103.7
蚌　埠	Bengbu	102.1	103.1	103.7	103.9	103.9	103.9	103.9	103.9	103.9	103.9	103.8	103.5
安　庆	Anqing	104.4	104.4	104.3	104.2	103.9	103.9	104.0	104.0	103.9	104.0	103.9	103.6
泉　州	Quanzhou	99.7	100.2	100.7	101.0	101.0	101.0	101.0	101.0	101.1	101.1	101.0	101.0
九　江	Jiujiang	102.3	102.9	103.8	104.5	104.4	104.2	104.1	104.3	104.3	103.9	103.3	102.7
赣　州	Ganzhou	106.5	106.7	105.7	105.5	105.3	105.3	105.3	105.0	105.1	105.1	105.1	105.0
烟　台	Yantai	103.2	103.7	104.6	105.1	105.1	104.8	105.0	104.6	104.7	104.4	104.1	103.8
济　宁	Jining	102.9	103.2	103.3	103.7	103.9	103.8	103.6	103.6	103.6	103.6	103.5	103.3
洛　阳	Luoyang	104.2	105.3	105.6	106.1	106.3	106.5	106.6	106.9	107.2	107.3	107.3	106.9
平顶山	Pingdingshan	104.1	105.1	104.4	103.9	104.1	104.2	104.3	104.5	104.7	104.8	104.9	104.8
宜　昌	Yichang	102.3	102.3	103.0	103.7	104.3	104.5	104.8	105.2	105.2	104.8	104.5	104.4
襄　阳	Xiangyang	104.4	105.3	105.9	106.3	106.6	106.9	106.9	106.9	106.9	106.9	106.6	106.4
岳　阳	Yueyang	108.9	108.3	107.2	107.1	107.0	107.0	107.4	107.8	107.7	107.6	107.3	106.9
常　德	Changde	104.2	104.6	104.7	105.2	105.5	105.7	105.9	105.9	105.7	105.7	105.5	105.1
惠　州	Huizhou	102.8	103.4	103.8	104.2	104.7	104.9	104.9	104.9	104.9	105.0	105.0	104.9
湛　江	Zhanjiang	102.9	103.8	104.5	104.9	105.2	105.3	105.3	105.3	105.4	105.5	105.4	105.4
韶　关	Shaoguan	103.7	104.2	104.3	105.0	105.7	105.7	106.2	106.1	106.1	106.3	106.3	106.2
桂　林	Guilin	104.5	105.0	105.8	105.8	106.0	105.9	106.1	106.1	106.3	106.5	106.3	106.1
北　海	Beihai	101.1	101.9	102.6	103.2	102.9	102.8	102.8	102.7	102.6	102.4	102.3	102.1
三　亚	Sanya	100.8	101.2	101.6	101.5	101.8	101.6	101.6	101.6	101.6	101.6	101.4	101.4
泸　州	Luzhou	100.1	100.4	100.5	100.7	100.9	101.0	101.8	102.0	102.2	102.3	102.3	102.3
南　充	Nanchong	99.5	99.0	99.3	99.4	99.5	99.6	100.2	100.2	100.2	100.1	100.0	99.9
遵　义	Zunyi	103.4	104.4	104.7	104.5	104.8	105.1	105.2	105.4	105.3	105.4	105.4	105.3
大　理	Dali	101.1	101.1	101.1	101.1	101.1	101.1	101.5	101.5	101.7	101.7	101.7	101.7

2-6-2　2011年70个大中城市新建商品住宅销售价格指数
(以2010年价格为100)
Sale Price Indices of Newly Built Commodity Houses in 70 Major Cities 2011
(2010 Price of 100)

城市	City	1月	2月	3月	4月	5月	6月	7月	8月	9月	10月	11月	12月
北京	Beijing	103.0	103.5	103.5	103.6	103.8	103.9	103.9	103.9	103.9	103.8	103.4	103.3
天津	Tianjin	103.5	104.5	105.0	105.2	104.9	104.7	105.0	105.1	104.8	104.5	104.1	103.8
石家庄	Shijiazhuang	106.5	106.6	107.6	107.9	108.1	108.4	108.6	108.6	108.7	108.5	108.2	108.2
太原	Taiyuan	100.8	100.4	100.7	100.9	101.3	101.6	101.8	101.9	102.0	101.9	101.9	101.8
呼和浩特	Hohhot	102.9	103.5	103.8	104.7	105.1	105.2	105.5	105.6	105.6	105.4	105.4	105.2
沈阳	Shenyang	104.6	104.6	105.1	105.9	106.4	106.9	107.2	107.5	107.6	107.6	106.9	106.7
大连	Dalian	103.3	103.7	104.3	105.0	105.4	105.7	105.8	105.6	105.6	105.6	105.5	105.5
长春	Changchun	102.7	102.2	103.0	103.5	103.9	104.3	104.6	104.9	104.9	104.9	104.7	104.3
哈尔滨	Harbin	103.7	103.1	103.7	103.7	103.7	104.1	104.2	104.2	104.3	104.3	104.0	103.7
上海	Shaihai	101.0	102.1	102.3	102.7	102.9	103.0	103.0	103.0	103.1	102.8	102.4	102.0
南京	Naijing	101.0	101.7	102.5	102.4	102.4	102.2	102.1	101.9	101.8	101.2	100.5	99.8
杭州	Hangzhou	100.2	101.0	100.9	101.0	101.0	101.1	101.0	101.0	100.9	100.5	100.2	99.4
宁波	Ningbo	101.6	102.0	101.4	101.8	102.1	102.2	101.8	101.8	101.6	101.2	100.6	100.1
合肥	Hefei	102.0	102.5	102.6	103.0	102.6	102.7	102.7	102.8	102.7	102.6	102.4	101.9
福州	Fuzhou	101.9	103.4	103.7	104.2	104.1	104.0	104.0	104.0	104.1	104.1	104.0	104.0
厦门	Xiamen	103.9	105.4	105.8	106.2	106.3	106.2	106.1	106.1	106.2	106.2	106.0	105.7
南昌	Nanchang	105.9	106.9	106.9	107.2	107.6	107.9	107.9	107.9	107.8	107.4	106.8	106.2
济南	Jinan	102.6	103.0	103.5	104.0	104.2	104.6	104.6	104.2	104.3	103.8	103.6	103.3
青岛	Qingdao	103.4	102.9	103.3	103.9	104.2	104.4	104.5	104.4	104.4	104.2	103.9	103.5
郑州	Zhengzhou	104.6	106.2	105.9	106.4	106.6	107.0	107.0	107.3	107.5	107.5	107.2	106.7
武汉	Wuhan	102.8	103.3	103.7	104.1	104.4	104.6	104.7	105.0	105.0	104.8	104.6	104.2
长沙	Changsha	105.3	106.2	106.7	107.3	107.8	108.3	108.4	108.7	109.1	109.1	108.7	108.2
广州	Guangzhou	102.7	103.3	103.7	104.4	104.8	105.0	105.0	105.0	105.1	104.9	104.6	104.2
深圳	Shenzhen	102.3	103.3	103.3	104.1	104.4	104.6	104.5	104.5	104.5	104.3	104.0	103.5
南宁	Nanning	101.7	101.6	102.4	102.9	102.9	102.7	102.6	102.7	102.5	102.5	102.5	102.4
海口	Haikou	102.5	102.7	102.7	102.7	102.7	102.7	102.5	102.3	102.2	102.0	101.7	101.6
重庆	Chongqing	103.5	103.9	104.5	104.8	105.0	105.0	104.7	104.2	103.8	103.5	103.4	103.0
成都	Chengdu	103.0	103.5	103.6	103.4	103.7	103.5	103.2	103.3	103.3	103.2	103.1	102.9
贵阳	Guiyang	102.7	103.3	103.9	104.5	104.6	104.5	104.7	104.8	105.0	105.2	105.4	105.5
昆明	Kunming	104.9	105.5	105.6	105.7	105.9	106.2	106.0	106.1	106.5	106.7	106.5	106.4
西安	Xi'an	102.3	102.7	103.7	104.4	104.5	104.6	104.7	104.7	104.9	105.0	104.8	104.8
兰州	Lanzhou	106.9	107.4	106.8	106.8	106.9	107.1	107.2	107.1	107.2	107.4	107.5	107.4
西宁	Xining	105.1	105.4	105.5	105.8	106.2	106.5	106.7	106.8	107.0	107.2	107.3	107.2
银川	Yinchuan	101.5	101.3	102.1	102.6	102.8	103.2	103.4	103.4	103.7	103.7	103.7	103.8
乌鲁木齐	Urumqi	105.5	106.7	107.5	107.9	108.4	108.8	109.1	109.3	109.5	109.6	109.6	109.6

2-6-2 续表 Continued

城　市	City	1月	2月	3月	4月	5月	6月	7月	8月	9月	10月	11月	12月
唐　山	Tangshan	101.2	101.3	101.5	101.7	101.8	101.8	102.0	102.0	102.0	102.0	101.9	101.9
秦皇岛	Qinhuangdao	106.5	107.3	106.7	107.4	107.7	107.9	108.0	107.8	107.8	107.7	107.4	107.3
包　头	Baotou	103.9	104.6	104.3	104.7	104.7	104.8	104.6	104.9	104.9	104.7	104.5	104.2
丹　东	Dandong	108.2	108.5	109.3	109.5	109.8	109.1	109.1	108.5	108.2	108.1	108.0	107.7
锦　州	Jinzhou	103.6	104.1	104.5	105.3	105.5	105.7	105.6	105.4	105.2	105.2	105.3	105.2
吉　林	Jilin	105.9	105.9	105.4	106.1	106.2	106.3	106.5	106.6	106.5	106.5	106.4	106.2
牡丹江	Mudanjiang	106.5	107.2	107.1	106.5	106.8	107.0	107.1	107.0	107.0	106.9	106.9	107.0
无　锡	Wuxi	102.1	102.1	102.9	103.4	102.8	102.8	102.7	102.6	102.5	102.3	101.7	101.6
扬　州	Yangzhou	102.9	103.7	104.6	104.7	104.7	104.7	104.6	104.6	104.6	104.4	104.1	103.9
徐　州	Xuzhou	101.9	102.4	103.3	104.0	104.4	104.4	104.5	104.5	104.5	104.3	103.7	103.3
温　州	Wenzhou	100.3	100.3	100.3	100.3	100.7	100.9	101.0	101.0	99.7	94.8	94.8	92.9
金　华	Jinhua	102.4	102.7	103.4	103.7	103.8	103.9	104.0	104.0	104.0	104.1	104.0	103.7
蚌　埠	Bengbu	102.1	103.1	103.7	104.0	104.0	104.0	104.0	104.0	104.0	104.0	103.9	103.6
安　庆	Anqing	104.4	104.4	104.3	104.2	103.9	103.9	104.0	104.0	103.9	104.0	103.9	103.6
泉　州	Quanzhou	99.7	100.2	100.8	101.1	101.1	101.0	101.1	101.1	101.1	101.1	101.1	101.1
九　江	Jiujiang	102.4	103.1	104.1	104.8	104.6	104.5	104.4	104.5	104.5	104.1	103.5	102.8
赣　州	Ganzhou	106.6	106.7	105.8	105.5	105.3	105.3	105.3	105.1	105.1	105.2	105.1	105.1
烟　台	Yantai	103.2	103.8	104.6	105.2	105.2	104.9	105.0	104.7	104.7	104.5	104.2	103.9
济　宁	Jining	103.0	103.3	103.4	103.8	104.0	103.9	103.7	103.7	103.7	103.8	103.6	103.4
洛　阳	Luoyang	104.3	105.4	105.7	106.2	106.4	106.6	106.7	107.0	107.3	107.4	107.4	107.0
平顶山	Pingdingshan	104.2	105.2	104.4	104.0	104.1	104.3	104.4	104.6	104.8	104.9	105.0	104.9
宜　昌	Yichang	102.3	102.4	103.1	103.7	104.4	104.5	104.9	105.3	105.3	104.8	104.5	104.5
襄　阳	Xiangyang	104.4	105.3	106.0	106.3	106.6	106.9	106.9	106.9	106.9	107.0	106.6	106.4
岳　阳	Yueyang	112.9	111.7	110.0	109.9	109.6	109.6	110.2	109.4	109.2	109.0	108.5	107.9
常　德	Changde	104.2	104.7	104.8	105.3	105.6	105.8	105.9	106.0	105.8	105.8	105.5	105.2
惠　州	Huizhou	102.8	103.4	103.8	104.2	104.7	104.9	104.9	104.9	104.9	105.0	105.0	104.9
湛　江	Zhanjiang	102.9	103.8	104.5	104.9	105.2	105.3	105.3	105.3	105.4	105.5	105.4	105.4
韶　关	Shaoguan	103.8	104.3	104.4	105.2	105.8	105.9	106.3	106.2	106.2	106.4	106.4	106.4
桂　林	Guilin	104.6	105.1	105.9	106.0	106.1	106.0	106.3	106.2	106.5	106.6	106.4	106.2
北　海	Beihai	101.1	101.9	102.6	103.2	102.9	102.8	102.8	102.7	102.6	102.4	102.3	102.1
三　亚	Sanya	100.8	101.2	101.6	101.5	101.8	101.6	101.6	101.6	101.6	101.6	101.4	101.4
泸　州	Luzhou	100.1	100.4	100.5	100.7	100.9	101.0	101.9	102.0	102.2	102.3	102.3	102.3
南　充	Nanchong	99.5	99.0	99.3	99.4	99.5	99.6	100.2	100.2	100.2	100.1	100.0	99.9
遵　义	Zunyi	103.8	104.9	105.2	105.0	105.3	105.8	105.9	106.0	105.9	106.0	106.0	106.0
大　理	Dali	101.1	101.1	101.1	101.1	101.1	101.1	101.6	101.6	101.8	101.8	101.7	101.8

2-6-3 2011年70个大中城市90㎡及以下新建商品住宅销售价格指数(以2010年价格为100)

Sale Price Indices of 90㎡ and below Newly Built Commodity Houses in 70 Major Cities 2011(2010 Price of 100)

城 市	City	1月	2月	3月	4月	5月	6月	7月	8月	9月	10月	11月	12月
北 京	Beijing	103.6	104.5	103.9	103.6	103.8	103.7	103.8	103.9	103.9	103.8	103.4	103.2
天 津	Tianjin	103.6	105.4	106.0	106.6	105.8	105.7	105.9	106.1	105.8	105.7	105.4	105.2
石家庄	Shijiazhuang	105.3	105.4	106.6	106.7	106.9	107.2	107.6	107.6	107.7	107.6	107.1	106.9
太 原	Taiyuan	100.4	100.1	100.1	100.4	100.9	101.2	101.7	101.8	102.1	102.0	102.1	101.9
呼和浩特	Hohhot	102.8	103.7	104.2	104.6	105.2	105.3	105.5	105.5	105.3	105.3	105.2	104.9
沈 阳	Shenyang	105.3	105.9	106.4	107.5	108.0	108.3	108.5	108.9	108.9	109.0	108.4	108.2
大 连	Dalian	103.3	103.9	104.6	105.2	105.7	105.9	106.1	106.0	106.0	106.0	105.9	105.9
长 春	Changchun	102.5	103.2	104.2	104.9	105.6	106.0	106.5	107.0	107.2	107.4	107.3	107.2
哈尔滨	Harbin	104.0	103.4	104.5	104.5	104.6	104.8	104.9	105.1	105.0	105.1	105.0	104.4
上 海	Shaihai	102.1	103.7	103.4	104.4	104.8	104.9	104.9	105.0	105.0	104.7	104.0	103.7
南 京	Naijing	100.6	101.6	102.5	102.3	102.2	102.2	102.1	102.0	101.8	101.2	100.2	99.5
杭 州	Hangzhou	100.5	101.6	101.8	102.4	102.5	102.5	102.3	102.3	102.3	101.9	101.6	100.9
宁 波	Ningbo	101.9	103.6	103.1	103.6	103.7	104.0	103.5	103.2	103.1	102.6	101.8	101.4
合 肥	Hefei	102.2	103.5	103.9	104.1	103.8	103.9	103.9	103.9	103.9	103.7	103.5	103.1
福 州	Fuzhou	101.0	102.0	102.5	102.8	102.7	102.7	102.7	102.6	102.5	102.4	102.3	102.1
厦 门	Xiamen	105.3	106.2	107.0	107.6	107.6	107.6	107.5	107.5	107.4	107.4	107.2	106.9
南 昌	Nanchang	105.3	106.5	107.4	107.5	108.3	108.4	108.5	108.5	108.4	107.9	107.1	106.3
济 南	Jinan	102.8	103.7	105.4	105.5	106.1	106.2	106.3	105.8	106.1	105.9	105.7	105.3
青 岛	Qingdao	103.7	102.9	103.3	103.9	104.3	104.5	104.6	103.9	103.9	103.7	103.2	102.9
郑 州	Zhengzhou	105.2	107.1	106.9	107.1	107.5	107.8	107.7	108.0	108.1	108.1	107.9	107.2
武 汉	Wuhan	102.3	103.3	103.7	104.0	104.3	104.7	104.8	104.9	104.8	104.5	104.3	104.1
长 沙	Changsha	106.3	107.9	109.3	109.8	110.5	110.9	111.0	111.4	111.8	111.7	111.4	110.8
广 州	Guangzhou	103.1	104.2	104.2	104.9	105.0	105.1	105.2	105.3	105.2	105.1	104.7	104.1
深 圳	Shenzhen	103.1	104.4	105.1	105.6	106.2	106.6	106.6	106.6	106.6	106.5	106.1	105.5
南 宁	Nanning	101.1	101.5	102.8	103.1	103.3	103.3	103.2	103.3	103.4	103.4	103.4	103.1
海 口	Haikou	101.8	103.6	103.9	104.2	104.2	104.3	104.2	104.4	104.3	104.0	103.8	103.7
重 庆	Chongqing	103.8	104.2	105.1	106.0	106.2	106.4	106.3	105.9	105.7	105.6	105.4	105.1
成 都	Chengdu	102.5	103.1	103.2	103.1	103.5	103.4	103.3	103.3	103.3	103.2	103.0	102.8
贵 阳	Guiyang	102.5	103.0	103.5	103.6	103.8	103.9	104.0	104.3	104.5	104.5	104.6	104.7
昆 明	Kunming	106.0	107.3	107.8	107.8	108.3	108.5	108.3	108.3	108.7	109.0	108.9	108.8
西 安	Xi'an	103.0	103.4	105.1	106.0	106.3	106.3	106.4	106.4	106.5	106.5	106.5	106.6
兰 州	Lanzhou	107.1	107.9	106.4	106.4	106.5	107.2	107.0	106.9	107.1	107.1	107.2	107.2
西 宁	Xining	106.9	105.4	104.2	104.9	105.0	105.7	106.1	105.7	106.4	106.6	106.8	106.8
银 川	Yinchuan	101.4	101.5	104.0	104.5	104.7	105.4	105.4	105.4	105.8	105.8	105.7	105.7
乌鲁木齐	Urumqi	105.6	107.0	108.1	108.1	108.4	108.7	109.0	109.2	109.7	110.0	110.0	110.0

2-6-3 续表 Continued

城 市	City	1月	2月	3月	4月	5月	6月	7月	8月	9月	10月	11月	12月
唐 山	Tangshan	101.2	101.2	101.2	101.4	101.4	101.4	101.8	101.9	102.0	102.0	102.0	101.9
秦皇岛	Qinhuangdao	107.4	108.0	108.0	109.0	109.2	109.4	109.5	109.6	109.5	109.3	108.9	108.7
包 头	Baotou	103.8	104.6	103.7	103.8	103.8	104.1	104.0	104.6	104.7	104.6	104.4	103.9
丹 东	Dandong	108.8	108.8	109.4	109.6	109.9	109.2	109.2	108.6	108.4	108.2	108.2	107.8
锦 州	Jinzhou	104.3	104.4	104.4	105.2	105.3	105.3	105.1	105.2	105.4	105.4	105.5	105.4
吉 林	Jilin	106.2	105.6	104.8	105.3	105.5	105.7	105.8	106.0	106.1	106.0	105.8	105.8
牡丹江	Mudanjiang	106.4	107.3	107.1	106.4	106.7	106.8	107.0	106.8	106.8	106.7	106.8	106.8
无 锡	Wuxi	102.9	103.6	104.2	104.7	104.7	104.9	104.5	104.6	104.5	104.3	103.7	103.7
扬 州	Yangzhou	104.1	105.0	105.4	105.3	105.3	105.4	105.6	105.7	105.8	105.7	105.5	105.3
徐 州	Xuzhou	102.3	102.8	103.3	103.8	104.5	104.6	104.8	104.9	104.9	104.5	104.2	104.0
温 州	Wenzhou	100.8	100.8	100.8	100.8	100.8	101.0	101.8	101.6	101.6	96.6	96.6	96.2
金 华	Jinhua	102.6	104.3	104.9	105.0	105.6	105.8	105.9	105.9	105.8	105.9	105.8	104.9
蚌 埠	Bengbu	102.2	103.2	103.8	104.2	104.2	104.2	104.3	104.3	104.1	104.0	103.9	103.6
安 庆	Anqing	104.5	104.5	105.0	105.0	104.6	104.7	104.9	104.9	104.9	104.9	104.8	104.4
泉 州	Quanzhou	98.3	99.2	100.4	100.6	100.7	100.7	100.9	100.9	101.0	101.2	101.1	101.1
九 江	Jiujiang	101.0	101.9	103.3	104.0	103.8	103.7	103.5	103.8	103.8	103.4	103.1	102.4
赣 州	Ganzhou	105.7	105.8	104.7	104.6	104.4	104.4	104.5	103.8	103.9	103.8	103.8	103.8
烟 台	Yantai	103.1	103.9	104.5	104.8	104.8	104.5	104.6	104.6	104.7	104.7	104.2	104.1
济 宁	Jining	103.6	103.6	104.1	104.1	104.5	104.5	104.4	104.6	104.6	104.5	104.6	104.5
洛 阳	Luoyang	105.1	106.9	107.2	108.2	108.4	108.5	108.6	108.7	109.1	109.2	109.2	108.9
平顶山	Pingdingshan	105.4	107.1	105.4	105.1	105.2	105.5	105.5	105.6	105.8	106.0	105.9	105.8
宜 昌	Yichang	102.2	102.3	102.8	103.3	104.1	104.2	104.6	104.7	104.7	104.4	103.9	103.9
襄 阳	Xiangyang	105.5	106.3	107.5	108.0	108.5	108.8	108.9	108.9	109.0	109.0	108.3	108.0
岳 阳	Yueyang	112.1	111.0	109.8	109.7	109.7	109.8	110.3	109.6	109.3	109.2	108.6	107.9
常 德	Changde	105.8	106.9	106.5	107.1	107.4	107.8	107.7	108.0	107.9	107.7	107.6	107.5
惠 州	Huizhou	104.0	105.2	105.9	106.6	107.5	107.7	108.2	108.3	108.5	108.5	108.4	108.4
湛 江	Zhanjiang	102.0	103.3	103.9	104.2	104.5	104.7	104.7	104.6	104.7	104.7	104.7	104.8
韶 关	Shaoguan	105.5	105.5	105.7	106.6	107.4	107.4	107.7	107.8	107.8	108.2	108.1	108.1
桂 林	Guilin	104.5	105.2	105.7	105.2	105.5	105.3	105.3	105.3	105.3	105.4	105.3	105.1
北 海	Beihai	101.2	101.9	102.9	103.5	103.0	102.9	102.9	102.8	102.8	102.4	102.3	102.1
三 亚	Sanya	100.7	101.3	101.8	101.5	101.9	101.7	101.8	101.8	101.8	101.8	101.5	101.4
泸 州	Luzhou	100.1	100.2	100.7	101.1	100.3	100.5	101.3	101.3	101.6	101.6	101.7	101.7
南 充	Nanchong	99.8	99.6	100.3	100.6	100.7	100.8	101.2	101.3	101.2	101.0	100.8	100.7
遵 义	Zunyi	103.0	104.9	105.7	105.6	105.9	105.9	105.9	106.2	106.1	106.3	106.4	106.4
大 理	Dali	100.2	100.2	100.2	100.2	100.2	100.2	100.8	100.8	101.1	101.1	101.2	101.2

2-6-4 2011年70个大中城市90-144㎡新建商品住宅销售价格指数(以2010年价格为100)

Sale Price Indices of 90-144㎡ Newly Built Commodity Houses in 70 Major Cities 2011(2010 Price of 100)

城　市	City	1月	2月	3月	4月	5月	6月	7月	8月	9月	10月	11月	12月
北　京	Beijing	103.0	103.7	104.2	104.4	104.7	104.6	104.5	104.5	104.4	104.4	103.9	103.7
天　津	Tianjin	103.9	104.1	105.0	105.2	105.2	104.8	105.3	105.3	105.0	104.4	104.0	103.6
石家庄	Shijiazhuang	107.0	107.3	108.2	108.5	108.7	109.0	109.3	109.4	109.4	109.0	108.8	108.8
太　原	Taiyuan	101.4	101.0	101.6	101.9	102.3	102.6	102.6	102.7	102.9	102.7	102.6	102.5
呼和浩特	Hohhot	102.6	102.8	102.5	103.6	103.9	104.1	104.5	104.6	104.6	104.5	104.4	104.2
沈　阳	Shenyang	104.9	104.7	105.0	105.8	106.5	107.2	107.7	108.0	108.2	108.1	107.4	107.1
大　连	Dalian	103.3	104.0	104.4	104.9	105.4	105.4	105.6	105.5	105.5	105.4	105.4	105.3
长　春	Changchun	103.1	102.4	103.1	103.3	103.6	104.0	104.2	104.4	104.5	104.4	103.8	103.4
哈尔滨	Harbin	103.5	103.0	103.3	103.4	103.4	103.7	103.8	103.7	103.9	103.8	103.4	103.2
上　海	Shaihai	101.3	102.8	102.9	102.9	103.2	103.4	103.4	103.3	103.4	102.8	102.4	102.2
南　京	Naijing	101.0	101.7	102.7	102.9	103.0	102.7	102.7	102.3	102.2	101.7	100.9	100.1
杭　州	Hangzhou	100.1	101.1	101.3	101.3	101.1	101.0	101.0	101.0	100.9	100.4	100.0	99.4
宁　波	Ningbo	101.4	102.1	102.2	102.4	102.7	102.7	102.4	102.4	102.2	101.6	100.9	100.4
合　肥	Hefei	101.9	102.1	102.0	102.5	102.1	102.2	102.3	102.4	102.3	102.3	102.0	101.5
福　州	Fuzhou	102.7	104.5	105.3	106.3	106.2	106.1	106.0	106.2	106.4	106.3	106.3	106.3
厦　门	Xiamen	104.3	106.3	106.4	106.6	106.7	106.6	106.6	106.5	106.7	106.6	106.3	106.0
南　昌	Nanchang	106.0	107.5	107.5	107.9	108.4	108.8	108.9	109.0	108.9	108.6	108.0	107.5
济　南	Jinan	102.6	103.1	103.3	104.0	104.2	104.5	104.5	104.1	104.2	103.6	103.4	103.1
青　岛	Qingdao	103.7	103.9	103.9	104.7	104.9	105.1	105.4	105.4	105.5	105.2	105.0	104.5
郑　州	Zhengzhou	104.9	106.3	106.1	106.8	106.8	107.1	107.1	107.5	107.7	107.6	107.3	107.0
武　汉	Wuhan	102.9	103.6	104.1	104.7	104.9	105.2	105.3	105.7	105.7	105.6	105.5	105.0
长　沙	Changsha	106.0	106.8	107.7	108.1	108.5	108.8	108.8	109.2	109.6	109.5	109.3	108.7
广　州	Guangzhou	103.5	105.1	106.1	106.7	107.1	107.3	107.3	107.3	107.3	107.0	106.8	106.4
深　圳	Shenzhen	101.5	102.8	102.2	103.1	103.1	103.3	103.2	103.1	103.0	102.7	102.4	101.7
南　宁	Nanning	102.3	102.1	102.4	103.0	103.1	102.7	102.6	102.6	102.4	102.3	102.3	102.2
海　口	Haikou	102.6	102.8	102.5	102.5	102.3	102.3	102.2	102.1	102.0	101.9	101.5	101.4
重　庆	Chongqing	103.5	103.9	104.6	104.6	104.7	104.5	104.0	103.6	103.0	102.6	102.5	102.0
成　都	Chengdu	104.0	104.6	104.7	104.7	105.2	105.0	104.7	104.8	104.6	104.7	104.7	104.5
贵　阳	Guiyang	102.8	103.4	104.2	104.8	105.0	104.9	105.1	105.1	105.3	105.6	105.8	105.8
昆　明	Kunming	104.8	105.2	105.4	105.4	105.6	105.7	105.8	106.0	106.4	106.5	106.2	106.2
西　安	Xi'an	101.9	102.4	103.2	103.8	103.8	104.1	104.3	104.4	104.7	104.7	104.5	104.5
兰　州	Lanzhou	106.8	107.2	106.8	106.8	106.9	107.1	107.3	107.1	107.3	107.5	107.6	107.5
西　宁	Xining	105.0	105.5	105.8	105.8	106.3	106.5	106.5	106.6	106.9	107.1	107.2	107.1
银　川	Yinchuan	101.5	100.8	100.4	101.1	101.2	101.5	101.7	101.7	102.0	102.1	102.2	102.1
乌鲁木齐	Urumqi	105.7	107.3	108.2	108.8	109.6	110.1	110.4	110.6	110.6	110.8	110.7	110.7

2-6-4 续表 Continued

城　市	City	1月	2月	3月	4月	5月	6月	7月	8月	9月	10月	11月	12月
唐　山	Tangshan	101.2	101.3	101.8	102.0	102.2	102.3	102.4	102.4	102.3	102.3	102.2	102.2
秦皇岛	Qinhuangdao	105.8	106.8	105.4	106.1	106.5	106.6	106.8	106.5	106.4	106.3	106.0	106.0
包　头	Baotou	104.3	104.9	105.2	105.6	105.7	105.7	105.5	105.7	105.6	105.4	105.2	105.1
丹　东	Dandong	107.9	108.6	109.6	109.7	110.0	109.1	109.0	108.5	108.2	108.1	107.9	107.8
锦　州	Jinzhou	102.7	103.9	104.9	106.0	106.4	106.9	106.7	106.2	105.6	105.6	105.7	105.6
吉　林	Jilin	105.8	105.8	105.3	106.2	106.3	106.4	106.7	106.7	106.7	106.6	106.6	106.3
牡丹江	Mudanjiang	106.1	106.4	106.7	106.4	106.9	107.0	107.3	107.0	107.1	107.0	107.0	107.0
无　锡	Wuxi	102.8	103.1	103.6	103.7	103.1	103.1	102.9	102.8	102.7	102.4	101.7	101.6
扬　州	Yangzhou	102.5	103.6	104.6	104.8	104.7	104.7	104.6	104.6	104.6	104.4	104.2	103.9
徐　州	Xuzhou	101.9	102.4	103.5	104.2	104.5	104.6	104.6	104.6	104.6	104.5	103.9	103.4
温　州	Wenzhou	100.6	100.6	100.6	100.6	100.6	101.1	101.1	101.1	99.3	94.3	94.3	95.3
金　华	Jinhua	102.3	102.1	103.0	103.3	103.4	103.5	103.6	103.5	103.6	103.6	103.6	103.1
蚌　埠	Bengbu	102.1	103.2	103.7	103.9	103.9	103.9	103.9	103.9	103.9	104.0	103.9	103.6
安　庆	Anqing	104.5	104.4	104.2	104.1	103.7	103.8	103.8	103.8	103.8	103.9	103.9	103.5
泉　州	Quanzhou	100.7	101.2	101.5	101.8	101.8	101.7	101.8	101.7	102.0	101.9	101.8	101.9
九　江	Jiujiang	103.5	104.3	105.0	105.8	105.6	105.5	105.5	105.5	105.5	105.0	104.3	103.5
赣　州	Ganzhou	106.4	106.5	105.5	105.3	105.0	105.1	105.2	105.1	105.3	105.3	105.2	105.2
烟　台	Yantai	103.3	103.9	104.9	105.9	105.9	105.7	105.8	105.4	105.4	105.0	104.7	104.4
济　宁	Jining	103.0	103.5	103.8	104.4	104.5	104.4	104.2	104.1	104.2	104.3	104.1	103.9
洛　阳	Luoyang	103.6	104.6	105.5	105.8	106.1	106.4	106.4	106.8	107.4	107.5	107.4	106.8
平顶山	Pingdingshan	103.9	104.7	105.2	104.9	105.1	105.2	105.3	105.5	105.7	105.9	106.1	105.9
宜　昌	Yichang	102.3	102.4	103.2	103.9	104.4	104.7	105.0	105.5	105.5	104.9	104.7	104.6
襄　阳	Xiangyang	104.3	105.1	105.8	106.3	106.7	107.0	107.1	106.9	106.8	106.8	106.7	106.6
岳　阳	Yueyang	112.3	110.9	110.8	109.9	109.5	109.7	110.3	109.3	109.3	109.2	108.8	108.4
常　德	Changde	103.9	104.7	104.6	105.2	105.6	105.8	105.9	106.0	105.8	105.8	105.5	105.0
惠　州	Huizhou	103.0	103.6	104.2	104.8	105.2	105.3	105.3	105.5	105.3	105.4	105.4	105.3
湛　江	Zhanjiang	103.9	105.1	105.9	106.1	106.3	106.4	106.4	106.4	106.6	106.8	106.8	106.6
韶　关	Shaoguan	102.8	103.7	103.7	104.3	104.9	105.0	105.5	105.4	105.4	105.4	105.4	105.4
桂　林	Guilin	105.1	106.4	107.4	107.5	107.5	107.5	107.8	107.8	108.1	108.3	108.0	107.9
北　海	Beihai	101.1	102.2	102.3	103.0	102.9	102.9	103.0	102.9	102.7	102.6	102.7	102.4
三　亚	Sanya	101.2	101.4	102.1	102.0	102.3	102.2	102.0	102.0	102.0	102.0	101.9	101.9
泸　州	Luzhou	100.1	100.4	100.3	100.5	101.1	101.2	102.1	102.3	102.4	102.6	102.5	102.5
南　充	Nanchong	99.5	98.9	98.8	98.8	99.0	99.1	99.8	99.8	99.8	99.8	99.7	99.7
遵　义	Zunyi	104.4	105.2	105.4	105.2	105.6	106.2	106.2	106.3	106.1	106.2	106.1	106.1
大　理	Dali	101.1	101.1	101.1	101.1	101.1	101.0	101.2	101.2	101.4	101.5	101.5	101.5

2-6-5 2011年70个大中城市144㎡以上新建商品住宅销售价格指数(以2010年价格为100)

Sale Price Indices of more than 144㎡ Newly Built Commodity Houses in 70 Major Cities 2011(2010 Price of 100)

城　市	City	1月	2月	3月	4月	5月	6月	7月	8月	9月	10月	11月	12月
北　京	Beijing	102.7	102.7	102.6	103.0	103.1	103.5	103.5	103.4	103.4	103.4	103.1	102.9
天　津	Tianjin	102.5	104.1	103.8	103.7	103.4	103.4	103.7	103.7	103.5	103.3	102.9	102.7
石家庄	Shijiazhuang	105.9	105.8	107.0	107.3	107.6	107.8	107.8	107.7	107.9	107.8	107.8	107.7
太　原	Taiyuan	100.2	99.8	99.8	99.9	100.2	100.5	100.9	100.9	101.0	100.9	100.9	100.9
呼和浩特	Hohhot	103.3	104.6	105.4	106.3	106.7	106.9	107.1	107.2	107.1	107.0	106.9	106.8
沈　阳	Shenyang	102.7	101.7	102.4	102.4	102.6	102.9	103.4	103.6	103.8	103.6	102.8	102.5
大　连	Dalian	103.1	102.9	103.6	104.7	105.0	105.6	105.5	105.1	105.2	105.2	105.1	105.1
长　春	Changchun	102.3	100.9	101.4	102.1	102.5	102.7	102.9	103.1	102.9	103.0	102.9	102.3
哈尔滨	Harbin	103.5	102.8	103.1	103.2	103.1	103.6	103.7	103.7	103.8	103.8	103.6	103.4
上　海	Shaihai	100.3	100.9	101.4	101.6	101.7	101.9	101.8	101.8	101.9	101.7	101.5	100.9
南　京	Naijing	101.3	101.9	101.9	101.4	101.4	101.2	101.0	100.9	100.9	100.1	99.9	99.5
杭　州	Hangzhou	99.9	100.5	99.7	99.3	99.6	99.6	99.6	99.6	99.4	99.1	98.7	97.9
宁　波	Ningbo	101.6	101.4	100.1	100.7	101.1	101.1	100.8	100.8	100.7	100.5	99.9	99.5
合　肥	Hefei	101.5	102.2	102.1	102.2	102.0	102.0	102.0	102.0	102.0	101.5	101.3	101.2
福　州	Fuzhou	101.5	102.9	102.7	102.9	102.7	102.6	102.5	102.6	102.6	102.8	102.6	102.4
厦　门	Xiamen	102.7	104.0	104.3	104.9	105.0	104.9	104.8	104.9	104.9	105.0	104.9	104.8
南　昌	Nanchang	105.9	106.1	105.6	105.7	105.7	105.9	105.7	105.5	105.3	105.0	104.6	103.9
济　南	Jinan	102.5	102.7	103.2	103.6	103.7	104.1	104.1	103.9	104.0	103.3	103.1	102.9
青　岛	Qingdao	102.4	101.0	102.3	102.3	102.6	102.8	102.8	103.0	103.0	102.9	102.7	102.4
郑　州	Zhengzhou	103.6	104.7	104.3	105.1	105.3	105.9	105.9	106.3	106.5	106.5	106.1	105.7
武　汉	Wuhan	103.2	102.4	102.6	102.8	102.8	103.0	103.0	103.0	103.1	102.8	102.6	102.3
长　沙	Changsha	103.5	103.9	103.4	104.0	104.7	105.3	105.6	105.8	106.0	106.1	105.7	105.2
广　州	Guangzhou	101.7	100.9	100.8	101.8	102.2	102.4	102.3	102.4	102.6	102.5	102.2	101.8
深　圳	Shenzhen	101.9	102.5	102.2	103.0	103.3	103.3	103.2	103.1	103.1	103.0	102.7	102.3
南　宁	Nanning	101.0	100.2	101.4	102.2	101.8	101.6	101.6	101.6	101.2	101.3	101.3	101.3
海　口	Haikou	102.7	102.3	102.5	102.6	102.7	102.7	102.3	102.0	101.8	101.7	101.4	101.2
重　庆	Chongqing	103.1	103.3	103.4	103.5	103.8	103.6	103.5	102.9	102.2	101.9	101.9	101.6
成　都	Chengdu	102.5	102.7	102.4	102.1	101.7	101.7	101.0	101.1	101.2	101.2	100.7	100.8
贵　阳	Guiyang	102.5	103.0	103.4	104.1	104.0	103.7	104.1	104.3	104.5	104.6	104.9	105.0
昆　明	Kunming	103.7	103.7	103.2	103.6	103.5	103.9	103.6	103.5	103.9	104.0	103.8	103.8
西　安	Xi'an	102.0	102.4	102.5	102.9	102.9	103.0	103.0	102.6	102.9	103.0	102.9	102.7
兰　州	Lanzhou	107.1	107.2	107.3	107.3	107.3	107.3	107.3	107.1	107.2	107.4	107.5	107.4
西　宁	Xining	104.4	104.8	105.3	106.2	106.5	107.1	107.5	108.0	108.0	108.0	108.0	107.9
银　川	Yinchuan	101.8	101.9	102.7	102.8	103.2	103.5	103.9	103.9	103.9	104.0	104.1	104.6
乌鲁木齐	Urumqi	105.1	105.0	104.8	105.5	105.9	106.3	106.4	106.4	106.6	106.6	106.7	106.7

2-6-5 续表 Continued

城 市	City	1月	2月	3月	4月	5月	6月	7月	8月	9月	10月	11月	12月
唐 山	Tangshan	101.2	101.1	101.1	101.2	101.2	101.3	101.3	101.3	101.3	101.1	101.1	101.0
秦皇岛	Qinhuangdao	106.3	107.5	107.4	107.7	108.1	108.2	108.1	107.9	107.9	107.9	108.0	108.1
包 头	Baotou	103.0	103.5	102.6	103.4	103.4	103.3	102.7	102.9	102.8	102.6	102.5	101.8
丹 东	Dandong	107.6	107.0	108.1	108.2	108.8	108.9	108.8	108.5	108.0	107.7	107.8	107.3
锦 州	Jinzhou	103.4	103.4	103.4	103.4	103.4	104.1	104.3	103.8	102.8	102.9	103.0	103.0
吉 林	Jilin	105.9	106.5	106.4	106.8	107.0	107.1	107.2	107.2	106.9	106.9	106.8	106.8
牡丹江	Mudanjiang	108.0	108.2	108.8	108.2	108.6	108.6	108.8	108.7	108.7	108.7	108.9	108.8
无 锡	Wuxi	100.6	99.9	101.1	102.4	101.4	101.4	101.4	101.3	101.3	101.1	100.6	100.5
扬 州	Yangzhou	103.4	103.3	104.3	104.3	104.5	104.5	104.2	104.5	104.3	104.0	103.5	103.4
徐 州	Xuzhou	101.0	101.6	101.9	102.4	103.1	103.0	103.1	103.1	103.2	102.7	102.0	101.7
温 州	Wenzhou	100.1	100.1	100.1	100.1	100.7	100.8	100.8	100.9	99.2	94.4	94.4	91.6
金 华	Jinhua	102.5	102.5	103.2	103.5	103.5	103.5	103.7	103.7	103.7	103.8	103.8	103.8
蚌 埠	Bengbu	101.9	102.7	103.8	103.8	103.8	103.8	104.0	104.1	104.0	103.9	103.9	103.8
安 庆	Anqing	104.1	104.4	104.3	104.3	104.3	104.1	104.3	104.3	104.0	103.8	103.7	103.4
泉 州	Quanzhou	99.0	99.2	99.8	100.1	100.1	100.0	100.1	100.0	99.8	99.7	99.7	99.7
九 江	Jiujiang	101.9	101.7	102.2	103.0	102.8	102.6	102.3	102.4	102.5	102.3	101.8	101.4
赣 州	Ganzhou	107.5	107.6	106.8	106.5	106.3	106.4	106.0	105.6	105.6	105.7	105.6	105.6
烟 台	Yantai	102.9	103.1	103.9	103.6	103.6	102.9	103.0	102.6	102.5	102.5	102.3	102.0
济 宁	Jining	102.6	102.7	102.0	102.0	102.6	102.3	102.0	102.0	101.9	101.8	101.6	101.4
洛 阳	Luoyang	104.6	105.3	105.0	105.4	105.5	105.7	105.8	106.0	106.1	106.1	106.1	106.1
平顶山	Pingdingshan	102.8	103.0	102.0	101.1	101.0	101.2	101.5	101.7	101.8	101.9	102.0	102.0
宜 昌	Yichang	102.4	102.4	102.8	103.7	104.3	104.4	105.0	105.2	105.2	105.1	104.7	104.7
襄 阳	Xiangyang	103.7	104.9	104.9	104.7	104.7	105.0	104.7	105.1	105.3	105.4	104.7	104.5
岳 阳	Yueyang	113.0	111.8	108.7	108.6	108.4	108.3	108.9	109.3	109.2	108.9	108.4	107.8
常 德	Changde	104.3	103.8	104.3	104.6	104.6	104.6	105.1	105.2	105.0	104.8	104.5	104.5
惠 州	Huizhou	102.1	102.5	102.5	102.7	103.2	103.4	103.2	103.1	103.0	103.1	103.2	103.1
湛 江	Zhanjiang	103.1	102.4	103.6	104.1	104.6	104.6	104.7	104.7	104.7	104.7	104.7	104.8
韶 关	Shaoguan	102.3	102.5	102.6	103.1	103.4	103.3	103.3	103.4	103.4	103.5	103.4	103.4
桂 林	Guilin	102.3	99.5	100.4	100.3	101.3	100.9	101.1	101.0	101.2	101.2	101.0	100.6
北 海	Beihai	100.5	101.0	101.5	102.2	102.0	101.6	101.5	101.3	101.2	101.1	101.0	100.9
三 亚	Sanya	100.6	100.9	100.9	100.9	101.1	101.0	101.0	101.0	101.0	100.9	100.9	100.8
泸 州	Luzhou	100.4	101.1	100.8	101.1	101.1	101.0	101.9	102.0	102.3	102.6	102.6	102.5
南 充	Nanchong	98.6	98.6	99.3	99.5	99.5	99.5	100.0	100.1	99.9	99.9	99.8	99.7
遵 义	Zunyi	103.0	104.1	104.1	104.1	104.2	104.6	105.0	105.4	105.4	105.3	105.4	105.3
大 理	Dali	102.0	102.1	102.1	102.1	102.1	102.1	102.9	102.9	103.0	102.9	102.8	102.8

2-6-6　2011年70个大中城市二手住宅销售价格指数
(以2010年价格为100)
Sale Price Indices of Second-hand Houses in 70 Major Cities 2011
(2010 Price of 100)

城市	City	1月	2月	3月	4月	5月	6月	7月	8月	9月	10月	11月	12月
北京	Beijing	101.2	101.5	101.4	101.5	101.4	101.3	101.3	101.3	101.0	100.5	99.7	98.9
天津	Tianjin	101.4	101.8	102.3	102.1	102.0	101.7	101.6	101.4	101.4	100.8	99.1	98.8
石家庄	Shijiazhuang	101.9	102.0	102.0	102.3	102.8	103.2	103.3	103.5	103.1	101.5	100.2	99.2
太原	Taiyuan	102.2	102.8	103.1	103.9	104.3	104.5	104.6	104.9	105.2	105.3	105.3	105.2
呼和浩特	Hohhot	101.9	102.1	102.5	102.6	102.7	103.2	103.6	103.8	104.0	104.0	104.0	104.0
沈阳	Shenyang	103.1	103.6	104.1	104.2	104.2	104.4	104.4	105.1	105.2	105.0	104.3	104.3
大连	Dalian	102.7	103.3	103.2	103.6	104.2	104.7	105.1	105.1	105.1	104.9	102.6	102.3
长春	Changchun	100.7	100.8	100.9	101.3	101.7	102.0	102.2	102.4	102.5	102.2	101.3	100.4
哈尔滨	Harbin	101.8	101.8	101.8	101.8	101.8	101.7	101.7	101.7	101.7	101.0	99.8	99.5
上海	Shaihai	100.6	101.0	101.4	102.0	102.3	102.5	102.8	102.9	103.0	102.8	102.3	101.9
南京	Naijing	100.3	100.8	101.4	101.4	100.9	100.3	100.0	99.8	99.2	98.7	98.1	97.2
杭州	Hangzhou	101.5	101.7	101.8	101.5	101.3	101.3	101.2	100.9	100.5	99.0	98.0	96.7
宁波	Ningbo	98.7	98.6	98.5	98.5	98.5	98.3	98.1	97.8	97.8	97.6	97.3	96.7
合肥	Hefei	102.7	102.7	102.8	102.8	102.8	103.0	103.3	103.7	103.9	103.2	101.5	100.2
福州	Fuzhou	100.6	102.3	102.0	101.3	100.2	100.1	99.1	98.5	97.6	96.9	96.3	95.3
厦门	Xiamen	100.6	100.6	101.3	101.9	102.2	102.8	103.0	103.1	103.1	103.2	102.7	101.7
南昌	Nanchang	102.5	103.0	103.4	103.9	104.5	104.2	103.9	102.5	101.8	101.3	99.3	98.8
济南	Jinan	102.0	102.2	102.5	102.6	102.8	102.9	102.9	103.1	103.0	102.9	102.8	102.6
青岛	Qingdao	103.1	103.1	103.1	103.2	103.2	103.2	103.2	103.0	102.9	102.6	101.9	101.1
郑州	Zhengzhou	104.0	104.1	104.3	104.2	104.0	103.8	103.7	103.7	103.8	103.7	103.7	103.1
武汉	Wuhan	102.1	102.3	102.0	102.2	102.1	102.3	102.5	102.4	102.1	101.9	101.6	101.2
长沙	Changsha	101.1	101.1	101.1	101.1	101.2	101.2	101.2	101.3	101.4	101.4	101.2	101.2
广州	Guangzhou	102.3	102.9	102.4	103.4	103.2	103.3	103.5	104.3	105.0	104.5	103.7	103.3
深圳	Shenzhen	101.6	104.2	104.8	105.4	105.7	105.7	105.2	105.1	104.9	105.0	104.2	103.7
南宁	Nanning	101.7	102.1	101.5	102.0	101.9	102.1	102.3	101.4	101.4	101.3	101.6	101.2
海口	Haikou	97.7	97.7	97.5	96.8	97.6	98.0	97.8	97.7	97.3	97.0	96.7	95.9
重庆	Chongqing	100.6	100.6	101.0	100.9	100.8	100.8	100.8	100.6	100.5	100.2	100.1	100.2
成都	Chengdu	101.7	102.0	101.8	102.2	102.1	102.2	101.6	101.6	101.4	101.3	100.6	100.3
贵阳	Guiyang	104.3	104.6	104.9	105.2	105.5	105.8	106.1	106.3	106.7	107.2	107.5	107.7
昆明	Kunming	102.6	102.9	103.2	103.5	103.6	103.8	103.9	103.8	104.3	104.1	103.7	103.2
西安	Xi'an	103.0	103.0	102.9	103.1	102.3	102.7	103.0	103.1	103.0	103.0	102.9	102.8
兰州	Lanzhou	108.8	108.8	102.4	101.5	100.6	100.6	100.4	100.4	100.4	100.6	100.3	99.0
西宁	Xining	104.8	105.3	104.9	104.9	105.7	106.0	106.2	106.3	106.4	106.0	106.2	106.2
银川	Yinchuan	100.6	100.7	101.2	102.0	102.6	103.1	103.6	103.8	103.9	103.9	103.6	103.1
乌鲁木齐	Urumqi	106.0	106.4	107.5	107.9	107.7	108.0	108.4	108.6	108.8	108.9	108.8	108.4

2-6-6 续表 Continued

城 市	City	1月	2月	3月	4月	5月	6月	7月	8月	9月	10月	11月	12月
唐 山	Tangshan	102.3	102.5	102.7	103.7	103.8	104.3	104.5	104.7	104.9	105.0	104.6	104.5
秦皇岛	Qinhuangdao	102.0	101.9	102.2	102.2	102.2	102.4	102.5	102.3	102.5	102.2	101.7	101.3
包 头	Baotou	100.8	100.8	101.1	101.4	101.7	101.9	102.0	102.1	102.4	102.4	102.5	101.5
丹 东	Dandong	101.3	101.5	101.4	100.9	101.1	101.0	101.0	102.3	102.2	102.3	102.3	102.3
锦 州	Jinzhou	100.1	100.2	100.2	100.2	100.2	100.2	100.2	100.2	100.2	100.2	100.2	100.2
吉 林	Jilin	102.1	102.1	103.4	104.1	104.3	104.8	104.8	104.8	104.8	104.8	104.7	104.6
牡丹江	Mudanjiang	105.4	106.5	106.6	106.7	106.4	105.9	105.8	105.5	105.3	104.7	104.0	103.0
无 锡	Wuxi	101.9	102.8	103.2	103.8	104.4	104.5	104.8	104.6	104.7	105.1	104.9	104.9
扬 州	Yangzhou	102.8	102.9	103.1	103.2	103.3	103.4	103.3	103.1	103.0	102.9	102.7	102.2
徐 州	Xuzhou	100.5	100.9	100.9	100.2	100.5	100.0	99.9	99.5	99.5	99.3	97.4	97.0
温 州	Wenzhou	108.6	109.6	109.3	108.8	108.3	107.9	107.4	106.9	105.1	100.5	99.3	94.4
金 华	Jinhua	99.9	100.1	101.2	100.9	100.7	100.6	100.3	100.1	99.6	99.6	97.4	96.4
蚌 埠	Bengbu	103.0	103.3	103.6	104.1	103.8	104.0	104.0	104.0	104.2	104.3	104.2	104.1
安 庆	Anqing	102.8	103.0	103.1	103.4	103.5	103.6	103.3	103.1	103.0	102.5	101.1	100.4
泉 州	Quanzhou	100.0	100.0	100.1	99.9	99.9	100.0	100.0	100.0	100.0	99.7	99.6	99.3
九 江	Jiujiang	103.7	104.0	104.0	104.0	103.6	103.4	102.8	102.4	102.3	102.0	101.8	101.2
赣 州	Ganzhou	101.3	101.5	101.4	101.5	100.4	100.5	100.2	99.7	99.3	99.2	99.2	99.1
烟 台	Yantai	102.1	102.7	103.0	103.2	103.3	103.5	103.7	104.0	104.0	103.7	103.5	103.4
济 宁	Jining	105.9	106.3	106.4	106.3	106.2	106.2	106.0	105.9	106.0	106.0	105.5	105.2
洛 阳	Luoyang	103.5	104.1	105.0	105.7	106.1	106.5	106.8	107.1	107.4	107.6	107.7	107.3
平顶山	Pingdingshan	102.5	103.9	105.0	105.5	105.7	106.4	106.7	106.8	106.8	106.8	106.5	106.3
宜 昌	Yichang	101.7	101.7	101.9	101.9	102.1	102.1	102.1	102.1	102.1	102.1	102.1	102.2
襄 阳	Xiangyang	104.0	104.1	104.6	104.8	104.9	105.1	105.2	105.4	105.5	105.6	105.5	105.5
岳 阳	Yueyang	108.4	108.3	108.4	108.5	108.5	108.5	108.6	108.1	107.1	106.9	106.8	106.7
常 德	Changde	104.4	104.8	105.3	105.8	106.3	106.9	107.3	107.6	107.7	107.9	108.0	108.2
惠 州	Huizhou	103.4	104.3	105.3	104.8	104.9	105.2	105.1	105.1	105.1	105.1	105.2	105.2
湛 江	Zhanjiang	104.1	104.3	104.6	104.7	104.9	105.4	105.7	106.1	106.2	106.2	106.2	106.2
韶 关	Shaoguan	100.8	100.9	101.1	101.2	101.9	102.0	102.7	103.1	103.1	103.1	103.2	103.1
桂 林	Guilin	103.2	101.4	101.2	101.3	101.6	101.7	102.1	102.2	102.1	102.1	102.1	102.1
北 海	Beihai	99.9	101.9	102.8	102.8	102.8	102.5	102.2	102.2	102.2	102.2	102.0	102.0
三 亚	Sanya	102.4	101.6	101.8	101.3	98.5	98.4	98.5	98.5	98.5	98.4	97.6	95.5
泸 州	Luzhou	98.6	98.9	99.1	99.7	100.2	100.5	100.7	100.7	100.7	100.7	100.5	100.2
南 充	Nanchong	101.6	101.6	101.6	101.5	101.4	101.4	101.6	101.7	101.5	101.6	101.3	101.1
遵 义	Zunyi	106.8	107.6	107.8	108.0	108.4	109.0	108.9	108.1	108.2	108.6	108.1	108.2
大 理	Dali	104.6	104.6	104.6	103.6	103.6	103.1	103.3	103.3	103.3	103.3	103.3	103.3

2-6-7 2011年70个大中城市90㎡及以下二手住宅销售价格指数
(以2010年价格为100)
Sale Price Indices of 90㎡ and below Second-hand Houses in 70 Major Cities 2011(2010 Price of 100)

城 市	City	1月	2月	3月	4月	5月	6月	7月	8月	9月	10月	11月	12月
北 京	Beijing	101.2	101.7	101.6	101.8	101.6	101.7	102.0	102.1	101.8	101.2	100.3	99.5
天 津	Tianjin	101.3	102.0	103.8	103.3	103.0	102.9	102.7	102.6	102.6	102.0	99.8	99.4
石家庄	Shijiazhuang	102.0	102.1	102.1	102.3	102.9	103.3	103.5	103.8	103.2	101.6	99.9	98.9
太 原	Taiyuan	102.4	102.9	103.3	104.0	104.8	105.1	105.3	105.5	105.9	106.1	106.2	106.1
呼和浩特	Hohhot	101.9	102.2	102.5	102.8	102.8	103.3	103.8	104.1	104.3	104.3	104.3	104.3
沈 阳	Shenyang	103.2	103.6	104.4	104.5	104.6	104.8	104.9	105.4	105.4	105.3	104.7	104.6
大 连	Dalian	102.5	103.2	103.7	103.5	103.9	104.4	104.9	105.0	104.8	104.5	101.9	101.8
长 春	Changchun	100.9	101.0	101.2	101.5	102.2	102.7	103.1	103.4	103.5	103.2	101.9	100.7
哈尔滨	Harbin	102.0	102.0	101.8	101.8	101.8	101.8	101.8	101.8	101.7	100.9	100.0	99.8
上 海	Shaihai	100.8	101.5	102.3	102.4	102.5	102.9	103.4	103.7	103.8	103.8	103.1	102.5
南 京	Naijing	100.6	101.2	101.2	100.8	100.1	99.5	99.1	98.9	98.4	97.7	97.1	96.1
杭 州	Hangzhou	101.5	101.2	101.6	101.4	101.2	101.1	101.2	100.9	100.6	98.9	97.7	96.2
宁 波	Ningbo	98.7	98.5	98.5	98.3	98.3	98.1	98.0	97.7	97.6	97.5	97.4	96.5
合 肥	Hefei	103.0	103.0	103.3	103.3	103.4	103.8	104.1	104.8	104.9	104.3	103.6	102.4
福 州	Fuzhou	100.8	102.7	102.5	101.8	100.8	100.7	99.8	98.9	98.0	97.1	96.4	95.7
厦 门	Xiamen	100.7	100.8	101.3	102.2	102.6	103.3	103.6	103.7	103.7	103.8	103.3	102.3
南 昌	Nanchang	102.2	103.0	103.8	104.3	105.1	104.8	104.4	103.1	102.1	101.5	100.2	99.8
济 南	Jinan	102.0	102.5	102.8	103.0	103.4	103.7	103.7	104.1	103.9	103.9	103.7	103.4
青 岛	Qingdao	102.9	102.9	102.9	103.1	103.1	103.1	103.1	103.0	102.8	102.4	102.1	101.1
郑 州	Zhengzhou	104.0	104.1	104.2	104.0	103.8	103.6	103.6	103.5	103.7	103.6	103.4	102.6
武 汉	Wuhan	102.0	102.1	101.5	101.6	101.9	102.2	102.5	102.4	102.3	102.3	102.0	101.3
长 沙	Changsha	101.0	101.0	101.1	101.1	101.1	101.1	101.2	101.3	101.4	101.4	101.3	101.2
广 州	Guangzhou	102.7	103.2	103.2	104.6	104.5	104.6	105.0	105.9	106.6	106.2	105.8	105.4
深 圳	Shenzhen	101.8	103.8	104.6	105.4	105.9	106.0	105.4	105.7	105.4	105.6	104.4	104.0
南 宁	Nanning	101.9	102.3	101.9	102.5	102.7	102.9	102.5	102.0	101.8	101.8	101.9	101.4
海 口	Haikou	97.8	97.7	97.6	97.1	97.6	98.2	97.9	97.7	97.3	96.9	96.6	95.8
重 庆	Chongqing	99.6	99.6	99.3	99.0	99.0	98.7	98.8	98.3	98.1	98.1	98.0	97.8
成 都	Chengdu	101.4	101.7	101.9	102.5	102.9	103.1	102.6	102.6	102.4	102.4	101.9	101.4
贵 阳	Guiyang	104.3	104.5	104.8	105.2	105.3	105.6	106.0	106.2	106.5	107.0	107.3	107.4
昆 明	Kunming	103.8	102.8	103.0	103.1	103.4	103.5	104.4	104.3	105.0	105.0	104.5	103.4
西 安	Xi'an	102.4	102.0	102.0	102.3	101.5	101.8	102.3	102.5	102.5	102.5	102.5	102.5
兰 州	Lanzhou	108.8	108.8	102.4	101.4	100.5	100.5	100.4	100.4	100.4	100.5	100.1	98.3
西 宁	Xining	105.1	106.7	105.6	105.7	106.2	106.6	106.9	107.0	107.2	106.7	106.9	106.9
银 川	Yinchuan	100.6	100.7	101.0	102.0	102.2	102.5	102.9	103.1	103.2	103.4	103.0	102.3
乌鲁木齐	Urumqi	106.2	106.3	108.3	109.7	109.7	110.4	111.0	111.1	111.3	111.4	111.4	110.8

2-6-7 续表 Continued

城 市	City	1月	2月	3月	4月	5月	6月	7月	8月	9月	10月	11月	12月
唐 山	Tangshan	102.7	103.0	103.4	104.4	104.6	105.0	105.2	105.2	105.3	105.4	105.2	105.0
秦皇岛	Qinhuangdao	102.0	102.4	102.8	102.7	102.7	102.8	103.0	102.9	103.1	102.8	102.3	102.0
包 头	Baotou	100.7	100.7	100.8	100.9	101.2	101.6	101.6	101.7	101.6	101.6	101.5	99.9
丹 东	Dandong	101.6	102.0	101.9	102.1	102.3	102.2	102.5	102.4	102.4	102.4	102.6	102.5
锦 州	Jinzhou	100.2	100.2	100.2	100.2	100.2	100.2	100.2	100.2	100.2	100.2	100.2	100.2
吉 林	Jilin	102.1	102.1	103.4	104.3	104.4	104.8	104.9	104.9	104.9	104.9	104.9	104.9
牡丹江	Mudanjiang	105.7	106.5	106.7	106.7	106.6	106.4	106.3	106.0	105.8	105.4	104.9	104.2
无 锡	Wuxi	101.9	102.3	102.4	102.5	103.1	103.3	103.4	103.4	103.5	103.8	103.8	103.7
扬 州	Yangzhou	102.6	102.7	102.9	102.9	103.1	103.2	103.0	103.0	102.8	102.7	102.6	102.4
徐 州	Xuzhou	100.5	102.6	103.4	103.1	103.8	103.8	103.8	99.9	99.9	99.2	96.7	96.7
温 州	Wenzhou	108.9	109.4	109.4	109.1	108.0	107.2	106.7	106.1	104.4	100.0	98.5	95.2
金 华	Jinhua	99.8	100.2	102.1	102.5	101.6	101.6	101.4	101.4	101.7	101.5	96.4	95.8
蚌 埠	Bengbu	103.0	103.3	103.6	104.2	104.0	104.1	104.2	104.2	104.3	104.4	104.3	104.2
安 庆	Anqing	102.8	103.0	103.1	103.4	103.5	103.6	103.4	103.2	103.1	102.6	101.1	100.3
泉 州	Quanzhou	100.1	100.1	100.2	100.5	100.5	100.5	100.5	100.5	100.5	99.8	99.7	99.1
九 江	Jiujiang	103.8	104.3	104.4	104.4	103.8	103.6	102.8	102.3	102.1	101.8	101.7	101.3
赣 州	Ganzhou	101.5	101.7	101.6	101.7	100.3	100.3	100.2	99.6	99.5	99.4	99.4	99.2
烟 台	Yantai	102.3	102.7	103.2	103.4	103.5	103.6	103.8	104.2	104.3	104.0	104.0	103.9
济 宁	Jining	106.3	106.6	106.8	106.7	106.6	106.9	106.7	106.8	106.9	106.7	106.3	106.1
洛 阳	Luoyang	103.5	104.2	105.2	105.9	106.3	106.7	107.2	107.6	107.9	108.2	108.5	107.6
平顶山	Pingdingshan	103.5	105.5	107.2	107.3	107.5	108.3	108.5	108.8	108.9	109.2	109.1	108.8
宜 昌	Yichang	101.4	101.4	101.6	101.7	101.9	102.0	102.0	102.0	102.0	102.0	102.0	102.1
襄 阳	Xiangyang	104.4	104.8	105.9	106.1	106.4	106.6	106.7	106.9	107.1	107.2	107.1	107.1
岳 阳	Yueyang	107.6	107.6	107.7	107.6	107.7	107.7	107.7	107.0	105.9	105.8	105.7	105.6
常 德	Changde	103.6	105.0	106.3	107.3	108.3	109.1	109.7	110.3	110.5	111.0	111.2	111.1
惠 州	Huizhou	103.6	104.2	105.2	104.4	104.4	104.8	104.7	104.7	105.0	104.9	104.9	104.9
湛 江	Zhanjiang	104.1	104.2	104.4	104.6	104.9	105.1	105.3	105.9	106.0	106.0	106.0	106.0
韶 关	Shaoguan	100.5	100.6	100.7	100.9	101.5	101.6	102.4	102.6	102.9	103.0	102.8	102.8
桂 林	Guilin	103.4	100.9	100.9	100.7	100.9	101.0	101.5	101.7	101.6	101.5	101.3	101.5
北 海	Beihai	99.9	101.9	102.9	102.9	102.9	102.5	102.3	102.3	102.3	102.3	102.1	102.1
三 亚	Sanya	101.9	100.3	100.8	100.3	98.4	98.4	98.5	98.6	98.6	98.5	97.0	95.5
泸 州	Luzhou	98.6	98.9	99.0	99.9	100.5	100.4	100.8	100.7	100.8	100.8	100.7	100.3
南 充	Nanchong	101.9	102.0	102.0	101.9	101.9	101.9	102.1	102.2	102.1	102.2	101.8	101.5
遵 义	Zunyi	107.9	108.2	107.4	107.7	107.9	108.5	107.5	105.7	105.4	105.9	105.2	105.2
大 理	Dali	104.6	104.6	104.6	104.4	104.4	104.2	104.7	104.7	104.7	104.7	104.7	104.7

2-6-8 2011年70个大中城市90-144㎡二手住宅销售价格指数
(以2010年价格为100)
Sale Price Indices of 90-144㎡ Second-hand Houses in 70 Major Cities 2011
(2010 Price of 100)

城 市	City	1月	2月	3月	4月	5月	6月	7月	8月	9月	10月	11月	12月
北 京	Beijing	101.6	102.0	101.9	101.9	101.8	101.7	101.5	101.5	101.0	100.5	99.8	98.9
天 津	Tianjin	101.9	101.9	102.7	102.7	102.7	102.3	102.1	101.7	101.6	101.1	100.5	100.5
石家庄	Shijiazhuang	101.8	101.7	101.7	102.0	102.1	102.4	102.5	102.5	102.5	101.1	100.9	100.0
太 原	Taiyuan	102.0	102.3	102.5	103.3	103.3	103.5	103.6	103.9	104.0	104.1	104.1	103.9
呼和浩特	Hohhot	102.2	102.3	102.4	102.5	102.7	103.3	103.9	104.0	104.2	104.2	104.2	104.2
沈 阳	Shenyang	103.0	103.6	104.1	104.1	104.1	104.1	104.1	105.5	105.5	105.3	104.5	104.5
大 连	Dalian	102.9	103.2	102.2	103.2	104.3	104.7	105.1	105.1	105.1	105.3	103.5	103.1
长 春	Changchun	100.4	100.4	100.4	101.3	101.3	101.6	101.3	101.4	101.7	101.5	100.7	100.2
哈尔滨	Harbin	101.8	101.8	101.9	101.9	101.9	101.8	101.7	101.7	101.8	100.9	99.6	99.4
上 海	Shaihai	100.4	100.5	100.9	102.0	102.5	102.7	103.0	103.1	103.1	103.0	102.5	102.5
南 京	Naijing	100.4	101.0	101.0	101.4	101.2	100.3	99.8	99.4	98.5	97.9	97.0	96.1
杭 州	Hangzhou	101.6	102.4	102.4	102.3	102.3	102.2	102.1	101.8	101.1	100.0	99.5	98.0
宁 波	Ningbo	98.7	98.7	98.6	98.4	98.5	98.2	98.0	97.8	97.7	97.6	97.0	96.6
合 肥	Hefei	102.8	102.8	102.8	102.8	102.8	102.9	103.2	103.5	103.7	103.0	100.7	99.7
福 州	Fuzhou	100.4	103.2	103.1	102.9	101.8	101.7	100.9	100.2	99.4	98.8	98.2	96.9
厦 门	Xiamen	100.7	100.7	101.4	102.2	102.5	103.0	103.2	103.3	103.3	103.4	102.5	101.5
南 昌	Nanchang	102.2	102.6	103.0	103.4	103.9	103.9	103.7	102.2	101.5	101.1	98.6	98.1
济 南	Jinan	102.0	101.9	102.0	102.0	101.8	101.6	101.8	101.6	101.6	101.3	101.4	101.2
青 岛	Qingdao	103.0	103.0	103.0	103.2	103.2	103.2	103.2	103.0	102.9	102.4	101.6	100.9
郑 州	Zhengzhou	104.0	104.2	104.4	104.4	104.2	103.9	103.9	103.8	103.6	103.5	103.5	102.9
武 汉	Wuhan	102.1	102.3	102.4	102.7	102.4	102.6	102.8	102.6	102.0	101.8	101.4	101.4
长 沙	Changsha	101.2	101.2	101.2	101.2	101.3	101.3	101.4	101.5	101.6	101.6	101.4	101.2
广 州	Guangzhou	102.4	103.8	103.5	104.4	104.2	104.4	104.5	105.0	105.6	105.3	104.1	103.4
深 圳	Shenzhen	102.2	105.6	106.4	106.7	107.0	107.0	106.7	106.3	106.1	106.4	106.0	105.5
南 宁	Nanning	102.0	102.5	101.4	102.3	101.9	102.0	102.7	102.3	102.3	101.9	102.6	102.4
海 口	Haikou	97.7	97.7	97.5	97.0	97.6	97.9	97.8	97.6	97.2	96.9	96.6	95.8
重 庆	Chongqing	102.0	102.0	102.5	102.2	102.1	102.3	102.3	102.2	102.1	101.5	101.3	101.5
成 都	Chengdu	102.1	102.5	102.0	102.2	101.8	101.9	101.4	101.2	101.0	100.6	99.7	99.5
贵 阳	Guiyang	104.5	104.9	105.1	105.5	106.0	106.4	106.5	106.8	107.2	107.6	108.2	108.3
昆 明	Kunming	100.9	101.6	101.7	102.2	102.2	102.6	102.0	101.7	102.3	102.1	102.0	102.0
西 安	Xi'an	103.4	103.7	103.5	103.7	102.7	103.2	103.5	103.5	103.4	103.3	103.2	103.1
兰 州	Lanzhou	108.8	108.8	102.5	101.6	100.8	100.8	100.6	100.6	100.6	100.7	100.5	99.1
西 宁	Xining	104.5	104.2	104.3	104.4	105.5	105.8	105.8	105.8	105.9	105.5	105.8	105.8
银 川	Yinchuan	100.6	100.7	101.3	102.0	103.0	103.6	104.3	104.5	104.5	104.5	104.1	103.6
乌鲁木齐	Urumqi	105.9	106.6	107.0	106.9	106.5	106.6	106.8	107.0	107.2	107.4	107.3	107.0

2-6-8 续表 Continued

城 市	City	1月	2月	3月	4月	5月	6月	7月	8月	9月	10月	11月	12月
唐 山	Tangshan	101.0	100.4	100.0	101.1	101.1	101.9	102.2	102.8	103.3	103.4	102.8	102.5
秦皇岛	Qinhuangdao	102.0	101.1	101.2	101.4	101.2	101.7	101.5	101.2	101.4	101.0	100.5	100.0
包 头	Baotou	101.1	101.1	101.6	102.1	102.5	102.6	102.8	102.9	103.5	103.5	103.8	103.2
丹 东	Dandong	101.2	101.2	100.9	99.5	99.5	99.4	99.2	102.1	102.1	102.2	102.0	102.1
锦 州	Jinzhou	100.0	100.0	100.0	100.0	100.0	100.0	100.0	100.0	100.0	100.0	100.0	100.0
吉 林	Jilin	102.2	102.2	103.8	104.5	104.7	105.4	105.4	105.4	105.4	105.4	105.3	105.2
牡丹江	Mudanjiang	104.9	107.3	107.3	107.8	106.7	105.5	105.3	105.1	104.6	104.0	102.6	101.0
无 锡	Wuxi	101.7	102.6	103.3	104.6	105.3	105.5	106.0	105.6	105.9	106.0	105.7	105.8
扬 州	Yangzhou	103.2	103.4	103.6	103.8	103.8	103.8	103.8	103.4	103.4	103.3	103.0	102.4
徐 州	Xuzhou	100.6	100.2	99.7	98.7	98.8	97.9	97.7	99.3	99.3	99.3	97.1	96.5
温 州	Wenzhou	108.5	109.4	109.4	108.9	108.3	108.1	107.4	106.7	104.6	100.1	98.9	93.0
金 华	Jinhua	99.7	100.1	101.0	100.2	100.5	100.4	99.9	99.4	99.0	99.2	98.0	96.3
蚌 埠	Bengbu	103.1	103.4	103.6	104.0	103.5	103.8	103.8	103.9	104.0	104.1	104.1	104.0
安 庆	Anqing	102.8	103.1	103.0	103.1	103.0	103.2	102.9	101.9	101.3	101.2	100.3	100.2
泉 州	Quanzhou	100.1	100.1	100.1	99.5	99.5	99.6	99.6	99.6	99.6	99.6	99.5	99.5
九 江	Jiujiang	103.7	103.9	103.6	103.6	103.4	103.2	102.7	102.6	102.6	102.3	101.7	100.8
赣 州	Ganzhou	101.2	101.5	101.3	101.4	100.4	100.3	100.1	99.5	99.1	99.0	98.9	98.9
烟 台	Yantai	101.7	102.5	102.7	102.9	103.1	103.5	103.7	104.6	104.6	104.1	104.0	103.8
济 宁	Jining	105.9	106.5	106.6	106.6	106.4	106.2	106.1	105.8	105.9	106.2	105.7	105.2
洛 阳	Luoyang	103.5	103.7	104.6	105.4	105.8	106.0	106.1	106.5	106.8	106.8	106.9	106.9
平顶山	Pingdingshan	101.8	102.7	103.4	104.3	104.7	105.5	105.8	106.2	106.0	105.7	105.2	105.3
宜 昌	Yichang	101.7	101.8	101.9	101.9	102.1	102.1	102.2	102.2	102.2	102.2	102.2	102.2
襄 阳	Xiangyang	104.0	104.1	104.4	104.6	104.7	104.7	104.9	105.1	105.3	105.4	105.4	105.4
岳 阳	Yueyang	108.5	108.4	108.6	109.1	109.1	109.2	109.3	108.3	107.8	107.1	107.0	106.9
常 德	Changde	104.6	104.9	105.4	105.5	106.1	106.7	107.2	107.1	107.2	107.3	107.3	107.6
惠 州	Huizhou	103.4	104.4	105.6	106.1	106.5	106.6	106.6	105.6	105.1	105.2	105.4	105.4
湛 江	Zhanjiang	104.3	104.5	104.8	104.9	105.2	105.6	105.9	106.3	106.4	106.4	106.4	106.5
韶 关	Shaoguan	101.1	101.1	101.4	101.5	102.3	102.4	103.0	103.5	103.4	103.2	103.4	103.3
桂 林	Guilin	103.1	101.9	101.0	101.9	102.5	102.6	102.7	102.9	102.9	102.8	103.3	103.7
北 海	Beihai	99.9	102.0	102.9	102.9	102.9	102.7	102.3	102.3	102.3	102.3	102.0	102.0
三 亚	Sanya	102.7	102.7	102.7	101.9	98.6	98.2	98.2	98.2	98.2	98.2	97.2	95.3
泸 州	Luzhou	98.8	98.8	98.8	99.1	99.4	100.0	100.2	100.1	100.1	100.1	99.9	99.9
南 充	Nanchong	101.3	101.3	101.0	101.0	100.7	100.7	100.8	100.9	100.6	100.7	100.4	100.4
遵 义	Zunyi	105.7	107.1	107.8	107.8	108.3	109.1	109.2	108.9	109.3	109.7	109.1	109.2
大 理	Dali	104.4	104.4	104.4	102.7	102.7	101.8	101.8	101.8	101.8	101.8	101.8	101.8

2-6-9　2011年70个大中城市144㎡以上二手住宅销售价格指数（以2010年价格为100）

Sale Price Indices of more than 144㎡ Second-hand Houses in 70 Major Cities 2011(2010 Price of 100)

城市	City	1月	2月	3月	4月	5月	6月	7月	8月	9月	10月	11月	12月
北京	Beijing	100.5	100.5	100.3	100.3	100.3	99.7	99.3	99.2	98.8	98.7	98.1	97.5
天津	Tianjin	100.6	100.6	96.2	96.4	101.4	101.2	101.3	101.0	101.1	100.6	97.9	97.3
石家庄	Shijiazhuang	100.8	102.5	102.7	103.2	103.2	103.3	103.3	102.8	102.8	102.1	101.4	100.8
太原	Taiyuan	102.0	103.8	104.1	105.1	105.2	105.4	105.2	105.4	105.9	106.0	106.0	105.9
呼和浩特	Hohhot	101.5	101.5	102.3	102.3	102.3	102.7	102.7	102.7	102.7	102.7	102.7	102.7
沈阳	Shenyang	102.9	104.4	102.5	102.5	102.5	102.3	102.1	102.1	102.1	102.1	101.1	101.1
大连	Dalian	103.1	104.5	103.9	104.9	105.6	106.4	106.6	106.5	106.3	106.1	104.3	103.4
长春	Changchun	100.5	100.5	100.5	100.5	100.8	100.8	100.8	100.8	100.8	100.2	100.2	100.2
哈尔滨	Harbin	101.5	101.5	101.5	101.5	101.5	101.5	101.5	101.5	101.5	101.3	99.8	99.5
上海	Shaihai	100.5	100.7	99.9	100.9	101.2	101.0	100.9	100.8	100.8	100.3	99.9	99.4
南京	Naijing	99.6	100.0	102.2	102.2	101.7	101.7	101.7	101.6	101.4	101.2	101.2	100.2
杭州	Hangzhou	101.2	101.9	101.2	100.1	100.1	100.2	99.7	99.0	98.6	97.4	96.6	96.4
宁波	Ningbo	98.7	98.6	98.6	99.2	99.2	99.1	98.7	98.4	98.5	98.0	97.8	97.5
合肥	Hefei	101.7	101.7	101.7	101.7	101.4	101.5	102.2	102.5	102.6	102.3	101.0	98.6
福州	Fuzhou	100.5	100.8	100.5	99.0	100.1	99.9	98.4	98.1	97.2	96.4	95.9	95.2
厦门	Xiamen	100.3	100.4	101.1	101.3	101.5	101.9	102.0	102.0	102.0	102.1	102.1	101.0
南昌	Nanchang	104.1	103.9	103.5	104.1	104.1	103.2	102.8	101.7	101.5	100.8	97.8	97.8
济南	Jinan	102.3	102.2	102.4	102.4	102.6	102.9	102.8	103.1	103.1	103.2	102.9	102.9
青岛	Qingdao	103.5	103.5	103.5	103.5	103.5	103.5	103.5	103.2	103.2	103.1	102.1	101.7
郑州	Zhengzhou	103.8	103.9	104.2	104.2	103.9	103.9	103.9	104.0	104.1	104.3	104.5	104.2
武汉	Wuhan	102.5	102.5	102.1	102.1	101.6	101.6	101.7	101.8	101.8	101.2	101.1	100.6
长沙	Changsha	100.9	100.9	100.9	100.9	100.9	100.9	100.9	100.9	100.9	100.9	100.9	100.9
广州	Guangzhou	101.5	101.3	99.6	100.1	99.7	99.7	99.9	100.5	101.2	100.4	99.3	99.1
深圳	Shenzhen	100.1	102.7	102.4	102.8	102.7	102.3	101.7	101.6	101.7	101.0	100.4	99.8
南宁	Nanning	100.9	101.0	100.8	100.7	100.4	100.9	101.1	98.5	98.6	99.0	99.0	98.1
海口	Haikou	97.6	97.7	97.4	96.2	95.9	98.1	97.9	97.8	97.6	97.2	96.9	96.1
重庆	Chongqing	100.0	99.9	102.2	102.8	102.9	102.7	102.8	103.3	103.3	103.2	103.2	103.8
成都	Chengdu	101.9	102.0	101.2	101.5	100.6	100.5	99.4	99.5	99.8	99.4	98.7	98.6
贵阳	Guiyang	104.0	104.3	104.4	104.5	105.0	105.4	105.6	106.2	106.9	107.3	107.7	108.1
昆明	Kunming	103.9	105.3	105.7	106.2	106.3	106.1	106.3	106.4	106.6	105.9	105.6	104.9
西安	Xi'an	103.2	103.6	103.5	103.3	103.1	103.3	103.4	103.3	103.3	103.1	102.9	102.6
兰州	Lanzhou	108.7	108.7	102.1	101.2	100.2	100.2	100.1	100.1	100.1	100.1	100.1	100.0
西宁	Xining	104.5	101.9	102.8	102.6	102.9	103.2	103.4	103.7	103.8	103.8	103.8	103.8
银川	Yinchuan	100.7	101.0	101.2	102.0	102.7	103.4	103.6	103.9	104.0	104.0	104.0	104.5
乌鲁木齐	Urumqi	105.3	105.3	105.8	105.7	105.7	105.7	105.7	105.8	105.8	106.0	106.0	105.7

城市	City	1月	2月	3月	4月	5月	6月	7月	8月	9月	10月	11月	12月
唐山	Tangshan	100.3	100.3	102.0	101.6	101.6	101.6	103.0	102.7	103.0	102.6	101.8	101.7
秦皇岛	Qinhuangdao	101.2	101.2	101.4	101.6	101.6	102.3	102.3	102.3	102.5	102.5	102.5	102.0
包头	Baotou	100.1	100.3	100.3	100.3	100.3	100.3	100.3	100.3	100.9	100.9	100.9	101.1
丹东	Dandong	100.7	100.7	100.6	101.4	102.1	102.3	102.1	102.1	102.1	101.9	101.9	101.9
锦州	Jinzhou	100.0	100.0	100.0	100.0	100.0	100.0	100.0	100.0	100.0	100.0	100.0	100.0
吉林	Jilin	101.9	101.9	102.5	102.9	103.1	103.5	103.4	103.3	103.3	103.1	102.9	102.3
牡丹江	Mudanjiang	101.9	101.9	101.9	100.2	106.1	105.2	105.2	104.6	104.2	103.1	101.6	100.0
无锡	Wuxi	102.7	104.7	104.7	104.9	104.9	104.9	104.8	104.8	104.8	105.6	105.6	105.8
扬州	Yangzhou	102.2	102.2	102.2	102.2	102.3	102.3	102.3	102.3	102.2	102.2	101.6	100.7
徐州	Xuzhou	100.0	100.0	100.0	100.0	100.1	100.1	100.1	99.7	99.7	99.7	99.7	99.7
温州	Wenzhou	108.5	109.9	109.3	108.5	108.4	108.3	107.9	107.7	106.2	101.3	100.3	95.2
金华	Jinhua	100.5	99.6	100.1	100.1	99.8	99.5	99.4	99.5	97.7	97.3	97.3	97.3
蚌埠	Bengbu	102.6	102.6	103.2	103.7	103.2	103.4	103.4	103.6	103.8	104.0	104.0	103.9
安庆	Anqing	102.7	102.9	102.9	103.0	103.0	102.6	102.6	102.4	102.4	102.0	102.0	101.8
泉州	Quanzhou	99.6	99.6	99.6	99.0	99.0	99.0	99.0	99.0	99.0	99.0	99.0	99.0
九江	Jiujiang	102.6	102.8	102.8	103.1	103.4	103.4	103.4	102.8	102.8	102.8	102.3	102.3
赣州	Ganzhou	101.2	101.5	101.4	101.5	100.7	100.7	100.4	100.0	99.6	99.5	99.4	99.4
烟台	Yantai	102.3	102.9	103.0	103.1	103.2	103.2	103.7	102.9	102.8	102.8	102.4	102.2
济宁	Jining	104.7	104.5	104.5	104.3	104.2	103.9	103.7	103.7	103.7	103.3	102.9	102.1
洛阳	Luoyang	103.5	104.4	105.1	105.8	106.4	107.1	107.3	107.5	107.7	107.9	107.9	107.4
平顶山	Pingdingshan	100.9	101.8	102.0	102.6	101.5	102.3	102.5	100.6	100.6	100.5	100.6	99.2
宜昌	Yichang	102.1	102.1	102.1	102.1	102.2	102.2	102.2	102.2	102.2	102.2	102.2	102.2
襄阳	Xiangyang	103.7	103.7	104.1	104.4	104.4	104.7	104.7	104.8	104.8	104.8	104.8	104.8
岳阳	Yueyang	109.3	109.3	109.3	109.3	109.3	109.3	109.3	108.3	107.5	107.3	107.2	107.1
常德	Changde	104.3	104.3	104.5	105.9	106.1	106.3	106.6	107.7	107.7	108.2	108.4	108.4
惠州	Huizhou	102.1	104.1	104.5	102.9	103.1	103.4	103.4	106.3	106.2	106.4	106.5	106.6
湛江	Zhanjiang	104.0	104.2	104.4	104.6	104.6	105.4	105.9	106.2	106.2	106.2	106.2	106.2
韶关	Shaoguan	100.6	100.7	100.8	101.0	101.6	101.6	102.5	102.8	102.6	102.9	103.0	103.1
桂林	Guilin	102.2	102.6	103.6	102.6	103.0	102.9	103.2	102.9	102.9	102.9	102.7	100.8
北海	Beihai	99.9	101.3	102.1	102.1	102.1	101.9	101.5	101.5	101.5	101.5	101.1	101.1
三亚	Sanya	102.7	101.8	101.8	101.5	98.5	98.5	98.7	98.7	98.7	98.7	98.7	95.7
泸州	Luzhou	98.2	99.5	99.7	100.8	101.7	101.8	102.0	101.8	101.9	101.8	101.8	101.0
南充	Nanchong	100.9	101.0	101.1	101.1	101.2	101.2	101.3	101.4	101.3	101.4	101.4	101.4
遵义	Zunyi	108.4	108.5	109.0	110.0	110.2	110.6	111.9	111.6	111.3	111.5	112.2	112.5
大理	Dali	104.8	104.8	104.8	103.9	103.9	103.3	103.3	103.3	103.3	103.3	103.3	103.3

2-7-1 2011年70个大中城市新建住宅销售价格指数
(以上年同月价格为100)
Sale Price Indices of Houses in 70 Major Cities 2011
(Preceding year same month the price of 100)

城 市	City	1月	2月	3月	4月	5月	6月	7月	8月	9月	10月	11月	12月
北 京	Beijing	106.8	106.8	104.9	102.8	102.1	102.2	101.9	101.9	101.8	101.7	101.3	101.0
天 津	Tianjin	106.7	106.7	106.6	104.9	103.4	103.9	104.2	103.4	103.1	102.9	102.0	101.2
石家庄	Shijiazhuang	111.5	111.5	111.5	106.7	106.9	107.6	107.7	107.6	106.5	105.2	104.3	102.4
太 原	Taiyuan	102.1	101.6	101.6	101.3	101.1	101.1	101.2	101.2	101.4	101.3	101.2	101.2
呼和浩特	Hohhot	106.8	106.9	106.4	105.0	104.7	104.8	105.0	104.2	104.0	103.3	103.0	102.3
沈 阳	Shenyang	108.8	108.6	107.7	107.3	106.6	106.4	106.2	106.0	105.4	103.9	103.0	102.4
大 连	Dalian	106.6	106.8	106.3	105.6	105.9	105.9	106.0	104.9	104.3	103.8	102.5	102.2
长 春	Changchun	106.9	106.8	106.7	104.1	102.6	102.9	103.2	103.4	103.2	102.6	102.4	101.9
哈尔滨	Harbin	107.3	106.6	106.8	105.6	104.7	104.3	104.0	102.3	102.2	101.0	100.6	100.2
上 海	Shaihai	101.5	102.3	101.7	101.3	101.4	102.2	102.5	102.8	103.1	102.9	102.4	101.8
南 京	Naijing	103.9	103.7	101.5	100.2	100.3	100.7	101.4	101.4	101.2	100.7	100.3	99.7
杭 州	Hangzhou	100.8	101.6	101.4	98.8	99.0	99.3	100.0	101.8	101.2	101.5	101.3	101.0
宁 波	Ningbo	103.7	104.1	103.2	101.9	102.0	102.1	101.4	101.2	100.2	99.8	99.2	98.8
合 肥	Hefei	106.4	105.1	103.4	101.7	100.3	100.6	103.0	103.0	102.6	101.9	101.4	100.3
福 州	Fuzhou	104.1	105.2	104.7	104.0	103.8	103.8	103.8	103.8	103.1	103.1	102.8	102.7
厦 门	Xiamen	105.0	106.4	106.6	106.4	106.4	106.5	106.5	106.5	105.7	105.7	103.5	103.2
南 昌	Nanchang	108.8	109.6	108.6	106.1	107.1	108.2	109.3	109.1	107.5	105.6	103.1	102.1
济 南	Jinan	105.6	105.7	106.1	105.6	105.4	104.5	103.9	103.2	102.1	102.1	101.4	100.8
青 岛	Qingdao	105.8	104.6	104.4	104.1	104.4	104.6	104.8	104.6	104.7	101.6	101.2	100.5
郑 州	Zhengzhou	109.3	110.3	106.7	107.7	106.8	106.4	105.7	106.0	105.6	104.7	103.8	103.2
武 汉	Wuhan	107.1	106.4	105.5	104.3	103.1	103.2	103.3	103.8	103.7	103.2	102.8	102.3
长 沙	Changsha	109.9	108.9	108.1	107.1	107.7	108.2	108.4	108.7	108.1	107.3	106.0	104.6
广 州	Guangzhou	100.1	100.6	102.7	103.8	105.1	105.4	106.4	107.0	106.3	106.1	106.0	103.1
深 圳	Shenzhen	103.1	103.2	103.1	103.1	103.7	104.6	104.7	104.9	104.5	104.4	104.1	103.1
南 宁	Nanning	102.4	101.6	102.2	102.0	102.0	101.6	102.8	103.5	103.1	102.8	102.4	101.9
海 口	Haikou	121.6	104.2	100.6	100.7	100.6	100.7	100.7	101.3	101.3	100.5	99.8	99.6
重 庆	Chongqing	107.9	106.2	105.6	105.3	105.3	105.8	105.6	104.2	102.2	101.2	100.1	99.4
成 都	Chengdu	104.9	104.9	104.4	103.5	103.7	103.6	103.5	102.9	102.8	102.4	101.9	101.3
贵 阳	Guiyang	104.7	105.0	105.3	105.4	105.0	104.6	104.4	104.3	104.0	103.6	103.3	102.8
昆 明	Kunming	105.6	107.8	107.4	106.9	106.8	106.7	106.1	106.4	105.4	103.4	102.7	102.3
西 安	Xi'an	105.6	105.8	104.9	103.8	103.5	103.8	104.0	103.6	103.3	103.3	103.1	103.4
兰 州	Lanzhou	111.8	111.4	110.9	107.5	107.7	108.2	108.2	106.9	105.3	103.0	102.7	101.7
西 宁	Xining	109.4	109.5	109.2	107.7	107.6	107.2	106.5	106.3	104.5	103.9	103.0	102.6
银 川	Yinchuan	102.9	102.6	102.5	102.3	102.4	102.7	102.9	102.8	103.0	103.0	103.0	103.1
乌鲁木齐	Urumqi	109.2	109.7	110.1	109.3	109.1	109.2	108.9	108.8	108.5	107.5	105.5	105.5

2-7-1 续表

城市	City	1月	2月	3月	4月	5月	6月	7月	8月	9月	10月	11月	12月
唐山	Tangshan	103.8	102.2	101.8	101.5	101.5	101.5	101.5	101.5	101.4	101.3	100.7	100.6
秦皇岛	Qinhuangdao	110.4	111.1	110.0	107.9	107.7	107.7	107.5	106.9	104.9	103.7	102.5	101.5
包头	Baotou	108.0	108.5	108.3	105.2	104.8	104.7	103.9	104.1	103.2	102.0	101.0	100.2
丹东	Dandong	112.3	114.3	115.4	111.1	109.7	107.6	108.6	107.3	105.1	102.4	101.1	100.1
锦州	Jinzhou	108.1	107.5	106.9	107.2	106.2	105.3	104.8	104.3	103.2	102.6	102.7	102.4
吉林	Jilin	109.2	109.2	107.7	108.2	107.5	105.7	105.5	105.2	104.6	104.3	103.5	101.9
牡丹江	Mudanjiang	109.9	110.3	109.7	108.7	107.8	107.4	107.4	106.4	105.2	104.5	103.5	101.9
无锡	Wuxi	103.4	102.9	103.3	103.1	102.4	102.4	102.6	102.4	102.1	101.6	100.9	100.5
扬州	Yangzhou	104.9	105.3	105.7	105.5	104.9	104.6	104.3	104.0	103.7	103.2	102.5	102.0
徐州	Xuzhou	103.4	103.7	103.4	103.8	104.1	104.1	104.0	103.9	103.8	103.4	102.8	102.3
温州	Wenzhou	100.7	101.1	101.1	100.1	100.4	100.6	100.8	100.7	99.5	94.8	94.8	93.1
金华	Jinhua	107.6	107.8	105.0	102.6	102.3	103.9	103.9	103.7	102.3	101.9	101.7	101.2
蚌埠	Bengbu	106.3	104.9	104.2	103.6	103.3	103.2	103.1	104.1	103.8	103.6	102.2	101.5
安庆	Anqing	110.1	109.5	107.9	104.9	104.6	104.3	103.0	102.3	101.3	101.3	101.2	99.2
泉州	Quanzhou	99.8	100.0	100.0	100.2	100.2	100.3	101.1	101.6	101.5	101.8	101.7	101.5
九江	Jiujiang	105.6	104.7	104.7	104.8	103.4	103.8	104.5	104.8	104.1	102.5	101.6	100.4
赣州	Ganzhou	112.3	109.9	108.3	107.9	106.3	105.4	105.2	104.9	103.4	102.3	101.3	99.6
烟台	Yantai	105.4	105.5	106.0	106.0	105.8	105.3	104.9	104.2	103.7	102.9	102.3	101.4
济宁	Jining	104.5	104.6	104.7	104.4	104.6	104.0	103.5	103.3	103.1	102.5	101.8	101.3
洛阳	Luoyang	105.8	106.6	106.5	106.5	106.9	108.1	108.1	106.5	106.7	105.2	105.0	104.7
平顶山	Pingdingshan	105.8	106.8	106.0	105.2	104.4	104.2	104.3	104.5	104.7	103.3	103.1	101.8
宜昌	Yichang	110.1	105.9	105.5	103.8	103.8	102.9	103.2	103.6	103.4	102.8	102.4	102.2
襄阳	Xiangyang	109.0	109.3	108.6	107.8	106.9	106.7	106.1	105.7	105.1	104.9	103.7	102.6
岳阳	Yueyang	114.2	112.1	106.3	105.2	105.1	105.2	105.5	107.6	105.1	105.0	102.2	100.3
常德	Changde	106.4	106.3	105.9	105.4	105.7	106.0	106.2	106.2	105.2	104.5	103.4	102.6
惠州	Huizhou	104.9	104.6	104.9	105.5	105.5	105.2	105.2	105.0	103.9	102.8	103.0	103.0
湛江	Zhanjiang	106.2	106.2	106.7	106.0	105.4	104.7	104.4	104.2	103.8	104.0	103.9	103.4
韶关	Shaoguan	104.3	104.8	104.8	105.5	106.1	106.1	106.6	106.5	106.1	105.9	104.8	104.3
桂林	Guilin	105.7	106.1	107.1	106.9	105.3	105.8	106.0	106.3	106.3	105.8	105.4	103.7
北海	Beihai	105.5	104.5	103.6	103.0	101.5	101.7	101.8	102.1	101.7	101.6	101.6	101.4
三亚	Sanya	119.1	100.2	99.4	99.1	97.9	98.0	98.9	101.6	101.3	101.4	101.1	100.9
泸州	Luzhou	101.8	101.4	100.7	100.7	100.7	100.8	101.5	101.7	101.8	102.0	101.8	101.7
南充	Nanchong	99.7	99.3	99.5	99.5	99.1	99.1	100.2	100.7	100.7	100.6	99.6	98.8
遵义	Zunyi	104.6	105.3	105.3	104.7	105.4	105.8	105.7	105.6	104.9	104.5	104.1	102.9
大理	Dali	102.8	102.2	102.2	101.0	100.8	100.9	102.4	101.5	101.4	100.0	100.6	100.6

2-7-2 2011年70个大中城市新建商品住宅销售价格指数
(以上年同月价格为100)
Sale Price Indices of Newly Built Commodity Houses in 70 Major Cities 2011
(Preceding year same month the price of 100)

城市	City	1月	2月	3月	4月	5月	6月	7月	8月	9月	10月	11月	12月
北京	Beijing	109.1	108.4	106.2	103.4	102.6	102.7	102.4	102.4	102.3	102.2	101.6	101.3
天津	Tianjin	107.6	107.6	107.5	105.6	103.8	104.4	104.7	103.8	103.5	103.2	102.2	101.3
石家庄	Shijiazhuang	111.7	111.7	111.7	106.8	107.1	107.8	107.9	107.8	106.7	105.3	104.4	102.5
太原	Taiyuan	102.2	101.7	101.7	101.3	101.2	101.1	101.3	101.3	101.4	101.3	101.3	101.2
呼和浩特	Hohhot	107.0	107.2	106.6	105.2	104.9	105.0	105.2	104.4	104.1	103.4	103.1	102.3
沈阳	Shenyang	109.8	109.5	108.5	108.0	107.1	106.8	106.6	106.4	105.6	104.0	103.1	102.4
大连	Dalian	106.6	106.8	106.3	105.6	106.0	106.0	106.1	104.9	104.3	103.8	102.5	102.2
长春	Changchun	107.1	107.0	106.9	104.2	102.7	103.0	103.3	103.5	103.3	102.7	102.5	102.0
哈尔滨	Harbin	107.6	106.9	107.1	105.8	104.9	104.5	104.1	102.4	102.2	101.1	100.6	100.2
上海	Shaihai	101.8	102.8	102.0	101.5	101.6	102.6	102.9	103.2	103.7	103.4	102.8	102.0
南京	Naijing	104.2	104.2	102.1	100.7	100.9	101.2	101.9	101.8	101.6	101.0	100.3	99.7
杭州	Hangzhou	100.9	101.8	101.6	98.8	99.0	99.3	100.0	101.8	101.2	101.5	101.3	101.0
宁波	Ningbo	103.9	104.3	103.3	102.0	102.1	102.2	101.5	101.2	100.2	99.8	99.2	98.7
合肥	Hefei	106.5	105.1	103.4	101.9	100.4	100.7	103.1	103.1	102.7	102.0	101.5	100.3
福州	Fuzhou	104.2	105.3	104.8	104.0	103.9	103.8	103.8	103.9	103.2	103.2	102.8	102.8
厦门	Xiamen	105.1	106.6	106.8	106.6	106.6	106.7	106.7	106.7	105.9	105.8	103.6	103.3
南昌	Nanchang	108.9	109.8	108.8	106.2	107.2	108.4	109.4	109.3	107.7	105.8	103.3	102.2
济南	Jinan	105.6	105.7	106.1	105.6	105.4	104.5	103.9	103.2	102.1	102.1	101.4	100.8
青岛	Qingdao	106.0	104.8	104.5	104.3	104.6	104.8	105.0	104.8	104.9	101.7	101.3	100.5
郑州	Zhengzhou	109.6	110.6	106.9	107.9	107.0	106.6	105.9	106.2	105.8	104.8	103.9	103.2
武汉	Wuhan	107.4	106.8	105.8	104.6	103.3	103.4	103.5	104.0	103.9	103.4	103.0	102.5
长沙	Changsha	110.0	109.0	108.2	107.2	107.8	108.3	108.5	108.8	108.2	107.4	106.0	104.6
广州	Guangzhou	100.1	100.6	102.7	103.8	105.1	105.4	106.4	107.1	106.4	106.2	106.1	103.1
深圳	Shenzhen	103.1	103.3	103.1	103.2	103.8	104.7	104.7	105.0	104.6	104.5	104.1	103.2
南宁	Nanning	102.5	101.7	102.3	102.1	102.1	101.6	102.8	103.6	103.2	102.9	102.5	102.0
海口	Haikou	121.6	104.2	100.7	100.7	100.7	100.7	100.7	101.3	101.3	100.5	99.8	99.6
重庆	Chongqing	108.1	106.3	105.7	105.4	105.4	106.0	105.7	104.3	102.3	101.3	100.1	99.4
成都	Chengdu	105.0	104.9	104.4	103.5	103.7	103.6	103.5	102.9	102.8	102.4	101.9	101.3
贵阳	Guiyang	104.8	105.1	105.3	105.6	105.2	104.8	104.6	104.4	104.2	103.7	103.5	102.9
昆明	Kunming	105.9	108.2	107.8	107.3	107.3	107.2	106.5	106.8	106.0	103.8	103.1	102.7
西安	Xi'an	106.1	106.3	105.3	104.1	103.8	104.1	104.2	103.8	103.5	103.4	103.3	103.6
兰州	Lanzhou	112.0	111.6	111.1	107.6	107.8	108.4	108.4	107.0	105.5	103.1	102.8	101.7
西宁	Xining	109.4	109.5	109.2	107.7	107.6	107.2	106.5	106.3	104.5	103.9	103.0	102.6
银川	Yinchuan	103.1	102.8	102.7	102.5	102.6	102.9	103.1	102.9	103.1	103.2	103.1	103.2
乌鲁木齐	Urumqi	109.2	109.8	110.1	109.4	109.1	109.3	109.0	108.9	108.6	107.6	105.5	105.5

城　市	City	1月	2月	3月	4月	5月	6月	7月	8月	9月	10月	11月	12月
唐　山	Tangshan	104.1	102.4	102.0	101.7	101.7	101.6	101.6	101.6	101.5	101.4	100.8	100.7
秦皇岛	Qinhuangdao	111.5	112.4	111.1	108.8	108.6	108.6	108.3	107.7	105.4	104.1	102.7	101.6
包　头	Baotou	108.1	108.8	108.5	105.4	105.0	104.9	104.1	104.3	103.4	102.1	101.1	100.2
丹　东	Dandong	112.3	114.3	115.4	111.3	109.8	108.0	109.0	107.4	105.8	103.1	101.8	100.1
锦　州	Jinzhou	108.1	107.5	106.9	107.2	106.2	105.3	104.8	104.3	103.2	102.6	102.7	102.4
吉　林	Jilin	109.5	109.5	107.9	108.5	107.8	105.9	105.7	105.4	104.8	104.5	103.6	102.0
牡丹江	Mudanjiang	110.0	110.4	109.8	108.8	107.9	107.5	107.5	106.5	105.3	104.6	103.6	102.0
无　锡	Wuxi	103.6	103.2	103.5	103.4	102.6	102.6	102.8	102.5	102.3	101.7	100.9	100.4
扬　州	Yangzhou	104.9	105.4	105.8	105.6	105.0	104.7	104.4	104.1	103.8	103.3	102.6	102.0
徐　州	Xuzhou	103.5	103.9	103.5	104.0	104.3	104.3	104.2	104.1	104.1	103.6	103.0	102.5
温　州	Wenzhou	100.8	101.2	101.1	100.1	100.5	100.7	100.8	100.8	99.4	94.5	94.5	92.6
金　华	Jinhua	107.6	107.8	105.1	102.6	102.3	104.0	103.9	103.7	102.4	101.9	101.7	101.3
蚌　埠	Bengbu	106.5	105.0	104.3	103.7	103.3	103.2	103.2	104.2	103.9	103.6	102.2	101.5
安　庆	Anqing	110.1	109.5	107.9	105.1	104.6	104.3	103.0	102.3	101.3	101.3	101.2	99.2
泉　州	Quanzhou	99.8	100.1	100.1	100.3	100.3	100.3	101.2	101.7	101.6	101.9	101.8	101.6
九　江	Jiujiang	106.0	105.0	105.0	105.0	103.6	104.0	104.8	105.1	104.3	102.6	101.7	100.4
赣　州	Ganzhou	112.4	110.0	108.4	108.0	106.3	105.5	105.3	104.9	103.4	102.3	101.3	99.6
烟　台	Yantai	105.5	105.6	106.1	106.1	105.9	105.3	105.0	104.3	103.8	103.0	102.3	101.4
济　宁	Jining	104.6	104.8	104.8	104.6	104.7	104.2	103.6	103.4	103.2	102.6	101.9	101.3
洛　阳	Luoyang	105.9	106.7	106.6	106.6	107.1	108.2	108.3	106.6	106.8	105.3	105.1	104.8
平顶山	Pingdingshan	105.9	106.9	106.1	105.3	104.5	104.3	104.4	104.5	104.7	103.3	103.1	101.9
宜　昌	Yichang	110.2	106.0	105.6	103.8	103.9	103.0	103.3	103.7	103.5	102.9	102.4	102.2
襄　阳	Xiangyang	109.0	109.3	108.6	107.9	107.0	106.8	106.2	105.8	105.2	104.9	103.7	102.6
岳　阳	Yueyang	122.0	118.3	108.9	107.7	107.5	107.5	108.0	107.6	105.9	105.7	100.2	97.7
常　德	Changde	106.5	106.4	105.9	105.5	105.8	106.1	106.3	106.3	105.3	104.6	103.5	102.6
惠　州	Huizhou	104.9	104.6	104.9	105.5	105.5	105.2	105.2	105.0	103.9	102.8	103.0	103.0
湛　江	Zhanjiang	106.2	106.2	106.7	106.0	105.4	104.7	104.4	104.2	103.8	104.0	103.9	103.4
韶　关	Shaoguan	104.4	104.9	104.9	105.7	106.2	106.2	106.7	106.6	106.2	106.1	104.9	104.4
桂　林	Guilin	105.8	106.2	107.3	107.0	105.5	105.9	106.2	106.5	106.5	105.9	105.5	103.8
北　海	Beihai	105.5	104.5	103.6	103.0	101.5	101.7	101.8	102.1	101.7	101.6	101.6	101.4
三　亚	Sanya	119.1	100.3	99.4	99.1	97.9	98.0	98.9	101.6	101.3	101.4	101.1	100.9
泸　州	Luzhou	101.8	101.4	100.7	100.7	100.7	100.8	101.5	101.8	101.9	102.1	101.8	101.7
南　充	Nanchong	99.7	99.3	99.5	99.5	99.1	99.1	100.3	100.8	100.7	100.6	99.6	98.8
遵　义	Zunyi	105.2	105.9	105.9	105.3	106.1	106.5	106.4	106.3	105.5	105.0	104.6	103.3
大　理	Dali	102.8	102.2	102.2	101.0	100.8	100.9	102.4	101.5	101.4	100.1	100.7	100.7

2-7-3 2011年70个大中城市90㎡及以下新建商品住宅销售价格指数 (以上年同月价格为100)

Sale Price Indices of 90㎡ and below Newly Built Commodity Houses in 70 Major Cities 2011 (Preceding year same month the price of 100)

城 市	City	1月	2月	3月	4月	5月	6月	7月	8月	9月	10月	11月	12月
北 京	Beijing	109.7	109.8	106.1	102.8	102.5	102.5	102.3	102.5	102.5	102.3	101.8	101.2
天 津	Tianjin	107.9	108.7	108.6	107.0	104.8	105.4	105.6	104.8	104.5	104.4	103.5	102.6
石家庄	Shijiazhuang	110.1	110.0	110.3	105.6	105.8	106.7	107.0	106.9	105.8	104.8	103.6	101.6
太 原	Taiyuan	101.8	101.4	101.1	100.9	100.7	100.8	101.2	101.2	101.5	101.4	101.5	101.3
呼和浩特	Hohhot	108.0	108.3	107.9	105.0	104.8	104.8	104.9	104.0	103.5	102.8	102.5	101.6
沈 阳	Shenyang	110.5	110.9	109.9	109.7	108.7	108.3	107.9	107.7	106.8	105.3	104.5	103.9
大 连	Dalian	106.7	107.0	106.7	105.8	106.3	106.3	106.4	105.3	104.7	104.2	102.9	102.6
长 春	Changchun	107.8	108.6	108.7	105.7	104.3	104.6	105.1	105.3	105.3	104.7	104.8	104.6
哈尔滨	Harbin	107.5	106.8	107.5	106.0	106.0	105.5	105.1	103.4	103.2	102.0	101.7	101.1
上 海	Shaihai	102.9	104.4	103.1	103.2	103.5	104.5	104.8	105.2	105.6	105.3	104.4	103.7
南 京	Naijing	103.6	103.6	100.0	99.3	100.0	100.5	103.0	103.0	102.7	101.8	100.9	100.1
杭 州	Hangzhou	101.3	102.3	102.5	100.0	100.6	100.6	101.3	103.1	102.6	103.0	102.7	102.5
宁 波	Ningbo	104.5	106.2	105.3	103.9	103.8	104.0	103.2	102.6	101.4	101.0	100.2	99.8
合 肥	Hefei	106.6	106.1	104.8	103.2	101.8	102.0	104.3	104.2	103.8	103.1	102.6	101.4
福 州	Fuzhou	103.3	103.9	103.6	102.6	102.5	102.5	102.5	102.4	101.6	101.5	101.1	101.0
厦 门	Xiamen	106.5	107.4	108.1	108.0	108.0	108.1	108.0	108.0	107.0	107.0	104.7	104.4
南 昌	Nanchang	108.5	109.4	109.3	106.5	108.0	108.9	110.0	109.9	108.3	106.2	103.4	102.2
济 南	Jinan	106.3	106.4	108.3	107.8	108.0	107.5	106.4	104.3	103.4	103.0	102.3	101.7
青 岛	Qingdao	106.3	105.0	105.1	104.1	104.5	104.7	104.9	104.1	104.1	101.6	100.9	99.7
郑 州	Zhengzhou	109.8	111.4	107.9	108.4	108.1	107.5	106.7	106.9	106.4	105.5	104.9	103.8
武 汉	Wuhan	106.9	106.8	105.9	104.5	103.3	103.4	103.6	103.9	103.7	103.2	102.7	102.3
长 沙	Changsha	111.1	110.9	110.8	109.8	110.5	111.0	111.0	111.4	111.0	110.0	108.6	107.1
广 州	Guangzhou	100.5	101.5	103.3	104.3	105.3	105.6	106.6	107.3	106.5	106.3	106.1	103.0
深 圳	Shenzhen	104.9	104.3	104.5	105.0	106.2	107.3	107.2	107.1	106.4	106.0	105.4	104.6
南 宁	Nanning	101.0	100.8	101.9	101.5	102.5	102.3	103.7	104.8	104.6	104.4	104.0	103.4
海 口	Haikou	120.4	105.0	101.8	102.1	102.3	102.4	102.4	103.4	103.3	102.4	101.9	101.8
重 庆	Chongqing	108.5	106.8	106.4	106.7	106.6	107.4	107.2	105.9	104.1	103.3	102.0	101.4
成 都	Chengdu	104.4	104.5	104.0	103.2	103.5	103.4	103.5	102.9	102.8	102.3	101.9	101.2
贵 阳	Guiyang	104.6	104.8	104.9	104.7	104.4	104.2	103.8	103.9	103.7	103.1	102.7	102.1
昆 明	Kunming	107.0	110.0	110.0	109.4	109.6	109.5	108.7	109.0	108.2	106.1	105.5	105.0
西 安	Xi'an	106.7	106.8	106.6	105.7	105.6	105.8	105.8	105.5	105.1	105.0	105.0	105.4
兰 州	Lanzhou	112.3	112.2	110.7	107.2	107.5	108.5	108.2	106.9	105.3	102.8	102.5	101.5
西 宁	Xining	111.5	109.7	108.0	106.8	106.4	106.4	106.0	105.2	103.9	103.2	102.4	102.0
银 川	Yinchuan	102.9	103.0	104.6	104.4	104.5	105.1	105.1	104.9	105.3	105.3	105.1	105.1
乌鲁木齐	Urumqi	109.3	110.1	110.7	109.6	109.2	109.2	108.9	108.8	108.7	107.9	105.9	105.9

2-7-3 续表

城 市	City	1月	2月	3月	4月	5月	6月	7月	8月	9月	10月	11月	12月
唐 山	Tangshan	104.2	102.4	101.7	101.4	101.3	101.2	101.5	101.5	101.5	101.4	100.8	100.7
秦皇岛	Qinhuangdao	112.6	113.2	112.7	110.4	110.1	110.2	109.9	109.4	107.0	105.5	104.0	102.8
包 头	Baotou	108.0	108.8	107.8	104.5	104.1	104.2	103.5	104.0	103.2	102.0	101.0	99.8
丹 东	Dandong	113.3	114.7	115.5	111.4	109.9	108.1	108.9	107.4	105.9	103.4	102.2	100.4
锦 州	Jinzhou	108.8	107.8	106.8	107.1	106.0	104.8	104.3	104.1	103.4	102.8	102.9	102.6
吉 林	Jilin	109.8	109.3	107.4	107.8	107.0	105.3	105.0	104.8	104.3	104.0	103.0	101.5
牡丹江	Mudanjiang	110.0	110.6	109.8	108.6	107.7	107.3	107.3	106.3	105.1	104.4	103.4	101.8
无 锡	Wuxi	104.6	104.8	105.0	104.7	104.5	104.6	104.6	104.5	104.2	103.6	102.8	102.4
扬 州	Yangzhou	106.4	106.9	106.8	106.3	105.7	105.5	105.4	105.2	104.9	104.5	103.7	103.2
徐 州	Xuzhou	104.0	104.4	103.6	103.9	104.5	104.5	104.6	104.5	104.5	103.8	103.4	103.1
温 州	Wenzhou	101.1	104.1	104.1	100.1	100.1	100.3	101.0	100.9	100.9	95.9	95.8	95.5
金 华	Jinhua	107.9	109.7	106.6	104.0	104.0	105.9	105.8	105.6	104.1	103.7	103.4	102.3
蚌 埠	Bengbu	107.1	105.0	104.4	104.0	103.6	103.5	103.4	104.4	103.9	103.6	102.1	101.5
安 庆	Anqing	110.5	109.7	108.8	105.9	105.3	105.0	103.8	103.1	102.1	102.1	102.1	99.9
泉 州	Quanzhou	98.9	99.7	98.8	98.9	99.1	99.3	101.0	101.9	101.9	102.3	102.3	102.3
九 江	Jiujiang	104.5	103.8	104.3	104.3	102.9	103.2	103.9	104.4	103.6	101.9	101.2	99.9
赣 州	Ganzhou	111.3	108.8	107.0	106.8	105.3	104.4	104.4	103.5	102.3	101.1	100.2	99.3
烟 台	Yantai	105.5	105.8	105.9	105.7	105.4	105.0	104.6	104.1	103.7	103.1	102.3	101.6
济 宁	Jining	105.1	105.0	105.5	104.9	105.2	104.7	104.3	104.3	104.1	103.3	102.9	102.4
洛 阳	Luoyang	107.1	108.6	108.5	108.9	109.4	109.9	109.9	108.1	108.3	106.7	106.5	106.2
平顶山	Pingdingshan	107.2	108.9	107.1	106.4	105.6	105.5	105.5	105.6	105.8	104.3	104.1	102.8
宜 昌	Yichang	109.7	105.5	105.1	103.4	103.7	102.8	103.0	103.1	103.0	102.6	102.0	101.8
襄 阳	Xiangyang	110.2	110.3	110.2	109.6	108.9	108.7	108.2	107.8	107.2	106.9	105.4	104.1
岳 阳	Yueyang	121.1	117.6	108.7	107.7	107.6	107.7	108.1	107.7	106.0	105.9	100.3	97.7
常 德	Changde	108.3	108.7	107.8	107.4	107.7	108.1	108.1	108.3	107.3	106.4	105.3	104.7
惠 州	Huizhou	106.2	106.5	107.3	108.0	108.4	108.1	108.5	108.3	107.5	106.2	106.1	106.2
湛 江	Zhanjiang	105.3	105.7	106.0	105.3	104.8	104.1	103.8	103.5	103.2	103.3	103.2	102.8
韶 关	Shaoguan	106.2	106.0	106.3	107.1	107.9	107.8	108.1	108.2	107.8	107.8	106.6	106.2
桂 林	Guilin	105.8	106.4	107.1	106.4	104.8	105.1	105.2	105.5	105.3	104.7	104.4	102.7
北 海	Beihai	105.6	104.5	103.9	103.2	101.6	101.8	101.9	102.2	101.8	101.6	101.6	101.4
三 亚	Sanya	119.0	100.3	99.6	99.1	98.0	98.0	98.7	101.8	101.5	101.6	101.1	100.9
泸 州	Luzhou	101.6	101.1	100.8	101.0	100.1	100.2	100.9	101.1	101.3	101.4	101.3	101.3
南 充	Nanchong	100.1	99.8	100.5	100.7	100.3	100.4	101.3	101.9	101.7	101.5	100.3	99.5
遵 义	Zunyi	104.2	105.9	106.3	105.8	106.7	106.6	106.3	106.4	105.8	105.3	105.1	103.8
大 理	Dali	101.5	100.9	100.9	99.8	99.7	100.0	101.7	100.8	100.8	99.6	100.9	100.9

2-7-4　2011年70个大中城市90-144㎡新建商品住宅销售价格指数
(以上年同月价格为100)
Sale Price Indices of 90-144㎡ Newly Built Commodity Houses in 70 Major Cities 2011(Preceding year same month the price of 100)

城　市	City	1月	2月	3月	4月	5月	6月	7月	8月	9月	10月	11月	12月
北　京	Beijing	109.5	109.3	107.3	104.1	103.2	103.2	102.8	102.7	102.7	102.5	101.9	101.5
天　津	Tianjin	108.1	107.3	107.5	105.6	104.1	104.5	104.9	104.0	103.7	103.1	102.1	101.2
石家庄	Shijiazhuang	112.3	112.5	112.4	107.4	107.6	108.4	108.6	108.5	107.3	105.9	105.0	103.0
太　原	Taiyuan	102.8	102.3	102.7	102.3	102.2	102.2	102.0	102.1	102.2	102.1	102.0	101.9
呼和浩特	Hohhot	106.7	106.3	105.3	104.1	103.7	103.8	104.1	103.3	103.2	102.4	102.2	101.4
沈　阳	Shenyang	110.2	109.7	108.5	107.9	107.2	107.2	107.1	106.8	106.1	104.4	103.4	102.8
大　连	Dalian	106.8	107.3	106.5	105.6	105.9	105.7	105.9	104.8	104.2	103.6	102.4	102.0
长　春	Changchun	107.5	107.1	107.0	104.0	102.3	102.8	103.0	103.1	102.9	102.2	101.7	101.2
哈尔滨	Harbin	107.5	106.8	106.7	105.5	104.5	104.2	103.7	101.9	101.9	100.6	100.0	99.7
上　海	Shaihai	102.0	103.4	102.6	101.8	101.9	102.9	103.3	103.6	104.0	103.5	102.8	102.3
南　京	Naijing	104.1	104.0	102.4	101.3	101.4	101.6	102.6	102.3	102.1	101.6	100.8	100.0
杭　州	Hangzhou	101.0	101.9	102.1	99.3	99.3	99.3	100.0	101.8	101.1	101.3	101.0	100.8
宁　波	Ningbo	103.7	104.4	104.2	102.6	102.7	102.8	102.1	101.9	100.7	100.1	99.5	99.0
合　肥	Hefei	106.4	104.7	102.9	101.4	100.0	100.2	102.7	102.7	102.3	101.7	101.1	99.9
福　州	Fuzhou	105.1	106.4	106.4	106.1	106.0	105.9	105.9	106.0	105.5	105.3	105.1	105.1
厦　门	Xiamen	105.5	107.5	107.4	107.0	107.0	107.1	107.1	107.1	106.4	106.2	103.9	103.6
南　昌	Nanchang	109.0	110.3	109.4	107.0	108.0	109.3	110.4	110.4	108.9	106.9	104.4	103.4
济　南	Jinan	105.6	105.8	105.9	105.7	105.5	104.0	103.3	102.6	101.9	102.2	101.4	100.9
青　岛	Qingdao	106.5	105.9	105.3	105.3	105.5	105.7	106.1	106.1	106.1	102.2	101.9	101.1
郑　州	Zhengzhou	110.0	110.9	107.1	108.3	107.1	106.6	106.0	106.3	105.9	104.9	103.8	103.4
武　汉	Wuhan	107.6	107.1	106.2	105.1	103.9	103.9	104.1	104.7	104.6	104.3	103.8	103.2
长　沙	Changsha	110.8	109.7	109.2	108.0	108.5	108.8	108.9	109.2	108.8	107.8	106.6	105.1
广　州	Guangzhou	100.7	102.2	105.0	106.1	107.4	107.8	108.8	109.5	108.7	108.4	108.4	105.5
深　圳	Shenzhen	102.7	102.9	102.1	102.1	102.4	103.3	103.3	103.5	102.9	102.8	102.4	101.6
南　宁	Nanning	103.1	102.2	102.3	102.2	102.3	101.6	102.8	103.6	103.1	102.7	102.3	101.8
海　口	Haikou	121.7	104.2	100.5	100.5	100.3	100.4	100.4	101.1	101.1	100.3	99.6	99.4
重　庆	Chongqing	108.0	106.4	105.9	105.2	105.1	105.5	105.0	103.7	101.5	100.4	99.2	98.5
成　都	Chengdu	106.0	106.0	105.6	104.7	105.2	105.0	104.9	104.4	104.2	103.8	103.5	102.8
贵　阳	Guiyang	104.9	105.2	105.6	105.9	105.6	105.3	104.9	104.7	104.5	104.1	103.9	103.3
昆　明	Kunming	105.5	107.9	107.5	107.0	106.9	106.7	106.3	106.8	105.9	103.6	102.8	102.4
西　安	Xi'an	105.9	106.1	104.9	103.5	103.0	103.5	103.7	103.5	103.2	103.1	102.9	103.2
兰　州	Lanzhou	111.9	111.5	111.2	107.6	107.8	108.3	108.4	107.1	105.5	103.2	102.8	101.8
西　宁	Xining	109.3	109.7	109.4	107.7	107.7	107.2	106.4	106.1	104.4	103.7	102.9	102.5
银　川	Yinchuan	103.1	102.4	101.0	101.1	101.0	101.2	101.4	101.2	101.5	101.6	101.5	101.5
乌鲁木齐	Urumqi	109.4	110.4	110.9	110.3	110.3	110.6	110.2	110.2	109.7	108.7	106.5	106.5

2-7-4 续表

城　市	City	1月	2月	3月	4月	5月	6月	7月	8月	9月	10月	11月	12月
唐　山	Tangshan	104.2	102.5	102.3	102.0	102.1	102.0	102.0	102.0	101.8	101.7	101.1	101.0
秦皇岛	Qinhuangdao	110.8	111.7	109.8	107.4	107.4	107.3	107.1	106.3	104.1	102.8	101.5	100.4
包　头	Baotou	108.5	109.1	109.4	106.3	105.9	105.8	105.0	105.1	104.0	102.8	101.7	101.0
丹　东	Dandong	112.1	114.5	115.7	111.6	110.0	108.0	109.0	107.4	105.7	103.1	101.8	100.2
锦　州	Jinzhou	106.9	107.1	107.1	107.8	107.1	106.4	105.9	105.1	103.8	103.2	103.3	103.0
吉　林	Jilin	109.4	109.5	107.9	108.6	107.9	106.0	105.9	105.5	104.9	104.6	103.8	102.1
牡丹江	Mudanjiang	109.4	109.5	109.2	108.6	108.0	107.6	107.6	106.6	105.5	104.7	103.7	102.2
无　锡	Wuxi	104.3	104.2	104.3	103.7	102.9	102.9	103.0	102.7	102.4	101.8	100.9	100.5
扬　州	Yangzhou	104.5	105.3	105.9	105.7	105.0	104.7	104.4	104.0	103.8	103.3	102.6	102.0
徐　州	Xuzhou	103.6	103.9	103.8	104.3	104.5	104.5	104.4	104.2	104.1	103.8	103.2	102.6
温　州	Wenzhou	101.0	101.1	101.0	100.5	100.5	100.9	100.9	100.9	99.2	94.2	94.1	95.2
金　华	Jinhua	107.5	107.4	104.6	102.2	101.9	103.5	103.5	103.2	102.0	101.6	101.4	100.7
蚌　埠	Bengbu	106.4	105.0	104.2	103.7	103.3	103.2	103.1	104.1	103.8	103.6	102.2	101.5
安　庆	Anqing	110.2	109.5	107.8	105.0	104.4	104.1	102.8	102.1	101.1	101.2	101.2	99.2
泉　州	Quanzhou	100.9	101.2	100.8	101.0	101.1	101.0	101.7	102.3	102.3	102.7	102.5	102.3
九　江	Jiujiang	107.1	106.2	106.0	106.0	104.6	105.1	106.0	106.1	105.3	103.5	102.4	101.1
赣　州	Ganzhou	112.2	109.8	108.1	107.7	106.1	105.2	105.1	105.0	103.6	102.4	101.4	99.7
烟　台	Yantai	105.6	105.8	106.4	106.8	106.6	106.2	105.8	105.0	104.5	103.5	102.8	101.9
济　宁	Jining	104.5	104.9	105.2	105.2	105.2	104.6	104.1	103.8	103.6	103.1	102.4	101.8
洛　阳	Luoyang	105.1	105.9	106.3	106.2	106.7	108.0	107.9	106.5	106.9	105.4	105.1	104.5
平顶山	Pingdingshan	105.6	106.4	106.9	106.2	105.5	105.2	105.3	105.5	105.7	104.3	104.2	102.9
宜　昌	Yichang	110.2	106.0	105.7	104.0	104.0	103.1	103.4	103.9	103.6	103.0	102.6	102.3
襄　阳	Xiangyang	108.9	109.1	108.5	107.9	107.1	106.9	106.3	105.8	105.1	104.8	103.8	102.8
岳　阳	Yueyang	119.9	116.8	109.7	107.7	107.4	107.5	108.2	107.5	105.2	105.1	101.3	99.1
常　德	Changde	106.2	106.4	105.8	105.4	105.8	106.2	106.3	106.3	105.2	104.6	103.5	102.5
惠　州	Huizhou	105.1	104.9	105.4	106.1	106.0	105.6	105.6	105.6	104.3	103.3	103.3	103.2
湛　江	Zhanjiang	107.3	107.5	108.0	107.3	106.6	105.8	105.5	105.4	105.0	105.3	105.2	104.6
韶　关	Shaoguan	103.4	104.3	104.2	104.8	105.3	105.4	105.9	105.8	105.3	105.1	104.0	103.4
桂　林	Guilin	106.4	107.6	108.7	108.6	106.8	107.4	107.7	108.0	108.1	107.6	107.1	105.4
北　海	Beihai	105.7	105.0	103.3	102.7	101.4	101.5	101.7	102.3	101.8	101.8	102.0	101.8
三　亚	Sanya	121.2	100.7	100.4	100.1	98.9	98.8	99.0	101.6	101.2	101.2	101.1	101.0
泸　州	Luzhou	101.7	101.4	100.6	100.5	100.9	101.0	101.7	102.0	102.1	102.3	102.0	101.9
南　充	Nanchong	99.8	99.1	99.0	99.0	98.6	98.6	99.9	100.3	100.3	100.3	99.3	98.5
遵　义	Zunyi	105.8	106.2	106.2	105.4	106.3	107.0	106.7	106.5	105.7	105.2	104.7	103.4
大　理	Dali	102.8	102.2	102.1	101.0	100.8	100.8	102.1	101.2	101.1	99.8	100.4	100.5

2-7-5　2011年70个大中城市144㎡以上新建商品住宅销售价格指数
(以上年同月价格为100)
Sale Price Indices of more than 144㎡ Newly Built Commodity Houses in 70 Major Cities 2011(Preceding year same month the price of 100)

城　市	City	1月	2月	3月	4月	5月	6月	7月	8月	9月	10月	11月	12月
北　京	Beijing	108.1	106.5	105.3	103.3	102.2	102.5	102.1	102.0	101.8	101.8	101.2	101.1
天　津	Tianjin	106.6	107.2	106.2	104.1	102.4	103.2	103.4	102.5	102.2	102.1	101.1	100.3
石家庄	Shijiazhuang	111.5	111.2	111.4	106.2	106.6	107.2	107.0	106.7	105.8	104.5	103.8	101.8
太　原	Taiyuan	101.5	101.1	100.8	100.4	100.1	100.0	100.4	100.4	100.4	100.3	100.3	100.4
呼和浩特	Hohhot	106.8	107.5	107.7	107.0	106.6	106.8	106.9	106.1	105.8	105.1	104.8	104.2
沈　阳	Shenyang	107.6	106.3	105.5	104.3	103.2	102.9	102.9	102.6	102.0	100.1	99.3	98.5
大　连	Dalian	106.3	105.8	105.5	105.4	105.5	105.9	105.9	104.4	104.0	103.5	102.2	101.9
长　春	Changchun	105.9	105.0	104.8	102.8	101.3	101.6	101.8	101.9	101.6	101.2	101.0	100.3
哈尔滨	Harbin	108.0	107.2	107.0	106.0	103.9	103.7	103.3	101.6	101.5	100.4	100.0	99.7
上　海	Shaihai	101.0	101.5	101.0	100.4	100.4	101.4	101.7	102.1	102.5	102.4	102.0	101.1
南　京	Naijing	104.7	105.1	103.5	101.0	100.6	101.0	99.7	99.8	99.7	99.1	99.0	98.6
杭　州	Hangzhou	100.6	101.1	100.4	97.3	97.7	97.8	98.6	100.4	99.7	100.2	99.9	99.5
宁　波	Ningbo	103.8	103.6	102.0	100.9	101.1	101.1	100.5	100.3	99.4	99.1	98.6	98.1
合　肥	Hefei	106.5	104.9	102.8	100.8	99.5	99.7	102.6	102.5	102.2	101.0	100.6	99.9
福　州	Fuzhou	103.8	104.8	103.8	102.7	102.5	102.4	102.4	102.4	101.7	101.9	101.4	101.3
厦　门	Xiamen	103.8	105.1	105.3	105.2	105.3	105.4	105.3	105.4	104.6	104.6	102.6	102.4
南　昌	Nanchang	108.9	108.8	107.4	104.7	105.3	106.4	107.2	106.9	105.2	103.4	101.1	100.0
济　南	Jinan	105.2	105.1	105.5	104.7	104.2	104.2	103.8	103.8	101.8	101.5	101.2	100.4
青　岛	Qingdao	104.5	102.5	102.4	102.7	103.0	103.2	103.2	103.3	103.6	100.9	100.6	100.4
郑　州	Zhengzhou	108.8	109.2	105.3	106.7	105.3	105.2	104.6	105.1	104.8	103.9	102.6	102.3
武　汉	Wuhan	107.8	105.8	104.7	103.3	101.8	101.8	101.8	102.1	102.0	101.5	101.0	100.6
长　沙	Changsha	108.2	106.6	104.8	104.0	104.6	105.3	105.7	105.8	105.2	104.5	103.1	101.8
广　州	Guangzhou	99.2	98.4	99.9	101.1	102.5	102.8	103.7	104.4	103.8	103.8	103.5	100.6
深　圳	Shenzhen	101.7	102.5	102.3	102.0	102.1	102.9	103.0	103.6	103.6	103.8	103.7	102.4
南　宁	Nanning	103.4	101.8	102.7	102.8	100.8	100.4	101.4	101.7	100.9	100.6	100.2	99.9
海　口	Haikou	121.9	103.8	100.5	100.6	100.7	100.7	100.5	101.0	100.9	100.2	99.4	99.3
重　庆	Chongqing	107.5	105.6	104.5	104.0	104.1	104.7	104.5	103.0	100.9	99.8	98.7	98.1
成　都	Chengdu	104.4	104.0	103.2	102.2	101.7	101.7	101.2	100.8	100.8	100.5	99.6	99.2
贵　阳	Guiyang	104.6	104.7	104.8	105.2	104.6	104.0	104.0	103.9	103.7	103.2	103.0	102.6
昆　明	Kunming	105.0	106.3	105.3	105.1	104.8	104.9	104.0	103.9	103.3	101.3	100.5	100.1
西　安	Xi'an	105.6	105.8	103.8	102.6	102.3	102.5	102.6	101.8	101.6	101.6	101.4	101.5
兰　州	Lanzhou	112.3	111.4	111.7	108.1	108.2	108.6	108.4	107.0	105.5	103.1	102.8	101.8
西　宁	Xining	108.5	108.8	108.9	108.1	108.0	107.8	107.4	107.5	105.5	104.7	103.8	103.3
银　川	Yinchuan	103.5	103.5	103.3	102.8	102.9	103.2	103.5	103.4	103.4	103.4	103.4	103.9
乌鲁木齐	Urumqi	108.8	108.0	107.5	107.0	106.5	106.7	106.3	106.1	105.8	104.6	102.6	102.7

2-7-5 续表

城 市	City	1月	2月	3月	4月	5月	6月	7月	8月	9月	10月	11月	12月
唐 山	Tangshan	104.0	102.3	101.6	101.2	101.1	101.0	100.9	100.9	100.8	100.6	100.0	99.9
秦皇岛	Qinhuangdao	110.9	112.1	111.4	108.9	108.8	108.7	108.4	107.8	105.8	104.7	103.8	102.8
包 头	Baotou	107.1	107.5	106.6	104.1	103.7	103.5	102.3	102.4	101.4	100.0	99.0	98.1
丹 东	Dandong	110.8	112.7	114.4	110.0	108.8	107.8	109.3	107.3	105.6	102.2	101.1	99.4
锦 州	Jinzhou	108.7	107.5	106.3	105.7	104.3	103.6	103.3	102.5	100.6	99.9	99.8	99.6
吉 林	Jilin	109.4	110.0	108.9	109.2	108.6	106.7	106.4	106.1	105.2	104.9	104.1	102.6
牡丹江	Mudanjiang	112.6	112.3	112.2	111.0	109.6	109.0	109.0	108.0	106.6	105.9	104.9	102.9
无 锡	Wuxi	102.0	101.0	101.8	102.3	101.2	101.2	101.5	101.3	101.1	100.5	99.9	99.4
扬 州	Yangzhou	105.3	105.0	105.5	105.1	104.8	104.5	104.0	103.9	103.5	102.9	102.1	101.6
徐 州	Xuzhou	102.5	103.0	102.1	102.4	103.1	102.9	102.9	102.7	102.8	102.1	101.4	100.9
温 州	Wenzhou	100.6	100.4	100.4	100.0	100.6	100.7	100.7	100.7	99.1	94.2	94.3	91.5
金 华	Jinhua	107.5	107.5	104.9	102.5	102.0	103.7	103.7	103.5	102.1	101.6	101.5	101.3
蚌 埠	Bengbu	104.7	104.5	104.3	103.5	103.2	103.2	103.3	104.4	104.2	103.8	102.4	102.0
安 庆	Anqing	109.8	109.4	107.8	105.3	105.0	104.4	103.3	102.6	101.4	101.2	101.1	99.1
泉 州	Quanzhou	98.7	98.5	99.5	99.7	99.6	99.8	100.3	100.5	100.0	100.4	100.2	100.0
九 江	Jiujiang	104.7	103.1	102.7	103.0	101.8	102.1	102.8	103.1	102.6	101.2	100.3	99.6
赣 州	Ganzhou	113.5	111.0	109.6	109.2	107.4	106.6	106.1	105.5	103.9	102.7	101.7	99.7
烟 台	Yantai	105.1	104.9	105.3	104.4	104.3	103.3	103.0	102.2	101.6	101.0	100.5	99.6
济 宁	Jining	104.2	104.2	103.4	102.8	103.3	102.6	101.9	101.7	101.3	100.6	99.9	99.3
洛 阳	Luoyang	105.8	106.3	105.5	105.4	105.9	107.4	107.5	105.9	105.8	104.2	104.1	104.0
平顶山	Pingdingshan	104.5	104.7	103.7	102.3	101.4	101.2	101.4	101.7	101.8	100.4	100.2	99.0
宜 昌	Yichang	111.0	106.5	105.6	103.7	103.8	102.8	103.2	103.4	103.3	103.0	102.5	102.2
襄 阳	Xiangyang	108.2	108.8	107.5	106.2	105.0	104.9	104.0	104.0	103.6	103.4	101.9	100.8
岳 阳	Yueyang	122.6	118.7	107.6	106.4	106.3	106.2	106.8	106.9	103.8	103.5	99.9	97.3
常 德	Changde	106.6	105.5	105.4	104.7	104.7	105.0	105.4	105.4	104.5	103.7	102.5	102.0
惠 州	Huizhou	104.1	103.6	103.6	104.0	104.0	103.6	103.5	103.1	102.0	101.1	101.4	101.4
湛 江	Zhanjiang	106.5	104.8	105.7	105.3	104.9	104.0	103.7	103.7	103.1	103.3	103.2	102.8
韶 关	Shaoguan	102.8	103.0	103.1	103.5	103.8	103.6	103.7	103.8	103.4	103.2	102.1	101.7
桂 林	Guilin	103.5	100.5	101.6	101.3	100.7	100.9	101.0	101.3	101.2	100.5	100.2	98.3
北 海	Beihai	104.0	102.9	102.5	102.0	100.8	101.6	101.6	100.4	100.1	100.1	100.0	99.9
三 亚	Sanya	117.4	99.7	98.3	98.2	96.8	97.1	97.3	101.4	101.1	101.2	101.0	100.9
泸 州	Luzhou	102.4	102.4	101.3	101.2	101.0	100.9	101.6	101.5	101.7	102.0	101.7	101.6
南 充	Nanchong	98.8	98.8	99.5	99.7	99.1	99.1	100.1	100.6	100.4	100.4	99.4	98.6
遵 义	Zunyi	104.5	105.2	104.9	104.4	104.9	105.4	105.5	105.5	104.9	104.3	103.9	102.5
大 理	Dali	104.3	103.8	103.8	102.5	102.3	101.9	103.8	102.8	102.6	101.0	100.7	100.7

2-7-6 2011年70个大中城市二手住宅销售价格指数
(以上年同月价格为100)
Sale Price Indices of Second-hand Houses in 70 Major Cities 2011
(Preceding year same month the price of 100)

城 市	City	1月	2月	3月	4月	5月	6月	7月	8月	9月	10月	11月	12月
北 京	Beijing	102.6	102.9	101.9	99.3	100.6	101.4	101.8	101.9	101.2	100.4	99.2	98.0
天 津	Tianjin	103.3	103.4	102.8	101.2	101.9	101.8	101.3	101.3	100.8	100.2	98.4	97.6
石家庄	Shijiazhuang	103.1	103.8	102.7	102.4	103.0	103.3	103.5	103.3	102.9	100.8	98.9	97.5
太 原	Taiyuan	106.0	106.1	104.9	105.0	104.1	103.8	103.6	103.8	103.8	103.6	103.6	103.2
呼和浩特	Hohhot	103.2	102.9	103.3	102.8	102.4	103.1	103.8	104.0	104.0	103.8	102.7	102.4
沈 阳	Shenyang	107.7	107.9	107.4	105.0	103.9	103.6	103.4	104.0	103.6	102.8	102.0	101.4
大 连	Dalian	108.1	107.0	105.3	104.0	103.7	103.8	104.2	103.9	103.9	103.0	100.4	100.0
长 春	Changchun	100.7	100.8	100.9	101.3	101.8	102.2	102.3	102.5	102.6	102.3	100.8	100.0
哈尔滨	Harbin	103.4	103.0	102.6	102.1	101.6	102.0	102.1	102.1	101.1	99.9	98.4	98.0
上 海	Shaihai	101.7	102.0	100.5	100.2	100.5	102.4	103.8	103.7	103.4	103.3	102.6	101.7
南 京	Naijing	99.6	100.0	99.9	99.5	100.2	100.6	100.8	101.3	100.6	99.3	98.8	97.5
杭 州	Hangzhou	104.4	104.6	103.7	100.1	100.4	100.5	100.7	100.4	100.0	98.1	97.1	95.6
宁 波	Ningbo	97.1	97.1	96.6	96.3	98.0	99.3	99.2	98.9	98.4	98.7	98.8	98.2
合 肥	Hefei	107.5	105.7	104.4	103.1	102.2	103.4	102.7	102.8	102.1	101.4	99.7	97.9
福 州	Fuzhou	100.3	102.3	102.0	101.2	100.0	99.7	99.6	98.9	97.8	97.0	96.3	95.1
厦 门	Xiamen	100.8	100.9	100.0	99.2	100.3	103.9	104.7	105.0	103.6	103.7	102.9	101.6
南 昌	Nanchang	103.2	103.8	104.0	103.9	104.5	104.4	104.4	102.8	101.6	100.9	98.5	97.3
济 南	Jinan	102.3	102.7	102.8	103.3	103.5	103.4	103.4	103.2	102.4	102.3	102.0	101.0
青 岛	Qingdao	105.9	105.9	103.7	102.7	102.7	103.1	103.1	102.9	102.8	101.5	100.6	98.8
郑 州	Zhengzhou	107.1	107.9	106.7	105.3	103.9	102.8	103.2	105.3	103.4	101.5	100.3	99.3
武 汉	Wuhan	105.8	104.7	103.1	102.3	101.6	101.7	101.9	102.0	101.3	100.7	100.3	99.6
长 沙	Changsha	102.2	101.3	101.1	100.9	101.1	101.2	101.3	101.4	101.3	101.2	101.0	100.2
广 州	Guangzhou	102.9	103.4	102.5	103.4	103.3	103.4	103.6	104.7	105.4	103.9	102.9	102.1
深 圳	Shenzhen	101.3	104.5	104.8	104.1	104.7	106.0	106.4	106.8	104.9	104.9	104.5	102.7
南 宁	Nanning	103.6	103.7	102.4	102.7	102.5	102.4	102.1	100.8	100.5	100.1	100.3	99.7
海 口	Haikou	99.4	90.6	91.7	93.1	99.4	99.5	100.6	100.7	100.3	100.5	99.6	98.2
重 庆	Chongqing	101.4	101.3	101.5	101.1	101.0	100.7	100.7	100.4	100.2	99.8	99.7	99.5
成 都	Chengdu	102.1	102.4	101.9	101.6	101.5	101.3	100.8	101.5	101.8	101.9	101.3	100.7
贵 阳	Guiyang	107.4	107.4	107.1	106.9	106.7	106.7	106.3	105.8	105.4	104.4	104.3	103.8
昆 明	Kunming	103.7	104.4	105.2	104.2	105.9	105.5	105.0	102.9	102.1	101.8	101.4	101.1
西 安	Xi'an	103.6	105.0	103.7	104.3	103.5	104.1	104.3	102.1	101.9	101.3	101.1	100.0
兰 州	Lanzhou	116.0	114.6	108.4	105.0	102.6	102.1	101.0	100.8	97.3	95.4	93.6	91.0
西 宁	Xining	107.4	107.8	106.6	106.0	106.2	106.4	106.1	105.9	105.6	104.3	103.8	103.2
银 川	Yinchuan	103.3	102.9	101.4	101.4	102.1	102.6	103.1	103.2	103.2	103.3	102.9	102.4
乌鲁木齐	Urumqi	109.8	109.7	111.0	110.0	109.5	109.4	108.7	108.1	107.4	106.1	103.9	102.8

2-7-6 续表

城市	City	1月	2月	3月	4月	5月	6月	7月	8月	9月	10月	11月	12月
唐山	Tangshan	103.0	102.6	102.7	103.4	103.5	104.4	104.6	104.7	104.8	104.9	104.6	104.3
秦皇岛	Qinhuangdao	104.1	104.0	103.4	102.4	102.5	102.9	103.0	102.5	101.2	100.5	99.8	99.3
包头	Baotou	100.8	100.8	101.1	101.4	101.7	101.9	102.0	102.1	102.4	102.4	102.4	101.5
丹东	Dandong	102.5	102.8	102.7	101.6	102.2	101.4	101.2	101.5	101.0	100.6	101.0	101.2
锦州	Jinzhou	100.2	100.3	100.3	100.3	100.3	100.3	100.0	100.0	100.0	100.0	100.0	100.0
吉林	Jilin	105.3	105.3	105.2	105.1	104.7	104.1	104.1	103.8	103.4	103.2	102.9	102.4
牡丹江	Mudanjiang	111.1	111.1	109.1	107.2	105.5	104.6	104.5	104.1	103.6	102.9	102.0	101.0
无锡	Wuxi	103.1	103.9	104.1	104.3	104.7	104.7	104.7	104.2	104.0	104.2	103.9	103.8
扬州	Yangzhou	105.2	105.3	104.4	104.0	103.5	103.4	103.0	102.6	102.0	101.6	101.0	99.9
徐州	Xuzhou	100.8	101.2	101.1	100.3	100.4	99.8	99.7	99.4	99.4	99.2	97.3	96.9
温州	Wenzhou	118.5	119.7	117.2	108.5	108.5	108.3	107.9	106.1	98.8	95.1	94.4	88.7
金华	Jinhua	103.3	102.9	100.2	100.5	100.4	100.3	101.1	101.1	100.2	100.0	97.9	97.1
蚌埠	Bengbu	106.7	106.9	105.7	104.7	104.1	103.9	103.3	103.1	102.9	102.5	101.9	101.3
安庆	Anqing	104.6	104.5	104.4	103.7	103.6	103.6	103.3	102.8	102.4	101.9	100.0	98.1
泉州	Quanzhou	99.9	100.0	100.0	99.8	99.9	100.0	100.0	100.1	100.1	99.7	99.6	99.3
九江	Jiujiang	107.0	106.1	104.8	104.4	102.9	103.8	103.0	102.1	101.6	100.6	100.1	99.4
赣州	Ganzhou	102.8	102.8	102.0	101.1	100.3	100.2	99.9	99.4	99.0	98.8	98.7	98.5
烟台	Yantai	104.1	103.8	103.5	103.6	103.8	103.9	103.9	103.6	103.4	102.8	102.2	101.4
济宁	Jining	106.8	107.5	107.6	107.2	106.8	107.9	107.3	106.7	105.9	104.9	102.7	101.0
洛阳	Luoyang	108.6	108.7	107.3	106.9	105.7	105.8	105.7	105.9	105.8	105.3	105.1	104.2
平顶山	Pingdingshan	102.5	103.9	105.0	105.5	105.7	106.4	106.7	106.8	106.8	106.8	106.5	106.3
宜昌	Yichang	101.9	101.8	101.5	101.2	102.9	102.9	102.9	102.8	102.7	101.7	101.0	100.9
襄阳	Xiangyang	106.3	106.5	106.2	106.1	105.6	105.5	105.6	105.5	104.3	104.1	103.0	101.8
岳阳	Yueyang	113.7	112.9	111.6	108.7	110.4	109.7	109.2	107.5	105.6	103.3	101.9	100.0
常德	Changde	109.1	107.8	107.2	106.5	106.8	107.3	107.0	106.4	106.5	105.6	105.1	105.0
惠州	Huizhou	102.7	103.5	105.3	104.8	106.5	107.4	107.1	106.9	105.8	102.7	103.2	103.1
湛江	Zhanjiang	109.8	108.8	108.1	106.9	105.9	105.3	104.6	104.2	103.4	103.0	102.9	102.7
韶关	Shaoguan	101.1	101.2	101.2	101.3	101.9	102.0	102.7	103.1	103.1	102.9	102.9	102.8
桂林	Guilin	106.0	101.6	102.4	101.7	102.7	102.0	102.3	102.4	101.7	100.5	100.1	99.7
北海	Beihai	100.9	102.2	102.4	102.2	102.2	102.4	102.3	102.3	102.3	102.3	102.1	102.1
三亚	Sanya	114.8	102.2	96.6	97.0	100.3	101.7	101.4	97.8	97.5	97.4	96.2	93.9
泸州	Luzhou	98.6	98.4	98.2	98.6	98.9	99.6	100.6	101.0	101.5	101.9	102.0	101.3
南充	Nanchong	100.9	101.7	101.2	101.2	101.2	101.7	101.9	102.1	102.0	102.0	101.5	100.6
遵义	Zunyi	111.7	111.8	110.6	110.5	111.2	111.8	110.1	107.7	105.1	104.3	102.2	102.4
大理	Dali	105.2	105.8	106.0	107.5	107.0	107.6	105.1	103.5	100.1	98.9	99.2	98.8

2-7-7 2011年70个大中城市90㎡及以下二手住宅销售价格指数
(以上年同月价格为100)
Sale Price Indices of 90㎡ and below Second-hand Houses in 70 Major Cities 2011
(Preceding year same month the price of 100)

城 市	City	1月	2月	3月	4月	5月	6月	7月	8月	9月	10月	11月	12月
北 京	Beijing	102.6	103.1	102.1	99.6	100.8	101.8	102.5	102.6	102.0	101.1	99.8	98.6
天 津	Tianjin	103.2	103.7	104.2	102.3	102.9	103.0	102.2	102.5	102.0	101.4	99.1	98.2
石家庄	Shijiazhuang	103.2	103.9	102.8	102.4	103.1	103.4	103.7	103.6	103.1	100.9	98.6	97.1
太 原	Taiyuan	106.2	106.2	105.1	105.2	104.6	104.3	104.3	104.5	104.5	104.4	104.4	104.1
呼和浩特	Hohhot	103.2	103.0	103.4	103.0	102.5	103.2	104.0	104.3	104.3	104.1	103.0	102.6
沈 阳	Shenyang	107.7	107.9	107.7	105.3	104.2	104.0	103.9	104.2	103.9	103.1	102.3	101.7
大 连	Dalian	107.9	106.9	105.7	103.9	103.4	103.5	104.0	103.7	103.7	102.7	99.7	99.4
长 春	Changchun	101.0	101.1	101.3	101.6	102.3	102.8	103.2	103.5	103.6	103.3	101.5	100.2
哈尔滨	Harbin	103.7	103.3	102.7	102.1	101.7	102.1	102.2	102.2	101.0	99.8	98.5	98.1
上 海	Shaihai	101.9	102.5	101.4	100.6	100.8	102.8	104.4	104.5	104.2	104.2	103.4	102.3
南 京	Naijing	99.8	100.4	99.8	98.9	99.4	99.7	99.8	100.4	99.8	98.4	97.9	96.5
杭 州	Hangzhou	104.4	104.1	103.6	100.1	100.3	100.4	100.7	100.4	100.1	98.1	96.8	95.1
宁 波	Ningbo	97.1	97.0	96.6	96.1	97.9	99.1	99.0	98.7	98.3	98.6	98.8	98.0
合 肥	Hefei	108.0	106.3	105.0	103.8	103.0	104.3	103.4	103.9	102.9	102.3	101.6	99.9
福 州	Fuzhou	100.6	102.7	102.4	101.7	100.6	100.3	100.4	99.3	98.3	97.3	96.4	95.4
厦 门	Xiamen	100.7	100.9	100.0	99.3	100.6	104.3	105.3	105.7	104.3	104.4	103.6	102.4
南 昌	Nanchang	103.0	103.8	104.4	104.3	105.1	105.0	104.9	103.4	101.9	101.1	99.5	98.2
济 南	Jinan	102.1	102.8	103.1	103.7	104.1	104.1	104.1	104.2	103.4	103.3	102.9	101.9
青 岛	Qingdao	105.8	105.7	103.5	102.6	102.6	103.0	103.0	102.9	102.7	101.4	100.8	98.8
郑 州	Zhengzhou	107.3	108.0	106.7	105.2	103.7	102.7	103.0	105.0	103.3	101.3	99.9	98.8
武 汉	Wuhan	105.9	104.7	102.6	101.7	101.3	101.6	101.8	102.0	101.4	101.1	100.7	99.6
长 沙	Changsha	102.2	101.2	101.1	100.9	101.1	101.2	101.3	101.5	101.4	101.2	101.0	100.3
广 州	Guangzhou	103.3	103.7	103.3	104.6	104.6	104.8	105.0	106.4	107.1	105.7	105.0	104.2
深 圳	Shenzhen	101.5	104.1	104.6	104.1	104.9	106.4	106.7	107.4	105.3	105.5	104.7	103.0
南 宁	Nanning	104.4	104.5	103.5	103.7	103.1	103.0	102.0	101.1	100.6	100.3	100.3	99.6
海 口	Haikou	99.8	90.9	92.1	93.4	99.5	99.6	100.6	100.6	100.2	100.3	99.4	97.9
重 庆	Chongqing	100.4	100.3	99.7	99.3	99.2	98.7	98.7	98.1	97.8	97.7	97.5	97.1
成 都	Chengdu	101.8	102.1	102.0	101.9	102.3	102.2	101.8	102.6	102.8	103.0	102.6	101.9
贵 阳	Guiyang	107.4	107.3	107.1	106.9	106.5	106.6	106.2	105.6	105.2	104.2	104.0	103.5
昆 明	Kunming	104.9	104.3	105.1	103.8	105.6	105.2	105.4	103.4	102.8	102.7	102.1	101.2
西 安	Xi'an	102.7	103.9	102.7	103.4	102.7	103.3	103.6	101.5	101.5	101.0	100.8	99.8
兰 州	Lanzhou	116.3	114.7	108.4	104.9	102.5	102.0	100.9	100.7	97.2	95.3	93.3	90.4
西 宁	Xining	107.7	109.2	107.3	106.7	106.7	107.0	106.8	106.6	106.3	104.9	104.4	103.9
银 川	Yinchuan	103.3	102.9	101.3	101.4	101.7	102.0	102.4	102.5	102.6	102.8	102.3	101.7
乌鲁木齐	Urumqi	110.1	109.7	111.9	111.8	111.5	111.8	111.3	110.6	109.9	108.5	106.3	105.0

2-7-7 续表

城　市	City	1月	2月	3月	4月	5月	6月	7月	8月	9月	10月	11月	12月
唐　山	Tangshan	103.4	103.1	103.4	104.1	104.3	105.1	105.2	105.2	105.2	105.3	105.1	104.9
秦皇岛	Qinhuangdao	104.1	104.5	104.1	102.9	103.1	103.3	103.5	103.2	101.8	101.1	100.3	99.9
包　头	Baotou	100.7	100.7	100.8	100.9	101.2	101.6	101.6	101.7	101.6	101.6	101.5	99.9
丹　东	Dandong	102.8	103.3	103.3	102.8	103.4	102.6	102.7	101.7	101.2	100.7	101.3	101.5
锦　州	Jinzhou	100.3	100.4	100.4	100.4	100.4	100.4	100.1	100.1	100.1	100.1	100.1	100.1
吉　林	Jilin	105.3	105.3	105.2	105.3	104.8	104.1	104.1	103.9	103.4	103.4	103.1	102.7
牡丹江	Mudanjiang	111.4	111.1	109.1	107.2	105.7	105.1	105.0	104.6	104.2	103.5	102.9	102.1
无　锡	Wuxi	103.0	103.4	103.4	103.0	103.5	103.5	103.4	103.0	102.7	102.9	102.7	102.6
扬　州	Yangzhou	105.0	105.0	104.2	103.7	103.3	103.2	102.8	102.5	101.8	101.4	101.0	100.1
徐　州	Xuzhou	100.9	103.0	103.7	103.2	103.7	103.6	103.7	99.8	99.8	99.1	96.6	96.6
温　州	Wenzhou	119.5	120.2	117.9	109.2	108.2	107.4	107.1	105.2	97.9	94.3	93.4	89.1
金　华	Jinhua	103.4	103.3	101.3	101.4	100.6	101.2	102.2	102.3	102.2	101.8	96.9	96.3
蚌　埠	Bengbu	106.7	106.9	105.7	104.8	104.3	104.0	103.5	103.2	103.0	102.7	102.0	101.4
安　庆	Anqing	104.6	104.5	104.4	103.7	103.7	103.7	103.3	102.9	102.5	101.9	100.0	98.1
泉　州	Quanzhou	100.0	100.1	100.2	100.5	100.5	100.5	100.5	100.6	100.6	99.9	99.7	99.1
九　江	Jiujiang	107.1	106.3	105.2	104.7	103.1	104.0	102.9	102.0	101.4	100.4	100.0	99.5
赣　州	Ganzhou	103.1	103.1	102.3	101.4	100.1	100.1	99.9	99.3	99.1	98.9	98.8	98.5
烟　台	Yantai	104.2	103.8	103.7	103.8	104.0	104.0	103.9	103.8	103.7	103.1	102.6	102.0
济　宁	Jining	107.3	108.0	108.1	107.7	107.3	108.7	108.0	107.5	106.8	105.4	103.3	101.8
洛　阳	Luoyang	108.4	108.7	107.5	107.1	105.9	105.9	106.1	106.4	106.3	106.0	106.0	104.7
平顶山	Pingdingshan	103.5	105.5	107.2	107.3	107.5	108.3	108.5	108.8	108.9	109.2	109.1	108.8
宜　昌	Yichang	101.6	101.4	101.2	100.9	102.8	102.8	102.8	102.7	102.6	101.6	100.9	100.9
襄　阳	Xiangyang	106.8	107.2	107.6	107.4	107.0	107.0	107.1	107.0	105.9	105.7	104.6	103.3
岳　阳	Yueyang	112.9	112.1	110.8	107.8	109.5	108.8	108.3	106.5	104.4	102.3	100.9	99.0
常　德	Changde	108.2	107.9	108.2	108.1	108.8	109.6	109.4	109.2	109.3	108.7	108.3	107.9
惠　州	Huizhou	102.9	103.4	105.3	104.5	106.1	107.1	106.6	106.6	105.6	102.5	102.9	102.8
湛　江	Zhanjiang	109.7	108.7	108.0	106.8	105.8	105.0	104.2	103.9	103.2	102.7	102.7	102.4
韶　关	Shaoguan	100.8	100.9	100.8	101.0	101.5	101.6	102.4	102.6	102.9	102.8	102.6	102.5
桂　林	Guilin	106.3	101.2	102.2	101.2	102.0	101.3	101.7	101.9	101.2	100.0	99.4	99.1
北　海	Beihai	100.9	102.2	102.5	102.3	102.3	102.4	102.3	102.3	102.3	102.3	102.2	102.2
三　亚	Sanya	113.6	101.0	95.8	96.3	100.2	101.7	101.5	97.9	97.6	97.5	95.6	93.8
泸　州	Luzhou	98.7	98.4	98.2	98.9	99.2	99.6	100.7	101.1	101.6	101.9	102.0	101.2
南　充	Nanchong	101.2	102.1	101.6	101.6	101.7	102.2	102.4	102.6	102.6	102.6	102.0	101.0
遵　义	Zunyi	112.7	112.3	110.1	110.1	110.6	111.1	108.6	105.3	102.5	101.8	99.6	99.9
大　理	Dali	105.2	105.8	106.0	108.3	107.8	108.8	106.6	105.0	101.5	100.3	100.6	100.2

2-7-8 2011年70个大中城市90-144㎡二手住宅销售价格指数
(以上年同月价格为100)
Sale Price Indices of 90-144㎡ Second-hand Houses in 70 Major Cities 2011
(Preceding year same month the price of 100)

城 市	City	1月	2月	3月	4月	5月	6月	7月	8月	9月	10月	11月	12月
北 京	Beijing	103.6	104.0	102.9	100.1	101.2	101.7	101.7	101.7	100.8	100.0	98.9	97.6
天 津	Tianjin	104.4	104.1	103.7	101.4	102.5	102.1	102.1	101.3	100.8	100.2	99.6	99.0
石家庄	Shijiazhuang	102.9	103.5	102.3	102.0	102.3	102.5	102.7	102.3	102.3	100.4	99.6	98.3
太 原	Taiyuan	105.8	105.6	104.3	104.4	103.1	102.8	102.6	102.8	102.7	102.5	102.4	101.9
呼和浩特	Hohhot	103.5	103.2	103.3	102.7	102.4	103.2	104.0	104.1	104.1	104.0	102.9	102.5
沈 阳	Shenyang	107.5	107.8	107.3	104.9	103.8	103.3	103.1	104.4	104.0	103.1	102.2	101.6
大 连	Dalian	108.4	107.0	104.2	103.7	103.9	103.8	104.2	103.9	103.9	103.3	101.3	100.7
长 春	Changchun	100.4	100.5	100.5	101.3	101.4	101.7	101.4	101.5	101.8	101.6	100.3	99.7
哈尔滨	Harbin	103.4	103.0	102.7	102.1	101.7	102.1	102.1	102.1	101.2	99.9	98.1	97.8
上 海	Shaihai	101.5	101.5	100.1	100.2	100.7	102.6	103.9	103.8	103.5	103.3	102.8	102.3
南 京	Naijing	99.7	100.1	99.5	99.5	100.5	100.5	100.6	100.9	99.9	98.5	97.7	96.5
杭 州	Hangzhou	104.6	105.4	104.5	101.0	101.5	101.4	101.5	101.3	100.5	99.1	98.5	96.8
宁 波	Ningbo	97.0	97.1	96.7	96.1	98.0	99.2	99.1	98.9	98.4	98.7	98.5	98.1
合 肥	Hefei	107.7	106.0	104.5	103.2	102.2	103.3	102.5	102.6	101.9	101.2	98.9	97.3
福 州	Fuzhou	100.2	103.2	103.0	102.8	101.5	101.2	101.5	100.7	99.6	98.9	98.2	96.7
厦 门	Xiamen	101.0	101.1	100.2	99.5	100.5	104.0	104.8	105.1	103.7	103.8	102.7	101.4
南 昌	Nanchang	102.8	103.3	103.4	103.3	103.9	104.1	104.2	102.5	101.5	100.8	97.9	96.7
济 南	Jinan	102.3	102.6	102.5	102.9	102.6	102.0	102.2	101.7	100.9	100.6	100.5	99.7
青 岛	Qingdao	105.9	105.9	103.7	102.7	102.7	103.1	103.1	102.9	102.8	101.4	100.3	98.6
郑 州	Zhengzhou	107.2	108.0	106.9	105.5	104.1	103.0	103.3	105.3	103.2	101.3	100.1	99.2
武 汉	Wuhan	105.6	104.5	103.3	102.7	101.9	102.0	102.2	102.1	101.1	100.9	100.3	99.9
长 沙	Changsha	102.4	101.4	101.2	101.1	101.3	101.4	101.5	101.7	101.6	101.4	101.2	100.3
广 州	Guangzhou	103.0	104.3	103.7	104.4	104.4	104.6	104.6	105.5	106.1	104.7	103.3	102.2
深 圳	Shenzhen	101.9	105.8	106.4	105.4	106.0	107.4	108.0	108.0	106.0	106.3	106.3	104.5
南 宁	Nanning	103.8	104.1	102.4	102.9	102.5	102.3	102.5	101.7	101.4	100.7	101.2	101.0
海 口	Haikou	99.4	90.6	91.7	93.4	99.4	99.4	100.5	100.6	100.1	100.4	99.5	98.1
重 庆	Chongqing	102.7	102.6	103.0	102.5	102.2	102.2	102.2	102.0	101.8	101.1	100.9	100.8
成 都	Chengdu	102.5	102.9	102.1	101.6	101.2	101.0	100.5	101.2	101.4	101.2	100.4	100.0
贵 阳	Guiyang	107.6	107.8	107.4	107.3	107.2	107.3	106.7	106.2	105.9	104.8	104.9	104.3
昆 明	Kunming	102.0	103.0	103.7	102.9	104.4	104.2	103.0	100.8	100.1	99.9	99.7	99.8
西 安	Xi'an	104.1	105.7	104.4	104.9	103.9	104.6	104.7	102.5	102.3	101.6	101.4	100.3
兰 州	Lanzhou	116.0	114.6	108.6	105.2	102.8	102.2	101.1	101.0	97.5	95.6	93.7	91.1
西 宁	Xining	107.1	106.6	106.0	105.4	106.0	106.1	105.6	105.4	105.1	103.8	103.3	102.8
银 川	Yinchuan	103.2	102.9	101.5	101.4	102.5	103.2	103.8	104.0	103.9	103.9	103.5	103.0
乌鲁木齐	Urumqi	109.7	109.9	110.5	108.9	108.3	107.9	107.1	106.5	105.9	104.6	102.4	101.4

2-7-8 续表

城 市	City	1月	2月	3月	4月	5月	6月	7月	8月	9月	10月	11月	12月
唐 山	Tangshan	101.6	100.5	100.0	100.8	100.8	102.1	102.3	102.8	103.2	103.3	102.7	102.3
秦皇岛	Qinhuangdao	104.2	103.3	102.5	101.6	101.6	102.2	102.1	101.4	100.0	99.3	98.6	97.9
包 头	Baotou	101.1	101.1	101.6	102.1	102.5	102.6	102.8	102.9	103.5	103.5	103.8	103.2
丹 东	Dandong	102.4	102.6	102.3	100.2	100.6	99.8	99.4	101.4	100.8	100.5	100.7	100.9
锦 州	Jinzhou	100.0	100.0	100.0	100.0	100.0	100.0	100.0	100.0	100.0	100.0	100.0	100.0
吉 林	Jilin	105.4	105.5	105.7	105.6	105.1	104.7	104.7	104.4	103.9	103.8	103.4	103.0
牡丹江	Mudanjiang	110.6	112.0	109.8	108.3	105.8	104.2	104.0	103.7	103.0	102.2	100.6	99.0
无 锡	Wuxi	102.9	103.7	104.3	105.2	105.7	105.7	105.9	105.2	105.1	105.1	104.7	104.6
扬 州	Yangzhou	105.6	105.8	104.9	104.6	104.1	103.9	103.6	102.9	102.4	102.0	101.4	100.0
徐 州	Xuzhou	101.0	100.5	99.9	98.8	98.7	97.7	97.5	99.2	99.2	99.2	97.0	96.5
温 州	Wenzhou	118.4	119.5	117.2	108.6	108.5	108.6	107.9	106.0	98.3	94.8	94.0	87.4
金 华	Jinhua	103.1	103.0	100.0	100.2	100.5	100.0	100.8	100.4	99.6	99.6	98.6	97.0
蚌 埠	Bengbu	106.8	107.1	105.8	104.6	103.9	103.7	103.1	102.9	102.7	102.3	101.7	101.1
安 庆	Anqing	104.7	104.7	104.4	103.5	103.2	103.2	102.8	101.6	100.7	100.5	99.2	97.9
泉 州	Quanzhou	99.9	100.0	100.0	99.4	99.4	99.6	99.6	99.7	99.7	99.7	99.6	99.6
九 江	Jiujiang	107.1	106.0	104.4	103.9	102.7	103.6	102.9	102.3	101.8	100.9	100.0	99.0
赣 州	Ganzhou	102.7	102.7	101.9	101.1	100.2	100.1	99.8	99.2	98.8	98.6	98.5	98.2
烟 台	Yantai	103.3	103.3	102.9	103.1	103.8	104.0	104.0	104.4	104.2	103.4	102.8	102.0
济 宁	Jining	106.8	107.7	107.8	107.5	107.0	108.0	107.4	106.5	105.9	105.1	102.9	101.1
洛 阳	Luoyang	108.6	108.4	107.0	106.6	105.4	105.2	105.1	105.2	105.2	104.6	104.3	103.9
平顶山	Pingdingshan	101.8	102.7	103.4	104.3	104.7	105.5	105.8	106.2	106.0	105.7	105.2	105.3
宜 昌	Yichang	101.9	101.8	101.5	101.3	103.0	102.9	102.9	102.9	102.7	101.7	101.0	100.9
襄 阳	Xiangyang	106.4	106.4	106.0	105.9	105.4	105.1	105.3	105.2	104.1	103.9	102.8	101.6
岳 阳	Yueyang	113.7	112.8	111.7	109.3	110.9	110.3	109.9	107.8	106.3	103.7	102.3	100.3
常 德	Changde	109.3	107.9	107.3	106.2	106.6	107.1	106.9	105.9	106.0	105.0	104.5	104.5
惠 州	Huizhou	102.7	103.6	105.6	106.1	108.1	108.9	108.5	107.4	105.7	102.8	103.4	103.3
湛 江	Zhanjiang	109.7	108.8	108.2	107.1	106.2	105.6	104.9	104.4	103.7	103.2	103.2	103.0
韶 关	Shaoguan	101.4	101.4	101.5	101.6	102.2	102.4	103.0	103.5	103.3	103.1	103.2	103.0
桂 林	Guilin	106.1	102.3	102.2	102.4	103.6	102.8	102.9	103.1	102.5	101.2	101.3	101.2
北 海	Beihai	100.9	102.3	102.5	102.3	102.3	102.5	102.4	102.4	102.4	102.4	102.1	102.1
三 亚	Sanya	115.1	103.2	97.5	97.6	100.4	101.5	101.2	97.6	97.3	97.1	95.8	93.7
泸 州	Luzhou	98.8	98.2	97.9	98.0	98.1	99.2	100.1	100.5	100.9	101.4	101.4	101.0
南 充	Nanchong	100.6	101.4	100.7	100.7	100.5	101.0	101.2	101.3	101.0	101.0	100.6	99.9
遵 义	Zunyi	110.6	111.2	110.5	110.3	111.1	111.8	110.3	108.5	106.2	105.4	103.2	103.3
大 理	Dali	104.8	105.5	105.8	106.5	106.1	106.3	103.7	102.2	98.8	97.6	98.0	97.5

2-7-9　2011年70个大中城市144㎡以上二手住宅销售价格指数
(以上年同月价格为100)
Sale Price Indices of more than 144㎡ Second-hand Houses in 70 Major Cities 2011
(Preceding year same month the price of 100)

城　市	City	1月	2月	3月	4月	5月	6月	7月	8月	9月	10月	11月	12月
北　京	Beijing	101.0	101.0	100.0	97.4	99.4	100.1	100.2	100.2	99.6	99.1	98.2	97.3
天　津	Tianjin	101.2	101.0	95.4	96.6	101.9	101.8	101.1	101.5	101.2	100.6	97.8	96.7
石家庄	Shijiazhuang	101.5	103.8	103.0	102.9	103.2	103.4	103.6	102.7	102.9	101.7	100.5	99.6
太　原	Taiyuan	105.8	107.1	105.9	106.3	104.9	104.7	104.2	104.3	104.6	104.3	104.3	103.9
呼和浩特	Hohhot	102.7	102.2	103.1	102.5	102.0	102.7	103.0	103.0	102.8	102.6	101.6	101.2
沈　阳	Shenyang	107.7	108.9	105.8	103.3	102.2	101.5	101.1	101.0	100.5	99.7	98.6	98.1
大　连	Dalian	108.4	108.1	105.8	105.3	105.1	105.5	105.6	105.2	105.2	104.4	102.3	101.2
长　春	Changchun	100.6	100.6	100.6	100.6	100.8	100.8	100.8	100.8	100.8	100.3	99.7	99.7
哈尔滨	Harbin	103.0	102.6	102.3	101.7	101.3	101.7	101.9	101.9	100.9	100.3	98.5	98.0
上　海	Shaihai	101.4	101.6	99.0	99.0	99.5	100.9	101.9	101.6	101.2	100.7	100.2	99.3
南　京	Naijing	98.9	99.2	100.8	100.3	101.0	102.0	102.5	103.1	102.7	101.9	101.9	100.6
杭　州	Hangzhou	103.9	104.6	103.0	98.6	99.1	99.4	99.3	98.6	98.3	96.7	95.9	95.4
宁　波	Ningbo	97.3	97.2	96.9	97.1	98.8	100.0	99.7	99.4	99.0	99.0	99.1	98.9
合　肥	Hefei	105.2	103.6	102.3	101.0	100.9	102.3	102.0	102.2	101.5	101.3	100.0	97.0
福　州	Fuzhou	100.2	100.8	100.4	98.9	99.8	99.4	98.9	98.5	97.4	96.6	96.0	94.9
厦　门	Xiamen	100.5	100.5	99.7	98.4	99.5	103.1	103.8	104.0	102.6	102.6	102.3	100.9
南　昌	Nanchang	105.3	105.1	104.4	104.2	104.3	103.3	103.1	101.9	101.2	100.2	96.8	95.9
济　南	Jinan	102.5	102.3	102.7	103.1	103.4	103.6	103.5	103.2	102.6	102.7	102.2	101.0
青　岛	Qingdao	106.4	106.3	104.1	103.0	103.0	103.4	103.4	103.2	103.1	102.1	100.8	99.4
郑　州	Zhengzhou	106.8	107.6	106.6	105.3	103.8	102.9	103.4	105.7	103.7	102.1	101.2	100.5
武　汉	Wuhan	106.1	105.1	103.8	102.2	101.3	101.3	101.2	101.6	101.4	99.3	99.4	98.4
长　沙	Changsha	102.0	101.0	100.8	100.7	100.8	100.9	101.0	101.0	100.9	100.7	100.7	100.0
广　州	Guangzhou	102.0	101.8	99.7	100.1	99.8	99.8	100.0	100.9	101.7	99.9	98.5	98.1
深　圳	Shenzhen	99.8	103.0	102.4	101.6	101.7	102.7	102.9	103.2	101.6	100.9	100.7	98.8
南　宁	Nanning	101.6	101.5	100.7	100.3	101.3	101.5	101.3	98.4	98.3	98.4	98.3	97.3
海　口	Haikou	99.3	90.6	91.6	92.5	99.3	99.7	100.7	100.8	100.6	100.8	99.9	98.4
重　庆	Chongqing	100.6	100.5	102.6	103.1	103.0	102.6	102.7	103.2	103.0	102.9	102.8	103.1
成　都	Chengdu	102.3	102.4	101.2	100.9	100.0	99.6	98.5	99.4	100.2	100.0	99.4	99.0
贵　阳	Guiyang	107.0	107.0	106.6	106.2	106.2	106.3	105.8	105.7	105.6	104.5	104.5	104.2
昆　明	Kunming	104.9	106.7	107.7	106.9	108.6	107.9	107.4	105.5	104.4	103.7	103.3	102.8
西　安	Xi'an	104.9	105.9	104.5	104.7	104.5	104.8	104.6	102.0	101.9	101.1	100.8	99.4
兰　州	Lanzhou	115.4	114.4	108.0	104.7	102.3	101.7	100.6	100.5	97.0	94.9	93.5	92.1
西　宁	Xining	107.0	104.2	104.3	103.6	103.4	103.5	103.3	103.4	103.0	102.1	101.5	101.0
银　川	Yinchuan	103.7	103.5	101.7	101.5	102.1	102.8	103.0	103.3	103.3	103.3	103.3	103.8
乌鲁木齐	Urumqi	108.8	108.3	109.1	107.6	107.3	107.1	106.0	105.4	104.6	103.4	101.3	100.4

2-7-9 续表

城市	City	1月	2月	3月	4月	5月	6月	7月	8月	9月	10月	11月	12月
唐　　山	Tangshan	101.1	100.5	102.1	101.3	101.4	101.7	103.1	102.7	102.9	102.5	101.6	101.5
秦 皇 岛	Qinhuangdao	102.9	103.0	102.3	101.4	101.7	102.9	103.1	102.7	101.4	101.0	100.8	100.2
包　　头	Baotou	100.5	100.4	100.4	100.4	100.4	100.3	100.3	100.3	100.9	100.9	100.8	101.0
丹　　东	Dandong	101.4	101.7	101.8	102.0	103.2	102.7	102.4	101.4	100.8	100.3	101.0	101.3
锦　　州	Jinzhou	100.0	100.0	100.0	100.0	100.0	100.0	100.0	100.0	100.0	100.0	100.0	100.0
吉　　林	Jilin	104.9	104.8	104.2	103.8	103.4	102.8	102.6	102.3	102.0	101.7	101.3	100.4
牡 丹 江	Mudanjiang	107.2	106.1	104.1	100.6	105.2	104.0	104.0	103.2	102.6	101.4	99.8	98.1
无　　锡	Wuxi	103.8	105.7	105.5	105.3	105.1	105.0	104.8	104.4	104.1	104.8	104.7	104.8
扬　　州	Yangzhou	104.4	104.4	103.5	102.9	102.5	102.4	102.1	101.9	101.4	101.1	100.1	98.5
徐　　州	Xuzhou	100.2	100.2	100.1	100.0	100.0	99.9	100.0	99.7	99.7	99.7	99.7	99.7
温　　州	Wenzhou	117.7	119.4	116.6	107.8	108.6	108.9	108.6	107.2	100.0	96.2	95.6	89.8
金　　华	Jinhua	103.5	102.1	98.8	100.1	99.8	99.4	100.2	100.6	98.4	97.9	98.2	98.4
蚌　　埠	Bengbu	105.7	105.5	104.9	104.2	103.5	103.3	102.8	102.8	102.8	102.5	102.1	101.6
安　　庆	Anqing	104.4	104.3	104.0	103.3	103.3	102.7	102.6	102.2	101.9	101.4	100.9	99.6
泉　　州	Quanzhou	99.2	99.1	99.3	98.7	98.8	99.2	99.2	99.2	99.2	99.2	99.2	99.2
九　　江	Jiujiang	105.7	104.7	103.4	103.3	102.7	103.9	103.6	102.5	102.2	101.5	100.7	100.6
赣　　州	Ganzhou	102.6	102.6	102.0	101.2	100.6	100.5	100.1	99.8	99.3	99.1	99.0	98.8
烟　　台	Yantai	104.7	104.4	103.9	103.9	103.5	103.4	103.7	102.4	102.1	101.8	100.9	100.1
济　　宁	Jining	105.3	105.4	105.4	104.9	104.6	105.7	105.1	104.6	103.8	102.5	100.5	98.4
洛　　阳	Luoyang	109.0	109.4	107.6	107.1	106.0	106.3	106.2	106.2	105.9	105.4	105.1	104.2
平 顶 山	Pingdingshan	100.9	101.8	102.0	102.6	101.5	102.3	102.5	100.6	100.6	100.5	100.6	99.2
宜　　昌	Yichang	102.4	102.2	101.8	101.5	103.0	103.0	102.9	102.8	102.7	101.6	101.0	100.8
襄　　阳	Xiangyang	106.1	106.0	105.7	105.7	105.0	105.1	105.0	105.0	103.7	103.4	102.3	101.1
岳　　阳	Yueyang	114.9	114.0	112.5	109.6	111.2	110.4	109.8	107.7	105.8	103.7	102.3	100.3
常　　德	Changde	109.1	107.3	106.3	106.6	106.6	106.8	106.4	106.5	106.5	105.9	105.5	105.2
惠　　州	Huizhou	101.3	103.3	104.4	102.9	104.7	105.6	105.3	108.2	106.9	104.0	104.6	104.5
湛　　江	Zhanjiang	109.9	108.9	108.1	106.9	105.6	105.2	104.7	104.2	103.4	102.9	102.8	102.6
韶　　关	Shaoguan	100.9	100.9	100.9	101.1	101.6	101.6	102.4	102.8	102.6	102.8	102.8	102.9
桂　　林	Guilin	104.5	102.5	104.8	103.1	104.0	103.2	103.4	103.2	102.6	101.5	100.9	98.7
北　　海	Beihai	100.8	101.5	101.7	101.5	101.5	101.8	101.6	101.6	101.6	101.6	101.2	101.2
三　　亚	Sanya	115.7	102.1	96.4	97.1	100.3	101.8	101.6	98.0	97.7	97.6	97.3	94.1
泸　　州	Luzhou	98.0	98.8	98.7	99.6	100.1	100.8	101.8	102.1	102.7	103.1	103.7	102.6
南　　充	Nanchong	100.2	101.0	100.7	100.7	100.9	101.5	101.7	101.8	101.8	101.7	101.6	100.9
遵　　义	Zunyi	113.9	113.1	112.1	112.7	113.2	113.6	113.2	111.1	107.9	106.9	105.9	105.5
大　　理	Dali	106.0	106.6	106.6	107.9	107.4	107.8	105.0	103.4	99.9	98.7	99.1	98.6

2-8-1　2011年70个大中城市新建住宅销售价格指数
(以上月价格为100)
Sale Price Indices of Houses in 70 Major Cities 2011
(Above month price of 100)

城　市	City	1月	2月	3月	4月	5月	6月	7月	8月	9月	10月	11月	12月
北　京	Beijing	100.8	100.4	100.0	100.1	100.1	100.0	100.0	100.0	100.0	100.0	99.7	99.9
天　津	Tianjin	100.9	100.9	100.5	100.2	99.7	99.8	100.3	100.1	99.8	99.7	99.7	99.7
石家庄	Shijiazhuang	100.8	100.2	100.9	100.2	100.2	100.2	100.2	100.0	100.1	99.8	99.8	99.9
太　原	Taiyuan	100.2	99.6	100.3	100.2	100.4	100.3	100.2	100.0	100.1	99.9	100.0	100.0
呼和浩特	Hohhot	100.1	100.6	100.3	100.8	100.4	100.2	100.3	100.1	100.0	99.9	99.9	99.8
沈　阳	Shenyang	100.4	100.0	100.5	100.7	100.5	100.4	100.3	100.3	100.1	100.0	99.4	99.8
大　连	Dalian	100.0	100.4	100.6	100.6	100.4	100.2	100.1	99.8	100.0	100.0	100.0	99.9
长　春	Changchun	100.4	99.6	100.7	100.5	100.4	100.3	100.3	100.3	100.0	100.0	99.7	99.7
哈尔滨	Harbin	100.2	99.4	100.5	100.1	100.0	100.3	100.1	100.0	100.1	100.0	99.7	99.7
上　海	Shaihai	100.9	100.9	100.2	100.3	100.2	100.1	100.0	100.0	100.0	99.8	99.7	99.7
南　京	Naijing	100.7	100.5	100.5	99.9	100.0	99.9	99.9	99.8	99.9	99.6	99.5	99.5
杭　州	Hangzhou	101.6	100.8	99.9	100.1	100.0	100.0	99.9	100.0	99.9	99.6	99.7	99.3
宁　波	Ningbo	100.1	100.4	99.4	100.4	100.3	100.1	99.7	100.0	99.9	99.6	99.4	99.5
合　肥	Hefei	100.3	100.5	100.0	100.4	99.7	100.0	100.1	100.0	100.0	99.9	99.8	99.6
福　州	Fuzhou	100.7	101.5	100.3	100.5	99.9	99.9	100.0	100.1	100.1	100.0	99.9	99.9
厦　门	Xiamen	101.5	101.4	100.3	100.4	100.0	99.9	100.0	100.0	100.0	100.0	99.8	99.8
南　昌	Nanchang	101.8	101.0	100.0	100.2	100.3	100.2	100.0	100.0	99.9	99.7	99.5	99.5
济　南	Jinan	100.2	100.4	100.5	100.5	100.2	100.3	100.0	99.6	100.1	99.5	99.8	99.7
青　岛	Qingdao	100.4	99.6	100.4	100.5	100.3	100.2	100.2	99.9	100.1	99.8	99.7	99.7
郑　州	Zhengzhou	101.2	101.4	99.8	100.5	100.2	100.3	100.0	100.3	100.2	100.0	99.7	99.5
武　汉	Wuhan	101.0	100.5	100.4	100.4	100.2	100.2	100.1	100.2	100.0	99.8	99.9	99.7
长　沙	Changsha	101.8	100.9	100.5	100.5	100.5	100.4	100.1	100.3	100.3	100.0	99.7	99.5
广　州	Guangzhou	101.7	100.6	100.3	100.7	100.3	100.2	100.0	100.0	100.0	99.8	99.7	99.6
深　圳	Shenzhen	102.0	101.0	100.0	100.7	100.4	100.1	100.0	100.0	100.0	99.9	99.7	99.5
南　宁	Nanning	101.3	99.9	100.8	100.5	100.0	99.8	99.9	100.0	99.9	100.0	100.0	99.8
海　口	Haikou	100.5	100.2	99.9	100.0	100.0	100.0	99.8	99.8	99.9	99.9	99.7	99.8
重　庆	Chongqing	99.9	100.4	100.6	100.3	100.2	100.0	99.8	99.6	99.6	99.8	99.9	99.7
成　都	Chengdu	101.4	100.5	100.0	99.9	100.2	99.9	99.7	100.1	100.0	100.0	99.8	99.9
贵　阳	Guiyang	100.2	100.6	100.6	100.5	100.1	100.0	100.2	100.1	100.2	100.2	100.2	100.1
昆　明	Kunming	101.0	100.5	100.2	100.1	100.1	100.2	99.9	100.0	100.3	100.1	99.8	100.0
西　安	Xi'an	101.1	100.4	100.9	100.6	100.1	100.1	100.1	100.0	100.2	100.0	99.9	100.0
兰　州	Lanzhou	101.2	100.4	99.5	100.0	100.1	100.2	100.1	99.9	100.2	100.2	100.1	100.0
西　宁	Xining	100.5	100.3	100.2	100.3	100.4	100.3	100.1	100.1	100.2	100.2	100.1	99.9
银　川	Yinchuan	100.8	99.8	100.7	100.4	100.2	100.4	100.2	100.0	100.3	100.1	100.0	100.1
乌鲁木齐	Urumqi	101.6	101.1	100.7	100.4	100.5	100.4	100.3	100.2	100.2	100.2	100.0	100.0

2-8-1 续表

城市	City	1月	2月	3月	4月	5月	6月	7月	8月	9月	10月	11月	12月
唐　山	Tangshan	100.0	100.1	100.2	100.1	100.1	100.0	100.1	100.0	100.0	100.0	100.0	100.0
秦皇岛	Qinhuangdao	100.8	100.7	99.4	100.6	100.3	100.1	100.1	99.8	100.0	99.9	99.8	99.9
包　头	Baotou	100.0	100.5	99.8	100.3	100.1	100.1	99.8	100.2	100.0	99.9	99.8	99.7
丹　东	Dandong	100.5	100.2	100.8	100.2	100.3	100.1	100.0	99.9	99.7	99.9	99.9	99.8
锦　州	Jinzhou	100.8	100.5	100.4	100.8	100.2	100.2	99.9	99.8	99.8	100.0	100.1	99.9
吉　林	Jilin	101.7	100.0	99.5	100.7	100.1	100.1	100.2	100.1	100.0	99.9	99.9	99.9
牡丹江	Mudanjiang	101.5	100.7	100.0	99.4	100.3	100.1	100.2	99.8	100.0	99.9	100.0	100.0
无　锡	Wuxi	100.8	99.9	100.8	100.5	99.4	100.0	99.9	99.9	100.0	99.8	99.5	99.9
扬　州	Yangzhou	101.0	100.8	100.9	100.1	100.0	100.0	99.9	100.1	100.0	99.8	99.7	99.8
徐　州	Xuzhou	101.0	100.4	100.9	100.6	100.4	100.0	100.1	100.0	100.0	99.8	99.5	99.6
温　州	Wenzhou	100.1	100.0	100.0	100.0	100.4	100.2	100.1	100.0	98.7	95.4	100.0	98.1
金　华	Jinhua	100.0	100.2	100.8	100.2	100.1	100.1	100.1	100.0	100.0	100.0	100.0	99.7
蚌　埠	Bengbu	100.1	101.0	100.6	100.2	100.0	100.0	100.0	100.0	100.0	100.0	99.9	99.7
安　庆	Anqing	100.0	100.0	99.9	99.9	99.8	100.0	100.1	100.0	99.9	100.0	99.9	99.7
泉　州	Quanzhou	100.2	100.5	100.6	100.2	100.0	100.0	100.1	100.0	100.1	100.0	99.9	100.0
九　江	Jiujiang	100.0	100.6	100.9	100.7	99.8	99.9	99.9	100.1	100.0	99.6	99.5	99.4
赣　州	Ganzhou	101.0	100.1	99.1	99.8	99.8	100.0	100.0	99.7	100.1	100.0	99.9	100.0
烟　台	Yantai	100.7	100.6	100.8	100.6	100.0	99.7	100.1	99.7	100.0	99.8	99.7	99.8
济　宁	Jining	100.9	100.3	100.1	100.3	100.2	99.9	99.8	100.0	100.0	100.0	99.8	99.8
洛　阳	Luoyang	102.1	101.1	100.3	100.5	100.2	100.2	100.1	100.3	100.3	100.1	100.0	99.7
平顶山	Pingdingshan	101.2	101.0	99.3	99.6	100.1	100.2	100.1	100.2	100.2	100.1	100.1	99.9
宜　昌	Yichang	100.1	100.1	100.7	100.6	100.6	100.2	100.4	100.4	100.0	99.6	99.7	100.0
襄　阳	Xiangyang	100.6	100.9	100.6	100.3	100.3	100.3	100.0	100.0	100.0	100.0	99.7	99.8
岳　阳	Yueyang	102.2	99.4	99.1	99.8	99.9	100.1	100.4	100.1	99.9	99.9	99.7	99.7
常　德	Changde	101.7	100.5	100.1	100.5	100.3	100.2	100.2	100.1	99.8	99.9	99.8	99.7
惠　州	Huizhou	100.9	100.5	100.4	100.4	100.5	100.1	100.0	100.0	100.0	100.1	100.0	99.9
湛　江	Zhanjiang	100.9	100.9	100.8	100.3	100.3	100.1	100.0	100.0	100.1	100.1	100.0	100.0
韶　关	Shaoguan	101.9	100.5	100.1	100.7	100.6	100.1	100.4	99.9	100.0	100.2	100.0	100.0
桂　林	Guilin	102.1	100.5	100.8	100.0	100.2	99.9	100.2	100.0	100.2	100.1	99.8	99.8
北　海	Beihai	100.4	100.8	100.7	100.6	99.7	99.9	100.0	99.9	99.9	99.8	99.9	99.8
三　亚	Sanya	100.4	100.4	100.4	99.9	100.3	99.9	100.0	100.0	100.0	100.0	99.8	100.0
泸　州	Luzhou	99.5	100.3	100.0	100.2	100.2	100.1	100.8	100.2	100.2	100.1	100.0	100.0
南　充	Nanchong	98.3	99.6	100.2	100.1	100.1	100.1	100.6	100.0	100.0	99.9	99.9	99.9
遵　义	Zunyi	101.0	101.0	100.3	99.9	100.3	100.3	100.1	100.1	99.9	100.1	100.0	100.0
大　理	Dali	100.0	100.0	100.0	100.0	100.0	100.0	100.5	100.0	100.2	100.0	100.0	100.0

2-8-2　2011年70个大中城市新建商品住宅销售价格指数
(以上月价格为100)
Sale Price Indices of Newly Built Commodity Houses in 70 Major Cities 2011
(Above month price of 100)

城　　市	City	1月	2月	3月	4月	5月	6月	7月	8月	9月	10月	11月	12月
北　京	Beijing	101.0	100.5	100.0	100.1	100.2	100.1	100.0	100.0	100.0	99.9	99.6	99.8
天　津	Tianjin	101.0	101.0	100.5	100.2	99.7	99.8	100.3	100.1	99.7	99.7	99.6	99.7
石家庄	Shijiazhuang	100.8	100.2	100.9	100.2	100.2	100.2	100.2	100.0	100.1	99.8	99.8	99.9
太　原	Taiyuan	100.2	99.6	100.3	100.2	100.4	100.3	100.2	100.0	100.1	99.9	100.0	100.0
呼和浩特	Hohhot	100.1	100.7	100.3	100.8	100.4	100.2	100.3	100.1	100.0	99.9	99.9	99.8
沈　阳	Shenyang	100.4	100.0	100.5	100.7	100.5	100.4	100.3	100.3	100.1	100.0	99.4	99.8
大　连	Dalian	100.0	100.4	100.6	100.6	100.4	100.2	100.1	99.8	100.0	100.0	100.0	99.9
长　春	Changchun	100.4	99.6	100.7	100.5	100.4	100.3	100.3	100.3	100.0	100.1	99.7	99.7
哈尔滨	Harbin	100.2	99.4	100.6	100.1	100.0	100.3	100.1	100.0	100.1	100.0	99.7	99.7
上　海	Shaihai	101.1	101.1	100.2	100.3	100.2	100.1	100.0	100.0	100.0	99.7	99.6	99.6
南　京	Naijing	100.9	100.7	100.7	99.9	100.0	99.8	99.9	99.8	99.9	99.4	99.3	99.3
杭　州	Hangzhou	101.7	100.9	99.9	100.1	100.0	100.0	99.9	100.0	99.9	99.6	99.7	99.3
宁　波	Ningbo	100.1	100.5	99.4	100.4	100.3	100.1	99.7	100.0	99.9	99.6	99.4	99.5
合　肥	Hefei	100.4	100.6	100.0	100.4	99.7	100.0	100.1	100.0	100.0	99.9	99.7	99.6
福　州	Fuzhou	100.7	101.5	100.3	100.5	99.9	99.9	100.0	100.1	100.1	100.0	99.9	99.9
厦　门	Xiamen	101.6	101.4	100.3	100.4	100.0	99.9	100.0	100.0	100.0	100.0	99.8	99.8
南　昌	Nanchang	101.9	101.0	100.0	100.2	100.3	100.3	100.0	100.0	99.9	99.7	99.4	99.4
济　南	Jinan	100.2	100.4	100.5	100.5	100.2	100.3	100.0	99.6	100.1	99.5	99.8	99.7
青　岛	Qingdao	100.4	99.6	100.4	100.5	100.3	100.2	100.2	99.9	100.1	99.8	99.7	99.6
郑　州	Zhengzhou	101.3	101.5	99.8	100.5	100.2	100.3	100.0	100.3	100.2	100.0	99.7	99.5
武　汉	Wuhan	101.1	100.5	100.4	100.4	100.2	100.2	100.1	100.2	100.0	99.8	99.8	99.7
长　沙	Changsha	101.8	100.9	100.5	100.5	100.5	100.4	100.1	100.3	100.3	100.0	99.7	99.5
广　州	Guangzhou	101.7	100.6	100.3	100.7	100.3	100.2	100.0	100.0	100.0	99.8	99.7	99.6
深　圳	Shenzhen	102.0	101.0	100.0	100.7	100.4	100.1	100.0	100.0	100.0	99.9	99.7	99.5
南　宁	Nanning	101.3	99.9	100.8	100.5	100.0	99.8	99.9	100.0	99.9	100.0	100.0	99.8
海　口	Haikou	100.6	100.2	99.9	100.0	100.0	100.0	99.8	99.8	99.9	99.9	99.7	99.8
重　庆	Chongqing	99.9	100.4	100.6	100.3	100.2	100.0	99.8	99.5	99.6	99.8	99.8	99.7
成　都	Chengdu	101.4	100.5	100.0	99.9	100.2	99.9	99.7	100.1	100.0	100.0	99.8	99.9
贵　阳	Guiyang	100.2	100.6	100.6	100.5	100.1	100.0	100.2	100.1	100.2	100.2	100.2	100.1
昆　明	Kunming	101.2	100.6	100.1	100.1	100.2	100.2	99.9	100.1	100.3	100.2	99.8	100.0
西　安	Xi'an	101.1	100.4	101.0	100.6	100.1	100.1	100.1	100.0	100.2	100.0	99.9	100.0
兰　州	Lanzhou	101.2	100.4	99.5	100.0	100.1	100.2	100.1	99.9	100.2	100.2	100.1	100.0
西　宁	Xining	100.5	100.3	100.2	100.3	100.4	100.3	100.1	100.1	100.2	100.2	100.1	99.9
银　川	Yinchuan	100.9	99.7	100.8	100.5	100.2	100.4	100.2	100.0	100.3	100.1	100.0	100.1
乌鲁木齐	Urumqi	101.6	101.1	100.7	100.4	100.5	100.4	100.3	100.2	100.2	100.2	100.0	100.0

2-8-2 续表

城 市	City	1月	2月	3月	4月	5月	6月	7月	8月	9月	10月	11月	12月
唐 山	Tangshan	100.0	100.1	100.2	100.2	100.1	100.0	100.2	100.0	100.0	100.0	100.0	100.0
秦皇岛	Qinhuangdao	100.9	100.8	99.4	100.7	100.3	100.2	100.1	99.8	100.0	99.8	99.7	99.9
包 头	Baotou	100.0	100.6	99.7	100.3	100.1	100.1	99.8	100.3	100.0	99.8	99.8	99.7
丹 东	Dandong	100.6	100.2	100.8	100.2	100.3	100.1	100.0	99.9	99.7	99.9	99.9	99.8
锦 州	Jinzhou	100.8	100.5	100.4	100.8	100.2	100.2	99.9	99.8	99.8	100.0	100.1	99.9
吉 林	Jilin	101.7	100.0	99.5	100.7	100.1	100.1	100.2	100.1	100.0	99.9	99.9	99.8
牡丹江	Mudanjiang	101.5	100.7	100.0	99.4	100.3	100.1	100.2	99.8	100.0	99.9	100.0	100.0
无 锡	Wuxi	100.9	100.0	100.8	100.6	99.3	100.0	99.9	99.9	99.9	99.7	99.4	99.9
扬 州	Yangzhou	101.1	100.8	100.9	100.1	100.0	100.0	99.9	100.1	100.0	99.8	99.7	99.8
徐 州	Xuzhou	101.0	100.5	100.9	100.6	100.4	100.0	100.1	100.0	100.0	99.8	99.4	99.6
温 州	Wenzhou	100.1	100.0	100.0	100.0	100.4	100.2	100.1	100.0	98.6	95.1	100.0	98.0
金 华	Jinhua	100.0	100.2	100.8	100.2	100.1	100.1	100.1	100.0	100.0	100.0	100.0	99.7
蚌 埠	Bengbu	100.1	101.0	100.6	100.2	100.0	100.0	100.0	100.0	100.0	100.1	99.9	99.7
安 庆	Anqing	100.0	100.0	99.9	99.9	99.7	100.0	100.1	100.0	99.9	100.0	99.9	99.7
泉 州	Quanzhou	100.2	100.5	100.6	100.2	100.0	100.0	100.1	100.0	100.1	100.0	99.9	100.0
九 江	Jiujiang	100.0	100.6	101.0	100.7	99.8	99.9	99.9	100.1	100.0	99.6	99.5	99.3
赣 州	Ganzhou	101.0	100.1	99.1	99.8	99.8	100.0	100.0	99.7	100.1	100.0	99.9	100.0
烟 台	Yantai	100.7	100.6	100.8	100.6	100.0	99.7	100.1	99.7	100.0	99.8	99.7	99.8
济 宁	Jining	100.9	100.3	100.1	100.4	100.2	99.9	99.8	100.0	100.0	100.0	99.8	99.8
洛 阳	Luoyang	102.1	101.1	100.3	100.5	100.2	100.2	100.1	100.3	100.3	100.1	100.0	99.7
平顶山	Pingdingshan	101.2	101.0	99.3	99.6	100.1	100.2	100.1	100.2	100.2	100.1	100.1	99.9
宜 昌	Yichang	100.1	100.1	100.7	100.6	100.6	100.2	100.4	100.4	100.0	99.6	99.7	100.0
襄 阳	Xiangyang	100.6	100.9	100.6	100.3	100.3	100.3	100.0	100.0	100.0	100.0	99.7	99.8
岳 阳	Yueyang	102.2	99.0	98.5	99.9	99.9	100.1	100.5	100.1	99.8	99.9	99.5	99.4
常 德	Changde	101.7	100.5	100.1	100.5	100.3	100.2	100.2	100.1	99.8	99.9	99.8	99.7
惠 州	Huizhou	100.9	100.5	100.4	100.4	100.5	100.1	100.0	100.0	100.0	100.1	100.0	99.9
湛 江	Zhanjiang	100.9	100.9	100.8	100.3	100.3	100.1	100.0	100.0	100.1	100.1	100.0	100.0
韶 关	Shaoguan	101.9	100.5	100.1	100.7	100.6	100.1	100.4	99.9	100.0	100.2	100.0	100.0
桂 林	Guilin	102.2	100.5	100.8	100.0	100.2	99.9	100.2	100.0	100.2	100.1	99.8	99.8
北 海	Beihai	100.4	100.8	100.7	100.6	99.7	99.9	100.0	99.9	99.9	99.8	99.9	99.8
三 亚	Sanya	100.4	100.4	100.4	99.9	100.3	99.9	100.0	100.0	100.0	100.0	99.8	100.0
泸 州	Luzhou	99.5	100.3	100.1	100.2	100.2	100.1	100.8	100.2	100.2	100.1	100.0	100.0
南 充	Nanchong	98.3	99.6	100.2	100.1	100.1	100.1	100.6	100.0	100.0	99.9	99.9	99.9
遵 义	Zunyi	101.2	101.1	100.3	99.8	100.3	100.4	100.1	100.2	99.9	100.1	100.0	100.0
大 理	Dali	100.0	100.0	100.0	100.0	100.0	100.0	100.5	100.0	100.2	100.0	100.0	100.0

2-8-3　2011年70个大中城市90㎡及以下新建商品住宅销售价格指数
(以上月价格为100)
Sale Price Indices of 90㎡ and below Newly Built Commodity Houses in 70 Major Cities 2011(Above month price of 100)

城　市	City	1月	2月	3月	4月	5月	6月	7月	8月	9月	10月	11月	12月
北　京	Beijing	101.5	100.9	99.5	99.7	100.2	100.0	100.0	100.1	100.0	99.9	99.6	99.8
天　津	Tianjin	101.1	101.8	100.5	100.6	99.2	99.9	100.2	100.2	99.8	99.9	99.8	99.7
石家庄	Shijiazhuang	100.0	100.1	101.1	100.1	100.2	100.3	100.4	100.0	100.1	99.9	99.5	99.8
太　原	Taiyuan	99.8	99.7	100.0	100.4	100.4	100.3	100.5	100.1	100.3	100.0	100.0	99.9
呼和浩特	Hohhot	99.6	100.9	100.5	100.3	100.6	100.1	100.2	100.0	99.8	100.0	99.9	99.7
沈　阳	Shenyang	101.0	100.6	100.5	101.0	100.4	100.3	100.1	100.4	100.0	100.1	99.5	99.8
大　连	Dalian	100.1	100.6	100.7	100.5	100.5	100.2	100.1	99.9	100.0	100.0	99.9	100.0
长　春	Changchun	100.1	100.7	101.0	100.6	100.7	100.4	100.5	100.4	100.2	100.2	99.9	99.9
哈尔滨	Harbin	100.7	99.4	101.0	100.0	100.1	100.2	100.1	100.1	100.0	100.0	99.9	99.5
上　海	Shaihai	102.1	101.6	99.7	100.9	100.4	100.1	100.0	100.0	100.0	99.7	99.4	99.7
南　京	Naijing	101.3	101.0	100.9	99.8	99.9	100.0	99.9	99.9	99.9	99.4	99.0	99.3
杭　州	Hangzhou	102.0	101.1	100.2	100.6	100.1	100.0	99.8	100.0	100.0	99.6	99.7	99.3
宁　波	Ningbo	100.2	101.7	99.6	100.5	100.1	100.2	99.6	99.7	99.9	99.5	99.2	99.6
合　肥	Hefei	100.5	101.2	100.4	100.3	99.7	100.0	100.1	100.0	100.0	99.8	99.8	99.6
福　州	Fuzhou	99.8	101.0	100.5	100.3	99.9	100.0	100.0	99.9	99.9	99.9	99.9	99.9
厦　门	Xiamen	102.8	100.9	100.8	100.5	100.0	100.0	100.0	100.0	99.9	100.0	99.8	99.7
南　昌	Nanchang	101.3	101.1	100.8	100.1	100.8	100.1	100.1	100.0	99.9	99.6	99.2	99.2
济　南	Jinan	99.3	100.8	101.6	100.2	100.5	100.1	100.1	99.5	100.3	99.8	99.9	99.6
青　岛	Qingdao	100.4	99.3	100.3	100.6	100.4	100.2	100.1	99.4	100.1	99.8	99.5	99.8
郑　州	Zhengzhou	101.9	101.8	99.8	100.2	100.4	100.2	99.9	100.3	100.1	100.0	99.8	99.3
武　汉	Wuhan	100.5	101.0	100.4	100.3	100.3	100.4	100.1	100.1	99.9	99.8	99.8	99.8
长　沙	Changsha	102.7	101.6	101.2	100.5	100.6	100.4	100.0	100.4	100.4	99.9	99.7	99.5
广　州	Guangzhou	102.0	101.1	100.1	100.6	100.1	100.1	100.1	100.1	100.0	99.8	99.7	99.5
深　圳	Shenzhen	102.3	101.2	100.7	100.5	100.6	100.3	100.0	100.0	100.0	99.9	99.6	99.5
南　宁	Nanning	101.3	100.4	101.3	100.3	100.2	100.0	99.9	100.1	100.0	100.0	100.1	99.7
海　口	Haikou	99.9	101.8	100.2	100.3	100.0	100.1	99.9	100.1	99.9	99.7	99.8	99.9
重　庆	Chongqing	100.1	100.4	100.9	100.8	100.2	100.2	99.9	99.6	99.8	100.0	99.7	99.8
成　都	Chengdu	100.9	100.6	100.1	100.0	100.3	99.9	99.9	100.0	100.0	99.9	99.9	99.8
贵　阳	Guiyang	100.0	100.5	100.5	100.1	100.1	100.1	100.1	100.3	100.1	100.0	100.1	100.1
昆　明	Kunming	102.3	101.2	100.5	100.0	100.4	100.2	99.8	100.0	100.3	100.3	99.9	99.9
西　安	Xi'an	101.9	100.3	101.7	100.9	100.3	100.0	100.0	100.0	100.1	100.0	100.0	100.1
兰　州	Lanzhou	101.4	100.7	98.7	100.0	100.1	100.6	99.9	99.9	100.1	100.1	100.1	100.0
西　宁	Xining	102.2	98.5	98.9	100.7	100.1	100.7	100.4	99.6	100.6	100.2	100.2	100.0
银　川	Yinchuan	100.8	100.1	102.5	100.5	100.3	100.7	100.0	99.9	100.4	100.0	99.9	100.0
乌鲁木齐	Urumqi	101.6	101.4	101.0	100.1	100.3	100.2	100.3	100.2	100.5	100.2	100.0	100.0

2-8-3 续表

城　市	City	1月	2月	3月	4月	5月	6月	7月	8月	9月	10月	11月	12月
唐　山	Tangshan	100.0	100.0	100.0	100.1	100.0	100.0	100.4	100.0	100.1	100.0	100.0	100.0
秦皇岛	Qinhuangdao	101.6	100.6	100.0	100.9	100.1	100.2	100.1	100.0	100.0	99.8	99.6	99.8
包　头	Baotou	99.8	100.7	99.1	100.1	100.0	100.3	99.9	100.5	100.1	99.8	99.8	99.5
丹　东	Dandong	101.3	100.0	100.6	100.2	100.2	100.2	100.0	100.0	99.8	99.9	99.9	99.7
锦　州	Jinzhou	101.5	100.1	100.1	100.8	100.1	100.0	99.9	100.1	100.1	100.1	100.0	100.0
吉　林	Jilin	101.9	99.5	99.2	100.5	100.1	100.2	100.1	100.2	100.1	99.9	99.9	100.0
牡丹江	Mudanjiang	101.5	100.9	99.8	99.3	100.3	100.1	100.1	99.8	100.0	99.9	100.0	100.0
无　锡	Wuxi	101.6	100.7	100.5	100.5	99.9	100.2	99.7	100.1	99.9	99.8	99.4	100.0
扬　州	Yangzhou	102.1	100.9	100.3	99.9	100.0	100.1	100.2	100.1	100.0	100.0	99.7	99.9
徐　州	Xuzhou	101.4	100.5	100.6	100.5	100.6	100.1	100.2	100.1	100.0	99.6	99.7	99.8
温　州	Wenzhou	100.1	100.0	100.0	100.0	100.0	100.2	100.8	99.9	100.0	95.1	99.9	99.6
金　华	Jinhua	100.1	101.7	100.6	100.1	100.5	100.2	100.1	100.0	100.0	100.1	99.9	99.2
蚌　埠	Bengbu	100.1	100.9	100.7	100.4	100.0	100.0	100.1	100.0	99.8	100.0	99.9	99.7
安　庆	Anqing	100.0	100.0	100.5	100.0	99.7	100.1	100.2	100.0	100.0	100.0	99.9	99.6
泉　州	Quanzhou	99.4	100.9	101.3	100.2	100.1	100.1	100.2	100.0	100.1	100.2	99.9	100.0
九　江	Jiujiang	98.6	100.8	101.5	100.7	99.8	99.8	99.9	100.3	100.0	99.6	99.7	99.3
赣　州	Ganzhou	101.0	100.1	99.0	99.9	99.8	100.0	100.1	99.3	100.1	99.9	100.0	100.0
烟　台	Yantai	100.6	100.7	100.5	100.3	100.0	99.8	100.1	99.9	100.1	99.9	99.6	99.9
济　宁	Jining	101.5	100.0	100.5	100.1	100.3	100.0	99.9	100.2	100.0	99.9	100.0	99.9
洛　阳	Luoyang	102.6	101.7	100.3	100.9	100.2	100.0	100.1	100.2	100.3	100.1	100.0	99.7
平顶山	Pingdingshan	102.4	101.6	98.4	99.7	100.2	100.2	100.0	100.1	100.2	100.1	100.0	99.9
宜　昌	Yichang	100.1	100.0	100.5	100.5	100.7	100.2	100.3	100.1	100.0	99.7	99.6	100.0
襄　阳	Xiangyang	101.7	100.8	101.1	100.5	100.4	100.3	100.1	100.0	100.0	100.0	99.4	99.7
岳　阳	Yueyang	101.5	99.0	98.9	100.0	100.0	100.1	100.4	100.2	99.8	99.9	99.4	99.4
常　德	Changde	103.1	101.0	99.7	100.5	100.3	100.3	100.0	100.2	99.9	99.8	99.9	99.9
惠　州	Huizhou	101.9	101.1	100.7	100.6	100.8	100.2	100.4	100.1	100.2	100.0	99.9	100.0
湛　江	Zhanjiang	100.1	101.3	100.6	100.3	100.3	100.1	100.0	99.9	100.1	100.0	100.0	100.1
韶　关	Shaoguan	103.6	99.9	100.3	100.9	100.7	100.0	100.3	100.0	100.0	100.3	100.0	100.0
桂　林	Guilin	102.0	100.7	100.5	99.6	100.2	99.8	100.1	99.9	100.1	100.1	99.9	99.9
北　海	Beihai	100.5	100.7	100.9	100.6	99.6	99.9	99.9	99.9	100.0	99.7	99.9	99.8
三　亚	Sanya	100.2	100.6	100.4	99.7	100.4	99.8	100.1	100.0	100.0	100.0	99.7	99.9
泸　州	Luzhou	99.6	100.2	100.4	100.4	99.3	100.2	100.8	100.0	100.2	100.0	100.1	100.0
南　充	Nanchong	98.7	99.8	100.7	100.2	100.1	100.1	100.4	100.1	99.9	99.8	99.8	99.9
遵　义	Zunyi	100.4	101.9	100.7	99.9	100.3	100.0	100.0	100.3	99.9	100.1	100.1	100.0
大　理	Dali	100.0	100.0	100.0	100.0	100.0	100.0	100.6	100.0	100.2	100.0	100.1	100.0

2-8-4 2011年70个大中城市90-144㎡新建商品住宅销售价格指数（以上月价格为100）

Sale Price Indices of 90-144㎡ Newly Built Commodity Houses in 70 Major Cities 2011(Above month price of 100)

城　市	City	1月	2月	3月	4月	5月	6月	7月	8月	9月	10月	11月	12月
北　京	Beijing	100.8	100.7	100.5	100.2	100.3	100.0	99.9	100.0	100.0	99.9	99.5	99.9
天　津	Tianjin	101.4	100.2	100.9	100.2	99.9	99.6	100.5	100.0	99.7	99.5	99.6	99.6
石家庄	Shijiazhuang	101.4	100.3	100.8	100.2	100.2	100.3	100.3	100.1	100.0	99.7	99.8	100.0
太　原	Taiyuan	100.8	99.5	100.7	100.2	100.4	100.3	100.0	100.1	100.2	99.9	99.9	99.9
呼和浩特	Hohhot	99.8	100.2	99.8	101.0	100.3	100.2	100.4	100.1	100.1	99.8	100.0	99.8
沈　阳	Shenyang	100.6	99.8	100.4	100.7	100.7	100.7	100.5	100.2	100.2	100.0	99.3	99.8
大　连	Dalian	100.0	100.7	100.4	100.5	100.4	100.1	100.2	99.9	100.0	99.9	100.0	99.9
长　春	Changchun	100.8	99.3	100.7	100.2	100.2	100.4	100.3	100.2	100.0	99.9	99.5	99.6
哈尔滨	Harbin	100.1	99.5	100.4	100.1	100.0	100.3	100.0	99.9	100.2	99.9	99.6	99.8
上　海	Shaihai	101.4	101.5	100.1	100.0	100.3	100.2	100.0	99.9	100.1	99.5	99.6	99.8
南　京	Naijing	100.9	100.7	101.0	100.2	100.1	99.7	99.9	99.7	99.9	99.5	99.2	99.2
杭　州	Hangzhou	101.5	101.0	100.2	100.1	99.8	99.9	100.0	100.0	99.9	99.5	99.6	99.4
宁　波	Ningbo	100.0	100.6	100.1	100.2	100.2	100.1	99.6	100.0	99.8	99.4	99.3	99.5
合　肥	Hefei	100.3	100.2	99.9	100.5	99.6	100.1	100.1	100.0	99.9	100.0	99.7	99.5
福　州	Fuzhou	101.6	101.8	100.8	100.9	99.9	99.9	100.0	100.1	100.2	99.9	100.0	100.0
厦　门	Xiamen	102.0	101.9	100.1	100.2	100.0	100.0	100.0	100.0	100.2	99.9	99.7	99.7
南　昌	Nanchang	102.0	101.5	100.0	100.4	100.4	100.4	100.1	100.1	99.9	99.7	99.4	99.5
济　南	Jinan	100.5	100.5	100.2	100.7	100.2	100.3	100.0	99.6	100.1	99.5	99.7	99.7
青　岛	Qingdao	100.4	100.2	100.0	100.8	100.2	100.1	100.3	100.0	100.1	99.7	99.8	99.5
郑　州	Zhengzhou	101.3	101.3	99.8	100.7	100.0	100.3	100.0	100.3	100.2	99.9	99.7	99.7
武　汉	Wuhan	101.2	100.7	100.4	100.5	100.3	100.2	100.1	100.4	100.0	99.9	99.9	99.6
长　沙	Changsha	102.5	100.8	100.8	100.3	100.4	100.3	100.0	100.3	100.4	99.9	99.7	99.5
广　州	Guangzhou	102.6	101.6	100.9	100.6	100.4	100.2	100.0	100.0	100.0	99.7	99.8	99.6
深　圳	Shenzhen	101.4	101.3	99.5	100.9	100.0	100.2	99.9	99.9	99.9	99.8	99.6	99.4
南　宁	Nanning	102.0	99.8	100.3	100.6	100.0	99.6	99.9	100.0	99.8	99.9	100.0	99.9
海　口	Haikou	100.6	100.2	99.8	99.9	99.9	100.0	99.9	99.9	99.9	99.9	99.7	99.8
重　庆	Chongqing	99.8	100.4	100.7	100.0	100.1	99.8	99.6	99.6	99.5	99.6	99.9	99.6
成　都	Chengdu	102.3	100.6	100.2	99.9	100.5	99.8	99.7	100.1	99.8	100.0	100.0	99.8
贵　阳	Guiyang	100.3	100.7	100.7	100.5	100.2	100.0	100.2	100.0	100.2	100.2	100.2	100.0
昆　明	Kunming	101.1	100.4	100.2	100.1	100.1	100.1	100.1	100.2	100.3	100.1	99.7	100.0
西　安	Xi'an	100.6	100.5	100.8	100.6	100.0	100.2	100.2	100.1	100.3	100.0	99.8	100.0
兰　州	Lanzhou	101.1	100.4	99.6	100.0	100.1	100.2	100.2	99.9	100.2	100.2	100.0	100.0
西　宁	Xining	100.5	100.5	100.2	100.1	100.5	100.2	100.0	100.1	100.2	100.2	100.1	99.9
银　川	Yinchuan	100.9	99.3	99.6	100.7	100.1	100.3	100.2	100.0	100.3	100.1	100.1	99.9
乌鲁木齐	Urumqi	101.7	101.5	100.9	100.5	100.7	100.5	100.2	100.2	100.0	100.2	99.9	100.0

2-8-4 续表

城市	City	1月	2月	3月	4月	5月	6月	7月	8月	9月	10月	11月	12月
唐山	Tangshan	100.0	100.1	100.5	100.2	100.2	100.0	100.1	100.0	99.9	100.0	99.9	100.0
秦皇岛	Qinhuangdao	100.2	100.9	98.8	100.6	100.4	100.1	100.2	99.7	100.0	99.9	99.8	100.0
包头	Baotou	100.3	100.6	100.3	100.4	100.1	100.0	99.8	100.2	99.9	99.9	99.8	99.8
丹东	Dandong	100.3	100.6	100.9	100.2	100.2	100.1	100.0	99.9	99.7	99.9	99.8	99.9
锦州	Jinzhou	100.2	101.2	100.9	101.1	100.3	100.4	99.9	99.5	99.5	100.0	100.1	99.9
吉林	Jilin	101.6	100.0	99.5	100.9	100.1	100.1	100.2	100.1	100.0	99.9	100.0	99.7
牡丹江	Mudanjiang	101.3	100.3	100.3	99.7	100.5	100.1	100.2	99.8	100.1	99.9	100.0	100.0
无锡	Wuxi	101.6	100.3	100.5	100.1	99.3	100.0	99.9	99.9	99.9	99.7	99.3	99.9
扬州	Yangzhou	100.7	101.1	101.0	100.2	99.9	100.0	99.9	100.0	100.1	99.8	99.8	99.7
徐州	Xuzhou	101.1	100.5	101.1	100.7	100.3	100.1	100.0	100.0	100.0	99.9	99.4	99.5
温州	Wenzhou	100.5	100.0	--	--	--	100.5	--	100.0	98.2	95.0	99.9	101.1
金华	Jinhua	99.9	99.9	100.9	100.3	100.1	100.1	100.1	100.0	100.0	100.0	100.0	99.5
蚌埠	Bengbu	100.1	101.0	100.5	100.2	100.0	100.0	100.0	100.0	100.0	100.1	99.9	99.7
安庆	Anqing	100.1	99.9	99.8	99.9	99.7	100.1	100.0	100.0	100.0	100.1	100.0	99.7
泉州	Quanzhou	101.1	100.5	100.3	100.3	100.0	99.9	100.1	100.0	100.2	100.0	99.9	100.0
九江	Jiujiang	101.1	100.7	100.7	100.7	99.9	99.9	100.0	100.0	100.0	99.5	99.3	99.2
赣州	Ganzhou	100.8	100.2	99.0	99.8	99.8	100.0	100.1	100.0	100.1	100.1	99.9	99.9
烟台	Yantai	100.8	100.6	101.0	100.9	100.0	99.8	100.1	99.6	100.0	99.6	99.7	99.7
济宁	Jining	100.9	100.5	100.3	100.6	100.0	99.9	99.8	100.0	100.1	100.1	99.8	99.8
洛阳	Luoyang	101.4	101.0	100.9	100.3	100.2	100.3	100.0	100.4	100.5	100.1	99.9	99.5
平顶山	Pingdingshan	100.9	100.8	100.4	99.8	100.2	100.1	100.1	100.1	100.2	100.2	100.2	99.8
宜昌	Yichang	100.1	100.1	100.8	100.7	100.6	100.2	100.3	100.5	99.9	99.5	99.7	100.0
襄阳	Xiangyang	100.5	100.8	100.7	100.5	100.3	100.3	100.0	99.9	99.9	100.0	99.9	99.9
岳阳	Yueyang	102.6	98.7	100.0	99.1	99.7	100.1	100.6	100.1	100.0	99.9	99.7	99.7
常德	Changde	101.4	100.7	100.0	100.6	100.4	100.2	100.1	100.1	99.8	100.0	99.8	99.5
惠州	Huizhou	101.0	100.5	100.6	100.6	100.3	100.1	100.0	100.2	99.8	100.1	100.0	99.9
湛江	Zhanjiang	101.9	101.2	100.8	100.2	100.2	100.1	100.0	100.0	100.2	100.2	100.0	99.9
韶关	Shaoguan	100.9	100.9	99.9	100.6	100.5	100.1	100.5	99.9	100.0	100.1	100.0	99.9
桂林	Guilin	102.7	101.2	100.9	100.1	100.0	100.0	100.3	100.0	100.3	100.2	99.7	99.9
北海	Beihai	100.4	101.2	100.0	100.7	99.9	100.0	100.0	99.9	99.8	99.9	100.0	99.8
三亚	Sanya	100.2	100.2	100.7	99.9	100.2	99.9	99.9	100.0	99.9	100.0	99.9	100.0
泸州	Luzhou	99.5	100.3	100.0	100.2	100.6	100.1	100.8	100.2	100.2	100.1	100.0	100.0
南充	Nanchong	98.4	99.4	99.9	100.1	100.2	100.1	100.7	100.0	100.1	99.9	100.0	99.9
遵义	Zunyi	101.8	100.7	100.2	99.7	100.4	100.6	100.0	100.0	99.8	100.1	100.0	100.0
大理	Dali	100.0	100.0	100.0	100.0	100.0	100.0	100.2	100.0	100.2	100.0	100.0	100.0

2-8-5 2011年70个大中城市144㎡以上新建商品住宅销售价格指数 (以上月价格为100)

Sale Price Indices of more than 144㎡ Newly Built Commodity Houses in 70 Major Cities 2011(Above month price of 100)

城 市	City	1月	2月	3月	4月	5月	6月	7月	8月	9月	10月	11月	12月
北 京	Beijing	100.9	100.0	99.9	100.4	100.1	100.2	100.0	99.9	100.0	100.0	99.7	99.8
天 津	Tianjin	100.2	101.5	99.7	100.0	99.7	100.0	100.2	100.1	99.8	99.9	99.6	99.8
石家庄	Shijiazhuang	100.1	99.9	101.1	100.3	100.3	100.2	99.9	100.0	100.2	99.8	100.0	99.9
太 原	Taiyuan	99.6	99.6	100.0	100.1	100.3	100.2	100.5	100.0	100.1	99.9	100.0	100.0
呼和浩特	Hohhot	100.9	101.2	100.8	100.9	100.3	100.2	100.2	100.1	99.9	99.9	99.9	99.9
沈 阳	Shenyang	98.7	99.1	100.7	100.0	100.2	100.3	100.5	100.2	100.2	99.8	99.3	99.7
大 连	Dalian	100.0	99.8	100.7	101.1	100.3	100.6	99.9	99.5	100.1	100.0	99.9	100.0
长 春	Changchun	100.2	98.7	100.5	100.7	100.4	100.2	100.1	100.2	99.8	100.1	99.9	99.4
哈尔滨	Harbin	99.9	99.3	100.2	100.1	99.9	100.5	100.1	99.9	100.1	100.0	99.8	99.8
上 海	Shaihai	100.4	100.6	100.5	100.2	100.1	100.2	100.0	100.0	100.0	99.9	99.8	99.5
南 京	Naijing	100.4	100.5	100.1	99.5	100.0	99.8	99.8	99.9	100.0	99.2	99.8	99.6
杭 州	Hangzhou	101.5	100.6	99.3	99.6	100.2	100.1	100.0	99.9	99.8	99.7	99.7	99.2
宁 波	Ningbo	100.2	99.9	98.7	100.6	100.4	100.0	99.7	100.0	100.0	99.7	99.5	99.5
合 肥	Hefei	100.2	100.7	99.9	100.1	99.8	100.0	100.0	100.0	100.0	99.5	99.8	99.9
福 州	Fuzhou	100.4	101.4	99.8	100.2	99.8	99.9	99.9	100.1	100.0	100.2	99.8	99.9
厦 门	Xiamen	100.4	101.2	100.4	100.6	100.1	99.9	99.9	100.1	100.0	100.1	99.9	99.9
南 昌	Nanchang	102.0	100.2	99.6	100.1	100.0	100.2	99.9	99.8	99.8	99.7	99.6	99.4
济 南	Jinan	100.0	100.1	100.6	100.4	100.1	100.4	100.0	99.8	100.1	99.4	99.8	99.8
青 岛	Qingdao	100.4	98.7	101.3	100.0	100.3	100.2	100.0	100.2	100.0	99.9	99.8	99.7
郑 州	Zhengzhou	100.3	101.1	99.6	100.7	100.2	100.5	100.0	100.4	100.2	100.0	99.6	99.6
武 汉	Wuhan	101.5	99.2	100.2	100.2	100.0	100.1	100.0	100.1	100.1	99.7	99.9	99.7
长 沙	Changsha	100.2	100.3	99.6	100.6	100.6	100.6	100.3	100.2	100.2	100.1	99.6	99.6
广 州	Guangzhou	100.5	99.2	99.9	101.0	100.4	100.1	100.0	100.0	100.2	99.9	99.7	99.6
深 圳	Shenzhen	102.0	100.6	99.7	100.8	100.3	100.0	99.9	99.9	100.0	99.9	99.7	99.6
南 宁	Nanning	99.6	99.2	101.2	100.8	99.5	99.8	100.0	100.0	99.6	100.0	100.0	100.0
海 口	Haikou	100.7	99.7	100.1	100.1	100.1	100.0	99.6	99.7	99.8	99.9	99.7	99.8
重 庆	Chongqing	99.6	100.2	100.1	100.1	100.3	99.9	99.8	99.4	99.4	99.7	100.0	99.7
成 都	Chengdu	100.9	100.2	99.7	99.7	99.6	100.0	99.3	100.1	100.1	100.1	99.5	100.0
贵 阳	Guiyang	100.1	100.5	100.4	100.7	99.8	99.8	100.4	100.1	100.2	100.1	100.2	100.2
昆 明	Kunming	100.0	100.0	99.5	100.4	100.0	100.4	99.7	99.9	100.4	100.1	99.8	100.0
西 安	Xi'an	100.9	100.4	100.1	100.4	100.0	100.0	100.1	99.6	100.3	100.1	99.9	99.8
兰 州	Lanzhou	101.5	100.1	100.1	--	--	--	100.0	99.8	100.2	100.1	100.2	99.9
西 宁	Xining	99.9	100.4	100.5	100.8	100.3	100.5	100.4	100.4	100.0	100.0	100.0	99.9
银 川	Yinchuan	101.2	100.0	100.8	100.1	100.3	100.3	100.3	100.0	100.1	100.1	100.1	100.5
乌鲁木齐	Urumqi	101.2	99.8	99.9	100.6	100.4	100.4	100.1	100.0	100.2	100.0	100.0	100.1

城市	City	1月	2月	3月	4月	5月	6月	7月	8月	9月	10月	11月	12月
唐山	Tangshan	100.0	100.0	100.0	100.0	100.0	100.1	100.0	100.0	100.0	99.9	100.0	99.9
秦皇岛	Qinhuangdao	101.1	101.1	99.9	100.3	100.4	100.1	99.9	99.8	100.1	100.0	100.0	100.1
包头	Baotou	99.3	100.4	99.2	100.8	100.0	99.9	99.5	100.2	99.9	99.8	99.9	99.3
丹东	Dandong	99.6	99.5	101.1	100.1	100.6	100.0	99.9	99.8	99.6	99.7	100.0	99.5
锦州	Jinzhou	100.0	--	--	100.0	--	100.6	100.2	99.6	99.0	100.0	100.1	100.0
吉林	Jilin	101.7	100.6	99.9	100.4	100.2	100.0	100.1	100.0	99.8	100.0	99.9	100.0
牡丹江	Mudanjiang	102.1	100.2	100.5	99.5	100.4	100.0	100.2	99.9	100.1	100.0	100.1	99.9
无锡	Wuxi	99.5	99.3	101.2	101.2	99.0	100.0	100.0	99.9	100.0	99.8	99.6	99.9
扬州	Yangzhou	101.6	100.0	100.9	100.1	100.2	100.0	99.7	100.3	99.9	99.7	99.6	99.9
徐州	Xuzhou	100.2	100.6	100.3	100.5	100.7	99.8	100.2	99.9	100.1	99.6	99.3	99.7
温州	Wenzhou	100.0	100.0	100.0	100.0	100.6	100.2	100.0	100.0	98.4	95.1	100.0	97.1
金华	Jinhua	100.0	100.0	100.7	100.2	100.0	100.1	100.1	100.0	100.0	100.0	100.0	100.0
蚌埠	Bengbu	100.2	100.8	101.1	100.0	100.0	100.0	100.2	100.0	100.0	99.9	99.9	99.9
安庆	Anqing	99.8	100.2	99.9	100.0	100.0	99.8	100.2	100.0	99.7	99.8	99.9	99.7
泉州	Quanzhou	99.3	100.1	100.7	100.3	100.0	100.0	100.1	99.9	99.8	99.9	100.0	99.9
九江	Jiujiang	100.1	99.8	100.5	100.7	99.9	99.8	99.7	100.2	100.1	99.8	99.5	99.7
赣州	Ganzhou	101.4	100.1	99.3	99.8	99.8	100.1	99.7	99.6	100.0	100.0	100.0	100.0
烟台	Yantai	100.5	100.2	100.7	99.7	100.0	99.3	100.2	99.6	99.9	100.0	99.8	99.7
济宁	Jining	100.5	100.1	99.3	100.0	100.6	99.8	99.7	100.0	99.9	99.9	99.8	99.8
洛阳	Luoyang	102.6	100.7	99.6	100.4	100.1	100.2	100.1	100.2	100.0	100.0	100.0	99.9
平顶山	Pingdingshan	99.9	100.2	99.0	99.1	100.0	100.2	100.3	100.2	100.1	100.1	100.1	100.0
宜昌	Yichang	100.0	100.0	100.4	100.8	100.7	100.1	100.5	100.2	100.0	99.9	99.6	99.9
襄阳	Xiangyang	--	101.2	100.0	99.8	--	100.3	99.7	100.4	100.2	100.1	99.4	99.8
岳阳	Yueyang	102.0	98.9	97.2	99.9	99.9	99.9	100.6	100.0	99.9	99.7	99.6	99.5
常德	Changde	101.9	99.5	100.5	100.3	100.0	100.1	100.4	100.1	99.9	99.8	99.7	100.0
惠州	Huizhou	100.4	100.3	100.1	100.2	100.5	100.1	99.8	99.9	100.0	100.1	100.0	99.9
湛江	Zhanjiang	101.1	99.4	101.2	100.5	100.4	100.0	100.1	100.0	100.0	100.0	100.0	100.0
韶关	Shaoguan	100.6	100.2	100.1	100.4	100.3	99.9	100.1	100.1	100.0	100.1	100.0	100.0
桂林	Guilin	100.0	97.2	100.9	99.9	101.0	99.6	100.2	99.9	100.2	100.0	99.8	99.6
北海	Beihai	99.5	100.6	100.5	100.7	99.8	99.6	99.9	99.8	99.9	100.0	99.9	99.9
三亚	Sanya	100.7	100.3	100.0	100.0	100.1	99.9	100.0	100.0	100.0	99.9	99.9	100.0
泸州	Luzhou	99.5	100.6	99.8	100.3	100.0	99.9	100.9	100.1	100.3	100.2	100.0	99.9
南充	Nanchong	97.5	100.0	100.8	100.2	100.0	100.0	100.5	100.0	99.8	100.0	99.9	100.0
遵义	Zunyi	100.3	101.1	100.0	--	100.0	100.4	100.4	100.4	100.0	100.0	100.0	99.9
大理	Dali	100.0	100.1	100.0	100.0	100.0	100.0	100.8	100.0	100.1	99.9	99.8	100.1

2-8-6 2011年70个大中城市二手住宅销售价格指数
(以上月价格为100)
Sale Price Indices of Second-hand Houses in 70 Major Cities 2011
(Above month price of 100)

城　市	City	1月	2月	3月	4月	5月	6月	7月	8月	9月	10月	11月	12月
北　京	Beijing	100.3	100.4	99.9	100.1	99.8	99.9	100.1	100.0	99.6	99.5	99.3	99.2
天　津	Tianjin	100.1	100.3	100.6	99.8	99.9	99.8	99.9	99.7	100.0	99.5	98.3	99.7
石家庄	Shijiazhuang	100.1	100.1	100.0	100.3	100.5	100.4	100.1	100.2	99.6	98.5	98.7	99.0
太　原	Taiyuan	100.2	100.6	100.3	100.7	100.4	100.2	100.1	100.2	100.3	100.1	100.0	99.9
呼和浩特	Hohhot	100.3	100.2	100.4	100.2	100.1	100.5	100.4	100.2	100.1	100.0	100.0	100.0
沈　阳	Shenyang	100.2	100.6	100.5	100.1	100.0	100.1	100.0	100.7	100.1	99.9	99.3	100.0
大　连	Dalian	100.4	100.6	99.9	100.3	100.6	100.4	100.4	100.0	99.9	99.9	97.8	99.7
长　春	Changchun	100.3	100.1	100.1	100.4	100.4	100.4	100.1	100.2	100.1	99.7	99.1	99.2
哈尔滨	Harbin	100.2	100.0	100.0	100.0	100.0	100.0	100.0	100.0	100.0	99.4	98.8	99.7
上　海	Shaihai	100.5	100.4	100.4	100.6	100.2	100.2	100.3	100.1	100.1	99.8	99.5	99.6
南　京	Naijing	100.7	100.5	100.5	100.0	99.5	99.4	99.7	99.7	99.4	99.5	99.4	99.1
杭　州	Hangzhou	100.3	100.2	100.1	99.7	99.8	100.0	99.9	99.6	99.6	98.5	99.1	98.6
宁　波	Ningbo	100.2	99.9	100.0	99.9	100.0	99.8	99.8	99.7	100.0	99.8	99.8	99.3
合　肥	Hefei	100.3	100.0	100.1	100.0	100.0	100.2	100.3	100.4	100.2	99.4	98.3	98.8
福　州	Fuzhou	100.3	101.7	99.8	99.2	99.0	99.9	99.0	99.4	99.1	99.3	99.4	99.0
厦　门	Xiamen	100.6	100.0	100.7	100.6	100.3	100.6	100.2	100.1	100.0	100.0	99.5	99.0
南　昌	Nanchang	100.8	100.5	100.5	100.4	100.6	99.7	99.7	98.7	99.3	99.5	98.0	99.6
济　南	Jinan	100.5	100.2	100.2	100.1	100.2	100.1	100.1	100.2	99.9	99.9	99.9	99.8
青　岛	Qingdao	100.7	100.0	100.0	100.1	100.0	100.0	100.0	99.8	99.9	99.6	99.3	99.3
郑　州	Zhengzhou	100.2	100.1	100.2	99.9	99.8	99.8	100.0	100.0	100.1	100.0	100.0	99.4
武　汉	Wuhan	100.4	100.2	99.8	100.2	99.9	100.2	100.2	99.9	99.7	99.8	99.7	99.6
长　沙	Changsha	100.2	100.0	100.0	100.0	100.1	100.0	100.1	100.1	100.0	100.0	99.9	99.9
广　州	Guangzhou	101.2	100.6	99.5	101.0	99.8	100.1	100.2	100.7	100.6	99.5	99.2	99.6
深　圳	Shenzhen	100.6	102.6	100.6	100.5	100.3	100.0	99.5	100.0	99.8	100.0	99.2	99.6
南　宁	Nanning	100.3	100.4	99.3	100.6	99.9	100.2	100.2	99.1	100.0	99.9	100.3	99.5
海　口	Haikou	100.0	100.0	99.8	99.3	99.6	99.3	99.8	99.9	99.6	99.7	99.7	99.2
重　庆	Chongqing	99.9	100.0	100.4	99.8	100.0	99.9	100.0	99.8	99.9	99.7	99.9	100.0
成　都	Chengdu	102.2	100.3	99.8	100.4	99.9	100.1	99.4	100.0	99.8	99.8	99.3	99.7
贵　阳	Guiyang	100.5	100.3	100.3	100.3	100.3	100.3	100.3	100.2	100.3	100.5	100.3	100.1
昆　明	Kunming	100.5	100.3	100.2	100.3	100.1	100.1	100.1	99.9	100.5	99.8	99.7	99.5
西　安	Xi'an	100.3	100.0	99.9	100.2	99.2	100.4	100.4	100.0	99.9	99.9	99.9	99.9
兰　州	Lanzhou	100.0	100.0	94.2	99.1	99.1	100.0	99.8	100.0	100.0	100.1	99.7	98.7
西　宁	Xining	101.9	100.5	99.6	100.0	100.7	100.4	100.2	100.1	100.1	99.6	100.2	100.0
银　川	Yinchuan	100.0	100.1	100.5	100.8	100.6	100.5	100.5	100.2	100.1	100.1	99.6	99.5
乌鲁木齐	Urumqi	100.4	100.4	101.0	100.4	99.9	100.3	100.4	100.1	100.2	100.1	99.9	99.6

2-8-6 续表

城　市	City	1月	2月	3月	4月	5月	6月	7月	8月	9月	10月	11月	12月
唐　山	Tangshan	102.1	100.2	100.2	101.0	100.1	100.5	100.2	100.2	100.1	100.1	99.7	99.8
秦皇岛	Qinhuangdao	99.9	99.9	100.3	100.0	99.9	100.2	100.1	99.9	100.1	99.7	99.5	99.6
包　头	Baotou	100.8	100.0	100.3	100.3	100.3	100.2	100.1	100.1	100.3	100.0	100.1	99.1
丹　东	Dandong	100.3	100.2	99.9	99.5	100.2	99.9	100.0	100.0	100.0	100.0	100.0	100.0
锦　州	Jinzhou	100.0	100.0	100.0	100.0	100.0	100.0	100.0	100.0	100.0	100.0	100.0	100.0
吉　林	Jilin	100.0	100.0	101.2	100.7	100.2	100.5	100.0	100.0	100.0	100.0	99.9	99.8
牡丹江	Mudanjiang	103.3	101.1	100.1	100.1	99.6	99.6	99.9	99.8	99.7	99.5	99.3	99.1
无　锡	Wuxi	100.9	100.8	100.4	100.6	100.5	100.2	100.2	99.8	100.1	100.3	99.8	100.0
扬　州	Yangzhou	100.5	100.1	100.2	100.1	100.1	100.0	99.9	99.8	99.9	99.9	99.8	99.5
徐　州	Xuzhou	100.4	100.4	100.0	99.3	100.3	99.5	99.9	99.6	100.0	99.8	98.0	99.7
温　州	Wenzhou	102.1	100.9	99.8	99.5	99.5	99.7	99.5	99.6	98.3	95.6	98.8	95.1
金　华	Jinhua	100.6	100.2	101.1	99.7	99.8	99.9	99.7	99.8	99.5	100.0	97.8	99.0
蚌　埠	Bengbu	100.2	100.4	100.2	100.5	99.7	100.2	100.0	100.1	100.1	100.1	99.9	99.9
安　庆	Anqing	100.5	100.2	100.1	100.3	100.1	100.1	99.8	99.8	99.9	99.6	98.6	99.3
泉　州	Quanzhou	100.1	100.0	100.0	99.8	100.0	100.1	100.0	100.0	100.0	99.7	99.9	99.7
九　江	Jiujiang	101.8	100.4	100.0	100.0	99.6	99.8	99.4	99.6	99.9	99.8	99.7	99.5
赣　州	Ganzhou	100.6	100.3	99.8	100.1	98.9	100.0	99.7	99.5	99.7	99.9	100.0	100.0
烟　台	Yantai	100.2	100.6	100.3	100.2	100.1	100.2	100.2	100.2	100.0	99.7	99.8	99.9
济　宁	Jining	101.7	100.3	100.1	100.0	99.9	99.9	99.9	99.9	100.1	100.0	99.5	99.6
洛　阳	Luoyang	100.5	100.6	100.8	100.7	100.4	100.4	100.2	100.3	100.3	100.1	100.1	99.6
平顶山	Pingdingshan	102.5	101.3	101.1	100.5	100.2	100.7	100.3	100.1	100.0	100.0	99.8	99.7
宜　昌	Yichang	100.4	100.1	100.1	100.0	100.2	100.0	100.0	100.0	100.0	100.0	100.0	100.0
襄　阳	Xiangyang	100.3	100.1	100.5	100.2	100.1	100.1	100.1	100.2	100.1	100.1	100.0	100.0
岳　阳	Yueyang	101.5	100.0	100.1	100.0	100.1	100.0	100.0	99.2	99.1	99.8	99.9	99.9
常　德	Changde	101.4	100.4	100.5	100.5	100.5	100.5	100.4	100.2	100.1	100.2	100.1	100.2
惠　州	Huizhou	101.4	100.8	101.0	99.5	100.1	100.3	99.9	100.0	100.0	100.0	100.1	100.0
湛　江	Zhanjiang	100.6	100.2	100.2	100.1	100.2	100.4	100.3	100.4	100.1	100.0	100.0	100.0
韶　关	Shaoguan	100.6	100.1	100.2	100.2	100.7	100.1	100.7	100.4	100.0	100.0	100.0	100.0
桂　林	Guilin	100.8	98.3	99.8	100.1	100.3	100.1	100.4	100.1	99.9	99.9	100.0	100.0
北　海	Beihai	100.0	102.0	100.9	100.0	100.0	99.7	99.7	100.0	100.0	100.0	99.8	100.0
三　亚	Sanya	100.7	99.2	100.2	99.5	100.0	99.9	100.1	100.0	100.0	99.9	99.1	97.8
泸　州	Luzhou	99.7	100.3	100.1	100.6	100.5	100.3	100.3	99.9	100.0	100.0	99.8	99.7
南　充	Nanchong	101.1	100.0	99.9	100.0	99.9	100.0	100.1	100.1	99.8	100.1	99.7	99.8
遵　义	Zunyi	101.1	100.8	100.1	100.2	100.3	100.6	99.9	99.2	100.1	100.4	99.6	100.1
大　理	Dali	100.0	100.0	100.0	99.1	100.0	99.5	100.2	100.0	100.0	100.0	100.0	100.0

2-8-7 2011年70个大中城市90㎡及以下二手住宅销售价格指数
(以上月价格为100)
Sale Price Indices of 90㎡ and below Second-hand Houses in 70 Major Cities 2011
(Above month price of 100)

城 市	City	1月	2月	3月	4月	5月	6月	7月	8月	9月	10月	11月	12月
北 京	Beijing	100.3	100.5	99.9	100.2	99.8	100.1	100.4	100.0	99.7	99.4	99.2	99.2
天 津	Tianjin	100.0	100.7	101.8	99.5	99.6	99.9	99.9	99.8	100.0	99.4	97.8	99.6
石家庄	Shijiazhuang	100.2	100.1	100.0	100.3	100.6	100.4	100.1	100.3	99.5	98.4	98.3	99.0
太 原	Taiyuan	100.4	100.5	100.4	100.7	100.8	100.2	100.3	100.2	100.3	100.2	100.1	99.9
呼和浩特	Hohhot	100.3	100.3	100.4	100.3	100.1	100.4	100.5	100.3	100.1	100.0	100.0	100.0
沈 阳	Shenyang	100.3	100.4	100.8	100.1	100.1	100.2	100.1	100.5	100.1	99.9	99.4	99.9
大 连	Dalian	100.2	100.6	100.5	99.9	100.4	100.5	100.5	100.1	99.9	99.7	97.4	99.9
长 春	Changchun	100.5	100.1	100.2	100.3	100.7	100.5	100.4	100.3	100.1	99.7	98.8	98.8
哈尔滨	Harbin	100.3	100.0	99.8	100.0	100.0	100.0	100.0	100.0	99.9	99.3	99.1	99.7
上 海	Shaihai	100.7	100.6	100.9	100.1	100.1	100.3	100.5	100.3	100.1	99.9	99.4	99.4
南 京	Naijing	101.0	100.6	100.0	99.6	99.3	99.4	99.6	99.8	99.5	99.3	99.4	99.0
杭 州	Hangzhou	100.4	99.8	100.4	99.8	99.8	100.0	100.0	99.7	99.8	98.3	98.8	98.4
宁 波	Ningbo	100.2	99.8	100.0	99.8	100.0	99.8	99.9	99.7	99.9	99.8	99.9	99.1
合 肥	Hefei	100.4	100.0	100.3	100.0	100.1	100.4	100.3	100.7	100.0	99.4	99.4	98.9
福 州	Fuzhou	100.5	101.9	99.8	99.3	99.0	99.9	99.1	99.1	99.1	99.1	99.2	99.3
厦 门	Xiamen	100.8	100.1	100.6	100.8	100.4	100.7	100.3	100.1	100.0	100.0	99.5	99.1
南 昌	Nanchang	100.6	100.8	100.8	100.4	100.8	99.7	99.6	98.8	99.0	99.5	98.7	99.5
济 南	Jinan	100.5	100.5	100.3	100.3	100.4	100.2	100.0	100.4	99.9	99.9	99.8	99.7
青 岛	Qingdao	100.6	100.0	100.0	100.2	100.0	100.0	100.0	99.9	99.8	99.6	99.7	99.1
郑 州	Zhengzhou	100.1	100.1	100.1	99.8	99.7	99.9	99.9	99.9	100.2	99.8	99.8	99.3
武 汉	Wuhan	100.3	100.1	99.4	100.1	100.3	100.3	100.2	99.9	99.9	100.0	99.7	99.3
长 沙	Changsha	100.1	100.0	100.1	100.0	100.0	100.0	100.1	100.1	100.1	100.0	99.9	100.0
广 州	Guangzhou	101.6	100.5	99.9	101.4	99.9	100.1	100.3	100.9	100.6	99.6	99.6	99.6
深 圳	Shenzhen	100.8	102.0	100.8	100.7	100.5	100.1	99.5	100.2	99.7	100.2	98.9	99.6
南 宁	Nanning	100.1	100.3	99.6	100.6	100.2	100.2	99.6	99.5	99.8	100.0	100.1	99.4
海 口	Haikou	100.0	99.9	99.9	99.4	100.0	99.5	99.7	99.9	99.6	99.6	99.7	99.1
重 庆	Chongqing	98.8	100.0	99.7	99.8	100.0	99.7	100.1	99.5	99.9	100.0	99.9	99.8
成 都	Chengdu	101.8	100.4	100.2	100.6	100.4	100.2	99.5	100.0	99.7	100.1	99.5	99.6
贵 阳	Guiyang	100.5	100.2	100.3	100.3	100.1	100.3	100.3	100.2	100.3	100.5	100.3	100.1
昆 明	Kunming	101.5	99.1	100.2	100.0	100.3	100.1	100.8	99.9	100.7	99.9	99.5	99.0
西 安	Xi'an	99.7	99.6	100.0	100.3	99.2	100.3	100.5	100.1	100.0	100.1	99.9	100.0
兰 州	Lanzhou	100.0	100.0	94.1	99.1	99.1	100.0	99.8	100.0	100.0	100.1	99.6	98.2
西 宁	Xining	102.2	101.5	99.0	100.1	100.5	100.4	100.3	100.1	100.2	99.5	100.1	100.0
银 川	Yinchuan	100.0	100.0	100.4	100.9	100.2	100.3	100.4	100.2	100.1	100.2	99.6	99.4
乌鲁木齐	Urumqi	100.6	100.1	101.9	101.3	100.0	100.6	100.6	100.1	100.2	100.1	100.0	99.5

2-8-7 续表

城　市	City	1月	2月	3月	4月	5月	6月	7月	8月	9月	10月	11月	12月
唐　山	Tangshan	102.5	100.4	100.3	101.0	100.1	100.4	100.2	100.1	100.1	100.1	99.8	99.9
秦皇岛	Qinhuangdao	100.0	100.3	100.4	99.9	100.0	100.1	100.2	99.9	100.1	99.8	99.5	99.7
包　头	Baotou	100.7	100.0	100.1	100.1	100.3	100.3	100.0	100.1	99.9	100.0	99.9	98.4
丹　东	Dandong	100.5	100.4	100.0	100.2	100.2	99.9	100.2	100.0	100.0	99.9	100.2	100.0
锦　州	Jinzhou	100.0	100.1	100.0	100.0	100.0	100.0	100.0	100.0	100.0	100.0	100.0	100.0
吉　林	Jilin	100.0	100.0	101.2	100.9	100.1	100.4	100.1	100.0	100.0	100.0	100.0	100.0
牡丹江	Mudanjiang	103.6	100.7	100.2	100.0	99.9	99.8	99.9	99.8	99.8	99.5	99.5	99.3
无　锡	Wuxi	100.7	100.4	100.1	100.1	100.6	100.2	100.1	100.0	100.1	100.3	99.9	99.9
扬　州	Yangzhou	100.3	100.1	100.2	100.0	100.1	100.1	99.8	100.0	99.8	99.9	100.0	99.8
徐　州	Xuzhou	100.4	102.1	100.8	99.7	100.7	100.0	100.0	99.6	100.0	99.3	97.5	100.0
温　州	Wenzhou	101.9	100.5	100.0	99.7	99.0	99.2	99.6	99.5	98.4	95.7	98.6	96.6
金　华	Jinhua	100.3	100.4	101.8	100.4	99.2	100.0	99.8	100.0	100.3	99.8	95.0	99.4
蚌　埠	Bengbu	100.2	100.4	100.2	100.6	99.7	100.2	100.0	100.0	100.1	100.1	99.9	99.9
安　庆	Anqing	100.5	100.2	100.1	100.3	100.1	100.1	99.7	99.8	99.9	99.5	98.5	99.2
泉　州	Quanzhou	100.1	100.0	100.1	100.3	100.0	100.0	100.0	100.0	100.0	99.3	99.9	99.4
九　江	Jiujiang	101.9	100.5	100.1	100.0	99.4	99.8	99.3	99.5	99.8	99.7	99.9	99.6
赣　州	Ganzhou	100.7	100.3	99.8	100.1	98.6	100.1	99.9	99.4	99.9	99.8	100.0	99.9
烟　台	Yantai	100.4	100.4	100.5	100.2	100.1	100.2	100.1	100.4	100.1	99.7	100.0	100.0
济　宁	Jining	102.0	100.3	100.1	99.9	99.9	100.2	99.8	100.1	100.1	99.8	99.6	99.9
洛　阳	Luoyang	100.7	100.8	100.9	100.6	100.4	100.4	100.4	100.4	100.3	100.2	100.3	99.2
平顶山	Pingdingshan	103.5	101.9	101.6	100.2	100.2	100.7	100.2	100.3	100.1	100.3	99.9	99.7
宜　昌	Yichang	100.2	100.0	100.2	100.1	100.3	100.1	100.0	100.0	100.0	100.0	100.0	100.1
襄　阳	Xiangyang	100.7	100.4	101.1	100.2	100.2	100.2	100.1	100.2	100.1	100.1	99.9	100.0
岳　阳	Yueyang	100.8	100.0	100.1	99.9	100.1	100.0	100.1	99.3	99.0	99.9	99.9	100.0
常　德	Changde	100.6	101.4	101.3	100.9	100.8	100.8	100.5	100.6	100.1	100.5	100.2	99.9
惠　州	Huizhou	101.6	100.6	101.0	99.2	100.0	100.4	99.9	100.0	100.2	99.9	100.0	100.0
湛　江	Zhanjiang	100.6	100.1	100.2	100.1	100.3	100.2	100.2	100.5	100.1	100.0	100.0	100.0
韶　关	Shaoguan	100.2	100.1	100.1	100.3	100.5	100.2	100.7	100.2	100.3	100.0	99.9	100.0
桂　林	Guilin	101.0	97.6	100.0	99.8	100.2	100.1	100.5	100.1	99.9	99.9	99.8	100.2
北　海	Beihai	100.0	102.0	100.9	100.0	100.0	99.6	99.8	100.0	100.0	100.0	99.8	100.0
三　亚	Sanya	100.2	98.4	100.5	99.6	100.0	100.0	100.1	100.1	100.0	99.9	98.4	98.4
泸　州	Luzhou	99.5	100.3	100.1	100.9	100.6	99.9	100.4	100.0	100.0	100.0	99.9	99.6
南　充	Nanchong	101.5	100.1	100.0	100.0	100.0	100.0	100.1	100.1	99.9	100.1	99.6	99.6
遵　义	Zunyi	102.4	100.3	99.3	100.2	100.2	100.5	99.2	98.3	99.7	100.5	99.4	100.0
大　理	Dali	100.0	100.0	100.0	99.8	100.0	99.9	100.5	100.0	100.0	100.0	100.0	100.0

2-8-8 2011年70个大中城市90-144㎡二手住宅销售价格指数
(以上月价格为100)
Sale Price Indices of 90-144㎡ Second-hand Houses in 70 Major Cities 2011
(Above month price of 100)

城　市	City	1月	2月	3月	4月	5月	6月	7月	8月	9月	10月	11月	12月
北　京	Beijing	100.2	100.4	99.9	100.0	99.9	99.9	99.9	99.9	99.5	99.5	99.4	99.1
天　津	Tianjin	100.4	100.0	100.8	99.9	100.0	99.6	99.9	99.6	99.9	99.5	99.4	100.0
石家庄	Shijiazhuang	100.0	99.9	100.0	100.3	100.2	100.3	100.1	100.0	99.9	98.6	99.8	99.1
太　原	Taiyuan	100.0	100.4	100.2	100.7	100.1	100.2	100.1	100.3	100.2	100.1	100.0	99.8
呼和浩特	Hohhot	100.6	100.1	100.1	100.1	100.2	100.6	100.5	100.1	100.2	100.0	100.0	100.0
沈　阳	Shenyang	100.1	100.6	100.5	100.0	100.0	100.0	100.0	101.3	100.0	99.8	99.2	100.0
大　连	Dalian	100.5	100.3	99.0	101.0	101.0	100.3	100.4	100.0	100.0	100.1	98.3	99.6
长　春	Changchun	100.0	--	100.0	100.8	100.0	100.3	99.7	100.1	100.3	99.8	99.2	99.5
哈尔滨	Harbin	100.2	100.0	100.1	100.0	100.0	100.0	99.9	100.0	100.1	99.2	98.7	99.8
上　海	Shaihai	100.2	100.0	100.5	101.1	100.4	100.3	100.2	100.1	100.1	99.8	99.5	100.0
南　京	Naijing	100.8	100.5	100.0	100.5	99.7	99.1	99.6	99.6	99.1	99.3	99.1	99.1
杭　州	Hangzhou	100.3	100.9	100.0	99.9	100.0	100.0	99.8	99.7	99.3	98.9	99.5	98.5
宁　波	Ningbo	100.3	100.0	100.0	99.7	100.1	99.8	99.8	99.8	99.9	99.8	99.4	99.6
合　肥	Hefei	100.4	100.0	100.0	100.0	100.0	100.1	100.2	100.3	100.2	99.3	97.8	99.0
福　州	Fuzhou	100.2	102.8	99.9	99.8	98.9	99.9	99.2	99.3	99.1	99.4	99.4	98.7
厦　门	Xiamen	100.6	100.0	100.7	100.8	100.3	100.6	100.2	100.1	100.0	100.0	99.2	99.0
南　昌	Nanchang	100.6	100.4	100.3	100.4	100.5	100.0	99.8	98.5	99.4	99.6	97.5	99.5
济　南	Jinan	100.4	99.9	100.1	100.0	99.8	99.8	100.2	99.8	99.9	99.8	100.0	99.9
青　岛	Qingdao	100.7	100.0	100.0	100.1	100.0	100.0	100.0	99.8	99.9	99.5	99.2	99.3
郑　州	Zhengzhou	100.2	100.2	100.2	100.0	99.8	99.7	100.0	99.9	99.9	99.9	100.0	99.4
武　汉	Wuhan	100.6	100.2	100.1	100.3	99.7	100.2	100.2	99.8	99.5	99.7	99.6	100.0
长　沙	Changsha	100.3	100.0	100.0	100.0	100.1	100.0	100.1	100.1	100.0	100.0	99.8	99.8
广　州	Guangzhou	101.2	101.4	99.8	100.8	99.9	100.2	100.1	100.5	100.6	99.7	98.9	99.3
深　圳	Shenzhen	101.2	103.3	100.8	100.3	100.3	100.0	99.7	99.6	99.8	100.3	99.6	99.6
南　宁	Nanning	100.5	100.6	98.9	100.9	99.6	100.1	100.7	99.6	100.0	99.6	100.6	99.9
海　口	Haikou	100.0	--	99.8	99.6	99.5	99.3	99.8	99.9	99.5	99.7	99.7	99.2
重　庆	Chongqing	101.3	100.0	100.6	99.7	99.9	100.2	100.0	100.0	99.9	99.4	99.9	100.1
成　都	Chengdu	102.5	100.4	99.5	100.2	99.6	100.1	99.6	99.8	99.8	99.7	99.1	99.8
贵　阳	Guiyang	100.6	100.4	100.2	100.4	100.5	100.3	100.1	100.3	100.3	100.4	100.5	100.1
昆　明	Kunming	98.8	100.6	100.2	100.5	100.0	100.3	99.4	99.7	100.5	99.9	99.8	100.0
西　安	Xi'an	100.7	100.2	99.9	100.1	99.1	100.4	100.3	100.0	99.9	99.9	99.9	99.9
兰　州	Lanzhou	100.0	100.0	94.3	99.1	99.1	100.0	99.8	100.0	100.0	100.2	99.7	98.6
西　宁	Xining	101.6	99.7	100.2	100.0	101.1	100.3	100.0	100.1	100.1	99.6	100.2	100.0
银　川	Yinchuan	100.0	100.1	100.6	100.7	101.0	100.6	100.7	100.2	100.0	100.0	99.6	99.5
乌鲁木齐	Urumqi	100.3	100.7	100.4	99.9	99.7	100.0	100.2	100.2	100.2	100.1	99.9	99.7

2-8-8 续表

城　　市	City	1月	2月	3月	4月	5月	6月	7月	8月	9月	10月	11月	12月
唐　　山	Tangshan	100.8	99.5	99.6	101.1	100.0	100.8	100.2	100.7	100.5	100.1	99.4	99.7
秦 皇 岛	Qinhuangdao	99.9	99.1	100.2	100.2	99.8	100.5	99.9	99.7	100.1	99.7	99.5	99.5
包　　头	Baotou	101.1	100.0	100.6	100.5	100.4	100.1	100.1	100.1	100.5	100.0	100.3	99.5
丹　　东	Dandong	100.0	100.0	99.8	98.5	100.1	99.9	99.8	100.0	99.9	100.1	99.8	100.1
锦　　州	Jinzhou	100.0	100.0	--	--	--	--	100.0	100.0	100.0	100.0	100.0	--
吉　　林	Jilin	100.0	100.0	101.5	100.7	100.2	100.6	100.1	100.0	100.0	100.0	99.9	99.9
牡 丹 江	Mudanjiang	102.8	102.3	100.0	100.5	98.9	98.9	99.9	99.8	99.5	99.4	98.6	98.5
无　　锡	Wuxi	100.7	100.9	100.7	101.3	100.6	100.2	100.4	99.7	100.2	100.2	99.6	100.1
扬　　州	Yangzhou	100.8	100.2	100.2	100.3	100.0	100.0	100.0	99.6	99.9	99.9	99.8	99.4
徐　　州	Xuzhou	100.5	99.6	99.5	98.9	100.1	99.1	99.8	99.6	100.0	100.0	97.9	99.4
温　　州	Wenzhou	102.0	100.8	100.0	99.6	99.4	99.8	99.3	99.4	98.0	95.6	98.8	94.1
金　　华	Jinhua	100.5	100.4	100.9	99.2	100.3	99.9	99.6	99.5	99.6	100.2	98.8	98.3
蚌　　埠	Bengbu	100.2	100.4	100.2	100.3	99.6	100.2	100.0	100.1	100.1	100.1	99.9	99.9
安　　庆	Anqing	100.4	100.4	99.9	100.1	99.9	100.2	99.7	99.0	99.5	99.9	99.1	99.9
泉　　州	Quanzhou	100.1	100.0	100.0	99.4	100.0	100.1	100.0	100.0	100.0	100.0	100.0	100.0
九　　江	Jiujiang	101.8	100.2	99.7	100.0	99.8	99.8	99.6	99.9	99.9	99.8	99.4	99.1
赣　　州	Ganzhou	100.5	100.3	99.8	100.2	98.9	100.0	99.8	99.4	99.6	99.9	99.9	100.0
烟　　台	Yantai	100.0	100.7	100.2	100.2	100.2	100.4	100.2	100.9	100.0	99.5	99.9	99.8
济　　宁	Jining	101.7	100.5	100.1	100.0	99.8	99.8	99.9	99.7	100.2	100.3	99.5	99.6
洛　　阳	Luoyang	100.5	100.3	100.9	100.7	100.4	100.2	100.1	100.3	100.3	100.1	100.0	100.0
平 顶 山	Pingdingshan	101.8	100.8	100.7	100.9	100.4	100.7	100.3	100.4	99.9	99.7	99.6	100.0
宜　　昌	Yichang	100.4	100.1	100.1	100.0	100.1	100.0	100.0	100.0	100.0	100.0	100.0	100.0
襄　　阳	Xiangyang	100.3	100.1	100.3	100.2	100.1	100.0	100.2	100.2	100.2	100.1	100.0	100.0
岳　　阳	Yueyang	101.8	99.9	100.3	100.4	100.0	100.1	100.1	99.1	99.5	99.4	99.8	99.9
常　　德	Changde	101.5	100.3	100.5	100.1	100.5	100.6	100.4	100.0	100.1	100.1	--	100.3
惠　　州	Huizhou	101.3	101.0	101.1	100.5	100.4	100.1	--	99.1	99.5	100.1	100.2	100.0
湛　　江	Zhanjiang	100.9	100.2	100.3	100.1	100.3	100.4	100.2	100.4	100.1	100.0	100.0	100.0
韶　　关	Shaoguan	100.9	100.0	100.3	100.1	100.8	100.1	100.6	100.5	99.9	99.9	100.2	99.9
桂　　林	Guilin	100.6	98.9	99.1	100.9	100.6	100.0	100.2	100.2	100.0	100.0	100.4	100.4
北　　海	Beihai	100.0	102.1	100.9	100.0	100.0	99.8	99.7	100.0	100.0	100.0	99.7	100.0
三　　亚	Sanya	101.0	100.0	100.0	99.2	100.0	99.7	100.0	100.0	100.0	99.9	99.1	98.0
泸　　州	Luzhou	99.9	99.9	100.1	100.3	100.3	100.6	100.2	99.9	100.0	100.0	99.7	100.0
南　　充	Nanchong	100.8	100.0	99.8	100.0	99.7	100.0	100.1	100.1	99.7	100.1	99.8	100.0
遵　　义	Zunyi	100.0	101.3	100.7	100.1	100.5	100.7	100.1	99.7	100.4	100.4	99.5	100.0
大　　理	Dali	100.0	100.0	100.0	98.4	100.0	99.2	100.0	100.0	100.0	100.0	100.0	100.0

2-8-9　2011年70个大中城市144㎡以上二手住宅销售价格指数
(以上月价格为100)
Sale Price Indices of more than 144㎡ Second-hand Houses in 70 Major Cities 2011(Above month price of 100)

城　市	City	1月	2月	3月	4月	5月	6月	7月	8月	9月	10月	11月	12月
北　京	Beijing	100.2	100.0	99.8	100.0	100.0	99.4	99.5	99.9	99.6	99.8	99.4	99.4
天　津	Tianjin	--	--	95.6	100.2	100.3	99.8	100.1	99.7	100.1	99.5	97.3	99.4
石家庄	Shijiazhuang	99.6	101.6	100.2	100.5	100.0	100.2	99.9	99.5	100.0	99.4	99.2	99.5
太　原	Taiyuan	--	101.8	100.3	100.9	100.0	100.2	99.8	100.1	100.5	100.1	100.0	99.9
呼和浩特	Hohhot	100.0	100.0	100.8	100.0	100.0	100.4	100.0	100.0	100.0	100.0	100.0	100.0
沈　阳	Shenyang	99.8	101.5	98.2	--	--	99.8	99.8	100.0	100.0	99.9	99.0	100.0
大　连	Dalian	100.9	101.3	99.5	101.0	100.7	100.7	100.2	99.9	99.9	99.8	98.3	99.1
长　春	Changchun	--	--	--	100.0	100.3	100.0	100.0	--	100.0	99.4	100.0	--
哈尔滨	Harbin	100.0	100.0	100.0	100.0	100.0	99.9	100.0	100.0	100.0	99.8	98.6	99.6
上　海	Shaihai	100.4	100.2	99.2	101.0	100.3	99.8	99.9	99.9	100.0	99.5	99.6	99.5
南　京	Naijing	100.0	100.4	102.2	--	99.5	--	100.0	99.9	99.8	99.9	99.9	99.1
杭　州	Hangzhou	100.2	100.7	99.3	98.9	100.0	100.1	99.5	99.3	99.6	98.7	99.2	99.7
宁　波	Ningbo	100.1	99.9	100.0	100.6	100.0	99.9	99.6	99.7	100.1	99.5	99.8	99.7
合　肥	Hefei	100.0	--	100.0	100.0	99.7	100.2	100.6	100.3	100.0	99.8	98.7	97.7
福　州	Fuzhou	100.3	100.3	99.7	98.5	99.1	99.8	98.5	99.7	99.1	99.2	99.5	99.2
厦　门	Xiamen	100.3	100.0	100.8	100.2	100.2	100.5	100.1	100.0	100.0	100.0	100.0	99.0
南　昌	Nanchang	102.2	99.8	99.6	100.5	100.1	99.1	99.6	99.0	99.8	99.3	97.0	100.0
济　南	Jinan	100.4	99.9	100.3	100.0	100.2	100.2	99.9	100.3	100.1	100.1	99.7	100.0
青　岛	Qingdao	101.2	100.0	100.0	100.0	100.0	100.0	100.0	99.8	100.0	99.9	99.0	99.7
郑　州	Zhengzhou	100.1	100.1	100.3	99.9	99.8	99.9	100.0	100.2	100.0	100.2	100.2	99.7
武　汉	Wuhan	100.3	100.0	99.6	99.9	99.5	100.0	100.1	100.0	100.0	99.4	99.9	99.5
长　沙	Changsha	100.0	100.0	100.0	100.0	100.0	100.0	100.0	100.0	100.0	100.0	100.0	100.0
广　州	Guangzhou	100.4	99.9	98.3	100.4	99.6	100.0	100.2	100.6	100.7	99.2	98.9	99.9
深　圳	Shenzhen	99.1	102.6	99.7	100.4	99.9	99.6	99.4	99.9	100.0	99.3	99.5	99.4
南　宁	Nanning	100.2	100.1	99.7	99.9	99.7	100.5	100.2	97.4	100.1	100.4	--	99.1
海　口	Haikou	--	100.1	99.7	98.8	99.7	99.1	99.8	99.9	99.8	99.6	99.8	99.1
重　庆	Chongqing	99.4	99.9	102.4	100.6	100.1	99.8	100.1	100.5	100.0	99.9	100.0	100.5
成　都	Chengdu	102.4	100.1	99.2	100.3	99.1	99.9	98.9	100.1	100.3	99.6	99.3	99.9
贵　阳	Guiyang	100.3	100.3	100.1	100.1	100.5	100.3	100.2	100.6	100.6	100.4	100.4	100.4
昆　明	Kunming	101.8	101.4	100.4	100.5	100.0	99.9	100.2	100.0	100.2	99.4	99.7	99.4
西　安	Xi'an	100.1	100.4	99.9	99.9	99.8	100.2	100.1	99.9	100.0	99.8	99.8	99.7
兰　州	Lanzhou	100.0	100.0	94.0	99.1	99.1	100.0	99.8	100.0	100.0	100.0	100.0	100.0
西　宁	Xining	101.7	97.5	100.9	99.8	100.3	100.3	100.2	100.3	100.1	100.0	100.0	100.0
银　川	Yinchuan	100.0	100.3	100.2	100.8	100.6	100.7	100.2	100.3	100.1	100.0	100.0	100.5
乌鲁木齐	Urumqi	--	--	100.5	99.8	100.0	100.0	--	100.1	100.0	100.2	--	99.8

2-8-9 续表

城市	City	1月	2月	3月	4月	5月	6月	7月	8月	9月	10月	11月	12月
唐山	Tangshan	--	--	101.7	99.6	100.0	100.0	101.3	99.7	100.3	99.6	99.2	99.9
秦皇岛	Qinhuangdao	99.4	--	100.2	100.2	100.0	100.7	100.0	100.0	100.2	100.0	100.0	99.6
包头	Baotou	100.0	100.2	100.0	100.0	100.0	100.0	100.0	100.0	100.6	100.0	100.0	100.2
丹东	Dandong	100.1	100.0	100.0	100.8	100.7	100.1	99.9	99.9	100.0	99.9	100.0	100.0
锦州	Jinzhou	--	--	--	--	--	--	--	--	--	--	--	--
吉林	Jilin	100.0	100.0	100.6	100.4	100.2	100.4	99.9	99.9	100.0	99.8	99.8	99.3
牡丹江	Mudanjiang	--	--	100.0	98.4	99.0	99.2	--	99.4	99.6	99.0	98.5	98.4
无锡	Wuxi	101.7	101.9	100.0	100.2	100.0	100.0	99.9	100.0	--	100.8	--	100.2
扬州	Yangzhou	--	--	--	100.0	100.1	100.0	100.0	100.0	99.9	100.0	99.4	99.1
徐州	Xuzhou	--	--	--	100.0	100.1	--	100.0	99.6	100.0	--	--	--
温州	Wenzhou	102.4	101.3	99.5	99.3	99.9	99.9	99.6	99.8	98.6	95.4	99.0	94.9
金华	Jinhua	101.6	99.1	100.5	99.9	99.7	99.7	99.8	100.2	98.2	99.6	--	100.0
蚌埠	Bengbu	100.3	--	100.6	100.5	99.4	100.2	100.1	100.2	100.2	100.2	99.9	99.9
安庆	Anqing	100.5	100.2	--	100.1	100.0	99.6	--	99.8	--	99.6	--	99.9
泉州	Quanzhou	99.8	100.0	--	99.4	--	100.0	100.0	--	--	--	--	--
九江	Jiujiang	100.9	100.2	100.0	100.3	100.3	100.0	--	99.4	100.0	--	99.5	--
赣州	Ganzhou	100.6	100.3	99.9	100.1	99.2	100.1	99.6	99.7	99.6	99.9	100.0	100.0
烟台	Yantai	100.2	100.6	100.1	100.1	100.1	100.0	100.5	99.3	99.9	100.0	99.6	99.8
济宁	Jining	100.9	99.8	100.0	99.8	99.8	99.8	99.8	100.0	100.0	99.6	99.6	99.2
洛阳	Luoyang	100.3	100.9	100.7	100.7	100.5	100.7	100.2	100.2	100.1	100.2	100.0	99.6
平顶山	Pingdingshan	100.9	100.8	100.2	100.6	98.9	100.8	100.2	98.1	100.0	99.9	100.1	98.6
宜昌	Yichang	100.6	100.0	100.0	100.0	100.1	100.0	100.0	100.0	100.0	100.0	100.0	100.0
襄阳	Xiangyang	--	--	100.4	100.3	100.0	100.3	--	100.2	--	--	--	--
岳阳	Yueyang	102.3	99.9	100.0	100.1	100.0	100.0	100.0	99.1	99.2	99.8	99.9	99.9
常德	Changde	101.3	100.0	100.1	101.3	100.2	100.2	100.3	101.0	100.0	100.5	100.1	--
惠州	Huizhou	100.1	102.0	100.3	98.5	100.1	100.3	100.0	102.8	99.9	100.1	100.1	100.0
湛江	Zhanjiang	100.4	100.2	100.2	100.1	100.1	100.7	100.5	100.3	100.0	100.0	100.0	100.0
韶关	Shaoguan	100.4	100.1	100.1	100.2	100.6	100.0	100.8	100.3	99.8	100.3	100.1	100.1
桂林	Guilin	--	100.4	100.9	99.1	100.3	99.9	100.3	99.8	100.0	100.0	99.8	98.2
北海	Beihai	--	101.4	100.8	100.0	100.0	99.8	99.6	100.0	100.0	100.0	99.7	100.0
三亚	Sanya	101.0	99.1	100.0	99.7	100.0	100.0	100.1	100.0	--	100.0	--	97.0
泸州	Luzhou	99.7	101.3	100.2	101.1	100.9	100.1	100.2	99.8	100.1	99.9	100.0	99.3
南充	Nanchong	100.5	100.1	100.1	100.1	100.1	100.1	100.1	100.1	99.9	100.1	100.0	100.0
遵义	Zunyi	101.7	100.0	100.5	100.8	100.2	100.4	101.1	99.7	99.7	100.3	100.6	100.3
大理	Dali	100.0	100.0	100.0	99.1	100.0	99.5	100.0	100.0	100.0	100.0	100.0	100.0

2-9-1　2011年北京市住宅销售价格指数
Beijing housing sales price index for 2011

		1月	2月	3月	4月	5月	6月	7月	8月	9月	10月	11月	12月
定基价格指数	**新建住宅价格指数**	**102.4**	**102.8**	**102.8**	**102.9**	**103.0**	**103.1**	**103.1**	**103.1**	**103.1**	**103.0**	**102.7**	**102.6**
	新建商品住宅	103.0	103.5	103.5	103.6	103.8	103.9	103.9	103.9	103.9	103.8	103.4	103.3
	一、90m²及以下	103.6	104.5	103.9	103.6	103.8	103.7	103.8	103.9	103.9	103.8	103.4	103.2
	二、90-144m²	103.0	103.7	104.2	104.4	104.7	104.6	104.5	104.5	104.4	104.4	103.9	103.7
	三、144m²以上	102.7	102.7	102.6	103.0	103.1	103.5	103.5	103.4	103.4	103.4	103.1	102.9
	二手住宅价格指数	**101.2**	**101.5**	**101.4**	**101.5**	**101.4**	**101.3**	**101.3**	**101.3**	**101.0**	**100.5**	**99.7**	**98.9**
	一、90m²及以下	101.2	101.7	101.6	101.8	101.6	101.7	102.0	102.1	101.8	101.2	100.3	99.5
	二、90-144m²	101.6	102.0	101.9	101.9	101.8	101.7	101.5	101.5	101.0	100.5	99.8	98.9
	三、144m²以上	100.5	100.5	100.3	100.3	100.3	99.7	99.3	99.2	98.8	98.7	98.1	97.5
同比价格指数	**新建住宅价格指数**	**106.8**	**106.8**	**104.9**	**102.8**	**102.1**	**102.2**	**101.9**	**101.9**	**101.8**	**101.7**	**101.3**	**101.0**
	新建商品住宅	109.1	108.4	106.2	103.4	102.6	102.7	102.4	102.4	102.3	102.2	101.6	101.3
	一、90m²及以下	109.7	109.8	106.1	102.8	102.5	102.5	102.3	102.5	102.5	102.3	101.8	101.2
	二、90-144m²	109.5	109.3	107.3	104.1	103.2	103.2	102.8	102.7	102.7	102.5	101.9	101.5
	三、144m²以上	108.1	106.5	105.3	103.3	102.2	102.5	102.1	102.0	101.8	101.8	101.2	101.1
	二手住宅价格指数	**102.6**	**102.9**	**101.9**	**99.3**	**100.6**	**101.4**	**101.8**	**101.9**	**101.2**	**100.4**	**99.2**	**98.0**
	一、90m²及以下	102.6	103.1	102.1	99.6	100.8	101.8	102.5	102.6	102.0	101.1	99.8	98.6
	二、90-144m²	103.6	104.0	102.9	100.1	101.2	101.7	101.7	101.7	100.8	100.0	98.9	97.6
	三、144m²以上	101.0	101.0	100.0	97.4	99.4	100.1	100.2	100.2	99.6	99.1	98.2	97.3
环比价格指数	**新建住宅价格指数**	**100.8**	**100.4**	**100.0**	**100.1**	**100.1**	**100.0**	**100.0**	**100.0**	**100.0**	**100.0**	**99.7**	**99.9**
	新建商品住宅	101.0	100.5	100.0	100.1	100.2	100.1	100.0	100.0	100.0	99.9	99.6	99.8
	一、90m²及以下	101.5	100.9	99.5	99.7	100.2	100.0	100.0	100.1	100.0	99.9	99.6	99.8
	二、90-144m²	100.8	100.7	100.5	100.2	100.3	100.0	99.9	100.0	100.0	99.9	99.5	99.9
	三、144m²以上	100.9	100.0	99.9	100.4	100.1	100.2	100.0	99.9	100.0	100.0	99.7	99.8
	二手住宅价格指数	**100.3**	**100.4**	**99.9**	**100.1**	**99.8**	**99.9**	**100.1**	**100.0**	**99.6**	**99.5**	**99.3**	**99.2**
	一、90m²及以下	100.3	100.5	99.9	100.2	99.8	100.1	100.4	100.0	99.7	99.4	99.2	99.2
	二、90-144m²	100.2	100.4	99.9	100.0	99.9	99.9	99.9	99.9	99.5	99.5	99.4	99.1
	三、144m²以上	100.2	100.0	99.8	100.0	100.0	99.4	99.5	99.9	99.6	99.8	99.4	99.4

注：表2-9-1至2-9-70，定基价格指数以2010年价格为100，同比价格指数以上年同月价格为100，环比价格指数以上月价格为100。

Note: Table 2-9-1 to 2-9-70, Fixed base price index at 2010 price of 100; year over year monthly price index for the same month of preceding year prices for 100; month to month price index above month price index for 100.

2-9-2　2011年天津市住宅销售价格指数

Tianjin housing sales price index for 2011

		1月	2月	3月	4月	5月	6月	7月	8月	9月	10月	11月	12月
定基价格指数	**新建住宅价格指数**	**103.1**	**103.9**	**104.4**	**104.6**	**104.3**	**104.1**	**104.5**	**104.5**	**104.3**	**104.0**	**103.7**	**103.4**
	新建商品住宅	103.5	104.5	105.0	105.2	104.9	104.7	105.0	105.1	104.8	104.5	104.1	103.8
	一、90㎡及以下	103.6	105.4	106.0	106.6	105.8	105.7	105.9	106.1	105.8	105.7	105.4	105.2
	二、90-144㎡	103.9	104.1	105.0	105.2	105.2	104.8	105.3	105.3	105.0	104.4	104.0	103.6
	三、144㎡以上	102.5	104.1	103.8	103.7	103.4	103.4	103.7	103.7	103.5	103.3	102.9	102.7
	二手住宅价格指数	**101.4**	**101.8**	**102.3**	**102.1**	**102.0**	**101.7**	**101.6**	**101.4**	**101.4**	**100.8**	**99.1**	**98.8**
	一、90㎡及以下	101.3	102.0	103.8	103.3	103.0	102.9	102.7	102.6	102.6	102.0	99.8	99.4
	二、90-144㎡	101.9	101.9	102.7	102.7	102.7	102.3	102.1	101.7	101.6	101.1	100.5	100.5
	三、144㎡以上	100.6	100.6	96.2	96.4	101.4	101.2	101.3	101.0	101.1	100.6	97.9	97.3
同比价格指数	**新建住宅价格指数**	**106.7**	**106.7**	**106.6**	**104.9**	**103.4**	**103.9**	**104.2**	**103.4**	**103.1**	**102.9**	**102.0**	**101.2**
	新建商品住宅	107.6	107.6	107.5	105.6	103.8	104.4	104.7	103.8	103.5	103.2	102.2	101.3
	一、90㎡及以下	107.9	108.7	108.6	107.0	104.8	105.4	105.6	104.8	104.5	104.4	103.5	102.6
	二、90-144㎡	108.1	107.3	107.5	105.6	104.1	104.5	104.9	104.0	103.7	103.1	102.1	101.2
	三、144㎡以上	106.6	107.2	106.2	104.1	102.4	103.2	103.4	102.5	102.2	102.1	101.1	100.3
	二手住宅价格指数	**103.3**	**103.4**	**102.8**	**101.2**	**101.9**	**101.8**	**101.3**	**101.3**	**100.8**	**100.2**	**98.4**	**97.6**
	一、90㎡及以下	103.2	103.7	104.2	102.3	102.9	103.0	102.2	102.5	102.0	101.4	99.1	98.2
	二、90-144㎡	104.4	104.1	103.7	101.4	102.5	102.1	102.1	101.3	100.8	100.2	99.6	99.0
	三、144㎡以上	101.2	101.0	95.4	96.6	101.9	101.8	101.1	101.5	101.2	100.6	97.8	96.7
环比价格指数	**新建住宅价格指数**	**100.9**	**100.9**	**100.5**	**100.2**	**99.7**	**99.8**	**100.3**	**100.1**	**99.8**	**99.7**	**99.7**	**99.7**
	新建商品住宅	101.0	101.0	100.5	100.2	99.7	99.8	100.3	100.1	99.7	99.7	99.6	99.7
	一、90㎡及以下	101.1	101.8	100.5	100.6	99.2	99.9	100.2	100.2	99.8	99.9	99.8	99.7
	二、90-144㎡	101.4	100.2	100.9	100.2	99.9	99.6	100.5	100.0	99.7	99.5	99.6	99.6
	三、144㎡以上	100.2	101.5	99.7	100.0	99.7	100.0	100.2	100.1	99.8	99.9	99.6	99.8
	二手住宅价格指数	**100.1**	**100.3**	**100.6**	**99.8**	**99.9**	**99.8**	**99.9**	**99.7**	**100.0**	**99.5**	**98.3**	**99.7**
	一、90㎡及以下	100.0	100.7	101.8	99.5	99.6	99.9	99.9	99.8	100.0	99.4	97.8	99.6
	二、90-144㎡	100.4	100.0	100.8	99.9	100.0	99.6	99.9	99.6	99.9	99.5	99.4	100.0
	三、144㎡以上	--	--	95.6	100.2	100.3	99.8	100.1	99.7	100.1	99.5	97.3	99.4

2-9-3 2011年石家庄市住宅销售价格指数
Shijiazhuang housing sales price index for 2011

		1月	2月	3月	4月	5月	6月	7月	8月	9月	10月	11月	12月
定基价格指数	**新建住宅价格指数**	**106.3**	**106.5**	**107.5**	**107.7**	**107.9**	**108.2**	**108.4**	**108.4**	**108.5**	**108.3**	**108.0**	**108.0**
	新建商品住宅	106.5	106.6	107.6	107.9	108.1	108.4	108.6	108.6	108.7	108.5	108.2	108.2
	一、90㎡及以下	105.3	105.4	106.6	106.7	106.9	107.2	107.6	107.6	107.7	107.6	107.1	106.9
	二、90-144㎡	107.0	107.3	108.2	108.5	108.7	109.0	109.3	109.4	109.4	109.0	108.8	108.8
	三、144㎡以上	105.9	105.8	107.0	107.3	107.6	107.8	107.8	107.7	107.9	107.8	107.8	107.7
	二手住宅价格指数	**101.9**	**102.0**	**102.0**	**102.3**	**102.8**	**103.2**	**103.3**	**103.5**	**103.1**	**101.5**	**100.2**	**99.2**
	一、90㎡及以下	102.0	102.1	102.1	102.3	102.9	103.3	103.5	103.8	103.2	101.6	99.9	98.9
	二、90-144㎡	101.8	101.7	101.7	102.0	102.1	102.4	102.5	102.5	102.5	101.1	100.9	100.0
	三、144㎡以上	100.8	102.5	102.7	103.2	103.2	103.3	103.3	102.8	102.8	102.1	101.4	100.8
同比价格指数	**新建住宅价格指数**	**111.5**	**111.5**	**111.5**	**106.7**	**106.9**	**107.6**	**107.7**	**107.6**	**106.5**	**105.2**	**104.3**	**102.4**
	新建商品住宅	111.7	111.7	111.7	106.8	107.1	107.8	107.9	107.8	106.7	105.3	104.4	102.5
	一、90㎡及以下	110.1	110.0	110.3	105.6	105.8	106.7	107.0	106.9	105.8	104.8	103.6	101.6
	二、90-144㎡	112.3	112.5	112.4	107.4	107.6	108.4	108.6	108.5	107.3	105.9	105.0	103.0
	三、144㎡以上	111.5	111.2	111.4	106.2	106.6	107.2	107.0	106.7	105.8	104.5	103.8	101.8
	二手住宅价格指数	**103.1**	**103.8**	**102.7**	**102.4**	**103.0**	**103.3**	**103.5**	**103.3**	**102.9**	**100.8**	**98.9**	**97.5**
	一、90㎡及以下	103.2	103.9	102.8	102.4	103.1	103.4	103.7	103.6	103.1	100.9	98.6	97.1
	二、90-144㎡	102.9	103.5	102.3	102.0	102.3	102.5	102.7	102.3	102.3	100.4	99.6	98.3
	三、144㎡以上	101.5	103.8	103.0	102.9	103.2	103.4	103.6	102.7	102.9	101.7	100.5	99.6
环比价格指数	**新建住宅价格指数**	**100.8**	**100.2**	**100.9**	**100.2**	**100.2**	**100.2**	**100.2**	**100.0**	**100.1**	**99.8**	**99.8**	**99.9**
	新建商品住宅	100.8	100.2	100.9	100.2	100.2	100.2	100.2	100.0	100.1	99.8	99.8	99.9
	一、90㎡及以下	100.0	100.1	101.1	100.1	100.2	100.3	100.4	100.0	100.1	99.9	99.5	99.8
	二、90-144㎡	101.4	100.3	100.8	100.2	100.2	100.3	100.3	100.1	100.0	99.7	99.8	100.0
	三、144㎡以上	100.1	99.9	101.1	100.3	100.3	100.2	99.9	100.0	100.2	99.8	100.0	99.9
	二手住宅价格指数	**100.1**	**100.1**	**100.0**	**100.3**	**100.5**	**100.4**	**100.1**	**100.2**	**99.6**	**98.5**	**98.7**	**99.0**
	一、90㎡及以下	100.2	100.1	100.0	100.3	100.6	100.4	100.1	100.3	99.5	98.4	98.3	99.0
	二、90-144㎡	100.0	99.9	100.0	100.3	100.2	100.3	100.1	100.0	99.9	98.6	99.8	99.1
	三、144㎡以上	99.6	101.6	100.2	100.5	100.0	100.2	99.9	99.5	100.0	99.4	99.2	99.5

2-9-4　2011年太原市住宅销售价格指数
Taiyuan housing sales price index for 2011

		1月	2月	3月	4月	5月	6月	7月	8月	9月	10月	11月	12月
定基价格指数	**新建住宅价格指数**	**100.8**	**100.4**	**100.6**	**100.9**	**101.2**	**101.5**	**101.8**	**101.8**	**101.9**	**101.8**	**101.8**	**101.7**
	新建商品住宅	100.8	100.4	100.7	100.9	101.3	101.6	101.8	101.9	102.0	101.9	101.9	101.8
	一、90㎡及以下	100.4	100.1	100.1	100.4	100.9	101.2	101.7	101.8	102.1	102.0	102.1	101.9
	二、90-144㎡	101.4	101.0	101.6	101.9	102.3	102.6	102.6	102.7	102.9	102.7	102.6	102.5
	三、144㎡以上	100.2	99.8	99.8	99.9	100.2	100.5	100.9	100.9	101.0	100.9	100.9	100.9
	二手住宅价格指数	**102.2**	**102.8**	**103.1**	**103.9**	**104.3**	**104.5**	**104.6**	**104.9**	**105.2**	**105.3**	**105.3**	**105.2**
	一、90㎡及以下	102.4	102.9	103.3	104.0	104.8	105.1	105.3	105.5	105.9	106.1	106.2	106.1
	二、90-144㎡	102.0	102.3	102.5	103.3	103.3	103.5	103.6	103.9	104.0	104.1	104.1	103.9
	三、144㎡以上	102.0	103.8	104.1	105.1	105.2	105.4	105.2	105.4	105.9	106.0	106.0	105.9
同比价格指数	**新建住宅价格指数**	**102.1**	**101.6**	**101.6**	**101.3**	**101.1**	**101.1**	**101.2**	**101.2**	**101.4**	**101.3**	**101.2**	**101.2**
	新建商品住宅	102.2	101.7	101.7	101.3	101.2	101.1	101.3	101.3	101.4	101.3	101.3	101.2
	一、90㎡及以下	101.8	101.4	101.1	100.9	100.7	100.8	101.2	101.2	101.5	101.4	101.5	101.3
	二、90-144㎡	102.8	102.3	102.7	102.3	102.2	102.2	102.0	102.1	102.2	102.1	102.0	101.9
	三、144㎡以上	101.5	101.1	100.8	100.4	100.1	100.0	100.4	100.4	100.4	100.3	100.3	100.4
	二手住宅价格指数	**106.0**	**106.1**	**104.9**	**105.0**	**104.1**	**103.8**	**103.6**	**103.8**	**103.8**	**103.6**	**103.6**	**103.2**
	一、90㎡及以下	106.2	106.2	105.1	105.2	104.6	104.3	104.3	104.5	104.5	104.4	104.4	104.1
	二、90-144㎡	105.8	105.6	104.3	104.4	103.1	102.8	102.6	102.8	102.7	102.5	102.4	101.9
	三、144㎡以上	105.8	107.1	105.9	106.3	104.9	104.7	104.2	104.3	104.6	104.3	104.3	103.9
环比价格指数	**新建住宅价格指数**	**100.2**	**99.6**	**100.3**	**100.2**	**100.4**	**100.3**	**100.2**	**100.0**	**100.1**	**99.9**	**100.0**	**100.0**
	新建商品住宅	100.2	99.6	100.3	100.2	100.4	100.3	100.2	100.0	100.1	99.9	100.0	100.0
	一、90㎡及以下	99.8	99.7	100.0	100.4	100.4	100.3	100.5	100.1	100.3	100.0	100.0	99.9
	二、90-144㎡	100.8	99.5	100.7	100.2	100.4	100.3	100.0	100.1	100.2	99.9	99.9	99.9
	三、144㎡以上	99.6	99.6	100.0	100.1	100.3	100.2	100.5	100.0	100.1	99.9	100.0	100.0
	二手住宅价格指数	**100.2**	**100.6**	**100.3**	**100.7**	**100.4**	**100.2**	**100.1**	**100.2**	**100.3**	**100.1**	**100.0**	**99.9**
	一、90㎡及以下	100.4	100.5	100.4	100.7	100.8	100.2	100.3	100.2	100.3	100.2	100.1	99.9
	二、90-144㎡	100.0	100.4	100.2	100.7	100.1	100.2	100.1	100.3	100.2	100.1	100.0	99.8
	三、144㎡以上	--	101.8	100.3	100.9	100.0	100.2	99.8	100.1	100.5	100.1	100.0	99.9

2-9-5 2011年呼和浩特市住宅销售价格指数
Hohhot housing sales price index for 2011

		1月	2月	3月	4月	5月	6月	7月	8月	9月	10月	11月	12月
定基价格指数	**新建住宅价格指数**	**102.8**	**103.4**	**103.7**	**104.5**	**104.9**	**105.1**	**105.4**	**105.4**	**105.4**	**105.3**	**105.2**	**105.0**
	新建商品住宅	102.9	103.5	103.8	104.7	105.1	105.2	105.5	105.6	105.6	105.4	105.4	105.2
	一、90㎡及以下	102.8	103.7	104.2	104.6	105.2	105.3	105.5	105.5	105.3	105.3	105.2	104.9
	二、90-144㎡	102.6	102.8	102.5	103.6	103.9	104.1	104.5	104.6	104.6	104.5	104.4	104.2
	三、144㎡以上	103.3	104.6	105.4	106.3	106.7	106.9	107.1	107.2	107.1	107.0	106.9	106.8
	二手住宅价格指数	**101.9**	**102.1**	**102.5**	**102.6**	**102.7**	**103.2**	**103.6**	**103.8**	**104.0**	**104.0**	**104.0**	**104.0**
	一、90㎡及以下	101.9	102.2	102.5	102.8	102.8	103.3	103.8	104.1	104.3	104.3	104.3	104.3
	二、90-144㎡	102.2	102.3	102.4	102.5	102.7	103.3	103.9	104.0	104.2	104.2	104.2	104.2
	三、144㎡以上	101.5	101.5	102.3	102.3	102.3	102.7	102.7	102.7	102.7	102.7	102.7	102.7
同比价格指数	**新建住宅价格指数**	**106.8**	**106.9**	**106.4**	**105.0**	**104.7**	**104.8**	**105.0**	**104.2**	**104.0**	**103.3**	**103.0**	**102.3**
	新建商品住宅	107.0	107.2	106.6	105.2	104.9	105.0	105.2	104.4	104.1	103.4	103.1	102.3
	一、90㎡及以下	108.0	108.3	107.9	105.0	104.8	104.8	104.9	104.0	103.5	102.8	102.5	101.6
	二、90-144㎡	106.7	106.3	105.3	104.1	103.7	103.8	104.1	103.3	103.2	102.4	102.2	101.4
	三、144㎡以上	106.8	107.5	107.7	107.0	106.6	106.8	106.9	106.1	105.8	105.1	104.8	104.2
	二手住宅价格指数	**103.2**	**102.9**	**103.3**	**102.8**	**102.4**	**103.1**	**103.8**	**104.0**	**104.0**	**103.8**	**102.7**	**102.4**
	一、90㎡及以下	103.2	103.0	103.4	103.0	102.5	103.2	104.0	104.3	104.3	104.1	103.0	102.6
	二、90-144㎡	103.5	103.2	103.3	102.7	102.4	103.2	104.0	104.1	104.1	104.0	102.9	102.5
	三、144㎡以上	102.7	102.2	103.1	102.5	102.0	102.7	103.0	103.0	102.8	102.6	101.6	101.2
环比价格指数	**新建住宅价格指数**	**100.1**	**100.6**	**100.3**	**100.8**	**100.4**	**100.2**	**100.3**	**100.1**	**100.0**	**99.9**	**99.9**	**99.8**
	新建商品住宅	100.1	100.7	100.3	100.8	100.4	100.2	100.3	100.1	100.0	99.9	99.9	99.8
	一、90㎡及以下	99.6	100.9	100.5	100.3	100.6	100.1	100.2	100.0	99.8	100.0	99.9	99.7
	二、90-144㎡	99.8	100.2	99.8	101.0	100.3	100.2	100.4	100.1	100.1	99.8	100.0	99.8
	三、144㎡以上	100.9	101.2	100.8	100.9	100.3	100.2	100.2	100.1	99.9	99.9	99.9	99.9
	二手住宅价格指数	**100.3**	**100.2**	**100.4**	**100.2**	**100.1**	**100.5**	**100.4**	**100.2**	**100.1**	**100.0**	**100.0**	**100.0**
	一、90㎡及以下	100.3	100.3	100.4	100.3	100.1	100.4	100.5	100.3	100.1	100.0	100.0	100.0
	二、90-144㎡	100.6	100.1	100.1	100.1	100.2	100.6	100.5	100.1	100.2	100.0	100.0	100.0
	三、144㎡以上	100.0	100.0	100.8	100.0	100.0	100.4	100.0	100.0	100.0	100.0	100.0	100.0

2-9-6 2011年沈阳市住宅销售价格指数

Shenyang housing sales price index for 2011

		1月	2月	3月	4月	5月	6月	7月	8月	9月	10月	11月	12月
定基价格指数	**新建住宅价格指数**	**104.2**	**104.2**	**104.7**	**105.4**	**105.9**	**106.4**	**106.7**	**107.1**	**107.2**	**107.2**	**106.5**	**106.2**
	新建商品住宅	104.6	104.6	105.1	105.9	106.4	106.9	107.2	107.5	107.6	107.6	106.9	106.7
	一、90m²及以下	105.3	105.9	106.4	107.5	108.0	108.3	108.5	108.9	108.9	109.0	108.4	108.2
	二、90-144m²	104.9	104.7	105.0	105.8	106.5	107.2	107.7	108.0	108.2	108.1	107.4	107.1
	三、144m²以上	102.7	101.7	102.4	102.4	102.6	102.9	103.4	103.6	103.8	103.6	102.8	102.5
	二手住宅价格指数	**103.1**	**103.6**	**104.1**	**104.2**	**104.2**	**104.4**	**104.4**	**105.1**	**105.2**	**105.0**	**104.3**	**104.3**
	一、90m²及以下	103.2	103.6	104.4	104.5	104.6	104.8	104.9	105.4	105.4	105.3	104.7	104.6
	二、90-144m²	103.0	103.6	104.1	104.1	104.1	104.1	104.1	105.5	105.5	105.3	104.5	104.5
	三、144m²以上	102.9	104.4	102.5	102.5	102.5	102.3	102.1	102.1	102.1	102.1	101.1	101.1
同比价格指数	**新建住宅价格指数**	**108.8**	**108.6**	**107.7**	**107.3**	**106.6**	**106.4**	**106.2**	**106.0**	**105.4**	**103.9**	**103.0**	**102.4**
	新建商品住宅	109.8	109.5	108.5	108.0	107.1	106.8	106.6	106.4	105.6	104.0	103.1	102.4
	一、90m²及以下	110.5	110.9	109.9	109.7	108.7	108.3	107.9	107.7	106.8	105.3	104.5	103.9
	二、90-144m²	110.2	109.7	108.5	107.9	107.2	107.2	107.1	106.8	106.1	104.4	103.4	102.8
	三、144m²以上	107.6	106.3	105.5	104.3	103.2	102.9	102.9	102.6	102.0	100.1	99.3	98.5
	二手住宅价格指数	**107.7**	**107.9**	**107.4**	**105.0**	**103.9**	**103.6**	**103.4**	**104.0**	**103.6**	**102.8**	**102.0**	**101.4**
	一、90m²及以下	107.7	107.9	107.7	105.3	104.2	104.0	103.9	104.2	103.9	103.1	102.3	101.7
	二、90-144m²	107.5	107.8	107.3	104.9	103.8	103.3	103.1	104.4	104.0	103.1	102.2	101.6
	三、144m²以上	107.7	108.9	105.8	103.3	102.2	101.5	101.1	101.0	100.5	99.7	98.6	98.1
环比价格指数	**新建住宅价格指数**	**100.4**	**100.0**	**100.5**	**100.7**	**100.5**	**100.4**	**100.3**	**100.3**	**100.1**	**100.0**	**99.4**	**99.8**
	新建商品住宅	100.4	100.0	100.5	100.7	100.5	100.4	100.3	100.3	100.1	100.0	99.4	99.8
	一、90m²及以下	101.0	100.6	100.5	101.0	100.4	100.3	100.1	100.4	100.0	100.1	99.5	99.8
	二、90-144m²	100.6	99.8	100.4	100.7	100.7	100.7	100.5	100.2	100.2	100.0	99.3	99.8
	三、144m²以上	98.7	99.1	100.7	100.0	100.2	100.3	100.5	100.2	100.2	99.8	99.3	99.7
	二手住宅价格指数	**100.2**	**100.6**	**100.5**	**100.1**	**100.0**	**100.1**	**100.0**	**100.7**	**100.1**	**99.9**	**99.3**	**100.0**
	一、90m²及以下	100.3	100.4	100.8	100.1	100.1	100.2	100.1	100.5	100.1	99.9	99.4	99.9
	二、90-144m²	100.1	100.6	100.5	100.0	100.0	100.0	100.0	101.3	100.0	99.8	99.2	100.0
	三、144m²以上	99.8	101.5	98.2	--	--	99.8	99.8	100.0	100.0	99.9	99.0	100.0

2-9-7 2011年大连市住宅销售价格指数

Dalian housing sales price index for 2011

		1月	2月	3月	4月	5月	6月	7月	8月	9月	10月	11月	12月
定基价格指数	**新建住宅价格指数**	**103.3**	**103.7**	**104.3**	**104.9**	**105.4**	**105.6**	**105.7**	**105.5**	**105.6**	**105.6**	**105.5**	**105.5**
	新建商品住宅	103.3	103.7	104.3	105.0	105.4	105.7	105.8	105.6	105.6	105.6	105.5	105.5
	一、90m²及以下	103.3	103.9	104.6	105.2	105.7	105.9	106.1	106.0	106.0	106.0	105.9	105.9
	二、90-144m²	103.3	104.0	104.4	104.9	105.4	105.4	105.6	105.5	105.5	105.4	105.4	105.3
	三、144m²以上	103.1	102.9	103.6	104.7	105.0	105.6	105.5	105.1	105.2	105.2	105.1	105.1
	二手住宅价格指数	**102.7**	**103.3**	**103.2**	**103.6**	**104.2**	**104.7**	**105.1**	**105.1**	**105.1**	**104.9**	**102.6**	**102.3**
	一、90m²及以下	102.5	103.2	103.7	103.5	103.9	104.4	104.9	105.0	104.8	104.5	101.9	101.8
	二、90-144m²	102.9	103.2	102.2	103.2	104.3	104.7	105.1	105.1	105.1	105.3	103.5	103.1
	三、144m²以上	103.1	104.5	103.9	104.9	105.6	106.4	106.6	106.5	106.3	106.1	104.3	103.4
同比价格指数	**新建住宅价格指数**	**106.6**	**106.8**	**106.3**	**105.6**	**105.9**	**105.9**	**106.0**	**104.9**	**104.3**	**103.8**	**102.5**	**102.2**
	新建商品住宅	106.6	106.8	106.3	105.6	106.0	106.0	106.1	104.9	104.3	103.8	102.5	102.2
	一、90m²及以下	106.7	107.0	106.7	105.8	106.3	106.3	106.4	105.3	104.7	104.2	102.9	102.6
	二、90-144m²	106.8	107.3	106.5	105.6	105.9	105.7	105.9	104.8	104.2	103.6	102.4	102.0
	三、144m²以上	106.3	105.8	105.5	105.4	105.5	105.9	105.9	104.4	104.0	103.5	102.2	101.9
	二手住宅价格指数	**108.1**	**107.0**	**105.3**	**104.0**	**103.7**	**103.8**	**104.2**	**103.9**	**103.9**	**103.0**	**100.4**	**100.0**
	一、90m²及以下	107.9	106.9	105.7	103.9	103.4	103.5	104.0	103.7	103.7	102.7	99.7	99.4
	二、90-144m²	108.4	107.0	104.2	103.7	103.9	103.8	104.2	103.9	103.9	103.3	101.3	100.7
	三、144m²以上	108.4	108.1	105.8	105.3	105.1	105.5	105.6	105.2	105.2	104.4	102.3	101.2
环比价格指数	**新建住宅价格指数**	**100.0**	**100.4**	**100.6**	**100.6**	**100.4**	**100.2**	**100.1**	**99.8**	**100.0**	**100.0**	**100.0**	**99.9**
	新建商品住宅	100.0	100.4	100.6	100.6	100.4	100.2	100.1	99.8	100.0	100.0	100.0	99.9
	一、90m²及以下	100.1	100.6	100.7	100.5	100.5	100.2	100.1	99.9	100.0	100.0	99.9	100.0
	二、90-144m²	100.0	100.7	100.4	100.5	100.4	100.1	100.2	99.9	100.0	99.9	100.0	99.9
	三、144m²以上	100.0	99.8	100.7	101.1	100.3	100.6	99.9	99.5	100.1	100.0	99.9	100.0
	二手住宅价格指数	**100.4**	**100.6**	**99.9**	**100.3**	**100.6**	**100.4**	**100.4**	**100.0**	**99.9**	**99.9**	**97.8**	**99.7**
	一、90m²及以下	100.2	100.6	100.5	99.9	100.4	100.5	100.5	100.1	99.9	99.7	97.4	99.9
	二、90-144m²	100.5	100.3	99.0	101.0	101.0	100.3	100.4	100.0	100.0	100.1	98.3	99.6
	三、144m²以上	100.9	101.3	99.5	101.0	100.7	100.7	100.2	99.9	99.9	99.8	98.3	99.1

2-9-8　2011年长春市住宅销售价格指数
Changchun housing sales price index for 2011

		1月	2月	3月	4月	5月	6月	7月	8月	9月	10月	11月	12月
定基价格指数	**新建住宅价格指数**	**102.6**	**102.2**	**102.9**	**103.4**	**103.8**	**104.1**	**104.4**	**104.7**	**104.7**	**104.8**	**104.5**	**104.2**
	新建商品住宅	102.7	102.2	103.0	103.5	103.9	104.3	104.6	104.9	104.9	104.9	104.7	104.3
	一、90m²及以下	102.5	103.2	104.2	104.9	105.6	106.0	106.5	107.0	107.2	107.4	107.3	107.2
	二、90-144m²	103.1	102.4	103.1	103.3	103.6	104.0	104.2	104.4	104.5	104.4	103.8	103.4
	三、144m²以上	102.3	100.9	101.4	102.1	102.5	102.7	102.9	103.1	102.9	103.0	102.9	102.3
	二手住宅价格指数	**100.7**	**100.8**	**100.9**	**101.3**	**101.7**	**102.0**	**102.2**	**102.4**	**102.5**	**102.2**	**101.3**	**100.4**
	一、90m²及以下	100.9	101.0	101.2	101.5	102.2	102.7	103.1	103.4	103.5	103.2	101.9	100.7
	二、90-144m²	100.4	100.4	100.4	101.3	101.3	101.6	101.3	101.4	101.7	101.5	100.7	100.2
	三、144m²以上	100.5	100.5	100.5	100.5	100.8	100.8	100.8	100.8	100.8	100.2	100.2	100.2
同比价格指数	**新建住宅价格指数**	**106.9**	**106.8**	**106.7**	**104.1**	**102.6**	**102.9**	**103.2**	**103.4**	**103.2**	**102.6**	**102.4**	**101.9**
	新建商品住宅	107.1	107.0	106.9	104.2	102.7	103.0	103.3	103.5	103.3	102.7	102.5	102.0
	一、90m²及以下	107.8	108.6	108.7	105.7	104.3	104.6	105.1	105.3	105.3	104.7	104.8	104.6
	二、90-144m²	107.5	107.1	107.0	104.0	102.3	102.8	103.0	103.1	102.9	102.2	101.7	101.2
	三、144m²以上	105.9	105.0	104.8	102.8	101.3	101.6	101.8	101.9	101.6	101.2	101.0	100.3
	二手住宅价格指数	**100.7**	**100.8**	**100.9**	**101.3**	**101.8**	**102.2**	**102.3**	**102.5**	**102.6**	**102.3**	**100.8**	**100.0**
	一、90m²及以下	101.0	101.1	101.3	101.6	102.3	102.8	103.2	103.5	103.6	103.3	101.5	100.2
	二、90-144m²	100.4	100.5	100.5	101.3	101.4	101.7	101.4	101.5	101.8	101.6	100.3	99.7
	三、144m²以上	100.6	100.6	100.6	100.6	100.8	100.8	100.8	100.8	100.8	100.3	99.7	99.7
环比价格指数	**新建住宅价格指数**	**100.4**	**99.6**	**100.7**	**100.5**	**100.4**	**100.3**	**100.3**	**100.3**	**100.0**	**100.0**	**99.7**	**99.7**
	新建商品住宅	100.4	99.6	100.7	100.5	100.4	100.3	100.3	100.3	100.0	100.1	99.7	99.7
	一、90m²及以下	100.1	100.7	101.0	100.6	100.7	100.4	100.5	100.4	100.2	100.2	99.9	99.9
	二、90-144m²	100.8	99.3	100.7	100.2	100.2	100.4	100.3	100.2	100.0	99.9	99.5	99.6
	三、144m²以上	100.2	98.7	100.5	100.7	100.4	100.2	100.1	100.2	99.8	100.1	99.9	99.4
	二手住宅价格指数	**100.3**	**100.1**	**100.1**	**100.4**	**100.4**	**100.4**	**100.1**	**100.2**	**100.1**	**99.7**	**99.1**	**99.2**
	一、90m²及以下	100.5	100.1	100.2	100.3	100.7	100.5	100.4	100.3	100.1	99.7	98.8	98.8
	二、90-144m²	100.0	--	100.0	100.8	100.0	100.3	99.7	100.1	100.3	99.8	99.2	99.5
	三、144m²以上	--	--	--	100.0	100.3	100.0	100.0	--	100.0	99.4	100.0	--

2-9-9 2011年哈尔滨市住宅销售价格指数
Harbin housing sales price index for 2011

		1月	2月	3月	4月	5月	6月	7月	8月	9月	10月	11月	12月
定基价格指数	**新建住宅价格指数**	**103.6**	**103.0**	**103.5**	**103.6**	**103.6**	**103.9**	**104.0**	**104.0**	**104.1**	**104.1**	**103.8**	**103.5**
	新建商品住宅	103.7	103.1	103.7	103.7	103.7	104.1	104.2	104.2	104.3	104.3	104.0	103.7
	一、90m²及以下	104.0	103.4	104.5	104.5	104.6	104.8	104.9	105.1	105.0	105.1	105.0	104.4
	二、90-144m²	103.5	103.0	103.3	103.4	103.4	103.7	103.8	103.7	103.9	103.8	103.4	103.2
	三、144m²以上	103.5	102.8	103.1	103.2	103.1	103.6	103.7	103.7	103.8	103.8	103.6	103.4
	二手住宅价格指数	**101.8**	**101.8**	**101.8**	**101.8**	**101.8**	**101.7**	**101.7**	**101.7**	**101.7**	**101.0**	**99.8**	**99.5**
	一、90m²及以下	102.0	102.0	101.8	101.8	101.8	101.8	101.8	101.8	101.7	100.9	100.0	99.8
	二、90-144m²	101.8	101.8	101.9	101.9	101.9	101.8	101.7	101.7	101.8	100.9	99.6	99.4
	三、144m²以上	101.5	101.5	101.5	101.5	101.5	101.5	101.5	101.5	101.5	101.3	99.8	99.5
同比价格指数	**新建住宅价格指数**	**107.3**	**106.6**	**106.8**	**105.6**	**104.7**	**104.3**	**104.0**	**102.3**	**102.2**	**101.0**	**100.6**	**100.2**
	新建商品住宅	107.6	106.9	107.1	105.8	104.9	104.5	104.1	102.4	102.2	101.1	100.6	100.2
	一、90m²及以下	107.5	106.8	107.5	106.0	106.0	105.5	105.1	103.4	103.2	102.0	101.7	101.1
	二、90-144m²	107.5	106.8	106.7	105.5	104.5	104.2	103.7	101.9	101.9	100.6	100.0	99.7
	三、144m²以上	108.0	107.2	107.0	106.0	103.9	103.7	103.3	101.6	101.5	100.4	100.0	99.7
	二手住宅价格指数	**103.4**	**103.0**	**102.6**	**102.1**	**101.6**	**102.0**	**102.1**	**102.1**	**101.1**	**99.9**	**98.4**	**98.0**
	一、90m²及以下	103.7	103.3	102.7	102.1	101.7	102.1	102.2	102.2	101.0	99.8	98.5	98.1
	二、90-144m²	103.4	103.0	102.7	102.1	101.7	102.1	102.1	102.1	101.2	99.9	98.1	97.8
	三、144m²以上	103.0	102.6	102.3	101.7	101.3	101.7	101.9	101.9	100.9	100.3	98.5	98.0
环比价格指数	**新建住宅价格指数**	**100.2**	**99.4**	**100.5**	**100.1**	**100.0**	**100.3**	**100.1**	**100.0**	**100.1**	**100.0**	**99.7**	**99.7**
	新建商品住宅	100.2	99.4	100.6	100.1	100.0	100.3	100.1	100.0	100.1	100.0	99.7	99.7
	一、90m²及以下	100.7	99.4	101.0	100.0	100.1	100.2	100.1	100.1	100.0	100.0	99.9	99.5
	二、90-144m²	100.1	99.5	100.4	100.1	100.0	100.3	100.0	99.9	100.2	99.9	99.6	99.8
	三、144m²以上	99.9	99.3	100.2	100.1	99.9	100.5	100.1	99.9	100.1	100.0	99.8	99.8
	二手住宅价格指数	**100.2**	**100.0**	**100.0**	**100.0**	**100.0**	**100.0**	**100.0**	**100.0**	**100.0**	**99.4**	**98.8**	**99.7**
	一、90m²及以下	100.3	100.0	99.8	100.0	100.0	100.0	100.0	100.0	99.9	99.3	99.1	99.7
	二、90-144m²	100.2	100.0	100.1	100.0	100.0	100.0	99.9	100.0	100.1	99.2	98.7	99.8
	三、144m²以上	100.0	100.0	100.0	100.0	100.0	99.9	100.0	100.0	100.0	99.8	98.6	99.6

2-9-10 2011年上海市住宅销售价格指数

Shanghai housing sales price index for 2011

		1月	2月	3月	4月	5月	6月	7月	8月	9月	10月	11月	12月
定基价格指数	**新建住宅价格指数**	**100.8**	**101.8**	**102.0**	**102.3**	**102.4**	**102.6**	**102.6**	**102.6**	**102.6**	**102.3**	**102.0**	**101.7**
	新建商品住宅	101.0	102.1	102.3	102.7	102.9	103.0	103.0	103.0	103.1	102.8	102.4	102.0
	一、90㎡及以下	102.1	103.7	103.4	104.4	104.8	104.9	104.9	105.0	105.0	104.7	104.0	103.7
	二、90-144㎡	101.3	102.8	102.9	102.9	103.2	103.4	103.4	103.3	103.4	102.8	102.4	102.2
	三、144㎡以上	100.3	100.9	101.4	101.6	101.7	101.9	101.8	101.8	101.9	101.7	101.5	100.9
	二手住宅价格指数	**100.6**	**101.0**	**101.4**	**102.0**	**102.3**	**102.5**	**102.8**	**102.9**	**103.0**	**102.8**	**102.3**	**101.9**
	一、90㎡及以下	100.8	101.5	102.3	102.4	102.5	102.9	103.4	103.7	103.8	103.8	103.1	102.5
	二、90-144㎡	100.4	100.5	100.9	102.0	102.5	102.7	103.0	103.1	103.1	103.0	102.5	102.5
	三、144㎡以上	100.5	100.7	99.9	100.9	101.2	101.0	100.9	100.8	100.8	100.3	99.9	99.4
同比价格指数	**新建住宅价格指数**	**101.5**	**102.3**	**101.7**	**101.3**	**101.4**	**102.2**	**102.5**	**102.8**	**103.1**	**102.9**	**102.4**	**101.8**
	新建商品住宅	101.8	102.8	102.0	101.5	101.6	102.6	102.9	103.2	103.7	103.4	102.8	102.0
	一、90㎡及以下	102.9	104.4	103.1	103.2	103.5	104.5	104.8	105.2	105.6	105.3	104.4	103.7
	二、90-144㎡	102.0	103.4	102.6	101.8	101.9	102.9	103.3	103.6	104.0	103.5	102.8	102.3
	三、144㎡以上	101.0	101.5	101.0	100.4	100.4	101.4	101.7	102.1	102.5	102.4	102.0	101.1
	二手住宅价格指数	**101.7**	**102.0**	**100.5**	**100.2**	**100.5**	**102.4**	**103.8**	**103.7**	**103.4**	**103.3**	**102.6**	**101.7**
	一、90㎡及以下	101.9	102.5	101.4	100.6	100.8	102.8	104.4	104.5	104.2	104.2	103.4	102.3
	二、90-144㎡	101.5	101.5	100.1	100.2	100.7	102.6	103.9	103.8	103.5	103.3	102.8	102.3
	三、144㎡以上	101.4	101.6	99.0	99.0	99.5	100.9	101.9	101.6	101.2	100.7	100.2	99.3
环比价格指数	**新建住宅价格指数**	**100.9**	**100.9**	**100.2**	**100.3**	**100.2**	**100.1**	**100.0**	**100.0**	**100.0**	**99.8**	**99.7**	**99.7**
	新建商品住宅	101.1	101.1	100.2	100.3	100.2	100.1	100.0	100.0	100.0	99.7	99.6	99.6
	一、90㎡及以下	102.1	101.6	99.7	100.9	100.4	100.1	100.0	100.0	100.0	99.7	99.4	99.7
	二、90-144㎡	101.4	101.5	100.1	100.0	100.3	100.2	100.0	99.9	100.1	99.5	99.6	99.8
	三、144㎡以上	100.4	100.6	100.5	100.2	100.1	100.2	100.0	100.0	100.0	99.9	99.8	99.5
	二手住宅价格指数	**100.5**	**100.4**	**100.4**	**100.6**	**100.2**	**100.2**	**100.3**	**100.1**	**100.1**	**99.8**	**99.5**	**99.6**
	一、90㎡及以下	100.7	100.6	100.9	100.1	100.1	100.3	100.5	100.3	100.1	99.9	99.4	99.4
	二、90-144㎡	100.2	100.0	100.5	101.1	100.4	100.3	100.2	100.1	100.1	99.8	99.5	100.0
	三、144㎡以上	100.4	100.2	99.2	101.0	100.3	99.8	99.9	99.9	100.0	99.5	99.6	99.5

2-9-11　2011年南京市住宅销售价格指数
Nanjing housing sales price index for 2011

		1月	2月	3月	4月	5月	6月	7月	8月	9月	10月	11月	12月
定基价格指数	**新建住宅价格指数**	**100.8**	**101.3**	**101.9**	**101.8**	**101.8**	**101.7**	**101.6**	**101.4**	**101.4**	**100.9**	**100.4**	**99.9**
	新建商品住宅	101.0	101.7	102.5	102.4	102.4	102.2	102.1	101.9	101.8	101.2	100.5	99.8
	一、90㎡及以下	100.6	101.6	102.5	102.3	102.2	102.2	102.1	102.0	101.8	101.2	100.2	99.5
	二、90-144㎡	101.0	101.7	102.7	102.9	103.0	102.7	102.7	102.3	102.2	101.7	100.9	100.1
	三、144㎡以上	101.3	101.9	101.9	101.4	101.4	101.2	101.0	100.9	100.9	100.1	99.9	99.5
	二手住宅价格指数	**100.3**	**100.8**	**101.4**	**101.4**	**100.9**	**100.3**	**100.0**	**99.8**	**99.2**	**98.7**	**98.1**	**97.2**
	一、90㎡及以下	100.6	101.2	101.2	100.8	100.1	99.5	99.1	98.9	98.4	97.7	97.1	96.1
	二、90-144㎡	100.4	101.0	101.0	101.4	101.2	100.3	99.8	99.4	98.5	97.9	97.0	96.1
	三、144㎡以上	99.6	100.0	102.2	102.2	101.7	101.7	101.7	101.6	101.4	101.2	101.2	100.2
同比价格指数	**新建住宅价格指数**	**103.9**	**103.7**	**101.5**	**100.2**	**100.3**	**100.7**	**101.4**	**101.4**	**101.2**	**100.7**	**100.3**	**99.7**
	新建商品住宅	104.2	104.2	102.1	100.7	100.9	101.2	101.9	101.8	101.6	101.0	100.3	99.7
	一、90㎡及以下	103.6	103.6	100.0	99.3	100.0	100.5	103.0	103.0	102.7	101.8	100.9	100.1
	二、90-144㎡	104.1	104.0	102.4	101.3	101.4	101.6	102.6	102.3	102.1	101.6	100.8	100.0
	三、144㎡以上	104.7	105.1	103.5	101.0	100.6	101.0	99.7	99.8	99.7	99.1	99.0	98.6
	二手住宅价格指数	**99.6**	**100.0**	**99.9**	**99.5**	**100.2**	**100.6**	**100.8**	**101.3**	**100.6**	**99.3**	**98.8**	**97.5**
	一、90㎡及以下	99.8	100.4	99.8	98.9	99.4	99.7	99.8	100.4	99.8	98.4	97.9	96.5
	二、90-144㎡	99.7	100.1	99.5	99.5	100.5	100.5	100.6	100.9	99.9	98.5	97.7	96.5
	三、144㎡以上	98.9	99.2	100.8	100.3	101.0	102.0	102.5	103.1	102.7	101.9	101.9	100.6
环比价格指数	**新建住宅价格指数**	**100.7**	**100.5**	**100.5**	**99.9**	**100.0**	**99.9**	**99.9**	**99.8**	**99.9**	**99.6**	**99.5**	**99.5**
	新建商品住宅	100.9	100.7	100.7	99.9	100.0	99.8	99.9	99.8	99.9	99.4	99.3	99.3
	一、90㎡及以下	101.3	101.0	100.9	99.8	99.9	100.0	99.9	99.9	99.9	99.4	99.0	99.3
	二、90-144㎡	100.9	100.7	101.0	100.2	100.1	99.7	99.9	99.7	99.9	99.5	99.2	99.2
	三、144㎡以上	100.4	100.5	100.1	99.5	100.0	99.8	99.8	99.9	100.0	99.2	99.8	99.6
	二手住宅价格指数	**100.7**	**100.5**	**100.5**	**100.0**	**99.5**	**99.4**	**99.7**	**99.7**	**99.4**	**99.5**	**99.4**	**99.1**
	一、90㎡及以下	101.0	100.6	100.0	99.6	99.3	99.4	99.6	99.8	99.5	99.3	99.4	99.0
	二、90-144㎡	100.8	100.5	100.0	100.5	99.7	99.1	99.6	99.6	99.1	99.3	99.1	99.1
	三、144㎡以上	100.0	100.4	102.2	--	99.5	--	100.0	99.9	99.8	99.9	99.9	99.1

2-9-12　2011年杭州市住宅销售价格指数

Hangzhou housing sales price index for 2011

		1月	2月	3月	4月	5月	6月	7月	8月	9月	10月	11月	12月
定基价格指数	**新建住宅价格指数**	**100.1**	**100.9**	**100.7**	**100.8**	**100.9**	**101.1**	**101.0**	**101.0**	**100.9**	**100.5**	**100.2**	**99.5**
	新建商品住宅	100.2	101.0	100.9	101.0	101.0	101.1	101.0	101.0	100.9	100.5	100.2	99.4
	一、90m²及以下	100.5	101.6	101.8	102.4	102.5	102.5	102.3	102.3	102.3	101.9	101.6	100.9
	二、90-144m²	100.1	101.1	101.3	101.3	101.1	101.0	101.0	101.0	100.9	100.4	100.0	99.4
	三、144m²以上	99.9	100.5	99.7	99.3	99.6	99.6	99.6	99.6	99.4	99.1	98.7	97.9
	二手住宅价格指数	**101.5**	**101.7**	**101.8**	**101.5**	**101.3**	**101.3**	**101.2**	**100.9**	**100.5**	**99.0**	**98.0**	**96.7**
	一、90m²及以下	101.5	101.2	101.6	101.4	101.2	101.1	101.2	100.9	100.6	98.9	97.7	96.2
	二、90-144m²	101.6	102.4	102.4	102.3	102.3	102.2	102.1	101.8	101.1	100.0	99.5	98.0
	三、144m²以上	101.2	101.9	101.2	100.1	100.1	100.2	99.7	99.0	98.6	97.4	96.6	96.4
同比价格指数	**新建住宅价格指数**	**100.8**	**101.6**	**101.4**	**98.8**	**99.0**	**99.3**	**100.0**	**101.8**	**101.2**	**101.5**	**101.3**	**101.0**
	新建商品住宅	100.9	101.8	101.6	98.8	99.0	99.3	100.0	101.8	101.2	101.5	101.3	101.0
	一、90m²及以下	101.3	102.3	102.5	100.0	100.6	100.6	101.3	103.1	102.6	103.0	102.7	102.5
	二、90-144m²	101.0	101.9	102.1	99.3	99.3	99.3	100.0	101.8	101.1	101.3	101.0	100.8
	三、144m²以上	100.6	101.1	100.4	97.3	97.7	97.8	98.6	100.4	99.7	100.2	99.9	99.5
	二手住宅价格指数	**104.4**	**104.6**	**103.7**	**100.1**	**100.4**	**100.5**	**100.7**	**100.4**	**100.0**	**98.1**	**97.1**	**95.6**
	一、90m²及以下	104.4	104.1	103.6	100.1	100.3	100.4	100.7	100.4	100.1	98.1	96.8	95.1
	二、90-144m²	104.6	105.4	104.5	101.0	101.5	101.4	101.5	101.3	100.5	99.1	98.5	96.8
	三、144m²以上	103.9	104.6	103.0	98.6	99.1	99.4	99.3	98.6	98.3	96.7	95.9	95.4
环比价格指数	**新建住宅价格指数**	**101.6**	**100.8**	**99.9**	**100.1**	**100.0**	**100.0**	**99.9**	**100.0**	**99.9**	**99.6**	**99.7**	**99.3**
	新建商品住宅	101.7	100.9	99.9	100.1	100.0	100.0	99.9	100.0	99.9	99.6	99.7	99.3
	一、90m²及以下	102.0	101.1	100.2	100.6	100.1	100.0	99.8	100.0	100.0	99.6	99.7	99.3
	二、90-144m²	101.5	101.0	100.2	100.1	99.8	99.9	100.0	100.0	99.9	99.5	99.6	99.4
	三、144m²以上	101.5	100.6	99.3	99.6	100.2	100.1	100.0	99.9	99.8	99.7	99.7	99.2
	二手住宅价格指数	**100.3**	**100.2**	**100.1**	**99.7**	**99.8**	**100.0**	**99.9**	**99.6**	**99.6**	**98.5**	**99.1**	**98.6**
	一、90m²及以下	100.4	99.8	100.4	99.8	99.8	100.0	100.0	99.7	99.8	98.3	98.8	98.4
	二、90-144m²	100.3	100.9	100.0	99.9	100.0	100.0	99.8	99.7	99.3	98.9	99.5	98.5
	三、144m²以上	100.2	100.7	99.3	98.9	100.0	100.1	99.5	99.3	99.6	98.7	99.2	99.7

2-9-13　2011年宁波市住宅销售价格指数

Ningbo housing sales price index for 2011

		1月	2月	3月	4月	5月	6月	7月	8月	9月	10月	11月	12月
定基价格指数	**新建住宅价格指数**	**101.5**	**101.9**	**101.3**	**101.7**	**102.0**	**102.0**	**101.7**	**101.7**	**101.6**	**101.2**	**100.6**	**100.1**
	新建商品住宅	101.6	102.0	101.4	101.8	102.1	102.2	101.8	101.8	101.6	101.2	100.6	100.1
	一、90m²及以下	101.9	103.6	103.1	103.6	103.7	104.0	103.5	103.2	103.1	102.6	101.8	101.4
	二、90-144m²	101.4	102.1	102.2	102.4	102.7	102.7	102.4	102.4	102.2	101.6	100.9	100.4
	三、144m²以上	101.6	101.4	100.1	100.7	101.1	101.1	100.8	100.8	100.7	100.5	99.9	99.5
	二手住宅价格指数	**98.7**	**98.6**	**98.5**	**98.5**	**98.5**	**98.3**	**98.1**	**97.8**	**97.8**	**97.6**	**97.3**	**96.7**
	一、90m²及以下	98.7	98.5	98.5	98.3	98.3	98.1	98.0	97.7	97.6	97.5	97.4	96.5
	二、90-144m²	98.7	98.7	98.6	98.4	98.5	98.2	98.0	97.8	97.7	97.6	97.0	96.6
	三、144m²以上	98.7	98.6	98.6	99.2	99.2	99.1	98.7	98.4	98.5	98.0	97.8	97.5
同比价格指数	**新建住宅价格指数**	**103.7**	**104.1**	**103.2**	**101.9**	**102.0**	**102.1**	**101.4**	**101.2**	**100.2**	**99.8**	**99.2**	**98.8**
	新建商品住宅	103.9	104.3	103.3	102.0	102.1	102.2	101.5	101.2	100.2	99.8	99.2	98.7
	一、90m²及以下	104.5	106.2	105.3	103.9	103.8	104.0	103.2	102.6	101.4	101.0	100.2	99.8
	二、90-144m²	103.7	104.4	104.2	102.6	102.7	102.8	102.1	101.9	100.7	100.1	99.5	99.0
	三、144m²以上	103.8	103.6	102.0	100.9	101.1	101.1	100.5	100.3	99.4	99.1	98.6	98.1
	二手住宅价格指数	**97.1**	**97.1**	**96.6**	**96.3**	**98.0**	**99.3**	**99.2**	**98.9**	**98.4**	**98.7**	**98.8**	**98.2**
	一、90m²及以下	97.1	97.0	96.6	96.1	97.9	99.1	99.0	98.7	98.3	98.6	98.8	98.0
	二、90-144m²	97.0	97.1	96.7	96.1	98.0	99.2	99.1	98.9	98.4	98.7	98.5	98.1
	三、144m²以上	97.3	97.2	96.9	97.1	98.8	100.0	99.7	99.4	99.0	99.0	99.1	98.9
环比价格指数	**新建住宅价格指数**	**100.1**	**100.4**	**99.4**	**100.4**	**100.3**	**100.1**	**99.7**	**100.0**	**99.9**	**99.6**	**99.4**	**99.5**
	新建商品住宅	100.1	100.5	99.4	100.4	100.3	100.1	99.7	100.0	99.9	99.6	99.4	99.5
	一、90m²及以下	100.2	101.7	99.6	100.5	100.1	100.2	99.6	99.7	99.9	99.5	99.2	99.6
	二、90-144m²	100.0	100.6	100.1	100.2	100.2	100.1	99.6	100.0	99.8	99.4	99.3	99.5
	三、144m²以上	100.2	99.9	98.7	100.6	100.4	100.0	99.7	100.0	100.0	99.7	99.5	99.5
	二手住宅价格指数	**100.2**	**99.9**	**100.0**	**99.9**	**100.0**	**99.8**	**99.8**	**99.7**	**100.0**	**99.8**	**99.8**	**99.3**
	一、90m²及以下	100.2	99.8	100.0	99.8	100.0	99.8	99.9	99.7	99.9	99.8	99.9	99.1
	二、90-144m²	100.3	100.0	100.0	99.7	100.1	99.8	99.8	99.8	99.9	99.8	99.4	99.6
	三、144m²以上	100.1	99.9	100.0	100.6	100.0	99.9	99.6	99.7	100.1	99.5	99.8	99.7

2-9-14　2011年合肥市住宅销售价格指数

Hefei housing sales price index for 2011

		1月	2月	3月	4月	5月	6月	7月	8月	9月	10月	11月	12月
定基价格指数	**新建住宅价格指数**	**101.9**	**102.4**	**102.5**	**102.8**	**102.5**	**102.6**	**102.6**	**102.7**	**102.6**	**102.5**	**102.3**	**101.9**
	新建商品住宅	102.0	102.5	102.6	103.0	102.6	102.7	102.7	102.8	102.7	102.6	102.4	101.9
	一、90㎡及以下	102.2	103.5	103.9	104.1	103.8	103.9	103.9	103.9	103.9	103.7	103.5	103.1
	二、90-144㎡	101.9	102.1	102.0	102.5	102.1	102.2	102.3	102.4	102.3	102.3	102.0	101.5
	三、144㎡以上	101.5	102.2	102.1	102.2	102.0	102.0	102.0	102.0	102.0	101.5	101.3	101.2
	二手住宅价格指数	**102.7**	**102.7**	**102.8**	**102.8**	**102.8**	**103.0**	**103.3**	**103.7**	**103.9**	**103.2**	**101.5**	**100.2**
	一、90㎡及以下	103.0	103.0	103.3	103.3	103.4	103.8	104.1	104.8	104.9	104.3	103.6	102.4
	二、90-144㎡	102.8	102.8	102.8	102.8	102.8	102.9	103.2	103.5	103.7	103.0	100.7	99.7
	三、144㎡以上	101.7	101.7	101.7	101.7	101.4	101.5	102.2	102.5	102.6	102.3	101.0	98.6
同比价格指数	**新建住宅价格指数**	**106.4**	**105.1**	**103.4**	**101.7**	**100.3**	**100.6**	**103.0**	**103.0**	**102.6**	**101.9**	**101.4**	**100.3**
	新建商品住宅	106.5	105.1	103.4	101.9	100.4	100.7	103.1	103.1	102.7	102.0	101.5	100.3
	一、90㎡及以下	106.6	106.1	104.8	103.2	101.8	102.0	104.3	104.2	103.8	103.1	102.6	101.4
	二、90-144㎡	106.4	104.7	102.9	101.4	100.0	100.2	102.7	102.7	102.3	101.7	101.1	99.9
	三、144㎡以上	106.5	104.9	102.8	100.8	99.5	99.7	102.6	102.5	102.2	101.0	100.6	99.9
	二手住宅价格指数	**107.5**	**105.7**	**104.4**	**103.1**	**102.2**	**103.4**	**102.7**	**102.8**	**102.1**	**101.4**	**99.7**	**97.9**
	一、90㎡及以下	108.0	106.3	105.0	103.8	103.0	104.3	103.4	103.9	102.9	102.3	101.6	99.9
	二、90-144㎡	107.7	106.0	104.5	103.2	102.2	103.3	102.5	102.6	101.9	101.2	98.9	97.3
	三、144㎡以上	105.2	103.6	102.3	101.0	100.9	102.3	102.0	102.2	101.5	101.3	100.0	97.0
环比价格指数	**新建住宅价格指数**	**100.3**	**100.5**	**100.0**	**100.4**	**99.7**	**100.0**	**100.1**	**100.0**	**100.0**	**99.9**	**99.8**	**99.6**
	新建商品住宅	100.4	100.6	100.0	100.4	99.7	100.0	100.1	100.0	100.0	99.9	99.7	99.6
	一、90㎡及以下	100.5	101.2	100.4	100.3	99.7	100.0	100.1	100.0	100.0	99.8	99.8	99.6
	二、90-144㎡	100.3	100.2	99.9	100.5	99.6	100.1	100.1	100.0	99.9	100.0	99.7	99.5
	三、144㎡以上	100.2	100.7	99.9	100.1	99.8	100.0	100.0	100.0	100.0	99.5	99.8	99.9
	二手住宅价格指数	**100.3**	**100.0**	**100.1**	**100.0**	**100.0**	**100.2**	**100.3**	**100.4**	**100.2**	**99.4**	**98.3**	**98.8**
	一、90㎡及以下	100.4	100.0	100.3	100.0	100.1	100.4	100.3	100.7	100.0	99.4	99.4	98.9
	二、90-144㎡	100.4	100.0	100.0	100.0	100.0	100.1	100.2	100.3	100.2	99.3	97.8	99.0
	三、144㎡以上	100.0	--	100.0	100.0	99.7	100.2	100.6	100.3	100.0	99.8	98.7	97.7

2-9-15 2011年福州市住宅销售价格指数
Fuzhou housing sales price index for 2011

		1月	2月	3月	4月	5月	6月	7月	8月	9月	10月	11月	12月
定基价格指数	**新建住宅价格指数**	**101.9**	**103.3**	**103.7**	**104.2**	**104.0**	**104.0**	**103.9**	**104.0**	**104.1**	**104.1**	**104.0**	**103.9**
	新建商品住宅	101.9	103.4	103.7	104.2	104.1	104.0	104.0	104.0	104.1	104.1	104.0	104.0
	一、90㎡及以下	101.0	102.0	102.5	102.8	102.7	102.7	102.7	102.6	102.5	102.4	102.3	102.1
	二、90-144㎡	102.7	104.5	105.3	106.3	106.2	106.1	106.0	106.2	106.4	106.3	106.3	106.3
	三、144㎡以上	101.5	102.9	102.7	102.9	102.7	102.6	102.5	102.6	102.6	102.8	102.6	102.4
	二手住宅价格指数	**100.6**	**102.3**	**102.0**	**101.3**	**100.2**	**100.1**	**99.1**	**98.5**	**97.6**	**96.9**	**96.3**	**95.3**
	一、90㎡及以下	100.8	102.7	102.5	101.8	100.8	100.7	99.8	98.9	98.0	97.1	96.4	95.7
	二、90-144㎡	100.4	103.2	103.1	102.9	101.8	101.7	100.9	100.2	99.4	98.8	98.2	96.9
	三、144㎡以上	100.5	100.8	100.5	99.0	100.1	99.9	98.4	98.1	97.2	96.4	95.9	95.2
同比价格指数	**新建住宅价格指数**	**104.1**	**105.2**	**104.7**	**104.0**	**103.8**	**103.8**	**103.8**	**103.8**	**103.1**	**103.1**	**102.8**	**102.7**
	新建商品住宅	104.2	105.3	104.8	104.0	103.9	103.8	103.8	103.9	103.2	103.2	102.8	102.8
	一、90㎡及以下	103.3	103.9	103.6	102.6	102.5	102.5	102.5	102.4	101.6	101.5	101.1	101.0
	二、90-144㎡	105.1	106.4	106.4	106.1	106.0	105.9	105.9	106.0	105.5	105.3	105.1	105.1
	三、144㎡以上	103.8	104.8	103.8	102.7	102.5	102.4	102.4	102.4	101.7	101.9	101.4	101.3
	二手住宅价格指数	**100.3**	**102.3**	**102.0**	**101.2**	**100.0**	**99.7**	**99.6**	**98.9**	**97.8**	**97.0**	**96.3**	**95.1**
	一、90㎡及以下	100.6	102.7	102.4	101.7	100.6	100.3	100.4	99.3	98.3	97.3	96.4	95.4
	二、90-144㎡	100.2	103.2	103.0	102.8	101.5	101.2	101.5	100.7	99.6	98.9	98.2	96.7
	三、144㎡以上	100.2	100.8	100.4	98.9	99.8	99.4	98.9	98.5	97.4	96.6	96.0	94.9
环比价格指数	**新建住宅价格指数**	**100.7**	**101.5**	**100.3**	**100.5**	**99.9**	**99.9**	**100.0**	**100.1**	**100.1**	**100.0**	**99.9**	**99.9**
	新建商品住宅	100.7	101.5	100.3	100.5	99.9	99.9	100.0	100.1	100.1	100.0	99.9	99.9
	一、90㎡及以下	99.8	101.0	100.5	100.3	99.9	100.0	100.0	99.9	99.9	99.9	99.9	99.9
	二、90-144㎡	101.6	101.8	100.8	100.9	99.9	99.9	100.0	100.1	100.2	99.9	100.0	100.0
	三、144㎡以上	100.4	101.4	99.8	100.2	99.8	99.9	99.9	100.1	100.0	100.2	99.8	99.9
	二手住宅价格指数	**100.3**	**101.7**	**99.8**	**99.2**	**99.0**	**99.9**	**99.0**	**99.4**	**99.1**	**99.3**	**99.4**	**99.0**
	一、90㎡及以下	100.5	101.9	99.8	99.3	99.0	99.9	99.1	99.1	99.1	99.1	99.2	99.3
	二、90-144㎡	100.2	102.8	99.9	99.8	98.9	99.9	99.2	99.3	99.1	99.4	99.4	98.7
	三、144㎡以上	100.3	100.3	99.7	98.5	99.1	99.8	98.5	99.7	99.1	99.2	99.5	99.2

2-9-16　2011年厦门市住宅销售价格指数
Xiamen housing sales price index for 2011

		1月	2月	3月	4月	5月	6月	7月	8月	9月	10月	11月	12月
定基价格指数	**新建住宅价格指数**	**103.8**	**105.3**	**105.6**	**106.1**	**106.1**	**106.0**	**106.0**	**106.0**	**106.0**	**106.0**	**105.8**	**105.6**
	新建商品住宅	103.9	105.4	105.8	106.2	106.3	106.2	106.1	106.1	106.2	106.2	106.0	105.7
	一、90㎡及以下	105.3	106.2	107.0	107.6	107.6	107.6	107.5	107.5	107.4	107.4	107.2	106.9
	二、90-144㎡	104.3	106.3	106.4	106.6	106.7	106.6	106.6	106.5	106.7	106.6	106.3	106.0
	三、144㎡以上	102.7	104.0	104.3	104.9	105.0	104.9	104.8	104.9	104.9	105.0	104.9	104.8
	二手住宅价格指数	**100.6**	**100.6**	**101.3**	**101.9**	**102.2**	**102.8**	**103.0**	**103.1**	**103.1**	**103.2**	**102.7**	**101.7**
	一、90㎡及以下	100.7	100.8	101.3	102.2	102.6	103.3	103.6	103.7	103.7	103.8	103.3	102.3
	二、90-144㎡	100.7	100.7	101.4	102.2	102.5	103.0	103.2	103.3	103.3	103.4	102.5	101.5
	三、144㎡以上	100.3	100.4	101.1	101.3	101.5	101.9	102.0	102.0	102.0	102.1	102.1	101.0
同比价格指数	**新建住宅价格指数**	**105.0**	**106.4**	**106.6**	**106.4**	**106.4**	**106.5**	**106.5**	**106.5**	**105.7**	**105.7**	**103.5**	**103.2**
	新建商品住宅	105.1	106.6	106.8	106.6	106.6	106.7	106.7	106.7	105.9	105.8	103.6	103.3
	一、90㎡及以下	106.5	107.4	108.1	108.0	108.0	108.1	108.0	108.0	107.0	107.0	104.7	104.4
	二、90-144㎡	105.5	107.5	107.4	107.0	107.0	107.1	107.1	107.1	106.4	106.2	103.9	103.6
	三、144㎡以上	103.8	105.1	105.3	105.2	105.3	105.4	105.3	105.4	104.6	104.6	102.6	102.4
	二手住宅价格指数	**100.8**	**100.9**	**100.0**	**99.2**	**100.3**	**103.9**	**104.7**	**105.0**	**103.6**	**103.7**	**102.9**	**101.6**
	一、90㎡及以下	100.7	100.9	100.0	99.3	100.6	104.3	105.3	105.7	104.3	104.4	103.6	102.4
	二、90-144㎡	101.0	101.1	100.2	99.5	100.5	104.0	104.8	105.1	103.7	103.8	102.7	101.4
	三、144㎡以上	100.5	100.5	99.7	98.4	99.5	103.1	103.8	104.0	102.6	102.6	102.3	100.9
环比价格指数	**新建住宅价格指数**	**101.5**	**101.4**	**100.3**	**100.4**	**100.0**	**99.9**	**100.0**	**100.0**	**100.0**	**100.0**	**99.8**	**99.8**
	新建商品住宅	101.6	101.4	100.3	100.4	100.0	99.9	100.0	100.0	100.0	100.0	99.8	99.8
	一、90㎡及以下	102.8	100.9	100.8	100.5	100.0	100.0	100.0	100.0	99.9	100.0	99.8	99.7
	二、90-144㎡	102.0	101.9	100.1	100.2	100.0	100.0	100.0	100.0	100.2	99.9	99.7	99.7
	三、144㎡以上	100.4	101.2	100.4	100.6	100.1	99.9	99.9	100.1	100.0	100.1	99.9	99.9
	二手住宅价格指数	**100.6**	**100.0**	**100.7**	**100.6**	**100.3**	**100.6**	**100.2**	**100.1**	**100.0**	**100.0**	**99.5**	**99.0**
	一、90㎡及以下	100.8	100.1	100.6	100.8	100.4	100.7	100.3	100.1	100.0	100.0	99.5	99.1
	二、90-144㎡	100.6	100.0	100.7	100.8	100.3	100.6	100.2	100.1	100.0	100.0	99.2	99.0
	三、144㎡以上	100.3	100.0	100.8	100.2	100.2	100.5	100.1	100.0	100.0	100.0	100.0	99.0

2-9-17　2011年南昌市住宅销售价格指数

Nanchang housing sales price index for 2011

		1月	2月	3月	4月	5月	6月	7月	8月	9月	10月	11月	12月
定基价格指数	**新建住宅价格指数**	**105.8**	**106.8**	**106.8**	**107.1**	**107.4**	**107.7**	**107.7**	**107.7**	**107.6**	**107.3**	**106.7**	**106.1**
	新建商品住宅	105.9	106.9	106.9	107.2	107.6	107.9	107.9	107.9	107.8	107.4	106.8	106.2
	一、90㎡及以下	105.3	106.5	107.4	107.5	108.3	108.4	108.5	108.5	108.4	107.9	107.1	106.3
	二、90-144㎡	106.0	107.5	107.5	107.9	108.4	108.8	108.9	109.0	108.9	108.6	108.0	107.5
	三、144㎡以上	105.9	106.1	105.6	105.7	105.7	105.9	105.7	105.5	105.3	105.0	104.6	103.9
	二手住宅价格指数	**102.5**	**103.0**	**103.4**	**103.9**	**104.5**	**104.2**	**103.9**	**102.5**	**101.8**	**101.3**	**99.3**	**98.8**
	一、90㎡及以下	102.2	103.0	103.8	104.3	105.1	104.8	104.4	103.1	102.1	101.5	100.2	99.8
	二、90-144㎡	102.2	102.6	103.0	103.4	103.9	103.9	103.7	102.2	101.5	101.1	98.6	98.1
	三、144㎡以上	104.1	103.9	103.5	104.1	104.1	103.2	102.8	101.7	101.5	100.8	97.8	97.8
同比价格指数	**新建住宅价格指数**	**108.8**	**109.6**	**108.6**	**106.1**	**107.1**	**108.2**	**109.3**	**109.1**	**107.5**	**105.6**	**103.1**	**102.1**
	新建商品住宅	108.9	109.8	108.8	106.2	107.2	108.4	109.4	109.3	107.7	105.8	103.3	102.2
	一、90㎡及以下	108.5	109.4	109.3	106.5	108.0	108.9	110.0	109.9	108.3	106.2	103.4	102.2
	二、90-144㎡	109.0	110.3	109.4	107.0	108.0	109.3	110.4	110.4	108.9	106.9	104.4	103.4
	三、144㎡以上	108.9	108.8	107.4	104.7	105.3	106.4	107.2	106.9	105.2	103.4	101.1	100.0
	二手住宅价格指数	**103.2**	**103.8**	**104.0**	**103.9**	**104.5**	**104.4**	**104.4**	**102.8**	**101.6**	**100.9**	**98.5**	**97.3**
	一、90㎡及以下	103.0	103.8	104.4	104.3	105.1	105.0	104.9	103.4	101.9	101.1	99.5	98.2
	二、90-144㎡	102.8	103.3	103.4	103.3	103.9	104.1	104.2	102.5	101.5	100.8	97.9	96.7
	三、144㎡以上	105.3	105.1	104.4	104.2	104.3	103.3	103.1	101.9	101.2	100.2	96.8	95.9
环比价格指数	**新建住宅价格指数**	**101.8**	**101.0**	**100.0**	**100.2**	**100.3**	**100.2**	**100.0**	**100.0**	**99.9**	**99.7**	**99.5**	**99.5**
	新建商品住宅	101.9	101.0	100.0	100.2	100.3	100.3	100.0	100.0	99.9	99.7	99.4	99.4
	一、90㎡及以下	101.3	101.1	100.8	100.1	100.8	100.1	100.1	100.0	99.9	99.6	99.2	99.2
	二、90-144㎡	102.0	101.5	100.0	100.4	100.4	100.4	100.1	100.1	99.9	99.7	99.4	99.5
	三、144㎡以上	102.0	100.2	99.6	100.1	100.0	100.2	99.9	99.8	99.8	99.7	99.6	99.4
	二手住宅价格指数	**100.8**	**100.5**	**100.5**	**100.4**	**100.6**	**99.7**	**99.7**	**98.7**	**99.3**	**99.5**	**98.0**	**99.6**
	一、90㎡及以下	100.6	100.8	100.8	100.4	100.8	99.7	99.6	98.8	99.0	99.5	98.7	99.5
	二、90-144㎡	100.6	100.4	100.3	100.4	100.5	100.0	99.8	98.5	99.4	99.6	97.5	99.5
	三、144㎡以上	102.2	99.8	99.6	100.5	100.1	99.1	99.6	99.0	99.8	99.3	97.0	100.0

2-9-18　2011年济南市住宅销售价格指数

Jinan housing sales price index for 2011

		1月	2月	3月	4月	5月	6月	7月	8月	9月	10月	11月	12月
定基价格指数	**新建住宅价格指数**	**102.6**	**103.0**	**103.5**	**104.0**	**104.2**	**104.6**	**104.6**	**104.2**	**104.3**	**103.8**	**103.6**	**103.3**
	新建商品住宅	102.6	103.0	103.5	104.0	104.2	104.6	104.6	104.2	104.3	103.8	103.6	103.3
	一、90m²及以下	102.8	103.7	105.4	105.5	106.1	106.2	106.3	105.8	106.1	105.9	105.7	105.3
	二、90-144m²	102.6	103.1	103.3	104.0	104.2	104.5	104.5	104.1	104.2	103.6	103.4	103.1
	三、144m²以上	102.5	102.7	103.2	103.6	103.7	104.1	104.1	103.9	104.0	103.3	103.1	102.9
	二手住宅价格指数	**102.0**	**102.2**	**102.5**	**102.6**	**102.8**	**102.9**	**102.9**	**103.1**	**103.0**	**102.9**	**102.8**	**102.6**
	一、90m²及以下	102.0	102.5	102.8	103.0	103.4	103.7	103.7	104.1	103.9	103.9	103.7	103.4
	二、90-144m²	102.0	101.9	102.0	102.0	101.8	101.6	101.8	101.6	101.6	101.3	101.4	101.2
	三、144m²以上	102.3	102.2	102.4	102.4	102.6	102.9	102.8	103.1	103.1	103.2	102.9	102.9
同比价格指数	**新建住宅价格指数**	**105.6**	**105.7**	**106.1**	**105.6**	**105.4**	**104.5**	**103.9**	**103.2**	**102.1**	**102.1**	**101.4**	**100.8**
	新建商品住宅	105.6	105.7	106.1	105.6	105.4	104.5	103.9	103.2	102.1	102.1	101.4	100.8
	一、90m²及以下	106.3	106.4	108.3	107.8	108.0	107.5	106.4	104.3	103.4	103.0	102.3	101.7
	二、90-144m²	105.6	105.8	105.9	105.7	105.5	104.0	103.3	102.6	101.9	102.2	101.4	100.9
	三、144m²以上	105.2	105.1	105.5	104.7	104.2	104.2	103.8	103.8	101.8	101.5	101.2	100.4
	二手住宅价格指数	**102.3**	**102.7**	**102.8**	**103.3**	**103.5**	**103.4**	**103.4**	**103.2**	**102.4**	**102.3**	**102.0**	**101.0**
	一、90m²及以下	102.1	102.8	103.1	103.7	104.1	104.1	104.1	104.2	103.4	103.3	102.9	101.9
	二、90-144m²	102.3	102.6	102.5	102.9	102.6	102.0	102.2	101.7	100.9	100.6	100.5	99.7
	三、144m²以上	102.5	102.3	102.7	103.1	103.4	103.6	103.5	103.2	102.6	102.7	102.2	101.0
环比价格指数	**新建住宅价格指数**	**100.2**	**100.4**	**100.5**	**100.5**	**100.2**	**100.3**	**100.0**	**99.6**	**100.1**	**99.5**	**99.8**	**99.7**
	新建商品住宅	100.2	100.4	100.5	100.5	100.2	100.3	100.0	99.6	100.1	99.5	99.8	99.7
	一、90m²及以下	99.3	100.8	101.6	100.2	100.5	100.1	100.1	99.5	100.3	99.8	99.9	99.6
	二、90-144m²	100.5	100.5	100.2	100.7	100.2	100.3	100.0	99.6	100.1	99.5	99.7	99.7
	三、144m²以上	100.0	100.1	100.6	100.4	100.1	100.4	100.0	99.8	100.1	99.4	99.8	99.8
	二手住宅价格指数	**100.5**	**100.2**	**100.2**	**100.1**	**100.2**	**100.1**	**100.1**	**100.2**	**99.9**	**99.9**	**99.9**	**99.8**
	一、90m²及以下	100.5	100.5	100.3	100.3	100.4	100.2	100.0	100.4	99.9	99.9	99.8	99.7
	二、90-144m²	100.4	99.9	100.1	100.0	99.8	99.8	100.2	99.8	99.9	99.8	100.0	99.9
	三、144m²以上	100.4	99.9	100.3	100.0	100.2	100.2	99.9	100.3	100.1	100.1	99.7	100.0

2-9-19 2011年青岛市住宅销售价格指数
Qingdao housing sales price index for 2011

		1月	2月	3月	4月	5月	6月	7月	8月	9月	10月	11月	12月
定基价格指数	**新建住宅价格指数**	**103.2**	**102.8**	**103.2**	**103.7**	**104.0**	**104.2**	**104.4**	**104.2**	**104.3**	**104.0**	**103.7**	**103.4**
	新建商品住宅	103.4	102.9	103.3	103.9	104.2	104.4	104.5	104.4	104.4	104.2	103.9	103.5
	一、90m²及以下	103.7	102.9	103.3	103.9	104.3	104.5	104.6	103.9	103.9	103.7	103.2	102.9
	二、90-144m²	103.7	103.9	103.9	104.7	104.9	105.1	105.4	105.4	105.5	105.2	105.0	104.5
	三、144m²以上	102.4	101.0	102.3	102.3	102.6	102.8	102.8	103.0	103.0	102.9	102.7	102.4
	二手住宅价格指数	**103.1**	**103.1**	**103.1**	**103.2**	**103.2**	**103.2**	**103.2**	**103.0**	**102.9**	**102.6**	**101.9**	**101.1**
	一、90m²及以下	102.9	102.9	102.9	103.1	103.1	103.1	103.1	103.0	102.8	102.4	102.1	101.1
	二、90-144m²	103.0	103.0	103.0	103.2	103.2	103.2	103.2	103.0	102.9	102.4	101.6	100.9
	三、144m²以上	103.5	103.5	103.5	103.5	103.5	103.5	103.5	103.2	103.2	103.1	102.1	101.7
同比价格指数	**新建住宅价格指数**	**105.8**	**104.6**	**104.4**	**104.1**	**104.4**	**104.6**	**104.8**	**104.6**	**104.7**	**101.6**	**101.2**	**100.5**
	新建商品住宅	106.0	104.8	104.5	104.3	104.6	104.8	105.0	104.8	104.9	101.7	101.3	100.5
	一、90m²及以下	106.3	105.0	105.1	104.1	104.5	104.7	104.9	104.1	104.1	101.6	100.9	99.7
	二、90-144m²	106.5	105.9	105.3	105.3	105.5	105.7	106.1	106.1	106.1	102.2	101.9	101.1
	三、144m²以上	104.5	102.5	102.4	102.7	103.0	103.2	103.2	103.3	103.6	100.9	100.6	100.4
	二手住宅价格指数	**105.9**	**105.9**	**103.7**	**102.7**	**102.7**	**103.1**	**103.1**	**102.9**	**102.8**	**101.5**	**100.6**	**98.8**
	一、90m²及以下	105.8	105.7	103.5	102.6	102.6	103.0	103.0	102.9	102.7	101.4	100.8	98.8
	二、90-144m²	105.9	105.9	103.7	102.7	102.7	103.1	103.1	102.9	102.8	101.4	100.3	98.6
	三、144m²以上	106.4	106.3	104.1	103.0	103.0	103.4	103.4	103.2	103.1	102.1	100.8	99.4
环比价格指数	**新建住宅价格指数**	**100.4**	**99.6**	**100.4**	**100.5**	**100.3**	**100.2**	**100.2**	**99.9**	**100.1**	**99.8**	**99.7**	**99.7**
	新建商品住宅	100.4	99.6	100.4	100.5	100.3	100.2	100.2	99.9	100.1	99.8	99.7	99.6
	一、90m²及以下	100.4	99.3	100.3	100.6	100.4	100.2	100.1	99.4	100.1	99.8	99.5	99.8
	二、90-144m²	100.4	100.2	100.0	100.8	100.2	100.1	100.3	100.0	100.1	99.7	99.8	99.5
	三、144m²以上	100.4	98.7	101.3	100.0	100.3	100.2	100.0	100.2	100.0	99.9	99.8	99.7
	二手住宅价格指数	**100.7**	**100.0**	**100.0**	**100.1**	**100.0**	**100.0**	**100.0**	**99.8**	**99.9**	**99.6**	**99.3**	**99.3**
	一、90m²及以下	100.6	100.0	100.0	100.2	100.0	100.0	100.0	99.9	99.8	99.6	99.7	99.1
	二、90-144m²	100.7	100.0	100.0	100.1	100.0	100.0	100.0	99.8	99.9	99.5	99.2	99.3
	三、144m²以上	101.2	100.0	100.0	100.0	100.0	100.0	100.0	99.8	100.0	99.9	99.0	99.7

2-9-20 2011年郑州市住宅销售价格指数

Zhengzhou housing sales price index for 2011

		1月	2月	3月	4月	5月	6月	7月	8月	9月	10月	11月	12月
定基价格指数	**新建住宅价格指数**	**104.5**	**106.0**	**105.7**	**106.3**	**106.5**	**106.8**	**106.8**	**107.1**	**107.3**	**107.3**	**107.0**	**106.5**
	新建商品住宅	104.6	106.2	105.9	106.4	106.6	107.0	107.0	107.3	107.5	107.5	107.2	106.7
	一、90㎡及以下	105.2	107.1	106.9	107.1	107.5	107.8	107.7	108.0	108.1	108.1	107.9	107.2
	二、90-144㎡	104.9	106.3	106.1	106.8	106.8	107.1	107.1	107.5	107.7	107.6	107.3	107.0
	三、144㎡以上	103.6	104.7	104.3	105.1	105.3	105.9	105.9	106.3	106.5	106.5	106.1	105.7
	二手住宅价格指数	**104.0**	**104.1**	**104.3**	**104.2**	**104.0**	**103.8**	**103.7**	**103.7**	**103.8**	**103.7**	**103.7**	**103.1**
	一、90㎡及以下	104.0	104.1	104.2	104.0	103.8	103.6	103.6	103.5	103.7	103.6	103.4	102.6
	二、90-144㎡	104.0	104.2	104.4	104.4	104.2	103.9	103.9	103.8	103.6	103.5	103.5	102.9
	三、144㎡以上	103.8	103.9	104.2	104.2	103.9	103.9	103.9	104.0	104.1	104.3	104.5	104.2
同比价格指数	**新建住宅价格指数**	**109.3**	**110.3**	**106.7**	**107.7**	**106.8**	**106.4**	**105.7**	**106.0**	**105.6**	**104.7**	**103.8**	**103.2**
	新建商品住宅	109.6	110.6	106.9	107.9	107.0	106.6	105.9	106.2	105.8	104.8	103.9	103.2
	一、90㎡及以下	109.8	111.4	107.9	108.4	108.1	107.5	106.7	106.9	106.4	105.5	104.9	103.8
	二、90-144㎡	110.0	110.9	107.1	108.3	107.1	106.6	106.0	106.3	105.9	104.9	103.8	103.4
	三、144㎡以上	108.8	109.2	105.3	106.7	105.3	105.2	104.6	105.1	104.8	103.9	102.6	102.3
	二手住宅价格指数	**107.1**	**107.9**	**106.7**	**105.3**	**103.9**	**102.8**	**103.2**	**105.3**	**103.4**	**101.5**	**100.3**	**99.3**
	一、90㎡及以下	107.3	108.0	106.7	105.2	103.7	102.7	103.0	105.0	103.3	101.3	99.9	98.8
	二、90-144㎡	107.2	108.0	106.9	105.5	104.1	103.0	103.3	105.3	103.2	101.3	100.1	99.2
	三、144㎡以上	106.8	107.6	106.6	105.3	103.8	102.9	103.4	105.7	103.7	102.1	101.2	100.5
环比价格指数	**新建住宅价格指数**	**101.2**	**101.4**	**99.8**	**100.5**	**100.2**	**100.3**	**100.0**	**100.3**	**100.2**	**100.0**	**99.7**	**99.5**
	新建商品住宅	101.3	101.5	99.8	100.5	100.2	100.3	100.0	100.3	100.2	100.0	99.7	99.5
	一、90㎡及以下	101.9	101.8	99.8	100.2	100.4	100.2	99.9	100.3	100.1	100.0	99.8	99.3
	二、90-144㎡	101.3	101.3	99.8	100.7	100.0	100.3	100.0	100.3	100.2	99.9	99.7	99.7
	三、144㎡以上	100.3	101.1	99.6	100.7	100.2	100.5	100.0	100.4	100.2	100.0	99.6	99.6
	二手住宅价格指数	**100.2**	**100.1**	**100.2**	**99.9**	**99.8**	**99.8**	**100.0**	**100.0**	**100.1**	**100.0**	**100.0**	**99.4**
	一、90㎡及以下	100.1	100.1	100.1	99.8	99.7	99.9	99.9	99.9	100.2	99.8	99.8	99.3
	二、90-144㎡	100.2	100.2	100.2	100.0	99.8	99.7	100.0	99.9	99.9	99.9	100.0	99.4
	三、144㎡以上	100.1	100.1	100.3	99.9	99.8	99.9	100.0	100.2	100.0	100.2	100.2	99.7

2-9-21　2011年武汉市住宅销售价格指数
Wuhan housing sales price index for 2011

		1月	2月	3月	4月	5月	6月	7月	8月	9月	10月	11月	12月
定基价格指数	**新建住宅价格指数**	**102.7**	**103.1**	**103.5**	**103.9**	**104.1**	**104.4**	**104.4**	**104.7**	**104.7**	**104.5**	**104.4**	**104.0**
	新建商品住宅	102.8	103.3	103.7	104.1	104.4	104.6	104.7	105.0	105.0	104.8	104.6	104.2
	一、90㎡及以下	102.3	103.3	103.7	104.0	104.3	104.7	104.8	104.9	104.8	104.5	104.3	104.1
	二、90-144㎡	102.9	103.6	104.1	104.7	104.9	105.2	105.3	105.7	105.7	105.6	105.5	105.0
	三、144㎡以上	103.2	102.4	102.6	102.8	102.8	103.0	103.0	103.0	103.1	102.8	102.6	102.3
	二手住宅价格指数	**102.1**	**102.3**	**102.0**	**102.2**	**102.1**	**102.3**	**102.5**	**102.4**	**102.1**	**101.9**	**101.6**	**101.2**
	一、90㎡及以下	102.0	102.1	101.5	101.6	101.9	102.2	102.5	102.4	102.3	102.3	102.0	101.3
	二、90-144㎡	102.1	102.3	102.4	102.7	102.4	102.6	102.8	102.6	102.0	101.8	101.4	101.4
	三、144㎡以上	102.5	102.5	102.1	102.1	101.6	101.6	101.7	101.8	101.8	101.2	101.1	100.6
同比价格指数	**新建住宅价格指数**	**107.1**	**106.4**	**105.5**	**104.3**	**103.1**	**103.2**	**103.3**	**103.8**	**103.7**	**103.2**	**102.8**	**102.3**
	新建商品住宅	107.4	106.8	105.8	104.6	103.3	103.4	103.5	104.0	103.9	103.4	103.0	102.5
	一、90㎡及以下	106.9	106.8	105.9	104.5	103.3	103.4	103.6	103.9	103.7	103.2	102.7	102.3
	二、90-144㎡	107.6	107.1	106.2	105.1	103.9	103.9	104.1	104.7	104.6	104.3	103.8	103.2
	三、144㎡以上	107.8	105.8	104.7	103.3	101.8	101.8	101.8	102.1	102.0	101.5	101.0	100.6
	二手住宅价格指数	**105.8**	**104.7**	**103.1**	**102.3**	**101.6**	**101.7**	**101.9**	**102.0**	**101.3**	**100.7**	**100.3**	**99.6**
	一、90㎡及以下	105.9	104.7	102.6	101.7	101.3	101.6	101.8	102.0	101.4	101.1	100.7	99.6
	二、90-144㎡	105.6	104.5	103.3	102.7	101.9	102.0	102.2	102.1	101.1	100.9	100.3	99.9
	三、144㎡以上	106.1	105.1	103.8	102.2	101.3	101.3	101.2	101.6	101.4	99.3	99.4	98.4
环比价格指数	**新建住宅价格指数**	**101.0**	**100.5**	**100.4**	**100.4**	**100.2**	**100.2**	**100.1**	**100.2**	**100.0**	**99.8**	**99.9**	**99.7**
	新建商品住宅	101.1	100.5	100.4	100.4	100.2	100.2	100.1	100.2	100.0	99.8	99.8	99.7
	一、90㎡及以下	100.5	101.0	100.4	100.3	100.3	100.4	100.1	100.1	99.9	99.8	99.8	99.8
	二、90-144㎡	101.2	100.7	100.4	100.5	100.3	100.2	100.1	100.4	100.0	99.9	99.9	99.6
	三、144㎡以上	101.5	99.2	100.2	100.2	100.0	100.1	100.0	100.1	100.1	99.7	99.9	99.7
	二手住宅价格指数	**100.4**	**100.2**	**99.8**	**100.2**	**99.9**	**100.2**	**100.2**	**99.9**	**99.7**	**99.8**	**99.7**	**99.6**
	一、90㎡及以下	100.3	100.1	99.4	100.1	100.3	100.3	100.2	99.9	99.9	100.0	99.7	99.3
	二、90-144㎡	100.6	100.2	100.1	100.3	99.7	100.2	100.2	99.8	99.5	99.7	99.6	100.0
	三、144㎡以上	100.3	100.0	99.6	99.9	99.5	100.0	100.1	100.0	100.0	99.4	99.9	99.5

2-9-22　2011年长沙市住宅销售价格指数

Changsha housing sales price index for 2011

		1月	2月	3月	4月	5月	6月	7月	8月	9月	10月	11月	12月
定基价格指数	**新建住宅价格指数**	**105.2**	**106.1**	**106.6**	**107.2**	**107.7**	**108.2**	**108.3**	**108.6**	**109.0**	**109.0**	**108.6**	**108.1**
	新建商品住宅	105.3	106.2	106.7	107.3	107.8	108.3	108.4	108.7	109.1	109.1	108.7	108.2
	一、90m²及以下	106.3	107.9	109.3	109.8	110.5	110.9	111.0	111.4	111.8	111.7	111.4	110.8
	二、90-144m²	106.0	106.8	107.7	108.1	108.5	108.8	108.8	109.2	109.6	109.5	109.3	108.7
	三、144m²以上	103.5	103.9	103.4	104.0	104.7	105.3	105.6	105.8	106.0	106.1	105.7	105.2
	二手住宅价格指数	**101.1**	**101.1**	**101.1**	**101.1**	**101.2**	**101.2**	**101.2**	**101.3**	**101.4**	**101.4**	**101.2**	**101.2**
	一、90m²及以下	101.0	101.0	101.1	101.1	101.1	101.1	101.2	101.3	101.4	101.4	101.3	101.2
	二、90-144m²	101.2	101.2	101.2	101.2	101.3	101.3	101.4	101.5	101.6	101.6	101.4	101.2
	三、144m²以上	100.9	100.9	100.9	100.9	100.9	100.9	100.9	100.9	100.9	100.9	100.9	100.9
同比价格指数	**新建住宅价格指数**	**109.9**	**108.9**	**108.1**	**107.1**	**107.7**	**108.2**	**108.4**	**108.7**	**108.1**	**107.3**	**106.0**	**104.6**
	新建商品住宅	110.0	109.0	108.2	107.2	107.8	108.3	108.5	108.8	108.2	107.4	106.0	104.6
	一、90m²及以下	111.1	110.9	110.8	109.8	110.5	111.0	111.0	111.4	111.0	110.0	108.6	107.1
	二、90-144m²	110.8	109.7	109.2	108.0	108.5	108.8	108.9	109.2	108.8	107.8	106.6	105.1
	三、144m²以上	108.2	106.6	104.8	104.0	104.6	105.3	105.7	105.8	105.2	104.5	103.1	101.8
	二手住宅价格指数	**102.2**	**101.3**	**101.1**	**100.9**	**101.1**	**101.2**	**101.3**	**101.4**	**101.3**	**101.2**	**101.0**	**100.2**
	一、90m²及以下	102.2	101.2	101.1	100.9	101.1	101.2	101.3	101.5	101.4	101.2	101.0	100.3
	二、90-144m²	102.4	101.4	101.2	101.1	101.3	101.4	101.5	101.7	101.6	101.4	101.2	100.3
	三、144m²以上	102.0	101.0	100.8	100.7	100.8	100.9	101.0	101.0	100.9	100.7	100.7	100.0
环比价格指数	**新建住宅价格指数**	**101.8**	**100.9**	**100.5**	**100.5**	**100.5**	**100.4**	**100.1**	**100.3**	**100.3**	**100.0**	**99.7**	**99.5**
	新建商品住宅	101.8	100.9	100.5	100.5	100.5	100.4	100.1	100.3	100.3	100.0	99.7	99.5
	一、90m²及以下	102.7	101.6	101.2	100.5	100.6	100.4	100.0	100.4	100.4	99.9	99.7	99.5
	二、90-144m²	102.5	100.8	100.8	100.3	100.4	100.3	100.0	100.3	100.4	99.9	99.7	99.5
	三、144m²以上	100.2	100.3	99.6	100.6	100.6	100.6	100.3	100.2	100.2	100.1	99.6	99.6
	二手住宅价格指数	**100.2**	**100.0**	**100.0**	**100.0**	**100.1**	**100.0**	**100.1**	**100.1**	**100.0**	**100.0**	**99.9**	**99.9**
	一、90m²及以下	100.1	100.0	100.1	100.0	100.0	100.0	100.1	100.1	100.1	100.0	99.9	100.0
	二、90-144m²	100.3	100.0	100.0	100.0	100.1	100.0	100.1	100.1	100.0	100.0	99.8	99.8
	三、144m²以上	100.0	100.0	100.0	100.0	100.0	100.0	100.0	100.0	100.0	100.0	100.0	100.0

2-9-23　2011年广州市住宅销售价格指数

Guangzhou housing sales price index for 2011

		1月	2月	3月	4月	5月	6月	7月	8月	9月	10月	11月	12月
定基价格指数	**新建住宅价格指数**	**102.7**	**103.3**	**103.6**	**104.4**	**104.7**	**104.9**	**104.9**	**105.0**	**105.0**	**104.8**	**104.5**	**104.1**
	新建商品住宅	102.7	103.3	103.7	104.4	104.8	105.0	105.0	105.0	105.1	104.9	104.6	104.2
	一、90㎡及以下	103.1	104.2	104.2	104.9	105.0	105.1	105.2	105.3	105.2	105.1	104.7	104.1
	二、90-144㎡	103.5	105.1	106.1	106.7	107.1	107.3	107.3	107.3	107.3	107.0	106.8	106.4
	三、144㎡以上	101.7	100.9	100.8	101.8	102.2	102.4	102.3	102.4	102.6	102.5	102.2	101.8
	二手住宅价格指数	**102.3**	**102.9**	**102.4**	**103.4**	**103.2**	**103.3**	**103.5**	**104.3**	**105.0**	**104.5**	**103.7**	**103.3**
	一、90㎡及以下	102.7	103.2	103.2	104.6	104.5	104.6	105.0	105.9	106.6	106.2	105.8	105.4
	二、90-144㎡	102.4	103.8	103.5	104.4	104.2	104.4	104.5	105.0	105.6	105.3	104.1	103.4
	三、144㎡以上	101.5	101.3	99.6	100.1	99.7	99.7	99.9	100.5	101.2	100.4	99.3	99.1
同比价格指数	**新建住宅价格指数**	**100.1**	**100.6**	**102.7**	**103.8**	**105.1**	**105.4**	**106.4**	**107.0**	**106.3**	**106.1**	**106.0**	**103.1**
	新建商品住宅	100.1	100.6	102.7	103.8	105.1	105.4	106.4	107.1	106.4	106.2	106.1	103.1
	一、90㎡及以下	100.5	101.5	103.3	104.3	105.3	105.6	106.6	107.3	106.5	106.3	106.1	103.0
	二、90-144㎡	100.7	102.2	105.0	106.1	107.4	107.8	108.8	109.5	108.7	108.4	108.4	105.5
	三、144㎡以上	99.2	98.4	99.9	101.1	102.5	102.8	103.7	104.4	103.8	103.8	103.5	100.6
	二手住宅价格指数	**102.9**	**103.4**	**102.5**	**103.4**	**103.3**	**103.4**	**103.6**	**104.7**	**105.4**	**103.9**	**102.9**	**102.1**
	一、90㎡及以下	103.3	103.7	103.3	104.6	104.6	104.8	105.0	106.4	107.1	105.7	105.0	104.2
	二、90-144㎡	103.0	104.3	103.7	104.4	104.4	104.6	104.6	105.5	106.1	104.7	103.3	102.2
	三、144㎡以上	102.0	101.8	99.7	100.1	99.8	99.8	100.0	100.9	101.7	99.9	98.5	98.1
环比价格指数	**新建住宅价格指数**	**101.7**	**100.6**	**100.3**	**100.7**	**100.3**	**100.2**	**100.0**	**100.0**	**100.0**	**99.8**	**99.7**	**99.6**
	新建商品住宅	101.7	100.6	100.3	100.7	100.3	100.2	100.0	100.0	100.0	99.8	99.7	99.6
	一、90㎡及以下	102.0	101.1	100.1	100.6	100.1	100.1	100.1	100.1	100.0	99.8	99.7	99.5
	二、90-144㎡	102.6	101.6	100.9	100.6	100.4	100.2	100.0	100.0	100.0	99.7	99.8	99.6
	三、144㎡以上	100.5	99.2	99.9	101.0	100.4	100.1	100.0	100.0	100.2	99.9	99.7	99.6
	二手住宅价格指数	**101.2**	**100.6**	**99.5**	**101.0**	**99.8**	**100.1**	**100.2**	**100.7**	**100.6**	**99.5**	**99.2**	**99.6**
	一、90㎡及以下	101.6	100.5	99.9	101.4	99.9	100.1	100.3	100.9	100.6	99.6	99.6	99.6
	二、90-144㎡	101.2	101.4	99.8	100.8	99.9	100.2	100.1	100.5	100.6	99.7	98.9	99.3
	三、144㎡以上	100.4	99.9	98.3	100.4	99.6	100.0	100.2	100.6	100.7	99.2	98.9	99.9

2-9-24　2011年深圳市住宅销售价格指数
Shenzhen housing sales price index for 2011

		1月	2月	3月	4月	5月	6月	7月	8月	9月	10月	11月	12月
定基价格指数	**新建住宅价格指数**	**102.3**	**103.2**	**103.3**	**104.0**	**104.4**	**104.5**	**104.5**	**104.4**	**104.4**	**104.3**	**103.9**	**103.4**
	新建商品住宅	102.3	103.3	103.3	104.1	104.4	104.6	104.5	104.5	104.5	104.3	104.0	103.5
	一、90㎡及以下	103.1	104.4	105.1	105.6	106.2	106.6	106.6	106.6	106.6	106.5	106.1	105.5
	二、90-144㎡	101.5	102.8	102.2	103.1	103.1	103.3	103.2	103.1	103.0	102.7	102.4	101.7
	三、144㎡以上	101.9	102.5	102.2	103.0	103.3	103.3	103.2	103.1	103.1	103.0	102.7	102.3
	二手住宅价格指数	**101.6**	**104.2**	**104.8**	**105.4**	**105.7**	**105.7**	**105.2**	**105.1**	**104.9**	**105.0**	**104.2**	**103.7**
	一、90㎡及以下	101.8	103.8	104.6	105.4	105.9	106.0	105.4	105.7	105.4	105.6	104.4	104.0
	二、90-144㎡	102.2	105.6	106.4	106.7	107.0	107.0	106.7	106.3	106.1	106.4	106.0	105.5
	三、144㎡以上	100.1	102.7	102.4	102.8	102.7	102.3	101.7	101.6	101.7	101.0	100.4	99.8
同比价格指数	**新建住宅价格指数**	**103.1**	**103.2**	**103.1**	**103.1**	**103.7**	**104.6**	**104.7**	**104.9**	**104.5**	**104.4**	**104.1**	**103.1**
	新建商品住宅	103.1	103.3	103.1	103.2	103.8	104.7	104.7	105.0	104.6	104.5	104.1	103.2
	一、90㎡及以下	104.9	104.3	104.5	105.0	106.2	107.3	107.2	107.1	106.4	106.0	105.4	104.6
	二、90-144㎡	102.7	102.9	102.1	102.1	102.4	103.3	103.3	103.5	102.9	102.8	102.4	101.6
	三、144㎡以上	101.7	102.5	102.3	102.0	102.1	102.9	103.0	103.6	103.6	103.8	103.7	102.4
	二手住宅价格指数	**101.3**	**104.5**	**104.8**	**104.1**	**104.7**	**106.0**	**106.4**	**106.8**	**104.9**	**104.9**	**104.5**	**102.7**
	一、90㎡及以下	101.5	104.1	104.6	104.1	104.9	106.4	106.7	107.4	105.3	105.5	104.7	103.0
	二、90-144㎡	101.9	105.8	106.4	105.4	106.0	107.4	108.0	108.0	106.0	106.3	106.3	104.5
	三、144㎡以上	99.8	103.0	102.4	101.6	101.7	102.7	102.9	103.2	101.6	100.9	100.7	98.8
环比价格指数	**新建住宅价格指数**	**102.0**	**101.0**	**100.0**	**100.7**	**100.4**	**100.1**	**100.0**	**100.0**	**100.0**	**99.9**	**99.7**	**99.5**
	新建商品住宅	102.0	101.0	100.0	100.7	100.4	100.1	100.0	100.0	100.0	99.9	99.7	99.5
	一、90㎡及以下	102.3	101.2	100.7	100.5	100.6	100.3	100.0	100.0	100.0	99.9	99.6	99.5
	二、90-144㎡	101.4	101.3	99.5	100.9	100.0	100.2	99.9	99.9	99.9	99.8	99.6	99.4
	三、144㎡以上	102.0	100.6	99.7	100.8	100.3	100.0	99.9	99.9	100.0	99.9	99.7	99.6
	二手住宅价格指数	**100.6**	**102.6**	**100.6**	**100.5**	**100.3**	**100.0**	**99.5**	**100.0**	**99.8**	**100.0**	**99.2**	**99.6**
	一、90㎡及以下	100.8	102.0	100.8	100.7	100.5	100.1	99.5	100.2	99.7	100.2	98.9	99.6
	二、90-144㎡	101.2	103.3	100.8	100.3	100.3	100.0	99.7	99.6	99.8	100.3	99.6	99.6
	三、144㎡以上	99.1	102.6	99.7	100.4	99.9	99.6	99.4	99.9	100.0	99.3	99.5	99.4

2-9-25　2011年南宁市住宅销售价格指数
Nanning housing sales price index for 2011

		1月	2月	3月	4月	5月	6月	7月	8月	9月	10月	11月	12月
定基价格指数	**新建住宅价格指数**	**101.6**	**101.5**	**102.3**	**102.8**	**102.8**	**102.6**	**102.5**	**102.6**	**102.4**	**102.4**	**102.4**	**102.3**
	新建商品住宅	101.7	101.6	102.4	102.9	102.9	102.7	102.6	102.7	102.5	102.5	102.5	102.4
	一、90m²及以下	101.1	101.5	102.8	103.1	103.3	103.3	103.2	103.3	103.4	103.4	103.4	103.1
	二、90-144m²	102.3	102.1	102.4	103.0	103.1	102.7	102.6	102.6	102.4	102.3	102.3	102.2
	三、144m²以上	101.0	100.2	101.4	102.2	101.8	101.6	101.6	101.6	101.2	101.3	101.3	101.3
	二手住宅价格指数	**101.7**	**102.1**	**101.5**	**102.0**	**101.9**	**102.1**	**102.3**	**101.4**	**101.4**	**101.3**	**101.6**	**101.2**
	一、90m²及以下	101.9	102.3	101.9	102.5	102.7	102.9	102.5	102.0	101.8	101.8	101.9	101.4
	二、90-144m²	102.0	102.5	101.4	102.3	101.9	102.0	102.7	102.3	102.3	101.9	102.6	102.4
	三、144m²以上	100.9	101.0	100.8	100.7	100.4	100.9	101.1	98.5	98.6	99.0	99.0	98.1
同比价格指数	**新建住宅价格指数**	**102.4**	**101.6**	**102.2**	**102.0**	**102.0**	**101.6**	**102.8**	**103.5**	**103.1**	**102.8**	**102.4**	**101.9**
	新建商品住宅	102.5	101.7	102.3	102.1	102.1	101.6	102.8	103.6	103.2	102.9	102.5	102.0
	一、90m²及以下	101.0	100.8	101.9	101.5	102.5	102.3	103.7	104.8	104.6	104.4	104.0	103.4
	二、90-144m²	103.1	102.2	102.3	102.2	102.3	101.6	102.8	103.6	103.1	102.7	102.3	101.8
	三、144m²以上	103.4	101.8	102.7	102.8	100.8	100.4	101.4	101.7	100.9	100.6	100.2	99.9
	二手住宅价格指数	**103.6**	**103.7**	**102.4**	**102.7**	**102.5**	**102.4**	**102.1**	**100.8**	**100.5**	**100.1**	**100.3**	**99.7**
	一、90m²及以下	104.4	104.5	103.5	103.7	103.1	103.0	102.0	101.1	100.6	100.3	100.3	99.6
	二、90-144m²	103.8	104.1	102.4	102.9	102.5	102.3	102.5	101.7	101.4	100.7	101.2	101.0
	三、144m²以上	101.6	101.5	100.7	100.3	101.3	101.5	101.3	98.4	98.3	98.4	98.3	97.3
环比价格指数	**新建住宅价格指数**	**101.3**	**99.9**	**100.8**	**100.5**	**100.0**	**99.8**	**99.9**	**100.0**	**99.9**	**100.0**	**100.0**	**99.8**
	新建商品住宅	101.3	99.9	100.8	100.5	100.0	99.8	99.9	100.0	99.9	100.0	100.0	99.8
	一、90m²及以下	101.3	100.4	101.3	100.3	100.2	100.0	99.9	100.1	100.0	100.0	100.1	99.7
	二、90-144m²	102.0	99.8	100.3	100.6	100.0	99.6	99.9	100.0	99.8	99.9	100.0	99.9
	三、144m²以上	99.6	99.2	101.2	100.8	99.5	99.8	100.0	100.0	99.6	100.0	100.0	100.0
	二手住宅价格指数	**100.3**	**100.4**	**99.3**	**100.6**	**99.9**	**100.2**	**100.2**	**99.1**	**100.0**	**99.9**	**100.3**	**99.5**
	一、90m²及以下	100.1	100.3	99.6	100.6	100.2	100.2	99.6	99.5	99.8	100.0	100.1	99.4
	二、90-144m²	100.5	100.6	98.9	100.9	99.6	100.1	100.7	99.6	100.0	99.6	100.6	99.9
	三、144m²以上	100.2	100.1	99.7	99.9	99.7	100.5	100.2	97.4	100.1	100.4	--	99.1

2-9-26 2011年海口市住宅销售价格指数

Haikou housing sales price index for 2011

		1月	2月	3月	4月	5月	6月	7月	8月	9月	10月	11月	12月
定基价格指数	**新建住宅价格指数**	**102.5**	**102.7**	**102.6**	**102.7**	**102.6**	**102.7**	**102.4**	**102.3**	**102.2**	**102.0**	**101.7**	**101.6**
	新建商品住宅	102.5	102.7	102.7	102.7	102.7	102.7	102.5	102.3	102.2	102.0	101.7	101.6
	一、90m²及以下	101.8	103.6	103.9	104.2	104.2	104.3	104.2	104.4	104.3	104.0	103.8	103.7
	二、90-144m²	102.6	102.8	102.5	102.5	102.3	102.3	102.2	102.1	102.0	101.9	101.5	101.4
	三、144m²以上	102.7	102.3	102.5	102.6	102.7	102.7	102.3	102.0	101.8	101.7	101.4	101.2
	二手住宅价格指数	**97.7**	**97.7**	**97.5**	**96.8**	**97.6**	**98.0**	**97.8**	**97.7**	**97.3**	**97.0**	**96.7**	**95.9**
	一、90m²及以下	97.8	97.7	97.6	97.1	97.6	98.2	97.9	97.7	97.3	96.9	96.6	95.8
	二、90-144m²	97.7	97.7	97.5	97.0	97.6	97.9	97.8	97.6	97.2	96.9	96.6	95.8
	三、144m²以上	97.6	97.7	97.4	96.2	95.9	98.1	97.9	97.8	97.6	97.2	96.9	96.1
同比价格指数	**新建住宅价格指数**	**121.6**	**104.2**	**100.6**	**100.7**	**100.6**	**100.7**	**100.7**	**101.3**	**101.3**	**100.5**	**99.8**	**99.6**
	新建商品住宅	121.6	104.2	100.7	100.7	100.7	100.7	100.7	101.3	101.3	100.5	99.8	99.6
	一、90m²及以下	120.4	105.0	101.8	102.1	102.3	102.4	102.4	103.4	103.3	102.4	101.9	101.8
	二、90-144m²	121.7	104.2	100.5	100.5	100.3	100.4	100.4	101.1	101.1	100.3	99.6	99.4
	三、144m²以上	121.9	103.8	100.5	100.6	100.7	100.7	100.5	101.0	100.9	100.2	99.4	99.3
	二手住宅价格指数	**99.4**	**90.6**	**91.7**	**93.1**	**99.4**	**99.5**	**100.6**	**100.7**	**100.3**	**100.5**	**99.6**	**98.2**
	一、90m²及以下	99.8	90.9	92.1	93.4	99.5	99.6	100.6	100.6	100.2	100.3	99.4	97.9
	二、90-144m²	99.4	90.6	91.7	93.4	99.4	99.4	100.5	100.6	100.1	100.4	99.5	98.1
	三、144m²以上	99.3	90.6	91.6	92.5	99.3	99.7	100.7	100.8	100.6	100.8	99.9	98.4
环比价格指数	**新建住宅价格指数**	**100.5**	**100.2**	**99.9**	**100.0**	**100.0**	**100.0**	**99.8**	**99.8**	**99.9**	**99.9**	**99.7**	**99.8**
	新建商品住宅	100.6	100.2	99.9	100.0	100.0	100.0	99.8	99.8	99.9	99.9	99.7	99.8
	一、90m²及以下	99.9	101.8	100.2	100.3	100.0	100.1	99.9	100.1	99.9	99.7	99.8	99.9
	二、90-144m²	100.6	100.2	99.8	99.9	99.9	100.0	99.9	99.9	99.9	99.9	99.7	99.8
	三、144m²以上	100.7	99.7	100.1	100.1	100.1	100.0	99.6	99.7	99.8	99.9	99.7	99.8
	二手住宅价格指数	**100.0**	**100.0**	**99.8**	**99.3**	**99.6**	**99.3**	**99.8**	**99.9**	**99.6**	**99.7**	**99.7**	**99.2**
	一、90m²及以下	100.0	99.9	99.9	99.4	100.0	99.5	99.7	99.9	99.6	99.6	99.7	99.1
	二、90-144m²	100.0	--	99.8	99.6	99.5	99.3	99.8	99.9	99.5	99.7	99.7	99.2
	三、144m²以上	--	100.1	99.7	98.8	99.7	99.1	99.8	99.9	99.8	99.6	99.8	99.1

2-9-27　2011年重庆市住宅销售价格指数
Chongqing housing sales price index for 2011

		1月	2月	3月	4月	5月	6月	7月	8月	9月	10月	11月	12月
定基价格指数	**新建住宅价格指数**	**103.4**	**103.8**	**104.4**	**104.7**	**104.9**	**104.9**	**104.6**	**104.1**	**103.7**	**103.4**	**103.3**	**103.0**
	新建商品住宅	103.5	103.9	104.5	104.8	105.0	105.0	104.7	104.2	103.8	103.5	103.4	103.0
	一、90㎡及以下	103.8	104.2	105.1	106.0	106.2	106.4	106.3	105.9	105.7	105.6	105.4	105.1
	二、90-144㎡	103.5	103.9	104.6	104.6	104.7	104.5	104.0	103.6	103.0	102.6	102.5	102.0
	三、144㎡以上	103.1	103.3	103.4	103.5	103.8	103.6	103.5	102.9	102.2	101.9	101.9	101.6
	二手住宅价格指数	**100.6**	**100.6**	**101.0**	**100.9**	**100.8**	**100.8**	**100.8**	**100.6**	**100.5**	**100.2**	**100.1**	**100.2**
	一、90㎡及以下	99.6	99.6	99.3	99.0	99.0	98.7	98.8	98.3	98.1	98.1	98.0	97.8
	二、90-144㎡	102.0	102.0	102.5	102.2	102.1	102.3	102.3	102.2	102.1	101.5	101.3	101.5
	三、144㎡以上	100.0	99.9	102.2	102.8	102.9	102.7	102.8	103.3	103.3	103.2	103.2	103.8
同比价格指数	**新建住宅价格指数**	**107.9**	**106.2**	**105.6**	**105.3**	**105.3**	**105.8**	**105.6**	**104.2**	**102.2**	**101.2**	**100.1**	**99.4**
	新建商品住宅	108.1	106.3	105.7	105.4	105.4	106.0	105.7	104.3	102.3	101.3	100.1	99.4
	一、90㎡及以下	108.5	106.8	106.4	106.7	106.6	107.4	107.2	105.9	104.1	103.3	102.0	101.4
	二、90-144㎡	108.0	106.4	105.9	105.2	105.1	105.5	105.0	103.7	101.5	100.4	99.2	98.5
	三、144㎡以上	107.5	105.6	104.5	104.0	104.1	104.7	104.5	103.0	100.9	99.8	98.7	98.1
	二手住宅价格指数	**101.4**	**101.3**	**101.5**	**101.1**	**101.0**	**100.7**	**100.7**	**100.4**	**100.2**	**99.8**	**99.7**	**99.5**
	一、90㎡及以下	100.4	100.3	99.7	99.3	99.2	98.7	98.7	98.1	97.8	97.7	97.5	97.1
	二、90-144㎡	102.7	102.6	103.0	102.5	102.2	102.2	102.2	102.0	101.8	101.1	100.9	100.8
	三、144㎡以上	100.6	100.5	102.6	103.1	103.0	102.6	102.7	103.2	103.0	102.9	102.8	103.1
环比价格指数	**新建住宅价格指数**	**99.9**	**100.4**	**100.6**	**100.3**	**100.2**	**100.0**	**99.8**	**99.6**	**99.6**	**99.8**	**99.9**	**99.7**
	新建商品住宅	99.9	100.4	100.6	100.3	100.2	100.0	99.8	99.5	99.6	99.8	99.8	99.7
	一、90㎡及以下	100.1	100.4	100.9	100.8	100.2	100.2	99.9	99.6	99.8	100.0	99.7	99.8
	二、90-144㎡	99.8	100.4	100.7	100.0	100.1	99.8	99.6	99.6	99.5	99.6	99.9	99.6
	三、144㎡以上	99.6	100.2	100.1	100.1	100.3	99.9	99.8	99.4	99.4	99.7	100.0	99.7
	二手住宅价格指数	**99.9**	**100.0**	**100.4**	**99.8**	**100.0**	**99.9**	**100.0**	**99.8**	**99.9**	**99.7**	**99.9**	**100.0**
	一、90㎡及以下	98.8	100.0	99.7	99.8	100.0	99.7	100.1	99.5	99.9	100.0	99.9	99.8
	二、90-144㎡	101.3	100.0	100.6	99.7	99.9	100.2	100.0	100.0	99.9	99.4	99.9	100.1
	三、144㎡以上	99.4	99.9	102.4	100.6	100.1	99.8	100.1	100.5	100.0	99.9	100.0	100.5

2-9-28　2011年成都市住宅销售价格指数

Chengdu housing sales price index for 2011

		1月	2月	3月	4月	5月	6月	7月	8月	9月	10月	11月	12月
定基价格指数	**新建住宅价格指数**	**103.0**	**103.5**	**103.5**	**103.4**	**103.6**	**103.5**	**103.2**	**103.3**	**103.2**	**103.2**	**103.1**	**102.9**
	新建商品住宅	103.0	103.5	103.6	103.4	103.7	103.5	103.2	103.3	103.3	103.2	103.1	102.9
	一、90m²及以下	102.5	103.1	103.2	103.1	103.5	103.4	103.3	103.3	103.3	103.2	103.0	102.8
	二、90-144m²	104.0	104.6	104.7	104.7	105.2	105.0	104.7	104.8	104.6	104.7	104.7	104.5
	三、144m²以上	102.5	102.7	102.4	102.1	101.7	101.7	101.0	101.1	101.2	101.2	100.7	100.8
	二手住宅价格指数	**101.7**	**102.0**	**101.8**	**102.2**	**102.1**	**102.2**	**101.6**	**101.6**	**101.4**	**101.3**	**100.6**	**100.3**
	一、90m²及以下	101.4	101.7	101.9	102.5	102.9	103.1	102.6	102.6	102.4	102.4	101.9	101.4
	二、90-144m²	102.1	102.5	102.0	102.2	101.8	101.9	101.4	101.2	101.0	100.6	99.7	99.5
	三、144m²以上	101.9	102.0	101.2	101.5	100.6	100.5	99.4	99.5	99.8	99.4	98.7	98.6
同比价格指数	**新建住宅价格指数**	**104.9**	**104.9**	**104.4**	**103.5**	**103.7**	**103.6**	**103.5**	**102.9**	**102.8**	**102.4**	**101.9**	**101.3**
	新建商品住宅	105.0	104.9	104.4	103.5	103.7	103.6	103.5	102.9	102.8	102.4	101.9	101.3
	一、90m²及以下	104.4	104.5	104.0	103.2	103.5	103.4	103.5	102.9	102.8	102.3	101.9	101.2
	二、90-144m²	106.0	106.0	105.6	104.7	105.2	105.0	104.9	104.4	104.2	103.8	103.5	102.8
	三、144m²以上	104.4	104.0	103.2	102.2	101.7	101.7	101.2	100.8	100.8	100.5	99.6	99.2
	二手住宅价格指数	**102.1**	**102.4**	**101.9**	**101.6**	**101.5**	**101.3**	**100.8**	**101.5**	**101.8**	**101.9**	**101.3**	**100.7**
	一、90m²及以下	101.8	102.1	102.0	101.9	102.3	102.2	101.8	102.6	102.8	103.0	102.6	101.9
	二、90-144m²	102.5	102.9	102.1	101.6	101.2	101.0	100.5	101.2	101.4	101.2	100.4	100.0
	三、144m²以上	102.3	102.4	101.2	100.9	100.0	99.6	98.5	99.4	100.2	100.0	99.4	99.0
环比价格指数	**新建住宅价格指数**	**101.4**	**100.5**	**100.0**	**99.9**	**100.2**	**99.9**	**99.7**	**100.1**	**100.0**	**100.0**	**99.8**	**99.9**
	新建商品住宅	101.4	100.5	100.0	99.9	100.2	99.9	99.7	100.1	100.0	100.0	99.8	99.9
	一、90m²及以下	100.9	100.6	100.1	100.0	100.3	99.9	99.9	100.0	100.0	99.9	99.9	99.8
	二、90-144m²	102.3	100.6	100.2	99.9	100.5	99.8	99.7	100.1	99.8	100.0	100.0	99.8
	三、144m²以上	100.9	100.2	99.7	99.7	99.6	100.0	99.3	100.1	100.1	100.1	99.5	100.0
	二手住宅价格指数	**102.2**	**100.3**	**99.8**	**100.4**	**99.9**	**100.1**	**99.4**	**100.0**	**99.8**	**99.8**	**99.3**	**99.7**
	一、90m²及以下	101.8	100.4	100.2	100.6	100.4	100.2	99.5	100.0	99.7	100.1	99.5	99.6
	二、90-144m²	102.5	100.4	99.5	100.2	99.6	100.1	99.6	99.8	99.8	99.7	99.1	99.8
	三、144m²以上	102.4	100.1	99.2	100.3	99.1	99.9	98.9	100.1	100.3	99.6	99.3	99.9

2-9-29　2011年贵阳市住宅销售价格指数

Guiyang housing sales price index for 2011

		1月	2月	3月	4月	5月	6月	7月	8月	9月	10月	11月	12月
定基价格指数	**新建住宅价格指数**	**102.6**	**103.2**	**103.8**	**104.3**	**104.4**	**104.3**	**104.5**	**104.6**	**104.8**	**105.0**	**105.2**	**105.2**
	新建商品住宅	102.7	103.3	103.9	104.5	104.6	104.5	104.7	104.8	105.0	105.2	105.4	105.5
	一、90㎡及以下	102.5	103.0	103.5	103.6	103.8	103.9	104.0	104.3	104.5	104.5	104.6	104.7
	二、90-144㎡	102.8	103.4	104.2	104.8	105.0	104.9	105.1	105.1	105.3	105.6	105.8	105.8
	三、144㎡以上	102.5	103.0	103.4	104.1	104.0	103.7	104.1	104.3	104.5	104.6	104.9	105.0
	二手住宅价格指数	**104.3**	**104.6**	**104.9**	**105.2**	**105.5**	**105.8**	**106.1**	**106.3**	**106.7**	**107.2**	**107.5**	**107.7**
	一、90㎡及以下	104.3	104.5	104.8	105.2	105.3	105.6	106.0	106.2	106.5	107.0	107.3	107.4
	二、90-144㎡	104.5	104.9	105.1	105.5	106.0	106.4	106.5	106.8	107.2	107.6	108.2	108.3
	三、144㎡以上	104.0	104.3	104.4	104.5	105.0	105.4	105.6	106.2	106.9	107.3	107.7	108.1
同比价格指数	**新建住宅价格指数**	**104.7**	**105.0**	**105.3**	**105.4**	**105.0**	**104.6**	**104.4**	**104.3**	**104.0**	**103.6**	**103.3**	**102.8**
	新建商品住宅	104.8	105.1	105.3	105.6	105.2	104.8	104.6	104.4	104.2	103.7	103.5	102.9
	一、90㎡及以下	104.6	104.8	104.9	104.7	104.4	104.2	103.8	103.9	103.7	103.1	102.7	102.1
	二、90-144㎡	104.9	105.2	105.6	105.9	105.6	105.3	104.9	104.7	104.5	104.1	103.9	103.3
	三、144㎡以上	104.6	104.7	104.8	105.2	104.6	104.0	104.0	103.9	103.7	103.2	103.0	102.6
	二手住宅价格指数	**107.4**	**107.4**	**107.1**	**106.9**	**106.7**	**106.7**	**106.3**	**105.8**	**105.4**	**104.4**	**104.3**	**103.8**
	一、90㎡及以下	107.4	107.3	107.1	106.9	106.5	106.6	106.2	105.6	105.2	104.2	104.0	103.5
	二、90-144㎡	107.6	107.8	107.4	107.3	107.2	107.3	106.7	106.2	105.9	104.8	104.9	104.3
	三、144㎡以上	107.0	107.0	106.6	106.2	106.2	106.3	105.8	105.7	105.6	104.5	104.5	104.2
环比价格指数	**新建住宅价格指数**	**100.2**	**100.6**	**100.6**	**100.5**	**100.1**	**100.0**	**100.2**	**100.1**	**100.2**	**100.2**	**100.2**	**100.1**
	新建商品住宅	100.2	100.6	100.6	100.5	100.1	100.0	100.2	100.1	100.2	100.2	100.2	100.1
	一、90㎡及以下	100.0	100.5	100.5	100.1	100.1	100.1	100.1	100.3	100.1	100.0	100.1	100.1
	二、90-144㎡	100.3	100.7	100.7	100.5	100.2	100.0	100.2	100.0	100.2	100.2	100.2	100.0
	三、144㎡以上	100.1	100.5	100.4	100.7	99.8	99.8	100.4	100.1	100.2	100.1	100.2	100.2
	二手住宅价格指数	**100.5**	**100.3**	**100.3**	**100.3**	**100.3**	**100.3**	**100.3**	**100.2**	**100.3**	**100.5**	**100.3**	**100.1**
	一、90㎡及以下	100.5	100.2	100.3	100.3	100.1	100.3	100.3	100.2	100.3	100.5	100.3	100.1
	二、90-144㎡	100.6	100.4	100.2	100.4	100.5	100.3	100.1	100.3	100.3	100.4	100.5	100.1
	三、144㎡以上	100.3	100.3	100.1	100.1	100.5	100.3	100.2	100.6	100.6	100.4	100.4	100.4

2-9-30 2011年昆明市住宅销售价格指数

Kunming housing sales price index for 2011

		1月	2月	3月	4月	5月	6月	7月	8月	9月	10月	11月	12月
定基价格指数	**新建住宅价格指数**	**104.6**	**105.1**	**105.3**	**105.4**	**105.6**	**105.7**	**105.7**	**105.7**	**106.0**	**106.2**	**106.0**	**106.0**
	新建商品住宅	104.9	105.5	105.6	105.7	105.9	106.2	106.0	106.1	106.5	106.7	106.5	106.4
	一、90㎡及以下	106.0	107.3	107.8	107.8	108.3	108.5	108.3	108.3	108.7	109.0	108.9	108.8
	二、90-144㎡	104.8	105.2	105.4	105.4	105.6	105.7	105.8	106.0	106.4	106.5	106.2	106.2
	三、144㎡以上	103.7	103.7	103.2	103.6	103.5	103.9	103.6	103.5	103.9	104.0	103.8	103.8
	二手住宅价格指数	**102.6**	**102.9**	**103.2**	**103.5**	**103.6**	**103.8**	**103.9**	**103.8**	**104.3**	**104.1**	**103.7**	**103.2**
	一、90㎡及以下	103.8	102.8	103.0	103.1	103.4	103.5	104.4	104.3	105.0	105.0	104.5	103.4
	二、90-144㎡	100.9	101.6	101.7	102.2	102.2	102.6	102.0	101.7	102.3	102.1	102.0	102.0
	三、144㎡以上	103.9	105.3	105.7	106.2	106.3	106.1	106.3	106.4	106.6	105.9	105.6	104.9
同比价格指数	**新建住宅价格指数**	**105.6**	**107.8**	**107.4**	**106.9**	**106.8**	**106.7**	**106.1**	**106.4**	**105.4**	**103.4**	**102.7**	**102.3**
	新建商品住宅	105.9	108.2	107.8	107.3	107.3	107.2	106.5	106.8	106.0	103.8	103.1	102.7
	一、90㎡及以下	107.0	110.0	110.0	109.4	109.6	109.5	108.7	109.0	108.2	106.1	105.5	105.0
	二、90-144㎡	105.5	107.9	107.5	107.0	106.9	106.7	106.3	106.8	105.9	103.6	102.8	102.4
	三、144㎡以上	105.0	106.3	105.3	105.1	104.8	104.9	104.0	103.9	103.3	101.3	100.5	100.1
	二手住宅价格指数	**103.7**	**104.4**	**105.2**	**104.2**	**105.9**	**105.5**	**105.0**	**102.9**	**102.1**	**101.8**	**101.4**	**101.1**
	一、90㎡及以下	104.9	104.3	105.1	103.8	105.6	105.2	105.4	103.4	102.8	102.7	102.1	101.2
	二、90-144㎡	102.0	103.0	103.7	102.9	104.4	104.2	103.0	100.8	100.1	99.9	99.7	99.8
	三、144㎡以上	104.9	106.7	107.7	106.9	108.6	107.9	107.4	105.5	104.4	103.7	103.3	102.8
环比价格指数	**新建住宅价格指数**	**101.0**	**100.5**	**100.2**	**100.1**	**100.1**	**100.2**	**99.9**	**100.0**	**100.3**	**100.1**	**99.8**	**100.0**
	新建商品住宅	101.2	100.6	100.1	100.1	100.2	100.2	99.9	100.1	100.3	100.2	99.8	100.0
	一、90㎡及以下	102.3	101.2	100.5	100.0	100.4	100.2	99.8	100.0	100.3	100.3	99.9	99.9
	二、90-144㎡	101.1	100.4	100.2	100.1	100.1	100.1	100.1	100.2	100.3	100.1	99.7	100.0
	三、144㎡以上	100.0	100.0	99.5	100.4	100.0	100.4	99.7	99.9	100.4	100.1	99.8	100.0
	二手住宅价格指数	**100.5**	**100.3**	**100.2**	**100.3**	**100.1**	**100.1**	**100.1**	**99.9**	**100.5**	**99.8**	**99.7**	**99.5**
	一、90㎡及以下	101.5	99.1	100.2	100.0	100.3	100.1	100.8	99.9	100.7	99.9	99.5	99.0
	二、90-144㎡	98.8	100.6	100.2	100.5	100.0	100.3	99.4	99.7	100.5	99.9	99.8	100.0
	三、144㎡以上	101.8	101.4	100.4	100.5	100.0	99.9	100.2	100.0	100.2	99.4	99.7	99.4

2-9-31 2011年西安市住宅销售价格指数

Xi'an housing sales price index for 2011

		1月	2月	3月	4月	5月	6月	7月	8月	9月	10月	11月	12月
定基价格指数	**新建住宅价格指数**	**102.2**	**102.6**	**103.5**	**104.1**	**104.2**	**104.3**	**104.4**	**104.4**	**104.6**	**104.6**	**104.5**	**104.5**
	新建商品住宅	102.3	102.7	103.7	104.4	104.5	104.6	104.7	104.7	104.9	105.0	104.8	104.8
	一、90㎡及以下	103.0	103.4	105.1	106.0	106.3	106.3	106.4	106.4	106.5	106.5	106.5	106.6
	二、90-144㎡	101.9	102.4	103.2	103.8	103.8	104.1	104.3	104.4	104.7	104.7	104.5	104.5
	三、144㎡以上	102.0	102.4	102.5	102.9	102.9	103.0	103.0	102.6	102.9	103.0	102.9	102.7
	二手住宅价格指数	**103.0**	**103.0**	**102.9**	**103.1**	**102.3**	**102.7**	**103.0**	**103.1**	**103.0**	**103.0**	**102.9**	**102.8**
	一、90㎡及以下	102.4	102.0	102.0	102.3	101.5	101.8	102.3	102.5	102.5	102.5	102.5	102.5
	二、90-144㎡	103.4	103.7	103.5	103.7	102.7	103.2	103.5	103.5	103.4	103.3	103.2	103.1
	三、144㎡以上	103.2	103.6	103.5	103.3	103.1	103.3	103.4	103.3	103.3	103.1	102.9	102.6
同比价格指数	**新建住宅价格指数**	**105.6**	**105.8**	**104.9**	**103.8**	**103.5**	**103.8**	**104.0**	**103.6**	**103.3**	**103.3**	**103.1**	**103.4**
	新建商品住宅	106.1	106.3	105.3	104.1	103.8	104.1	104.2	103.8	103.5	103.4	103.3	103.6
	一、90㎡及以下	106.7	106.8	106.6	105.7	105.6	105.8	105.8	105.5	105.1	105.0	105.0	105.4
	二、90-144㎡	105.9	106.1	104.9	103.5	103.0	103.5	103.7	103.5	103.2	103.1	102.9	103.2
	三、144㎡以上	105.6	105.8	103.8	102.6	102.3	102.5	102.6	101.8	101.6	101.6	101.4	101.5
	二手住宅价格指数	**103.6**	**105.0**	**103.7**	**104.3**	**103.5**	**104.1**	**104.3**	**102.1**	**101.9**	**101.3**	**101.1**	**100.0**
	一、90㎡及以下	102.7	103.9	102.7	103.4	102.7	103.3	103.6	101.5	101.5	101.0	100.8	99.8
	二、90-144㎡	104.1	105.7	104.4	104.9	103.9	104.6	104.7	102.5	102.3	101.6	101.4	100.3
	三、144㎡以上	104.9	105.9	104.5	104.7	104.5	104.8	104.6	102.0	101.9	101.1	100.8	99.4
环比价格指数	**新建住宅价格指数**	**101.1**	**100.4**	**100.9**	**100.6**	**100.1**	**100.1**	**100.1**	**100.0**	**100.2**	**100.0**	**99.9**	**100.0**
	新建商品住宅	101.1	100.4	101.0	100.6	100.1	100.1	100.1	100.0	100.2	100.0	99.9	100.0
	一、90㎡及以下	101.9	100.3	101.7	100.9	100.3	100.0	100.0	100.0	100.1	100.0	100.0	100.1
	二、90-144㎡	100.6	100.5	100.8	100.6	100.0	100.2	100.2	100.1	100.3	100.0	99.8	100.0
	三、144㎡以上	100.9	100.4	100.1	100.4	100.0	100.0	100.1	99.6	100.3	100.1	99.9	99.8
	二手住宅价格指数	**100.3**	**100.0**	**99.9**	**100.2**	**99.2**	**100.4**	**100.4**	**100.0**	**99.9**	**99.9**	**99.9**	**99.9**
	一、90㎡及以下	99.7	99.6	100.0	100.3	99.2	100.3	100.5	100.1	100.0	100.1	99.9	100.0
	二、90-144㎡	100.7	100.2	99.9	100.1	99.1	100.4	100.3	100.0	99.9	99.9	99.9	99.9
	三、144㎡以上	100.1	100.4	99.9	99.9	99.8	100.2	100.1	99.9	100.0	99.8	99.8	99.7

2-9-32　2011年兰州市住宅销售价格指数

Lanzhou housing sales price index for 2011

		1月	2月	3月	4月	5月	6月	7月	8月	9月	10月	11月	12月
定基价格指数	**新建住宅价格指数**	**106.8**	**107.2**	**106.7**	**106.7**	**106.8**	**107.0**	**107.1**	**106.9**	**107.1**	**107.3**	**107.4**	**107.3**
	新建商品住宅	106.9	107.4	106.8	106.8	106.9	107.1	107.2	107.1	107.2	107.4	107.5	107.4
	一、90m²及以下	107.1	107.9	106.4	106.4	106.5	107.2	107.0	106.9	107.1	107.1	107.2	107.2
	二、90-144m²	106.8	107.2	106.8	106.8	106.9	107.1	107.3	107.1	107.3	107.5	107.6	107.5
	三、144m²以上	107.1	107.2	107.3	107.3	107.3	107.3	107.3	107.1	107.2	107.4	107.5	107.4
	二手住宅价格指数	**108.8**	**108.8**	**102.4**	**101.5**	**100.6**	**100.6**	**100.4**	**100.4**	**100.4**	**100.6**	**100.3**	**99.0**
	一、90m²及以下	108.8	108.8	102.4	101.4	100.5	100.5	100.4	100.4	100.4	100.5	100.1	98.3
	二、90-144m²	108.8	108.8	102.5	101.6	100.8	100.8	100.6	100.6	100.6	100.7	100.5	99.1
	三、144m²以上	108.7	108.7	102.1	101.2	100.2	100.2	100.1	100.1	100.1	100.1	100.1	100.0
同比价格指数	**新建住宅价格指数**	**111.8**	**111.4**	**110.9**	**107.5**	**107.7**	**108.2**	**108.2**	**106.9**	**105.3**	**103.0**	**102.7**	**101.7**
	新建商品住宅	112.0	111.6	111.1	107.6	107.8	108.4	108.4	107.0	105.5	103.1	102.8	101.7
	一、90m²及以下	112.3	112.2	110.7	107.2	107.5	108.5	108.2	106.9	105.3	102.8	102.5	101.5
	二、90-144m²	111.9	111.5	111.2	107.6	107.8	108.3	108.4	107.1	105.5	103.2	102.8	101.8
	三、144m²以上	112.3	111.4	111.7	108.1	108.2	108.6	108.4	107.0	105.5	103.1	102.8	101.8
	二手住宅价格指数	**116.0**	**114.6**	**108.4**	**105.0**	**102.6**	**102.1**	**101.0**	**100.8**	**97.3**	**95.4**	**93.6**	**91.0**
	一、90m²及以下	116.3	114.7	108.4	104.9	102.5	102.0	100.9	100.7	97.2	95.3	93.3	90.4
	二、90-144m²	116.0	114.6	108.6	105.2	102.8	102.2	101.1	101.0	97.5	95.6	93.7	91.1
	三、144m²以上	115.4	114.4	108.0	104.7	102.3	101.7	100.6	100.5	97.0	94.9	93.5	92.1
环比价格指数	**新建住宅价格指数**	**101.2**	**100.4**	**99.5**	**100.0**	**100.1**	**100.2**	**100.1**	**99.9**	**100.2**	**100.2**	**100.1**	**100.0**
	新建商品住宅	101.2	100.4	99.5	100.0	100.1	100.2	100.1	99.9	100.2	100.2	100.1	100.0
	一、90m²及以下	101.4	100.7	98.7	100.0	100.1	100.6	99.9	99.9	100.1	100.1	100.1	100.0
	二、90-144m²	101.1	100.4	99.6	100.0	100.1	100.2	100.2	99.9	100.2	100.2	100.0	100.0
	三、144m²以上	101.5	100.1	100.1	--	--	--	100.0	99.8	100.2	100.1	100.2	99.9
	二手住宅价格指数	**100.0**	**100.0**	**94.2**	**99.1**	**99.1**	**100.0**	**99.8**	**100.0**	**100.0**	**100.1**	**99.7**	**98.7**
	一、90m²及以下	100.0	100.0	94.1	99.1	99.1	100.0	99.8	100.0	100.0	100.1	99.6	98.2
	二、90-144m²	100.0	100.0	94.3	99.1	99.1	100.0	99.8	100.0	100.0	100.2	99.7	98.6
	三、144m²以上	100.0	100.0	94.0	99.1	99.1	100.0	99.8	100.0	100.0	100.0	100.0	100.0

2-9-33　2011年西宁市住宅销售价格指数

Xining housing sales price index for 2011

		1月	2月	3月	4月	5月	6月	7月	8月	9月	10月	11月	12月
定基价格指数	**新建住宅价格指数**	**105.1**	**105.4**	**105.5**	**105.8**	**106.2**	**106.5**	**106.7**	**106.8**	**107.0**	**107.2**	**107.3**	**107.2**
	新建商品住宅	105.1	105.4	105.5	105.8	106.2	106.5	106.7	106.8	107.0	107.2	107.3	107.2
	一、90㎡及以下	106.9	105.4	104.2	104.9	105.0	105.7	106.1	105.7	106.4	106.6	106.8	106.8
	二、90-144㎡	105.0	105.5	105.8	105.8	106.3	106.5	106.5	106.6	106.9	107.1	107.2	107.1
	三、144㎡以上	104.4	104.8	105.3	106.2	106.5	107.1	107.5	108.0	108.0	108.0	108.0	107.9
	二手住宅价格指数	**104.8**	**105.3**	**104.9**	**104.9**	**105.7**	**106.0**	**106.2**	**106.3**	**106.4**	**106.0**	**106.2**	**106.2**
	一、90㎡及以下	105.1	106.7	105.6	105.7	106.2	106.6	106.9	107.0	107.2	106.7	106.9	106.9
	二、90-144㎡	104.5	104.2	104.3	104.4	105.5	105.8	105.8	105.8	105.9	105.5	105.8	105.8
	三、144㎡以上	104.5	101.9	102.8	102.6	102.9	103.2	103.4	103.7	103.8	103.8	103.8	103.8
同比价格指数	**新建住宅价格指数**	**109.4**	**109.5**	**109.2**	**107.7**	**107.6**	**107.2**	**106.5**	**106.3**	**104.5**	**103.9**	**103.0**	**102.6**
	新建商品住宅	109.4	109.5	109.2	107.7	107.6	107.2	106.5	106.3	104.5	103.9	103.0	102.6
	一、90㎡及以下	111.5	109.7	108.0	106.8	106.4	106.4	106.0	105.2	103.9	103.2	102.4	102.0
	二、90-144㎡	109.3	109.7	109.4	107.7	107.7	107.2	106.4	106.1	104.4	103.7	102.9	102.5
	三、144㎡以上	108.5	108.8	108.9	108.1	108.0	107.8	107.4	107.5	105.5	104.7	103.8	103.3
	二手住宅价格指数	**107.4**	**107.8**	**106.6**	**106.0**	**106.2**	**106.4**	**106.1**	**105.9**	**105.6**	**104.3**	**103.8**	**103.2**
	一、90㎡及以下	107.7	109.2	107.3	106.7	106.7	107.0	106.8	106.6	106.3	104.9	104.4	103.9
	二、90-144㎡	107.1	106.6	106.0	105.4	106.0	106.1	105.6	105.4	105.1	103.8	103.3	102.8
	三、144㎡以上	107.0	104.2	104.3	103.6	103.4	103.5	103.3	103.4	103.0	102.1	101.5	101.0
环比价格指数	**新建住宅价格指数**	**100.5**	**100.3**	**100.2**	**100.3**	**100.4**	**100.3**	**100.1**	**100.1**	**100.2**	**100.2**	**100.1**	**99.9**
	新建商品住宅	100.5	100.3	100.2	100.3	100.4	100.3	100.1	100.1	100.2	100.2	100.1	99.9
	一、90㎡及以下	102.2	98.5	98.9	100.7	100.1	100.7	100.4	99.6	100.6	100.2	100.2	100.0
	二、90-144㎡	100.5	100.5	100.2	100.1	100.5	100.2	100.0	100.1	100.2	100.2	100.1	99.9
	三、144㎡以上	99.9	100.4	100.5	100.8	100.3	100.5	100.4	100.4	100.0	100.0	100.0	99.9
	二手住宅价格指数	**101.9**	**100.5**	**99.6**	**100.0**	**100.7**	**100.4**	**100.2**	**100.1**	**100.1**	**99.6**	**100.2**	**100.0**
	一、90㎡及以下	102.2	101.5	99.0	100.1	100.5	100.4	100.3	100.1	100.2	99.5	100.1	100.0
	二、90-144㎡	101.6	99.7	100.2	100.0	101.1	100.3	100.0	100.1	100.1	99.6	100.2	100.0
	三、144㎡以上	101.7	97.5	100.9	99.8	100.3	100.3	100.2	100.3	100.1	100.0	100.0	100.0

2-9-34　2011年银川市住宅销售价格指数
Yinchuan housing sales price index for 2011

		1月	2月	3月	4月	5月	6月	7月	8月	9月	10月	11月	12月
定基价格指数	**新建住宅价格指数**	**101.4**	**101.2**	**101.9**	**102.4**	**102.6**	**103.0**	**103.2**	**103.2**	**103.5**	**103.6**	**103.6**	**103.7**
	新建商品住宅	101.5	101.3	102.1	102.6	102.8	103.2	103.4	103.4	103.7	103.7	103.7	103.8
	一、90m²及以下	101.4	101.5	104.0	104.5	104.7	105.4	105.4	105.4	105.8	105.8	105.7	105.7
	二、90-144m²	101.5	100.8	100.4	101.1	101.2	101.5	101.7	101.7	102.0	102.1	102.2	102.1
	三、144m²以上	101.8	101.9	102.7	102.8	103.2	103.5	103.9	103.9	103.9	104.0	104.1	104.6
	二手住宅价格指数	**100.6**	**100.7**	**101.2**	**102.0**	**102.6**	**103.1**	**103.6**	**103.8**	**103.9**	**103.9**	**103.6**	**103.1**
	一、90m²及以下	100.6	100.7	101.0	102.0	102.2	102.5	102.9	103.1	103.2	103.4	103.0	102.3
	二、90-144m²	100.6	100.7	101.3	102.0	103.0	103.6	104.3	104.5	104.5	104.5	104.1	103.6
	三、144m²以上	100.7	101.0	101.2	102.0	102.7	103.4	103.6	103.9	104.0	104.0	104.0	104.5
同比价格指数	**新建住宅价格指数**	**102.9**	**102.6**	**102.5**	**102.3**	**102.4**	**102.7**	**102.9**	**102.8**	**103.0**	**103.0**	**103.0**	**103.1**
	新建商品住宅	103.1	102.8	102.7	102.5	102.6	102.9	103.1	102.9	103.1	103.2	103.1	103.2
	一、90m²及以下	102.9	103.0	104.6	104.4	104.5	105.1	105.1	104.9	105.3	105.3	105.1	105.1
	二、90-144m²	103.1	102.4	101.0	101.1	101.0	101.2	101.4	101.2	101.5	101.6	101.5	101.5
	三、144m²以上	103.5	103.5	103.3	102.8	102.9	103.2	103.5	103.4	103.4	103.4	103.4	103.9
	二手住宅价格指数	**103.3**	**102.9**	**101.4**	**101.4**	**102.1**	**102.6**	**103.1**	**103.2**	**103.2**	**103.3**	**102.9**	**102.4**
	一、90m²及以下	103.3	102.9	101.3	101.4	101.7	102.0	102.4	102.5	102.6	102.8	102.3	101.7
	二、90-144m²	103.2	102.9	101.5	101.4	102.5	103.2	103.8	104.0	103.9	103.9	103.5	103.0
	三、144m²以上	103.7	103.5	101.7	101.5	102.1	102.8	103.0	103.3	103.3	103.3	103.3	103.8
环比价格指数	**新建住宅价格指数**	**100.8**	**99.8**	**100.7**	**100.4**	**100.2**	**100.4**	**100.2**	**100.0**	**100.3**	**100.1**	**100.0**	**100.1**
	新建商品住宅	100.9	99.7	100.8	100.5	100.2	100.4	100.2	100.0	100.3	100.1	100.0	100.1
	一、90m²及以下	100.8	100.1	102.5	100.5	100.3	100.7	100.0	99.9	100.4	100.0	99.9	100.0
	二、90-144m²	100.9	99.3	99.6	100.7	100.1	100.3	100.2	100.0	100.3	100.1	100.1	99.9
	三、144m²以上	101.2	100.0	100.8	100.1	100.3	100.3	100.3	100.0	100.1	100.1	100.1	100.5
	二手住宅价格指数	**100.0**	**100.1**	**100.5**	**100.8**	**100.6**	**100.5**	**100.5**	**100.2**	**100.1**	**100.1**	**99.6**	**99.5**
	一、90m²及以下	100.0	100.0	100.4	100.9	100.2	100.3	100.4	100.2	100.1	100.2	99.6	99.4
	二、90-144m²	100.0	100.1	100.6	100.7	101.0	100.6	100.7	100.2	100.0	100.0	99.6	99.5
	三、144m²以上	100.0	100.3	100.2	100.8	100.6	100.7	100.2	100.3	100.1	100.0	100.0	100.5

2-9-35　2011年乌鲁木齐市住宅销售价格指数

Urumqi housing sales price index for 2011

		1月	2月	3月	4月	5月	6月	7月	8月	9月	10月	11月	12月
定基价格指数	**新建住宅价格指数**	**105.5**	**106.7**	**107.4**	**107.8**	**108.3**	**108.7**	**109.0**	**109.2**	**109.4**	**109.6**	**109.6**	**109.6**
	新建商品住宅	105.5	106.7	107.5	107.9	108.4	108.8	109.1	109.3	109.5	109.6	109.6	109.6
	一、90m²及以下	105.6	107.0	108.1	108.1	108.4	108.7	109.0	109.2	109.7	110.0	110.0	110.0
	二、90-144m²	105.7	107.3	108.2	108.8	109.6	110.1	110.4	110.6	110.6	110.8	110.7	110.7
	三、144m²以上	105.1	105.0	104.8	105.5	105.9	106.3	106.4	106.4	106.6	106.6	106.7	106.7
	二手住宅价格指数	**106.0**	**106.4**	**107.5**	**107.9**	**107.7**	**108.0**	**108.4**	**108.6**	**108.8**	**108.9**	**108.8**	**108.4**
	一、90m²及以下	106.2	106.3	108.3	109.7	109.7	110.4	111.0	111.1	111.3	111.4	111.4	110.8
	二、90-144m²	105.9	106.6	107.0	106.9	106.5	106.6	106.8	107.0	107.2	107.4	107.3	107.0
	三、144m²以上	105.3	105.3	105.8	105.7	105.7	105.7	105.7	105.8	105.8	106.0	106.0	105.7
同比价格指数	**新建住宅价格指数**	**109.2**	**109.7**	**110.1**	**109.3**	**109.1**	**109.2**	**108.9**	**108.8**	**108.5**	**107.5**	**105.5**	**105.5**
	新建商品住宅	109.2	109.8	110.1	109.4	109.1	109.3	109.0	108.9	108.6	107.6	105.5	105.5
	一、90m²及以下	109.3	110.1	110.7	109.6	109.2	109.2	108.9	108.8	108.7	107.9	105.9	105.9
	二、90-144m²	109.4	110.4	110.9	110.3	110.3	110.6	110.2	110.2	109.7	108.7	106.5	106.5
	三、144m²以上	108.8	108.0	107.5	107.0	106.5	106.7	106.3	106.1	105.8	104.6	102.6	102.7
	二手住宅价格指数	**109.8**	**109.7**	**111.0**	**110.0**	**109.5**	**109.4**	**108.7**	**108.1**	**107.4**	**106.1**	**103.9**	**102.8**
	一、90m²及以下	110.1	109.7	111.9	111.8	111.5	111.8	111.3	110.6	109.9	108.5	106.3	105.0
	二、90-144m²	109.7	109.9	110.5	108.9	108.3	107.9	107.1	106.5	105.9	104.6	102.4	101.4
	三、144m²以上	108.8	108.3	109.1	107.6	107.3	107.1	106.0	105.4	104.6	103.4	101.3	100.4
环比价格指数	**新建住宅价格指数**	**101.6**	**101.1**	**100.7**	**100.4**	**100.5**	**100.4**	**100.3**	**100.2**	**100.2**	**100.2**	**100.0**	**100.0**
	新建商品住宅	101.6	101.1	100.7	100.4	100.5	100.4	100.3	100.2	100.2	100.2	100.0	100.0
	一、90m²及以下	101.6	101.4	101.0	100.1	100.3	100.2	100.3	100.2	100.5	100.2	100.0	100.0
	二、90-144m²	101.7	101.5	100.9	100.5	100.7	100.5	100.2	100.2	100.0	100.2	99.9	100.0
	三、144m²以上	101.2	99.8	99.9	100.6	100.4	100.4	100.1	100.0	100.2	100.0	100.0	100.1
	二手住宅价格指数	**100.4**	**100.4**	**101.0**	**100.4**	**99.9**	**100.3**	**100.4**	**100.1**	**100.2**	**100.1**	**99.9**	**99.6**
	一、90m²及以下	100.6	100.1	101.9	101.3	100.0	100.6	100.6	100.1	100.2	100.1	100.0	99.5
	二、90-144m²	100.3	100.7	100.4	99.9	99.7	100.0	100.2	100.2	100.2	100.1	99.9	99.7
	三、144m²以上	--	--	100.5	99.8	100.0	100.0	--	100.1	100.0	100.2	--	99.8

2-9-36　2011年唐山市住宅销售价格指数
Tangshan housing sales price index for 2011

		1月	2月	3月	4月	5月	6月	7月	8月	9月	10月	11月	12月
定基价格指数	**新建住宅价格指数**	**101.1**	**101.2**	**101.4**	**101.5**	**101.7**	**101.7**	**101.8**	**101.8**	**101.8**	**101.8**	**101.8**	**101.7**
	新建商品住宅	101.2	101.3	101.5	101.7	101.8	101.8	102.0	102.0	102.0	102.0	101.9	101.9
	一、90m²及以下	101.2	101.2	101.2	101.4	101.4	101.4	101.8	101.9	102.0	102.0	102.0	101.9
	二、90-144m²	101.2	101.3	101.8	102.0	102.2	102.3	102.4	102.4	102.3	102.3	102.2	102.2
	三、144m²以上	101.2	101.1	101.1	101.2	101.2	101.3	101.3	101.3	101.3	101.1	101.1	101.0
	二手住宅价格指数	**102.3**	**102.5**	**102.7**	**103.7**	**103.8**	**104.3**	**104.5**	**104.7**	**104.9**	**105.0**	**104.6**	**104.5**
	一、90m²及以下	102.7	103.0	103.4	104.4	104.6	105.0	105.2	105.2	105.3	105.4	105.2	105.0
	二、90-144m²	101.0	100.4	100.0	101.1	101.1	101.9	102.2	102.8	103.3	103.4	102.8	102.5
	三、144m²以上	100.3	100.3	102.0	101.6	101.6	101.6	103.0	102.7	103.0	102.6	101.8	101.7
同比价格指数	**新建住宅价格指数**	**103.8**	**102.2**	**101.8**	**101.5**	**101.5**	**101.5**	**101.5**	**101.5**	**101.4**	**101.3**	**100.7**	**100.6**
	新建商品住宅	104.1	102.4	102.0	101.7	101.7	101.6	101.6	101.6	101.5	101.4	100.8	100.7
	一、90m²及以下	104.2	102.4	101.7	101.4	101.3	101.2	101.5	101.5	101.5	101.4	100.8	100.7
	二、90-144m²	104.2	102.5	102.3	102.0	102.1	102.0	102.0	102.0	101.8	101.7	101.1	101.0
	三、144m²以上	104.0	102.3	101.6	101.2	101.1	101.0	100.9	100.9	100.8	100.6	100.0	99.9
	二手住宅价格指数	**103.0**	**102.6**	**102.7**	**103.4**	**103.5**	**104.4**	**104.6**	**104.7**	**104.8**	**104.9**	**104.6**	**104.3**
	一、90m²及以下	103.4	103.1	103.4	104.1	104.3	105.1	105.2	105.2	105.2	105.3	105.1	104.9
	二、90-144m²	101.6	100.5	100.0	100.8	100.8	102.1	102.3	102.8	103.2	103.3	102.7	102.3
	三、144m²以上	101.1	100.5	102.1	101.3	101.4	101.7	103.1	102.7	102.9	102.5	101.6	101.5
环比价格指数	**新建住宅价格指数**	**100.0**	**100.1**	**100.2**	**100.1**	**100.1**	**100.0**	**100.1**	**100.0**	**100.0**	**100.0**	**100.0**	**100.0**
	新建商品住宅	100.0	100.1	100.2	100.2	100.1	100.0	100.2	100.0	100.0	100.0	100.0	100.0
	一、90m²及以下	100.0	100.0	100.0	100.1	100.0	100.0	100.4	100.0	100.1	100.0	100.0	100.0
	二、90-144m²	100.0	100.1	100.5	100.2	100.2	100.0	100.1	100.0	99.9	100.0	99.9	100.0
	三、144m²以上	100.0	100.0	100.0	100.0	100.0	100.1	100.0	100.0	100.0	99.9	100.0	99.9
	二手住宅价格指数	**102.1**	**100.2**	**100.2**	**101.0**	**100.1**	**100.5**	**100.2**	**100.2**	**100.1**	**100.1**	**99.7**	**99.8**
	一、90m²及以下	102.5	100.4	100.3	101.0	100.1	100.4	100.2	100.1	100.1	100.1	99.8	99.9
	二、90-144m²	100.8	99.5	99.6	101.1	100.0	100.8	100.2	100.7	100.5	100.1	99.4	99.7
	三、144m²以上	--	--	101.7	99.6	100.0	100.0	101.3	99.7	100.3	99.6	99.2	99.9

2-9-37　2011年秦皇岛市住宅销售价格指数
Qinhuangdao housing sales price index for 2011

		1月	2月	3月	4月	5月	6月	7月	8月	9月	10月	11月	12月
定基价格指数	**新建住宅价格指数**	**105.8**	**106.6**	**106.0**	**106.7**	**107.0**	**107.1**	**107.2**	**107.1**	**107.0**	**106.9**	**106.6**	**106.6**
	新建商品住宅	106.5	107.3	106.7	107.4	107.7	107.9	108.0	107.8	107.8	107.7	107.4	107.3
	一、90㎡及以下	107.4	108.0	108.0	109.0	109.2	109.4	109.5	109.6	109.5	109.3	108.9	108.7
	二、90-144㎡	105.8	106.8	105.4	106.1	106.5	106.6	106.8	106.5	106.4	106.3	106.0	106.0
	三、144㎡以上	106.3	107.5	107.4	107.7	108.1	108.2	108.1	107.9	107.9	107.9	108.0	108.1
	二手住宅价格指数	**102.0**	**101.9**	**102.2**	**102.2**	**102.2**	**102.4**	**102.5**	**102.3**	**102.5**	**102.2**	**101.7**	**101.3**
	一、90㎡及以下	102.0	102.4	102.8	102.7	102.7	102.8	103.0	102.9	103.1	102.8	102.3	102.0
	二、90-144㎡	102.0	101.1	101.2	101.4	101.2	101.7	101.5	101.2	101.4	101.0	100.5	100.0
	三、144㎡以上	101.2	101.2	101.4	101.6	101.6	102.3	102.3	102.3	102.5	102.5	102.5	102.0
同比价格指数	**新建住宅价格指数**	**110.4**	**111.1**	**110.0**	**107.9**	**107.7**	**107.7**	**107.5**	**106.9**	**104.9**	**103.7**	**102.5**	**101.5**
	新建商品住宅	111.5	112.4	111.1	108.8	108.6	108.6	108.3	107.7	105.4	104.1	102.7	101.6
	一、90㎡及以下	112.6	113.2	112.7	110.4	110.1	110.2	109.9	109.4	107.0	105.5	104.0	102.8
	二、90-144㎡	110.8	111.7	109.8	107.4	107.4	107.3	107.1	106.3	104.1	102.8	101.5	100.4
	三、144㎡以上	110.9	112.1	111.4	108.9	108.8	108.7	108.4	107.8	105.8	104.7	103.8	102.8
	二手住宅价格指数	**104.1**	**104.0**	**103.4**	**102.4**	**102.5**	**102.9**	**103.0**	**102.5**	**101.2**	**100.5**	**99.8**	**99.3**
	一、90㎡及以下	104.1	104.5	104.1	102.9	103.1	103.3	103.5	103.2	101.8	101.1	100.3	99.9
	二、90-144㎡	104.2	103.3	102.5	101.6	101.6	102.2	102.1	101.4	100.0	99.3	98.6	97.9
	三、144㎡以上	102.9	103.0	102.3	101.4	101.7	102.9	103.1	102.7	101.4	101.0	100.8	100.2
环比价格指数	**新建住宅价格指数**	**100.8**	**100.7**	**99.4**	**100.6**	**100.3**	**100.1**	**100.1**	**99.8**	**100.0**	**99.9**	**99.8**	**99.9**
	新建商品住宅	100.9	100.8	99.4	100.7	100.3	100.2	100.1	99.8	100.0	99.8	99.7	99.9
	一、90㎡及以下	101.6	100.6	100.0	100.9	100.1	100.2	100.1	100.0	100.0	99.8	99.6	99.8
	二、90-144㎡	100.2	100.9	98.8	100.6	100.4	100.1	100.2	99.7	100.0	99.9	99.8	100.0
	三、144㎡以上	101.1	101.1	99.9	100.3	100.4	100.1	99.9	99.8	100.1	100.0	100.0	100.1
	二手住宅价格指数	**99.9**	**99.9**	**100.3**	**100.0**	**99.9**	**100.2**	**100.1**	**99.9**	**100.1**	**99.7**	**99.5**	**99.6**
	一、90㎡及以下	100.0	100.3	100.4	99.9	100.0	100.1	100.2	99.9	100.1	99.8	99.5	99.7
	二、90-144㎡	99.9	99.1	100.2	100.2	99.8	100.5	99.9	99.7	100.1	99.7	99.5	99.5
	三、144㎡以上	99.4	--	100.2	100.2	100.0	100.7	100.0	100.0	100.2	100.0	100.0	99.6

2-9-38　2011年包头市住宅销售价格指数

Baotou housing sales price index for 2011

		1月	2月	3月	4月	5月	6月	7月	8月	9月	10月	11月	12月
定基价格指数	**新建住宅价格指数**	**103.9**	**104.4**	**104.2**	**104.5**	**104.6**	**104.6**	**104.4**	**104.7**	**104.7**	**104.5**	**104.4**	**104.1**
	新建商品住宅	103.9	104.6	104.3	104.7	104.7	104.8	104.6	104.9	104.9	104.7	104.5	104.2
	一、90㎡及以下	103.8	104.6	103.7	103.8	103.8	104.1	104.0	104.6	104.7	104.6	104.4	103.9
	二、90-144㎡	104.3	104.9	105.2	105.6	105.7	105.7	105.5	105.7	105.6	105.4	105.2	105.1
	三、144㎡以上	103.0	103.5	102.6	103.4	103.4	103.3	102.7	102.9	102.8	102.6	102.5	101.8
	二手住宅价格指数	**100.8**	**100.8**	**101.1**	**101.4**	**101.7**	**101.9**	**102.0**	**102.1**	**102.4**	**102.4**	**102.5**	**101.5**
	一、90㎡及以下	100.7	100.7	100.8	100.9	101.2	101.6	101.6	101.7	101.6	101.6	101.5	99.9
	二、90-144㎡	101.1	101.1	101.6	102.1	102.5	102.6	102.8	102.9	103.5	103.5	103.8	103.2
	三、144㎡以上	100.1	100.3	100.3	100.3	100.3	100.3	100.3	100.3	100.9	100.9	100.9	101.1
同比价格指数	**新建住宅价格指数**	**108.0**	**108.5**	**108.3**	**105.2**	**104.8**	**104.7**	**103.9**	**104.1**	**103.2**	**102.0**	**101.0**	**100.2**
	新建商品住宅	108.1	108.8	108.5	105.4	105.0	104.9	104.1	104.3	103.4	102.1	101.1	100.2
	一、90㎡及以下	108.0	108.8	107.8	104.5	104.1	104.2	103.5	104.0	103.2	102.0	101.0	99.8
	二、90-144㎡	108.5	109.1	109.4	106.3	105.9	105.8	105.0	105.1	104.0	102.8	101.7	101.0
	三、144㎡以上	107.1	107.5	106.6	104.1	103.7	103.5	102.3	102.4	101.4	100.0	99.0	98.1
	二手住宅价格指数	**100.8**	**100.8**	**101.1**	**101.4**	**101.7**	**101.9**	**102.0**	**102.1**	**102.4**	**102.4**	**102.4**	**101.5**
	一、90㎡及以下	100.7	100.7	100.8	100.9	101.2	101.6	101.6	101.7	101.6	101.6	101.5	99.9
	二、90-144㎡	101.1	101.1	101.6	102.1	102.5	102.6	102.8	102.9	103.5	103.5	103.8	103.2
	三、144㎡以上	100.5	100.4	100.4	100.4	100.4	100.3	100.3	100.3	100.9	100.9	100.8	101.0
环比价格指数	**新建住宅价格指数**	**100.0**	**100.5**	**99.8**	**100.3**	**100.1**	**100.1**	**99.8**	**100.2**	**100.0**	**99.9**	**99.8**	**99.7**
	新建商品住宅	100.0	100.6	99.7	100.3	100.1	100.1	99.8	100.3	100.0	99.8	99.8	99.7
	一、90㎡及以下	99.8	100.7	99.1	100.1	100.0	100.3	99.9	100.5	100.1	99.8	99.8	99.5
	二、90-144㎡	100.3	100.6	100.3	100.4	100.1	100.0	99.8	100.2	99.9	99.9	99.8	99.8
	三、144㎡以上	99.3	100.4	99.2	100.8	100.0	99.9	99.5	100.2	99.9	99.8	99.9	99.3
	二手住宅价格指数	**100.8**	**100.0**	**100.3**	**100.3**	**100.3**	**100.2**	**100.1**	**100.1**	**100.3**	**100.0**	**100.1**	**99.1**
	一、90㎡及以下	100.7	100.0	100.1	100.1	100.3	100.3	100.0	100.1	99.9	100.0	99.9	98.4
	二、90-144㎡	101.1	100.0	100.6	100.5	100.4	100.1	100.1	100.1	100.5	100.0	100.3	99.5
	三、144㎡以上	100.0	100.2	100.0	100.0	100.0	100.0	100.0	100.0	100.6	100.0	100.0	100.2

2-9-39　2011年丹东市住宅销售价格指数
Dandong housing sales price index for 2011

		1月	2月	3月	4月	5月	6月	7月	8月	9月	10月	11月	12月
定基价格指数	**新建住宅价格指数**	**108.2**	**108.4**	**109.2**	**109.4**	**109.7**	**108.6**	**108.6**	**107.8**	**107.5**	**107.4**	**107.3**	**107.7**
	新建商品住宅	108.2	108.5	109.3	109.5	109.8	109.1	109.1	108.5	108.2	108.1	108.0	107.7
	一、90㎡及以下	108.8	108.8	109.4	109.6	109.9	109.2	109.2	108.6	108.4	108.2	108.2	107.8
	二、90-144㎡	107.9	108.6	109.6	109.7	110.0	109.1	109.0	108.5	108.2	108.1	107.9	107.8
	三、144㎡以上	107.6	107.0	108.1	108.2	108.8	108.9	108.8	108.5	108.0	107.7	107.8	107.3
	二手住宅价格指数	**101.3**	**101.5**	**101.4**	**100.9**	**101.1**	**101.0**	**101.0**	**102.3**	**102.2**	**102.3**	**102.3**	**102.3**
	一、90㎡及以下	101.6	102.0	101.9	102.1	102.3	102.2	102.5	102.4	102.4	102.4	102.6	102.5
	二、90-144㎡	101.2	101.2	100.9	99.5	99.5	99.4	99.2	102.1	102.1	102.2	102.0	102.1
	三、144㎡以上	100.7	100.7	100.6	101.4	102.1	102.3	102.1	102.1	102.1	101.9	101.9	101.9
同比价格指数	**新建住宅价格指数**	**112.3**	**114.3**	**115.4**	**111.1**	**109.7**	**107.6**	**108.6**	**107.3**	**105.1**	**102.4**	**101.1**	**100.1**
	新建商品住宅	112.3	114.3	115.4	111.3	109.8	108.0	109.0	107.4	105.8	103.1	101.8	100.1
	一、90㎡及以下	113.3	114.7	115.5	111.4	109.9	108.1	108.9	107.4	105.9	103.4	102.2	100.4
	二、90-144㎡	112.1	114.5	115.7	111.6	110.0	108.0	109.0	107.4	105.7	103.1	101.8	100.2
	三、144㎡以上	110.8	112.7	114.4	110.0	108.8	107.8	109.3	107.3	105.6	102.2	101.1	99.4
	二手住宅价格指数	**102.5**	**102.8**	**102.7**	**101.6**	**102.2**	**101.4**	**101.2**	**101.5**	**101.0**	**100.6**	**101.0**	**101.2**
	一、90㎡及以下	102.8	103.3	103.3	102.8	103.4	102.6	102.7	101.7	101.2	100.7	101.3	101.5
	二、90-144㎡	102.4	102.6	102.3	100.2	100.6	99.8	99.4	101.4	100.8	100.5	100.7	100.9
	三、144㎡以上	101.4	101.7	101.8	102.0	103.2	102.7	102.4	101.4	100.8	100.3	101.0	101.3
环比价格指数	**新建住宅价格指数**	**100.5**	**100.2**	**100.8**	**100.2**	**100.3**	**100.1**	**100.0**	**99.9**	**99.7**	**99.9**	**99.9**	**99.8**
	新建商品住宅	100.6	100.2	100.8	100.2	100.3	100.1	100.0	99.9	99.7	99.9	99.9	99.8
	一、90㎡及以下	101.3	100.0	100.6	100.2	100.2	100.2	100.0	100.0	99.8	99.9	99.9	99.7
	二、90-144㎡	100.3	100.6	100.9	100.2	100.2	100.1	100.0	99.9	99.7	99.9	99.8	99.9
	三、144㎡以上	99.6	99.5	101.1	100.1	100.6	100.0	99.9	99.8	99.6	99.7	100.0	99.5
	二手住宅价格指数	**100.3**	**100.2**	**99.9**	**99.5**	**100.2**	**99.9**	**100.0**	**100.0**	**100.0**	**100.0**	**100.0**	**100.0**
	一、90㎡及以下	100.5	100.4	100.0	100.2	100.2	99.9	100.2	100.0	100.0	99.9	100.2	100.0
	二、90-144㎡	100.0	100.0	99.8	98.5	100.1	99.9	99.8	100.0	99.9	100.1	99.8	100.1
	三、144㎡以上	100.1	100.0	100.0	100.8	100.7	100.1	99.9	99.9	100.0	99.9	100.0	100.0

2-9-40 2011年锦州市住宅销售价格指数
Jinzhou housing sales price index for 2011

		1月	2月	3月	4月	5月	6月	7月	8月	9月	10月	11月	12月
定基价格指数	**新建住宅价格指数**	**103.6**	**104.1**	**104.5**	**105.3**	**105.5**	**105.7**	**105.6**	**105.4**	**105.2**	**105.2**	**105.3**	**105.2**
	新建商品住宅	103.6	104.1	104.5	105.3	105.5	105.7	105.6	105.4	105.2	105.2	105.3	105.2
	一、90㎡及以下	104.3	104.4	104.4	105.2	105.3	105.3	105.1	105.2	105.4	105.4	105.5	105.4
	二、90-144㎡	102.7	103.9	104.9	106.0	106.4	106.9	106.7	106.2	105.6	105.6	105.7	105.6
	三、144㎡以上	103.4	103.4	103.4	103.4	103.4	104.1	104.3	103.8	102.8	102.9	103.0	103.0
	二手住宅价格指数	**100.1**	**100.2**	**100.2**	**100.2**	**100.2**	**100.2**	**100.2**	**100.2**	**100.2**	**100.2**	**100.2**	**100.2**
	一、90㎡及以下	100.2	100.2	100.2	100.2	100.2	100.2	100.2	100.2	100.2	100.2	100.2	100.2
	二、90-144㎡	100.0	100.0	100.0	100.0	100.0	100.0	100.0	100.0	100.0	100.0	100.0	100.0
	三、144㎡以上	100.0	100.0	100.0	100.0	100.0	100.0	100.0	100.0	100.0	100.0	100.0	100.0
同比价格指数	**新建住宅价格指数**	**108.1**	**107.5**	**106.9**	**107.2**	**106.2**	**105.3**	**104.8**	**104.3**	**103.2**	**102.6**	**102.7**	**102.4**
	新建商品住宅	108.1	107.5	106.9	107.2	106.2	105.3	104.8	104.3	103.2	102.6	102.7	102.4
	一、90㎡及以下	108.8	107.8	106.8	107.1	106.0	104.8	104.3	104.1	103.4	102.8	102.9	102.6
	二、90-144㎡	106.9	107.1	107.1	107.8	107.1	106.4	105.9	105.1	103.8	103.2	103.3	103.0
	三、144㎡以上	108.7	107.5	106.3	105.7	104.3	103.6	103.3	102.5	100.6	99.9	99.8	99.6
	二手住宅价格指数	**100.2**	**100.3**	**100.3**	**100.3**	**100.3**	**100.3**	**100.0**	**100.0**	**100.0**	**100.0**	**100.0**	**100.0**
	一、90㎡及以下	100.3	100.4	100.4	100.4	100.4	100.4	100.1	100.1	100.1	100.1	100.1	100.1
	二、90-144㎡	100.0	100.0	100.0	100.0	100.0	100.0	100.0	100.0	100.0	100.0	100.0	100.0
	三、144㎡以上	100.0	100.0	100.0	100.0	100.0	100.0	100.0	100.0	100.0	100.0	100.0	100.0
环比价格指数	**新建住宅价格指数**	**100.8**	**100.5**	**100.4**	**100.8**	**100.2**	**100.2**	**99.9**	**99.8**	**99.8**	**100.0**	**100.1**	**99.9**
	新建商品住宅	100.8	100.5	100.4	100.8	100.2	100.2	99.9	99.8	99.8	100.0	100.1	99.9
	一、90㎡及以下	101.5	100.1	100.1	100.8	100.1	100.0	99.9	100.1	100.1	100.1	100.0	100.0
	二、90-144㎡	100.2	101.2	100.9	101.1	100.3	100.4	99.9	99.5	99.5	100.0	100.1	99.9
	三、144㎡以上	100.0	--	--	100.0	--	100.6	100.2	99.6	99.0	100.0	100.1	100.0
	二手住宅价格指数	**100.0**	**100.0**	**100.0**	**100.0**	**100.0**	**100.0**	**100.0**	**100.0**	**100.0**	**100.0**	**100.0**	**100.0**
	一、90㎡及以下	100.0	100.1	100.0	100.0	100.0	100.0	100.0	100.0	100.0	100.0	100.0	100.0
	二、90-144㎡	100.0	100.0	--	--	--	--	100.0	100.0	100.0	100.0	100.0	--
	三、144㎡以上	--	--	--	--	--	--	--	--	--	--	--	--

2-9-41 2011年吉林市住宅销售价格指数

Jilin housing sales price index for 2011

		1月	2月	3月	4月	5月	6月	7月	8月	9月	10月	11月	12月
定基价格指数	**新建住宅价格指数**	**105.7**	**105.7**	**105.2**	**105.9**	**106.0**	**106.1**	**106.3**	**106.4**	**106.3**	**106.2**	**106.2**	**106.0**
	新建商品住宅	105.9	105.9	105.4	106.1	106.2	106.3	106.5	106.6	106.5	106.5	106.4	106.2
	一、90m²及以下	106.2	105.6	104.8	105.3	105.5	105.7	105.8	106.0	106.1	106.0	105.8	105.8
	二、90-144m²	105.8	105.8	105.3	106.2	106.3	106.4	106.7	106.7	106.7	106.6	106.6	106.3
	三、144m²以上	105.9	106.5	106.4	106.8	107.0	107.1	107.2	107.2	106.9	106.9	106.8	106.8
	二手住宅价格指数	**102.1**	**102.1**	**103.4**	**104.1**	**104.3**	**104.8**	**104.8**	**104.8**	**104.8**	**104.8**	**104.7**	**104.6**
	一、90m²及以下	102.1	102.1	103.4	104.3	104.4	104.8	104.9	104.9	104.9	104.9	104.9	104.9
	二、90-144m²	102.2	102.2	103.8	104.5	104.7	105.4	105.4	105.4	105.4	105.4	105.3	105.2
	三、144m²以上	101.9	101.9	102.5	102.9	103.1	103.5	103.4	103.3	103.3	103.1	102.9	102.3
同比价格指数	**新建住宅价格指数**	**109.2**	**109.2**	**107.7**	**108.2**	**107.5**	**105.7**	**105.5**	**105.2**	**104.6**	**104.3**	**103.5**	**101.9**
	新建商品住宅	109.5	109.5	107.9	108.5	107.8	105.9	105.7	105.4	104.8	104.5	103.6	102.0
	一、90m²及以下	109.8	109.3	107.4	107.8	107.0	105.3	105.0	104.8	104.3	104.0	103.0	101.5
	二、90-144m²	109.4	109.5	107.9	108.6	107.9	106.0	105.9	105.5	104.9	104.6	103.8	102.1
	三、144m²以上	109.4	110.0	108.9	109.2	108.6	106.7	106.4	106.1	105.2	104.9	104.1	102.6
	二手住宅价格指数	**105.3**	**105.3**	**105.2**	**105.1**	**104.7**	**104.1**	**104.1**	**103.8**	**103.4**	**103.2**	**102.9**	**102.4**
	一、90m²及以下	105.3	105.3	105.2	105.3	104.8	104.1	104.1	103.9	103.4	103.4	103.1	102.7
	二、90-144m²	105.4	105.5	105.7	105.6	105.1	104.7	104.7	104.4	103.9	103.8	103.4	103.0
	三、144m²以上	104.9	104.8	104.2	103.8	103.4	102.8	102.6	102.3	102.0	101.7	101.3	100.4
环比价格指数	**新建住宅价格指数**	**101.7**	**100.0**	**99.5**	**100.7**	**100.1**	**100.1**	**100.2**	**100.1**	**100.0**	**99.9**	**99.9**	**99.9**
	新建商品住宅	101.7	100.0	99.5	100.7	100.1	100.1	100.2	100.1	100.0	99.9	99.9	99.8
	一、90m²及以下	101.9	99.5	99.2	100.5	100.1	100.2	100.1	100.2	100.1	99.9	99.9	100.0
	二、90-144m²	101.6	100.0	99.5	100.9	100.1	100.1	100.2	100.1	100.0	99.9	100.0	99.7
	三、144m²以上	101.7	100.6	99.9	100.4	100.2	100.0	100.1	100.0	99.8	100.0	99.9	100.0
	二手住宅价格指数	**100.0**	**100.0**	**101.2**	**100.7**	**100.2**	**100.5**	**100.0**	**100.0**	**100.0**	**100.0**	**99.9**	**99.8**
	一、90m²及以下	100.0	100.0	101.2	100.9	100.1	100.4	100.1	100.0	100.0	100.0	100.0	100.0
	二、90-144m²	100.0	100.0	101.5	100.7	100.2	100.6	100.1	100.0	100.0	100.0	99.9	99.9
	三、144m²以上	100.0	100.0	100.6	100.4	100.2	100.4	99.9	99.9	100.0	99.8	99.8	99.3

2-9-42　2011年牡丹江市住宅销售价格指数

Mudanjiang housing sales price index for 2011

		1月	2月	3月	4月	5月	6月	7月	8月	9月	10月	11月	12月
定基价格指数	**新建住宅价格指数**	**106.4**	**107.1**	**107.1**	**106.4**	**106.8**	**106.9**	**107.1**	**106.9**	**106.9**	**106.9**	**106.9**	**106.9**
	新建商品住宅	106.5	107.2	107.1	106.5	106.8	107.0	107.1	107.0	107.0	106.9	106.9	107.0
	一、90㎡及以下	106.4	107.3	107.1	106.4	106.7	106.8	107.0	106.8	106.8	106.7	106.8	106.8
	二、90-144㎡	106.1	106.4	106.7	106.4	106.9	107.0	107.3	107.0	107.1	107.0	107.0	107.0
	三、144㎡以上	108.0	108.2	108.8	108.2	108.6	108.6	108.8	108.7	108.7	108.7	108.9	108.8
	二手住宅价格指数	**105.4**	**106.5**	**106.6**	**106.7**	**106.4**	**105.9**	**105.8**	**105.5**	**105.3**	**104.7**	**104.0**	**103.0**
	一、90㎡及以下	105.7	106.5	106.7	106.7	106.6	106.4	106.3	106.0	105.8	105.4	104.9	104.2
	二、90-144㎡	104.9	107.3	107.3	107.8	106.7	105.5	105.3	105.1	104.6	104.0	102.6	101.0
	三、144㎡以上	101.9	101.9	101.9	100.2	106.1	105.2	105.2	104.6	104.2	103.1	101.6	100.0
同比价格指数	**新建住宅价格指数**	**109.9**	**110.3**	**109.7**	**108.7**	**107.8**	**107.4**	**107.4**	**106.4**	**105.2**	**104.5**	**103.5**	**101.9**
	新建商品住宅	110.0	110.4	109.8	108.8	107.9	107.5	107.5	106.5	105.3	104.6	103.6	102.0
	一、90㎡及以下	110.0	110.6	109.8	108.6	107.7	107.3	107.3	106.3	105.1	104.4	103.4	101.8
	二、90-144㎡	109.4	109.5	109.2	108.6	108.0	107.6	107.6	106.6	105.5	104.7	103.7	102.2
	三、144㎡以上	112.6	112.3	112.2	111.0	109.6	109.0	109.0	108.0	106.6	105.9	104.9	102.9
	二手住宅价格指数	**111.1**	**111.1**	**109.1**	**107.2**	**105.5**	**104.6**	**104.5**	**104.1**	**103.6**	**102.9**	**102.0**	**101.0**
	一、90㎡及以下	111.4	111.1	109.1	107.2	105.7	105.1	105.0	104.6	104.2	103.5	102.9	102.1
	二、90-144㎡	110.6	112.0	109.8	108.3	105.8	104.2	104.0	103.7	103.0	102.2	100.6	99.0
	三、144㎡以上	107.2	106.1	104.1	100.6	105.2	104.0	104.0	103.2	102.6	101.4	99.8	98.1
环比价格指数	**新建住宅价格指数**	**101.5**	**100.7**	**100.0**	**99.4**	**100.3**	**100.1**	**100.2**	**99.8**	**100.0**	**99.9**	**100.0**	**100.0**
	新建商品住宅	101.5	100.7	100.0	99.4	100.3	100.1	100.2	99.8	100.0	99.9	100.0	100.0
	一、90㎡及以下	101.5	100.9	99.8	99.3	100.3	100.1	100.1	99.8	100.0	99.9	100.0	100.0
	二、90-144㎡	101.3	100.3	100.3	99.7	100.5	100.1	100.2	99.8	100.1	99.9	100.0	100.0
	三、144㎡以上	102.1	100.2	100.5	99.5	100.4	100.0	100.2	99.9	100.1	100.0	100.1	99.9
	二手住宅价格指数	**103.3**	**101.1**	**100.1**	**100.1**	**99.6**	**99.6**	**99.9**	**99.8**	**99.7**	**99.5**	**99.3**	**99.1**
	一、90㎡及以下	103.6	100.7	100.2	100.0	99.9	99.8	99.9	99.8	99.8	99.5	99.5	99.3
	二、90-144㎡	102.8	102.3	100.0	100.5	98.9	98.9	99.9	99.8	99.5	99.4	98.6	98.5
	三、144㎡以上	--	--	100.0	98.4	99.0	99.2	--	99.4	99.6	99.0	98.5	98.4

2-9-43　2011年无锡市住宅销售价格指数

Wuxi housing sales price index for 2011

		1月	2月	3月	4月	5月	6月	7月	8月	9月	10月	11月	12月
定基价格指数	**新建住宅价格指数**	**101.9**	**101.8**	**102.6**	**103.1**	**102.5**	**102.6**	**102.5**	**102.4**	**102.4**	**102.2**	**101.7**	**101.6**
	新建商品住宅	102.1	102.1	102.9	103.4	102.8	102.8	102.7	102.6	102.5	102.3	101.7	101.6
	一、90m^2及以下	102.9	103.6	104.2	104.7	104.7	104.9	104.5	104.6	104.5	104.3	103.7	103.7
	二、90-144m^2	102.8	103.1	103.6	103.7	103.1	103.1	102.9	102.8	102.7	102.4	101.7	101.6
	三、144m^2以上	100.6	99.9	101.1	102.4	101.4	101.4	101.4	101.3	101.3	101.1	100.6	100.5
	二手住宅价格指数	**101.9**	**102.8**	**103.2**	**103.8**	**104.4**	**104.5**	**104.8**	**104.6**	**104.7**	**105.1**	**104.9**	**104.9**
	一、90m^2及以下	101.9	102.3	102.4	102.5	103.1	103.3	103.4	103.4	103.5	103.8	103.8	103.7
	二、90-144m^2	101.7	102.6	103.3	104.6	105.3	105.5	106.0	105.6	105.9	106.0	105.7	105.8
	三、144m^2以上	102.7	104.7	104.7	104.9	104.9	104.9	104.8	104.8	104.8	105.6	105.6	105.8
同比价格指数	**新建住宅价格指数**	**103.4**	**102.9**	**103.3**	**103.1**	**102.4**	**102.4**	**102.6**	**102.4**	**102.1**	**101.6**	**100.9**	**100.5**
	新建商品住宅	103.6	103.2	103.5	103.4	102.6	102.6	102.8	102.5	102.3	101.7	100.9	100.4
	一、90m^2及以下	104.6	104.8	105.0	104.7	104.5	104.6	104.6	104.5	104.2	103.6	102.8	102.4
	二、90-144m^2	104.3	104.2	104.3	103.7	102.9	102.9	103.0	102.7	102.4	101.8	100.9	100.5
	三、144m^2以上	102.0	101.0	101.8	102.3	101.2	101.2	101.5	101.3	101.1	100.5	99.9	99.4
	二手住宅价格指数	**103.1**	**103.9**	**104.1**	**104.3**	**104.7**	**104.7**	**104.7**	**104.2**	**104.0**	**104.2**	**103.9**	**103.8**
	一、90m^2及以下	103.0	103.4	103.4	103.0	103.5	103.5	103.4	103.0	102.7	102.9	102.7	102.6
	二、90-144m^2	102.9	103.7	104.3	105.2	105.7	105.7	105.9	105.2	105.1	105.1	104.7	104.6
	三、144m^2以上	103.8	105.7	105.5	105.3	105.1	105.0	104.8	104.4	104.1	104.8	104.7	104.8
环比价格指数	**新建住宅价格指数**	**100.8**	**99.9**	**100.8**	**100.5**	**99.4**	**100.0**	**99.9**	**99.9**	**100.0**	**99.8**	**99.5**	**99.9**
	新建商品住宅	100.9	100.0	100.8	100.6	99.3	100.0	99.9	99.9	99.9	99.7	99.4	99.9
	一、90m^2及以下	101.6	100.7	100.5	100.5	99.9	100.2	99.7	100.1	99.9	99.8	99.4	100.0
	二、90-144m^2	101.6	100.3	100.5	100.1	99.3	100.0	99.9	99.9	99.9	99.7	99.3	99.9
	三、144m^2以上	99.5	99.3	101.2	101.2	99.0	100.0	100.0	99.9	100.0	99.8	99.6	99.9
	二手住宅价格指数	**100.9**	**100.8**	**100.4**	**100.6**	**100.5**	**100.2**	**100.2**	**99.8**	**100.1**	**100.3**	**99.8**	**100.0**
	一、90m^2及以下	100.7	100.4	100.1	100.1	100.6	100.2	100.1	100.0	100.1	100.3	99.9	99.9
	二、90-144m^2	100.7	100.9	100.7	101.3	100.6	100.2	100.4	99.7	100.2	100.2	99.6	100.1
	三、144m^2以上	101.7	101.9	100.0	100.2	100.0	100.0	99.9	100.0	--	100.8	--	100.2

2-9-44 2011年扬州市住宅销售价格指数
Yangzhou housing sales price index for 2011

		1月	2月	3月	4月	5月	6月	7月	8月	9月	10月	11月	12月
定基价格指数	**新建住宅价格指数**	**102.8**	**103.6**	**104.5**	**104.6**	**104.6**	**104.6**	**104.5**	**104.5**	**104.5**	**104.3**	**104.0**	**103.8**
	新建商品住宅	102.9	103.7	104.6	104.7	104.7	104.7	104.6	104.6	104.6	104.4	104.1	103.9
	一、90m²及以下	104.1	105.0	105.4	105.3	105.3	105.4	105.6	105.7	105.8	105.7	105.5	105.3
	二、90-144m²	102.5	103.6	104.6	104.8	104.7	104.7	104.6	104.6	104.6	104.4	104.2	103.9
	三、144m²以上	103.4	103.3	104.3	104.3	104.5	104.5	104.2	104.5	104.3	104.0	103.5	103.4
	二手住宅价格指数	**102.8**	**102.9**	**103.1**	**103.2**	**103.3**	**103.4**	**103.3**	**103.1**	**103.0**	**102.9**	**102.7**	**102.2**
	一、90m²及以下	102.6	102.7	102.9	102.9	103.1	103.2	103.0	103.0	102.8	102.7	102.6	102.4
	二、90-144m²	103.2	103.4	103.6	103.8	103.8	103.8	103.8	103.4	103.4	103.3	103.0	102.4
	三、144m²以上	102.2	102.2	102.2	102.2	102.3	102.3	102.3	102.3	102.2	102.2	101.6	100.7
同比价格指数	**新建住宅价格指数**	**104.9**	**105.3**	**105.7**	**105.5**	**104.9**	**104.6**	**104.3**	**104.0**	**103.7**	**103.2**	**102.5**	**102.0**
	新建商品住宅	104.9	105.4	105.8	105.6	105.0	104.7	104.4	104.1	103.8	103.3	102.6	102.0
	一、90m²及以下	106.4	106.9	106.8	106.3	105.7	105.5	105.4	105.2	104.9	104.5	103.7	103.2
	二、90-144m²	104.5	105.3	105.9	105.7	105.0	104.7	104.4	104.0	103.8	103.3	102.6	102.0
	三、144m²以上	105.3	105.0	105.5	105.1	104.8	104.5	104.0	103.9	103.5	102.9	102.1	101.6
	二手住宅价格指数	**105.2**	**105.3**	**104.4**	**104.0**	**103.5**	**103.4**	**103.0**	**102.6**	**102.0**	**101.6**	**101.0**	**99.9**
	一、90m²及以下	105.0	105.0	104.2	103.7	103.3	103.2	102.8	102.5	101.8	101.4	101.0	100.1
	二、90-144m²	105.6	105.8	104.9	104.6	104.1	103.9	103.6	102.9	102.4	102.0	101.4	100.0
	三、144m²以上	104.4	104.4	103.5	102.9	102.5	102.4	102.1	101.9	101.4	101.1	100.1	98.5
环比价格指数	**新建住宅价格指数**	**101.0**	**100.8**	**100.9**	**100.1**	**100.0**	**100.0**	**99.9**	**100.1**	**100.0**	**99.8**	**99.7**	**99.8**
	新建商品住宅	101.1	100.8	100.9	100.1	100.0	100.0	99.9	100.1	100.0	99.8	99.7	99.8
	一、90m²及以下	102.1	100.9	100.3	99.9	100.0	100.1	100.2	100.1	100.0	100.0	99.7	99.9
	二、90-144m²	100.7	101.1	101.0	100.2	99.9	100.0	99.9	100.0	100.1	99.8	99.8	99.7
	三、144m²以上	101.6	100.0	100.9	100.1	100.2	100.0	99.7	100.3	99.9	99.7	99.6	99.9
	二手住宅价格指数	**100.5**	**100.1**	**100.2**	**100.1**	**100.1**	**100.0**	**99.9**	**99.8**	**99.9**	**99.9**	**99.8**	**99.5**
	一、90m²及以下	100.3	100.1	100.2	100.0	100.1	100.1	99.8	100.0	99.8	99.9	100.0	99.8
	二、90-144m²	100.8	100.2	100.2	100.3	100.0	100.0	100.0	99.6	99.9	99.9	99.8	99.4
	三、144m²以上	--	--	--	100.0	100.1	100.0	100.0	100.0	99.9	100.0	99.4	99.1

2-9-45 2011年徐州市住宅销售价格指数

Xuzhou housing sales price index for 2011

		1月	2月	3月	4月	5月	6月	7月	8月	9月	10月	11月	12月
定基价格指数	**新建住宅价格指数**	**101.8**	**102.3**	**103.1**	**103.8**	**104.1**	**104.2**	**104.3**	**104.3**	**104.3**	**104.1**	**103.5**	**103.2**
	新建商品住宅	101.9	102.4	103.3	104.0	104.4	104.4	104.5	104.5	104.5	104.3	103.7	103.3
	一、90m^2及以下	102.3	102.8	103.3	103.8	104.5	104.6	104.8	104.9	104.9	104.5	104.2	104.0
	二、90-144m^2	101.9	102.4	103.5	104.2	104.5	104.6	104.6	104.6	104.6	104.5	103.9	103.4
	三、144m^2以上	101.0	101.6	101.9	102.4	103.1	103.0	103.1	103.1	103.2	102.7	102.0	101.7
	二手住宅价格指数	**100.5**	**100.9**	**100.9**	**100.2**	**100.5**	**100.0**	**99.9**	**99.5**	**99.5**	**99.3**	**97.4**	**97.0**
	一、90m^2及以下	100.5	102.6	103.4	103.1	103.8	103.8	103.8	99.9	99.9	99.2	96.7	96.7
	二、90-144m^2	100.6	100.2	99.7	98.7	98.8	97.9	97.7	99.3	99.3	99.3	97.1	96.5
	三、144m^2以上	100.0	100.0	100.0	100.0	100.1	100.1	100.1	99.7	99.7	99.7	99.7	99.7
同比价格指数	**新建住宅价格指数**	**103.4**	**103.7**	**103.4**	**103.8**	**104.1**	**104.1**	**104.0**	**103.9**	**103.8**	**103.4**	**102.8**	**102.3**
	新建商品住宅	103.5	103.9	103.5	104.0	104.3	104.3	104.2	104.1	104.1	103.6	103.0	102.5
	一、90m^2及以下	104.0	104.4	103.6	103.9	104.5	104.5	104.6	104.5	104.5	103.8	103.4	103.1
	二、90-144m^2	103.6	103.9	103.8	104.3	104.5	104.5	104.4	104.2	104.1	103.8	103.2	102.6
	三、144m^2以上	102.5	103.0	102.1	102.4	103.1	102.9	102.9	102.7	102.8	102.1	101.4	100.9
	二手住宅价格指数	**100.8**	**101.2**	**101.1**	**100.3**	**100.4**	**99.8**	**99.7**	**99.4**	**99.4**	**99.2**	**97.3**	**96.9**
	一、90m^2及以下	100.9	103.0	103.7	103.2	103.7	103.6	103.7	99.8	99.8	99.1	96.6	96.6
	二、90-144m^2	101.0	100.5	99.9	98.8	98.7	97.7	97.5	99.2	99.2	99.2	97.0	96.5
	三、144m^2以上	100.2	100.2	100.1	100.0	100.0	99.9	100.0	99.7	99.7	99.7	99.7	99.7
环比价格指数	**新建住宅价格指数**	**101.0**	**100.4**	**100.9**	**100.6**	**100.4**	**100.0**	**100.1**	**100.0**	**100.0**	**99.8**	**99.5**	**99.6**
	新建商品住宅	101.0	100.5	100.9	100.6	100.4	100.0	100.1	100.0	100.0	99.8	99.4	99.6
	一、90m^2及以下	101.4	100.5	100.6	100.5	100.6	100.1	100.2	100.1	100.0	99.6	99.7	99.8
	二、90-144m^2	101.1	100.5	101.1	100.7	100.3	100.1	100.0	100.0	100.0	99.9	99.4	99.5
	三、144m^2以上	100.2	100.6	100.3	100.5	100.7	99.8	100.2	99.9	100.1	99.6	99.3	99.7
	二手住宅价格指数	**100.4**	**100.4**	**100.0**	**99.3**	**100.3**	**99.5**	**99.9**	**99.6**	**100.0**	**99.8**	**98.0**	**99.7**
	一、90m^2及以下	100.4	102.1	100.8	99.7	100.7	100.0	100.0	99.6	100.0	99.3	97.5	100.0
	二、90-144m^2	100.5	99.6	99.5	98.9	100.1	99.1	99.8	99.6	100.0	100.0	97.9	99.4
	三、144m^2以上	--	--	--	100.0	100.1	--	100.0	99.6	100.0	--	--	--

2-9-46 2011年温州市住宅销售价格指数

Wenzhou housing sales price index for 2011

		1月	2月	3月	4月	5月	6月	7月	8月	9月	10月	11月	12月
定基价格指数	**新建住宅价格指数**	**100.3**	**100.3**	**100.3**	**100.3**	**100.7**	**100.9**	**101.0**	**101.0**	**99.7**	**95.1**	**95.0**	**93.3**
	新建商品住宅	100.3	100.3	100.3	100.3	100.7	100.9	101.0	101.0	99.7	94.8	94.8	92.9
	一、90㎡及以下	100.8	100.8	100.8	100.8	100.8	101.0	101.8	101.6	101.6	96.6	96.6	96.2
	二、90-144㎡	100.6	100.6	100.6	100.6	100.6	101.1	101.1	101.1	99.3	94.3	94.3	95.3
	三、144㎡以上	100.1	100.1	100.1	100.1	100.7	100.8	100.8	100.9	99.2	94.4	94.4	91.6
	二手住宅价格指数	**108.6**	**109.6**	**109.3**	**108.8**	**108.3**	**107.9**	**107.4**	**106.9**	**105.1**	**100.5**	**99.3**	**94.4**
	一、90㎡及以下	108.9	109.4	109.4	109.1	108.0	107.2	106.7	106.1	104.4	100.0	98.5	95.2
	二、90-144㎡	108.5	109.4	109.4	108.9	108.3	108.1	107.4	106.7	104.6	100.1	98.9	93.0
	三、144㎡以上	108.5	109.9	109.3	108.5	108.4	108.3	107.9	107.7	106.2	101.3	100.3	95.2
同比价格指数	**新建住宅价格指数**	**100.7**	**101.1**	**101.1**	**100.1**	**100.4**	**100.6**	**100.8**	**100.7**	**99.5**	**94.8**	**94.8**	**93.1**
	新建商品住宅	100.8	101.2	101.1	100.1	100.5	100.7	100.8	100.8	99.4	94.5	94.5	92.6
	一、90㎡及以下	101.1	104.1	104.1	100.1	100.1	100.3	101.0	100.9	100.9	95.9	95.8	95.5
	二、90-144㎡	101.0	101.1	101.0	100.5	100.5	100.9	100.9	100.9	99.2	94.2	94.1	95.2
	三、144㎡以上	100.6	100.4	100.4	100.0	100.6	100.7	100.7	100.7	99.1	94.2	94.3	91.5
	二手住宅价格指数	**118.5**	**119.7**	**117.2**	**108.5**	**108.5**	**108.3**	**107.9**	**106.1**	**98.8**	**95.1**	**94.4**	**88.7**
	一、90㎡及以下	119.5	120.2	117.9	109.2	108.2	107.4	107.1	105.2	97.9	94.3	93.4	89.1
	二、90-144㎡	118.4	119.5	117.2	108.6	108.5	108.6	107.9	106.0	98.3	94.8	94.0	87.4
	三、144㎡以上	117.7	119.4	116.6	107.8	108.6	108.9	108.6	107.2	100.0	96.2	95.6	89.8
环比价格指数	**新建住宅价格指数**	**100.1**	**100.0**	**100.0**	**100.0**	**100.4**	**100.2**	**100.1**	**100.0**	**98.7**	**95.4**	**100.0**	**98.1**
	新建商品住宅	100.1	100.0	100.0	100.0	100.4	100.2	100.1	100.0	98.6	95.1	100.0	98.0
	一、90㎡及以下	100.1	100.0	100.0	100.0	100.0	100.2	100.8	99.9	100.0	95.1	99.9	99.6
	二、90-144㎡	100.5	100.0	--	--	--	100.5	--	100.0	98.2	95.0	99.9	101.1
	三、144㎡以上	100.0	100.0	100.0	100.0	100.6	100.2	100.0	100.0	98.4	95.1	100.0	97.1
	二手住宅价格指数	**102.1**	**100.9**	**99.8**	**99.5**	**99.5**	**99.7**	**99.5**	**99.6**	**98.3**	**95.6**	**98.8**	**95.1**
	一、90㎡及以下	101.9	100.5	100.0	99.7	99.0	99.2	99.6	99.5	98.4	95.7	98.6	96.6
	二、90-144㎡	102.0	100.8	100.0	99.6	99.4	99.8	99.3	99.4	98.0	95.6	98.8	94.1
	三、144㎡以上	102.4	101.3	99.5	99.3	99.9	99.9	99.6	99.8	98.6	95.4	99.0	94.9

2-9-47　2011年金华市住宅销售价格指数
Jinhua housing sales price index for 2011

		1月	2月	3月	4月	5月	6月	7月	8月	9月	10月	11月	12月
定基价格指数	**新建住宅价格指数**	**102.4**	**102.6**	**103.4**	**103.6**	**103.8**	**103.9**	**104.0**	**104.0**	**104.0**	**104.0**	**104.0**	**103.7**
	新建商品住宅	102.4	102.7	103.4	103.7	103.8	103.9	104.0	104.0	104.0	104.1	104.0	103.7
	一、90m^2及以下	102.6	104.3	104.9	105.0	105.6	105.8	105.9	105.9	105.8	105.9	105.8	104.9
	二、90-144m^2	102.3	102.1	103.0	103.3	103.4	103.5	103.6	103.5	103.6	103.6	103.6	103.1
	三、144m^2以上	102.5	102.5	103.2	103.5	103.5	103.5	103.7	103.7	103.7	103.8	103.8	103.8
	二手住宅价格指数	**99.9**	**100.1**	**101.2**	**100.9**	**100.7**	**100.6**	**100.3**	**100.1**	**99.6**	**99.6**	**97.4**	**96.4**
	一、90m^2及以下	99.8	100.2	102.1	102.5	101.6	101.6	101.4	101.4	101.7	101.5	96.4	95.8
	二、90-144m^2	99.7	100.1	101.0	100.2	100.5	100.4	99.9	99.4	99.0	99.2	98.0	96.3
	三、144m^2以上	100.5	99.6	100.1	100.1	99.8	99.5	99.4	99.5	97.7	97.3	97.3	97.3
同比价格指数	**新建住宅价格指数**	**107.6**	**107.8**	**105.0**	**102.6**	**102.3**	**103.9**	**103.9**	**103.7**	**102.3**	**101.9**	**101.7**	**101.2**
	新建商品住宅	107.6	107.8	105.1	102.6	102.3	104.0	103.9	103.7	102.4	101.9	101.7	101.3
	一、90m^2及以下	107.9	109.7	106.6	104.0	104.0	105.9	105.8	105.6	104.1	103.7	103.4	102.3
	二、90-144m^2	107.5	107.4	104.6	102.2	101.9	103.5	103.5	103.2	102.0	101.6	101.4	100.7
	三、144m^2以上	107.5	107.5	104.9	102.5	102.0	103.7	103.7	103.5	102.1	101.6	101.5	101.3
	二手住宅价格指数	**103.3**	**102.9**	**100.2**	**100.5**	**100.4**	**100.3**	**101.1**	**101.1**	**100.2**	**100.0**	**97.9**	**97.1**
	一、90m^2及以下	103.4	103.3	101.3	101.4	100.6	101.2	102.2	102.3	102.2	101.8	96.9	96.3
	二、90-144m^2	103.1	103.0	100.0	100.2	100.5	100.0	100.8	100.4	99.6	99.6	98.6	97.0
	三、144m^2以上	103.5	102.1	98.8	100.1	99.8	99.4	100.2	100.6	98.4	97.9	98.2	98.4
环比价格指数	**新建住宅价格指数**	**100.0**	**100.2**	**100.8**	**100.2**	**100.1**	**100.1**	**100.1**	**100.0**	**100.0**	**100.0**	**100.0**	**99.7**
	新建商品住宅	100.0	100.2	100.8	100.2	100.1	100.1	100.1	100.0	100.0	100.0	100.0	99.7
	一、90m^2及以下	100.1	101.7	100.6	100.1	100.5	100.2	100.1	100.0	100.0	100.1	99.9	99.2
	二、90-144m^2	99.9	99.9	100.9	100.3	100.1	100.1	100.1	100.0	100.0	100.0	100.0	99.5
	三、144m^2以上	100.0	100.0	100.7	100.2	100.0	100.1	100.1	100.0	100.0	100.0	100.0	100.0
	二手住宅价格指数	**100.6**	**100.2**	**101.1**	**99.7**	**99.8**	**99.9**	**99.7**	**99.8**	**99.5**	**100.0**	**97.8**	**99.0**
	一、90m^2及以下	100.3	100.4	101.8	100.4	99.2	100.0	99.8	100.0	100.3	99.8	95.0	99.4
	二、90-144m^2	100.5	100.4	100.9	99.2	100.3	99.9	99.6	99.5	99.6	100.2	98.8	98.3
	三、144m^2以上	101.6	99.1	100.5	99.9	99.7	99.7	99.8	100.2	98.2	99.6	--	100.0

2-9-48 2011年蚌埠市住宅销售价格指数

Bengbu housing sales price index for 2011

		1月	2月	3月	4月	5月	6月	7月	8月	9月	10月	11月	12月
定基价格指数	**新建住宅价格指数**	**102.1**	**103.1**	**103.7**	**103.9**	**103.9**	**103.9**	**103.9**	**103.9**	**103.9**	**103.9**	**103.8**	**103.5**
	新建商品住宅	102.1	103.1	103.7	104.0	104.0	104.0	104.0	104.0	104.0	104.0	103.9	103.6
	一、90m^2及以下	102.2	103.2	103.8	104.2	104.2	104.2	104.3	104.3	104.1	104.0	103.9	103.6
	二、90-144m^2	102.1	103.2	103.7	103.9	103.9	103.9	103.9	103.9	103.9	104.0	103.9	103.6
	三、144m^2以上	101.9	102.7	103.8	103.8	103.8	103.8	104.0	104.1	104.0	103.9	103.9	103.8
	二手住宅价格指数	**103.0**	**103.3**	**103.6**	**104.1**	**103.8**	**104.0**	**104.0**	**104.0**	**104.2**	**104.3**	**104.2**	**104.1**
	一、90m^2及以下	103.0	103.3	103.6	104.2	104.0	104.1	104.2	104.2	104.3	104.4	104.3	104.2
	二、90-144m^2	103.1	103.4	103.6	104.0	103.5	103.8	103.8	103.9	104.0	104.1	104.1	104.0
	三、144m^2以上	102.6	102.6	103.2	103.7	103.2	103.4	103.4	103.6	103.8	104.0	104.0	103.9
同比价格指数	**新建住宅价格指数**	**106.3**	**104.9**	**104.2**	**103.6**	**103.3**	**103.2**	**103.1**	**104.1**	**103.8**	**103.6**	**102.2**	**101.5**
	新建商品住宅	106.5	105.0	104.3	103.7	103.3	103.2	103.2	104.2	103.9	103.6	102.2	101.5
	一、90m^2及以下	107.1	105.0	104.4	104.0	103.6	103.5	103.4	104.4	103.9	103.6	102.1	101.5
	二、90-144m^2	106.4	105.0	104.2	103.7	103.3	103.2	103.1	104.1	103.8	103.6	102.2	101.5
	三、144m^2以上	104.7	104.5	104.3	103.5	103.2	103.2	103.3	104.4	104.2	103.8	102.4	102.0
	二手住宅价格指数	**106.7**	**106.9**	**105.7**	**104.7**	**104.1**	**103.9**	**103.3**	**103.1**	**102.9**	**102.5**	**101.9**	**101.3**
	一、90m^2及以下	106.7	106.9	105.7	104.8	104.3	104.0	103.5	103.2	103.0	102.7	102.0	101.4
	二、90-144m^2	106.8	107.1	105.8	104.6	103.9	103.7	103.1	102.9	102.7	102.3	101.7	101.1
	三、144m^2以上	105.7	105.5	104.9	104.2	103.5	103.3	102.8	102.8	102.8	102.5	102.1	101.6
环比价格指数	**新建住宅价格指数**	**100.1**	**101.0**	**100.6**	**100.2**	**100.0**	**100.0**	**100.0**	**100.0**	**100.0**	**100.0**	**99.9**	**99.7**
	新建商品住宅	100.1	101.0	100.6	100.2	100.0	100.0	100.0	100.0	100.0	100.1	99.9	99.7
	一、90m^2及以下	100.1	100.9	100.7	100.4	100.0	100.0	100.1	100.0	99.8	100.0	99.9	99.7
	二、90-144m^2	100.1	101.0	100.5	100.2	100.0	100.0	100.0	100.0	100.0	100.1	99.9	99.7
	三、144m^2以上	100.2	100.8	101.1	100.0	100.0	100.0	100.2	100.0	100.0	99.9	99.9	99.9
	二手住宅价格指数	**100.2**	**100.4**	**100.2**	**100.5**	**99.7**	**100.2**	**100.0**	**100.1**	**100.1**	**100.1**	**99.9**	**99.9**
	一、90m^2及以下	100.2	100.4	100.2	100.6	99.7	100.2	100.0	100.0	100.1	100.1	99.9	99.9
	二、90-144m^2	100.2	100.4	100.2	100.3	99.6	100.2	100.0	100.1	100.1	100.1	99.9	99.9
	三、144m^2以上	100.3	--	100.6	100.5	99.4	100.2	100.1	100.2	100.2	100.2	99.9	99.9

2-9-49 2011年安庆市住宅销售价格指数
Anqing housing sales price index for 2011

		1月	2月	3月	4月	5月	6月	7月	8月	9月	10月	11月	12月
定基价格指数	**新建住宅价格指数**	**104.4**	**104.4**	**104.3**	**104.2**	**103.9**	**103.9**	**104.0**	**104.0**	**103.9**	**104.0**	**103.9**	**103.6**
	新建商品住宅	104.4	104.4	104.3	104.2	103.9	103.9	104.0	104.0	103.9	104.0	103.9	103.6
	一、90m²及以下	104.5	104.5	105.0	105.0	104.6	104.7	104.9	104.9	104.9	104.9	104.8	104.4
	二、90-144m²	104.5	104.4	104.2	104.1	103.7	103.8	103.8	103.8	103.8	103.9	103.9	103.5
	三、144m²以上	104.1	104.4	104.3	104.3	104.3	104.1	104.3	104.3	104.0	103.8	103.7	103.4
	二手住宅价格指数	**102.8**	**103.0**	**103.1**	**103.4**	**103.5**	**103.6**	**103.3**	**103.1**	**103.0**	**102.5**	**101.1**	**100.4**
	一、90m²及以下	102.8	103.0	103.1	103.4	103.5	103.6	103.4	103.2	103.1	102.6	101.1	100.3
	二、90-144m²	102.8	103.1	103.0	103.1	103.0	103.2	102.9	101.9	101.3	101.2	100.3	100.2
	三、144m²以上	102.7	102.9	102.9	103.0	103.0	102.6	102.6	102.4	102.4	102.0	102.0	101.8
同比价格指数	**新建住宅价格指数**	**110.1**	**109.5**	**107.9**	**104.9**	**104.6**	**104.3**	**103.0**	**102.3**	**101.3**	**101.3**	**101.2**	**99.2**
	新建商品住宅	110.1	109.5	107.9	105.1	104.6	104.3	103.0	102.3	101.3	101.3	101.2	99.2
	一、90m²及以下	110.5	109.7	108.8	105.9	105.3	105.0	103.8	103.1	102.1	102.1	102.1	99.9
	二、90-144m²	110.2	109.5	107.8	105.0	104.4	104.1	102.8	102.1	101.1	101.2	101.2	99.2
	三、144m²以上	109.8	109.4	107.8	105.3	105.0	104.4	103.3	102.6	101.4	101.2	101.1	99.1
	二手住宅价格指数	**104.6**	**104.5**	**104.4**	**103.7**	**103.6**	**103.6**	**103.3**	**102.8**	**102.4**	**101.9**	**100.0**	**98.1**
	一、90m²及以下	104.6	104.5	104.4	103.7	103.7	103.7	103.3	102.9	102.5	101.9	100.0	98.1
	二、90-144m²	104.7	104.7	104.4	103.5	103.2	103.2	102.8	101.6	100.7	100.5	99.2	97.9
	三、144m²以上	104.4	104.3	104.0	103.3	103.3	102.7	102.6	102.2	101.9	101.4	100.9	99.6
环比价格指数	**新建住宅价格指数**	**100.0**	**100.0**	**99.9**	**99.9**	**99.8**	**100.0**	**100.1**	**100.0**	**99.9**	**100.0**	**99.9**	**99.7**
	新建商品住宅	100.0	100.0	99.9	99.9	99.7	100.0	100.1	100.0	99.9	100.0	99.9	99.7
	一、90m²及以下	100.0	100.0	100.5	100.0	99.7	100.1	100.2	100.0	100.0	100.0	99.9	99.6
	二、90-144m²	100.1	99.9	99.8	99.9	99.7	100.1	100.0	100.0	100.0	100.1	100.0	99.7
	三、144m²以上	99.8	100.2	99.9	100.0	100.0	99.8	100.2	100.0	99.7	99.8	99.9	99.7
	二手住宅价格指数	**100.5**	**100.2**	**100.1**	**100.3**	**100.1**	**100.1**	**99.8**	**99.8**	**99.9**	**99.6**	**98.6**	**99.3**
	一、90m²及以下	100.5	100.2	100.1	100.3	100.1	100.1	99.7	99.8	99.9	99.5	98.5	99.2
	二、90-144m²	100.4	100.4	99.9	100.1	99.9	100.2	99.7	99.0	99.5	99.9	99.1	99.9
	三、144m²以上	100.5	100.2	--	100.1	100.0	99.6	--	99.8	--	99.6	--	99.9

2-9-50　2011年泉州市住宅销售价格指数

Quanzhou housing sales price index for 2011

		1月	2月	3月	4月	5月	6月	7月	8月	9月	10月	11月	12月
定基价格指数	**新建住宅价格指数**	**99.7**	**100.2**	**100.7**	**101.0**	**101.0**	**101.0**	**101.0**	**101.0**	**101.1**	**101.1**	**101.0**	**101.0**
	新建商品住宅	99.7	100.2	100.8	101.1	101.1	101.0	101.1	101.1	101.1	101.1	101.1	101.1
	一、90㎡及以下	98.3	99.2	100.4	100.6	100.7	100.7	100.9	100.9	101.0	101.2	101.1	101.1
	二、90-144㎡	100.7	101.2	101.5	101.8	101.8	101.7	101.8	101.7	102.0	101.9	101.8	101.9
	三、144㎡以上	99.0	99.2	99.8	100.1	100.1	100.0	100.1	100.0	99.8	99.7	99.7	99.7
	二手住宅价格指数	**100.0**	**100.0**	**100.1**	**99.9**	**99.9**	**100.0**	**100.0**	**100.0**	**100.0**	**99.7**	**99.6**	**99.3**
	一、90㎡及以下	100.1	100.1	100.2	100.5	100.5	100.5	100.5	100.5	100.5	99.8	99.7	99.1
	二、90-144㎡	100.1	100.1	100.1	99.5	99.5	99.6	99.6	99.6	99.6	99.6	99.5	99.5
	三、144㎡以上	99.6	99.6	99.6	99.0	99.0	99.0	99.0	99.0	99.0	99.0	99.0	99.0
同比价格指数	**新建住宅价格指数**	**99.8**	**100.0**	**100.0**	**100.2**	**100.2**	**100.3**	**101.1**	**101.6**	**101.5**	**101.8**	**101.7**	**101.5**
	新建商品住宅	99.8	100.1	100.1	100.3	100.3	100.3	101.2	101.7	101.6	101.9	101.8	101.6
	一、90㎡及以下	98.9	99.7	98.8	98.9	99.1	99.3	101.0	101.9	101.9	102.3	102.3	102.3
	二、90-144㎡	100.9	101.2	100.8	101.0	101.1	101.0	101.7	102.3	102.3	102.7	102.5	102.3
	三、144㎡以上	98.7	98.5	99.5	99.7	99.6	99.8	100.3	100.5	100.0	100.4	100.2	100.0
	二手住宅价格指数	**99.9**	**100.0**	**100.0**	**99.8**	**99.9**	**100.0**	**100.0**	**100.1**	**100.1**	**99.7**	**99.6**	**99.3**
	一、90㎡及以下	100.0	100.1	100.2	100.5	100.5	100.5	100.5	100.6	100.6	99.9	99.7	99.1
	二、90-144㎡	99.9	100.0	100.0	99.4	99.4	99.6	99.6	99.7	99.7	99.7	99.6	99.6
	三、144㎡以上	99.2	99.1	99.3	98.7	98.8	99.2	99.2	99.2	99.2	99.2	99.2	99.2
环比价格指数	**新建住宅价格指数**	**100.2**	**100.5**	**100.6**	**100.2**	**100.0**	**100.0**	**100.1**	**100.0**	**100.1**	**100.0**	**99.9**	**100.0**
	新建商品住宅	100.2	100.5	100.6	100.2	100.0	100.0	100.1	100.0	100.1	100.0	99.9	100.0
	一、90㎡及以下	99.4	100.9	101.3	100.2	100.1	100.1	100.2	100.0	100.1	100.2	99.9	100.0
	二、90-144㎡	101.1	100.5	100.3	100.3	100.0	99.9	100.1	100.0	100.2	100.0	99.9	100.0
	三、144㎡以上	99.3	100.1	100.7	100.3	100.0	100.0	100.1	99.9	99.8	99.9	100.0	99.9
	二手住宅价格指数	**100.1**	**100.0**	**100.0**	**99.8**	**100.0**	**100.1**	**100.0**	**100.0**	**100.0**	**99.7**	**99.9**	**99.7**
	一、90㎡及以下	100.1	100.0	100.1	100.3	100.0	100.0	100.0	100.0	100.0	99.3	99.9	99.4
	二、90-144㎡	100.1	100.0	100.0	99.4	100.0	100.1	100.0	100.0	100.0	100.0	100.0	100.0
	三、144㎡以上	99.8	100.0	--	99.4	--	100.0	100.0	--	--	--	--	--

2-9-51 2011年九江市住宅销售价格指数
Jiujiang housing sales price index for 2011

		1月	2月	3月	4月	5月	6月	7月	8月	9月	10月	11月	12月
定基价格指数	**新建住宅价格指数**	**102.3**	**102.9**	**103.8**	**104.5**	**104.4**	**104.2**	**104.1**	**104.3**	**104.3**	**103.9**	**103.3**	**102.7**
	新建商品住宅	102.4	103.1	104.1	104.8	104.6	104.5	104.4	104.5	104.5	104.1	103.5	102.8
	一、90㎡及以下	101.0	101.9	103.3	104.0	103.8	103.7	103.5	103.8	103.8	103.4	103.1	102.4
	二、90-144㎡	103.5	104.3	105.0	105.8	105.6	105.5	105.5	105.5	105.5	105.0	104.3	103.5
	三、144㎡以上	101.9	101.7	102.2	103.0	102.8	102.6	102.3	102.4	102.5	102.3	101.8	101.4
	二手住宅价格指数	**103.7**	**104.0**	**104.0**	**104.0**	**103.6**	**103.4**	**102.8**	**102.4**	**102.3**	**102.0**	**101.8**	**101.2**
	一、90㎡及以下	103.8	104.3	104.4	104.4	103.8	103.6	102.8	102.3	102.1	101.8	101.7	101.3
	二、90-144㎡	103.7	103.9	103.6	103.6	103.4	103.2	102.7	102.6	102.6	102.3	101.7	100.8
	三、144㎡以上	102.6	102.8	102.8	103.1	103.4	103.4	103.4	102.8	102.8	102.8	102.3	102.3
同比价格指数	**新建住宅价格指数**	**105.6**	**104.7**	**104.7**	**104.8**	**103.4**	**103.8**	**104.5**	**104.8**	**104.1**	**102.5**	**101.6**	**100.4**
	新建商品住宅	106.0	105.0	105.0	105.0	103.6	104.0	104.8	105.1	104.3	102.6	101.7	100.4
	一、90㎡及以下	104.5	103.8	104.3	104.3	102.9	103.2	103.9	104.4	103.6	101.9	101.2	99.9
	二、90-144㎡	107.1	106.2	106.0	106.0	104.6	105.1	106.0	106.1	105.3	103.5	102.4	101.1
	三、144㎡以上	104.7	103.1	102.7	103.0	101.8	102.1	102.8	103.1	102.6	101.2	100.3	99.6
	二手住宅价格指数	**107.0**	**106.1**	**104.8**	**104.4**	**102.9**	**103.8**	**103.0**	**102.1**	**101.6**	**100.6**	**100.1**	**99.4**
	一、90㎡及以下	107.1	106.3	105.2	104.7	103.1	104.0	102.9	102.0	101.4	100.4	100.0	99.5
	二、90-144㎡	107.1	106.0	104.4	103.9	102.7	103.6	102.9	102.3	101.8	100.9	100.0	99.0
	三、144㎡以上	105.7	104.7	103.4	103.3	102.7	103.9	103.6	102.5	102.2	101.5	100.7	100.6
环比价格指数	**新建住宅价格指数**	**100.0**	**100.6**	**100.9**	**100.7**	**99.8**	**99.9**	**99.9**	**100.1**	**100.0**	**99.6**	**99.5**	**99.4**
	新建商品住宅	100.0	100.6	101.0	100.7	99.8	99.9	99.9	100.1	100.0	99.6	99.5	99.3
	一、90㎡及以下	98.6	100.8	101.5	100.7	99.8	99.8	99.9	100.3	100.0	99.6	99.7	99.3
	二、90-144㎡	101.1	100.7	100.7	100.7	99.9	99.9	100.0	100.0	100.0	99.5	99.3	99.2
	三、144㎡以上	100.1	99.8	100.5	100.7	99.9	99.8	99.7	100.2	100.1	99.8	99.5	99.7
	二手住宅价格指数	**101.8**	**100.4**	**100.0**	**100.0**	**99.6**	**99.8**	**99.4**	**99.6**	**99.9**	**99.8**	**99.7**	**99.5**
	一、90㎡及以下	101.9	100.5	100.1	100.0	99.4	99.8	99.3	99.5	99.8	99.7	99.9	99.6
	二、90-144㎡	101.8	100.2	99.7	100.0	99.8	99.8	99.6	99.9	99.9	99.8	99.4	99.1
	三、144㎡以上	100.9	100.2	100.0	100.3	100.3	100.0	--	99.4	100.0	--	99.5	--

2-9-52 2011年赣州市住宅销售价格指数

Ganzhou housing sales price index for 2011

		1月	2月	3月	4月	5月	6月	7月	8月	9月	10月	11月	12月
定基价格指数	**新建住宅价格指数**	**106.5**	**106.7**	**105.7**	**105.5**	**105.3**	**105.3**	**105.3**	**105.0**	**105.1**	**105.1**	**105.1**	**105.0**
	新建商品住宅	106.6	106.7	105.8	105.5	105.3	105.3	105.3	105.1	105.1	105.2	105.1	105.1
	一、90㎡及以下	105.7	105.8	104.7	104.6	104.4	104.4	104.5	103.8	103.9	103.8	103.8	103.8
	二、90-144㎡	106.4	106.5	105.5	105.3	105.0	105.1	105.2	105.1	105.3	105.3	105.2	105.2
	三、144㎡以上	107.5	107.6	106.8	106.5	106.3	106.4	106.0	105.6	105.6	105.7	105.6	105.6
	二手住宅价格指数	**101.3**	**101.5**	**101.4**	**101.5**	**100.4**	**100.5**	**100.2**	**99.7**	**99.3**	**99.2**	**99.2**	**99.1**
	一、90㎡及以下	101.5	101.7	101.6	101.7	100.3	100.3	100.2	99.6	99.5	99.4	99.4	99.2
	二、90-144㎡	101.2	101.5	101.3	101.4	100.4	100.3	100.1	99.5	99.1	99.0	98.9	98.9
	三、144㎡以上	101.2	101.5	101.4	101.5	100.7	100.7	100.4	100.0	99.6	99.5	99.4	99.4
同比价格指数	**新建住宅价格指数**	**112.3**	**109.9**	**108.3**	**107.9**	**106.3**	**105.4**	**105.2**	**104.9**	**103.4**	**102.3**	**101.3**	**99.6**
	新建商品住宅	112.4	110.0	108.4	108.0	106.3	105.5	105.3	104.9	103.4	102.3	101.3	99.6
	一、90㎡及以下	111.3	108.8	107.0	106.8	105.3	104.4	104.4	103.5	102.3	101.1	100.2	99.3
	二、90-144㎡	112.2	109.8	108.1	107.7	106.1	105.2	105.1	105.0	103.6	102.4	101.4	99.7
	三、144㎡以上	113.5	111.0	109.6	109.2	107.4	106.6	106.1	105.5	103.9	102.7	101.7	99.7
	二手住宅价格指数	**102.8**	**102.8**	**102.0**	**101.1**	**100.3**	**100.2**	**99.9**	**99.4**	**99.0**	**98.8**	**98.7**	**98.5**
	一、90㎡及以下	103.1	103.1	102.3	101.4	100.1	100.1	99.9	99.3	99.1	98.9	98.8	98.5
	二、90-144㎡	102.7	102.7	101.9	101.1	100.2	100.1	99.8	99.2	98.8	98.6	98.5	98.2
	三、144㎡以上	102.6	102.6	102.0	101.2	100.6	100.5	100.1	99.8	99.3	99.1	99.0	98.8
环比价格指数	**新建住宅价格指数**	**101.0**	**100.1**	**99.1**	**99.8**	**99.8**	**100.0**	**100.0**	**99.7**	**100.1**	**100.0**	**99.9**	**100.0**
	新建商品住宅	101.0	100.1	99.1	99.8	99.8	100.0	100.0	99.7	100.1	100.0	99.9	100.0
	一、90㎡及以下	101.0	100.1	99.0	99.9	99.8	100.0	100.1	99.3	100.1	99.9	100.0	100.0
	二、90-144㎡	100.8	100.2	99.0	99.8	99.8	100.0	100.1	100.0	100.1	100.1	99.9	99.9
	三、144㎡以上	101.4	100.1	99.3	99.8	99.8	100.1	99.7	99.6	100.0	100.0	100.0	100.0
	二手住宅价格指数	**100.6**	**100.3**	**99.8**	**100.1**	**98.9**	**100.0**	**99.7**	**99.5**	**99.7**	**99.9**	**100.0**	**100.0**
	一、90㎡及以下	100.7	100.3	99.8	100.1	98.6	100.1	99.9	99.4	99.9	99.8	100.0	99.9
	二、90-144㎡	100.5	100.3	99.8	100.2	98.9	100.0	99.8	99.4	99.6	99.9	99.9	100.0
	三、144㎡以上	100.6	100.3	99.9	100.1	99.2	100.1	99.6	99.7	99.6	99.9	100.0	100.0

2-9-53　2011年烟台市住宅销售价格指数

Yantai housing sales price index for 2011

		1月	2月	3月	4月	5月	6月	7月	8月	9月	10月	11月	12月
定基价格指数	**新建住宅价格指数**	**103.2**	**103.7**	**104.6**	**105.1**	**105.1**	**104.8**	**105.0**	**104.6**	**104.7**	**104.4**	**104.1**	**103.8**
	新建商品住宅	103.2	103.8	104.6	105.2	105.2	104.9	105.0	104.7	104.7	104.5	104.2	103.9
	一、90m²及以下	103.1	103.9	104.5	104.8	104.8	104.5	104.6	104.6	104.7	104.7	104.2	104.1
	二、90-144m²	103.3	103.9	104.9	105.9	105.9	105.7	105.8	105.4	105.4	105.0	104.7	104.4
	三、144m²以上	102.9	103.1	103.9	103.6	103.6	102.9	103.0	102.6	102.5	102.5	102.3	102.0
	二手住宅价格指数	**102.1**	**102.7**	**103.0**	**103.2**	**103.3**	**103.5**	**103.7**	**104.0**	**104.0**	**103.7**	**103.5**	**103.4**
	一、90m²及以下	102.3	102.7	103.2	103.4	103.5	103.6	103.8	104.2	104.3	104.0	104.0	103.9
	二、90-144m²	101.7	102.5	102.7	102.9	103.1	103.5	103.7	104.6	104.6	104.1	104.0	103.8
	三、144m²以上	102.3	102.9	103.0	103.1	103.2	103.2	103.7	102.9	102.8	102.8	102.4	102.2
同比价格指数	**新建住宅价格指数**	**105.4**	**105.5**	**106.0**	**106.0**	**105.8**	**105.3**	**104.9**	**104.2**	**103.7**	**102.9**	**102.3**	**101.4**
	新建商品住宅	105.5	105.6	106.1	106.1	105.9	105.3	105.0	104.3	103.8	103.0	102.3	101.4
	一、90m²及以下	105.5	105.8	105.9	105.7	105.4	105.0	104.6	104.1	103.7	103.1	102.3	101.6
	二、90-144m²	105.6	105.8	106.4	106.8	106.6	106.2	105.8	105.0	104.5	103.5	102.8	101.9
	三、144m²以上	105.1	104.9	105.3	104.4	104.3	103.3	103.0	102.2	101.6	101.0	100.5	99.6
	二手住宅价格指数	**104.1**	**103.8**	**103.5**	**103.6**	**103.8**	**103.9**	**103.9**	**103.6**	**103.4**	**102.8**	**102.2**	**101.4**
	一、90m²及以下	104.2	103.8	103.7	103.8	104.0	104.0	103.9	103.8	103.7	103.1	102.6	102.0
	二、90-144m²	103.3	103.3	102.9	103.1	103.8	104.0	104.0	104.4	104.2	103.4	102.8	102.0
	三、144m²以上	104.7	104.4	103.9	103.9	103.5	103.4	103.7	102.4	102.1	101.8	100.9	100.1
环比价格指数	**新建住宅价格指数**	**100.7**	**100.6**	**100.8**	**100.6**	**100.0**	**99.7**	**100.1**	**99.7**	**100.0**	**99.8**	**99.7**	**99.8**
	新建商品住宅	100.7	100.6	100.8	100.6	100.0	99.7	100.1	99.7	100.0	99.8	99.7	99.8
	一、90m²及以下	100.6	100.7	100.5	100.3	100.0	99.8	100.1	99.9	100.1	99.9	99.6	99.9
	二、90-144m²	100.8	100.6	101.0	100.9	100.0	99.8	100.1	99.6	100.0	99.6	99.7	99.7
	三、144m²以上	100.5	100.2	100.7	99.7	100.0	99.3	100.2	99.6	99.9	100.0	99.8	99.7
	二手住宅价格指数	**100.2**	**100.6**	**100.3**	**100.2**	**100.1**	**100.2**	**100.2**	**100.2**	**100.0**	**99.7**	**99.8**	**99.9**
	一、90m²及以下	100.4	100.4	100.5	100.2	100.1	100.2	100.1	100.4	100.1	99.7	100.0	100.0
	二、90-144m²	100.0	100.7	100.2	100.2	100.2	100.4	100.2	100.9	100.0	99.5	99.9	99.8
	三、144m²以上	100.2	100.6	100.1	100.1	100.1	100.0	100.5	99.3	99.9	100.0	99.6	99.8

2-9-54　2011年济宁市住宅销售价格指数

Jining housing sales price index for 2011

		1月	2月	3月	4月	5月	6月	7月	8月	9月	10月	11月	12月
定基价格指数	**新建住宅价格指数**	**102.9**	**103.2**	**103.3**	**103.7**	**103.9**	**103.8**	**103.6**	**103.6**	**103.6**	**103.6**	**103.5**	**103.3**
	新建商品住宅	103.0	103.3	103.4	103.8	104.0	103.9	103.7	103.7	103.7	103.8	103.6	103.4
	一、90m²及以下	103.6	103.6	104.1	104.1	104.5	104.5	104.4	104.6	104.6	104.5	104.6	104.5
	二、90-144m²	103.0	103.5	103.8	104.4	104.5	104.4	104.2	104.1	104.2	104.3	104.1	103.9
	三、144m²以上	102.6	102.7	102.0	102.0	102.6	102.3	102.0	102.0	101.9	101.8	101.6	101.4
	二手住宅价格指数	**105.9**	**106.3**	**106.4**	**106.3**	**106.2**	**106.2**	**106.0**	**105.9**	**106.0**	**106.0**	**105.5**	**105.2**
	一、90m²及以下	106.3	106.6	106.8	106.7	106.6	106.9	106.7	106.8	106.9	106.7	106.3	106.1
	二、90-144m²	105.9	106.5	106.6	106.6	106.4	106.2	106.1	105.8	105.9	106.2	105.7	105.2
	三、144m²以上	104.7	104.5	104.5	104.3	104.2	103.9	103.7	103.7	103.7	103.3	102.9	102.1
同比价格指数	**新建住宅价格指数**	**104.5**	**104.6**	**104.7**	**104.4**	**104.6**	**104.0**	**103.5**	**103.3**	**103.1**	**102.5**	**101.8**	**101.3**
	新建商品住宅	104.6	104.8	104.8	104.6	104.7	104.2	103.6	103.4	103.2	102.6	101.9	101.3
	一、90m²及以下	105.1	105.0	105.5	104.9	105.2	104.7	104.3	104.3	104.1	103.3	102.9	102.4
	二、90-144m²	104.5	104.9	105.2	105.2	105.2	104.6	104.1	103.8	103.6	103.1	102.4	101.8
	三、144m²以上	104.2	104.2	103.4	102.8	103.3	102.6	101.9	101.7	101.3	100.6	99.9	99.3
	二手住宅价格指数	**106.8**	**107.5**	**107.6**	**107.2**	**106.8**	**107.9**	**107.3**	**106.7**	**105.9**	**104.9**	**102.7**	**101.0**
	一、90m²及以下	107.3	108.0	108.1	107.7	107.3	108.7	108.0	107.5	106.8	105.4	103.3	101.8
	二、90-144m²	106.8	107.7	107.8	107.5	107.0	108.0	107.4	106.5	105.9	105.1	102.9	101.1
	三、144m²以上	105.3	105.4	105.4	104.9	104.6	105.7	105.1	104.6	103.8	102.5	100.5	98.4
环比价格指数	**新建住宅价格指数**	**100.9**	**100.3**	**100.1**	**100.3**	**100.2**	**99.9**	**99.8**	**100.0**	**100.0**	**100.0**	**99.8**	**99.8**
	新建商品住宅	100.9	100.3	100.1	100.4	100.2	99.9	99.8	100.0	100.0	100.0	99.8	99.8
	一、90m²及以下	101.5	100.0	100.5	100.1	100.3	100.0	99.9	100.2	100.0	99.9	100.0	99.9
	二、90-144m²	100.9	100.5	100.3	100.6	100.0	99.9	99.8	100.0	100.1	100.1	99.8	99.8
	三、144m²以上	100.5	100.1	99.3	100.0	100.6	99.8	99.7	100.0	99.9	99.9	99.8	99.8
	二手住宅价格指数	**101.7**	**100.3**	**100.1**	**100.0**	**99.9**	**99.9**	**99.9**	**99.9**	**100.1**	**100.0**	**99.5**	**99.6**
	一、90m²及以下	102.0	100.3	100.1	99.9	99.9	100.2	99.8	100.1	100.1	99.8	99.6	99.9
	二、90-144m²	101.7	100.5	100.1	100.0	99.8	99.8	99.9	99.7	100.2	100.3	99.5	99.6
	三、144m²以上	100.9	99.8	100.0	99.8	99.8	99.8	99.8	100.0	100.0	99.6	99.6	99.2

2-9-55　2011年洛阳市住宅销售价格指数
Luoyang housing sales price index for 2011

		1月	2月	3月	4月	5月	6月	7月	8月	9月	10月	11月	12月
定基价格指数	**新建住宅价格指数**	**104.2**	**105.3**	**105.6**	**106.1**	**106.3**	**106.5**	**106.6**	**106.9**	**107.2**	**107.3**	**107.3**	**106.9**
	新建商品住宅	104.3	105.4	105.7	106.2	106.4	106.6	106.7	107.0	107.3	107.4	107.4	107.0
	一、90m²及以下	105.1	106.9	107.2	108.2	108.4	108.5	108.6	108.7	109.1	109.2	109.2	108.9
	二、90-144m²	103.6	104.6	105.5	105.8	106.1	106.4	106.4	106.8	107.4	107.5	107.4	106.8
	三、144m²以上	104.6	105.3	105.0	105.4	105.5	105.7	105.8	106.0	106.1	106.1	106.1	106.1
	二手住宅价格指数	**103.5**	**104.1**	**105.0**	**105.7**	**106.1**	**106.5**	**106.8**	**107.1**	**107.4**	**107.6**	**107.7**	**107.3**
	一、90m²及以下	103.5	104.2	105.2	105.9	106.3	106.7	107.2	107.6	107.9	108.2	108.5	107.6
	二、90-144m²	103.5	103.7	104.6	105.4	105.8	106.0	106.1	106.5	106.8	106.8	106.9	106.9
	三、144m²以上	103.5	104.4	105.1	105.8	106.4	107.1	107.3	107.5	107.7	107.9	107.9	107.4
同比价格指数	**新建住宅价格指数**	**105.8**	**106.6**	**106.5**	**106.5**	**106.9**	**108.1**	**108.1**	**106.5**	**106.7**	**105.2**	**105.0**	**104.7**
	新建商品住宅	105.9	106.7	106.6	106.6	107.1	108.2	108.3	106.6	106.8	105.3	105.1	104.8
	一、90m²及以下	107.1	108.6	108.5	108.9	109.4	109.9	109.9	108.1	108.3	106.7	106.5	106.2
	二、90-144m²	105.1	105.9	106.3	106.2	106.7	108.0	107.9	106.5	106.9	105.4	105.1	104.5
	三、144m²以上	105.8	106.3	105.5	105.4	105.9	107.4	107.5	105.9	105.8	104.2	104.1	104.0
	二手住宅价格指数	**108.6**	**108.7**	**107.3**	**106.9**	**105.7**	**105.8**	**105.7**	**105.9**	**105.8**	**105.3**	**105.1**	**104.2**
	一、90m²及以下	108.4	108.7	107.5	107.1	105.9	105.9	106.1	106.4	106.3	106.0	106.0	104.7
	二、90-144m²	108.6	108.4	107.0	106.6	105.4	105.2	105.1	105.2	105.2	104.6	104.3	103.9
	三、144m²以上	109.0	109.4	107.6	107.1	106.0	106.3	106.2	106.2	105.9	105.4	105.1	104.2
环比价格指数	**新建住宅价格指数**	**102.1**	**101.1**	**100.3**	**100.5**	**100.2**	**100.2**	**100.1**	**100.3**	**100.3**	**100.1**	**100.0**	**99.7**
	新建商品住宅	102.1	101.1	100.3	100.5	100.2	100.2	100.1	100.3	100.3	100.1	100.0	99.7
	一、90m²及以下	102.6	101.7	100.3	100.9	100.2	100.0	100.1	100.2	100.3	100.1	100.0	99.7
	二、90-144m²	101.4	101.0	100.9	100.3	100.2	100.3	100.0	100.4	100.5	100.1	99.9	99.5
	三、144m²以上	102.6	100.7	99.6	100.4	100.1	100.2	100.1	100.2	100.0	100.0	100.0	99.9
	二手住宅价格指数	**100.5**	**100.6**	**100.8**	**100.7**	**100.4**	**100.4**	**100.2**	**100.3**	**100.3**	**100.1**	**100.1**	**99.6**
	一、90m²及以下	100.7	100.8	100.9	100.6	100.4	100.4	100.4	100.4	100.3	100.2	100.3	99.2
	二、90-144m²	100.5	100.3	100.9	100.7	100.4	100.2	100.1	100.3	100.3	100.1	100.0	100.0
	三、144m²以上	100.3	100.9	100.7	100.7	100.5	100.7	100.2	100.2	100.1	100.2	100.0	99.6

2-9-56 2011年平顶山市住宅销售价格指数

Pingdingshan housing sales price index for 2011

		1月	2月	3月	4月	5月	6月	7月	8月	9月	10月	11月	12月
定基价格指数	**新建住宅价格指数**	**104.1**	**105.1**	**104.4**	**103.9**	**104.1**	**104.2**	**104.3**	**104.5**	**104.7**	**104.8**	**104.9**	**104.8**
	新建商品住宅	104.2	105.2	104.4	104.0	104.1	104.3	104.4	104.6	104.8	104.9	105.0	104.9
	一、90m²及以下	105.4	107.1	105.4	105.1	105.2	105.5	105.5	105.6	105.8	106.0	105.9	105.8
	二、90-144m²	103.9	104.7	105.2	104.9	105.1	105.2	105.3	105.5	105.7	105.9	106.1	105.9
	三、144m²以上	102.8	103.0	102.0	101.1	101.0	101.2	101.5	101.7	101.8	101.9	102.0	102.0
	二手住宅价格指数	**102.5**	**103.9**	**105.0**	**105.5**	**105.7**	**106.4**	**106.7**	**106.8**	**106.8**	**106.8**	**106.5**	**106.3**
	一、90m²及以下	103.5	105.5	107.2	107.3	107.5	108.3	108.5	108.8	108.9	109.2	109.1	108.8
	二、90-144m²	101.8	102.7	103.4	104.3	104.7	105.5	105.8	106.2	106.0	105.7	105.2	105.3
	三、144m²以上	100.9	101.8	102.0	102.6	101.5	102.3	102.5	100.6	100.6	100.5	100.6	99.2
同比价格指数	**新建住宅价格指数**	**105.8**	**106.8**	**106.0**	**105.2**	**104.4**	**104.2**	**104.3**	**104.5**	**104.7**	**103.3**	**103.1**	**101.8**
	新建商品住宅	105.9	106.9	106.1	105.3	104.5	104.3	104.4	104.5	104.7	103.3	103.1	101.9
	一、90m²及以下	107.2	108.9	107.1	106.4	105.6	105.5	105.5	105.6	105.8	104.3	104.1	102.8
	二、90-144m²	105.6	106.4	106.9	106.2	105.5	105.2	105.3	105.5	105.7	104.3	104.2	102.9
	三、144m²以上	104.5	104.7	103.7	102.3	101.4	101.2	101.4	101.7	101.8	100.4	100.2	99.0
	二手住宅价格指数	**102.5**	**103.9**	**105.0**	**105.5**	**105.7**	**106.4**	**106.7**	**106.8**	**106.8**	**106.8**	**106.5**	**106.3**
	一、90m²及以下	103.5	105.5	107.2	107.3	107.5	108.3	108.5	108.8	108.9	109.2	109.1	108.8
	二、90-144m²	101.8	102.7	103.4	104.3	104.7	105.5	105.8	106.2	106.0	105.7	105.2	105.3
	三、144m²以上	100.9	101.8	102.0	102.6	101.5	102.3	102.5	100.6	100.6	100.5	100.6	99.2
环比价格指数	**新建住宅价格指数**	**101.2**	**101.0**	**99.3**	**99.6**	**100.1**	**100.2**	**100.1**	**100.2**	**100.2**	**100.1**	**100.1**	**99.9**
	新建商品住宅	101.2	101.0	99.3	99.6	100.1	100.2	100.1	100.2	100.2	100.1	100.1	99.9
	一、90m²及以下	102.4	101.6	98.4	99.7	100.2	100.2	100.0	100.1	100.2	100.1	100.0	99.9
	二、90-144m²	100.9	100.8	100.4	99.8	100.2	100.1	100.1	100.1	100.2	100.2	100.2	99.8
	三、144m²以上	99.9	100.2	99.0	99.1	100.0	100.2	100.3	100.2	100.1	100.1	100.1	100.0
	二手住宅价格指数	**102.5**	**101.3**	**101.1**	**100.5**	**100.2**	**100.7**	**100.3**	**100.1**	**100.0**	**100.0**	**99.8**	**99.7**
	一、90m²及以下	103.5	101.9	101.6	100.2	100.2	100.7	100.2	100.3	100.1	100.3	99.9	99.7
	二、90-144m²	101.8	100.8	100.7	100.9	100.4	100.7	100.3	100.4	99.9	99.7	99.6	100.0
	三、144m²以上	100.9	100.8	100.2	100.6	98.9	100.8	100.2	98.1	100.0	99.9	100.1	98.6

2-9-57　2011年宜昌市住宅销售价格指数

Yichang housing sales price index for 2011

		1月	2月	3月	4月	5月	6月	7月	8月	9月	10月	11月	12月
定基价格指数	**新建住宅价格指数**	**102.3**	**102.3**	**103.0**	**103.7**	**104.3**	**104.5**	**104.8**	**105.2**	**105.2**	**104.8**	**104.5**	**104.4**
	新建商品住宅	102.3	102.4	103.1	103.7	104.4	104.5	104.9	105.3	105.3	104.8	104.5	104.5
	一、90㎡及以下	102.2	102.3	102.8	103.3	104.1	104.2	104.6	104.7	104.7	104.4	103.9	103.9
	二、90-144㎡	102.3	102.4	103.2	103.9	104.4	104.7	105.0	105.5	105.5	104.9	104.7	104.6
	三、144㎡以上	102.4	102.4	102.8	103.7	104.3	104.4	105.0	105.2	105.2	105.1	104.7	104.7
	二手住宅价格指数	**101.7**	**101.7**	**101.9**	**101.9**	**102.1**	**102.1**	**102.1**	**102.1**	**102.1**	**102.1**	**102.1**	**102.2**
	一、90㎡及以下	101.4	101.4	101.6	101.7	101.9	102.0	102.0	102.0	102.0	102.0	102.0	102.1
	二、90-144㎡	101.7	101.8	101.9	101.9	102.1	102.1	102.2	102.2	102.2	102.2	102.2	102.2
	三、144㎡以上	102.1	102.1	102.1	102.1	102.2	102.2	102.2	102.2	102.2	102.2	102.2	102.2
同比价格指数	**新建住宅价格指数**	**110.1**	**105.9**	**105.5**	**103.8**	**103.8**	**102.9**	**103.2**	**103.6**	**103.4**	**102.8**	**102.4**	**102.2**
	新建商品住宅	110.2	106.0	105.6	103.8	103.9	103.0	103.3	103.7	103.5	102.9	102.4	102.2
	一、90㎡及以下	109.7	105.5	105.1	103.4	103.7	102.8	103.0	103.1	103.0	102.6	102.0	101.8
	二、90-144㎡	110.2	106.0	105.7	104.0	104.0	103.1	103.4	103.9	103.6	103.0	102.6	102.3
	三、144㎡以上	111.0	106.5	105.6	103.7	103.8	102.8	103.2	103.4	103.3	103.0	102.5	102.2
	二手住宅价格指数	**101.9**	**101.8**	**101.5**	**101.2**	**102.9**	**102.9**	**102.9**	**102.8**	**102.7**	**101.7**	**101.0**	**100.9**
	一、90㎡及以下	101.6	101.4	101.2	100.9	102.8	102.8	102.8	102.7	102.6	101.6	100.9	100.9
	二、90-144㎡	101.9	101.8	101.5	101.3	103.0	102.9	102.9	102.9	102.7	101.7	101.0	100.9
	三、144㎡以上	102.4	102.2	101.8	101.5	103.0	103.0	102.9	102.8	102.7	101.6	101.0	100.8
环比价格指数	**新建住宅价格指数**	**100.1**	**100.1**	**100.7**	**100.6**	**100.6**	**100.2**	**100.4**	**100.4**	**100.0**	**99.6**	**99.7**	**100.0**
	新建商品住宅	100.1	100.1	100.7	100.6	100.6	100.2	100.4	100.4	100.0	99.6	99.7	100.0
	一、90㎡及以下	100.1	100.0	100.5	100.5	100.7	100.2	100.3	100.1	100.0	99.7	99.6	100.0
	二、90-144㎡	100.1	100.1	100.8	100.7	100.6	100.2	100.3	100.5	99.9	99.5	99.7	100.0
	三、144㎡以上	100.0	100.0	100.4	100.8	100.7	100.1	100.5	100.2	100.0	99.9	99.6	99.9
	二手住宅价格指数	**100.4**	**100.1**	**100.1**	**100.0**	**100.2**	**100.0**	**100.0**	**100.0**	**100.0**	**100.0**	**100.0**	**100.0**
	一、90㎡及以下	100.2	100.0	100.2	100.1	100.3	100.1	100.0	100.0	100.0	100.0	100.0	100.1
	二、90-144㎡	100.4	100.1	100.1	100.0	100.1	100.0	100.0	100.0	100.0	100.0	100.0	100.0
	三、144㎡以上	100.6	100.0	100.0	100.0	100.1	100.0	100.0	100.0	100.0	100.0	100.0	100.0

2-9-58　2011年襄阳市住宅销售价格指数

Xiangyang housing sales price index for 2011

		1月	2月	3月	4月	5月	6月	7月	8月	9月	10月	11月	12月
定基价格指数	**新建住宅价格指数**	**104.4**	**105.3**	**105.9**	**106.3**	**106.6**	**106.9**	**106.9**	**106.9**	**106.9**	**106.9**	**106.6**	**106.4**
	新建商品住宅	104.4	105.3	106.0	106.3	106.6	106.9	106.9	106.9	106.9	107.0	106.6	106.4
	一、90m²及以下	105.5	106.3	107.5	108.0	108.5	108.8	108.9	108.9	109.0	109.0	108.3	108.0
	二、90-144m²	104.3	105.1	105.8	106.3	106.7	107.0	107.1	106.9	106.8	106.8	106.7	106.6
	三、144m²以上	103.7	104.9	104.9	104.7	104.7	105.0	104.7	105.1	105.3	105.4	104.7	104.5
	二手住宅价格指数	**104.0**	**104.1**	**104.6**	**104.8**	**104.9**	**105.1**	**105.2**	**105.4**	**105.5**	**105.6**	**105.5**	**105.5**
	一、90m²及以下	104.4	104.8	105.9	106.1	106.4	106.6	106.7	106.9	107.1	107.2	107.1	107.1
	二、90-144m²	104.0	104.1	104.4	104.6	104.7	104.7	104.9	105.1	105.3	105.4	105.4	105.4
	三、144m²以上	103.7	103.7	104.1	104.4	104.4	104.7	104.7	104.8	104.8	104.8	104.8	104.8
同比价格指数	**新建住宅价格指数**	**109.0**	**109.3**	**108.6**	**107.8**	**106.9**	**106.7**	**106.1**	**105.7**	**105.1**	**104.9**	**103.7**	**102.6**
	新建商品住宅	109.0	109.3	108.6	107.9	107.0	106.8	106.2	105.8	105.2	104.9	103.7	102.6
	一、90m²及以下	110.2	110.3	110.2	109.6	108.9	108.7	108.2	107.8	107.2	106.9	105.4	104.1
	二、90-144m²	108.9	109.1	108.5	107.9	107.1	106.9	106.3	105.8	105.1	104.8	103.8	102.8
	三、144m²以上	108.2	108.8	107.5	106.2	105.0	104.9	104.0	104.0	103.6	103.4	101.9	100.8
	二手住宅价格指数	**106.3**	**106.5**	**106.2**	**106.1**	**105.6**	**105.5**	**105.6**	**105.5**	**104.3**	**104.1**	**103.0**	**101.8**
	一、90m²及以下	106.8	107.2	107.6	107.4	107.0	107.0	107.1	107.0	105.9	105.7	104.6	103.3
	二、90-144m²	106.4	106.4	106.0	105.9	105.4	105.1	105.3	105.2	104.1	103.9	102.8	101.6
	三、144m²以上	106.1	106.0	105.7	105.7	105.0	105.1	105.0	105.0	103.7	103.4	102.3	101.1
环比价格指数	**新建住宅价格指数**	**100.6**	**100.9**	**100.6**	**100.3**	**100.3**	**100.3**	**100.0**	**100.0**	**100.0**	**100.0**	**99.7**	**99.8**
	新建商品住宅	100.6	100.9	100.6	100.3	100.3	100.3	100.0	100.0	100.0	100.0	99.7	99.8
	一、90m²及以下	101.7	100.8	101.1	100.5	100.4	100.3	100.1	100.0	100.0	100.0	99.4	99.7
	二、90-144m²	100.5	100.8	100.7	100.5	100.3	100.3	100.0	99.9	99.9	100.0	99.9	99.9
	三、144m²以上	--	101.2	100.0	99.8	--	100.3	99.7	100.4	100.2	100.1	99.4	99.8
	二手住宅价格指数	**100.3**	**100.1**	**100.5**	**100.2**	**100.1**	**100.1**	**100.1**	**100.2**	**100.1**	**100.1**	**100.0**	**100.0**
	一、90m²及以下	100.7	100.4	101.1	100.2	100.2	100.2	100.1	100.2	100.1	100.1	99.9	100.0
	二、90-144m²	100.3	100.1	100.3	100.2	100.1	100.0	100.2	100.2	100.2	100.1	100.0	100.0
	三、144m²以上	--	--	100.4	100.3	100.0	100.3	--	100.2	--	--	--	--

2-9-59 2011年岳阳市住宅销售价格指数
Yueyang housing sales price index for 2011

		1月	2月	3月	4月	5月	6月	7月	8月	9月	10月	11月	12月
定基价格指数	**新建住宅价格指数**	**108.9**	**108.3**	**107.2**	**107.1**	**107.0**	**107.0**	**107.4**	**107.8**	**107.7**	**107.6**	**107.3**	**106.9**
	新建商品住宅	112.9	111.7	110.0	109.9	109.6	109.6	110.2	109.4	109.2	109.0	108.5	107.9
	一、90㎡及以下	112.1	111.0	109.8	109.7	109.7	109.8	110.3	109.6	109.3	109.2	108.6	107.9
	二、90-144㎡	112.3	110.9	110.8	109.9	109.5	109.7	110.3	109.3	109.3	109.2	108.8	108.4
	三、144㎡以上	113.0	111.8	108.7	108.6	108.4	108.3	108.9	109.3	109.2	108.9	108.4	107.8
	二手住宅价格指数	**108.4**	**108.3**	**108.4**	**108.5**	**108.5**	**108.5**	**108.6**	**108.1**	**107.1**	**106.9**	**106.8**	**106.7**
	一、90㎡及以下	107.6	107.6	107.7	107.6	107.7	107.7	107.7	107.0	105.9	105.8	105.7	105.6
	二、90-144㎡	108.5	108.4	108.6	109.1	109.1	109.2	109.3	108.3	107.8	107.1	107.0	106.9
	三、144㎡以上	109.3	109.3	109.3	109.3	109.3	109.3	109.3	108.3	107.5	107.3	107.2	107.1
同比价格指数	**新建住宅价格指数**	**114.2**	**112.1**	**106.3**	**105.2**	**105.1**	**105.2**	**105.5**	**107.6**	**105.1**	**105.0**	**102.2**	**100.3**
	新建商品住宅	122.0	118.3	108.9	107.7	107.5	107.5	108.0	107.6	105.9	105.7	100.2	97.7
	一、90㎡及以下	121.1	117.6	108.7	107.7	107.6	107.7	108.1	107.7	106.0	105.9	100.3	97.7
	二、90-144㎡	119.9	116.8	109.7	107.7	107.4	107.5	108.2	107.5	105.2	105.1	101.3	99.1
	三、144㎡以上	122.6	118.7	107.6	106.4	106.3	106.2	106.8	106.9	103.8	103.5	99.9	97.3
	二手住宅价格指数	**113.7**	**112.9**	**111.6**	**108.7**	**110.4**	**109.7**	**109.2**	**107.5**	**105.6**	**103.3**	**101.9**	**100.0**
	一、90㎡及以下	112.9	112.1	110.8	107.8	109.5	108.8	108.3	106.5	104.4	102.3	100.9	99.0
	二、90-144㎡	113.7	112.8	111.7	109.3	110.9	110.3	109.9	107.8	106.3	103.7	102.3	100.3
	三、144㎡以上	114.9	114.0	112.5	109.6	111.2	110.4	109.8	107.7	105.8	103.7	102.3	100.3
环比价格指数	**新建住宅价格指数**	**102.2**	**99.4**	**99.1**	**99.8**	**99.9**	**100.1**	**100.4**	**100.1**	**99.9**	**99.9**	**99.7**	**99.7**
	新建商品住宅	102.2	99.0	98.5	99.9	99.9	100.1	100.5	100.1	99.8	99.9	99.5	99.4
	一、90㎡及以下	101.5	99.0	98.9	100.0	100.0	100.1	100.4	100.2	99.8	99.9	99.4	99.4
	二、90-144㎡	102.6	98.7	100.0	99.1	99.7	100.1	100.6	100.1	100.0	99.9	99.7	99.7
	三、144㎡以上	102.0	98.9	97.2	99.9	99.9	99.9	100.6	100.0	99.9	99.7	99.6	99.5
	二手住宅价格指数	**101.5**	**100.0**	**100.1**	**100.0**	**100.1**	**100.0**	**100.0**	**99.2**	**99.1**	**99.8**	**99.9**	**99.9**
	一、90㎡及以下	100.8	100.0	100.1	99.9	100.1	100.0	100.1	99.3	99.0	99.9	99.9	100.0
	二、90-144㎡	101.8	99.9	100.3	100.4	100.0	100.1	100.1	99.1	99.5	99.4	99.8	99.9
	三、144㎡以上	102.3	99.9	100.0	100.1	100.0	100.0	100.0	99.1	99.2	99.8	99.9	99.9

2-9-60 2011年常德市住宅销售价格指数

Changde housing sales price index for 2011

		1月	2月	3月	4月	5月	6月	7月	8月	9月	10月	11月	12月
定基价格指数	**新建住宅价格指数**	**104.2**	**104.6**	**104.7**	**105.2**	**105.5**	**105.7**	**105.9**	**105.9**	**105.7**	**105.7**	**105.5**	**105.1**
	新建商品住宅	104.2	104.7	104.8	105.3	105.6	105.8	105.9	106.0	105.8	105.8	105.5	105.2
	一、90㎡及以下	105.8	106.9	106.5	107.1	107.4	107.8	107.7	108.0	107.9	107.7	107.6	107.5
	二、90-144㎡	103.9	104.7	104.6	105.2	105.6	105.8	105.9	106.0	105.8	105.8	105.5	105.0
	三、144㎡以上	104.3	103.8	104.3	104.6	104.6	104.6	105.1	105.2	105.0	104.8	104.5	104.5
	二手住宅价格指数	**104.4**	**104.8**	**105.3**	**105.8**	**106.3**	**106.9**	**107.3**	**107.6**	**107.7**	**107.9**	**108.0**	**108.2**
	一、90㎡及以下	103.6	105.0	106.3	107.3	108.3	109.1	109.7	110.3	110.5	111.0	111.2	111.1
	二、90-144㎡	104.6	104.9	105.4	105.5	106.1	106.7	107.2	107.1	107.2	107.3	107.3	107.6
	三、144㎡以上	104.3	104.3	104.5	105.9	106.1	106.3	106.6	107.7	107.7	108.2	108.4	108.4
同比价格指数	**新建住宅价格指数**	**106.4**	**106.3**	**105.9**	**105.4**	**105.7**	**106.0**	**106.2**	**106.2**	**105.2**	**104.5**	**103.4**	**102.6**
	新建商品住宅	106.5	106.4	105.9	105.5	105.8	106.1	106.3	106.3	105.3	104.6	103.5	102.6
	一、90㎡及以下	108.3	108.7	107.8	107.4	107.7	108.1	108.1	108.3	107.3	106.4	105.3	104.7
	二、90-144㎡	106.2	106.4	105.8	105.4	105.8	106.2	106.3	106.3	105.2	104.6	103.5	102.5
	三、144㎡以上	106.6	105.5	105.4	104.7	104.7	105.0	105.4	105.4	104.5	103.7	102.5	102.0
	二手住宅价格指数	**109.1**	**107.8**	**107.2**	**106.5**	**106.8**	**107.3**	**107.0**	**106.4**	**106.5**	**105.6**	**105.1**	**105.0**
	一、90㎡及以下	108.2	107.9	108.2	108.1	108.8	109.6	109.4	109.2	109.3	108.7	108.3	107.9
	二、90-144㎡	109.3	107.9	107.3	106.2	106.6	107.1	106.9	105.9	106.0	105.0	104.5	104.5
	三、144㎡以上	109.1	107.3	106.3	106.6	106.6	106.8	106.4	106.5	106.5	105.9	105.5	105.2
环比价格指数	**新建住宅价格指数**	**101.7**	**100.5**	**100.1**	**100.5**	**100.3**	**100.2**	**100.2**	**100.1**	**99.8**	**99.9**	**99.8**	**99.7**
	新建商品住宅	101.7	100.5	100.1	100.5	100.3	100.2	100.2	100.1	99.8	99.9	99.8	99.7
	一、90㎡及以下	103.1	101.0	99.7	100.5	100.3	100.3	100.0	100.2	99.9	99.8	99.9	99.9
	二、90-144㎡	101.4	100.7	100.0	100.6	100.4	100.2	100.1	100.1	99.8	100.0	99.8	99.5
	三、144㎡以上	101.9	99.5	100.5	100.3	100.0	100.1	100.4	100.1	99.9	99.8	99.7	100.0
	二手住宅价格指数	**101.4**	**100.4**	**100.5**	**100.5**	**100.5**	**100.5**	**100.4**	**100.2**	**100.1**	**100.2**	**100.1**	**100.2**
	一、90㎡及以下	100.6	101.4	101.3	100.9	100.8	100.8	100.5	100.6	100.1	100.5	100.2	99.9
	二、90-144㎡	101.5	100.3	100.5	100.1	100.5	100.6	100.4	100.0	100.1	100.1	--	100.3
	三、144㎡以上	101.3	100.0	100.1	101.3	100.2	100.2	100.3	101.0	100.0	100.5	100.1	--

2-9-61　2011年惠州市住宅销售价格指数

Huizhou housing sales price index for 2011

		1月	2月	3月	4月	5月	6月	7月	8月	9月	10月	11月	12月
定基价格指数	**新建住宅价格指数**	**102.8**	**103.4**	**103.8**	**104.2**	**104.7**	**104.9**	**104.9**	**104.9**	**104.9**	**105.0**	**105.0**	**104.9**
	新建商品住宅	102.8	103.4	103.8	104.2	104.7	104.9	104.9	104.9	104.9	105.0	105.0	104.9
	一、90m²及以下	104.0	105.2	105.9	106.6	107.5	107.7	108.2	108.3	108.5	108.5	108.4	108.4
	二、90-144m²	103.0	103.6	104.2	104.8	105.2	105.3	105.3	105.5	105.3	105.4	105.4	105.3
	三、144m²以上	102.1	102.5	102.5	102.7	103.2	103.4	103.2	103.1	103.0	103.1	103.2	103.1
	二手住宅价格指数	**103.4**	**104.3**	**105.3**	**104.8**	**104.9**	**105.2**	**105.1**	**105.1**	**105.1**	**105.1**	**105.2**	**105.2**
	一、90m²及以下	103.6	104.2	105.2	104.4	104.4	104.8	104.7	104.7	105.0	104.9	104.9	104.9
	二、90-144m²	103.4	104.4	105.6	106.1	106.5	106.6	106.6	105.6	105.1	105.2	105.4	105.4
	三、144m²以上	102.1	104.1	104.5	102.9	103.1	103.4	103.4	106.3	106.2	106.4	106.5	106.6
同比价格指数	**新建住宅价格指数**	**104.9**	**104.6**	**104.9**	**105.5**	**105.5**	**105.2**	**105.2**	**105.0**	**103.9**	**102.8**	**103.0**	**103.0**
	新建商品住宅	104.9	104.6	104.9	105.5	105.5	105.2	105.2	105.0	103.9	102.8	103.0	103.0
	一、90m²及以下	106.2	106.5	107.3	108.0	108.4	108.1	108.5	108.3	107.5	106.2	106.1	106.2
	二、90-144m²	105.1	104.9	105.4	106.1	106.0	105.6	105.6	105.6	104.3	103.3	103.3	103.2
	三、144m²以上	104.1	103.6	103.6	104.0	104.0	103.6	103.5	103.1	102.0	101.1	101.4	101.4
	二手住宅价格指数	**102.7**	**103.5**	**105.3**	**104.8**	**106.5**	**107.4**	**107.1**	**106.9**	**105.8**	**102.7**	**103.2**	**103.1**
	一、90m²及以下	102.9	103.4	105.3	104.5	106.1	107.1	106.6	106.6	105.6	102.5	102.9	102.8
	二、90-144m²	102.7	103.6	105.6	106.1	108.1	108.9	108.5	107.4	105.7	102.8	103.4	103.3
	三、144m²以上	101.3	103.3	104.4	102.9	104.7	105.6	105.3	108.2	106.9	104.0	104.6	104.5
环比价格指数	**新建住宅价格指数**	**100.9**	**100.5**	**100.4**	**100.4**	**100.5**	**100.1**	**100.0**	**100.0**	**100.0**	**100.1**	**100.0**	**99.9**
	新建商品住宅	100.9	100.5	100.4	100.4	100.5	100.1	100.0	100.0	100.0	100.1	100.0	99.9
	一、90m²及以下	101.9	101.1	100.7	100.6	100.8	100.2	100.4	100.1	100.2	100.0	99.9	100.0
	二、90-144m²	101.0	100.5	100.6	100.6	100.3	100.1	100.0	100.2	99.8	100.1	100.0	99.9
	三、144m²以上	100.4	100.3	100.1	100.2	100.5	100.1	99.8	99.9	100.0	100.1	100.0	99.9
	二手住宅价格指数	**101.4**	**100.8**	**101.0**	**99.5**	**100.1**	**100.3**	**99.9**	**100.0**	**100.0**	**100.0**	**100.1**	**100.0**
	一、90m²及以下	101.6	100.6	101.0	99.2	100.0	100.4	99.9	100.0	100.2	99.9	100.0	100.0
	二、90-144m²	101.3	101.0	101.1	100.5	100.4	100.1	--	99.1	99.5	100.1	100.2	100.0
	三、144m²以上	100.1	102.0	100.3	98.5	100.1	100.3	100.0	102.8	99.9	100.1	100.1	100.0

2-9-62 2011年湛江市住宅销售价格指数
Zhanjiang housing sales price index for 2011

		1月	2月	3月	4月	5月	6月	7月	8月	9月	10月	11月	12月
定基价格指数	**新建住宅价格指数**	**102.9**	**103.8**	**104.5**	**104.9**	**105.2**	**105.3**	**105.3**	**105.3**	**105.4**	**105.5**	**105.4**	**105.4**
	新建商品住宅	102.9	103.8	104.5	104.9	105.2	105.3	105.3	105.3	105.4	105.5	105.4	105.4
	一、90㎡及以下	102.0	103.3	103.9	104.2	104.5	104.7	104.7	104.6	104.7	104.7	104.7	104.8
	二、90-144㎡	103.9	105.1	105.9	106.1	106.3	106.4	106.4	106.4	106.6	106.8	106.8	106.6
	三、144㎡以上	103.1	102.4	103.6	104.1	104.6	104.6	104.7	104.7	104.7	104.7	104.7	104.8
	二手住宅价格指数	**104.1**	**104.3**	**104.6**	**104.7**	**104.9**	**105.4**	**105.7**	**106.1**	**106.2**	**106.2**	**106.2**	**106.2**
	一、90㎡及以下	104.1	104.2	104.4	104.6	104.9	105.1	105.3	105.9	106.0	106.0	106.0	106.0
	二、90-144㎡	104.3	104.5	104.8	104.9	105.2	105.6	105.9	106.3	106.4	106.4	106.4	106.5
	三、144㎡以上	104.0	104.2	104.4	104.6	104.6	105.4	105.9	106.2	106.2	106.2	106.2	106.2
同比价格指数	**新建住宅价格指数**	**106.2**	**106.2**	**106.7**	**106.0**	**105.4**	**104.7**	**104.4**	**104.2**	**103.8**	**104.0**	**103.9**	**103.4**
	新建商品住宅	106.2	106.2	106.7	106.0	105.4	104.7	104.4	104.2	103.8	104.0	103.9	103.4
	一、90㎡及以下	105.3	105.7	106.0	105.3	104.8	104.1	103.8	103.5	103.2	103.3	103.2	102.8
	二、90-144㎡	107.3	107.5	108.0	107.3	106.6	105.8	105.5	105.4	105.0	105.3	105.2	104.6
	三、144㎡以上	106.5	104.8	105.7	105.3	104.9	104.0	103.7	103.7	103.1	103.3	103.2	102.8
	二手住宅价格指数	**109.8**	**108.8**	**108.1**	**106.9**	**105.9**	**105.3**	**104.6**	**104.2**	**103.4**	**103.0**	**102.9**	**102.7**
	一、90㎡及以下	109.7	108.7	108.0	106.8	105.8	105.0	104.2	103.9	103.2	102.7	102.7	102.4
	二、90-144㎡	109.7	108.8	108.2	107.1	106.2	105.6	104.9	104.4	103.7	103.2	103.2	103.0
	三、144㎡以上	109.9	108.9	108.1	106.9	105.6	105.2	104.7	104.2	103.4	102.9	102.8	102.6
环比价格指数	**新建住宅价格指数**	**100.9**	**100.9**	**100.8**	**100.3**	**100.3**	**100.1**	**100.0**	**100.0**	**100.1**	**100.1**	**100.0**	**100.0**
	新建商品住宅	100.9	100.9	100.8	100.3	100.3	100.1	100.0	100.0	100.1	100.1	100.0	100.0
	一、90㎡及以下	100.1	101.3	100.6	100.3	100.3	100.1	100.0	99.9	100.1	100.0	100.0	100.1
	二、90-144㎡	101.9	101.2	100.8	100.2	100.2	100.1	100.0	100.0	100.2	100.2	100.0	99.9
	三、144㎡以上	101.1	99.4	101.2	100.5	100.4	100.0	100.1	100.0	100.0	100.0	100.0	100.0
	二手住宅价格指数	**100.6**	**100.2**	**100.2**	**100.1**	**100.2**	**100.4**	**100.3**	**100.4**	**100.1**	**100.0**	**100.0**	**100.0**
	一、90㎡及以下	100.6	100.1	100.2	100.1	100.3	100.2	100.2	100.5	100.1	100.0	100.0	100.0
	二、90-144㎡	100.9	100.2	100.3	100.1	100.3	100.4	100.2	100.4	100.1	100.0	100.0	100.0
	三、144㎡以上	100.4	100.2	100.2	100.1	100.1	100.7	100.5	100.3	100.0	100.0	100.0	100.0

2-9-63 2011年韶关市住宅销售价格指数
Shaoguan housing sales price index for 2011

		1月	2月	3月	4月	5月	6月	7月	8月	9月	10月	11月	12月
定基价格指数	**新建住宅价格指数**	**103.7**	**104.2**	**104.3**	**105.0**	**105.7**	**105.7**	**106.2**	**106.1**	**106.1**	**106.3**	**106.3**	**106.2**
	新建商品住宅	103.8	104.3	104.4	105.2	105.8	105.9	106.3	106.2	106.2	106.4	106.4	106.4
	一、90m²及以下	105.5	105.5	105.7	106.6	107.4	107.4	107.7	107.8	107.8	108.2	108.1	108.1
	二、90-144m²	102.8	103.7	103.7	104.3	104.9	105.0	105.5	105.4	105.4	105.4	105.4	105.4
	三、144m²以上	102.3	102.5	102.6	103.1	103.4	103.3	103.3	103.4	103.4	103.5	103.4	103.4
	二手住宅价格指数	**100.8**	**100.9**	**101.1**	**101.2**	**101.9**	**102.0**	**102.7**	**103.1**	**103.1**	**103.1**	**103.2**	**103.1**
	一、90m²及以下	100.5	100.6	100.7	100.9	101.5	101.6	102.4	102.6	102.9	103.0	102.8	102.8
	二、90-144m²	101.1	101.1	101.4	101.5	102.3	102.4	103.0	103.5	103.4	103.2	103.4	103.3
	三、144m²以上	100.6	100.7	100.8	101.0	101.6	101.6	102.5	102.8	102.6	102.9	103.0	103.1
同比价格指数	**新建住宅价格指数**	**104.3**	**104.8**	**104.8**	**105.5**	**106.1**	**106.1**	**106.6**	**106.5**	**106.1**	**105.9**	**104.8**	**104.3**
	新建商品住宅	104.4	104.9	104.9	105.7	106.2	106.2	106.7	106.6	106.2	106.1	104.9	104.4
	一、90m²及以下	106.2	106.0	106.3	107.1	107.9	107.8	108.1	108.2	107.8	107.8	106.6	106.2
	二、90-144m²	103.4	104.3	104.2	104.8	105.3	105.4	105.9	105.8	105.3	105.1	104.0	103.4
	三、144m²以上	102.8	103.0	103.1	103.5	103.8	103.6	103.7	103.8	103.4	103.2	102.1	101.7
	二手住宅价格指数	**101.1**	**101.2**	**101.2**	**101.3**	**101.9**	**102.0**	**102.7**	**103.1**	**103.1**	**102.9**	**102.9**	**102.8**
	一、90m²及以下	100.8	100.9	100.8	101.0	101.5	101.6	102.4	102.6	102.9	102.8	102.6	102.5
	二、90-144m²	101.4	101.4	101.5	101.6	102.2	102.4	103.0	103.5	103.3	103.1	103.2	103.0
	三、144m²以上	100.9	100.9	100.9	101.1	101.6	101.6	102.4	102.8	102.6	102.8	102.8	102.9
环比价格指数	**新建住宅价格指数**	**101.9**	**100.5**	**100.1**	**100.7**	**100.6**	**100.1**	**100.4**	**99.9**	**100.0**	**100.2**	**100.0**	**100.0**
	新建商品住宅	101.9	100.5	100.1	100.7	100.6	100.1	100.4	99.9	100.0	100.2	100.0	100.0
	一、90m²及以下	103.6	99.9	100.3	100.9	100.7	100.0	100.3	100.0	100.0	100.3	100.0	100.0
	二、90-144m²	100.9	100.9	99.9	100.6	100.5	100.1	100.5	99.9	100.0	100.1	100.0	99.9
	三、144m²以上	100.6	100.2	100.1	100.4	100.3	99.9	100.1	100.1	100.0	100.1	100.0	100.0
	二手住宅价格指数	**100.6**	**100.1**	**100.2**	**100.2**	**100.7**	**100.1**	**100.7**	**100.4**	**100.0**	**100.0**	**100.0**	**100.0**
	一、90m²及以下	100.2	100.1	100.1	100.3	100.5	100.2	100.7	100.2	100.3	100.0	99.9	100.0
	二、90-144m²	100.9	100.0	100.3	100.1	100.8	100.1	100.6	100.5	99.9	99.9	100.2	99.9
	三、144m²以上	100.4	100.1	100.1	100.2	100.6	100.0	100.8	100.3	99.8	100.3	100.1	100.1

2-9-64　2011年桂林市住宅销售价格指数

Guilin housing sales price index for 2011

		1月	2月	3月	4月	5月	6月	7月	8月	9月	10月	11月	12月
定基价格指数	**新建住宅价格指数**	**104.5**	**105.0**	**105.8**	**105.8**	**106.0**	**105.9**	**106.1**	**106.1**	**106.3**	**106.5**	**106.3**	**106.1**
	新建商品住宅	104.6	105.1	105.9	106.0	106.1	106.0	106.3	106.2	106.5	106.6	106.4	106.2
	一、90㎡及以下	104.5	105.2	105.7	105.2	105.5	105.3	105.3	105.3	105.3	105.4	105.3	105.1
	二、90-144㎡	105.1	106.4	107.4	107.5	107.5	107.5	107.8	107.8	108.1	108.3	108.0	107.9
	三、144㎡以上	102.3	99.5	100.4	100.3	101.3	100.9	101.1	101.0	101.2	101.2	101.0	100.6
	二手住宅价格指数	**103.2**	**101.4**	**101.2**	**101.3**	**101.6**	**101.7**	**102.1**	**102.2**	**102.1**	**102.1**	**102.1**	**102.1**
	一、90㎡及以下	103.4	100.9	100.9	100.7	100.9	101.0	101.5	101.7	101.6	101.5	101.3	101.5
	二、90-144㎡	103.1	101.9	101.0	101.9	102.5	102.6	102.7	102.9	102.9	102.8	103.3	103.7
	三、144㎡以上	102.2	102.6	103.6	102.6	103.0	102.9	103.2	102.9	102.9	102.9	102.7	100.8
同比价格指数	**新建住宅价格指数**	**105.7**	**106.1**	**107.1**	**106.9**	**105.3**	**105.8**	**106.0**	**106.3**	**106.3**	**105.8**	**105.4**	**103.7**
	新建商品住宅	105.8	106.2	107.3	107.0	105.5	105.9	106.2	106.5	106.5	105.9	105.5	103.8
	一、90㎡及以下	105.8	106.4	107.1	106.4	104.8	105.1	105.2	105.5	105.3	104.7	104.4	102.7
	二、90-144㎡	106.4	107.6	108.7	108.6	106.8	107.4	107.7	108.0	108.1	107.6	107.1	105.4
	三、144㎡以上	103.5	100.5	101.6	101.3	100.7	100.9	101.0	101.3	101.2	100.5	100.2	98.3
	二手住宅价格指数	**106.0**	**101.6**	**102.4**	**101.7**	**102.7**	**102.0**	**102.3**	**102.4**	**101.7**	**100.5**	**100.1**	**99.7**
	一、90㎡及以下	106.3	101.2	102.2	101.2	102.0	101.3	101.7	101.9	101.2	100.0	99.4	99.1
	二、90-144㎡	106.1	102.3	102.2	102.4	103.6	102.8	102.9	103.1	102.5	101.2	101.3	101.2
	三、144㎡以上	104.5	102.5	104.8	103.1	104.0	103.2	103.4	103.2	102.6	101.5	100.9	98.7
环比价格指数	**新建住宅价格指数**	**102.1**	**100.5**	**100.8**	**100.0**	**100.2**	**99.9**	**100.2**	**100.0**	**100.2**	**100.1**	**99.8**	**99.8**
	新建商品住宅	102.2	100.5	100.8	100.0	100.2	99.9	100.2	100.0	100.2	100.1	99.8	99.8
	一、90㎡及以下	102.0	100.7	100.5	99.6	100.2	99.8	100.1	99.9	100.1	100.1	99.9	99.9
	二、90-144㎡	102.7	101.2	100.9	100.1	100.0	100.0	100.3	100.0	100.3	100.2	99.7	99.9
	三、144㎡以上	100.0	97.2	100.9	99.9	101.0	99.6	100.2	99.9	100.2	100.0	99.8	99.6
	二手住宅价格指数	**100.8**	**98.3**	**99.8**	**100.1**	**100.3**	**100.1**	**100.4**	**100.1**	**99.9**	**99.9**	**100.0**	**100.0**
	一、90㎡及以下	101.0	97.6	100.0	99.8	100.2	100.1	100.5	100.1	99.9	99.9	99.8	100.2
	二、90-144㎡	100.6	98.9	99.1	100.9	100.6	100.0	100.2	100.2	100.0	100.0	100.4	100.4
	三、144㎡以上	--	100.4	100.9	99.1	100.3	99.9	100.3	99.8	100.0	100.0	99.8	98.2

2-9-65 2011年北海市住宅销售价格指数
Beihai housing sales price index for 2011

		1月	2月	3月	4月	5月	6月	7月	8月	9月	10月	11月	12月
定基价格指数	**新建住宅价格指数**	**101.1**	**101.9**	**102.6**	**103.2**	**102.9**	**102.8**	**102.8**	**102.7**	**102.6**	**102.4**	**102.3**	**102.1**
	新建商品住宅	101.1	101.9	102.6	103.2	102.9	102.8	102.8	102.7	102.6	102.4	102.3	102.1
	一、90m²及以下	101.2	101.9	102.9	103.5	103.0	102.9	102.9	102.8	102.8	102.4	102.3	102.1
	二、90-144m²	101.1	102.2	102.3	103.0	102.9	102.9	103.0	102.9	102.7	102.6	102.7	102.4
	三、144m²以上	100.5	101.0	101.5	102.2	102.0	101.6	101.5	101.3	101.2	101.1	101.0	100.9
	二手住宅价格指数	**99.9**	**101.9**	**102.8**	**102.8**	**102.8**	**102.5**	**102.2**	**102.2**	**102.2**	**102.2**	**102.0**	**102.0**
	一、90m²及以下	99.9	101.9	102.9	102.9	102.9	102.5	102.3	102.3	102.3	102.3	102.1	102.1
	二、90-144m²	99.9	102.0	102.9	102.9	102.9	102.7	102.3	102.3	102.3	102.3	102.0	102.0
	三、144m²以上	99.9	101.3	102.1	102.1	102.1	101.9	101.5	101.5	101.5	101.5	101.1	101.1
同比价格指数	**新建住宅价格指数**	**105.5**	**104.5**	**103.6**	**103.0**	**101.5**	**101.7**	**101.8**	**102.1**	**101.7**	**101.6**	**101.6**	**101.4**
	新建商品住宅	105.5	104.5	103.6	103.0	101.5	101.7	101.8	102.1	101.7	101.6	101.6	101.4
	一、90m²及以下	105.6	104.5	103.9	103.2	101.6	101.8	101.9	102.2	101.8	101.6	101.6	101.4
	二、90-144m²	105.7	105.0	103.3	102.7	101.4	101.5	101.7	102.3	101.8	101.8	102.0	101.8
	三、144m²以上	104.0	102.9	102.5	102.0	100.8	101.6	101.6	100.4	100.1	100.1	100.0	99.9
	二手住宅价格指数	**100.9**	**102.2**	**102.4**	**102.2**	**102.2**	**102.4**	**102.3**	**102.3**	**102.3**	**102.3**	**102.1**	**102.1**
	一、90m²及以下	100.9	102.2	102.5	102.3	102.3	102.4	102.3	102.3	102.3	102.3	102.2	102.2
	二、90-144m²	100.9	102.3	102.5	102.3	102.3	102.5	102.4	102.4	102.4	102.4	102.1	102.1
	三、144m²以上	100.8	101.5	101.7	101.5	101.5	101.8	101.6	101.6	101.6	101.6	101.2	101.2
环比价格指数	**新建住宅价格指数**	**100.4**	**100.8**	**100.7**	**100.6**	**99.7**	**99.9**	**100.0**	**99.9**	**99.9**	**99.8**	**99.9**	**99.8**
	新建商品住宅	100.4	100.8	100.7	100.6	99.7	99.9	100.0	99.9	99.9	99.8	99.9	99.8
	一、90m²及以下	100.5	100.7	100.9	100.6	99.6	99.9	99.9	99.9	100.0	99.7	99.9	99.8
	二、90-144m²	100.4	101.2	100.0	100.7	99.9	100.0	100.0	99.9	99.8	99.9	100.0	99.8
	三、144m²以上	99.5	100.6	100.5	100.7	99.8	99.6	99.9	99.8	99.9	100.0	99.9	99.9
	二手住宅价格指数	**100.0**	**102.0**	**100.9**	**100.0**	**100.0**	**99.7**	**99.7**	**100.0**	**100.0**	**100.0**	**99.8**	**100.0**
	一、90m²及以下	100.0	102.0	100.9	100.0	100.0	99.6	99.8	100.0	100.0	100.0	99.8	100.0
	二、90-144m²	100.0	102.1	100.9	100.0	100.0	99.8	99.7	100.0	100.0	100.0	99.7	100.0
	三、144m²以上	--	101.4	100.8	100.0	100.0	99.8	99.6	100.0	100.0	100.0	99.7	100.0

2-9-66 2011年三亚市住宅销售价格指数

Sanya housing sales price index for 2011

		1月	2月	3月	4月	5月	6月	7月	8月	9月	10月	11月	12月
定基价格指数	**新建住宅价格指数**	**100.8**	**101.2**	**101.6**	**101.5**	**101.8**	**101.6**	**101.6**	**101.6**	**101.6**	**101.6**	**101.4**	**101.4**
	新建商品住宅	100.8	101.2	101.6	101.5	101.8	101.6	101.6	101.6	101.6	101.6	101.4	101.4
	一、90m²及以下	100.7	101.3	101.8	101.5	101.9	101.7	101.8	101.8	101.8	101.8	101.5	101.4
	二、90-144m²	101.2	101.4	102.1	102.0	102.3	102.2	102.0	102.0	102.0	102.0	101.9	101.9
	三、144m²以上	100.6	100.9	100.9	100.9	101.1	101.0	101.0	101.0	101.0	100.9	100.9	100.8
	二手住宅价格指数	**102.4**	**101.6**	**101.8**	**101.3**	**98.5**	**98.4**	**98.5**	**98.5**	**98.5**	**98.4**	**97.6**	**95.5**
	一、90m²及以下	101.9	100.3	100.8	100.3	98.4	98.4	98.5	98.6	98.6	98.5	97.0	95.5
	二、90-144m²	102.7	102.7	102.7	101.9	98.6	98.2	98.2	98.2	98.2	98.2	97.2	95.3
	三、144m²以上	102.7	101.8	101.8	101.5	98.5	98.5	98.7	98.7	98.7	98.7	98.7	95.7
同比价格指数	**新建住宅价格指数**	**119.1**	**100.2**	**99.4**	**99.1**	**97.9**	**98.0**	**98.9**	**101.6**	**101.3**	**101.4**	**101.1**	**100.9**
	新建商品住宅	119.1	100.3	99.4	99.1	97.9	98.0	98.9	101.6	101.3	101.4	101.1	100.9
	一、90m²及以下	119.0	100.3	99.6	99.1	98.0	98.0	98.7	101.8	101.5	101.6	101.1	100.9
	二、90-144m²	121.2	100.7	100.4	100.1	98.9	98.8	99.0	101.6	101.2	101.2	101.1	101.0
	三、144m²以上	117.4	99.7	98.3	98.2	96.8	97.1	97.3	101.4	101.1	101.2	101.0	100.9
	二手住宅价格指数	**114.8**	**102.2**	**96.6**	**97.0**	**100.3**	**101.7**	**101.4**	**97.8**	**97.5**	**97.4**	**96.2**	**93.9**
	一、90m²及以下	113.6	101.0	95.8	96.3	100.2	101.7	101.5	97.9	97.6	97.5	95.6	93.8
	二、90-144m²	115.1	103.2	97.5	97.6	100.4	101.5	101.2	97.6	97.3	97.1	95.8	93.7
	三、144m²以上	115.7	102.1	96.4	97.1	100.3	101.8	101.6	98.0	97.7	97.6	97.3	94.1
环比价格指数	**新建住宅价格指数**	**100.4**	**100.4**	**100.4**	**99.9**	**100.3**	**99.9**	**100.0**	**100.0**	**100.0**	**100.0**	**99.8**	**100.0**
	新建商品住宅	100.4	100.4	100.4	99.9	100.3	99.9	100.0	100.0	100.0	100.0	99.8	100.0
	一、90m²及以下	100.2	100.6	100.4	99.7	100.4	99.8	100.1	100.0	100.0	100.0	99.7	99.9
	二、90-144m²	100.2	100.2	100.7	99.9	100.2	99.9	99.9	100.0	99.9	100.0	99.9	100.0
	三、144m²以上	100.7	100.3	100.0	100.0	100.1	99.9	100.0	100.0	100.0	99.9	99.9	100.0
	二手住宅价格指数	**100.7**	**99.2**	**100.2**	**99.5**	**100.0**	**99.9**	**100.1**	**100.0**	**100.0**	**99.9**	**99.1**	**97.8**
	一、90m²及以下	100.2	98.4	100.5	99.6	100.0	100.0	100.1	100.1	100.0	99.9	98.4	98.4
	二、90-144m²	101.0	100.0	100.0	99.2	100.0	99.7	100.0	100.0	100.0	99.9	99.1	98.0
	三、144m²以上	101.0	99.1	100.0	99.7	100.0	100.0	100.1	100.0	--	100.0	--	97.0

2-9-67 2011年泸州市住宅销售价格指数
Luzhou housing sales price index for 2011

		1月	2月	3月	4月	5月	6月	7月	8月	9月	10月	11月	12月
定基价格指数	**新建住宅价格指数**	**100.1**	**100.4**	**100.5**	**100.7**	**100.9**	**101.0**	**101.8**	**102.0**	**102.2**	**102.3**	**102.3**	**102.3**
	新建商品住宅	100.1	100.4	100.5	100.7	100.9	101.0	101.9	102.0	102.2	102.3	102.3	102.3
	一、90m^2及以下	100.1	100.2	100.7	101.1	100.3	100.5	101.3	101.3	101.6	101.6	101.7	101.7
	二、90-144m^2	100.1	100.4	100.3	100.5	101.1	101.2	102.1	102.3	102.4	102.6	102.5	102.5
	三、144m^2以上	100.4	101.1	100.8	101.1	101.1	101.0	101.9	102.0	102.3	102.6	102.6	102.5
	二手住宅价格指数	**98.6**	**98.9**	**99.1**	**99.7**	**100.2**	**100.5**	**100.7**	**100.7**	**100.7**	**100.7**	**100.5**	**100.2**
	一、90m^2及以下	98.6	98.9	99.0	99.9	100.5	100.4	100.8	100.7	100.8	100.8	100.7	100.3
	二、90-144m^2	98.8	98.8	98.8	99.1	99.4	100.0	100.2	100.1	100.1	100.1	99.9	99.9
	三、144m^2以上	98.2	99.5	99.7	100.8	101.7	101.8	102.0	101.8	101.9	101.8	101.8	101.0
同比价格指数	**新建住宅价格指数**	**101.8**	**101.4**	**100.7**	**100.7**	**100.7**	**100.8**	**101.5**	**101.7**	**101.8**	**102.0**	**101.8**	**101.7**
	新建商品住宅	101.8	101.4	100.7	100.7	100.7	100.8	101.5	101.8	101.9	102.1	101.8	101.7
	一、90m^2及以下	101.6	101.1	100.8	101.0	100.1	100.2	100.9	101.1	101.3	101.4	101.3	101.3
	二、90-144m^2	101.7	101.4	100.6	100.5	100.9	101.0	101.7	102.0	102.1	102.3	102.0	101.9
	三、144m^2以上	102.4	102.4	101.3	101.2	101.0	100.9	101.6	101.5	101.7	102.0	101.7	101.6
	二手住宅价格指数	**98.6**	**98.4**	**98.2**	**98.6**	**98.9**	**99.6**	**100.6**	**101.0**	**101.5**	**101.9**	**102.0**	**101.3**
	一、90m^2及以下	98.7	98.4	98.2	98.9	99.2	99.6	100.7	101.1	101.6	101.9	102.0	101.2
	二、90-144m^2	98.8	98.2	97.9	98.0	98.1	99.2	100.1	100.5	100.9	101.4	101.4	101.0
	三、144m^2以上	98.0	98.8	98.7	99.6	100.1	100.8	101.8	102.1	102.7	103.1	103.7	102.6
环比价格指数	**新建住宅价格指数**	**99.5**	**100.3**	**100.0**	**100.2**	**100.2**	**100.1**	**100.8**	**100.2**	**100.2**	**100.1**	**100.0**	**100.0**
	新建商品住宅	99.5	100.3	100.1	100.2	100.2	100.1	100.8	100.2	100.2	100.1	100.0	100.0
	一、90m^2及以下	99.6	100.2	100.4	100.4	99.3	100.2	100.8	100.0	100.2	100.0	100.1	100.0
	二、90-144m^2	99.5	100.3	100.0	100.2	100.6	100.1	100.8	100.2	100.2	100.1	100.0	100.0
	三、144m^2以上	99.5	100.6	99.8	100.3	100.0	99.9	100.9	100.1	100.3	100.2	100.0	99.9
	二手住宅价格指数	**99.7**	**100.3**	**100.1**	**100.6**	**100.5**	**100.3**	**100.3**	**99.9**	**100.0**	**100.0**	**99.8**	**99.7**
	一、90m^2及以下	99.5	100.3	100.1	100.9	100.6	99.9	100.4	100.0	100.0	100.0	99.9	99.6
	二、90-144m^2	99.9	99.9	100.1	100.3	100.3	100.6	100.2	99.9	100.0	100.0	99.7	100.0
	三、144m^2以上	99.7	101.3	100.2	101.1	100.9	100.1	100.2	99.8	100.1	99.9	100.0	99.3

2-9-68　2011年南充市住宅销售价格指数
Nanchong housing sales price index for 2011

		1月	2月	3月	4月	5月	6月	7月	8月	9月	10月	11月	12月
定基价格指数	**新建住宅价格指数**	**99.5**	**99.0**	**99.3**	**99.4**	**99.5**	**99.6**	**100.2**	**100.2**	**100.2**	**100.1**	**100.0**	**99.9**
	新建商品住宅	99.5	99.0	99.3	99.4	99.5	99.6	100.2	100.2	100.2	100.1	100.0	99.9
	一、90㎡及以下	99.8	99.6	100.3	100.6	100.7	100.8	101.2	101.3	101.2	101.0	100.8	100.7
	二、90-144㎡	99.5	98.9	98.8	98.8	99.0	99.1	99.8	99.8	99.8	99.8	99.7	99.7
	三、144㎡以上	98.6	98.6	99.3	99.5	99.5	99.5	100.0	100.1	99.9	99.9	99.8	99.7
	二手住宅价格指数	**101.6**	**101.6**	**101.6**	**101.5**	**101.4**	**101.4**	**101.6**	**101.7**	**101.5**	**101.6**	**101.3**	**101.1**
	一、90㎡及以下	101.9	102.0	102.0	101.9	101.9	101.9	102.1	102.2	102.1	102.2	101.8	101.5
	二、90-144㎡	101.3	101.3	101.0	101.0	100.7	100.7	100.8	100.9	100.6	100.7	100.4	100.4
	三、144㎡以上	100.9	101.0	101.1	101.1	101.2	101.2	101.3	101.4	101.3	101.4	101.4	101.4
同比价格指数	**新建住宅价格指数**	**99.7**	**99.3**	**99.5**	**99.5**	**99.1**	**99.1**	**100.2**	**100.7**	**100.7**	**100.6**	**99.6**	**98.8**
	新建商品住宅	99.7	99.3	99.5	99.5	99.1	99.1	100.3	100.8	100.7	100.6	99.6	98.8
	一、90㎡及以下	100.1	99.8	100.5	100.7	100.3	100.4	101.3	101.9	101.7	101.5	100.3	99.5
	二、90-144㎡	99.8	99.1	99.0	99.0	98.6	98.6	99.9	100.3	100.3	100.3	99.3	98.5
	三、144㎡以上	98.8	98.8	99.5	99.7	99.1	99.1	100.1	100.6	100.4	100.4	99.4	98.6
	二手住宅价格指数	**100.9**	**101.7**	**101.2**	**101.2**	**101.2**	**101.7**	**101.9**	**102.1**	**102.0**	**102.0**	**101.5**	**100.6**
	一、90㎡及以下	101.2	102.1	101.6	101.6	101.7	102.2	102.4	102.6	102.6	102.6	102.0	101.0
	二、90-144㎡	100.6	101.4	100.7	100.7	100.5	101.0	101.2	101.3	101.0	101.0	100.6	99.9
	三、144㎡以上	100.2	101.0	100.7	100.7	100.9	101.5	101.7	101.8	101.8	101.7	101.6	100.9
环比价格指数	**新建住宅价格指数**	**98.3**	**99.6**	**100.2**	**100.1**	**100.1**	**100.1**	**100.6**	**100.0**	**100.0**	**99.9**	**99.9**	**99.9**
	新建商品住宅	98.3	99.6	100.2	100.1	100.1	100.1	100.6	100.0	100.0	99.9	99.9	99.9
	一、90㎡及以下	98.7	99.8	100.7	100.2	100.1	100.1	100.4	100.1	99.9	99.8	99.8	99.9
	二、90-144㎡	98.4	99.4	99.9	100.1	100.2	100.1	100.7	100.0	100.1	99.9	100.0	99.9
	三、144㎡以上	97.5	100.0	100.8	100.2	100.0	100.0	100.5	100.0	99.8	100.0	99.9	100.0
	二手住宅价格指数	**101.1**	**100.0**	**99.9**	**100.0**	**99.9**	**100.0**	**100.1**	**100.1**	**99.8**	**100.1**	**99.7**	**99.8**
	一、90㎡及以下	101.5	100.1	100.0	100.0	100.0	100.0	100.1	100.1	99.9	100.1	99.6	99.6
	二、90-144㎡	100.8	100.0	99.8	100.0	99.7	100.0	100.1	100.1	99.7	100.1	99.8	100.0
	三、144㎡以上	100.5	100.1	100.1	100.1	100.1	100.1	100.1	100.1	99.9	100.1	100.0	100.0

2-9-69　2011年遵义市住宅销售价格指数

Zunyi housing sales price index for 2011

		1月	2月	3月	4月	5月	6月	7月	8月	9月	10月	11月	12月
定基价格指数	**新建住宅价格指数**	**103.4**	**104.4**	**104.7**	**104.5**	**104.8**	**105.1**	**105.2**	**105.4**	**105.3**	**105.4**	**105.4**	**105.3**
	新建商品住宅	103.8	104.9	105.2	105.0	105.3	105.8	105.9	106.0	105.9	106.0	106.0	106.0
	一、90m²及以下	103.0	104.9	105.7	105.6	105.9	105.9	105.9	106.2	106.1	106.3	106.4	106.4
	二、90-144m²	104.4	105.2	105.4	105.2	105.6	106.2	106.2	106.3	106.1	106.2	106.1	106.1
	三、144m²以上	103.0	104.1	104.1	104.1	104.2	104.6	105.0	105.4	105.4	105.3	105.4	105.3
	二手住宅价格指数	**106.8**	**107.6**	**107.8**	**108.0**	**108.4**	**109.0**	**108.9**	**108.1**	**108.2**	**108.6**	**108.1**	**108.2**
	一、90m²及以下	107.9	108.2	107.4	107.7	107.9	108.5	107.5	105.7	105.4	105.9	105.2	105.2
	二、90-144m²	105.7	107.1	107.8	107.8	108.3	109.1	109.2	108.9	109.3	109.7	109.1	109.2
	三、144m²以上	108.4	108.5	109.0	110.0	110.2	110.6	111.9	111.6	111.3	111.5	112.2	112.5
同比价格指数	**新建住宅价格指数**	**104.6**	**105.3**	**105.3**	**104.7**	**105.4**	**105.8**	**105.7**	**105.6**	**104.9**	**104.5**	**104.1**	**102.9**
	新建商品住宅	105.2	105.9	105.9	105.3	106.1	106.5	106.4	106.3	105.5	105.0	104.6	103.3
	一、90m²及以下	104.2	105.9	106.3	105.8	106.7	106.6	106.3	106.4	105.8	105.3	105.1	103.8
	二、90-144m²	105.8	106.2	106.2	105.4	106.3	107.0	106.7	106.5	105.7	105.2	104.7	103.4
	三、144m²以上	104.5	105.2	104.9	104.4	104.9	105.4	105.5	105.5	104.9	104.3	103.9	102.5
	二手住宅价格指数	**111.7**	**111.8**	**110.6**	**110.5**	**111.2**	**111.8**	**110.1**	**107.7**	**105.1**	**104.3**	**102.2**	**102.4**
	一、90m²及以下	112.7	112.3	110.1	110.1	110.6	111.1	108.6	105.3	102.5	101.8	99.6	99.9
	二、90-144m²	110.6	111.2	110.5	110.3	111.1	111.8	110.3	108.5	106.2	105.4	103.2	103.3
	三、144m²以上	113.9	113.1	112.1	112.7	113.2	113.6	113.2	111.1	107.9	106.9	105.9	105.5
环比价格指数	**新建住宅价格指数**	**101.0**	**101.0**	**100.3**	**99.9**	**100.3**	**100.3**	**100.1**	**100.1**	**99.9**	**100.1**	**100.0**	**100.0**
	新建商品住宅	101.2	101.1	100.3	99.8	100.3	100.4	100.1	100.2	99.9	100.1	100.0	100.0
	一、90m²及以下	100.4	101.9	100.7	99.9	100.3	100.0	100.0	100.3	99.9	100.1	100.1	100.0
	二、90-144m²	101.8	100.7	100.2	99.7	100.4	100.6	100.0	100.0	99.8	100.1	100.0	100.0
	三、144m²以上	100.3	101.1	100.0	--	100.0	100.4	100.4	100.4	100.0	100.0	100.0	99.9
	二手住宅价格指数	**101.1**	**100.8**	**100.1**	**100.2**	**100.3**	**100.6**	**99.9**	**99.2**	**100.1**	**100.4**	**99.6**	**100.1**
	一、90m²及以下	102.4	100.3	99.3	100.2	100.2	100.5	99.2	98.3	99.7	100.5	99.4	100.0
	二、90-144m²	100.0	101.3	100.7	100.1	100.5	100.7	100.1	99.7	100.4	100.4	99.5	100.0
	三、144m²以上	101.7	100.0	100.5	100.8	100.2	100.4	101.1	99.7	99.7	100.3	100.6	100.3

2-9-70　2011年大理市住宅销售价格指数

Dali housing sales price index for 2011

		1月	2月	3月	4月	5月	6月	7月	8月	9月	10月	11月	12月
定基价格指数	**新建住宅价格指数**	**101.1**	**101.1**	**101.1**	**101.1**	**101.1**	**101.1**	**101.5**	**101.5**	**101.7**	**101.7**	**101.7**	**101.7**
	新建商品住宅	101.1	101.1	101.1	101.1	101.1	101.1	101.6	101.6	101.8	101.8	101.7	101.8
	一、90m²及以下	100.2	100.2	100.2	100.2	100.2	100.2	100.8	100.8	101.1	101.1	101.2	101.2
	二、90-144m²	101.1	101.1	101.1	101.1	101.1	101.0	101.2	101.2	101.4	101.5	101.5	101.5
	三、144m²以上	102.0	102.1	102.1	102.1	102.1	102.1	102.9	102.9	103.0	102.9	102.8	102.8
	二手住宅价格指数	**104.6**	**104.6**	**104.6**	**103.6**	**103.6**	**103.1**	**103.3**	**103.3**	**103.3**	**103.3**	**103.3**	**103.3**
	一、90m²及以下	104.6	104.6	104.6	104.4	104.4	104.2	104.7	104.7	104.7	104.7	104.7	104.7
	二、90-144m²	104.4	104.4	104.4	102.7	102.7	101.8	101.8	101.8	101.8	101.8	101.8	101.8
	三、144m²以上	104.8	104.8	104.8	103.9	103.9	103.3	103.3	103.3	103.3	103.3	103.3	103.3
同比价格指数	**新建住宅价格指数**	**102.8**	**102.2**	**102.2**	**101.0**	**100.8**	**100.9**	**102.4**	**101.5**	**101.4**	**100.0**	**100.6**	**100.6**
	新建商品住宅	102.8	102.2	102.2	101.0	100.8	100.9	102.4	101.5	101.4	100.1	100.7	100.7
	一、90m²及以下	101.5	100.9	100.9	99.8	99.7	100.0	101.7	100.8	100.8	99.6	100.9	100.9
	二、90-144m²	102.8	102.2	102.1	101.0	100.8	100.8	102.1	101.2	101.1	99.8	100.4	100.5
	三、144m²以上	104.3	103.8	103.8	102.5	102.3	101.9	103.8	102.8	102.6	101.0	100.7	100.7
	二手住宅价格指数	**105.2**	**105.8**	**106.0**	**107.5**	**107.0**	**107.6**	**105.1**	**103.5**	**100.1**	**98.9**	**99.2**	**98.8**
	一、90m²及以下	105.2	105.8	106.0	108.3	107.8	108.8	106.6	105.0	101.5	100.3	100.6	100.2
	二、90-144m²	104.8	105.5	105.8	106.5	106.1	106.3	103.7	102.2	98.8	97.6	98.0	97.5
	三、144m²以上	106.0	106.6	106.6	107.9	107.4	107.8	105.0	103.4	99.9	98.7	99.1	98.6
环比价格指数	**新建住宅价格指数**	**100.0**	**100.0**	**100.0**	**100.0**	**100.0**	**100.0**	**100.5**	**100.0**	**100.2**	**100.0**	**100.0**	**100.0**
	新建商品住宅	100.0	100.0	100.0	100.0	100.0	100.0	100.5	100.0	100.2	100.0	100.0	100.0
	一、90m²及以下	100.0	100.0	100.0	100.0	100.0	100.0	100.6	100.0	100.2	100.0	100.1	100.0
	二、90-144m²	100.0	100.0	100.0	100.0	100.0	100.0	100.2	100.0	100.2	100.0	100.0	100.0
	三、144m²以上	100.0	100.1	100.0	100.0	100.0	100.0	100.8	100.0	100.1	99.9	99.8	100.1
	二手住宅价格指数	**100.0**	**100.0**	**100.0**	**99.1**	**100.0**	**99.5**	**100.2**	**100.0**	**100.0**	**100.0**	**100.0**	**100.0**
	一、90m²及以下	100.0	100.0	100.0	99.8	100.0	99.9	100.5	100.0	100.0	100.0	100.0	100.0
	二、90-144m²	100.0	100.0	100.0	98.4	100.0	99.2	100.0	100.0	100.0	100.0	100.0	100.0
	三、144m²以上	100.0	100.0	100.0	99.1	100.0	99.5	100.0	100.0	100.0	100.0	100.0	100.0

2-10-1 全国居民消费价格分类指数(2001～2011年)

(上年价格=100)

项 目	Item	2001	2002
总指数	**Consumer Price Index**	**100.7**	**99.2**
一、食品	**Food**	**100.0**	**99.4**
1.粮食	Grain	99.3	98.3
2.淀粉	Starches	99.5	100.4
3.干豆类及豆制品	Bean and Its Products	99.0	98.0
4.油脂	Oil or Fat	91.7	98.7
5.肉禽及其制品	Meal, Poultry and Their Products	101.6	99.5
6.蛋	Eggs	106.0	102.6
7.水产品	Aquatic Products	97.1	96.7
8.菜	Vegetables	100.9	98.2
#鲜菜	Fresh Vegetables	101.4	98.1
9.调味品	Flavoring	102.2	101.2
10.糖	Carbohydrate	104.6	97.3
11.茶及饮料	Tea and Beverages	99.1	99.0
茶叶	Tea	101.0	100.9
饮料	Beverages	98.3	98.2
12.干鲜瓜果	Dried and Fresh Melons and Fruits	99.9	103.1
#鲜果	Fresh Fruits	100.3	103.6
13.糕点饼干面包	Cake, Biscuit and Bread	98.9	98.8
14.液体乳及乳制品	Milk and Its Products	99.1	99.0
15.在外用膳食品	Outward Dinner	100.2	99.9
16.其它食品	Other Foods	98.9	99.0
二、 烟酒及用品	**Tobacco, Liquor and Articles**	**99.7**	**99.9**
1.烟草	Tobacco	99.6	99.9
2.酒	Liquor	99.9	100.1
三、衣着	**Clothing**	**98.1**	**97.6**
1.服装	Garments	97.6	97.4
2.衣着材料	Clothing Material	98.8	98.9
3.鞋袜帽	Footgear and Hats	99.0	98.0
4.衣着加工服务费	Clothing Manufacturing Services	100.3	99.9
四、家庭设备用品及维修服务	**Household Facilities, Articles and Maintenance Services**	**97.7**	**97.5**
1.耐用消费品	Durable Consumer Goods	96.1	95.9
家具	Furniture	98.0	97.7
家庭设备	Household Facilities	95.1	95.0
2.室内装饰品	Interior Decorations	98.3	98.8
3.床上用品	Bed Articles	99.3	98.7

Consumer Price Indices by Category (2001~2011)

(Preceding year=100)

2003	2004	2005	2006	2007	2008	2009	2010	2011
101.2	**103.9**	**101.8**	**101.5**	**104.8**	**105.9**	**99.3**	**103.3**	**105.4**
103.4	**109.9**	**102.9**	**102.3**	**112.3**	**114.3**	**100.7**	**107.2**	**111.8**
102.3	126.4	101.4	102.7	106.3	107.0	105.6	111.8	112.2
100.6	106.8	105.5	101.8	106.2	111.2	103.4	108.2	115.9
106.5	120.5	102.4	100.8	108.0	134.4	98.3	109.2	105.4
112.6	118.2	94.3	98.6	126.7	125.4	81.7	103.8	113.4
103.3	117.6	102.5	97.1	131.7	121.7	91.3	102.9	122.6
98.6	120.2	104.6	96.0	121.8	104.3	101.6	108.3	114.2
100.3	112.7	105.9	101.2	105.1	114.2	102.5	108.1	112.1
117.7	95.1	109.1	108.2	107.9	111.0	113.6	118.5	101.1
120.5	93.9	110.4	108.2	107.3	110.7	115.4	118.7	100.5
100.1	101.5	101.4	102.3	104.1	105.5	103.4	104.1	105.5
97.5	102.2	104.0	111.2	101.6	104.0	102.5	108.3	111.2
99.2	100.0	100.1	101.0	101.5	103.7	101.8	101.3	104.0
99.7	101.1	100.8	101.2	103.3	102.2	101.4	102.6	103.9
98.9	99.5	99.8	100.9	100.7	104.4	102.0	100.7	104.0
103.0	104.0	102.2	117.9	102.2	110.8	107.1	114.6	115.9
101.8	102.2	101.6	121.5	100.1	109.0	109.1	115.6	116.4
99.3	101.6	100.9	101.3	103.6	109.2	102.9	102.4	108.1
99.2	100.5	100.9	100.9	102.7	117.0	101.5	102.8	105.1
100.1	104.1	102.4	101.6	107.3	111.8	102.7	103.6	108.2
99.1	101.2	101.3	101.2	104.2	108.4	101.7	101.7	105.7
99.8	**101.2**	**100.4**	**100.6**	**101.7**	**102.9**	**101.5**	**101.6**	**102.8**
99.8	100.9	100.4	100.2	100.8	100.4	100.4	100.5	100.3
100.1	102.2	100.6	101.2	103.5	107.5	103.4	103.6	106.7
97.8	**98.5**	**98.3**	**99.4**	**99.4**	**98.5**	**98.0**	**99.0**	**102.1**
97.6	98.3	98.1	99.0	99.4	98.3	97.8	99.1	102.4
99.2	100.2	100.0	100.5	101.6	102.4	100.9	103.0	109.2
97.7	98.3	98.3	100.2	99.0	98.2	97.8	98.2	100.7
100.1	100.7	101.1	101.5	102.3	104.1	103.5	102.9	107.3
97.4	**98.6**	**99.9**	**101.2**	**101.9**	**102.8**	**100.2**	**100.0**	**102.4**
95.8	97.1	98.8	100.8	101.6	101.2	98.1	98.5	100.4
97.9	98.9	99.2	100.2	101.9	102.3	99.7	100.4	102.4
94.6	96.1	98.5	101.2	101.4	100.7	97.3	97.4	99.3
98.8	99.2	99.5	100.0	100.3	100.2	99.7	99.9	101.0
98.4	99.3	99.4	99.6	99.4	99.7	98.8	99.9	104.7

2-10-1 续表

(上年价格=100)

项 目	Item	2001	2002
4.家庭日用杂品	Daily Use Household Articles	98.6	98.0
5.家庭服务及加工维修服务	Household Service and Manufacturing Upkeep	101.5	101.2
五、医疗保健和个人用品	**Health Care and Personal Articles**	**100.0**	**98.8**
1.医疗保健	Health Care	100.3	98.5
医疗器具及用品	Medical Instrument and Articles	98.3	97.2
中药材及中成药	Traditional Chinese Medicine	101.4	96.6
西药	Western Medicine	94.8	94.5
保健器具及用品	Health Care Appliances and Articles	97.3	97.1
医疗保健服务	Health Care Services	110.5	108.2
2.个人用品及服务	Personal Articles and Services	99.5	99.5
化妆美容用品	Cosmetics	99.8	99.7
清洁类化妆品	Cleem make-up Surrlies	97.9	97.3
个人饰品	Personal Decorations	97.8	99.3
个人服务	Personal Services	101.7	101.2
六、交通和通信	**Transportation and Communication**	**99.0**	**98.1**
1.交通	Transportation	101.0	99.1
交通工具	Transportation Facility	96.4	95.0
车用燃料及零配件	Fuels and Parts	99.0	98.5
车辆使用及维修费	Using and Upkeep Fare	100.4	100.0
市区公共交通费	Incity Traffic Fare	105.8	101.9
城市间交通费	Intercity Traffic Fare	104.0	101.8
2.通信	Communication	96.8	97.2
通信工具	Communication Facility	80.5	83.5
通信服务	Communication Service	101.1	100.3
七、娱乐教育文化用品及服务	**Recreation, Education and Culture Articles**	**106.6**	**100.6**
1.文娱用耐用消费品及服务	Durable Consumer Goods for Cultural and Recreational Use and Services	91.2	90.5
2.教育	Education	113.6	103.7
教材及参考书	Teaching Materials and Reference Books	106.1	99.0
教育服务	Tuition and Child Care	114.1	104.0
3.文化娱乐类	Cultural and Recreational	101.7	101.2
文化娱乐用品	Cultural and Recreational Articles	99.4	98.9
书报杂志	Newspapers and Magazines	101.9	101.0
文娱费	Expenditure of Culture and Recreation	104.4	104.2
4.旅游	Touring	100.3	95.9
八、居住	**Residence**	**101.2**	**99.9**
1.建房及装修材料	Building and Building Decoration Materials	98.8	98.4
2.住房租金	Rent	108.6	104.4
3.自有住房	Private Housing	100.0	95.4
4.水电燃料	Water, Electricity and Fuels	102.5	102.9

2-10-1 Continued

(Preceding year=100)

2003	2004	2005	2006	2007	2008	2009	2010	2011
98.3	99.8	100.4	101.1	101.7	104.9	102.5	100.3	102.5
101.1	101.9	104.4	105.8	107.2	109.0	105.2	106.7	111.4
100.9	**99.7**	**99.9**	**101.1**	**102.1**	**102.9**	**101.2**	**103.2**	**103.4**
101.2	99.1	99.5	100.2	102.1	102.2	101.4	103.3	102.9
101.0	102.3	97.4	97.2	98.2	99.7	101.6	105.0	101.9
105.0	98.9	96.5	99.9	107.9	106.8	102.6	111.2	111.9
94.5	94.9	97.7	98.4	99.1	101.1	101.0	101.0	99.7
98.2	98.6	100.0	100.3	101.1	102.1	101.1	101.6	104.4
108.9	105.2	105.2	103.0	102.2	100.5	101.0	100.9	100.6
100.2	101.2	100.8	103.2	102.1	104.4	100.8	103.0	104.4
99.5	98.8	99.4	99.7	100.1	100.6	100.8	100.5	101.0
97.1	98.4	99.4	99.9	100.3	101.7	102.1	100.4	101.8
102.9	104.5	101.6	110.8	104.5	109.7	96.3	108.4	108.8
100.8	101.8	101.9	102.5	103.1	105.0	103.8	102.8	104.9
97.8	**98.5**	**99.0**	**99.9**	**99.1**	**99.1**	**97.6**	**99.6**	**100.5**
99.5	100.4	101.5	103.2	100.8	102.2	98.6	101.7	102.6
95.9	96.5	97.3	97.8	97.7	98.4	98.0	98.7	99.0
108.3	107.7	100.3	112.8	103.5	113.5	92.8	111.5	111.7
98.9	101.0	102.0	102.4	102.4	100.8	101.1	101.7	103.8
100.6	101.0	102.2	104.8	101.3	100.5	100.6	100.7	101.7
101.4	102.5	103.3	105.6	103.0	104.3	100.5	101.7	102.7
96.1	96.8	96.6	96.4	97.1	95.6	96.3	97.3	97.5
82.1	84.3	84.1	82.2	81.8	80.7	81.7	86.5	87.0
99.4	99.8	99.6	100.0	100.6	98.8	99.5	99.7	99.8
101.3	**101.3**	**102.2**	**99.5**	**99.0**	**99.3**	**99.3**	**100.6**	**100.4**
92.7	93.3	93.8	94.2	93.1	92.3	90.6	94.3	93.7
104.3	103.4	105.1	100.0	99.6	100.5	101.6	101.4	101.3
101.7	102.8	100.9	100.3	99.1	100.6	102.9	102.6	101.1
104.5	103.4	105.4	100.0	99.6	100.5	101.4	101.3	101.4
101.3	101.1	101.2	101.0	101.0	101.3	102.5	101.0	101.1
98.7	99.4	99.8	99.6	99.5	99.9	99.8	99.7	100.6
100.4	100.6	100.8	100.7	100.7	102.1	107.6	100.6	101.0
104.6	103.2	102.9	102.6	102.7	102.1	102.1	102.3	101.5
95.4	100.6	99.6	103.1	102.3	101.1	97.5	104.9	103.8
102.1	**104.9**	**105.4**	**104.6**	**104.5**	**105.5**	**96.4**	**104.5**	**105.3**
99.5	104.3	102.6	103.9	105.1	107.1	100.2	103.3	104.7
103.5	103.0	101.9	102.7	104.2	103.5	101.6	104.9	105.3
99.1	100.9	105.6	103.7	107.0	102.8	85.3	103.6	106.5
105.7	107.5	108.6	105.9	103.0	106.4	97.9	105.5	103.5

2-10-2 全国居民消费价格分类指数(2011年)

Consumer Price Indices by Category (2011)

(上年价格=100) (Preceding year=100)

项　目	Item	全　国 National Indices	城　市 Urban Indices	农　村 Rural Indices	36个大中城市 36 Major Cities Indices
居民消费价格总指数	**Consumer Price Index**	**105.4**	**105.3**	**105.8**	**105.3**
一、食品	**Food**	**111.8**	**111.6**	**112.4**	**111.6**
1.粮食	Grain	112.2	112.2	112.2	112.6
2.淀粉及制品	Starches	115.9	115.7	116.3	116.3
3.干豆类及豆制品	Bean and Its Products	105.4	105.4	105.2	106.6
4.油脂	Oil or Fat	113.4	113.4	113.5	114.7
5.肉禽及其制品	Meal, Poultry and Their Products	122.6	122.2	123.7	122.1
(1)食用畜肉及副产品	Meal and Their Products	128.5	128.0	129.5	128.0
(2)禽	Poultry	114.3	114.5	113.9	115.0
(3)加工肉禽	Meal and Poultry Products	109.9	110.0	109.6	109.8
6.蛋	Eggs	114.2	114.6	113.3	114.3
7.水产品	Aquatic Products	112.1	112.3	111.2	112.9
(1)鱼	Fish	113.5	113.8	112.4	115.0
(2)其它水产品	Others	110.1	110.4	108.5	110.6
8.菜	Vegetables	101.1	100.7	102.2	100.0
9.调味品	Flavoring	105.5	106.1	104.5	107.2
10.糖	Carbohydrate	111.2	110.6	112.4	110.1
11.茶及饮料	Tea and Beverages	104.0	104.3	102.9	105.1
(1)茶　叶	Tea	103.9	104.1	103.2	105.0
(2)饮　料	Beverages	104.0	104.3	102.7	105.2
12.干鲜瓜果	Dried and Fresh Melons and Fruits	115.9	115.9	115.9	114.5
13.糕点饼干面包	Cake, Biscuit and Bread	108.1	108.5	106.9	109.7
14.液体乳及乳制品	Milk and Its Products	105.1	105.5	103.7	106.9
15.在外用膳食品	Outward Dinner	108.2	108.3	107.8	108.8
16.其它食品	Other Foods	105.7	106.6	104.1	107.7
二、烟酒及用品	**Tobacco, Liquor and Articles**	**102.8**	**103.0**	**102.4**	**103.1**
1.烟草	Tobacco	100.3	100.4	100.2	100.5
2.酒	Liquor	106.7	107.3	105.7	107.6
三、衣着	**Clothing**	**102.1**	**102.2**	**101.9**	**103.2**
1.服装	Garments	102.4	102.5	102.0	103.7
(1)男式服装	Men's Clothing	102.1	102.2	101.9	102.9
(2)女式服装	Women's Clothing	102.7	103.0	101.5	104.5
(3)儿童服装	Children's Clothing	102.2	101.6	103.4	101.7
2.衣着材料	Clothing Material	109.2	109.0	109.4	110.9
3.鞋袜帽	Footgear and Hats	100.7	100.7	100.7	101.2
(1)鞋	Shoes	100.5	100.5	100.4	101.0
(2)袜子	Socks	102.2	102.0	102.7	102.9
(3)帽子	Hats	101.5	101.4	101.7	102.0
4.衣着加工服务费	Clothing Manufacturing Services	107.3	107.9	106.0	108.7

2-10-2 续表 Continued

(上年价格=100) (Preceding year=100)

项 目	Item	全 国 National Indices	城 市 Urban Indices	农 村 Rural Indices	36个大中城市 36 Major Cities Indices
四、家庭设备用品及维修服务	**Household Facilities, Articles and Maintenance Services**	**102.4**	**102.7**	**101.5**	**103.9**
1.耐用消费品	Durable Consumer Goods	100.4	100.5	100.1	101.1
(1)家具	Furniture	102.4	102.8	101.4	103.5
(2)家庭设备	Household Facilities	99.3	99.3	99.3	99.8
2.室内装饰品	Interior Decorations	101.0	100.7	102.2	100.1
3.床上用品	Bed Articles	104.7	104.9	104.2	108.0
4.家庭日用杂品	Daily Use Household Articles	102.5	102.6	102.0	103.5
5.家庭服务及加工维修服务	Household Service and Manufacturing Upkeep	111.4	112.7	105.7	115.4
五、医疗保健和个人用品	**Health Care and Personal Articles**	**103.4**	**103.4**	**103.3**	**103.3**
1.医疗保健	Health Care	102.9	102.9	102.9	102.4
(1)医疗器具及用品	Medical Instrument and Articles	101.9	102.5	100.4	104.7
(2)中药材及中成药	Traditional Chinese Medicine	111.9	111.7	112.6	109.5
(3)西药	Western Medicine	99.7	99.6	100.2	99.0
(4)保健器具及用品	Health Care Appliances and Articles	104.4	104.5	103.8	104.9
(5)医疗保健服务	Health Care Services	100.6	100.5	100.8	100.7
2.个人用品及服务	Personal Articles and Services	104.4	104.4	104.2	104.9
(1)化妆美容用品	Cosmetics	101.0	101.1	100.7	101.8
(2)清洁类化妆品	Sanitation Articles	101.8	101.9	101.5	102.2
(3)个人饰品	Personal Decorations	108.8	108.9	108.7	109.4
(4)个人服务	Personal Services	104.9	104.8	105.3	104.2
六、交通和通信	**Transportation and Communication**	**100.5**	**100.2**	**101.3**	**100.2**
1.交通	Transportation	102.6	102.4	103.5	102.6
(1)交通工具	Transportation Facility	99.0	98.6	100.2	98.2
(2)车用燃料及零配件	Fuels and Parts	111.7	111.8	111.3	112.2
(3)车辆使用及维修	Using and Upkeep Fare	103.8	104.1	102.6	105.8
(4)市区公共交通费	Incity Traffic Fare	101.7	101.2	104.8	100.5
(5)城市间交通费	Intercity Traffic Fare	102.7	102.5	103.2	102.8
2.通信	Communication	97.5	97.3	98.1	96.6
(1)通信工具	Communication Facility	87.0	85.2	91.5	81.5
(2)通信服务	Communication Service	99.8	99.7	99.9	99.8
七、娱乐教育文化用品及服务	**Recreation, Education and Culture Articles**	**100.4**	**100.3**	**100.8**	**99.8**
1.文娱用耐用消费品及服务	Durable Consumer Goods for Cultural and Recreational Use and Services	93.7	93.0	96.0	90.7
2.教育	Education	101.3	101.2	101.7	100.9
(1)教材及参考书	Teaching Materials and Reference Books	101.1	101.1	101.1	101.4
(2)教育服务	Tuition and Child Care	101.4	101.2	101.7	100.8
3.文化娱乐类	Cultural and Recreational Articles	101.1	101.1	100.8	101.1
(1)文化娱乐用品	Cultural Articles	100.6	100.5	100.9	100.4
(2)书报杂志	Newspapers and Magazines	101.0	101.0	100.9	101.2
(3)文娱费	Expenditure of Culture and Recreation	101.5	101.6	100.7	101.4
4.旅游	Touring and Outgoing	103.8	103.8	103.9	103.7
八、居住	**Residence**	**105.3**	**105.1**	**105.7**	**105.5**
1.建房及装修材料	Building and Building Decoration Materials	104.7	103.9	105.8	103.9
2.住房租金	Rent	105.3	105.4	105.2	106.5
3.自有住房	Private Housing	106.5	106.6	106.3	107.3
4.水电燃料	Water, Electricity and Fuels	103.5	103.0	104.9	102.6

2-10-3 各地区居民消费价格总指数(1987～2011年)

(上年价格=100)

地区	Region	1987	1988	1989	1990	1991	1992	1993	1994	1995
全国平均	**National**	**107.3**	**118.8**	**118.0**	**103.1**	**103.4**	**106.4**	**114.7**	**124.1**	**117.1**
北京	Beijing	108.6	120.4	117.2	105.4	111.9	109.9	119.0	124.9	117.3
天津	Tianjin	106.8	116.9	114.7	103.0	110.2	111.4	117.6	124.0	115.3
河北	Hebei	107.8	118.0	118.7	100.6	103.4	106.1	113.8	122.6	115.2
山西	Shanxi	107.4	120.9	119.5	102.2	104.8	107.3	115.1	125.2	116.9
内蒙古	Inner Mongolia	107.8	116.3	115.3	102.3	104.6	107.4	114.1	122.9	117.5
辽宁	Liaoning	108.8	119.3	118.2	103.3	105.6	106.7	115.2	124.3	116.1
吉林	Jilin	107.6	120.3	117.2	104.9	106.8	108.0	112.6	120.6	115.2
黑龙江	Heilongjiang	109.4	118.0	114.6	105.7	107.4	109.2	114.8	121.9	116.1
上海	Shanghai	108.1	120.1	115.9	106.3	110.5	110.0	120.2	123.9	118.7
江苏	Jiangsu	109.2	121.9	117.1	103.2	104.9	106.6	118.2	123.2	115.8
浙江	Zhejiang	108.8	121.5	118.2	102.1	103.5	107.5	119.8	124.8	116.6
安徽	Anhui	109.1	120.9	117.2	102.7	106.1	108.2	114.7	126.9	114.8
福建	Fujian	109.4	126.5	118.9	99.3	103.5	105.9	115.4	125.3	115.2
江西	Jiangxi	106.6	121.8	118.5	102.1	102.8	105.7	114.6	126.9	116.9
山东	Shandong	108.3	118.7	117.3	103.4	104.9	106.8	112.7	123.4	117.6
河南	Henan	106.3	119.4	118.7	100.7	102.3	105.4	110.4	125.2	116.5
湖北	Hubei	107.5	119.0	116.3	104.2	104.9	109.6	118.4	125.3	120.0
湖南	Hunan	109.8	125.6	118.2	100.4	104.4	110.7	116.8	125.3	119.0
广东	Guangdong	111.1	129.4	122.1	97.5	101.2	107.3	121.6	121.7	114.0
广西	Guangxi	108.2	120.8	121.1	101.1	102.8	105.9	122.0	126.0	118.4
海南	Hainan		128.1	128.4	102.1	103.9	108.7	123.3	126.7	113.5
重庆	Chongqing									
四川	Sichuan	107.6	119.9	119.8	103.8	103.0	107.4	116.8	124.6	118.5
贵州	Guizhou	107.1	119.8	118.3	101.8	104.4	107.8	116.0	122.8	121.4
云南	Yunnan	107.0	119.8	118.6	102.8	103.1	108.9	121.3	119.2	121.3
西藏	Tibet									
陕西	Shaanxi	108.2	118.8	118.5	102.4	106.6	110.3	113.1	126.7	119.0
甘肃	Gansu	107.6	119.1	117.9	103.2	104.9	107.2	115.4	123.7	119.8
青海	Qinghai	107.2	118.0	117.5	105.1	107.6	108.0	113.2	121.8	118.0
宁夏	Ningxia	107.3	117.1	117.2	107.1	106.3	108.3	114.3	123.1	117.1
新疆	Xinjiang	107.2	114.7	116.0	105.0	108.6	108.6	113.0	126.7	119.7

Consumer Price Indices by Region(1987 ~ 2011)

(Preceding year=100)

1996	1997	1998	1999	2000	2001	2002	2003	2004	2005	2006	2007	2008	2009	2010	2011
108.3	**102.8**	**99.2**	**98.6**	**100.4**	**100.7**	**99.2**	**101.2**	**103.9**	**101.8**	**101.5**	**104.8**	**105.9**	**99.3**	**103.3**	**105.4**
111.6	105.3	102.4	100.6	103.5	103.1	98.2	100.2	101.0	101.5	100.9	102.4	105.1	98.5	102.4	105.6
109.0	103.1	99.5	98.9	99.6	101.2	99.6	101.0	102.3	101.5	101.5	104.2	105.4	99.0	103.5	104.9
107.1	103.5	98.4	98.1	99.7	100.5	99.0	102.2	104.3	101.8	101.7	104.7	106.2	99.3	103.1	105.7
107.9	103.1	98.6	99.6	103.9	99.8	98.4	101.8	104.1	102.3	102.0	104.6	107.2	99.6	103.0	105.2
107.6	104.5	99.3	99.8	101.3	100.6	100.2	102.2	102.9	102.4	101.5	104.6	105.7	99.7	103.2	105.6
107.9	103.1	99.3	98.6	99.9	100.0	98.9	101.7	103.5	101.4	101.2	105.1	104.6	100.0	103.0	105.2
107.2	103.7	99.2	98.0	98.6	101.3	99.5	101.2	104.1	101.5	101.4	104.8	105.1	100.1	103.7	105.2
107.1	104.4	100.4	96.8	98.3	100.8	99.3	100.9	103.8	101.2	101.9	105.4	105.6	100.2	103.9	105.8
109.2	102.8	100.0	101.5	102.5	100.0	100.5	100.1	102.2	101.0	101.2	103.2	105.8	99.6	103.1	105.2
109.3	101.7	99.4	98.7	100.1	100.8	99.2	101.0	104.1	102.1	101.6	104.3	105.4	99.6	103.8	105.3
107.9	102.8	99.7	98.8	101.0	99.8	99.1	101.9	103.9	101.3	101.1	104.2	105.0	98.5	103.8	105.4
109.9	101.3	100.0	97.8	100.7	100.5	99.0	101.7	104.5	101.4	101.2	105.3	106.2	99.1	103.1	105.6
105.9	101.7	99.7	99.1	102.1	98.7	99.5	100.8	104.0	102.2	100.8	105.2	104.6	98.2	103.2	105.3
108.4	102.0	101.0	98.6	100.3	99.5	100.1	100.8	103.5	101.7	101.2	104.8	106.0	99.3	103.0	105.2
109.6	102.8	99.4	99.3	100.2	101.8	99.3	101.1	103.6	101.7	101.0	104.4	105.3	100.0	102.9	105.0
110.5	103.5	97.5	96.9	99.2	100.7	100.1	101.6	105.4	102.1	101.3	105.4	107.0	99.4	103.5	105.6
109.4	103.2	98.4	97.8	99.0	100.3	99.6	102.2	104.9	102.9	101.6	104.8	106.3	99.6	102.9	105.8
107.7	102.8	100.2	100.5	101.4	99.1	99.5	102.4	105.1	102.3	101.4	105.6	106.0	99.6	103.1	105.5
107.0	101.9	98.2	98.2	101.4	99.3	98.6	100.6	103.0	102.3	101.8	103.7	105.6	97.7	103.1	105.3
106.5	100.8	97.0	97.7	99.7	100.6	99.1	101.1	104.4	102.4	101.3	106.1	107.8	97.9	103.0	105.9
104.3	100.8	97.3	98.3	101.1	98.5	99.5	100.1	104.4	101.5	101.5	105.0	106.9	99.3	104.8	106.1
	103.1	96.4	99.3	96.7	101.7	99.6	100.6	103.7	100.8	102.4	104.7	105.6	98.4	103.2	105.3
109.3	105.1	99.6	98.5	100.1	102.1	99.7	101.7	104.9	101.7	102.3	105.9	105.1	100.8	103.2	105.3
109.1	103.4	100.1	99.2	99.5	101.8	99.0	101.2	104.0	101.0	101.7	106.4	107.6	98.7	102.9	105.1
108.7	104.3	101.7	99.7	97.9	99.1	99.8	101.2	106.0	101.4	101.9	105.9	105.7	100.4	103.7	104.9
			100.0	99.9	100.1	100.4	100.9	102.7	101.5	102.0	103.4	105.7	101.4	102.2	105.0
109.7	104.8	98.4	97.8	99.5	101.0	98.9	101.7	103.1	101.2	101.5	105.1	106.4	100.5	104.0	105.7
110.2	102.9	99.0	97.6	99.5	104.0	100.0	101.1	102.3	101.7	101.3	105.5	108.2	101.3	104.1	105.9
110.8	104.8	100.7	99.5	99.5	102.6	102.3	102.0	103.2	100.8	101.6	106.6	110.1	102.6	105.4	106.1
106.8	103.8	100.0	98.7	99.6	101.6	99.4	101.7	103.7	101.5	101.9	105.4	108.5	100.7	104.1	106.3
110.5	103.7	100.2	97.4	99.4	104.0	99.4	100.4	102.7	100.7	101.3	105.5	108.1	100.7	104.3	105.9

2-10-4 各地区居民消费价格指数(2011年)

Consumer Price Indices by Category and Region (2011)

(上年价格=100) (Preceding year=100)

地区	Region	居民消费价格指数 Consumer Price Index	一、食品 Food	1.粮食 Grain	2.淀粉及制品 Starches	3.干豆类及豆制品 Bean and Its Products	4.油脂 Oil or Fat	5.肉禽及其制品 Meal, Poultry and Their Products	(1)食用畜肉及副产品 Meal and Their Products
全　国	**National**	**105.4**	**111.8**	**112.2**	**115.9**	**105.4**	**113.4**	**122.6**	**128.5**
北　京	Beijing	105.6	110.6	110.8	115.0	104.3	114.2	121.8	127.8
天　津	Tianjin	104.9	111.4	108.5	123.3	100.1	115.3	122.6	126.5
河　北	Hebei	105.7	112.2	109.4	126.9	102.8	110.6	125.6	130.0
山　西	Shanxi	105.2	112.0	108.2	127.2	103.2	111.7	126.1	132.2
内蒙古	Inner Mongolia	105.6	113.7	111.4	140.4	106.1	113.0	126.8	129.9
辽　宁	Liaoning	105.2	111.0	111.5	116.5	103.6	115.0	125.7	129.4
吉　林	Jilin	105.2	110.9	110.9	130.5	107.3	112.5	123.1	128.3
黑龙江	Heilongjiang	105.8	112.4	111.2	131.6	103.8	119.1	125.9	130.3
上　海	Shanghai	105.2	110.8	113.5	106.6	114.7	117.5	119.9	128.1
江　苏	Jiangsu	105.3	111.8	111.1	113.8	106.6	113.7	120.8	127.6
浙　江	Zhejiang	105.4	112.1	112.5	115.9	112.9	117.6	122.9	129.6
安　徽	Anhui	105.6	112.2	116.9	108.0	104.1	116.0	124.7	130.4
福　建	Fujian	105.3	111.2	116.2	112.4	106.2	113.4	120.3	124.3
江　西	Jiangxi	105.2	111.2	114.0	106.5	102.5	112.8	122.7	127.3
山　东	Shandong	105.0	111.3	108.7	112.3	105.0	113.2	122.9	131.0
河　南	Henan	105.6	111.9	109.8	117.6	102.2	113.6	126.8	132.9
湖　北	Hubei	105.8	111.6	116.3	111.6	104.9	114.9	122.1	129.6
湖　南	Hunan	105.5	111.2	116.1	103.1	104.9	112.0	120.2	126.3
广　东	Guangdong	105.3	111.4	112.7	106.6	102.5	109.8	118.9	124.1
广　西	Guangxi	105.9	114.4	117.2	113.3	106.1	112.1	120.9	126.2
海　南	Hainan	106.1	113.3	116.3	119.9	105.7	110.7	117.7	122.2
重　庆	Chongqing	105.3	114.1	115.4	115.1	105.7	116.0	130.1	135.6
四　川	Sichuan	105.3	112.0	112.1	108.8	105.8	112.4	123.7	130.4
贵　州	Guizhou	105.1	113.5	116.8	108.9	107.9	116.5	124.5	129.9
云　南	Yunnan	104.9	111.5	111.9	104.8	104.0	113.0	124.8	131.7
西　藏	Tibet	105.0	109.1	112.7	103.1	110.2	103.4	112.2	115.4
陕　西	Shaanxi	105.7	111.9	109.8	119.3	102.1	112.9	127.9	136.1
甘　肃	Gansu	105.9	111.4	110.5	120.2	105.8	114.1	122.4	128.9
青　海	Qinghai	106.1	111.1	109.3	106.9	105.9	108.4	123.0	125.7
宁　夏	Ningxia	106.3	113.5	115.3	121.4	105.9	114.9	123.6	126.3
新　疆	Xinjiang	105.9	112.6	108.7	107.7	107.4	112.6	120.1	121.7

2-10-4 续表 1 Continued 1

(上年价格=100) (Preceding year=100)

地区	Region	(2)禽 Poultry	(3)加工肉禽 Meat and Poultry Products	6.蛋 Eggs	7.水产品 Aquatic Products	(1)鱼 Fish	(2)其它水产品 Other Aquatic Products	8.菜 Vegetables	9.调味品 Flavoring
全　国	**National**	**114.3**	**109.9**	**114.2**	**112.1**	**113.5**	**110.1**	**101.1**	**105.5**
北　京	Beijing	118.5	109.0	109.9	109.5	113.8	105.2	98.1	106.4
天　津	Tianjin	111.1	115.6	114.4	120.7	117.6	122.5	96.7	106.4
河　北	Hebei	118.3	110.9	114.7	115.6	119.4	110.7	100.1	103.8
山　西	Shanxi	118.0	111.9	114.9	115.4	114.0	118.8	99.3	104.8
内蒙古	Inner Mongolia	123.8	112.2	117.6	111.4	113.2	108.1	103.7	106.3
辽　宁	Liaoning	117.0	113.3	115.0	112.5	116.7	108.0	94.0	106.8
吉　林	Jilin	115.7	107.4	117.1	113.3	115.2	109.4	96.1	103.4
黑龙江	Heilongjiang	119.8	111.7	114.7	111.1	114.5	103.2	101.8	104.9
上　海	Shanghai	116.3	107.6	113.5	113.7	117.3	111.0	99.8	107.7
江　苏	Jiangsu	114.4	108.6	115.0	110.5	112.1	108.5	102.1	108.0
浙　江	Zhejiang	115.6	109.8	116.0	113.6	116.6	111.1	100.3	103.6
安　徽	Anhui	115.8	106.5	112.0	110.3	111.4	107.9	101.2	106.9
福　建	Fujian	113.1	109.9	113.9	110.3	116.0	105.6	96.3	104.4
江　西	Jiangxi	115.7	107.9	116.6	107.1	106.9	107.8	99.3	104.6
山　东	Shandong	114.7	109.5	114.7	114.4	117.5	110.6	101.5	105.5
河　南	Henan	115.7	113.9	113.0	111.5	112.9	109.3	98.4	106.2
湖　北	Hubei	113.9	107.3	113.7	110.7	109.9	112.6	101.2	105.7
湖　南	Hunan	111.4	106.4	114.9	108.4	108.2	108.8	106.5	102.8
广　东	Guangdong	112.4	110.6	112.9	112.1	112.0	112.2	101.2	105.1
广　西	Guangxi	113.8	113.4	113.8	117.6	117.6	117.7	107.6	104.0
海　南	Hainan	110.0	109.3	114.0	112.6	113.7	108.7	107.1	108.9
重　庆	Chongqing	121.5	111.4	120.2	107.2	109.9	100.3	103.5	110.1
四　川	Sichuan	112.2	109.0	114.3	107.7	108.2	105.5	101.0	105.0
贵　州	Guizhou	113.4	109.5	114.7	111.1	110.7	112.0	108.7	107.3
云　南	Yunnan	113.9	107.8	110.6	109.3	110.5	105.7	100.7	102.0
西　藏	Tibet	105.9	105.2	108.6	105.2	108.0	98.2	108.3	110.1
陕　西	Shaanxi	115.5	111.5	113.3	110.7	111.2	109.3	104.4	108.8
甘　肃	Gansu	112.4	111.1	116.0	109.1	110.6	104.9	103.4	105.4
青　海	Qinghai	116.2	111.0	110.3	109.7	112.8	103.5	98.5	108.6
宁　夏	Ningxia	118.1	114.8	114.6	112.0	115.1	105.5	97.5	112.2
新　疆	Xinjiang	117.4	112.6	112.2	110.7	110.1	111.9	104.6	104.5

2-10-4 续表 2 Continued 2

(上年价格=100) (Preceding year=100)

地　区	Region	10.糖 Carbohy-drate	11.茶及饮料 Tea and Beverages	(1)茶叶 Tea	(2)饮料 Beverages	12.干鲜瓜果 Dried and Fresh Melons and Fruits	13.糕点饼干面包 Cake, Biscuit and Bread	14.液体乳及乳制品 Milk and Its Products	15.在外用膳食品 Outward Dinner
全　国	**National**	**111.2**	**104.0**	**103.9**	**104.0**	**115.9**	**108.1**	**105.1**	**108.2**
北　京	Beijing	115.1	105.0	104.4	105.4	110.7	112.7	104.8	110.5
天　津	Tianjin	109.1	104.7	100.3	106.9	108.8	113.3	104.6	109.6
河　北	Hebei	109.8	103.8	101.7	105.0	123.9	107.8	103.5	107.0
山　西	Shanxi	113.6	104.1	102.7	104.7	122.9	112.8	101.8	110.9
内蒙古	Inner Mongolia	112.1	102.7	102.0	103.2	125.3	105.8	106.3	109.5
辽　宁	Liaoning	111.6	104.3	103.0	104.9	112.1	109.7	104.1	107.3
吉　林	Jilin	109.6	103.1	102.1	103.4	116.4	106.7	102.4	108.0
黑龙江	Heilongjiang	112.1	102.7	102.0	102.8	116.2	108.3	102.9	105.8
上　海	Shanghai	104.8	105.1	104.3	105.3	114.5	108.8	108.2	107.9
江　苏	Jiangsu	110.9	104.3	106.7	103.2	114.4	109.8	109.3	110.3
浙　江	Zhejiang	110.7	104.2	103.2	104.5	117.0	107.4	106.3	108.4
安　徽	Anhui	111.8	104.5	105.3	103.9	118.1	107.9	104.5	106.9
福　建	Fujian	116.0	102.1	102.5	101.6	115.8	105.5	103.5	107.1
江　西	Jiangxi	112.5	103.9	103.9	103.9	116.1	107.1	107.5	104.2
山　东	Shandong	109.8	102.5	102.2	102.6	119.8	106.3	103.2	105.8
河　南	Henan	112.5	105.1	103.8	105.7	114.9	110.7	104.3	108.4
湖　北	Hubei	110.0	103.9	107.2	102.7	121.6	107.5	102.6	106.6
湖　南	Hunan	110.0	102.9	102.7	102.9	110.6	103.4	101.4	106.2
广　东	Guangdong	111.7	104.0	103.6	104.2	113.0	106.9	105.9	109.8
广　西	Guangxi	114.5	103.7	100.8	104.7	115.8	107.3	104.7	110.1
海　南	Hainan	113.0	102.9	109.5	100.7	112.7	104.0	102.4	113.2
重　庆	Chongqing	109.4	108.2	110.7	105.4	116.4	109.2	107.5	107.1
四　川	Sichuan	110.4	104.6	105.1	104.3	118.3	106.5	106.6	105.5
贵　州	Guizhou	111.7	102.6	98.8	104.1	112.0	110.5	100.5	109.5
云　南	Yunnan	111.4	103.2	103.5	103.0	109.7	106.4	105.1	109.1
西　藏	Tibet	109.8	102.4	104.6	100.4	114.9	101.9	103.2	108.6
陕　西	Shaanxi	112.5	105.7	111.6	103.1	116.7	108.0	109.7	108.3
甘　肃	Gansu	115.3	102.6	104.3	101.2	115.1	109.8	102.8	110.1
青　海	Qinghai	110.5	105.1	106.4	104.5	113.9	111.5	103.8	108.5
宁　夏	Ningxia	112.1	105.4	106.5	104.8	116.8	112.2	106.9	114.6
新　疆	Xinjiang	115.0	102.6	103.1	102.4	120.1	105.9	107.0	110.9

2-10-4 续表 3 Continued 3

(上年价格=100) (Preceding year=100)

地 区	Region	16.其它食品 Other Foods	二、烟酒及用品 Tobacco, Liquor and Articles	1. 烟草 Tobacco	2. 酒 Liquor	三、衣着 Clothing	1. 服装 Garments	(1)男式服装 Men's Clothing
全 国	**National**	**105.7**	**102.8**	**100.3**	**106.7**	**102.1**	**102.4**	**102.1**
北 京	Beijing	107.2	102.5	100.0	105.3	102.7	102.6	101.2
天 津	Tianjin	114.0	104.8	100.6	109.5	102.1	101.7	101.9
河 北	Hebei	108.2	103.3	100.5	105.8	101.2	102.1	103.0
山 西	Shanxi	106.2	102.9	102.5	103.5	102.1	102.6	101.6
内蒙古	Inner Mongolia	103.7	102.9	100.6	105.6	102.3	102.6	99.9
辽 宁	Liaoning	108.1	101.8	100.4	104.2	101.9	102.4	104.3
吉 林	Jilin	102.6	102.2	100.7	104.5	103.0	103.7	103.4
黑龙江	Heilongjiang	104.5	103.6	101.0	106.9	102.1	102.4	101.8
上 海	Shanghai	107.4	101.3	100.3	103.9	104.3	105.4	103.7
江 苏	Jiangsu	107.5	104.0	100.1	111.3	103.4	103.9	103.0
浙 江	Zhejiang	107.8	101.7	100.3	105.7	102.9	102.8	103.9
安 徽	Anhui	109.5	103.6	100.0	109.3	104.2	105.3	106.0
福 建	Fujian	109.2	102.8	100.2	106.7	101.7	101.8	102.6
江 西	Jiangxi	104.3	101.0	100.2	102.8	102.9	102.3	101.7
山 东	Shandong	104.1	103.9	100.8	106.4	101.5	101.5	101.1
河 南	Henan	104.3	103.9	100.1	107.2	101.9	101.7	101.3
湖 北	Hubei	106.1	104.1	100.1	111.3	103.6	104.3	104.5
湖 南	Hunan	103.5	101.6	100.0	105.2	101.0	101.0	100.9
广 东	Guangdong	104.1	102.6	100.8	105.4	101.9	102.1	100.5
广 西	Guangxi	106.7	103.7	100.3	106.9	101.9	102.4	103.0
海 南	Hainan	102.3	100.8	100.4	101.5	100.9	100.3	100.6
重 庆	Chongqing	106.8	103.7	99.8	112.7	101.3	101.6	101.1
四 川	Sichuan	103.6	103.2	100.2	108.9	100.0	99.9	99.7
贵 州	Guizhou	103.5	102.4	99.7	107.2	100.3	100.9	101.2
云 南	Yunnan	103.8	100.8	100.3	102.7	100.5	99.8	97.0
西 藏	Tibet	100.4	102.7	102.0	103.9	102.8	102.5	103.6
陕 西	Shaanxi	107.1	102.3	100.6	104.9	103.2	104.3	103.0
甘 肃	Gansu	105.3	101.8	100.0	105.0	101.3	101.2	101.5
青 海	Qinghai	110.6	103.3	100.1	106.9	103.4	103.5	101.9
宁 夏	Ningxia	106.4	101.7	100.1	105.3	104.5	104.3	104.2
新 疆	Xinjiang	105.6	103.3	100.1	106.9	101.1	101.1	101.1

2-10-4 续表 4 Continued 4

(上年价格=100) (Preceding year=100)

地区	Region	(2)女式服装 Women's Clothing	(3)儿童服装 Children's Clothing	2．衣着材料 Clothing Material	3．鞋袜帽 Footgear and Hats	(1)鞋 Shoes	(2)袜子 Socks	(3)帽子 Hats	4．衣着加工服务 Clothing Manufacturing Services
全国	**National**	**102.7**	**102.2**	**109.2**	**100.7**	**100.5**	**102.2**	**101.5**	**107.3**
北京	Beijing	103.6	100.7	111.7	102.7	102.8	100.5	103.0	104.3
天津	Tianjin	102.2	92.7	119.3	101.9	101.9	103.2	100.7	116.8
河北	Hebei	101.5	101.2	116.0	98.1	97.8	101.7	100.4	110.4
山西	Shanxi	103.0	104.3	111.8	99.7	99.2	103.2	98.2	106.4
内蒙古	Inner Mongolia	104.8	102.2	107.8	101.2	101.2	101.4	101.4	104.3
辽宁	Liaoning	101.2	102.2	109.6	99.9	99.6	102.9	100.3	113.0
吉林	Jilin	104.6	100.4	106.6	100.9	101.2	98.1	104.1	107.4
黑龙江	Heilongjiang	103.7	97.3	113.9	100.1	99.4	104.9	103.9	114.1
上海	Shanghai	107.4	100.3	119.8	99.0	98.5	104.5	103.5	119.1
江苏	Jiangsu	105.5	98.8	111.3	101.5	101.0	105.6	103.3	107.0
浙江	Zhejiang	101.9	103.2	112.6	102.3	102.4	101.4	101.1	106.6
安徽	Anhui	105.2	103.4	110.7	101.0	101.0	101.4	99.3	105.0
福建	Fujian	101.7	99.6	108.0	100.6	100.6	100.9	99.4	109.4
江西	Jiangxi	101.8	107.6	109.3	103.9	104.0	104.6	101.5	110.3
山东	Shandong	102.0	100.5	105.9	101.1	101.2	100.6	101.9	103.6
河南	Henan	101.3	103.6	115.5	101.6	101.0	104.7	102.7	107.8
湖北	Hubei	104.0	105.1	107.3	100.9	100.5	103.5	104.2	108.2
湖南	Hunan	101.1	100.9	105.1	100.4	100.4	100.3	100.5	104.3
广东	Guangdong	102.8	103.9	106.1	100.6	100.6	101.0	99.3	105.3
广西	Guangxi	102.7	100.3	112.3	99.4	99.4	99.4	100.2	108.4
海南	Hainan	100.3	100.0	116.0	100.6	100.6	99.8	102.6	111.1
重庆	Chongqing	101.6	106.2	114.1	100.1	100.4	99.5	95.0	102.4
四川	Sichuan	100.0	100.0	108.0	99.8	99.5	101.7	100.6	106.1
贵州	Guizhou	99.8	103.1	113.2	97.1	96.4	101.4	100.1	103.1
云南	Yunnan	100.2	104.1	105.4	101.6	101.6	102.3	99.7	105.0
西藏	Tibet	101.4	102.9	101.6	102.5	102.6	101.7	103.1	107.2
陕西	Shaanxi	105.2	104.6	107.6	99.2	98.4	105.2	103.2	108.5
甘肃	Gansu	100.2	102.9	105.7	101.1	101.1	101.0	101.9	103.0
青海	Qinghai	103.6	105.6	112.8	102.2	102.0	105.0	101.1	120.5
宁夏	Ningxia	104.2	105.3	121.6	104.0	104.0	105.1	103.4	115.3
新疆	Xinjiang	101.7	98.8	106.7	100.0	99.6	101.9	101.9	107.8

(上年价格=100) (Preceding year=100)

地 区	Region	四、家庭设备用品及维修服务 Household Facilities, Articles and Maintenance Services	1.耐用消费品 Durable Consumer Goods	(1)家具 Furniture	(2)家庭设备 Household Facilities	2.室内装饰品 Interior Decorations	3.床上用品 Bed Articles	4.家庭日用杂品 Daily Use Household Articles	5.家庭服务及加工维修服务 Household Service and Manufacturing Upkeep
全 国	**National**	**102.4**	**100.4**	**102.4**	**99.3**	**101.0**	**104.7**	**102.5**	**111.4**
北 京	Beijing	104.2	101.6	104.2	99.6	99.8	107.1	103.8	118.0
天 津	Tianjin	106.1	102.9	103.7	102.3	100.2	127.0	103.0	126.0
河 北	Hebei	101.8	100.0	101.6	99.4	102.8	103.2	103.7	106.7
山 西	Shanxi	102.3	100.3	103.9	97.8	101.0	103.0	103.0	115.5
内蒙古	Inner Mongolia	100.1	98.8	99.1	98.7	100.3	102.6	100.5	104.7
辽 宁	Liaoning	103.0	100.8	103.5	99.4	100.4	111.4	102.4	106.7
吉 林	Jilin	101.7	99.7	101.6	98.8	102.3	104.1	102.4	108.5
黑龙江	Heilongjiang	102.0	97.8	99.3	97.3	100.6	101.8	105.1	113.7
上 海	Shanghai	107.1	102.8	104.0	102.0	101.5	116.4	107.6	118.0
江 苏	Jiangsu	104.4	103.6	107.8	101.9	102.4	103.4	102.4	116.0
浙 江	Zhejiang	103.7	101.4	103.3	100.7	100.8	103.9	103.6	114.6
安 徽	Anhui	101.3	98.9	101.5	98.1	101.8	102.5	102.3	109.8
福 建	Fujian	101.7	99.6	102.7	98.5	101.3	103.0	102.5	108.6
江 西	Jiangxi	102.0	98.6	100.3	97.9	104.0	105.4	103.8	110.3
山 东	Shandong	101.0	100.6	102.2	99.6	100.1	101.5	101.2	103.9
河 南	Henan	102.1	100.7	102.4	99.7	100.7	107.1	102.7	107.4
湖 北	Hubei	102.7	100.7	103.9	99.1	103.2	107.5	103.4	108.0
湖 南	Hunan	101.0	99.9	100.6	99.5	101.5	100.7	101.5	106.2
广 东	Guangdong	102.8	99.9	101.3	99.1	101.7	103.6	100.9	113.9
广 西	Guangxi	101.7	99.9	102.8	98.2	105.3	106.8	101.8	105.8
海 南	Hainan	101.4	102.6	107.6	100.7	101.1	101.5	99.7	105.8
重 庆	Chongqing	102.2	97.3	99.8	95.9	95.3	109.9	104.6	110.6
四 川	Sichuan	101.1	99.3	101.3	98.2	100.0	100.6	101.9	108.7
贵 州	Guizhou	100.2	98.7	101.7	97.3	97.6	103.4	100.7	103.2
云 南	Yunnan	101.4	98.4	100.3	97.1	99.2	104.8	101.0	119.4
西 藏	Tibet	101.9	101.7	102.9	100.5	100.8	103.6	101.3	103.0
陕 西	Shaanxi	102.1	101.1	103.9	99.3	101.2	102.0	101.6	111.6
甘 肃	Gansu	101.6	99.6	100.7	98.8	100.0	99.7	103.9	107.5
青 海	Qinghai	101.2	97.4	97.5	97.2	99.2	111.8	102.3	115.4
宁 夏	Ningxia	102.0	101.0	102.2	100.2	104.4	97.6	103.6	106.5
新 疆	Xinjiang	102.4	99.8	100.3	99.6	102.2	103.7	102.4	114.8

2-10-4 续表 6 Continued 6

(上年价格=100) (Preceding year=100)

地 区	Region	五、医疗保健和个人用品 Health Care and Personal Articles	1.医疗保健 Health Care	(1)医疗器具及用品 Medical Instrument and Articles	(2)中药材及中成药 Traditional Chinese Medicine	(3)西药 Western Medicine	(4)保健器具及用品 Health Care Appliances and Articles	(5)医疗保健服务 Health Care Services	2.个人用品及服务 Personal Articles and Services
全 国	**National**	**103.4**	**102.9**	**101.9**	**111.9**	**99.7**	**104.4**	**100.6**	**104.4**
北 京	Beijing	103.7	102.3	102.7	112.7	100.6	100.9	100.0	106.5
天 津	Tianjin	101.8	100.7	111.1	102.7	100.5	99.0	100.0	104.0
河 北	Hebei	103.0	102.4	101.6	114.3	100.2	102.3	100.7	104.6
山 西	Shanxi	103.4	103.2	103.0	116.5	100.6	105.4	102.1	104.1
内蒙古	Inner Mongolia	102.3	101.0	99.5	105.4	98.3	101.4	100.8	104.9
辽 宁	Liaoning	103.4	102.8	103.3	111.5	100.5	103.1	100.3	104.7
吉 林	Jilin	103.5	103.0	99.3	113.9	99.2	101.7	100.5	104.7
黑龙江	Heilongjiang	104.5	103.6	100.6	115.8	100.5	99.3	100.5	106.8
上 海	Shanghai	104.1	100.6	109.0	105.8	94.6	104.9	103.1	107.4
江 苏	Jiangsu	103.1	101.9	102.0	110.0	96.2	102.6	101.8	105.2
浙 江	Zhejiang	103.7	103.5	99.9	108.6	98.2	113.0	100.0	104.4
安 徽	Anhui	103.5	103.4	100.4	111.5	101.4	106.0	99.8	103.8
福 建	Fujian	103.8	104.5	101.9	117.9	102.3	102.7	100.3	102.6
江 西	Jiangxi	103.0	102.1	100.7	109.0	99.6	102.6	100.2	104.6
山 东	Shandong	102.5	102.3	103.0	108.1	99.6	104.2	101.1	103.0
河 南	Henan	103.0	101.9	101.6	112.9	101.1	102.6	100.1	105.6
湖 北	Hubei	103.8	103.1	100.5	109.8	101.1	103.2	100.5	105.6
湖 南	Hunan	103.3	103.3	104.3	112.4	100.4	103.8	100.4	103.5
广 东	Guangdong	103.9	104.5	99.8	114.2	100.2	105.2	100.2	103.1
广 西	Guangxi	103.5	103.8	101.7	115.3	100.0	100.8	99.7	103.0
海 南	Hainan	101.6	101.1	101.0	108.3	99.4	101.4	99.7	103.4
重 庆	Chongqing	102.0	101.5	98.0	108.6	98.8	100.3	100.3	102.7
四 川	Sichuan	102.5	102.1	100.9	111.8	96.7	103.5	101.1	103.4
贵 州	Guizhou	102.6	103.5	100.8	115.1	101.9	99.6	100.0	101.3
云 南	Yunnan	103.3	103.5	99.8	110.4	101.8	100.4	100.2	102.7
西 藏	Tibet	102.8	101.6	96.5	103.9	99.0	99.6	105.6	104.3
陕 西	Shaanxi	104.6	104.0	108.9	115.3	99.3	102.5	99.9	106.0
甘 肃	Gansu	105.8	106.5	102.3	119.4	101.6	100.9	102.6	103.9
青 海	Qinghai	103.0	102.3	97.5	115.2	98.6	100.5	100.9	104.4
宁 夏	Ningxia	103.8	103.5	102.4	110.9	101.0	107.5	100.7	104.6
新 疆	Xinjiang	104.3	102.7	99.5	111.4	101.0	100.5	100.3	106.3

2-10-4 续表 7 Continued 7

(上年价格=100) (Preceding year=100)

地区	Region	(1)化妆美容用品 Cosmetics	(2)清洁类化妆品 Clean Make-up Supplies	(3)个人饰品 Personal Decorations	(4)个人服务 Personal Services	六、交通和通信 Transportation and Communication	1.交通 Transportation	(1)交通工具 Transportation Facility	(2)车用燃料及零配件 Fuels and Parts
全国	**National**	**101.0**	**101.8**	**108.8**	**104.9**	**100.5**	**102.6**	**99.0**	**111.7**
北京	Beijing	100.8	102.7	113.5	104.6	101.5	104.5	95.9	112.3
天津	Tianjin	100.8	101.8	111.4	100.0	99.9	104.8	103.6	112.9
河北	Hebei	101.7	103.6	107.4	104.0	100.2	102.1	99.0	112.2
山西	Shanxi	101.8	100.6	105.1	106.1	100.5	103.0	99.0	111.6
内蒙古	Inner Mongolia	100.8	101.5	108.6	105.6	100.6	102.0	99.1	109.9
辽宁	Liaoning	101.2	101.5	109.2	105.7	100.1	102.3	100.1	111.1
吉林	Jilin	101.2	101.5	107.5	108.4	100.7	102.5	97.1	110.8
黑龙江	Heilongjiang	101.0	101.6	114.7	107.3	99.8	102.1	100.5	110.3
上海	Shanghai	104.1	104.8	110.7	105.3	100.2	101.8	101.6	111.0
江苏	Jiangsu	100.5	102.4	112.5	104.9	100.8	102.5	98.9	112.3
浙江	Zhejiang	100.9	102.2	111.1	103.1	100.7	101.5	96.7	113.4
安徽	Anhui	101.3	100.5	107.1	104.5	100.3	102.5	100.3	111.0
福建	Fujian	99.8	100.9	106.9	102.2	100.9	103.5	100.8	112.1
江西	Jiangxi	100.7	101.7	110.3	104.4	100.4	103.0	100.9	111.6
山东	Shandong	101.2	101.0	107.3	102.5	100.6	101.8	98.5	110.6
河南	Henan	100.7	101.3	109.0	106.4	101.0	102.9	100.6	112.4
湖北	Hubei	101.9	101.9	107.6	111.3	101.1	102.7	101.1	109.4
湖南	Hunan	101.5	101.2	109.8	103.7	101.1	102.5	100.0	112.2
广东	Guangdong	100.6	101.8	107.2	103.4	99.8	102.5	97.6	111.4
广西	Guangxi	100.9	102.0	106.4	104.7	101.9	105.1	102.3	110.2
海南	Hainan	98.9	100.6	107.5	106.5	101.7	104.7	102.1	110.3
重庆	Chongqing	100.8	103.3	105.2	102.0	99.1	103.2	99.1	110.8
四川	Sichuan	100.6	100.4	107.4	105.1	101.0	103.4	99.8	110.9
贵州	Guizhou	100.4	101.3	103.7	99.9	100.1	102.9	100.7	109.7
云南	Yunnan	100.1	100.1	106.5	105.1	100.0	102.0	96.2	111.7
西藏	Tibet	100.7	100.6	110.3	106.7	102.2	104.4	99.9	109.4
陕西	Shaanxi	101.7	101.4	109.0	112.3	100.0	104.6	101.6	109.5
甘肃	Gansu	101.2	104.3	103.6	106.9	101.1	103.5	100.5	112.9
青海	Qinghai	101.8	100.4	109.9	108.4	99.9	101.6	100.5	111.1
宁夏	Ningxia	101.3	103.6	108.7	107.1	101.6	104.8	101.0	111.6
新疆	Xinjiang	101.0	102.4	110.3	114.0	100.5	103.0	101.0	111.1

2-10-4 续表 8 Continued 8

(上年价格=100) (Preceding year=100)

地区	Region	(3)车辆使用及维修 Using and Upkeep Fare	(4)市区公共交通费 Incity Traffic Fare	(5)城市间交通费 Intercity Traffic Fare	2.通信 Communication	(1)通信工具 Communication Facility	(2)通信服务 Communication Service	七、娱乐教育文化用品及服务 Recreation, Education and Culture Articles
全国	**National**	**103.8**	**101.7**	**102.7**	**97.5**	**87.0**	**99.8**	**100.4**
北京	Beijing	118.0	101.2	100.4	95.5	78.7	100.0	99.7
天津	Tianjin	101.1	101.5	108.1	92.9	65.0	100.0	99.5
河北	Hebei	104.2	102.1	100.9	98.0	87.5	99.7	100.5
山西	Shanxi	107.3	102.1	103.4	97.5	80.5	100.3	101.3
内蒙古	Inner Mongolia	101.6	103.8	101.3	98.0	92.8	99.9	100.8
辽宁	Liaoning	104.1	101.5	101.3	97.9	84.8	100.3	100.0
吉林	Jilin	102.6	104.2	102.9	97.5	88.7	100.1	100.1
黑龙江	Heilongjiang	100.9	101.6	101.0	97.5	87.7	100.0	99.8
上海	Shanghai	102.8	97.2	102.3	96.3	79.9	99.7	99.2
江苏	Jiangsu	103.3	101.4	102.5	97.7	86.2	100.2	100.6
浙江	Zhejiang	102.7	102.4	101.3	98.7	88.2	100.1	100.1
安徽	Anhui	101.5	103.1	101.4	98.1	90.1	100.1	99.9
福建	Fujian	102.9	101.3	102.5	98.2	86.6	99.9	99.6
江西	Jiangxi	103.5	101.9	101.6	98.3	89.6	100.1	100.7
山东	Shandong	101.3	103.2	104.2	98.5	91.4	100.3	100.4
河南	Henan	102.1	102.7	103.7	98.1	89.0	100.0	100.9
湖北	Hubei	104.3	101.9	102.6	99.2	94.8	100.2	100.5
湖南	Hunan	101.8	99.3	101.9	99.4	95.5	100.0	101.5
广东	Guangdong	102.8	101.5	101.9	96.1	85.3	98.3	101.0
广西	Guangxi	103.4	100.4	109.1	98.5	92.7	100.1	100.1
海南	Hainan	111.6	100.4	98.1	96.5	76.4	99.2	100.5
重庆	Chongqing	101.0	102.7	103.3	95.5	83.8	99.4	98.9
四川	Sichuan	103.3	105.0	103.4	97.3	86.5	99.4	100.3
贵州	Guizhou	108.2	99.3	104.9	97.2	84.0	100.6	99.9
云南	Yunnan	102.6	104.1	104.7	97.5	85.4	100.2	99.7
西藏	Tibet	104.4	104.4	101.6	99.2	98.1	99.7	100.7
陕西	Shaanxi	104.6	104.3	105.7	95.9	83.2	100.0	100.5
甘肃	Gansu	102.1	101.9	102.0	98.9	92.8	100.1	102.9
青海	Qinghai	109.6	101.5	99.2	98.0	91.3	99.9	101.3
宁夏	Ningxia	107.4	102.2	107.1	97.4	89.4	100.0	100.8
新疆	Xinjiang	107.2	100.3	103.3	98.1	90.2	100.0	101.1

2-10-4 续表 9 Continued 9

(上年价格=100)								(Preceding year=100)
地 区	Region	1.文娱用耐用消费品及服务 Durable Consumer Goods for Cultural and Recreational Use and Services	2.教育 Education	(1)教材及参考书 Teaching Materials and Reference Books	(2)教育服务 Tuition and Child Care	3.文化娱乐 Cultural and Recreational	(1)文化娱乐用品 Cultural Kecreat-ionl Articles	(2)书报杂志 Newspapers and Magazines
全 国	**National**	**93.7**	**101.3**	**101.1**	**101.4**	**101.1**	**100.6**	**101.0**
北 京	Beijing	90.1	101.2	101.2	101.2	101.6	101.1	101.2
天 津	Tianjin	86.7	100.2	100.5	100.2	100.6	100.9	100.0
河 北	Hebei	92.8	100.9	100.9	100.9	101.8	102.0	100.5
山 西	Shanxi	91.7	102.8	104.0	102.7	101.7	99.6	100.4
内 蒙 古	Inner Mongolia	95.7	101.3	101.6	101.3	101.4	99.9	102.9
辽 宁	Liaoning	92.1	101.2	101.0	101.2	101.0	101.0	101.0
吉 林	Jilin	97.4	100.5	100.3	100.5	100.8	102.2	100.8
黑 龙 江	Heilongjiang	89.2	102.1	104.3	101.8	101.7	101.1	100.7
上 海	Shanghai	89.7	101.8	106.9	101.5	102.8	101.6	102.7
江 苏	Jiangsu	91.2	102.3	101.1	102.4	101.0	101.0	100.5
浙 江	Zhejiang	93.9	99.8	101.3	99.8	102.4	101.2	105.8
安 徽	Anhui	94.7	100.6	99.3	100.9	100.6	100.5	100.3
福 建	Fujian	94.2	99.3	98.1	99.5	101.0	99.7	100.6
江 西	Jiangxi	95.4	101.3	100.9	101.4	100.7	100.8	100.3
山 东	Shandong	97.8	100.8	100.6	100.8	100.4	99.5	100.7
河 南	Henan	95.2	101.8	100.9	101.9	101.4	100.6	101.1
湖 北	Hubei	94.1	101.0	102.1	100.9	101.3	100.7	100.3
湖 南	Hunan	98.9	102.6	100.5	102.7	100.9	100.9	100.5
广 东	Guangdong	94.3	101.3	100.6	101.4	100.9	101.3	101.1
广 西	Guangxi	94.8	102.8	100.3	103.2	97.8	100.5	100.4
海 南	Hainan	99.0	100.9	99.0	101.3	99.3	98.3	100.0
重 庆	Chongqing	86.8	101.8	100.6	102.0	100.3	98.4	101.3
四 川	Sichuan	92.2	101.6	101.8	101.6	100.5	100.1	100.1
贵 州	Guizhou	96.0	101.4	101.5	101.4	99.7	99.7	100.3
云 南	Yunnan	93.9	102.3	104.2	102.0	101.0	98.5	101.1
西 藏	Tibet	97.8	100.6	100.3	100.8	101.1	100.1	102.4
陕 西	Shaanxi	90.9	101.7	100.5	101.9	102.2	100.8	100.2
甘 肃	Gansu	97.2	104.4	104.8	104.3	104.2	99.9	101.0
青 海	Qinghai	94.7	103.3	107.8	102.5	100.9	100.8	103.9
宁 夏	Ningxia	92.0	102.2	104.0	101.9	102.6	102.7	101.2
新 疆	Xinjiang	95.2	102.8	102.4	102.9	100.6	100.1	102.2

2-10-4 续表 10 Continued 10

(上年价格=100) (Preceding year=100)

地　区	Region	(3)文娱费 Expenditure of Culture and Recreation	4.旅游 Touring	八、居住 Residence	1.建房及装修材料 Building and Building Decoration Materials	2.住房租金 Rent	3.自有住房 Private Housing	4.水、电、燃料 Eletricity and Fuel
全　国	**National**	**101.5**	**103.8**	**105.3**	**104.7**	**105.3**	**106.5**	**103.5**
北　京	Beijing	101.8	103.0	108.5	103.4	109.5	110.9	100.6
天　津	Tianjin	100.5	106.8	104.7	109.0	101.2	104.9	102.2
河　北	Hebei	102.1	108.9	106.9	105.0	108.4	108.5	104.9
山　西	Shanxi	103.7	103.1	103.8	102.6	105.2	104.3	103.3
内蒙古	Inner Mongolia	101.8	103.7	104.7	102.1	105.5	105.4	104.7
辽　宁	Liaoning	100.9	104.7	105.9	104.8	105.7	106.8	104.4
吉　林	Jilin	100.0	100.7	105.5	104.2	113.3	107.1	103.0
黑龙江	Heilongjiang	102.5	99.3	106.1	103.9	108.2	109.8	102.3
上　海	Shanghai	103.5	99.9	105.4	103.3	105.6	107.1	101.8
江　苏	Jiangsu	101.1	103.5	104.1	106.9	103.9	104.0	102.1
浙　江	Zhejiang	102.2	104.4	105.3	104.7	106.7	106.3	103.3
安　徽	Anhui	100.9	101.9	104.6	104.3	106.4	105.6	102.6
福　建	Fujian	102.3	104.0	105.6	105.0	104.9	106.6	103.9
江　西	Jiangxi	101.0	103.7	104.6	106.0	103.7	106.7	102.8
山　东	Shandong	101.3	103.0	105.8	106.0	105.9	107.6	103.2
河　南	Henan	102.1	103.8	106.6	106.6	104.2	107.9	104.3
湖　北	Hubei	102.0	104.8	105.8	104.8	103.8	108.7	103.3
湖　南	Hunan	101.1	101.4	106.6	106.5	105.2	107.0	106.2
广　东	Guangdong	100.5	106.3	104.5	102.6	107.3	105.1	103.7
广　西	Guangxi	94.3	101.1	102.2	105.9	100.3	102.6	99.7
海　南	Hainan	100.3	102.7	104.9	108.9	106.8	102.3	103.5
重　庆	Chongqing	101.0	104.2	103.7	104.0	106.5	103.1	103.6
四　川	Sichuan	101.1	105.9	106.0	102.5	109.8	107.5	105.2
贵　州	Guizhou	99.5	100.1	102.8	102.5	99.5	102.3	103.9
云　南	Yunnan	104.0	99.0	104.4	102.9	107.4	105.0	104.1
西　藏	Tibet	101.4	106.0	106.3	106.2	102.7	109.3	106.2
陕　西	Shaanxi	104.4	108.1	105.5	103.8	106.9	106.5	104.7
甘　肃	Gansu	106.8	102.5	105.7	102.4	105.1	107.9	103.4
青　海	Qinghai	100.3	101.6	110.3	105.2	117.0	115.0	105.0
宁　夏	Ningxia	103.3	110.2	104.3	103.6	105.8	105.3	104.2
新　疆	Xinjiang	100.1	105.6	105.4	104.8	102.9	106.6	103.7

2-10-5 各地区城市居民消费价格指数（2011年）

Urban Consumer Price Indices by Category and Region (2011)

（上年价格=100） (Preceding year=100)

地 区	Region	居民消费价格指数 Consumer Price Index	一、食品 Food	1.粮食 Grain	2.淀粉及制品 Starches	3.干豆类及豆制品 Bean and Its Products	4.油脂 Oil or Fat	5.肉禽及其制品 Meal, Poultry and Their Products	(1)食用畜肉及副产品 Meal and Their Products
全 国	**National**	**105.3**	**111.6**	**112.2**	**115.7**	**105.4**	**113.4**	**122.2**	**128.0**
北 京	Beijing	105.6	110.6	110.8	115.0	104.3	114.2	121.8	127.8
天 津	Tianjin	104.9	111.4	108.5	123.3	100.1	115.3	122.6	126.5
河 北	Hebei	105.3	111.5	109.5	124.6	100.7	109.8	123.9	128.2
山 西	Shanxi	105.1	112.4	108.1	130.6	104.0	111.2	126.4	132.5
内蒙古	Inner Mongolia	105.5	113.8	110.5	155.1	106.1	114.0	126.3	129.6
辽 宁	Liaoning	105.1	110.8	111.7	123.0	104.0	114.7	126.0	129.2
吉 林	Jilin	105.2	110.7	110.1	134.1	107.2	114.3	123.0	127.8
黑龙江	Heilongjiang	105.6	112.3	112.2	131.2	104.1	119.4	126.0	130.6
上 海	Shanghai	105.2	110.8	113.5	106.6	114.7	117.5	119.9	128.1
江 苏	Jiangsu	105.1	111.7	112.3	112.7	106.9	113.6	120.4	127.3
浙 江	Zhejiang	105.3	111.6	112.2	116.1	114.0	117.1	121.3	128.1
安 徽	Anhui	105.4	112.1	113.6	107.5	104.5	114.8	124.1	130.1
福 建	Fujian	105.2	111.3	116.4	110.8	107.2	113.4	118.9	122.7
江 西	Jiangxi	105.1	110.9	113.0	107.5	101.4	112.6	122.2	126.8
山 东	Shandong	104.7	110.5	108.2	112.5	104.5	111.7	122.4	130.3
河 南	Henan	105.4	111.5	109.8	117.6	102.8	113.8	127.1	134.0
湖 北	Hubei	105.5	111.2	116.5	112.6	104.8	112.6	122.0	130.1
湖 南	Hunan	105.5	111.9	115.6	102.8	104.9	116.0	121.4	128.8
广 东	Guangdong	105.3	111 4	112.9	107.2	102.5	109.9	118.4	123.2
广 西	Guangxi	105.7	113.7	117.3	114.1	105.0	111.5	119.7	124.8
海 南	Hainan	105.5	112.9	118.6	122.5	105.9	110.7	116.6	121.3
重 庆	Chongqing	105.3	114.1	115.4	115.1	105.7	116.0	130.1	135.6
四 川	Sichuan	105.1	111.7	112.5	113.1	106.4	112.3	122.8	129.1
贵 州	Guizhou	105.3	113.8	117.0	108.2	110.9	114.4	123.7	128.9
云 南	Yunnan	104.8	111.1	112.0	105.3	102.9	113.6	124.8	131.6
西 藏	Tibet	105.2	109.6	111.9	103.9	109.7	102.5	111.5	114.8
陕 西	Shaanxi	105.7	112.1	110.6	114.5	101.4	113.6	128.3	136.3
甘 肃	Gansu	106.0	111.9	111.9	113.0	105.1	114.3	123.5	129.6
青 海	Qinghai	106.0	110.7	110.5	110.6	106.3	104.8	121.6	124.4
宁 夏	Ningxia	105.8	113.0	117.0	119.1	106.8	114.2	123.1	126.1
新 疆	Xinjiang	105.5	112.4	108.6	109.3	108.0	110.4	121.4	123.3

2-10-5 续表 1 Continued 1

(上年价格=100) (Preceding year=100)

地　区	Region	(2)禽 Poultry	(3)加工肉禽 Meat and Poultry Products	6.蛋 Eggs	7.水产品 Aquatic Products	(1)鱼 Fish	(2)其它水产品 Other Aquatic Products	8.菜 Vegetables	9.调味品 Flavoring
全　国	**National**	**114.5**	**110.0**	**114.6**	**112.3**	**113.8**	**110.4**	**100.7**	**106.1**
北　京	Beijing	118.5	109.0	109.9	109.5	113.8	105.2	98.1	106.4
天　津	Tianjin	111.1	115.6	114.4	120.7	117.6	122.5	96.7	106.4
河　北	Hebei	119.2	109.9	115.9	115.2	119.2	110.9	99.2	105.2
山　西	Shanxi	117.1	112.6	114.2	115.7	114.0	119.5	97.8	105.2
内蒙古	Inner Mongolia	124.9	112.3	118.0	110.8	112.7	108.1	104.2	106.1
辽　宁	Liaoning	117.5	115.6	114.6	112.6	117.4	108.1	93.4	107.4
吉　林	Jilin	117.3	107.8	118.6	112.8	115.2	108.6	95.3	103.8
黑龙江	Heilongjiang	120.9	110.6	114.8	110.1	113.8	103.1	101.7	104.9
上　海	Shanghai	116.3	107.6	113.5	113.7	117.3	111.0	99.8	107.7
江　苏	Jiangsu	115.1	108.7	115.0	109.7	111.7	107.6	101.9	107.3
浙　江	Zhejiang	114.7	110.2	115.8	113.8	116.7	111.6	100.0	104.2
安　徽	Anhui	115.7	107.1	111.8	110.3	110.6	109.7	102.4	106.7
福　建	Fujian	112.7	109.7	114.0	111.3	118.1	106.3	98.6	104.7
江　西	Jiangxi	114.8	106.4	116.4	107.7	107.8	107.6	97.8	105.9
山　东	Shandong	113.9	110.1	114.2	114.4	118.3	110.4	101.1	105.8
河　南	Henan	116.9	114.6	115.4	111.6	113.6	109.1	97.9	107.6
湖　北	Hubei	113.3	106.0	112.2	110.3	109.1	112.8	99.7	105.9
湖　南	Hunan	112.4	106.8	117.2	108.3	108.0	108.9	105.7	102.8
广　东	Guangdong	112.5	110.8	114.3	112.9	112.6	113.4	101.4	105.5
广　西	Guangxi	113.7	112.8	113.9	116.4	115.8	118.1	107.7	103.9
海　南	Hainan	108.0	109.6	114.4	113.2	114.2	109.7	107.0	107.4
重　庆	Chongqing	121.5	111.4	120.2	107.2	109.9	100.3	103.5	110.1
四　川	Sichuan	112.6	108.6	114.7	106.9	107.3	105.6	100.1	106.7
贵　州	Guizhou	111.5	109.3	116.3	112.1	113.2	109.5	110.6	106.1
云　南	Yunnan	114.0	108.9	110.7	110.1	111.6	105.9	99.3	102.4
西　藏	Tibet	104.3	107.5	109.7	104.7	108.5	96.4	110.3	107.4
陕　西	Shaanxi	114.3	112.9	113.1	111.2	111.3	110.8	105.0	109.1
甘　肃	Gansu	111.5	107.4	116.9	109.5	111.2	105.3	104.6	107.1
青　海	Qinghai	118.6	110.8	110.8	110.1	113.7	103.4	98.5	107.8
宁　夏	Ningxia	118.4	114.2	113.7	111.0	114.2	105.3	95.6	109.3
新　疆	Xinjiang	117.1	113.2	113.8	110.2	110.2	110.1	101.4	106.2

2-10-5 续表 2 Continued 2

(上年价格=100) (Preceding year=100)

地 区	Region	10.糖 Carbohydrate	11.茶及饮料 Tea and Beverages	(1)茶叶 Tea	(2)饮料 Beverages	12.干鲜瓜果 Dried and Fresh Melons and Fruits	13.糕点饼干面包 Cake, Biscuit and Bread	14.液体乳及乳制品 Milk and Its Products	15.在外用膳食品 Outward Dinner
全 国	**National**	**110.6**	**104.3**	**104.1**	**104.3**	**115.9**	**108.5**	**105.5**	**108.3**
北 京	Beijing	115.1	105.0	104.4	105.4	110.7	112.7	104.8	110.5
天 津	Tianjin	109.1	104.7	100.3	106.9	108.8	113.3	104.6	109.6
河 北	Hebei	110.8	104.3	102.0	105.8	123.4	108.0	103.4	106.6
山 西	Shanxi	116.6	104.8	103.0	105.7	124.4	115.0	101.3	112.4
内蒙古	Inner Mongolia	110.1	102.8	102.4	103.0	127.3	105.7	106.8	109.8
辽 宁	Liaoning	110.1	104.7	103.3	105.4	111.4	111.0	104.2	107.5
吉 林	Jilin	108.7	103.0	103.2	103.0	115.5	107.2	102.8	108.2
黑龙江	Heilongjiang	112.9	103.7	102.0	104.1	116.2	108.3	103.1	105.9
上 海	Shanghai	104.8	105.1	104.3	105.3	114.5	108.8	108.2	107.9
江 苏	Jiangsu	110.6	103.9	107.0	102.5	114.9	110.5	109.7	110.0
浙 江	Zhejiang	110.2	104.5	103.4	104.8	117.3	107.6	107.0	108.1
安 徽	Anhui	110.7	103.9	103.7	104.1	120.1	107.3	104.7	107.8
福 建	Fujian	114.6	102.1	103.0	101.3	115.2	105.7	103.9	108.0
江 西	Jiangxi	112.6	104.4	104.1	104.5	117.0	108.1	108.7	103.8
山 东	Shandong	110.2	103.1	102.9	103.2	118.5	106.6	103.3	105.4
河 南	Henan	110.7	106.0	104.1	107.0	114.8	108.9	104.2	107.9
湖 北	Hubei	109.5	103.0	104.6	102.4	123.1	107.2	102.7	106.1
湖 南	Hunan	109.1	102.8	104.4	102.3	115.2	103.3	101.9	106.6
广 东	Guangdong	110.9	104.2	103.7	104.5	112.3	107.3	106.5	110.0
广 西	Guangxi	112.8	104.1	100.1	105.4	117.1	108.4	104.7	108.7
海 南	Hainan	113.7	103.5	111.0	100.8	112.4	104.3	102.3	112.2
重 庆	Chongqing	109.4	108.2	110.7	105.4	116.4	109.2	107.5	107.1
四 川	Sichuan	111.2	105.4	106.3	104.9	119.0	106.5	107.3	106.2
贵 州	Guizhou	111.0	103.2	98.2	105.4	114.3	111.6	100.1	110.7
云 南	Yunnan	109.9	103.9	105.1	103.3	107.1	108.2	105.4	109.7
西 藏	Tibet	114.7	103.5	107.5	100.3	119.1	102.4	103.3	109.0
陕 西	Shaanxi	112.9	106.4	114.0	103.3	115.5	109.0	110.9	107.6
甘 肃	Gansu	112.6	103.8	107.5	101.3	116.9	110.8	102.1	110.1
青 海	Qinghai	109.1	103.9	107.0	102.9	114.1	111.8	104.0	108.9
宁 夏	Ningxia	109.3	104.7	102.8	105.6	114.7	111.7	107.2	114.9
新 疆	Xinjiang	111.7	103.9	105.8	103.3	120.0	105.8	106.7	111.3

2-10-5 续表 3 Continued 3

(上年价格=100) (Preceding year=100)

地区	Region	16.其它食品 Other Foods	二、烟酒及用品 Tobacco, Liquor and Articles	1.烟草 Tobacco	2.酒 Liquor	三、衣着 Clothing	1.服装 Garments	(1)男式服装 Men's Clothing
全国	**National**	**106.6**	**103.0**	**100.4**	**107.3**	**102.2**	**102.5**	**102.2**
北京	Beijing	107.2	102.5	100.0	105.3	102.7	102.6	101.2
天津	Tianjin	114.0	104.8	100.6	109.5	102.1	101.7	101.9
河北	Hebei	111.4	103.8	100.5	106.7	101.5	102.6	103.6
山西	Shanxi	107.3	103.9	104.2	103.4	101.6	101.8	101.5
内蒙古	Inner Mongolia	103.6	103.0	100.7	105.8	102.3	102.7	99.5
辽宁	Liaoning	108.5	101.9	100.4	104.6	101.7	102.4	104.4
吉林	Jilin	103.3	103.2	101.0	106.4	103.2	103.9	103.5
黑龙江	Heilongjiang	103.9	103.7	101.2	106.8	101.9	102.2	101.2
上海	Shanghai	107.4	101.3	100.3	103.9	104.3	105.4	103.7
江苏	Jiangsu	108.4	104.1	100.3	111.8	104.0	104.3	103.0
浙江	Zhejiang	107.5	101.9	100.3	106.6	103.4	103.4	104.8
安徽	Anhui	109.4	103.4	99.9	108.2	104.1	105.2	105.7
福建	Fujian	109.8	102.5	100.2	106.4	102.1	102.2	103.1
江西	Jiangxi	105.7	101.3	100.2	104.1	103.6	102.7	102.1
山东	Shandong	104.9	104.7	101.9	106.4	101.7	101.8	101.4
河南	Henan	105.9	104.3	100.1	109.4	101.9	101.9	101.5
湖北	Hubei	107.1	104.7	100.0	113.4	102.8	103.7	103.5
湖南	Hunan	102.9	101.3	99.5	105.4	100.9	100.9	100.3
广东	Guangdong	104.6	102.7	100.9	105.6	102.0	102.3	100.5
广西	Guangxi	107.7	104.0	100.2	107.3	103.3	104.1	105.1
海南	Hainan	101.7	100.5	100.1	101.4	100.1	99.8	99.9
重庆	Chongqing	106.8	103.7	99.8	112.7	101.3	101.6	101.1
四川	Sichuan	104.6	103.6	100.0	110.5	99.2	99.0	98.9
贵州	Guizhou	104.3	102.3	99.3	108.2	100.5	100.5	101.0
云南	Yunnan	105.7	100.7	100.4	102.3	100.2	99.9	97.9
西藏	Tibet	100.4	103.3	102.9	104.0	103.0	103.2	105.3
陕西	Shaanxi	109.3	102.5	100.8	105.2	103.3	105.0	103.5
甘肃	Gansu	105.8	103.2	100.0	108.4	100.6	100.5	101.4
青海	Qinghai	111.2	104.2	100.0	109.9	104.8	105.7	103.7
宁夏	Ningxia	107.4	101.6	100.0	104.6	103.6	103.4	102.6
新疆	Xinjiang	104.8	103.6	100.3	107.5	100.8	101.2	101.4

2-10-5 续表 4 Continued 4

(上年价格=100) (Preceding year=100)

地 区	Region	(2)女式服装 Women's Clothing	(3)儿童服装 Children's Clothing	2.衣着材料 Clothing Material	3.鞋袜帽 Footgear and Hats	(1)鞋 Shoes	(2)袜子 Socks	(3)帽子 Hats	4.衣着加工服务 Clothing Manufacturing Services
全 国	**National**	**103.0**	**101.6**	**109.0**	**100.7**	**100.5**	**102.0**	**101.4**	**107.9**
北 京	Beijing	103.6	100.7	111.7	102.7	102.8	100.5	103.0	104.3
天 津	Tianjin	102.2	92.7	119.3	101.9	101.9	103.2	100.7	116.8
河 北	Hebei	102.0	101.8	117.2	97.9	97.6	101.6	100.8	112.0
山 西	Shanxi	102.9	98.2	111.4	99.8	99.4	103.0	96.3	107.1
内蒙古	Inner Mongolia	105.3	102.2	108.4	101.1	101.0	101.1	101.5	104.5
辽 宁	Liaoning	101.2	101.0	108.8	99.6	99.3	102.5	100.9	115.9
吉 林	Jilin	104.9	99.8	110.0	101.0	101.3	97.3	104.8	106.4
黑龙江	Heilongjiang	103.9	95.6	114.5	99.7	99.1	107.6	108.5	114.5
上 海	Shanghai	107.4	100.3	119.8	99.0	98.5	104.5	103.5	119.1
江 苏	Jiangsu	106.3	98.1	111.6	102.6	102.1	107.2	102.6	107.2
浙 江	Zhejiang	102.3	103.4	111.8	102.7	102.8	101.7	101.7	106.2
安 徽	Anhui	105.3	103.2	109.9	101.1	101.1	101.0	100.7	104.7
福 建	Fujian	102.0	100.0	107.3	101.3	101.4	101.5	95.9	110.2
江 西	Jiangxi	102.2	110.2	111.4	105.1	105.4	105.3	94.9	113.0
山 东	Shandong	102.3	100.7	105.0	101.4	101.4	100.8	102.5	101.8
河 南	Henan	101.5	103.9	119.2	100.8	100.6	101.1	102.8	109.2
湖 北	Hubei	103.5	105.0	106.8	99.9	99.4	103.2	108.4	100.8
湖 南	Hunan	101.3	100.5	103.0	100.4	100.4	100.4	100.7	104.5
广 东	Guangdong	103.1	103.9	104.9	100.6	100.6	100.9	98.5	107.2
广 西	Guangxi	104.6	99.8	109.6	100.4	100.6	99.5	99.7	108.5
海 南	Hainan	100.2	98.6	110.1	100.0	100.0	100.0	100.0	106.3
重 庆	Chongqing	101.6	106.2	114.1	100.1	100.4	99.5	95.0	102.4
四 川	Sichuan	99.5	96.8	109.5	99.1	98.8	102.0	100.3	106.8
贵 州	Guizhou	99.8	101.5	108.0	99.8	99.4	102.0	101.3	104.2
云 南	Yunnan	100.8	100.9	104.9	100.3	100.4	100.4	98.5	104.0
西 藏	Tibet	101.0	103.9	100.6	103.1	103.2	102.0	103.8	104.3
陕 西	Shaanxi	106.1	104.8	103.6	98.3	97.2	107.5	103.5	112.2
甘 肃	Gansu	99.7	99.9	108.9	100.0	100.0	101.8	97.8	103.7
青 海	Qinghai	105.7	109.0	114.3	101.3	101.7	100.1	97.3	120.7
宁 夏	Ningxia	103.8	105.3	124.2	103.2	103.0	106.9	100.2	114.2
新 疆	Xinjiang	102.0	97.6	108.1	98.8	98.1	102.0	102.9	107.9

2-10-5 续表 5 Continued 5

(上年价格=100) (Preceding year=100)

地区	Region	四、家庭设备用品及维修服务 Household Facilities, Articles and Meintenance Services	1.耐用消费品 Durable Consumer Goods	(1)家具 Furniture	(2)家庭设备 Household Facilities	2.室内装饰品 Interior Decorations	3.床上用品 Bed Articles	4.家庭日用杂品 Daily Use Household Articles	5.家庭服务及加工维修服务费 Household Service and Manufacturing Upkeep
全 国	**National**	**102.7**	**100.5**	**102.8**	**99.3**	**100.7**	**104.9**	**102.6**	**112.7**
北 京	Beijing	104.2	101.6	104.2	99.6	99.8	107.1	103.8	118.0
天 津	Tianjin	106.1	102.9	103.7	102.3	100.2	127.0	103.0	126.0
河 北	Hebei	101.4	99.6	102.1	98.8	102.8	101.1	103.8	107.4
山 西	Shanxi	102.3	100.6	105.2	97.4	99.9	102.9	101.8	119.1
内蒙古	Inner Mongolia	99.9	99.1	99.5	98.8	100.1	102.7	99.9	103.5
辽 宁	Liaoning	103.2	101.1	104.1	99.4	100.4	112.3	102.2	106.9
吉 林	Jilin	102.1	99.1	101.6	98.2	102.8	105.5	103.3	109.8
黑龙江	Heilongjiang	102.0	97.1	99.2	96.5	100.2	101.6	104.9	115.0
上 海	Shanghai	107.1	102.8	104.0	102.0	101.5	116.4	107.6	118.0
江 苏	Jiangsu	104.8	104.2	108.5	102.2	102.4	101.2	102.7	117.2
浙 江	Zhejiang	104.3	101.8	104.1	101.0	100.9	104.9	104.0	116.2
安 徽	Anhui	101.8	99.7	102.0	99.1	101.7	102.6	101.7	113.1
福 建	Fujian	101.9	99.9	102.9	98.9	101.1	101.9	102.5	109.8
江 西	Jiangxi	102.7	98.8	101.2	98.0	105.4	105.8	104.8	110.4
山 东	Shandong	101.1	100.5	102.1	99.6	99.8	102.2	101.5	104.1
河 南	Henan	102.1	100.9	102.9	99.8	100.6	105.2	102.7	109.3
湖 北	Hubei	102.7	100.3	104.6	98.1	104.1	108.8	103.7	106.0
湖 南	Hunan	101.1	99.7	100.7	99.4	100.6	100.2	101.9	109.0
广 东	Guangdong	102.9	99.8	101.2	99.1	101.1	103.5	100.8	115.3
广 西	Guangxi	101.6	100.0	103.2	98.1	103.5	106.4	101.7	105.7
海 南	Hainan	100.3	102.1	106.0	100.5	100.2	100.0	97.9	105.2
重 庆	Chongqing	102.2	97.3	99.8	95.9	95.3	109.9	104.6	110.6
四 川	Sichuan	101.6	99.2	101.1	98.3	99.9	101.4	102.3	110.0
贵 州	Guizhou	100.6	98.9	103.5	97.4	97.5	105.2	100.6	105.2
云 南	Yunnan	103.9	100.6	103.5	98.8	99.0	106.5	102.9	121.7
西 藏	Tibet	102.7	103.0	105.1	101.1	100.8	106.5	102.0	100.0
陕 西	Shaanxi	101.9	101.2	105.3	98.6	100.1	100.0	101.5	111.4
甘 肃	Gansu	101.1	99.1	100.4	98.2	100.1	98.4	103.6	108.8
青 海	Qinghai	100.3	96.6	95.9	97.0	97.7	117.4	100.5	120.7
宁 夏	Ningxia	101.7	101.1	102.4	100.5	102.9	93.3	103.7	107.3
新 疆	Xinjiang	102.1	98.9	99.6	98.5	102.3	105.1	102.6	113.2

2-10-5 续表 6 Continued 6

(上年价格=100) (Preceding year=100)

地　区	Region	五、医疗保健和个人用品 Health Care and Personal Articles	1.医疗保健 Health Care	(1)医疗器具及用品 Medical Instrument and Articles	(2)中药材及中成药 Traditional Chinese Medicine	(3)西药 Western Medicine	(4)保健器具及用品 Health Care Appliances and Articles	(5)医疗保健服务 Health Care Services	2.个人用品及服务 Personal Articles and Services
全　国	**National**	**103.4**	**102.9**	**102.5**	**111.7**	**99.6**	**104.5**	**100.5**	**104.4**
北　京	Beijing	103.7	102.3	102.7	112.7	100.6	100.9	100.0	106.5
天　津	Tianjin	101.8	100.7	111.1	102.7	100.5	99.0	100.0	104.0
河　北	Hebei	102.9	102.5	101.1	113.6	99.6	102.4	100.9	104.3
山　西	Shanxi	103.4	103.3	103.3	117.8	100.9	106.4	101.1	103.5
内蒙古	Inner Mongolia	102.6	101.1	99.8	105.3	98.2	101.5	101.5	104.9
辽　宁	Liaoning	103.4	102.7	103.9	111.3	100.4	103.3	100.1	104.8
吉　林	Jilin	103.4	102.9	99.6	114.6	99.3	102.0	100.1	104.6
黑龙江	Heilongjiang	104.7	103.7	101.1	115.4	99.8	99.2	100.8	107.2
上　海	Shanghai	104.1	100.6	109.0	105.8	94.6	104.9	103.1	107.4
江　苏	Jiangsu	103.1	102.0	102.7	111.2	95.9	102.6	101.6	105.0
浙　江	Zhejiang	104.2	104.1	100.6	109.1	97.6	114.5	99.9	104.2
安　徽	Anhui	103.0	102.7	100.4	109.5	101.4	103.4	99.7	103.6
福　建	Fujian	103.5	104.6	102.3	118.4	102.2	102.6	100.1	102.0
江　西	Jiangxi	102.7	101.7	100.3	107.8	99.0	102.7	100.0	104.2
山　东	Shandong	102.8	102.8	103.0	109.9	100.1	104.0	100.9	102.8
河　南	Henan	103.3	102.1	101.5	112.6	101.1	102.7	100.0	105.8
湖　北	Hubei	103.9	103.2	100.9	109.8	101.2	103.6	100.5	105.9
湖　南	Hunan	103.4	103.2	101.3	112.1	100.8	103.5	100.4	104.0
广　东	Guangdong	103.7	104.1	100.5	112.5	100.0	105.7	100.1	103.1
广　西	Guangxi	103.4	103.6	103.0	114.0	100.1	100.9	99.6	103.2
海　南	Hainan	101.1	100.7	101.4	107.8	99.5	101.7	99.1	102.3
重　庆	Chongqing	102.0	101.5	98.0	108.6	98.8	100.3	100.3	102.7
四　川	Sichuan	102.8	102.3	101.5	111.3	96.8	103.6	101.8	103.8
贵　州	Guizhou	102.8	103.7	101.0	116.2	101.3	99.3	100.1	101.3
云　南	Yunnan	104.1	104.2	104.0	112.0	102.0	100.4	100.0	103.7
西　藏	Tibet	102.9	102.3	94.4	106.2	97.9	99.7	109.3	103.8
陕　西	Shaanxi	105.0	104.2	116.0	116.5	98.8	103.3	99.9	107.1
甘　肃	Gansu	104.5	104.6	104.0	116.3	101.3	100.8	99.9	104.3
青　海	Qinghai	102.3	101.5	98.3	110.3	99.9	100.7	100.3	103.5
宁　夏	Ningxia	103.3	102.9	102.2	108.5	100.3	106.8	100.9	104.4
新　疆	Xinjiang	103.6	102.5	100.6	110.5	101.1	100.8	100.1	105.6

2-10-5 续表 7 Continued 7

(上年价格=100) (Preceding year=100)

地 区	Region	(1)化妆美容用品 Cosmetics	清洁类化妆品 Clean make-up Supplies	(3)个人饰品 Personal Decorations	(4)个人服务 Personal Services	六、交通和通信 Transportation and Communication	1.交通 Transportation	(1)交通工具 Transportation Facility	(2)车用燃料及零配件 Fuels and Parts
全 国	**National**	**101.1**	**101.9**	**108.9**	**104.8**	**100.2**	**102.4**	**98.6**	**111.8**
北 京	Beijing	100.8	102.7	113.5	104.6	101.5	104.5	95.9	112.3
天 津	Tianjin	100.8	101.8	111.4	100.0	99.9	104.8	103.6	112.9
河 北	Hebei	101.4	102.1	107.3	104.0	99.6	101.4	98.6	111.8
山 西	Shanxi	101.7	99.8	103.4	106.6	100.6	103.2	99.1	111.7
内蒙古	Inner Mongolia	100.9	101.5	108.6	106.3	100.2	101.7	99.0	111.1
辽 宁	Liaoning	101.4	101.9	109.6	105.7	100.0	102.5	100.6	111.4
吉 林	Jilin	101.6	101.4	107.0	107.9	99.9	101.6	96.3	111.4
黑龙江	Heilongjiang	101.0	102.1	117.6	106.4	98.9	101.1	99.8	110.9
上 海	Shanghai	104.1	104.8	110.7	105.3	100.2	101.8	101.6	111.0
江 苏	Jiangsu	100.1	101.8	112.6	104.8	100.7	102.2	98.7	112.5
浙 江	Zhejiang	101.2	103.1	109.9	102.4	100.5	101.1	96.0	113.4
安 徽	Anhui	101.3	100.7	107.2	103.5	100.1	102.5	99.7	110.8
福 建	Fujian	99.8	100.8	105.8	101.5	100.7	103.2	100.7	112.4
江 西	Jiangxi	100.7	102.5	108.8	104.3	99.9	102.8	102.3	111.1
山 东	Shandong	101.3	100.8	106.5	102.5	100.2	101.2	97.6	111.4
河 南	Henan	100.9	101.4	109.2	106.2	100.4	102.2	99.8	112.1
湖 北	Hubei	102.2	102.0	107.4	112.4	100.7	101.9	99.9	108.8
湖 南	Hunan	102.0	101.5	109.0	104.8	100.9	102.2	100.1	111.9
广 东	Guangdong	100.7	101.8	107.1	103.3	99.7	102.3	97.2	111.6
广 西	Guangxi	101.1	102.6	106.9	103.9	101.8	104.6	101.1	109.6
海 南	Hainan	98.4	99.8	107.8	103.9	102.3	105.0	102.3	110.6
重 庆	Chongqing	100.8	103.3	105.2	102.0	99.1	103.2	99.1	110.8
四 川	Sichuan	100.7	100.4	107.8	106.4	100.6	103.1	99.1	110.5
贵 州	Guizhou	100.3	101.0	103.5	100.6	99.8	103.4	102.4	110.5
云 南	Yunnan	101.0	100.2	107.8	105.7	100.2	102.4	98.0	112.3
西 藏	Tibet	100.7	101.2	107.8	106.4	102.1	104.4	100.5	109.6
陕 西	Shaanxi	101.7	101.4	110.7	115.4	99.6	104.6	101.2	109.9
甘 肃	Gansu	101.4	106.3	103.8	106.4	100.5	102.7	100.6	111.6
青 海	Qinghai	102.1	98.8	110.6	104.9	99.2	100.1	100.0	111.8
宁 夏	Ningxia	101.3	103.4	108.7	106.9	101.2	104.0	100.1	110.3
新 疆	Xinjiang	101.4	102.2	110.9	109.2	99.9	102.3	100.0	112.1

(上年价格=100) (Preceding year=100)

地　区	Region	(3)车辆使用及维修 Using and Upkeep Fare	(4)市区公共交通费 Incity Traffic Fare	(5)城市间交通费 Intercity Traffic Fare	2．通信 Communication	(1)通信工具 Communication Facility	(2)通信服务 Communication Service	七、娱乐教育文化用品及服务 Recreation, Education and Culture Articles
全　国	**National**	**104.1**	**101.2**	**102.5**	**97.3**	**85.2**	**99.7**	**100.3**
北　京	Beijing	118.0	101.2	100.4	95.5	78.7	100.0	99.7
天　津	Tianjin	101.1	101.5	108.1	92.9	65.0	100.0	99.5
河　北	Hebei	104.1	101.6	101.8	97.7	85.1	99.5	100.7
山　西	Shanxi	108.5	103.5	103.7	97.4	78.3	100.4	101.6
内蒙古	Inner Mongolia	101.7	103.0	101.3	97.6	89.7	99.9	100.9
辽　宁	Liaoning	104.6	101.6	101.1	97.8	83.5	100.3	99.7
吉　林	Jilin	103.1	101.1	102.9	96.7	83.8	100.1	99.9
黑龙江	Heilongjiang	101.1	100.4	100.1	97.0	82.8	99.8	99.2
上　海	Shanghai	102.8	97.2	102.3	96.3	79.9	99.7	99.2
江　苏	Jiangsu	103.2	100.6	102.6	97.8	86.7	100.2	100.3
浙　江	Zhejiang	102.8	101.8	100.9	98.8	88.2	100.1	100.0
安　徽	Anhui	101.8	103.0	102.1	97.8	86.5	100.1	100.1
福　建	Fujian	102.8	100.7	102.7	98.0	85.8	99.8	100.0
江　西	Jiangxi	102.5	101.1	102.0	98.2	89.1	99.9	100.5
山　东	Shandong	101.4	102.8	103.1	98.3	90.4	100.0	100.4
河　南	Henan	102.8	102.2	102.6	98.2	87.7	100.0	100.8
湖　北	Hubei	103.5	100.9	102.7	99.2	94.3	100.1	100.5
湖　南	Hunan	102.3	99.2	101.9	99.2	94.1	100.0	101.2
广　东	Guangdong	103.1	101.3	101.3	96.1	84.4	98.4	101.0
广　西	Guangxi	102.4	99.8	110.9	99.1	94.8	100.1	99.7
海　南	Hainan	111.9	100.0	97.3	97.2	77.6	100.0	100.4
重　庆	Chongqing	101.0	102.7	103.3	95.5	83.8	99.4	98.9
四　川	Sichuan	103.8	104.4	103.2	97.6	84.9	99.5	100.4
贵　州	Guizhou	117.0	99.2	104.8	96.8	80.9	100.4	100.4
云　南	Yunnan	102.6	104.0	104.3	97.4	81.5	100.3	99.5
西　藏	Tibet	105.3	102.7	100.2	99.0	97.9	99.6	100.6
陕　西	Shaanxi	104.6	103.8	105.9	95.4	80.1	99.9	100.4
甘　肃	Gansu	102.9	102.6	101.7	98.8	89.6	100.3	102.1
青　海	Qinghai	110.6	100.0	98.0	98.3	92.4	100.0	100.3
宁　夏	Ningxia	108.5	100.9	106.9	97.8	90.1	100.0	101.3
新　疆	Xinjiang	107.9	100.0	103.0	97.8	88.7	99.7	100.1

2-10-5 续表 9 Continued 9

(上年价格=100) (Preceding year=100)

地区	Region	1.文娱用耐用消费品及服务 Durable Consumer Goods for Cultural and Recreational Use and Services	2. 教育 Education	(1)教材及参考书 Teaching Materials and Reference Books	(2)教育服务 Tuition and Child Care	3. 文化娱乐 Cultural and Recreational	(1)文化娱乐用品 Cultural Recreationt Articles	(2)书报杂志 Newspapers and Magazines
全国	**National**	**93.0**	**101.2**	**101.1**	**101.2**	**101.1**	**100.5**	**101.0**
北京	Beijing	90.1	101.2	101.2	101.2	101.6	101.1	101.2
天津	Tianjin	86.7	100.2	100.5	100.2	100.6	100.9	100.0
河北	Hebei	92.6	100.9	101.0	100.9	101.7	101.8	100.7
山西	Shanxi	90.4	103.3	104.5	103.1	102.3	99.4	100.6
内蒙古	Inner Mongolia	95.0	101.5	101.8	101.5	101.5	99.8	103.0
辽宁	Liaoning	91.4	100.8	101.1	100.7	101.1	101.2	101.1
吉林	Jilin	97.2	100.0	99.8	100.0	101.0	103.0	101.0
黑龙江	Heilongjiang	87.1	101.4	103.6	101.1	101.7	101.1	100.7
上海	Shanghai	89.7	101.8	106.9	101.5	102.8	101.6	102.7
江苏	Jiangsu	90.5	102.2	101.8	102.2	100.9	101.0	100.5
浙江	Zhejiang	93.7	99.6	101.6	99.6	102.5	101.4	105.2
安徽	Anhui	94.3	100.9	98.8	101.3	100.3	100.1	100.1
福建	Fujian	94.1	99.6	96.5	99.8	101.1	99.5	100.6
江西	Jiangxi	95.1	101.2	101.1	101.2	100.8	100.7	100.3
山东	Shandong	98.0	100.8	101.1	100.8	100.5	99.3	100.9
河南	Henan	95.0	101.0	100.8	101.0	101.6	100.0	101.4
湖北	Hubei	91.8	101.1	101.6	101.0	101.2	100.8	100.2
湖南	Hunan	98.9	102.1	100.5	102.1	101.0	100.7	101.0
广东	Guangdong	93.8	101.4	101.1	101.5	100.9	101.3	101.0
广西	Guangxi	93.5	103.0	99.8	103.4	97.9	100.5	100.3
海南	Hainan	100.0	100.4	96.8	101.1	99.2	97.5	100.0
重庆	Chongqing	86.8	101.8	100.6	102.0	100.3	98.4	101.3
四川	Sichuan	90.6	101.8	101.0	101.9	100.5	99.9	100.2
贵州	Guizhou	97.1	101.7	102.5	101.7	100.2	99.9	99.6
云南	Yunnan	94.1	102.9	103.1	102.9	101.5	98.2	101.1
西藏	Tibet	98.2	100.8	100.0	101.2	101.4	100.3	103.7
陕西	Shaanxi	88.8	101.3	100.6	101.5	102.4	100.5	100.1
甘肃	Gansu	96.2	102.8	107.3	102.5	105.5	99.8	101.8
青海	Qinghai	93.8	102.0	107.7	101.2	100.1	100.4	103.8
宁夏	Ningxia	91.7	102.4	104.5	101.9	103.1	104.0	100.9
新疆	Xinjiang	93.4	101.9	102.9	101.8	99.7	99.1	101.1

2-10-5 续表 10 Continued 10

(上年价格=100) (Preceding year=100)

地 区	Region	(3)文娱费 Expenditure of Culture and Recreation	4.旅游 Touring	八、居住 Residence	1.建房及装修材料 Building and Building Decoration Materials	2.住房租金 Rent	3.自有住房 Private Housing	4.水、电、燃料 Eletricity and Fuel
全 国	**National**	**101.6**	**103.8**	**105.1**	**103.9**	**105.4**	**106.6**	**103.0**
北 京	Beijing	101.8	103.0	108.5	103.4	109.5	110.9	100.6
天 津	Tianjin	100.5	106.8	104.7	109.0	101.2	104.9	102.2
河 北	Hebei	102.0	109.2	106.2	103.0	109.0	108.2	102.8
山 西	Shanxi	104.0	104.4	103.1	99.5	104.2	104.2	102.7
内蒙古	Inner Mongolia	101.9	103.8	104.9	101.6	102.9	105.5	104.2
辽 宁	Liaoning	101.0	105.1	106.0	105.1	105.8	106.9	104.4
吉 林	Jilin	99.9	100.8	106.0	104.2	114.6	108.2	102.4
黑龙江	Heilongjiang	102.6	99.1	106.5	102.8	107.9	112.0	102.1
上 海	Shanghai	103.5	99.9	105.4	103.3	105.6	107.1	101.8
江 苏	Jiangsu	100.9	103.0	103.7	106.6	103.6	103.5	101.8
浙 江	Zhejiang	102.4	104.0	105.4	104.7	106.2	106.5	103.0
安 徽	Anhui	100.7	102.3	104.4	103.6	106.6	105.5	102.2
福 建	Fujian	102.7	104.9	105.3	103.5	105.5	106.7	103.3
江 西	Jiangxi	101.2	103.3	104.3	105.3	103.9	107.0	102.8
山 东	Shandong	101.4	102.9	105.1	103.1	105.1	108.1	102.1
河 南	Henan	102.5	104.5	106.1	106.4	104.2	107.9	102.9
湖 北	Hubei	101.8	105.3	105.8	103.4	103.7	109.1	103.3
湖 南	Hunan	101.3	101.5	105.8	104.9	106.7	105.9	105.7
广 东	Guangdong	100.5	106.0	104.6	102.6	107.6	105.6	103.4
广 西	Guangxi	94.8	100.0	101.9	106.1	99.0	102.4	99.9
海 南	Hainan	100.7	102.6	103.1	102.1	106.9	102.0	102.6
重 庆	Chongqing	101.0	104.2	103.7	104.0	106.5	103.1	103.6
四 川	Sichuan	101.0	106.3	106.3	102.3	110.2	106.6	106.7
贵 州	Guizhou	100.5	100.5	103.0	102.2	99.0	103.2	103.6
云 南	Yunnan	105.1	97.8	103.9	102.9	106.8	104.5	102.5
西 藏	Tibet	101.1	103.6	106.6	108.7	102.2	109.7	107.5
陕 西	Shaanxi	104.8	110.2	105.7	102.6	106.4	107.5	104.8
甘 肃	Gansu	107.3	102.3	107.4	102.7	101.9	109.4	104.2
青 海	Qinghai	99.2	101.6	110.7	103.5	117.0	115.2	105.5
宁 夏	Ningxia	103.3	112.3	103.6	102.7	105.5	105.1	103.0
新 疆	Xinjiang	99.4	105.7	104.9	104.1	102.7	106.3	103.9

2-10-6 各地区农村居民消费价格指数（2011年）

Rural Consumer Price Indices by Category and Region (2011)

（上年价格=100） (Preceding year=100)

地区	Region	居民消费价格指数 Consumer Price Index	一、食品 Food	1.粮食 Grain	2.淀粉及制品 Starches	3.干豆类及豆制品 Bean and Its Products	4.油脂 Oil or Fat	5.肉禽及其制品 Meal, Poultry and Their Products	(1)食用畜肉及副产品 Meal and Their ts Produc
全 国	**National**	**105.8**	**112.4**	**112.2**	**116.3**	**105.2**	**113.5**	**123.7**	**129.5**
北 京	Beijing								
天 津	Tianjin								
河 北	Hebei	106.5	113.6	109.2	130.5	107.2	111.7	129.0	133.3
山 西	Shanxi	105.4	110.9	108.3	120.7	100.8	112.1	125.6	131.7
内蒙古	Inner Mongolia	105.7	113.4	112.5	132.3	106.2	110.2	128.6	130.9
辽 宁	Liaoning	105.5	111.7	111.1	106.2	102.1	115.8	124.3	130.5
吉 林	Jilin	105.4	111.8	112.4	114.8	107.4	109.6	123.3	129.6
黑龙江	Heilongjiang	106.4	112.9	109.5	132.9	102.9	118.6	125.5	129.4
上 海	Shanghai								
江 苏	Jiangsu	105.9	112.2	109.8	115.8	106.0	113.8	121.8	128.2
浙 江	Zhejiang	105.6	113.3	113.2	115.2	110.6	118.8	125.8	132.3
安 徽	Anhui	105.9	112.4	121.6	109.1	103.2	118.8	125.7	131.1
福 建	Fujian	105.3	111.0	115.9	117.8	103.6	113.4	123.8	127.9
江 西	Jiangxi	105.6	111.9	116.1	104.2	104.7	113.0	123.6	128.1
山 东	Shandong	105.9	113.0	109.9	111.6	106.5	115.4	123.8	132.1
河 南	Henan	106.1	112.9	109.9	117.9	100.5	113.4	126.3	131.4
湖 北	Hubei	106.3	112.7	115.9	109.5	105.1	118.8	122.1	128.2
湖 南	Hunan	105.6	109.8	117.2	107.0	104.5	106.0	117.9	122.4
广 东	Guangdong	105.6	111.5	112.0	104.4	102.7	109.2	121.1	127.9
广 西	Guangxi	106.4	115.8	116.9	110.5	107.9	112.9	123.0	128.5
海 南	Hainan	107.8	114.4	110.6	110.5	105.4	110.7	120.5	124.3
重 庆	Chongqing								
四 川	Sichuan	105.8	112.5	111.4	104.8	102.8	112.5	125.2	132.2
贵 州	Guizhou	104.8	112.8	116.4	111.1	104.8	119.1	125.8	131.8
云 南	Yunnan	104.9	112.1	111.7	103.7	106.4	112.5	124.7	131.7
西 藏	Tibet	104.7	108.7	113.5	102.1	111.0	104.5	112.8	115.9
陕 西	Shaanxi	105.6	111.6	108.5	126.3	103.5	111.9	126.9	135.7
甘 肃	Gansu	105.7	110.5	108.5	129.7	106.9	113.9	120.6	127.3
青 海	Qinghai	106.4	111.7	108.0	102.0	105.4	112.7	125.1	127.4
宁 夏	Ningxia	107.5	114.7	113.5	126.8	103.3	115.6	124.9	126.8
新 疆	Xinjiang	106.8	112.7	108.8	105.7	106.4	115.5	117.9	118.7

2-10-6 续表 1 Continued 1

(上年价格=100) (Preceding year=100)

地　区	Region	(2)禽 Poultry	(3)加工肉禽 Meat and Poultry Products	6.蛋 Eggs	7.水产品 Aquatic Products	(1)鱼 Fish	(2)其它水产品 Other Aquatic Products	8.菜 Vegetables	9.调味品 Flavoring
全　国	**National**	**113.9**	**109.6**	**113.3**	**111.2**	**112.4**	**108.5**	**102.2**	**104.5**
北　京	Beijing								
天　津	Tianjin								
河　北	Hebei	116.2	113.5	113.5	116.8	119.7	110.0	102.6	101.5
山　西	Shanxi	120.1	110.7	116.0	113.7	114.3	107.8	102.9	104.3
内蒙古	Inner Mongolia	121.0	110.5	116.2	114.0	114.5	106.0	102.1	106.6
辽　宁	Liaoning	115.3	106.0	116.2	111.8	113.5	106.8	96.9	105.2
吉　林	Jilin	112.0	106.0	113.1	115.0	115.2	114.3	99.0	102.4
黑龙江	Heilongjiang	117.1	115.7	114.5	116.0	116.9	105.1	102.5	105.1
上　海	Shanghai								
江　苏	Jiangsu	112.8	108.4	115.1	112.5	112.9	111.8	102.6	109.3
浙　江	Zhejiang	117.3	108.9	116.2	112.9	116.2	109.5	101.1	102.7
安　徽	Anhui	115.8	105.1	112.6	110.3	112.9	102.1	99.1	107.2
福　建	Fujian	114.3	110.9	113.7	106.5	109.8	102.8	90.1	103.7
江　西	Jiangxi	117.5	110.0	117.1	105.6	105.1	110.2	103.2	102.4
山　东	Shandong	115.6	108.3	115.4	114.4	115.5	111.8	102.4	104.9
河　南	Henan	113.5	112.2	110.4	111.2	111.1	112.3	99.7	104.5
湖　北	Hubei	114.8	111.3	117.4	111.5	111.3	111.9	105.1	105.5
湖　南	Hunan	107.9	105.7	110.0	108.5	108.6	107.8	108.8	102.7
广　东	Guangdong	112.1	109.8	107.2	108.3	109.6	105.0	100.4	103.7
广　西	Guangxi	114.0	114.7	113.5	121.1	122.3	115.9	107.6	104.2
海　南	Hainan	114.8	108.7	113.0	110.7	112.1	106.2	107.6	111.3
重　庆	Chongqing								
四　川	Sichuan	111.4	109.4	112.8	109.4	109.9	105.1	104.5	103.3
贵　州	Guizhou	116.6	109.7	111.5	109.4	106.6	115.9	105.1	108.5
云　南	Yunnan	113.8	106.3	110.5	106.7	107.1	104.6	103.5	101.5
西　藏	Tibet	107.5	102.3	107.4	106.0	107.3	101.6	106.1	113.3
陕　西	Shaanxi	117.5	107.8	113.9	109.3	111.1	103.6	103.0	108.4
甘　肃	Gansu	113.3	114.4	114.0	107.5	108.8	102.6	101.0	104.4
青　海	Qinghai	112.2	112.1	109.3	108.5	110.4	104.1	98.4	109.5
宁　夏	Ningxia	117.6	119.0	116.6	117.8	119.3	109.4	101.9	116.8
新　疆	Xinjiang	117.9	111.4	110.0	111.3	110.0	114.8	110.2	102.0

2-10-6 续表 2 Continued 2

(上年价格=100) (Preceding year=100)

地 区	Region	10.糖 Carbohy-drate	11.茶及饮料 Tea and Beverages	(1)茶叶 Tea	(2)饮料 Beverages	12.干鲜瓜果 Dried and Fresh Melons and Fruits	13.糕点饼干面包 Cake, Biscuit and Bread	14.液体乳及乳制品 Milk and Its Products	15.在外用膳食品 Outward Dinner
全 国	**National**	**112.4**	**102.9**	**103.2**	**102.7**	**115.9**	**106.9**	**103.7**	**107.8**
北 京	Beijing								
天 津	Tianjin								
河 北	Hebei	107.8	102.8	101.0	103.6	125.0	107.5	103.8	107.8
山 西	Shanxi	108.4	101.9	102.0	101.9	117.3	103.3	103.0	107.7
内蒙古	Inner Mongolia	116.5	102.5	100.6	104.0	115.0	105.9	103.6	108.2
辽 宁	Liaoning	114.4	101.9	101.1	102.3	116.9	104.4	102.8	106.1
吉 林	Jilin	111.6	103.4	100.0	105.1	119.6	105.0	100.8	106.3
黑龙江	Heilongjiang	105.9	100.6	102.1	100.5	116.3	108.2	100.9	105.5
上 海	Shanghai								
江 苏	Jiangsu	111.7	105.2	106.0	104.9	112.7	108.1	107.9	110.9
浙 江	Zhejiang	112.7	103.3	102.6	103.6	116.3	106.9	104.0	109.4
安 徽	Anhui	113.9	105.7	107.8	103.4	113.6	109.6	104.1	104.9
福 建	Fujian	118.7	101.8	101.0	102.7	117.9	105.0	102.3	104.0
江 西	Jiangxi	112.3	102.9	103.3	102.9	113.4	105.1	104.5	104.8
山 东	Shandong	109.5	100.5	100.0	100.8	123.7	105.4	102.8	107.3
河 南	Henan	114.4	101.8	101.5	101.9	115.6	113.3	104.9	109.4
湖 北	Hubei	110.6	105.8	110.9	103.2	117.9	108.7	101.8	107.8
湖 南	Hunan	110.8	103.0	100.7	104.7	101.4	103.8	99.9	105.4
广 东	Guangdong	115.8	102.8	103.0	102.7	117.7	103.9	101.1	107.6
广 西	Guangxi	117.1	103.0	102.8	103.0	113.4	105.0	104.9	113.4
海 南	Hainan	111.0	101.7	105.6	100.6	113.4	102.9	102.6	116.6
重 庆	Chongqing								
四 川	Sichuan	109.5	102.5	102.3	102.6	116.1	106.5	103.3	104.4
贵 州	Guizhou	113.0	101.6	100.2	102.1	106.6	108.6	101.8	106.0
云 南	Yunnan	112.9	102.0	101.2	102.5	114.4	102.7	103.5	107.8
西 藏	Tibet	104.5	101.0	101.5	100.5	109.3	101.4	103.1	108.1
陕 西	Shaanxi	111.9	103.1	105.1	102.0	119.7	105.6	105.3	110.2
甘 肃	Gansu	118.9	101.1	101.2	101.1	111.4	108.1	104.8	110.2
青 海	Qinghai	112.5	106.9	105.7	107.6	113.6	110.5	103.5	107.6
宁 夏	Ningxia	117.9	107.1	114.4	102.2	123.2	113.8	105.9	113.5
新 疆	Xinjiang	118.6	100.8	100.9	100.8	120.2	106.2	107.6	109.4

(上年价格=100) (Preceding year=100)

地　区	Region	16.其它食品 Other Foods	二、烟酒及用品 Tobacco, Liquor and Articles	1.烟草 Tobacco	2.酒 Liquor	三、衣着 Clothing	1.服装 Garments	(1)男式服装 Men's Clothing
全　国	**National**	**104.1**	**102.4**	**100.2**	**105.7**	**101.9**	**102.0**	**101.9**
北　京	Beijing							
天　津	Tianjin							
河　北	Hebei	104.8	102.5	100.5	104.4	100.3	100.7	101.2
山　西	Shanxi	104.5	101.5	100.5	103.5	103.6	104.7	102.0
内蒙古	Inner Mongolia	103.9	102.6	100.4	105.2	102.1	101.8	102.6
辽　宁	Liaoning	106.5	101.5	100.5	102.8	102.7	102.6	103.7
吉　林	Jilin	99.9	100.7	100.1	101.6	102.4	102.8	102.7
黑龙江	Heilongjiang	104.8	103.5	100.6	107.0	102.7	103.1	103.4
上　海	Shanghai							
江　苏	Jiangsu	104.2	103.7	99.8	110.4	102.1	103.1	103.0
浙　江	Zhejiang	108.4	101.2	100.4	104.1	101.4	101.0	101.2
安　徽	Anhui	109.7	103.9	100.0	111.0	104.3	105.4	106.6
福　建	Fujian	108.1	103.5	100.1	107.3	100.4	100.6	101.3
江　西	Jiangxi	101.5	100.5	100.1	101.3	101.1	100.9	100.6
山　东	Shandong	102.7	102.9	99.6	106.3	100.4	99.9	99.4
河　南	Henan	101.5	103.5	100.0	105.8	101.9	101.3	100.9
湖　北	Hubei	104.6	102.6	100.6	106.5	105.5	105.9	106.7
湖　南	Hunan	104.3	102.0	100.6	105.1	101.2	101.2	102.2
广　东	Guangdong	102.0	102.2	100.5	104.5	101.3	100.8	100.4
广　西	Guangxi	105.5	103.2	100.4	106.1	99.1	99.2	98.5
海　南	Hainan	103.1	101.4	101.2	101.8	103.1	102.0	102.5
重　庆	Chongqing							
四　川	Sichuan	102.9	102.6	100.4	106.7	101.9	102.0	101.9
贵　州	Guizhou	101.7	102.6	100.2	106.1	99.8	101.9	101.7
云　南	Yunnan	102.4	100.9	100.3	103.2	101.1	99.7	95.3
西　藏	Tibet	100.4	102.1	100.8	103.7	102.6	101.8	101.9
陕　西	Shaanxi	103.4	101.7	100.0	104.4	102.8	102.5	101.7
甘　肃	Gansu	104.2	100.6	100.0	101.9	102.6	102.5	101.9
青　海	Qinghai	109.9	101.7	100.3	103.0	100.9	99.4	98.5
宁　夏	Ningxia	104.3	102.3	100.3	107.7	106.7	106.7	109.0
新　疆	Xinjiang	107.6	102.9	99.7	106.0	101.8	100.7	100.4

2-10-6 续表 4 Continued 4

(上年价格=100) (Preceding year=100)

地区	Region	(2)女式服装 Women's Clothing	(3)儿童服装 Children's Clothing	2.衣着材料 Clothing Material	3.鞋袜帽 Footgear and Hats	(1)鞋 Shoes	(2)袜子 Socks	(3)帽子 Hats	4.衣着加工服务 Clothing Manufacturing Services
全国	**National**	**101.5**	**103.4**	**109.4**	**100.7**	**100.4**	**102.7**	**101.7**	**106.0**
北京	Beijing								
天津	Tianjin								
河北	Hebei	100.3	100.3	113.5	98.8	98.5	101.8	99.8	104.1
山西	Shanxi	103.3	112.7	112.9	99.6	98.5	103.6	102.6	104.3
内蒙古	Inner Mongolia	100.9	102.3	107.0	102.5	102.5	103.0	101.1	101.2
辽宁	Liaoning	101.1	104.3	111.0	101.5	101.2	104.0	98.2	107.2
吉林	Jilin	103.3	101.8	102.1	100.6	100.6	100.2	101.8	109.4
黑龙江	Heilongjiang	102.8	102.3	111.7	101.5	101.2	102.9	101.3	106.7
上海	Shanghai								
江苏	Jiangsu	103.5	100.4	110.2	98.6	98.0	101.8	105.1	106.5
浙江	Zhejiang	100.6	102.5	114.3	101.3	101.4	100.4	99.8	107.1
安徽	Anhui	104.9	103.9	111.5	100.9	100.9	102.5	95.7	105.4
福建	Fujian	100.6	99.0	108.9	98.7	98.2	99.8	103.8	107.7
江西	Jiangxi	100.1	104.0	106.6	100.6	99.2	103.4	104.9	106.4
山东	Shandong	100.3	99.9	106.6	99.9	100.0	99.6	99.7	105.3
河南	Henan	100.8	102.9	112.5	102.7	101.6	108.6	102.5	103.8
湖北	Hubei	105.4	105.4	108.2	102.9	102.8	103.9	102.0	120.1
湖南	Hunan	100.5	101.5	107.2	100.2	100.2	100.0	100.2	103.6
广东	Guangdong	100.1	103.9	109.0	101.1	100.9	101.8	102.0	100.8
广西	Guangxi	99.1	101.1	116.6	97.2	96.8	99.3	100.8	108.1
海南	Hainan	100.4	104.5	129.0	102.3	102.4	99.3	105.5	126.7
重庆	Chongqing								
四川	Sichuan	101.5	103.1	106.7	101.1	101.0	101.3	100.9	104.3
贵州	Guizhou	99.7	106.0	117.1	91.5	89.8	100.1	98.8	102.3
云南	Yunnan	98.7	108.1	106.7	103.8	103.7	105.5	101.4	106.4
西藏	Tibet	101.8	101.6	102.7	101.9	102.0	101.4	102.5	110.7
陕西	Shaanxi	102.3	104.3	110.9	101.5	101.4	101.9	102.9	103.0
甘肃	Gansu	101.2	104.9	102.1	102.9	103.0	100.7	106.2	100.7
青海	Qinghai	99.8	100.2	111.9	103.8	102.7	109.4	105.0	119.9
宁夏	Ningxia	105.4	105.1	116.8	106.1	106.5	101.4	108.2	124.5
新疆	Xinjiang	100.9	100.7	105.4	102.9	103.4	101.7	99.3	107.8

2-10-6 续表 5 Continued 5

(上年价格=100) (Preceding year=100)

地 区	Region	四、家庭设备用品及维修服务 Household Facilities, Articles and Maintenance Services	1.耐用消费品 Durable Consumer Goods	(1)家具 Furniture	(2)家庭设备 Household Facilities	2.室内装饰品 Interior Decorations	3.床上用品 Bed Articles	4.家庭日用杂品 Daily Use Household Articles	5.家庭服务及加工维修服务 Household Service and Manufacturing Upkeep
全 国	**National**	**101.5**	**100.1**	**101.4**	**99.3**	**102.2**	**104.2**	**102.0**	**105.7**
北 京	Beijing								
天 津	Tianjin								
河 北	Hebei	102.4	100.7	101.0	100.5	102.8	107.5	103.7	105.3
山 西	Shanxi	102.6	99.5	100.2	98.9	105.3	103.1	107.6	103.4
内蒙古	Inner Mongolia	100.6	98.0	97.1	98.4	101.2	101.9	102.2	107.7
辽 宁	Liaoning	101.8	99.7	101.0	99.1	100.1	106.3	103.2	105.4
吉 林	Jilin	100.8	101.0	101.6	100.7	100.0	100.4	100.5	101.9
黑龙江	Heilongjiang	102.1	99.7	99.7	99.6	102.0	103.0	105.6	100.9
上 海	Shanghai								
江 苏	Jiangsu	103.3	102.3	105.8	101.1	102.4	109.6	101.8	110.6
浙 江	Zhejiang	101.8	100.2	101.4	99.8	100.7	100.6	102.4	109.5
安 徽	Anhui	100.2	97.3	100.7	96.2	102.3	102.2	103.6	102.9
福 建	Fujian	101.0	98.7	102.4	97.1	101.9	106.6	102.7	102.3
江 西	Jiangxi	100.3	98.2	99.2	97.7	100.6	104.5	101.1	110.0
山 东	Shandong	100.6	100.6	102.5	99.7	101.3	98.5	100.4	103.0
河 南	Henan	102.0	100.5	101.8	99.7	101.0	111.3	102.7	103.9
湖 北	Hubei	102.8	101.5	102.4	101.1	101.3	104.1	102.6	114.4
湖 南	Hunan	100.7	100.4	100.6	100.3	103.9	101.9	100.6	100.3
广 东	Guangdong	101.8	100.4	101.6	99.6	104.4	104.2	101.8	102.7
广 西	Guangxi	101.9	99.7	102.0	98.6	109.5	107.6	101.8	106.0
海 南	Hainan	104.4	104.1	112.0	101.1	105.0	106.0	104.1	111.0
重 庆	Chongqing								
四 川	Sichuan	100.0	99.6	101.6	97.7	100.8	98.9	100.9	101.8
贵 州	Guizhou	99.4	98.2	99.8	97.1	97.8	100.3	100.9	100.1
云 南	Yunnan	97.8	95.4	96.7	94.4	100.1	101.3	99.0	109.5
西 藏	Tibet	100.9	100.5	101.0	99.9	100.7	100.4	100.5	108.3
陕 西	Shaanxi	102.7	100.9	100.7	101.0	103.4	106.0	102.0	112.3
甘 肃	Gansu	102.7	100.6	101.2	100.0	100.0	102.9	105.1	107.0
青 海	Qinghai	102.6	99.0	100.3	97.9	102.1	105.6	104.9	106.9
宁 夏	Ningxia	102.8	100.8	102.0	99.6	108.2	110.2	103.2	103.6
新 疆	Xinjiang	102.9	101.4	101.3	101.4	101.9	101.2	101.9	118.1

2-10-6 续表 6 Continued 6

(上年价格=100) (Preceding year=100)

地 区	Region	五、医疗保健和个人用品 Health Care and Personal Articles	1.医疗保健 Health Care	(1)医疗器具及用品 Medical Instrument and Articles	(2)中药材及中成药 Traditional Chinese Medicine	(3)西药 Western Medicine	(4)保健器具及用品 Health Care Appliances and Articles	(5)医疗保健服务 Health Care Services	2.个人用品及服务 Personal Articles and Services
全 国	**National**	**103.3**	**102.9**	**100.4**	**112.6**	**100.2**	**103.8**	**100.8**	**104.2**
北 京	Beijing								
天 津	Tianjin								
河 北	Hebei	103.2	102.3	104.0	116.8	101.6	101.7	100.3	105.2
山 西	Shanxi	103.5	102.9	102.3	113.2	100.2	102.2	103.6	105.6
内 蒙 古	Inner Mongolia	101.7	100.7	98.5	105.6	98.5	99.0	99.9	105.1
辽 宁	Liaoning	103.4	103.1	102.0	112.4	100.9	101.1	101.1	104.3
吉 林	Jilin	103.6	103.0	98.1	111.8	98.9	101.2	101.8	105.0
黑 龙 江	Heilongjiang	103.8	103.5	98.2	118.0	103.5	100.8	100.2	105.1
上 海	Shanghai								
江 苏	Jiangsu	103.1	101.5	100.1	106.2	97.1	102.2	102.2	106.2
浙 江	Zhejiang	102.8	102.2	99.2	107.9	99.5	106.8	100.1	104.9
安 徽	Anhui	104.6	104.7	100.4	115.1	101.5	113.0	100.0	104.5
福 建	Fujian	104.5	104.4	101.1	116.8	102.5	103.3	100.8	104.9
江 西	Jiangxi	103.6	102.7	101.7	111.3	100.7	101.3	100.4	105.4
山 东	Shandong	101.8	101.2	102.8	104.0	98.6	104.8	101.5	103.3
河 南	Henan	102.5	101.5	102.7	113.9	101.2	101.3	100.2	105.0
湖 北	Hubei	103.6	102.9	100.0	109.9	100.9	102.1	100.5	105.0
湖 南	Hunan	103.1	103.4	109.6	113.0	99.6	104.7	100.4	102.3
广 东	Guangdong	105.3	106.6	97.5	123.0	101.2	101.9	100.4	103.1
广 西	Guangxi	103.8	104.3	96.6	118.1	99.9	100.4	99.8	102.7
海 南	Hainan	103.2	102.2	99.6	109.3	99.2	100.2	101.3	105.9
重 庆	Chongqing								
四 川	Sichuan	101.9	101.7	100.4	112.9	96.6	102.7	100.4	102.4
贵 州	Guizhou	102.3	103.0	99.7	112.3	102.7	100.5	99.9	101.3
云 南	Yunnan	101.9	102.2	94.6	107.4	101.3	100.2	100.6	100.7
西 藏	Tibet	102.5	100.6	100.8	101.7	100.2	99.3	100.5	105.0
陕 西	Shaanxi	103.7	103.6	100.8	112.7	100.4	100.5	100.0	103.8
甘 肃	Gansu	108.1	109.3	99.0	123.7	102.1	101.1	105.6	102.8
青 海	Qinghai	104.2	103.3	94.4	120.7	97.1	99.7	101.8	106.8
宁 夏	Ningxia	104.9	104.8	103.9	118.5	102.6	111.8	100.4	105.1
新 疆	Xinjiang	105.7	103.4	97.9	113.9	100.5	99.6	100.9	106.9

2-10-6 续表 7 Continued 7

(上年价格=100) (Preceding year=100)

地 区 Region	(1)化妆美容用品 Cosmetics	(2)清洁类化妆品 Clean make-up Supplies	(3)个人饰品 Personal Decorations	(4)个人服务 Personal Services	六、交通和通信 Transportation and Communication	1.交通 Transportation	(1)交通工具 Transportation Facility	(2)车用燃料及零配件 Fuels and Parts
全 国 National	**100.7**	**101.5**	**108.7**	**105.3**	**101.3**	**103.5**	**100.2**	**111.3**
北 京 Beijing								
天 津 Tianjin								
河 北 Hebei	102.4	105.5	107.8	104.1	101.1	103.0	99.7	112.6
山 西 Shanxi	102.0	101.9	111.1	104.9	100.4	102.6	98.7	111.5
内蒙古 Inner Mongolia	99.8	101.5	108.6	104.4	101.5	103.0	99.7	108.1
辽 宁 Liaoning	99.7	99.4	107.9	106.0	100.1	101.6	99.1	110.1
吉 林 Jilin	100.0	101.9	108.5	110.5	103.4	106.0	99.7	108.4
黑龙江 Heilongjiang	101.1	100.2	105.9	111.8	101.8	103.9	101.0	109.8
上 海 Shanghai								
江 苏 Jiangsu	102.0	104.2	112.4	105.4	101.1	103.4	99.6	111.9
浙 江 Zhejiang	100.3	100.8	113.7	104.7	101.4	102.6	98.9	113.1
安 徽 Anhui	101.4	100.1	106.4	107.5	100.7	102.6	101.4	111.6
福 建 Fujian	100.1	101.2	110.6	104.8	101.6	104.4	100.9	111.6
江 西 Jiangxi	100.6	100.7	113.3	104.7	101.4	103.1	99.6	112.0
山 东 Shandong	101.1	101.6	109.5	102.3	101.5	103.4	100.8	109.0
河 南 Henan	100.3	101.2	108.3	106.9	101.9	104.0	101.8	112.6
湖 北 Hubei	101.6	101.8	108.0	109.5	102.1	104.6	103.3	110.0
湖 南 Hunan	99.9	100.3	111.9	100.8	101.8	103.1	99.9	112.6
广 东 Guangdong	100.1	101.6	107.5	103.5	100.4	103.9	99.9	110.5
广 西 Guangxi	100.6	100.9	105.3	106.1	101.9	106.1	104.1	111.3
海 南 Hainan	101.0	102.4	106.9	111.0	99.9	103.7	101.3	109.0
重 庆 Chongqing								
四 川 Sichuan	100.0	100.3	106.5	102.0	101.8	104.1	100.8	111.5
贵 州 Guizhou	100.7	101.7	103.9	98.3	100.7	102.2	99.8	109.1
云 南 Yunnan	97.9	100.1	103.1	103.5	99.8	101.2	92.9	111.1
西 藏 Tibet	100.6	99.8	113.1	107.0	102.3	104.5	99.3	109.0
陕 西 Shaanxi	101.5	101.4	106.5	105.7	100.9	104.6	102.1	108.9
甘 肃 Gansu	100.9	100.8	102.5	107.9	102.0	104.5	100.5	113.5
青 海 Qinghai	101.0	104.4	108.2	116.5	101.0	103.8	100.7	110.6
宁 夏 Ningxia	101.5	104.7	108.7	107.7	102.4	106.7	102.5	112.8
新 疆 Xinjiang	100.7	102.7	109.5	117.9	101.5	104.3	102.0	110.3

2-10-6 续表 8 Continued 8

(上年价格=100) (Preceding year=100)

地 区	Region	(3)车辆使用及维修 Using and Upkeep Fare	(4)市区公共交通费 Incity Traffic Fare	(5)城市间交通费 Intercity Traffic Fare	2.通信 Communication	(1)通信工具 Communication Facility	(2)通信服务 Communication Service	七、娱乐教育文化用品及服务 Recreation, Education and Culture Articles
全 国	**National**	**102.6**	**104.8**	**103.2**	**98.1**	**91.5**	**99.9**	**100.8**
北 京	Beijing							
天 津	Tianjin							
河 北	Hebei	104.4	103.6	99.5	98.6	91.1	100.0	100.0
山 西	Shanxi	101.8	99.2	102.9	97.7	85.3	99.9	100.3
内蒙古	Inner Mongolia	101.3	106.4	101.2	99.2	98.0	99.8	100.2
辽 宁	Liaoning	102.4	99.7	102.0	98.5	90.2	100.3	101.3
吉 林	Jilin	100.0	115.5	103.0	99.8	99.1	100.0	101.1
黑龙江	Heilongjiang	100.1	111.5	102.3	98.9	95.4	100.5	103.0
上 海	Shanghai							
江 苏	Jiangsu	103.7	105.0	102.3	97.4	85.2	100.2	101.4
浙 江	Zhejiang	102.4	103.7	102.2	98.3	88.1	100.1	100.5
安 徽	Anhui	100.6	103.4	99.9	98.8	94.9	100.3	99.6
福 建	Fujian	103.3	103.8	102.1	98.7	88.8	100.1	98.7
江 西	Jiangxi	104.6	105.0	101.1	98.6	90.8	100.6	101.0
山 东	Shandong	100.6	105.1	106.5	98.9	92.8	100.9	100.4
河 南	Henan	101.1	105.0	105.0	97.8	90.9	99.9	101.2
湖 北	Hubei	106.3	105.8	102.2	99.2	95.4	100.3	100.6
湖 南	Hunan	100.0	100.2	101.9	99.8	98.8	100.0	102.2
广 东	Guangdong	101.2	104.5	106.5	96.4	89.9	98.0	101.2
广 西	Guangxi	105.6	102.4	106.0	97.4	89.0	100.0	101.0
海 南	Hainan	110.6	101.5	99.6	94.4	72.7	97.0	100.8
重 庆	Chongqing							
四 川	Sichuan	102.2	107.1	103.6	96.6	89.4	99.0	100.1
贵 州	Guizhou	100.8	100.0	105.1	98.3	90.2	101.4	98.8
云 南	Yunnan	102.5	104.5	105.6	97.9	90.5	100.0	100.1
西 藏	Tibet	103.3	106.8	103.4	99.4	98.2	100.0	100.8
陕 西	Shaanxi	104.5	106.3	105.3	97.1	89.7	100.1	100.9
甘 肃	Gansu	100.9	98.5	102.6	99.1	97.3	99.5	104.1
青 海	Qinghai	108.7	105.1	101.6	97.4	89.5	99.8	103.1
宁 夏	Ningxia	105.1	107.2	108.0	96.4	88.0	100.0	99.5
新 疆	Xinjiang	106.7	101.2	104.0	98.5	92.3	100.7	103.1

2-10-6 续表 9 Continued 9

(上年价格=100) (Preceding year=100)

地 区	Region	1.文娱用耐用消费品及服务 Durable Consumer Goods for Cultural and Recreational Use and Services	2.教 育 Education	(1)教材及参考书 Teaching Materials and Reference Books	(2)教育服务 Tuition and Child Care	3.文化娱乐 Cultural and Recreational	(1)文化娱乐用品 Cultural Recreational Articles	(2)书报杂志 Newspapers and Magazines
全 国	**National**	**96.0**	**101.7**	**101.1**	**101.7**	**100.8**	**100.9**	**100.9**
北 京	Beijing							
天 津	Tianjin							
河 北	Hebei	93.4	100.8	100.5	100.9	102.1	102.3	100.0
山 西	Shanxi	95.8	101.5	101.9	101.5	100.3	99.9	100.0
内 蒙 古	Inner Mongolia	98.2	100.3	101.3	99.9	101.1	100.6	102.4
辽 宁	Liaoning	95.2	102.9	100.4	103.1	100.2	100.3	100.6
吉 林	Jilin	98.1	102.2	101.7	102.4	100.1	100.3	100.0
黑 龙 江	Heilongjiang	96.5	105.6	112.3	105.2	100.2	100.0	101.0
上 海	Shanghai							
江 苏	Jiangsu	93.5	102.6	100.2	102.8	101.5	101.1	100.4
浙 江	Zhejiang	94.5	100.4	100.4	100.4	102.2	100.5	107.4
安 徽	Anhui	95.6	100.1	100.3	100.1	101.2	101.3	100.7
福 建	Fujian	94.7	98.9	100.6	98.6	100.6	100.4	100.9
江 西	Jiangxi	96.2	101.6	100.3	101.7	100.4	101.2	100.1
山 东	Shandong	97.1	100.7	100.0	100.8	100.2	100.2	100.0
河 南	Henan	95.4	103.4	101.2	103.4	101.0	101.4	100.3
湖 北	Hubei	98.0	100.9	102.6	100.6	101.5	100.5	100.4
湖 南	Hunan	99.1	103.4	100.5	103.5	100.7	101.4	100.1
广 东	Guangdong	97.0	100.5	98.9	101.0	101.4	101.7	101.7
广 西	Guangxi	97.9	102.5	101.3	102.7	97.6	100.3	100.7
海 南	Hainan	95.8	102.4	104.6	101.9	99.7	99.9	100.1
重 庆	Chongqing							
四 川	Sichuan	95.2	101.3	103.6	101.0	100.6	100.6	100.0
贵 州	Guizhou	92.4	100.7	100.6	100.8	97.8	99.4	101.8
云 南	Yunnan	93.4	101.5	106.2	100.9	100.0	99.1	101.1
西 藏	Tibet	97.3	100.4	100.6	100.3	100.8	99.8	101.0
陕 西	Shaanxi	95.8	102.4	100.4	102.9	101.7	101.5	100.3
甘 肃	Gansu	99.2	105.8	101.9	106.0	100.1	99.9	99.7
青 海	Qinghai	96.7	105.4	107.9	104.9	102.3	101.4	104.0
宁 夏	Ningxia	93.0	101.9	102.7	101.8	101.0	99.5	101.5
新 疆	Xinjiang	98.8	104.5	101.6	105.2	102.8	102.5	104.5

2-10-6 续表 10 Continued 10

(上年价格=100) (Preceding year=100)

地 区	Region	(3)文娱费 Expenditure of Culture and Recreation	4.旅游 Touring	八、居住 Residence	1.建房及装修材料 Building and Building Decoration Materials	2.住房租金 Rent	3.自有住房 Private Housing	4.水、电、燃料 Eletricity and Fuel
全 国	**National**	**100.7**	**103.9**	**105.7**	**105.8**	**105.2**	**106.3**	**104.9**
北 京	Beijing							
天 津	Tianjin							
河 北	Hebei	102.5	105.8	108.1	107.0	106.3	109.3	107.5
山 西	Shanxi	101.9	98.8	105.2	108.7	107.2	104.5	104.3
内蒙古	Inner Mongolia	100.2	102.9	104.4	102.3	107.2	104.8	106.5
辽 宁	Liaoning	99.3	100.3	105.2	104.3	104.8	106.4	104.1
吉 林	Jilin	100.0	99.9	103.9	104.3	100.4	102.5	105.0
黑龙江	Heilongjiang	100.3	102.2	105.2	105.2	112.2	105.5	103.6
上 海	Shanghai							
江 苏	Jiangsu	102.0	106.3	105.7	107.5	105.4	106.3	103.0
浙 江	Zhejiang	101.8	106.1	105.0	104.7	108.2	105.5	104.1
安 徽	Anhui	101.4	100.6	105.2	105.4	105.1	105.7	103.9
福 建	Fujian	100.6	100.4	106.3	109.1	103.4	106.2	105.6
江 西	Jiangxi	100.0	105.8	105.3	106.7	102.7	106.2	103.1
山 东	Shandong	100.3	103.6	107.3	109.2	110.4	106.0	106.7
河 南	Henan	100.4	100.4	107.3	106.8	104.3	108.0	106.8
湖 北	Hubei	102.9	102.6	105.8	106.7	104.2	107.5	103.4
湖 南	Hunan	100.5	100.2	108.0	107.3	101.7	109.8	107.9
广 东	Guangdong	100.7	108.9	103.6	102.8	104.2	102.5	105.3
广 西	Guangxi	93.3	104.0	102.9	105.6	103.6	103.1	99.1
海 南	Hainan	98.9	103.2	109.9	114.5	106.1	104.7	106.0
重 庆	Chongqing							
四 川	Sichuan	101.4	102.5	105.7	102.5	107.1	109.3	102.5
贵 州	Guizhou	96.0	98.9	102.3	102.8	100.0	100.5	104.6
云 南	Yunnan	100.7	104.5	105.2	102.9	109.5	105.9	106.5
西 藏	Tibet	101.9	109.7	105.8	102.4	103.4	108.8	104.8
陕 西	Shaanxi	103.0	101.5	104.9	106.3	108.5	104.2	104.5
甘 肃	Gansu	101.4	104.0	102.7	102.3	110.2	103.2	102.0
青 海	Qinghai	102.6	101.4	109.5	107.8	117.0	114.5	104.4
宁 夏	Ningxia	103.3	98.5	106.0	104.6	108.1	105.7	107.8
新 疆	Xinjiang	101.8	105.4	106.2	106.6	104.1	107.1	103.4

2-10-7 36个大中城市居民消费价格指数（2011年）

Consumer Price Indices in 36 Major Cities (2011)

（上年价格=100） (Preceding year=100)

地区	Region	居民消费价格指数 Consumer Price Index	一、食品 Food	1.粮食 Grain	2.淀粉及制品 Starches	3.干豆类及豆制品 Bean and Its Products	4.油脂 Oil or Fat	5.肉禽及其制品 Meal, Poultry and Their Products	(1)食用畜肉及副产品 Meal and Their Products
平均指数	**Average**	**105.3**	**111.6**	**112.6**	**116.3**	**106.6**	**114.7**	**122.1**	**128.0**
北　京	Beijing	105.6	110.6	110.8	115.0	104.3	114.2	121.8	127.8
天　津	Tianjin	104.9	111.4	108.5	123.3	100.1	115.3	122.6	126.5
石家庄	Shijiazhuang	105.7	110.0	106.3	139.1	97.8	107.9	119.5	123.4
太　原	Taiyuan	105.4	114.0	108.0	152.2	107.0	109.2	128.3	137.7
呼和浩特	Hohhot	105.5	114.3	113.1	174.2	108.5	122.5	127.7	128.7
沈　阳	Shenyang	105.4	110.1	115.0	131.8	105.0	116.0	125.1	127.5
大　连	Dalian	105.4	110.7	110.5	122.2	99.8	116.9	126.1	130.3
长　春	Changchun	105.5	111.7	112.1	170.3	107.6	116.2	122.4	126.7
哈尔滨	Harbin	105.6	111.7	116.7	104.1	104.0	120.7	125.0	130.4
上　海	Shanghai	105.2	110.8	113.5	106.6	114.7	117.5	119.9	128.1
南　京	Nanjing	105.4	111.3	113.6	116.0	108.0	115.9	120.1	125.8
杭　州	Hangzhou	104.8	110.7	110.1	99.4	120.3	118.7	120.1	127.4
宁　波	Ningbo	105.3	112.4	111.9	125.6	116.9	118.2	121.5	129.7
合　肥	Hefei	105.7	112.9	116.7	126.7	102.5	118.8	125.8	132.8
福　州	Fuzhou	104.9	111.6	117.6	111.7	99.3	111.9	119.1	123.6
厦　门	Xiamen	105.2	111.0	117.1	108.3	110.5	114.8	118.9	123.8
南　昌	Nanchang	105.0	108.7	112.1	107.2	100.9	113.4	118.2	121.6
济　南	Jinan	105.4	111.3	108.9	115.1	103.0	112.2	126.0	135.2
青　岛	Qingdao	105.0	111.1	107.2	109.0	104.9	108.4	122.9	132.8
郑　州	Zhengzhou	104.9	111.2	109.2	123.1	102.0	112.9	126.8	132.6
武　汉	Wuhan	105.2	110.1	117.1	118.1	101.7	113.2	119.8	126.9
长　沙	Changsha	105.5	111.5	117.2	98.5	107.6	116.6	117.9	122.9
广　州	Guangzhou	105.5	112.2	111.2	110.1	103.8	111.4	115.7	119.0
深　圳	Shenzhen	105.4	111.9	111.0	108.3	104.2	112.1	121.6	127.7
南　宁	Nanning	105.7	112.5	113.2	110.7	105.6	111.9	118.6	123.2
海　口	Haikou	105.4	112.6	118.2	122.5	104.4	110.5	116.1	121.0
重　庆	Chongqing	105.3	114.1	115.4	115.1	105.7	116.0	130.1	135.6
成　都	Chengdu	105.4	112.6	112.5	118.5	109.3	113.9	123.8	130.6
贵　阳	Guiyang	105.5	113.2	116.8	114.0	114.1	116.4	121.0	124.7
昆　明	Kunming	104.9	110.8	111.5	104.5	100.9	118.4	125.9	132.4
拉　萨	Lhasa	105.0	110.0	112.7	105.9	117.0	101.4	109.9	115.3
西　安	Xi'an	105.6	111.3	111.0	109.6	100.9	113.7	126.5	133.9
兰　州	Lanzhou	105.4	113.2	113.7	103.3	105.0	111.5	121.4	126.5
西　宁	Xining	105.7	110.9	111.8	117.6	105.2	106.1	123.5	126.3
银　川	Yinchuan	105.5	112.9	112.9	108.7	107.2	111.8	122.6	125.1
乌鲁木齐	Urumqi	104.5	112.2	108.5	116.2	109.3	113.7	121.4	125.6

2-10-7 续表 1 Continued 1

(上年价格=100) (Preceding year=100)

地区	Region	(2)禽 Poultry	(3)加工肉禽 Meat and Poultry Products	6.蛋 Eggs	7.水产品 Aquatic Products	(1)鱼 Fish	(2)其它水产品 Other Aquatic Products	8.菜 Vegetables	9.调味品 Flavoring
平均指数	**Average**	**115.0**	**109.8**	**114.3**	**112.9**	**115.0**	**110.6**	**100.0**	**107.2**
北京	Beijing	118.5	109.0	109.9	109.5	113.8	105.2	98.1	106.4
天津	Tianjin	111.1	115.6	114.4	120.7	117.6	122.5	96.7	106.4
石家庄	Shijiazhuang	112.9	110.0	113.4	113.4	116.5	109.7	95.7	105.8
太原	Taiyuan	118.8	112.2	114.3	119.0	112.6	129.5	95.5	107.6
呼和浩特	Hohhot	133.3	104.8	116.8	110.8	113.4	102.4	100.8	115.8
沈阳	Shenyang	116.6	119.7	114.6	113.2	120.0	108.4	91.4	108.3
大连	Dalian	113.2	120.8	109.9	109.2	114.8	106.2	96.3	108.8
长春	Changchun	117.8	107.2	122.4	114.1	116.9	110.6	94.5	104.6
哈尔滨	Harbin	124.1	107.6	107.6	108.0	115.1	100.2	102.0	103.4
上海	Shanghai	116.3	107.6	113.5	113.7	117.3	111.0	99.8	107.7
南京	Nanjing	114.4	112.7	116.2	109.4	111.3	107.2	98.4	106.9
杭州	Hangzhou	113.6	107.3	115.7	112.3	116.0	109.2	99.8	103.4
宁波	Ningbo	113.5	108.2	118.5	116.0	118.8	113.6	101.5	105.7
合肥	Hefei	112.7	109.5	112.4	111.6	112.5	110.3	98.8	109.0
福州	Fuzhou	112.1	111.5	113.1	110.8	119.5	105.9	103.8	103.8
厦门	Xiamen	111.0	108.5	113.6	112.2	129.6	99.0	99.0	106.5
南昌	Nanchang	115.7	104.3	116.0	107.4	106.5	109.3	92.8	108.4
济南	Jinan	120.3	110.5	110.4	114.6	117.7	112.5	105.7	109.6
青岛	Qingdao	115.3	104.0	110.6	111.5	118.3	108.5	98.9	112.2
郑州	Zhengzhou	116.5	117.5	116.7	119.1	119.2	118.5	101.9	103.8
武汉	Wuhan	112.0	103.6	111.1	109.9	109.6	110.7	94.5	107.5
长沙	Changsha	112.5	106.4	122.0	108.7	108.4	109.4	106.3	102.9
广州	Guangzhou	112.8	111.1	113.5	114.1	114.0	114.4	104.7	104.8
深圳	Shenzhen	111.5	108.0	116.4	116.3	112.6	123.2	103.1	109.5
南宁	Nanning	112.8	114.1	112.9	117.3	117.4	117.1	104.7	104.4
海口	Haikou	108.1	109.3	114.4	112.8	113.6	110.4	107.0	107.9
重庆	Chongqing	121.5	111.4	120.2	107.2	109.9	100.3	103.5	110.1
成都	Chengdu	112.7	103.6	117.1	109.5	109.0	110.6	94.5	107.3
贵阳	Guiyang	110.0	105.3	113.3	110.7	112.1	107.7	105.7	107.6
昆明	Kunming	117.6	110.1	108.6	108.4	108.9	107.2	94.6	103.0
拉萨	Lhasa	104.9	105.1	110.3	104.6	108.2	96.0	109.3	109.9
西安	Xi'an	113.0	114.7	112.7	111.4	111.7	110.3	105.6	108.7
兰州	Lanzhou	113.3	104.1	119.3	110.6	111.2	109.4	109.3	103.0
西宁	Xining	119.5	111.5	111.7	111.9	115.9	104.1	99.4	109.4
银川	Yinchuan	117.8	114.3	114.8	110.4	113.7	105.1	94.5	107.3
乌鲁木齐	Urumqi	114.6	111.5	114.4	109.2	109.7	106.3	98.9	103.0

2-10-7 续表 2 Continued 2

(上年价格=100) (Preceding year=100)

地 区	Region	10.糖 Carbohydrate	11.茶及饮料 Tea and Beverages	(1)茶叶 Tea	(2)饮料 Beverages	12.干鲜瓜果 Dried and Fresh Melons and Fruits	13.糕点饼干面包 Cake, Biscuit and Bread	14.液体乳及乳制品 Milk and Its Products	15.在外用膳食品 Outward Dinner
平均指数	**Average**	**110.1**	**105.1**	**105.0**	**105.2**	**114.5**	**109.7**	**106.9**	**108.8**
北 京	Beijing	115.1	105.0	104.4	105.4	110.7	112.7	104.8	110.5
天 津	Tianjin	109.1	104.7	100.3	106.9	108.8	113.3	104.6	109.6
石家庄	Shijiazhuang	114.7	103.6	100.3	106.7	125.9	114.5	102.8	106.2
太 原	Taiyuan	116.0	105.6	106.1	105.4	127.2	120.8	101.5	115.3
呼和浩特	Hohhot	106.4	100.4	100.3	100.5	125.8	103.7	105.6	107.4
沈 阳	Shenyang	112.4	104.7	104.4	104.8	110.6	111.7	103.7	105.6
大 连	Dalian	105.8	106.2	100.0	110.6	107.6	111.0	104.0	111.5
长 春	Changchun	108.4	103.0	102.6	103.2	115.8	109.3	102.1	106.6
哈尔滨	Harbin	111.3	104.7	100.3	106.7	116.9	104.7	104.3	104.3
上 海	Shanghai	104.8	105.1	104.3	105.3	114.5	108.8	108.2	107.9
南 京	Nanjing	108.2	105.0	101.9	107.3	117.3	113.4	112.3	108.8
杭 州	Hangzhou	108.1	106.3	100.6	108.2	113.8	108.7	106.3	107.6
宁 波	Ningbo	114.3	104.6	107.6	103.7	117.3	104.0	111.1	108.2
合 肥	Hefei	113.3	103.6	102.4	104.9	119.1	106.8	105.2	109.5
福 州	Fuzhou	108.6	102.9	104.4	101.9	114.6	103.6	101.8	109.1
厦 门	Xiamen	110.6	100.7	105.7	97.3	113.5	101.1	109.5	105.3
南 昌	Nanchang	114.0	105.3	104.5	105.7	111.7	112.1	114.5	102.9
济 南	Jinan	110.4	104.9	103.6	106.0	121.7	110.3	104.8	103.6
青 岛	Qingdao	108.0	104.8	105.0	104.4	114.6	107.3	103.6	111.4
郑 州	Zhengzhou	106.0	106.2	101.5	109.6	112.4	102.9	104.0	106.3
武 汉	Wuhan	111.9	102.0	105.9	100.5	123.0	109.8	102.6	104.4
长 沙	Changsha	106.9	100.7	100.2	100.8	118.8	99.9	100.7	106.8
广 州	Guangzhou	113.2	107.6	112.6	103.8	117.8	107.6	106.8	112.7
深 圳	Shenzhen	110.6	106.1	103.3	107.7	110.4	108.0	107.5	108.5
南 宁	Nanning	116.6	103.9	102.5	104.3	112.5	110.7	109.4	109.1
海 口	Haikou	113.1	103.3	111.0	100.2	112.4	103.9	101.8	112.2
重 庆	Chongqing	109.4	108.2	110.7	105.4	116.4	109.2	107.5	107.1
成 都	Chengdu	109.5	105.0	104.3	105.3	119.1	107.9	116.8	108.1
贵 阳	Guiyang	112.4	105.6	95.2	109.1	111.6	115.8	98.3	113.3
昆 明	Kunming	110.4	107.0	109.6	105.4	104.7	111.8	105.1	111.3
拉 萨	Lhasa	114.0	105.5	111.7	100.6	119.1	102.8	104.2	115.4
西 安	Xi'an	114.4	106.4	115.2	103.1	114.6	109.3	113.6	106.3
兰 州	Lanzhou	109.5	106.9	111.4	102.4	120.4	112.7	102.1	115.0
西 宁	Xining	112.6	105.1	108.2	103.6	115.5	113.3	106.6	105.3
银 川	Yinchuan	107.7	102.8	103.5	102.4	113.4	112.8	110.5	117.8
乌鲁木齐	Urumqi	107.2	103.8	103.9	103.8	118.9	106.8	106.7	114.2

2-10-7 续表 3 Continued 3

(上年价格=100) (Preceding year=100)

地　区	Region	16.其它食品 Other Foods	二、烟酒及用品 Tobacco, Liquor and Articles	1．烟草 Tobacco	2．酒 Liquor	三、衣着 Clothing	1．服装 Garments	(1)男式服装 Men's Clothing
平均指数	**Average**	**107.7**	**103.1**	**100.5**	**107.6**	**103.2**	**103.7**	**102.9**
北　京	Beijing	107.2	102.5	100.0	105.3	102.7	102.6	101.2
天　津	Tianjin	114.0	104.8	100.6	109.5	102.1	101.7	101.9
石家庄	Shijiazhuang	117.3	101.1	100.0	102.2	105.7	106.6	107.1
太　原	Taiyuan	104.1	107.3	109.2	103.7	102.0	102.4	100.0
呼和浩特	Hohhot	100.2	103.1	100.0	108.4	103.7	105.2	98.0
沈　阳	Shenyang	106.9	102.1	100.3	104.6	103.9	104.1	106.4
大　连	Dalian	110.5	100.9	99.9	102.4	102.5	102.3	104.7
长　春	Changchun	100.0	102.8	99.6	107.7	103.7	105.4	104.5
哈尔滨	Harbin	100.1	103.0	101.8	104.3	103.0	103.4	101.1
上　海	Shanghai	107.4	101.3	100.3	103.9	104.3	105.4	103.7
南　京	Nanjing	112.3	107.1	102.9	114.6	108.4	110.0	103.3
杭　州	Hangzhou	109.9	100.9	100.1	103.4	106.1	106.0	109.7
宁　波	Ningbo	102.0	102.0	100.0	107.6	103.1	102.9	103.3
合　肥	Hefei	114.9	105.4	100.0	114.2	102.7	103.6	104.8
福　州	Fuzhou	105.7	103.0	100.0	107.6	100.5	97.2	101.4
厦　门	Xiamen	114.6	103.7	100.1	109.8	106.5	108.4	103.7
南　昌	Nanchang	105.5	101.9	99.9	105.2	109.5	107.3	107.9
济　南	Jinan	106.2	107.1	100.9	111.9	100.5	101.0	100.9
青　岛	Qingdao	111.4	101.5	103.1	100.1	108.2	107.8	107.1
郑　州	Zhengzhou	102.1	102.8	100.0	105.7	100.4	100.1	99.3
武　汉	Wuhan	110.7	105.3	99.9	116.4	103.2	104.8	106.3
长　沙	Changsha	100.0	100.3	100.0	100.9	101.5	101.8	101.5
广　州	Guangzhou	102.4	103.5	102.7	104.6	104.1	104.6	102.4
深　圳	Shenzhen	105.1	104.6	100.9	110.5	102.1	105.0	104.1
南　宁	Nanning	109.9	104.6	100.0	108.7	108.8	109.9	110.5
海　口	Haikou	101.7	100.5	100.1	101.0	100.2	99.7	99.9
重　庆	Chongqing	106.8	103.7	99.8	112.7	101.3	101.6	101.1
成　都	Chengdu	106.3	103.5	99.9	112.2	98.9	98.4	97.8
贵　阳	Guiyang	104.4	103.0	100.0	109.4	101.5	101.4	101.5
昆　明	Kunming	109.1	100.2	99.6	104.0	100.6	99.8	96.5
拉　萨	Lhasa	100.9	101.7	100.0	107.0	103.3	104.0	106.5
西　安	Xi'an	107.9	103.0	101.0	107.3	104.0	105.7	103.6
兰　州	Lanzhou	98.9	105.3	100.0	113.4	97.7	97.0	98.8
西　宁	Xining	112.6	105.0	100.0	111.8	103.3	104.3	99.8
银　川	Yinchuan	108.5	101.8	100.0	106.0	102.6	101.9	100.9
乌鲁木齐	Urumqi	107.1	103.7	100.0	108.3	97.2	98.1	98.5

2-10-7 续表 4 Continued 4

(上年价格=100) (Preceding year=100)

地 区	Region	(2)女式服装 Women's Clothing	(3)儿童服装 Children's Clothing	2.衣着材料 Clothing Material	3.鞋袜帽 Footgear and Hats	(1)鞋 Shoes	(2)袜子 Socks	(3)帽子 Hats	4.衣着加工服务 Clothing Manufacturing Services
平均指数	**Average**	**104.5**	**101.7**	**110.9**	**101.2**	**101.0**	**102.9**	**102.0**	**108.7**
北 京	Beijing	103.6	100.7	111.7	102.7	102.8	100.5	103.0	104.3
天 津	Tianjin	102.2	92.7	119.3	101.9	101.9	103.2	100.7	116.8
石家庄	Shijiazhuang	106.0	107.4	117.7	103.0	103.0	102.7	102.3	123.0
太 原	Taiyuan	104.4	102.2	116.7	100.1	100.4	100.0	89.3	114.9
呼和浩特	Hohhot	111.6	96.7	104.8	101.1	101.1	102.1	101.0	100.0
沈 阳	Shenyang	103.8	94.6	115.6	102.3	102.4	103.2	99.7	139.8
大 连	Dalian	98.3	115.7	104.9	102.4	101.8	108.4	100.0	112.3
长 春	Changchun	107.4	97.0	109.9	99.8	100.4	91.9	108.0	107.1
哈尔滨	Harbin	106.2	93.1	116.0	99.9	99.2	124.9	110.0	114.1
上 海	Shanghai	107.4	100.3	119.8	99.0	98.5	104.5	103.5	119.1
南 京	Nanjing	118.7	97.6	112.9	103.7	102.0	113.9	113.3	109.5
杭 州	Hangzhou	103.4	104.3	120.7	105.9	106.4	99.6	102.6	108.1
宁 波	Ningbo	102.2	104.4	104.8	103.9	104.1	101.1	103.9	104.8
合 肥	Hefei	103.5	99.8	111.6	100.2	100.2	100.0	101.3	104.5
福 州	Fuzhou	95.1	102.3	107.2	112.2	113.8	89.8	91.0	102.3
厦 门	Xiamen	112.7	103.1	109.1	100.0	99.5	104.8	99.4	102.5
南 昌	Nanchang	104.4	123.1	120.0	114.0	115.3	108.8	89.6	124.4
济 南	Jinan	100.8	102.7	100.3	98.7	98.5	100.3	100.2	101.4
青 岛	Qingdao	109.1	100.7	122.8	108.9	109.8	101.2	110.3	106.2
郑 州	Zhengzhou	100.5	101.0	119.9	100.6	100.4	100.0	103.9	105.4
武 汉	Wuhan	103.6	106.1	103.1	98.8	98.0	104.0	116.3	100.0
长 沙	Changsha	102.3	100.0	101.0	100.3	100.3	100.0	100.0	105.5
广 州	Guangzhou	106.2	103.8	103.0	103.0	102.7	104.9	100.2	101.4
深 圳	Shenzhen	105.8	104.7	109.8	92.0	90.2	102.2	100.5	100.9
南 宁	Nanning	110.6	104.1	115.5	106.1	107.4	96.3	95.4	102.0
海 口	Haikou	100.3	98.5	109.9	100.0	100.0	100.0	100.0	105.8
重 庆	Chongqing	101.6	106.2	114.1	100.1	100.4	99.5	95.0	102.4
成 都	Chengdu	100.4	92.2	108.7	99.9	99.0	111.6	100.1	104.8
贵 阳	Guiyang	101.2	102.4	114.6	100.9	100.2	104.7	102.8	107.1
昆 明	Kunming	101.2	102.0	106.6	102.1	102.5	100.1	98.1	107.3
拉 萨	Lhasa	102.4	103.9	101.2	102.6	104.3	101.2	100.0	102.8
西 安	Xi'an	107.3	106.3	101.2	98.8	97.5	110.1	102.4	115.6
兰 州	Lanzhou	95.5	98.3	101.5	99.0	98.9	100.0	99.0	105.1
西 宁	Xining	108.0	104.7	113.6	99.8	100.2	100.4	95.6	125.7
银 川	Yinchuan	102.7	102.2	130.4	103.2	103.2	103.8	100.6	113.7
乌鲁木齐	Urumqi	98.2	96.3	106.0	92.8	92.0	100.0	102.6	109.8

2-10-7 续表 5 Continued 5

(上年价格=100) (Preceding year=100)

地　区	Region	四、家庭设备用品及维修服务 Household Facilities, Articles and Maintenemce Services	1.耐用消费品 Durable Consumer Goods	(1)家具 Furniture	(2)家庭设备 Household Facilities	2.室内装饰品 Interior Decorations	3.床上用品 Bed Articles	4.家庭日用杂品 Daily Use Household Articles	5.家庭服务及加工维修服务 Household Service and Manufacturing Upkeep
平均指数	**Average**	**103.9**	**101.1**	**103.5**	**99.8**	**100.1**	**108.0**	**103.5**	**115.4**
北　京	Beijing	104.2	101.6	104.2	99.6	99.8	107.1	103.8	118.0
天　津	Tianjin	106.1	102.9	103.7	102.3	100.2	127.0	103.0	126.0
石家庄	Shijiazhuang	101.7	98.6	101.5	97.7	100.3	105.5	103.0	116.4
太　原	Taiyuan	106.1	102.1	108.0	98.3	100.9	99.1	103.0	130.2
呼和浩特	Hohhot	100.5	100.8	99.5	102.0	100.4	101.4	100.0	100.3
沈　阳	Shenyang	102.6	99.9	101.9	98.8	101.8	112.5	101.6	107.0
大　连	Dalian	104.8	102.8	106.0	100.6	93.1	115.0	104.2	115.6
长　春	Changchun	101.6	97.8	99.8	96.9	107.1	107.3	102.9	109.9
哈尔滨	Harbin	101.0	95.9	93.7	96.3	101.1	100.9	104.9	117.3
上　海	Shanghai	107.1	102.8	104.0	102.0	101.5	116.4	107.6	118.0
南　京	Nanjing	108.0	103.0	108.9	100.4	103.0	106.9	103.4	133.4
杭　州	Hangzhou	104.2	101.6	105.4	100.0	100.0	108.6	102.0	116.6
宁　波	Ningbo	105.9	104.8	106.5	104.0	100.2	106.4	104.6	115.7
合　肥	Hefei	105.2	103.6	105.6	103.1	108.4	105.3	101.9	118.8
福　州	Fuzhou	102.1	99.7	102.2	99.1	100.3	102.0	96.4	130.8
厦　门	Xiamen	101.3	101.3	98.8	102.2	100.2	102.4	103.8	93.0
南　昌	Nanchang	104.2	99.5	102.1	98.8	103.2	108.5	108.8	111.9
济　南	Jinan	102.5	102.1	104.7	100.9	99.3	101.0	104.1	100.0
青　岛	Qingdao	101.0	99.6	103.5	97.9	97.9	109.3	101.3	103.4
郑　州	Zhengzhou	101.6	99.7	100.2	99.3	100.0	104.4	101.4	129.0
武　汉	Wuhan	103.6	100.0	110.4	95.6	108.0	110.1	106.1	108.7
长　沙	Changsha	102.1	100.3	100.2	100.4	99.8	100.2	101.8	118.8
广　州	Guangzhou	104.1	101.1	101.7	100.8	101.7	104.2	100.7	120.5
深　圳	Shenzhen	101.3	102.0	104.6	100.6	101.0	99.9	100.1	102.4
南　宁	Nanning	101.4	97.8	99.8	96.6	102.5	109.8	102.8	109.3
海　口	Haikou	100.4	102.2	106.0	100.5	100.3	100.0	97.9	105.2
重　庆	Chongqing	102.2	97.3	99.8	95.9	95.3	109.9	104.6	110.6
成　都	Chengdu	104.0	101.8	105.1	100.5	97.7	97.0	105.9	113.1
贵　阳	Guiyang	100.9	97.2	104.4	95.2	91.4	108.7	100.7	109.2
昆　明	Kunming	109.3	102.5	106.3	100.0	100.0	115.7	108.4	134.2
拉　萨	Lhasa	104.4	104.7	108.7	101.8	102.3	109.3	103.1	100.0
西　安	Xi'an	101.8	101.9	108.2	98.2	99.7	95.7	101.4	109.5
兰　州	Lanzhou	99.3	99.0	100.0	98.2	99.9	95.2	100.9	103.4
西　宁	Xining	99.3	95.2	92.1	96.6	94.0	111.9	100.9	127.0
银　川	Yinchuan	101.8	100.5	101.0	100.3	103.9	89.6	104.5	106.6
乌鲁木齐	Urumqi	102.1	96.7	97.4	96.4	105.0	111.5	104.3	121.2

2-10-7 续表 6 Continued 6

(上年价格=100) (Preceding year=100)

地 区	Region	五、医疗保健和个人用品 Health Care and Personal Articles	1.医疗保健 Health Care	(1)医疗器具及用品 Medical Instrument and Articles	(2)中药材及中成药 Traditional Chinese Medicine	(3)西药 Western Medicine	(4)保健器具及用品 Health Care Appliances and Articles	(5)医疗保健服务 Health Care Services	2.个人用品及服务 Personal Articles and Services
平均指数	**Average**	**103.3**	**102.4**	**104.7**	**109.5**	**99.0**	**104.9**	**100.7**	**104.9**
北 京	Beijing	103.7	102.3	102.7	112.7	100.6	100.9	100.0	106.5
天 津	Tianjin	101.8	100.7	111.1	102.7	100.5	99.0	100.0	104.0
石家庄	Shijiazhuang	104.6	104.2	104.0	117.0	98.0	103.9	103.3	106.1
太 原	Taiyuan	103.6	104.2	109.4	119.6	100.6	108.1	100.2	101.2
呼和浩特	Hohhot	103.5	99.7	100.0	104.3	95.9	100.7	100.8	106.7
沈 阳	Shenyang	102.9	102.2	105.1	111.0	98.9	103.5	100.0	104.2
大 连	Dalian	104.5	102.8	101.6	109.2	101.6	102.9	100.4	107.6
长 春	Changchun	102.2	102.1	99.9	113.4	97.9	101.9	100.1	102.4
哈尔滨	Harbin	103.4	101.0	101.3	107.6	99.8	98.6	100.7	108.9
上 海	Shanghai	104.1	100.6	109.0	105.8	94.6	104.9	103.1	107.4
南 京	Nanjing	102.6	101.3	100.0	102.3	96.2	103.9	102.9	105.8
杭 州	Hangzhou	103.6	103.5	102.9	113.8	98.7	109.1	100.0	104.0
宁 波	Ningbo	103.3	103.7	101.6	101.6	96.2	119.7	99.2	102.1
合 肥	Hefei	101.7	101.7	99.3	107.3	101.8	109.6	96.9	101.7
福 州	Fuzhou	102.2	102.0	108.9	112.4	100.7	100.8	100.0	102.4
厦 门	Xiamen	101.8	103.5	100.6	114.8	100.3	104.8	99.9	99.2
南 昌	Nanchang	102.9	101.4	100.0	104.2	99.7	100.0	100.0	105.6
济 南	Jinan	105.4	106.4	107.5	116.7	102.9	116.0	100.0	103.0
青 岛	Qingdao	101.7	101.4	104.1	108.0	99.6	101.8	100.0	102.5
郑 州	Zhengzhou	101.6	100.7	101.5	109.4	99.3	100.1	99.9	103.2
武 汉	Wuhan	104.3	102.8	100.6	108.7	101.2	103.5	100.0	108.6
长 沙	Changsha	102.5	101.6	102.9	106.4	99.4	105.0	100.0	104.1
广 州	Guangzhou	102.9	101.8	100.3	113.8	95.7	102.1	100.2	104.3
深 圳	Shenzhen	105.0	106.8	103.4	108.3	105.7	117.1	100.0	101.9
南 宁	Nanning	102.7	102.7	100.1	109.7	99.7	100.0	99.5	102.9
海 口	Haikou	101.2	100.7	101.4	107.8	99.6	101.6	99.2	102.7
重 庆	Chongqing	102.0	101.5	98.0	108.6	98.8	100.3	100.3	102.7
成 都	Chengdu	102.8	102.3	108.4	109.8	94.5	103.6	106.8	103.7
贵 阳	Guiyang	103.7	105.1	101.6	118.6	103.5	100.4	100.0	101.5
昆 明	Kunming	103.2	103.0	104.9	108.4	101.1	101.2	100.0	103.9
拉 萨	Lhasa	101.7	99.9	89.1	109.6	96.3	99.5	101.0	103.5
西 安	Xi'an	105.3	104.3	120.7	115.2	99.2	103.0	100.0	107.5
兰 州	Lanzhou	101.8	102.1	100.0	110.6	100.7	100.2	99.7	101.4
西 宁	Xining	101.9	101.9	98.5	111.4	99.9	99.7	99.8	101.8
银 川	Yinchuan	103.6	102.9	102.1	109.2	100.5	104.1	100.2	105.1
乌鲁木齐	Urumqi	103.3	102.2	93.9	105.5	101.6	100.8	100.0	105.7

2-10-7 续表 7 Continued 7

(上年价格=100) (Preceding year=100)

地 区	Region	(1)化妆美容用品 Cosmetics	(2)清洁用化妆品 Clean make-up Supplies	(3)个人饰品 Personal Decorations	(4)个人服务 Personal Services	六、交通和通信 Transportation and Communication	1.交通 Transportation	(1)交通工具 Transportation Facility	(2)车用燃料及零配件 Fuels and Parts
平均指数	**Average**	**101.8**	**102.2**	**109.4**	**104.2**	**100.2**	**102.6**	**98.2**	**112.2**
北 京	Beijing	100.8	102.7	113.5	104.6	101.5	104.5	95.9	112.3
天 津	Tianjin	100.8	101.8	111.4	100.0	99.9	104.8	103.6	112.9
石家庄	Shijiazhuang	101.2	99.0	107.7	110.5	99.6	101.2	99.8	110.4
太 原	Taiyuan	102.2	98.4	99.0	104.5	101.6	104.4	100.5	112.1
呼和浩特	Hohhot	99.8	102.4	115.2	101.2	99.2	101.0	98.9	111.5
沈 阳	Shenyang	102.1	101.8	107.8	104.5	101.0	103.1	100.3	113.8
大 连	Dalian	102.8	103.6	111.5	109.0	100.2	101.6	99.8	111.3
长 春	Changchun	102.2	102.1	106.2	100.7	97.9	100.0	87.1	112.3
哈尔滨	Harbin	102.3	102.0	122.4	102.4	98.5	100.3	97.8	112.4
上 海	Shanghai	104.1	104.8	110.7	105.3	100.2	101.8	101.6	111.0
南 京	Nanjing	102.8	99.4	112.5	106.6	100.9	102.9	99.6	111.8
杭 州	Hangzhou	102.2	105.3	108.5	100.1	98.4	98.3	91.0	113.3
宁 波	Ningbo	99.8	102.8	107.3	98.5	101.6	102.6	98.4	113.5
合 肥	Hefei	100.8	96.2	106.2	101.8	99.6	102.6	99.9	112.1
福 州	Fuzhou	95.2	101.1	106.2	100.1	101.3	104.4	98.9	112.2
厦 门	Xiamen	100.5	98.3	95.3	101.0	100.1	102.0	96.9	112.9
南 昌	Nanchang	102.0	104.3	111.5	103.6	99.9	102.9	102.2	108.8
济 南	Jinan	100.8	101.5	111.3	100.0	98.9	100.0	95.2	110.8
青 岛	Qingdao	103.6	99.0	104.7	101.0	100.6	101.8	92.1	112.0
郑 州	Zhengzhou	100.2	100.0	103.6	105.4	100.9	102.1	100.8	112.8
武 汉	Wuhan	104.4	102.6	107.9	119.6	99.6	99.5	100.1	109.3
长 沙	Changsha	100.9	99.4	109.6	107.2	101.5	103.5	101.7	114.3
广 州	Guangzhou	102.4	101.3	110.0	104.5	99.4	103.5	96.3	113.7
深 圳	Shenzhen	102.3	101.4	104.8	97.7	100.3	101.5	93.9	112.1
南 宁	Nanning	100.4	103.7	108.2	100.1	101.7	104.5	98.6	108.1
海 口	Haikou	98.3	99.8	107.0	104.3	102.6	105.2	102.0	110.5
重 庆	Chongqing	100.8	103.3	105.2	102.0	99.1	103.2	99.1	110.8
成 都	Chengdu	100.5	99.7	107.4	107.9	100.7	103.5	97.6	111.3
贵 阳	Guiyang	100.1	102.7	105.9	100.0	99.4	104.8	100.2	112.7
昆 明	Kunming	98.3	100.8	110.6	106.4	101.2	104.3	99.7	113.3
拉 萨	Lhasa	101.1	101.5	107.3	104.0	101.5	103.8	100.6	110.0
西 安	Xi'an	101.9	101.8	111.4	116.0	100.3	105.3	97.9	110.8
兰 州	Lanzhou	100.8	104.2	101.2	99.7	99.7	102.4	100.0	112.5
西 宁	Xining	105.0	99.1	107.2	98.0	99.2	100.3	98.6	113.7
银 川	Yinchuan	100.5	103.9	108.4	110.3	101.2	104.1	99.9	109.8
乌鲁木齐	Urumqi	102.6	102.2	110.1	109.1	99.8	102.1	98.4	110.9

2-10-7 续表 8 Continued 8

(上年价格=100) (Preceding year=100)

地 区	Region	(3)车辆使用及维修 Using and Upkeep Fare	(4)市区公共交通费 Incity Traffic Fare	(5)城市间交通费 Intercity Traffic Fare	2.通信 Communication	(1)通信工具 Communication Facility	(2)通信服务 Communication Service	七、娱乐教育文化用品及服务 Recreation, Education and Culture Articles
平均指数	**Average**	**105.8**	**100.5**	**102.8**	**96.6**	**81.5**	**99.8**	**99.8**
北 京	Beijing	118.0	101.2	100.4	95.5	78.7	100.0	99.7
天 津	Tianjin	101.1	101.5	108.1	92.9	65.0	100.0	99.5
石家庄	Shijiazhuang	100.0	100.0	100.9	98.4	87.7	100.0	100.4
太 原	Taiyuan	108.3	105.7	103.6	98.1	73.0	101.3	101.8
呼和浩特	Hohhot	101.3	100.4	100.3	95.8	87.6	98.8	102.7
沈 阳	Shenyang	102.8	100.9	97.2	98.5	89.8	100.0	99.5
大 连	Dalian	105.9	100.0	102.0	98.0	77.1	101.7	100.7
长 春	Changchun	100.0	101.1	103.2	95.7	80.0	100.0	99.3
哈尔滨	Harbin	98.5	100.0	98.6	96.9	78.1	100.0	98.1
上 海	Shanghai	102.8	97.2	102.3	96.3	79.9	99.7	99.2
南 京	Nanjing	105.9	101.2	104.8	97.0	81.4	100.3	99.4
杭 州	Hangzhou	102.9	101.5	101.1	98.6	86.3	100.0	100.1
宁 波	Ningbo	101.6	102.2	99.7	99.1	92.4	100.0	97.6
合 肥	Hefei	100.2	103.7	99.8	96.1	78.4	100.0	100.3
福 州	Fuzhou	109.4	102.5	103.8	97.9	83.9	100.0	98.9
厦 门	Xiamen	100.2	97.6	108.8	97.9	80.2	100.0	98.3
南 昌	Nanchang	101.2	102.1	103.3	98.0	87.9	99.9	100.4
济 南	Jinan	100.0	100.0	102.0	97.4	85.8	100.5	99.9
青 岛	Qingdao	102.2	106.4	106.9	98.3	89.1	100.0	100.7
郑 州	Zhengzhou	102.6	100.0	101.7	99.7	94.8	100.6	100.6
武 汉	Wuhan	100.9	95.7	100.8	99.7	97.9	100.0	100.3
长 沙	Changsha	102.4	101.1	101.1	98.9	92.3	100.0	100.3
广 州	Guangzhou	103.2	100.9	105.0	94.3	73.5	97.4	100.9
深 圳	Shenzhen	105.0	100.5	102.0	97.8	84.8	100.2	101.7
南 宁	Nanning	100.8	101.4	115.7	98.6	89.2	101.4	99.8
海 口	Haikou	111.8	100.0	98.5	96.8	77.4	100.0	100.7
重 庆	Chongqing	101.0	102.7	103.3	95.5	83.8	99.4	98.9
成 都	Chengdu	105.1	108.5	102.6	97.1	81.9	100.0	97.3
贵 阳	Guiyang	127.7	99.0	103.7	94.1	72.8	100.0	100.1
昆 明	Kunming	109.2	102.5	103.5	98.3	82.5	101.1	99.0
拉 萨	Lhasa	106.9	100.0	100.6	98.3	94.1	99.3	100.7
西 安	Xi'an	105.7	104.7	107.5	95.8	75.8	100.0	101.0
兰 州	Lanzhou	101.5	100.0	101.6	98.5	97.0	100.0	100.8
西 宁	Xining	117.9	100.0	98.2	97.9	88.7	99.9	99.6
银 川	Yinchuan	105.9	100.0	109.2	96.4	87.8	98.8	101.7
乌鲁木齐	Urumqi	110.5	100.0	102.0	97.3	86.1	100.0	99.2

2-10-7 续表 9 Continued 9

(上年价格=100) (Preceding year=100)

地 区	Region	1.文娱用耐用消费品及服务 Durable Consumer Goods for Cultural and Recreational Use and Services	2.教育 Education	(1)教材及参考书 Teaching Materials and Reference Books	(2)教育服务 Tuition and Child Care	3.文化娱乐 Cultural and Recreational	(1)文化娱乐用品 Cultural Recreational Articles	(2)书报杂志 Newspapers and Magazines
平均指数	**Average**	**90.7**	**100.9**	**101.4**	**100.8**	**101.1**	**100.4**	**101.2**
北 京	Beijing	90.1	101.2	101.2	101.2	101.6	101.1	101.2
天 津	Tianjin	86.7	100.2	100.5	100.2	100.6	100.9	100.0
石家庄	Shijiazhuang	92.4	100.1	100.0	100.1	105.4	104.8	102.0
太 原	Taiyuan	87.5	104.7	107.2	104.5	100.0	96.8	101.0
呼和浩特	Hohhot	95.5	101.0	105.1	100.1	100.3	101.0	100.4
沈 阳	Shenyang	90.1	100.5	102.5	100.3	101.7	100.3	101.0
大 连	Dalian	90.4	101.2	101.0	101.2	100.8	103.1	102.9
长 春	Changchun	98.3	98.6	97.1	98.8	101.4	101.0	101.7
哈尔滨	Harbin	77.2	100.5	102.3	100.3	101.8	102.0	100.0
上 海	Shanghai	89.7	101.8	106.9	101.5	102.8	101.6	102.7
南 京	Nanjing	87.6	101.8	102.7	101.8	97.6	99.0	100.0
杭 州	Hangzhou	92.1	101.8	101.0	100.0	104.9	101.5	106.5
宁 波	Ningbo	95.9	101.8	103.0	96.8	99.6	102.2	106.0
合 肥	Hefei	92.2	101.8	99.4	101.3	100.8	100.4	100.3
福 州	Fuzhou	95.4	101.8	99.6	98.6	99.7	98.0	100.0
厦 门	Xiamen	92.0	101.8	85.9	98.9	100.7	99.3	100.9
南 昌	Nanchang	95.9	101.8	99.9	100.5	99.7	100.7	100.1
济 南	Jinan	97.9	101.8	100.0	100.0	100.2	98.2	102.6
青 岛	Qingdao	97.6	101.8	104.5	101.9	98.7	93.2	100.1
郑 州	Zhengzhou	98.7	101.8	100.9	100.0	102.9	96.9	102.2
武 汉	Wuhan	86.4	101.8	102.1	101.6	101.0	100.3	100.2
长 沙	Changsha	100.8	101.8	100.2	100.0	100.3	100.7	99.9
广 州	Guangzhou	94.0	101.8	98.5	99.9	99.8	100.2	100.0
深 圳	Shenzhen	91.9	101.8	105.6	101.0	101.5	102.6	101.3
南 宁	Nanning	91.8	101.8	100.2	105.5	98.4	101.5	100.0
海 口	Haikou	100.0	101.8	97.1	101.1	99.5	97.6	100.0
重 庆	Chongqing	86.8	101.8	100.6	102.0	100.3	98.4	101.3
成 都	Chengdu	84.9	101.8	98.7	100.9	100.8	100.4	100.0
贵 阳	Guiyang	97.3	101.8	97.7	101.9	99.5	98.1	99.4
昆 明	Kunming	92.6	101.8	109.1	106.3	102.7	96.9	101.0
拉 萨	Lhasa	96.8	101.8	100.0	101.0	103.2	100.7	107.1
西 安	Xi'an	86.8	101.8	99.6	101.2	103.7	100.4	100.0
兰 州	Lanzhou	93.9	101.8	115.0	103.2	100.1	99.4	100.0
西 宁	Xining	91.9	101.8	108.1	101.3	97.3	101.3	104.5
银 川	Yinchuan	88.4	101.8	105.5	102.8	102.9	103.9	101.1
乌鲁木齐	Urumqi	87.0	101.8	100.4	100.7	99.7	97.5	100.6

2-10-7 续表 10 Continued 10

(上年价格=100) (Preceding year=100)

地 区	Region	(3)文娱费 Expenditure of Culture and Recreation	4.旅游 Touring	八、居住 Residence	1.建房及装修材料 Building and Building Decoration Materials	2.住房租金 Rent	3.自有住房 Private Housing	4.水、电、燃料 Eletricity and Fuel
平均指数	**Average**	**101.4**	**103.7**	**105.5**	**103.9**	**106.5**	**107.3**	**102.6**
北 京	Beijing	101.8	103.0	108.5	103.4	109.5	110.9	100.6
天 津	Tianjin	100.5	106.8	104.7	109.0	101.2	104.9	102.2
石家庄	Shijiazhuang	107.1	103.5	108.4	102.9	115.0	109.9	103.1
太 原	Taiyuan	101.9	106.8	99.8	95.2	101.4	102.0	99.4
呼和浩特	Hohhot	100.0	115.2	102.3	105.4	102.9	101.8	102.9
沈 阳	Shenyang	102.6	100.9	108.0	104.6	106.4	108.8	108.3
大 连	Dalian	98.8	115.0	105.9	102.6	103.0	107.8	100.8
长 春	Changchun	101.5	102.6	109.3	105.3	124.7	113.7	100.7
哈尔滨	Harbin	102.0	95.5	109.4	101.7	110.8	119.6	101.1
上 海	Shanghai	103.5	99.9	105.4	103.3	105.6	107.1	101.8
南 京	Nanjing	96.1	104.0	104.4	108.4	104.5	104.4	101.0
杭 州	Hangzhou	105.9	103.0	104.8	104.1	103.9	106.3	101.5
宁 波	Ningbo	96.9	98.9	105.5	105.9	105.5	106.3	103.0
合 肥	Hefei	101.4	102.2	105.4	103.8	103.1	106.9	101.9
福 州	Fuzhou	100.9	101.9	105.0	96.9	103.1	107.7	104.1
厦 门	Xiamen	101.5	106.0	106.1	105.3	103.6	108.6	101.7
南 昌	Nanchang	98.8	103.8	104.4	104.4	105.2	108.2	102.9
济 南	Jinan	100.5	101.6	107.7	103.4	107.6	112.4	103.5
青 岛	Qingdao	100.5	101.6	103.5	100.5	102.9	105.5	102.1
郑 州	Zhengzhou	105.2	102.4	106.3	105.6	101.6	110.6	101.0
武 汉	Wuhan	101.5	106.3	106.0	104.2	105.5	109.5	102.4
长 沙	Changsha	100.2	100.5	106.6	108.0	108.8	107.9	103.9
广 州	Guangzhou	99.5	106.6	104.7	105.7	115.3	105.0	102.2
深 圳	Shenzhen	100.9	109.2	104.0	103.2	105.8	104.1	103.4
南 宁	Nanning	95.1	99.7	101.8	106.8	99.3	102.9	98.9
海 口	Haikou	101.1	103.8	102.8	102.2	106.2	101.9	102.0
重 庆	Chongqing	101.0	104.2	103.7	104.0	106.5	103.1	103.6
成 都	Chengdu	101.1	94.2	106.5	98.1	108.4	106.6	107.9
贵 阳	Guiyang	99.8	100.6	105.8	103.4	100.3	109.2	102.5
昆 明	Kunming	109.1	91.4	103.5	102.9	109.0	103.8	101.2
拉 萨	Lhasa	102.4	104.3	105.3	109.0	103.9	110.4	99.3
西 安	Xi'an	106.8	112.5	105.1	101.6	106.6	111.1	103.3
兰 州	Lanzhou	100.6	104.3	107.0	99.4	104.8	107.9	108.1
西 宁	Xining	94.6	100.6	109.6	104.9	116.6	113.6	104.5
银 川	Yinchuan	102.8	114.6	102.3	98.9	104.2	103.2	103.0
乌鲁木齐	Urumqi	101.5	104.3	102.9	101.7	105.1	107.0	102.6

2-11-1 全国商品零售价格分类指数(1978～2011年)

Retail Price Indices by Category(1978~2011)

(上年价格=100) (Preceding year=100)

年 份 Year	总指数* Retail Price Index	食品类 Food	粮食 Grain	油脂 Oil or Fat	肉禽及其制品 Meat, Poultry and Their Products	蛋 Eggs	水产品 Aquatic Products	菜 Vegetables	调味品 Flavoring	食糖 Sugar	糖果 Candy
1978	100.7	101.5	101.3					105.0			
1979	102.0	105.5	103.7					107.8			
1980	106.0	110.5	103.5					110.9			
1981	102.4	103.7	103.9					110.6			
1982	101.9	102.8	100.2					101.8			
1983	101.5	102.4	99.9					112.7			
1984	102.8	102.6	99.8	102.6	105.0		111.1	107.5			
1985	108.8	114.4	110.9	112.3	122.0		134.3	134.5			
1986	106.0	107.4	109.3	111.0	110.1		111.7	103.3			
1987	107.3	110.1	106.2	107.7	116.5		117.0	117.7			
1988	118.5	123.0	114.1	117.1	136.8		131.1	131.7			
1989	117.8	116.2	121.3	121.5	114.3		116.3	102.1			
1990	102.1	100.3	95.2	101.6	97.9		99.3	99.6			
1991	102.9	103.3	108.6	109.9	97.7		101.5	106.1			
1992	105.4	107.7	124.3	105.9	104.8		105.4	109.6			
1993	113.2	114.3	127.7	116.2	114.0		116.3	115.7			
1994	121.7	135.2	148.7	161.4	137.2		120.7	138.2	118.3	138.5	127.1
1995	114.8	124.7	134.4	116.3	124.2		114.2	129.3	117.3	130.5	122.5
1996	106.1	107.7	107.5	92.1	106.4		105.6	118.4	114.3	95.8	109.5
1997	100.8	99.8	92.1	101.6	101.3		101.2	99.5	102.9	98.0	102.9
1998	97.4	96.8	96.9	100.7	92.6		94.2	100.3	99.3	92.8	99.7
1999	97.0	95.8	96.4	94.4	91.1		93.6	100.4	99.9	84.8	98.1
2000	98.5	97.5	90.1	86.2	96.1		102.7	105.3	101.2	108.6	99.2
2001	99.2	100.6	101.5	89.3	102.9		96.3	103.3	100.8	115.8	100.6
2002	98.7	99.9	98.6	100.1	100.4	96.2	100.8	99.6	101.2	88.8	102.5
2003	99.9	103.4	102.2	112.5	103.0	98.5	100.3	116.3	100.3	91.1	103.1
2004	102.8	109.9	126.5	116.8	117.1	119.8	112.5	95.2	101.8	104.1	101.1
2005	100.8	103.1	101.4	94.7	103.0	104.7	105.8	108.1	101.4	106.9	102.6
2006	101.0	102.6	102.5	98.7	97.3	96.3	101.6	108.1	102.2	130.7	103.4
2007	103.8	112.3	106.4	126.3	131.0	121.8	105.3	107.9	103.9	98.8	102.3
2008	105.9	114.4	107.0	125.0	121.7	104.3	114.5	110.4	105.6	98.2	106.3
2009	98.8	100.9	105.7	81.8	91.7	101.6	102.3	113.2	103.5	100.8	103.7
2010	103.1	107.6	111.7	103.7	103.0	108.3	108.3	119.0	104.1	121.7	102.2
2011	104.9	111.9	112.3	113.4	122.4	114.3	112.1	101.0	105.7	123.1	106.7

*自2003年起，商品零售价格指数开始编制定基价格指数。

Making of retail price fixed-base index from 2003.

2-11-1 续表 1 Continued 1

(上年价格=100) (Preceding year=100)

年 份 Year	干鲜瓜果 Dried and Fresh Melons and Fruits	糕点 Cake	液体乳及乳制品 Milk and Its Products	在外用膳食品 Outward Dinner Food	主食 Staple Food	炒菜 Fried Dishes	地方小吃 Local Snack	其它食品 Other Foods	饮料、烟酒 Beverages, Tobacco and Liquor	茶及饮料 Tea and Beverages
1978								102.7	100.1	
1979								103.5	100.7	
1980								106.4	100.5	
1981								102.5	103.3	
1982								101.2	116.4	
1983								105.2	98.7	
1984								104.0	99.9	
1985								115.0	100.7	
1986								106.7	101.2	
1987								109.7	103.2	
1988								120.2	113.0	
1989								121.9	110.7	
1990								102.5	100.9	
1991								103.9	100.8	
1992								103.6	104.6	
1993								109.5	105.8	
1994		127.0	133.3	128.2	133.8	124.8	130.8	126.5	111.3	113.8
1995		124.8	126.3	123.5	128.7	120.5	126.3	123.2	107.8	111.3
1996		110.2	110.3	108.6	110.7	107.1	110.5	108.8	105.1	106.2
1997		103.9	104.8	104.7	104.5	104.7	105.2	103.0	101.2	102.1
1998		100.7	100.0	101.1	101.1	100.7	102.5	99.2	98.8	99.1
1999	99.4	100.7	99.1	99.6	100.3	98.9	100.9	97.8	97.3	98.4
2000	95.7	99.5	100.0	99.8	99.0	99.7	101.3	100.9	98.0	98.5
2001	100.1	99.2	99.9	100.4	99.9	100.4	101.1	101.8	99.5	98.9
2002	100.8	99.3	99.4	100	100.1	99.7	101.1	101.2	99.9	99.5
2003	102.2	99.8	99.7	100	100.7	99.7	100.3	99.2	99.9	99.3
2004	104.1	101.5	100.4	103.8	106.8	102.3	104.9	100.8	101.0	99.8
2005	101.7	100.8	100.9	102.8	102.2	103.2	102	101.2	100.5	100.2
2006	117.0	101.1	101.0	101.9	101.4	102.1	101.7	101.3	100.7	101.0
2007	102.5	104.6	102.9	107.1	108.2	105.9	110.2	104.3	101.8	101.4
2008	111.3	109.2	117.4	111.6	111.6	110.5	116.0	108.3	103.4	103.8
2009	106.7	102.3	101.4	102.7	102.4	102.6	103.7	101.6	101.7	101.9
2010	114.3	103.4	102.9	103.6	102.9	103.6	105.2	101.7	101.7	101.5
2011	115.9	110.1	105.0	108.1	108.8	107.1	112.4	106.0	103.3	103.9

2-11-1 续表 2 Continued 2

(上年价格=100) (Preceding year=100)

年 份 Year	烟草 Tobacco	酒 Liquor	服装、鞋帽 Garments, Shoes and Hats	服装 Garments	鞋袜帽 Footgear and Hats	纺织品 Textiles	棉布 Cotton Cloth	混纺布 Blend Cloth	化纤布 Chemical Fiber Cloth	毛织品 Wool
1978			100.2							
1979			99.5				100.0		97.7	99.7
1980			100.0				100.0		99.3	99.8
1981			99.6				100.0		98.6	99.1
1982			97.9				100.0		92.3	98.9
1983			98.8				119.6		80.6	107.7
1984			100.0				100.0		97.2	100.4
1985			100.9				99.1		100.4	100.5
1986			103.2				102.0		100.2	102.2
1987			103.5				103.0		99.9	105.6
1988			112.7				121.7		102.6	120.0
1989			118.1				132.1		108.9	121.8
1990			107.1				111.2		106.0	107.0
1991			104.1				105.4		103.1	104.7
1992			102.8				101.2		101.0	102.9
1993			106.2				103.1		102.1	106.2
1994	110.8	110.8	119.6	117.9	119.0	114.7	130.9	115.4	111.3	107.8
1995	106.8	106.8	116.8	113.4	117.8	115.4	134.4	116.2	112.2	108.7
1996	104.8	104.8	108.5	107.3	109.4	106.4	109.3	105.1	104.9	107.9
1997	100.9	100.9	103.5	103.0	103.7	101.9	102.8	101.7	101.2	102.3
1998	98.7	98.7	99.3	98.5	99.8	99.1	100.2	99.4	97.0	99.5
1999	97.0	97.0	97.3	96.3	98.3	98.0	98.5	97.7	97.5	98.0
2000	97.8	97.8	99.2	98.7	99.8	98.6	98.9	98.5	99.0	98.4
2001	99.7	99.7	98.9	98.3	99.6	99.1	99.7	99.1	99.6	97.4
2002	100.0	100.0	97.9	97.5	98.0	99.4	99.3	100.3	99.2	98.7
2003	99.8	100.3	97.5	97.5	97.4	99.3	99.9	99.6	100.2	98.5
2004	100.7	102.2	98.2	98.2	98.0	100.0	103.2	101.4	101.2	98.6
2005	100.3	100.9	97.9	97.9	98.1	99.8	101.0	101.2	101.2	100.3
2006	100.2	101.3	99.8	99.4	100.8	100.0	100.9	101.8	100.6	
2007	100.9	103.4	99.4	99.6	98.9	100.2	102.4	102.0	101.4	
2008	100.5	107.5	98.4	98.5	98.1	100.5	102.6	102.1	101.6	
2009	100.4	103.3	97.9	98.0	97.6	99.6	101.2	100.8	101.1	
2010	100.5	103.7	98.8	99.0	98.3	101.2	105.0	104.0	102.4	
2011	100.4	106.8	101.8	102.4	100.6	105.7	118.3		108.4	

2-11-1 续表 3 Continued 3

(上年价格=100) (Preceding year=100)

年 份 Year	丝织品 Silk	家用电器及音像器材 Household Appliances, Music and Video Equipment	文化办公用品 Cultural and Office Appliances	日用品 Articles for Daily Use	日用百货 General Merchandise for Daily Use	日用杂品 Grocery for Daily Use	体育娱乐用品 Sports and Recreation Articles	交通、通信用品 Transportation and Communication Appliances	家具 Furniture	化妆品 Cosmetics
1978				100.1			100.6			
1979	99.7	100.0	102.3	100.5	99.8	102.2	101.8		100.4	
1980	100.0	93.6	100.8	101.6	100.1	103.0	95.5		101.1	
1981	100.0	97.2	100.4	101.3	100.1	103.2	98.0		107.6	
1982	100.0	96.1	100.2	100.6	100.4	102.2	97.2		107.6	
1983	100.1	95.1	100.3	99.3	100.2	101.8	98.1		101.1	
1984	99.6	99.7	100.3	100.2	100.8	104.6	99.8		101.7	
1985	101.1	100.8	103.9	102.7	103.8	109.5	101.5		103.9	
1986	106.6	99.6	105.1	106.1	105.9	109.8	101.0		103.6	
1987	109.7	100.2	107.9	106.1	106.0	110.4	102.5		105.7	
1988	112.3	115.3	114.8	112.2	121.7	112.8	114.1		109.2	
1989	119.2	114.0	119.2	115.3	124.1	118.0	114.3		111.6	
1990	106.5	93.1	111.4	101.9	107.7	108.3	97.5		102.3	
1991	102.9	93.2	105.0	101.5	103.8	103.7	96.2		100.4	
1992	101.5	93.0	102.7	101.4	101.4	103.6	95.7		100.6	
1993	104.6	99.5	107.3	107.9	107.8	112.2	101.6		107.3	
1994	114.2	106.7	109.4	113.9	114.0	118.0	109.8		111.0	116.4
1995	109.7	100.7	108.6	109.7	110.6	112.5	108.9		106.6	109.9
1996	104.2	98.7	106.2	105.3	105.7	107.1	106.7		103.7	105.0
1997	101.6	95.6	100.9	102.3	102.2	102.7	101.7		102.3	102.3
1998	99.8	93.9	98.4	99.0	99.5	99.8	99.0		97.9	100.5
1999	98.4	94.0	99.5	97.9	97.8	98.6	99.5		97.6	99.6
2000	98.8	93.6	98.9	98.1	97.9	99.4	98.9		97.8	98.9
2001	99.6	93.9	98.4	98.3	98.4	99.6	98.6		97.6	98.8
2002	99.3	94.2	98.6	98.7	98.8	99.0	99.3		98.4	98.4
2003	99.2	94.2	95.8	98.5	98.0	99.7	98.1	91.1	97.8	98.9
2004	98.8	94.7	96.9	99.6	99.7	100.3	98.2	91.8	98.8	98.9
2005	98.6	96.3	96.7	100.2	100.0	100.7	98.4	91.7	99.1	99.3
2006		97.3	97.6	100.8	100.5	101.2	98.5	92.3	100.1	99.8
2007		97.4	97.0	101.1	100.7	101.5	97.4	92.7	101.6	100.2
2008		96.9	96.8	103.7	103.2	101.8	97.7	93.2	102.6	100.7
2009		94.2	96.2	102.0	101.5	101.9	97.8	93.7	99.7	100.8
2010		96.1	97.8	100.3	100.6	100.4	98.3	95.6	100.1	100.4
2011		96.9	97.6	102.3	102.5	101.8	100.9	96.1	102.3	101.3

2-11-1 续表 4 Continued 4

(上年价格=100) (Preceding year=100)

年 份 Year	金银珠宝 Gold, Silver and Jewelry	中西药品及医疗保健用品 Traditional Chinese and Western Medicines and Health Care Articles	医疗器具及用品 Medical Apparatus and Article	中药材及中成药 Traditional Chinese Medicinal Materials and Medicines	西药 Western Medicines	书报杂志及电子出版物 Books, Newspapers, Magazines and Electronic Publications	燃料 Fuels	建筑材料及五金电料 Building Materials and Hardware	建筑装璜材料 Building Decoration Materials	五金电料 Hardware
1978		100.5					100.1			
1979		101.7	99.7	105.7	99.7		100.2			
1980		100.9	99.8	102.9	99.8		100.7			
1981		100.2	98.1	102.9	98.1		100.6			
1982		101.3	100.4	102.9	100.4		100.8			
1983		103.9	101.8	107.2	101.8		101.0			
1984		104.9	102.1	109.0	102.1	100.0	102.2			
1985		103.8	102.5	105.8	102.5	132.5	104.0			
1986		102.0	101.9	102.0	101.9	113.9	103.9			
1987		104.6	106.1	102.5	106.1	101.4	103.6			
1988		124.8	117.6	134.8	117.6	115.2	116.1		121.4	
1989		121.2	121.9	120.1	121.9	192.7	127.4		118.7	
1990		102.4	106.8	96.6	106.8	107.6	108.2		97.0	
1991		103.4	101.1	106.3	101.1	100.8	115.6		100.8	
1992		109.1	102.1	118.4	102.1	103.3	114.6		106.5	
1993		109.2	106.2	113.1	106.2	107.1	135.0		128.8	
1994	110.1	111.8	113.4	109.3	113.4	133.5	115.1		112.9	
1995	99.4	111.5	114.9	111.6	111.0	115.2	107.2		105.7	
1996	99.4	108.8	106.8	112.8	106.2	136.9	105.0		101.2	
1997	97.8	104.4	103.5	108.4	101.6	112.8	107.3		99.0	
1998	90.9	102.8	101.0	108.1	99.1	105.1	96.1		97.1	
1999	94.5	101.0	100.1	105.6	97.9	104.9	100.4		98.3	
2000	97.6	100.2	99.6	104.6	97.3	105.4	117.7		98.4	
2001	90.7	98.5	98.8	102.3	95.8	108.1	102.4		100.1	
2002	100.9	96.5	99.0	97.5	95.4	100.8	102.0		100.1	
2003	108.6	98.4	100.6	104.4	94.3	100.3	109.3	99.7	99.7	99.7
2004	111.6	96.7	101.9	98.4	94.5	101.0	112.4	103.7	104.2	102.0
2005	104.4	97.6	98.4	96.5	97.8	100.3	115.4	102.1	102.3	101.5
2006	119.7	99.1	98.3	100.0	98.4	100.2	112.4	103.0	102.8	103.6
2007	107.9	102.0	98.5	108.0	99.0	99.7	104.2	105.1	105.6	103.4
2008	116.8	103.1	99.6	106.9	101.3	101.5	116.0	107.9	109.5	102.9
2009	95.6	101.5	101.5	102.4	101.1	105.0	92.7	98.4	97.9	100.2
2010	114.5	104.3	103.7	111.1	101.0	101.3	112.3	103.5	104.0	101.9
2011	114.3	103.9	102.0	112.1	99.6	100.8	111.1	105.1	105.7	103.1

2-11-2 全国商品零售价格分类指数（2011年）
Retail Price Indices by Category (2011)

(上年价格=100) (Preceding year=100)

项 目	Item	全 国 National Indices	城 市 Urban Indices	36个大中城市 36 Major Cities	农 村 Rural Indices
商品零售价格总指数	**Retail Price Index**	**104.9**	**104.7**	**104.5**	**105.5**
一、食品	**Food**	**111.9**	**111.8**	**111.7**	**112.2**
1.粮食	Grain	112.3	112.2	112.5	112.4
2.淀粉及制品	Starches	116.8	118.3	120.6	113.4
3.干豆类及豆制品	Bean and Its Products	105.3	105.4	106.2	105.2
4.油脂	Oil or Fat	113.4	113.4	114.6	113.3
5.肉禽及其制品	Meat, Poultry and Their Products	122.4	122.4	122.2	122.6
6.蛋	Eggs	114.3	114.9	114.3	113.0
7.水产品	Aquatic Products	112.1	112.4	113.0	110.9
8.菜	Vegetables	101.0	100.5	100.0	102.4
9.调味品	Flavoring	105.7	106.1	106.9	104.9
10.糖	Carbohydrate	111.1	110.4	110.4	112.3
11.干鲜瓜果	Dried and Fresh Melons and Fruits	115.9	116.0	114.7	115.3
12.糕点饼干面包	Cake	108.2	108.7	109.6	106.4
13.液体乳及乳制品	Milk and Its Products	105.0	105.4	106.6	103.0
14.在外用膳食品	Outward Dinner Food	108.1	108.4	108.9	107.4
15.其它食品	Other Foods	106.0	106.6	107.1	104.5
二、饮料、烟酒	**Beverages, Tobacco and Liquor**	**103.3**	**103.5**	**103.8**	**102.7**
1.茶及饮料	Tea and Beverages	103.9	104.3	105.5	102.9
2.烟草	Tobacco	100.4	100.5	100.7	100.1
3.酒	Liquor	106.8	107.2	106.9	106.0
三、服装、鞋帽	**Garments, Shoes and Hats**	**101.8**	**102.1**	**102.9**	**101.2**
1.服装	Garments	102.4	102.6	103.5	101.5
2.鞋袜帽	Footgear and Hats	100.6	100.6	101.3	100.6
3.其它	Others	100.5	100.2	99.2	101.0
四、纺织品	**Textiles**	**105.7**	**105.9**	**107.8**	**105.4**
1.衣着材料	Clothing Material	109.8	109.8	111.3	109.7
2.床上用品	Bed Articles	104.0	104.5	106.9	102.8
五、家用电器及音像器材	**Household Appliances, Music and Video Equipment**	**96.9**	**96.5**	**95.6**	**97.9**
1.家庭设备	Household Facilities	99.5	99.5	99.9	99.3
2.文娱用耐用消费品	Durable Consumer Goods for Cultural and Recreational Use	92.9	91.9	89.6	95.7
3.专业音像器材	Music and Video Equipment	98.5	98.4	97.8	98.8
六、文化办公用品	**Cultural and Office Appliances**	**97.6**	**97.1**	**95.6**	**99.4**
七、日用品	**Articles for Daily Use**	**102.3**	**102.4**	**102.8**	**101.8**
1.日用百货	General Merchandise for Daily Use	102.5	102.7	103.2	102.0
2.日用杂品	Grocery for Daily Use	101.8	102.1	102.7	101.0
3.洗涤用品	Wash	103.1	103.1	103.2	103.0
4.其它日用品	Other Articles for Daily Use	101.4	101.7	102.3	100.4
八、体育娱乐用品	**Sports and Recreation Articles**	**100.9**	**101.0**	**101.3**	**100.6**
1.体育用品	Sports Articles	101.3	101.7	102.9	100.3
2.娱乐用品	Recreation Articles	100.5	100.4	99.9	100.9
九、交通、通信用品	**Transportation and Communication Appliances**	**96.1**	**95.8**	**95.7**	**97.2**
1.交通运输机械	Transportation Appliances	99.0	98.9	98.9	99.4
2.通讯器材	Communication Appliances	89.7	88.3	85.4	93.5
十、家具	**Furniture**	**102.3**	**102.6**	**103.3**	**101.2**
十一、化妆品	**Cosmetics**	**101.3**	**101.4**	**101.9**	**101.0**
十二、金银珠宝	**Gold, Silver and Jewelry**	**114.3**	**113.6**	**113.4**	**117.5**
十三、中西药品及医疗保健用品	**Traditional Chinese and Western Medicines and Health Care Articles**	**103.9**	**103.8**	**102.9**	**104.3**
1.医疗器具及用品	Medical Apparatus and Article	102.0	102.6	104.1	100.0
2.中药材及中成药	Traditional Chinese Medicinal Materials and Medicines	112.1	111.7	109.7	**113.1**
3.西药	Western Medicines	99.6	99.5	99.1	99.8
4.保健器具及用品	Health Care Appliances and Articles	103.9	104.2	104.0	102.9
十四、书报杂志及电子出版物	**Books, Newspapers, Magazines and Electronic Publications**	**100.8**	**100.8**	**100.6**	**100.8**
1.教材及参考书	Teaching Materials and Reference Books	101.1	101.1	101.3	101.0
2.书报杂志	Newspapers and Magazines	101.1	101.2	101.2	101.0
3.电子音像制品	Electronic Publications	99.3	99.1	98.2	99.9
十五、燃料	**Fuels**	**111.1**	**110.9**	**110.9**	**111.8**
1.煤炭及制品	Coal and its product	110.4	109.9	109.9	111.1
2.石油及制品	Petroleum and its product	111.3	111.0	111.0	**112.1**
十六、建筑材料及五金电料	**Building Materials and Hardware**	**105.1**	**104.7**	**104.8**	**105.7**
1.建筑装璜材料	Building Decoration Materials	105.7	105.2	105.2	106.6
2.五金电料	Hardware	103.1	103.3	103.3	102.8

2-11-3 各地区商品零售价格总指数(1981 ~ 2011年)

(上年价格=100)

地 区	Region	1981	1982	1983	1984	1985	1986	1987	1988	1989	1990	1991	1992
全 国	**National**	**102.4**	**101.9**	**101.5**	**102.8**	**108.8**	**106.0**	**107.3**	**118.5**	**117.8**	**102.1**	**102.9**	**105.4**
北 京	Beijing	101.4	102.0	100.6	102.1	118.6	106.7	108.7	121.9	118.5	104.1	108.5	108.3
天 津	Tianjin	101.5	100.5	100.5	101.8	113.9	107.2	106.9	117.7	115.1	102.7	108.0	109.4
河 北	Hebei	102.1	101.5	101.4	103.4	107.8	105.2	108.3	118.1	118.4	99.9	102.8	105.2
山 西	Shanxi	102.3	102.2	101.2	103.0	107.6	105.3	107.5	121.0	119.1	102.1	103.9	106.3
内蒙古	Inner Mongolia	101.8	101.7	101.0	104.4	108.5	105.0	108.1	116.3	115.9	102.9	104.5	106.8
辽 宁	Liaoning	101.6	101.2	101.5	103.9	110.0	106.0	109.0	119.3	118.4	102.7	104.1	106.0
吉 林	Jilin	101.7	103.0	102.6	104.2	109.7	105.4	107.5	119.9	116.9	103.9	105.1	107.1
黑龙江	Heilongjiang	102.1	102.8	102.2	104.4	111.7	105.9	109.6	117.8	114.0	104.9	106.5	108.5
上 海	Shanghai	101.5	100.3	100.1	102.2	116.4	106.7	108.8	121.3	116.7	104.8	109.5	109.7
江 苏	Jiangsu	101.6	101.1	100.8	103.5	109.2	106.5	109.3	121.7	118.0	102.3	104.4	104.8
浙 江	Zhejiang	101.5	100.9	102.0	103.4	114.0	106.0	109.5	122.1	117.8	101.6	103.0	106.6
安 徽	Anhui	101.7	101.0	101.1	102.0	106.4	105.2	109.7	121.8	117.1	101.9	105.7	106.6
福 建	Fujian	103.4	103.6	101.5	101.9	110.6	105.9	109.4	126.5	118.8	98.9	103.6	105.0
江 西	Jiangxi	104.6	102.9	101.4	102.5	108.3	105.8	106.9	121.8	118.6	101.3	102.4	105.6
山 东	Shandong	101.8	100.9	100.5	102.6	107.1	104.2	108.0	118.3	117.1	101.8	104.7	105.9
河 南	Henan	101.6	101.5	102.3	102.1	104.9	105.0	108.1	120.2	118.3	99.7	101.7	104.4
湖 北	Hubei	101.4	100.7	101.4	103.0	107.5	104.2	107.6	119.5	117.0	102.9	104.3	107.0
湖 南	Hunan	100.9	101.7	102.4	103.1	111.1	104.8	110.6	125.9	118.1	99.4	104.1	109.5
广 东	Guangdong	109.3	102.3	100.7	101.2	113.6	104.8	111.7	130.2	121.0	95.6	100.6	105.8
广 西	Guangxi	101.7	103.1	102.8	104.2	111.2	105.1	108.0	121.0	121.3	100.1	102.5	104.6
海 南	Hainan								127.8	126.8	100.6	103.1	108.7
重 庆	Chongqing												
四 川	Sichuan	101.8	102.3	100.7	102.3	106.8	103.9	107.5	120.0	118.3	103.1	102.3	106.4
贵 州	Guizhou	102.3	102.0	100.7	102.5	107.7	105.3	107.3	120.2	117.4	101.4	103.3	107.4
云 南	Yunnan	101.2	101.9	101.0	102.7	108.0	105.0	106.6	199.6	119.3	102.1	103.7	107.7
西 藏	Tibet												
陕 西	Shaanxi	103.0	101.0	101.5	103.9	106.5	105.2	108.6	119.0	118.8	101.6	105.8	109.5
甘 肃	Gansu	102.0	101.4	100.2	103.0	108.5	106.0	107.4	118.6	116.4	103.4	104.6	105.8
青 海	Qinghai	101.4	101.8	100.7	103.8	110.7	106.1	107.3	118.3	117.7	104.5	106.3	106.4
宁 夏	Ningxia	102.0	102.5	101.1	103.2	107.8	104.9	108.0	117.5	117.8	104.2	105.7	107.4
新 疆	Xinjiang	101.6	100.2	101.5	103.1	108.1	106.7	107.1	114.6	116.7	104.1	108.0	108.1

Retail Price Indices by Region(1981~2011)

(Preceding year=100)

1993	1994	1995	1996	1997	1998	1999	2000	2001	2002	2003	2004	2005年	2006	2007	2008	2009	2010	2011
113.2	**121.7**	**114.8**	**106.1**	**100.8**	**97.4**	**97.0**	**98.5**	**99.2**	**98.7**	**99.9**	**102.8**	**100.8**	**101.0**	**103.8**	**105.9**	**98.8**	**103.1**	**104.9**
116.9	117.9	112.6	107.3	103.8	98.3	98.8	98.9	98.8	98.4	98.2	99.2	99.7	100.2	100.8	104.4	97.8	100.4	103.2
114.3	115.6	110.6	105.1	100.7	96.6	97.5	98.6	98.6	97.4	97.4	100.8	99.9	100.4	103.2	105.1	98.9	103.4	104.7
110.5	121.4	115.8	106.2	102.1	97.7	97.8	99.1	99.8	99.2	100.2	103.2	101.1	101.5	104.1	106.7	99.0	103.1	105.0
113.1	121.6	115.6	106.2	101.3	97.0	96.8	97.1	99.0	98.6	100.3	103.1	100.3	101.2	104.2	107.2	99.1	102.3	104.9
112.5	119.3	116.8	105.8	102.3	98.1	97.7	98.8	100.0	99.4	99.6	102.7	101.5	101.4	103.6	104.7	99.5	103.0	104.9
113.5	120.6	114.0	105.4	101.0	97.6	96.1	98.4	99.4	97.4	98.9	101.9	100.1	101.3	104.4	105.3	99.8	103.2	105.0
111.3	119.9	114.2	105.1	101.8	97.9	96.7	98.0	100.9	99.0	100.5	103.5	101.1	101.5	103.3	106.2	99.3	104.1	104.9
114.6	120.7	114.3	105.1	102.2	98.4	96.1	97.8	100.4	98.5	99.7	102.8	100.4	101.5	105.6	105.8	98.9	103.1	104.5
117.5	117.5	113.0	105.0	98.8	95.1	97.3	96.4	98.6	98.7	99.0	100.9	99.4	100.2	102.4	105.3	99.4	101.7	104.1
115.4	123.6	114.3	106.8	99.3	98.2	96.9	98.6	98.9	98.4	99.8	102.2	100.3	100.8	102.9	104.9	98.9	103.2	104.6
116.7	121.7	113.5	105.8	100.3	98.4	97.7	99.0	98.1	98.7	99.6	102.7	100.9	100.8	103.8	106.3	98.8	103.9	105.5
112.9	123.3	112.7	107.1	99.4	98.1	96.6	98.0	99.6	99.2	101.3	102.7	100.6	100.8	104.5	106.3	99.0	103.2	105.3
113.4	123.0	114.4	104.5	99.8	98.5	96.5	98.9	98.0	98.3	99.1	102.7	100.6	100.5	104.3	105.7	97.9	103.4	104.8
111.1	125.1	115.9	106.6	99.6	98.8	96.8	98.5	98.4	100.2	100.1	103.0	100.9	101.2	104.0	106.1	99.1	102.7	104.8
110.7	120.3	114.2	107.0	100.8	97.1	97.1	98.6	100.0	98.8	100.2	102.8	100.6	100.6	103.6	104.9	99.4	102.7	104.7
108.4	120.6	114.9	107.9	100.5	96.6	96.2	98.5	99.8	99.2	101.3	105.7	101.7	100.9	104.4	107.5	99.4	103.7	105.7
115.0	124.9	116.6	106.5	101.5	97.1	95.9	97.8	97.4	98.8	101.2	104.1	102.1	101.1	104.2	106.3	98.6	103.1	105.6
115.1	125.3	115.5	105.2	100.3	97.9	97.6	99.3	98.8	99.2	100.6	103.9	102.3	101.3	104.3	105.6	98.5	103.1	105.5
118.2	118.9	111.6	104.4	99.8	97.0	96.7	99.9	98.7	98.5	100.0	102.9	101.8	101.5	103.4	106.0	96.8	103.3	105.1
118.9	124.4	116.4	104.5	99.6	96.3	97.2	98.6	97.8	98.1	100.2	103.9	101.1	100.3	104.8	107.6	98.0	103.0	106.0
123.9	121.8	111.3	102.3	99.4	96.5	96.6	99.9	97.7	98.4	100.4	103.4	100.9	101.3	103.8	106.7	98.5	104.6	105.4
				101.6	94.5	96.5	95.5	99.0	98.9	99.5	101.4	98.7	101.6	103.7	105.0	97.3	101.7	104.7
113.9	123.9	117.0	107.7	102.9	97.7	97.3	97.7	100.8	99.4	100.1	103.7	100.6	101.7	105.3	105.3	100.1	103.0	104.6
114.8	119.5	117.2	106.9	101.5	98.9	97.9	97.3	98.4	99.3	100.0	103.2	101.3	100.9	104.2	107.2	97.6	103.0	105.5
118.9	116.0	118.1	106.6	102.3	99.2	98.3	97.6	98.4	98.1	99.9	104.7	100.1	100.8	104.4	106.1	100.1	103.6	105.1
						98.8	99.2	99.6	99.5	99.4	100.7	100.8	100.2	101.7	103.9	99.5	101.0	103.7
111.8	125.9	117.0	108.1	101.6	96.2	97.5	98.3	99.1	98.6	100.5	102.5	100.1	101.8	105.0	106.9	99.9	103.6	104.8
113.0	122.5	116.5	106.6	101.6	98.1	97.2	99.1	99.6	98.9	100.2	102.1	99.9	101.2	104.4	107.9	101.8	104.6	105.4
112.5	123.2	116.3	107.8	103.0	99.6	98.5	99.0	99.9	99.3	100.8	102.6	100.7	102.0	106.0	110.6	101.6	104.3	105.4
112.8	120.1	115.3	106.7	102.2	97.5	97.9	97.6	100.0	98.6	99.5	102.8	100.4	101.3	104.1	108.5	99.5	103.2	105.3
112.6	125.7	116.7	108.8	101.8	99.7	96.2	98.3	102.5	97.9	99.2	100.7	99.4	101.8	105.1	108.5	100.4	104.6	105.1

2-11-4 各地区商品零售价格分类指数（2011年）
Retail Price Indices by Category and Region (2011)

（上年价格=100） (Preceding year=100)

地 区	Region	总指数 Retail Price Index	一、食 品 Food	1.粮 食 Grain	2.淀粉及制品 Starches	3.干豆类及豆制品 Dried Bean and Their Products	4.油 脂 Oil or Fat	5.肉禽及其制品 Meat, Poultry and Their Products	6.蛋 Eggs
全 国	**National**	**104.9**	**111.9**	**112.3**	**116.8**	**105.3**	**113.4**	**122.4**	**114.3**
北 京	Beijing	103.2	110.9	110.8	115.0	104.3	114.2	121.8	109.9
天 津	Tianjin	104.7	111.6	108.5	123.3	100.1	115.3	122.6	114.4
河 北	Hebei	105.0	112.2	109.6	126.2	102.6	110.4	124.8	115.4
山 西	Shanxi	104.9	112.0	108.3	127.4	103.4	111.5	125.8	115.6
内蒙古	Inner Mongolia	104.9	114.1	110.9	148.6	104.9	114.4	125.2	117.5
辽 宁	Liaoning	105.0	111.3	111.6	119.2	103.9	114.6	125.5	114.7
吉 林	Jilin	104.9	111.2	110.9	132.4	107.3	113.5	123.3	118.2
黑龙江	Heilongjiang	104.5	112.4	112.3	132.2	104.0	119.5	125.3	114.6
上 海	Shanghai	104.1	111.0	113.3	106.6	114.7	117.3	119.9	113.5
江 苏	Jiangsu	104.6	111.5	111.0	114.7	107.0	113.8	120.8	115.2
浙 江	Zhejiang	105.5	112.4	112.5	114.9	112.4	117.5	122.9	115.8
安 徽	Anhui	105.3	112.2	116.2	111.4	104.0	116.0	124.7	112.1
福 建	Fujian	104.8	111.1	116.3	114.0	104.9	113.3	119.7	113.5
江 西	Jiangxi	104.8	111.1	113.9	106.3	102.6	112.6	121.8	116.3
山 东	Shandong	104.7	111.6	108.7	112.8	105.8	113.6	122.9	114.9
河 南	Henan	105.7	112.4	110.3	116.4	101.9	112.8	126.3	112.4
湖 北	Hubei	105.6	112.1	116.0	110.5	105.4	116.0	122.6	114.5
湖 南	Hunan	105.5	111.5	116.7	103.6	105.0	111.1	119.3	114.6
广 东	Guangdong	105.1	111.6	112.0	107.1	103.2	109.6	119.0	112.4
广 西	Guangxi	106.0	114.2	117.0	111.7	106.3	111.8	120.2	113.6
海 南	Hainan	105.4	112.9	117.7	121.7	104.6	110.6	117.0	114.2
重 庆	Chongqing	104.7	113.6	115.4	115.1	105.7	116.0	130.1	120.2
四 川	Sichuan	104.6	112.2	112.1	109.4	106.2	113.7	123.7	115.1
贵 州	Guizhou	105.5	113.9	117.1	105.1	109.8	116.5	123.6	115.7
云 南	Yunnan	105.1	111.7	111.7	105.2	103.9	113.6	124.6	110.0
西 藏	Tibet	103.7	109.3	112.0	103.9	111.8	103.3	110.9	108.9
陕 西	Shaanxi	104.8	112.3	110.3	115.7	101.9	113.1	127.8	113.1
甘 肃	Gansu	105.4	111.3	110.8	113.9	106.1	112.5	122.5	114.5
青 海	Qinghai	105.4	110.8	109.1	111.5	105.8	108.0	123.1	110.6
宁 夏	Ningxia	105.3	112.5	115.5	122.0	105.3	114.1	123.2	114.2
新 疆	Xinjiang	105.1	112.5	108.3	109.0	107.5	113.8	120.2	112.8

2-11-4 续表 1 Continued 1

(上年价格=100) (Preceding year=100)

地区	Region	7.水产品 Aquatic Products	8.菜 Vegetables	9.调味品 Flavoring	10.糖 Carbohydrate	11.干鲜瓜果 Dried and Fresh Melons and Fruits	12.糕点饼干面包 Cake	13.液体乳及乳制品 Milk and Its Products	14.在外用膳食品 Outward Dinner Food
全国	**National**	**112.1**	**101.0**	**105.7**	**111.1**	**115.9**	**108.2**	**105.0**	**108.1**
北京	Beijing	109.5	98.1	106.4	115.1	110.7	112.7	104.8	110.5
天津	Tianjin	120.7	96.7	106.4	109.1	108.8	113.3	104.6	109.6
河北	Hebei	116.1	99.5	104.3	110.8	123.3	108.9	103.3	106.9
山西	Shanxi	115.4	99.9	104.7	113.2	122.3	111.8	101.8	110.6
内蒙古	Inner Mongolia	111.3	103.5	106.7	112.4	123.5	106.0	105.7	109.7
辽宁	Liaoning	112.0	93.6	106.8	111.5	111.7	109.8	104.2	107.4
吉林	Jilin	113.0	95.1	104.1	108.3	115.4	107.2	103.6	108.4
黑龙江	Heilongjiang	110.3	101.6	104.9	111.9	116.3	108.1	103.3	105.1
上海	Shanghai	113.7	99.8	107.5	104.8	114.5	108.8	108.2	107.9
江苏	Jiangsu	110.1	101.9	108.1	110.9	114.2	109.8	109.4	109.9
浙江	Zhejiang	113.6	99.8	103.6	110.2	117.5	108.1	106.4	108.9
安徽	Anhui	110.3	101.3	106.9	111.7	118.0	109.1	104.8	107.1
福建	Fujian	110.2	96.3	103.8	115.4	115.8	105.7	103.0	106.7
江西	Jiangxi	107.2	99.1	104.6	112.3	115.5	108.0	108.0	104.2
山东	Shandong	114.6	101.6	106.7	108.7	119.1	105.8	102.8	106.2
河南	Henan	113.0	99.3	105.1	114.6	115.0	110.3	104.4	108.3
湖北	Hubei	110.7	102.5	105.5	109.3	121.0	107.2	102.5	107.1
湖南	Hunan	108.4	106.9	102.9	110.2	110.9	103.3	101.1	106.2
广东	Guangdong	111.6	101.8	105.2	112.5	114.4	107.0	105.8	109.9
广西	Guangxi	117.5	107.4	103.5	113.7	115.2	107.4	104.6	110.5
海南	Hainan	112.8	107.1	108.1	113.3	112.5	104.2	102.4	112.7
重庆	Chongqing	106.8	103.5	110.5	108.6	116.4	109.2	107.3	107.1
四川	Sichuan	108.0	99.3	105.4	110.2	117.8	106.7	109.0	105.6
贵州	Guizhou	112.3	110.1	106.3	110.0	112.5	109.3	100.2	109.3
云南	Yunnan	108.1	100.5	102.2	112.1	109.7	106.8	104.9	109.1
西藏	Tibet	104.7	108.7	107.5	109.9	116.3	102.0	103.6	110.9
陕西	Shaanxi	111.3	104.8	108.8	112.0	115.8	108.4	110.3	107.5
甘肃	Gansu	108.7	103.6	105.5	115.2	116.1	109.9	102.3	110.0
青海	Qinghai	110.9	98.9	109.0	112.5	114.8	111.4	104.5	107.6
宁夏	Ningxia	109.8	95.3	109.9	107.5	115.2	111.2	108.3	116.0
新疆	Xinjiang	109.4	103.8	103.7	112.3	119.1	106.7	107.3	112.4

2-11-4 续表 2 Continued 2

(上年价格=100) (Preceding year=100)

地 区	Region	15.其它食品 Other Foods	二、饮料、烟酒 Beverages, Tobacco and Liquor	1.茶及饮料 Tea and Beverages	2.烟 草 Tobacco	3.酒 Liquor	三、服装、鞋帽 Garments, Shoes and Hats	1.服 装 Garments	2.鞋袜帽 Footgear and Hats
全 国	**National**	**106.0**	**103.3**	**103.9**	**100.4**	**106.8**	**101.8**	**102.4**	**100.6**
北 京	Beijing	107.2	103.6	105.0	100.0	105.3	102.6	102.6	102.7
天 津	Tianjin	114.0	104.7	104.7	100.6	109.5	101.8	101.7	101.9
河 北	Hebei	110.2	103.4	103.7	100.7	105.8	100.9	101.9	98.5
山 西	Shanxi	105.5	103.3	103.5	102.9	104.2	102.1	103.0	99.8
内蒙古	Inner Mongolia	104.0	102.7	102.4	100.7	105.2	101.8	102.3	101.0
辽 宁	Liaoning	107.6	102.6	104.4	100.3	104.3	102.0	102.8	100.4
吉 林	Jilin	102.1	102.6	102.8	100.2	105.2	103.0	104.0	101.0
黑龙江	Heilongjiang	101.0	103.6	103.8	101.2	105.6	101.9	102.8	99.7
上 海	Shanghai	107.4	102.3	105.1	100.3	103.9	103.9	105.4	99.0
江 苏	Jiangsu	107.2	103.9	103.9	100.1	111.3	103.4	103.9	101.7
浙 江	Zhejiang	108.3	102.7	103.8	100.4	106.6	102.0	102.0	102.0
安 徽	Anhui	109.6	104.7	104.3	100.0	109.5	103.8	105.1	101.0
福 建	Fujian	109.0	103.2	102.5	100.2	107.1	100.8	101.0	100.3
江 西	Jiangxi	104.1	102.0	104.0	100.2	103.3	102.6	102.5	103.2
山 东	Shandong	104.3	103.6	102.0	101.4	106.1	101.0	101.1	100.9
河 南	Henan	103.6	104.0	104.7	100.0	106.5	101.4	101.4	101.5
湖 北	Hubei	104.7	104.0	104.6	100.2	109.7	103.5	104.5	101.2
湖 南	Hunan	102.4	102.0	102.5	100.1	104.2	100.9	101.2	100.3
广 东	Guangdong	103.8	103.4	104.5	101.1	105.7	101.9	102.6	100.0
广 西	Guangxi	107.1	103.3	103.8	100.2	106.5	100.7	102.0	98.3
海 南	Hainan	102.0	101.2	103.4	100.2	101.4	100.0	99.9	100.2
重 庆	Chongqing	106.8	105.6	108.2	99.8	113.6	101.4	101.6	100.1
四 川	Sichuan	105.2	104.2	105.1	99.9	110.9	99.7	99.7	99.9
贵 州	Guizhou	103.3	101.6	100.8	98.9	107.2	100.4	100.6	99.8
云 南	Yunnan	105.1	101.8	104.1	100.3	102.5	100.4	99.7	102.2
西 藏	Tibet	100.5	103.1	103.6	102.0	104.4	102.6	102.7	102.5
陕 西	Shaanxi	106.2	103.6	106.8	100.7	105.3	102.9	104.6	98.6
甘 肃	Gansu	104.0	103.2	103.5	100.1	108.4	100.5	100.5	100.6
青 海	Qinghai	110.2	103.7	104.7	100.1	107.5	102.7	103.1	101.6
宁 夏	Ningxia	106.4	102.8	103.7	100.0	104.7	103.2	103.3	103.4
新 疆	Xinjiang	106.0	103.5	102.4	100.7	107.3	99.5	99.7	99.1

2-11-4 续表 3 Continued 3

(上年价格=100) (Preceding year=100)

地 区	Region	3.其 它 Others	四、纺织品 Textiles	1.衣着材料 Clothing Material	2.床上用品 Bed Articles	五、家用电器及音像器材 Household Appliances, Music and Video Equipment	1.家庭设备 Household Facilities	2.文娱用耐用消费品 Durable Consumer Goods for Cultural and Recreational Use	3.专业音像器材 Music and Video Equipment
全 国	**National**	**100.5**	**105.7**	**109.8**	**104.0**	**96.9**	**99.5**	**92.9**	**98.5**
北 京	Beijing	101.3	107.4	111.7	106.8	95.2	99.6	90.5	99.0
天 津	Tianjin	107.0	112.4	119.3	110.9	95.4	102.3	84.8	100.4
河 北	Hebei	100.4	107.3	116.0	104.8	95.9	99.0	91.7	98.1
山 西	Shanxi	97.9	105.6	113.7	103.7	96.1	98.1	92.3	100.2
内蒙古	Inner Mongolia	99.5	104.3	107.5	102.2	97.4	98.9	95.3	97.7
辽 宁	Liaoning	102.3	110.2	110.1	110.2	95.5	99.3	90.8	100.6
吉 林	Jilin	97.8	106.9	108.4	105.9	98.0	98.4	97.2	101.1
黑龙江	Heilongjiang	101.3	106.3	113.1	101.9	92.5	97.3	86.0	97.1
上 海	Shanghai	100.4	117.6	119.8	117.3	96.0	102.3	90.5	92.6
江 苏	Jiangsu	105.2	102.8	110.9	100.2	98.6	101.8	90.0	101.8
浙 江	Zhejiang	100.9	106.8	113.9	103.1	98.2	100.5	93.3	97.9
安 徽	Anhui	98.7	104.9	109.7	102.8	96.7	98.8	93.1	99.9
福 建	Fujian	98.9	106.1	108.2	105.2	96.3	98.6	92.7	98.2
江 西	Jiangxi	99.1	106.9	108.7	105.3	96.8	97.6	95.4	100.0
山 东	Shandong	100.1	103.0	106.4	101.4	98.5	99.4	97.1	99.5
河 南	Henan	100.2	109.8	115.7	108.1	98.8	100.2	95.5	98.0
湖 北	Hubei	100.7	107.0	108.5	106.1	97.3	99.7	93.8	98.4
湖 南	Hunan	100.4	101.7	105.0	101.0	99.3	99.9	98.4	99.9
广 东	Guangdong	100.8	104.4	106.3	103.7	97.0	99.2	93.7	98.4
广 西	Guangxi	96.7	107.5	111.9	105.2	96.6	98.2	94.4	100.0
海 南	Hainan	99.9	103.6	112.6	100.6	100.1	100.6	99.5	99.9
重 庆	Chongqing	103.2	111.9	114.1	111.8	90.5	95.9	85.9	84.4
四 川	Sichuan	94.6	101.6	108.8	99.0	95.8	98.8	90.8	96.5
贵 州	Guizhou	106.0	103.8	109.7	100.5	96.3	96.5	95.7	98.6
云 南	Yunnan	97.4	110.0	111.7	109.3	94.4	96.3	90.1	101.4
西 藏	Tibet	100.1	103.6	100.9	105.6	98.7	101.2	97.2	85.6
陕 西	Shaanxi	107.4	101.8	104.9	99.9	95.1	98.8	89.3	96.0
甘 肃	Gansu	99.2	102.1	106.6	99.2	98.1	98.4	97.3	99.5
青 海	Qinghai	100.4	111.0	111.0	111.0	95.4	96.7	93.3	103.1
宁 夏	Ningxia	96.7	95.2	121.9	88.6	96.3	100.3	90.5	102.8
新 疆	Xinjiang	99.0	101.8	107.2	97.6	96.4	98.6	93.6	98.5

2-11-4 续表 4 Continued 4

(上年价格=100) (Preceding year=100)

地 区	Region	六、文化办公用品 Cultural and Office Appliances	七、日用品 Articles for Daily Use	1.日用百货 General Merchandise for Daily Use	2.日用杂品 Grocery for Daily Use	3.洗涤用品 Wash	4.其它日用品 Other Articles for Daily Use	八、体育娱乐用品 Sports and Recreation Articles	1.体育用品 Sports Articles
全 国	**National**	**97.6**	**102.3**	**102.5**	**101.8**	**103.1**	**101.4**	**100.9**	**101.3**
北 京	Beijing	93.0	102.8	105.2	101.4	103.0	101.0	102.7	103.2
天 津	Tianjin	90.5	103.8	106.2	95.2	102.9	103.5	100.1	105.6
河 北	Hebei	97.4	103.4	103.1	103.0	105.0	102.3	101.7	101.3
山 西	Shanxi	96.5	101.8	101.6	104.5	102.0	100.4	98.9	100.0
内蒙古	Inner Mongolia	97.1	100.7	100.3	99.2	102.0	100.7	100.0	99.9
辽 宁	Liaoning	97.5	102.7	102.4	102.5	104.1	101.8	100.5	101.5
吉 林	Jilin	101.1	101.6	100.0	104.4	101.1	101.9	100.9	102.5
黑龙江	Heilongjiang	95.1	102.9	101.3	103.0	107.3	98.8	99.4	102.2
上 海	Shanghai	94.7	106.2	103.4	106.6	105.7	108.5	103.8	114.8
江 苏	Jiangsu	96.5	102.8	103.0	103.4	103.0	102.1	102.5	101.4
浙 江	Zhejiang	97.9	102.5	102.5	102.8	103.4	101.3	99.5	100.9
安 徽	Anhui	98.4	101.5	101.9	102.1	101.8	100.2	100.4	100.4
福 建	Fujian	98.6	101.6	101.6	100.8	103.1	100.4	101.0	99.8
江 西	Jiangxi	99.7	103.0	102.9	103.6	103.8	101.7	100.2	100.5
山 东	Shandong	99.1	100.8	100.6	99.2	102.7	100.1	100.0	99.4
河 南	Henan	98.5	102.5	102.9	100.6	103.5	101.0	100.8	101.2
湖 北	Hubei	98.8	102.6	102.9	103.8	103.3	100.8	100.3	100.2
湖 南	Hunan	100.8	101.2	100.9	100.9	102.3	100.3	101.1	101.0
广 东	Guangdong	99.0	101.5	102.6	100.9	101.1	101.1	101.1	102.3
广 西	Guangxi	98.9	102.3	102.7	101.5	103.1	101.2	100.7	100.9
海 南	Hainan	100.6	102.6	104.3	102.5	102.4	99.7	100.1	99.8
重 庆	Chongqing	93.2	104.5	105.7	103.9	104.0	104.3	96.9	91.7
四 川	Sichuan	96.5	101.7	102.4	101.1	103.0	99.2	101.6	101.5
贵 州	Guizhou	98.1	100.8	102.3	100.9	100.3	99.5	100.3	104.0
云 南	Yunnan	98.4	101.8	100.1	99.1	105.2	99.6	101.3	99.7
西 藏	Tibet	96.4	100.8	101.5	100.0	100.1	101.7	95.8	98.1
陕 西	Shaanxi	96.3	102.1	102.8	101.5	102.2	101.4	101.9	100.7
甘 肃	Gansu	99.7	102.9	102.9	104.9	104.9	100.0	100.1	99.8
青 海	Qinghai	99.3	101.2	100.5	101.9	101.5	101.3	98.8	99.5
宁 夏	Ningxia	98.0	104.5	103.4	101.9	105.9	104.6	100.6	98.2
新 疆	Xinjiang	98.7	103.6	102.1	100.0	108.5	101.7	101.6	101.9

2-11-4 续表 5 Continued 5

(上年价格=100) (Preceding year=100)

地 区 Region	2、娱乐用品 Recreation Articles	九、交通、通信用品 Transportation and Communication Appliances	1.交通运输机械 Transportation Appliances	2.通讯器材 Communication Appliances	十、家具 Furniture	十一、化妆品 Cosmetics	十二、金银珠宝 Gold, Silver and Jewelry	十三、中西药品及医疗保健用品 Traditional Chinese and Western Medicines and Health Care Articles
全 国 National	**100.5**	**96.1**	**99.0**	**89.7**	**102.3**	**101.3**	**114.3**	**103.9**
北 京 Beijing	100.3	95.2	99.1	79.8	104.2	101.6	120.9	103.3
天 津 Tianjin	97.8	100.1	102.9	65.0	103.7	99.6	113.3	101.1
河 北 Hebei	102.2	96.3	98.2	90.3	102.2	102.3	113.7	103.9
山 西 Shanxi	98.1	96.1	99.4	85.7	103.0	101.8	113.8	103.6
内蒙古 Inner Mongolia	100.1	96.3	98.4	93.5	99.0	100.4	113.5	101.6
辽 宁 Liaoning	99.8	95.3	99.9	89.1	104.2	101.9	115.4	104.4
吉 林 Jilin	99.9	92.2	94.4	89.0	101.8	100.8	116.7	102.9
黑龙江 Heilongjiang	97.4	94.9	98.4	89.9	97.0	101.9	117.6	102.8
上 海 Shanghai	96.4	98.3	103.1	83.0	104.2	104.8	107.9	99.4
江 苏 Jiangsu	103.2	95.9	98.9	87.8	107.3	100.5	114.5	101.7
浙 江 Zhejiang	98.9	96.7	97.9	90.5	103.2	101.3	114.3	106.1
安 徽 Anhui	100.4	95.9	99.3	88.1	102.1	101.0	114.5	105.0
福 建 Fujian	101.8	95.7	99.1	89.9	102.1	99.6	111.7	106.2
江 西 Jiangxi	100.0	96.6	99.3	93.2	100.8	101.1	119.9	102.9
山 东 Shandong	100.6	97.2	98.8	94.6	102.0	101.4	112.2	103.0
河 南 Henan	100.1	97.1	99.6	92.8	102.3	101.1	114.3	103.9
湖 北 Hubei	100.5	97.0	99.7	94.3	103.5	101.7	115.5	104.2
湖 南 Hunan	101.3	99.2	100.3	95.8	100.6	100.2	117.0	103.8
广 东 Guangdong	100.2	94.6	97.8	88.5	101.9	101.3	112.5	105.8
广 西 Guangxi	100.5	97.7	99.6	94.2	103.3	101.4	114.2	105.2
海 南 Hainan	100.5	95.8	100.0	78.1	106.4	98.7	115.6	102.0
重 庆 Chongqing	99.5	93.2	99.7	86.3	99.8	102.0	113.3	102.4
四 川 Sichuan	101.7	95.5	97.9	89.3	101.4	101.2	112.6	102.3
贵 州 Guizhou	97.4	96.2	100.1	91.5	101.9	100.6	111.7	106.2
云 南 Yunnan	102.6	94.9	97.9	90.2	102.3	99.4	116.8	103.8
西 藏 Tibet	91.9	97.0	98.3	96.4	105.0	100.6	106.5	100.5
陕 西 Shaanxi	103.1	92.4	95.2	85.1	105.1	101.5	114.6	105.7
甘 肃 Gansu	100.5	95.7	99.7	93.1	100.5	101.5	114.5	108.7
青 海 Qinghai	98.1	95.9	98.3	93.9	95.9	102.1	111.3	103.5
宁 夏 Ningxia	102.5	94.5	97.3	90.1	102.7	101.2	109.1	106.3
新 疆 Xinjiang	101.4	92.3	93.1	91.4	100.2	101.3	118.5	103.5

2-11-4 续表 6 Continued 6

(上年价格=100) (Preceding year=100)

地　区 Region	1.医疗器具及用品 Medical Apparatus and Article	2.中药材及中成药 Tradtional Chinese Medicinal Materials and Medicines	3.西　药 Western Medicines	4.保健器具及用品 Health Care Appliances and Articles	十四、书报杂志及电子出版物 Books, Newspapers, Magazines and Electronic Publications	1.教材及参考书 Teaching Materials and Reference Books	2.书报杂志 Newspapers and Magazines
全　国 National	**102.0**	**112.1**	**99.6**	**103.9**	**100.8**	**101.1**	**101.1**
北　京 Beijing	102.7	112.7	100.6	100.9	101.1	101.2	101.2
天　津 Tianjin	111.1	102.7	100.5	99.0	100.3	100.5	100.0
河　北 Hebei	102.9	114.2	100.3	102.6	100.8	100.8	100.5
山　西 Shanxi	102.8	115.0	100.6	105.3	101.5	104.3	100.3
内蒙古 Inner Mongolia	99.1	107.9	98.1	101.2	101.9	100.5	104.7
辽　宁 Liaoning	102.8	112.1	100.3	102.6	100.9	100.9	101.3
吉　林 Jilin	99.3	113.3	98.5	101.6	99.9	99.1	101.0
黑龙江 Heilongjiang	100.6	111.6	100.2	99.5	100.6	103.1	100.4
上　海 Shanghai	109.0	105.8	94.6	104.9	102.1	106.9	102.7
江　苏 Jiangsu	102.6	110.5	96.8	102.2	100.7	101.2	100.6
浙　江 Zhejiang	100.3	116.5	98.0	113.0	103.4	101.2	106.7
安　徽 Anhui	100.5	110.6	101.6	106.5	99.6	99.0	100.2
福　建 Fujian	101.0	115.7	102.1	102.5	100.0	98.8	100.7
江　西 Jiangxi	100.4	108.5	99.5	101.8	100.5	101.0	100.2
山　东 Shandong	102.8	108.6	99.5	103.8	100.2	100.6	100.4
河　南 Henan	101.9	112.7	101.0	101.6	100.9	101.0	101.4
湖　北 Hubei	100.5	109.7	101.1	102.9	100.8	101.9	100.3
湖　南 Hunan	105.1	111.8	100.3	104.4	100.5	100.5	100.5
广　东 Guangdong	100.5	115.0	99.9	104.1	100.5	100.3	101.1
广　西 Guangxi	101.6	115.2	99.6	101.1	100.4	100.4	100.4
海　南 Hainan	101.3	107.7	99.5	101.6	97.9	97.9	100.0
重　庆 Chongqing	98.0	108.6	99.3	100.3	101.0	100.7	101.3
四　川 Sichuan	102.2	112.6	96.8	103.3	99.6	101.0	100.1
贵　州 Guizhou	101.0	114.9	101.9	99.6	100.2	100.8	100.0
云　南 Yunnan	98.0	109.4	101.5	101.0	102.3	104.7	100.9
西　藏 Tibet	94.9	105.4	98.3	99.6	102.1	100.2	105.8
陕　西 Shaanxi	116.9	116.0	98.9	102.7	99.6	100.5	100.2
甘　肃 Gansu	103.1	119.8	101.9	100.5	104.4	106.9	101.9
青　海 Qinghai	97.8	113.7	99.3	99.6	104.3	107.8	103.8
宁　夏 Ningxia	102.4	115.4	100.3	108.9	101.8	103.8	100.9
新　疆 Xinjiang	96.6	111.4	100.8	100.5	100.7	101.8	101.5

2-11-4 续表 7 Continued 7

(上年价格=100) (Preceding year=100)

地 区	Region	3.电子音像制品 Electronic Publications	十五、燃料 Fuels	1.煤炭及制品 Coal and its product	2.石油及制品 Petroleum and its product	十六、建筑材料及五金电料 Building Materials and Hardware	1.建筑装璜材料 Building Decoration Materials	2.五金电料 Hardware
全 国	**National**	**99.3**	**111.1**	**110.4**	**111.3**	**105.1**	**105.7**	**103.1**
北 京	Beijing	99.9	110.9	115.9	110.4	103.7	104.0	101.6
天 津	Tianjin	100.0	108.2	109.2	108.2	107.7	107.6	108.8
河 北	Hebei	101.6	111.6	111.3	111.8	105.0	105.5	103.6
山 西	Shanxi	99.4	109.5	109.1	109.6	104.9	105.3	103.1
内蒙古	Inner Mongolia	99.9	108.9	105.6	110.5	102.2	102.8	100.6
辽 宁	Liaoning	100.1	111.4	105.1	112.9	105.5	105.5	105.4
吉 林	Jilin	99.8	112.6	109.4	113.3	105.3	106.7	101.2
黑龙江	Heilongjiang	96.8	110.2	108.9	110.9	104.0	104.6	102.3
上 海	Shanghai	95.3	107.2	105.6	107.3	104.2	104.1	104.4
江 苏	Jiangsu	100.8	109.3	109.6	109.3	106.3	107.3	103.7
浙 江	Zhejiang	99.8	111.9	107.6	112.6	105.2	106.2	103.3
安 徽	Anhui	99.9	109.7	108.2	110.0	104.3	105.2	101.4
福 建	Fujian	100.1	112.4	110.6	112.6	105.5	106.1	103.6
江 西	Jiangxi	99.5	108.7	107.1	109.3	106.5	107.1	104.0
山 东	Shandong	99.3	109.9	108.9	110.4	105.3	106.3	103.2
河 南	Henan	99.2	113.6	116.9	112.3	107.0	108.1	103.3
湖 北	Hubei	99.2	110.6	107.5	111.2	104.4	104.7	103.6
湖 南	Hunan	100.3	113.6	118.7	113.3	106.0	106.8	101.2
广 东	Guangdong	99.9	111.1	107.9	111.3	103.5	104.1	101.6
广 西	Guangxi	100.1	109.7	107.7	109.9	106.2	107.2	102.7
海 南	Hainan	94.7	110.5	115.5	110.4	104.6	104.8	103.8
重 庆	Chongqing	100.1	111.3	106.9	111.3	105.1	103.7	115.5
四 川	Sichuan	94.9	113.2	112.9	113.3	103.6	104.2	100.0
贵 州	Guizhou	98.9	113.7	122.9	110.5	102.7	103.2	101.0
云 南	Yunnan	99.0	112.8	117.9	111.6	104.0	104.2	103.1
西 藏	Tibet	98.4	106.2	100.4	108.4	103.8	105.1	98.8
陕 西	Shaanxi	96.8	111.7	110.6	112.1	105.4	105.8	104.4
甘 肃	Gansu	99.8	110.7	106.1	112.9	101.8	101.8	100.6
青 海	Qinghai	98.1	112.9	112.7	113.0	102.8	103.8	99.0
宁 夏	Ningxia	99.4	110.0	106.6	110.9	105.8	104.8	107.6
新 疆	Xinjiang	97.6	109.6	105.2	111.4	104.8	105.3	103.2

2-11-5 各地区城市商品零售价格分类指数(2011年)

Urban Retail Price Indices by Category and Region (2011)

(上年价格=100) (Preceding year=100)

地 区	Region	总指数 Retail Price Index	一、食 品 Food	1.粮 食 Grain	2.淀粉及制品 Starches	3.干豆类及豆制品 Dried Bean and Their Products	4.油 脂 Oil or Fat	5.肉禽及其制品 Meat, Poultry and Their Products	6.蛋 Eggs
全 国	**National**	**104.7**	**111.8**	**112.2**	**118.3**	**105.4**	**113.4**	**122.4**	**114.9**
北 京	Beijing	103.2	110.9	110.8	115.0	104.3	114.2	121.8	109.9
天 津	Tianjin	104.7	111.6	108.5	123.3	100.1	115.3	122.6	114.4
河 北	Hebei	104.7	111.8	109.7	125.5	100.7	109.6	123.8	116.3
山 西	Shanxi	104.9	112.7	108.4	132.4	104.4	111.1	126.4	114.4
内蒙古	Inner Mongolia	105.0	114.8	111.4	158.7	104.9	115.2	125.9	117.7
辽 宁	Liaoning	105.0	111.2	111.8	122.9	104.2	114.3	125.7	114.6
吉 林	Jilin	104.8	111.1	110.5	136.1	107.1	114.2	123.6	118.8
黑龙江	Heilongjiang	104.2	112.4	113.4	132.5	103.8	119.3	125.5	114.3
上 海	Shanghai	104.1	111.0	113.3	106.6	114.7	117.3	119.9	113.5
江 苏	Jiangsu	104.4	111.3	112.2	113.8	106.8	113.6	120.0	115.2
浙 江	Zhejiang	105.4	112.0	112.4	115.6	113.1	116.8	121.6	115.8
安 徽	Anhui	105.0	112.1	113.9	112.1	104.4	115.1	124.3	111.9
福 建	Fujian	104.7	111.4	117.0	111.0	105.4	113.0	118.7	113.4
江 西	Jiangxi	104.8	110.9	113.1	107.2	101.5	112.7	121.8	116.1
山 东	Shandong	104.3	111.0	108.3	114.2	104.8	111.8	122.6	114.8
河 南	Henan	105.4	112.2	110.2	116.3	102.2	112.9	127.0	115.4
湖 北	Hubei	105.1	111.6	116.0	111.1	105.7	112.8	122.9	112.7
湖 南	Hunan	105.4	112.0	115.9	101.8	105.6	116.2	120.9	118.1
广 东	Guangdong	104.9	111.6	112.1	108.0	103.3	110.1	118.3	114.2
广 西	Guangxi	105.7	113.4	117.1	112.8	105.2	111.5	119.2	114.1
海 南	Hainan	105.2	112.8	118.6	122.5	104.6	110.4	116.5	114.4
重 庆	Chongqing	104.7	113.6	115.4	115.1	105.7	116.0	130.1	120.2
四 川	Sichuan	104.4	111.9	112.9	115.2	106.8	112.7	122.8	115.5
贵 州	Guizhou	105.4	114.2	117.3	104.7	111.3	114.8	123.2	116.8
云 南	Yunnan	104.9	111.4	112.0	106.0	102.7	113.0	124.8	109.5
西 藏	Tibet	103.9	109.5	112.0	104.8	111.7	102.3	110.3	109.5
陕 西	Shaanxi	104.8	112.4	110.7	113.7	101.6	113.2	128.0	113.0
甘 肃	Gansu	105.6	111.9	111.9	109.9	105.4	112.8	123.9	117.5
青 海	Qinghai	105.5	110.8	109.9	115.9	105.8	106.0	122.4	111.1
宁 夏	Ningxia	105.0	112.3	116.0	121.6	105.5	113.8	123.0	113.9
新 疆	Xinjiang	104.5	112.4	108.4	112.0	108.9	112.2	120.7	114.1

2-11-5 续表 1 Continued 1

(上年价格=100) (Preceding year=100)

地　区 Region	7.水产品 Aquatic Products	8.菜 Vegetables	9.调味品 Flavoring	10.糖 Carbohydrate	11.干鲜瓜果 Dried and Fresh Melons and Fruits	12.糕点饼干面包 Cake	13.液体乳及乳制品 Milk and Its Products	14.在外用膳食品 Outward Dinner Food
全　国 National	**112.4**	**100.5**	**106.1**	**110.4**	**116.0**	**108.7**	**105.4**	**108.4**
北　京 Beijing	109.5	98.1	106.4	115.1	110.7	112.7	104.8	110.5
天　津 Tianjin	120.7	96.7	106.4	109.1	108.8	113.3	104.6	109.6
河　北 Hebei	115.8	98.9	105.1	111.8	123.2	109.3	103.2	106.7
山　西 Shanxi	115.9	98.4	104.7	115.0	124.6	114.2	101.2	112.2
内蒙古 Inner Mongolia	110.2	103.4	107.0	110.5	127.5	105.2	106.2	110.3
辽　宁 Liaoning	112.0	93.1	107.5	110.3	110.9	110.9	104.3	107.6
吉　林 Jilin	112.9	94.5	104.3	107.9	114.7	107.6	103.8	108.6
黑龙江 Heilongjiang	109.9	101.4	104.5	112.6	116.4	108.0	103.6	105.1
上　海 Shanghai	113.7	99.8	107.5	104.8	114.5	108.8	108.2	107.9
江　苏 Jiangsu	109.6	101.7	107.4	110.5	114.7	110.3	109.7	109.6
浙　江 Zhejiang	113.9	99.5	104.1	109.6	118.0	108.4	106.9	108.8
安　徽 Anhui	110.3	102.1	106.9	111.1	119.6	108.3	105.0	107.9
福　建 Fujian	111.9	99.3	103.8	113.2	115.1	105.9	103.4	107.7
江　西 Jiangxi	107.6	97.4	106.1	112.2	116.4	109.4	109.3	103.7
山　东 Shandong	114.9	101.3	106.4	108.6	118.6	106.0	103.1	105.4
河　南 Henan	114.4	98.4	106.6	112.5	114.7	108.4	104.3	107.1
湖　北 Hubei	110.3	100.8	105.6	108.0	123.2	106.2	102.8	106.4
湖　南 Hunan	108.3	105.9	102.9	108.5	116.1	102.3	101.5	106.7
广　东 Guangdong	112.9	102.2	105.9	111.2	113.2	107.7	107.0	110.3
广　西 Guangxi	116.3	107.0	103.7	111.8	115.8	108.2	104.7	108.6
海　南 Hainan	113.2	107.0	107.4	113.7	112.4	104.3	102.3	112.2
重　庆 Chongqing	106.8	103.5	110.5	108.6	116.4	109.2	107.3	107.1
四　川 Sichuan	107.4	98.1	107.2	110.6	118.6	106.8	109.7	106.6
贵　州 Guizhou	112.8	111.5	105.9	109.6	114.0	109.8	99.8	110.1
云　南 Yunnan	108.6	98.4	102.6	112.1	106.8	109.7	105.1	110.3
西　藏 Tibet	104.4	109.8	106.9	112.1	119.1	102.4	103.3	111.2
陕　西 Shaanxi	111.5	105.1	108.9	112.1	115.3	108.7	110.8	107.3
甘　肃 Gansu	108.8	104.5	106.5	112.8	117.1	110.5	102.1	110.2
青　海 Qinghai	111.4	99.4	107.8	111.3	115.4	111.6	105.2	107.6
宁　夏 Ningxia	109.6	94.6	109.5	107.2	114.6	111.2	108.6	116.2
新　疆 Xinjiang	109.2	100.6	104.6	109.8	119.3	106.6	107.1	113.2

2-11-5 续表 2 Continued 2

(上年价格=100)

(Preceding year=100)

地 区	Region	15.其它食品 Other Foods	二、饮料、烟酒 Beverages, Tobacco and Liquor	1.茶及饮料 Tea and Beverages	2.烟 草 Tobacco	3.酒 Liquor	三、服装、鞋帽 Garments, Shoes and Hats	1.服 装 Garments	2.鞋袜帽 Footgear and Hats
全 国	**National**	**106.6**	**103.5**	**104.3**	**100.5**	**107.2**	**102.1**	**102.6**	**100.6**
北 京	Beijing	107.2	103.6	105.0	100.0	105.3	102.6	102.6	102.7
天 津	Tianjin	114.0	104.7	104.7	100.6	109.5	101.8	101.7	101.9
河 北	Hebei	112.5	103.8	103.8	100.8	106.4	101.1	102.3	98.2
山 西	Shanxi	106.4	104.6	104.4	104.8	104.3	101.2	101.8	99.9
内蒙古	Inner Mongolia	103.7	102.9	102.2	100.9	105.7	101.8	102.5	100.2
辽 宁	Liaoning	108.2	102.8	104.9	100.5	104.5	102.1	102.9	100.2
吉 林	Jilin	102.4	102.9	102.9	100.2	105.9	103.1	104.2	101.1
黑龙江	Heilongjiang	100.0	103.7	104.5	101.4	105.6	101.8	102.7	99.3
上 海	Shanghai	107.4	102.3	105.1	100.3	103.9	103.9	105.4	99.0
江 苏	Jiangsu	108.4	103.8	103.5	100.2	111.7	103.8	104.3	102.4
浙 江	Zhejiang	108.1	103.0	103.9	100.4	107.4	102.5	102.6	102.3
安 徽	Anhui	109.7	104.4	103.9	100.0	109.0	103.8	105.0	101.1
福 建	Fujian	109.5	103.3	102.7	100.2	107.0	101.1	101.1	101.0
江 西	Jiangxi	105.4	102.6	104.6	100.2	104.6	103.6	103.3	105.0
山 东	Shandong	104.9	104.2	102.6	102.8	106.0	101.5	101.7	101.2
河 南	Henan	104.4	104.9	105.6	100.0	108.4	101.5	101.8	100.9
湖 北	Hubei	105.1	104.5	103.2	100.0	112.7	102.4	103.4	99.9
湖 南	Hunan	101.6	101.8	102.1	99.9	103.9	100.9	101.2	100.4
广 东	Guangdong	104.7	103.8	105.3	101.3	106.2	102.1	103.2	99.6
广 西	Guangxi	107.7	103.6	103.8	100.2	107.3	102.5	103.8	99.8
海 南	Hainan	101.7	101.2	103.5	100.2	101.4	99.8	99.8	100.0
重 庆	Chongqing	106.8	105.6	108.2	99.8	113.6	101.4	101.6	100.1
四 川	Sichuan	105.2	104.6	105.4	99.7	112.0	98.8	98.7	99.5
贵 州	Guizhou	103.6	101.6	101.0	98.6	107.5	100.3	100.2	100.2
云 南	Yunnan	107.1	102.0	105.0	100.2	102.2	99.9	99.7	100.6
西 藏	Tibet	100.5	103.8	104.4	102.6	105.1	103.0	103.1	102.9
陕 西	Shaanxi	107.1	103.8	107.5	100.8	105.5	103.0	104.8	98.2
甘 肃	Gansu	104.6	104.0	104.2	100.1	110.4	99.7	99.7	99.9
青 海	Qinghai	111.2	104.2	104.5	100.0	109.4	103.6	104.5	100.8
宁 夏	Ningxia	107.0	102.8	103.6	100.0	104.5	102.8	102.9	103.2
新 疆	Xinjiang	106.3	103.6	103.6	100.1	107.6	98.7	99.4	97.2

(上年价格=100) (Preceding year=100)

地区 Region	3.其它 Others	四、纺织品 Textiles	1.衣着材料 Clothing Material	2.床上用品 Bed Articles	五、家用电器及音像器材 Household Appliances, Music and Video Equipment	1.家庭设备 Household Facilities	2.文娱用耐用消费品 Durable Consumer Goods for Cultural and Recreational Use	3.专业音像器材 Music and Video Equipment
全 国 National	**100.2**	**105.9**	**109.8**	**104.5**	**96.5**	**99.5**	**91.9**	**98.4**
北 京 Beijing	101.3	107.4	111.7	106.8	95.2	99.6	90.5	99.0
天 津 Tianjin	107.0	112.4	119.3	110.9	95.4	102.3	84.8	100.4
河 北 Hebei	99.9	107.2	116.7	104.3	95.3	98.7	90.6	97.5
山 西 Shanxi	95.2	104.8	111.2	103.7	95.3	97.5	89.2	100.2
内蒙古 Inner Mongolia	100.9	104.2	107.5	102.3	97.7	99.6	95.2	97.4
辽 宁 Liaoning	103.2	111.1	109.9	111.9	95.2	99.3	90.1	100.7
吉 林 Jilin	97.2	107.9	110.0	106.6	97.9	98.1	97.1	101.3
黑龙江 Heilongjiang	101.5	106.0	113.3	101.6	91.4	96.8	84.3	96.8
上 海 Shanghai	100.4	117.6	119.8	117.3	96.0	102.3	90.5	92.6
江 苏 Jiangsu	103.7	100.4	111.1	97.8	98.8	102.2	89.4	101.7
浙 江 Zhejiang	98.5	107.3	113.1	104.3	98.2	100.9	93.0	97.5
安 徽 Anhui	99.2	104.8	109.0	103.2	97.2	99.8	93.0	99.7
福 建 Fujian	99.8	104.1	108.3	102.5	96.7	99.5	92.5	97.3
江 西 Jiangxi	98.3	107.7	109.6	106.0	97.1	98.0	95.3	100.0
山 东 Shandong	100.1	102.8	105.5	102.3	98.4	99.2	96.9	100.0
河 南 Henan	100.1	108.2	117.4	105.5	98.4	100.4	95.5	97.2
湖 北 Hubei	99.7	108.1	108.1	108.0	95.7	98.6	91.9	96.8
湖 南 Hunan	100.6	100.5	102.4	100.1	99.3	99.7	98.4	99.8
广 东 Guangdong	98.8	104.0	105.4	103.5	96.6	99.3	91.9	98.4
广 西 Guangxi	97.4	106.1	108.9	104.8	96.1	97.9	93.4	100.0
海 南 Hainan	100.0	102.4	110.1	100.0	100.3	100.5	100.0	100.0
重 庆 Chongqing	103.2	111.9	114.1	111.8	90.5	95.9	85.9	84.4
四 川 Sichuan	92.7	102.1	110.9	99.4	96.0	99.1	88.9	98.5
贵 州 Guizhou	107.3	104.6	109.6	102.0	96.5	96.6	96.0	98.7
云 南 Yunnan	99.0	114.1	113.1	114.4	94.8	99.2	90.0	100.1
西 藏 Tibet	100.0	104.8	100.6	108.0	99.2	101.6	98.3	85.1
陕 西 Shaanxi	108.6	100.9	104.0	99.0	94.6	98.4	88.2	95.9
甘 肃 Gansu	99.0	101.1	108.3	96.4	97.3	97.6	96.3	99.5
青 海 Qinghai	101.2	113.0	110.6	114.3	94.8	96.8	91.3	107.3
宁 夏 Ningxia	96.7	94.4	122.3	87.7	96.3	100.4	90.4	103.0
新 疆 Xinjiang	98.7	100.6	106.9	96.3	94.8	97.3	91.4	97.7

2-11-5 续表 4 Continued 4

(上年价格=100) (Preceding year=100)

地　区	Region	六、文化办公用品 Cultural and Office Appliances	七、日用品 Articles for Daily Use	1.日用百货 General Merchandise for Daily Use	2.日用杂品 Grocery for Daily Use	3.洗涤用品 Wash	4.其它日用品 Other Articles for Daily Use	八、体育娱乐用品 Sports and Recreation Articles	1.体育用品 Sports Articles
全　国	**National**	**97.1**	**102.4**	**102.7**	**102.1**	**103.1**	**101.7**	**101.0**	**101.7**
北　京	Beijing	93.0	102.8	105.2	101.4	103.0	101.0	102.7	103.2
天　津	Tianjin	90.5	103.8	106.2	95.2	102.9	103.5	100.1	105.6
河　北	Hebei	97.3	103.1	102.5	103.2	104.4	102.5	102.1	101.4
山　西	Shanxi	95.8	101.3	101.4	102.9	102.1	99.1	99.4	100.0
内蒙古	Inner Mongolia	96.5	100.5	100.3	98.5	101.8	100.7	100.1	100.0
辽　宁	Liaoning	96.9	103.1	102.7	102.3	105.3	102.0	100.3	101.1
吉　林	Jilin	101.4	101.7	100.2	105.0	100.8	102.1	100.9	103.1
黑龙江	Heilongjiang	94.2	102.7	101.4	102.9	106.6	98.3	99.3	102.8
上　海	Shanghai	94.7	106.2	103.4	106.6	105.7	108.5	103.8	114.8
江　苏	Jiangsu	96.0	102.6	103.1	103.7	102.3	101.8	103.1	102.2
浙　江	Zhejiang	97.8	102.8	102.9	103.1	103.9	101.4	99.2	101.0
安　徽	Anhui	97.9	101.6	102.0	101.6	102.3	100.5	100.3	100.3
福　建	Fujian	98.4	101.3	101.0	100.8	102.7	100.5	101.4	99.7
江　西	Jiangxi	99.4	103.6	102.9	105.4	104.5	102.3	99.7	100.1
山　东	Shandong	98.8	100.9	100.9	100.0	101.7	100.8	99.9	99.6
河　南	Henan	98.2	102.3	103.1	100.7	103.5	100.5	100.8	101.2
湖　北	Hubei	98.1	103.0	102.4	104.6	104.4	101.2	100.2	100.1
湖　南	Hunan	100.8	101.8	101.3	101.4	103.6	100.6	101.2	101.3
广　东	Guangdong	98.9	101.4	102.8	100.6	101.1	100.9	101.2	102.6
广　西	Guangxi	98.2	102.1	101.9	101.7	103.2	101.1	100.5	100.6
海　南	Hainan	98.9	102.5	104.5	102.2	102.4	99.1	100.0	99.5
重　庆	Chongqing	93.2	104.5	105.7	103.9	104.0	104.3	96.9	91.7
四　川	Sichuan	95.8	102.0	102.5	101.7	103.3	98.9	102.3	102.3
贵　州	Guizhou	98.6	100.8	102.6	101.3	99.8	99.4	100.4	104.8
云　南	Yunnan	98.6	102.9	101.9	100.0	105.6	99.3	102.1	99.5
西　藏	Tibet	95.5	101.1	101.5	100.1	99.9	103.2	95.8	98.1
陕　西	Shaanxi	95.9	102.1	103.0	101.5	102.2	101.4	102.0	100.8
甘　肃	Gansu	99.6	103.0	105.0	103.9	104.7	99.7	100.1	99.7
青　海	Qinghai	98.8	100.7	100.4	101.0	100.5	101.2	98.3	98.9
宁　夏	Ningxia	98.0	104.6	103.6	101.6	106.0	105.1	100.5	97.8
新　疆	Xinjiang	96.2	104.3	101.5	99.3	109.9	102.5	101.9	101.9

2-11-5 续表 5 Continued 5

(上年价格=100) (Preceding year=100)

地 区 Region	2、娱乐用品 Recreation Articles	九、交通、通信用品 Transportation and Communication Appliances	1.交通运输机械 Transportation Appliances	2.通讯器材 Communication Appliances	十、家具 Furniture	十一、化妆品 Cosmetics	十二、金银珠宝 Gold, Silver and Jewelry	十三、中西药品及医疗保健用品 Traditional Chinese and Western Medicines and Health Care Articles
全 国 National	**100.4**	**95.8**	**98.9**	**88.3**	**102.6**	**101.4**	**113.6**	**103.8**
北 京 Beijing	100.3	95.2	99.1	79.8	104.2	101.6	120.9	103.3
天 津 Tianjin	97.8	100.1	102.9	65.0	103.7	99.6	113.3	101.1
河 北 Hebei	102.7	95.9	98.0	89.0	102.3	102.2	112.1	103.4
山 西 Shanxi	98.8	96.8	99.8	85.1	104.8	101.7	110.5	104.5
内蒙古 Inner Mongolia	100.2	95.5	98.0	91.9	99.4	100.4	113.3	101.8
辽 宁 Liaoning	99.9	95.3	100.0	88.6	104.8	102.4	114.7	104.3
吉 林 Jilin	99.7	91.4	93.9	87.8	101.5	100.8	117.0	102.8
黑龙江 Heilongjiang	97.1	94.2	98.2	87.4	96.4	102.0	118.2	101.9
上 海 Shanghai	96.4	98.3	103.1	83.0	104.2	104.8	107.9	99.4
江 苏 Jiangsu	103.8	95.8	98.9	88.2	107.9	99.9	115.2	102.6
浙 江 Zhejiang	98.5	96.5	97.6	90.2	103.6	101.4	113.5	106.8
安 徽 Anhui	100.4	95.3	99.1	86.4	102.5	101.0	114.3	104.4
福 建 Fujian	102.4	95.7	99.0	89.5	102.4	99.3	109.3	106.1
江 西 Jiangxi	99.4	96.5	99.0	93.0	101.1	101.4	115.9	102.5
山 东 Shandong	100.1	96.4	97.8	93.3	102.0	101.6	110.0	103.8
河 南 Henan	99.9	97.1	99.5	92.2	102.6	101.5	113.3	103.6
湖 北 Hubei	100.3	97.0	99.6	93.9	104.1	101.9	111.4	104.2
湖 南 Hunan	101.1	99.3	100.8	93.7	100.6	100.6	117.2	103.4
广 东 Guangdong	100.2	94.4	97.4	87.3	102.0	101.2	111.9	105.0
广 西 Guangxi	100.3	97.7	98.8	95.5	103.4	101.4	113.0	104.7
海 南 Hainan	100.5	96.5	100.1	79.8	105.8	98.5	115.8	102.0
重 庆 Chongqing	99.5	93.2	99.7	86.3	99.8	102.0	113.3	102.4
四 川 Sichuan	102.3	95.2	97.8	88.6	101.6	101.3	112.9	101.9
贵 州 Guizhou	96.8	95.9	100.4	90.8	103.1	100.4	111.4	106.3
云 南 Yunnan	103.5	95.3	99.1	88.3	105.5	100.1	114.9	104.4
西 藏 Tibet	92.0	96.7	98.3	95.4	106.7	100.7	103.5	100.2
陕 西 Shaanxi	103.1	92.4	94.9	83.6	105.7	101.4	114.0	105.9
甘 肃 Gansu	100.8	94.2	99.6	89.8	100.2	102.0	114.4	107.5
青 海 Qinghai	97.5	96.8	98.2	95.2	93.1	102.0	110.0	103.1
宁 夏 Ningxia	102.6	94.3	97.0	90.1	102.7	101.2	108.9	106.2
新 疆 Xinjiang	101.9	90.2	90.6	89.7	99.8	101.2	116.8	102.6

2-11-5 续表 6 Continued 6

(上年价格=100) (Preceding year=100)

地　区	Region	1.医疗器具及用品 Medical Apparatus and Article	2.中药材及中成药 Tradtional Chinese Medicinal Materials and Medicines	3.西 药 Western Medicines	4.保健器具及用品 Health Care Appliances and Articles	十四、书报杂志及电子出版物 Books, Newspapers, Magazines and Electronic Publications	1.教材及参考书 Teaching Materials and Reference Books	2.书报杂志 Newspapers and Magazines
全　国	**National**	**102.6**	**111.7**	**99.5**	**104.2**	**100.8**	**101.1**	**101.2**
北　京	Beijing	102.7	112.7	100.6	100.9	101.1	101.2	101.2
天　津	Tianjin	111.1	102.7	100.5	99.0	100.3	100.5	100.0
河　北	Hebei	103.0	113.0	99.8	102.8	101.0	100.8	100.7
山　西	Shanxi	102.7	116.1	101.0	106.8	101.9	105.0	100.5
内蒙古	Inner Mongolia	99.1	108.2	98.3	101.7	102.1	100.3	105.7
辽　宁	Liaoning	102.9	111.7	100.3	103.0	101.2	101.1	101.4
吉　林	Jilin	99.4	113.6	98.5	101.7	99.8	98.8	101.1
黑龙江	Heilongjiang	101.3	109.7	99.8	99.0	100.3	103.0	100.3
上　海	Shanghai	109.0	105.8	94.6	104.9	102.1	106.9	102.7
江　苏	Jiangsu	103.0	111.3	97.2	102.2	100.9	101.8	100.7
浙　江	Zhejiang	100.6	118.3	97.4	115.4	103.4	101.6	106.5
安　徽	Anhui	100.4	109.2	101.5	105.0	99.5	98.7	100.1
福　建	Fujian	101.7	115.6	102.0	102.2	99.6	97.9	100.4
江　西	Jiangxi	100.2	108.2	98.9	102.0	100.5	101.2	100.3
山　东	Shandong	105.1	109.5	100.0	104.2	100.2	100.8	100.6
河　南	Henan	101.9	112.0	100.9	101.9	101.1	101.1	101.7
湖　北	Hubei	101.0	109.4	101.3	103.4	100.5	101.5	100.2
湖　南	Hunan	102.2	111.1	100.5	104.0	100.6	100.5	100.7
广　东	Guangdong	101.2	112.7	99.5	105.3	100.6	100.8	101.0
广　西	Guangxi	102.9	113.5	99.7	101.5	100.3	100.4	100.3
海　南	Hainan	101.4	107.8	99.5	101.7	97.3	96.8	100.0
重　庆	Chongqing	98.0	108.6	99.3	100.3	101.0	100.7	101.3
四　川	Sichuan	102.4	112.2	96.7	103.4	98.7	99.7	100.2
贵　州	Guizhou	100.8	115.6	101.5	99.5	100.1	100.7	99.7
云　南	Yunnan	103.7	110.2	101.2	101.5	102.6	105.5	101.1
西　藏	Tibet	92.3	107.4	97.5	99.6	102.9	100.0	108.3
陕　西	Shaanxi	119.1	116.6	98.7	103.0	99.5	100.3	100.1
甘　肃	Gansu	103.8	116.7	101.8	100.4	106.2	110.5	102.3
青　海	Qinghai	98.5	111.3	100.0	100.6	103.8	107.3	103.6
宁　夏	Ningxia	102.3	115.4	100.1	108.5	101.9	103.9	100.9
新　疆	Xinjiang	96.3	108.1	101.2	100.8	100.1	101.4	100.9

2-11-5 续表 7 Continued 7

(上年价格=100) (Preceding year=100)

地 区 Region	3.电子音像制品 Electronic Publications	十五、燃料 Fuels	1.煤炭及制品 Coal and its product	2.石油及制品 Petroleum and its product	十六、建筑材料及五金电料 Building Materials and Hardware	1.建筑装璜材料 Building Decoration Materials	2.五金电料 Hardware
全 国 National	**99.1**	**110.9**	**109.9**	**111.0**	**104.7**	**105.2**	**103.3**
北 京 Beijing	99.9	110.9	115.9	110.4	103.7	104.0	101.6
天 津 Tianjin	100.0	108.2	109.2	108.2	107.7	107.6	108.8
河 北 Hebei	102.1	111.5	111.0	111.7	104.4	104.7	103.5
山 西 Shanxi	99.2	110.0	110.5	109.8	102.7	103.0	101.7
内蒙古 Inner Mongolia	99.8	109.3	104.8	111.1	102.0	102.6	100.4
辽 宁 Liaoning	101.0	111.3	103.5	112.9	105.6	105.7	105.4
吉 林 Jilin	99.9	112.5	109.4	113.1	105.7	107.0	101.6
黑龙江 Heilongjiang	96.2	110.4	109.9	110.7	103.9	104.4	102.4
上 海 Shanghai	95.3	107.2	105.6	107.3	104.2	104.1	104.4
江 苏 Jiangsu	101.0	108.7	110.2	108.5	106.3	107.3	103.9
浙 江 Zhejiang	99.8	111.8	107.8	112.3	105.2	106.2	103.0
安 徽 Anhui	99.6	109.0	107.7	109.3	103.8	104.7	100.9
福 建 Fujian	100.1	112.1	107.1	112.5	103.5	103.5	103.5
江 西 Jiangxi	99.5	108.6	106.1	109.2	106.7	107.2	104.4
山 东 Shandong	98.2	109.5	108.2	110.0	103.6	104.0	102.8
河 南 Henan	98.8	112.3	116.6	111.2	106.6	107.6	104.2
湖 北 Hubei	98.4	110.4	103.9	111.3	104.2	104.1	104.6
湖 南 Hunan	100.4	113.9	114.1	113.9	106.3	107.3	101.2
广 东 Guangdong	100.0	111.0	110.1	111.1	103.6	104.4	101.5
广 西 Guangxi	100.3	110.0	111.0	109.9	106.0	107.2	102.0
海 南 Hainan	94.0	110.4	118.2	110.2	103.4	103.3	103.7
重 庆 Chongqing	100.1	111.3	106.9	111.3	105.1	103.7	115.5
四 川 Sichuan	94.4	113.6	114.8	113.4	103.5	104.0	99.9
贵 州 Guizhou	99.2	112.4	118.7	110.4	102.6	103.2	101.2
云 南 Yunnan	99.1	110.6	104.7	111.1	104.4	104.8	103.1
西 藏 Tibet	98.3	106.4	100.8	108.3	105.2	106.8	99.1
陕 西 Shaanxi	96.5	111.9	110.7	112.3	105.3	105.5	104.8
甘 肃 Gansu	99.7	112.9	110.0	113.7	101.3	101.3	100.1
青 海 Qinghai	98.7	114.0	115.8	113.4	102.7	103.6	99.8
宁 夏 Ningxia	100.7	109.7	104.0	110.8	105.8	104.5	107.9
新 疆 Xinjiang	96.6	109.4	103.1	111.1	104.1	103.8	105.0

2-11-6 各地区农村商品零售价格分类指数(2011年)

Rural Retail Price Indices by Category and RegionUrban (2011)

(上年价格=100) (Preceding year=100)

地　区	Region	总指数 Retail Price Index	一、食品 Food	1.粮食 Grain	2.淀粉及制品 Starches	3.干豆类及豆制品 Dried Bean and Their Products	4.油脂 Oil or Fat	5.肉禽及其制品 Meat, Poultry and Their Products	6.蛋 Eggs
全　国	**National**	**105.5**	**112.2**	**112.4**	**113.4**	**105.2**	**113.3**	**122.6**	**113.0**
北　京	Beijing								
天　津	Tianjin								
河　北	Hebei	106.0	113.6	109.2	127.9	108.1	112.3	127.6	113.6
山　西	Shanxi	105.0	110.9	108.3	119.6	101.0	111.8	124.8	117.2
内蒙古	Inner Mongolia	104.7	112.4	110.1	129.9	104.8	112.6	123.6	116.9
辽　宁	Liaoning	105.4	111.5	111.1	103.7	102.8	115.2	124.2	115.0
吉　林	Jilin	105.5	111.8	112.9	112.9	108.1	109.6	121.5	113.4
黑龙江	Heilongjiang	105.8	112.3	110.2	130.8	104.5	120.1	124.4	115.6
上　海	Shanghai								
江　苏	Jiangsu	105.2	112.1	109.9	116.3	107.3	114.0	122.7	115.1
浙　江	Zhejiang	105.8	113.5	112.8	112.8	111.0	119.3	125.5	115.9
安　徽	Anhui	106.1	112.4	121.6	109.1	102.9	118.5	125.8	112.6
福　建	Fujian	105.1	110.5	115.1	117.6	103.9	114.0	121.6	113.8
江　西	Jiangxi	105.0	111.5	115.4	104.9	104.7	112.5	121.8	116.8
山　东	Shandong	105.3	112.8	109.3	110.6	107.6	115.7	123.4	115.0
河　南	Henan	106.1	112.7	110.4	116.9	101.4	112.7	125.4	110.2
湖　北	Hubei	106.2	112.9	115.9	109.9	105.0	119.4	122.3	117.3
湖　南	Hunan	105.6	110.8	117.2	106.2	104.4	106.7	117.5	110.0
广　东	Guangdong	105.6	111.7	112.0	104.6	102.9	109.0	120.4	107.2
广　西	Guangxi	106.6	115.8	117.0	109.5	108.1	112.2	122.0	112.8
海　南	Hainan	106.7	114.2	110.4	113.0	104.6	111.9	120.2	112.5
重　庆	Chongqing								
四　川	Sichuan	105.2	112.8	110.5	103.3	102.9	115.8	125.5	113.5
贵　州	Guizhou	105.9	113.1	116.6	109.9	106.0	121.2	125.3	110.8
云　南	Yunnan	105.3	112.2	111.5	102.7	105.6	114.5	124.4	111.1
西　藏	Tibet	103.3	108.9	111.9	101.8	112.1	105.2	112.0	107.8
陕　西	Shaanxi	104.8	111.5	108.1	124.5	103.9	112.4	126.1	113.8
甘　肃	Gansu	104.9	109.7	109.7	121.8	107.9	111.6	118.3	108.4
青　海	Qinghai	105.2	110.7	107.2	101.9	105.8	113.4	125.0	108.9
宁　夏	Ningxia	107.8	114.4	113.0	125.3	103.2	115.5	124.8	116.7
新　疆	Xinjiang	106.6	112.7	108.0	105.8	105.6	116.1	119.0	110.3

2-11-6 续表 1 Continued 1

(上年价格=100) (Preceding year=100)

地 区	Region	7.水产品 Aquatic Products	8.菜 Vegetables	9.调味品 Flavoring	10.糖 Carbohydrate	11.干鲜瓜果 Dried and Fresh Melons and Fruits	12.糕点饼干面包 Cake	13.液体乳及乳制品 Milk and Its Products	14.在外用膳食品 Outward Dinner Food
全 国	**National**	**110.9**	**102.4**	**104.9**	**112.3**	**115.3**	**106.4**	**103.0**	**107.4**
北 京	Beijing								
天 津	Tianjin								
河 北	Hebei	117.2	102.1	102.5	108.6	123.8	107.4	104.1	107.5
山 西	Shanxi	113.8	102.9	104.6	110.3	115.3	103.6	103.0	108.0
内 蒙 古	Inner Mongolia	114.0	103.7	106.2	115.7	113.0	107.6	104.3	108.1
辽 宁	Liaoning	111.9	96.1	104.5	115.0	116.6	103.9	102.5	104.9
吉 林	Jilin	113.4	99.5	102.8	111.0	121.5	104.6	101.1	105.5
黑 龙 江	Heilongjiang	113.8	102.6	106.0	108.9	116.1	108.6	100.8	105.1
上 海	Shanghai								
江 苏	Jiangsu	111.9	102.4	109.8	112.1	112.4	108.1	108.2	110.7
浙 江	Zhejiang	112.7	100.9	102.6	112.6	116.0	107.0	104.6	109.2
安 徽	Anhui	110.3	99.2	107.1	113.5	113.4	111.8	104.1	104.6
福 建	Fujian	106.3	89.6	103.8	118.9	117.7	105.1	102.0	103.9
江 西	Jiangxi	106.5	102.8	102.6	112.3	113.5	105.0	104.5	105.2
山 东	Shandong	113.6	102.2	107.3	108.8	120.1	105.2	102.1	107.9
河 南	Henan	110.9	100.4	104.2	115.8	115.7	112.3	104.8	109.7
湖 北	Hubei	111.1	105.0	105.4	110.4	117.7	108.6	101.7	108.1
湖 南	Hunan	108.5	108.7	102.8	111.4	101.5	104.7	100.1	105.5
广 东	Guangdong	107.7	100.8	103.9	115.8	117.8	104.5	101.0	108.0
广 西	Guangxi	120.5	108.2	103.0	116.9	114.0	105.3	104.4	114.6
海 南	Hainan	109.1	108.1	111.9	112.0	113.3	102.9	103.2	118.2
重 庆	Chongqing								
四 川	Sichuan	109.6	104.4	103.5	109.8	114.8	106.3	104.1	104.0
贵 州	Guizhou	108.4	105.0	107.3	111.7	105.8	107.4	102.7	106.0
云 南	Yunnan	106.3	103.6	101.6	112.1	113.8	102.5	103.2	107.1
西 藏	Tibet	105.3	106.5	109.2	104.7	110.2	101.3	104.3	110.1
陕 西	Shaanxi	109.3	102.7	108.1	111.4	119.9	105.5	104.8	109.4
甘 肃	Gansu	108.2	100.6	104.0	119.4	112.5	107.9	103.3	109.4
青 海	Qinghai	108.9	97.8	110.5	114.4	113.0	110.9	102.6	107.6
宁 夏	Ningxia	118.4	101.9	114.3	116.3	122.5	113.1	104.9	113.0
新 疆	Xinjiang	109.8	110.3	102.2	116.7	118.7	106.8	108.2	109.7

(上年价格=100) (Preceding year=100)

地 区	Region	15.其它食品 Other Foods	二、饮料、烟酒 Beverages, Tobacco and Liquor	1.茶及饮料 Tea and Beverages	2.烟 草 Tobacco	3.酒 Liquor	三、服装、鞋帽 Garments, Shoes and Hats	1.服 装 Garments	2.鞋袜帽 Footgear and Hats
全 国	**National**	**104.5**	**102.7**	**102.9**	**100.1**	**106.0**	**101.2**	**101.5**	**100.6**
北 京	Beijing								
天 津	Tianjin								
河 北	Hebei	105.6	102.5	103.2	100.5	104.2	100.2	100.4	99.5
山 西	Shanxi	104.4	101.2	102.1	100.2	103.9	103.9	105.4	99.6
内蒙古	Inner Mongolia	104.7	102.2	102.9	100.2	104.2	102.0	101.8	102.9
辽 宁	Liaoning	105.5	101.3	102.1	99.3	103.3	101.8	102.2	101.2
吉 林	Jilin	99.8	101.0	102.2	100.0	101.3	101.6	102.2	100.7
黑龙江	Heilongjiang	104.3	102.7	101.3	100.2	105.9	102.5	103.1	101.5
上 海	Shanghai								
江 苏	Jiangsu	103.6	103.9	104.7	99.8	110.3	102.3	102.9	98.7
浙 江	Zhejiang	108.6	101.9	103.6	100.4	104.3	100.5	100.1	101.3
安 徽	Anhui	109.6	105.5	105.6	100.0	111.0	103.9	105.4	100.9
福 建	Fujian	108.2	103.0	102.1	100.1	107.3	100.2	100.8	98.6
江 西	Jiangxi	101.6	100.9	102.6	100.2	101.1	100.6	100.8	100.2
山 东	Shandong	103.2	102.6	100.5	99.5	106.3	99.6	99.3	100.0
河 南	Henan	101.6	103.2	101.7	100.0	105.5	101.2	100.9	102.0
湖 北	Hubei	104.4	103.5	105.6	100.5	106.3	105.0	106.0	102.9
湖 南	Hunan	103.5	102.3	103.7	100.6	104.8	101.0	101.3	100.2
广 东	Guangdong	102.1	102.5	102.7	100.4	105.0	101.1	100.9	101.0
广 西	Guangxi	106.0	102.9	103.7	100.3	105.4	97.5	98.5	95.6
海 南	Hainan	103.7	101.2	102.5	100.3	101.9	101.1	100.9	102.0
重 庆	Chongqing								
四 川	Sichuan	105.2	103.1	103.9	100.2	108.2	101.9	102.4	100.8
贵 州	Guizhou	101.8	101.2	99.9	100.1	105.0	100.9	102.2	97.7
云 南	Yunnan	101.6	101.6	102.5	100.4	102.7	101.1	99.6	104.3
西 藏	Tibet	100.2	101.7	101.1	100.9	103.2	101.6	101.6	101.8
陕 西	Shaanxi	102.8	101.9	102.6	100.1	104.1	102.1	102.6	101.3
甘 肃	Gansu	102.3	101.0	101.2	100.0	102.8	102.2	102.3	102.1
青 海	Qinghai	107.4	102.5	105.2	100.5	102.8	100.3	99.3	103.5
宁 夏	Ningxia	103.9	103.7	108.1	100.1	107.4	106.4	106.7	106.0
新 疆	Xinjiang	104.9	103.5	100.2	102.5	106.6	101.4	100.4	103.7

2-11-6 续表 3 Continued 3

(上年价格=100) (Preceding year=100)

地 区 Region	3.其 它 Others	四、纺织品 Textiles	1.衣着材料 Clothing Material	2.床上用品 Bed Articles	五、家用电器及音像器材 Household Appliances, Music and Video Equipment	1.家庭设备 Household Facilities	2.文娱用耐用消费品 Durable Consumer Goods for Cultural and Recreational Use	3.专业音像器材 Music and Video Equipment
全 国 National	**101.0**	**105.4**	**109.7**	**102.8**	**97.9**	**99.3**	**95.7**	**98.8**
北 京 Beijing								
天 津 Tianjin								
河 北 Hebei	101.5	107.5	113.6	106.1	97.9	99.7	95.2	103.5
山 西 Shanxi	102.4	107.3	116.1	103.7	97.6	99.3	95.5	
内蒙古 Inner Mongolia	97.9	104.6	107.5	101.9	96.7	97.4	95.6	99.8
辽 宁 Liaoning	99.8	107.4	110.7	104.0	97.3	99.2	94.8	99.9
吉 林 Jilin	100.0	101.2	102.0	100.2	99.4	100.9	97.5	99.9
黑龙江 Heilongjiang	100.0	107.6	112.4	103.5	97.9	99.7	95.4	100.0
上 海 Shanghai								
江 苏 Jiangsu	109.8	109.7	110.6	109.1	98.2	100.9	91.3	103.0
浙 江 Zhejiang	107.1	105.7	115.6	100.4	98.1	99.6	94.2	99.4
安 徽 Anhui	97.7	105.4	110.8	101.7	95.1	96.0	93.2	100.5
福 建 Fujian	97.6	109.5	108.1	110.2	95.5	96.7	93.1	100.5
江 西 Jiangxi	99.8	105.2	106.6	104.1	96.2	96.5	95.7	99.9
山 东 Shandong	100.0	103.2	106.8	98.6	98.7	100.0	97.5	97.5
河 南 Henan	100.3	111.8	112.9	111.5	99.0	100.1	95.5	100.0
湖 北 Hubei	101.9	105.8	108.7	103.8	99.6	101.1	97.1	99.7
湖 南 Hunan	100.0	103.1	108.1	102.0	99.4	100.1	98.5	100.4
广 东 Guangdong	103.5	105.2	108.0	103.9	98.0	99.2	96.9	98.0
广 西 Guangxi	95.7	110.0	116.5	105.9	97.7	98.6	96.5	99.6
海 南 Hainan	99.2	110.3	125.8	104.7	98.8	101.4	95.7	95.6
重 庆 Chongqing								
四 川 Sichuan	100.0	101.1	106.9	98.6	95.4	97.3	94.4	92.7
贵 州 Guizhou	99.8	101.1	110.0	95.2	95.6	96.3	93.9	96.5
云 南 Yunnan	94.9	104.1	110.4	100.2	93.7	92.3	90.5	103.0
西 藏 Tibet	100.3	100.8	101.5	100.3	97.7	100.2	95.1	95.4
陕 西 Shaanxi	99.9	107.4	109.3	105.8	98.6	101.0	95.5	100.1
甘 肃 Gansu	100.0	104.1	102.8	104.8	99.9	100.4	99.3	99.7
青 海 Qinghai	99.0	107.0	111.5	101.9	96.8	96.4	97.3	94.6
宁 夏 Ningxia	96.1	110.7	117.1	108.0	95.8	99.8	92.0	98.0
新 疆 Xinjiang	100.1	104.7	107.8	101.5	99.7	101.5	97.8	99.9

2-11-6 续表 4 Continued 4

(上年价格=100) (Preceding year=100)

地　区	Region	六、文化办公用品 Cultural and Office Appliances	七、日用品 Articles for Daily Use	1.日用百货 General Merchandise for Daily Use	2.日用杂品 Grocery for Daily Use	3.洗涤用品 Wash	4.其它日用品 Other Articles for Daily Use	八、体育娱乐用品 Sports and Recreation Articles	1.体育用品 Sports Articles
全　国	**National**	**99.4**	**101.8**	**102.0**	**101.0**	**103.0**	**100.4**	**100.6**	**100.3**
北　京	Beijing								
天　津	Tianjin								
河　北	Hebei	97.6	104.3	105.1	102.4	106.6	101.5	100.7	100.9
山　西	Shanxi	98.1	102.6	102.0	106.5	101.5	102.4	98.2	100.0
内蒙古	Inner Mongolia	99.4	101.2	100.1	101.1	102.7	100.9	99.7	99.6
辽　宁	Liaoning	100.4	101.1	101.1	103.1	100.5	100.3	101.0	102.8
吉　林	Jilin	99.2	100.3	98.4	100.3	102.7	99.9	100.6	100.6
黑龙江	Heilongjiang	99.5	104.0	101.1	103.3	109.8	100.3	100.0	100.0
上　海	Shanghai								
江　苏	Jiangsu	98.5	103.2	102.8	101.8	104.6	102.5	100.2	97.8
浙　江	Zhejiang	98.6	101.6	101.8	101.9	101.8	100.6	100.6	100.7
安　徽	Anhui	99.7	101.1	101.7	103.7	100.0	99.1	100.8	101.1
福　建	Fujian	99.3	102.2	102.8	100.6	104.0	100.1	100.1	100.2
江　西	Jiangxi	100.5	101.8	103.0	100.5	102.3	100.1	101.5	101.5
山　东	Shandong	99.7	100.5	100.2	96.8	104.5	98.4	100.3	99.2
河　南	Henan	99.0	102.7	102.9	100.3	103.5	101.5	100.9	101.3
湖　北	Hubei	100.0	102.2	103.4	102.8	102.2	100.4	100.6	100.3
湖　南	Hunan	100.8	100.2	100.4	100.2	100.3	99.9	101.0	100.5
广　东	Guangdong	99.1	101.8	101.9	101.8	101.4	101.9	100.9	101.6
广　西	Guangxi	100.2	102.7	104.0	101.2	103.0	101.4	101.2	101.4
海　南	Hainan	116.5	103.0	102.6	104.4	102.3	103.1	101.4	102.4
重　庆	Chongqing								
四　川	Sichuan	98.7	101.0	102.2	100.2	100.4	99.7	100.1	100.1
贵　州	Guizhou	95.1	100.7	100.9	99.6	101.9	99.9	100.0	99.0
云　南	Yunnan	97.9	100.4	97.1	98.3	104.6	99.9	100.1	99.8
西　藏	Tibet	98.4	100.2	101.4	99.9	100.5	98.1	95.8	98.2
陕　西	Shaanxi	99.3	101.8	101.9	101.7	102.0	101.5	101.2	100.0
甘　肃	Gansu	100.1	102.5	101.0	108.2	108.1	100.9	100.0	100.1
青　海	Qinghai	101.6	102.8	100.6	104.1	104.8	101.6	100.7	101.5
宁　夏	Ningxia	97.0	102.7	102.2	104.7	104.7	100.2	102.6	104.1
新　疆	Xinjiang	104.1	102.1	103.0	101.5	103.2	100.3	100.9	102.0

2-11-6 续表 5 Continued 5

(上年价格=100) (Preceding year=100)

地 区 Region	2、娱乐用品 Recreation Articles	九、交通、通信用品 Transportation and Communication Appliances	1.交通运输机械 Transportation Appliances	2.通讯器材 Communication Appliances	十、家具 Furniture	十一、化妆品 Cosmetics	十二、金银珠宝 Gold, Silver and Jewelry	十三、中西药品及医疗保健用品 Traditional Chinese and Western Medicines and Health Care Articles
全 国 National	**100.9**	**97.2**	**99.4**	**93.5**	**101.2**	**101.0**	**117.5**	**104.3**
北 京 Beijing								
天 津 Tianjin								
河 北 Hebei	100.5	97.7	99.1	94.1	101.8	102.5	120.8	105.7
山 西 Shanxi	96.9	94.1	97.9	86.7	99.8	102.1	120.8	102.0
内蒙古 Inner Mongolia	99.8	98.5	99.8	97.4	97.3	100.4	114.0	101.3
辽 宁 Liaoning	99.6	95.1	99.0	91.6	101.2	99.6	118.3	104.9
吉 林 Jilin	100.6	99.8	99.8	99.9	103.7	100.6	113.1	104.0
黑龙江 Heilongjiang	100.0	97.8	100.0	96.7	99.7	101.0	114.6	107.2
上 海 Shanghai								
江 苏 Jiangsu	101.4	96.3	98.8	86.1	105.8	102.4	112.2	98.3
浙 江 Zhejiang	100.5	97.4	98.8	91.2	101.7	101.1	116.6	104.6
安 徽 Anhui	100.7	98.6	99.7	95.6	100.8	100.9	116.0	106.9
福 建 Fujian	100.1	95.8	99.3	90.7	101.7	100.2	117.9	106.3
江 西 Jiangxi	101.5	96.8	100.1	93.5	99.9	100.5	128.8	103.6
山 东 Shandong	101.6	98.7	101.0	96.1	101.9	100.9	118.1	101.5
河 南 Henan	100.6	97.2	99.9	93.7	101.8	100.7	116.3	104.3
湖 北 Hubei	100.9	97.2	99.9	94.7	102.5	101.5	120.5	104.2
湖 南 Hunan	101.5	99.2	99.3	98.8	100.5	99.4	116.6	104.6
广 东 Guangdong	100.0	95.6	99.7	91.4	101.6	102.1	115.4	107.8
广 西 Guangxi	101.0	97.8	101.6	91.8	102.9	101.2	117.3	106.3
海 南 Hainan	99.9	89.3	98.6	69.2	112.5	100.7	114.2	101.6
重 庆 Chongqing								
四 川 Sichuan	100.1	96.1	98.1	91.1	100.7	100.9	110.2	103.3
贵 州 Guizhou	100.8	97.2	99.2	94.4	96.1	102.1	113.5	105.5
云 南 Yunnan	100.5	94.1	94.7	93.4	96.5	97.9	120.1	102.9
西 藏 Tibet	91.4	97.6	99.0	97.5	100.7	100.2	114.2	100.9
陕 西 Shaanxi	102.4	93.1	100.1	89.2	100.3	101.5	119.4	104.4
甘 肃 Gansu	99.9	98.9	100.2	98.5	101.0	100.4	114.8	111.4
青 海 Qinghai	99.9	92.6	100.1	91.7	100.7	102.6	113.7	104.3
宁 夏 Ningxia	100.3	96.6	102.9	89.4	102.3	102.3	113.5	106.8
新 疆 Xinjiang	100.0	97.6	99.8	95.2	101.2	101.4	123.9	105.5

2-11-6 续表 6 Continued 6

(上年价格=100) (Preceding year=100)

地区 Region	1.医疗器具及用品 Medical Apparatus and Article	2.中药材及中成药 Tradtional Chinese Medicinal Materials and Medicines	3.西药 Western Medicines	4.保健器具及用品 Health Care Appliances and Articles	十四、书报杂志及电子出版物 Books, Newspapers, Magazines and Electronic Publications	1.教材及参考书 Teaching Materials and Reference Books	2.书报杂志 Newspapers and Magazines
全国 National	**100.0**	**113.1**	**99.8**	**102.9**	**100.8**	**101.0**	**101.0**
北京 Beijing							
天津 Tianjin							
河北 Hebei	102.1	117.3	101.9	101.8	100.3	100.7	100.1
山西 Shanxi	102.8	112.5	100.1	101.3	100.9	102.9	100.0
内蒙古 Inner Mongolia	99.1	107.3	97.6	99.3	101.3	101.2	102.3
辽宁 Liaoning	102.1	114.3	100.3	101.0	99.6	100.2	100.9
吉林 Jilin	98.6	111.5	99.0	100.8	100.5	102.2	100.0
黑龙江 Heilongjiang	98.3	117.8	103.3	100.9	102.0	103.8	100.9
上海 Shanghai							
江苏 Jiangsu	100.2	105.1	95.8	102.1	100.1	99.8	100.2
浙江 Zhejiang	99.4	112.9	99.4	106.2	103.5	100.4	107.0
安徽 Anhui	100.5	115.0	101.6	111.1	100.1	99.6	100.4
福建 Fujian	99.9	115.9	102.3	103.2	100.9	100.7	101.4
江西 Jiangxi	101.1	109.0	100.8	101.2	100.3	100.6	100.1
山东 Shandong	97.3	106.9	98.6	103.0	100.3	100.1	100.0
河南 Henan	101.5	113.9	101.3	100.7	100.5	100.7	100.4
湖北 Hubei	100.2	109.9	100.9	102.1	101.4	102.5	100.4
湖南 Hunan	109.2	113.0	99.7	105.0	100.3	100.5	100.1
广东 Guangdong	98.1	121.1	101.0	101.6	100.0	99.0	101.4
广西 Guangxi	97.9	118.3	99.4	100.0	100.5	100.6	100.7
海南 Hainan	99.9	106.3	99.4	100.2	102.2	104.7	100.2
重庆 Chongqing							
四川 Sichuan	100.7	113.3	96.8	103.0	101.9	103.0	100.0
贵州 Guizhou	102.2	110.9	103.7	100.1	100.9	101.0	101.9
云南 Yunnan	91.9	108.3	101.8	99.7	101.9	103.7	100.5
西藏 Tibet	100.8	102.2	100.4	99.4	100.3	100.6	100.8
陕西 Shaanxi	101.3	111.8	100.3	100.7	100.5	101.5	100.6
甘肃 Gansu	99.3	127.4	102.1	102.8	101.5	102.0	101.0
青海 Qinghai	97.2	118.4	97.3	96.1	105.3	108.5	104.2
宁夏 Ningxia	102.8	115.9	101.5	111.8	101.7	103.4	101.7
新疆 Xinjiang	97.2	117.3	99.6	99.5	102.3	102.7	103.6

2-11-6 续表 7 Continued 7

(上年价格=100) (Preceding year=100)

地区 Region	3.电子音像制品 Electronic Publications	十五、燃料 Fuels	1.煤炭及制品 Coal and its product	2.石油及制品 Petroleum and its product	十六、建筑材料及五金电料 Building Materials and Hardware	1.建筑装璜材料 Building Decoration Materials	2.五金电料 Hardware
全国 National	**99.9**	**111.8**	**111.1**	**112.1**	**105.7**	**106.6**	**102.8**
北京 Beijing							
天津 Tianjin							
河北 Hebei	99.8	112.0	111.9	112.2	106.4	107.1	104.0
山西 Shanxi	99.6	108.5	107.0	109.2	108.2	108.8	105.3
内蒙古 Inner Mongolia	100.0	108.0	107.2	108.6	102.6	103.2	101.0
辽宁 Liaoning	96.3	111.7	109.0	113.1	104.9	104.8	105.2
吉林 Jilin	98.8	114.2	109.0	116.2	103.5	105.1	100.0
黑龙江 Heilongjiang	100.0	109.5	106.5	112.0	104.5	105.4	101.9
上海 Shanghai							
江苏 Jiangsu	100.0	111.3	106.8	111.6	106.3	107.5	103.3
浙江 Zhejiang	99.9	112.2	107.2	113.3	105.2	106.0	103.8
安徽 Anhui	101.0	111.4	109.0	112.3	105.9	106.6	103.2
福建 Fujian	100.1	113.1	115.7	112.8	108.9	110.5	103.8
江西 Jiangxi	99.7	108.9	108.1	109.4	106.3	106.9	103.2
山东 Shandong	100.9	110.6	109.7	111.3	107.1	108.6	103.7
河南 Henan	100.2	115.5	117.3	114.5	107.4	108.5	101.9
湖北 Hubei	100.6	111.0	110.3	111.2	104.7	105.4	102.2
湖南 Hunan	100.0	113.3	120.1	112.4	105.7	106.4	101.2
广东 Guangdong	99.5	111.4	105.4	112.3	103.2	103.5	102.2
广西 Guangxi	99.8	109.1	101.9	110.0	106.5	107.1	103.9
海南 Hainan	100.0	111.3	100.1	111.6	112.4	114.2	103.9
重庆 Chongqing							
四川 Sichuan	100.0	111.9	110.0	113.0	103.7	104.5	100.0
贵州 Guizhou	96.7	120.2	136.3	111.1	102.8	103.4	99.7
云南 Yunnan	98.8	116.2	121.8	112.8	103.4	103.4	103.2
西藏 Tibet	98.5	105.9	99.7	108.6	100.8	101.6	98.2
陕西 Shaanxi	98.5	110.7	109.9	111.0	105.8	107.3	102.1
甘肃 Gansu	100.1	104.7	102.5	108.3	102.8	102.8	103.9
青海 Qinghai	95.8	110.4	108.3	111.7	102.9	104.1	97.4
宁夏 Ningxia	92.1	112.3	112.3	112.3	105.8	105.7	106.3
新疆 Xinjiang	99.8	110.1	107.5	112.3	105.9	108.2	100.3

2-11-7 36个大中城市商品零售价格分类指数(2011年)

Retail Price Indices by Category in 36 Major Cities (2011)

(上年价格=100) (Preceding year=100)

地 区	Region	总指数 Retail Price Index	一、食品 Food	1.粮食 Grain	2.淀粉及制品 Starches	3.干豆类及豆制品 Dried Bean and Their Products	4.油脂 Oil or Fat	5.肉禽及其制品 Meat, Poultry and Their Products	6.蛋 Eggs
平 均	**Average**	**104.5**	**111.7**	**112.5**	**120.6**	**106.2**	**114.6**	**122.2**	**114.3**
北 京	Beijing	103.2	110.9	110.8	115.0	104.3	114.2	121.8	109.9
天 津	Tianjin	104.7	111.6	108.5	123.3	100.1	115.3	122.6	114.4
石家庄	Shijiazhuang	104.9	110.4	106.3	139.1	97.8	107.7	119.0	113.4
太 原	Taiyuan	104.8	114.2	108.0	152.2	107.0	109.2	128.3	114.3
呼和浩特	Hohhot	104.7	115.2	113.1	174.2	108.5	122.5	127.6	116.8
沈 阳	Shenyang	105.2	110.2	115.0	131.8	105.0	116.0	125.0	114.6
大 连	Dalian	104.4	110.9	110.5	122.2	99.8	116.9	126.1	109.9
长 春	Changchun	104.8	112.1	112.1	170.3	107.6	116.2	122.4	122.4
哈尔滨	Harbin	104.4	112.0	116.9	104.1	104.0	120.7	125.1	107.7
上 海	Shanghai	104.1	111.0	113.3	106.6	114.7	117.3	119.9	113.5
南 京	Nanjing	104.2	111.0	113.6	116.0	108.0	115.9	120.0	116.2
杭 州	Hangzhou	104.4	110.9	110.2	98.6	121.7	118.9	120.2	115.7
宁 波	Ningbo	105.7	112.4	111.9	125.5	116.9	118.2	121.0	118.5
合 肥	Hefei	105.1	112.9	116.7	126.7	102.5	118.8	125.8	112.4
福 州	Fuzhou	104.0	111.3	117.8	111.7	100.0	111.7	117.2	113.1
厦 门	Xiamen	104.7	110.7	117.1	108.3	110.5	114.8	119.4	113.6
南 昌	Nanchang	105.2	108.8	111.2	107.2	100.7	113.5	118.2	116.0
济 南	Jinan	104.6	111.8	108.9	115.1	103.0	112.2	126.0	110.4
青 岛	Qingdao	104.5	111.4	106.0	109.0	105.2	108.3	122.5	110.5
郑 州	Zhengzhou	104.9	112.3	110.5	123.1	103.5	113.6	127.8	116.7
武 汉	Wuhan	104.7	110.0	117.2	118.1	101.7	113.2	119.6	111.1
长 沙	Changsha	105.4	111.5	117.2	98.5	107.6	116.6	117.9	122.0
广 州	Guangzhou	105.1	112.2	111.0	110.1	103.8	112.1	115.7	113.5
深 圳	Shenzhen	105.3	112.1	110.7	108.3	104.2	112.1	121.3	116.4
南 宁	Nanning	104.9	112.4	113.2	110.7	105.6	112.0	118.2	112.9
海 口	Haikou	105.0	112.4	118.6	122.5	104.3	110.3	116.1	114.4
重 庆	Chongqing	104.7	113.6	115.4	115.1	105.7	116.0	130.1	120.2
成 都	Chengdu	104.3	113.1	112.4	118.5	109.3	113.9	124.5	117.1
贵 阳	Guiyang	105.0	113.1	116.2	112.8	113.8	117.0	120.5	113.3
昆 明	Kunming	104.9	111.4	111.2	104.5	101.7	115.9	126.2	108.6
拉 萨	Lhasa	103.9	110.1	112.7	105.9	117.0	101.4	109.9	110.3
西 安	Xi'an	104.4	111.7	110.6	109.6	101.0	113.8	126.4	112.7
兰 州	Lanzhou	105.4	113.4	113.7	103.3	105.0	110.1	121.4	119.3
西 宁	Xining	106.0	111.2	110.5	117.6	105.2	107.4	123.5	111.8
银 川	Yinchuan	104.2	112.0	111.9	108.7	105.3	113.0	122.3	114.9
乌鲁木齐	Urumqi	104.1	112.7	108.6	116.2	109.3	113.2	121.2	114.4

2-11-7 续表 1 Continued 1

(上年价格=100) (Preceding year=100)

地 区	Region	7.水产品 Aquatic Products	8.菜 Vegetables	9.调味品 Flavoring	10.糖 Carbohydrate	11.干鲜瓜果 Dried and Fresh Melons and Fruits	12.糕点饼干面包 Cake	13.液体乳及乳制品 Milk and Its Products	14.在外用膳食品 Outward Dinner Food
平 均	**Average**	**113.0**	**100.0**	**106.9**	**110.4**	**114.7**	**109.6**	**106.6**	**108.9**
北 京	Beijing	109.5	98.1	106.4	115.1	110.7	112.7	104.8	110.5
天 津	Tianjin	120.7	96.7	106.4	109.1	108.8	113.3	104.6	109.6
石家庄	Shijiazhuang	113.6	95.7	105.6	115.1	126.0	114.7	102.8	106.2
太 原	Taiyuan	119.0	95.5	107.6	116.0	127.2	120.8	101.5	115.3
呼和浩特	Hohhot	110.8	100.8	115.8	106.4	125.8	103.7	105.6	107.8
沈 阳	Shenyang	113.2	91.4	108.3	112.4	110.4	111.6	103.7	105.6
大 连	Dalian	109.2	96.3	108.6	105.8	107.6	111.0	104.0	111.5
长 春	Changchun	114.1	94.5	104.6	108.4	115.8	109.3	102.1	106.6
哈尔滨	Harbin	109.2	102.1	103.4	111.3	116.9	104.7	104.3	104.3
上 海	Shanghai	113.7	99.8	107.5	104.8	114.5	108.8	108.2	107.9
南 京	Nanjing	109.4	98.4	106.9	108.2	117.3	113.4	112.3	108.8
杭 州	Hangzhou	111.9	99.8	103.4	109.2	113.3	108.6	106.7	107.8
宁 波	Ningbo	116.0	101.5	105.4	114.3	117.3	104.0	111.1	108.0
合 肥	Hefei	111.6	98.8	109.0	113.3	119.1	106.5	105.2	109.5
福 州	Fuzhou	110.8	103.7	103.5	110.7	115.0	103.4	100.7	109.1
厦 门	Xiamen	112.2	99.0	106.5	110.6	113.4	101.1	109.4	105.3
南 昌	Nanchang	107.6	92.9	108.5	112.0	111.7	115.0	114.4	102.9
济 南	Jinan	114.6	105.7	109.6	110.4	121.7	110.3	104.8	103.6
青 岛	Qingdao	114.7	98.9	111.5	108.2	114.8	107.3	103.9	111.9
郑 州	Zhengzhou	122.3	101.9	102.7	108.4	111.6	102.4	103.7	106.1
武 汉	Wuhan	109.9	94.5	107.5	109.6	123.0	109.8	102.6	104.4
长 沙	Changsha	108.7	106.3	102.9	106.9	118.8	99.9	100.7	106.8
广 州	Guangzhou	114.1	104.7	104.8	113.2	117.8	107.6	106.8	112.7
深 圳	Shenzhen	116.3	103.1	109.5	110.6	110.4	108.0	107.5	108.5
南 宁	Nanning	117.3	104.7	104.7	116.6	112.5	110.9	109.4	109.0
海 口	Haikou	112.8	107.0	107.9	113.1	112.4	103.9	101.8	112.2
重 庆	Chongqing	106.8	103.5	110.5	108.6	116.4	109.2	107.3	107.1
成 都	Chengdu	109.4	94.4	107.3	109.5	119.1	107.9	116.8	108.2
贵 阳	Guiyang	111.6	105.8	107.6	113.5	111.6	115.4	98.1	113.0
昆 明	Kunming	108.1	95.1	102.8	114.1	104.7	111.6	105.1	111.3
拉 萨	Lhasa	104.6	109.3	109.9	114.0	119.1	102.8	104.2	115.4
西 安	Xi'an	112.0	105.5	107.4	117.8	114.6	109.0	113.6	107.1
兰 州	Lanzhou	110.6	109.3	103.0	109.5	120.4	112.7	102.1	115.0
西 宁	Xining	113.7	100.0	110.4	112.2	116.4	112.3	107.0	106.3
银 川	Yinchuan	109.9	93.5	108.7	106.0	113.4	111.9	111.3	118.5
乌鲁木齐	Urumqi	109.2	99.0	103.1	107.2	118.8	106.8	106.7	114.4

2-11-7 续表 2 Continued 2

(上年价格=100) (Preceding year=100)

地区	Region	15.其它食品 Other Foods	二、饮料、烟酒 Beverages, Tobacco and Liquor	1.茶及饮料 Tea and Beverages	2.烟草 Tobacco	3.酒 Liquor	三、服装、鞋帽 Garments, Shoes and Hats	1.服装 Garments	2.鞋袜帽 Footgear and Hats
平均	**Average**	**107.1**	**103.8**	**105.5**	**100.7**	**106.9**	**102.9**	**103.5**	**101.3**
北京	Beijing	107.2	103.6	105.0	100.0	105.3	102.6	102.6	102.7
天津	Tianjin	114.0	104.7	104.7	100.6	109.5	101.8	101.7	101.9
石家庄	Shijiazhuang	117.3	101.9	103.8	100.0	102.2	105.3	106.6	103.0
太原	Taiyuan	104.1	107.0	105.6	109.2	103.7	101.8	102.4	100.1
呼和浩特	Hohhot	100.2	102.8	100.4	100.0	108.4	103.3	105.2	101.1
沈阳	Shenyang	106.9	102.8	104.7	100.3	104.4	103.5	104.1	102.3
大连	Dalian	110.5	102.1	106.2	99.9	102.4	102.2	102.3	102.0
长春	Changchun	100.0	103.1	103.0	99.6	107.7	103.6	105.4	99.8
哈尔滨	Harbin	100.1	103.7	106.5	101.8	104.3	102.6	103.4	99.9
上海	Shanghai	107.4	102.3	105.1	100.3	103.9	103.9	105.4	99.0
南京	Nanjing	112.3	106.6	105.0	102.9	114.6	108.1	110.0	103.7
杭州	Hangzhou	109.9	102.0	105.8	100.1	103.3	105.7	105.7	106.0
宁波	Ningbo	102.0	102.8	104.6	100.0	107.6	103.3	103.1	103.9
合肥	Hefei	114.9	106.6	103.6	100.0	114.2	102.6	103.6	100.2
福州	Fuzhou	105.7	103.6	103.6	100.0	107.7	99.4	97.6	105.0
厦门	Xiamen	114.6	103.4	101.4	100.1	109.8	106.2	108.3	100.0
南昌	Nanchang	105.5	103.1	105.3	99.9	105.8	109.2	108.0	114.1
济南	Jinan	106.2	105.9	104.9	100.9	111.9	100.4	101.0	98.7
青岛	Qingdao	111.4	102.3	104.8	103.1	100.2	108.1	107.8	108.8
郑州	Zhengzhou	102.1	103.0	105.5	100.0	105.2	100.5	100.5	100.6
武汉	Wuhan	110.7	105.1	102.2	99.9	116.4	103.2	104.8	98.8
长沙	Changsha	100.0	100.5	100.7	100.0	100.9	101.4	101.8	100.3
广州	Guangzhou	102.4	104.8	107.6	102.7	104.6	104.0	104.6	103.0
深圳	Shenzhen	105.1	104.9	106.4	100.8	110.5	101.8	105.0	92.2
南宁	Nanning	109.9	104.1	103.9	100.0	108.7	109.0	110.9	106.1
海口	Haikou	101.7	101.1	103.3	100.2	101.0	99.8	99.7	100.0
重庆	Chongqing	106.8	105.6	108.2	99.8	113.6	101.4	101.6	100.1
成都	Chengdu	106.3	106.1	105.2	99.9	112.2	98.2	98.3	99.8
贵阳	Guiyang	104.6	102.8	103.0	99.8	110.3	101.9	101.6	100.5
昆明	Kunming	109.1	102.9	106.5	100.0	103.3	100.3	99.8	101.6
拉萨	Lhasa	100.9	103.7	105.5	100.0	107.0	103.2	104.0	102.6
西安	Xi'an	107.9	105.5	109.3	100.7	107.3	103.7	105.3	98.9
兰州	Lanzhou	98.9	105.6	106.9	100.0	113.4	97.7	97.0	99.0
西宁	Xining	112.6	105.1	105.5	100.0	110.6	103.2	104.1	100.2
银川	Yinchuan	108.5	103.1	102.9	100.0	105.2	102.0	101.8	103.1
乌鲁木齐	Urumqi	107.1	103.7	103.8	100.0	108.4	96.5	98.2	92.7

2-11-7 续表 3 Continued 3

(上年价格=100) (Preceding year=100)

地 区	Region	3.其它 Others	四、纺织品 Textiles	1.衣着材料 Clothing Material	2.床上用品 Bed Articles	五、家用电器及音像器材 Household Appliances, Music and Video Equipment	1.家庭设备 Household Facilities	2.文娱用耐用消费品 Durable Consumer Goods for Cultural and Recreational Use	3.专业音像器材 Music and Video Equipment
平 均	**Average**	**99.2**	**107.8**	**111.3**	**106.9**	**95.6**	**99.9**	**89.6**	**97.8**
北 京	Beijing	101.3	107.4	111.7	106.8	95.2	99.6	90.5	99.0
天 津	Tianjin	107.0	112.4	119.3	110.9	95.4	102.3	84.8	100.4
石家庄	Shijiazhuang	97.5	110.1	117.7	107.5	95.0	97.7	92.0	92.2
太 原	Taiyuan	93.8	101.1	116.7	96.3	91.3	98.3	84.3	100.8
呼和浩特	Hohhot	100.5	102.4	104.7	101.8	98.4	102.0	94.9	95.8
沈 阳	Shenyang	99.9	113.3	113.5	113.2	95.0	98.5	89.8	100.0
大 连	Dalian	102.0	116.0	104.4	117.2	93.8	100.2	87.0	101.1
长 春	Changchun	94.1	109.1	109.9	108.6	97.1	97.0	97.1	101.1
哈尔滨	Harbin	106.0	106.1	116.0	101.8	88.4	96.2	78.2	97.7
上 海	Shanghai	100.4	117.6	119.8	117.3	96.0	102.3	90.5	92.6
南 京	Nanjing	94.0	104.9	112.9	103.2	97.9	100.4	85.9	106.0
杭 州	Hangzhou	102.0	112.7	120.7	107.6	97.0	99.6	91.6	96.9
宁 波	Ningbo	97.3	105.9	104.8	106.4	100.5	104.2	93.8	99.6
合 肥	Hefei	100.7	106.4	111.6	105.5	99.1	103.1	90.6	102.0
福 州	Fuzhou	101.7	103.3	106.0	102.4	96.2	99.8	91.7	100.0
厦 门	Xiamen	100.6	103.5	109.2	102.6	96.9	102.1	88.1	95.1
南 昌	Nanchang	100.0	113.7	120.5	107.7	97.6	98.6	95.0	100.5
济 南	Jinan	98.7	100.7	100.3	100.8	99.3	101.0	96.2	100.0
青 岛	Qingdao	101.0	112.1	122.8	110.3	96.9	97.7	95.6	98.6
郑 州	Zhengzhou	100.1	106.8	116.2	104.2	100.4	100.8	99.9	100.3
武 汉	Wuhan	100.0	107.6	103.1	108.6	91.1	95.4	84.8	94.0
长 沙	Changsha	100.3	100.3	101.0	100.2	99.8	100.4	98.9	99.9
广 州	Guangzhou	98.5	104.7	102.7	105.2	97.1	101.0	91.1	97.1
深 圳	Shenzhen	98.7	102.7	109.8	98.9	97.0	100.5	89.1	94.9
南 宁	Nanning	94.1	110.9	113.3	109.8	94.5	96.7	90.8	98.7
海 口	Haikou	100.0	102.3	109.9	100.0	100.2	100.5	100.0	100.0
重 庆	Chongqing	103.2	111.9	114.1	111.8	90.5	95.9	85.9	84.4
成 都	Chengdu	89.6	98.2	107.3	96.2	95.4	101.5	85.1	100.0
贵 阳	Guiyang	107.5	107.3	114.8	105.0	95.5	94.6	95.8	99.1
昆 明	Kunming	98.7	122.4	117.4	124.5	94.5	99.7	89.4	100.1
拉 萨	Lhasa	100.0	106.0	101.2	109.8	98.8	102.3	97.3	82.3
西 安	Xi'an	123.7	97.7	101.6	96.0	93.0	98.1	86.0	95.3
兰 州	Lanzhou	98.8	96.3	101.1	94.2	97.1	98.1	95.6	100.0
西 宁	Xining	101.7	113.6	113.5	113.6	95.1	96.6	90.6	106.2
银 川	Yinchuan	96.1	91.2	127.3	84.9	95.8	100.2	88.7	104.2
乌鲁木齐	Urumqi	97.6	98.5	106.0	94.6	93.4	96.3	89.3	94.2

2-11-7 续表 4 Continued 4

(上年价格=100) (Preceding year=100)

地 区	Region	六、文化办公用品 Cultural and Office Appliances	七、日用品 Articles for Daily Use	1.日用百货 General Merchandise for Daily Use	2.日用杂品 Grocery for Daily Use	3.洗涤用品 Wash	4.其它日用品 Other Articles for Daily Use	八、体育娱乐用品 Sports and Recreation Articles	1.体育用品 Sports Articles
平 均	**Average**	**95.6**	**102.8**	**103.2**	**102.7**	**103.2**	**102.3**	**101.3**	**102.9**
北 京	Beijing	93.0	102.8	105.2	101.4	103.0	101.0	102.7	103.2
天 津	Tianjin	90.5	103.8	106.2	95.2	102.9	103.5	100.1	105.6
石家庄	Shijiazhuang	96.9	102.3	101.1	101.8	103.6	102.6	103.8	106.6
太 原	Taiyuan	93.5	101.7	102.6	104.5	102.2	98.0	98.6	99.2
呼和浩特	Hohhot	93.1	103.8	99.6	99.3	114.7	102.6	100.6	100.0
沈 阳	Shenyang	95.7	103.0	103.0	101.2	105.8	100.8	100.2	101.1
大 连	Dalian	95.5	105.1	105.4	102.9	108.8	104.2	100.1	104.8
长 春	Changchun	96.8	101.2	100.3	103.8	99.2	102.2	100.5	102.9
哈尔滨	Harbin	92.1	102.6	100.6	100.9	109.4	97.8	99.3	102.5
上 海	Shanghai	94.7	106.2	103.4	106.6	105.7	108.5	103.8	114.8
南 京	Nanjing	94.6	100.4	102.3	111.5	94.8	99.4	102.6	103.4
杭 州	Hangzhou	98.2	101.8	101.3	100.8	101.3	103.9	100.6	100.9
宁 波	Ningbo	100.9	103.4	102.6	106.1	106.6	100.5	99.2	100.2
合 肥	Hefei	97.3	101.7	102.1	101.3	100.8	102.8	100.6	100.6
福 州	Fuzhou	99.1	99.6	98.5	100.7	100.9	99.3	100.2	99.9
厦 门	Xiamen	98.1	101.6	101.5	99.5	102.5	101.7	105.0	96.9
南 昌	Nanchang	99.4	105.4	103.3	111.9	106.5	103.4	100.2	99.9
济 南	Jinan	97.2	101.3	101.0	101.5	102.4	100.3	99.6	99.2
青 岛	Qingdao	99.1	100.9	101.7	98.0	100.5	102.0	99.6	98.9
郑 州	Zhengzhou	98.1	101.6	102.9	101.3	101.7	99.6	99.7	99.7
武 汉	Wuhan	95.9	104.8	104.6	108.9	107.0	101.2	100.0	100.2
长 沙	Changsha	102.0	101.7	101.1	101.7	103.6	99.8	101.7	102.0
广 州	Guangzhou	98.4	100.4	101.0	100.0	101.0	99.9	101.7	106.3
深 圳	Shenzhen	100.3	102.2	104.6	100.6	97.6	101.8	100.3	101.4
南 宁	Nanning	96.5	102.0	99.7	102.5	104.7	101.2	100.3	100.5
海 口	Haikou	98.8	102.4	104.5	102.2	102.2	99.1	100.1	99.5
重 庆	Chongqing	93.2	104.5	105.7	103.9	104.0	104.3	96.9	91.7
成 都	Chengdu	92.7	102.0	102.4	103.9	102.5	97.6	104.6	103.7
贵 阳	Guiyang	97.6	100.7	101.7	102.4	99.8	99.5	99.3	108.9
昆 明	Kunming	99.2	103.8	103.7	99.5	106.5	98.9	104.3	99.7
拉 萨	Lhasa	95.0	101.7	102.4	100.3	99.8	104.2	97.8	97.1
西 安	Xi'an	93.7	102.1	102.9	101.6	101.7	101.8	102.5	101.2
兰 州	Lanzhou	95.2	100.8	106.3	102.4	108.0	99.3	99.3	99.2
西 宁	Xining	99.6	100.8	100.2	101.0	101.4	101.3	98.2	98.8
银 川	Yinchuan	95.9	102.3	101.6	101.3	100.3	106.7	101.5	96.9
乌鲁木齐	Urumqi	94.4	106.7	101.7	97.9	112.3	103.2	102.7	102.7

2-11-7 续表 5 Continued 5

(上年价格=100) (Preceding year=100)

地　区 Region	2.娱乐用品 Recreation Articles	九、交通、通信用品 Transportation and Communication Appliances	1.交通运输机械 Transportation Appliances	2.通讯器材 Communication Appliances	十、家具 Furniture	十一、化妆品 Cosmetics	十二、金银珠宝 Gold, Silver and Jewelry	十三、中西药品及医疗保健用品 Traditional Chinese and Western Medicines and Health Care Articles
平　均 Average	**99.9**	**95.7**	**98.9**	**85.4**	**103.3**	**101.9**	**113.4**	**102.9**
北　京 Beijing	100.3	95.2	99.1	79.8	104.2	101.6	120.9	103.3
天　津 Tianjin	97.8	100.1	102.9	65.0	103.7	99.6	113.3	101.1
石家庄 Shijiazhuang	101.4	96.0	98.6	90.6	101.5	102.5	111.9	105.0
太　原 Taiyuan	98.2	96.1	100.4	78.8	108.0	100.8	108.1	106.7
呼和浩特 Hohhot	101.3	93.6	96.0	88.1	99.5	99.2	123.8	99.7
沈　阳 Shenyang	100.0	99.6	100.6	90.4	102.0	102.7	114.5	101.5
大　连 Dalian	96.8	97.7	99.8	80.2	106.0	104.3	111.5	103.2
长　春 Changchun	99.2	91.2	91.7	84.5	99.8	100.9	115.9	102.2
哈尔滨 Harbin	97.4	94.7	97.6	85.8	92.9	103.1	123.0	100.3
上　海 Shanghai	96.4	98.3	103.1	83.0	104.2	104.8	107.9	99.4
南　京 Nanjing	101.7	94.4	99.7	83.5	108.9	100.1	116.2	100.7
杭　州 Hangzhou	100.5	93.3	93.9	89.4	105.4	101.8	107.9	105.5
宁　波 Ningbo	98.8	97.9	98.5	94.4	106.5	100.3	113.5	103.1
合　肥 Hefei	100.6	93.2	99.4	79.1	105.6	99.8	112.7	104.5
福　州 Fuzhou	100.5	95.8	99.4	89.1	101.5	96.7	107.4	105.6
厦　门 Xiamen	108.9	95.6	97.7	83.5	98.9	99.8	100.7	104.5
南　昌 Nanchang	100.5	96.6	98.7	93.3	102.1	103.2	114.0	101.2
济　南 Jinan	100.0	95.0	96.7	90.7	104.7	101.0	109.4	109.3
青　岛 Qingdao	100.0	93.4	94.4	90.2	103.7	103.0	110.5	101.6
郑　州 Zhengzhou	99.7	98.5	100.0	95.2	100.2	101.1	106.7	102.2
武　汉 Wuhan	99.9	98.8	99.5	98.1	110.4	103.9	112.6	103.7
长　沙 Changsha	101.5	100.5	102.5	92.8	100.2	100.1	118.2	101.6
广　州 Guangzhou	97.9	93.8	97.2	80.1	101.6	101.8	113.8	102.9
深　圳 Shenzhen	100.0	93.3	95.9	87.5	104.5	101.1	109.7	107.9
南　宁 Nanning	100.1	95.7	98.5	91.1	99.8	101.6	113.5	101.7
海　口 Haikou	100.6	96.8	100.1	79.0	105.9	98.3	115.2	101.9
重　庆 Chongqing	99.5	93.2	99.7	86.3	99.8	102.0	113.3	102.4
成　都 Chengdu	105.0	94.3	96.4	84.2	105.2	102.0	112.3	100.9
贵　阳 Guiyang	92.9	97.9	100.2	81.3	104.2	100.7	111.3	106.4
昆　明 Kunming	105.3	96.2	99.0	91.0	110.2	99.4	114.0	103.2
拉　萨 Lhasa	98.4	96.0	97.9	93.6	109.3	101.3	102.6	99.9
西　安 Xi'an	103.3	91.3	93.7	80.0	108.3	101.6	112.4	105.0
兰　州 Lanzhou	99.9	95.8	100.0	95.6	100.0	100.9	112.0	103.5
西　宁 Xining	97.5	97.3	98.2	95.6	91.5	102.6	110.7	102.9
银　川 Yinchuan	105.2	93.0	95.5	89.0	100.5	100.7	106.0	106.5
乌鲁木齐 Urumqi	102.6	86.0	84.4	87.9	99.0	101.3	115.7	102.6

2-11-7 续表 6 Continued 6

(上年价格=100) (Preceding year=100)

地 区 Region		1.医疗器具及用品 Medical Apparatus and Article	2.中药材及中成药 Traditional Chinese Medicinal Materials and Medicines	3.西药 Western Medicines	4.保健器具及用品 Health Care Appliances and Articles	十四、书报杂志及电子出版物 Books, Newspapers, Magazines and Electronic Publications	1.教材及参考书 Teaching Materials and Reference Books	2.书报杂志 Newspapers and Magazines
平 均	**Average**	**104.1**	**109.7**	**99.1**	**104.0**	**100.6**	**101.3**	**101.2**
北 京	Beijing	102.7	112.7	100.6	100.9	101.1	101.2	101.2
天 津	Tianjin	111.1	102.7	100.5	99.0	100.3	100.5	100.0
石家庄	Shijiazhuang	104.0	117.0	98.0	103.9	101.2	100.0	102.0
太 原	Taiyuan	109.4	119.6	100.6	108.1	105.5	107.2	101.0
呼和浩特	Hohhot	100.0	104.3	95.9	100.7	101.3	104.0	100.3
沈 阳	Shenyang	105.1	107.9	98.9	103.3	101.5	102.5	100.9
大 连	Dalian	101.6	109.2	101.6	103.0	101.7	101.0	103.5
长 春	Changchun	99.9	113.4	97.9	101.9	99.3	97.1	101.7
哈尔滨	Harbin	101.3	105.0	99.7	98.6	99.2	102.3	100.0
上 海	Shanghai	109.0	105.8	94.6	104.9	102.1	106.9	102.7
南 京	Nanjing	100.0	102.3	97.8	103.0	100.5	102.7	100.0
杭 州	Hangzhou	102.9	116.1	98.7	109.1	102.9	101.1	107.8
宁 波	Ningbo	101.6	102.8	96.2	117.3	104.5	103.0	107.7
合 肥	Hefei	99.3	107.3	101.8	109.6	99.8	99.4	100.3
福 州	Fuzhou	108.9	113.3	100.7	100.6	99.9	99.6	100.0
厦 门	Xiamen	100.6	114.8	100.3	104.5	96.1	85.9	100.9
南 昌	Nanchang	100.0	104.0	99.7	100.0	100.0	99.9	100.1
济 南	Jinan	107.5	116.7	102.9	114.8	101.0	100.0	102.5
青 岛	Qingdao	104.1	108.0	99.6	101.8	99.5	104.5	100.1
郑 州	Zhengzhou	101.5	109.3	98.8	100.1	101.4	100.5	102.6
武 汉	Wuhan	100.6	108.7	101.2	103.5	99.8	102.1	100.2
长 沙	Changsha	102.9	106.4	99.4	105.0	100.2	100.2	99.9
广 州	Guangzhou	100.3	115.3	95.7	102.1	99.4	98.5	100.0
深 圳	Shenzhen	103.4	108.3	105.7	117.1	101.5	105.4	101.3
南 宁	Nanning	100.1	104.4	99.8	100.0	100.1	100.2	100.0
海 口	Haikou	101.4	107.8	99.6	101.6	97.6	97.1	100.0
重 庆	Chongqing	98.0	108.6	99.3	100.3	101.0	100.7	101.3
成 都	Chengdu	108.4	109.8	94.7	103.6	95.1	95.5	100.0
贵 阳	Guiyang	101.6	116.2	103.0	100.4	99.1	97.9	99.6
昆 明	Kunming	104.9	107.7	100.6	101.5	104.4	109.1	101.0
拉 萨	Lhasa	89.1	109.6	96.3	99.5	103.3	100.0	111.1
西 安	Xi'an	120.7	116.4	99.1	102.8	99.2	99.5	100.0
兰 州	Lanzhou	100.0	110.6	100.7	100.2	109.3	115.0	100.0
西 宁	Xining	98.5	111.0	100.2	100.3	105.0	107.6	103.6
银 川	Yinchuan	102.1	117.7	100.3	105.6	102.2	105.3	100.9
乌鲁木齐	Urumqi	93.9	107.6	101.7	100.8	99.7	100.5	100.6

(上年价格=100) (Preceding year=100)

地区	Region	3.电子音像制品 Electronic Publications	十五、燃料 Fuels	1.煤炭及制品 Coal and Its Product	2.石油及制品 Petroleum and Its Product	十六、建筑材料及五金电料 Building Materials and Hardware	1.建筑装璜材料 Building Decoration Materials	2.五金电料 Hardware
平均	**Average**	**98.2**	**110.9**	**109.9**	**111.0**	**104.8**	**105.2**	**103.3**
北京	Beijing	99.9	110.9	115.9	110.4	103.7	104.0	101.6
天津	Tianjin	100.0	108.2	109.2	108.2	107.7	107.6	108.8
石家庄	Shijiazhuang	102.5	109.1	103.4	111.5	102.7	103.2	101.3
太原	Taiyuan	101.3	107.4	102.6	107.9	98.5	97.1	100.5
呼和浩特	Hohhot	98.7	110.2	104.0	111.8	102.7	103.9	100.5
沈阳	Shenyang	101.4	115.3	98.5	116.5	104.8	106.2	103.2
大连	Dalian	100.0	110.0	101.4	110.8	104.2	103.9	104.6
长春	Changchun	100.0	112.2	108.3	113.1	106.6	107.7	101.8
哈尔滨	Harbin	93.5	111.7	114.1	110.9	103.3	103.9	100.6
上海	Shanghai	95.3	107.2	105.6	107.3	104.2	104.1	104.4
南京	Nanjing	102.2	108.8	107.8	108.9	108.3	110.4	101.2
杭州	Hangzhou	100.0	109.3	103.6	110.2	104.4	105.2	102.6
宁波	Ningbo	100.0	111.1	113.2	110.8	106.2	107.8	102.9
合肥	Hefei	100.0	107.9	105.5	108.2	103.3	104.4	98.7
福州	Fuzhou	100.0	110.0	100.0	110.9	100.7	99.0	107.1
厦门	Xiamen	100.2	113.3		113.3	103.4	107.1	98.0
南昌	Nanchang	100.0	109.8	106.1	110.3	106.8	106.7	107.2
济南	Jinan	100.2	111.0	107.3	112.0	105.3	104.0	108.3
青岛	Qingdao	88.1	110.1	115.8	109.5	105.9	105.4	106.6
郑州	Zhengzhou	98.5	111.4	121.1	109.7	105.1	106.7	101.5
武汉	Wuhan	94.4	109.6	100.1	111.1	106.1	105.2	108.1
长沙	Changsha	100.9	114.8	101.4	115.0	107.9	109.4	100.2
广州	Guangzhou	99.7	111.7	117.4	111.4	104.5	106.5	100.0
深圳	Shenzhen	100.0	111.3	105.7	111.4	104.0	104.8	102.2
南宁	Nanning	100.0	108.0	116.3	107.4	106.2	107.6	101.4
海口	Haikou	94.2	110.2	118.2	110.1	103.5	103.5	103.6
重庆	Chongqing	100.1	111.3	106.9	111.3	105.1	103.7	115.5
成都	Chengdu	89.1	113.8	120.4	113.4	104.7	105.8	98.4
贵阳	Guiyang	99.5	112.8	136.0	110.3	104.2	104.5	102.8
昆明	Kunming	100.0	110.8	104.4	110.9	104.3	104.8	101.4
拉萨	Lhasa	98.1	105.5	100.0	107.2	105.7	107.7	98.8
西安	Xi'an	96.7	112.3	111.3	112.4	104.9	104.6	106.1
兰州	Lanzhou	98.3	116.2	121.9	115.2	99.3	99.2	100.0
西宁	Xining	97.9	113.8	114.1	113.8	102.6	103.2	99.8
银川	Yinchuan	99.4	109.0	96.8	110.0	104.3	101.5	109.4
乌鲁木齐	Urumqi	96.9	110.6	100.0	111.2	103.4	102.4	106.6

2-12-1 各地区农业生产资料价格分类指数(2011年)

Price Indices of Means of Agricultural Production by Category (2011)

(上年价格=100) (Preceding year=100)

地 区	Region	农业生产资料价格指数 General Index	一、农用手工工具 Hand Tool for Farming	二、饲 料 Forage	三、产品畜 Production Livestock	四、半机械化农具 Half-mechanized Farm Tools	五、机械化农具 Mechanized Farm Tools	六、化学肥料 Chemical Fertilizer	七、农药及农药械 Pesticide and Its Appliances
全 国	**National**	**111.3**	**105.3**	**107.6**	**137.3**	**103.6**	**104.6**	**113.3**	**102.6**
河 北	Hebei	112.6	105.1	108.4	153.6	108.2	111.1	111.8	105.0
山 西	Shanxi	109.4	105.8	108.0	155.9	100.8	100.5	111.2	103.2
内蒙古	Inner Mongolia	106.3	100.5	103.0	115.6	102.7	102.6	111.2	106.5
辽 宁	Liaoning	112.8	105.0	108.1	135.5	102.2	103.3	116.4	102.9
吉 林	Jilin	111.4	109.3	108.8	124.8	100.6	103.9	115.3	99.7
黑龙江	Heilongjiang	110.2	108.3	105.4	135.5	103.6	108.5	114.8	102.4
江 苏	Jiangsu	112.6	109.9	112.4	132.2	102.0	105.3	111.2	99.2
浙 江	Zhejiang	110.8	106.3	107.5	160.4	104.6	104.1	113.4	100.8
安 徽	Anhui	114.3	107.9	111.1	157.3	104.5	106.4	114.5	101.5
福 建	Fujian	111.8	108.2	109.0	129.8	106.4	104.7	114.7	103.1
江 西	Jiangxi	111.2	110.3	109.1	130.2	112.9	106.4	112.2	101.6
山 东	Shandong	111.1	102.1	107.9	127.3	103.1	103.9	116.3	102.4
河 南	Henan	111.1	104.9	105.5	136.4	105.8	103.7	115.2	106.0
湖 北	Hubei	113.5	108.1	105.1	151.5	105.6	105.1	116.2	104.7
湖 南	Hunan	110.9	108.5	104.7	137.9	102.3	106.9	112.6	103.9
广 东	Guangdong	109.6	104.2	105.1	129.0	102.3	103.3	113.3	102.7
广 西	Guangxi	112.2	105.5	107.3	142.3	103.8	104.9	115.2	103.2
海 南	Hainan	115.6	110.4	105.7	157.2	104.6	114.0	113.3	105.1
四 川	Sichuan	112.4	104.3	106.9	142.0	100.4	100.5	106.4	101.6
贵 州	Guizhou	111.1	105.5	104.1	153.9	115.7	106.0	101.4	100.6
云 南	Yunnan	108.3	102.5	103.1	119.6	103.5	100.5	112.1	101.9
西 藏	Tibet	102.6	100.7	99.7	100.9	100.6	102.4	100.8	100.2
陕 西	Shanxi	110.3	103.4	104.8	143.2	102.6	104.7	112.2	101.6
甘 肃	Gansu	107.6	104.3	114.5	117.3	100.1	101.1	110.5	103.5
青 海	Qinghai	112.4	103.7	105.9	131.5	98.5	104.1	108.3	101.4
宁 夏	Ningxia	114.0	109.4	96.9	167.4	100.0	104.3	115.4	103.3
新 疆	Xinjiang	106.6	100.8	106.7	120.7	102.5	104.2	102.1	100.1

2-12-1 续表 Continued

(上年价格=100) (Preceding year=100)

地 区	Region	1.化学农药 Chemical Pesticide	2.农药器械 Pesticides Appliances	八、农用机油 Oil for Farm Machinery	九、其他农业生产资料 Others Means of Agricultural Production	1.农用种子 Seed	2.其 他 Others	十、农 业生产服务 Services for Agriculture
全 国	**National**	**102.5**	**103.2**	**110.8**	**108.1**	**110.4**	**103.4**	**108.3**
河 北	Hebei	104.9	105.3	113.4	113.0	116.4	104.0	107.4
山 西	Shanxi	103.1	103.5	108.4	105.9	107.2	102.2	103.2
内蒙古	Inner Mongolia	100.6	114.6	107.1	104.2	106.2	101.3	101.7
辽 宁	Liaoning	102.9	103.4	111.7	108.2	110.1	104.3	108.2
吉 林	Jilin	99.4	101.4	113.0	107.6	109.1	102.0	107.1
黑龙江	Heilongjiang	102.4	102.1	110.7	103.4	105.2	101.2	110.1
江 苏	Jiangsu	98.8	106.5	110.9	113.3	115.7	105.9	113.5
浙 江	Zhejiang	100.9	100.3	109.4	106.1	106.9	104.7	105.1
安 徽	Anhui	101.4	103.2	114.5	109.8	112.6	105.5	111.7
福 建	Fujian	103.3	101.2	111.8	105.6	107.2	103.4	106.2
江 西	Jiangxi	101.5	101.8	112.6	106.5	109.9	101.2	114.4
山 东	Shandong	102.6	100.7	109.6	104.5	106.4	102.2	107.5
河 南	Henan	106.3	102.5	114.7	108.2	108.7	105.6	106.9
湖 北	Hubei	104.9	103.0	111.8	110.7	113.0	104.8	103.9
湖 南	Hunan	103.9	105.1	104.6	107.0	107.9	105.2	108.3
广 东	Guangdong	102.9	101.6	109.7	108.5	112.6	102.2	104.8
广 西	Guangxi	103.0	104.6	109.0	107.9	109.6	105.1	106.8
海 南	Hainan	105.2	103.1	108.3	113.7	121.9	100.7	118.6
四 川	Sichuan	101.5	102.5	109.4	110.9	112.6	101.6	120.2
贵 州	Guizhou	101.5	96.1	103.8	107.8	107.0	109.8	101.4
云 南	Yunnan	101.6	103.8	108.6	105.9	108.3	102.2	101.9
西 藏	Tibet	100.2	100.3	121.9	103.5	105.0	101.4	100.7
陕 西	Shanxi	100.6	107.2	108.9	109.8	113.2	104.8	112.6
甘 肃	Gansu	102.0	107.5	107.4	103.2	102.5	104.2	104.0
青 海	Qinghai	101.4	101.4	117.7	126.1	133.4	103.8	122.6
宁 夏	Ningxia	102.7	108.4	115.1	116.8	121.0	108.6	107.8
新 疆	Xinjiang	99.9	100.7	111.7	118.3	124.6	103.9	105.8

2-12-2 各地区农业生产资料价格总指数(1994～2011年)
Price Indices of Means of Agricultural Production by Region(1994~2011)

(上年价格=100)

(Preceding year=100)

地区	Region	1994	1995	1996	1997	1998	1999	2000
全国	**National**	**121.6**	**127.4**	**108.4**	**99.5**	**94.5**	**95.8**	**99.1**
河北	Hebei	117.0	120.9	108.0	104.3	98.7	97.5	101.5
山西	Shanxi	122.4	129.3	111.5	104.3	95.8	94.1	102.5
内蒙古	Inner Mongolia	122.6	128.5	109.9	104.0	98.7	96.3	106.1
辽宁	Liaoning	121.5	128.7	109.0	99.2	95.6	94.4	97.5
吉林	Jilin	120.2	130.2	111.5	99.8	97.2	97.6	98.9
黑龙江	Heilongjiang	125.9	123.1	110.3	100.6	96.0	96.5	98.6
江苏	Jiangsu	121.5	126.9	106.6	101.2	92.5	95.5	98.9
浙江	Zhejiang	126.5	129.8	106.7	99.7	92.4	95.8	100.4
安徽	Anhui	122.8	128.0	107.2	98.9	94.8	95.3	98.2
福建	Fujian	117.8	120.2	106.2	99.5	94.6	96.1	97.4
江西	Jiangxi	116.7	128.7	107.0	100.4	95.5	93.8	95.9
山东	Shandong	124.1	133.3	105.5	96.6	96.2	95.1	98.7
河南	Henan	124.4	125.8	107.9	99.3	94.2	95.7	99.6
湖北	Hubei	122.4	129.0	108.6	96.0	91.9	93.9	97.6
湖南	Hunan	118.6	129.3	107.3	97.9	89.5	95.3	99.3
广东	Guangdong	115.8	120.3	104.7	98.2	94.9	95.5	98.1
广西	Guangxi	118.1	130.1	103.8	100.3	92.1	96.4	99.9
海南	Hainan	138.2	115.7	106.8	100.3	98.4	97.1	98.0
四川	Sichuan	117.4	130.8	114.0	100.9	92.9	95.2	96.2
贵州	Guizhou	114.9	135.7	108.1	101.3	95.0	94.9	100.6
云南	Yunnan	114.6	125.5	113.3	102.4	96.5	98.7	98.9
西藏	Tibet							96.0
陕西	Shaanxi	128.6	126.3	110.3	102.4	95.2	93.9	102.2
甘肃	Gansu	123.2	129.6	110.7	101.4	96.3	95.8	103.9
青海	Qinghai	125.0	123.9	112.6	105.0	100.3	95.6	100.7
宁夏	Ningxia	123.3	130.4	109.0	98.2	96.1	93.4	96.0
新疆	Xinjiang	126.8	126.6	115.5	106.5	100.8	97.0	97.9

2-12-2 续表 Continued

(上年价格=100) (Preceding year=100)

地 区	Region	2001	2002	2003	2004	2005	2006	2007	2008	2009	2010	2011
全 国	**National**	**99.1**	**100.5**	**101.4**	**110.6**	**108.3**	**101.5**	**107.7**	**120.3**	**97.5**	**102.9**	**111.3**
河 北	Hebei	100.2	100.4	99.8	106.7	106.8	101.6	106.9	118.6	100.6	104.4	112.6
山 西	Shanxi	101.9	100.9	98.4	107.3	113.3	103.6	106.2	118.7	101.6	102.0	109.4
内蒙古	Inner Mongolia	101.4	102.6	101.2	109.5	108.3	101.1	103.0	114.9	99.7	102.0	106.3
辽 宁	Liaoning	100.5	101.7	98.4	113.3	110.0	100.5	114.2	128.1	96.7	103.7	112.8
吉 林	Jilin	101.1	100.4	101.0	106.3	109.2	97.2	106.0	127.3	96.4	99.1	111.4
黑龙江	Heilongjiang	98.9	99.7	101.8	112.0	108.6	101.9	109.4	122.7	94.2	105.6	110.2
江 苏	Jiangsu	96.8	99.3	101.9	112.3	106.9	101.7	106.9	117.3	97.6	104.2	112.6
浙 江	Zhejiang	99.7	99.5	102.9	113.2	105.8	99.6	107.3	118.9	95.9	102.9	110.8
安 徽	Anhui	97.9	99.9	100.2	112.0	108.3	100.0	106.8	123.9	95.8	102.0	114.3
福 建	Fujian	98.7	99.9	101.8	112.5	108.1	100.9	110.3	123.6	93.3	102.4	111.8
江 西	Jiangxi	99.6	99.8	102.5	110.7	107.9	101.1	106.6	119.9	97.6	101.9	111.2
山 东	Shandong	101.8	100.3	102.4	110.2	106.2	103.0	107.1	119.3	96.3	103.0	111.1
河 南	Henan	99.1	100.9	101.9	111.4	107.9	101.2	106.1	120.9	98.1	103.1	111.1
湖 北	Hubei	99.3	101.0	100.8	111.3	115.1	101.4	108.0	127.2	95.3	101.9	113.5
湖 南	Hunan	98.4	98.9	102.6	112.1	111.2	100.7	113.0	126.5	95.0	101.4	110.9
广 东	Guangdong	97.1	98.4	99.6	109.4	105.8	102.6	105.8	114.5	98.2	101.7	109.6
广 西	Guangxi	97.7	98.2	102.4	115.3	110.5	101.0	114.4	124.0	94.2	101.9	112.2
海 南	Hainan	99.5	101.7	104.8	111.3	108.9	100.7	107.1	114.8	94.0	107.3	115.6
四 川	Sichuan	97.8	104.1	100.8	110.9	107.2	103.3	109.0	116.6	101.2	103.6	112.4
贵 州	Guizhou	99.4	100.6	104.1	109.0	110.2	105.4	105.1	113.4	96.2	101.1	111.1
云 南	Yunnan	96.6	100.4	101.9	106.3	105.9	102.8	107.0	116.6	99.3	101.4	108.3
西 藏	Tibet	98.9		102.8	101.3	100.6	100.4	101.0	103.2	99.1	100.6	102.6
陕 西	Shaanxi	101.9	100.8	102.3	111.6	107.2	100.7	108.3	122.0	95.8	105.3	110.3
甘 肃	Gansu	98.6	100.4	101.8	107.4	109.0	104.4	107.1	114.7	99.0	101.7	107.6
青 海	Qinghai	99.6	98.0	101.1	109.2	106.5	102.1	108.1	124.2	97.8	103.5	112.4
宁 夏	Ningxia	102.0	103.5	99.4	113.5	109.3	100.8	112.2	126.2	96.3	104.4	114.0
新 疆	Xinjiang	103.0	99.6	101.1	107.3	105.3	102.5	106.2	112.3	99.5	103.1	106.6

2-13-1 2011年1月35个城市部分食品价格

35 City Partial Food Price In January,2011

单位：元/公斤

城 市	City	大米 Rice	富强粉	标准粉 Prosperous and powerful powder	豆腐 Bean curd	花生油 Peanut oil	大豆油 Soybean oil	猪后腿肉 Pig hind leg meat	猪五花肉 Pig streaky pork
平 均	**Average**	**5.28**	**5.11**	**4.33**	**3.94**	**21.82**	**11.45**	**24.14**	**23.48**
北 京	Beijing	4.93	3.50	3.48	4.66	20.10	11.03	23.31	24.91
天 津	Tianjin	5.04	3.92	3.62	3.43	21.33	11.60	25.94	26.21
石家庄	Shijiazhuang	5.20	3.51	4.57	3.70	19.98	11.58	23.67	23.17
太 原	Taiyuan	5.88	3.35	3.64	3.66	21.76	11.78	22.68	23.07
呼和浩特	Hohhot	4.67	3.80	3.45	4.20	21.80	11.80	22.00	20.00
沈 阳	Shenyang	4.81	4.43	3.86	3.49	22.39	11.51	21.72	21.86
大 连	Dalian	5.10	4.33	3.56	3.19	21.97	11.74	22.09	22.88
长 春	Changchun	4.89	8.89	4.69	6.32	22.26	10.54	27.05	28.77
哈尔滨	Harbin	5.87	8.16	6.25	3.73	22.18	11.84	21.72	21.20
上 海	Shanghai	5.02	6.46	4.73	4.06	23.04	10.67	35.74	36.28
南 京	Nanjing	4.65	5.50	3.96	4.67	21.95	11.34	23.27	25.30
杭 州	Hangzhou	5.00	4.03	4.12	3.62	21.80	11.50	23.34	24.34
宁 波	Ningbo	4.42	4.00	3.63	3.67	21.92	11.07	23.11	24.83
合 肥	Hefei	4.90	4.07	4.29	3.36	20.78	11.68	21.55	19.67
福 州	Fuzhou	5.27	5.60	4.60	2.33	21.94	11.61	18.97	22.33
厦 门	Xiamen	5.35	4.37	4.45	4.09	21.83	10.88	19.25	22.58
南 昌	Nanchang	4.24	7.45	3.63	3.78	23.98	11.58	24.20	21.87
济 南	Jinan	4.97	4.55	3.98	3.80	19.97	11.58	29.17	24.91
青 岛	Qingdao	4.85	3.58	3.75	4.18	19.59	10.12	22.83	21.78
郑 州	Zhengzhou	4.88	2.98	2.73	3.12	20.68	11.27	23.40	23.40
武 汉	Wuhan	8.63	7.00	7.14	4.81	23.96	11.58	22.97	21.47
长 沙	Changsha	4.10	3.80	4.39	4.20	22.88	10.15	24.20	20.87
广 州	Guangzhou	4.67	5.53	9.47	5.49	19.97	11.84	29.60	24.00
深 圳	Shenzhen	4.98	9.87	5.26	3.92	19.63	11.53	21.60	23.20
南 宁	Nanning	5.05	3.95	3.64	3.07	21.98		21.00	24.89
海 口	Haikou	4.52	5.03	4.41	4.74	19.95	11.52	33.87	20.67
重 庆	Chongqing	4.84	8.05	4.29	3.32	23.15	11.55	23.32	22.10
成 都	Chengdu	4.75	7.79	5.76	3.67	22.31	11.81	25.25	24.46
贵 阳	Guiyang	5.07	6.09	4.50	4.98	21.73	11.58	26.57	26.83
昆 明	Kunming	6.06	4.31	3.50	3.76	21.18	11.55	22.82	20.09
西 安	Xian	7.72	4.53	4.31	3.44	22.17	11.76	24.92	23.00
兰 州	Lanzhou	6.99	5.30	4.32	3.84	23.98	11.83	24.22	24.22
西 宁	Xining	6.61	4.09	3.81	3.88	24.47	12.06	23.92	23.88
银 川	Yinchan	4.91	3.90	3.56	4.34	22.50	12.09	24.32	23.11
乌鲁木齐	Urumqi	6.11	3.07	2.27	3.43	22.51	11.89	21.35	19.55

注：1.该数据来源于国家统计局在部分城市开展的主要食品价格旬报监测。
2.同一食品在不同城市监测的具体规格品种有差异价格不完全可比。
3.本月价格为上、中、下旬监测价格的简单算术平均数。

2-13-3 续表 1 continued 1

城　市	City	牛肉 Beef	羊肉 Mutton	鸡胸肉 Chicken brisket	鸡蛋 Egg	活鲤鱼 Live carp	活草鱼 Live grass carp	带鱼 Hairtail	大白菜 Cabbage
平　均	**Average**	**36.76**	**44.14**	**19.40**	**8.96**	**12.76**	**13.50**	**25.04**	**1.78**
北　京	Beijing	40.17	50.29	20.40	8.29	11.95	13.24	40.87	2.01
天　津	Tianjin	32.73	46.00	21.47	8.18	12.42	13.00	28.00	1.45
石家庄	Shijiazhuang	33.00	42.83	17.42	7.83	12.08	13.08	17.00	1.25
太　原	Taiyuan	31.44	51.15	20.94	7.16	13.82	15.72	25.88	1.34
呼和浩特	Hohhot	36.00	46.00	16.00	8.93	12.00	16.00	24.00	1.40
沈　阳	Shenyang	32.39	40.33	17.50	7.27	12.36	13.92	23.31	1.64
大　连	Dalian	36.42	46.04	17.54	7.80	13.75	17.00	32.00	1.79
长　春	Changchun	52.33	42.67	17.47	7.71	12.67	14.27	17.60	2.41
哈尔滨	Harbin	29.33	38.67	16.34	7.79	12.44	17.00	33.33	2.12
上　海	Shanghai	47.37		19.51	8.89	13.20	16.26	41.11	1.77
南　京	Nanjing	39.33	40.67	18.97	8.82		11.68	24.00	1.17
杭　州	Hangzhou	40.19	42.41	18.64	9.38		13.49	32.17	1.75
宁　波	Ningbo	39.28	55.00	21.00	9.49	20.00	12.92	32.39	2.00
合　肥	Hefei	31.46	36.09	17.75	8.34	11.75	10.63	19.09	1.34
福　州	Fuzhou	43.31	54.45	20.64	8.67		12.93	37.62	1.64
厦　门	Xiamen	45.50	57.75	20.57	9.25	12.83	14.25	41.58	2.11
南　昌	Nanchang	41.33	37.67	14.00	8.68	8.00	9.87	12.00	1.21
济　南	Jinan	33.92	51.08	16.29	7.74	11.75	12.50	20.83	1.78
青　岛	Qingdao	34.68	44.02		7.54	13.87		26.29	1.34
郑　州	Zhengzhou	33.27	46.13	18.37	7.70	10.75	10.52	20.00	1.48
武　汉	Wuhan	38.67	38.72	19.33	9.46	10.95	10.47	18.67	1.88
长　沙	Changsha	45.22	41.68	20.42	9.32	13.08	11.23	20.98	1.93
广　州	Guangzhou	41.60	54.67	28.87	9.21	13.57	20.20	29.53	2.42
深　圳	Shenzhen	51.03	55.23	24.42	9.87	13.65	13.59	40.33	2.76
南　宁	Nanning	39.11	44.60		9.74	12.30	14.95	20.47	1.56
海　口	Haikou	38.33	54.40	18.07	11.97	14.30	14.03	35.17	3.58
重　庆	Chongqing	36.95	42.97	22.81	8.77		13.59	26.78	1.95
成　都	Chengdu	35.50	48.50	20.92	9.03	15.25	14.79	24.08	1.84
贵　阳	Guiyang	34.27	44.00	25.00	12.67	14.97	14.30	24.47	2.64
昆　明	Kunming	33.09	46.92	19.09	8.86	15.02	14.98	22.08	0.96
西　安	Xian	34.00	46.17	25.54	8.25	12.04	11.84	36.64	1.60
兰　州	Lanzhou	35.55	37.44	17.33	8.47	11.89	12.78	22.22	2.33
西　宁	Xining	36.04	36.79	23.50	9.32	14.50	15.42	24.25	2.09
银　川	Yinchan	34.59	37.95	21.16	8.82	13.82	14.28	13.82	1.73
乌鲁木齐	Urumqi	39.67	45.52	16.40	7.72	13.71	13.03	21.49	1.86

2-13-1 续表 2 continued 2

城 市 City	油菜 Rape	芹菜 Celery	黄瓜 Cucumber	西红柿 Tomato	豆角 Cowpea	土豆 Potato	苹果 Apple	香蕉 Banana
平 均 Average	**4.18**	**4.79**	**6.02**	**6.04**	**10.49**	**4.44**	**10.79**	**5.65**
北 京 Beijing	4.73	3.58	6.19	7.01	10.82	4.62	12.06	6.31
天 津 Tianjin	5.31	2.64	5.49	6.60	10.87	3.84	13.25	5.75
石家庄 Shijiazhuang	3.47	2.23	4.77	5.23	8.83	3.63	8.50	4.78
太 原 Taiyuan	4.29	2.54	5.40	5.86	11.19	3.71	11.88	6.39
呼和浩特 Hohhot	3.00	2.93	6.67	6.67	9.00	3.00	9.67	5.33
沈 阳 Shenyang	5.70	4.30	6.29	5.84	11.70	4.42	10.36	5.97
大 连 Dalian	6.37	6.70	6.87	6.00	16.08	4.48	12.14	6.91
长 春 Changchun	5.38	4.88	7.16	7.43	12.60	3.95	10.68	5.57
哈尔滨 Harbin	5.78	4.67	6.00	7.22	13.89	4.33	9.95	7.12
上 海 Shanghai	2.80	7.72	7.61	7.30	11.68	5.63	13.32	5.54
南 京 Nanjing	1.47	5.20	5.29	5.28	9.79	5.34	10.51	4.53
杭 州 Hangzhou	2.45	7.14	6.78	6.53	8.17	5.52	11.35	5.38
宁 波 Ningbo	3.92	7.22	7.94	8.45	12.33	6.33	10.83	5.80
合 肥 Hefei	1.60	4.19	5.76	5.33	8.99	4.73	9.50	5.28
福 州 Fuzhou	2.59	8.37	6.22	5.74	16.80	4.96	10.25	5.20
厦 门 Xiamen	3.63	5.34	5.69	6.39	14.54	5.79	12.79	4.49
南 昌 Nanchang	1.88	4.56	4.44	5.32	6.02	4.21	8.67	4.67
济 南 Jinan	3.20	3.39	5.41	5.97	9.25	4.40	8.26	6.76
青 岛 Qingdao	4.98	3.87	5.25	4.11	9.57	4.01	7.67	5.30
郑 州 Zhengzhou	4.11	3.20	5.57	6.37	8.11	5.19	7.90	5.08
武 汉 Wuhan	3.91	5.15	5.85	6.29	9.35	4.83	9.69	6.33
长 沙 Changsha	4.35	5.97	5.89	5.87	7.68	4.27	12.40	5.37
广 州 Guangzhou	6.79	6.58	5.70	6.19	9.10	5.45	11.17	4.83
深 圳 Shenzhen	4.82	7.75	6.70	6.98	9.46	6.02	12.96	6.25
南 宁 Nanning	4.49	3.91	4.15	4.28		4.19	9.45	3.49
海 口 Haikou	4.87	5.47	4.72	6.09	6.73	4.87	11.70	4.63
重 庆 Chongqing	3.46	4.47	4.83	5.89	7.96	4.10	13.85	7.94
成 都 Chengdu	5.21	5.13	6.29	5.88	10.00	4.13	11.93	6.48
贵 阳 Guiyang	6.91	9.45	7.65	5.87	9.51	3.99	10.20	5.38
昆 明 Kunming	1.26	3.50	3.81	3.40	4.73	3.21	11.19	5.25
西 安 Xian	4.64	2.90	6.64	6.48	10.59	3.84	11.17	5.41
兰 州 Lanzhou	4.82	3.29	6.11	5.89	13.44	3.44	11.22	5.00
西 宁 Xining	5.79	3.00	7.32	5.29	12.99	3.40	10.58	6.45
银 川 Yinchan	4.84	3.84	7.46	5.62	11.76	3.68	10.12	6.14
乌鲁木齐 Urumqi	3.49	2.51	6.81	6.58	13.27	3.74	10.55	6.74

2-13-2　2011年2月35个城市部分食品价格

35 City Partial Food Price In February,2011

单位：元/公斤

城　　市	City	大米 Rice	富强粉	标准粉 Prosperous and powerful powder	豆腐 Bean curd	花生油 Peanut oil	大豆油 Soybean oil	猪后腿肉 Pig hind leg meat	猪五花肉 Pig streaky pork
平　　均	**Average**	**5.31**	**5.12**	**4.35**	**3.78**	**21.78**	**11.49**	**25.09**	**24.55**
北　　京	Beijing	4.98	3.56	3.44	5.37	20.40	11.11	24.23	26.06
天　　津	Tianjin	5.04	3.96	3.56	3.40	21.36	11.60	26.89	27.06
石 家 庄	Shijiazhuang	5.23	3.60		3.70	19.98	11.58	25.92	25.58
太　　原	Taiyuan	5.88	3.35	3.05	4.16	21.93	11.78	24.52	24.57
呼和浩特	Hohhot	4.70	3.80	3.40	4.60	21.80	11.80	22.00	20.00
沈　　阳	Shenyang	4.83	4.37	3.75	3.34	22.32	11.53	22.66	22.92
大　　连	Dalian	5.10	4.29	3.58	3.00	21.18	11.71	23.08	23.50
长　　春	Changchun	4.91	9.00	5.80	6.59	22.06	10.53	27.65	29.25
哈 尔 滨	Harbin	5.89	8.16	5.06	3.06	22.18	11.84	22.47	22.28
上　　海	Shanghai	5.09	6.20	4.72	3.75	22.27	11.05	36.44	36.64
南　　京	Nanjing	4.72	5.50	3.88	5.08	21.88	11.42	25.03	27.43
杭　　州	Hangzhou	5.10	4.03	3.53	3.68	21.92	11.56	24.50	25.12
宁　　波	Ningbo	4.47	4.00	3.60	3.71	21.84	11.01	24.33	28.67
合　　肥	Hefei	4.87	4.09	4.57	2.78	21.07	11.72	24.25	21.83
福　　州	Fuzhou	5.34	5.60	4.84	1.08	21.85	11.66	19.89	24.63
厦　　门	Xiamen	5.40	4.60	3.80	4.24	21.99	11.12	19.83	23.17
南　　昌	Nanchang	4.27	7.45	3.56	3.89	23.98	11.58	24.73	22.07
济　　南	Jinan	4.97	4.55	4.20	3.67	19.97	11.52	29.40	24.89
青　　岛	Qingdao	4.86	3.73		4.29	18.75	10.16	24.24	23.14
郑　　州	Zhengzhou	4.91	2.99	2.64	3.36	20.93	11.32	26.47	26.47
武　　汉	Wuhan	8.63	7.17	8.63	2.90	23.96	11.58	24.28	23.97
长　　沙	Changsha	4.13	3.80	4.80	3.80	23.00	10.55	25.02	21.69
广　　州	Guangzhou	4.76	5.53	9.47	3.50	20.27	11.82	31.20	25.60
深　　圳	Shenzhen	5.02	9.87	5.40	3.49	19.70	11.29	21.53	24.81
南　　宁	Nanning	5.19	3.97	3.70	2.82	21.98		21.31	26.59
海　　口	Haikou	4.61	5.08	4.36	5.10	20.08	11.55	37.27	21.53
重　　庆	Chongqing	4.99	7.89	4.36	2.81	22.61	11.56	23.20	22.15
成　　都	Chengdu	4.79	7.68	5.23	2.63	22.65	11.78	25.54	24.25
贵　　阳	Guiyang	5.09	6.20	4.50	5.20	21.60	11.58	26.75	26.55
昆　　明	Kunming	6.01	4.41	3.83	3.80	21.60	11.59	23.18	20.47
西　　安	Xian	7.47	4.53	4.24	3.04	21.97	11.76	27.17	25.29
兰　　州	Lanzhou	6.99	5.30	4.32	3.73	23.98	11.83	24.00	24.00
西　　宁	Xining	6.77	4.13	3.84	3.97	24.46	12.05	24.09	24.09
银　　川	Yinchan	4.86	4.01	3.61	4.80	22.73	12.06	23.84	23.00
乌鲁木齐	Urumqi	6.10	2.97	2.32	3.99	22.15	11.91	21.18	20.02

2-13-2 续表 1 continued 1

城 市	City	牛肉 Beef	羊肉 Mutton	鸡胸肉 Chicken brisket	鸡蛋 Egg	活鲤鱼 Live carp	活草鱼 Live grass carp	带鱼 Hairtail	大白菜 Cabbage
平 均	**Average**	**38.47**	**46.70**	**19.76**	**9.63**	**13.24**	**14.23**	**27.53**	**2.11**
北 京	Beijing	40.35	50.94	20.52	9.29	12.12	13.50	41.26	2.26
天 津	Tianjin	33.47	46.27	21.18	9.43	13.08	14.27	28.53	1.80
石家庄	Shijiazhuang	33.50	44.83	17.33	9.12	12.25	13.00	17.00	1.69
太 原	Taiyuan	32.31	51.57	20.82	8.65	15.16	17.80	26.06	1.74
呼和浩特	Hohhot	36.00	46.67	16.00	9.73	12.33	15.33	24.67	1.73
沈 阳	Shenyang	32.00	43.33	18.06	8.50	12.45	14.00	23.55	2.32
大 连	Dalian	34.75	48.00	17.83	8.77	13.75	17.00	37.25	2.20
长 春	Changchun	52.33	45.10	17.60	8.48	12.73	14.67	17.93	2.69
哈尔滨	Harbin	29.33	40.22	16.67	8.63	13.39	18.39	34.00	2.50
上 海	Shanghai	47.31	46.77	19.44	9.46	13.70	16.61	44.80	2.17
南 京	Nanjing	40.53	42.32	18.90	9.59		12.21	24.90	1.27
杭 州	Hangzhou	40.95	41.85	18.75	9.96		13.91	34.29	1.90
宁 波	Ningbo	40.52	61.17	20.00	10.22	17.33	13.06	35.39	2.18
合 肥	Hefei	32.67	41.00	17.83	9.51	12.88	11.29	20.09	1.65
福 州	Fuzhou	43.44	55.05	19.71	9.82		13.68	36.61	1.93
厦 门	Xiamen	46.17	58.50	19.13	10.24	12.76	14.21	50.17	2.41
南 昌	Nanchang	42.13	37.47	14.00	9.49	9.11	10.28	11.93	1.46
济 南	Jinan	34.00	51.25	16.52	8.96	11.88	12.63	20.83	2.17
青 岛	Qingdao	36.31	44.12		8.52	14.49		26.71	1.88
郑 州	Zhengzhou	33.80	48.27	18.30	8.48	11.03	10.97	20.60	1.80
武 汉	Wuhan	39.83	39.44	19.56	9.89	11.05	10.97	18.17	1.88
长 沙	Changsha	45.82	42.57	20.50	10.52	12.77	11.80	20.38	2.33
广 州	Guangzhou	42.00	55.07	28.00	10.06	13.40	19.93	29.93	2.73
深 圳	Shenzhen	51.40	56.52	23.66	10.59	14.29	14.69	41.85	2.65
南 宁	Nanning	40.31	46.20		10.46	11.80	14.45	21.47	1.58
海 口	Haikou	41.33	56.53	18.73	12.16	14.47	14.50	38.10	3.80
重 庆	Chongqing	37.45	44.09	22.67	10.02		14.47	27.25	2.42
成 都	Chengdu	36.13	49.08	21.44	9.92	15.84	15.48	24.08	1.72
贵 阳	Guiyang	33.50	44.00	26.17	13.40	15.49	14.88	24.18	2.89
昆 明	Kunming	33.58	46.22	18.60	9.38	15.61	15.81	22.42	1.14
西 安	Xian	34.38	47.50	25.20	9.31	12.34	11.75	35.75	1.99
兰 州	Lanzhou	35.89	38.89	17.22	9.40	12.11	13.33	22.22	2.51
西 宁	Xining	36.63	37.63	22.93	9.79	14.59	15.17	24.25	2.29
银 川	Yinchan	35.89	40.00	22.22	9.01	14.17	15.61	14.61	2.17
乌鲁木齐	Urumqi	40.42	45.95	16.54	8.30	12.20	14.17	22.13	2.09

2-13-2 续表 2 continued 2

城 市	City	油菜 Rape	芹菜 Celery	黄瓜 Cucumber	西红柿 Tomato	豆角 Cowpea	土豆 Potato	苹果 Apple	香蕉 Banana
平 均	**Average**	**4.54**	**5.03**	**6.60**	**6.23**	**12.63**	**4.61**	**11.21**	**6.48**
北 京	Beijing	5.84	3.80	7.59	7.86	13.23	4.86	12.24	7.25
天 津	Tianjin	6.54	2.83	6.14	7.74	12.67	3.84	13.59	7.27
石家庄	Shijiazhuang	4.88	2.48	5.72	6.33	13.08	3.80	8.67	5.78
太 原	Taiyuan	6.18	3.21	5.63	5.66	11.96	3.82	11.75	7.64
呼和浩特	Hohhot	3.00	2.73	7.00	7.67	12.00	3.00	10.00	5.00
沈 阳	Shenyang	5.55	4.10	5.98	6.39	14.14	4.47	11.20	6.94
大 连	Dalian	7.15	6.93	7.53	7.30	20.39	4.49	11.69	7.30
长 春	Changchun	6.50	4.68	6.64	7.80	15.20	4.20	10.71	6.44
哈尔滨	Harbin	7.70	5.06	7.75	7.72	21.22	4.67	10.67	7.78
上 海	Shanghai	3.77	8.33	8.15	8.03	13.85	5.60	13.55	5.96
南 京	Nanjing	2.39	6.75	6.58	5.79	13.17	5.54	11.02	5.75
杭 州	Hangzhou	2.83	7.10	8.47	7.33	12.30	5.85	11.64	5.62
宁 波	Ningbo	5.17	8.67	10.22	9.45	16.39	6.95	11.22	7.14
合 肥	Hefei	2.29	4.78	5.78	5.68	10.13	5.09	10.15	6.09
福 州	Fuzhou	2.57	8.29	6.65	5.61	14.08	5.29	10.37	5.80
厦 门	Xiamen	3.04	5.38	5.67	5.50	13.71	5.98	12.96	5.28
南 昌	Nanchang	1.97	5.00	4.27	4.73	6.50	4.17	9.01	5.36
济 南	Jinan	4.04	3.47	5.70	5.97	12.08	4.36	8.71	7.95
青 岛	Qingdao	6.53	3.61	5.80	4.46	12.58	4.41	8.37	6.41
郑 州	Zhengzhou	5.68	3.35	6.14	6.20	9.51	5.51	8.00	5.92
武 汉	Wuhan	4.86	5.05	7.27	7.45	12.69	5.13	10.46	7.27
长 沙	Changsha	4.08	7.60	6.47	6.33	9.36	4.55	12.73	6.71
广 州	Guangzhou	3.87	5.23	6.14	5.58	11.37	5.56	11.23	5.29
深 圳	Shenzhen	3.64	6.92	7.12	6.25	12.01	5.96	13.63	7.47
南 宁	Nanning	3.75	4.18	4.83	3.94		4.34	9.47	3.50
海 口	Haikou	4.70	5.73	5.37	5.97	6.87	5.33	12.83	5.40
重 庆	Chongqing	4.11	4.40	5.85	5.83	10.37	4.27	14.49	8.23
成 都	Chengdu	3.94	6.65	6.79	5.88	11.38	4.23	13.08	7.65
贵 阳	Guiyang	5.58	8.91	8.88	6.07	11.00	4.12	10.18	6.10
昆 明	Kunming	1.36	4.51	5.01	3.50	5.43	3.47	12.01	5.62
西 安	Xian	5.59	3.47	6.84	6.57	12.75	3.81	13.88	7.00
兰 州	Lanzhou	5.00	3.58	6.00	6.00	14.22	3.44	11.33	6.11
西 宁	Xining	5.75	3.31	7.21	4.84	15.29	3.91	11.17	7.47
银 川	Yinchan	4.91	3.31	6.78	4.73	12.62	3.67	9.20	6.23
乌鲁木齐	Urumqi	4.14	2.76	6.97	5.87	15.96	3.47	11.15	7.94

2-13-3 2011年3月35个城市部分食品价格

35 City Partial Food Price In March,2011

单位：元/公斤

城市	City	大米 Rice	富强粉	标准粉 Prosperous and powerful powder	豆腐 Bean curd	花生油 Peanut oil	大豆油 Soybean oil	猪后腿肉 Pig hind leg meat	猪五花肉 Pig streaky pork
平均	**Average**	**5.36**	**4.92**	**4.02**	**3.71**	**21.95**	**11.82**	**24.53**	**23.87**
北京	Beijing	5.04	3.54	3.44	5.29	20.07	11.11	23.84	25.67
天津	Tianjin	5.09	3.96	3.49	3.40	21.33	11.60	26.86	27.02
石家庄	Shijiazhuang	5.30	3.60		3.70	19.98	11.58	25.17	25.08
太原	Taiyuan	5.88	3.35	3.05	4.05	21.93	11.78	23.53	23.47
呼和浩特	Hohhot	4.70	3.80	3.40	4.40	21.80	11.80	21.33	19.33
沈阳	Shenyang	4.82	4.34	3.72	3.33	22.14	11.66	21.48	21.73
大连	Dalian	5.10	4.49	3.67	3.00	21.72	11.69	22.82	23.79
长春	Changchun	4.95	9.32	6.13	6.72	22.02	10.43	26.88	29.13
哈尔滨	Harbin	6.04	8.94	5.64	3.06	22.19	11.99	22.00	21.56
上海	Shanghai	5.17	6.19	4.73	3.75	22.18	11.27	37.01	37.53
南京	Nanjing	4.82	5.85	3.91	5.08	21.83	11.48	24.34	26.50
杭州	Hangzhou	5.21	4.12	3.60	3.68	21.95	11.66	24.36	24.95
宁波	Ningbo	4.58	4.00	3.60	3.71	21.82	11.10	24.06	27.92
合肥	Hefei	4.87	4.10	4.70	2.75	21.29	11.66	22.58	20.71
福州	Fuzhou	5.50	5.60	4.84	1.08	21.85	11.56	20.71	25.59
厦门	Xiamen	5.42	4.60	3.80	4.24	21.91	11.03	20.17	23.42
南昌	Nanchang	4.41	7.45	3.56	3.89	23.98	11.58	25.41	22.37
济南	Jinan	5.05	4.55	4.20	3.70	12.84	19.98	30.56	26.07
青岛	Qingdao	4.85	3.73		4.20	19.18	10.26	24.38	23.42
郑州	Zhengzhou	5.00	3.02	2.66	3.34	21.30	11.37	25.83	25.83
武汉	Wuhan	8.63	7.12	8.63	2.90	23.96	11.58	23.61	23.00
长沙	Changsha	4.23	3.80	4.80	3.80	23.01	10.75	25.24	21.94
广州	Guangzhou	4.88	5.54	9.50	3.50	20.48	11.93	31.07	26.03
深圳	Shenzhen	5.17	9.87	5.40	3.49	20.34	11.24	21.55	25.08
南宁	Nanning	5.28	3.98	3.71	2.77	21.98		21.25	25.14
海口	Haikou	4.81	5.19	4.32	5.10	20.45	11.55	36.43	21.13
重庆	Chongqing	5.05	7.61	4.47	2.43	23.18	11.56	22.61	21.72
成都	Chengdu	4.88	7.79	5.82	2.83	22.65	11.79	25.13	23.63
贵阳	Guiyang	5.08	6.20	4.50	5.20	21.60	11.58	26.30	25.80
昆明	Kunming	6.00	4.38	3.75	3.77	21.60	11.39	23.58	20.58
西安	Xian	7.43	4.53	4.23	3.00	21.98	11.77	26.21	24.38
兰州	Lanzhou	6.99	5.30	4.32	3.78	23.98	11.83	24.89	24.67
西宁	Xining	6.87	4.14	3.91	3.90	24.25	12.05	24.84	24.84
银川	Yinchan	4.91	4.25	3.75	4.80	22.68	12.09	26.09	25.07
乌鲁木齐	Urumqi	6.10	2.90	2.32	3.96	22.70	11.92	21.43	20.91

2-13-3 续表 1 continued 1

城　市	City	牛肉 Beef	羊肉 Mutton	鸡胸肉 Chicken brisket	鸡蛋 Egg	活鲤鱼 Live carp	活草鱼 Live grass carp	带鱼 Hairtail	大白菜 Cabbage
平　均	**Average**	**36.76**	**44.14**	**19.40**	**8.96**	**12.76**	**13.50**	**25.04**	**1.78**
北　京	Beijing	40.17	50.29	20.40	8.29	11.95	13.24	40.87	2.01
天　津	Tianjin	32.73	46.00	21.47	8.18	12.42	13.00	28.00	1.45
石家庄	Shijiazhuang	33.00	42.83	17.42	7.83	12.08	13.08	17.00	1.25
太　原	Taiyuan	31.44	51.15	20.94	7.16	13.82	15.72	25.88	1.34
呼和浩特	Hohhot	36.00	46.00	16.00	8.93	12.00	16.00	24.00	1.40
沈　阳	Shenyang	32.39	40.33	17.50	7.27	12.36	13.92	23.31	1.64
大　连	Dalian	36.42	46.04	17.54	7.80	13.75	17.00	32.00	1.79
长　春	Changchun	52.33	42.67	17.47	7.71	12.67	14.27	17.60	2.41
哈尔滨	Harbin	29.33	38.67	16.34	7.79	12.44	17.00	33.33	2.12
上　海	Shanghai	47.37		19.51	8.89	13.20	16.26	41.11	1.77
南　京	Nanjing	39.33	40.67	18.97	8.82		11.68	24.00	1.17
杭　州	Hangzhou	40.19	42.41	18.64	9.38		13.49	32.17	1.75
宁　波	Ningbo	39.28	55.00	21.00	9.49	20.00	12.92	32.39	2.00
合　肥	Hefei	31.46	36.09	17.75	8.34	11.75	10.63	19.09	1.34
福　州	Fuzhou	43.31	54.45	20.64	8.67		12.93	37.62	1.64
厦　门	Xiamen	45.50	57.75	20.57	9.25	12.83	14.25	41.58	2.11
南　昌	Nanchang	41.33	37.67	14.00	8.68	8.00	9.87	12.00	1.21
济　南	Jinan	33.92	51.08	16.29	7.74	11.75	12.50	20.83	1.78
青　岛	Qingdao	34.68	44.02		7.54	13.87		26.29	1.34
郑　州	Zhengzhou	33.27	46.13	18.37	7.70	10.75	10.52	20.00	1.48
武　汉	Wuhan	38.67	38.72	19.33	9.46	10.95	10.47	18.67	1.88
长　沙	Changsha	45.22	41.68	20.42	9.32	13.08	11.23	20.98	1.93
广　州	Guangzhou	41.60	54.67	28.87	9.21	13.57	20.20	29.53	2.42
深　圳	Shenzhen	51.03	55.23	24.42	9.87	13.65	13.59	40.33	2.76
南　宁	Nanning	39.11	44.60		9.74	12.30	14.95	20.47	1.56
海　口	Haikou	38.33	54.40	18.07	11.97	14.30	14.03	35.17	3.58
重　庆	Chongqing	36.95	42.97	22.81	8.77		13.59	26.78	1.95
成　都	Chengdu	35.50	48.50	20.92	9.03	15.25	14.79	24.08	1.84
贵　阳	Guiyang	34.27	44.00	25.00	12.67	14.97	14.30	24.47	2.64
昆　明	Kunming	33.09	46.92	19.09	8.86	15.02	14.98	22.08	0.96
西　安	Xian	34.00	46.17	25.54	8.25	12.04	11.84	36.64	1.60
兰　州	Lanzhou	35.55	37.44	17.33	8.47	11.89	12.78	22.22	2.33
西　宁	Xining	36.04	36.79	23.50	9.32	14.50	15.42	24.25	2.09
银　川	Yinchan	34.59	37.95	21.16	8.82	13.82	14.28	13.82	1.73
乌鲁木齐	Urumqi	39.67	45.52	16.40	7.72	13.71	13.03	21.49	1.86

2-13-3 续表 2 continued 2

城 市 City	油菜 Rape	芹菜 Celery	黄瓜 Cucumber	西红柿 Tomato	豆角 Cowpea	土豆 Potato	苹果 Apple	香蕉 Banana
平 均 Average	**4.10**	**4.03**	**5.65**	**5.79**	**12.07**	**4.35**	**10.97**	**6.73**
北 京 Beijing	5.04	3.53	6.88	7.06	13.67	4.61	11.92	7.51
天 津 Tianjin	6.17	2.53	5.39	6.23	12.12	3.48	13.53	7.91
石家庄 Shijiazhuang	4.22	2.07	4.42	4.97	12.08	3.43	9.00	6.26
太 原 Taiyuan	4.33	2.37	5.00	4.55	12.44	3.97	10.49	7.70
呼和浩特 Hohhot	3.00	2.73	5.33	5.33	14.67	3.00	11.33	5.53
沈 阳 Shenyang	5.38	3.48	4.36	5.92	13.14	3.87	11.22	7.02
大 连 Dalian	7.91	5.32	6.44	7.75	18.63	4.51	10.35	7.99
长 春 Changchun	6.53	4.44	5.54	7.07	13.33	4.20	10.95	6.80
哈尔滨 Harbin	6.11	4.17	7.28	6.56	19.00	4.28	10.67	8.33
上 海 Shanghai	3.39	6.77	7.41	7.16	13.50	5.93	13.44	6.78
南 京 Nanjing	1.64	4.61	5.01	5.23	12.20	5.36	11.03	5.69
杭 州 Hangzhou	2.54	4.68	6.92	7.13	12.27	5.77	11.17	6.21
宁 波 Ningbo	4.61	6.11	7.19	8.81	15.06	6.28	11.28	8.12
合 肥 Hefei	2.09	3.70	4.98	5.15	8.88	4.82	9.83	6.28
福 州 Fuzhou	1.95	7.60	5.87	5.59	10.75	5.31	10.97	7.19
厦 门 Xiamen	3.23	4.59	5.17	5.09	10.71	5.55	12.75	5.79
南 昌 Nanchang	1.60	3.39	3.95	4.88	6.52	3.75	8.84	6.23
济 南 Jinan	3.76	3.01	5.23	5.49	11.50	4.25	8.47	8.75
青 岛 Qingdao	4.21	3.29	5.68	4.37	12.38	4.10	8.27	6.37
郑 州 Zhengzhou	4.95	3.08	6.01	5.67	10.23	5.20	7.90	6.15
武 汉 Wuhan	3.91	4.17	6.54	6.49	12.03	4.92	10.29	6.97
长 沙 Changsha	3.56	5.23	5.67	5.97	8.75	4.83	12.87	6.51
广 州 Guangzhou	5.60	4.82	5.43	5.61	10.53	5.43	11.02	6.35
深 圳 Shenzhen	3.97	6.75	7.26	6.34	12.78	5.64	13.41	8.38
南 宁 Nanning	3.60	3.71	4.38	3.64		4.10	9.38	3.80
海 口 Haikou	4.97	5.37	5.03	5.83	7.57	5.27	12.33	5.60
重 庆 Chongqing	3.44	3.50	5.70	5.63	10.19	4.18	14.40	8.48
成 都 Chengdu	3.67	4.98	5.94	5.70	10.41	4.18	12.70	7.49
贵 阳 Guiyang	4.08	7.10	7.60	6.25	12.54	4.17	10.10	6.05
昆 明 Kunming	1.26	4.75	4.55	3.83	6.28	3.20	11.14	6.29
西 安 Xian	4.50	3.19	6.03	6.12	13.54	3.68	12.88	6.92
兰 州 Lanzhou	4.74	3.22	6.22	6.38	15.45	3.42	11.22	6.44
西 宁 Xining	5.67	3.82	6.79	5.88	14.70	3.88	11.50	7.71
银 川 Yinchan	5.61	3.33	5.95	5.96	14.27	3.36	9.80	6.72
乌鲁木齐 Urumqi	7.12	2.60	6.63	6.88	15.79	3.55	11.41	7.97

2-13-4　2011年4月35个城市部分食品价格

35 City Partial Food Price In April,2011

单位：元/公斤

城　市	City	大米 Rice	富强粉	标准粉 Prosperous and powerful powder	豆腐 Bean curd	花生油 Peanut oil	大豆油 Soybean oil	猪后腿肉 Pig hind leg meat	猪五花肉 Pig streaky pork
平　均	**Average**	**5.39**	**5.20**	**4.45**	**3.78**	**21.93**	**11.52**	**24.99**	**24.51**
北　京	Beijing	5.08	3.48	3.40	5.40	20.23	11.15	23.84	25.64
天　津	Tianjin	5.12	3.96	3.49	3.40	21.31	11.60	26.89	27.47
石家庄	Shijiazhuang	5.30	3.63		3.70	20.38	11.58	25.50	25.00
太　原	Taiyuan	5.73	3.41	3.08	4.13	21.93	11.68	22.98	23.04
呼和浩特	Hohhot	4.80	3.80	3.40	4.40	21.80	11.80	21.00	19.00
沈　阳	Shenyang	4.81	4.34	3.64	3.33	22.05	11.59	21.17	21.36
大　连	Dalian	5.10	4.41	3.70	3.00	21.98	11.65	22.97	23.88
长　春	Changchun	4.96	9.32	6.15	6.75	21.95	10.47	27.15	29.03
哈尔滨	Harbin	6.27	9.20	5.84	3.06	22.19	12.02	21.81	21.47
上　海	Shanghai	5.18	6.26	4.82	3.75	22.58	11.29	37.23	37.36
南　京	Nanjing	4.82	5.85	3.92	5.08	21.91	11.43	24.27	26.37
杭　州	Hangzhou	5.26	4.15	3.60	3.68	21.98	11.78	24.64	25.07
宁　波	Ningbo	4.60	4.00	3.60	3.71	22.21	11.09	24.44	27.00
合　肥	Hefei	4.89	4.35	4.98	2.75	21.38	11.63	21.67	19.96
福　州	Fuzhou	5.51	5.60	4.71	1.08	21.72	11.63	20.61	25.78
厦　门	Xiamen	5.40	4.69	3.82	4.24	21.83	11.08	21.63	24.42
南　昌	Nanchang	4.40	7.45	3.60	3.89	23.98	11.58	25.52	22.56
济　南	Jinan	5.16	4.55	4.20	3.70	20.82	11.56	31.65	26.50
青　岛	Qingdao	4.86	3.81		4.20	19.18	10.35	24.35	23.77
郑　州	Zhengzhou	5.04	3.02	2.67	3.32	21.30	11.37	25.53	25.53
武　汉	Wuhan	8.63	7.43	8.68	2.90	23.80	11.58	23.75	22.61
长　沙	Changsha	4.33	3.80	4.80	3.93	23.01	10.75	25.21	22.24
广　州	Guangzhou	4.93	5.57	9.91	3.50	21.22	11.98	31.23	26.13
深　圳	Shenzhen	5.14	9.86	5.38	3.59	20.34	11.37	22.52	25.73
南　宁	Nanning	5.49	4.06	3.79	2.93	21.98		22.09	25.22
海　口	Haikou	4.91	5.20	4.32	4.97	21.45	11.55	34.03	21.53
重　庆	Chongqing	5.04	7.79	4.68	2.53	23.42	11.53	22.77	22.23
成　都	Chengdu	4.90	7.49	5.96	3.03	22.65	11.81	24.67	23.75
贵　阳	Guiyang	5.08	6.20	4.50	5.20	21.60	11.58	26.20	26.13
昆　明	Kunming	6.02	4.39	3.75	3.77	21.03	11.59	24.53	21.45
西　安	Xian	7.37	4.53	4.24	3.00	21.98	11.67	25.71	24.13
兰　州	Lanzhou	6.99	5.30	4.32	3.60	23.98	11.83	25.00	25.00
西　宁	Xining	6.72	3.87	3.85	3.90	23.36	12.05	24.79	25.13
银　川	Yinchan	4.91	4.25	3.79	4.80	22.12	12.14	25.63	25.38
乌鲁木齐	Urumqi	6.01	2.90	2.32	3.96	22.90	12.04	21.63	21.06

2-13-4 续表 1 continued 1

城　市	City	牛肉 Beef	羊肉 Mutton	鸡胸肉 Chicken brisket	鸡蛋 Egg	活鲤鱼 Live carp	活草鱼 Live grass carp	带鱼 Hairtail	大白菜 Cabbage
平　均	**Average**	**38.08**	**45.10**	**19.80**	**8.67**	**13.18**	**13.94**	**26.64**	**1.84**
北　京	Beijing	40.86	49.98	20.10	8.33	12.32	13.32	41.44	1.92
天　津	Tianjin	34.07	45.60	21.35	8.45	13.08	13.53	28.00	1.46
石家庄	Shijiazhuang	33.17	41.67	17.58	7.95	13.58	14.08	17.00	1.32
太　原	Taiyuan	32.68	51.15	20.33	7.41	13.83	15.30	24.80	1.32
呼和浩特	Hohhot	36.00	46.00	16.00	8.33	12.80	15.00	25.33	1.53
沈　阳	Shenyang	33.56	40.39	17.50	7.41	12.23	13.94	23.78	1.49
大　连	Dalian	36.79	44.83	17.17	7.85	13.75	17.00	33.75	1.61
长　春	Changchun	52.33	42.80	17.33	7.60	13.00	14.53	17.60	2.01
哈尔滨	Harbin	29.33	38.67	15.67	7.69	12.67	17.00	33.33	1.93
上　海	Shanghai	48.10		19.46	8.80	13.38	16.29	38.48	2.05
南　京	Nanjing	39.27	42.17	19.20	8.71		11.69	24.27	1.43
杭　州	Hangzhou	40.29	41.42	18.70	9.27		13.71	31.33	1.74
宁　波	Ningbo	39.22	55.00	21.00	9.40	20.00	12.33	31.67	2.20
合　肥	Hefei	30.88	35.17	17.46	8.25	11.92	10.55	18.21	1.49
福　州	Fuzhou	43.57	54.71	19.63	8.73		13.36	37.69	1.49
厦　门	Xiamen	45.50	56.42	20.70	8.89	13.08	14.29	42.00	1.97
南　昌	Nanchang	41.20	38.00	14.13	8.41	8.00	9.81	12.43	1.37
济　南	Jinan	34.54	51.50	16.07	7.92	12.00	12.50	20.89	1.72
青　岛	Qingdao	34.82	42.90		7.76	14.04		25.48	1.25
郑　州	Zhengzhou	33.20	46.13	18.47	7.83	10.97	10.79	20.00	1.47
武　汉	Wuhan	38.67	38.00	19.50	8.97	11.22	10.29	19.83	1.92
长　沙	Changsha	44.60	41.55	20.38	9.01	13.27	11.21	22.54	2.28
广　州	Guangzhou	41.60	54.80	29.20	9.07	14.10	20.20	31.67	2.66
深　圳	Shenzhen	50.46	54.03	25.55	9.53	13.92	14.47	40.66	3.03
南　宁	Nanning	38.95	41.93		9.43	11.73	15.14	19.17	1.63
海　口	Haikou	38.13	53.33	17.67	11.87	13.30	13.97	35.60	2.84
重　庆	Chongqing	36.92	42.67	24.17	8.63		13.90	27.31	2.12
成　都	Chengdu	36.13	48.17	20.75	8.96	14.96	14.75	24.25	1.91
贵　阳	Guiyang	34.00	44.00	25.00	12.43	14.90	14.50	24.60	2.80
昆　明	Kunming	33.20	46.84	19.13	8.62	15.36	15.08	22.08	1.05
西　安	Xian	34.67	46.33	26.20	8.03	11.92	12.04	35.82	1.63
兰　州	Lanzhou	36.00	36.78	17.78	8.27	12.56	13.56	22.67	2.42
西　宁	Xining	36.00	36.88	23.95	8.73	14.54	16.42	24.17	1.72
银　川	Yinchan	34.90	38.80	21.58	8.76	13.43	14.72	13.50	1.59
乌鲁木齐	Urumqi	39.17	44.66	14.58	8.01	12.68	14.67	21.18	1.92

城　市	City	油菜 Rape	芹菜 Celery	黄瓜 Cucumber	西红柿 Tomato	豆角 Cowpea	土豆 Potato	苹果 Apple	香蕉 Banana
平　均	**Average**	**3.36**	**3.76**	**4.38**	**5.60**	**9.74**	**4.30**	**10.97**	**8.17**
北　京	Beijing	3.64	3.16	5.22	6.57	10.21	4.42	11.70	8.76
天　津	Tianjin	4.33	2.09	3.71	6.00	8.62	3.31	13.54	9.76
石 家 庄	Shijiazhuang	2.58	1.73	3.17	4.60	6.83	3.93	9.00	7.83
太　原	Taiyuan	1.89	1.82	3.61	5.01	5.74	3.81	10.69	9.66
呼和浩特	Hohhot	2.07	2.13	3.67	5.33	10.67	2.73	10.87	7.67
沈　阳	Shenyang	3.27	2.54	2.93	5.17	8.67	3.38	10.25	8.79
大　连	Dalian	4.99	3.69	4.62	6.87	12.74	4.46	9.84	10.00
长　春	Changchun	4.00	3.33	4.08	6.33	9.38	3.87	10.59	7.98
哈 尔 滨	Harbin	5.84	4.39	5.97	6.50	17.33	4.97	10.67	9.61
上　海	Shanghai	3.19	6.69	5.74	6.24	11.58	5.70	13.18	8.05
南　京	Nanjing	1.75	3.51	3.72	4.95	8.63	4.89	11.17	6.51
杭　州	Hangzhou	2.49	4.40	5.53	6.45	11.26	5.71	11.05	7.02
宁　波	Ningbo	3.50	5.67	6.39	7.28	14.06	6.06	10.72	8.72
合　肥	Hefei	2.97	2.89	3.52	4.98	8.88	4.53	9.75	7.71
福　州	Fuzhou	2.05	7.16	4.36	5.35	10.88	4.71	10.79	8.33
厦　门	Xiamen	2.35	4.39	3.60	4.61	10.50	5.21	12.83	6.72
南　昌	Nanchang	1.57	2.68	3.16	4.53	6.35	2.96	8.64	6.69
济　南	Jinan	2.75	2.28	3.82	5.58	10.47	3.94	8.39	9.77
青　岛	Qingdao	2.94	2.17	4.67	4.64	8.55	4.24	8.14	7.61
郑　州	Zhengzhou	3.79	2.15	3.60	5.57	9.22	5.04	7.80	7.35
武　汉	Wuhan	3.69	3.97	4.66	6.13	10.63	4.82	10.50	8.20
长　沙	Changsha	3.26	4.70	4.79	5.91	8.84	4.63	13.13	7.72
广　州	Guangzhou	4.51	5.40	4.28	6.09	10.40	5.44	11.23	7.72
深　圳	Shenzhen	3.94	7.32	5.67	6.88	12.44	5.53	13.88	9.73
南　宁	Nanning	3.69	3.78	3.36	3.97	8.70	3.93	9.38	5.43
海　口	Haikou	4.17	5.20	3.43	5.50	6.57	4.69	12.57	5.87
重　庆	Chongqing	3.67	3.54	4.23	5.53	8.73	4.07	14.40	10.30
成　都	Chengdu	3.62	4.50	4.06	5.24	6.59	3.92	11.95	8.34
贵　阳	Guiyang	3.92	6.22	6.62	5.97	11.19	4.05	9.63	6.96
昆　明	Kunming	1.49	4.60	3.34	3.90	6.29	2.87	11.14	7.16
西　安	Xian	3.57	2.63	4.49	5.59	10.63	5.58	12.35	8.46
兰　州	Lanzhou	3.62	2.67	4.71	5.73	10.55	3.36	11.78	8.11
西　宁	Xining	3.87	2.56	5.26	5.48	11.39	2.99	11.58	9.09
银　川	Yinchan	4.37	3.17	4.41	5.69	10.28	3.57	9.51	8.88
乌鲁木齐	Urumqi	4.30	2.40	4.71	5.80	6.96	3.15	11.29	9.30

2-13-5　2011年5月35个城市部分食品价格

35 City Partial Food Price In May,2011

单位：元/公斤

城　市	City	大米 Rice	富强粉	标准粉 Prosperous and powerful powder	豆腐 Bean curd	花生油 Peanut oil	大豆油 Soybean oil	猪后腿肉 Pig hind leg meat	猪五花肉 Pig streaky pork
平　均	**Average**	**5.41**	**5.25**	**4.46**	**3.77**	**22.02**	**11.52**	**26.13**	**25.55**
北　京	Beijing	5.06	3.45	3.39	5.42	20.78	11.03	25.82	27.82
天　津	Tianjin	5.12	3.96	3.49	3.40	21.30	11.54	28.25	28.64
石家庄	Shijiazhuang	5.30	3.70		3.70	20.58	11.63	26.88	26.38
太　原	Taiyuan	5.79	3.45	3.11	4.13	21.76	11.78	24.23	24.45
呼和浩特	Hohhot	4.87	3.82	3.43	4.54	22.37	11.94	24.07	21.23
沈　阳	Shenyang	4.83	4.42	3.62	3.33	21.91	11.57	24.81	24.86
大　连	Dalian	5.10	4.46	3.70	3.00	21.91	11.53	26.17	26.84
长　春	Changchun	4.96	9.32	6.04	6.80	21.62	10.54	29.43	31.33
哈尔滨	Harbin	6.27	9.53	5.84	3.06	23.54	12.32	23.06	22.72
上　海	Shanghai	5.18	6.47	4.90	3.75	23.21	11.38	38.45	38.32
南　京	Nanjing	4.84	5.85	3.92	5.12	21.91	11.23	24.67	26.60
杭　州	Hangzhou	5.28	4.18	3.62	3.68	21.98	11.80	24.58	25.50
宁　波	Ningbo	4.60	4.00	3.60	3.71	21.80	10.97	25.23	27.73
合　肥	Hefei	4.95	4.35	4.99	2.75	21.40	11.76	23.54	21.46
福　州	Fuzhou	5.51	5.60	4.46	1.08	21.37	11.63	21.32	26.03
厦　门	Xiamen	5.38	4.97	3.93	4.24	21.19	11.13	22.88	25.33
南　昌	Nanchang	4.40	7.45	3.61	3.89	23.98	11.58	25.71	22.72
济　南	Jinan	5.17	4.56	4.20	3.70	21.11	11.58	32.24	27.92
青　岛	Qingdao	4.87	3.83		4.21	19.73	10.37	26.43	25.82
郑　州	Zhengzhou	5.13	3.03	2.67	3.32	21.30	11.37	26.37	26.37
武　汉	Wuhan	9.10	7.79	8.90	2.90	23.96	11.58	23.92	22.61
长　沙	Changsha	4.43	3.80	4.80	4.00	23.04	10.75	25.41	22.35
广　州	Guangzhou	5.16	5.55	10.26	3.50	21.48	12.00	31.90	26.70
深　圳	Shenzhen	5.13	9.86	5.45	3.60	20.45	11.09	23.46	26.15
南　宁	Nanning	5.54	4.07	3.80	3.00	21.92		21.92	25.39
海　口	Haikou	4.92	5.20	4.32	4.80	21.37	11.55	35.33	21.57
重　庆	Chongqing	5.04	7.95	4.40	2.53	23.47	11.55	23.19	22.76
成　都	Chengdu	4.93	7.80	6.00	3.03	22.65	11.79	25.13	24.21
贵　阳	Guiyang	5.08	6.20	4.50	5.20	21.98	11.58	26.40	26.33
昆　明	Kunming	6.00	4.45	3.92	3.77	21.36	11.37	25.13	22.12
西　安	Xian	7.36	4.55	4.24	3.00	21.98	11.67	27.30	25.50
兰　州	Lanzhou	6.99	5.30	4.32	3.60	23.98	11.83	26.67	26.67
西　宁	Xining	6.45	3.77	3.65	3.70	22.08	11.98	24.63	24.88
银　川	Yinchan	4.90	4.25	3.81	4.55	22.93	12.19	26.90	26.76
乌鲁木齐	Urumqi	5.84	2.87	2.32	3.98	23.31	12.04	23.21	22.20

城　市 City	牛肉 Beef	羊肉 Mutton	鸡胸肉 Chicken brisket	鸡蛋 Egg	活鲤鱼 Live carp	活草鱼 Live grass carp	带鱼 Hairtail	大白菜 Cabbage
平　均 Average	**38.69**	**45.23**	**19.93**	**9.33**	**14.49**	**14.49**	**26.59**	**2.06**
北　京 Beijing	41.36	50.93	20.47	9.32	14.22	14.29	40.95	1.83
天　津 Tianjin	34.40	45.20	21.85	9.36	15.75	14.47	28.00	1.54
石家庄 Shijiazhuang	34.00	41.00	17.50	8.77	16.25	15.17	17.00	1.44
太　原 Taiyuan	41.38	50.53	20.03	8.55	16.26	16.68	24.42	1.60
呼和浩特 Hohhot	35.46	46.04	17.25	9.34	15.32	15.04	24.00	1.74
沈　阳 Shenyang	33.78	40.53	17.42	8.77	14.45	14.84	24.44	1.47
大　连 Dalian	37.29	45.00	18.04	8.91	17.46	18.00	33.25	1.55
长　春 Changchun	54.04	42.40	17.73	8.96	16.93	17.53	17.87	1.89
哈尔滨 Harbin	30.11	38.78	15.67	8.61	13.78	17.45	30.00	2.00
上　海 Shanghai	48.88		19.57	9.29	15.15	16.43	38.30	2.44
南　京 Nanjing	40.10	43.00	19.33	9.45		12.57	24.83	1.73
杭　州 Hangzhou	41.02	41.17	19.09	9.60		14.16	30.53	1.97
宁　波 Ningbo	40.00	55.00	19.83	9.88	20.00	12.39	32.33	2.57
合　肥 Hefei	30.50	34.38	17.50	9.10	13.92	11.03	18.00	1.89
福　州 Fuzhou	44.16	55.33	20.02	9.53		13.85	40.03	2.37
厦　门 Xiamen	45.58	56.50	20.70	9.71	13.46	14.50	42.00	3.11
南　昌 Nanchang	41.40		14.20	8.87	8.00	10.15	12.64	1.76
济　南 Jinan	34.75	52.13	16.83	8.71	13.67	13.17	21.00	1.85
青　岛 Qingdao	34.90	42.04		9.00	17.03		25.65	1.39
郑　州 Zhengzhou	33.20	46.07	18.50	8.71	12.37	11.40	20.07	1.79
武　汉 Wuhan	38.67	38.00	19.64	9.16	11.89	10.39	19.83	2.18
长　沙 Changsha	45.12	41.79	20.79	9.22	13.29	11.13	23.69	2.59
广　州 Guangzhou	41.60	54.80	29.20	9.83	14.47	20.40	31.53	2.94
深　圳 Shenzhen	50.48	54.03	25.59	10.15	14.32	14.85	39.87	3.45
南　宁 Nanning	38.50	41.07		9.68	11.60	15.47	19.83	1.80
海　口 Haikou	37.60	51.00	17.63	11.84	12.43	13.73	35.53	2.97
重　庆 Chongqing	39.74	42.67	24.04	8.98		15.21	26.81	1.99
成　都 Chengdu	36.25	48.00	20.83	9.50	14.92	14.88	24.25	1.72
贵　阳 Guiyang	33.93	42.33	25.00	12.45	15.77	14.95	24.60	2.84
昆　明 Kunming	33.70	46.51	18.97	8.66	15.05	14.67	22.08	1.62
西　安 Xian	36.33	47.08	26.38	8.90	13.25	12.38	35.82	2.02
兰　州 Lanzhou	35.55	37.33	17.89	9.04	13.11	14.00	24.22	2.35
西　宁 Xining	35.67	38.13	23.55	8.49	16.38	17.46	23.17	1.59
银　川 Yinchan	35.48	38.80	21.50	9.38	15.50	16.45	13.26	1.55
乌鲁木齐 Urumqi	39.29	45.12	15.00	8.71	13.19	13.57	20.76	2.49

城 市	City	油菜 Rape	芹菜 Celery	黄瓜 Cucumber	西红柿 Tomato	豆角 Cowpea	土豆 Potato	苹果 Apple	香蕉 Banana
平 均	**Average**	**3.90**	**4.13**	**3.78**	**5.09**	**7.54**	**4.05**	**10.77**	**7.31**
北 京	Beijing	3.57	3.30	4.44	5.76	7.76	4.42	11.64	7.83
天 津	Tianjin	4.12	2.56	3.03	4.86	7.41	3.17	13.50	8.35
石家庄	Shijiazhuang	2.93	2.08	2.62	4.28	5.18	3.45	9.00	6.03
太 原	Taiyuan	2.62	2.78	3.10	4.69	5.69	4.08	10.88	7.90
呼和浩特	Hohhot	2.55	2.61	3.19	4.78	7.99	2.73	9.71	7.24
沈 阳	Shenyang	2.80	2.14	2.58	4.53	6.17	3.14	8.24	6.78
大 连	Dalian	3.62	2.80	3.88	6.09	8.17	4.84	9.71	9.49
长 春	Changchun	3.77	3.34	3.24	5.17	5.69	3.64	10.66	6.75
哈尔滨	Harbin	4.22	3.39	4.11	5.56	11.72	4.84	10.34	9.61
上 海	Shanghai	6.07	8.11	5.60	6.06	9.35	5.30	12.95	7.17
南 京	Nanjing	6.07	4.50	3.69	4.88	6.71	4.47	11.09	6.38
杭 州	Hangzhou	4.20	4.71	5.03	6.10	9.77	5.36	11.19	6.99
宁 波	Ningbo	4.87	6.22	5.33	6.50	11.06	5.28	10.72	7.57
合 肥	Hefei	5.48	3.90	3.26	4.99	6.93	3.79	9.54	6.16
福 州	Fuzhou	4.03	7.55	4.07	5.79	10.71	3.70	10.63	6.47
厦 门	Xiamen	5.55	6.92	4.50	5.67	10.67	5.17	12.71	6.53
南 昌	Nanchang	1.89	2.64	2.65	4.20	5.37	2.71	8.52	5.39
济 南	Jinan	2.45	2.59	3.69	4.92	8.15	3.74	8.20	8.97
青 岛	Qingdao	3.55	2.61	4.02	4.34	5.94	3.91	7.91	6.89
郑 州	Zhengzhou	4.49	2.34	3.06	4.51	7.53	4.91	7.80	6.73
武 汉	Wuhan	5.65	4.62	4.47	5.74	8.09	4.48	10.59	7.22
长 沙	Changsha	3.22	4.67	3.88	5.91	7.07	4.18	12.53	6.80
广 州	Guangzhou	5.41	6.13	3.25	5.87	6.50	5.36	11.23	6.30
深 圳	Shenzhen	5.23	8.09	5.13	6.85	8.16	5.59	14.26	8.65
南 宁	Nanning	3.30	3.92	2.17	3.95	6.63	3.70	9.33	4.96
海 口	Haikou	4.27	5.13	3.25	4.40	4.73	4.16	12.33	5.57
重 庆	Chongqing	3.72	3.79	4.01	5.36	7.83	3.89	14.28	9.99
成 都	Chengdu		4.74	3.16	4.75	5.08	3.15	11.77	8.16
贵 阳	Guiyang	4.29	6.18	5.40	5.52	6.34	3.93	9.87	7.20
昆 明	Kunming	2.17	3.78	2.99	3.28	3.83	2.42	10.86	6.76
西 安	Xian	4.83	2.87	4.18	5.03	8.50	4.30	12.72	7.72
兰 州	Lanzhou	3.18	3.00	4.33	4.89	9.11	3.07	11.22	7.18
西 宁	Xining	2.14	3.25	3.77	4.29	8.93	3.34	11.58	8.53
银 川	Yinchan	3.01	4.20	3.64	4.66	8.14	3.94	8.71	7.60
乌鲁木齐	Urumqi	3.24	3.05	3.44	3.94	6.98	3.47	10.80	8.16

2-13-6　2011年6月35个城市部分食品价格

35 City Partial Food Price In June,2011

单位：元/公斤

城　　市	City	大米 Rice	富强粉	标准粉 Prosperous and powerful powder	豆腐 Bean curd	花生油 Peanut oil	大豆油 Soybean oil	猪后腿肉 Pig hind leg meat	猪五花肉 Pig streaky pork
平　　均	**Average**	**5.42**	**5.27**	**4.47**	**3.78**	**22.14**	**11.44**	**29.70**	**28.79**
北　　京	Beijing	5.08	3.49	3.40	5.71	20.57	10.98	29.58	31.64
天　　津	Tianjin	5.12	3.86	3.49	3.40	21.32	11.54	32.20	32.41
石 家 庄	Shijiazhuang	5.30	3.70		3.70	20.75	11.83	30.25	29.75
太　　原	Taiyuan	5.83	3.47	3.14	4.07	21.60	11.33	28.56	28.64
呼和浩特	Hohhot	4.94	3.85	3.50	4.50	23.20	12.00	27.42	24.08
沈　　阳	Shenyang	4.83	4.42	3.70	3.36	21.73	11.30	29.03	29.05
大　　连	Dalian	5.10	4.42	3.68	3.00	21.86	11.44	31.17	31.46
长　　春	Changchun	4.96	9.32	6.04	6.80	22.35	10.53	36.43	36.63
哈 尔 滨	Harbin	6.27	9.87	5.90	3.13	23.79	12.43	25.78	25.31
上　　海	Shanghai	5.20	6.36	4.96	3.75	23.04	11.19	42.94	43.49
南　　京	Nanjing	4.87	6.32	3.93	5.20	21.93	11.23	27.69	28.72
杭　　州	Hangzhou	5.31	4.19	3.62	3.68	21.98	11.78	29.19	30.19
宁　　波	Ningbo	4.60	4.00	3.62	3.71	21.76	10.91	28.84	30.89
合　　肥	Hefei	4.84	4.35	5.01	2.75	21.63	11.75	27.29	25.17
福　　州	Fuzhou	5.52	5.50	4.46	1.08	21.48	11.50	23.79	28.49
厦　　门	Xiamen	5.40	4.60	3.93	4.24	21.12	11.09	25.25	28.46
南　　昌	Nanchang	4.43	7.45	3.64	3.89	23.98	11.58	28.43	24.48
济　　南	Jinan	5.17	4.58	4.20	3.70	21.11	11.47	39.32	33.41
青　　岛	Qingdao	4.93	3.83		4.20	20.00	10.54	31.66	30.40
郑　　州	Zhengzhou	5.16	3.03	2.67	3.32	21.30	11.37	30.23	30.23
武　　汉	Wuhan	9.33	7.88	8.93	2.90	23.96	11.58	27.78	26.58
长　　沙	Changsha	4.43	3.84	4.84	4.00	23.93	10.75	28.12	24.82
广　　州	Guangzhou	5.21	5.46	10.19	3.50	21.58	12.02	35.80	29.70
深　　圳	Shenzhen	5.03	9.77	5.44	3.64	20.70	10.52	26.31	29.06
南　　宁	Nanning	5.63	4.07	3.80	3.00	22.06		24.53	26.92
海　　口	Haikou	4.88	5.20	4.32	4.73	21.42	11.55	37.67	22.67
重　　庆	Chongqing	5.08	8.19	4.40	2.51	23.50	11.55	25.58	24.34
成　　都	Chengdu	4.95	7.89	6.00	3.03	22.65	11.70	27.08	25.88
贵　　阳	Guiyang	5.11	6.20	4.50	5.20	21.98	11.58	27.15	27.05
昆　　明	Kunming	6.02	4.58	4.00	3.77	21.53	10.59	26.42	23.68
西　　安	Xian	7.13	4.53	4.18	3.00	21.98	11.67	31.96	30.04
兰　　州	Lanzhou	6.99	5.30	4.32	3.73	23.98	11.83	31.55	31.55
西　　宁	Xining	6.40	3.77	3.60	3.43	21.89	11.59	25.96	25.84
银　　川	Yinchan	4.90	4.25	3.81	4.51	23.88	12.19	31.58	30.69
乌鲁木齐	Urumqi	5.90	2.88	2.32	3.99	23.17	12.15	26.88	25.97

2-13-6 续表 1 continued 1

城　市	City	牛肉 Beef	羊肉 Mutton	鸡胸肉 Chicken brisket	鸡蛋 Egg	活鲤鱼 Live carp	活草鱼 Live grass carp	带鱼 Hairtail	大白菜 Cabbage
平　均	**Average**	**39.42**	**45.56**	**20.28**	**9.72**	**15.80**	**15.21**	**27.40**	**2.91**
北　京	Beijing	42.07	51.15	21.59	9.63	16.03	15.12	41.00	2.85
天　津	Tianjin	34.40	45.20	22.28	9.69	17.67	15.80	28.27	2.44
石家庄	Shijiazhuang	34.00	41.33	17.75	8.98	18.75	15.67	17.00	2.27
太　原	Taiyuan	41.57	50.58	20.82	8.73	18.23	17.69	23.85	2.23
呼和浩特	Hohhot	35.75	46.92	17.00	10.00	17.83	15.92	24.23	2.04
沈　阳	Shenyang	37.22	40.97	18.25	8.83	17.25	16.28	24.67	2.08
大　连	Dalian	39.17	45.00	19.00	8.82	19.25	18.96	35.83	2.48
长　春	Changchun	56.40	42.40	18.53	8.96	19.93	18.13	18.40	2.45
哈尔滨	Harbin	31.61	39.33	15.95	8.93	15.22	18.45	30.00	1.95
上　海	Shanghai	50.60		20.24	9.90	15.89	17.54	41.84	4.39
南　京	Nanjing	40.20		19.40	9.92		13.37	25.23	2.87
杭　州	Hangzhou	41.98	42.00	19.19	10.65		14.88	30.98	3.67
宁　波	Ningbo	40.45	55.00	21.00	10.45	20.00	14.06	42.28	4.49
合　肥	Hefei	30.50	34.25	17.98	9.56	16.50	11.94	18.88	3.28
福　州	Fuzhou	45.67	56.32	20.47	9.94		14.59	43.23	3.23
厦　门	Xiamen	45.50	56.08	21.12	10.16	13.74	14.47	46.00	3.93
南　昌	Nanchang	41.87		14.20	9.29	8.20	11.27	12.64	2.61
济　南	Jinan	34.83	52.46	17.63	8.99	16.79	15.96	21.06	2.95
青　岛	Qingdao	36.37	42.27		9.09	18.70		26.26	3.27
郑　州	Zhengzhou	33.20	45.87	18.57	8.78	14.00	12.19	20.53	2.75
武　汉	Wuhan	38.73	38.10	19.75	9.70	12.50	11.42	19.83	2.58
长　沙	Changsha	45.66	42.45	21.50	10.00	14.37	11.68	24.29	3.39
广　州	Guangzhou	42.00	54.80	29.53	10.20	14.53	20.73	30.13	3.39
深　圳	Shenzhen	51.37	54.04	25.62	10.82	14.64	15.71	41.83	4.19
南　宁	Nanning	38.56	42.13		10.36	11.83	15.53	20.78	2.52
海　口	Haikou	38.20	51.33	18.20	11.84	12.10	13.17	36.43	3.93
重　庆	Chongqing	40.65	42.67	23.68	9.62		15.77	27.48	2.93
成　都	Chengdu	37.13	48.00	21.25	9.88	15.00	14.75	24.25	2.48
贵　阳	Guiyang	34.27	42.00	25.00	12.93	17.93	15.57	24.60	3.37
昆　明	Kunming	34.67	46.24	19.41	9.02	15.30	15.35	22.31	2.52
西　安	Xian	37.21	47.67	26.89	9.45	15.29	13.05	34.85	3.63
兰　州	Lanzhou	37.45	39.00	18.00	9.51	15.22	14.89	26.00	2.73
西　宁	Xining	34.96	38.46	22.66	8.95	16.14	16.01	19.53	2.57
银　川	Yinchan	36.24	38.80	22.08	9.84	17.54	17.00	13.28	2.18
乌鲁木齐	Urumqi	39.30	45.22	14.58	8.95	13.39	14.33	21.16	1.13

2-13-6 续表 2 continued 2

城 市	City	油菜 Rape	芹菜 Celery	黄瓜 Cucumber	西红柿 Tomato	豆角 Cowpea	土豆 Potato	苹果 Apple	香蕉 Banana
平 均	**Average**	**4.43**	**5.14**	**3.25**	**4.57**	**6.19**	**3.74**	**10.44**	**5.46**
北 京	Beijing	4.37	3.97	4.00	4.89	6.26	3.67	11.55	5.43
天 津	Tianjin	4.46	3.56	2.77	4.17	5.11	3.33	12.45	5.39
石家庄	Shijiazhuang	4.02	3.13	2.05	3.27	4.33	3.00	9.00	4.52
太 原	Taiyuan	2.67	3.80	2.41	3.51	4.25	3.34	11.98	5.66
呼和浩特	Hohhot	3.97	3.84	3.02	4.44	6.89	2.47	9.09	5.79
沈 阳	Shenyang	3.04	2.18	2.42	4.35	4.69	2.88	7.00	4.41
大 连	Dalian	4.33	4.07	3.13	5.09	5.11	3.75	8.77	6.63
长 春	Changchun	3.90	3.05	3.13	4.90	5.00	3.62	10.92	5.17
哈尔滨	Harbin	4.33	3.53	4.11	5.11	7.81	4.64	8.64	6.68
上 海	Shanghai	7.36	9.51	5.35	5.99	9.08	5.05	12.69	5.82
南 京	Nanjing	5.10	5.47	2.39	4.48	6.41	4.01	10.66	4.49
杭 州	Hangzhou	7.08	7.29	4.75	6.13	10.33	5.30	11.30	5.77
宁 波	Ningbo	7.14	9.33	4.95	6.11	11.72	5.00	10.67	5.85
合 肥	Hefei	4.40	4.95	2.59	4.19	5.56	3.74	9.08	4.34
福 州	Fuzhou	2.92	8.31	3.21	5.27	12.27	3.77	10.06	5.07
厦 门	Xiamen	4.86	8.46	4.42	5.84	10.71	5.54	12.63	5.34
南 昌	Nanchang	3.08	3.68	2.13	2.91	3.57	2.79	8.12	3.80
济 南	Jinan	3.40	3.44	3.17	4.44	4.49	3.20	7.53	6.70
青 岛	Qingdao	3.56	4.04	2.97	3.93	4.52	2.94	6.99	4.78
郑 州	Zhengzhou	5.07	3.74	2.66	3.90	5.19	4.24	7.80	4.41
武 汉	Wuhan	5.36	5.07	3.35	4.47	6.40	3.73	10.93	5.69
长 沙	Changsha	4.29	5.99	3.33	5.80	6.25	4.29	12.27	5.47
广 州	Guangzhou	4.97	6.87	3.41	6.27	4.72	5.14	11.03	4.45
深 圳	Shenzhen	6.59	9.18	4.32	6.45	5.94	5.59	13.17	7.09
南 宁	Nanning	3.30	4.76	1.97	3.16	3.27	3.34	9.39	3.13
海 口	Haikou	4.69	6.33	3.67	5.23	4.64	4.24	12.13	4.87
重 庆	Chongqing	4.35	4.84	3.54	4.69	5.83	3.17	14.11	8.38
成 都	Chengdu		5.69	2.67	4.01	3.92	2.85	11.62	6.41
贵 阳	Guiyang	4.47	6.00	4.13	4.85	6.18	3.30	10.00	5.77
昆 明	Kunming	3.08	3.73	2.55	3.14	3.48	2.05	10.48	6.18
西 安	Xian	6.44	4.28	3.38	3.95	6.92	3.59	12.83	5.93
兰 州	Lanzhou	4.49	3.89	3.71	4.44	8.00	3.07	11.33	5.00
西 宁	Xining	3.26	4.49	2.80	3.73	7.26	3.40	9.67	5.68
银 川	Yinchan	3.35	6.79	3.17	3.89	6.27	3.63	9.12	5.43
乌鲁木齐	Urumqi	2.76	2.60	2.10	2.88	4.11	3.31	10.32	5.67

2-13-7　2011年7月35个城市部分食品价格

35 City Partial Food Price In July,2011

单位：元/公斤

城　市	City	大米 Rice	富强粉	标准粉 Prosperous and powerful powder	豆腐 Bean curd	花生油 Peanut oil	大豆油 Soybean oil	猪后腿肉 Pig hind leg meat	猪五花肉 Pig streaky pork
平　均	**Average**	**5.45**	**5.29**	**4.51**	**3.80**	**22.20**	**11.46**	**31.78**	**30.80**
北　京	Beijing	5.12	3.42	3.41	5.91	20.51	11.04	32.33	34.44
天　津	Tianjin	5.12	3.96	3.49	3.40	22.39	11.53	35.53	35.54
石家庄	Shijiazhuang	5.30	3.70		3.70	21.09	11.58	32.33	32.00
太　原	Taiyuan	5.88	3.49	3.15	4.13	21.97	11.48	30.61	30.57
呼和浩特	Hohhot	5.00	3.90	3.50	4.50	23.20	12.00	29.33	25.54
沈　阳	Shenyang	4.83	4.42	3.70	3.33	21.91	11.30	30.25	30.53
大　连	Dalian	5.10	4.37	3.60	3.00	10.86	11.43	31.50	31.67
长　春	Changchun	4.96	9.40	6.16	6.73	22.45	10.61	38.40	39.07
哈尔滨	Harbin	6.27	10.10	5.99	3.30	22.79	12.65	30.44	30.44
上　海	Shanghai	5.36	6.13	5.00	3.75	24.14	10.96	46.63	45.79
南　京	Nanjing	4.92	6.18	4.00	5.20	21.91	11.26	29.34	30.51
杭　州	Hangzhou	5.36	4.23	3.65	3.68	21.96	11.80	30.93	31.79
宁　波	Ningbo	4.64	4.13	3.78	3.71	21.75	10.92	29.67	32.00
合　肥	Hefei	4.91	4.36	5.07	2.75	21.60	11.75	28.33	26.29
福　州	Fuzhou	5.52	5.73	4.49	1.08	21.97	11.50	24.60	29.27
厦　门	Xiamen	5.41	4.60	3.93	4.24	21.28	10.96	26.71	30.00
南　昌	Nanchang	4.48	7.45	3.64	3.89	23.98	11.58	31.60	26.00
济　南	Jinan	5.20	4.58	4.20	3.70	23.20	11.54	41.87	35.52
青　岛	Qingdao	4.96	3.83		4.20	20.25	10.57	32.29	31.80
郑　州	Zhengzhou	5.18	3.03	2.67	3.32	21.30	11.37	32.00	32.13
武　汉	Wuhan	9.33	7.88	8.93	2.90	24.07	11.58	29.59	28.33
长　沙	Changsha	4.43	3.93	4.93	4.00	25.82	10.75	30.26	27.32
广　州	Guangzhou	5.30	5.39	10.60	3.50	21.70	12.02	37.80	31.20
深　圳	Shenzhen	5.09	9.66	5.47	3.70	20.93	10.70	27.75	30.30
南　宁	Nanning	5.71	4.15	3.82	3.00	23.64		26.64	28.59
海　口	Haikou	4.89	5.20	4.32	4.97	21.45	11.55	40.53	26.60
重　庆	Chongqing	5.09	8.28	4.50	2.51	24.91	11.55	28.93	26.85
成　都	Chengdu	4.98	7.89	6.20	3.03	23.31	11.77	29.92	27.96
贵　阳	Guiyang	5.17	6.20	4.50	5.20	21.98	11.58	29.81	29.10
昆　明	Kunming	6.02	4.56	4.00	3.77	21.19	10.99	27.87	25.20
西　安	Xian	6.97	4.53	4.07	3.00	24.14	11.67	33.25	31.38
兰　州	Lanzhou	6.99	5.30	4.32	3.73	24.65	11.83	33.56	33.56
西　宁	Xining	6.41	3.80	3.62	3.54	21.66	11.62	28.71	29.09
银　川	Yinchan	4.90	4.28	3.81	4.55	23.72	12.09	33.20	32.79
乌鲁木齐	Urumqi	6.07	2.92	2.40	3.99	23.37	12.09	29.81	28.94

2-13-7 续表 1 continued 1

城 市	City	牛肉 Beef	羊肉 Mutton	鸡胸肉 Chicken brisket	鸡蛋 Egg	活鲤鱼 Live carp	活草鱼 Live grass carp	带鱼 Hairtail	大白菜 Cabbage
平 均	**Average**	**40.25**	**46.35**	**20.87**	**9.86**	**16.75**	**15.87**	**27.54**	**3.43**
北 京	Beijing	43.69	52.22	22.87	9.83	17.11	15.97	41.06	3.44
天 津	Tianjin	35.47	48.00	22.59	9.65	18.67	17.07	28.40	3.47
石家庄	Shijiazhuang	34.25	44.58	18.50	9.23	19.08	16.67	17.00	2.68
太 原	Taiyuan	40.44	51.35	20.72	9.12	18.89	18.98	23.58	2.85
呼和浩特	Hohhot	35.83	47.92	18.17	10.00	19.13	17.42	24.00	2.43
沈 阳	Shenyang	37.67	43.95	18.81	8.84	19.34	16.78	24.67	2.55
大 连	Dalian	39.75	48.50	19.09	8.87	20.08	19.00	34.50	3.25
长 春	Changchun	59.20	42.80	18.67	9.04	20.93	19.87	18.67	2.73
哈尔滨	Harbin	34.67	39.33	17.33	8.51	20.12	19.78	30.00	3.01
上 海	Shanghai	51.98		21.05	9.93	16.07	18.03	42.96	4.76
南 京	Nanjing	40.70		19.53	9.94		13.94	25.67	3.73
杭 州	Hangzhou	42.00		19.60	10.31		15.57	32.50	4.48
宁 波	Ningbo	41.33	55.00	21.00	10.49	20.00	14.84	43.11	5.08
合 肥	Hefei	30.71	34.75	18.74	9.62	17.38	12.92	19.25	3.68
福 州	Fuzhou	46.17	56.40	20.65	10.21		14.51	39.83	4.31
厦 门	Xiamen	46.00	56.50	21.27	10.01	13.89	15.04	47.17	5.27
南 昌	Nanchang	41.93	36.80	14.40	9.36	10.00	12.20	12.64	3.09
济 南	Jinan	35.67	53.75	18.48	9.35	17.71	17.70	21.33	3.66
青 岛	Qingdao	37.85	44.15		9.33	19.93		25.86	3.27
郑 州	Zhengzhou	34.07	45.87	19.39	9.03	15.30	12.13	21.13	3.53
武 汉	Wuhan	39.00	38.33	20.19	9.73	13.03	11.50	19.83	2.65
长 沙	Changsha	45.99	43.02	21.94	10.43	15.08	12.62	24.08	3.86
广 州	Guangzhou	42.00	54.80	29.84	10.29	14.60	21.20	29.60	3.82
深 圳	Shenzhen	52.51	54.37	25.78	10.95	15.09	15.88	43.56	5.45
南 宁	Nanning	39.17	43.40		10.52	12.37	15.73	20.58	3.22
海 口	Haikou	39.33	53.73	18.20	11.89	12.10	12.90	38.40	4.35
重 庆	Chongqing	41.90	42.67	24.48	9.90		16.22	27.99	2.95
成 都	Chengdu	38.84	48.00	21.92	10.38	15.50	15.08	24.25	2.62
贵 阳	Guiyang	34.20	43.67	25.00	12.99	17.87	15.40	24.62	3.52
昆 明	Kunming	35.50	46.24	20.06	9.30	15.46	15.95	22.81	2.58
西 安	Xian	36.92	47.75	27.64	9.28	16.00	13.67	34.68	3.77
兰 州	Lanzhou	38.44	39.22	18.33	9.78	16.55	15.56	25.33	3.00
西 宁	Xining	36.29	40.83	23.93	9.57	18.29	17.46	20.25	2.62
银 川	Yinchan	38.25	39.26	22.88	10.12	19.38	17.67	13.19	2.70
乌鲁木齐	Urumqi	41.15	45.99	17.58	9.34	14.20	14.28	21.28	1.61

2-13-7 续表 2 continued 2

城 市	City	油菜 Rape	芹菜 Celery	黄瓜 Cucumber	西红柿 Tomato	豆角 Cowpea	土豆 Potato	苹果 Apple	香蕉 Banana
平 均	**Average**	**4.63**	**5.30**	**3.54**	**4.84**	**6.14**	**3.42**	**10.12**	**4.58**
北 京	Beijing	5.25	4.17	4.28	4.92	6.67	3.07	11.36	4.68
天 津	Tianjin	5.33	3.53	2.94	4.54	6.44	2.72	11.87	4.72
石 家 庄	Shijiazhuang	4.50	3.47	2.87	4.22	4.90	2.37	9.00	3.23
太 原	Taiyuan	2.59	2.95	2.70	4.16	4.14	2.69	11.03	4.71
呼和浩特	Hohhot	4.38	3.60	3.00	4.48	5.90	2.43	7.96	4.59
沈 阳	Shenyang	3.38	2.43	2.14	3.82	3.13	2.01	6.21	4.00
大 连	Dalian	5.01	5.13	3.58	4.64	4.54	2.23	7.72	5.49
长 春	Changchun	2.88	2.74	2.53	3.83	3.23	2.47	10.92	4.47
哈 尔 滨	Harbin	4.17	2.83	3.34	4.50	6.22	3.98	9.28	5.41
上 海	Shanghai	4.27	9.01	6.02	7.12	8.64	4.99	12.71	5.03
南 京	Nanjing	6.70	5.71	3.04	4.95	6.42	3.81	10.32	3.49
杭 州	Hangzhou	5.01	7.77	5.56	6.67	10.44	5.06	10.66	4.66
宁 波	Ningbo	5.83	9.89	5.46	6.89	10.78	5.17	10.50	4.84
合 肥	Hefei	3.87	4.93	3.10	5.08	5.26	3.32	8.70	3.53
福 州	Fuzhou	4.05	9.29	3.86	5.97	14.76	4.03	9.80	4.36
厦 门	Xiamen	5.49	7.37	4.84	6.20	13.50	5.28	12.11	4.73
南 昌	Nanchang	3.29	4.00	2.09	3.79	3.75	2.81	7.37	2.95
济 南	Jinan	3.73	3.63	3.52	4.98	3.41	3.03	6.93	6.47
青 岛	Qingdao	5.00	4.06	3.62	4.34	5.46	2.33	6.12	3.93
郑 州	Zhengzhou	4.61	3.80	3.30	4.73	6.07	3.93	7.70	3.37
武 汉	Wuhan	4.97	5.05	3.25	4.79	5.01	3.30	10.79	5.11
长 沙	Changsha	4.70	6.49	3.37	5.68	5.09	4.05	12.20	4.29
广 州	Guangzhou	7.03	7.90	3.83	6.43	6.03	5.22	10.70	3.44
深 圳	Shenzhen	7.47	9.74	5.01	6.73	7.45	5.63	12.78	5.80
南 宁	Nanning	4.54	5.25	2.70	4.42	4.11	3.27	9.28	2.85
海 口	Haikou	5.43	7.20	4.37	6.00	5.53	4.40	12.10	3.67
重 庆	Chongqing	4.61	5.71	4.10	4.63	5.53	3.13	13.77	6.82
成 都	Chengdu		5.73	2.96	3.63	4.80	2.82	11.42	5.36
贵 阳	Guiyang	4.57	7.21	3.72	4.30	5.72	2.98	9.94	4.39
昆 明	Kunming	2.92	3.53	2.84	3.20	3.48	1.93	10.36	5.73
西 安	Xian	5.97	4.66	3.87	4.74	7.04	3.46	12.34	4.66
兰 州	Lanzhou	4.33	4.02	3.73	4.58	6.78	3.31	11.22	4.33
西 宁	Xining	4.48	4.04	2.87	4.18	6.22	2.94	8.96	5.03
银 川	Yinchan	3.76	5.51	3.07	4.00	4.87	2.97	8.95	5.13
乌鲁木齐	Urumqi	3.16	2.98	2.42	2.34	3.53	2.64	11.30	5.18

2-13-8　2011年8月35个城市部分食品价格

35 City Partial Food Price In August,2011

单位：元/公斤

城　市 City	大米 Rice	富强粉	标准粉 Prosperous and powerful powder	豆腐 Bean curd	花生油 Peanut oil	大豆油 Soybean oil	猪后腿肉 Pig hind leg meat	猪五花肉 Pig streaky pork
平　均 Average	**5.47**	**5.33**	**4.54**	**3.80**	**23.55**	**11.67**	**31.65**	**30.71**
北　京 Beijing	5.05	3.49	3.38	5.97	20.62	11.14	32.15	34.33
天　津 Tianjin	5.12	3.96	3.49	3.40	23.92	11.61	35.53	35.58
石家庄 Shijiazhuang	5.30	3.70		3.70	21.59	11.90	31.42	30.92
太　原 Taiyuan	5.88	3.52	3.17	4.13	23.60	11.56	30.57	30.57
呼和浩特 Hohhot	5.00	3.90	3.50	4.54	23.87	12.20	29.58	25.84
沈　阳 Shenyang	4.83	4.40	3.68	3.33	23.77	11.30	29.70	29.94
大　连 Dalian	5.18	4.48	3.60	3.00	23.46	11.63	30.79	30.96
长　春 Changchun	5.13	9.44	6.16	7.00	24.41	11.25	38.13	37.83
哈尔滨 Harbin	6.27	10.10	5.99	3.30	24.22	12.76	30.56	29.89
上　海 Shanghai	5.40	6.14	4.96	3.75	24.89	11.14	47.33	46.37
南　京 Nanjing	4.96	5.90	4.00	5.20	22.51	11.23	29.23	30.50
杭　州 Hangzhou	5.34	4.26	3.67	3.68	24.04	11.95	31.18	31.87
宁　波 Ningbo	4.65	4.20	3.78	3.71	22.60	11.14	31.11	33.72
合　肥 Hefei	4.96	4.36	5.08	2.75	21.90	11.86	28.21	26.04
福　州 Fuzhou	5.50	5.91	4.73	1.09	23.40	11.77	24.51	28.75
厦　门 Xiamen	5.45	4.60	3.93	4.24	21.37	11.23	26.50	30.00
南　昌 Nanchang	4.48	7.45	3.64	3.99	25.94	11.98	31.60	25.87
济　南 Jinan	5.25	4.58	4.20	3.75	23.38	11.58	41.33	35.17
青　岛 Qingdao	4.99	3.90		4.20	20.71	10.67	31.83	31.03
郑　州 Zhengzhou	5.23	3.03	2.67	3.32	22.47	12.05	32.00	32.00
武　汉 Wuhan	9.33	7.88	8.93	2.90	24.61	11.78	30.28	28.75
长　沙 Changsha	4.43	3.93	4.93	4.00	26.13	10.86	31.09	27.71
广　州 Guangzhou	5.25	5.68	10.66	3.50	22.20	12.27	37.90	31.20
深　圳 Shenzhen	5.14	9.87	5.49	3.71	21.45	10.88	27.74	30.80
南　宁 Nanning	5.73	4.16	3.82	3.00	24.78		26.03	27.78
海　口 Haikou	4.92	5.20	4.32	4.67	21.79	11.59	34.13	24.17
重　庆 Chongqing	5.08	8.28	4.47	2.42	25.18	11.84	30.07	28.81
成　都 Chengdu	5.00	8.08	6.20	3.03	23.92	12.21	31.92	30.13
贵　阳 Guiyang	5.11	6.20	4.50	5.20	25.31	11.58	31.05	30.47
昆　明 Kunming	6.06	4.50	4.00	3.81	21.86	11.63	29.83	26.93
西　安 Xian	7.16	4.53	4.27	3.00	25.81	12.26	32.84	30.84
兰　州 Lanzhou	6.99	5.30	4.32	3.73	25.98	11.83	32.55	32.66
西　宁 Xining	6.57	3.98	3.70	3.70	24.10	11.62	28.83	28.83
银　川 Yinchan	4.92	4.50	3.88	4.45	24.67	12.39	31.14	30.41
乌鲁木齐 Urumqi	5.87	2.96	2.75	3.99	23.75	12.19	28.95	28.08

2-13-8 续表 1 continued 1

城 市	City	牛肉 Beef	羊肉 Mutton	鸡胸肉 Chicken brisket	鸡蛋 Egg	活鲤鱼 Live carp	活草鱼 Live grass carp	带鱼 Hairtail	大白菜 Cabbage
平 均	**Average**	**40.78**	**47.09**	**21.27**	**10.45**	**16.04**	**15.77**	**27.38**	**2.79**
北 京	Beijing	44.49	54.02	23.86	10.18	16.02	16.11	40.97	2.33
天 津	Tianjin	36.67	52.13	22.79	10.03	15.75	16.67	28.40	1.98
石家庄	Shijiazhuang	34.50	46.67	18.67	9.63	17.25	16.75	17.00	1.70
太 原	Taiyuan	40.60	52.43	21.41	9.53	19.48	19.24	24.80	2.67
呼和浩特	Hohhot	35.75	48.17	18.75	10.07	18.75	17.00	23.83	1.97
沈 阳	Shenyang	37.95	48.17	19.22	9.57	17.39	17.28	24.84	2.42
大 连	Dalian	39.25	52.92	19.50	9.60	19.17	19.21	34.25	3.29
长 春	Changchun	62.89	45.60	20.33	9.77	16.73	17.93	18.67	2.60
哈尔滨	Harbin	36.33	39.67	17.33	9.63	19.44	19.67	30.00	2.67
上 海	Shanghai	52.72		21.29	10.56	15.91	17.98	40.26	3.24
南 京	Nanjing	41.27		20.00	10.59		13.55	26.70	2.65
杭 州	Hangzhou	42.00		19.56	10.95		15.71	32.91	3.23
宁 波	Ningbo	42.99	55.00	21.00	11.37	20.00	14.56	37.78	3.94
合 肥	Hefei	31.84	35.08	19.00	10.25	16.34	12.64	19.25	2.30
福 州	Fuzhou	47.31	56.40	21.62	10.54		14.63	43.09	3.45
厦 门	Xiamen	46.00	57.17	21.95	10.78	14.44	15.75	44.42	3.87
南 昌	Nanchang	42.07	36.80	14.40	9.53	10.00	12.17	12.64	2.57
济 南	Jinan	36.58	54.25	19.05	9.93	15.75	16.50	21.47	2.72
青 岛	Qingdao	37.55	46.03		9.99	18.38		25.50	2.45
郑 州	Zhengzhou	34.07	47.47	19.95	9.54	13.87	12.17	21.20	3.44
武 汉	Wuhan	39.08	38.33	20.33	10.14	12.78	11.36	20.03	2.35
长 沙	Changsha	46.27	43.33	22.36	11.10	15.18	13.16	24.99	3.21
广 州	Guangzhou	42.27	54.80	29.53	10.84	14.27	21.47	31.60	3.81
深 圳	Shenzhen	53.31	54.37	26.81	11.08	14.95	15.54	43.76	4.89
南 宁	Nanning	39.50	43.53		11.28	12.40	15.48	20.61	2.75
海 口	Haikou	38.40	54.20	17.93	12.51	12.33	13.00	32.20	3.55
重 庆	Chongqing	42.15	41.34	24.73	10.58		16.36	28.41	2.43
成 都	Chengdu	40.83	48.00	22.71	10.99	16.63	15.50	24.25	2.04
贵 阳	Guiyang	35.53	40.00	25.53	13.28	17.83	15.71	24.47	2.94
昆 明	Kunming	35.93	46.88	20.66	10.11	15.62	16.17	22.92	1.61
西 安	Xian	36.88	48.00	28.95	9.79	15.38	13.59	35.65	3.43
兰 州	Lanzhou	38.00	39.11	18.55	10.58	14.89	15.78	24.22	2.98
西 宁	Xining	35.67	42.17	24.01	10.44	18.42	17.83	22.00	2.14
银 川	Yinchan	38.13	38.73	23.82	10.67	18.40	16.39	13.69	1.92
乌鲁木齐	Urumqi	42.41	46.20	16.25	10.42	13.51	13.45	21.36	2.01

2-13-8 续表 2 continued 2

城　市 City	油菜 Rape	芹菜 Celery	黄瓜 Cucumber	西红柿 Tomato	豆角 Cowpea	土豆 Potato	苹果 Apple	香蕉 Banana
平　均 Average	**5.15**	**4.95**	**3.95**	**4.25**	**6.21**	**3.29**	**9.71**	**4.72**
北　京 Beijing	6.75	3.62	5.35	4.70	6.29	3.06	12.90	5.18
天　津 Tianjin	8.33	2.80	4.13	4.26	5.39	2.72	11.02	4.94
石家庄 Shijiazhuang	4.50	2.82	3.12	3.55	4.40	2.27		3.58
太　原 Taiyuan	2.91	2.82	3.45	2.91	4.11	2.48	5.99	4.96
呼和浩特 Hohhot	3.33	2.77	2.80	3.52	3.78	2.53	6.83	3.28
沈　阳 Shenyang	5.94	2.92	2.26	3.07	4.36	1.95	6.09	4.56
大　连 Dalian	8.27	6.47	4.91	4.38	5.54	2.42	7.67	5.92
长　春 Changchun	6.27	3.62	2.65	2.90	4.11	2.42	11.59	5.21
哈尔滨 Harbin	4.72	2.72	3.15	3.44	5.72	3.11	9.55	4.96
上　海 Shanghai	7.96	8.37	6.81	6.62	9.34	5.02	12.59	4.90
南　京 Nanjing	8.23	4.95	3.61	4.07	6.30	3.61	10.26	3.63
杭　州 Hangzhou	4.89	7.85	5.30	6.44	8.83	4.85	10.24	4.43
宁　波 Ningbo	6.56	9.95	5.40	7.22	10.23	5.17	10.45	5.06
合　肥 Hefei	5.34	4.59	3.12	4.20	4.61	3.13	8.38	3.78
福　州 Fuzhou	4.00	9.44	5.22	5.19	16.06	3.93	9.66	4.89
厦　门 Xiamen	3.65	6.92	5.12	5.72	14.58	4.96	11.91	4.64
南　昌 Nanchang	3.29	3.73	2.52	3.11	3.67	2.81	7.03	3.07
济　南 Jinan	3.63	3.40	4.00	4.66	3.76	3.06	6.19	6.56
青　岛 Qingdao	6.07	3.92	4.01	3.75	5.80	2.30	5.81	4.30
郑　州 Zhengzhou	5.74	3.24	3.61	4.29	5.53	3.87	7.60	3.47
武　汉 Wuhan	5.06	5.05	3.46	4.09	5.26	3.35	10.29	5.00
长　沙 Changsha	4.89	6.16	3.97	5.11	5.20	3.85	12.33	4.81
广　州 Guangzhou	6.23	7.41	4.71	5.93	6.70	5.05	10.57	3.61
深　圳 Shenzhen	6.05	9.68	5.70	6.24	7.88	5.34	12.15	6.03
南　宁 Nanning	4.65	5.09	3.41	3.98	4.63	3.21	9.28	2.79
海　口 Haikou	4.63	6.10	4.70	5.67	5.23	4.10	10.80	3.37
重　庆 Chongqing	4.92	4.99	3.71	4.34	6.03	3.09	13.18	6.89
成　都 Chengdu		4.94	3.04	3.34	5.47	2.75	10.53	5.39
贵　阳 Guiyang	4.64	6.97	3.98	3.40	6.43	2.99	9.88	4.37
昆　明 Kunming	2.93	3.78	3.01	3.24	3.30	1.98	10.11	5.72
西　安 Xian	5.70	4.07	3.94	4.33	6.32	3.27	10.39	4.57
兰　州 Lanzhou	4.67	2.95	3.64	3.42	6.22	3.20	10.78	5.22
西　宁 Xining	3.39	2.32	3.93	3.50	6.46	2.65	10.21	5.44
银　川 Yinchan	2.68	3.24	3.10	2.10	5.24	2.50	8.80	4.97
乌鲁木齐 Urumqi	4.11	3.47	3.46	1.92	4.63	2.27	9.09	5.64

2-13-9　2011年9月35个城市部分食品价格
35 City Partial Food Price In September,2011

单位：元/公斤

城　市	City	大米 Rice	富强粉	标准粉 Prosperous and powerful powder	豆腐 Bean curd	花生油 Peanut oil	大豆油 Soybean oil	猪后腿肉 Pig hind leg meat	猪五花肉 Pig streaky pork
平　均	**Average**	**5.50**	**5.37**	**4.55**	**3.81**	**24.27**	**11.95**	**31.97**	**31.01**
北　京	Beijing	5.12	3.49	3.35	6.05	21.62	11.46	32.25	34.65
天　津	Tianjin	5.12	3.97	3.50	3.40	24.32	11.83	35.53	35.58
石家庄	Shijiazhuang	5.30	3.70		3.70	22.42	11.84	31.50	31.00
太　原	Taiyuan	5.89	3.53	3.17	4.15	24.12	12.23	30.77	30.77
呼和浩特	Hohhot	5.18	4.00	3.57	4.55	25.20	12.60	31.50	27.92
沈　阳	Shenyang	4.83	4.42	3.80	3.33	25.17	11.91	29.31	29.47
大　连	Dalian	5.33	4.49	3.60	3.00	25.02	12.09	30.21	30.46
长　春	Changchun	5.04	9.55	6.16	7.00	25.33	12.32	37.23	38.02
哈尔滨	Harbin	6.27	10.10	5.99	3.30	25.19	12.76	31.06	30.61
上　海	Shanghai	5.42	6.26	4.96	3.75	26.19	10.93	47.66	46.51
南　京	Nanjing	4.96	6.29	4.00	5.20	24.87	11.53	29.40	30.83
杭　州	Hangzhou	5.29	4.26	3.67	3.68	25.29	12.08	31.83	32.84
宁　波	Ningbo	4.65	4.20	3.78	3.71	23.67	11.30	31.67	33.22
合　肥	Hefei	5.13	4.36	5.08	2.75	22.72	12.11	28.50	26.46
福　州	Fuzhou	5.59	6.00	4.88	1.09	24.03	12.18	25.51	28.97
厦　门	Xiamen	5.45	4.60	3.93	4.24	22.98	11.75	26.92	30.54
南　昌	Nanchang	4.56	7.45	3.64	3.99	25.94	11.98	32.47	26.60
济　南	Jinan	5.27	4.58	4.20	3.80	23.41	11.79	40.44	33.14
青　岛	Qingdao	5.09	4.16		4.20	21.35	10.74	31.91	31.08
郑　州	Zhengzhou	5.29	3.03	2.68	3.32	23.13	12.33	32.07	32.07
武　汉	Wuhan	9.33	7.88	8.93	2.90	25.33	12.12	30.70	29.00
长　沙	Changsha	4.43	3.93	4.93	4.00	26.06	10.95	32.45	29.26
广　州	Guangzhou	5.24	5.78	10.67	3.50	22.55	12.50	38.00	31.07
深　圳	Shenzhen	5.12	9.87	5.48	3.71	21.33	10.93	28.72	31.21
南　宁	Nanning	5.73	4.10	3.77	3.07	23.98		24.89	25.89
海　口	Haikou	4.93	5.19	4.25	4.32	22.48	12.01	33.74	25.16
重　庆	Chongqing	5.08	8.28	4.47	2.42	24.48	12.19	30.50	29.83
成　都	Chengdu	5.00	8.03	6.20	3.03	24.42	12.31	32.13	30.38
贵　阳	Guiyang	5.12	6.20	4.50	5.20	25.46	11.98	32.72	32.33
昆　明	Kunming	6.13	4.57	4.00	3.86	22.60	12.07	32.50	29.52
西　安	Xian	7.28	4.54	4.29	3.00	24.48	12.50	33.34	31.55
兰　州	Lanzhou	6.99	5.30	4.32	3.73	25.98	11.83	32.55	32.55
西　宁	Xining	6.57	4.02	3.77	3.77	27.43	11.75	29.00	28.96
银　川	Yinchan	4.90	4.50	4.00	4.55	25.39	12.66	30.00	29.00
乌鲁木齐	Urumqi	5.93	3.19	2.73	3.99	25.46	12.67	30.13	28.97

2-13-9 续表 1 continued 1

城市 City	牛肉 Beef	羊肉 Mutton	鸡胸肉 Chicken brisket	鸡蛋 Egg	活鲤鱼 Live carp	活草鱼 Live grass carp	带鱼 Hairtail	大白菜 Cabbage
平均 Average	**41.88**	**48.63**	**21.65**	**10.74**	**15.28**	**15.51**	**27.56**	**2.84**
北京 Beijing	46.10	56.93	24.92	10.62	14.98	15.56	41.54	2.37
天津 Tianjin	38.60	55.33	23.08	10.35	14.83	16.00	28.67	2.07
石家庄 Shijiazhuang	34.83	47.00	19.00	9.87	16.00	16.33	17.00	1.85
太原 Taiyuan	42.15	53.66	21.97	9.81	18.27	19.51	24.34	1.61
呼和浩特 Hohhot	37.67	49.67	18.96	10.53	16.33	16.00	23.33	1.77
沈阳 Shenyang	37.95	51.22	19.83	9.80	15.81	17.28	25.00	2.01
大连 Dalian	39.58	55.92	19.50	10.37	17.08	19.00	38.50	2.87
长春 Changchun	64.98	48.80	20.53	10.13	15.40	17.33	18.80	2.64
哈尔滨 Harbin	38.33	42.00	17.44	9.79	15.12	18.78	30.00	2.67
上海 Shanghai	53.67		21.31	11.01	15.73	17.69	39.52	3.23
南京 Nanjing	41.77		20.80	10.97		13.50	27.03	2.65
杭州 Hangzhou	44.95		20.25	11.38		15.36	32.31	3.27
宁波 Ningbo	43.55	55.00	21.00	11.78	20.00	13.50	37.45	3.98
合肥 Hefei	34.38	41.29	19.43	10.55	15.13	12.28	19.25	2.64
福州 Fuzhou	47.69	56.77	22.11	10.79		15.42	45.49	3.39
厦门 Xiamen	46.50	59.67	22.35	10.90	14.50	15.92	45.25	4.30
南昌 Nanchang	43.20	36.80	14.40	10.12	9.67	12.07	12.69	2.73
济南 Jinan	37.50	54.92	18.93	10.22	14.29	15.54	22.17	2.83
青岛 Qingdao	40.23	47.70		9.89	18.04		26.74	2.66
郑州 Zhengzhou	36.13	50.67	20.08	9.78	12.42	11.87	21.20	3.27
武汉 Wuhan	39.73	38.33	20.61	10.61	12.69	11.30	20.17	2.46
长沙 Changsha	47.74	43.56	23.61	11.46	14.92	12.95	25.14	3.33
广州 Guangzhou	42.93	54.80	29.82	11.28	14.10	21.60	32.07	3.69
深圳 Shenzhen	54.65	54.65	27.58	11.27	15.09	15.58	43.95	4.81
南宁 Nanning	39.89	44.73		11.10	12.80	15.45	20.06	2.81
海口 Haikou	38.57	54.71	17.89	12.77	13.11	13.51	29.63	4.06
重庆 Chongqing	42.98	39.00	25.00	10.93		16.20	28.24	2.89
成都 Chengdu	41.00	48.00	22.75	11.17	17.00	15.54	24.25	2.39
贵阳 Guiyang	36.10	44.67	26.86	13.95	17.40	15.57	24.55	3.46
昆明 Kunming	36.85	46.88	20.89	10.37	16.33	16.19	22.81	1.60
西安 Xian	38.13	50.17	30.37	10.16	15.08	13.59	36.22	3.49
兰州 Lanzhou	38.56	41.33	18.89	10.55	14.33	15.22	23.11	2.89
西宁 Xining	35.88	41.96	24.91	10.71	16.80	17.42	22.83	2.83
银川 Yinchan	38.75	40.67	23.90	10.75	17.67	15.95	13.73	1.80
乌鲁木齐 Urumqi	44.33	49.20	15.58	10.26	12.64	12.39	21.68	2.12

2-13-9 续表 2 continued 2

城 市	City	油菜 Rape	芹菜 Celery	黄瓜 Cucumber	西红柿 Tomato	豆角 Cowpea	土豆 Potato	苹果 Apple	香蕉 Banana
平 均	**Average**	**5.46**	**5.07**	**4.64**	**4.56**	**7.14**	**3.21**	**9.58**	**5.77**
北 京	Beijing	6.00	3.59	5.55	5.17	7.69	2.77	10.94	6.21
天 津	Tianjin	7.09	2.77	5.02	4.37	7.53	2.66	11.01	5.75
石家庄	Shijiazhuang	4.63	2.58	3.52	3.75	5.25	1.83		4.58
太 原	Taiyuan	5.25	2.78	4.11	3.29	5.74	2.05	6.23	6.21
呼和浩特	Hohhot	4.18	1.97	3.30	3.98	5.32	2.30	6.29	3.92
沈 阳	Shenyang	5.43	3.54	2.76	3.56	5.00	2.06	6.80	5.78
大 连	Dalian	5.17	5.09	3.88	4.53	6.17	2.44	5.92	6.64
长 春	Changchun	4.11	4.07	3.84	3.77	4.84	2.58	10.53	6.86
哈尔滨	Harbin	4.84	3.22	4.56	3.94	6.50	2.67	10.00	6.54
上 海	Shanghai	5.50	10.38	6.95	6.82	11.10	4.86	12.23	5.74
南 京	Nanjing	6.68	4.71	4.42	4.47	8.37	3.38	9.70	4.78
杭 州	Hangzhou	5.66	7.70	6.19	6.16	10.38	4.66	9.84	4.70
宁 波	Ningbo	6.61	9.56	6.45	7.56	12.17	5.17	10.00	6.36
合 肥	Hefei	5.68	4.16	4.08	4.57	5.72	3.07	8.32	5.03
福 州	Fuzhou	5.11	9.83	5.29	5.28	17.03	3.93	10.00	6.15
厦 门	Xiamen	5.33	8.04	5.92	5.97	15.25	4.88	11.94	4.97
南 昌	Nanchang	3.40	4.24	2.85	3.99	3.96	2.79	6.97	4.16
济 南	Jinan	4.27	3.48	4.50	4.69	5.06	2.96	6.19	7.68
青 岛	Qingdao	6.12	4.00	3.70	4.06	6.24	2.49	6.06	5.71
郑 州	Zhengzhou	7.46	3.31	4.41	4.71	7.09	3.67	7.60	5.49
武 汉	Wuhan	5.45	5.28	3.91	4.31	5.35	3.45	10.05	5.61
长 沙	Changsha	4.48	6.63	4.67	5.50	5.60	3.99	12.40	5.92
广 州	Guangzhou	5.90	7.49	5.31	5.89	6.30	5.15	10.84	4.66
深 圳	Shenzhen	6.88	9.45	6.03	6.80	7.36	5.53	12.79	7.06
南 宁	Nanning	4.69	5.11	3.79	3.92	4.76	3.29	9.47	3.32
海 口	Haikou	5.45	6.21	5.08	5.49	5.40	4.10	10.70	3.29
重 庆	Chongqing	5.59	5.37	4.43	4.47	6.99	3.03	14.01	8.03
成 都	Chengdu		4.60	4.28	3.35	6.03	2.83	9.65	6.84
贵 阳	Guiyang	5.47	7.41	4.76	3.71	7.57	2.95	9.80	5.73
昆 明	Kunming	2.69	3.81	3.63	3.19	3.56	1.88	10.79	6.68
西 安	Xian	9.18	3.97	4.62	5.27	8.08	3.43	10.08	5.75
兰 州	Lanzhou	6.29	3.84	5.22	3.29	6.78	2.40	11.22	6.11
西 宁	Xining	5.42	2.92	5.92	3.80	8.38	2.68	10.75	6.64
银 川	Yinchan	3.77	3.15	4.33	2.71	5.29	2.02	7.50	6.51
乌鲁木齐	Urumqi	5.70	3.26	5.30	3.30	5.89	2.46	8.94	6.47

2-13-10　2011年10月35个城市部分食品价格

35 City Partial Food Price In October,2011

单位：元/公斤

城　市	City	大米 Rice	富强粉	标准粉 Prosperous and powerful powder	豆腐 Bean curd	花生油 Peanut oil	大豆油 Soybean oil	猪后腿肉 Pig hind leg meat	猪五花肉 Pig streaky pork
平　均	**Average**	**5.54**	**5.39**	**4.58**	**3.82**	**24.41**	**11.97**	**31.42**	**30.66**
北　京	Beijing	5.11	3.51	3.35	6.00	22.07	11.63	31.64	33.88
天　津	Tianjin	5.27	3.99	3.50	3.40	24.27	12.12	35.05	35.24
石家庄	Shijiazhuang	5.30	3.70		3.70	23.09	11.91	30.42	30.00
太　原	Taiyuan	5.98	3.53	3.17	4.13	24.40	12.32	30.09	30.09
呼和浩特	Hohhot	5.31	4.25	3.60	4.70	25.20	12.60	30.79	28.42
沈　阳	Shenyang	4.87	4.49	3.85	3.33	25.23	12.12	28.72	29.03
大　连	Dalian	5.40	4.47	3.63	3.00	24.98	11.97	28.79	29.21
长　春	Changchun	5.04	9.60	6.16	7.00	25.32	12.32	36.38	37.47
哈尔滨	Harbin	6.27	10.10	6.12	3.30	25.19	12.76	31.11	30.44
上　海	Shanghai	5.63	6.26	4.96	3.75	26.45	11.02	47.67	46.58
南　京	Nanjing	4.96	6.47	4.00	5.20	24.72	11.53	29.10	31.20
杭　州	Hangzhou	5.29	4.31	3.67	3.68	24.83	12.07	31.17	31.69
宁　波	Ningbo	4.65	4.20	3.78	3.71	24.16	10.98	30.33	32.33
合　肥	Hefei	5.16	4.36	5.08	2.75	22.72	12.15	27.58	25.80
福　州	Fuzhou	5.61	6.00	4.94	1.09	24.03	12.18	24.65	27.88
厦　门	Xiamen	5.45	4.60	3.93	4.24	23.91	11.95	27.00	31.08
南　昌	Nanchang	4.57	7.45	3.67	3.99	25.94	11.98	31.93	26.07
济　南	Jinan	5.39	4.58	4.20	3.85	23.45	11.80	37.58	32.97
青　岛	Qingdao	5.15	4.16		4.20	21.30	10.74	31.11	30.39
郑　州	Zhengzhou	5.36	3.04	2.71	3.32	23.20	12.35	31.83	31.83
武　汉	Wuhan	9.33	7.79	8.93	2.90	25.60	12.14	30.39	28.72
长　沙	Changsha	4.44	3.93	5.07	4.00	26.13	10.82	32.11	29.22
广　州	Guangzhou	5.28	5.82	10.67	3.50	22.75	12.51	38.00	31.40
深　圳	Shenzhen	5.17	9.87	5.50	3.71	21.56	10.93	28.74	30.94
南　宁	Nanning	5.73	4.10	3.77	3.07	23.98		24.67	26.00
海　口	Haikou	5.04	5.32	4.32	4.43	22.54	12.04	34.47	26.20
重　庆	Chongqing	5.11	8.28	4.42	2.42	24.69	12.35	29.47	29.27
成　都	Chengdu	5.00	8.14	6.20	3.03	24.59	12.38	31.38	30.17
贵　阳	Guiyang	5.11	6.20	4.50	5.20	25.98	11.98	32.88	32.43
昆　明	Kunming	6.14	4.56	4.00	4.09	22.60	12.05	32.31	29.69
西　安	Xian	7.47	4.61	4.32	3.00	24.81	12.39	32.88	31.00
兰　州	Lanzhou	6.99	5.30	4.32	3.73	25.98	11.83	31.44	31.44
西　宁	Xining	6.39	4.07	3.96	3.80	26.43	11.58	27.88	27.79
银　川	Yinchan	4.85	4.50	4.02	4.55	25.52	12.83	29.75	28.50
乌鲁木齐	Urumqi	6.17	3.22	2.80	3.99	26.87	12.65	30.35	28.70

2-13-10 续表 1 continued 1

城 市	City	牛肉 Beef	羊肉 Mutton	鸡胸肉 Chicken brisket	鸡蛋 Egg	活鲤鱼 Live carp	活草鱼 Live grass carp	带鱼 Hairtail	大白菜 Cabbage
平 均	**Average**	**42.57**	**49.89**	**21.54**	**10.11**	**14.55**	**15.09**	**27.48**	**2.51**
北 京	Beijing	47.22	59.49	24.60	9.73	14.05	14.60	42.29	1.99
天 津	Tianjin	38.60	56.00	22.87	9.55	13.67	14.87	28.80	1.70
石家庄	Shijiazhuang	35.00	49.50	18.83	9.12	14.83	15.17	17.00	1.30
太 原	Taiyuan	41.88	55.92	21.87	8.83	17.30	19.68	24.80	1.04
呼和浩特	Hohhot	39.17	50.08	19.17	9.92	14.17	14.75	23.17	1.55
沈 阳	Shenyang	38.39	51.33	19.39	8.89	14.50	16.22	24.06	0.78
大 连	Dalian	41.08	57.42	19.25	9.26	16.00	19.00	37.08	1.93
长 春	Changchun	66.33	49.87	19.87	9.65	14.20	16.20	18.40	0.54
哈尔滨	Harbin	38.89	42.00	18.00	9.26	14.61	18.50	30.00	2.22
上 海	Shanghai	54.55		21.27	10.22	15.24	17.39	38.60	3.07
南 京	Nanjing	42.90	47.89	20.80	9.93		12.82	27.47	2.44
杭 州	Hangzhou	46.86		20.48	10.84		14.94	30.51	3.22
宁 波	Ningbo	43.33	55.00	21.00	10.80	20.00	13.00	33.44	3.85
合 肥	Hefei	35.25	43.88	19.39	9.67	13.88	12.09	19.25	2.09
福 州	Fuzhou	48.24	58.06	21.88	10.25		14.71	44.56	2.83
厦 门	Xiamen	47.17	61.83	22.22	10.53	14.50	15.71	44.83	3.92
南 昌	Nanchang	43.07	36.80	14.00	9.78	8.00	10.99	12.80	2.56
济 南	Jinan	37.54	56.17	17.84	8.93	13.50	14.67	22.17	2.32
青 岛	Qingdao	41.18	49.28		8.71	17.16		26.28	2.24
郑 州	Zhengzhou	37.60	52.20	19.84	8.80	11.87	11.43	21.20	2.83
武 汉	Wuhan	40.42	38.00	20.67	10.67	12.31	11.33	20.59	2.60
长 沙	Changsha	49.09	43.54	24.04	11.21	14.03	12.64	24.77	3.71
广 州	Guangzhou	44.73	54.80	29.67	10.58	14.00	21.60	33.67	4.01
深 圳	Shenzhen	55.43	59.15	28.30	11.20	14.99	15.45	44.90	4.42
南 宁	Nanning	40.72	49.33		10.93	12.37	15.62	20.28	3.00
海 口	Haikou	39.13	55.40	18.20	12.80	14.23	14.53	31.67	4.87
重 庆	Chongqing	44.32	42.92	25.29	10.79		16.05	28.63	3.10
成 都	Chengdu	41.17	48.50	22.75	10.85	16.83	15.25	24.25	2.42
贵 阳	Guiyang	37.07	48.00	26.18	13.90	16.20	15.30	24.51	3.93
昆 明	Kunming	37.39	47.28	21.15	10.05	16.11	15.94	22.86	1.88
西 安	Xian	39.00	51.25	29.99	9.59	14.38	13.17	36.25	2.69
兰 州	Lanzhou	38.22	42.00	18.67	9.53	14.11	14.89	23.55	2.11
西 宁	Xining	36.08	42.08	25.53	9.95	15.58	16.33	23.00	2.21
银 川	Yinchan	39.33	42.21	23.75	9.71	16.17	15.39	14.15	1.24
乌鲁木齐	Urumqi	43.67	49.13	13.92	9.43	12.18	12.81	21.86	1.40

2-13-10 续表 2 continued 2

城 市 City	油菜 Rape	芹菜 Celery	黄瓜 Cucumber	西红柿 Tomato	豆角 Cowpea	土豆 Potato	苹果 Apple	香蕉 Banana
平 均 Average	**4.31**	**4.82**	**4.19**	**5.07**	**7.20**	**2.99**	**9.39**	**6.39**
北 京 Beijing	4.60	3.64	4.93	5.78	7.22	2.45	10.56	6.91
天 津 Tianjin	4.62	2.88	3.25	5.20	6.22	2.33	11.22	6.70
石家庄 Shijiazhuang	3.12	2.38	2.78	4.80	4.42	1.78	6.14	5.69
太 原 Taiyuan	2.72	2.81	3.19	4.01	5.74	1.77	7.54	6.85
呼和浩特 Hohhot	3.55	2.10	3.22	4.07	7.75	1.43	6.25	4.69
沈 阳 Shenyang	3.64	3.24	3.26	4.47	4.21	1.60	6.37	6.96
大 连 Dalian	4.24	4.24	4.12	5.64	5.21	2.24	6.49	7.49
长 春 Changchun	3.54	3.90	3.73	4.43	5.33	0.77	9.36	7.91
哈尔滨 Harbin	4.73	3.73	4.67	4.56	6.33	2.44	9.33	8.06
上 海 Shanghai	3.53	8.26	5.71	7.85	9.64	4.83	12.38	6.41
南 京 Nanjing	2.91	4.99	4.20	4.95	6.27	3.34	9.40	5.35
杭 州 Hangzhou	4.30	7.28	5.76	6.96	9.61	4.33	9.90	5.49
宁 波 Ningbo	4.61	8.61	6.56	7.84	11.44	5.33	10.33	6.55
合 肥 Hefei	3.29	3.90	3.38	5.00	5.62	2.90	8.08	5.68
福 州 Fuzhou	3.90	9.14	3.66	5.97	20.68	3.29	9.23	6.74
厦 门 Xiamen	3.56	7.00	4.78	5.96	18.21	4.92	11.33	5.79
南 昌 Nanchang	2.53	3.83	2.64	4.48	3.97	2.73	7.31	4.99
济 南 Jinan	3.19	3.20	4.06	5.39	6.22	2.97	6.68	8.11
青 岛 Qingdao	3.49	3.64	3.37	4.33	5.34	2.76	6.87	5.87
郑 州 Zhengzhou	5.33	3.59	4.22	5.14	7.00	3.35	7.60	5.94
武 汉 Wuhan	4.14	5.14	4.08	5.35	6.16	3.32	10.19	5.93
长 沙 Changsha	5.04	6.73	4.49	5.73	6.56	3.93	11.27	6.32
广 州 Guangzhou	5.57	6.97	4.49	5.73	6.23	5.09	10.86	5.03
深 圳 Shenzhen	6.05	9.21	5.39	6.99	7.78	5.10	12.92	7.31
南 宁 Nanning	5.26	5.61	3.90	4.18	5.46	3.32	9.39	3.88
海 口 Haikou	6.07	6.63	5.55	6.17	6.37	4.37	11.03	4.07
重 庆 Chongqing	5.02	5.25	4.20	4.99	6.76	3.07	13.74	8.43
成 都 Chengdu	6.13	4.75	3.87	4.08	5.11	2.82	9.88	7.50
贵 阳 Guiyang	5.12	6.64	4.43	4.19	7.19	2.88	9.09	6.03
昆 明 Kunming	3.48	4.44	3.76	3.29	4.28	1.99	9.67	6.68
西 安 Xian	5.97	3.38	4.51	5.43	7.09	2.98	10.41	6.10
兰 州 Lanzhou	4.84	2.71	4.47	3.42	6.22	2.11	10.89	6.44
西 宁 Xining	5.32	3.09	4.63	4.47	7.84	2.00	10.42	6.92
银 川 Yinchan	3.23	2.88	3.96	2.93	6.80	1.95	6.86	6.77
乌鲁木齐 Urumqi	4.21	2.90	3.54	3.64	5.69	2.31	9.61	7.99

2-13-11　2011年11月35个城市部分食品价格

35 City Partial Food Price In November,2011

单位：元/公斤

城　市	City	大米 Rice	富强粉	标准粉 Prosperous and powerful powder	豆腐 Bean curd	花生油 Peanut oil	大豆油 Soybean oil	猪后腿肉 Pig hind leg meat	猪五花肉 Pig streaky pork
平　均	**Average**	**5.55**	**5.40**	**4.58**	**3.83**	**24.44**	**11.92**	**29.81**	**29.11**
北　京	Beijing	5.04	3.51	3.36	6.06	22.15	11.73	28.91	30.67
天　津	Tianjin	5.36	4.02	3.50	3.40	24.27	12.12	34.13	34.47
石家庄	Shijiazhuang	5.30	3.70		3.70	23.09	11.96	29.08	28.58
太　原	Taiyuan	5.98	3.53	3.17	4.13	24.50	12.32	27.60	27.83
呼和浩特	Hohhot	5.40	4.30	3.60	4.77	25.20	12.60	28.08	26.08
沈　阳	Shenyang	4.89	4.52	3.85	3.33	25.20	12.09	27.31	27.89
大　连	Dalian	5.40	4.42	3.65	3.00	24.95	11.85	27.54	28.08
长　春	Changchun	5.05	9.60	6.24	7.00	25.11	11.63	35.80	37.30
哈尔滨	Harbin	6.27	10.10	6.38	3.30	25.19	12.76	29.56	28.89
上　海	Shanghai	5.73	6.35	4.96	3.75	25.96	10.92	47.13	46.75
南　京	Nanjing	4.97	6.52	4.00	5.20	24.69	11.32	28.15	29.77
杭　州	Hangzhou	5.29	4.30	3.64	3.68	25.21	12.10	30.00	30.36
宁　波	Ningbo	4.65	4.20	3.78	3.71	25.32	10.86	29.11	30.39
合　肥	Hefei	5.12	4.36	5.01	2.80	22.62	12.09	26.13	24.34
福　州	Fuzhou	5.60	6.00	4.78	1.09	23.96	12.18	22.67	25.96
厦　门	Xiamen	5.45	4.60	3.93	4.24	23.91	12.03	25.75	29.00
南　昌	Nanchang	4.64	7.45	3.68	3.99	25.94	11.98	30.40	25.80
济　南	Jinan	5.35	4.59	4.25	3.90	23.38	11.83	35.28	30.43
青　岛	Qingdao	5.15	4.03		4.20	22.30	10.74	28.52	28.02
郑　州	Zhengzhou	5.36	3.06	2.71	3.32	23.53	12.45	30.20	30.20
武　汉	Wuhan	9.33	7.88	8.93	2.90	25.60	12.07	29.55	27.97
长　沙	Changsha	4.44	3.95	5.07	4.00	26.13	10.75	30.57	27.56
广　州	Guangzhou	5.27	5.82	10.57	3.50	22.72	12.46	36.17	29.70
深　圳	Shenzhen	5.10	9.87	5.50	3.74	21.57	10.93	26.98	29.26
南　宁	Nanning	5.77	4.10	3.77	3.01	23.98		22.89	23.72
海　口	Haikou	5.04	5.32	4.32	4.57	22.54	12.04	34.60	25.67
重　庆	Chongqing	5.12	8.28	4.29	2.42	25.19	11.42	26.38	27.20
成　都	Chengdu	5.00	8.14	6.20	3.03	24.59	12.40	29.79	28.88
贵　阳	Guiyang	5.11	6.20	4.50	5.20	25.98	11.98	31.97	31.70
昆　明	Kunming	6.21	4.49	4.00	4.12	22.42	12.05	31.09	27.43
西　安	Xian	7.62	4.71	4.49	3.00	25.56	12.40	31.09	29.71
兰　州	Lanzhou	6.99	5.30	4.32	3.73	25.98	12.61	29.44	29.44
西　宁	Xining	6.28	4.00	3.81	3.75	25.27	11.15	25.00	25.00
银　川	Yinchan	4.79	4.50	4.02	4.55	25.28	12.83	29.08	27.32
乌鲁木齐	Urumqi	6.29	3.26	2.80	3.86	26.21	12.73	27.39	27.54

2-13-11 续表 1 continued 1

城 市 City	牛肉 Beef	羊肉 Mutton	鸡胸肉 Chicken brisket	鸡蛋 Egg	活鲤鱼 Live carp	活草鱼 Live grass carp	带鱼 Hairtail	大白菜 Cabbage
平 均 Average	**42.81**	**51.51**	**21.34**	**9.54**	**14.09**	**14.65**	**27.57**	**1.85**
北 京 Beijing	47.05	60.32	23.73	9.12	13.58	14.09	42.42	1.23
天 津 Tianjin	38.60	56.00	23.08	9.09	12.92	14.13	28.80	0.96
石家庄 Shijiazhuang	35.92	51.83	18.00	8.45	14.42	14.75	17.00	0.57
太 原 Taiyuan	41.63	56.62	21.55	8.36	15.94	18.26	24.82	0.65
呼和浩特 Hohhot	38.92	49.33	19.25	9.45	12.92	14.00	22.58	1.27
沈 阳 Shenyang	38.39	51.50	18.89	8.36	14.17	15.56	24.17	0.76
大 连 Dalian	42.75	57.50	18.67	8.70	16.00	19.00	36.33	1.11
长 春 Changchun	66.25	50.27	19.27	9.26	14.07	15.73	18.53	1.84
哈尔滨 Harbin	37.78	41.78	18.00	8.66	14.39	18.39	30.22	2.20
上 海 Shanghai	54.78	56.67	21.08	9.61	14.81	17.04	40.07	2.24
南 京 Nanjing	43.27	49.13	20.80	9.55		12.27	27.80	1.39
杭 州 Hangzhou	46.90		20.42	10.27		14.29	30.50	2.44
宁 波 Ningbo	43.33	56.00	21.00	10.28	20.00	12.89	36.33	3.13
合 肥 Hefei	35.79	44.21	19.31	9.17	12.92	11.78	19.25	1.18
福 州 Fuzhou	48.87	59.59	21.59	9.51		13.65	41.36	1.98
厦 门 Xiamen	47.50	64.17	22.15	9.56	14.25	15.50	44.42	3.37
南 昌 Nanchang	43.07	38.07	13.33	9.45	8.00	10.65	12.53	1.55
济 南 Jinan	38.63	57.58	17.39	8.67	13.00	13.79	22.22	1.48
青 岛 Qingdao	41.04	50.62		8.40	16.24		25.29	1.14
郑 州 Zhengzhou	37.87	53.80	19.60	8.44	11.77	11.17	21.27	1.42
武 汉 Wuhan	41.42	44.39	20.67	10.09	12.06	11.16	21.00	1.87
长 沙 Changsha	49.46	44.81	24.00	10.33	13.72	12.49	24.67	3.15
广 州 Guangzhou	44.40	55.53	29.60	9.64	14.00	21.60	33.40	2.95
深 圳 Shenzhen	55.38	64.57	28.55	10.46	14.82	14.86	44.58	3.00
南 宁 Nanning	40.95	50.53		10.17	12.33	15.39	20.33	1.92
海 口 Haikou	39.77	56.27	18.00	12.80	13.63	14.63	32.07	4.19
重 庆 Chongqing	45.15	50.16	24.64	10.16		15.56	28.40	2.44
成 都 Chengdu	42.29	50.33	22.50	9.83	16.54	15.29	24.25	1.82
贵 阳 Guiyang	37.50	48.00	26.18	13.67	14.87	14.60	24.54	2.70
昆 明 Kunming	37.73	49.29	20.79	9.80	15.73	15.39	22.75	1.53
西 安 Xian	39.50	52.75	29.95	8.97	13.50	12.55	40.58	1.92
兰 州 Lanzhou	37.67	44.00	18.89	9.00	13.22	13.89	23.78	1.73
西 宁 Xining	36.08	42.08	24.91	8.99	14.92	15.21	23.08	1.36
银 川 Yinchan	39.50	43.00	23.90	9.22	16.04	15.17	14.08	0.97
乌鲁木齐 Urumqi	43.29	50.53	14.42	8.56	12.10	13.28	21.67	1.29

2-13-11 续表 2 continued 2

城 市 City	油菜 Rape	芹菜 Celery	黄瓜 Cucumber	西红柿 Tomato	豆角 Cowpea	土豆 Potato	苹果 Apple	香蕉 Banana
平 均 Average	**3.69**	**3.91**	**4.81**	**4.85**	**7.41**	**2.97**	**9.45**	**6.92**
北 京 Beijing	4.37	3.03	5.64	5.69	7.53	2.33	10.72	7.46
天 津 Tianjin	4.34	1.99	4.76	5.14	7.02	2.11	12.01	7.31
石家庄 Shijiazhuang	2.75	1.77	4.62	5.00	4.68	1.75	6.70	6.82
太 原 Taiyuan	2.22	1.92	4.89	3.39	5.11	1.59	7.73	7.73
呼和浩特 Hohhot	3.00	2.00	3.30	3.98	7.75	1.43	7.08	5.55
沈 阳 Shenyang	4.42	2.88	5.20	4.53	6.25	1.79	6.57	7.32
大 连 Dalian	4.89	3.84	5.94	4.93	8.89	2.35	7.35	8.38
长 春 Changchun	4.31	3.73	5.53	5.33	8.60	2.55	9.53	7.96
哈尔滨 Harbin	4.89	3.84	5.67	5.67	7.61	2.72	9.39	8.33
上 海 Shanghai	3.40	6.43	6.45	7.33	8.63	4.78	12.14	6.92
南 京 Nanjing	1.67	3.83	4.09	4.47	6.25	3.36	9.43	6.28
杭 州 Hangzhou	3.21	5.58	6.08	6.74	8.55	4.44	9.52	5.98
宁 波 Ningbo	4.02	6.95	6.61	7.67	11.84	5.33	10.22	6.95
合 肥 Hefei	2.99	2.97	4.46	4.68	6.98	2.86	8.17	6.10
福 州 Fuzhou	3.69	7.80	5.09	5.09	15.89	3.17	8.94	7.32
厦 门 Xiamen	5.18	6.17	5.29	5.78	15.46	4.84	11.21	5.75
南 昌 Nanchang	1.76	2.71	2.65	4.19	4.03	2.75	7.36	5.36
济 南 Jinan	2.39	2.40	4.87	5.36	8.49	3.04	6.77	8.84
青 岛 Qingdao	2.35	2.87	4.19	3.86	6.12	2.69	6.93	6.41
郑 州 Zhengzhou	4.15	2.63	4.80	5.47	5.90	3.37	7.60	6.61
武 汉 Wuhan	3.36	4.69	3.73	5.08	6.56	3.26	10.10	6.36
长 沙 Changsha	4.20	5.31	5.04	5.67	7.03	3.73	11.00	6.83
广 州 Guangzhou	4.55	5.30	4.43	4.31	6.33	4.71	10.20	5.47
深 圳 Shenzhen	4.65	6.96	5.63	6.61	8.96	5.06	12.29	7.62
南 宁 Nanning	4.04	4.46	3.58	3.77	5.26	3.24	9.28	4.82
海 口 Haikou	5.03	5.57	5.00	5.67	6.17	4.20	11.27	4.40
重 庆 Chongqing	3.80	4.32	4.61	4.84	5.97	3.03	13.73	9.32
成 都 Chengdu	4.28	4.23	4.43	3.79	4.42	2.73	10.04	7.53
贵 阳 Guiyang	4.16	5.53	4.66	4.15	6.48	2.86	8.90	6.28
昆 明 Kunming	2.63	3.44	3.02	2.95	4.26	1.89	9.63	7.21
西 安 Xian	4.33	2.15	5.15	5.70	6.00	2.74	10.15	6.82
兰 州 Lanzhou	3.84	2.31	4.67	3.40	6.55	1.69	11.22	6.78
西 宁 Xining	3.64	2.27	4.98	3.29	6.85	1.57	10.29	7.13
银 川 Yinchan	2.81	2.74	4.71	2.84	7.29	1.80	5.98	6.69
乌鲁木齐 Urumqi	3.81	2.21	4.53	3.44	9.66	2.14	11.42	9.60

2-13-12　2011年12月35个城市部分食品价格

35 City Partial Food Price In December,2011

单位：元/公斤

城　市	City	大米 Rice	富强粉	标准粉 Prosperous and powerful powder	豆腐 Bean curd	花生油 Peanut oil	大豆油 Soybean oil	猪后腿肉 Pig hind leg meat	猪五花肉 Pig streaky pork
平　均	**Average**	**5.56**	**5.39**	**4.58**	**3.82**	**24.55**	**11.93**	**29.35**	**28.66**
北　京	Beijing	5.06	3.54	3.37	6.01	22.22	11.73	27.94	30.20
天　津	Tianjin	5.36	4.02	3.50	3.52	24.42	12.10	33.78	34.06
石家庄	Shijiazhuang	5.30	3.70		3.70	23.29	11.96	28.42	27.92
太　原	Taiyuan	5.98	3.53	3.17	4.15	24.79	12.32	26.63	26.90
呼和浩特	Hohhot	5.50	4.30	3.60	4.70	25.20	12.60	26.83	25.42
沈　阳	Shenyang	4.90	4.50	3.80	3.33	25.21	11.97	27.61	28.36
大　连	Dalian	5.43	4.42	3.65	3.00	24.92	11.51	27.55	27.92
长　春	Changchun	5.08	9.64	6.28	7.00	25.23	11.68	34.97	36.47
哈尔滨	Harbin	6.27	10.10	6.50	3.30	25.19	12.76	28.67	28.11
上　海	Shanghai	5.68	6.35	4.96	3.75	25.67	10.62	46.50	46.46
南　京	Nanjing	4.96	6.68	4.04	5.20	24.85	11.70	28.81	30.51
杭　州	Hangzhou	5.28	4.29	3.63	3.68	25.62	12.07	29.81	30.24
宁　波	Ningbo	4.65	4.20	3.78	3.71	25.80	10.83	28.44	29.67
合　肥	Hefei	5.11	4.36	5.01	2.80	22.64	12.10	26.42	24.63
福　州	Fuzhou	5.70	6.00	4.73	1.09	24.19	12.17	22.60	25.65
厦　门	Xiamen	5.43	4.60	3.93	4.24	23.88	12.03	24.79	28.25
南　昌	Nanchang	4.64	7.45	3.68	3.99	25.94	11.98	30.27	26.27
济　南	Jinan	5.50	4.61	4.28	3.90	23.71	11.62	36.05	30.72
青　岛	Qingdao	5.14	3.84		4.20	22.30	10.74	28.48	27.69
郑　州	Zhengzhou	5.36	3.06	2.71	3.32	23.96	12.45	29.70	29.70
武　汉	Wuhan	9.33	7.88	8.93	2.90	25.44	12.07	28.98	27.72
长　沙	Changsha	4.45	4.00	5.07	4.00	26.13	10.75	28.89	26.54
广　州	Guangzhou	5.26	5.60	10.45	3.50	22.78	12.47	35.80	29.60
深　圳	Shenzhen	5.09	9.76	5.59	3.79	21.42	10.80	26.29	29.01
南　宁	Nanning	5.77	4.10	3.77	3.00	23.98		21.00	22.00
海　口	Haikou	5.04	5.32	4.32	4.43	22.54	12.04	34.80	25.40
重　庆	Chongqing	5.12	8.28	4.30	2.42	25.82	12.35	27.70	28.29
成　都	Chengdu	5.00	8.14	6.20	3.03	25.29	12.40	30.29	28.54
贵　阳	Guiyang	5.11	6.20	4.50	5.20	25.98	11.98	30.82	30.91
昆　明	Kunming	6.22	4.46	4.00	4.12	22.60	11.99	29.19	24.29
西　安	Xian	7.62	4.73	4.47	3.00	25.56	12.39	30.92	29.38
兰　州	Lanzhou	6.99	5.30	4.32	3.73	25.98	12.51	28.33	28.33
西　宁	Xining	6.25	3.96	3.72	3.57	25.18	11.45	25.08	25.08
银　川	Yinchan	4.77	4.50	4.02	4.55	25.52	12.78	28.25	26.75
乌鲁木齐	Urumqi	6.28	3.34	2.80	3.99	25.90	12.79	26.56	26.19

2-13-12 续表 1 continued 1

城市	City	牛肉 Beef	羊肉 Mutton	鸡胸肉 Chicken brisket	鸡蛋 Egg	活鲤鱼 Live carp	活草鱼 Live grass carp	带鱼 Hairtail	大白菜 Cabbage
平均	**Average**	**43.74**	**53.21**	**21.29**	**9.27**	**14.01**	**14.43**	**28.09**	**1.68**
北京	Beijing	46.50	60.25	23.91	8.83	13.48	13.93	42.74	1.26
天津	Tianjin	39.00	57.20	23.66	8.91	13.00	13.73	28.97	0.91
石家庄	Shijiazhuang	36.00	52.00	18.00	8.37	14.67	14.67	17.00	0.86
太原	Taiyuan	42.63	57.20	21.10	8.17	16.02	18.80	25.72	0.82
呼和浩特	Hohhot	38.92	49.42	19.33	9.02	12.00	13.83	23.00	1.13
沈阳	Shenyang	38.72	51.72	18.75	8.18	14.01	15.45	24.67	1.34
大连	Dalian	42.75	57.00	18.50	8.57	16.00	18.75	38.33	1.52
长春	Changchun	66.18	50.80	19.13	8.80	14.20	15.60	18.40	1.84
哈尔滨	Harbin	37.33	41.33	18.00	8.13	14.33	18.33	30.67	2.50
上海	Shanghai	55.45	56.59	21.11	9.30	14.47	16.90	42.06	1.70
南京	Nanjing	45.81	49.91	20.80	9.33		12.46	28.23	1.03
杭州	Hangzhou	47.27	49.29	20.37	9.93		13.89	30.33	2.01
宁波	Ningbo	43.33	68.00	21.00	10.00	20.00	12.67	41.33	2.51
合肥	Hefei	37.04	46.84	18.89	9.10	12.63	11.59	19.58	1.03
福州	Fuzhou	49.89	60.33	21.34	9.62		13.46	40.03	1.79
厦门	Xiamen	47.50	64.50	22.15	9.39	14.25	15.38	46.67	2.80
南昌	Nanchang	44.13	44.67	13.00	9.42	8.73	10.60	13.87	1.19
济南	Jinan	39.25	58.50	17.92	8.48	13.17	13.58	22.36	0.99
青岛	Qingdao	42.06	52.12		8.37	16.06		26.64	1.03
郑州	Zhengzhou	39.07	55.20	19.63	8.38	11.60	11.03	21.40	1.42
武汉	Wuhan	43.28	46.42	20.67	9.87	12.20	11.53	21.00	1.71
长沙	Changsha	50.91	49.63	23.96	9.87	13.31	12.14	24.46	2.23
广州	Guangzhou	53.40	60.47	29.60	9.47	13.97	21.60	35.20	2.71
深圳	Shenzhen	56.13	63.39	29.15	10.30	14.90	15.19	45.08	2.63
南宁	Nanning	44.22	53.00		10.06	12.10	14.89	21.14	1.62
海口	Haikou	42.27	58.33	18.27	12.80	14.00	14.67	33.27	3.77
重庆	Chongqing	45.59	52.32	24.29	9.58		14.57	27.67	2.07
成都	Chengdu	42.54	53.08	22.25	9.54	16.50	15.00	24.25	1.61
贵阳	Guiyang	39.57	53.33	26.18	13.24	14.40	14.20	24.65	2.15
昆明	Kunming	37.99	52.09	20.35	9.50	16.21	14.89	22.81	1.56
西安	Xian	39.50	54.08	30.20	8.68	13.33	12.24	41.00	1.80
兰州	Lanzhou	39.00	46.00	18.67	8.35	12.55	13.00	24.00	1.44
西宁	Xining	36.00	44.00	24.26	8.14	13.84	14.09	21.75	1.50
银川	Yinchan	39.38	43.00	23.85	8.64	16.04	15.09	13.98	1.04
乌鲁木齐	Urumqi	42.13	50.33	14.42	8.20	12.33	12.97	21.02	1.27

城 市 City	油菜 Rape	芹菜 Celery	黄瓜 Cucumber	西红柿 Tomato	豆角 Cowpea	土豆 Potato	苹果 Apple	香蕉 Banana
平 均 Average	**4.43**	**4.12**	**7.40**	**5.39**	**9.83**	**3.05**	**9.68**	**6.50**
北 京 Beijing	6.22	3.16	8.79	6.55	9.79	2.40	10.83	7.14
天 津 Tianjin	6.01	2.13	8.40	6.28	10.39	2.15	12.39	6.91
石家庄 Shijiazhuang	4.27	1.97	7.92	5.00	8.75	1.90	7.45	5.15
太 原 Taiyuan	5.25	2.18	8.07	4.39	8.35	2.02	7.97	6.33
呼和浩特 Hohhot	4.25	2.27	6.17	5.83	9.33	2.21	9.00	6.83
沈 阳 Shenyang	5.82	3.20	7.53	5.28	8.63	2.29	7.18	6.28
大 连 Dalian	7.13	4.76	8.17	5.31	15.76	2.67	8.51	8.06
长 春 Changchun	5.53	3.93	8.27	5.73	11.00	2.68	9.51	7.58
哈尔滨 Harbin	5.94	4.56	7.89	7.23	10.28	3.11	9.67	7.73
上 海 Shanghai	3.64	6.77	9.84	7.35	11.44	4.80	12.15	6.61
南 京 Nanjing	1.70	3.92	7.19	4.92	9.21	3.39	9.63	5.59
杭 州 Hangzhou	2.99	5.55	8.83	7.17	12.20	4.49	9.65	6.08
宁 波 Ningbo	4.72	6.67	9.28	7.95	12.68	5.17	10.33	6.68
合 肥 Hefei	2.26	3.36	7.24	4.90	9.14	3.04	7.83	5.55
福 州 Fuzhou	4.73	8.77	8.57	5.24	17.25	2.99	8.93	5.88
厦 门 Xiamen	5.28	8.30	7.42	6.09	15.17	4.86	10.96	5.58
南 昌 Nanchang	1.81	2.61	4.28	5.00	4.00	2.77	7.83	5.17
济 南 Jinan	3.35	2.45	7.15	5.39	11.24	3.01	7.12	8.33
青 岛 Qingdao	4.41	3.25	7.91	4.42	9.97	2.52	7.07	5.85
郑 州 Zhengzhou	5.37	3.05	8.45	5.91	8.10	3.78	7.60	6.03
武 汉 Wuhan	3.45	4.22	4.60	5.51	8.13	3.28	9.82	6.42
长 沙 Changsha	4.00	5.21	7.43	5.93	9.84	3.80	11.27	6.45
广 州 Guangzhou	4.95	5.91	6.61	4.87	8.73	4.87	10.07	5.03
深 圳 Shenzhen	4.69	7.43	7.86	6.57	11.16	5.11	12.54	7.15
南 宁 Nanning	4.04	4.10	5.34	3.91	5.71	3.25	9.14	4.23
海 口 Haikou	5.33	5.63	5.10	5.94	7.37	4.27	11.53	4.43
重 庆 Chongqing	4.27	3.87	6.84	5.31	7.59	3.10	14.16	9.04
成 都 Chengdu	3.94	4.03	6.50	4.28	6.46	2.62	9.97	7.64
贵 阳 Guiyang	4.31	5.96	7.04	4.63	7.97	2.70	9.17	6.12
昆 明 Kunming	1.84	3.11	4.04	3.12	6.02	1.71	9.87	7.72
西 安 Xian	5.01	2.09	8.99	6.57	9.51	2.75	9.90	6.45
兰 州 Lanzhou	4.22	2.96	6.49	4.15	9.33	1.69	10.89	6.00
西 宁 Xining	5.30	2.12	7.99	4.02	10.09	1.54	10.00	6.65
银 川 Yinchan	4.77	2.45	7.72	3.52	9.83	1.70	6.39	6.74
乌鲁木齐 Urumqi	4.12	2.08	9.12	4.39	13.49	2.01	12.46	8.09

附录

Appendix

附录1　主要统计指标解释

第1篇　收入与消费

家庭人口数：指居住在一起，经济上合在一起共同生活的家庭成员。凡计算为家庭人口的成员其全部收支都应包括在调查表中。

有收入者人数：指就业者及当月财产性收入、转移性收入、零星劳动收入等在100元以上的非就业者。

就业人口数：包括：

①国有经济单位职工。

②城镇集体经济单位职工。

③其他各种经济类型单位职工。

④个体经营者：指个体雇主与自营者。包括：

雇主：指在工商行政管理部门领取个体营业执照并雇用一人以上（但不包括家属劳动者）进行生产、经营或服务性工作的人员。

自营者：指在工商行政管理部门领取个体营业执照（除家属劳动者外未雇佣任何工作人员）自己进行生产、经营或服务性工作的人员。

⑤个体被雇人员：指受雇于个体经营者的人员。

⑥离退休再就业人员：指离退休人员接受原单位或其他单位聘用并单独领取离退休金以外报酬的人。

包括离退休后领取个体执照、从事个体劳动的人以及在所调查的月份内从事社会劳动时间超过半个月，所取得的报酬在当地足以维持本人生活的离退休人员。

⑦其他就业人口：指以上6部分以外的就业人口，包括没有固定性职业，在所调查的月份内从事社会劳动时间超过半个月，所取得的报酬在当地足以维持本人生活的人员。如从企业领取原料在自己家里进行生产加工、家庭拆洗缝补、家庭托儿、保姆以及其他未领执照的个体劳动者。

初中、高中、大专院校的学生在假期参加劳动，虽然领取一定的劳动报酬，但不计算为就业人口。

离退休人数：按规定退出工作岗位，并领取离退休金的人员。不包括离退休再就业人员。

其他有收入者人数：指除就业人员和离退休人员以外的家庭成员，当月财产性收入、转移性收入、零星劳动收入等在100元以上的未就业者。

无收入者人数：指当月收入不足100元的非就业者。

期末家庭人口数：指月末或年末登记时点的家庭人口。

家庭总收入：指调查户中生活在一起的所有家庭成员在调查期得到的工薪收入、经营净收入、财产性收入、转移性收入的总和，不包括出售财物和借贷收入。收入的统计标准以实际发生的数额为准，无论收入是补发还是预发，只要是调查期得到的都应如实计算，不作分摊。

可支配收入：指调查户可用于最终消费支出和其它非义务性支出以及储蓄的总和，即居民家庭可以用来自由支配的收入。它是家庭总收入扣除交纳的所得税、个人交纳的社会保障费以及调查户的记账补贴后的收入。计算公式为：

可支配收入= 家庭总收入-交纳所得税-个人交纳的社会保障支出-记账补贴

工薪收入：指就业人员通过各种途径得到的全部劳动报酬，包括所从事的主要职业的工资以及从事第二职业、其他兼职和零星劳动得到的其它劳动收入。

工资及补贴收入：指劳动者从工作单位得到的全部劳动报酬。既包括单位支付的计时计件劳动报酬，也包括根据国家的有关政策、法令规定，为了不使职工工资受某些特殊因素影响而支付的工资性津贴、补贴，以及根据国家法律、法规和政策规定，因病、工伤、产假、计划生育假、婚丧假、事假、探亲假、定期休假、停工学习、执行国家或社会义务等原因按计时工资标准或计时工资标准的一定比例支付的工资。工资收入按应发数计算，只要是在调查期内实际得到的工资收入都应记账，无论该工资是补发还是预发（不包括一次性买断工龄收入，买断工龄收入记入转移性收入）。工资收入中不包括单位出资交纳的各种社会保障费，如养老金、住房公积金、医疗基金和失业基金等。工资收入应包括各种扣款，如工作单位代扣的应由个人承担的养老金、住房公积金、医疗保险等；单位在工资中代扣的房租、水电费、托儿费、医疗费、借款等也应包括在工资收入中，同时把所扣除的各项费用分别记入各项支出中。工资收入不论就业者所在单位的经济类型，个体被雇人员的劳动报酬、退休再就业人员的劳动收入都作为工资收入统计。因企业停工发给职工的生活费用也统计在内。

职工从单位得到的各种福利收入，如生活困难补助费、福利费（如洗理费）、上下班交通费（通勤津贴）、自行车补助费、独生子女费、冬季取暖费、防暑降温费、对接触有毒物质、矽尘作业、放射线作业和潜水、沉箱作业、高温作业等工种所享受的保健食品费、文娱费、出差伙食补助和交通补贴、误餐补助、调动工作的旅费和安家费、计划生育奖、创造发明奖、自然科学奖、合理化建议、技术改进奖等。实行医疗制度改革的单位直接支付给个人或单位报销的医疗费、现金发放的劳保用品等也都包括在内。不包括发给的实物和票证。

其它劳动收入：指家庭成员从事第二职业、兼职、零星劳动所得的劳动报酬。如稿费、翻译费、讲课费、课题费、咨询费、信息费、调查费、商品推销费、购进旧家电维修后出售所得的净收入等。

经营净收入：指家庭成员从事生产经营活动所获得的净收入。是全部生产经营收入中扣除生产成本和税金后所得的收入。如当期收入小于生产费用的开支，其差额记入“其他借贷支出 ”中。

财产性收入：指家庭拥有的动产（如银行存款、有价证券）、不动产（如房屋、车辆、土地、收藏品等）所获得的收入。包括出让财产使用权所获得的利息、租金、专利收入；财产营运所获得的红利收入、财产增值收益等。

利息收入：指资产所有者按预先约定的利率获得的高于存款本金以外的那部分收入。包括各类定期和活期存款利息、债券利息、储蓄性奖券和存款的“中奖”收入。利息与红利的差异：利息一般是预先约定的，与企业的经营状况无关，而红利的多少与企业的经营效益直接有关，一般不预先约定。利息收入是应得收入，包括银行代扣的利息所得税。

股息与红利收入：指购买公司股票所获得的各种收益。包括股票发行公司按入股数量定期分配的股息、年终分红，股票买、卖所获得的营运净收益。如果结算时发生亏损，则亏损额记入“其他借贷支出”中。

保险收益：家庭参加储蓄性保险，扣除交纳的保险本金后，所获得的保险净收益。不包括保险责任人对保险人给予的保险理赔收入。

其它投资收入：指家庭从事股票投资、保险以外的投资行为所获得的投资收益。如出售艺术品、邮票等收藏品超过原购买价的那部分收入；如投资各种经营活动（自己不参与经营）所获得的利润；财产转让溢价部分收入。

出租房屋收入：指出租房屋所得的租金净收入。租金收入中应扣除交纳的各税费、出租房屋的维修费用等各种成本支出。

知识产权收入：指出让家庭或家庭成员拥有的专利、版权等知识产权所获得的净收入。

其它财产性收入：指家庭所得的除上述以外的各种财产性收入。

转移性收入：指国家、单位、社会团体对居民家庭的各种转移支付和居民家庭间的收入转移。包括政府对个人收入转移的离退休金、失业救济金、赔偿等；单位对个人收入转移的辞退金、保险索赔、住房公积金、家庭间的赠送和赡养等。

养老金或离退休金：指根据国家有关规定，离开生产或工作岗位，正式办理了离休、退休手续并享受离退休待遇的人员，领取的离退休金。包括退休人员的退休金、离休人员的离休金、生活补贴、保姆津贴，因工致伤离退休人员的护理费，离退休人员异地安家补助费、取暖补贴、医疗费、旅游补贴、书报费、困难补助以及在原工作单位所得的各种其它收入。

社会救济收入：指国家对各类特殊家庭、人员提供的特别津贴。包括国家对享受城镇居民最低生活保障待遇的家庭，发放的最低生活保障金；国家和社会对特殊困难家庭给予的困难补助、受灾救济款、国家对伤残军人的抚恤金等。只计算得到的现金收入，不包括赠送的实物。

辞退金：职工被解除劳动合同时，单位或雇主支付的补偿费，包括一次性工龄买断收入。

赔偿收入：指国家、单位、个人支付给受到财产损失、人身伤害家庭的各种赔偿，不包括保险赔偿收入。

保险收入：指参加保险的住户从保险公司得到的保险理赔款。如人身意外事故赔偿、财产损失赔偿。不包括人寿保险返回的年金。

失业保险金：按照国家《失业保险条例》规定，失业保险经办机构对符合条件的失业人员，进行失业登记，并定期发放的失业救济金。

赡养收入：指亲友因赡养和抚养义务给家庭成员的现金。包括家庭人员到外地工作，带回、寄回给家庭的收入。

捐赠收入：指家庭得到的亲友赠送收入，包括遗产收入。与赡养收入的区别，赠送是对本家庭成员无赡养义务的亲友给家庭成员的现金。

提取住房公积金：指参加住房公积金制度的职工，通过一定的手续提取的住房公积金。包括个人交纳的公积金和单位交纳的公积金。也包括单位给未达到住房面积标准的职工和离退休人员发放的住房补贴。发放的住房补贴是指已提取现金或已用于购房，如果仅是名义上划入个人住房公积金账户的，不作统计。

记账补贴：指调查户因承担记账工作从统计部门、工作单位和其它途径所得到的现金。不包括实物部分。

其他转移性收入：指家庭从除上述各项收入以外得到的其他转移性收入。如单位发放的抚恤金、军人的转业费、复员费、各种有奖彩票的中奖收入等。

出售财物收入：指调查户出售家庭财物所得到的收入。由于出售财物是家庭财产从实物形态转为货币形态，家庭财产总量不变，因此不计入可支配收入中。

出售住房收入：指调查户出售所拥有的全部或部分产权的住房，得到的购买该住房时所支付的房款。本指标只反映出售住房的全部值，高于购房原价的增值部分（扣除各种交易费用）统计在“其它投资收入”指标中。

出售其他物品收入：指家庭出售各种废旧物品收入。

借贷收入：指家庭资产不发生增减的周转性收入。包括提取银行存款、提取储金会款、借入款、收回借出款、兑售有价证券、收回的投资本金、贷款等。

提取（存入）储蓄存款：指从金融机构提取已存入的活期或定期存款。按实际发生数填列，即按本月内调查户实际提取的存款总金额填列，不包括利息和奖金。

借入款：指调查户向亲友或工作单位借入的现金。不包括临时周转借款（即当月归还的）以及因公从工作单位借入的现金，如旅差费等。

收回借出款：指调查户收回非当月借出的现金。

收回储蓄性保险本金：指收回到期的调查户支付的本金。

兑售有价证券：指出售股票、兑换债券的收入。出售股票收入仅计等于或低于原来购买股票时支付的金额，如果出售所得高于原购买金额，超出部分统计在财产性收入的“股息与红利收入”。兑售债券收入仅指购买时支付的金额，所得利息计入“利息收入”。

收回投资本金：指居民家庭从事除股票、债券以外的投资活动，结束投资行为时，收回的投资本金。如返还的集资款原值、出售艺术品、收藏品等回收的原值。

住房贷款：指居民家庭为购买住房向金融机构、住房公积金中心取得的银行贷款和住房公积金贷款。

汽车贷款：指居民家庭为购买消费用家用汽车从金融机构取得的银行贷款。

教育贷款：指为家庭成员就学向银行、学校申请的贷款。

其他贷款：指除住房、汽车、教育以外，以消费为目的向金融机构申请的贷款，如耐用品贷款、旅游贷款等。

其他借贷收入：指除以上几项外的各种借贷收入。

家庭总支出：指家庭除借贷支出以外的全部实际支出。包括消费性支出、购房建房支出、转移性支出、财产性支出、社会保障支出。支出统计是以实际购得的商品或服务的总价值填报，不论其付款方式是一次付清、分期付款，还是赊购，只要商品或服务已被消费就要按其总价值计量。如果采用分期付款或赊购形式，则要在借贷收入类相应的项目填入实付款与总的应付款的差额。

消费支出：指调查户用于满足家庭日常生活消费需要的全部支出，包括食品、衣着、家庭设备用品及服务、医疗保健、交通和通信、教育文化娱乐服务、居住、其他商品和服务等八大类。消费支出构成是按照商品或服务的用途进行分类，如果消费支出的目的与用途不一致时，必须按照用途归入相应类内。

服务性消费支出：指调查户用于本家庭支付社会提供的各种文化和生活方面的非商品性服务费用。不包括为别人付款的服务。服务消费与商品消费不同，其特点在于其劳动过程和消费过程在时间与空间上的统一。

购房与建房支出：指包括居民家庭购买住房、建房时的全部支出。

购房：指购买商品房、房改房、二手房的房价支出。如采用按揭购房，按房屋全价计算，贷款部分计入“住房贷款”。不包括购买时交纳的各种税费（统计在财产性支出的住房指标中）。

建房：指自建房的全部支出，包括土地购置费、单位集资建房自付部分。不包括用于住房维修的建筑材料支出、人工费。

转移性支出：指居民家庭对国家、单位、住户、个人的转移支付。包括交纳的税款、捐赠和赡养支出等。

交纳的税赋：指调查对象向税务机关交纳的各种税款。如个人所得税、利息税等。

捐赠支出：指家庭赠送、捐款给别的家庭或个人、单位的支出，包括个人对公共设施建设的各类捐款。不包括实物，购买商品赠送亲友的支出记入消费支出。捐赠支出应按实际发生的金额计算，不论是从报告期收入中开支的，还是从银行存款、手存现金以及其他非经常性收入中开支的，均应包括在内。捐赠支出不论用途、对象、途径，只要是现金的无偿转让，均作为捐赠支出，如送给客人的路费、替亲友交纳的学费、为亲友支付的医疗费、寺庙的捐款均应作为捐赠支出统计。

购买彩票：指居民购买经政府批准公开发行的彩票支出。例如，福利彩票、体育彩票等。

赡养支出：指调查户因赡养和抚养义务而付给亲友的现金。不包括实物。赡养支出应按实际发生的金额计算，不论是从报告期收入中开支的，还是从银行存款、手存现金以及其他非经常性收入中开支的，均应包括在内。

在外就学子女费用：指供养在外地就学，不算作家庭人口的子女的学费、生活费。

各种非储蓄性保险支出：指不能收回本金的保险支出。如人身意外保险、疾病保险、财产保险、责任保险等。

车辆保险支出：指各类机动车保险支出。

其他转移性支出：指除交纳的税收、捐赠和赡养支出以外的转移性支出。如赔偿他人的支出；各种罚款，如交通罚款、违反计划生育罚款；兵役费；政府部门向居民提供服务收取的服务费，如迁户口的办理费、办理身份证费等。

财产性支出：指家庭购买或维护财产所支付的利息等有关费用。

非生产性贷款利息支出：指非生产性贷款、借款的利息支出。如果归还贷款时，本金与利息一起支付的，要进行分摊。

社会保障支出：指调查户成员参加国家法律、法规规定的社会保障项目中由个人交纳的保障支出。不包括职工所在单位交纳的那部分社会保障金。

个人交纳的养老基金：根据国家统一规定，按一定的工资比例由个人交纳的养老保险金，以及私营企业主、个体经营户、其他人员全部由个人承担的养老保险金。

个人交纳的住房公积金：指参加住房公积金制度的个人由单位从工资中代扣的住房公积金。

个人交纳的医疗基金：指职工参加医疗保险个人交纳的医疗基金。

个人交纳的失业基金：指职工参加失业保险个人交纳的失业基金。

其他社会保障支出：指以上几项以外的个人支付的其他各种社会保障支出。

借贷支出：包括所有权没有变化的周转性支付，如存入储蓄款、借出款；资金归还，如归还借款、归还各类贷款等。

存入储蓄款：指存入各类金融机构的存款。

借出款：指调查户借给亲友的现金。不包括临时周转借款（即当月归还的）。按各月实际发生数填列。借出款与借入款应分别计算，不可相互冲抵。

归还借款：指调查户归还过去从各种途径借入的现金。不包括归还旅差费等因公借款。

储蓄性保险支出：指调查户参加储蓄性保险的支出。储蓄性保险是到期能归还保险本金，并能获得增值的险种。包括财产两全保险、人身两全保险、养老保险等能收回本金的储蓄性保险。

购买有价证券支出：指购买由政府、公司发行的各类股票、债券支出。债券一般有事先约定的利率和兑付期限。股票是对公司出资额的一种凭证。购买股票既包括上市公司的股票，也包括非上市股份公司的股票。股票收益主要有分红、送股、转让溢价。包括职工参与企业集资所交纳的集资款。

其他投资支出：指除购买各类有价证券、参加储蓄性保险投资行为以外的各类投资支出。如为转卖增值而购买的字画、邮票、古董、工艺美术品等；购买店面用于出租、购买汽车承包给他人营运的购车支出；民间高利息的借贷支出也作为其他投资支出。由于换户而造成的现金收支不平衡，如期初手存现金、家庭总收入、借贷收入之和小于家庭总支出、借贷支出、期末手存现金之和，则将差额填入“其他借贷收入”；反之，如后者之和小于前者之和，则可将差额填入“其他借贷支出”。由于漏记账而发生的不平衡，不可作“其他借贷收入（支出）”记账。

归还住房贷款：指归还因购置住房向金融机构或住房公积金中心申请的贷款本金，不包括贷款利息。

归还汽车贷款：指除归还汽车贷款的本金，不包括贷款利息。

归还教育贷款：指归还教育贷款的本金，不包括贷款利息。

归还其他贷款：指除归还上述贷款以外，而从银行贷款的本金，不包括贷款利息。

其他借贷支出：指除以上几项以外的各种借贷支出。如各种押金、计划生育保证金、住房保证金等。

期末手存现金：见期初手存现金。

食品：指居民为摄取身体所需要的营养和满足某种嗜好而进食的各种消费品，包括在商店、集市、工作单位食堂和饮食业购买的主食、副食、烟草、酒、饮料以及干鲜瓜果、糖果、糕点、奶制品等。

粮食：指居民用作主食的各种成品粮及其加工品，包括大米、面粉、粗杂粮以及各种粗、细粮制品，不包括薯类、豆类及糕点食品。

淀粉及薯类：各种薯类、淀粉以及淀粉制品。包括马铃薯、红薯及各种淀粉和制品。

干豆类及豆制品：包括大豆、杂豆等各种豆类及豆制品。

油脂类：指各种食用油脂，包括植物油和动物油。

肉禽蛋水产品类：包括肉、禽、蛋和水产品。

肉类：指各种家畜、野畜肉食品，包括活的、鲜的、冻的以及各种加工制品。

禽类：指用于食用的各种家禽和野禽。

蛋类：包括各种禽蛋和禽蛋制品。

水产品类：包括鱼、虾、蟹、贝、藻等各类海水和淡水产品。

蔬菜类：包括各种叶菜、茎菜、根菜、花菜、果菜以及各种食用菌类。

鲜菜：指没有经过腌制、干制、霉制等加工的新鲜的蔬菜。包括经过简单洗切的净菜。主要品种：白菜、洋白菜、菠菜、油菜、芹菜、韭菜、空心菜、大葱、菜花、萝卜、胡萝卜、葱头、生姜、莴笋、蒜苔、蒜头、黄瓜、冬瓜、丝瓜、西红柿、茄子、青椒、豆角、莲藕、豆芽菜、毛豆角、红辣椒、蚕豆芽、鲜黄花菜、鲜香菇等。

干菜：指鲜菜经过干制的加工品。包括干制的笋干、黄花菜、黑木耳、蘑菇、食用白木耳等菌类食品。也包括水发的笋干、黑木耳。

菜制品：指鲜菜的再制品。包括腌菜、榨菜、泡菜、酱菜、萝卜干、蔬菜罐头、速冻蔬菜等。

调味品：包括食用盐、酱油、虾油（鱼卤）、醋、味精、鸡精、糖精、料酒、辣椒酱、花生酱、芝麻酱、蕃茄酱、花椒、八角、茴香、胡椒、咖喱粉、五香粉、炸鸡粉等。

糖烟酒饮料类：包括各类糖、烟草、酒类和饮料。

糖类：以糖为主要原料，生产加工的食品。包括食糖、糖果、糖类小食品。不包括糖精。

烟草类：包括卷烟、烟叶。

酒类：是用高粱、大麦、米、葡萄或其他水果发酵制成的含酒精饮料。主要有白酒、黄酒、葡萄酒、啤酒。

饮料：饮料是指以水、粮食、果蔬或奶为基本原料加工而成的流体、半流体或固体冲剂食品。不包括白开水。

干鲜瓜果类：包括干鲜瓜果及制品。

鲜果：包括苹果、梨、山楂、桃、杏、李、梅、樱桃、葡萄、柿子、猕猴桃、草莓、树莓、越橘、香蕉、椰子、芒果、菠萝、龙眼、荔枝、枇杷、杨梅、油橄榄、石榴、甘蔗、荸荠、莲蓬、百合等。不包括各类坚果。

鲜瓜：包括西瓜、甜瓜、哈密瓜等。

其他干鲜瓜果类及制品：指鲜果、鲜瓜以外的各种干鲜瓜果及制品。主要有干果、坚果、果仁及瓜果制品等。干果是由各种水果经过日晒或烘干而成的食品。带壳的有荔枝干、桂圆干等；带皮的有葡萄干、红枣、黑枣、南枣、无花果等；对切的有杏干、桃干等；片状的有山楂干、苹果干、梨干等。瓜果制品是指鲜瓜果经过工业加工而成的再制品，包括各种蜜饯（果脯、桔饼、加应子、话梅、蜜饯、蜜枣等）、水果罐头、果酱、山楂糕、山楂片等。坚果及果仁包括生的和熟的大核桃、小核桃、板栗、银杏、榛子、松子、瓜子、花生、芝麻和各种坚果及果仁的加工品。包括湿花生、嫩花生、鱼皮花生、糖衣花生、油炸花生等。

糕点：指以面粉和糖为基本原料，以油、蛋、奶、果仁、果料等为辅料，经过调制、成型、熟制而成的食品。包括饼干和蛋糕、冻米糕、米花糖，不包括面包。幼儿园、中小学生交纳的点心费，如不能分清具体品种，归入糕点指标。

奶及奶制品：包括鲜奶品、奶粉、酸奶以及其他奶制品。不包括代乳粉、糕干粉等以粮食或豆类为主加工的制品。

其它食品：指上述各类食品以外的其他食品，包括半成品净菜、面筋、奶糕、代乳粉、蜂蜜、发酵粉、甜酒药、糖桂花、各种膨化食品等。

饮食服务：包括在外用餐和食品加工费。

食品加工服务费：指用于食品加工所支付的加工服务费，包括磨粉、爆米花、炒花生、做糕点、加工彩蛋等费用。

在外饮食：指在家庭以外地点的自费用餐支出，包括在单位食堂、餐饮业、亲友家的用餐支出。对于从单位食堂、餐饮业购买并带回家直接食用的食品，若能单列具体品种的，则分别计入相应的食品项中，若不能单列的，则作为在外用餐支出。公费在外饮食不含在内。

衣着：指各种穿着用品及加工穿着品的各种材料，包括棉、麻、丝、毛和各种人造纤维、合成纤维纺织的各种布匹、呢绒、绸缎及其加工的服装，各种鞋、袜、帽及其他零星穿着用品等。

服装：指以各种棉布、棉花化纤混纺布、化纤布、呢绒、绸缎、毛皮等为材料加工的各式服装，以及棉、麻、毛、丝、化纤纯纺或混纺经针织而成的服装，按穿着对象分为男士服装、女士服装、各式童装，不包括塑料雨衣和胶布雨衣（雨披）。

衣着材料：指以棉、麻、丝、毛和各种人造纤维纺织及混纺的各种衣着材料，也包括加工衣着品所需的其他各种材料。不包括用于加工床上用品、窗帘、台布的布料。

鞋类：包括用棉布、呢绒、绸缎、化纤、塑料、橡胶、皮革、人造革等为材料制作的有各种式样和用途的皮鞋、旅游鞋、布鞋、雨鞋、凉鞋、拖鞋、运动鞋、健身鞋、婴儿鞋等。

其他衣着用品：指除服装、鞋以外的各种穿着用品，主要有帽子、袜子、手套、护脚套、耳罩、胸罩；装饰性服饰件，如头纱、披巾、红领巾、领带、领带夹、面纱、发带、围巾；雨披；鞋垫；鞋带；皮带等。

衣着加工服务费：指为加工服装、鞋、帽等穿着用品所支付的各项加工维修、保养和洗涤等服务费。包括拷边、裁剪、绒线编结（手织或机织）、打油、洗涤、修鞋等费用。

居住：指与居住有关的支出，包括住房、水、电、燃料方面的支出。

住房：指调查户用于住房的直接支出，包括房租、房屋维修支出、物业管理费、房屋装潢支出。

水电燃料及其他：指调查户支付的水费、电费、燃料费、取暖费等支出。

水：指调查户支付的自来水费。不包括桶装饮用水。其消费量以吨或立方米为计量单位。

电：住户用于照明和使用家用电器等所支付的电费。

燃料：指家庭用于购买煤炭、液化气、煤气等的燃料支出。

取暖费：指调查户使用集中供暖而支付的取暖费用。

其他相关支出：指调查户用于水、电、燃料支出以外的其他支出，包括取暖费、管道燃气的初装费、液化气的开户费、电力一户一表的扩容费等。

居住服务费：指用于住房各种服务费用，包括物业管理费、住房维修服务费等。

物业管理费：指住户向承担本住宅管理的物业管理部门交纳的物业管理费。包括治安费、清洁费、绿化费等。

维修服务费：指调查户用于住房装潢和维修房屋所支付的人工费、招待费等。

其他居住服务费：除上述各项住房支出外的其他各类住房支出

家庭设备用品及服务：指家庭各类日用消费品及家庭服务。包括日用耐用消费品、室内装饰品、床上用品、家庭日用杂品、家具、家庭服务。不含个人用品和服务。

耐用消费品：指价值比较高、消费期较长的家用电器和家庭设备。

家具：主要有坐卧类家具，如椅子、凳子、沙发、床；凭椅类家具，如桌子、茶几；贮藏类家具，如柜、箱；隔断类家具，如屏风等。

家庭设备：指家庭使用的各类电气和电子器具，不包括文娱用家电。包括制冷电器，如冰箱、冷饮机；空气调节器，如空调、电扇、冷热风机、换气扇、空气除湿机；清洁电器，如洗衣机、电熨斗、吸尘器、干衣机；厨房电器，包括热水器、微波炉、电饭煲、消毒碗柜、电炒锅、食品加工机；电暖器具，如取暖器、油汀等。

室内装饰品：指美化、装饰房间用的各种装饰品及工艺品，包括纺织装饰品、装饰灯具及其它装饰品。不含珍藏的艺术品。

床上用品：指以棉、毛、丝及合成纤维等材料纺织或针织制品，各种纺织品制成的各种床上用品。包括毛毯、床单、被单、床罩、被套、枕具、蚊帐、凉席、垫褥以及各种棉被、鸭绒被、棉毯、线毯、电热毯、毛巾被等。

家庭日用杂品：指除家具、室内装饰品、各种家庭设备以及床上用品以外的各类家庭日用品。包括厨、炊、茶具、家用工具、家庭清洁用品等日用杂品。包括各种材料制作的锅、勺、刀、水壶、案板、水缸、碗、碟、匙、筷，各种炉灶具（电炉、煤油炉、煤炉、鼓风机、煤气灶、煤气瓶等）、各种茶具及咖啡具等；各种榔头、钳子、锯子、板手、锉刀、泥刀等泥工、木工、电工等家用工具；肥皂、香皂、洗衣粉、洗衣皂、丝毛洗剂、洗洁精、去污粉、衣物漂白剂、衣物柔软剂、空气清新剂、家居消毒剂、除臭剂、家具光亮剂、地板蜡、鞋油等家居清洁用各种日用化工产品；小五金（如元钉、木螺丝、铁丝、合页、插销、门勾、锁等）；各种电料（如插座、插头、开关、灯头、电线、镇流器、日光灯管、日光灯架、灯泡、灯罩、普通台灯、电表）；各种材料的自来水管、各种水笼头、阀门、水表等；各种保温瓶（如大口冰瓶、热水瓶、气压热水瓶、瓶胆等）；各种扫帚、床刷、剪刀、扇子、竹帘、烟筒、火柴、照明用蜡烛、各种灭蚊用品、电池、皮鞋刷等；各种材料制成的脸盆、脚盆、水桶、洗衣板、簸箕、手电筒、窗纱、雨伞等；各种纸制品（如卫生纸、卫生巾、餐巾纸、皱纹纸、纸杯等）；各种购物袋（如网线袋、塑料袋、纺织袋、编织袋等）；做衣服用的针线、顶针、编织衣物的针、勾针等。

家具材料：指自制家具用的材料，包括木材、胶合板、纤维板、玻璃、粘胶、油漆以及各种零配件材料等。住房装潢时自制的各种柜、家具，应对用于家具部分的支出进行估算。

家庭服务：指家政服务支出及加工维修费用。

家政服务：指家庭日常生活中，各类家庭服务所支付的费用，如雇请的长期或计日计时的保姆费、钟点工费；搬运费、送气费、送煤费、管道疏通费等。不包括家庭的托幼费、归入物业管理的治安费和清洁费。

加工维修服务费：指家庭用于加工和维修所支付的服务费用。包括各种设备维修（零配件）、自制家具加工费、修锁和配钥匙的费用等。

医疗保健：指用于医疗和保健的药品、用品和服务费用。包括医疗器具、保健用品、医药费、滋补保健品、医疗保健服务及其他医疗保健费用。实行医疗改革的单位，医疗基金（医保卡）支付的全部费用计入工资及补贴收入中，同时记入相应的医疗保健支出中。个人先现金支付然后到单位报销的医疗费在记入相应消费的同时，如果是在职职工则记入工资性收入，如果是离退休职工则记入离退休金中。

医疗器具：指家庭购买的用于医疗的器具。包括血压计、体温计、注射器等。

保健器具：指用于身体保健的器具。包括按摩器、健身球、磁疗枕（药枕）、护膝、护腰、护肩等。不包括体育运动器械，如扩胸器、哑铃等。

药品费：指去医院治疗或直接向药店购买的西药、中成药、中草药（包括药用的白木耳），包括输血费。交纳的子女统筹医疗费也作为药品费统计。不包括滋补品和可报销部分的药品费。

滋补保健品：为了简化统计归类，市场上销售的具有滋补保健作用的保健食品均统计在内，包括人参、鹿茸、蜂王浆、阿胶、青春宝、西洋参、各种营养口服液、燕窝、胎盘等。

医疗费：指用于医疗保健的服务性支出。包括挂号费、诊疗费、注射费、手术费、透视费、镶牙费、出诊费、送药费、陪侍费、住院费、救护车费等。

其他医疗保健支出：指除医疗器具、保健用品、药品费、滋补保健品、医疗保健服务以外的其他医疗保健支出，包括胶布、纱布、药棉及学习气功和太极拳学费等。

交通和通信：指用于交通和通信工具和相关的各种服务费、维修等支出。

交通：指购置交通工具及零配件、支付各种交通费、修理服务费、油料费等的支出。

家庭交通工具：指家庭购买摩托车、自行车、家用汽车及其他家庭交通工具的支出。不包括购买经营用交通工具。

车辆用燃料及零配件：指用于家庭交通工具的燃料及充电费和零配件。

交通工具服务支出：除车辆用油支出和零配件外的使用各项交通工具所发生的相关费用，包括交通工具维修费其它相关支出。

交通费：指家庭成员乘坐各种交通工具所支付的交通费。不包括因公出差暂由个人垫付的交通费。

通信：指家庭用于通信方面的全部支出。包括通信工具、电话费、邮费及其他通信费用。

通信工具：指购买各种通信工具所支付的费用。包括固定电话机、移动电话机、寻呼机、传真机等。

通信服务：指家庭用于电话初装费、入网费、电信费、邮费等方面的服务支出。

教育文化娱乐服务：指调查户用于教育和文化娱乐方面的支出。

文化娱乐用品：指调查户用于购置家庭文娱用耐用消费品和其它文娱用品的支出。其中，购买家庭影院的根据其设备配置情况分别记为彩色电视机、影碟机、组合音响等。

文化娱乐服务：指和文化娱乐活动有关的各种服务费用。

参观游览：指参观各类展览、游览公园的门票及游览设施的使用费。

健身活动：指为锻炼身体而进行的各类健身活动的费用。如游泳、打球、去健身房等。如果是一次性购买活动卡，要一次性记录花费。

团体旅游：指随旅游团参加国内或出境旅游，无法拆分旅游花费的。如是自费旅游或可以拆分旅游花费，需分别记入各项花费中。

其它文娱活动费：指除以上 3 项文娱活动以外的其它文娱活动费。如电影票、演出门票、体育娱乐用品的租借费、游泳场的沐浴费、存衣费、有限电视安装及使用费等。

文娱用品修理服务费：指文娱用品的修理服务费用及零配件。

教育：教育是指按一定的目的要求，对受教育者的德育、智育、体育、爱好、技能等诸方面施以影响的一种有计划的活动，与这一活动直接相关的支出即为教育支出。包括学费、教材费、家教费、赞助费、寄宿学生的住宿费等。

教材：指接受各类教育购买的学习用书。

教育费用：包括付给学校的各种学费、杂费及其它教育支出。

其他商品和服务：指无法直接归入上述各类支出以外的个人用品和其他商品与服务支出。

其他商品：指七大类以外的个人用品和各种其他商品。

服务：指用于个人消费中的服务费，包括旅馆住宿费、理发洗澡费、美容费等。

第2篇 价格

一、居民消费价格和商品零售价格指标解释：

食品：指人们为摄取身体所需要的营养和满足某种嗜好而进食的各种消费品，包括在商店、集市、工作单位食堂和饮食业购买的主食、副食以及干鲜瓜果、糖果、糕点、奶制品等。

粮食：指人们用作主食的各种成品粮及其加工品，包括大米、面粉、粗杂粮以及各种粗、细粮制品，不包括薯类、豆类及糕点食品。

大米：包括粳米、籼米、杂交米、糯米等。

面粉：指小麦粉。

粮食制品：指各种粮食类的加工制品，包括生制品和熟制品，如馒头、面条、方便面、饺子皮、米粉等。

其他粮食：包括大米、面粉之外的其他各种粗杂粮，如玉米、小米、大麦等。

淀粉：包括各种淀粉及淀粉制品。

干豆类及豆制品：包括大豆、杂豆等各种豆类及豆制品。

油脂类：指各种食用油脂，包括植物油、植物油制品和动物油等。

食用植物油：以植物果实为原料榨取的油料。包括花生油、菜籽油、芝麻油、豆油、茶油、葵花籽油等。

植物油制品：指各种以植物油为原料制作的食用油品，包括色拉油、调和油等。

肉禽及其制品类：包括肉、禽及其制品。

食用畜肉及副产品：指各种家畜、野畜肉食品，包括活的、鲜的、冻的。

猪肉：指鲜、冻猪肉，不包括各种内脏及猪肉加工品。

牛肉：指鲜、冻牛肉，不包括内脏及各种牛肉加工品。

羊肉：指鲜、冻羊肉，不包括内脏及各种羊肉加工品。

畜肉副产品：指上述畜类内脏、头、爪、皮、骨头等。

其他畜肉：指猪、牛、羊肉以外的兔、驴、马、狗、蛇肉以及各种野畜肉等。

禽类：指用于食用的各种家禽和野禽。

鸡：指食用的活鸡、白条鸡、分割的鸡腿、鸡翅、速冻的鸡脯肉等，包括鸡头、鸡爪、鸡架、各种内脏，不包括加工品。

鸭：指食用的活鸭、白条鸭、分割的鸭腿、鸭翅等，包括鸭头、鸭爪、各种内脏，不包括加工品。

其他禽类：指鸡、鸭以外的各种禽类。如鹅、鹌鹑、野鸡、野鸭、火鸡、鸽子，不包括加工品。

畜肉加工制品：指各种畜肉的加工制品，包括熟肉品、酱肉、腊肉、咸肉、火腿、香肠、火腿肠、西式火腿、红肠、各种灌肠、烤羊肉串、肉松、肉干、肉圆、鲜肉贡丸、油炸猪肉皮以及各种肉罐头等。

禽制品：指家禽和野禽的腌、腊、酱、烧、熏、烤制品以及各种禽制罐头等，也包括内脏加工品。

蛋类：包括各种禽蛋和禽蛋制品。

鲜蛋：指鲜鸡蛋、鲜鸭蛋以及各种鲜禽蛋，如鹅蛋、鹌鹑蛋等，不包括蛋制品。

蛋制品：各种禽蛋的加工制品，包括咸蛋、松花蛋(也称皮蛋、彩蛋)、冰蛋、糟蛋、茶叶蛋等。

水产品类：包括鱼、虾、蟹、贝、藻等各类海水和淡水产品。

鱼：包括各类海水鱼和淡水鱼。主要有黄花鱼、带鱼、草鱼、鲤鱼、鲢鱼、鲫鱼、鲳鱼、鳗鱼、黄鳝、鲥鱼、扁鱼、黑鱼等。

其他水产品：指鱼以外的各种水产品，主要包括各种水生软体动物、虾蟹类及贝类等。品种有：淡菜、干贝、海蛎、海参、海蜇、蛤蜊、蚶子、河蚌、蚬子、螺蛳、墨鱼、牡蛎、生蚝、鲜贝、赤贝、扇贝、鱿鱼、章鱼；虾的主要品种有：对虾、毛虾、米虾、白虾、沼虾、龙虾、河虾、草虾、基围虾等；蟹的主要品种有：海蟹、河蟹、青蟹、梭子蟹。还包括龟、鳖、食用的青蛙、海菜、石花菜、海带、紫菜。包括其他水产品的制品，如人造海蜇。

蔬菜类：包括各种叶菜、茎菜、根菜、花菜、果菜以及各种食用菌类。

鲜菜：指没有经过腌制、干制、霉制等加工的新鲜的蔬菜，包括经过简单洗切的净菜。主要品种：白菜、洋白菜、菠菜、油菜、芹菜、韭菜、空心菜、大葱、菜花、萝卜、胡萝卜、葱头、生姜、莴笋、蒜苔、蒜头、黄瓜、冬瓜、丝瓜、西红柿、茄子、青椒、豆角、莲藕、豆芽菜、毛豆角、红辣椒、蚕豆芽、鲜黄花菜、鲜香菇等。

干菜及菜制品：指鲜菜经过干制的加工品和鲜菜再制品。包括干制的笋干、黄花菜、黑木耳、磨菇、食用白木耳等食品。也包括水发的笋干、黑木耳。鲜菜再制品包括：腌菜、榨菜、泡菜、酱菜、萝卜干、蔬菜罐头、速冻蔬菜等。

薯类：各种薯类，包括马铃薯、红薯等。

调味品：包括食用盐、酱油、虾油(鱼卤)、醋、味精、鸡精、糖精、料酒、辣椒酱、花生酱、芝麻酱、蕃茄酱、花椒、八角、茴香、胡椒、咖喱粉、五香粉、炸鸡粉等。

糖类：以糖为主要原料，生产加工的食品。包括食糖、糖果、巧克力制品和糖类小食品，不包括糖精。

干鲜瓜果：包括干鲜瓜果及制品。

鲜瓜果：鲜瓜类包括西瓜、甜瓜、哈密瓜等；鲜果类包括：苹果、梨、山楂、桃、杏、李、梅、樱桃、葡萄、柿子、猕猴桃、草莓、树莓、柑桔、香蕉、椰子、芒果、菠萝、龙眼、荔枝、枇杷、杨梅、油橄榄、石榴、甘蔗、荸荠、莲蓬、百合等。不包括各类干、坚果。

干(坚)果及瓜果制品：包括各种干(坚)果及瓜果制品。干果包括各种水果经过日晒或烘干而成的食品。带壳的有荔枝干、桂圆干等；带皮的有葡萄干、红枣、黑枣、南枣、无花果等；对切的有杏干、桃干等；片状的有山楂干、苹果干、梨干等。坚果指坚果及果仁，具体包括生的和熟的大核桃、小核桃、板栗、银杏、榛子、松子、瓜子、花生、芝麻和各种坚果及果仁的加工品。包括湿花生、嫩花生、鱼皮花生、糖衣花生、油炸花生等。瓜果制品指鲜瓜果经过工业加工而成的再制品，包括各种蜜饯(果脯、桔饼、加应子、话梅、蜜枣等)、水果罐头、果酱、山楂糕、山楂片等。

糕点饼干面包：指以面粉和糖为基本原料，以油、蛋、奶、果仁、果料等为辅料，经过调制、成型、熟制而成的食品，包括饼干、面包、蛋糕等。

液体乳及乳制品：包括鲜奶、奶粉、酸奶以及其他乳制品。不包括代乳粉、糕干粉等以粮食或豆类为主加工的制品。这里的鲜奶包括鲜牛奶、鲜马奶、鲜羊奶以及以鲜奶为主要原料配制的混合奶，不包括活性乳、奶粉等各种奶制品，也不包括豆奶。

巴氏杀菌奶：通常指将生奶加热到72℃-85℃，瞬间杀死致病微生物，保留有益菌群，对牛奶营养物质破坏少，充分保持牛奶的鲜度，但只能低温保存且保存时间短的产品。

高温杀菌奶：在135℃-150℃下对牛奶进行4-15秒的瞬间杀菌处理，完全破坏其中可生长的微生物和芽孢，能在常温下可保存数月的产品。

目前市场上销售的绝大部分“鲜奶”均为上述产品。一般来说，每日供应的、低温条件下保质期在48小时以内的“鲜奶”多为“巴氏杀菌奶”；避光条件下常温保存30-45天的“鲜奶”多为“高温杀菌奶”。

酸奶：指以新鲜牛乳为原料，添加适量的砂糖，经巴氏杀菌和冷却后加入纯乳酸菌发酵剂，经保温发酵而制成的产品。

奶粉：以鲜奶为原料，经预处理及真空浓缩，然后喷雾干燥而制成的粉末状食品。

其他乳制品：指除鲜奶、酸奶、奶粉以外的以奶为主要原料制成的加工品，包括炼乳、奶酪、麦乳精、可可奶、活性乳，不包括含奶量很低的各种果奶饮料。

在外用膳食品：指在家庭以外地点的用餐，主要是在餐饮业用餐的食品，包括主食、炒菜和地方小吃。

其他食品：指上述各类食品以外的其他食品，包括半成品净菜、面筋、代乳粉、蜂蜜、发酵粉、甜酒药、糖桂花、各种膨化食品等，但不包括面包、糕点类食品。

茶叶：以茶树新梢上的芽叶嫩梢为原料加工而成的产品。主要分为绿茶、红茶、黄茶、黑茶、白茶、青茶、花茶等。

饮料：指以水、粮食、果蔬或奶为基本原料加工而成的流体、半流体或固体冲剂食品，包括固体饮料、液体饮料和冷冻饮品。固体饮料包括咖啡、可可粉和一些果味晶体饮料，如桔子粉、酸梅粉、山楂晶、菊花晶等；液体饮料主要有碳酸饮料、果蔬饮料和桶装矿泉水、饮用水等。碳酸饮料指含二氧化碳的非酒精液体饮料，包括盐汽水、甜汽水、果味汽水，以及罐装、瓶装、杯装的各种可乐。果蔬饮料是以水果、蔬菜、植物的根、茎、叶、花为原料，经压榨或浸渍抽提等方法取汁后加工而成的饮料；冷冻饮品主要是以奶为主要原料制成的冷食，如冰淇淋、雪糕等。

烟草类：指卷烟和烟叶。包括国产卷烟和进口卷烟。

酒：指用高粱、大麦、米、葡萄或其他水果发酵制成的含酒精饮料。主要有白酒、黄酒、葡萄酒、啤酒等。

白酒：由淀粉或糖质原料制成酒醅或发酵经蒸馏而得，是一种蒸馏酒。包括散装和瓶装两种，瓶装、罐装、坛装的应折合成千克计算。

葡萄酒：用经过发酵的葡萄酿成的酒，含酒精量较低。瓶装的应折合成千克计算。

啤酒：以大麦芽、酒花为主要原料，经酵母发酵作用而成的包含二氧化碳的低酒精度酒。包括罐装、瓶装、散装的鲜啤酒、熟啤酒、黑啤酒、黄啤酒，罐装和瓶装的应折合成千克计算。

其他酒：指白酒、葡萄酒、啤酒以外的各种含酒精饮料和泡制酒。包括黄酒、米酒、五加皮酒、人参酒、香槟酒、汽酒及各种滋补酒等。不包括药酒和作调味用的料酒，药酒可计入滋补品，料酒可计入调味品。

服装鞋帽类：指各种穿戴用品，包括棉、麻、丝、毛和各种人造纤维、合成纤维纺织的各种布匹、呢绒和绸缎加工而成的服装，各种鞋、袜、帽等。

服装：指以各种棉布、棉花化纤混纺布、化纤布、呢绒、绸缎、毛皮等为材料加工的各式服装，以及棉、麻、毛、丝、化纤纯纺或混纺经针织而成的服装，按穿着对象分为男士服装、女士服装、各式童装，不包括塑料雨衣和胶布雨衣(雨披)。

男式服装：指各类材料、各种工艺制作的各式男士服装，包括单衣、夹衣、棉衣、内衣、外衣等。

女式服装：指各类材料、各种工艺制作的各式女士服装，包括单衣、夹衣、大衣、裤子、内衣、外衣等。

儿童服装：指各类材料、各种工艺制作的各式儿童服装，包括单衣、夹衣、棉衣、大衣、毛线衣、披风、各种学生装、各种婴儿服装。儿童一般指年龄12周岁及以下。

鞋袜帽类：包括皮鞋、胶鞋、布鞋、全塑料鞋及各种材料制作的靴子、凉鞋、便鞋、拖鞋、运动鞋、旅游鞋、春秋鞋。帽袜包括男、女、童、婴儿的各种面料、各种样式的帽子和袜子。

纺织品：指以棉、麻、丝、毛和各种人造纤维纺织及混纺的各种衣着材料和床上用品，也包括加工衣着品和其他用品所需的其他各种纺织类产品。

床上用品：指以棉、毛、丝及合成纤维等为材料纺织或针织制成的各种床上用品。包括毛毯、床单、被单、床罩、被套、枕具、蚊帐、凉席、垫褥以及各种棉被、鸭绒被、棉毯、线毯、电热毯、毛巾被等。

家庭设备：包括洗涤电器：洗衣机、甩干机；制冷电器：电冰箱、电冰柜；清洁电器：吸尘器、加湿器、空气净化器、电熨斗、电风扇、房间空调器、电淋浴器等；家用厨房电器具：食品加工机、电炊具、吸排油烟机、微波炉、电饭煲、饮水机、电烤箱、洗碗机、消毒柜；家用保健电器：电取暖器、电动按摩器等。

洗衣机：指一次洗衣在 6 公斤以下的自动、半自动、单缸、双缸、滚筒家用洗衣机，不包括手摇洗衣机。

电风扇：包括各种规格、型号的台扇、壁扇、落地扇、吊扇，不包括换气扇。

电冰箱：指单门、双门、三门家用电冰箱，不包括冰柜。

冰柜：指用于冷冻食品的各种规格家用冰柜。

微波炉：指利用微波辐射来烹饪食物的厨房电器。

空调器：指具有空气的加热、冷却、增湿、除湿等功能的空气调节器，不包括冷暖风机。

电炊具：指以电为热能的家用炊具，包括电饭煲、电炒锅、电水壶、电火锅、电烤箱等，不包括电炉子。

吸排油烟机：指家庭炊事用的排油烟机，又称抽油烟机或脱排油烟机，不包括换气扇、排气风扇。

电暖器：包括油汀、暖风机、石英管取暖器、浴霸等取暖设备。

其他家用设备：指除上述已列出的其他家庭设备，如吸尘器、消毒碗柜、洗碗机等，不包括家庭文娱用耐用消费品。

文娱用耐用消费品：包括彩色电视机、激光视盘机(LD、VCD、DVD)、摄像机、音响、收录音机、录放像机、幻灯机等。

彩色电视机：也称彩色电视接收机。包括显像管彩色电视机和固体显示(液晶显示、等离子显示)彩色电视机，不包括可以接收电视的计算机。

激光视盘机：主要包括 VCD 视盘播放机、DVD 视盘播放机、DVD 视盘录放机等。

便携式音响：主要包括袖珍盒式磁带录放机、MP3、CD 机、MD 机和复读机等产品。

音像器材类：包括专业音响器材、专业声像器材及其配件。

自行车：包括脚踏自行车、助动车。助动车指主要以蓄电池或燃油作为辅助能源，具有两个车轮，能实现人力骑行、电动或电动助力功能的特种自行车。

义务教育：指按照国家义务教育法规定的、并主要由政府财政支出的初等教育和成人扫盲教育及按照国家义务教育法规定的对小学毕业生进行的初级中等教育。

非义务教育：指主要由政府财政支出的，通过考试招收初中毕业生进行普通高中教育的活动以及普通高等教育。

技能培训：指经教育主管部门、劳动部门或有关主管部门批准，由政府部门、企业、社会力量办的职业培训、就业培训及各种知识、技能的培训活动。

学杂托幼费中其他项：主要指社会力量所办初等教育、初中教育和高中教育所收取的学费。家教费及择校费也可归入此类。

文化办公用品：包括学习和办公用的纸张、文具、计算机及其配件、打印机及配件、复印机、扫描仪、油印机、速印机、电子辞典、计算器、印刷材料以及教学用的设备、普通测绘仪器、器材、标本、模型等，不包括通讯器材。计算机及其配套产品包括大、中、小、微型、台式和手提式电子计算机、掌上电脑和计算机的辅助设备，如不间断电源、多媒体配件以及专用设备、零配件，计算机用光盘、磁盘、磁带等，不包括单板机、插卡式电脑学习机和各种电子计算机软件。打印机及配件包括各种打印机(针式、喷墨、激光)以及相关的打印机用纸、色带、硒鼓等。

日用百货：包括非机动车及配件(主要是自行车及配件)、雨衣雨伞、理发用具、剃须刀具、部分日用小五金(如刀、剪、针线、锁等)、卫生纸、卫生巾、保温瓶、打火机等。

日用杂品：包括精铝、铸铝、铝合金家用器皿、不锈钢餐具、家用厨具及其他不锈钢器皿等，不包括工业建筑的通用金属器皿；日用搪瓷制品，包括单瓷、双瓷的面盆、口杯及其他搪瓷制品等，不包括工业建筑的通用搪瓷制品；铁锅、笼屉、瓷碗、碟等餐具和炊事用具，清洁卫生用具，竹、木、藤、柳编制品以及炉子、烟筒等。

洗涤用品：包括洗衣粉、肥皂、香皂、浴皂、药皂、牙膏及各种清洁洗涤剂(膏、液、粉)等日用洗涤用品。

洗浴服务：指专业洗浴室以及在宾馆、饭店或娱乐场所常设的独立（或相对独立）洗浴服务。

其他日用品：不包括以上列出的其他日用品。包括：各种燃气灶具、各种儿童玩具、照明器具(各种灯具、灯泡、灯管等)、钟表(各种机械、石英电子的闹钟、挂钟、座钟等；各种机械、石英电子手表、怀表等及钟表零配件)、眼镜(各种成品眼镜、眼镜架、眼镜片、眼镜毛坯、眼镜零配件)、工艺美术品(各种雕塑工艺品，如玉雕、牙雕等；金属工艺品；漆器工艺品；画类工艺品；人造花卉；天然植物、纤维编织工艺品，如竹、藤、草编工艺品等；刺绣工艺品；抽纱工艺品)、日用塑料制品、日用皮革制品、日用玻璃器皿和日用普通饰品等。

体育用品：包括球类及球类器材、棋牌和健身器材。球类包括篮球、足球、排球、羽毛球、乒乓球等；棋牌包括象棋、国际象棋、围棋、克郎棋、军棋、跳棋、扑克牌、麻将牌等。健身器材包括各种通过器械达到锻炼身体、提高身体素质的器材，如侧重于“练块的”扩胸机、举重床、自重式健力器、哑铃组合架、坐式后拉器、卧式后屈腿训练器等；侧重于身体素质训练的跑步机、健步器、骑马机、滑雪器、健骑机等以及集消除疲劳、减肥健身为一体的各种非电动按摩机、健腹器等。其他体育用品包括体操运动器材，举重运动器材，田径运动器材，水上运动器材，冰雪运动器材，射击、射箭、击剑器材，场地器材，航空、航海模型材料，运动保护用具，钓鱼用具等。

娱乐用品：包括游艺器材、照相器材和乐器等。游艺器材包括游戏机、插卡式电脑学习机、儿童运动游艺器材等；照相器材，包括照相机、胶卷、存储卡、座机、外拍机、胶片(不包括X光胶片及工业胶片)、相纸、放大机、照相镜头、摄影灯具、零配件等，暗房用品，如上光机、反拍机、翻版机、冲片机等，修相用品，如修相油、上光用品、修底版用具等，洗相药品，如显影液、定影液等。乐器包括中西乐器、电子乐器、乐器辅助用品及配件，如钢琴、提琴、手风琴、吉他等。

交通运输机械：包括各类轿车、客车、货车、摩托车等机动车辆及其配件。

通信器材：包括各种通信工具器材，如固定电话机、移动电话机、传真机、对讲机及其配件等。

家具：主要有坐卧类家具，如椅子、凳子、沙发、床；凭椅类家具，如桌子、茶几；贮藏类家具，如柜、箱；隔断类家具，如屏风等；以及具有多种组合功能的组合家具等。

柜：包括卧室柜（服装柜）、书柜、展示柜、厨房整体橱柜等产品。

床上套件：包括床单（罩）、被罩、枕套等产品的不同组合。

化妆品类：包括护肤品、美容品、护发美容品、清洁化妆品和药物美容用品等。护肤品，如霜、香脂、乳液、润肤油等；美容品，如香粉(粉饼)、胭脂、唇膏、眼影、眉笔、指甲油及各种化妆盒、假发等；护发美容品，如发油、发霜、发蜡、发宝、营养发水、护发素、发胶、摩丝、各种染发剂等；清洁化妆用品，如洗发香波、洗发膏、洗发精、剃发膏、花露水、爽身粉、腋下香、香水等；药物美容用品，如防秃生发水、浓眉露、止痒水(粉)、祛斑霜、粉刺露、防晒剂、痱子粉(水)、减肥霜等。

金银珠宝类：包括以金、银、铂等金属及钻石、宝(玉)石、翡翠、珍珠、水晶、象牙、骨角等为原料，经加工和连接组合、镶嵌等方法，制成各种图案造型的装饰品、饰品、工艺品等。包括首饰，如项链、戒指、耳环、手镯、脚链、挂件、别针、发卡等；珠宝饰品，如宝(玉)石、钻石镶嵌、珍珠镶嵌、宝(玉)石首饰以及其他金银珠宝饰品等。

医疗器具：指人使用的用于医疗的小型器具。包括血压计、体温计、注射器等，不包括医疗用的各种大型设备，如CT机、核磁共振器等医疗器材。

保健器具：指用于身体保健的器具。包括按摩器、健身球、磁疗枕(药枕)、护膝、护腰、护肩等。不包括体育运动器械，如扩胸器、哑铃等。

滋补保健用品：指市场上销售的具有滋补保健作用的保健食品，包括人参、鹿茸、蜂王浆、阿胶、青春宝、西洋参、各种营养口服液、燕窝、胎盘等。

抗微生物药：包括抗生素类药品、合成抗菌药、抗分枝杆菌药、抗真菌药、抗病毒类药。其中，（1）抗生素类药品主要包括青霉素类、头孢菌类、大环内酯类等药品。青霉素类主要包括窄谱青霉素类的青霉素（注射剂）、普鲁卡因青霉素（注射剂）和广谱青霉素及复方制剂的阿莫西林（口服常释剂型）；头孢菌类主要包括第一代头孢菌类中的头孢氨苄、头孢拉定；大环内酯类主要包括红霉素、琥乙红霉素、罗红霉素、乙酰螺旋霉素等药品。（2）合成抗菌药主要包括磺胺类、喹诺酮类（主要包括吡哌酸、环丙沙星、诺氟沙星等药品）和硝基咪唑类(主要指甲硝唑类)等药品。

消化系统用药：包括抗酸药及抗溃疡病药、助消化药、胃肠解痉及胃动力药、泻药、止泻药、肝病辅助治疗药、利胆药、肛肠科用药和其他消化系统药物。其中，（1）抗酸药及抗溃疡病药主要包括抗酸药及胃粘膜保护药、抑酸药。抗酸药及胃粘膜保护药主要包括大黄碳酸氢钠、复方铝酸铋、枸橼酸铋钾等药品。抑酸药主要包括雷尼替丁、西咪替丁等药品。（2）助消化药主要包括乳酶生（口服常释剂型）。（3）胃肠解痉及胃动力药主要包括胃肠解痉药、胃动力药和止吐药、催吐药。（4）其他消化系统药物主要包括缓解消化道不适症状的复方OTC制剂。

呼吸系统用药：包括祛痰药、镇咳药和平喘药。

解热镇痛及非甾体抗炎药：包括解热镇痛及非甾体抗炎药和抗痛风药。其中，解热镇痛及非甾体抗炎类药品主要包括阿司匹林（口服常释剂型）、布洛芬（口服常释剂型）、复方阿司匹林（口服常释剂型）及缓解感冒症状的复方OTC制剂。

抗肿瘤药：包括细胞毒药物、激素类及抗激素类抗肿瘤药和其他抗肿瘤药。

激素及调节内分泌功能药：包括胰岛素及其他影响血糖的药物、雄激素、抗雄激素及同化激素类、肾上腺皮质激素类、甲状腺激素及抗甲状腺药和下丘脑垂体激素及其类似物。其中，胰岛素及其他影响血糖的药物主要包括胰岛素类药品和口服降糖药。

循环系统用药：包括强心药、抗心律失常药、利尿降压药、钙拮抗药、血管舒张药、降血脂药等。血管舒张类药主要包括复方降压药、硝酸甘油等药品。

神经系统用药：包括脑血管病用药、抗重症肌无力药、抗癫痫药、抗帕金森病药、中枢兴奋药、镇静催眠药、抗偏头痛药和其他神经系统用药。其中，脑血管病用药主要包括尼莫地平（口服常释剂型）、倍他司汀（口服常释剂型或注射剂）和丹参酮IIA（注射剂）等药品。

专科用药：包括皮肤科外用药、眼科用药、耳鼻喉科用药、口腔科用药和妇产科用药。皮肤科外用药主要包括红霉素（软膏剂）、环丙沙星（软膏剂）、甲硝唑（凝胶剂）、地塞米松（软膏剂）、克霉唑（软膏剂）、尿素（软膏剂）等药品。眼科用药主要包括红霉素（眼膏剂）、金霉素（眼膏剂）、氯霉素（滴眼剂）、环丙沙星（滴眼剂）、可的松（滴眼剂、眼膏剂）等药品。耳鼻喉科用药主要包括复方硼砂漱口（口服常释剂型）、复方诺氟沙星（滴鼻剂）、克霉唑（滴耳剂）等药品。口腔科用药主要包括糠甾醇（牙周宁）。妇产科用药主要包括甲硝唑、克霉唑、咪康唑等药品。

书报杂志：包括以纸介质形态出版发行的各种中、外文书籍，工具书、课本，教材，图片，报纸和杂志等。

电子音像制品：包括以数字代码方式将声音、图像、文字和编码等图文音像信息编辑加工后存储在磁、光、电介质上，通过计算机或者具有类似功能的设备读取使用的产品，其媒体形态包括软磁盘(FD)、只读光盘(CD—ROM)、交互式光盘(CD—I)、照片光盘(PHOTO—ROM)、高密度只读光盘(DVD—ROM)等。音像制品指各种磁、光、电介质的录音、录像的磁带、光盘(CD、LD、VCD、DVD)等。

煤炭及制品类：包括原煤、煤炭及制品，如焦炭、石油焦、半焦、煤(饼)块和煤球等。

石油及制品类：包括液化石油气、管道燃气、汽油、柴油、机油等。

木材及制品类：包括原木、板材、锯材等。

五金、电料类：包括五金工具、电工工具、工具配件、水暖器材、各种专业工具、五金杂品，各种五金商品，木瓦工具，电工、电讯器材及配件等各类商品。如各种榔头、钳子、锯子、扳手、锉刀、泥刀、自来水管、各种水龙头、暖气片、阀门、螺丝、螺母、水表、电表、插座、插头、开关、电线、铁丝、镇流器、灯架、灯罩等。

二、固定资产投资价格

固定资产投资额：固定资产投资额(又称固定资产投资完成额)是以货币形式表现的在一定时期内建造和购置固定资产的工作量以及与此有关的费用的总称。它是反映固定资产投资规模、结构和发展速度的综合性指标，又是观察工程进度和考核投资效果的重要依据。

固定资产投资额的构成：指固定资产投资额的工程内容和实现方式，包括：

1.建筑工程是指各种房屋、建筑物的建造工程，又称建筑工作量。这部分投资额必须兴工动料，通过施工活动才能实现，是固定资产投资额的重要组成部分。

建筑工程包括：

(1)各种房屋如厂房、仓库、办公室、住宅、商店、学校、医院、俱乐部、食堂、招待所等工程。包括房屋的土建工程；列入房屋工程预算内的暖气、卫生、通风、照明、煤气等设备的价值及装设油饰工程；列入建筑工程预算内的各种管道(如蒸汽、压缩空气、石油、给排水等管道)、电力、电讯电缆导线等的敷设工程；房地产开发单位进行的商品房屋开发建设工程。

(2)设备基础、支柱、操作平台、梯子、烟囱、凉水塔、水池、灰塔等建筑工程；炼焦炉、裂解炉、蒸汽炉等各种窑炉的砌筑工程及金属结构工程。

(3)为施工而进行的建筑场地的布置、工程地质勘探，原有建筑和障碍物的拆除、平整场地、施工临时用水、电、汽、道路工程，以及完工后建筑场地的清理、环境绿化美化工作等；房地产开发单位进行的土地开发工程。

(4)矿井的开凿，井巷掘进延伸，露天矿的剥离，石油、天然气钻井工程和铁路、公路、港口、桥梁等工程。

(5)水利工程，如水库、堤坝、灌溉以及河道整治等工程。

(6)防空、地下建筑等特殊工程及其他建筑工程。

2.安装工程是指各种设备、装置的安装工程，又称安装工作量。

安装工程包括：

(1)生产、动力、起重、运输、传动和医疗、实验等各种需要安装设备的装配和安装，与设备相连的工作台、梯子、栏杆等装设工程，附属于被安装设备的管线敷设工程，被安装设备的绝缘、防腐、保温、油漆等工作。

(2)为测定安装工程质量，对单个设备、系统设备进行单机试运、系统联动无负荷试运工作(投料试运工作不包括在内)。在安装工程中，不包括被安装设备本身价值。

3.设备、工具、器具购置是指把工业企业生产的产品转为固定资产的购置活动，包括建设单位或企、事业单位购置或自制的，达到固定资产标准的设备、工具、器具的价值。新建单位及扩建单位的新建车间，按照设计或计划要求购置或自制的全部设备、工具、器具，不论是否达到固定资产标准均计入“设备、工具、器具购置”中。

(1)设备：指各种生产设备、传导设备、动力设备、运输设备等。分为需要安装的设备和不需要安装的设备两种。

需要安装的设备(简称“需安设备”)：指必须将其整体或几个部位装配起来，安装在基础上或建筑物支架上才能使用的设备。如轧钢机、发电机、蒸汽锅炉、变压器、塔、换热器、各种泵、机床等。有的设备虽不要基础，但必须进行组装工作，并在一定范围内使用的，如生产用电铲、塔吊、门吊、皮带运输机等也作为需要安装的设备统计。

不需要安装的设备(简称“不需安设备”)：指不必固定在一定位置或支架上就可以使用的各种设备，如电焊机、叉车、汽车、机车、飞机、船舶以及生产上流动使用的空压机、泵等。

(2)工具、器具：指具有独立用途的各种生产用具、工作工具和仪器。如生产和维修用的切削工具、压延工具、铆焊工具、模压器、铸型、风镐等，检验、实验测量用的各种计量、分析、化验仪器，以及达到固定资产标准的包装容器等。

4.其他费用是指在固定资产建造和购置过程中发生的，除上述几项内容以外的各种应分摊计入固定资产的费用(包括范围见“其他费用的内容”)。

其中：土地购置费是指行政事业单位建设项目通过出让方式取得土地使用权而支付的出让金。

旧建筑物购置费是指购置已使用过的各种旧房屋及其

他建筑物。

建筑安装工程投资额的费用项目：建筑安装工程费用划分为直接工程费、间接工程费两个部分。

一、直接工程费，由直接费、其他直接费、现场经费组成。

(一)直接费，指施工过程中耗费的构成工程实体和有助于工程形成的各项费用，包括人工费、材料费、施工机械使用费。

1.人工费，指直接从事建筑安装工程施工的生产工人开支的各项费用，内容包括：(1)基本工资(2)工资性补贴(3)生产工人辅助工资(4)职工福利费(5)生产工人劳动保护费。

2.材料费，指施工过程中耗用的构成工程实体的原材料、辅助材料、构配件、零件和半成品的费用以及周转使用材料的摊销(或租赁)费用，内容包括：(1)材料原价(或供应价)(2)供销部门手续费(3)包装费(4)材料装卸费、运输费及途耗(5)采购及保管费。

3.机械使用费，指使用施工机械作业所发生的机械使用费以及机械安、拆及进出场费用，内容包括：(1)折旧费(2)大修费(3)经修费(4)安拆费及场外运输费(5)燃料动力费(6)人工费(7)运输机械养路费、车船使用税及保险费。

(二)其他直接费，指直接费以外施工过程中发生的其他费用，内容包括：1.冬雨季施工增加费 2.夜间施工增加费 3.二次搬运费 4.仪器仪表使用费 5.生产工具用具使用费 6.检验试验费 7.特殊工种培训费 8.工程定位复测、工程点交、场地清理等费用 9.特殊地区施工增加费。

(三)现场经费，指为施工准备、组织施工生产和管理所需费用，内容包括：

1.临时设施费，指施工企业为进行建筑安装工程施工所必需的生活和生产用的临时建筑物、构筑物和其他临时设施费用等，内容包括：临时设施的搭设、维修、拆除或摊销费。

2.现场管理费，内容包括：(1)现场管理人员的基本工资、工资性补贴、职工福利费、劳动保护费等。(2)办公费(3)差旅交通费(4)固定资本产使用费(5)工具用具使用费(6)保险费(7)工程保修费(8)工程排污费(9)其他费用。

二、间接工程费，由企业管理费、财务费、其他费用和计划利润、税金组成。

(一)企业管理费，指施工企业为组织施工生产经营活动所发生的管理费用，内容包括：1.管理人员的基本工资、工资性补贴及按规定标准计提的职工福利费；2.差旅交通费；3.办公费；4.固定资产折旧、修理费；5.工具用具使用费；6.工会经费；7.职工教育经费；8.劳动保险费；9.职工养老保险费及待业保险费用；10.保险费；11.税金；12.其他。

(二)财务费用，指企业为筹集资金而发生的各项费用，包括企业经营期间发生的短期贷款利息净支出、汇兑净损失、调剂外汇手续费、金融机构手续费、以及企业筹集资金发生的其他财务费用。

(三)其他费用，指按规定支付工程造价(定额)管理部门的定额编制管理费及劳动定额管理部门的定额测定费，以及按有关部门规定支付的上级管理费。

(四)计划利润，指按规定应计入建筑安装工程造价的利润。依据不同投资来源或工程类别实施差别利率。

(五)税金，指国家税法规定的应计入建筑安装工程造价内的营业税，城市维护建设税及教育费附加。

其他费用的内容：

1.旧房屋购置：指建设单位和企、事业单位购置的各种旧房屋和其他建筑物，但不包括由房地产开发公司统一开发建设的商品房屋购置。

2.基本畜禽支出：指农林建设单位的基本畜禽购置，包括新建农场外购的大牲畜(如种畜)、各种禽类(如鸡群、鸭群等)。不包括老农场自繁自养或外购补充的基本畜禽支出。基本畜禽支出一般包括：基本畜禽购置费用；基本畜禽在移交生产单位前所发生的各种饲养费用。

3.林木支出：指各种经济林木的造林费用。一般包括：整地、种植和幼林抚育等支出。

4.办公生活用家具、器具购置：指为保证新建、扩建、改建项目投产初期正常生产经营所必需购置的办公和生活用家具、用具的费用。包括办公室、会议室、资料档案室、阅览室、文娱室、食堂、浴室、理发室、单身宿舍和设计规定必须建设的托儿所、卫生所、招待所、中小学校等的家具、用具。

5.建设单位管理费：指建设单位所发生的管理费用。包括工作人员的工资、工资附加费、劳保支出、办公费、差旅交通费、劳动保护费、工具用具使用费、固定资产使用费、零星固定资产购置费、招募生产工人费、技术图书资料费和其他管理性质的开支。

6.土地征用及迁移补偿费：指通过划拨方式取得无限期的土地使用权而支付的土地补偿费、附着物和青苗补偿费、安置补偿费以及土地征收管理费等，以及行政事业单位建设项目通过出让方式取得土地使用权而支付的出让金。不包括非行政事业单位建设项目通过出让方式取得有限期的土地使用权而支付的出让金。

7.勘察设计费：指建设单位自行或委托勘察设计单位进行工程水文地质勘察、设计所发生的各项费用。

8.研究实验费：指为建设项目提供或验证设计数据、资料进行必要的研究试验，按照设计规定在施工过程中必须进行试验所发生的费用，以及支付科技成果和先进技术的一次性技术转让费。不包括应由科技三项费用开支的费用和应由间接费开支的施工企业对建筑材料、构件和建筑物进行一般鉴定、检查所发生的费用及技术革新的研究试验费，以及应由勘察设计单位的事业费或基本建设投资开支的费用。

9.可行性研究费：指在建设前期进行建设项目可行性研究而发生的费用，包括为进行可行性研究而购置的固定资产。

10.施工机构转移费：指按规定支付给施工企业因成建制地调来承担施工任务而发生的一次性搬迁费用。

11.设备检验费：指按照规定支付给商品检验部门的进

口成套设备检验费。建设单位对进口成套设备自行组织检验所发生的费用，应计入设备、工器具购置。

12.负荷联合试车费：指单项工程(车间)在交工验收以前进行的负荷联合试车亏损(即全部试车费减去试车产品销售收入和其他收入后的差额)。单机试运或系统联动无负荷试运所发生的费用，应计入安装工程投资。

13.土地占用、使用费：指因进行固定资产投资活动而占用土地，按规定应支付的土地使用税、耕地占用税、以及应支付的土地复垦费用和土地损失补偿费用。

14.退耕退牧还林还草、土壤改良、城市绿化等投资：指列入县及县以上投资计划的，有资金投入的退耕退牧还林还草、土壤改良、城市绿化等投资。

15.建设期应付利息：指在建设阶段应支付的各种利息，包括采取分期付款方式进口成套设备应支付的利息，向银行或其他金融机构借款应支付的利息，以及因发行或使用各种债券进行固定资产投资应支付的利息。不包括超过建设期或投产后应付的各种利息。

16.政府收费：指在投资过程中发生的各种政府收费。主要有土地增值税、城市维护建设税、城市基础设施配套费、教育纲附加、排污费、城市水资源费、电力增容费等。

17.企业债券发行费：指筹措债券资金而发生的债券发行费用，包括支付给银行的代理发行手续费和债券的设计、印刷等费用。

18.合同公证费及工程质量监测费：指建设单位按规定支付给司法部门的合同公证费和支付给工程质量监测部门的工程质量监测费。

19.国外借款手续费及承诺费：指因向境外借款而支付的手续费和承诺费。

20.汇兑损益：指利用外资或外汇进行固定资产投资，由于不同时间、不同汇率而产生的外汇兑换差额。

21.临时设施费：指按照规定拨付给施工企业的临时设施包干费，以及建设单位自行施工所发生的临时设施实际支出。包括临时设施的搭设、维修、拆除费或摊销费，以及施工期间专用公路养护费、维修费。

22.坏账损失：指建设单位按规定程序报经批准确实无法收回的预付及应收款项。

23.固定资产亏损及损失：指在固定资产建造和购置过程中，由于管理不善、设计方案变更、重大自然灾害等原因造成的工程报废净损失、固定资产净损失、器材处理亏损和设备净盘亏。

24.其他：指在建设阶段发生的除上述各种费用以外的其他费用，如国外设计及技术资料费、出国联络费、外国技术人员费、取消项目的可行性研究费、编外人员生活费、停缓建维护费、商业网点费、供电贴费和行政事业单位建设项目发生的非常损失等。

计算固定资产投资额的价格：固定资产投资额是以货币形式表现的建造和购置固定资产的工作量指标，计算固定资产投资额的价格，应该反映一定时期固定资产的价值，即建造或购置固定资产所耗费的社会必要劳动时间。为真实反映固定资产投资活动的规模、水平和效果，便于进行综合平衡，原则上应以实际价格作为计算固定资产投资额的价格依据。

1.计算建筑安装工程投资额的价格

由于建筑产品的单个性及周期长的特点，建筑安装工程投资额一般按预算价格计算。预算价格，是在施工图设计阶段根据一定时期的预算定额计算出来的工程总费用。由于预算定额的编制有一定的时间间隔和相对稳定性，预算价格不能完全反映当期的实际水平。因此，以预算价格计算建安工程投资额时，应将经建设单位与施工单位双方协商同意，且经商业银行同意拨款的工程价差、量差，视同修改预算价格。建筑安装工程应按修改后的预算价格计算投资完成额。

实行招标投标的建安工程，以中标价格作为计算建安工程投资额的价格依据。中标后价格有调整的，以调整后的价格作为计算投资完成额的价格依据。

对于某些工程已进入施工，但施工图预算尚未编出的，可根据工程进度先按设计概算或套用相同结构、类型工程的预算价格计算，待预算编出后再进行调整。

建设单位议价购料供应给施工单位，材料价差部分未转给施工单位的，建设单位应将这部分价差包括在建安工程投资额中。

2.设备、工具、器具购置投资额一律按实际价格，即支出的全部金额计算。外购设备、工具、器具除设备本身的价格外，还应包括运杂费、仓库保管费等。自行建造的设备、工具、器具，按建造过程中实际发生的全部支出计算。如果设备已经安装，而实际价格尚未结出，可暂按设计(计划)价格计算，待实际价格结出后再行调整。

3.其他费用的计算价格

一般按财务部门实际支付的金额计算。为保证统计数字的及时性，基层单位可根据会计账面数字填报，不必等财务决算或财务报表编出。在报送投资统计月报时，可根据报告期发生的其他费用报送初步数字或预计完成数，待年报时根据会计账表进行调整。

三、房地产价格

房地产

从广义上讲，房地产是房产与地产的总称，指国家、集体及个人所拥有的房屋和土地。但就我国目前房地产业的业务范围而言，它包括归国家所有的城镇生产性或非生产性用地（城市地产），及附着在其上的城镇生产、生活用建筑和辅助设施（城市房产）和对这些建筑、辅助设施的管理等。农村生产用地、用房及宅基地等不属城市房地产业的业务范围。国家有偿征用农村土地用于城镇建设时，只有所有权转让过程结束后，才纳入城市房地产业的经营范围。小产权房屋不属于本方案统计范围。

房产价格

按取得所有权（使用权）的方式分为房屋销售价格和

房屋租赁价格两种形式。

新建商品住宅

指新建的专供居住用的商品住房，本方案主要包括：90平方米及以下、90—144平方米、144平方米以上等。不包括新建的国家政策性住房；不包括住宅楼中作为人防用、不住人的地下室、车库等，也不包括托儿所、病房、疗养院、旅馆等具有专门用途的房屋。

二手住宅

指进入房屋市场进行交易，第二次及以上进行产权登记的住宅，包括二手商品住宅、允许上市交易的已售公房等。本方案主要包括90平方米及以下、90—144平方米、144平方米以上等分类。

90平方米及以下住宅

指住宅中套型建筑面积不大于90平方米的住宅。套型建筑面积由套内使用面积和分摊的共有建筑面积组成，报表时以销售合同中实际测绘的建筑面积为准，若销售合同为套内使用面积则需折算成建筑面积。

90平方米—144平方米住宅

指套型建筑面积大于90平方米，不超过144平方米的住宅。

144平方米以上住宅

指套型建筑面积在144平方米以上的住宅。

住宅销售价格

指房产所有权转移时买卖双方实际成交的价格（合同价格）。房产买卖时，买房人购买的是房产的所有权，卖房人将房产所有权出让，同时要获得房产所有权出让的价值补偿。它主要包括新建住宅销售和二手住宅销售两部分。

新建商品住宅销售价格

指新建的、用于居住的进入房地产市场进行交易的房屋，第一次进行产权登记时的实际交易价格（合同价格）。其价格由成本、税金、利润、代收费用等组成，它受地段、层次、朝向、质量、材料差价等因素的影响。

二手住宅销售价格

指用于居住的进入房地产市场进行交易的房屋，再次进行产权登记时的实际交易价格。该指标取自《存量房屋买卖合同》。若合同中含有相关税费，则应将其扣除。

附录 2　城市调查统计方法的简要说明

一、城镇居民家庭收支调查（城镇住户调查）

（一）调查方法

城镇居民可支配收入和收支资料是通过城镇住户抽样调查得到的。城镇住户调查采用住宅框选取调查户样本。调查对象包括中国城镇区域内的所有住户。住户调查城镇采用分层随机抽样的方法确定，首先，按照城镇规模将全国所有省（区、市）的城镇划分为三层：大中城市(地级和地级以上的城市)、县级市和县城(镇)；第二，按各层人口占全省（区、市）人口的比例来分配每层的样本量；第三，按城镇就业者年人均工资从高到低排队，依次计算各城镇人口累计数，然后根据样本量的大小随机起点等距抽取所需数量的调查城镇。

调查户的抽选工作分两步进行。第一步进行一次性的大规模城镇住户基本情况抽样调查，采取分层、二(多)阶段、与大小成比例(PPS 方法)的随机等距方法选取调查样本也称一相样本；第二步根据城镇住户基本情况抽样调查取得的家庭人口、就业人口、收入等资料进行分组，从中按比例抽出一个小样本也称二相样本，作为经常性调查户，开展家庭日记账工作，以取得可支配收入和相关收支资料。

为了增强样本代表性，城镇住户调查实行样本轮换制度。调查城镇中的经常性调查户要求每年轮换 1/2，也就是每年有 1/2 的调查户要退出调查，再从一相样本中抽选 1/2 的新调查户替代之。

最后，由国家统计局对城镇住户调查数据进行全国汇总，得出城镇居民可支配收入和相关收支资料。

（二）开展一次性城镇住户基本情况抽样调查的必要性

城镇住户基本情况抽样调查每三年进行一次，其目的主要是为经常性调查提供抽样框和为经常性调查数据评估提供基础资料，是我国开展住户调查工作的主要特点和方法。各调查市、县采取分层、二(多)阶段、与大小成比例(PPS方法)的随机等距方法选取调查样本。取得调查户家庭人口、就业人口、收入等辅助资料后，根据这些资料进行分组，从中按比例抽出一个小样本也称二相样本，作为经常性调查户，开展日记账工作。

进行城镇住户基本情况抽样调查，首先可以全面系统地收集我国城镇居民家庭人口、就业、收入、消费的基本情况，为全面构建社会主义和谐社会提供基础资料，为各级党委和政府研究和解决好医疗、教育、住房与社会保障等人民群众最关心、最直接、最现实的利益问题提供决策参考信息。

其次，是为了抽选常规调查记账户，为常规城镇住户调查提供基础抽样框。常规城镇住户调查一直采用二相法抽选调查户。每三年在全国选出一个大样本（或称一相样本）开展基本情况抽样调查，并以此为分层依据，从中抽出一个小样本（也称二相样本）作为常规调查户，开展连续日记账工作。

第三，可以评估现行城镇住户调查中样本及数据的科学性，提高常规城镇住户调查的代表性。由于一些中小城市样本量较小，利用大样本调查的资料进行排队，采用分层、等距等抽样技术，能大大提高抽样的设计效应，尤其是对调查户数相对较少的市（县），作用更加明显。

第四，可以有效控制样本抽选或轮换时的随意性，进一步加强国家对基层常规调查户的抽选和监控，尽量避免随意换户和人为换户现象，为提高常规住户调查数据质量提供科学依据。

（三）城镇居民可支配收入与农民人均纯收入的区别

城镇居民可支配收入指调查户可用于最终消费支出和其它非义务性支出以及储蓄的总和，即居民家庭可以用来自由支配的收入。它是家庭总收入扣除交纳的个人所得税、个人交纳的社会保障费以及调查户的记账补贴后的收入。计算公式为:

可支配收入= 家庭总收入-交纳个人所得税-个人交纳的社会保障支出-记账补贴

农民人均纯收入是指农村住户当年从各个来源得到的总收入相应地扣除所发生的费用后的收入总和。纯收入主要用于再生产投入和当年生活消费支出，也可用于储蓄和各种非义务性支出。“农民人均纯收入”按人口平均的纯收入水平，反映的是一个地区或一个农户农村居民的平均收入水平。计算方法为:

纯收入＝总收入-家庭经营费用支出-税费支出-生产性固定资产折旧-农村内部亲友赠送

（四）恩格尔系数的概念及其经济含义

19 世纪德国统计学家恩格尔根据统计资料，对消费结构的变化得出一个规律：一个家庭收入越少，家庭收入中

（或总支出中）用来购买食物的支出所占的比例就越大，随着家庭收入的增加，家庭收入中（或总支出中）用来购买食物的支出则会下降。推而广之，一个国家越穷，每个国民的平均收入中（或平均支出中）用于购买食物的支出所占比例就越大，随着国家的富裕，这个比例呈下降趋势。

恩格尔系数是根据恩格尔定律得出的比例数，是表示生活水平高低的一个指标。其计算公式如下：

$$\text{恩格尔系数}=\frac{\text{食物支出金额}}{\text{总支出金额}}$$

除食物支出外，衣着、住房、日用必需品等的支出，也同样在不断增长的家庭收入或总支出中，所占比重上升一段时期后，呈递减趋势。

（五）基尼系数的概念及经济含义

20 世纪初意大利经济学家基尼，根据洛伦茨曲线找出了判断分配平等程度的指标（如下图），设实际收入分配曲线和收入分配绝对平等曲线之间的面积为 A，实际收入分配曲线右下方的面积为 B。并以 A 除以 A+B 的商表示不平等程度。这个数值被称为基尼系数或称洛伦茨系数。如果 A 为零，基尼系数为零，表示收入分配完全平等；如果 B 为零则系数为 1，收入分配绝对不平等。该系数可在零和 1 之间取任何值。收入分配越是趋向平等，洛伦茨曲线的弧度越小，基尼系数也越小，反之，收入分配越是趋向不平等，洛伦茨曲线的弧度越大，那么基尼系数也越大。如果个人所得税能使收入均等化，那么，基尼系数即会变小。联合国有关组织规定：若低于 0.2 表示收入绝对平均；0.2 ~ 0.3 表示比较平均；0.3 ~ 0.4 表示相对合理；0.4 ~ 0.5 表示收入差距较大；0.6 以上表示收入差距悬殊。

二、价格调查

（一）居民消费价格指数的含义和作用

居民消费价格指数是度量消费商品及服务项目的价格水平随时间而变动的相对数，反映居民家庭购买的消费品及服务价格水平的变动情况。它是宏观经济分析和调控、价格总水平监测以及国民经济核算的重要指标。

在日常经济生活中，大体来说 CPI 它有三个用途，一是测量通货膨胀之用，如果 CPI 在一段时期内连续高幅度上涨，就可以说发生了严重通货膨胀；二是用于国民经济核算，比如核算城市运输业价值量时要扣除物价上涨因素，从而得到了城市运输业实际成果的变化情况；三是作为利益关系方的利益调整参照系数，比如在一些西方国家中作为劳资双方工资调整的依据。

（二）居民消费价格指数的调查和编制方法

国家统计局每月在直辖市、省会城市、自治区首府城市和大连、青岛、宁波、厦门、深圳市，以及其他选中的调查市、县进行价格调查，即调查城乡居民购买并用于日常生活消费的商品和服务项目的价格。调查方式采用派员定时、定点直接调查采价。一般性商品（服务）每月调查 2 至 3 次，对于与居民生活密切相关、价格变动比较频繁的商品（服务），每 5 天调查一次价格，价格变动不频繁的规格品（服务）每月调查 1 次。目前我国编制指数的地区根据各地情况选择了 550 ~ 750 个代表规格品进行调查。

各调查点每月定期报送调查数据，国家统计局根据上报数据，运用国际通用的计算方法计算出全国及分省、36 个大中城市的居民消费价格指数。每月定期发布居民消费价格总指数及分类价格指数（按用途划分为 8 个大类：食品、烟酒、衣着、家庭设备用品及维修服务、医疗保健和个人用品、交通和通信、娱乐教育文化用品及服务、居住）。

（三）编制现行居民消费价格指数需要调查的主要内容

日常生活中，城乡居民消费的商品和服务项目包罗万象、品种繁多、变化多样。为了及时准确地编制出每个月的 CPI，就要在成千上万种的商品和服务项目中选出一部分用来编制 CPI。也就是说，CPI 不是用全部商品和服务项目编制的，而是挑选重要的商品和服务项目用于编制 CPI 的商品和服务项目。计算 CPI 的商品和服务项目一旦被选中，一般要使用五年，最短的也要使用两三年。

如何确定每种商品和服务项目的重要性呢？目前全国有城乡 12 万户居民要把自己家的支出一笔一笔地记录下来，这些数据被国家统计局收集、加工出来，就得到了全国城乡居民的消费结构，并由此确定了日常消费的商品及服务项目在消费总额中的重要程度。

（四）为什么公布的居民消费价格指数与百姓的感受不一样？

老百姓的日常感受与国家统计局公布的居民消费价格指数不一致是很正常的情况。一般来说，导致这种情况的出现有这么几点原因：

1. 居民消费价格指数在我国叫做城乡居民消费价格指数。由于我国城乡人口有 13 亿，这 13 亿消费者中有农民有城市居民，有富人也有低收入者，有生活在东南沿海经济较发达地区的居民，也有生活在中西部经济欠发达地区的居民，所以居民消费价格指数是 13 亿人平均水平的居民消费价格指数。因而，当某个人谈对居民消费价格指数的感受时是他（她）的个体感受，个体感受肯定会与平均水平的居民消费价格指数有差异。打个比方吧，假如说我国平均海拔是2000米，可是我国有世界上最高的高原—青藏高原，有世界海拔最高的山峰—珠峰，而东南沿海大多在海拔几百米左右。那么，如果生活在东南沿海的人就会感到这个平均海拔高了，而如果生活在青藏高原就会感到这个海拔太低了。

2. 国家统计局公布居民消费价格指数时，公布的大多是总指数和类指数，作为消费者比较时，总是用自身感受的某种具体商品或服务项目价格的变动情况与居民消费价格指数总指数或某类指数比较，从而得出居民消费价格指数走势与感受不一致的结论。比方说吧，国家统计局公布的9月份居民消费价格指数同比上涨1.5%（但居住类商品和服务项目却上涨了5%），如果这段时间您正好装修房子，买的建筑材料价格上涨了许多，当您看到1.5%的价格涨幅时，肯定感到国家统计局公布的居民消费价格指数低了。

3. “人往高处走，水往低处流”的潜意识在起作用。每个人都希望自己的生活蒸蒸日上、日子一天比一天好，因此总是希望市场价格不涨或者下降才好。在这种心理的作用下，一种情况是人们一般对市场上商品或服务项目价格的下降不敏感或者没什么反映，但对商品或服务项目价格的上涨比较敏感（比如说近几年来，猪肉、鸡蛋的价格下降不少，但人们没什么反映，而对医疗服务项目价格上涨确反映强烈）；另一种情况是，有些商品价格下降很大，但大家日常生活中不常消费这些商品，所以对这些商品价格的下降就不敏感，而对日常生活中经常消费的商品或服务项目价格的上涨反映强烈（比如说，近几年来手机、彩电大幅度降价，但这些商品我们不经常消费，所以就不敏感，而水、电、燃气价格大幅度上涨，而这些商品我们天天要消费，所以我们感受强烈）。

4. 收入水平和消费水平的不同导致了对价格指数感受的不同。改革开放以来，我国的国民经济有了巨大发展，人民生活水平也有了极大提高，但高收入者毕竟只是少数，绝大多数城乡居民收入水平和消费水平还不高。一般来说，收入水平和消费水平的高低会造成对价格指数感受的差异。高收入者消费水平高，消费内容广，对价格上涨的承受能力强；反之，低收入者消费水平低、消费面窄，收入主要用于吃、穿、医疗和子女的教育等方面上，对价格上涨的承受能力低。近几年来，一些生活必需品不断涨价，因此特别是低收入者反映敏感，感觉实际消费价格上涨的幅度应该比公布的居民消费价格指数要高。

（五）生产者价格指数的概念及内容

生产者价格指数是价格统计指数体系的重要组成部分。它反映的是一定时期内产品出售或购买（也称产出和投入）的价格以及服务所收取费用价格的变动情况，国际上统称为PPI（producer price index）。生产者价格指数主要包括三部分：一是农产品生产价格指数，二是工业生产者价格指数（有些国家只编制制造业生产者价格指数），三是服务业生产者价格指数。在我们国家农产品生产价格指数是从2002年正式开始编制的，在此之前一直编制农产品收购价格指数。工业生产者价格指数包括工业生产者出厂价格指数和工业生产者购进价格指数两部分，这是我国起步最早、编制技术也较为完善的一种生产者价格指数。服务业生产者价格指数是起步最晚也是亟待完善的一种生产者价格指数。除上面提到的三种生产者价格指数，我国还编制了固定资产投资价格指数，包括建筑安装工程投资价格指数（它的前身为建筑业价格指数）、设备工器具购置价格指数以及其它费用投资价格指数三部分。应该说，目前我国涵盖第一、第二产业的生产者价格指数已经较为完善，而且已基本上满足了国民经济核算的需要，尤其是开展了二十多年的工业生产者价格指数无论是它的调查范围还是调查方法已得到国际同仁的认可。相比之下，我国的服务业生产者价格调查工作则远远落后于其他国家，很难满足国民经济核算的需要。因此，弄清我国服务业生产者价格统计现状及未来的发展方向，已成为一项摆在我们面前的重要工作。

（六）开展工业生产者价格调查的目的和任务

工业生产者价格调查的主要任务是按照科学的方案调查收集代表企业中代表产品的价格资料，编制工业生产者价格指数。它包括工业品第一次出售时的出厂价格和企业作为中间投入的原材料、燃料、动力购进价格。工业生产者价格是在国民经济活动中处于生产环节或上游领域的价格，其价格波动对国民经济、对下游产品价格变化都有重要影响。工业生产者价格指数是我国价格体系的重要组成部分。

工业生产者价格调查的目的在于及时、准确、科学地反映全国及各地区的各工业行业产品价格水平和各种工业产品价格的变动趋势及幅度，为国民经济核算、计算工业发展速度、宏观经济分析和调控、理顺价格体系提供科学、准确的依据。我国的工业生产者价格统计工作从1986年建立到现在，走过了20多年的历程。这期间，工业生产者价格调查的方法制度不断更新，调查企业、调查产品不断增加，调查网点日益完善。工业生产者价格指数从总体上看，基本反映了我国工业品价格的变动趋势和变动幅度，为宏观经济分析和决策，为理顺我国价格体系，为统计分析和核算，为科研、教学部门和社会公众了解国情，提供了大量宝贵的资料，发挥了应有的作用。尤其是2004年以后，根据国际惯例及国民经济核算的需要，国家统计局正式采用价格指数法计算工业发展速度，从而使工业生产者价格指数的应用范围进一步扩大了。2010年，国家统计局进行了工业生产者价格统计制度方法的改革，也就是自2011年实施了新的调查制度统一编制以2010年为基期的定基价格指数。

（七）固定资产投资价格调查主要目的

固定资产投资是社会再生产的重要环节，其规模、速度、结构、比例和效益直接影响国民经济的发展。各类投资品价格作为生产领域价格是国民经济价格体系中的重要组成部分。

固定资产投资价格调查的目的在于及时、准确地反映全社会及各类工程固定资产投资中涉及的各类投资品和取费项目价格的变动趋势和变动幅度，消除按现价计算的固定资产投资指标中的价格变动因素，真实地反映全社会及各类工程固定资产投资的规模、速度、结构和效益，为国家及各部门科学地制定、检查固定资产投资计划和进行国民经济核算提供科学的、可靠的依据。

（八）固定资产投资价格调查的主要任务

1.调查和搜集全社会及各类工程固定资产投资经济活动中涉及的各种价格资料和费用资料，并掌握各种平均价格水平和费用标准。

2.编制与固定资产投资经济活动有关的各种价格指数，(如固定资产投资价格总指数及主要分类指数、分工程类别投资价格指数等)，准确地反映全社会及各类工程固定资产投资价格变动幅度和变动趋势。

3.结合固定资产投资经济和建筑业经济活动中的主要指标(如投资规模、效益和建筑业产值、成本等)，积极开展统计分析，并及时反映新情况和新问题，为宏观决策提供咨询服务。